国家出版基金项目
NATIONAL PUBLICATION FOUNDATION

中央革命根据地历史资料文库·群团系统

14

中共江西省委党史研究室
中共赣州市委党史工作办公室　编
中共龙岩市委党史和地方志研究室

中央文献出版社　　江西人民出版社

《中央革命根据地历史资料文库》
编 辑 说 明

中央革命根据地的斗争历史曲折复杂,留下的历史资料十分丰富。其中,仅文献资料就有近万件、数千万字,分散保存在各个部门和机构,给研究、宣传和保存带来很大不便。历年来,各地党史、档案、文博等部门陆续编辑出版了不少相关的资料集,但大都是分散的、不够系统的。汇编出版一套兼具全面性、准确性和可靠性的"资料集",既是党史工作部门重要责任,也是一项存史、资政、育人的重要文化工程。为此,中共江西省委党史研究室、中共赣州市委党史工作办公室和中共龙岩市委党史和地方志研究室(原中共龙岩市委党史研究室)通力协作,编辑《中央革命根据地历史资料文库》(简称"文库")。

一、"文库"所收录的资料,主要是与中央革命根据地斗争历史有关的各类文献资料,分为:(一)党的中央领导系统,主要包括中共中央、中共中央局、中共苏区中央局、中共中央分局和以上机构各工作部门,以及共产国际文件;中央革命根据地党政军主要领导人毛泽东、周恩来、朱德等的文章、专论;(二)中央政权系统,主要包括中华苏维埃共和国中央执行委员会、中央人民委员会,中央政府各部门,苏维埃中央政府办事处等文件;(三)军事系统,主要包括中共中央军事部、中共中央军委、中华苏维埃共和国中央革命军事委员会、红一方面军总部和红军各军团、军、师、独立部队,以及各军区、军分区等文件;(四)群众团体,主要包括少共国际、共青团、工会、妇女部、革命互济会、反帝拥苏总同盟、贫农团等文件;(五)中央苏区五省(即江西、福建、闽赣、粤赣、赣南五省)及广东省有关文件(含各省党、政、群领导机关文件)。文献资料按照以上五个系统,依次分卷分册编辑。

二、"文库"所收文献资料主要来自：（一）中央档案馆、军委档案馆和有关省市档案馆，中央及有关省市县党史工作部门保存的档案资料及编辑出版（含内部出版）的革命历史文件资料汇编；（二）各出版机构公开出版的中央文件汇集、领导人文集、革命历史文件汇集；（三）中共中央编辑出版的各类报刊与宣传品。

三、所有文献资料均按文件形成或发表时间顺序排列。只有年月、没有日期的文献，排在每月末尾；只有年份、没有月日的文献，排在每年的末尾；同一主题、不同日期的相关文献，集中排列，不受上述时间规定的限制。

四、为保持文献资料的历史原貌，原则上不对入编的文献资料作任何改动，仅对其中明显的错漏之处进行必要的改正。其中，错别字在〔 〕更正，漏字在【 】内填补，衍字（误增之文字）用〈 〉标明，残缺文字或字迹模糊无法辨认的，以同等数量的□号代替。文中所使用的旧地名，如寻邬、雩都、大庾等等，仍保持其原貌不作改动，必要时作注释说明。

五、文献资料中涉及的重要历史事件，不常见的人名、地名、代号等，经编者判定后，均在第一次出现时加注释说明；人物仅标注其时任职务，如任职情况有变动，则再次以注释说明。

六、历史文献的形成（颁布）时间，一律在文献标题下加括号注明。原文献标注有抬头、落款和时间的，仍按原貌保留。所有入编资料均在文末用（ ）注明文献来源及版本信息。

七、字体字号规范：主标题用三号黑体；副标题及正文内标题用四号华文中宋，文件形成时间用四号宋体；文件抬头用五号楷体；正文用五号宋体；原文献末尾标注的文件来源、文件形成时间用小五号宋体，落款用小五号楷体。本次编辑时在文末加注的文献来源及版本信息用小五号楷体。文中表示计量的数目字（包括年、月、日）一律用阿拉伯数字表示，军队番号一律使用汉字表示（如，红四军、红一方面军，等等）。

目 录

共青团中央致江西省委信

（1928 年 6 月 13 日）

江西省委：

　　你们托党中央交通带来的文件——目前任务决议案、青工运动计划、青农工作计划、目前的经斗①工作、目前的士兵工作、全省暴动准备工作计划、割据后团的工作与任务、乐平报告、改造组织报告及最近带来的组织工作计划等，均收到。中央详细察阅后，对于你们上列各项之决定，有下列之指示：

　　一、在你们目前任务及暴动准备工作计划中，对暴动的观念，有很大的错误。中央认为你们对暴动的观念，完全受农民意识所支配。你们认为江西全省暴动的客观条件，已完全具备，只是党和团的领导力量尚不能组织和领导这暴动。你们认为蒋桂的冲突必然要在江西爆发，军阀混战便是我们暴动的机会。你们在政治上对蒋桂分析的错误，中央前已指出（你们也曾声明过），但你们对工人阶级之领导力量、农民斗争之深入与扩大、士兵运动之发展等，均未严重的注意，不然，决不会决定江西的暴动的客观条件已完全具备的。你们因为农民斗争之高涨受了农民斗争之鼓励，遂认为江西已到了暴动之前夜。固然，江西的政治前途是暴动的前途，同时，我们可以说全国各省的政治前途都是暴动的前途。但是我们对某一地域内政治问题之观察和决定，不是去观察和决定他的总的前途及达到此前途的很长的途

---

　　① 经斗，即经济斗争。

径中之笼统工作,而是要观察和决定当前的政治阶段及这一阶段中具体的政治工作,以推进革命的发展,至更进一步的阶段。暴动必须具备下列之条件:

(1)社会经济不断的崩溃而达到破产的时期,统治阶级已无法来恢复社会的经济和灵活他自己的经济。

(2)统治阶级本身的分崩倾溃,已不能巩固他的统治。

(3)工人阶级的斗争,已到了很剧烈的时期,工人组织的力量已有了很好的基础,工人的阶级意识已很明显,政权的要求已十分的明显和坚定。

(4)农村斗争不断的扩大和深入,农民的政权及土地的要求十分的迫切。

(5)反动军队中的士兵工作,已有相当的基础,赤卫队、工农革命军,已有了很好的组织和力量。

(6)一般市民普遍的对统治阶级的怨恨和不满。

(7)党和团的组织及领导力量很强。

同时,江西的暴动,决不是江西省政权之取得问题,而是湘、鄂、赣三省问题。所以,中央认为目前江西的政治阶段是:发动群众和建立党和团的组织及领导力量的时期。在这一时期中,团应特别注意青工运动之发展,士兵运动之扩大,赣西南斗争之普遍的发展与深入,完成赣西南之割据,并沿湘赣边境向北发展,以与湘东南、鄂南及粤东北相联贯。至于组织问题,中央最近已有通告,兹不赘。

二、在你们目前任务决议案及各种工作计划中,均充分的表现一种危险的倾向——认为过去团的工作是代替了党的工作,而忽视青年运动,遂痛诋这一时期工作之错误,是先锋主义的倾向。关于这一问题,中央当□□来沪,听了他的口头报告后,已有详细的指示给你们。中央认为你们代替党工作的时期,决不是先锋主义。先锋主义必然是否认党的政策和党的领导,认为团是整个无产阶级的先锋队,但你们并没有这种倾向。你们这一时期的工作,并不是如你们自己所指出的那样的罪大恶极,而对江西工农的斗争确尽了很大的发动和推进的力量,并且推动了党,这是不可抹灭的成绩;但忽视了帮助党使党健全起来和相当地忽视了青年运动,这是这一时期的工作的缺点。今后,在党弱(或没有党的组织)的地方,团仍应勇敢的来担负这政治责任,不过应注意使党健全起来和不要忽视青年工农群众的运动。

三、此外,关于各个方面的部分问题,已均于前此各函中述及矣,其他各种决定中央大体同意。

中　央

《团中央通讯》第二十四期,1928 年 6 月 15 日出版

(录自江西省档案馆、共青团江西省委编:《江西青年运动史料选编(上)》,人民出版社 1987 年第 1 版,第 137—139 页)

中国共产党第六次全国代表大会
职工运动决议案
(1928 年 7 月 9 日)

"五卅"后工会的发展及武汉末期中我们工作路线的错误

一、自 1925 年起,中国工人阶级便成为中国革命的引导力量。1925—1927 之伟大的罢工运动,唤醒了城市及农村之广大的群众,使中国革命运动变成为真正的平民群众运动。工会从罢工运动之中生长出来,罢工委员会逐渐变成为工会的执行委员会或干事会,罢工工人成为工会会员。所有这些运动是在经济的政治的口号之下进行的,其中政治的口号,显然占着优势,都在中国共产党指导之下进行的。当共产党在无产阶级中开始工作的时候,很容易地便战胜了他的竞争者,无产阶级成了中国革命的领袖。

北伐开始以来,特别在武汉末期中,党在工人群众中工作的路线,没有时常依靠着无产阶级之阶级利益出发,反而时常站在"北伐"的利益上,站在民族资产阶级之联合战线的利益上,结果就使无产阶级之阶级利益,完全服从着别一阶级的利益。这种策略必不可免地使党的工作路线离开主要的产业工人阶级(例如停顿了北方铁路工人中的工作),渐渐不自觉地堕落到阶级合作的观点上去。

工会未曾作为真正的群众组织

二、职工会在形式上取得广大的产业工人、轻工业工人、店员，但是并没有造成相当的组织上的骨干，没有造成与企业中的工人之密切的联系，同时也还没有训练出充分的无产阶级干部。工人阶级看着职工会是中国共产党造出来的战斗组织，可以来拥护中国工会利益，可以用来达到自己的政治目的；但职工会在工人群众的心理中，有些地方认为是阶级以外的，是超阶级的。在国民革命及罢工运动的高涨时期中，表现着最积极的仅是一部分比较少数的而与群众联系薄弱的先锋队；群众仍然没有充分地动员，在日常工作中还没有表现得充分积极。

委派制度的遗毒

三、职工运动的组织，越来越多的委派制度，这种不正确的现象，使着党去委派职工会的委员长、书记等等。当时并没有顾及到群众对于这种制度的感想怎样。对于职工会的指导人几乎完全应用民主的选举制，所有职工运动中的组织都没有建筑在从下而上的真正的民主集中制的基础上，一切成了相反的现象——是由上而下。没有在下层工作中训练工人群众，挑选他们加入指导机关，党时常派遣许多素日完全不知工人生活状况的学生加入职工会中的机关。因此，所有党与职工会的联系都建立在不正确的原则之上，于是反动势力联合起来的时候，无产阶级的战斗力不得不为之削弱。这是1927年反革命政变以前的状况，其后在秘密状态中，党为保存秘密机关起见，有的亦不得不用委派制，于是群众与党的联系更加隔离起来。

白色恐怖对职工运动的打击，今后基本任务是动员群众，使他们围绕党与工会

四、政变以后，一切反动势力的政策及目的都在于：

甲，杀戮一切革命的先锋队。

乙，消灭革命的工人组织或是将它逼到非常秘密的状态。

丙，取消了革命的工人组织之后，若是不能完全将工人压迫下去，则创设他们自己的组织，以管理工人运动。

虽然经过了许多非常残酷的大规模的白色恐怖，杀死数万的工人和革命的积极分子，虽然在许多军事上经济上的压迫以及厂主以工厂管理机关的压迫，虽然有许多反动工会领袖的欺骗，然而反动势力仍然不能使中国无产阶级完全与他的革命组织脱离关系，政府工会仍是不能把持工人运动。但是革命的职工运动之范围，党的影响之渗入工人阶级所必经的门户——却缩小了很多。工人运动比较农民运动要低落些，这是中国革命现在阶级中之非常特别非常危险的地方。

因此，现在之基本任务就是动员所有的无产阶级群众来围绕着它的阶级组织（党及职工会）。这是在职工运动公开存在的时候所不曾充分解决的任务，现在逼着我们在艰难万倍的条件之下去解决它，这个任务不解决，则中国革命不能得到胜利。在组织问题上之基本策略任务是指导无产阶级之日常经济和政治斗争，反对反动工会，组织革命工会，用宣传与煽动的方法去提高广大工人群众之阶级觉悟。只有这样才能使党一方面促进新的革命高潮之到来，另一方面才能保证中国无产阶级在革命民众间的指导作用。

资本进攻，革命工会应当领导工人日常生活的 经济斗争去团结群众

五、中外资产阶级现在对于工人阶级进行很广大的进攻,这都在工人阶级之工资微小,工作时间的长久,以及一般恶劣的劳动条件上表现出来。在这斗争中资产阶级用尽了一切经济进攻的方法,例如:(1)关闭工厂;(2)大批的用童工、女工来代替普通男工;(3)大批的开除革命工人。革命工会它的日常工作中要向广大的工人群众证明,这些群众的经济的阶级组织,它不仅是号召无产阶级作政治斗争,并且也能以拥护无产阶级日常生活中之经济上的利益;革命工会应当要提出并拥护某种工人在一定时间或一定条件之下所认为比一切迫切的经济要求,图小而忘大事的危险在中国是不大的。中国工人之阶级斗争已经走到了非常严重的形势,因此工人阶级之广大的经济斗争是一定要转变为政治斗争的,但是若想政治斗争得到胜利,那就只有用经常的组织得很好的经济斗争的方法动员了组织了广大的工人群众之后。在经济斗争的过程中,职工会应当发展与巩固自己的下层组织,造成坚定的基础,尽可能的与大企业中等企业发展密切的联系。

正确的罢工策略之重要与命令罢工之错误

六、在这种情形之下,正确的罢工策略,是有格外重大的意义。要根据中华全国总工会第四次代表大会所决定的经济政纲(八小时工作制,每星期必有一天休息日,工资照付,每年的休假,最低限度的工资,禁止十四岁以下的童工,青年工人六小时工作制,禁止女工的夜班,女工产前产后照付工资,同等劳动同等工资等)。在各个罢工中须估计当时的政治与经济状况以及自己的战斗力的程度,来提出当时工人阶级可以得到的要求,必须将自己的注意力集中于几个工

人阶级所完全明了的基本的要求上。〈在〉工人阶级经济斗争之最危险的现象是"从上面"宣布罢工，"命令罢工"，使一部少数积极分子抛弃工作，对于下层工人群众加以恐吓压迫等等方法。一切的罢工都需要有非常谨慎的预备，要使一切工人都来讨论这些要求，要在罢工之前就决定这次罢工之直接指导者的成分，罢工委员会应当由所有工人群众中选举出来的，要使每个工人都将罢工委员会认为是他自己的亲生儿子一样。只要〔有〕如此，然后〈把〉他们自己的指导机关或代表被捕之后，所有的群众才能起来因此而作坚决的斗争。

罢工策略的一般方针——须提出要求之注意点

七、在白色恐怖及秘密条件之下，不论什么罢工都没有以中华全国总工会或上海总工会等的名义来提出要求的必要，若这样，有时可使一部分落后工人【被】吓走，另一方面使反动势力可以得着一个挑衅和进一步施行强迫的借口。罢工必须由该企业或几个企业中的工人宣布，以后就以这些企业中之工人的名义进行。假若有可能，则可以使相当的职工会出来帮助这一次的罢工。为打倒反动工会之立足点起见，在白色恐怖的条件之下订立条件的时候，不必用职工会的名义，而可以用选举出来的罢工委员会的名义。在中国现在普及于工人群众而为他们所最了解的要求是：

甲，恢复反革命政变以前的劳资条件（团体契约），关于工作及工资时间的规定等。

乙，反对任意开除工人。

丙，反对强迫仲裁。

丁，反对包工制。

戊，恢复工人自己的工会，争得工会的自由权。

提出这些要求时（特别是恢复反革命政变以前所缔结的团体契约），事实上便巩固了斗争中之工人与中华全国总工会的联系，继续旧时的革命遗传，随后便可以由此而引导这种经济斗争到旧时的革命旗帜之下来进行。一切阶级斗争是要企图实现全国第四次劳动大会提出来的要求,在职工会的日常工作中却只要提出为一部分工人在当时所最有兴趣的部分要求;这种为争取部分要求的斗争,应当使它与无产阶级之一般的夺取阶级利益的斗争发生联系。

反对阶级合作的思想

八、革命的职工会站在拥护工人阶级经济利益的观点上,应当尽量反对一切或明或暗之阶级合作的形式与倾向,反对欺骗工人的"工人团体参加提高生产力"的主张,反对资本家所办的工会,反对工人分红的诱惑(这与"赏金"或年底双薪有别),反对资本家工会创办所谓"工人银行""工人储蓄会""协作的企业"等,反对一切中外资本家、国民党、反动工会所宣传的思想——阶级利益应服从"全民利益""全国利益"的思想,这种理论事实上使工人阶级的利益服从统治阶级的利益。

反对民族资产阶级的欺骗宣传

九、中国资产阶级、国民党、反动工会,都异口同声的向中国工人宣传,说中国华商企业中的劳动条件比较外国洋商企业中的是好些。革命工会应当揭破这些欺骗,应当在宣传上事实上都证明给工人阶级看,中外的资产阶级都是一样的残酷剥削中国工人群众,都是一样的我们的阶级敌人,工人应当同样的同他们进行极严厉的斗争,应当说明中国资产阶级这种宣传的实质意义,事实上是破坏革命的阴谋。如此的说明与解释,应当是揭破反动工会领袖之出卖阶级的一种方法。

对小资产阶级的策略应当是对上层剥削者同样实行
阶级斗争，对非剥削者的下层小资产阶级应赞助其斗争

十、为了与白色恐怖斗争，为了把处在四周小资产阶级包围之中的工人阶级从消沉状态中振作起来〈的缘故〉，所以引起城市小资产阶级与贫民对于工人阶级的同情是非常重要的事。因日本干涉而在小资产阶级中发展起来的广大的反帝国主义运动（国民党和中国的大资产阶级都是企图阻止这个运动的），如果共产党和革命工会积极参加，一定可以创造许多适当的环境，以恢复工人阶级与小资产阶级的联系。正确的随机应变的罢工策略是要能够估计复杂环境，分化敌人的营垒，要计算怎样才可以给最危险的阶级敌人一个打击，同时在小资产阶级的队伍中去找着可能的同盟者来帮助工人阶级的斗争。这样是可以削弱白色恐怖的力量，除去无产阶级中消沉的现象，掀起革命的工人运动来，而且对于反革命工会的斗争也可以占优势。但是对小资产阶级的策略应分为二部分：对雇用劳动的上层小资产阶级的态度与对一般资产阶级一样；对于无雇用劳动的（自己劳动或家庭劳动）下层的小资产阶级应帮助他们的利益（如赞助废除苛捐杂税等），以取得【他们】对我们的同情与帮助。总之，在这里的最高原则是提高阶级斗争，无论如何不能牺牲工人阶级利益或阻止阶级斗争之发展的。

与反动工会机关斗争，
同时要能战胜一部分工人的落后思想

十一、反动工会，有许多在反革命政变以后为中国豪绅、资产阶级军阀所造成，这种工会势力之主要来源，是依靠着军事警察机关。但是政府工会存在的这一年中间，特别从去年年底上海所谓"工人总会"成立以后，与反革命的"工会统一委员会"合并为"工会整理委

会"以后,是可以取得〔争取〕一部分落后工人的。他们不仅运用强迫方法,并且也用一些改良主义的方法,有时也放任一点罢工,向资本家为一部分工人取得很少的一点让步。因此与反动工会的斗争,不仅要战胜军事警察机关的侵犯,并且也要战胜一部分工人的落后思想及对国民党信仰之残余。

个人恐怖政策并非争取群众的政策

十二、为与反动工会斗争起见,必要有广大的群众组织与阶级教育,用个人的恐怖方法来反对反动工会,这一定对他们有害,而且对于我们自己也有害处,单纯的个人恐怖的方法,仅只使革命者的注意力离开了主要任务。事实上个人恐怖乃是企图用一种便易的方法——刺杀反对工会中最坏的领袖——代替那种基本的困难方法——调动与组织工人群众。

应当承认的:恐怖主义在中国革命的工人运动中,有它的深厚的基础,在相当条件之下,它是为客观环境所决定的(为着作自卫的办法)。但是,站在斗争方法的观点上来说,这个方法不是正确的,因为它对于发展群众工作是一种严重的危险和阻碍。关于这种行动,我们不仅在反对反动工会的斗争中可以看到,并且在正在发展的反帝国主义的斗争中,也有同样的现象。新起的反帝运动之中已经有许多城市的职工运动因此重兴起来(汕头、厦门、杭州、无锡以及芜湖等);而各地党部不去积极参加这种运动,不去力求争取群众,却又提出是否可以不去参加这种运动,而采取恐怖手段来对付几个日本厂主或其他的剥削者。这样便将反帝运动及因此而发生的一切团体断送给国民党,国民党却是希望消灭他们的。

反动工会有群众便须加入去争取群众

十三、许多有工人群众的反动工会、改良工会、行会工会中,如广州的机器工会,广东总工会及上海几个工会(英美烟草公司工会、商务印书馆工会、邮务工会、南洋烟草职工同志会等)中我们是应当到里面去作工的。我们同志并不是要加入政府或国民党所指导的反动工会的上层机关,乃是要在这些工会下面所组织的群众之中工作。若不派遣工作同志到这些工会中去,那就是我们对这一部分重要的工业无产阶级抛弃在反动的影响之下。无情地揭破反动领袖出卖阶级性,在群众面前揭破他们的法西斯面具,应当夺取这些工会中的群众,彻底的破坏反动工会,但此时不宜提出"统一战线"的口号。

革命工会在产业工人中的工作是基本的工作

十四、职工会是广大的群众组织,任何一个工人,无论他的政治观点如何,宗教信仰如何,帮口如何,他都可以加入;只要知道阶级的团结,并接受职工会的章程;章程上必须完全取消足以阻碍工人加入革命工会的一切限制。革命工会首先应当吸收各种基本的产业工人:纺织、铁路、海员、矿工、烟草、五金、市政、邮电等等工人,这一点应当特别注意〈的〉。因为最近在革命工作中发生了一种"贪便宜"的倾向,客观上只去走反抗力量最小的道路,将工作重心放到小企业、手工业工人、店员以及许多其他的散漫的无技术的工人中间去。革命工会应当在所有的中国无产阶级中间工作,但在产业中间的工作却是基本的,仅在小企业工人中间的工作减弱了在技术工人中的工作,便是为反动工会所玩弄了。特别应当注意的是在许多北方工业区域(五大铁路、天津、唐山矿区、满洲、淄博等),那里从来没有进行长期的有计划的职工会的工作。

工厂委员会的性质及其与工会支部的关系

十五、革命工会应当在大工厂及企业中有它自己的基础。下层组织的形式,在现在的环境有很大的意义——特别是工厂委员会以及它对于"工会支部"的工作问题。工会支部多数是在秘密状态之中,通常的时候,它的会员只是这个产业中之工人的一小部分。"工会支部"并不是随时随地都可以立刻组织成的,特别在现在工人【头】脑中还以为赤色工会是共产党之附属物的时候。因此在多数情形之中,我们下层组织之最适合的形式是工厂委员会(不一定要用这个名称,或者用某地的新名词,例如,组织厂内委员会、保护工资委员会、视察委员会、保护劳动委员会、交涉团、维持会、代表会等),这种组织要能代表着一个企业中之全体的或大多数的工人,不管他们是否工会会员。

工厂委员会在中国的条件之下,并不就成为职工会的下层组织,它——工厂委员会,拥护某个工厂之中之工人的最切近的、最落后的工人也容易了解的利益,它便应成为阶级斗争和阶级训练之最初的形式。我们同志在这种工厂中的任务,是经过工厂委员会,经过由工厂委员会所召集的大会,树立在该工厂工人群众之间的影响,由反动工会之下夺取其群众,在长期工作的结果,可以组成工厂中之工会支部,这样便可以使这个企业与革命的职工运动发生联系。在中国现在许多企业中已有了这种工厂委员会的原始形式,如各车间的代表会议、索薪团等,我们应当使它变为比较巩固的公开的经常的工厂委员会。

工厂委员会应当是一个适合环境的组织,在罢工的时候,若它已经取得了在工人群众中的威信,则它可以整个的变为罢工委员会(再补充几个由大会选举出来,专为进行罢工的代表)。罢工胜利后,便可以很大的增强罢工指导机关在群众中之影响。假使我们同志加入这种机关之后,便有很大的可能可以在这一工厂之中公开的或秘密的进行职工会的工作。由工厂委员会到罢工委员会以至于"工会支部",这中间按照一般的政治状况的变迁及各企业中之具体的条件的差异,可以有许多过渡的形式。

党的支部、工会支部、工厂委员会之间要有正确的关系

十六、必须确定在每个企业中之工厂委员会、"党的支部"、"工会支部"中间有正确的关系。现在党的支部及"工会支部"时常混合起来,但是这种组织形式在政治上组织上都是极端有害的。党的支部应当在政治上指导该企业中的工人;能加入党的支部的仅只是一部分最好的、在实际工作中对于无党工人最有影响的人。另一方面,在现在白色恐怖的条件之下,党的支部与"工会支部"混合一起,若其中有一个受了打击,则两个组织都被破坏了。在"工会支部"之干事会或委员会中应该只有两三个秘密党员便足了,其余应当是无党的。仅仅只有这种制度才可以吸引"非党工人"的革命的干部来积极参加工会工作,而保存这个企业中之支部。

干部人才问题要从普通工会会员中提出干部

十七、干部人才的问题,须特别注意。领导机关在群众中间联系的薄弱乃中国职工运动的老毛病。中国职工运动的积极分子,在数量上成分上,都是不能令人满意的,其中工人分子太少,知识分子太多。创造出"非党工人"的干部来〈而〉加以训练,并增加其人数,并与大企业发生良好的联系,——这就是目前最大的任务。必须吸收参加着生产、与群众有联系、懂得他们的情绪习惯等等的工人到一切工人组织中来。他方面,每个工会的工作者,即【使】他不是直接在产业中工作着的,亦必须注意时时与工人发生直接的联系,自下而上的一切工会领导机关中,直到中华全国总工会为止,必须参加青年工人与女工的代表。

工会中要有女工委员会

十八、女工在中国工业工人中占据很大的一部，她们所受的压迫最重，剥削的痛苦特别深，同时亦比较落后。革命工会须坚决的主张对妇女劳动的保护及改良其劳动状况。同时尽量吸收她们到自己队伍中来，在职工会组织系统下，应组织女工委员会，做女工运动工作。

工会之中要有青工委员会，工会支部甚至可组织青工小组

十九、青年工人在革命运动中有莫大的作用，革命工会除保护青年工人的劳动条件以外，必须在一部分反对改良青年工人地位的一部分成年工人中进行宣传教育工作，必须吸收青工加入工会，与成工享受同等权利。同时在中国情形之下，青工之中儿童的数量非常之多，所以工会必须尽力设法发展童子团的工作。

为要有计划地在青年工人中工作起见，应在职工会组织系统之下组织青工委员会，在各工厂中可以在工会支部的组织系统之下组织"青工小组"，青工小组不能与厂外任何机关发展隶属的关系，亦不能离开工会支部单独行动。在内地县城店员和手工业的学徒和青工，不能按产业工会的组织系统组织时，青年团应辅助党组织这些学徒团体，以街道或区域为中心，如该地区有职工会的组织，学徒组织应直属于职工会组织系统之下。

失业工人运动要求政府社会的供给

二十、失业工人的问题，须特别注意。失业工人有分散及脱离阶级的危险，并且因为资本家利用市面萧条的与经济破坏的状况，尽量的开除共产党员及工会的积极分子，所以失业工人的工作便因此更加重要。必须用一切的方法——宣传、煽动、组织以至于示威等

等——要求政府、市政局及商会等社会团体津贴救济，必须专门设立委员会，并维持失业工人与〈在〉工会会员间的联系；必须利用失业工人去做城市中工会的工作，及在适当的情形之下，派遣他们到农村中去做农民工作或到军队中去做士兵运动。

须注意原始团体工作（兄弟团等）领导他们
走向赤色工会的组织

二十一、中国原有的许多工人群众自己的互助组织和斗争组织，如青帮等所谓"抱义气"的组织，现在严重反动之后，甚至赤色工会会员也自己退而组织"兄弟团姊妹团"等原始形式的组织——"抱义气"的组织。这些方式党固然应当努力去领导和运用——这是群众深处自动发展的斗争方法；但是他的短处便是复古到小的秘密的结社，而不去创造或巩固赤色工会。党应当经过党团领导这些组织实行斗争，而在斗争的过程中领导这些组织，使他们合并统一团结到赤色工会的组织方面上来。

最近由于反帝运动的加强和白色恐怖相当的缓和，又自然的发生出——尤其在南方——一些行会式的工会来，对于这些工会，必须特别注意。这种原始的结合，现在不在我们的影响之下，但革命工会不可置之不问，必须领导他们，使他们与赤色工会运动发生联系。但是再郑重说明一句吧：我们根本的路线却还是在大企业中组织工会。

工人纠察队工作要成为经常的自卫的组织

二十二、党与革命工会，必须严重注意于工人武装纠察队、自卫队的教育与学习，必须把最可靠的同志加入到这种组织里面去。过去的经验告诉我们，武装纠察队在几次最大的阶级斗争中（香港罢工与上海暴动）有非常伟大的作用，同时作为平时自卫组织，其作用也不下于此（比如保护工人集会，防止反革命的袭击，罢工时的纠察，与工贼斗争等）。党与革命工会必须竭力为纠察队的政治的与军事的教育而工作；且力求把纠察队变成党与工会机关领导之〈的〉下的经常的组织。

工农联合要在实际的组织上的联系

二十三、中国的革命工会必须与农民有密切联系，要使农民拥护工人行动，工人亦拥护农民行动。各县的中心区域中的"县总工会"一向是全县的组织中心，在将来亦必须使他归作全县的中心，并且极力扩大其作用。"县总工会"的任务是组织农村中农场工人、挑夫、苦力、挑水匠等和手工业的工人，同时被组织起来的团体必须与农民协会有密切的关系。农村经济工人（雇农）应组织雇农工会，同时可加入农民协会，但须得保存其独立的组织。

党要经过党团指导工会

二十四、各省及各大工业中心区域职工运动的领导机关，乃省总工会或市总工会，中国共产党要经过各总工会中的党团，才能够巩固他对于各地及各中心区域的职工运动的领导。在各级党委员会下，要组织职工运动委员会。党必须竭力巩固中国职工运动的领导机关，努力巩固及扩大其在工会所已争得的地位。

全国总工会与其他各国工人运动的联系

二十五、中华全国总工会必须与太平洋工会书记部发生密切的联系，必须与其他国家的革命运动及赤色职工国际发生密切的联系。

力争工会公开的自由

二十六、白色恐怖虽是厉害,然必须力争工会的公开存在,必须利用每个经济上的冲突,每一个罢工,每一个政治事件,以求脱离秘密状态,这中间工作的方法是非常要随机应变的。此外又可想法创造出某种合法或半合法的组织来,例如体育会、运动会、自修社、丝竹社、戏剧社(票房)、疾病、失业、婚丧互相会等。应照现在的情形力争工会公开(结社自由)和创造出种种合法的与半合法的团体来,让我们可以在他们的名义之下去工作,这是我们目前中国革命之阶段中主要的实际任务。

党与工会组织上的界限要分明

二十七、在白色恐怖疯狂的向共产党与革命工会进攻的情形之下,工会与党中间正确的互相关系就更要紧了,党对工会的经常不懈的政治领导,必须和党与工会之间在组织上严格的分工并行的。对工会的领导非经过党团不可,并且只能经过党团,不能再用任何别的领导形式。对工会有任何的决议工会必须实行时,必须经过党团将决议内容提出讨论表决后才施行。切不可直接采取党的议决或所谓"命令",尤不可将党的决议在工会的报纸上公布。

口号要切合于工会及工人群众的需要和口气

二十八、现在中国全部党的组织和工会组织的一切日常工作,都必须抱定这个观点去对付,工会虽是永远拥护党的,同时,却不可机械地背诵党的口号,工会必须在群众中巧妙地运用口号,必须使每一个普通口号都是从工人的日常基础要求中自然而然地喊出来的。党的政策和策略,必须用工会的口气及工人的日常用语去解释给群众听,机械地背诵党的口号,对于工会争取群众工作,有害无益。工会在群众面前另有自己的面目,但是这句话的意义却并不是说工会必须离开党的政策,而是说工会与党所要达到的目的是一样的,不过方式是不一样。

厉行民主集中制

二十九、共产党必须时时记得工会是群众的民主式的组织,所以他们必须尽力反对工会中之命令制、指挥制和"革命官僚"主义的态度对待工人等等的恶习,应当严厉反对知识分子藐视群众无知识无文化而自骄自傲的态度,应当严厉地反对工会工作者"替代群众""不顾群众"而擅自决定一切问题的企图,对于这些现象应当毫不容情地肃清。只有全党坚决地、有系统地在职工会中实行扩大民主制的办法,和广大的吸引工人中的积极分子到指导地位来,这样才能够把中国职工运动变成强大的群众组织而在党的领导之下完成无产阶级目前的任务。

实行赤色职工国际第四次大会决议

三十、党认为必须实行广大的宣传去解释赤色职工国际第四次世界大会的决议,并大规模的去实行第四次大会的决议,要利用世界职工运动的经验去发展并巩固中国的工会,这便是最好的方法。

(录自中华全国总工会编:《中共中央关于工人运动文件选编(上)》,档案出版社 1985 年第 1 版,第 262—276 页)

青年团第五次全国代表大会文件

（1928 年 7 月 15 日）

一、政治任务决议案

（一）本团过去斗争的总结及现状

1. 本团在过去发展迅速的革命过程中，表现出了重要的作用。经过五卅运动、武汉时期直到广州暴动，中国革命由总的民族革命联合战线时期转变到苏维埃革命的阶段，在短期间驶过了长期的革命历史。本团在这发展迅速的革命进程中，亦便由一个研究性质的小团体渐次生长成为青年工农劳苦群众的组织了。在国际青年运动的队伍中亦渐由一支后起的新兵变成强大的劲旅了。自然在成功的纪录中同时也包含着不少的弱点。现在我们先把本团在过去斗争中所得到的丰富的经验，下一确当的总结，作为今后工作的教训。

2. 团第五次全国代表大会完全同意少年国际第九次扩大会议与中国共产党六次大会对于中国共产青年团过去斗争的正确分析与估计。本团在最近两年发展中，积极的参加了向前发展的革命的斗争，在上海暴动、北伐时期以及最近一年来工农革命中，吸收了大批新的劳动青年群众，增强了战斗力量，由一个研究性质的、以小资产阶级学生群众为组织基础的组织，渐次转变成为青年工农劳苦群众革命的先锋。但是,本团这样迅速的发展毕竟还赶不上工农革命发展的总速率;革命斗争的空前发展,团没有很敏捷地随着时代的需要去改变自己的工作,找出新的工作方法,使团员群众更积极地参加斗争,并与革命运动坚固地相联系,同时吸收更广大的城市及乡村的青年劳苦群众为他们切身利益与整个的工农革命而斗争。

3. 四次大会以后,本团工作虽有许多错误与缺点,主要的如为青年工人利益斗争的缺乏,工会工作的薄弱,在农村中缺乏特殊的青年工作方法,兵士工作的忽视,及揭破国民政府的不彻底与不坚决,没有压迫国民政府颁布改善劳动青年的地位的法律,在武汉公开时期懈怠了许多工作时机等;但在湘鄂等处农村斗争中与上海、武汉等城市中,都曾作了相当的群众工作;在武汉并曾创造了起过很大革命作用的儿童运动,派了很少数团员到军队与工人纠察中去,供给党以不少的干部分子;尤其是在革命紧急关头,勇敢地起来反对共产党指导机关当时那种失去阶级独立性与批评性,可耻地对资产阶级及其政党退让的机会主义的领导,坚决的拥护第三国际的政策,赞助土地革命,赞助工农武装,表明了本团伟大的政治功绩。

4. "八七"会议共产党接受共产国际训令与党员群众的坚决奋斗,变更了机会主义的领导,提出土地革命的中心口号,定出武装暴动政策,中国革命又重走入了一个新的时期。党的"八七"会议后,团即召集驻汉中委全体会议(8月12日),接受党的新政策,重复回到党的指导之下。这——"汉全会议"——对本团有重大意义;虽然没有明显指明青年工农群众的工作的具体方法,但确实改变了团的工作方法。

5. 在新的历史阶段里,因为反革命势力一致向革命势力进攻,一切革命群众的组织都被破坏,团的组织遭受着严重的创伤,团与青年工农群众的联系也被隔断;同时因在革命迅速转变中社会阶级强烈分化的反映,团内一部【分】动摇投机分子退出革命战线;加以在革命转变的过渡时期中,一时没有找到青年工农兵士群众的工作方法;与党对于团政治上组织上指导与帮助的薄弱,以及团内政治生活与政治教育的缺乏,团的工作表现出了很大的恐慌。于是取消主义、先锋主义、盲动主义等各种错误倾向继续发生。

6. 根据当时实际需要,在党的十一月中央临时政治局扩大会议,又召集团的十一月中央扩大会议,这一扩大会的重要意义,在于完成汉全会议的任务,它比较明显的指出青年工农兵士群众工作的方法,重新确定了团的立脚点,指明共产青年团有其存在的根本意义,反对取消主义与先锋主义。扩大会议决定改造组织,要坚决引进积极工农同志加入各级指导机关工作。以后【的】事实证明,在改造过程中虽不免有些错误与缺点,但一般说来,改造组织这一方针确实收了不少成效。大会认为十一月扩大会决议大致均甚正确,惟对当时团内已经发生的盲动主义的错误未能明显纠正与防止是一大缺点。

7. 团在现时形势之下,也尚包含着不少的危机与缺点,最主要的就是:A. 团的阶级基础没有确定。去年十一月扩大会以后,团员数量有极迅速的发展,但在总数七万五千人之中,其成分比例农民同志超过工人同志四倍有余,团的阶级基础非常薄弱。B. 缺乏实际的群众工作。团与青年工农兵士群众的联系与团内各级组织的联系均不密切,中央没有全国范围的工作布置。C. 青年工人经济斗争的工作始终没有切实进行。一般同志甚至指导机关也不了解青年工人经济斗争的意义。D. 缺乏政治教育与团内政治生活,与忽视宣传煽动工作等。但是在十一月扩大会前及以后团在上海的工人斗争,武汉的政治罢工,以及湘、鄂、赣、粤、苏等省农村斗争中,与对少数区域苏维埃政权建设与扩大胜利区域的工作,都起了积极的作用,有少数地方农民暴动(如江苏宜兴,湘南醴阳等处),几大半是团所发动领导起来的。团内各种错误倾向如取消主义、先锋主义、盲动主义等亦已渐次消减。这些征象都可证明团已在开始走向新的道路。

(二)国际青年运动现状与中国革命现时形势及党的策略

8. 现时国际青年运动的主要形势就是:A. 现在资本主义生产合理化的结果,青年工人在生产中的作用增长了,同时资本对于青年工人的剥削亦增高了,改良青年工人经济状况的斗争是在一种特殊条件之下进行着,这种斗争是目前国际青年运动中最主要的任务之一。这种由经济斗争工作所直接产生的青年罢工最近已在德法等国实现。B. 战争的危险经常的威胁着全世界,各国共产青年团在资产阶级军队中均已进行工作,并已收到不少实际效果。例如法国在去年一年中军队中有七十团发生风潮,发生兵士骚乱;又如不久以前所爆发现在还在继续的希腊大罢工,开始时有数只兵舰与罢工工人联合,即因在希腊兵舰中有 CY 支部,这些支部能引导海军作公开的武装骚动。C. 反对资产阶级及其走狗,青年组织的工作亦有相当成效。资产阶级有很大的青年组织,有几百万的青年群众,其中有很多的青年工农群众,还有社会民主党,孟塞维克派的青年组织。最近因为生产合理化的结果降低工人生活程度等等,发生了工人左倾的一定的过程,使我们在敌人青年群众中的工作更加容易,因为工人左倾的过程也同样反映到资产阶级的青年组织中去。最近在敌人青年组织中发现许多反对派的倾向。社会主义青年国际在 1923 年有 20 万团员,现在只有 12 万人了。此外苏联共产主义青年团帮助社会主义经济的建设与对于反对派的斗争都尽了很大的努力。现在少共国际旗帜之下团结了许多斗争条件不同及存在时期不同的组织。共产主义青年运动的范围和影响一天一天扩大了。

9. 中国革命的第一高潮已经因为历次失败而过去,现在的形势一般说来还没有广泛的群众的革命高潮。现在反革命的势力还超过工农革命的势力,特别是城市工人阶级还没有能战胜当前的挫折现象,战斗力还没有完全恢复。帝国主义豪绅地主资产阶级及民族资产阶级相互间及其内部虽有很大的矛盾冲突及混战,但一遇到中国工农群众革命斗争的发展,还能结成联合战线来压迫。但是虽然如此,目前客观形势,凡是引起革命的矛盾,并没有能够解决一个。帝国主义决不愿意抛弃自己对华的特权如租界、租借地、关税管理权等等,反对派在资产阶级领导之下,不能实现真正的集权和统一,加以工业经济的危机与土地问题不能用改良方法来解决,所以新的革命高涨不但无可避免,而且现在已经有许多象征证明新的革命高潮快要到来,最明显的便是经济斗争的群众罢工已经复兴的现象,工农群众对于国民党的幻想迅速的消灭,反帝国主义运动又在生长,农民运动依旧前仆后起的继续爆发,至今还保存有少数苏维埃政权的区域。党的总路线是夺取成千百万的群众,使之围绕在党的周围及党的口号之下,努力领导工农群众日常经济政治斗争,发展并坚固革命工会与农民协会,领导群众的自发暴动,巩固党的组织与战斗力,准备新的革命高潮,实现群众的武装暴动。

(三)目前的实际任务

在目前形势之下,青年工农及一般劳苦群众的生活,只有日益痛苦。资本加紧进攻,青年工人往往首当其冲。青年农民经济状况日益穷困。大战危机日亟,成千成万的劳苦青年群众被牺牲残害的危险亦愈趋愈迫,因此青年工农兵士群众在革命斗争中的作用必将继长增高。此外,还有一部分以前在国民党影响之下的小资产阶级青年群众亦有重复走上革命战线的趋势。目前团的根本任务,就在于接受少年国际第九次扩大会议对中国共产青年团的决议,与中国共产党六次大会新的政治路线及策略,争取成千成万的青年工农兵士贫苦群众,在党与团的周围及口号之下,使他们更积极参加工农革命斗争。(1)过去的经验告诉我们,中国青年工农兵士群众亦在革命斗争中确实表现了它伟大的坚决的积极性,这正是中国青年工农兵士群众所受残酷压迫剥削的反映。今后应当使这积极性在反军阀战争、反帝国主义、反世界大战及一切工农斗争中更积极地发挥与扩大,帮助党准备群众的武装暴动,推翻现在政府,建立工农兵士贫民代表会议苏维埃政权。为实现这一根本任务,必须铲除盲动主义,同时坚决地反对机会主义的复活。〈再则,〉(2)在一般政治斗争中,团必须更坚决更实际地深入到广大青年工农士兵群众中去,使"工作青年化""组织群众化"这两个口号在新的意义之下实现出来,保证青年工农利益的斗争,特别是青年工人阶级斗争的坚决执行,提高一般团员的政治认识,及巩固团的阶级基础,使团真正成为一个青年无产

阶级的战斗的布尔塞维克的政治组织,在这个基本任务之下,规定团的实际工作方针如次:

1. 认真进行青年工人经济斗争的工会工作,使团与青年无产阶级发生密切联系,在大城市中建立本团阶级基础的根本条件,也就是团的第一种重大的任务。团应努力发动并领导青工童工的罢工,同时更应当领导各种青工童工的斗争。必须用极巨大的力量帮助党发动并领导一般工人与手工业工人的政治经济斗争。在一般工人斗争中应坚决提出并力争青工与童工的特殊利益条件。各地应按当地实际情形与团的青年工人总要求纲领,切实规定各业各厂青年工人与学徒的具体要求,向青年工人群众进行广泛的宣传与煽动,并动员广大青年工人群众为实现要求纲领而斗争,加强发展青年工人在革命斗争的积极性,努力进行赤色工会与工厂委员会及青工小组的工作。赤色工会应当在产业工人中建立基础,在一切工会与工厂支部执行机关中务须有青年工人代表参加,对于兄弟团、姊妹团等工人原始形式组织的工作亦须注意。设法夺取黄色工会中的青年群众,同时发展劳动童子团的组织。

2. 农村工作仍为本团目前紧要任务之一。但今后应注意农村工作与城市工作的密切联系,加强无产阶级对于农村工作思想上、组织上的领导。巩固团在农村中间青年雇农与贫农的组织基础,反对在农村中停止发展同志的主张。帮助党的土地革命的口号,动员广大农民群众起来斗争,尽量扩大与巩固农民协会,开始发展雇农工会或雇农支部的组织。充实农民协会雇农工会中青年部的工作,尽量引进青年农民加入农民协会。发展少年先锋队与劳动童子团的组织,并加紧其工作。积极参加游击战争,扩大现有苏维埃区域的胜利。在各种农民斗争中应提出农村青年特殊的要求条件,扩大的宣传农村青年要求纲领并促其实现。

3. 第二次帝国主义战争已由准备酝酿而日益接近爆发,帝国主义进攻苏联、瓜分中国的阴谋及事实益形显露,证明世界大战的危机迫切,成千成万的劳苦群众被送到战线上去当炮灰的惨剧势必重演。

本团应秉承反对军阀、反对帝国主义战争的伟大历史使命,在"变帝国主义反苏联的战争为反帝国主义的国内战争","反对帝国主义武装干涉并瓜分中国","拥护苏联与中国革命"等主要口号之下,动员并团结广大的劳苦青年群众为根本消灭世界大战及保护青年利益而斗争。

4. 加紧兵士工作与帮助党建立红军,应为本团第四个重大任务。今后应继续调派一部分同志到反动军队中去进行工作,破坏反动军队,争取兵士群众。在农村游击战争中与苏维埃区域应努力帮助党建立红军,鼓励并挑选一部分更勇敢的少年先锋队员与工农同志加入红军。同志〔时,〕武装训练与外国水兵中进行工作在目前亦为急需任务。

5. 在团目前最主要弱点之一就是团的阶级基础尚未确定。今后在发展组织过程中,应特别注意在大工业〈在〉大企业中吸收同志,以确定团的阶级基础,增加团的战斗力量。大会完全同意去年十一月扩大会决定团员入团年限仍应恢复到二十三岁的标准。目前本团组织上的另一主要任务,就是建立团与青年工农群众的密切联系,改变旧的工作方式。同时应巩固团内各级组织的密切联系,继续改造组织的任务,巩固中央与地方团部,切实执行巡视工作。中央应注意全部工作的布置,培养干部分子,建立实际的支部工作,使之真正成为青年群众的斗争的核心。

6. 注意建立团内政治生活与团的基本理论,加紧一般同志的政治训练与国际教育。从支部一直到中央,应经常讨论党内团内重要问题与经常斗争的策略及共产国际与少年国际的各种策略及决议,提高一般团员的政治认识;学习列宁、李卜克内西等革命领袖所指示我们共产主义者青年运动的实际意义,学习国际青年运动及中国数年来在各种大小斗争中所得到的经验与教训;彻底肃清机会主义、盲动主义、先锋主义、取消主义的残余,与行会思想和孙中山主义及所谓第三党等的一切企图作坚决的理论上、思想上的斗争。应有计划地进行对外通俗化、青年化的宣传与煽动。

7. 团在苏维埃区域内的主要任务,是征调一切劳动青年群众帮助党巩固和扩大苏维埃胜利,建立苏维埃政权之下层基础,公开【团】的一切活动,和征求团员,巩固团的组织基础,注意苏维埃选举工作,实现"十六岁以上的男女劳动青年的参加苏维埃选举及被选举权的口号"。在苏维埃区域内团对教育文化工作进行及建设应负极大的责任。

8. 在现时革命阶段上,有一部分贫苦的学生群众及其他知识分子,因为对于国民党统治的失望,及自己没有出路,有消极沉闷状态,重复走上革命战线的趋势。现在我们的策略就是在一般学生群众中形成反对派,使之反抗国民党各种各式的压迫与剥削,发挥他们反帝国主义的作用。注意发展各种性质各种形式的青年团体组织,赞助并领导他们作本身的利益的斗争。加紧思想与理论上的斗争。把一部分贫苦激进分子引进到工厂中、农村中、军队中去,使之参加革命斗争。

9. 根据过去的经验,青年女工在一般工人斗争中,农村青年妇女在农民斗争中,均有很大的作用,今后务须重视此项工作,引进她们更积极参加革命斗争。在整个的革命斗争中求得她们的根本解放。

10. 建立党与团的亲密关系十分重要。团应在党的政治指导之下进行工作,同时有完全组织上的独立性。对一切政策之决定,团应参加自己意见,并努力使之实现。各级党与团的组织互派代表出席会议应切实执行。在没有党部组织的地方,团得自己独立发展到一般群众中去,并可领导一切斗争,但须接受党的政治指导和帮助建立党的组织。

11. 最后,中国 CY 五次大会认为战胜一切困难,建立中国与少年国际密切的关系,为执行并完成其当前的伟大〈的〉任务的先决条件之一。五次大会并要求少年国际及各国兄弟团应更充分、更实际地帮助中国团艰难的斗争。大会更委托中国团出席少年国际第五次代表大会的代表团与各国兄弟团切实交换斗争经验,并商议实际协助与相互联络的具体方针。

二、组织问题决议案

(一)过去组织状况的总结

本团四次大会到现在经过了一个激烈革命转变的过程。随着革命暂时失败,我们党与团及一切革命群众组织被逼到地底〔下〕存在的形势。虽然环境如此艰难,但是我们组织上还可以看出相当的进步:(1)保存了大部分干部和基本组织,在白色恐怖潮流下没有根本消减;(2)在革命紧急关头坚决起来与党和团内机会主义斗争,主张淘汰右倾分子,规定改造组织政策和战胜取消主义、先锋主义等不正确的组织倾向;(3)指导机关的工农成分有相当的进步(省委统计工人25%,农民35%);(4)团在农村斗争区域势力的增长。

但所有这些进步都不能掩护〔盖〕组织上重大的弱点,最主要的是:(1)团在产业青年工人中基础的薄弱,农村中亦偏于畸形的发展;(2)全国还没有健全的支部工作,尤其是工厂支部软弱;(3)各级团部缺少密切的工作联系,没有严格地审查各地团部组织工作;(4)秘密工作经验幼稚,尤其是不能适应城市恐怖环境;(5)对于青年工农兵士贫苦群众组织工作,还没有深入群众的具体的工作方式;(6)团的干部牺牲极大,提拔新的积极分子还不充分;(7)团内政治教育薄弱;(8)苏维埃区域团的发展缺少组织性与纪律性,尤其是没有适应新环境的积极训练。这些重大缺点充分证明过去团的组织工作薄弱,没有明确的、坚定的组织路线去适应新的环境。

(二)今后组织任务

大会郑重指明本团是中国青年无产阶级的革命的政治组织,团的社会基础应当建筑在生产企业中青年无产阶级身上,群众工作基础应当建筑在青年的身上。最近基本组织任务应当是尽巨大的努力到青年工人当中去巩固自己的阶级基础,造成强固的群众的战斗组织,完成团的布尔塞维克化;争取全部青年工人和一般被剥削青年群众同情于阶级口号的周围,准备新的革命高潮,实现群众的武装暴动。为实现这一基本任务,便需要继续改造组织政策,切实进行群众工作,集中努力去实现下列几种实际的任务。

1. 巩固团的阶级基础,本团现在社会成分上严重问题便是产业青年工人数量发展的微弱;团员百分比例是农民占70%左右,工人只占15%,而且偏重于轻工业。这个畸形现象,决不能形成真正青年无产阶级的组织。今后应当:(1)战胜一切困难,恢复和建设大城市重要工业中心的基础,无条件吸收革命的青年工人入团,并应注意产业中心的区域组织的发展。(2)尽可能注意取得铁路、矿山、海员、兵工厂、市政等重工业青年群众,特别是提拔他们当中的积极分子加入指导机关。(3)农村发展是团的进步之一(反对停止农村发展的主张),但应特别注意征取农村无产阶级及贫农成分,尤其要注意农村无产阶级和贫农干部的培养,并须尽可能地派得力的工人同志下乡担任巡视指导工作。(4)四郊农村及小市镇对于城市工作有密切的联系,应注意发展组织。

2. 建立支部:支部是团的组织基础和工作单位。过去很少有健全的支部生活,支部只是一个传达命令和政治鼓动的机关,没有内部独立之工作,支部书记多是指派而不经过选举,特别是生产支部基础薄弱,这就是团的工作不能深入青年群众与青年群众密切联系的根本原因。今后应当:(1)坚决忍耐地建立支部工作,特别是大工厂、大企业的生产支部,是本团主要基础。(2)支部应按照本团新章程上所规定的,执行经常组织工作,如开会、收费、分配日常工作,每个同志均应参加支部生活。(3)支部存在的主要形式只有三种:一种是生产支部(工厂、矿山、作坊、铁路、轮船),一种是农村支部,一种是街道支部;从前学校支部现在应归并到街道支部。学校在原则上只设立党团或团组,如特别需要成立支部须经相当团部委员会批准。小手工业、作坊青工、小商店店员、学徒、家庭工业者,均应编入街道支部,或归并到其他生产支部组织。(4)各支部应当按照他自己的环境,规定中心工作计划。应该从日常工作路线中巩固支部与当地群众的联系,不断吸引劳苦青年群众到支部中来。(5)支部书记及委员会是本团基本的干部,这些干部是健全支部工作的前提。支部书记及委员会应当尽可能经过选举,不用指派形式。(6)大会委托新中央搜集各地实际经验,编辑支部工作指南小册子。

3. 巩固地方团部(县市委等):过去中央以及省委对于地方团部组织工作很少有严格的审查,各地团部工作对于上级机关和团员群众没有明确的责任,这样便使各地团部工作表现没有系统性与组织性。目前实际任务要求我们立刻要审查地方团部的指导工作能力,执行决议通告的程度,支部工作状况,一般同志是否经过支部作用吸收到团的日常工作中来等等。对于各地团部实际考察和指导主要的是:

(1)地方团部应当是建筑在真正群众拥护的基础上,负责同志是在当地工农群众斗争中信用最大的,与群众最有密切联系的分子。

(2)地方团部应有当地重要支部(特别是工厂支部)的积极分子加入。

(3)地方团部应与地方支部有密切的联系,并且要切实注意指导支部组织与日常工作,统计整理各支部工作经验。

(4)地方团部应注意按照各种环境,设立各种群众组织及其中团组工作的指导;经过团组或支部的作用,吸引广大青年群众的同情到党与团的影响周围。

(5)地方团部应按照定期召集会议,并严格审查自己决议及上级机关训令通告执行的程度,并应在日常工作中按照本团章程执行铁的纪律,同时要认识纪律的教育意义,使受纪律处罚者能够自觉的改正和遵守。

(6)地方团部应注意督促团内民主精神的实现,尽可能使群众能够选举自己的领导机关,尤其是党内团内一般的政策,经过民主讨论能够得到群众自觉的拥护。但是民主化的程度应斟酌环境而定,不能破坏民主集中的原则。

(7)地方团部应不断地从群众斗争中吸引新的积极分子(特别

是工人成分)加入指导机关,创造真正无产阶级意识的干部;但应注意对于新进分子的教育,使其参加实际指导工作,不是形式主义。在日常工作中应准备着许多积极分子的后备军。

(8)地方团部应坚决地铲除一切国民党革命官僚式的脱离群众的指导工作方法;指导机关负责同志应尽可能的到群众中去,实际生活与群众同化,养成刻苦牺牲的工作风纪。

(9)各级团部要有系统地在团员群众中忠实具体地报告自己的工作,下级机关应定期向上级机关作忠实具体的报告。

(10)地方团部应当有计划地进行团员和青年群众秘密武装及政治训练的组织。

(11)地方团部除就近指导当地工作外,对于较远的组织,应经常有巡视指导办法;同样,中央和省委应特别注意巡视工作。

(12)地方团部应建立一切组织上必要的技术工作,如定期报告,精确的统计调查和精密的交通联络等,特别是地底〔下〕工作时代必须的条件。

(13)地方团部对于支部教育训练及干部人才的培养,应有切实办法;尤其要注意统计整理实际工作经验,做成教育的材料,培养团内组织人才,非常重要。应时常召集专门组织问题讨论会议等。

4. 秘密工作原则:严重的白色恐怖的环境,逼着我们转到地底〔下〕工作状况。现在一方面要保存极秘密的机关和基本组织,一方面要深入和扩大我们的群众工作,这两种任务要同时顾到,更须根本改变我们工作方式。秘密工作应当是更深入到群众里面去,建立与群众更亲密的联系,在群众工作中建立秘密机关和秘密纪律。学习与敌探斗争的方法。团的一切机关和组织只有按照这个路线才是正确的出路,才能极秘密的组织群众,走向革命的高潮。革命者的生命应当永远向着群众,得到群众的拥护和保障,一切脱离群众的躲避主义的倾向和英雄气概的拼命主义倾向,同样是一种罪恶。一般同志(尤其是新团员)都应当受相当的秘密工作常识训练;从中央到各支部都须严格执行适当的秘密工作纪律,一切破坏纪律的分子应当给予无情的处罚。

5. 群众组织工作新方向：

（1）群众工作路线的改变——过去工作路线偏重在不深入群众的政治鼓动，没有真正的群众组织工作，尤其是命令群众、强迫群众和盲动主义情绪，简直是群众工作中的自杀政策。现在应当根本改变这一路线，重新去组织群众说服群众，从日常斗争中积集群众力量，扩大群众同情。每一个日常斗争口号应当尽量注意与阶级口号的联系，随时不要忘记了阶级的面目。

（2）公开组织——团应利用各种环境可能，在青年工农群众中设立各种形式的公开的或半公开的组织（公开组织如俱乐部、夜校、体育会等；半公开组织如工会中青年小组、农村少年先锋队等）。应当经过这些组织，尽可能去接近生产企业中的青年群众。每个支部小组的同志应当成为这些组织中实际领导的核心。

（3）反动团体中的青年组织——在一切有相当群众基础的反动组织中（如黄色工会），应当利用各种的可能去分裂他们的组织，特别是组织青年反对派。

（4）参加自发组织和运动——一切自发的群众组织（如兄弟团、姊妹团、把友会、互助会、同乡会等），一切群众集会（如追悼会、游艺会、纪念节等）的机会都不能轻易地放过，无孔不入地钻进去发展我们的组织，起领导作用。

（5）宣传煽动工作路线的改变——现在宣传煽动的对象，应当切实向着各个工厂、企业、农村、军队、街道等广大劳苦群众的所在；材料应当最切实、最扼要，能够正确反映出群众真实痛苦，引渡〔导〕群众增加阶级的自觉；方法应当极力通俗化、群众化，如采用工农口语编辑歌谣、小报、快报、画报，改良飞行集会散发传单、涂画墙壁各种技术，注意个别煽动和游说等等。

（6）学生工作路线的改变——过去统一学生运动的策略早已失了时效，现在主要的组织形式应当是发展革命的青年团体，如反帝国主义大同盟、反基督教大同盟、革命文艺研究会、社会主义研究会等，经过这些组织去〈组织〉吸引国民党的反对派和土地革命的同情者。各地方有群众的学生会组织,还要注意取得实际的领导。对于第三党组织和思想影响在学生中的发展,应当采取猛烈的攻击态度,批评揭破他们的假面具。各种左派学生刊物和小报以及演说辩论会等,应当极力与之发生联系,扩张我们思想斗争的影响。

(7)城市小学校、半日学校、通俗图书馆、阅报社等,这些下层社会教育机关仍然是接近城市劳苦青年群众的桥梁,应当注意取得实际的领导。

(8)青年妇女的组织,应当注意发展,特别要注意培养工农妇女的干部人才。

(9)在一切青年群众组织中,应当特别注意提拔群众中的积极分子,形成群众自己的中坚干部组织。团的同志应当从【事】实际工作,努力保证这些组织在我们的政治影响之下,但绝对要纠正过去包办机关和命令委派的习惯。

(10)群众运动精确的调查统计,是我们计算力量、决定正确策略的重要条件,各地应当重视此项工作。

6. 党与团的关系:

(1)党、团关系重要原则是建筑在团接受党的政治指导而工作,同时团保持组织上完全独立性。

(2)团内应当消灭八七会议以来先锋主义倾向的残余,同时请求党内要继续消灭还部分存在的政治上和组织上对于团的取消主义倾向。

(3)没有党的组织【的】地方,团得发展到成年群众当中去,但须遵照党的政治路线工作。

(4)团在不妨害其工作范围内,应尽可能输送积极分子入党工作;党应注意发挥兼党团员的作用,经过他们加强对于团的政治影响。

(5)其他一般党与团关系均依照党第六次大会与团第五次大会组织决议案及章程执行。

三、中国共产青年团章程

（一）中国共产青年团

1. 中国共产青年团是少共国际的支部，它承认少共国际的纲领和章程，并且服从它一切的决议和指导。

2. 中国共产青年团是青年无产阶级的革命的政治组织，它吸收广大的劳动青年参加革命的斗争，从斗争中给与共产主义的教育和训练。中国共产青年团是中国青年工人唯一的组织，它赞助城市和农村中被剥削青年的一切政治、经济和文化的要求。

3. 中国共产青年团是青年无产阶级独立的组织，在中国共产党的政治指导之下工作，服从它的章程和纲领。

（二）团员

4. 凡承认少共国际和本团的纲领章程，年龄在 14 岁以上 23 岁以下的青年皆可入团。

（注一）在特殊情形下年未满 14 岁或已超过 23 岁者亦可入团，在团内有发言权无表决权，但在各级干部负责者例外。

5. 每个团员应该服从少共国际及本团的一切决议，积极参加一级组织之下的工作，按期缴纳团费。

6. 接收新团员须经过支部（生产支部、街道支部、农村支部），如无支部，地方组织可代行其职权，但须经过团的上级机关批准。

（注二）区以上的委员会，均可直接接收团员。

7. 入团的条件依下列数种：

（1）产业或作坊青年工人、学徒及农村无产阶级青年分子，经过介绍直接由产业支部通过。

（2）农村手工业工人、兵士、店员、下级使用人入团，须要一个团员或党员的介绍。

（3）学生知识分子入团须要二个团员或党员介绍。

（4）由其他的政党退出的党员（如国民党及其他政党）及反动军

队的军官入团,须有一年以上的三个团员或三个党员的介绍,同时还得省委的批准。

（注三）入团在未批准以前,负责的机关可以委入团的人做某种工作,藉以考察他对革命的忠实程度及工作能力。

（注四）介绍人对被介绍人应负责任,如遇有介绍不确实时,特别是与侦探有关系时,介绍人应受处罚,直到开除团籍和党籍。

8. 整个团体和其他政治的组织入团时,则由本团中央特别决议,或大会决定之。

9. 团员变更工作或迁移住所时,必须得到上级机关的介绍信,以便到本团另一地方登记。

10. 团员到其他国家时,须加入其所在国之团的组织,并在其某一组织之中工作。

11. 开除团员须经过支部通过,并经过上级机关的批准,在未批准以前,必须停止被开除者一切团的工作。如不同意开除决议时,可向最高机关控告。各级团部委员会,遇团员有反动行为,有直接开除其团籍的权利,但同时须将此决议通知被开除者所加入的下级团部组织。

（三）中国共产青年团组织系统

12. 中国共产青年团和少年共产国际其他各支部一样,其组织原则为民主集中制。民主集中制的基本原则分以下几点:

（1）下级指导机关和上级机关是在团员大会、代表会议和全国代表大会选举之。

（2）被选出来的机关对选举者负责,按期报告工作。

（3）下级机关应承认上级机关的决议,迅速地执行少共执行委员会和本团上级机关的决议,严格遵守纪律。

（4）党和团的政策和各种问题,只有在相当机关未决定以前团员可尽量讨论,一经决议后,每个团员必须无条件执行,即一部分人或某地方组织不同意亦须服从。

（注五）地方组织虽不同意党或团的上级机关决议案亦须执行其

决议,但下级机关有权上诉一直到少共国际大会。

(注六)在秘密条件下,如果没有实行经常选举的可能,团的上级机关可以指定下级机关;同样的,要得到上级机关的批准,可指定新委员参加各级委员会。

13. 团依地域界限而组织之(如一县有一县的组织,一省则有省的组织)。在一区域内管辖某一区域的组织,对于该区域各部分组织为上级机关(如县委比这一县内区委支部要高)。

14. 团的地方组织在少共国际和本国决议内,有权决定一切地方问题。

15. 各级组织的最高机关为全体团员大会、代表会议或全国代表大会。

16. 团员大会和全国大会选举负责的各委员会,在两大会期间,各级委员会则为指导机关,指导一切经常工作。

17. 一切新成立的团的组织(支部、区、县、及其他等等),须经过所属上级机关的批准。

18. 本团组织系统如下:

(1)各工厂、作坊、大商店、乡村、街道、小市镇、军队组织支部:支部团员大会——支部委员会。

(2)城区或乡区:区团员大会、区代表会——区委员会。

(3)一县或市范围内:县或市代表会议——县或市委员会。

(4)特别区(包括几县或省之一部分):特别区代表会议——特别区委员会。这种区的组织按地方的需要和省委的决议即组织之。

(5)一省:省代表大会——省委员会。

(6)全国:全国大会——中央委员会。

(7)中央为便于指导各省之工作起见,可以在几省范围内组织中央执行局(如北方局、长江局等组织)或中央特派员。中央执行局、中央特派员由中央指定之,并对中央负责。

19. 各级委员会为便于指导工作起见,可以在团委员会之下组织各部或委员会,如宣传部、组织部、经济斗争委员会、妇女运动委员会、儿童运动委员会等；在特别区、省委、中央之下须设农村工作委员会。各部或委员会服从团部委员会，按照团部委员会所指示的路线工作，并须经过团部委员会实行各部或委员会的决议。

（注七）为便于某地少数民族(蒙古、高丽、台湾、安南等等)的青年工人农民中工作起见，可以斟酌在相当地方团部委员会需要组织少数民族工作部或委员会。

（注八）在军队中用不着成立团的支部，团员参加党的支部中工作。

（注九）按一般的规定，在学校应组织团的小组，如有必要时可成立支部，但须得到当地团部上级机关同意。

（四）支　部

20. 支部是中国共产青年团基本组织的单位，它的基础就是生产支部(工厂、铁路、矿山、海员、作坊、大商店、农村等)。凡是在支部所在地工作的团员，都应该加入支部。三个人以上可以成立支部，但须得到相当上级机关的批准。

（注十）团员不是在产业中工作的，如手工业工人、个别雇佣工人、家庭工作者、知识分子，可按照居住区域组织街道支部，或加入产业支部。

21. 支部是使本团与城市青年工人和乡村农民群众联系的组织。它的任务是在被剥削青年群众中执行党和团的口号与决议，有计划地执行共产主义的宣传和煽动，取得青年群众，使他们脱离敌人的影响，征收教育新团员，散布我们的宣传品；考察青年工人的生活状况，讨论他们的实际要求，指导他们作政治、经济、文化各种斗争。支部每星期应开会一次。

22. 为了执行目前工作，每个支部在三个人以下的可选举一个书记，五人以上则选举委员会(支部委员会中选出一人为书记)，进行日常工作，执行支部大会决议及上级机关训令，分配同志工作，如宣传，分发秘密印刷品，调查群众生活及反动派状况，参加或发起赤色工会、农协及其他各种无产阶级群众组织，并进行团组工作，征收团员,与党的支部发生联系。

(五)城乡区的组织

23. 生产支部,街道支部,乡村支部,联合在区委组织之下。

24. 城乡区组织的最高机关为该区范围内团员大会,支部代表大会。区委员会由大会或代表大会选出之,但须得到上级机关的批准。区委员会委员之半数应该是重要支部的团员组成的。委员会指导该地生产支部街道支部的一切工作,进行团员登记,召集会议,分配登记表等事件,组织新支部,管理会计等事,指导该区以内的青年群众运动。在目前这种秘密条件之下,区委员会经常的至少每半月召集一次。在两委员会议过渡时间,有常务委员会议,一切经常工作由常委指导;常委由全体区委员中选出之。

(六)县或市的组织

25. 在一县的范围之内,县代表大会为最高机关。县代表大会经常是三月召集一次;如有一县团组织之三分之一的提议,或按省委和中央执行局决议,县委员会得召集临时大会。县委员会对县代表大会负责。县代表大会选举县委员会及参加特别区或省代表大会的代表。县代表大会人数由县委员会决定之,但须得到特别区委或省委的批准。

26. 县委员会由县代表大会选举之,每四月一次。在两次县代表大会的过渡时间(即县代表大会闭幕后,下次大会未开幕以前),县委为一县之最高机关。县委应有该县内重要区域内的代表参加,县委全体会至少每月一次,并选举常务委员会进行日常工作。县委会选举书记一人,书记应得上级批准。

27. 县委执行县代表大会及省委、中央的决议案;尽可能在县委之下组织各部或委员会,以便执行各种工作。在县代表大会中间时期,县委一切工作,对上级机关负责,按期向上级机关报告工作。

(注十一)县委所在的城市则不需要市委,一切工作归县委指挥,在城市只可以按区的划分组织区委。区委由区团员大会或代表大会选举之。

（注十二）市委的组织如县委；市委之下除分区外，并得管辖近郊直属支部。在省委或特别区委所在的城市，不另设市委，其工作直接由省委或特别区委指导。

28. 特别区委按县委组织条例工作。如特别区委所在地没有省委，则区委可直接与中央发生关系，其组织条例及主要工作与省委同。

（七）省的组织

29. 省代表大会为一省之最高机关。省代表大会半年召集一次；如有一省组织之三分之一的提议，或按中央决议省委得临时召集临时省代表大会。省大会审查省委及省审察委员会的工作报告，讨论一省内团务及工作方针，选出省委和省审察委员会，及出席全国大会代表。

30. 在省大会中间时期，省委为一省最高机关。省委员会中应参加重要产业及重要地方团部代表。省委人数由省大会规定之。省委应规定经常召集全体委员会议，一般的惯例是两月一次。省委选出常委分部进行日常工作，常委选出书记一人。常委所在地应在党的省委附近。

31. 省委执行省代表大会及中央委员会一切决议，指导全省范围内的工作，分配同志参加各级指导机关工作，指导一省内青年群众组织中的团组工作。省委一切工作对省大会及中央负责，省委每月应向中央作报告。省委在可能范围内独立发行或和党共同发行机关刊物。

32. 省代表大会选出审察委员会，监察省委、县委、区委财政。省审察委员会对省代表大会负责。

33. 省委应指导所在城市的工作。在省之下则有区委。在省委所在地之县委只能作一县乡区范围以内的工作。

34. 省委为解决一省内临时所发生的问题，至少每隔四月召集省委扩大会一次，代表人数由省委按各地团员人数而决定。省委扩大会议案得经中央批准。

（八）全国会议

35. 本国全国会议，照章是一年一次，代表人数由中央决定。

36. 全国会议如果是在全国代表大会或少共国际大会前几日，则全国会议选举出席全国代表大会和少共国际大会的代表。

37. 全国会议议决案须经中央委员会批准。

（九）全国大会

38. 本团全国大会是全团最高机关。大会每年召集一次，但须得到少共国际执委的批准。如果有少共国际执委的提议或团省组织之过半数请求，中央得临时召集全国临时大会；全国临时大会必须得到少共国际的允许。

39. 各省派来参加大会的代表，如超过全体代表之半数，大会有权通过一切决议案。代表人数由中央决定。

40. 本团全国代表大会：

（1）接受并审查中央委员会及中央审察委员会的报告。

（2）决定纲领章程问题。

（3）决定对党和团的政治策略及组织等问题的意见，由大会通过对以上各项的决议案，根据决议案以决定全国团的工作方针。

（4）大会选举中央委员会、中央审察委员会。

（5）选举出席少共国际代表大会及党代表大会的代表。

41. 本团全国代表大会的代表，系由省代表大会选举之。在目前秘密情形下，省委可指定出席全国代表大会的代表，但须得到少共国际执委的同意。本团全国代表大会，如得到少共国际同意，可由临时全国会议代替之。

（注十三）中央委员如不是被地方组织选出出席大会者，不得有表决权。

（十）中央委员会

42. 中央委员会是全国大会闭幕前后的最高机关。中央委员会由全国代表大会选举之。中央委员会指导全国团的政治和组织工作，组织出版处，管理中央会计处，并分配工作人才。

43. 中央委员及候补委员人数由全国大会决定之。如遇中央正式委员缺席时,则以中央候补委员递补。

44. 中央委员全体会每三月一次,候补委员得参加之,但只有发言权。

45. 由中央委员会选举常务委员组织中央局。中央局所在地依 CP 中央所在地而定。中央委员全体会议可以更换中央局委员。中央按着各种不同的工作而实行分工,并应常与党的政治局发生关系。中央局对中央委员会负责。

46. 中央为便于指导各部工作起见,在中央之下组织秘书处、组织部、宣传部、经济斗争委员会、农村工作委员会、军队工作委员会、妇女运动委员会、儿童工作委员会等。各部或委员会任务应当是在各工作部门实行中央决议和通告。各部部长或委员会主任由中央局指定,部长尽可能的应该是中央委员。中央局选举中央书记一人。

47. 中央委员会应按期发行本团的刊物,以供青年工农阅览,此外还应发行定期通讯,供给团内指导机关参考。

(十一)中央审察委员会

48. 中央审察委员会由全国代表大会选举,监督会计处、财政统计及中央各机关工作。

(十二)团 组

49. 在职工会、农会、学生会,及其他社会团体文化组织中,如有团员三人以上得组织团组。

50. 团组即是本团在其他组织中,实行团的政策,加强团的影响,并监督团员工作的组织。团组按照组织范围的大小,服从各级委员会;在全国范围以内的服从中央,在一省范围以内的服从省委,一区范围以内的服从区委,一县范围以内的服从县委。

51. 团组可产生干事会,但须得到当地团的上级机关批准。在某组织中的一切问题,必须先经过团组组员或干事会讨论后再交上级机关批准,然后才能交到公共组织中讨论执行。团组大会中每个团员应该按照团的各种决议发表意见,以求在团员中及指导机关中对一切问题有一致的意见。

(十三)纪　律

52. 遵守严格的纪律是每个团员及各级团部最高的义务。少共国际及本团全国大会、中央委员会、各级指导机关的决议和一切日常工作纪律,必须严格的服从。

53. 如遇不执行上级机关的决议或犯党与团内所认定的错误时,处罚方法是:对整个组织:指责,指定临时委员会,解散组织,团员重新登记;对个人:各种形式指责,警告,取消其指导工作,开除团籍,或予以相当时间留团察看。违犯纪律的人则由大会或委员会审察,在未审察以前,为了要预先调查违反纪律的真相,委员会可以指定特别委员会办理,并经上级机关的批准。

54. 中央可以单独执行纪律,处罚重大错误的团员或整个的组织。

55. 被开除的团员或被解散的下层组织(县委、地方、区委),有权向上级机关控告,依次由省委起直到中央、全国代表大会、少共国际执委、少共国际大会。

(十四)财　政

56. 本团经济上的收入是团费,特别捐,印刷机关的收入和上级机关的补助。

57. 团费的多少由中央决定;团费按团员收入多少可分为若干等,失业工人及其他最贫苦分子可以免缴团费。

58. 团费收入,若干应缴到中央,若干应留在省委,由中央决定。至于支部、区委、市委、县委、各级委员会需要若干,按百分数由省委规定之。

59. 团员无故三月不纳团费,开除其团籍,决定后得向团员大会报告。

(十五)本团与中国共产党的关系

60. 本团和党自上级机关到下级机关,互派代表参加会议。

61. 各级团部委员会应经常在各级党委员会中报告自己的工作。

62. 党与团遇有意见冲突时,应提交党和团上级机关解决。

(十六)章程和纲领的改变

63. 全国代表大会有权更变章程和纲领,但须得到少年共产国际同意。

四、农村青年工作决议案

(一)中国农民运动现状与党的策略

1. 土地革命〈继续〉仍为中国革命现时阶段的主要社会内容。中国土地关系的根本矛盾点,是在千百万完全没有土地的(佃农)和土地极少的农民群众(半佃农)与土地私有垄断者彼此之对立,即前者反对后者,经济上争取土地使用权,从封建压迫和奴隶关系下解放出来的一种斗争。这种斗争在现时所处的阶段是在阶级矛盾与阶级斗争更加剧烈的情况之下发展。

2. 现时农民运动之主要特征:因各派军阀间不断的战争与国内经济的破产,资产阶级地主反革命暂时胜利,农村统治阶级直接压迫加剧进攻,广大的农民群众的生活日益恶化,由于这些条件的关系,故农民有高度的要求与剧烈的斗争。最近一年来农民运动发展到从来未有的高涨,斗争范围非常广阔,但各地发展不平衡。

在最近斗争中,全国各地农民群众所表现出来的要求亦显有差别:南部与中部农民斗争的方向,在于反对地主阶级夺取土地与政权的问题;在北方各省则大半为小的自耕农,其斗争的方向大都为反抗军阀、官僚与豪绅等的苛捐杂税、高利贷等剥削和推翻军阀政权,也就是破坏土地关系之另一方式。

3. 中国共产党第六次大会,基于以上的客观形势的估计与土地革命在过去阶段中所得的经验,确定目前主要的策略路线在于创设绝大多数被封建势力剥削的广大农民群众的统一战线,从雇农起以至中农,因为贫农与农业无产阶级在城市无产阶级及共产党领导之下而斗争,为土地革命的主要动力,而与中农联合乃在土地革命中贫农胜利的必要条件。对贫苦农民重分土地之企图,虽然应该加以赞助,作为破坏土地旧有形式之一种革命手段,但同时应加一种批评,指明"平分土地"的口号乃是一种小资产阶级社会主义的幻想,使农民了解在现在资本主义制度下决〔绝〕没有真正"平等"的可能,且在现在斗争的阶段上,在中农占多数的地方,尤不应强使他们如此实行。再则过去经验告诉我们,农村无产阶级与农村资产阶级、贫农与富农,在各地农民暴动胜利之后,其阶级的矛盾表现得非常之快;所以当富农还没有消失反封建官僚军阀等革命性并继续斗争时,我们固应企图吸收富农于一般农民反军阀豪绅地主的斗争之内,但贫农与雇农的斗争应同时进行,决〔绝〕不能因联合战线而对富农有所让步,且在农民运动初发展时,即准备着下一阶段的斗争。无论在任何条件之下,都应特别注意于贫农中的工作,防止富农夺取农民组织的领导权,并须在农民组织中巩固贫农与雇农的思想上和组织上的领导。凡富农现在已成为反动力量的地方,那么反富农的斗争就要与反地主反军阀等任务同时进行。

(二)过去农村青年工作的总结及现状

4. 本团至第四次全国大会,始重视农村青年工作。党的"八七"会议以后,中央根据党的决议和湘鄂赣粤四省秋收暴动的计划与精神,发出许多关于农村工作的通告。以后湘、鄂、赣、粤、苏等省团部一致接受新政策,很热烈地准备暴动。当时有许多地方,如广东琼崖、湖南常德、江苏宜兴等地暴动都是本团所发动起来的;湖北、江西(黄安①、修水、宁冈等处)、海陆丰以及其他农民区域暴动之发动与领导亦颇激进的参加;甚至直隶正定等地团部,虽未接得中央通告,亦曾相当地领导了农民斗争。故在过去斗争阶级中,农村青年在本团领导或影响之下,对土地斗争的革命作用确实很大,在苏维埃区域中农民游击队伍以及其他农民斗争中,都有大部分的青年农民参加。

5. 可是因为对于暴动观念之模糊与不了解农村工作实际意义,

---

① 黄安,今湖北省红安县。

忽视城市工作,无产阶级意识对于农村工作领导之薄弱,结果往往流于盲动。去年十一月中央扩大会议,虽然曾指出过去各地农民暴动中所表现的最大缺点,就是没有注意从农民本身利益的斗争上,去发动广大群众去参加斗争,所以使暴动不能成为群众的持久的斗争,但并未能积极指明夺取广大群众与武装暴动之根本意义,故直至现在盲动倾向还未肃清。

6. 再则团在农村中的力量虽有不少进步——十一月扩大会议前,团员成分农民同志只占百分之十五,现在农民同志已占百分之七十至七十五;全国少年先锋队达八万余人,农村童子团亦有七万余人——但是团在农村中的实际基础仍极薄弱。农民同志与少年先锋队之发展,往往偏于少数农民暴动胜利区域(广东之琼崖、海陆丰、湖南之醴陵、衡阳等),有极大多数省份对于下层农民群众组织工作,仍未切实进行,除开少数区域,农村支部大都不能起作用。在过去农村工作中还有一个很主要的缺点,那就是在各地农民斗争中绝少注意青年农民的特殊利益。

(三)今后农村工作之主要任务与实际工作方针

7. 本团目前在农村工作中的主要任务,厥为帮助党夺取成千百万的农民群众,尤其要夺取成千百万的青年农民群众,使之围绕在党与团的周围。以土地革命的口号,动员广大农民群众起来斗争,尽量扩大与巩固农民协会,充实农民协会中青年部的工作,尽量引进青年农民加入农民协会。在暴动没有胜利以前,本团应领导广大青年农民参加各种各式的农民斗争(从抗租、抗税、反对豪绅地主,直到武装暴动的准备与领导),在斗争中应提出并争得青年农民的特殊要求。对农民自发的斗争与暴动,亦应积极参加与领导。如果农民协会这种组织不适用的〔于〕地方,则于必要时应采用另外的农民群众组织的形式(如"抗捐同盟""农民反军阀同盟"等),以便更能适合地方的条件。在农民运动特别薄弱或暂时失败的区域,我们应当赞助并领导农民所提出的各种部分要求(如减租、减息、抗捐等)的斗争,使这种小斗争能深入发展走到更高的程度。

8. 在暴动胜利以后，农民协会应由领导暴动的执行机关，根据广大劳动农民选举而成立苏维埃政府。当苏维埃选举时，本团应注意青年雇农、贫农及其他贫苦劳动男女青年当选的活动。苏维埃政府成立之后，与目前已经建立苏维埃政权的区域，那么注意经过苏维埃政府进行改善农村青年生活与一般教育文化工作，但更主要的任务乃是扩大苏维埃胜利与土地革命工作的积极参加。

9. 少年先锋队与劳动童子团工作，实为本团在农村青年工作中的主要任务。少年先锋队应当是十五岁至二十三岁，以青年雇农、贫农为中心的群众的阶级的组织，自耕农、手工业工人和其他农村劳动者亦应引导其加入。这一组织是团领导广大青年农民群众参加和发动农民斗争的力量。它和农协农军的关系及其工作范围，青年团十一月中央扩大会议已有规定，现在仍可适用。各地应尽量发展农村劳动童子团，亦尽量扩大，使本团在农民斗争中增加活动力量。

10. 巩固工人阶级对农民思想上与组织上的领导，是土地革命胜利的必要条件。所以必须尽量加紧有组织的农村工作与城市工作的密切联系，应加紧在因经济衰落或工厂倒闭回到乡村里的失业工人群众中进行工作，应切实有计划分配工人同志参加农村工作，加强无产阶级对于农村工作的领导。团在农村中的组织基础应建筑在青年雇农与贫农身上，同时亦可吸收一部分革命的中农青年，但最主要任务就是更须努力巩固农村现有支部，并创造新的支部的阶级基础。

11. 帮助党组织乡村无产阶级（雇农），提出明显的政纲，并领导他们的阶级斗争，将为本团今后在农村工作中十分急要的任务。在已有富农经济与地主经济的地方，应成立农村无产阶级的独立组织（雇农工会），至少亦须在混合的农民组织中建立强固的雇农支部。本团应尽量引导手工业雇佣工人加入雇农工会，尤其需要注意雇农工会或雇农支部中之青年部工作。对满洲内蒙移民中的工作应即开始进行，这些移民大概都是无地的农民，流徙到那边去做农业工人的（最近一年来直鲁两省农民因受灾荒及军阀战争痛苦无法谋生，出关难民为数有五六百万之多，其中青年占多数）。

12. 积极参加游击队伍及游击战争的工作亦为本团主要任务之一。在与城市无产阶级有联系的武装暴动以前,游击战争是农民日常生活斗争走到武装冲突时的主要斗争方式,我们应积极地、坚决地去领导这些斗争。游击战争的主要任务,第一就是实现农民斗争的口号(没收地主土地交给农民耕种,焚毁地税契约,杀戮地主豪绅高利贷者),发动更广大的农民群众,使之走到革命战线上来;第二是建立红军;第三就是收缴民团警察及其他敌人武装以削弱统治阶级的力量。本团应派得力同志加入游击队伍,并在游击队伍中吸收同志。在游击战争中或当游击队伍停留在某乡村时,应尽可能召集农村青年群众大会以扩大宣传。

13. 农村中对兵士工作必须十分注意。应在少年先锋队中挑选一部分勇敢的分子加入红军,在红军中须建立本团小组工作。平时在民团保卫团与警察中的工作亦须加紧;当反动军队下乡压迫农民斗争时,我们更应设法在兵士中进行工作,使之倒戈帮助农民。

14. 在河南、山西、直隶、山东一带的红枪会、大刀会等形式的农民团体中,包含有不少的青年农民群众,彰德一带的小红枪会现在还秘密存在。这些农民团体的领袖,多系豪绅地主或被其利用的分子,但在客观上这些农民团体实有反抗军阀等压迫的革命作用,我们应设法在其组织中工作,夺取其下层群众。小红枪会群众大半都是雇农、贫农与小自耕农,对他们工作更重要,应使小红枪会或类似此种组织中的青年加入少年先锋队,参加土地革命。

15. 此外,今后对农村中小学校教师与小学生的工作仍应重视,用各种方法提高他们的政治觉悟,使其革命成分加入农民斗争。根据过去农民运动的经验,农村青年妇女在农村斗争中的作用颇大,应把她们组织在少年先锋队与农民协会中,务必设法领导她们为反对各种封建势力的压迫,以至于为苏维埃政权而斗争。

(四)农村青年要求纲领

16. 在各种农民斗争中,应注意提出农村青年的特殊利益要求,尤须切实宣传农村青年的要求纲领与党的土地政纲及行动口号,以推动广大青年群众起来斗争。第五次代表大会特别严重指出此种工作的重要，并规定农村青年要求纲领如下：

（1）推翻地主豪绅及国民党在农村中的政权，建立工农兵代表会议苏维埃政府。

（2）十六岁以上的男女劳动青年，应有参加苏维埃选举及被选举权。

（3）没收地主阶级的土地和祠堂、庙宇、教堂及其他一切社会公用荒地归苏维埃处理。

（4）没收一切反动教育机关，实现免费教育。

（5）提高青年农民及兵士的生活，青年雇农增加工资。

（6）反对打骂牧童及青年学徒，并增加其工资及减少其工作。

（7）禁止虐待童养媳及贩卖妇女。

（8）要求苏维埃政府兴办公共阅报处、图书馆、书报流通处、俱乐部及运动场等。

（9）要求农民协会协助少年先锋队及劳动童子团的工作及其发展。

五、苏维埃区域内青年团工作大纲

（一）准备苏维埃政权的工作

1. 在夺取政权前夜的准备工作中，团的主要任务是征调广大青年工农与一切革命青年群众在团的周围及口号之下，进行下列工作：

（1）普遍地宣传苏维埃政权的实际意义，及暴动中党的政纲及口号。

（2）准备青年工农群众的武装，参加作战与各种破坏工作。

（3）进行各企业各区域秘密组织配合适当的发动。

（4）准备新政权成立第一天起，团的一切工作方式。

（二）夺取政权后团的实际任务

2. 暴动发动后，应特别注意夺取武装，镇压反革命派，夺取宣传印刷机关,大规模宣传动员,召集青年群众大会,征调广大青年群众并推动一般成年群众参加各种群众大会,使每一小时都有新的群众起来参加暴动,帮助党领导群众自己动手执行革命政纲,没收反革命派财产、房屋、土地及反革命派一切生产工具,征收粮食等任务。

3. 建设并巩固苏维埃政权,团应执行下列工作:

(1)有组织地努力宣传苏维埃意义和实际组织成千成万的群众在此新政权之下。

(2)反对以党代替苏维埃倾向。苏维埃——工农兵代表会议应当是群众的实际政权组织,执行自己的革命政纲。

(3)注意苏维埃选举工作,使工人或雇农贫农当选,防止富农及一切地主的奸细搀入;实行"16岁以上的劳动青年男女,都有参加选举及被选举权"的口号。

(4)督促苏维埃政府忠实执行革命政策,使群众能够时常影响苏维埃政府,防止官僚主义倾向。

(5)督促苏维埃政府颁布保护劳动青年利益的政纲,并努力促其实现。

(6)征调革命青年群众参加扩大苏维埃区域胜利的斗争和守卫苏维埃政权。

4. 对于经济建设工作应:

(1)注意合作社的运动,特别是工农联合的合作社组织。

(2)帮助党执行革命过渡期间难免的经济政策,如征发粮食、禁止铜元出口、抑平物价、救济剪刀现象、奖励商人办货等,团更应有劝告式的宣传工作。

(3)帮助农民选种、驱除害虫及一切农业改良运动。

(4)帮助农民执行分配土地,并进行合作经营运动。

(5)仿效苏俄共产党礼拜六办法;CP、CY同志须一致实行节省主义,尤其是在经济恐慌时期。

(6)宣传并推动苏维埃政府,使之了解并实行,解决经济恐慌的根本出路,是苏维埃胜利区域继续扩大,特别要取得工商业城市中心。

（七）其他。

5. 军事工作：

（1）广大地宣传征调更积极勇敢的青年工农群众加入红军，如海陆丰举行"武装青年宣传周"；特别要征调一部分团员入伍。

（2）注意红军中政治教育娱乐工作，自下而上的纠正军纪与风纪，培养革命军人的牺牲精神，启发并提高红军兵士的阶级意识，增强红军的战斗力量。

（3）注意红军或工农革命军出发前方与当地群众联系的工作，如举行工农兵联欢大会，慰劳士兵游艺大会等；红军不是简单的军事组织，应当有武装宣传的意义。

（4）少年先锋队与劳动童子团应有广泛的发展，少年先锋队应经常输送队员加入红军。

（5）应以少年先锋队与劳动童子团为基本队伍，征调更广大的革命青年群众，进行破坏敌人交通、运输、救护慰劳士兵等工作。

（6）注意侦探、瞭望、防卫等工作。红军出发时少年先锋队应有巩固后方的责任。

6. 教育文化建设工作：

（1）在革命初期只可着重一般的社会政治教育工作。

（2）推广宣传所、通俗书报室、俱乐部一类的组织，在这些机关应设立壁报、画报及晚会等。

（3）设立各村庄各街道问事处。

（4）进行广大的识字运动，消灭同志中与一般工农群众中不识字的现象。

（5）尽可能恢复学校和教育机关，首先应当创办一些模范性质的学校和团校。

（6）注意革命新需要，编辑新剧本和各种新教材，旧剧本和教科书经过审定改良亦可暂时应用。

（7）禁止一切反动书报（如圣经、三民主义、四书五经等），检查反动新闻纸。

（8）各级苏维埃应设教育委员会或教育委员,教育经费在政府全部预算中应占相当成数,尽可能施行免费强迫教育。

（9）注意反宗教、反神权、放足、剪发及其他革命的文化运动。

（10）其他。

7. 在苏维埃区域内团的组织应:

（1）公开团的一切活动和征求团员,但仍应保存秘密机关。

（2）取得农协青年部、雇农工会的青年部、工会青工委员会及其他宣传机关工作的实际领导。

（3）设立少年先锋队、劳动童子团总部组织及其他青年团体的集中或联合组织。

（4）扩大团的组织,特别要注意吸收青年工人青年雇农贫农入团,使团愈成为真正的群众的组织,同时应巩固团的无产阶级思想上的领导。

（5）整顿并建立团的纪律和支部工作。

（6）开办团校和各种训练班,尤其是团的地方团部与支部的负责同志及军事政治工作人员等下级干部的训练。

（7）实现团员普遍的军事训练。

（8）组织手工业学徒联合会、青年店员联合会,准备这些组织加入当地职工会。

（9）组织团部公开的机关报。

8. 苏维埃区域的劳动男女青年,主要的要求纲领如下:

（1）16 岁以上劳动男女青年与兵士均有参加苏维埃选举及被选举权。

（2）青年工人及雇农增加工资、减少工作时间。

（3）禁止 14 岁以下儿童劳动。

（4）青年工人(包括农业青年)与成年工人同工同酬。

（5）青年雇工学徒利益应得工会确定的保障。

（6）提高兵士生活。

（7）实施免费教育及公共阅报处、图书馆、书报流通处、俱乐部和运动场等的设备。

（8）组织青年各种休息纪念节日。

（9）帮助青年妇女参加一切社会工作和实现她们的特殊要求。

六、经济斗争与工会工作决议案

（一）过去青工工作的总结

1. 五卅运动以前，团在青工群众中差不多没有工作。五卅运动中的罢工怒潮，青工群众大部分参加斗争，加入了工会，但当时多在一般的政治口号之下进行，团仍很少注意到青工群众切身利益的斗争。武汉时代劳动童子团，在本团领导之下全国发展至二十余万（中有不少的青年成分），可是没有运用这种群众组织与环境，加紧青年工人的经济斗争（如争得法律上的青工八小时工作制都未促其实现）。去年十一月中央扩大会议，虽有较进步的青工工作决议，也没有切实执行。现在团在青工群众中组织的力量十分微弱（团员7万中青工不及20%）。

2. 从整个的工作历程上看来，团对青工工作渐次重视，但〈在〉实际工作却做得太少了，这确是本团莫大的危机。这种缺陷主观的主要原因有下列几点：

（1）团内对青工工作很长的时期认识模糊，没有经常的青工工作。

（2）团没深入青工群众，不确切的了解青工生活状况与要求。

（3）没有找到具体的青工组织斗争……特殊工作方法。

（二）青工生活状况与青工工作的严重

3. 中国的青年工人向来是工人阶级的一大部分（约百分之四十），但是他们的生活非常恶劣（工资少，工作时间长，还有种种牛马式的压迫）。自资产阶级背叛革命后，白色恐怖空前的凶猛，中外资本家一致的向工人阶级进攻，消灭工人的革命运动。他们的方法第一是大批地开除积极革命分子,尤其是青年工人,以童工、女工来代替,利用他们柔弱与劳动力的低廉;第二减少工人,加重工作;第三减少工资,增加工作时间;把过去所谓共产时代的一切条件,完全推翻。青年工人群众的生活状况更加恶劣了。

4. 在过去的革命斗争中(上海、武汉、广东……),青年工人有过很大的作用,有的地方(如香港……)曾有青工斗争而领导起全厂工人罢工的事件。从生产地位、青年工人的痛苦与斗争中的作用,都可以看出青年工人在整个职工运动中地位的重要。中国工人阶级斗争的胜利,团结广大青工群众参加斗争是必要的条件。青年无产阶级的先锋——共产青年团,永久把青工工作放在主要任务的第一位。

(三)今后工作的方针

5. 依据过去工作的经验,青工生活状况,党第六次大会职工运动的决议,团的青工工作的唯一任务是:夺取全部青年工人群众围绕在党与团及革命工会的周围,运用新的青年工作方法领导其日常琐碎的经济斗争,施以政治教育启发其阶级觉悟,由小的斗争进于大的斗争,以〔一〕直到促进新的革命高潮的到来,参加武装暴动,建立苏维埃政权。要此任务之完成,必须依下列工作方针而努力:

(1)对于工人阶级的一切斗争,团要领导青年工人一致行动。在要求的条件中,要有青工的特殊利益条件。青年特殊要求要得到成年工人的赞助,一方【面】固要用宣传方法对成年工人说明青工应有特殊要求的意义,一方【面】还是要发动青工群众在积极参加斗争中提出;只有青工积极参加斗争,成年工人才不至忽视青年工人的力量而拒绝青工条件。当然青年之要求要与全部要求相适应。每次罢工委员会须有青年工人代表参加。

(2)一切青工与童工群众自发的斗争,团都要积极领导,使之更深入地发展,同时又可因此夺取青年工人群众。但在斗争中必须宣传成年工人援助一直到参加。

(3)如果青工群众在某种条件之下,有单独斗争的需要与准备斗争的决心,若有赤色工会,团可经过职工会而指导斗争。在黄色工会之下,可以由青工群众单独起来斗争,以夺取黄色工会中的青年群众;但在斗争时同样要尽量宣传,取得成年工人同情并使之共同参加斗争。

(4)团要帮助党建立赤色工会、工厂委员会,引导青年群众加入赤色工会各级委员会、工厂委员会,均有青年工人当选。各级赤色工会之下,必须设青工委员会,规划讨论青工工作,经过执委会而实施;青工委员会书记须出席〔任〕工会执委及常委。

(5)为了青年工人便于讨论青年学徒的特殊问题,便于对青年之学徒施以合乎青年情绪的训练,在各工厂赤色工会下组织青工小组。这种小组之组织,是工会分组时将成年会员与青年会员分开编制,青年工人按人数多寡分成若干纯青工小组,它和成年工人小组同样的属于工会系统之下,并不是工会以外的什么独立的组织。青工小组开会时,青工委员会可派员出席,但只系教育训练与听青工群众的意见,并无直接指挥青工行动的权力。为了成年工人与青工不因分组而隔阂,工会可经常召集小组组长联席会。

(6)没有赤色工会的地方,反动工会之下,团可组织青年工人的独立团体(如青年工人俱乐部、青年互助社),以作帮助党建立赤色工会之门径。赤色工会成立,此种独立团体的分子加入工会,原来组织可令其无形消灭;若有存在的必要者,须隶属于工会之下。

(7)在目前白色恐怖的局面下,公开的、半公开的群众团体(如文化的、娱乐的,如足球队、票房……),是我们接近群众、训练群众的一个很好的机会;这类组织,尤其是吸收青年工人的一个方法。要尽可能地普遍发展群众自发的类似此种组织(如兄弟团、姊妹团、体育队……),我们要加紧在其中活动。

(8)失业工人中有不少的青年,团应该宣传组织这些群众,领导作种种斗争(如要求厂主津贴……),并且有计划地引导到农村中军队中去,在党和团口号之下工作。

(9)团要提高青年工人武装情绪,运送一部分青工参加工人纠察队。

(10)劳动童子团过去的经验告诉我们,确是团结童工、学徒、青年店员……一个很好的组织,今后可按儿童决议普遍地发展。

(11)要帮助党努力破坏反动工会工作。有群众的黄色工会我们要有计划地打进去,创立与黄色工会相对立的组织,领导群众斗争,暴露黄色工会领袖的罪恶,一直到建立赤色工会与工厂委员会。

(12)行会组织、帮口迷信组织(如老君会……),流氓组织(如青红帮),在工人群众中尚有不少的存在;我们要进去工作,夺取下层群众,渐次改变其组织走到阶级工会中来。

(13)工会中的政治宣传,文化娱乐工作,CY 应该多负责任,从事下层群众中的宣传教育工作,办理通俗【的】合乎工人日常生活的工厂小报、半日学校等。

(14)行会思想在工人群众中尤其在手工业工人中还很浓厚,甚至于少数党员同志尚有此种观念之残余,这确是青工工作上一大障碍;我们要用宣传煽动说服方法,以阶级观念肃清这种思想。

(15)经常宣传全国第四次劳动大会经济政纲,党的政策,及本团青工要求纲领。

(16)自地方团部到中央均须设经济斗争委员会,各级工会中的青工委员会内须组织团组青工委员会,团组均要有经常工作,按期开会,竭最大限度的努力建立工厂支部,尤其重工业中;支部必须做到起核心作用,预防青工小组与工厂团的支部的混合危险。

(17)派作青工工作同志及失业的同志到工厂中去参加生产,深入青工群众,以求了解青年工人的实际生活状况与心理,建立与群众密切的联系。

(18)各级团部对青工、学徒、店员……生活状况及要求须要认真调查统计。

(四)青年工人要求纲领

6. 大会提出目前全国青年工人的要求纲领如下,作为斗争的目标,各地对此要求纲领之运用,必须与当地实际问题相联系。再则,中国现在普及于青年工人群众间,为他们所最了解的要求大致是:A.

恢复反革命政变以前的劳资条件;B. 反对任意开除工人;C. 反对强迫仲裁;D. 反对包工制与养成工制;E. 恢复工人自己的工会,争得工会自由权等。我们应当领导青年工人与成年工人一致进行这些争取部分要求的斗争,并使他们与青年工人整个要求纲领与〈及〉工人阶级之一般的争夺阶级利益的斗争密切联系。

7. 青年工人要求纲领:

(1)青年工人与成年工人同等工作应得同等待遇。

(2)增加工资。

(3)青工每日六小时工作。

(4)每周须有三十六小时的休息,每年应有继〔连〕续两星期休息,工资照付。

(5)禁止用十四岁以下的童工,禁止青工做夜工。

(6)学徒出师期限至多不得过二年,出师后工资待遇与成年工人同,学徒期内须给以最低限度工资。

(7)取消罚金、肉刑及对青工学徒之一切虐待。

(8)反对学徒店员为私人服务。

(9)青工病伤、死亡、失业,厂主当有抚恤。

(10)废除包工制及养成工制。

(11)改良青工学徒卫生条件,禁止青工做危险工作。

(12)青工学徒有集会、结社、言论、出版之自由。

(13)青工学徒在工会内与成年工人权利相同,并免收学徒会费。

(14)反对侮辱青年女工。

(录自中共中央书记处编:《六大以来(下)》,

人民出版社1981年第1版,第585—614页)

共青团中央致团江西省委信

（第七号）①

（1929 年 5 月 3 日）

江西省委：

根据□□的口头报告和你们的书面报告，对于江西的工作，有以下的批评和指示。

近几月来，江西的工作就一般的说，确是向上的。几个重要观念的改变，政治生活的相当加重，中心区域工作逐渐的发展，都是进步的现象。但在各种工作中，仍有许多缺点和错误，值得严重地指出来：

1. 政治观念的薄弱，在认识上有两点的不正确：

（1）对资产阶级认识不清楚，以为资产阶级（如九江等地）有相当的发展。须知一九二八年的民族经济只有相当的恢复，但这仅仅只是恢复，不是发展。

（2）对改良主义认识不清楚，如你们以为裁厘在江苏是改良主义，在江西就不是了。须知现在所谓改良主义，主要的是民族改良主义的欺骗群众的作用。中国目前的经济状况，根本没有实行改良主义的可能。

这两点认识不清楚，极容易影响策略的决定。以为中国资产阶级有稳定的可能，于是就容易走上合法运动的道路。

---

① 本文原标题为《致江西省委信——第七号》。

江西团在政治分析和结论上亦犯有两点最大的毛病：

（1）分析政治偏重反动政治的内部，而很少阶级斗争和阶级关系的分析。

（2）在结论上只指出我们总的任务，而没有指出具体的工作。例如对于军阀战争，只指出争取群众的总任务，而没有指出团的特殊任务与工作。

这些充分证明你们政治生活的不正确。虽然对政治的认识和分析是比以前深入些，但是结果是空谈政治，于我们的工作是无益的。

2. 非青年化的工作色彩十分浓厚。上面已指出政治的结论上没有找出团的特殊任务和具体工作，同时许多的问题都是一般的讨论，没有具体规定团的工作，缺乏对于青年运动策略的决定。对于青年的生活和要求，亦没有深入的了解和抓住工作的方式和方法，都没有很活泼的适合于青年的情绪和环境。工作非青年化的原因，是没有透彻了解无产阶级青年运动的组织，因此极容易走上先锋主义和取消主义的道路。

3. 群众工作十分缺乏：党六次大会、团五次大会的总路线是夺取群众，但是你们直到现在，群众工作的观念还很薄弱。例如没有以极大的力去建立产业支部及其工作，省委机关的庞大，宣传鼓动工作之不能深入群众，组织群众工作的缺乏，对于黄色工会工作之忽视，群众斗争之发动与领导的缺乏……〈等，〉都充分表现对于群众工作的忽视。中央特号召全团同志，认清这一非群众工作的路线和没有坚决的深切的群众工作的观念和工作，是江西团的严重的错误与危机！

4. 阶级基础的薄弱，这是一个严重的问题。江西的团尚未渡过机会主义组织的危险。农民的成分，占着组织的绝大多数，没有巩固的中心区域的地方团部，没有健全的产业支部，因此指导机关阶级意识异常薄弱。

目前江西全团客观上表现出和平发展、取消主义、失败主义等右倾的危机,正在不断发展(当然盲动主义和先锋主义尚未全部肃清,但已失却了他的客观上和主观上的基础)。对经工工作的缺乏,组织基础之动摇,没有群众工作,非青年工作的色彩,以及忽视反帝运动和士兵运动,都是明显的证明目前江西团的右倾危机之万分严重!

最近全国政治形势,党中央三十四号通告已详细述及。目前全国的劳苦青年因帝国主义侵略之加剧,军阀战争之酝酿与爆发,统治阶级之残酷的剥削、压迫与屠杀,痛苦日益加深。青年工人在生产上地位比重的增加,地主、豪绅、资产阶级对青年工农之剥削特别加剧。故在各地工农斗争的爆发中,青年群众都奋勇参加,成为有力的战争队伍,青年工人争取特殊利益的自发斗争亦很多爆发,这可以看出整个工人斗争复兴的形势。另一方面资产阶级改良欺骗,拼命的向青年群众进攻,企图麻醉青年群众,走上反革命的道路。同时我们在青年群众中的政治影响还很薄弱,组织工作更形缺乏,青年群众的失败情绪、恐怖心理,尚未肃清,以及团本身的许多弱点——特别是右倾的危机(在江西更表现得明显与重要)。这些都十分明显、十分严重地告诉我们,必须有坚决的、深刻的群众工作的观念,和长期的、艰苦的青年群众的实际工作。目前在团内最主要的是:

1. 工作青年化:只有工作青年化,才能深入青年群众,了解青年群众,夺取和领导青年群众走到革命的道路。只有工作青年化,使组织转变,才能消灭团内一切不正确的倾向(特别是右倾的危机)。

2. 无产阶级基础之建造和巩固:创造和巩固的无产阶级的基础,成为目前团的组织上的最中心的问题。只有无产阶级基础之巩固,才能在组织【上】保证团的政治路线之正确,才能实现一切正确的政治路线,才能使团胜任起夺取青年群众的任务。

在这全团的主要路线之下,江西团的具体工作应该是:

1. 青年化:一切的工作都必须青年化,才能推动青年群众工作的发展,才能使团的工作找着正确的出路。不然我们的工作终究只是在先锋正义和取消主义领域内横冲直撞而走不上正当的轨道。达到青年化的条件:第一,要深入青年群众获青年的情绪和心理,了解青年的特殊的环境和特殊的痛苦;第二,发动和领导他们参加一般的斗争和青年特殊利益的斗争;第三,一切的政治问题和工作问题都要与青年的实际本身相联系;第四,要有适合青年情绪的工作方法,以进行青年工作。

2. 创造产业支部:江西团组织上最严重的弱点,便是阶级基础的薄弱。产业工人的成分不及百分之五,团主要的组织基础只是建立在农村青年之上。所以产业支部的创造是你〔团〕工作的第一任务,只有产业支部的创造才能建立起团的阶级基础,才能克服团的组织上的危机。在农村中团的基础应该建立在农村手工业青年工人、青年雇农和贫农身上。在农村团部中建立强有力的无产阶级的核心。在目前的环境之下,白色恐怖的严重、改良欺骗宣传之扩大,黄色工会的活动、群众恐怖心理与合法观念的浓厚,使产业支部的工作更加艰苦,你们必须有耐心、有计划、有系统地去进行这一工作。要发展这一工作,你们必须切实建立和发展中心区域的工作。目前可以说这一方面在观念上已经转变了,但工作仍不充分,仅仅规定中心区域是不够的,更需要切实抓紧产业的中心。江西工作之重要的对象应该是:南浔铁路、内河海员、九江久兴纱厂、裕生火柴厂、南昌制弹厂、鸣山矿子、景德镇的瓷工及九江、南昌之市政工人。尤应当特别注意几个中心,如南浔铁路、内河海员、南昌制弹厂、九江久兴纱厂,在这几个地方,更需要有系统的去建立起团的工作。在没有组织的几个重要产业中,须派遣活动分子打入其中活动。主要的方式须进厂做工,不然则在工厂附近或工人群众住的地方当小贩,同他们做朋友,发展我们的组织。整个的组织都要动员这一工作,凡是有线索的地方都要朝着这一方向进攻。在已有组织的地方,要特别充实支部工作的内容。支部工作要深入地进行,使支部成为群众的核心,同时要利用各种机会改善支部工作的方法。上级机关的报告不应死板,内容应简单切实明了。讨论问题须抓住中心,事先须有准备,增加同志讨论的兴趣。会议不应死板,内容须实际,用说服的方式解决同志困难,程序须青年化。要活泼的分配工作,并须随时去搜集支部工作的材料和经验加以详细的讨论。

3. 职业化:目前江西团和群众的联系非常薄弱。团的干部几乎是全部离开了生产部门,团在重要的产业中极少【有】能起作用的支部,团内雇佣劳动化逐渐生长,各级指导机关,丝毫得不到群众的掩护,极易遭敌人扑灭,这是团的组织上极严重的危机。要消灭这些危机,要建立产业区域和产业支部的工作——创造和巩固团的无产阶级基础,主要的路线就是职业化。关于职业化之执行,中央已于第五十一号通告中详述矣。但你们更须认清职业化之执行,必须有计划有组织根据实际情形有步骤地去实现,职业化之主要对象是到产业生产中去。

4. 经济斗争与工会工作:中央指出你们经工工作十分缺乏,你们必须即刻起来纠正这一缺点。目前江西的经工工作有三点中心任务:

(1)创造产业支部发动日常斗争,这两件工作互相推动的。有了组织,才能发动斗争,同时只有斗争的发展,才能健全和巩固我们的组织,和推动组织的发展。目前江西对于青年斗争的问题,主要的还是组织和领导青年工人群众参加一般的日常斗争,在这种斗争中,争取青年之特殊利益。同时若青工群众要求单独斗争,又不妨碍党及赤色工会之策略和组织,则我们应坚决地领导与发动。日常斗争的主要方式,采取厂内斗争的方式,如报告中久兴分红斗争即是。要能抓住日常斗争的机会,使斗争更能深入。

(2)加紧辅助组织的工作。我们在青工中的工作,主要的是帮助党建立赤色工会,并建立青工部和学徒联合会、青工小组的工作。但是目前江西青工工作尚无基础,所以我们应多利用辅助组织去团结广大青年群众。在这些组织中要充实工作的内容,同时要领导他们转变为革命工会的小组。

(3)加紧黄色工会中的青年群众工作,反对黄色工会领袖,夺取其群众。江西黄色工会已逐渐在工人群众中活动,连南昌的少数工人同志都被黄色工会影响所麻醉。足见打入黄色工会中去工作已成了迫切的需要。江西团对于黄色工会工作有忽视倾向,这必须严重纠正的。

黄色工会改良欺骗是我们目前青工工作最大的敌人。江西的同志必须严重地正确地认识这一点。对于黄色工会工作的正确路线是:有群众的黄色工会我们必须加入进去,在日常工作和日常斗争中,进行有系统的宣传,揭破他们领袖的假面具,夺取其下层群众。并在黄色工会内利用些公开或半公开的名义组织青工的辅助组织,作为我们在黄色工会工作中的核心。但在黄色工会内不组织赤色工会,因为在政治上容易模糊一般群众的认识,反增加夺取群众的困难。

5. 农村青年工作:农村青年工作在江西整个工作上占了大部分,但是农村工作亦表现许多弱点,而没有显著的成绩。团在农村中的工作,毫无青年色彩,这是由于对农村青年工作没有正确认识的原因。客观上是走上取消派的道路。目前农村工作总的任务是土地革命,推翻豪绅、地主的统治,废除封建剥削的制度。但是青年农民(雇农、贫农、牧童)仍有其特殊利益,如改良雇农、牧童的待遇及增加工资,反对父债子还,青年有参加苏维埃权利等。所以我们在进行总的斗争之下,仍应进行农村青年特殊利益的争取。就是一般利益要求,仍须使之与青年本身利益相联系,这样才能号召广大的青年群众,更有力量更有兴趣地参加一般的斗争。但是农村青年的斗争方式是一般斗争,单独斗争须以不妨碍整个土地革命战线为标准。游击战争团须领导青年有组织地参加。目前江西的游击战争应极力使其与斗争相联系,切实纠正脱离群众及无目的烧杀倾向。在农村中须加紧青年群众的组织工作。组织的主要方式仍是少年先锋队、农村童子团。帮助党组织农协与雇农工会,在农民协会与雇农工会中成立青年部,经过青年部进行农村青年的工作。同时要运用其他各种辅助组织,如青年武术团等。在乡村原有原始组织要尽量地打进去夺取其群众。较公开的地方要利用一切机会,召集青年农民大会,扩大我们在群众中的影响。无论农村何种名义的组织,只要在我们影响之下,都要充实其工作内容。另一方面,一切组织的形式和工作的方法,都要活泼的运用。(关于农村工作,中央另有通告。)

6. 反军阀战争与士兵工作:现在蒋桂军阀战争虽已暂告一段落,但是军阀战争的危机,显然没有消灭,未来的军阀战争又在酝酿。所以反军阀战争的工作,应成为我们经常的工作。在战争中供牺牲的,大部分是青年士兵,所以青年反军阀战争,有其严重的意义和特殊的任务。现在应根据中央反军阀战争的通告和宣传大纲,切实执行。主要的是要使工农日常斗争与反军阀战争相联系。士兵工作在反军阀战争的意义上是特别重要,因为战争直接牺牲的就是士兵,尤其是青年士兵。江西士兵因待遇恶劣与受工农斗争的影响,常常发生兵变的事实。江西因"剿匪"及准备军阀的战争常住〔驻〕有重兵,所以江西的士兵工作不独重要,且有十分的可能,江西团必须艰苦的去进行这一工作。

7. 反改良主义与反右倾:第三党、政〔改〕组派,在江西的活动很利〔厉〕害,因此反改良主义的工作,在江西必须特别加紧,不要忽视,须认清改良主义是我们夺取群众最大的障碍。同时对于改良主义的认识,容易发生两种不正确的倾向:

1. 对于改良主义过分的重视。认为反动统治有稳定的可能,使我们容易产生合法运动的观念。

2. 对于改良主义欺骗的忽视。以为是无关重要,根本不能欺骗了群众,使我们对于夺取群众的策略不能正确地运用。

所以我们首先对于改良主义必须有正确的观念。反改良主义的工作不是空洞的,而须在日常工作中去揭破他们的假面具,要领导群众起来与改良主义黄色工会领袖斗争,才能消灭改良主义在群众中的影响。同时目前党内团内最主要的危险是右倾,所以反对右倾危险的斗争亦是目前主要任务。江西团内和平发展和取消主义、失败主义的滋长都是右倾的表现。江西团应猛力的向这种右倾的危机斗争。这并不是说江西没有左倾的现象,或我们不反左倾了。须知目前形势的发展,主要是反对右倾的危机。反对右倾的积极办法,主要的是:"工作青年化"与团的无产阶级基础创造和巩固。

8. 建立正确的政治生活与政治教育:这一工作已成了目前重要的任务。怎样才能建立正确的政治生活和政治教育呢?

第一,要随时随地抓住或大或小的政治问题,确定具体的策略和工作,以之推动工作。一切政治问题的讨论,须与实际工作发生密切的联系。

第二,要特别注意青年的政治问题(如统治阶级对青年之特殊的剥削、压迫、欺骗及青年之斗争情绪、阶级觉悟的程度等),而具体确定青年工作之路线、策略与方法。

第三,充分讨论中央及党的一切决议和通告,深切的了解目前的一切工作之路线、策略与方法。

第四,在实际工作中去学习经验与教训。

9. 宣传鼓动与路线:宣传鼓动工作的路线必须改变。主要的要切实进行群众的宣传鼓动工作,抓住群众要求的中心,提出切实的口号发动群众的日常斗争,在日常斗争中扩大我们的政治影响。宣传口号与鼓动口号须有联系,但不可混淆。工厂小报要切实开始创办。一切的宣传品要通俗、简单、明了,适合地方性。团校可不必办,在目前人力财力都很少可能。短期训练班可尽量多开,培养下级干部的人才;而干部分子培养,主要的还是在支部中和日常生活中。

10. 苏维埃区域与红军工作:在苏维埃区域中我们更要利用公开的机会进行青年的工作。积极地进行教育工作,扩大少年先锋队和童子团的组织,领导广大的青年群众争取青年利益和巩固苏维埃政权而斗争。团要领导勇敢的青年参加红军,帮助红军的建立和政治教育的工作。在苏维埃区域工作的方针,照着五次大会的决议切实执行。

11. 反帝国主义工作:应加紧反帝的工作,纠正过去忽视反帝工作的倾向。反帝工作应与一切组织和斗争工作联系起来,同时要揭破国民党反帝的虚伪。(反帝工作另有通告)

上述各种工作是当前最重要的任务。其他如对学生运动仍须相当注意,根据中央通告进行。中央盼江西团根据中央的指示,更订出具体的计划,切实地执行。

《团中央通讯》第四期,1929 年 7 月 15 日出版

(录自江西省档案馆、共青团江西省委编:《江西青年运动史料选编(上)》,人民出版社 1987 年第 1 版,第 186—194 页)

中共六届二中全会职工运动决议案
（1929 年 6 月）

一、反动政治局势与工人生活状况

六次大会后，正值帝国主义在中国企图实行瓜分政策，"五三惨案"①的发生，正是帝国主义企图的表现。因为帝国主义互相间的矛盾必然不可避免地要爆发帝国主义的大战，而形成帝国主义在中国互相竞争的形势，更促进中国的军阀的混战，同时使它更加急进地对于中国革命和世界革命大本营的苏联进攻。

国民党背叛革命后，不仅挽救了帝国主义在中国的统治地位，并且继续不断地出卖中国投降帝国主义，使帝国主义在华势力日益加强，加深中国殖民地化的过程。同时，国民党内部互相间的矛盾和冲突不可调和地加紧爆发起来，形成军阀混战的局势。

反动的政权虽然不能得到和平统一的稳定地位，但是对革命势

---

① 五三惨案，又称"济南惨案"。1928 年春，南京国民政府出兵讨伐奉系军阀张作霖。4 月，日军为阻止国民政府统一东三省，决定以保护日侨为借口，再次出兵山东，侵占济南。5 月 1 日，国民革命军进入济南。自 5 月 3 日起，日军悍然进攻济南，屠杀中国军民 6100 余人，打伤 1700 余人，并公然违反国际惯例，杀害国民政府山东特派交涉员蔡公时等 17 名外交人员。

力是一致地进攻,白色恐怖的厉行,加紧压榨工人阶级是不遗余力。中国资产阶级因为客观的主观的条件,没有独立发展的可能,虽然在妥协帝国主义之下,得到一点发展,但是更帮助了帝国主义势力在中国的发展,因此它只有加紧剥削中国工人阶级以求得与帝国主义的工商业相竞争。

中国工人阶级在这种反动势力一致进攻之下,生活状况陷于不堪的地位,一切自由均被剥削殆尽,过去在斗争中所争得的利益和条件,早已取消无存,继续地加长工作时间(10【小】时到 18 小时的),减低工资,帝国主义在中国直接经营工厂内合理化的实施,以及中国资产阶级为节省生产费用加强劳动率,更使工人的工作加重,长久失业的恐慌,大批地改用女工童工代替成年工人的工作,更加重的来剥削与压迫,待遇的苛刻与工人的虐待和额外勒索,物价不断的高涨,以致工人生活标准日渐降低;至于工厂卫生各种设备,对于工人的健康妨害是有加无已,使工人阶级的生活愈陷于牛马奴隶的地位。

因此工人阶级在这样残酷压迫和剥削之下,因生活的痛苦,必然要起来斗争;加以革命失败后工人阶级经过相当的休息,斗争的情绪与力量,逐渐有了恢复;再以帝国主义的凶横与国民党的卖国,更加激起〈来〉群众的革命情绪,于是工人的斗争继续不断的发展起来。

二、全国工人斗争发展的形势

(一)工人斗争的发展到现在是开始复兴的形势

全国职工运动,自 1927 年中国革命失败之后,工人阶级在不断的反抗斗争失败中,的确受了严重的摧残和牺牲。直到 1928 年国民党三次北伐的时候,全国的职工运动遂又开始转到新的方向而发展。

党的六次大会正值"五三惨案"发生的时候,激发了全国工人阶级的革命情绪。虽然国民党无耻地投降帝国主义,压迫群众,破坏革命的反帝运动,但的确促进了工人阶级经济斗争的发展,继续不断的起来反抗资本的压迫并为要求改善生活而斗争。但是这种形势只有上海是继续地向前发展,并且多偏于店面手工业工人的斗争。到上海邮务罢工以后,更推进产业工人及全国工人斗争的开展,北方及各地斗争的相继发生,开创了全国职工运动新的局面。但同时改良主义乘机侵入工人群众中积极活动,黄色工会更借反动政治势力在全国有了相当的发展,群众的和平斗争的倾向,在这一时期表现得更明显,但经过不久的时期,统治阶级内部矛盾爆发蒋桂战争,更加促进军阀战争的局面,全国工人阶级的斗争更加急剧地发展起来,开始复兴的形势。

在最近的新形势,不仅是继续以前的形势向前发展,不仅是群众斗争的扩大,而是斗争的形势有了新的特点,我们必须加以详细的分析与正确的认识。

1. 斗争形势的扩大与深入

现在全国工人的斗争是形成普遍的发展,不仅上海、天津、香港几个大工业区,而【且】无锡、苏州、南通、青岛、厦门、汕头、北平、唐山、江西、景德镇、吉安等处都是继续不断地发生,并不是限于一地的发展,或是偶然发生斗争的形势。不单是对于资本的反抗,而是进一步的经济要求,加工资、减时间,订立劳动条件,在全国斗争中成为主要的要求,罢工的事件是不断地发生,万人以上的大罢工时有所闻,直接行动的斗争形式,日渐发展。斗争的内容已由经济的斗争逐渐进到政治斗争,争自由的斗争为工人斗争中的中心问题。目前群众斗争总的形势是扩大深入了,在客观上表现阶级斗争的形势是一天天的进展。

2. 工人阶级政治意识的增进

目前统治阶级内部矛盾加深,军阀战争局势的发展,国民党更加露骨地压迫工人,资本严厉进攻剥削,揭破了改良主义和平统一的欺骗面具。在群众斗争发展中,的确可以使工人群众对于国民党的幻想逐渐打破,政治的意识是有相当的进展。工人群众对于国民党及其政权已开始由愤恨进到公开的反对,反国民党的口号渐由党的宣传成为群众中的实际斗争的口号,在群众的会议中,特别是斗争中表现得更明显。在上海自五卅运动示威,在群众中更加使这斗争的形势扩大。虽然这一现象是在开始发展,还没有在一般群众中普遍地发展起来,但是斗争的发展愈剧烈,必然使这一形势逐渐扩大到一般群众中。目前的确表示工人群众的政治意识与从前不大相同,这是阶级斗争深入的表现。当然不能过于夸大这种事实,但是它的发展亦有客观的原因。目前工人群众在他的生活上、斗争上,国民党的压迫的事实上,反动政治的表演中与斗争事实教训中,以及党在群众中政治影响增加,均是使工人群众一方面打破许多幻想,另方面促进阶级的政治意识发展。我们的党必须认清这一现象,加紧促进这一形势的发展,这是目前的主要的任务。

3. 黄色工会的群众逐渐左倾及黄色领袖的动摇开始发展

在前一时期,黄色工会在群众中的确有相当信仰,目前群众斗争的发展更加扩大和深入,使黄色领袖欺骗的面具,特别是帮助国民党对于工人的压迫,更加显露地表现出来,遂引起工人内部的斗争发展起来。全国黄色工会最有基础的上海邮务商务英美等工会,在群众中已开始动摇。加以国民党各派的冲突反映到黄色领袖间,发生互相攻击的分裂现象。当然目前黄色工会在北方以及将来其他地方,还有发展的可能,在群众中还有很大的作用,但是另一方面却表示黄色工会在群众中开始动摇,这是群众斗争深入的时候必然发生的事实。——还是因为无产阶级的政党不能深入群众领导群众推进斗争的发展,未使黄色工会的裂痕剧烈地爆发起来。在这些新的特点中,都是表现新的形势发展,的确是工人阶级的斗争开始复兴的形势。当然在这新的形势发展上,还带有许多的弱点,正是经过革命大失败后将转向复兴的过渡中必有的现象,特别是无产阶级的政党在这些斗争中还不能表现伟大的领导作用,与群众的关系还不密切。若是以这些弱点认为是群众斗争仍是消沉,甚至以为群众斗争的性质还是防御的形势,而抹煞客观斗争的形势,这都是不正确的观念。固然对于一种形势的估量是不要过于夸大,同时对于新的形势的特点要有正确的认识,才不妨害党的策略路线。

(二)工人斗争的弱点

群众的斗争虽然是开始复兴的形势,但是在斗争中还有很多的弱点:

1. 改良主义与黄色工会的发展在群众中有相当影响,使群众斗争发生合法的和平的斗争倾向,对于国民党还存有幻想。

2. 群众斗争的组织力量表现得很薄弱,许多大的罢工运动因而遭失败。

3. 全国斗争的发展还不能有很好联系,形成广大的强有力的阶级战线的形势,自发的斗争居多,表现时起时伏的现象。

4. 群众在革命失败后的恐惧心理还未完全消灭,减弱直接行动斗争发展的力量。

5. 在许多群众斗争中,党与赤色工会的领导缺乏,不能加强斗争发展的力量。

这些弱点均足减弱斗争发展的力量,因此党与赤色工会必须去了解和认识这些弱点。要正确地针对这些弱点来规定职工运动的策略,才能在不断的斗争中克服这些弱点。

3. 斗争发展的前途

目前职工运动新的发展形势,在客观条件上,不仅是上海、北方等地以及将来的武汉、广州等地斗争,必然要同样地广大地剧烈地爆发起来,必然是继续向前发展。因为统治阶级内部互相间的矛盾加紧(帝国主义的矛盾、军阀间的矛盾、资产阶级与封建势力的矛盾),军阀混战的局势发展,全国得不着真正的统一,反动的政权不能稳定,中国资产阶级不能有独立发展,只有加紧剥削工人来积累资本,不能改良工人生活,改良主义很少实现的可能,国民党对于工人的压榨更加锐利,这些根本问题没有得到一个解决,工人的斗争是不会减少,只有更加猛烈地发展。

这一形势的发展,是否促进革命高潮到来的关键之一,这是看无产阶级的斗争力量加强,斗争形势的扩大,以及党的努力如何来决定。因为在这一新的形势中还有许多弱点,合法倾向,斗争的组织力量薄弱等,特别是改良主义与黄色工会活动是不会停止的,群众斗争的发展愈急进,改良主义活动愈加锐利而企图阻碍这一形势的发展,根本来消灭群众的革命斗争,走向改良主义和平发展的道路。因此在目前客观新的形势上,无产阶级的政党仍然要艰难困苦地做群众工作,夺取广大的产业工人群众在它的周围,必须要坚〔艰〕苦地来战胜主观上客观上许多困难,才能推进目前形势发展,促进革命高潮到来。

三、目前反动势力对于工人阶级进攻的策略

目前全国职工运动虽然有了极大的发展,但是反动势力联合一致地对于工人阶级的进攻愈加锐利,这正是工人阶级革命势力的发展与反动势力进攻相针对,其形势如下:

(一)帝国主义更加锐利的进攻中国工人

中国革命运动在过去虽遭失败,但是震撼了国际帝国主义,于是帝国主义一方面直接用武力的进攻,勾结反动的国民党来压迫革命,同时更指示在欧洲欺骗工人有力的工具——国际改良主义者,与反动国民党联合一致向中国工人阶级进攻。东亚改良主义者日本铃木更与国际改良主义共同企图明年四月在孟买召集亚细亚劳动会议,来破坏革命的太平洋劳动会议秘书处,阴谋消灭东亚民族独立运动,这是显然的事实。中国职工运动在目前应当坚决地号召广大的群众

与国际改良主义斗争,揭破他们的阴谋,特别对于太平洋沿岸各国革命工会的联合工作,在过去太不充分,今后应加紧这一工作,这是非常必要的。

帝国主义除此以外,更直接加紧对于工人的剥削和压迫,运用新式生产工具于中国直接开设之工厂内加紧剥削,派遣驻华海陆军驻扎工厂,压迫工人,任意屠杀中国工人,如汉口水案、上海吴案,最近青岛马案,以及日本帝国主义在满洲各地的屠杀,帝国主义对于中国工人的进攻更加锐利。过去党对外国工厂斗争的领导还不充分,尤其没有使工人经济斗争与反帝运动相联系,对于反帝运动的领导和发动还缺乏,因此在职工运动中反帝运动与经济斗争的联系与扩大是目前斗争中一个重要的任务。

(二)国民党愈加露骨地压榨工人

反动的国民党因为群众斗争的发展,愈加露骨地来压迫工人,更加以利用反动的政治势力来压迫工人的一切争斗,继续白色恐怖的政策,更毫不掩饰地来剥削工人阶级的一切自由,稍有斗争行动的工会,动辄遭封闭和改组,拘捕工人中革命首领,残酷地屠杀共产党员。这一方面因为反动政治的反映,同时工人斗争的扩大和深入必然使反动的国民党只有露骨地施行其反动政策。这并不是它放弃了改良主义的欺骗,在目前改良主义的欺骗还是国民党进攻工人最厉害的方式的,我们不应忽视它。为了统治职工运动及阻碍革命工会的发展,进行黄色工会的组织以欺骗群众,但在这种欺骗不能生效时,只有加紧反动的压迫。过去党对于工人经济斗争的领导,没有很好地将反国民党斗争,与反对国民党压迫罢工、改组工会、拘捕工人等斗争,联系到工人阶级争自由的总斗争,目前反国民党与争取自由是职工运动中最主要的政治斗争。

(三)资本进攻的加紧

中国资产阶级因为客观的主观的条件限制,不能有独立的发展,只有加紧剥削来积累资本,与帝国主义竞争。于是为减少生产费用则裁减工人,加强生产制度,延长工作时间,降低工资,苛刻的待遇,大批地开除成年工人,代替以青年男女及童工,更为削弱工人斗争的力量。尤其是群众斗争愈发展,资本家为保持其过多的利润的剥削,则更加紧对于工人的进攻,并不因为群众斗争的激烈而放松,有时也以民族改良主义来欺骗工人群众,如劳资合作,为民族利益而牺牲阶级利益等等。所以在目前职工运动开始复兴形势的发展,因为资本进攻而更加促进。

(四)改良主义与黄色工会的作用

目前改良主义在中国的发展,并不是偶然的现象,正是中国大革命遭了暂时失败后,必然要发生的现象。尤其是目前中国革命形势的存在,新的高潮必不可免地要到来,更促使改良主义在中国积极的活动。这当然是帝国主义与中国反动的资产阶级用来加强消灭中国革命的企图,甚至封建军阀有时也利用来缓和群众斗争和增加政治上的作用,当前全国工人斗争再接再厉发展的时候,改良主义对于工人的进攻是更加锐利,中国资产阶级自反动后,不仅企图以改良主义的政纲来求得本身的发展,并且要将改良主义的影响扩大到小资产阶级和工农群众中,以增加他的政治地位,这更促使改良主义积极向工人群众进攻。改良主义在中国实行的基础是极小的,无论对于帝国主义与封建势力,改良主义发展的前途,仍然只有加深中国殖民地化的过程,维持封建势力的存在。至于真能实行改良工人阶级的生活,更没有可能。只能暂时欺骗群众,麻醉工人阶级于一时。不过目前群众斗争正当发展的时候,党在群众中的政治影响还未十分深入,领导斗争的力量还薄弱,党与群众的关系没有建立亲密的联系,一般阶级意识模糊的群众易受其影响。特别是在许多小的利益争取上,可以麻醉群众于一时,来阻碍群众斗争的向前发展。

改良主义欺骗工人群众的方法,主要的是利用政治势力来传播改良主义的种子(如黄色工会的发展,劳资仲裁,制定工厂劳动法等),在思想上提倡劳资合作,为民族利益应牺牲阶级利益,和平斗争,中国工业不发达只有努力生产才是工人的出路等等,来抹煞阶级对立的形势,麻醉工人阶级的意识,消灭群众的直接斗争,领导斗争来破坏斗争,以小的利益来代替大的要求,引导到和平的合法的改良主义道路,更以法律来束缚工人的行动,如登记注册等,收买工人中的妥协分子和上级工人,建立在群众中的组织基础。特别是国民党的改组派,假左派的名义,有时也喊些不关工人实际生活的左倾口号来欺骗群众,如反对封建势力,反对某一个军阀,以掩饰整个国民党的罪恶,使一般阶级意识模糊的群众更易受其欺骗,我们在群众中应当坚决与之斗争,揭破其欺骗的面具。改良主义的发展是与群众的斗争发展成正比的,在去年"五三"以后,群众斗争的开始发展中,改良主义积极地施其活动,的确在群众中发生相当影响,这是六次大会以后职工运动中显明的事实。

改良主义的作用,在全世界都是资产阶级对于工人阶级有力的工具,阻碍群众革命斗争的发展,企图消灭革命运动。改良主义在中国当然与在全世界是一样的作用,是在政治上革命斗争发展过程中来麻醉群众于一时,缓和和阻碍群众斗争的发展。因此目前对于改良主义正确的认识和估量是非常必要的,不要过于夸大,但是不能忽略了改良主义在目前的作用。它的确是党争取群众最厉害的敌人,党必须采取坚决的斗争策略与之斗争,扫清改良主义在群众中的影响。

黄色工会是改良主义欺骗群众最有力的工具,是国民党用来统治工会运动掩饰国民党压迫工人的面具,是阻碍革命工会发展的,它是依据改良主义的政治影响和政治势力的发展和扩大而生长,黄色工会和过去白色的反动工会在群众的关系上,显然不大相同,而是利用法律地位组织关系来夺取工人群众,以欺骗的方法有时也替群众争得小的利益,并领导斗争来破坏斗争,以合法的和平的斗争形式来代替阶级斗争的直接行动,以拖延政策来缓和群众的斗争,但是斗争发展与群众的情绪发展到激烈的时候,则以政治势力的恐吓来压制群众斗争。它反对阶级斗争,主张劳资合作,因此使一般落后的阶级意识模糊的群众易于受其的影响。它的作用与反动的工会是相同的,都是消灭工人斗争,阻碍革命工会的发展。虽然黄色工会当着群众斗争激烈的时候很易于使黄色领袖面具揭破,使工人群众认识而起【来】反抗,但是目前黄色工会还有大部分群众在其组织和影响之下。虽然在上海有开始动摇的现象发生,但是在北方则正当发展最盛的时候,其他各地也都有它的发展的可能。无产阶级的政党不应忽视这一事实以及轻视黄色工会在群众中的作用。

黄色工会的发展既然是依靠政治势力,并不是由于经过了思想的发展在群众中生长起来,在黄色工会群众中只有少数黄色领袖是接受了改良主义的思想,成为忠实的改良主义的信徒,大多数的群众不能认为〔同〕黄色的群众。黄色工会的群众基础是建立在工厂的职员、工头、上级的工人和工贱〔贼〕走狗身上。因此党对于黄色工会的策略,不应提出反对整个的工会,只能提出反对黄色工会领袖的口号;不应在黄色工会中采取少数运动的策略,组织赤色工会与之对抗,来分裂群众,应当是参加到黄色工会下层群众中,扩大党与赤色工会的影响,起党团的作用,领导群众作反黄色领袖的斗争,夺取大多数的群众到党的政治影响之下,转变到赤色工会领导之下的工会。拒绝参加黄色工会作下层群众工作,这是无异于放弃大多数群众的争取,在客观上帮助了改良主义与黄色工会在群众中的发展。

在黄色工会群众工作中,放弃反黄色领袖的斗争,这是非常的错误,不但助长黄色领袖在群众中的信仰,并且他自己要变成黄色领袖的工具,党对于这种倾向应当严厉地纠正。

反黄色领袖的斗争,必须能动员广大的群众和群众组织的力量,才能得到反黄色领袖斗争的胜利。必须广大群众在党的政治影响之下，才能达到夺取大多数群众的任务，才能战胜黄色领袖一切欺骗和威吓群众的诡计。

改良主义与黄色工会的发展，是中国革命失败后职工运动发展中一个特殊现象。它的发展当然有许多客观原因。

1. 革命失败，群众的恐惧心理还未完全消灭，不敢直接发动斗争。

2. 工人群众在资本严厉进攻之下，生活痛苦，需要改善生活，不过斗争开始发展的时候，还不能起来作大的斗争，只要稍小的经济改善。

3. 无产阶级的政党在过去"左"倾的错误路线下，与群众关系脱离；自六次大会虽然稍有改善，可是还不充分，对群众斗争的领导力还是薄弱；还有许多右倾的错误，在客观上亦帮助它的发展。这许多的原因给予了改良主义与黄色工会在群众中的活动机会。无产阶级的党必须努力增进与群众的密切关系，坚决地发动群众经济的政治的斗争，必须用尽一切力量来夺取黄色工会中工人群众的大多数，扩大党的政纲和政治主张的宣传。只有坚决发动群众的斗争，才能揭破改良主义与黄色领袖的欺骗，才能打破群众对于它的一切幻想，围绕着党的周围。

（五）六次大会的策略与党的工作和经验

六次大会对于职工运动的策略在这一年事实中都证明是正确的。大会指示职工运动的基本任务是动员所有的无产阶级群众来围绕着它的阶级组织（党与工会），中心的策略路线是领导工人日常经济的政治的斗争，反对反动工会，组织革命工会，用宣传与鼓动方法提高工人阶级的阶级觉悟，反对命令主义委派制度以及红色恐怖强迫罢工等。这一年群众斗争的发展事实和现象，证明这一策略路线是非常正确的。为了实现争取群众的任务，定出工厂委员会主要的策略来团结广大的群众,指出发动经济斗争是能动员广大群众,特别的指出改良主义与黄色工会在职工运动中的企图,提出"反对阶级合作与资产阶级欺骗宣传","加入有群众的反动工会,争取其群众","力争工会公开自由"等等的中心策略,现在都是无疑的正确。

1. 党对职工运动的工作

由六次大会到现在,党对职工运动的工作,是能够有很大的注意,群众工作也有相当的进步,党与群众的关系有了相当的改善,但是对于总的任务执行还表现极不充分。当然在客观上白色恐怖的严厉,各地党部不断地遭破坏,都增加工作上的困难,加以党内许多不正确倾向的存在,以及职工运动干部人才的缺乏,使工作进行上发生许多阻碍;但是各级党部对于六次大会的决议案,还不能有充分的了解,坚决的执行,正确的去运用,许多省委职工运动委员会到现在还未正式成立起来,因此对于群众的宣传与组织工作,都做的不充分。除了上海香港有进步外,各地党部与工人群众的关系还是很隔离的,对于群众斗争的领导,除了上海有进步外,都是表现很薄弱。对于黄色工会的工作,虽然有些地方有了进步,左倾与右倾的错误还未完全改正。这是目前职工运动中最值得注意的问题。

各地工会工作,在六次大会后,上海香港等地虽有进步,但是还偏于形式上,组织的工作还没有建立广大群众的基础,不能坚决地建立群众工作的路线;委派制度虽然逐渐纠正,还未完全彻底肃清;工作范围仍然缩小,党的支部还没有深入群众,还不能艰难困苦来进行群众的日常工作和斗争的领导;许多地方还只有狭隘的秘密工会组织工作,不能运用公开机会来扩大赤色工会的工作;有的因为利用公开的活动又犯了很严重的合法主义,工会的工作做得不充分。

在目前职工运动工作中,对于铁路、海员、矿工、五金等重要的产业工人的工作的忽视,这是全党工作中一个极大的损失。虽然各地党部在主观上对于这些工作说是注意,但在工作上是表示忽视的,香港对于海员、五金工人虽较其他各地注意,但是工作上不但做得不充分,而且有很多的缺点,至于铁路工人运动,全党均没有积极的注意。这些重要产业工人,是职工运动的中心工作,是党的无产阶级的主要的基本力量,若是不能积极地建立这一工作,这是非常大的错误。目前反动势力特别对于这些产业工人群众的争取(特别是铁路工人),更为我们工作中的严重问题。

无产阶级的党若是在工人阶级中间没有坚固的基础,在主要的产业工人及工会运动中没有广大工人组织的基础,党不能在中国革命中占有领导的地位。当然目前职工运动工作中有许多困难情形摆在党的面前,必须坚决地艰难困苦地来战胜这些困难,才能使党在产业工人中在工会中及在罢工运动中取得非常稳固的地位和威信,将来在激烈的阶级斗争中才有更巩固的力量。

2. 工作的经验。

(1)正确地运用争取公开活动的策略,才能推动群众斗争的发展,扩大群众工作,这是党最近在上海五卅运动及最近工作中所得到的实际经验,并收得有伟大的成效。狭隘的秘密工作是不能将党的影响及赤色工会的活动,扩大到广大的工人群众中。这个策略的运用,必须与秘密工作有正确的联系,必须是在斗争中求得公开,防止合法的倾向与形式主义的发生。

(2)只有广大的政治运动的发展,才能增加群众的政治的认识,提高群众斗争的意识,只有加紧领导群众的经济斗争,才能更快地发展到政治的斗争,加强政治斗争的力量。今年五卅运动,对于党的政治影响,的确是有了广大的发展,上海群众的斗争更加推进向前发展。但是在一个政治的群众运动中,必须注意工人经济斗争的发动,使之互相联系,才能增加群众斗争的力量,才能动员广大群众起来。党在一个政治的群众运动中,必须有正确的策略和计划,充分地动员党员群众,来准备这一工作,才能使运动本身更有力地发展起来。党只有政治影响的扩大,才能争取广大群众,只有充分发动群众的经济斗争,才能加强群众斗争的发展。

(3)只有重要的产业工人的斗争的发展,才能推进其他工人的斗争(如上海邮务罢工、平奉铁路工人斗争)。产业工人的工作和斗争的领导,是职工运动中最中心的工作,但是手工业店员在职工运动中有大的作用,特别是在没有产业工人的城市,则等于产业工人作用一样,我们不要又走到另一极端,完全忽视这一工作。

(4)取消主义放弃职工运动的工作,是目前党内对于职工运动中最严重的倾向之一,这是阻碍党对于广大工人群众的争取以至放弃工会运动。他们的表现:①是狭隘的党的工作观念,以为没有党的组织和健全支部,群众工作是不能建立起来,于是只注意支部工作发展,党员的吸收,不做群众工作,无形将群众的工作取消了。这种现象在党内甚为普遍。因此支部没有建立在群众中,脱离了群众,失掉了核心作用。②为了建立由下而上的工会组织系统,对于改变工会工作路线,纠正机关式的工作,建立群众的基础,于是又走上取消群众工作的路线,单由党的路线(支部)来代替它的作用,如取消海总铁总等。③狭隘的组织观念。以为群众中的灰色组织,我们应当经常地保持其本来面目,不必转变成为赤色工会,或发生赤色工会作用(当然这种组织不经过斗争和长期的工作,是不易转变成为赤色工会),至于赤色工会则另行进行组织。这无异于取消了扩大赤色工会运动的作用。单纯组织观念的发展,必然要走上和平发展的道路。

目前这些错误倾向,都是阻碍党争取群众的工作,应当严厉地纠正,才能正确地执行党的争取群众的任务。

(5)和平发展合法主义是目前最危险的倾向。在目前职工运动中,和平的发展最易于发生,因为白色恐怖的严重,不敢领导群众斗争,形成和平发展的现象。还有以为目前职工运动只有在群众中建立基础,才能领导群众斗争,这种先组织后斗争的观念,也是和平发展的倾向,不了解群众组织的发展,必须在斗争中才能扩大地强固起来。至于利用公开活动的策略,又走上合法的道路,为了保存公开的地位而向国民党登记,降低群众斗争的口号,不敢直接斗争,以及在黄色工会中不敢发动群众反黄色领袖斗争,甚至投降到黄色领袖下面,变成黄色领袖。这都是目前在职工运动中最容易发生的右倾危险,党必须与这些倾向作坚决的斗争。

(6)左倾的残余在职工运动中尚未肃清。目前许多地方党部仍然建立在农村中,放弃职工运动工作,除了几个大城市外,其余成为普遍的现象。如不能艰难困苦地来做群众日常工作,放弃领导日常斗争,以及对于黄色工会的轻视,不加入黄色工会群众中进行群众工作,以及不会照着革命原则去运用公开形式与方法,为恐惧发生右倾危险和公开主义的幻想,遂裹足不前,宣传与鼓动的口号不能分开,并列一起,不能有正确的联系,这些"左"倾残余不能彻底肃清,都是妨碍群众工作的发展。

(六)今后党的任务与策略

1. 目前中心任务。

(1)积极地发展铁路、海员、矿工、五金重要产业工人的组织,建立职工运动中心群众的基础,建立和扩大上海、香港、天津、武汉、广州、满洲、青岛、无锡、南通等重要工业区域的工会工作。

(2)反对改良主义,领导群众斗争,在斗争中揭破改良主义一切欺骗,打破群众的合法观念与一切幻想,夺取广大群众在党与赤色工会影响和领导之下。

(3)积极地参加有群众的黄色工会,在下层群众中,扩大赤色工会的宣传,发动群众的斗争,夺取广大群众到赤色工会影响之下,驱逐黄色领袖,逐渐转变到赤色工会领导的工会。

(4)加紧领导和扩大群众的经济的政治的斗争,强大工人斗争的战斗力,促进目前斗争开始复兴的形势向前发展。

（5）由下而上地在群众中发展或扩大斗争性的群众的组织,建立赤色工会的群众基础,扩大赤色工会运动。

（6）加强党与赤色工会在群众中的政治宣传和扩大政治影响,坚强工人的阶级意识。

（7）注意青【年】女工的工作,夺取广大的青【年】女工群众,团结在赤色工会的周围,并积极领导他们的斗争,以加强工人的阶级斗争的力量。

（8）领导失业工人的斗争,并团结在赤色工会组织之下。

（9）开始发展和建立农村的工人运动,建立工会组织,领导经济斗争,以建立工人与农民的亲密关系的。

（10）发展和扩大工人武装的组织和训练工作。

2. 策略问题。

A. 运用公开活动的机会扩大赤色工会运动

（1）赤色工会的组织在秘密活动之下是很难有大的发展的,只有限于一部分的组织,不能将广大的工人群众包括在组织内,不能将它的影响扩大到群众中。因此,要使赤色工会在群众中有扩大的发展,必须利用社会一切公开的可能性与机会,使赤色工会在公开或半公开的形式之下,扩大它的组织与影响。这一策略的运用,必须正确地与秘密工作有很好的联系,坚决地纠正右倾的危险与左倾的残余。

（2）利用社会公开的可能性,不是合法运动。去向国民党注册登记,这不是利用公开,而是合法主义。更不是以公开〈的〉为目的。为保存公开的存在,必然走到合法运动。利用公开的可能性,是在社会一般所能允许的组织和名义。如俱乐部、图书社、储蓄会这一类的组织来取得公开活动的机会,但又不是专以这类名义和实质来组织群众,而是名义上的利用,实质上乃是赤色工会的组织和行动,来扩大我们的工作,才能吸收广大的群众到里面来。

（3）以各种纪念节日或游艺会的名义,罢工运动的时候,以及各种共同斗争的问题来召集各种工人群众或工会代表开会,或者讨论工人中共同问题,或斗争行动起来进行组织某一产业的地方的公开联合组织,更运用这种组织来公开领导广大群众斗争,以及发展和扩大群众的组织,这都是利用公开机会来扩大党与工会的群众工作,这一策略正确的运用,在目前职工运动中有很大的作用与意义。

B. 工厂委员会的策略运用

(4)工厂委员会的策略,自六大会后,在职工运动工作中,很少执行这一策略,甚至在许多群众工作中,因为不能了解工厂委员会的作用,和正确运用的方法,以致失却团结广大群众的机会,减少群众组织和斗争的发展,在过去工作中是一个很大的损失。目前群众斗争虽然向前发展,但是群众的恐惧心理还未完全消除,不敢接近赤色工会,还有广大群众到现在没有工会组织。只有正确地运用工厂委员会的方式,使一般害怕斗争和组织赤色工会的工人群众,以及工人中有政治的派别的,经过工厂委员会相当的工作的时候,能引导全厂群众到赤色工会领导之下。因此,工厂委员会是目前职工运动最主要的策略。

(5)工厂委员会完全以争取全厂工人共同的经济利益来团结全厂的群众,因此不同工人中宗教的不同,政治的派别,全厂每个工人都是会员,也没有会所,也不收会费,由全厂工人或代表的形式选举几人组织委员会,来办理或领导全厂工人的斗争问题,逐渐使一般思想落后、有政治派别和恐惧白色恐怖不敢斗争的群众,经过工厂委员会的形式,在经济斗争中引导走上阶级斗争的战线上。因此赤色工会可以经过工厂委员会的工作,逐渐扩大它的影响与组织。

(6)工厂委员会是维持我们和群众密切关系的一个最好的方法,是反对国民党和帝国主义进攻工人们一个最好的抵御,是党在反对国民党和帝国主义〈的〉施行逮捕及屠杀时最好的工具,是反对国民党和黄色工会〈的〉侦探们【的】一个武器,是集中群众力量反对压迫的一个工具,是给予群众一个发泄他们愤怒的集体的和代表的机关,使得群众能提出他们集体的要求,使得他们能够对付他们每天所遇的一些愤激不平的事件,是集合各种政见和意见不同的工人的机关,是为建立斗争的工会的一个巩固基础。

(7)目前对于工厂委员会这个策略的运用,决〔绝〕不以机械的形式来进行这个工作,应当根据工厂实际情形来决定这个组织形式。名称按照客观环境和群众的需要而决定。这个组织是否公开继续存在和转变为赤色工会,这都是按照当时的环境和群众的情形正确地运用,才能推进工作向前发展。

(8)工厂委员会决〔绝〕不是由少数人所组织,而是经过全厂工人【选】举出来的。更不是和平发展的,而是由斗争产生出来的。工厂委员会的组织立场,是建立在群众的斗争上面。在我们运用策略时,都是应当注意【的】。

(9)工厂委员会与赤色工会支部是不相同的,不能与赤色工会混合一体。赤色工会支部与党的支部在工厂委员会中只有起党团作用,不能直接指挥。

(10)在工厂委员会领导群众斗争发展到罢工的时候,可将工厂委员会扩大和转变为罢工委员会,或是在罢工中指挥罢工的机关,经过罢工后应尽可能地使它成为事实上的工厂委员会,不仅在罢工中,【即】便是在经常的小斗争中,也要设法取得组织工厂委员会或定期的工人代表会议的机关。同时必须注意要尽可能地用各种方法组织工厂委员会性质的工人组织。

C. 斗争的策略

(11)日常斗争是发动【群众】斗争的主要策略。因为群众中恐惧心理与失败情绪还未打破,以致不敢直接起来斗争,只有发展日常斗争,才能提高群众斗争的情绪,逐渐打破群众的恐惧心理。

(12)在目前群众斗争发展中,不应束缚于日常斗争的策略,应由日常斗争生长到大的斗争,注意对群众大的斗争的领导,特别是【对】广大群众的罢工运动的领导更有意义。同时在罢工运动领导中,力求斗争的胜利,才能加强斗争的发展。

(13)在反帝运动、反国民党、反军阀战争中,党与赤色工会应努力领导工人群众来参加这些运动,并在这些斗争中,建立工人阶级的领导地位,特别在外国工厂的工人斗争中要注意发展到反帝运动,必须使这些斗争互相联系,特别与工人的经济斗争相联系起来,才能加强工人群众参加斗争的力量。

(14)目前争取工人自由的斗争,是工人目前政治斗争的中心斗争,在一切的经济斗争中,都要使它发展到争取自由的斗争。只有这一斗争剧烈地发展,才能加强群众的阶级意识,才能更促进反国民党和其政权的斗争向前发展。但是政治斗争,必须加紧领导经济斗争,才能更强有力地发展到。

(15)凡是遇到工人群众的罢工运动,尤其是带全国性的产业工人的罢工,党与工会应动员所属地及全国有关系的党部与工会,要集中力量来参加斗争的指导,和号召其他工人起来援助这一罢工,才能借这一罢工来影响其他工人的斗争,推动全国工人斗争的发展。

(16)在群众斗争中,动员群众的工作要做到充分,要运用各种斗争组织方式来调动大多数群众参加斗争或罢工中的工作,才能得着广大群众对于斗争的拥护,保障斗争的胜利。

D. 反改良主义与黄色工会的策略

(17)反改良主义最有力的策略是发动群众的经济斗争,领导群众作直接的斗争行动,要利用改良主义欺骗群众的事实,一点一滴的事实都不要放松,不断地在斗争中揭破改良主义的欺骗面具,使群众在事实上把他对于国民党改良主义幻想以及合法观念完全打破。

(18)党应坚决地反对党所领导下的工人群众组织向国民党注册登记,请愿调解,助长群众的合法观念和对改良主义的幻想,应该发动群众作直接行动的斗争。对于群众对国民党还有很大的幻想，群众要去请愿登记等，党应该利用许多事实指出这种行动只有工人受害，没有一点利益，应该以说服的精神来克服群众中一部分的落后思想，不应随着群众走，变成群众的尾巴。即或群众中还是大多数主张去请愿调解，党一方【面】是公开地批评这种行动的错误和危险，同时要参加进去，使群众在这些行动中，以事实来证明党的主张正确，揭破国民党及改良主义的面具，打破群众的幻想，进到群众的阶级斗争的形势。

（19）应该针对改良主义一切欺骗宣传，在群众中加强阶级斗争的革命的一般理论之灌输，在思想上加强工人的阶级意识。对于国际的改良主义的国际劳工局与黄色国际，应指出其与国民党勾结压迫中国工人，破坏中国革命的阴谋，以及在欧洲出卖工人，及破坏太平洋革命工人的联合的罪恶。

（20）对黄色工会的策略，是参加到下层群众中，利用下层组织关系来接近群众，领导群众起来斗争，利用各种代表和群众会议来反对黄色领袖，一方面扩大党的政治影响，揭破黄色领袖出卖工人利益的事实，使群众在事实上认清黄色领袖，将他们驱逐出工会。不是采取少数运动的策略，分裂一部分群众，而是将群众与黄色领袖对立起来，夺取大多数群众到党的政治影响之下。

（21）因此对黄色工会的组织策略，不是在黄色工会内进行赤色工会的组织，而以党的支部在群众中起核心作用，团结群众在支部周围。可在工会之下进行各种附设组织，以团结一般革命分子在党与赤色工会影响之下，加强对于群众领导的力量。赤色工会要与这种革命分子的团结〔体〕发生密切关系。

（22）在反对黄色领袖，争取工人利益，发展赤色工会影响的斗争中，群众的罢工，确有很重大的意义。在准备罢工与选择罢工的时候，我们应估计可以取得胜利的条件，应尽可能地发动群众的直接斗争形势(即是直接选举代表、关车、关厂等等),在群众的拥护下,成立直接指挥罢工的机关,以脱离黄色领袖的影响。

(23)黄色领袖在群众斗争发动的时候,常常以拖延方法来缓和工人的斗争,以政治势力的威吓,压制工人的斗争情绪。这个时候必须发动广大的群众,用各种群众会议的决定,以及下层组织的反抗,强迫黄色领袖执行,揭破黄色领袖出卖工人的面具,必须真能动员下层广大的群众起来,以群众的力量才能战胜黄色领袖一切恶劣的行为,将他驱逐出工会指导机关,改选革命分子。在黄色工会内提出民主化的口号非常重要,使一切工会问题都是经过群众讨论和决定。

(24)当群众反对领袖的斗争发展到剧烈的时候,国民党必然要假改组和整理工会的名义来压迫群众反黄色领袖的运动,党应当领导群众起来坚决地反对国民党派人改组和圈定名单,由群众自己直接选举工人中革命分子充当工会职员,改造工会执行机关。即或〔便〕黄色领袖借政治势力的保障,不能由群众力量驱逐出去,仍由群众另行选举职员成立新的执行机关。

(25)反黄色领袖的斗争,必须领导群众在不断的斗争中经过相当时期的工作,使大多数群众真能接受党与赤色工会的政治影响之后,才能使黄色工会逐渐转变成为赤色工会领导之下的工会组织,并不是单纯依靠夺取上层指导机关所能达到的。

E. 失业工人运动的策略

(26)党与赤色工会应当开始来组织失业工人,用一切方法(宣传、鼓动、组织、示威等)来领导失业工人向政府及市政府社会团体资本家要求救济和津贴。

(27)失业工人是工厂工作的候补者,资本家可以利用来威吓在业工人不敢斗争。因此在工会中应单独成立失业工人委员会,团结广大的失业工人群众。必须使失业工人在组织关系上与在业工人建立密切联系,并且要在业工人尽力来帮助失业工人,向政府及资本家要求救济,使失业工人来帮助和拥护在业工人的斗争和罢工运动。

F. 组织的路线

(28)由下而上地来建立工会组织的系统,发展带群众性的斗争性的群众组织,建立赤色工会的群众基础,扩大赤色工会运动。

(29)发展和扩大赤色工会的组织,是职工运动组织上最主要的任务。赤色工会要实行民主化,吸引广大群众的积极分子参加工会的工作和问题的讨论,培养工会中的干部分子,形成工会组织上的骨干。

(30)对于许多不能组织工会的地方,党可运用灰色名义如俱乐部、体育会以及合作社等来发展群众的组织。这种组织必须建立在争取群众的阶级利益的斗争原则上,来团结群众,使他成为将来生长到赤色工会的群众组织基础。

(31)对于工人群众中已有的各种原始的封建组织(如兄弟团、姊妹团等),只要带群众性的,党应参加进去,扩大党及赤色工会的影响,逐渐减少原有组织的特性,加重工会的作用,在工作中群众斗争中,逐渐转变成为赤色工会的群众组织基础。党不应提倡或是自己注重去发展这种组织或助长其封建性。

G. 宣传问题

(32)党在群众中不仅在一切斗争的领导中,扩大它的政治影响,应当在工人群众中经常地宣传解释党的政纲和政治主张,灌输一般的阶级斗争的理论,扩大党在一般工人群众中的影响,夺取广大群众在党的影响之下。

(33)在上海利用公开或半公开出版的日刊已有相当的成效,其他如香港、天津及满洲、武汉、广州重要的工业区域要同样发行一种专向工人宣传的日刊或三日刊,产业的地方的总工会都要尽可能出版这种刊物,编辑各种宣传小册子,各种刊物,要在各种工人中设通信员,使各种刊物要成为群众〈的〉说话的喉舌。

（34）党与工会的工厂支部应尽可能举办工厂日报和壁报,作经常鼓动群众的刊物,必须要注意本工厂实际问题,提出最实际最具体的要求口号。

（35）宣传与鼓动的口号要分清楚,不能平列一处,减少鼓动口号的作用。鼓动的口号不宜太多和太长,长易于失掉鼓动的作用。鼓动的口号必须是工人中最实际最主要的问题。

（36）飞行集会是在目前环境之下,不能经常地召集广大群众的会议时最好的一种鼓动群众而带有行动性的集会方法。当着工人上工或下工的时候,在工厂附近临时召集群众会议作三五分钟的演讲,讲演的词句要简单明了,不宜太长或混乱不清,使群众不易了解。因此飞行集会在事前应有计划地准备一切,使飞行集会易于转变为群众的示威行动。

3. 青工女工运动

在目前资本进攻与生产合理化之下,大批地开除成年工人,以青工女工代替,这不仅是使资本加紧对于工人的剥削,而且在轻工业中,使工人斗争力量的重心转移到青女工群众身上。在过去斗争的经验中,青女工占斗争中的很重要地位,每每因为动员青女工的工作不充分,而影响斗争的失败。因为青工女工受剥削与压迫得特别厉害,对于反抗和斗争亦表现积极,特别是青工和童工斗争情绪易于发动,改良主义的欺骗较之一般成年工人不易接受,因此【在】反改良主义的斗争中表现特别勇敢。过去党与工会对于这一工作没有充分注意,不能在青女工群众中建立有广大的群众基础,在许多斗争中〈却〉明显地表现【出】忽视这一工作的弱点。

目前职工运动中夺取青工女工的广大群众是主要任务之一。因此,党与工会不仅站在青工女工的特殊情形之下来注意这一工作,应当站在目前职工运动中【的】主要关系上来积极发展这一工作。

党在职工运动中要获取广大的青工女工群众,必须坚决地在一般工人利益的争取外,积极领导青工女工的特殊利益的斗争,才能推进青工女工积极地参加整个的工人阶级利益的斗争。

在公开或半公开的工会中,应当设立青工和女工委员会或青工部,来进行青工女工会议及训练宣传工作。

在不妨碍整个工人斗争的原则上,由工会领导作青工女工特别利益的斗争。

在黄色工会中,青工或学徒,可在工会之下单独成立青年及学徒联合会等组织,提出青工学徒的要求,来压迫黄色领袖承认执行,以引起反黄色领袖的斗争。在没有组织的群众中,可单独成立组织,但是必须使这个组织来帮助工会发展。

党在职工运动中应帮助青年团在工会工作来进行青年工人运动。党对于女工运动,应尽可能采取各种方式(如读书班等)来进行女工组织。党的组织发展,应特别注意吸收女工同志加入党,加强党对女工运动的力量。

4. 农村工人运动

农村的工人运动到现在还没有正式地来进行。在半殖民的中国,工业无产阶级的数量不十分发达,除了手工业工人以外,要算是农村无产阶级的雇工。实[现]在中国农村中有二千余万的广大群众,不仅在中国革命将来转变到社会主义革命的阶段中占有重要的地位,并且在目前民权革命阶段中,对于领导农民实现土地革命有很大的作用。特别是城市的无产阶级经过雇工与农民的组织和领导的关系,更加坚固的密切起来。党与工会不应忽视这一工作,使它混合在一般的农民运动中。要建立独立的组织和工作在城市的无产阶级领导之下。

农村的工人运动,除了雇农以外,还有手工业的工人(不是手工业者;凡是带有剥削关系的,不准加入)和店员都应包括在内。对于农村工人的组织,在雇工及手工业店员占多数的地方应该成立独立的工会,与城市的工会建立组织的关系,同时与农协亦发生组织上的联系,特别是斗争要互相连接起来。在雇工及手工业工人少的地方,可在农民协会下成立雇工部,但是雇工部要与城市的工会发生组织的关系。

对于雇工手工业工人的经济斗争,党当然站在工人的利益上坚决领导斗争,争取他们的利益,不应为了巩固农村的联合战线而牺牲雇工的利益,那又是走上机会主义的道路。

党与地方的总工会应在雇工多的地方派人开始建立工会组织,特别是在农民斗争发展的区域以及苏维埃区域内,应即刻建立组织,与地方的总工会发生组织关系,在没有地方总工会的地方要与全总发生直接关系。党在农民运动中应该要帮助工会进行这一工作,使已有组织的雇工工会立即与城市的工会发生关系。

5. 工人武装组织和训练工作

工人纠察队自卫队组织与工人群众的武装训练,党与工会必须严重地注意这一工作。在目前工人群众中已表现对于这种组织和训练的必要。这种组织与训练不仅在将来暴动有很大的意义与作用,并且在目前阶级斗争剧烈发展的时候,对于群众自卫与反工贼的进攻,以及群众斗争时都是群众的中心力量,在政治示威都有很大的作用。党与工会必须竭力来进行,或扩大已有的组织,经常地做政治的军事的教育工作,并且要利用公开或半公开名义达到公开或半公开的活动。

6. 赤色工会的任务

赤色工会在目前职工运动中占非常重要的地位,对于革命运动的发展有伟大的作用。目前扩大赤色工会运动,争取广大的工人群众到赤色工会周围,是目前党在职工运动中的最主要任务。赤色工会的意义,不仅是主张阶级斗争,站在阶级关系上来团结工人,应当坚决领导工人群众不断地作经济的政治的斗争,坚决地反对劳资合作,合法斗争,反对一切妥协的方式(劳资仲裁等),采取直接行动的斗争形式。不仅要在党的政治领导之下不断地争取工人阶级的经济改善与政治上的地位,而且要在党的领导之下领导工人阶级不断地为获得工人阶级最后的解放与夺取政权而奋斗,这是赤色工会最主要的任务。

(1)赤色工会在目前政治上的任务

①坚决地领导群众作反对帝国主义斗争,要求撤退驻华海陆军,取消一切不平等的条约,以及反对帝国主义在中国屠杀等斗争。

②坚决地反对国民党、国民政府,当然在一切斗争中不应放松反国民党国民政府及各派军阀的战争的工作,应当坚决反对国民党的白色恐怖,力争工人一切自由。

③必须与国际工人阶级有亲密的联合,反对第二次世界大战,反对第二国际及黄色国际劳工局,亚洲劳动会议等改良主义者,拥护工人祖国苏联。

④赤色工会在工人群众中宣传工人阶级应该赞助农民的土地革命,应当和农民的组织建立亲密的关系。

(2)赤色工会在经济斗争上的任务

⑤八小时工作制是目前工人经济斗争中主要的一个要求,赤色工会要领导群众不断地要求减少时间以为实现八小时的要求而斗争。

⑥赤色工会不应忽视群众的经济要求与领导,增加工资,规定最低工资,星期日休息,改良待遇及工人卫生等要求,都是赤色工会领导群众斗争的主要任务,赤色工会只有坚决领导群众作经济斗争,才能加强群众斗争的力量和阶级认识。

(3)赤色工会的组织任务

⑦赤色工会的发展应注重在重要产业工人(海员、铁路、矿山、五金、纺织、丝厂、市政、码头等)群众中及重要工业区域(上海、满洲、香

港、广州、天津、青岛)的工作。

⑧赤色工会应注意基本组织的建立,在工会内要实行民主化来吸引广大工人群众来参加工会工作。

⑨赤色工会应该要引用非同志的工人中革命分子到指导机关,必需要坚决地执行,必需要在公开或半公开工会执行委员会中有女工青工的代表参加。

(七)党与全总的工作

各省省委没有职工运动委员会的组织的,应即刻正式成立起来,讨论研究职工运动的工作,贡献关于职工运动的策略和计划于党,帮助对于全省职工运动策略和工作的指导。各县各市在常委中均应有一个负职工运动的专责。应当动员全体工人支部的党员在群众中进行职工运动的工作,这是他的经常的主要的工作。支部的发展应当在群众工作的发展中来发展来扩大。

党对于职工运动的干部人才,应在工作中注意养成,对于一般下层职工运动的工作人员不宜任意掉〔调〕换工作,【要】使他在工作上多积累工作经验。职工运动必须有专门工作人员的培养和训练,在目前是非常必要的。

党与工会的工作应当分开,纠正党的支部代替工会的现象。工会的工作路线应该在党的支部以外的群众中来建立群众工作。党与团的同志应该全部参加工会工作做群众运动,除特别情形留一部分的同志在党内工作,不参加工会组织和工作。党对于工会的党团应特别注意政治的工作的指导。

全总的工作以铁路、海员、上海、香港、矿工、五金为它的工作中心,应当加强对于这些工作的指导。除经常地来指导上总,按期地派巡视员到铁总、海总及重要工业区域考查〔察〕及实际帮助该地工作,其他重要工业区域(如满州、武汉、广州等),应当开始派人去建立工会的组织和工作。全总应与全国的赤色工会建立组织的正式关系和经常的指导,各地党部应尽可能来帮助,使各地工人群众组织与全总建立正式组织关系,这是非常重要的。

《中国工人》应按期出版,注意职工运动的理论和策略的讨论,以及编辑各种问题的小册子,都是目前迫切的工作。

培养和训练职工运动的下层干部分子来供给全国各地职工运动的人才也是全总重要工作之一。过去虽进行训练班的工作,仍然不充分,现在应积极来进行这一工作。

全总应加强对于赤色工会的政治指导,应当利用全国工人斗争的事件,不论它是否赤色工会和黄色工会,应当公开提出全总的主张和办法向工人群众中宣布,以增加全总在群众中的信仰和赤色工会的影响。

今后要制定全国工人斗争的政纲,各地方总工会和产业总工会都要规定工人的总要求,在群众中作广大宣传,领导为总的要求而斗争。

(八)海总铁总与各地的工会工作

1. 海总

(1)改正海总非群众的工作路线。由下而上建立群众的组织,充实海总下层群众的基础,纠正过去机关式、包办式、命令式的工作方式。要运用组织的形式来领导群众的斗争。

(2)建立船上的工会支部组织是海总最中心的工作。要将已有会员群众按照各船的生产部门形成组织,以组织的形式来训练和指导船上支部使能独立工作,在船上海员中起领导作用,扩大工会的组织。

(3)参加到寄宿舍(馆子)和公所群众中扩大海总的宣传,发动群众为清算账目和改良各种待遇的斗争,以改组其组织和兄弟馆的建立,使他团结到海总周围,以扩大海总群众的基础。对于失业海员的工作要特别加紧形成组织,进行训练工作,使他将来上船作工后成为发展海员工会组织的基本力量。

（4）海员工作以香港、南洋、上海三处为工作的中心，在每一地方应择其重要的航线和船只为中心工作，建立中心群众的基础。香港与南洋应以外洋航线为中心，上海的中心为沿海及长江航线。

（5）要注意对于反动工会的工作，领导或发动群众反对反动工会的斗争，不缴纳会费等。

（6）海总在上海要有一种经常宣传刊物，在各船设通讯员，扩大海总在群众中的政治宣传。加紧反帝国主义和反对世界大战的宣传，打破海员中的狭隘民族观念，进行国际海员的联合。特别使经济斗争要联系到反帝运动，在斗争中来消灭群众中的帮口观念和落后思想。

（7）海总在群众中的工作有了相当发展，应召集代表大会改造海总执行委员会，吸引非党的海员参加指导机关，逐渐成为海员群众的组织。

（8）沿海各省的党部要以最大的力量来帮助海总建立海员工作，加紧对于党的海委工作的指导，注意海员中党的发展，加紧党员训练工作。

2. 铁总

（1）纠正过去以小站包围大站，放弃开车生火工人的工作，注意路棚小工的错误观念。在铁路中应以大站为中心，开车生火及机器工人为中心群众，建立铁路工会的基本群众的基础。

（2）参加到各路黄色工会下层组织中，领导群众在不断的斗争中反对黄色领袖，夺取大多数群众到铁总影响之下，特别注意中心群众的争取。

（3）加深反军阀战争的宣传，反对一切军阀割据铁路、加紧剥削工人、搜刮铁路的收入、拖欠工人的工资作战争的用费，以及对于工人的欺骗宣传。在战争中要领导群众作反军阀战争的行动。

(4)在北方铁路工人中要坚决反对新旧交通系、改组派及一切军阀走狗破坏铁路工人运动,分裂工会的组织,在国民党各派的冲突中不应帮助这一派来反对那一派,党与铁路工会应当提出工人的经济要求,反对整个的国民党。在群众中要指出国民党无论哪一派都是压迫工人,利用工人作工具以作政治上的活动,应当领导群众将他驱逐出去,由群众自己来组织工会。对于没有工会组织的,应运用工厂委员会的策略将他团结起来。

(5)铁路工人运动以北方为主要工作区域。全国铁路以京汉、京绥、京奉、津浦、南满、中东、沪宁杭、粤汉为中心路,在每【条】路中要以主要大站为中心,如京汉之长辛店、石家庄、郑州、信阳、江岸,京绥之南口、张家口,津浦之天津、济南、浦镇,京奉之唐山、奉天,南满之大连,中东之哈尔滨,正太之石家庄,胶济之四方,沪宁、沪杭之上海、吴淞,粤汉之武昌、徐家棚、长沙、新河,陇海之开封、洛阳,道清之焦作,广九之广州,广三之佛山为中心工作。

(6)铁总的工作,在目前应以顺直为中心,应即刻派人到满洲开发各路组织和工作。在河南、山东及南方各省铁路工人运动,全总应以最大的力量来帮助铁总恢复各路组织和工作,加强对于南方各省的铁路工人的指导。在工作稍有发展时,即召集全国铁路工人代表大会选举铁总,强健指导机关。

(7)铁总要改变过去委派工作人员到各路工作的方式,多派人参加各路工厂中做工,特别要注意训练过去有斗争经验的失业工人帮助恢复工作,或参加到其他各铁路工厂工作。铁总及全总应即刻开始进行各路在业工人的训练工作,培养下层干部人才,树立各路群众的基础。

(8)铁总的周刊应立即恢复按期出版,扩大铁路的宣传,在各路设通信员,建立各路独立发行系统。

(9)在铁路所在地的各省党部,应以铁路为主要的中心工作,集中力量艰难困苦地来建立这一工作,加强对于各大站地方党部的组织和领导。

3. 矿山五金工人的工作

(1)矿工运动以唐山、本溪湖、抚顺、福中、中兴、淄博、六河沟、象鼻山等为中心工作,唐山五矿为最主要的中心。目前的工作是积极参加到黄色工会内夺取下层组织的群众,特别在维持队的工作,建立党的基础与群众中心组织力量。目前的策略是发动各部群众的日常斗争,扩大党与赤色工会的宣传,反黄色领袖。其余各矿应立即开始去建立工会工作。

(2)矿工运动应注意机器工人的工作,使里工外工也组织在一个工会内。反对国民党与黄色领袖分裂群众的组织。运用工厂委员会的组织团结广大的群众,逐渐转变为赤色工会的组织。

(3)五金工人运动以奉天、太原、武汉、上海、成都、广州、巩县等处兵工厂和上海、香港造船厂为工作中心。这一工作历来党与工会都没有充分注意,加以敌人对于兵工厂的防范特别严厉,在工作上感觉进行的困难。但是有关系各省的党部与工会必须要艰难困苦有耐心地去建立群众中的基础,开始进行工作的方法,可运用各种灰色团体的组织去团结群众,逐渐在工作中【和】斗争的领导中发展到赤色工会的组织。

4. 上海工会的工作

(1)上海目前工会运动应坚决地运用公开活动的策略,使工联会的组织成为广大群众总的团结,扩大赤色工会运动,将上海总工会的秘密路线之下的工作,转移到工联组织,去加强工联的组织与领导力量。

(2)在上海工会运动中要肃清委派制度的残余,建立群众组织的路线。工联会要尽力吸收非党的工人领袖和积极的分子参加工联的一切工作,纠正过去以工作人员所形成的组织系统。要在工会内实行民主化,多召集各种形式的会议,使大多数群众参加工会一切问题的讨论,逐渐成为群众的组织。

(3)工会运动的基础,大部分还建立在手工业工人店员方面,过去对于重要产业工人的工作,做得不太充分,今后应当将工作中心转移在产业工人中,特别是工联的群众基础要建立在海员、铁路、五金、市政、邮电、码头等重要产业工人的组织上。目前工联要以这些重要产业工人的工作为主要的中心工作,建立中心群众的基础,但不要又走到完全放弃手工业店员工作的极端道路。

(4)在上海没有组织的广大纱厂工人,工联应积极将他们组织起来,最好的方式是运用工厂委员会来团结这些无组织的群众。在轻工业中的女工青工是轻工业工人主要群众的工作,要运用各种方式来组织他们领导他们的斗争,特别是女工群众,过去对于这一工作的忽视是非常错误的。

(5)过去对于黄色工会的工作,除了在邮务有进步外,其他重要的黄色工会如商务、英美、南洋、报馆、笔墨等没有有计划地去发展下层群众的工作和反黄色领袖的斗争,今后更当特别注意这一工作。只有在这些黄色工会的工作有基础后,夺取其群众到赤色工会影响和领导之下,才能给黄色工会运动一个重大的打击。

5. 香港的工会工作

(1)严厉纠正过去狭隘的秘密的工作路线,在香港应用公开活动的方式扩大赤色工会运动是可能的。对工人代表会的组织,应用公开活动的方式来扩大他的组织和影响。

(2)工代会对于群众的斗争,在群众中应用公开领导的方式建立在群众中的领导地位与威信。在工代会中多容纳非党的工人领袖实际地参加工代会的工作,纠正少数党员来包办工会的一切工作。

(3)香港的黄色工会多系行会性质的工会,对有群众的工会,我们应参加进去,按照产业的组织和工厂委员会的方式夺取其群众。

6. 其他各地的工作

(1) 武汉、广州在过去极端白色恐怖摧残之下，使工会工作在不断破坏中完全瓦解。但是群众的革命情绪并非被白色恐怖压迫下去，目前正是蕴藏待发。党与全总应以最大的力量来恢复和建立这两个重要区域的工会工作。

(2) 满洲在日本帝国主义直接经营之下，工业的发展〈到〉最近实令人惊骇，差不多变为日本帝国主义殖民地了！在历史上对于满洲的职工运动非常忽视，至今工会运动还是尚未开发的状态。最近东三省在名义上是统一于国民党旗帜之下，对于工人运动仍然是极端压迫，就是国民党在群众中的活动，同样是秘密方式。满洲的工人群众虽然缺乏斗争的历史，但是群众的生活在日帝国主义直接和间接剥削之下已痛苦不堪，自发斗争逐年增加。满洲不仅在工人数量占重要的地位，尤其是在日帝国主义对于中国侵略关系上，以及邻近世界第一个工人国家苏联更表现其重要的地位，这是党与全总不可忽视的。要以最大的力量去开辟满洲的工人运动，运用各种方式（办学校、俱乐部、寄宿舍、体育会等）去发展工会的工作，铁路、矿山、奉天兵工厂是最主要的中心工作。

(3) 天津、唐山、青岛、北京是黄色工会最发展的地方；参加黄色工会的下层群众中，要正确地运用对黄色工会的一切策略，夺取大多数群众到党与赤色工会影响之下，是目前职工运动中最主要的任务。目前群众斗争正是继续不断地爆发中，合法斗争的倾向有非常严重现象，坚决地发展群众直接行动的斗争，是引导群众脱离改良主义的影响，走上革命斗争的道路，这是目前最主要的策略。

(4) 无锡、南通是工业发展、产业工人多的区域。最近群众斗争的发展，特别是无锡几次总罢工的发生，因为党过去没有注意此地职工运动的工作建立，在这些罢工中，党没有一点影响，这是非常严重的现象。今后应立即开始来建立这两个地方的职工运动。

　　(5)南京、芜湖、九江、杭州、宁波、济南、厦门、汕头、宜昌、成都、苏州、长沙这些重要城市职工运动都不发展,今后各地党部应以全力来发展职工运动,建立城市领导的基础。

　　(录自中华全国总工会编:《中共中央关于工人运动文件选编(上)》,档案出版社1985年第1版,第336—368页)

共青团中央给团江西省委的信①

（1929 年 7 月 7 日）

（第一信）

江西省委：

两次报告陆续收到。

一、你们最近的工作布置，中央同意。在这种工作布置之下，最重要的你们须要经常检查各地在实际工作中执行的程度，予各地以更实际的指示，因为我们不仅在观念上情绪上推动，更应当在实际工作中推动各地，这一点，特别是青年的特殊工作，〈这一点〉你们还须更加充实。

二、江西工人斗争，在全国工人斗争开始复兴的形势下的开展，你们应当抓住这一个开展的局面，更加积极地推动发展，特别在这种形势下建立青工工作。运用青工群众组织的特殊方式：

1. 在我们领导之下的工会青工部（或学徒部）应即刻成立起来，运用青工部的组织，随时召集青工或学徒的群众会或代表会，宣传学徒的特殊的利益要求，有组织地领导他们参加斗争，领导他们拥护自己的要求，争得特殊的实现。

2. 在黄色工会中同样地领导青工或学徒群众，要求青工特殊的

---

① 本文标题原为《给江西省委信》。

组织——青工部或学徒部、学徒委员会等——提出青工要求,胁迫黄色工会领袖执行,在这些斗争中,揭破黄色工会领袖的假面具。

三、小资产阶级学生群众,在整个工人斗争的复兴形势之下,一定可以推动他们斗争的发展。但在这里我们的领导是非常的重要。过去团的学生支部在群众中不能起作用,这值得省委注意的。你们应积极地推动学生支部,在群众中起领导作用。我们在学生群众中斗争路线:领导学生自身利益的斗争与反帝争自由的斗争,只有积极地领导起来群众的斗争,才能打破反动的群众领袖。

四、经费问题你们应从积极方面解决:切实地征收团费,是你们解决经费问题根本出路,你们不应忽视这一点。

几个主要问题简单解答如此。

(第二信)

江西省委:

同志来,谈了江西团的工作情形后,有以下几个问题指示你们:

一、南昌团比较有组织,虽然还很薄弱。你们应当利用这一点组织基础,把它放在斗争中来锻炼扩大与发展,更应当积极地推动现在存在的组织基础,加紧在印刷、电灯、店员等黄色工会中活动。你们过去在黄色工会中工作仍十分不充分。如像不在黄色工会中提出工人要求,已取得工人群众的同情,提到黄色工会中,黄色工会领袖则不执行,你们就不能采取更进一步的办法,在群众中作广大的宣传,领导群众直接行动起来,争取自己利益反对黄色工会领袖,组织工会。你们以后在黄色工会中工作的方式与方法,应当这样:(参看 C. Y. 中央接受国际训令与党的决议〈之决议〉中黄色工会中工作的一段原文)。

二、团应当特别运用黄色工会中夺取青年工人群众的特殊方式,尤其是要在铅印工会中加紧活动,因为印刷方面青工学徒特别要小些。最主要的我们提出工人的迫切要求,胁迫工会执行,如果工会不执行,我们应当在群众中宣布工会领袖的罪恶,领导群众直接起来斗争,在群众中直接运用工会民主化,用群众选举工会委员,改组职工会,这样来把黄色工会转变为赤色工会。

三、九江纱厂、火柴厂等工厂支部,现在还是一个极狭小的工作范围,支部工作尚没有转向群众中,这一点,你们应当积极去纠正。你们曾经有意见在久兴纱厂组织青年工人俱乐部,以团结青年群众是可以的;但该俱乐部必须的条件,要争得公开存在,这样才能团结广大的工人群众。俱乐部成立以后,应运用这个工具时常召集青工代表会或群众,团结青年工人群众,宣传青年的特殊要求,形成工人群众斗争的中心领导的组织力量。此外可以在各厂青年工人群众中扩大组织体育性质之类的组织。

四、南昌学生群众中工作的忽视。在 AB 团与改组派在学生群众中斗争,我们的支部一点不能起作用,这是显然的事实。现在小资产阶级学生群众反帝国主义、争自由斗争,还有他的作用,我们不能在主观上放弃不管。AB 团与改组派在斗争中,我们自然是不会帮助哪一派,但我们放弃不管,就等于帮助两方面了! 你们以后应积极推动各个学校支部同志:

1. 领导学生本身利益的斗争。

2. 领导学生作反帝运动,争自由斗争(如研究思想,集会,结社自由等)。

3. 在这一切的斗争中来反对出卖学生利益的 AB 团、改组派等学生领袖,揭破他们的假面具。

4. 我们应扩大在学生群众中的辅助组织。

五、"八一"可以参看中央所发出的工作计划及宣传大纲,"八一"示威行动,应特别注意在九江及南昌,次要的是景德镇、乐平等地;但同时亦须深入到乡村中工作,因为过去忽视在农村中反帝运动,是一件〔个〕缺点。在此次行动是检阅江西全团的力量,测量团在青年群众中组织力与政治影响的程度。在一般的说来领导这次行动的组织是青年反帝大同盟(在上海已成立)与反帝大同盟,你们应当根据江西实际情形,尽量地做到公开地组织青年反帝同盟以号召青年群众,参加"八一"示威运动,至少在"八一"那天应做到飞行集会。

"八一"又是南昌暴动的纪念日,这在中国"八一"运动有这两重意义,〈在〉江西在这一个意义上尤为重要。所以你们应当积极筹备"八一"工作。你们现在就应当开始在群众中加紧宣传工作。

六、关于职业化实现的问题,奋飞因为记不清楚,不能完全传递你们的意见给中央。关于职业化的路线,中央在通告中□□□的指出,我们要向这个路线进行。首先我们应在同志中加紧教育工作,使同志明白,自觉地去找职业;并且要防止不了解职业化或不愿职业化〈的〉所发生的一切不正确倾向。因此你们可以了解:

1. 职业化不是单纯的命令式的命令同志去执行。应当教育同志了解职业化的意义。

2. 随时要防止由于不明白职业化的意义或不愿意了解职业化所发生的一切不正确的倾向(如像在浙江因为实行职业化同志背叛的事实)。

3. 同志了解职业化的意义以后,自觉地向社会关系的各方面去找职业。

在这里还须提到,中央为建立武汉工作,已给你们去信说明武昌第一纱厂要开工,你们利用这个机会,能分派一部【分】同志到武汉去找工作,这一个问题你们还要切实执行。(此信根据奋飞报告而写,故与前信成分上有些区别)

中央　七月七日

《团中央通讯》第五期,1929 年 8 月 15 日出版

(录自江西省档案馆、共青团江西省委编:《江西青年运动史料选编(上)》,人民出版社 1987 年第 1 版,第 195—198 页)

中央通告第五十八号
——关于女工农妇运动的工作路线
（1929 年 12 月 1 日）

党六次大会已经很坚决地指出妇女运动的重要，二中全会更特别指出目前女工农妇运动之迫切。但因过去全党对此项工作之忽视，所以许多地方很少开始工作。有之亦不充分，不能适应客观之发展与需要。

在轻工业中（纱厂、丝厂、烟厂），因资本严重的进攻以及生产合理化的结果，大批男工被开除而代之以女工。女工的数量在轻工业全体工人中，已超过 70% 以上，女工的工作也异常加重。这样，女工在职工运动的地位，一天比一天重要，女工的生活也一天比一天恶化。因此，在目前工人运动复兴的形势之下，女工的斗争也更加尖锐起来，实际上女工已成为工人斗争的一支主力军。

农妇的工作在土地革命的阶段中，也异常重要。目前农村因军阀混战和苛捐杂税与地主豪绅剥削加重的影响，农村斗争日见扩大而深入。占农村人口半数的农妇工作，于是更加重要而迫切。在过去农村斗争中，很显明地表现了农妇的革命作用，而我们更须切实明了，要使农民斗争的情绪坚决、斗争能更扩大，决不可丝毫忽视农妇群众的工作！

目前中国革命已是复兴，而帝国主义与国民党进攻苏联的工作亦随着加紧，党在加紧争取广大群众，准备武装暴动的总任务下，更加重了"武装保护苏联"，"反对世界大战"，"反对军阀战争"的任务。

因此,争取广大劳动妇女群众在党的周围,更为目前迫切的工作,也正是执行这些任务前提之一。中央特严重地唤起全党同志和各级党部对于劳动妇女运动之注意。不坚决地进行争取劳动妇女群众工作,即是表示对于执行党的任务的动摇。

目前对于女工运动的路线和策略,主要的是:

1. 各级党部对职工运动,必须以女工工作为中心工作之一。

2. 加强全国各产业区的工作,尤其是上海、天津、武汉、香港、青岛、南通、顺德各地的女工工作。

3. 坚决地有计划地配合女工的特殊迫切的要求,领导女工的日常斗争;而使之形成女工各业各厂的总斗争(如上海目前丝厂女工受关厂和生活加重的痛苦,确有爆发总的斗争的前途,目前上海闸北丝厂女工斗争如很好地领导起来,定可推动全上海丝厂的斗争)。

4. 在斗争中建立党关于女工运动之健全的领导。在女工中扩大赤色工会的组织,吸引积极的女工当选为赤色工会的委员。

5. 在赤色工会组织之下建立女工部,执行工会对女工的工作,教育、训练、团集〔结〕女工群众及讨论女工工作的方法。

6. 目前女工一般的要求口号:"反对加重工作""反对打骂女工""反对关厂吓人""反对出进搜身""要求男女工资平等""男女年关红利平等""产前产后休息工资照给""女工在厂谈话、梳头、大小便自由""月经期内告假自由""要求增加工资、减少工作时间"等,这些口号必须与党的政治宣传和工作八小时等要求相联系;以扩大宣传,深入党在女工群众中的影响。

7. 不断的日常问题中,一切斗争中,了解女工的弱点,揭破改良主义欺骗的假面具,使落后和动摇的女工群众也朝着斗争坚决前进。尤其在黄色工会中我们要运用对黄色工会的策略,进行女工的工作,成立女工的组织。

8. 女工各种的斗争,必须尽可能与男工童工的斗争相联系;不致使女工孤立,而更推动整个斗争。反之,男工童工的斗争起来,亦必须联系到女工斗争的发展,才更加得到胜利的保障,而免敌人分裂政策的成功。在目前尤其要与年关斗争相联系。

9. 在没有我们工会组织的地方，可尽量运用女工夜校、女工读书班、女工俱乐部、女工游艺会、姊妹团等名义组织团结女工群众。

10. 对手工业女工工作（如棉织织袜等），我们也要同时注意进行；尤要使其与产业女工工作相联系。

11. 对女工群众自发的斗争，我们要尽可能地用各种方法找路线建立群众的组织，而加强党的领导；只发生个人关系是十分不够的。

目前对于农妇运动的路线和策略主要的是：

1. 必须在农民斗争中，建立农妇的工作。在农民各种的组织之下设立农妇运动委员会，以团聚教育训练农妇群众。

2. 农民斗争的要求中，在不与整个农民的利益冲突时，要特别注意提出农妇的特殊要求，而发动农妇参加一切斗争。

3. 在农村中，要分配农妇的工作，引进勇敢积极的农妇参加农民的组织，参加斗争的领导。

4. 在游击战争和苏维埃区域中，要注意组织农妇群众参加农村中一切的工作。在政治上农妇应有选举权和被选举权；在军事上农妇可单独组织运输队、卫生队、交通队等。总之，要利用一切的可能发展农妇的能力，提高她们的政治认识，而使之成为斗争的坚决的执行者和苏维埃政权的拥护者。

5. 在必要时，可为农妇特殊利益的要求发动斗争，但必须得着一般农民的同情和赞助，而不与整个农民利益相违背。

6. 农村中的妇女工作必须与手工业妇女的工作相联系，尤要得着城市女工工作的领导。在可能时，可引导城市女工至乡村与农妇来往，与鼓动其斗争情绪与实际上进行女工农妇的联合。

7. 我们在农村中，要特别注意领导农妇参加反基督教，反对虐待妇女，反对虐待童养媳等运动，以逐渐进至破除迷信的运动，以渐渐打破农村中宗法封建的束缚。并应向农民宣传，使农民认识农妇的解放工作是帮助农民斗争、加强斗争力量工作。

在妇女运动中一个最不正确的观念,即是机械地分工;妇女运动要由女同志担任。这一观念,客观上是放弃妇女工作。因为现时妇女干部非常缺乏,若等到大批女干部培养成熟再做妇女运动,这是一件不可能的事。事实上妇女干部必须由妇女运动中,特别由斗争中,才能创造出来。党必须利用一切机会与可能去发动妇女运动工作,吸引积极分子入党;在工作过程中,特别注意女干部之引进与培养,有可能时,可开办妇女运动训练班。

各地省委接到此通告,必须讨论如何进行劳动妇女的工作。在江苏、直隶、广东、湖北等省委必须成立妇委,指定专人负责(不限定是女同志);在有广大劳动妇女群众的地方,亦须建立地方党部的妇委,各地必须注意搜集劳动妇女运动的材料,向中央作工作报告,以便制定全国的工作。

中　央

(录自中华全国总工会编:《中共中央关于工人运动文件选编(上)》,档案出版社 1985 年第 1 版,第 406—409 页)

中央通告第六十二号
——接受国际对于中国职工运动的决议案

（1929 年 12 月 14 日）

共产国际最近对于中国职工运动的决议案，一方面是对于中国党二中全会的职工运动决议案，一般说来，认为是正确的，加以批准，同时指示中国党在全国工人斗争浪潮正在成熟时期中之几个严重的任务，中央经过详细讨论，完全接受国际之指示，并根据国际正确指示和目前职工运动发展的实际情形，更具体的作以下的决定。

一、全国工人斗争浪潮正在成熟起来

全国工人斗争，自二中全会以后，在全国各地是继续向前发展，罢工运动更普遍于全国各地，如上海、江苏各县、天津唐山、北京、青岛、周村、香港的海员斗争、景德镇等地罢工运动。至于斗争，在铁路、海员、矿山及南北与长江各城市都是普遍地发展，最近北平人力车夫武装斗争，青岛日厂工人不断的反抗，武汉纱厂工人和哈尔滨铁路工人的示威，的确表示工人斗争更有力地向前发展。

全国罢工运动的发展，是证明工人直接斗争的行动增加，纯粹合法运动减少。反黄色领袖斗争，在各地已增加发展了，如上海模范黄色工会——商务南洋等，北方矿山铁路等都表现【出】这种斗争的锐进，就连武汉工人也已开始这一斗争发展——如武昌裕源第一等纱厂，都表示改良主义在群众中日渐缩小的现象。

在全国罢工运动和斗争中，因为帝国主义国民党的加紧压迫，黄色工会日益反动，黄色领袖的官僚化、工贼化，更使许多罢工和斗争，往往明显地带着政治性质，至于党在各地所领导的示威运动，更推进群众政治斗争的发展。

工人斗争自去年以来，继续向前发展，且日渐扩大和深入，的确证明中国工人斗争浪潮正在成熟起来，这一估量是非常正确的，是日益走向革命高潮的前途，特别在目前军阀混战日益扩大之政治混乱局势之下，将更要有力地促进这一发展的速度。

二、群众斗争的发展与党的工作

在工人斗争浪潮成熟中，群众斗争中的弱点，亦仍表现得很多，因为白色恐怖严厉，资本进攻，黄色工会之控制，群众的畏惧心理还未完全消灭，合法的倾向仍存在，对于国民党还有幻想（在北方表现得更厉害），故罢工运动大部分还在国民党控制或压迫的形势之下而至失败，或者是妥协下来，在反黄色领袖斗争中，还不能与反国民党直接联系而发展起来，且仍在国民党黄色工会范围之内而被国民党利用欺骗方法（掉换黄色领袖）妥协了事。无产阶级的政党，不仅要正确地了解群众斗争发展的形势与前途，而且要认清群众在斗争中所表现的弱点，党要以自己的正确策略，在工作及群众斗争中来克服这些弱点，领导斗争更快地走向高潮，这是党在目前最主要的任务和责任。

党自二中全会以后，对于职工运动的工作，虽在很短期内，在全国已表现相当进步，最主要的对于铁路矿山兵工厂等重要产业工人中已开始建立了部分的群众基础和党的组织，至重要城市如天津、武汉、厦门、北平都发展了一部分群众组织，上海在产业工人中也较前进步，其他如奉天、广州、南通、郑州、信阳都有群众关系建立；在斗争领导上，在铁路海员矿山以及重要城市工人斗争中，都表现党的领导作用增加，赤色工会的发展，在全国统计有四万会员，党的政治影响，在群众中无疑的是扩大了,当然在目前斗争发展的客观形势中,党的工作发展与进步,仍表现极其不够,不能随着客观的形势来扩大党的工作,最大的缺点是:

1. 党还不能有计划去发展工作,不能充分运用群众工作路线去扩大工作,大部分还束缚在党的狭隘秘密范围之内,支部的党员大半不做群众工作,以致减弱党在群众中的活动力量。

2. 党还不能有计划地坚决地去建立和发展赤色工会,尤其是在对于黄色工会不建立赤色工会支部之策略的错误,在客观上自然走上取消赤色工会组织发展的道路,这是不可否认的错误。已有赤色工会的组织亦还不能成为广大群众组织,常表现组织的不固定性。

3. 工厂委员会的建立和发展,极不充分,不能在工厂中运用一切机会去进行这一工作,特别在过去党对于工厂委员会的解释极不充分,因此发生只限于在斗争中采用这种方式,而成为一时策略的运用,无形中放弃工厂委员会的独立发展。

4. 缺乏有计划地有组织地去发动群众斗争,每每斗争发生之后,党与赤色工会才参加进去,充分表现群众的尾巴作用,这是极其严重的弱点。

5. 在有些地方还束缚于日常斗争,不能发展成为大的斗争和罢工运动,对于斗争的联系,不是陷于机械,便是停滞在某一斗争范围之内,不能推进斗争更扩大地向前发展。

6. 对黄色工会中夺取群众还不十分积极,缺乏有计划地、经常地去发展这一工作,反黄色领袖的斗争,党与赤色工会的推动和领导都极其不够。

7. 尤其是在黄色工会工作中,有的只重视上层机关的夺取,忽视最主要的下层群众工作,及赤色工会纲领的宣传,结果夺取指导机关之后,仍在黄色工会纲领之下,反使领袖变为黄色,有的获得群众的拥护,驱逐黄色领袖之后,不积极夺取领导地位,建立赤色工会,反而使党员和赤色会员退出,让一般中立妥协分子选到指导机关去,使黄色工会继续维持下去,以致不能达到消灭它的目的。过去中央对黄色工会的策略,不主张建立赤色工会的支部,党不公开地在群众中独立宣传赤色工会的纲领和独立领导斗争,陷于单纯的转变黄色工会为赤色工会的错误,当然更助长了在黄色工会工作中右倾错误的发展。因此在黄色工会的党员,党不能严厉地督促,随时纠正一切合法运动倾向,到了斗争发展时,不是与黄色领袖妥协,就是叛变成为黄色领袖。

8. 公开活动的策略,不能充分地正确运用,有的发生合法倾向,大部分是仍死守着秘密的狭隘工作形式,不能运用一切斗争去争取公开发展,争取自由的斗争,以扩大党与赤色工会的活动。

因此党与赤色工会在群众斗争中,还不能表现强大的领导作用,战胜国民党黄色工会在群众中的欺骗和控制作用,还不能实际驱逐黄色领袖,消灭黄色工会组织,还不能有计划地去组织广大群众的罢工运动,以至同业的同盟罢工,冲破敌人个别击破的政策,赤色工会在组织上,还比黄色工会小得多。这都是目前党在职工运动中严重的问题,应当严厉地纠正这些现象,才能使党在工人斗争浪潮成熟中,实现一切的任务。

三、目前党在职工运动中主要工作

二中全会的职工运动决议案,在各地还没有发动全党党员热烈的讨论,充分地去执行,这是一个很严重的现象。各级党部应当严厉地纠正,并努力执行一切决议,依据目前职工运动发展的形势,党的最主要工作是:

(一)建立群众工作战线

在目前工人斗争浪潮正在成熟起来,在客观上极便利于党争取广大群众工作,党要实现这一任务,最主要的是建立群众工作路线:(1)首先要打破狭隘支部的工作,动员一切工厂或工人支部的党员去发展群众工作,每个党员都要成为群众的组织者、领导者,要认定群众工作是支部的中心工作;(2)要充分运用工会组织关系去扩大工会工作,要运用群众组织和关系去扩大在群众中一切活动(如反帝会、罢工后援会等),使工会工作纠正过去党团代替工会的工作形式,充分在群众中发展工会作用;(3)要运用与群众接近的可能方式(如办学校读书班、武术团等),尤其要在其组织的群众中,去发展和建立群众工作;(4)在一切运动和斗争中要运用群众路线去发动群众,组织群众的斗争。有了群众路线的建立,才能使党与群众建立广大而密切的关系,扩大党在群众中的活动和领导作用。

(二)建立赤色工会组织,加紧赤色工会的发展

赤色工会组织的建立,是党目前在职工运动中最中心的基本工作。在目前群众斗争发展中,每每因为缺乏赤色工会组织之强有力的领导,使许多斗争被国民党黄色工会控制,而多遭失败,因此赤色工会组织和发展是目前工人斗争中一个最主要的力量。

党应有计划地用一切方法在工厂中、工人中去发展和建立赤色工会下层组织,应使目前各地的赤色分子将他正式形成组织,特别是铁路、海员、兵工厂、矿工以及市政、邮电、纺织工人中之产业工会的建立更为重要,这是党与全总在职工运动中的骨干与强固的群众基础。

赤色工会的建立,最主要的是建立强固的下层群众基础——基本组织,应严厉防止机关主义发生,凡是没有群众的空机关要坚决取消,使工作人员到群众中去工作,赤色工会要厉行民主化,吸引广大群众参加工会生活和工作,更积极引进非党的积极分子参加工会指导机关,发展群众的积极性,肃清命令主义委派制度的残余。

赤色工会的建立必须由下而上,一个地方应以一个产业组织一个工会,同一产业的各厂,只能组织分会(即工会支部),必须有了几个工厂建立,才可成立产业工会。每个赤色工会支部,在工厂中应发展和建立工厂委员会的组织,以团结全厂群众在其领导之下,这是中心任务之一。尤其在斗争中,更应召集全厂群众会议讨论和决定斗争方法,成立群众选举的领导机关,而赤色工会支部要起领导作用。

党与赤色工会在工厂中的支部除坚决的建立和发展赤色工会支

部组织外,并需运用各种关系去发展和建立没有赤色支部组织的工厂中之赤色工会支部组织。

赤色工会虽在目前客观形势之下,不能得着很公开的发展,但应当时时争取公开的活动,且可运用其他灰色组织名义来活动,然必须在赤色工会纲领之下进行,必须坚信赤色工会在过去大革命中已在群众【中】有强固政治地位,他的政治分量比在组织上更重大得多,要坚决地反对取消赤色工会组织的倾向。

四、对黄色工会的工作

黄色工会虽然因为群众斗争的发展,黄色领袖在群众中地位日益动摇,但在全国各地仍有发展(如上海、武汉等地),特别是国民党进攻苏联以来,更加深【入】地在群众中活动起来(如上海市总工会成立等),黄色工会仍包括有大多数群众在其组织之内,仍成为国民党统治工人运动之有力的工具。党不应存着丝毫的忽视。夺取黄色工会的群众,仍为目前最主要工作。因此党在党员群众中,应实行一次宣传,和解释党与和赤色工会会员参加黄色工会夺取群众的意义与作用,以纠正一切宗派主义的残余。

在中国工人群众中,过去完全在党与革命工会领导之下,没有改良主义的宣传(虽然改良主义用极大的努力,要想钻进工人运动中去),黄色工会没有强固的下层群众基础,特别在目前工人斗争浪潮中,黄色工会日益反动,黄色领袖官僚化、工贼化,党之夺取黄色工会下层群众的工作,更为容易。党必须有计划地、经常地去发动这一工作,特别是重要产业的黄色工会,是中心的工作。

要能实现夺取黄色工会内大多数群众,驱逐黄色领袖,消灭黄色组织,最主要的是建立赤色工会的支部组织。在过去的经验中,不靠建立赤色支部,仅成立附设组织,不仅在平常表现不出赤色纲领从中活动的力量,特别在斗争中表现放弃了赤色工会独立的领导。只是在黄色工会内建立赤色工会支部,不应放弃在黄色工会内进行工作,否则,仍然是走到另一错误放弃夺取黄色工会的大多数群众的工作。

在黄色工会内应当适用工厂委员会组织,去团结群众,脱离黄色工会,独立地领导斗争,并纠正一切要经过黄色工会去执行的错误;这是最危险的机会主义。建立赤色工会在群众中独立领导地位,这是党与赤色工会在目前工人斗争浪潮中,取得领导地位的前提。

在黄色工会工作中,赤色工会运动应站在强固地位,坚决地领导群众进行驱逐黄色领袖斗争。即使有一小部分会员要跟着黄色领袖分裂出去,也不应停止这一斗争,然后才能实现消灭黄色工会的目的。

在黄色工会中,不仅要坚决地反黄色领袖,并且要反黄色工会,以赤色工会的纲领,来对抗黄色工会的纲领。因此在反黄色工会与黄色领袖斗争中,不应与反国民党分开,只有坚决地在反国民党形势之下,才能坚决群众反黄色领袖的力量,达到驱逐黄色工会的领袖消灭黄色工会的目的,才不致被国民党欺骗。在实现这一目的之后,应当在赤色工会纲领之下,坚决地选举革命分子来组织赤色工会领导机关,建立赤色工会的生活,领导群众作一切斗争,反对一切合法行动,成为赤色工会,以纠正退让暂用中立分子为过渡时候等等错误的策略。

在黄色工会中,主张民主化的策略,亦应有所纠正。党不应认为这是反黄色工会的策略,在黄色工会,唯一的中心策略,是领导群众自动地开会,以脱离黄色工会的范围;因此在黄色工会内主张民主化,仍然是易于在黄色工会范围之内使群众增加对黄色工会与其领袖的幻想。党员与赤色工会会员,假若被群众选举其为执行委员,他不应当在黄色纲领之下来行动,应公开地、坚决地揭破黄色领袖罪恶,发动群众反黄色领袖斗争,对于此种工作,严厉地纠正一切黄色倾向和合法行动。

五、广大的发展和建立工厂委员会的组织

工厂委员会,是在目前斗争发展最能团结广大群众在党与赤色工会领导之下,反黄色工会之最有力的一个武器。

工厂委员会,决不仅是在斗争中运用的一个策略,而是有他的独立发展与存在的必要。党与全总应当号召党员与赤色工会会员,开会讨论计划如何去发展和建立工厂委员会的组织,在群众中,作广大宣传。利用文字的会议的方式来执行这一工作。并应由工会召集各厂工人代表开会,实际计划进行组织,每个党员与赤色工会会员,在工厂中都负有组织和发展工厂委员会的责任。

在工厂中已有工厂委员会相类【似】的组织(代表会、斗争委员会等),要加重工厂委员会的作用。在工厂中遇有斗争和会议机会即应实行建立工厂委员会的组织。在每一地方式的区域内,可以召集各工厂委员会代表开会,组织固定的各工厂中代表会,来讨论斗争和政治问题,督促工厂委员会的发展;同时这便是将来苏维埃的组织基础。

工厂委员会,不能与工会混合一体,在有赤色工会支部的工厂,工厂委员会组织仍然要单独存在。工厂委员会在斗争的领导中,将能够并且应当成为赤色工会之下层基础。而且是组织产业工会的基础。且这一组织的发展,将必然的成为帮助党在目前政治斗争形势中,组织同盟罢工之有力的组织基础。

六、有计划地去发动斗争组织罢工和同盟罢工

在工人斗争浪潮中,党与赤色工会最能在群众中建立强固的领导地位,党应有计划地去发动群众斗争,组织罢工和同一产业的同盟罢工(如铁路、矿山、市政、纱厂、丝厂、米面粉等等),在目前客观形势上,群众斗争很易于走入罢工运动,尤其是同一产业的工人,每每因

为斗争的发展,形成同盟罢工的前途。并且在目前国民党进攻苏联与军阀战争,及资本家采取有计划的进攻形势之下,个别的零碎的斗争,很易于失败。因此各地党部应有计划地去组织一厂罢工,以至一业的同盟罢工,才能推进斗争浪潮更有力地向前发展,打破敌人个别击破的进攻形势,特别在目前拥护苏联与反军阀战争任务之下,只有广大罢工运动的发展,才能实现武装保护苏联与准备武装暴动的任务,而促进革命高潮更快地到来。因此目前对于这一策略的运用应是:

1. 党与赤色工会在每一工厂应根据群众的实际要求,规定一厂工人的要求纲领,在群众中作广大宣传。在日常斗争中,应与一厂要求纲领密切地联系起来,然后才能使日常斗争更加发展,而成为大的斗争和罢工运动。

2. 赤色工会支部在工厂中的发展,应注意各部门平衡的发展,使每一小的斗争中,在组织上可能推进全厂斗争的发展。每一日常斗争中,党及赤色工会都应注意罢工的宣传和组织上的准备,才能有计划地去实现一厂的罢工运动。

3. 为组织和实现同盟罢工,赤色工会应首先在各地召集同一产业的工厂代表会议,或赤色工会支部代表会议,制定同一产业的要求纲领,在群众中作广大的宣传。在还有出赤色工会支部及工厂委员会的产业中,党之同一产业的各工厂支部,便应有一联席会议,先决定同一产业的工人要求纲领,进行宣传组织与发动经常的工作。即使有了赤色工会支部或工厂委员会的组织,党的支部也要加紧这工作。

4. 要有计划去发展同一产业的重要工厂的工作,要发展和建立党与赤色工会支部组织,有了几个赤色工会支部之后,则应成立同一产业的工会。

5. 为实现同盟罢工,最主要是在某一工厂发生斗争时,应号召同一产业的工人起来,使斗争上发生共同关系。在日常斗争中,要加紧到共同要求纲领的宣传。在各厂有斗争时,应互相联系起来,提出共同要求,以发展到同盟罢工。若是不注意斗争的联系,而仅和平地去组织,这不但是一个空想,而且是很大的错误。等于口头上接受同盟罢工,同厂罢工的策略,在实际中又来取消。

6. 在罢工中要采用正确的罢工战术,使一切罢工要顾到政治的经济的条件,主观的斗争力量,使其可能发展,与继续的前途。尤其是斗争策略之适当的运用。

七、加紧反对改良主义的工作

改良主义目前在工人斗争浪潮中,虽然日渐缩小,但是改良主义的活动与企图,反因群众斗争发展,特别是国民党进攻苏联以来,更加积极。在军阀战争中,改组派更在群众中,积极活动,实行欺骗方法,企图利用群众来争夺反动政权,并且一部分落后群众中颇易于对改组派发生幻想。党及工会反改良主义的工作,不应稍懈,更要坚决地在群众中来揭破改良主义的面具,特别要在群众中,揭破国民党进攻苏联的阴谋,揭穿改组派的欺骗罪恶,同时更要坚决地反对一切合法运动。对于国民党各派在群众中的互相利用群众和夺取群众的阴谋,更应毫不留情地领导群众反对他们,并驱逐被他们利用的黄色领袖。

反改良主义,特别是反对改组派的利器,是宣传党的政纲及〈此次〉第五次劳动大会的斗争纲领,这才更有力地揭破改良主义目前在群众中的一切欺骗。

八、发展工人武装组织和武装训练

在拥护苏联,与反军阀战争行动之下,在群众斗争发展中,工人武装组织和训练是目前最迫切工作。争取群众,准备武装暴动是党的主要任务,特别在目前更要加紧这一任务的执行。群众斗争的发展,已自发地发生武装冲突(如青岛、北平等地),在一般群众中已发生这种需要,因此各地在工厂群众中,应立即开始有计划地去发展工人纠察队,成为经常的组织。这些组织,应在斗争中极力扩大,开始进行干部武装训练。关于武装暴动和武装拥护苏联的意义,在宣传上更为重要。在群众中应求扩大和深入,尤其是目前改组派专利用武装暴动的名义欺骗群众,实行土匪的军事骚动,更要坚决地揭破他这种阴谋和欺骗,正确地解释武装暴动的意义,及进行武装暴动的准备。对于黄色工会中武装组织,应积极参加进去,扩大赤色组织宣传,并夺取其群众,这是一个很中心的工作。

九、正确运用公开活动的策略与争自由的斗争

党与赤色工会要扩大在群众中的活动与领导,必须正确地运用公开活动策略:(1)以群众力量来争取公开活动;(2)在斗争中自动公开;(3)应运用一切可能机会(不是遵守国民党法律范围)求得公开,半公开活动;(4)运用一切政治问题,作公开的群众示威运动;(5)公开工作要与秘密工作联系起来,赤色工会中,党团组织是秘密的,指导机关也应是相当秘密的。

争取公开的活动,还是一个重大的政治斗争,即是争取革命工会一切自由的斗争。这一斗争是直接反国民党的政治斗争,应当在一切斗争中来发展这一斗争,汇合起来,形成争自由的罢工与示威运动。这一斗争发展,才能引导工人,走向推翻国民党的武装暴动前途。

十、加紧对于青工女工的工作

在目前资本进攻中之生产合理化,青工女工的工作更有重大作用与意义。过去对于这一工作还不充分,特别是青工女工特殊利益的斗争领导,更不能有计划地去进行。目前党与团和工会,都要特别加紧这一工作。有计划地运用各种方式去发动斗争。在赤色工会

的青工、女工,即要独立建立工作,纠正过去形式主义的工作。

党与团和赤色工会,应特别注意黄色工会内青工女工的工作与组织,坚决地发动青工女工的斗争,使他们能脱离黄色领袖领导,独立地斗争起来,这是反黄色工会之更有力的生力军。

十一、坚决反对取消倾向

机会主义——反对派,完全在他一贯的取消中国革命路线之下,否认工人运动复兴的形势,认为群众斗争还只是部分的反抗斗争的形势,反对进攻策略,主张合法运动。这简直与改良主义没有两样,并且在群众中,比改良主义还要危险。党及赤色工会在职工运动中,应当坚决地肃清这种思想使它不能存留在党内。凡是主张取消赤色工会的组织和发展,放弃反黄色工会与其领袖的斗争,反对在黄色工会内,独立领导斗争,放弃在黄色工会内建立赤色工会支部,怀疑目前斗争形势,都是最右倾的危险,必然地要走上取消派的道路,党应坚决与之斗争。只有严厉肃清这些倾向,才能够根本肃清取消派的思想,保证党在职工运动中正确策略的执行和实现。

中央

(录自中华全国总工会编:《中共中央关于工人运动文件选编(上)》,档案出版社 1985 年第 1 版,第 418—429 页)

苏维埃区域工会工作大纲

（1929 年 12 月[①]）

一 苏维埃区域工作的根本路线

苏维埃区域的工人运动是目前我们在苏维埃区域中最重要的工作,要发挥无产阶级在农民争斗中的领导作用,必须首先端正这些区域工人运动的发展方向;简单些说,就是动员这些区域的城市工人(虽然数量很少)和乡村的广大雇工群众,加入工会,建立无产阶级组织生活。从工会的组织与争斗生活中,给他们以实际的无产阶级革命的教育训练,使成为革命中的中坚队伍。

二 过去苏维埃区域工会工作的缺点

过去苏维埃区域的工人运动,往往缺乏有计划的领导,工会组织大半只限于城市,乡村中广大的雇农群众是没有组织的。这些工会组织,多偏于一种形式,缺乏强固的组织基础,自然因为客观上有许多原因,如产业工人缺乏,大多是些散漫的手工业工人及涣散的雇农,尤其是因为在军事行动时期等等原因,在工作上增加很多困难。但是如红色区域的工会工作者多半是不了解工会工作路线,以及工

---

① 原文无时间,这是编者判定的时间。

作方法,最主要的缺点,还是忽视工会本身独立工作,没有吸引广大群众参加工会生活。许多赤色区域的工会,除了忙于逮捕处罚反革命派的工作外,常感觉没有工作可做,于是将工会形成一个空洞机关,一旦军事变化,工会组织立行瓦解,这是一个非常危险的现象。

三 组织广大群众建立工会生活是目前最迫切的任务

在红色区域的工会工作,当然不能脱离与军事的关系,特别是镇压反革命,帮助红军在军事中一切工作(如侦探、防守、运输等等),但是工会并不能因此放松了他本身的基本工作,即是号召广大的工人群众来加入工会,树立工会下层组织,创造工会经常生活去教育和训练工人群众。只有这样才能加强苏维埃区域工人群众革命的战争,树立和巩固农民群众中工人阶级的领导地位。因此,红色区域的工会运动,目前最迫切的任务是要将广大的工人群众,尤其是农村雇工组织到工会内来,建立群众性的工会组织,使得广大工人群众来参加工会生活,经过工会组织加强他们的阶级教育与无产阶级的实际生活,才能树立工会组织的强固基础,使得工会组织不因军事变化而完全瓦解,继续地领导群众争斗。

四 怎样建立工会生活

所谓工会生活,第一就是实行最高度民主精神,这不是说反对集中制的领导,而是多多容纳群众中的活动分子,参加工会工作,由工会执行机关以至代表会议,都要使得大多数工人中积极分子能够参加这机关和组织,来实习执行和讨论工会的政治斗争的各种问题。在工作中去培养和锻炼他们的革命能力;第二,不要简单地拿工会当作一个执行政权的机关,除了帮助政府镇压反革命及军事动作外,应当经常注意工会中教育工人,提高工人文化事业,输灌阶级的教育,革命的理论,应该从思想上武装工人锻炼工人,如开办学校、俱乐部、体育会、演讲会等,都是不可忽视的工作;第三,应该最大限度地建立群众组织生活,要在一切争斗的日常生活中养成群众组织习惯,要充分运用各种组织方法去动员群众和领导群众,这是在那些产业不发达的城市和乡村的工人中,一个重要工作。才能锻炼他们成为阶级争斗的坚强队伍。

五、雇农与农民,手工业工人与独立劳动者的划分

苏维埃区域的工会还要注意到一个重要的问题,就是要划清乡村以及城市中的"阶级阵线",我们不但要认清雇农是乡村中的无产阶级,要把他们从农民中划分出来,组织雇农的独立的阶级工会,领导他们与富农对抗的阶级斗争;同时要注意到手工业中"手工业者"与"手工业工人"的区别,即是"独立劳动者"与"雇佣劳动者"的区别。凡是自己没有生产工具被雇于人、而依赖自己的劳力所卖得的工钱为生活者,才算是真正的工人;凡手工业如理发、裁缝、木匠等带有学徒、助手、雇工的店主或老板,他们虽然自己参加劳动,但他们同时又是剥削别人的劳动力的,这当然不能算是工人,加入工会;就是没有带学徒、助手或雇工的独立劳动者,因为他们没有雇主的剥削,所以不能算是工人加入工会。总之,只有靠卖劳力地生活而同时被雇主剥削的手工业工人才可划归工人阶级,加入工会,领导他们作阶级的斗争。

六 工会的组织系统

关于苏维埃区域工会的组织系统也应特别注意,这些城市的工人数量是很少的,尤其多属于散漫的手工业工人,大多数的农村工人还混合【在】农民群众中。这些手工业工人还在很深的行会遗传中过生活,一般雇工还带有很深的农民意识。因此,我们要将雇农从农民中分出,【将】手工业工人从行会中分出,组织阶级的独立工会系统。

雇农组织工作,按照乡村区域,手工业工人应依职业性质划分。全县
工会的组织系统如下:

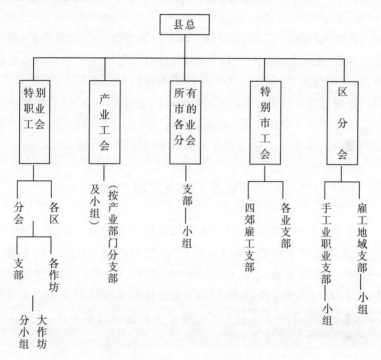

　　全县工会区域的划分及工会机关的驻在地,必须注意他在经济
上的领导地位,必须以城市作中心。如县总工会必要设在全县的最
大城市里,除县总工会所在地外,有较大的市镇不能属某一区的,则
另立为特别市工会,直属县总。区工会区域的划分不必定要依照现
存的行政区域,而应依照全县的经济交通及劳动状况来划分,但一区
中应有小的市镇作中心,该区分会即设于此市镇,以便领导。
　　特别职业工会系指可以运输出口的较大的手工业,如制纸、制
油、丝绸、制烟等等,所以应有全县的总组织和各区分会及小组。雇
工以及其他手工业均应依照环境的需要与开会及指挥的便利而分为
支部及小组。

七 工会的经济斗争

在红色区域的工人经济利益,虽然因为苏维埃政权的拥护,劳动法的宣布,由政治上取得了保障,但在目前封建的压迫和剥削虽被摧毁,而雇工与富农,手工业工人与雇主的阶级对立的形式,仍然存在,而且更加显明。因此,工会对工人一般日常经济斗争,仍然要积极领导以锻炼群众斗争的经验,增加群众认识自己斗争的力量,绝对不要完全形成依靠政治力量而丧失工会争斗的作用。

八 工人失业问题

在许多红色区域内一般资本家采取怠工或者放弃作坊工场而逃走,经苏维埃政府没收交给工人管理时,应另行组织作坊工场委员会来管理;甚至因为敌人四面包围封锁的原故,工场作坊因此停闭不能生产时,政府必然设法救济,但是工会在这时候应号召工人加入红军和参加苏维埃政府下各种工作。可是工会组织仍要存在,失业工人仍要建立经常组织关系和工会生活。

九 苏区内工会的联合组织

为唤起工人的阶级团结起见,赤色区域应该有各种城市间的联合组织,应该与乡村雇工工会组织发生密切的组织关系。在没有农村工会组织的地方,城市工会应当负责在乡村中发展和建立农村工会组织,将广大雇工团结在里面,因为利用这样的联合组织,可以互通声气,扩大宣传,使阶级的战线更加巩固。

十 工人武装问题

赤色区域工会的工人武装的意义是很重大的,主要是用工人武装力量保护革命的政权。但是武装工人应该含有群众的意义,不应使武装的工人与群众脱离关系。更应知道,武装工人在目前还含有一种宣传教育的重大意义(因为目前事实上不能武装广大群众),目前少数工人的军事活动是极其不够的;并且如果不能使工友们明白群众武装的意义,不能使工人普遍接受军事训练,往往会走到不相信群众组织力量而依赖军事行动的错误观念上去。

十一 工会宣传工作

赤色区域工会的宣传工作,虽然印刷上、交通上有种种困难,但是无论如何应该设法出一种工人的刊物。这个刊物不仅是教育本地的工人群众,增加他们对于工会的信赖,就是对外也有很大的宣传效用,可以使全国工人了解赤色区域工人的政治生活,得到一个比较。

十二 工会的秘密工作

红色区域常因军事上的变化而转变为恶劣环境,因此必须注意练习秘密组织生活,使工会组织能继续存在,领导群众争斗,立时纠正一切工会人员和机关随着红军行走的错误。

十三 对于白色区域的工作

红色区域的工会组织除了帮助革命政权和红军来与敌人争斗,建立本身工作以外,应当尽力到邻近白色区域来发展工会组织,或在可能时,公开用工会名义派代表到邻近区域内作广大宣传,扩大革命影响。虽因白色恐怖的严厉,工作常常是秘密行动,但是这一工作是对于革命政权的发展,红色区域扩大,打击敌人的一个重要工作。发展白色区域工会工作可以运用地方习惯和半公开名义,取得工会公开和半公开活动。最主要的是发动群众斗争,首先要了解这些工人群众迫切要求的是什么,对于每个城市或每个职业决定一个斗争要求的大纲,不要太高或太低,是目前行动【的目】标。在斗争的发展中,我们便渐渐以较深入的纲领领导群众向前进行。如此工人群众经过不断的争斗演习,很快地增进他们的利益,增进他们的阶级觉悟,而加强革命运动的发展。

十四 农村工人工作大纲

农村雇工组织及工作可参阅第五次劳动大会农村工人工作大纲。

(录自《全总通讯》第 1 期,1930 年 2 月 15 日出版)

工会章程
——地方工会章程、产业工会章程、职业工会章程
（1930 年 2 月 7 日）

地方总工会章程

第一章　总　纲

第一条　本会定名为"……"

第二条　本会宗旨如下：

一、团结工人阶级的力量，建立阶级斗争的组织。

二、实行阶级斗争，反对劳资合作。

三、反对一切压迫和剥削，争取工人阶级在政治上经济上的权利，以达到工人阶级解放。

四、为实现第五次劳动大会的斗争纲领而奋斗。

五、加入全国总工会并与国际革命工人联合。

第二章　会　员

第三条　本会会员以工会为单位，凡在××区域内各业工人的阶级工会组织，接受本会宗旨及章程者，均可加入本会为会员。

第四条 凡本会会员须遵守下列各条：

一、绝对遵守并执行本会一切决议和命令。

二、按章缴纳会费及特别捐款。

三、出席本会所召集之各种会议。

四、对于重大事件的决定，须经本会许可。

五、按期向本会作报告。

第三章 组 织

第五条 凡本会所属各工会，均应遵照本会公布之产业工会及职业工会的章程组织之。

第六条 本会及所属各工会组织，以民主集中制为原则。凡工会一切重大问题，均应由代表大会决定或通过。

各级机关（如执委、干事会、组长等）均由代表会或会员大会选举，在代表大会闭幕时间，以执行委员会为最高机关。

第七条 本会所属各工会，应须切实依照章程，建立并健全工会的基本组织，并运用工会的组织，建立会员的工会生活。

第八条 本会及所属各工会的组织系统如下：

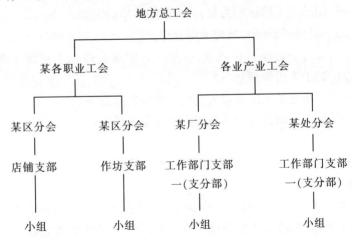

第四章　代表大会

第九条　本会以代表大会为最高机关。代表大会之职权如下：

一、议决本会章程、组织法及会务方针，进行计划。

二、选举并撤退〔换〕执行委员。

三、通过本会预算、决算及本会基金与特别经费筹备募捐等事项。

四、审议执行委员会及各工会提交之各项提案。

五、通过全体工人之要求条件及战斗纲领，总同盟罢工、复工及参加全国和国际工人的组织及斗争等重要事件，但遇特殊情形，执行委员会得行使此项职权。

第十条　本会代表大会之代表，由所属各工会以会员人数为比例选出之。其比例数由执委员会依照情形决定，但代表须由各工会代表会中选出，具备正式证书，始得出席大会。代表不得由执行机关及其他方式指派之。

第十一条　本会代表大会至少每两个月须开会一次。有必要时得由执行委员会临时召集之。

第十二条　本会代表大会代表，每年改选一次。故各代表之固定任期为一年。如有代表不称职时，经该选出之工会代表会之决议，得撤换之。

第十三条　本会代表大会之细则另定之。

第五章　执行委员会

第十四条　由本会代表大会选出执行委员××人组织本会执行委员会。

第十五条　在本会代表大会闭幕时间内，执行委员会为本会最高指导机关。

第十六条　本会执行委员会之职权如下：

一、执行代表大会及上级工会之一切决议案。

二、制定会务方针、计划、预算、决算。全体工人之要求纲领及其他重要提案交代表大会通过后执行之。

三、宣布总同盟罢工及复工。

四、代表本会加入上级工会（全省或全国总工会）。

五、代表本会发起或参加政治及社会群众运动。

六、代表本会对外活动，并订立团体契约。

七、指导本会所属各工会之组织、会务及斗争。

八、决定选举代表之比例数，召集本会代表大会并制定议事日程。

第十七条　由执行委员会全体会议【推】举出委员×人，组织常务委员会，管理本会日常事务；并推举委员长一人为执行委员会及常务委员会之主席。执行委员会对代表大会负责，常务委员会对执行委员会负责。

第十八条　执行委员会之下分设组织、宣传、青工、女工、纠察等部及教育、经济、保管、互济等委员会，各部部长及各委员会主任由执行委员兼任之。

第十九条　执行委员会至少每月开会一次，有必要时常务委员会得临时召集之。

第二十条　执行委员会每一年改选一次，常务委员会每半年改选一次。

第二十一条　执行委员会之组织细则另定之。

第六章　会　务

第二十二条　本会执行委员会及所属各部应遵照代表大会之决议及会务方针进行计划等。发展为本会会员利益之一切会务。

第二十三条　本会会务大纲列举如下：

一、领导斗争——经常有计划地领导所属各工会作各种为工人利益之斗争。

二、组织工作——组织尚未成立工会的人,指导所属各工会的组织工作,培养工会的干部人才。

三、宣传工作——编印会刊、划〔画〕报、传单、小册子等,组织宣传队,指导各工会宣传工作。

四、青年及女工工作——注意青工、女工的特殊利益及其教育工作。

五、教育文化事业——办理工人学校、读书班、俱乐部、体育会与报社、演讲会等。

六、互济事业——办理工人各种互济事业等。

七、纠察队及童子团——组织及训练工人的武装——工人纠察队组织及训练童子团。

第七章 纪 律

第二十四条 凡违犯本会章程及决议之各工会,本会执行委员会得劝告或警告之,如仍无效,得召集该业工人代表会改组之。

第二十五条 本会及所属各工会执行委员及职员如有违反本会章程、决议案及背叛工人阶级利益之行为,经警告而不改正者,得由本会及所属各工会代表大会开除职务及会籍,情形重大者应予以严厉处分。

第二十六条 本会所属各工会一切工作和活动,均须报告本会。重大问题应得批准后实行,未得本会之许可不得任意参加他团体。违者则召集该工会代表大会改组该工会执行机关。

第八章 经 费

第二十七条 本会经费之收入如下:

一、本会所属各工会应将每月收入者百分之×交纳本会为会费。

二、如必要时经代表大会之通过,得征募会员固定捐,自由捐及特别捐。

第二十八条 本会经费之收支,须有预算及决算,并提交大会通过及审查。

第九章 附 则

第二十九条 本会章程如有不适用之处,得由本会代表大会议决修改之。

第三十条 本会章程由本会代表大会通过及执行委员会公布后施行。

中华全国总工会印发
一九三○年二月七日

产业工会章程

第一章 总 纲

第一条 本会定名为×××××工会。

第二条 本会宗旨如下:

一、团结工人力量,实行阶级斗争,反对劳资调协,以达到工人阶级的解放。

二、接受第五次全国劳动大会全国工人斗争纲领,争取工人阶级在政治上、经济上的一切权利。

三、实行教育工人,提高工人的文化程度,加强工人阶级的战斗能力。

四、与全国同一产业【工】会，或同一地方工会联合，以扩大并巩固工人阶级的组织。

第三条　本会会所设××××× 。

第二章　会　员

第四条　凡完全赞成本会宗旨，志愿服从本会章程及一切决议之本业工人，均得加入本会为会员。

第五条　本会会员之义务如下：

一、遵守本会章程及命令。

二、照章缴纳会费及临时特别捐。

三、照章出席会议，执行议决案及执行机关所分配之工作。

第六条　本会会员之权利如下：

一、有选举权及被选举权，对会务有发表意见及建议之权。

二、有享受本会所举办之教育、文化及互济等事业利益之权。

第三章　组　织

第七条　本会组织以民主集中制为原则。凡本会一切重大问题，均由代表大会决定通过；执行机关均由代表大会或全体会员大会选举，代表大会开〔闭〕会期间，执行委员会为最高指导机关。

第八条　本会组织系统。是于本会之下以各个工厂（如纱织厂、五金机器厂）或工作地段（如码头、铁路车站等）为单位组织各分工会，于分工会之下再依工作部门（如纱织厂之各【部】门，如铁路之车务、机务、工务各处，海员之各船只）组织支部，支部之下设小组，如有特殊情形，可酌量在支部下设支分部及小组。其系统如下：

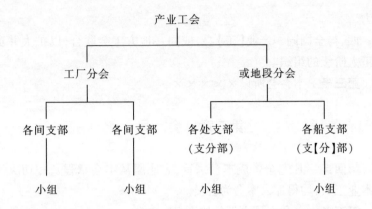

第九条　本会所属各工会,由各厂或各地段代表会议选出委员若干人,组织分会委员会,支部或支部会员大会选举【支】部干事会,小组会【选】举组长,管理各级会务。

第十条　本会以支部为基本组织,凡属会员均应编入基本组织内,举行经常的会议,讨论工会及与工人有关之各种问题。缴收会费,散发出版物,传达工会决议及命令,提出会员意见于执行机关,并实施教育,分【配】工作,以建立会员的工会生活,健全工会的下层组织。

第四章　代表会

第十一条　本会以所属各分工会或支部之会员人数为比例,选举代表(比例数按照当时情形由执行委员会决定之),组织本会代表会。

第十二条　代表会议为本会最高机关,其职务如下:

一、决议本会章程、组织法、会务进行方针及计划等。

二、选举并撤退〔换〕本会执行委员及对外代表。

三、通过并审查本会预算、决算及基金特别费之筹募等事项。

四、审议并提出工人斗争纲领,议决同盟罢工复工等事。但遇特殊情形,执行委员会得行使此项职权。

第十三条 本会代表会之代表,须由各分会之代表会或会员大会选出。具备正式证书者始得出席为代表。不得由执行机关或其他方式指派之。

第十四条 本会代表会议至少每二月举行一次,有必要时得由执行委员会临时召集之。

第十五条 本会代表会议之代表,每半年改选一次,故代表之任期为半年。如有代表不称职时,得由选举之分会代表会或会员大会决议撤换之。

第十六条 代表会议之细则另定之。

第五章 执行委员会

第十七条 由本会选出执行委员××人,组织本执行委员会。在本会代表会议闭会时间内,执行委员会为本会最高机关,其职务如下:

一、执行本会代表会议及上级工会之一切决议案,处理会务。

二、制定本会预算、决算及其他会务进行方针计划等,提交代表会议决执行。

三、宣布同盟罢工及复工。

四、代表本会加入上级工会(如全国产业总工会及该地方总工会)。

五、代表本会对外活动,发起或参加社会群众运动。

六、代表本会与雇主订立团体契约。

七、指导所属各分会或支部之工作。

八、召集本会代表会并拟定议事日程。

第十八条 由执行委员会全体会议选出委员若干人组织常务委员会,处理本会日常事务,并推举委员长一人为执行委员会及常务委员会主席。

第十九条　执行委员会之下得酌量情形设立组织、宣传、青工、女工、纠察等部（如没有女工者可不必设立女工部），教育、互济、经济保管、失业等委员会及俱乐部、游艺会等，各部长及委员会主任由执行委员兼任之。

第二十条　执行委员会每月开会一次。常务委员会每星期开会一次，必要时得召集临时会议。

第二十一条　执行委员会及常务委员会每半年改选一次。

第二十二条　执行委员会细则另定之。

第六章　会　务

第二十三条　本会执行委员会及所属各部，均应遵照代表大会之决议，努力工作，发展本会一切会务。

第二十四条　本会会务大纲列举如下：

一、领导斗争——经常有计划地领导各种斗争。

二、组织工作——发展并巩固本会各级的组织，培养工会干部人【才】，组织并训练工会武装的纠察队及童子团等。

三、宣传工作——编印会刊、画报、壁报、传单、小册子等，训练宣传队，并指导各分会的宣传工作。

四、青工女工工作——注意青工女工的特殊利益及其教育训练工作。

五、教育文化事业——办理工人学校、读书班、图书室、俱乐部、体育会、游艺会等。

六、互济事业——办理工人各种互济事业等。

第七章　纪　律

第二十五条　凡会员违反本会章程及决议，由执行委员会劝告并警告之，或停止其会员权利之一部或全部，如仍不改者，得开除会籍。

第二十六条 本会执行委员及职员如有违反章程、决议、命令，经劝告而不改者，应开除职务及会籍。如有背叛工人阶级利益之重大行为者，应予以严厉处分。

第二十七条 本会会员之一切工作及活动，应报告所隶属之分会及支部，未得允可，不得任意参加其他工会及工人团体之组织及活动。

第八章 经 费

第二十八条 本会经费收入如下：

一、会费——会员应每月缴纳会费工资百分之×。

二、特别捐——如有必要时，经代表会之通过得征募会员及会外特别捐。

第二十九条 本会应照章交纳上级工会会费。

第三十条 本会经费之收支，须有预算及决算，并提交大会通过及审查。

第九章 附 则

第三十一条 本会章程如有不适用处，得由本会代表大会议决修改之。

第三十二条 本章程由本会代表会通过及执行委员会公布后执行。

中华全国总工会印发

一九三○年二月七日

职业工会章程

第一章　总　纲

第一条　本会定名为××××工会。

第二条　本会宗旨如下：

一、团结工人力量，实行阶级斗争，反对劳资调协，以达到工人阶级的解放。

二、接受第五次全国劳动大会全国工人斗争纲领，争取工人阶级在政治上、经济上的一切权利。

三、实行教育工人，提高工人的文化程度，加强工人阶级战斗能力。

四、加入地方工会并与其他革命工会联合，以扩大并巩固工人阶级的组织。

第三条　本会所设××××。

第二章　会　员

第四条　凡完全赞成本会宗旨志愿服从本会章程及一切决议之本业工人均得加入本会为会员。但手工业主和店主以及独立劳动者不得加入本会。

第五条　本会会员之权利〔义务〕如下：

一、遵守本会章程及命令。

二、遵守缴纳会费及临时特别捐。

三、照章出席会议，执行议决案及执行机关所分配之工作。

第六条　本会会员之权利如下：

一、有选举权及被选举权,对会务有发表意见及建议之权。

二、有享受本会所举办之教育文化及互济等事业利益之权。

第三章　组　织

第七条　本会组织以民主集中制为原则。凡本会一切重大问题,均由本会代表大会决定通过。执行机关均由代表大会或全体会员大会选举,代表大会开〔闭〕会期间执行委员会为最高指导机关。

第八条　本会组织系统是于本会下酌量情形组织地域分会(如该业工人散布的地域宽广者)或直属支部(如地域不广,或工会较集中者),或于某种职业总工会之下各设各业工会(如店员工会下分各业店员工会,饮食业下分设各业工会等),再由各业依地域设分会,分会下按照作坊、店铺组织支部。较大之支部,则依工作部门分小组,其系统如下:

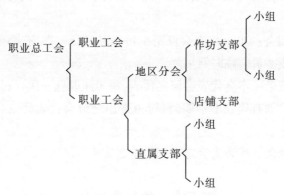

第九条　本会所属各分会,由各分会代表会【推】举出委员会,各支部【推】举出干事会,小组【推】举出组长,管理各级会务。

第十条　本会以支部为基本组织,凡属会员均应编入基本组织内,举行经常的会议,讨论工会及与工会有关之各种问题,征收会费,散发出版物,传达工会决议及命令,提出会员意见于执行机关,并实施教育,分配工作,以建立会员的工会生活,健全工会的下层组织。

第四章 代表会

第十一条 本会以所属各分工会或支部之会员人数为比例选举代表(比例数按照当时情形由执行委员会决定之),组织本会代表会。

第十二条 代表会议为本会最高机关,其职务如下:

一、决议本会章程、组织法、会务进行方针及计划等。

二、选举并撤退〔换〕本会执行委员及对外代表。

三、通过并审查本会预算、决算及基金特别费之筹募等事项。

四、审议并提出工人斗争纲领,议决同盟罢工复工等事,但遇特殊情形,执行委员会得行使此项职权。

第十三条 本会代表会之代表,须由各分会之代表会或会员大会选出,具备正式证书者始得出席为代表,不得由执行机关或其他方式指派之。

第十四条 本会代表会议至少每二月举行一次,有必要时得由执行机关或委员会临时召集之。

第十五条 本会代表会议之代表,每半年改选一次,故代表之任期为半年。如有代表不称职时,得由选出之分会代表会或会员大会决议撤换之。

第十六条 代表大会之细则另定之。

第五章 执行委员会

第十七条 由本会代表会选出执行委员××人,组织本会执行委员会。在本会代表会议闭会时间内,执行委员会为本会最高机关,其职务如下:

一、执行本会代表会议及上级工会之一切决议案,处理会务。

二、制定本会预算、决算及其他会务进行方针计划等,提交代表会议决后执行。

三、宣布同盟罢工及复工。

四、代表本会加入上级工会(如全国产业总工会及地方总工会)。

第十八条 由执行委员会全体会议选出委员××组织常务委员会,处理本会日常事务。并选举委员长一人为执行委员会及常务委员会主席。

第十九条 执行委员会之下得酌量情形设立组织、宣传、青工、女工、纠察等部(如没有女工者可不必设立女工部),教育、互济、经济保管、失业等委员会及俱乐部游艺会等。各部长及委员会主任由执行委员兼任之。

第二十条 执行委员会每月开会一次,常务委员会每星期开会一次,必要时得召集临时会议。

第二十一条 执行委员会及常务委员会每半年改选一次。

第二十二条 执行委员会细则另定之。

第六章 会 务

第二十三条 本会执行委员会及所属各部应遵照代表大会之决议,努力工作,发展本会一切会务。

第二十四条 本会会务大纲列举如下:

一、领导斗争——经常有计划地领导会员作各种斗争。

二、组织工作——发展并巩固本会各级的组织,培养工会干部人才,组织并训练工会武装的纠察队及童子团等。

三、宣传工作——编印会刊、画报、壁报、传单、小册子等,训练宣传队并指导各分会的宣传工作。

四、青工女工工作——注意青工女工的特殊利益及其教育训练工作。

五、教育文化事业——办理工人学校、读书班、图书室、俱乐部、体育会、游艺会等。

六、互济事业——办理工人各种互济事业等。

第七章 纪 律

第二十五条 凡会员违反本会章程及决议者,由执行委员会劝告并警告之,或停止其会员权利之一部或全部,如仍不改者,得开除会籍。

第二十六条 本会执行委员及职员,如有违反章程、决议、命令经劝告而不改者,应开除职务及会籍。如有背叛工人阶级利益之重大行为者,应予以严厉的处分。

第二十七条 本会会员之一切工作及活动,应报告所隶属之分会及支部,未得允可,不得任意参加其他工会及工人团体之组织及活动。

第八章 经 费

第二十八条 本会经费之收入如下:

一、会费——会员应每月缴纳会费工资百分之×。

二、特别捐——如有必要时,经代表会之通过得征募会员及会外特别捐。

第二十九条 本会应照章交纳上级工会会费。

第三十条 本会经费之收支,须有预算及决算,并提交大会通过及审查。

第九章 附 则

第三十一条 本会章程如有不适用处,得由本会代表大会议决修改之。

第三十二条 本章程由本会代表会通过及执行委员会公布后施行。

中华全国总工会印发
一九三〇年二月七日
红军第一军团总政治部印
一九三〇年十月出版

（录自江西省总工会、江西省档案馆编:《江西工人运动史料选编》,人民出版社1986年第1版,第108—122页）

拥护苏维埃运动中劳动青年群众的任务

（1930 年 3 月 28 日）

徐 白[①]

一

虽然取消派这些叛徒拼命地歌颂统治阶级的稳定，诅咒革命浪潮的低落，然而事实却与他们尽忠统治阶级的宏愿大相违背，目前统治阶级之日益崩溃，革命浪涛之普遍地、平衡地向前开展，已成了整个中国形势的特征了。这种形势显示给我们看，中国的革命是日日走向直接革命的阶段中去，一省或几省政权的建立已成了目前革命形势之必然开展到的前途。

全国苏维埃代表大会的召集，在这时期中毫无疑义地有着重大的意义，这显然是推动直接革命形势更快到来的动力之一。它将使土地革命更加的深入，将使工农兵的革命斗争，更加开展扩大，将号召全中国的劳苦群众起来为建立苏维埃政权而战！

二

因为生产合理化的结果，军阀混战的延长扩大，农村经济以及民族工业的破产，广大的劳苦青年群众特别是受着最残酷、最广泛的剥削压

---

① 徐白，即殷夫，左联五烈士之一。

迫与屠杀,这就是造成青年在革命中作用比重增加及提高他们斗争勇气的客观基础。广大的劳苦青年群众必然会在一切的斗争是〔中〕站在最前线,特别是在为建立苏维埃政权的斗争中,负着非常伟大的任务。

劳苦的青年群众应该透彻地认清,要得到完全的解放,必须要根本推翻帝国主义国民党的反动统治,建立工农自己的政权,方才可能。因此,只有在苏维埃政府下的青年,才会彻底获得政治上的自由与经济上的保护,才会在一步一步走向社会主义的社会〈中〉。拥护苏维埃政权,为建立苏维埃政权而动员,而作战,必然是目前全中国劳苦青年群众最迫切的急务。

在赤色五月的拥护苏维埃运动中,全国的青年群众应该广大地动员起来,做拥护苏维埃的政治示威、政治罢工、同盟罢工、罢课、罢操……不但要使苏维埃政权的意义深入到最广大的群众中去,并且要从极高度的斗争行动以武装暴动、地方暴动、兵变,直接来动摇国民党帝国主义的反动统治,以准备全国苏维埃政权的建立。

在苏维埃区域内的劳苦青年,应该不断地举行群众会议、游行、示威及武装大会等等,应该照着我们青年的格言,不但时时"准备着"拥护并发展苏维埃政权,并且要立刻"进行着"这个伟大的艰苦的斗争! 广大的青年群众应该不断地加入到红军中去,所有的少年先锋队、劳动童子团应该踊跃地作一切为巩固并发展苏维埃政权的斗争。

非苏维埃区域内的青年群众,更需要在拥护和建立苏维埃政权,与本身特殊利益斗争,与反国民党军阀战争,保护苏联等口号联系着的总纲领下,动员起来! 团结起来,发动群众的斗争,以政治示威、政治罢工、罢课……汇合地方暴动、兵变直到武装暴动。他们要广大地组织在赤色工会、农协、雇农工会、红军、纠察队、少年先锋队、童子团的行列之中,积极地、实际地准备武装暴动,建立苏维埃政权。

在红色五月的斗争中,劳苦青年群众要奋勇地参加,在一切的政治或经济的斗争中,尤需要公开地、明显地以种种斗争形式来拥护苏维埃政权!

（录自《红旗》第 90 期,1930 年 4 月 5 日出版）

目前苏维埃区域中青年的任务和工作

振 鹏

（1930 年 4 月 10 日）[①]

眼见着中国统治阶级正在不断地剧烈地溃崩,全国革命斗争平衡地、飞速地向前奔腾;眼见着许许多多区域中国民党的统治已和青天白日旗同被革命群众葬到地狱中去了;苏维埃政权(工农民主独裁制)正随着红旗的飘荡在各地朝花怒放似地建立和发展起来! 看呵! 赤帜将遍被古老的中国了!

目前全国革命青年群众正处在热烈的残酷的"拥护苏维埃""建立苏维埃""发展苏维埃"的英勇的呼声和血战的火光中!

全国苏维埃代表大会的赤旗又正在我们面前招展,昭示我们"前进",为"全国苏维埃政权之建立而战"!

于是,"怎样为巩固和发展苏维埃政权而战?""青年在目前的苏维埃区域中要做些什么?""怎样才能真正获得青年的彻底解放?"已成为普遍全国的青年群众和共产青年团团员一致的迫切的需要解答的问题了。

首先要求解答的先决问题就是"目前苏维埃区域中的共产青年团及广大的青年群众所负担的特殊任务是什么?"

统治阶级日趋崩溃,全国革命斗争平衡地向前发展,而走向直接革命形势,一省几省政权之首先胜利,成为目前实际任务之配合的革

[①] 原文无时间,此为《列宁青年》第 2 卷第 11 期出版时间。

命形势下,"深入土地革命","发展苏维埃区域"成为目前中国党的中心策略之一!——实现一省数省政权之首先胜利,推进直接革命形势更快到来的实际斗争的中心策略之一。

目前绝不是保守与调和的时候了!保守与调和,只有走向灭亡!

毫无疑义的,青年团及青年群众在目前苏雄埃区域之特殊任务便是"怎样以坚强的有组织的广大青年群众的革命力量,推进和执行土地革命之深入与苏维埃区域之扩大和发展。同时,坚决的以斗争肃清执行这一任务之一切障碍!"

以怎样的斗争和工作来具体执行这一任务呢?

第一,拥护红军和加入红军:红军是工农革命的武装,是中国革命的主要动力之一,是建立和发展苏维埃政权的中心力量之一。没有红军的强大的发展,苏维埃区域之发展,将成为非常的困难。拥护红军,加入红军之具体办法最主要的有:

1. 在青年群众中进行广大的教育宣传,使广大的青年群众深刻地认识"红军是什么?""红军与青年的关系",起而至诚地热烈地拥护自己的红军。

2. 利用各种机会进行"拥护红军加入红军的运动"。例如:在红五月中专门号召这一运动,举行广大的青年群众的大会,举行巡行示威,公开征集大批的青年群众加入红军。或:举行工农兵联欢会、慰劳会等,调动广大青年群众与红军发生最亲密的关系,使群众更能认识红军,拥护红军,踊跃地加入红军,当红军与白军击战中,组织广大青年群众来慰问红军,赠送红军以必须的物品,帮助红军的运输、交通、侦探等工作,看护受伤的红军战士,加入赤军到前线作战等。

3. 在少年先锋队中,必须特别加强拥护红军、加入红军之教育和宣传,更必须鼓动和组织大批的少年先锋队队员中的勇敢坚决分子到红军中去。少年先锋队本身在青年群众中进行拥护红军、加入红军的运动是其主要任务之一。同时,少年先锋队本身就是成为红军的有力的助手和后备队。

第二,深入土地革命与坚决反对富农:土地革命之深入是保证苏维埃政权之胜利发展和彻底完成中国革命的主要条件之一。富农是障碍土地革命之深入,障碍中国革命之发展与农民之解放的主要力量,亦就是对革命怠工或背叛!青年团及青年群众将必须特别努力于:

1. 发动和组织广大的贫农雇农自【己】动手的没收及分配地主的土地,没收一切祠堂庙宇的土地,分配给无地的农民。取消一切债款。土地及债款的契约之毁去,土地上界碑之毁弃,亦非常必要。同时,苏维埃政府当然要积极帮助和领导这一斗争。

2. 富农及富农意识是障碍土地革命深入的最主要的力量。因此,必须坚决的斗争以消灭富农意识,坚决地发动和组织青年雇农贫农的反富农斗争。少年先锋队及农村童子团应以此为其最中心的任务之一!

第三,加强白军中士兵之夺取:士兵群众是中国革命的主要动力之一,中国革命之胜利,必然是工农兵三大动力之平衡的汇合。发展苏维埃区域,必须夺取他们到革命方面才更能奏效。怎样夺取他们呢?

1. 动员苏维埃区域及非苏维埃区域之一切青年群众,有组织地对白军的士兵群众做最广泛的有力的宣传鼓动,公开号召他们兵变到红军中来,参加土地革命。

2. 努力去组织他们,直接组织他们的兵变,以响应苏维埃区域和红军,投到红军方面来。

第四,扩大和强固共产青年团及青年群众的活动力:共产青年团及青年群众活动力之扩大和强固,必将成为推动土地革命之深入与苏维埃区域之发展的主要力量之一。因此:

1. 青年团在苏维埃区域中,必须有最大限度之团员发展,特别注意青年工人及青年雇农贫农之吸入,而无情地排除富农分子出去。支部生活之充实,支部活动力之增加,对青年群众的教育宣传和组织工作之加强与扩大,成为非常的重要。尤其是必须坚决与团内右倾倾向斗争,坚决地肃清一切右倾倾向及其分子,积极地发展自我批评精神,防止和克服官僚主义的危险。团更须坚决领导青年群众中的反右倾及一切不正确倾向之斗争。

2. 青年群众的组织(少年先锋队、童子团、赤色工农会的青年部及青年小组等)必须无限制的发展,在原则上一定要将全部青年及儿童组织起来。在青年群众组织中,同样要坚决地与右倾斗争,肃清一切右倾分子及倾向。群众组织的生活和活动必须自动地增长与充实。每一个青年群众组织,都应以"深入土地革命""发展苏维埃区域""肃清一切右倾及反动势力"为其活动的中心内容。

第五,对外发展与反农民意识斗争:前面所讨论的一切,当然都与这问题有最密切的关系,此地,我们更来讨论一切具体的问题:

1. 农民意识是障碍苏维埃区域发展的主要阻力,我们首先就要与一切保守的农民意识斗争。在苏维埃区域中已经明显表现的农民意识最主要有:"我们此地革命已经成功,这已是我们的天下,我们可以高枕无忧来享革命完成之福了。""土地已经没收,我已有了土地,现在快快地来好好地种我的田,将我的生活来改善。"这些保守倾向,无疑地将忽视和放弃对外发展争取全国革命的胜利。因此,青年团和青年群众要坚决地一方面防止和纠正自己的农民意识,一方面必须努力与群众中右倾的农民意识斗争,使他们充分了解只有全国苏维埃政权之胜利,我们才能获得真正的成功和解放。不然,已得的微小胜利,亦将消灭。青年是反右倾的先锋,他们将要勇敢地担负起这个艰巨的重任。

2. 扩大苏维埃区域的影响:一方面将苏维埃区域中在政治上、经济上、思想上、活动上的一切情形,尽量地对非苏维埃区域的青年群众去介绍宣传,另一方面可尽量号召和组织非苏维埃区域之青年群众,大批地有组织地来到苏维埃区域参观。在非苏维埃区域中要特别扩大和发展"拥护苏维埃""建立苏维埃"的宣传和斗争。

3. 坚决地发动和帮助非苏维埃区域的地方暴动及一切斗争。积极帮助非苏维埃区域中的青年团及青年群众的一切活动。

第六,肃清一切反动势力:当然,苏维埃政府将以最大的努力来进行这一工作,但是青年团及青年群众必须以最大力量帮助苏维埃政府执行。同时,更必须发动青年群众自动手地肃清一切公开或秘密的反动势力。

第七,加强青年群众的政治教育:政治教育之加强,无疑的将是帮助我们在青年群众中政治领导之强固及对右倾斗争的很大的助力。目前特别重要的是"肃清富农意识""肃清农民意识""深入土地革命""发展苏维埃区域"等中心问题。同时,关于共产主义,关于共产国际的纲领及少共国际的纲领,亦成为教育青年群众的主要内容了!

当然,工作是很多的,一般最主要的,在此地已有了相当的讨论,至于各地运用,那一定要充分配合当地的特殊情形。

最后,我们来进行对于"在苏维埃区域中青年特殊利益之争取"的问题之讨论吧:

许久以前一直继续到现在,我们获得了不少的这一类的材料,值得我们最为注意的:

"我们这里苏维埃政权已经建立,青年已经获得政治上之完全的自由,现在是要更进一步地来完成青年的经济上、教育上之彻底解放了。"

怎样争取呢? 表现到事实上是:"青年工人失业问题还未充分解决,青年工人工作时间未完全实现六小时制,学徒制依然存在,青年农民的生活尚未充分提高……怎样办呢?"结果,向苏维埃请愿,要求苏维埃解决! 还有,"青年的教育工作要开始了,但是青年群众经济上还不能很好地供给他们自己购置读书用具,怎样办"? 于是又向苏维埃要来解决。

对的,苏维埃区域中的青年,已经获得了政治上的解放,但是经济上文化上的解放尚未彻底完成,现在,在苏维埃区域中的确是要进一步地谋取青年之经济上、教育上之彻底解放了!

但是,在全国苏维埃政权尚未建立以前,在全国革命尚未获得最后的胜利以前,在一部分的苏维埃区域中(经济上被敌人完全封锁,敌人以极大力量来进攻企图消灭它），是否有这个可能？

没有，绝对没有！目前的苏维埃区域正处在艰苦的奋斗中，只有对外发展，扩大苏维埃区域，【才】是唯一的光明的出路。不然，现有的部分胜利，亦将不保。绝没有可能在现在的这些苏维埃区域中从事经济上的建设和发展的。

因此，这种现象，无疑地是农民意识的表现！

但是，这绝不是说现在苏维埃区域中的青年就没有经济上和教育上的利益了！恰恰相反，事实上证明这些苏维埃区域中的青年，在经济上、教育上都获得了很多很多的利益，不过，还没有彻底获得。

同样的，绝不是说在现在的苏维埃区域中，青年就不应争取其特殊利益之彻底的获得了。完全相反，须坚决地去争取！

如何争取呢？

争取苏维埃区域的发展！争取全国苏维埃政权的胜利！在全国苏维埃政权之胜利中彻底地获取青年之特殊利益！

认清这一途径呵！整齐起队伍和脚步，向着全国苏维埃政权之胜利的前途迈进！

（录自《列宁青年》第 2 卷第 11 期，即第 35 期，
1930 年 4 月 10 日出版）

拥护苏维埃代表大会与少年先锋队工作的转变

（1930年5月14日）

徐 白

苏维埃代表大会快要开幕了！

在全国革命群众正以最高的热情追念"五卅"流血的时候，苏维埃代表大会的红旗展开了。这不是平常的，这是一个划时代的壮举——它是摧毁反动统治，促进革命高潮的动力，是一省或几省政权首先获得的先声，是响应全世界革命呼声的洪钟，是击碎一切欺骗的铁锤。

团的任务，是号召全体的劳苦青年，在自己的红旗之下，为建立、巩固、扩大苏维埃政权而作战。在这个任务之下，团必须严密地检查过去的工作，纠正过去的缺点，以期把这任务，百分之百地完成。特别对于有伟大作用而缺点最多的少年先锋队工作，必须有很好的转变。

这工作的转变不仅是团群众工作转变的一部分，并且必然是在建立和拥护苏维埃政权的意义上一个很大的力量。

什么是少年先锋队呢？

少年先锋队，在中国是指一种在农村中的青年组织，包含14至18岁的青年工农。它一方固然带着共产主义的教育性质；但最主要的还是一个战斗的组织，它是争取青年的政治与经济之特殊利益的斗争组织。在年龄的位次上看,它是红军的预备队,因此它的武装训练和军事活动,也是一个特色。在白色的区域内,它不断在总的土地革命的斗争中争取青年的特殊利益,并以他们的特殊斗争,来推动、加强总的斗争,一直到苏维埃政权的建立。在红色区域中,青年的政治解放完全得到了,经济生活也部分地改善,少年先锋队这时的任务是巩固并扩大苏维埃区域,帮助红军,深入土地革命,以争取总的解放,在这总的斗争下,来获得青年的全部要求之实现。

但到现在为止,各地的团及少年先锋队对他的任务的认识是非常模糊的,因此在工作过程中,闹了不少的笑话,做〔犯〕了不少的错误。少年先锋队不去积极地巩固及扩大苏维埃,不去帮助红军,加入红军,不去勇敢地参加土地革命,却做了很多错误的事情。所以虽然全国有二三十万的少年先锋队,但是他们始终没有充分地显出他们革命的伟大作用。这表示出团在少年先锋队中的领导是非常的不充分,在很多地方得不到团的正确领导;也表示出少年先锋队工作的转变是急不容缓的了。这个转变,必然是团群众工作转变的一部分,也是团在拥护苏维埃代表大会这口号下应做之最迫切的工作。

转变中的几个中心问题

1. 正确执行少年先锋队的任务——少年先锋队一定要坚决执行建立及扩大苏维埃政权,是帮助红军,加入红军,深入土地革命,建立对白军的宣传鼓动工作,参加地方暴动等基本任务。

2. 加强无产阶级的政治领导——在目前少年先锋队中,可以看出一个普遍的现象:就是少年先锋队没有拿建立苏维埃政权,扩大苏维埃区域,帮助红军,深入土地革命,来作自己的中心任务,反而做了许多无意识的事情,在客观上妨碍苏维埃政权的扩大,与土地革命的深入,这根本的原因是富农意识的领导。因为在过去,少年先锋队的领导人员多是以能读书识字的来做,因此,能够读书的富农子弟,便占着领导地位了。并且,少年先锋队也没有把它的基础,建在雇农、贫农的青年之上，因此这组织基础，也是构成这些错误的原因。今后必须把少年先锋队的领导和基础，完全放在雇农及无产劳动者子弟的手中，方才有可能把少年先锋队的工作，纳入正规。

3. 建立活泼的宣传教育工作——少年先锋队虽然含有很大的教育性质，但在过去，在这意义上，不是一些工作也没有做的，便是做得非常死板而不活泼。譬如有地方的少年先锋队，曾经做过反宗教的工作，但他们只把泥菩萨拿在路上一男一女的配起对来，或是简单地把菩萨打毁，一些〔点〕也没有藉此来教育群众，使群众很明白地了解。或者呢，教育工作是做了，但是做得十二万分的机械，他们的方法是要读书，于是便到苏维埃去吵，去要书，要房子。这种现象统统表现出宣传教育工作的糟糕。只有活泼地、在一切机会中来向群众做"政治的"教育（集会、演讲、游行、检阅、演剧、游戏……），才是真正的工作方式。而且这种宣传教育的中心内容，必须是与扩大苏维埃，帮助红军，深入土地革命密切地联系着的。

4. 白色区域的工作——在白色区域中，少年先锋队的组织很少，这是很坏的现象。我们必要在争取青年特殊利益的口号之下，把广大的农村青年组织起来，发动不断的斗争，参加地方暴动。而且这种在斗争中生长的少年先锋队，必然会受到很好的政治教育。在白色区域中的少年先锋队特别应负着破坏白军的责任，须经常作宣传鼓动工作。

5. 团组的问题——过去团对少年先锋队的关系，是团代表制的，这种关系不但使得团在少年先锋队中只起一种上层的领导作用，而不能有一种有组织的核心领导作用，并且在组织原则上说，是一个错误。因此使团对少年先锋队的领导，不能很深入。以后团应该在少年先锋队中，建立严密的团组，并且要建立健全的团组作用，这样，才能保证少年先锋队领导的正确。

6. 干部的问题——少年先锋队干部的培养确是非常重要的问题，无论在白色区或红色区内，经验告诉我们没有坚强的干部，总有很多的困难。团应该把这问题，列在议事日程里面，得到一个很好的解决。这里面,应该坚决地排斥不敢以雇农或贫农充干部的右倾观念,应该勇敢地在工作中在斗争中提拔青年雇农及贫农,一方面则在工作中斗争,积极地给他们以政治的教育与训练。

7. 女子少年先锋队——农村的青年女子,有她们心理上、经济地位上、政治地位上的特点,但她们的革命情绪是非常热烈的,在农村斗争中具有非常伟大的作用。因此,将她们组织在少年先锋队中是非常的必要。过去在东江的卢森堡队,实是一个好例,这告诉我们不能不对之加以严重的注意。

一九三〇,五,十四

(录自《列宁青年》第 2 卷第 13 期,即第 37 期,
1930 年 5 月 25 日出版)

全国苏维埃代表大会与青年

（1930 年 5 月 25 日[①]）

伯　平

一、这次大会的伟大意义

不管机会主义取消派怎样闭着眼睛，歌颂中国资本主义的兴盛与资产阶级政权的巩固，不管他们怎样诅咒革命运动的死灭，客观事实的发展，恰恰与他们的愿望相违反。

最近中国民族工业的衰落，农村经济空前未有的大破产，以及连续不断的军阀混战之扩大，证明国民党的反动统治正在急剧地崩溃。至于群众的革命运动则不但没有死灭，而且日益复兴成熟，愈益接近直接革命的形势。城市中的工人已由以前经济的保守的斗争，转变为政治的进攻的反黄色工会、反国民党的斗争，甚至与统治阶级起武装冲突；反动军队中兵士的觉悟日渐明显，士兵暴动和兵变成为普遍全国的潮流；特别是乡村中农民武装斗争的发展，土地革命的深入与苏维埃区域的扩大，更加成为新的革命高潮到来的主要条件之一。统观现在〈遍〉长江和珠江流域十余省，如湖北、湖南、江西、福建、广东、广西、云南、贵州、四川、河南、安徽、江苏、浙江等，几乎无处不有苏维埃区域与赤色区域之存在与发展。全国红军统计已在七万以

[①]　原文无成文时间，此为《列宁青年》第 2 卷第 13 期的出版时间。

上，而赤卫队和游击队尚不在内。他们进行没收地主的土地，推翻豪绅资产阶级的统治，勇敢地为建立苏维埃政权、为完成中国革命而斗争。这对于推进革命新高潮，是何等伟大的动力啊！

中国共产党与中华全国总工会共同发起于今年五月卅日，开全国苏维埃代表大会。这次大会的中心任务就在讨论更加扩大红军，更彻底地实行土地革命，更加发展和巩固苏维埃政权的种种具体策略。同时把各苏维埃区域的斗争很适当地配合起来，一致向着中心城市发展，以取得一省或几省政权首先的胜利。它将是全国革命群众对帝国主义、国民党的残酷压迫之有力的回答，它将是建立全国苏维埃政府的先声。

全国苏维埃代表大会即刻就要开幕了！我们庆祝这次大会的成功！让帝国主义国民党及其他一切工农阶级的敌人在它的面前发抖吧！

二、苏维埃区域青年参加斗争之积极

青年群众是被压迫阶级中受痛苦最深的阶层，无论青年工人、青年农民、青年兵士都是一样，因此，他们参加革命斗争也就特别热烈——他们是革命战线上一支强有力的尖兵。在各省苏维埃区域的斗争中，青年群众曾经起了很大的作用。首先，便是青年参加武装的斗争。在闽西、赣西南、鄂东北等等苏维埃区域中，十五岁至二十岁的青年，大都组织在少年先锋队伍之中，人数总共不下数十万。虽然他们的工作还有很大的缺点，可是他们与红军和赤卫队共同对敌人作战，在作战时担任放哨、侦探、交通、捕杀土豪劣绅等工作，起了很大的作用。在十五岁以下的儿童，则大都组织在童子团之中，他们参加斗争是同样的积极。此外，在赤卫队中以至在红军中，青年分子也占很大的数目。再则，当农民群众推翻豪绅地主的统治，建立了自己的政权——苏维埃以后，接着而来的就是文化运动和反对宗教运动（如反对旧风俗、破除迷信〈是〉），在这种运动中，也以青年群众表现得最勇敢。

三、苏维埃区域青年地位之提高

在苏维埃区域中,一切收租享福的地主,鱼肉农民的豪绅,以及重利盘剥的放债人,通通被打倒了;地主的土地一律分配给无土地或缺少土地的农民耕种,兵士也分得土地;所有的苛捐杂税概行废除。在苏维埃区域中,工人的工资增加了,工时减少了,工人取得一切政治上的自由。在苏维埃区域中,小商人安居乐业,解除了军阀时代所受的种种痛苦,同时也不能抬高物价,剥削工农。苏维埃区域的妇女也得到解放和自由,与男子享受同等的待遇。

以上是苏维埃区域中一般群众的地位之改善,那么青年的地位又怎样呢?不消说得,青年的地位也跟着大大地提高了。第一,青年群众充分获得了政治上的自由,苏维埃政府的法律规定,凡年满十六岁的青年劳动者都有选举权与被选举权,这是任何资本主义的文明国中所不允许的。第二,青年群众获得了经济地位的相当改善,青年雇农和牧童不再受封建式的剥削,他们的工资是增加了。第三,青年群众获得了受教育和娱乐的机会,在各乡区中,都设立了免费的小学,以教育青年农民及儿童,使成为阶级斗争的战士。凡此都不是呻吟在地主豪绅的压迫之下的青年,所能梦想得到的啊!

四、苏维埃区域青年的当前任务

在苏维埃区域中,青年群众虽已得到政治上的自由,同时经济地位也已相当改善,教育和娱乐的机会都比以前增加,可是在目前的情形之下,青年群众的彻底解放;仍然是谈不到的,彻底的解放只有在全国范围内推翻了帝国主义、国民党的统治,建立全中国的工农兵苏维埃政权以后,才有可能。因此,各省苏维埃区域的青年应认清自己的当前任务,是在中国共产党和共产青年团的领导之下,更加勇敢地参加一切斗争;扩大红军,扩大苏维埃区域,彻底进行土地革命,由首先一省或几省的苏维埃政权之建立,直到全中国工农革命的胜利。

目前中国共产党的中心策略,是把各省苏维埃区域的斗争相互配合起来,同时加强城市工人阶级对农民斗争之领导,向着中心城市发展——全国苏维埃代表大会的召集,就是这一策略的具体表现。在此空前的全国苏维埃代表大会的开幕声中,苏维埃区域青年的实际任务是什么呢?

第一,是一致武装起来。所有自十二岁至十五岁的儿童都加入童子团中去,所有自十五岁至十八岁的青年都加入少年先锋队中去;同时,举行少年先锋队、童子团的大会操。

第二,少年先锋队中最勇敢的分子,须尽量加入红军中去,以扩大并加强红军的战斗力,扫除豪绅地主的反动统治。

第三,大规模地举行青年群众的大会或青年群众的武装示威,拥护全国苏维埃代表大会,反对国民党军阀混战,反对帝国主义进攻苏联。

第四,富农是乡村中彻底进行土地革命的障碍物,青年群众须起来坚决反对富农,以贯彻土地革命。

第五,加入工农青年的先锋组织——中国共产青年团中去。

五、全国青年怎样拥护苏维埃代表大会

目前各省苏维埃区域是处在极激烈的斗争时期,因此,单只有苏维埃区域青年群众的英勇斗争是不够的,而必须全国的劳苦青年群众——各重要城市中的青年工人,反动统治下的青年农民,以及反动军队的兵士,一致举行广大的拥护苏维埃政权,拥护红军,拥护全国苏维埃代表大会的运动,才能保障革命的胜利。全国青年拥护苏维埃代表大会的具体任务如次:

第一,城市青年工人参加政治的同盟罢工,或发动单独的青工罢工,尽量加入工人纠察队,实行军事训练,以准备武装暴动;乡村青年

农民参加地方暴动,加入少年先锋队、赤卫队以及红军中去;青年兵士实行士兵暴动和兵变,杀戮自己的长官及一切反动统治者,响应苏维埃区域与红军联合;青年学生罢课示威。

第二,全国青年工农兵士学生举行大规模的群众大会与示威游行,实行拥护全国苏维埃代表大会,同时反对帝国主义世界大战——尤其是帝国主义反苏联的战争,反对国民党军阀的混战。

第三,国民党改组派,第三党以及机会主义取消派等,都是无产阶级的敌人,苏维埃政权的仇视者。最近取消派讥评日前各省的苏维埃政权为"旅行式的",并且诬蔑红军为"土匪"和"新式流寇",简直与反革命的国民党同一鼻孔出气。因此,我们若要拥护苏维埃代表大会,建立全中国的苏维埃政府,同时非严厉反对改组派、第三党、取消派等不可。

全国青年工农兵士学生们,一致起来拥护全国苏维埃代表大会,拥护工农的红军,建立全中国的苏维埃政权!

(录自《列宁青年》第2卷第13期,即第37期,
1930年5月25日出版)

苏维埃区域的农妇工作

（1930 年 5 月）

邓颖超[①]

在土地革命日益深入，苏维埃区域日益扩大的进程中，农村里广大的农妇群众，成千累万地起来参加斗争，且每每是站在最前线，表示出她们的英勇与特殊作用。惟过去各地都任其自然随斗争而发展，多缺乏有计划、有系统地经常在农妇群众中工作，不能加紧党对农妇运动的领导，是极严重的损失。尤其是当斗争起来以后，农妇中的婚姻问题、童养媳问题，成为普遍的严重的问题，而对于这些问题又很少【有】适当的解决办法，因之引起纠纷与一些农民的反对，是极值得我们注意的问题。故〈兹〉特提出苏维埃区域的农妇工作，希望同志注意这一工作，使苏维埃区域的农妇工作能得出更好的结论与更好的方法，以加强无产阶级对农妇运动的领导。

一、苏维埃区域对农妇的工作，最主要的前提，是动员广大的农妇群众，号召她们起来参加斗争，参加土地革命，参加地方暴动与建立苏维埃的工作。在斗争中一定要注意到农妇本身的解放运动，解除她们的束缚，增强她们的斗争力量，使封建势力更能彻底摧毁，封建思想更能打破肃清。所以，在苏维埃区域以及斗争发动的地方，必要提出农妇本身的利益要求口号，联系到一般的政治经济的要求。这样更能发动广大的农妇群众积极热烈地来参加【斗争】，扩大党在

---

① 邓颖超，时任中央妇女运动委员会委员。

农妇群众中的影响,更能争取广大的农妇群众围绕在党的周围。

二、我们提出农妇本身的利益要求,不怕农民反对么? 过去很多地方(湖北、江西等地),恐怕引起农民的反感而不提出农妇本身的要求,甚至放弃了农妇运动,这是极错误的。我们不但不应怕农民反对而不提出农妇的要求,且应宣传农民,说服农民,使他不但不反对,且更能同情赞助农妇的解放运动。我们应当指出农妇解放与整个农民运动有极大的关系,农妇解放运动是能帮助农民斗争与土地革命更快地得到胜利。例如结婚自由、离婚自由、反对买卖妇女……都是同样与农民是有利益的。我们应坚决地提出农妇的利益要求,领导农妇的斗争,同时应很详细地向农民群众解释,用宣传说服的方法,打破他们的封建思想,使他们同情赞助农妇的解放运动。

三、在苏维埃政府成立的第一天,就应该公布解放保护妇女的法令,给予妇女在政治上、经济上、法律上、教育上与男子同等的待遇。苏维埃政权下的妇女(仅指农村妇女,且非富农分子)应有土地权、选举权、被选举权、结婚权、离婚权等,并引进积极农妇参加苏维埃政权的工作。

四、苏维埃应经常分区分乡召集农妇会议,加紧农妇的政治文化教育。为农妇群众办各种的训练班,各种学校,培养专门的工作人才,如救护学、运输、交通、放哨等工作技术。

五、号召广大农妇群众起来拥护红军,帮助红军。组织慰劳队,慰问红军。组织洗衣队、缝衣队去为红军洗衣缝衣。组织运输队为红军运日用品与食物等。

六、在全国苏维埃婚姻法未产生以前,对于婚姻问题的解决,只能有原则的决定。最近的期间,可用以下各点:

1. 离婚,必须经双方的同意;

2. 由一方提出离婚而对方不同意者,得提交苏维埃解决。有下列情形之一者,苏维埃应批准其离婚。(1)生理上残废者;(2)感情恶劣者;(3)生活困难者;(4)年龄相差太远者;(5)妻历受夫虐待不堪者;(6)夫历受妻虐待不堪者。

3. 如无上项所指情形之一，或由于故意，或被人挑拨离间者，苏维埃政府不批准其离婚。

4. 禁止重婚，禁止蓄婢纳妾，禁止买卖婚姻，禁止抢掠婚姻，禁止诱拐婚姻，禁止强迫婚姻。

5. 凡不在禁婚之列，经双方同意向苏维埃政府登记，即能结婚。

这一解决婚姻问题的办法，当然不是十分完备的，不过足应目前解决问题之需，是比较适宜的。至于有些地方，禁止已婚者及已订婚者离婚，以及〈结婚〉须得两个乡农民协会的许可方能结婚。前者不能解除妇女的压迫痛苦，后者无异由父母的包办，代以乡农民协会的包办。这些办法都是不对的，应加以纠正。

最后，再提出一点：即在农村工作的同志，苏维埃区域工作的同志们，在斗争工作上、生活上、行动上、男女关系上，均应加以注意。极力防止右倾、怠工、腐化、浪漫等不正确的倾向。除了党加以注意与训练以外，每一同志都应自觉地加紧自己的训练，应有艰苦自觉的精神，能成为群众的先锋，培养在广大群众中的信仰。这更能使工作向前不停地进展，得到良好成绩之收获！

（录自中国现代史资料编辑委员会编：《中国苏维埃》，内部资料，1957 年印，第 31—33 页）

少共国际执委关于中国苏区中少年先锋队的信

（1930 年 6 月 1 日）

一、少年先锋队的目的与性质

1. 中国的反帝与土地革命已经唤起了城市和乡村多数的劳苦青年群众起来反对地主豪绅、高利贷【者】与军阀，没收地主的土地分配给农民的主要群众使用，反对不能容忍的苛捐杂税，反对农村中的奴役和一切封建的残余，反对整个国民党地主资产阶级的统治，反对帝国主义的压迫，这一切的斗争已经使工农群众建立红军和苏维埃政权。与红军和苏维埃同时，自动地产生了许多少年先锋队的组织，少年先锋队团结在它的队伍中，成千成万的青年工农与共产青年团一道来帮助红军。少年先锋队是中国反帝和土地革命的战斗队伍，在前线的斗争中曾经起了很大的作用，在红军与白军战争中和在苏维埃政府的一切工作中，少年先锋队都有莫大的功绩，它积极地参加没收地主的土地、分配土地、肃清反革命。

2. 中国的共产青年团固然是要在少年先锋队中执行它的领导，同时应当在将来把少年先锋队造成一个群众军事化与武装工农的组织，在共产青年团领导之下，为中国的反帝和土地革命的口号而斗争。

共产青年团应当执行这种路线，把少年先锋队转变为一个包含数百万青年工人、雇农、贫农和中农青年群众的组织。

只有真正成为城市和农村中劳苦青年的群众组织，少年先锋队才能完成它在反帝和土地革命的任务。

3. 下述的任务应当是决定少年先锋队更进一步的存在与最大的发展：

a. 少年先锋队是一个工农的广大武装群众组织，是共产青年团一个最重要的后备军。少年先锋队在共产青年团领导之下，积极参加巩固和发展苏维埃的建设，反对阶级敌人的斗争。必须坚决地反对把少年先锋队变成纯粹文化组织的倾向，缓缓进行教育工作，脱离了前线上的斗争和苏区中的阶级斗争。

b. 少年先锋队广泛地进行青年的军事训练，为红军训练后备队。少年先锋队在前线上与红军共同积极地作战，少年先锋队的这种特殊性质是与目前苏区的战斗任务相适合的，而且适应参加少年先锋队的劳苦青年的需要，就是在共产党与共产青年团领导之下，积极地反对地主豪绅、军阀、国民党、资本家和帝国主义。

c. 必须坚决地打击把少年先锋队和红军对立起来，以及把少年先锋队变成第二个青年红军等倾向。共产青年团必须防止少年先锋队和红军部队间的冲突，必须经常地解释少年先锋队是红军的助手，在红军司令官的军事指导之下工作。

d. 在青年团领导下的少年先锋队中的一切教育工作，应当与少年先锋队的斗争和参加阶级斗争密切地联系起来，目的在使少年先锋队的队员能自觉地参加阶级斗争，并且以阶级的精神去训练他们。

4. 少年先锋队在组织成分上是青年工农的组织，不仅允许青工、青农、青年雇农参加，而且允许农村中的一切劳苦青年（中农）【参加】，因此少年先锋队在斗争的目的和它的任务的性质上看来，是党和青年团的一个武器。必须在少年先锋队的组织中有坚强的无产阶级的领导，才能保证少年先锋队的这种作用。如果没有保证青工和青年雇农在少年先锋队伍中的领导作用，在招收新少年先锋队员时，没有保持阶级的原则，有些少年先锋队可以从党和团的武器变成阶级敌人的工具。青年团是少年先锋队中无产阶级领导的主要传达者，应当经过少年先锋队中团的指挥人员，经过党团组织来巩固团在少年先锋队中的领导作用。

少年先锋队是共青团的一种附属组织。青年团经过这个附属组织传达它对广大青农群众的影响，青年团是劳苦青年群众的先锋队，是一个在党领导下的战斗的群众的青年工人的共产主义组织。

少年先锋队应当是一个更广泛的辅助组织，吸收城市和农村中的劳苦青年到它的队伍中，一方面应当反对把少年先锋队和青年团对立起来，反对以少年先锋队代替青年团，即是取消青年团。在另一方面则必须反对剥夺少年先锋队的任何独立作用，反对对少年先锋队的取消倾向。各地苏维埃与其他机关等企图解散少年先锋队的组织，这明白地表示他们不能认识中国土地革命的特点，即是中国的土地革命由于争斗的农民自己的创造性而建立起来的斗争形式——赤卫队、少年先锋队等等。否认少先队有存在的必要，事实上就是压迫农村中劳苦青年的革命独立与积极性，妨害中国的农民在实际上已经证明有效力的阶级斗争的方法和方式。少年先锋队中的政治领导作用应当是属于青年团，而不应当属于苏维埃机关和工会（各苏区现在就有这现象），因为在纲领、任务、年龄、组织上只有青年团才能是少年先锋队中党（共产党）的影响的传达者。

少年先锋队是发展共青团一个最重要的基础，共青团应该采取坚决的行动，大批地吸收比较好的检验过的少年先锋队员到团中来，要在每一个少年先锋队中建立起一个坚强的青年团核心。每个青年团员应当加入少年先锋队。当派遣少年先锋队到前线去时，团的支部或区委应同党共同决定哪些团员应当留下继续工作。

二、少年先锋队的组织和构造

1. 应当允许16岁到23岁的青年参加少年先锋队。每一个青工、青农和青年学生（劳苦阶层而来的）都可以当少年先锋队员。在吸收非无产阶级分子的时候，必须要注意只收那些不参加剥削他人劳动的青年，主要是那些同情苏维埃，帮助党与团巩固苏维埃和红军,帮助执行党与苏维埃最重要的经济与政治设施〔指示〕的分子。

2.在广泛地吸收青工、雇农、贫农青年、苦力、中农青年到少年先锋队中来时,必须防止一切敌对的分子(地主、富农、豪绅等)打进少年先锋队中来,绝对地封闭他们进到少队中来的路。必须清除少年先锋队组织中的一切城市和乡村中的剥削分子,但不是用一次总的洗刷(这是有害的),而是用彻底的工作揭穿和驱逐这些敌对的分子。

3.必须采取坚决的路线提拔工人、雇农、苦力、贫农到少年先锋队中的领导位置。必须反对右倾的表现,害怕选举这些青年负领导工作,青年团的任务是供给少年先锋队一个实际能执行党、团、苏维埃政府指示的无产阶级分子构成的领导(为这种目的,可以开办学校,为少年先锋队训练工作人员,只有工人、苦力、雇农、贫农及受过严格检验的中农才可以改变各地少年先锋队的领导)。

4.关于少年先锋队的构造,应当按照下列的方法来建立:

a.少年先锋队应当在青年团的政治领导下活动。党与苏维埃政府(政府的军事机关)经过青年团,执行它们对少年先锋队的领导。但是,在前线少年先锋队一切行动的军事行动的领导,应属于红军的军事机关。在后方应属于苏维埃政府的军事机关。然而在必须的时候,少年先锋队根据党的指示,可以出来反对那些受了阶级敌人的影响不执行并拒绝执行共产党路线和指示的苏维埃政府的个别机关。

b.必须顺着青年团支部与委员会组织少年先锋队。每个少年先锋队应有一个参谋部,这个组织包括(1)总队长(由团取得党的同意,指派团员充任);(2)参谋长(由军事机关派军事工作的同志充任);(3)党代表(由党指定同志充任)。为要配合少年先锋队的行动,少年队的区与特区的参谋部可以组织同一的结构。为要执行对少年先锋队的日常领导,各级团部由上级到下级应当组织军事部负责切实地指导少年先锋队。

c.关于改换指导机关或解散某些在阶级敌人影响下的少年先锋队等问题,应由青年团与苏维埃政府的军事机关共同决定。至于最后的决定则属于党的机关。

d.不应当在少年先锋队的周围组织儿童队,应当由儿童团去组织儿童,儿童团是在团的直接领导之下活动。

e. 少年先锋队在它的一切工作中应与赤卫队有密切的联系。

三、少年先锋队的任务

1. 帮助红军与青年的军事训练:

a. 少先队参加红军的一切斗争,在前线,少年先锋队是在红军官长直接领导之下。

b. 一遇红军官长的要求,少年先锋队应把它最好的部队归红军派遣。少先队供给红军的后备兵,由他的最好的队伍中,组织红军的营、团、队等。自动的动员少年先锋队员参加红军。少年先锋队执行侦探的工作,等等。

c. 一切少年先锋队队员(没有任何例外)应在红军教练官领导之下受军事训练(射击训练、军纪、研究红军的战略、构造与任务等)。

d. 因为少年先锋队也要广大地吸收妇女,所以必须从妇女中组织特别的卫生队,同时号召她们参加一般的斗争。

e. 必须用矛、刀、来福枪(不过不能妨害红军)武装少年先锋队。

2. 帮助苏维埃政府:

a. 少年先锋队应当积极地参加反对苏区地域中反革命派的走狗的斗争。要把少年先锋队最好的队伍供苏维埃机关使用,在执行苏维埃政府的训令时,少年先锋队受了苏维埃机关的训令时,应当参加没收地主的土地,参加反对藏匿粮食的斗争。组织粮食的供给,执行苏维埃政府的一切法令,帮助执行严厉的阶级路线。

3. 关于内部的教育工作:

a. 少年先锋队是一个有阶级纪律的组织,它的目的是在共产青年团领导之下,从劳苦青年中培养〈成〉坚决的革命者和阶级的战士,反对地主、资本家、豪绅、富农,反对整个的国民党,反对一切的军阀与帝国主义。少年先锋队斗争的目的是帮助党与团建立和发展全中国的苏维埃政府。

b. 根据这一观点,少年先锋队应当把它的活动的每一步联系到同无产阶级与贫农在一条战线上参加阶级斗争。

c. 因此少先队在执行前述的任务时,也必须以阶级精神进行少年先锋队队员的政治与文化教育,组织政治研究班,各种团体(如研究苏维埃法律、红军战略、苏联的列宁共产主义青年团),为工作人员和队员开办学校,少年先锋队必须铲除自己队伍中的文盲,应与一般人民的宗教偏见作理论上的斗争。

d. 少年先锋队应当在共产青年团与苏维埃政府领导之下,组织苏区劳苦青年的广大体育运动。把这一任务与军事化青年的任务联系起来,少年先锋队也应当在自己的队伍中组织各种体育团体(如游泳、赛跑、足球、篮球、队球、掷沙袋等等)。

4. 只有在下述的条件下,少年先锋队才能顺利地执行它的任务,完成它在中国革命中的英勇作用:

a. 在少年先锋队的一切工作中要有无产阶级领导(提拔工人、雇农、苦力,反对敌对分子侵入少先队),征调少年先锋队员到共产青年团中来。共产青年团强有力的领导使团成为在少年先锋队中党的影响的传达者,这是保证无产阶级领导一个最有力的条件。

b. 作不调和的斗争反对少年先锋队本身内一切脱离共产党与共产青年团路线的危险的倾向与错误,必须作坚决的两条战线上的斗争,一方面反对最危险的倾向(如对阶级敌人采取调和态度,容许富农、豪绅分子打进少年先锋队队伍中和它的指导机关中),反对拒绝参加阶级斗争,拒绝在前线作战,只进行纯粹的文化工作等倾向;在另一方面要反对这些错误,如不正确地反宗教的斗争(如毁灭寺庙、祖坟、佛像等),反对企图把少年先锋队变为第二个共产青年团,或者代替共产青年团的工作。共产青年团与少年先锋队的指导机关,应当进行不断与不调和的斗争,反对一切错误倾向。

少年共产国际执行委员会

(录自共青团中央办公厅编:《中国青年运动历史资料》第 7 册,内部资料,1960 年印,第 576—582 页)

全国苏维埃代表大会告青年书

（1930 年 6 月 10 日①）

全国青年工农和一切劳苦青年群众们：

你们在帝国主义和中国反动统治之下遭受着何等非人的痛苦啊！

帝国主义加深的侵略中国，中国民族工业空前的破产，使外国资本和中国资本的工厂，为了更能在你们身上剥削绝大的利润而厉行着生产合理化；工资不断地减少，工作速度和工作是大大地增加，大批的身体尚未长成的青年们，被恶魔的资本家驱到机器下面去，为资本家获得多量利润而被榨取着血和汗，养成工的增加，学徒劳动条件的恶化，失业的恐慌更成为家常的便饭，不但待遇十分恶劣，并且随时都有被机器轧伤致死的危险！

更有无数的学徒处于手工业【主】封建式的剥削之下，手工业主因为要在工业资本的生产合理化之下获取生存，便更加在你们身上来剥削，延长了学徒期间（甚至有五六年的），加重了学徒的工作（为私人服役等），加深了学徒所遭受的奴隶式的剥削。

农村经济空前的危机，造成了全国千百万的饥民，他们连树皮草根都吃不着而眼睁睁地饿死。地主豪绅和富农无情的封建式剥削，使青年农民做着十六小时以上的困苦笨重的工作，成为封建式剥削下最悲惨的奴隶！

---

① 原文无成文时间，此为《列宁青年》第 2 卷第 14 期的出版时间。

国民党反动统治更剥夺尽了青年的一切政治自由——言论、出版、集会、结社、罢工。残酷的白色恐怖,断送了几十万革命青年的生命。

不断的军阀战争,驱使无数万的青年兵士化为白骨,遍及全国的荒郊,残废的更不可以数计;军阀战争更使青年的生活因为强索苛征,拉夫招兵,炮火枪弹的扫射,苦痛不堪了!

中国统治阶级在帝国主义指使之下厉行军国主义,企图奴役青年为他们的利益去效死;特别是去为他们进攻苏联,镇压革命,在思想上更用爱国主义,偏〔褊〕狭的民族观念来麻醉青年,消灭青年之阶级觉悟和斗争。

改组派、取消派、第三党以及黄色工会,都在帝国主义国民党的指使下,来欺骗和麻醉青年群众,希图缓和或消灭青年的革命斗争而苟延统治阶级的残喘。

甚至全国的青年学生及一切青年贫民,也因为帝国主义和反动统治的压迫和剥削,失去了一切政治自由,横遭战祸与白色恐怖的毒手!

这样万端的横暴,绝没有使全国青年工人及一切劳苦青年群众为之奴服和消沉。反之,却引起了无边的暴风雨之来临!看呵,你们不是正在高擎着红旗和拳头,为争取你们的特殊利益,为解除你们的特殊苦痛,遍及全国的与一切敌人进行着血的战斗吗?

时候到了!是决战的时候了!青年群众们!

听啊!革命的洪钟已经震撼了整个的地球:帝国主义的国家,正在拼命地准备进攻工人的祖国,世界革命的大本营——苏联。同时,帝国主义相互间为了争夺市场、殖民地、原料供给地、投资地,特别是瓜分中国,正加紧地准备着空前残酷的大火併〔并〕;各国的无产阶级正对资本主义作坚决的斗争,殖民地半殖民地的革命运动有如野火之燎原;帝国主义已在世界革命的威力之前发抖,而不得不更拼命地向着一切的革命力量——特别是苏联及各国无产阶级与殖民地半殖民地的革命残酷攻击!世界大变动的时候将要到了,世界革命将以他的胜利而葬送一切帝国主义到坟墓中去！

目前中国也正日益接近大变动的时候，中国革命是世界革命的一部，中国革命的发展和世界革命的发展相互推动着走上最后的胜利。目前中国统治阶级，正在剧烈地崩溃，军阀战争的连绵到达现在已经爆发的蒋阎战争是更加剧烈和扩大了。民族工业的破产，农业经济空前的危机，可怕的饥荒与失业，迫使着中国工人阶级走到了反帝国主义反国民党统治的武装斗争了。中国的农民正咆哮着，与封建的剥削作殊死战，农民暴动，苏维埃区域之建立与发展，红军的惊人的扩大，遍及了全中国；白军中的兵士，不断地举行暴动和兵变，投到红军中来参加土地革命。这一切表示着中国工农兵及红军四大革命动力，在无产阶级及其政党——共产党领导下，正在平衡地向前冲去，在要自由、要饭吃、要土地的口号下，汇合得日益接近革命高潮，争取全国苏维埃政权的胜利！

全国的青年战友们！你们在这全国革命斗争中，一向是最勇敢、最坚决地在最前线作战！你们是现在的伟大的战士，是将来的社会的主人！你们光荣的战绩将是中国革命的胜利！

全国苏维埃代表大会在赤色的五月举行了！我们正负担着伟大的任务：我们正在汇合全国的革命力量，争取全国苏维埃政权的胜利。我们规划了苏维埃政权的政纲及主要法令。我们坚决地准备着，在将来的残酷的国内战争和国际战争中——帝国主义国民党及一切反动势力与革命势力的决战中获得最后胜利。我们一致地准备了，全国苏维埃政权建立后，怎样彻底完成目前的民权革命和转变到社会主义！我们更号召和组织全国的革命群众为全国苏维埃政权之建立和胜利而战！

青年战友们：你们是现社会下的最被剥削者，也是革命的最勇敢的前锋！苏维埃政权是全国革命的工农兵〈的〉自己的政权，他是全国工农兵革命胜利的保障，他是全国工农兵一切利益的代表者！因此，他将以最大的力量来保障全国被压迫青年的利益，谋全国劳苦青年的彻底解放！同时，苏维埃政权亦正是你们自己的政权，你们要予以最有力的拥护与监督！

全国苏维埃大会,为了谋取你们的彻底解放,在全国苏维埃政权胜利的开始,并且在目前苏维埃区域中将谋取你们下列之最低限度的政治上、经济上、教育上之解放:

1. 青年(除反革命的及剥削者外)有言论、出版、集会、结社之自由！

2. 十六岁以上的青年(除反革命的及剥削者外),均有参加苏维埃之选举权与被选举权,直接参加苏维埃之政权。

3. 二十岁以下的青年工人每日工作六小时,十六岁以下的青年工人每日工作四小时。

4. 废除十四岁以下的青年劳动。

5. 废除二十岁以下的青年工人的夜工,禁止雇用二十岁以下的青年工人作有害健康之工作。

6. 青年工人与成年工人同工作同工资,不受时间外的影响(以八小时计算)。

7. 二十岁以下的青年工人星期日休息,工资照给。每年放假五星期,工资照给。

8. 青年农民和青年士兵根据苏维埃土地分配法,由苏维埃分配土地耕种。

9. 青年工人须经常受医生检验,青年工人有特别休息室、疗养院、体育室等。

10. 废除学徒制、养成工制。

11. 政府举办学校,不参加生产的劳动青年均应受免费教育,青年劳动者应受补习教育。政府更须设置各种(工业、农业等)学校,授与青年以生产技术。同时,政府须举办高级学校及专门学校,以培养专门人才。

12. 各产业中,青工数是没有定额。

13. 以政府及工厂的经费设备〔置〕完美〔善〕的社会保险,以备种种不虞,如疾病、失业等。

这些将随着全国苏维埃政权的经济的巩固及其发展而更逐步改善。

苏维埃政府对青年农民青年女工亦将予以保障和利益。对革命的青年学生,在苏维埃政府的法律下,亦将获得政治上之自由。

由着向社会主义的转变,由着社会主义的建设,苏维埃政府将谋取全国青年工农群众最后之彻底的解放。首先就是领导全国青年工农努力于社会主义经济之建设及发展和新教育的普及。——在生产技术方面,在社会方面,养成青年工人都成为社会主义生产中有阶级觉悟的领袖。"只有由青年教育训练和组织的彻底改造,我们才能帮助青年的一代,建立起一个与以前不同的社会制度来(指共产社会)"(列宁)。

但是,青年战友们:你们的特殊利益之彻底获得,绝不是从和平中得来,而一定要经过最残酷的国内战争和国际战争。青年之解放,只有在血的斗争胜利后。因此,你们目前已经正在战斗的前线了。但是还必须以最大的勇气与决心,准备着全国革命高潮到来时之残酷国内战争和国际战争,以最大的牺牲精神和毅力,获取在国内战争和国际战争中之最后胜利!

目前,你们的中心任务是"争取全国苏雄埃政权之建立和胜利"。同时,不断地向敌人争取青年的特殊利益,因此,青年战友们,你们必须:

1. 全部加入赤色工会、农民协会、雇农工会、兵士委员会中!

2. 踊跃地加入红军,赤色先锋队、赤卫队!

3. 发展少年先锋队、童子团成为广大的青年的战斗队伍,为全国苏维埃政权之建立和胜利而战!

4. 黄色工会下的青年工友到赤色工会中来,推翻黄色工会!

5. 打倒改组派、取消派、第三党、黄色工会的欺骗。

6. 一致的拥护苏联!拥护苏维埃!反对帝国主义世界大战,反对国民党的反动统治!反对军阀战争!反对军国主义!

7. 青年工人参加政治罢工、同盟罢工,准备总同盟罢工和青年单独斗争,在斗争中争取青年的特殊利益。

8. 青年农民参加地方暴动!

9. 青年兵士参加士兵暴动和兵变,到红军中来。

10. 青年贫民及青年学生,一致参加"争取全国苏维埃之建立和胜利"的革命斗争。

11. 准备全国武装大暴动!推翻国民党反动统治,建立全国苏维埃政权!全国青年战友们:血钟响了!赤帜正在飘扬!在"战〔争〕取全国苏维埃政权之建立和胜利"的旗帜下前进!

(录自《列宁青年》第2卷第14期,即第38期,

1930年6月10日出版)

少年先锋队工作大纲

（1930 年 6 月 19 日）

什么是少年先锋队？

少年先锋队是农村青年群众为了要推翻封建地主阶级和帝国主义的剥削与压迫而产生的斗争组织,农村青年要消灭他当前的封建剥削和帝国主义的侵掠,只有参加土地革命。因此少年先锋队是组织农村青年群众参加土地革命、摧毁地主阶级与帝国主义的剥削和压迫的最好方式。

如果认为少年先锋队不是农村青年的群众组织,而是农村青年群众中的领袖分子的组织(如过去的广东和现在的赣西南),这是非常错误,这不独根本消灭了少年先锋队的意义与作用,并且,一定要形成农村中第二个共产青年团,至少也是要将少年先锋队的工作缩小到共产主义青年团范围内来,这在事实上是取消了少年先锋队。

如果认为少年先锋队是青年的红军或青年的武装组织(很多地方是这样,如湖北、江西……)那更是错误! 因为工农的军队——红军——是整个的统一的;青年绝没有单独的军队和武装组织之必要与可能,这样必然是分散了甚至分裂了阶级的力量,在整个革命的立场与青年的特殊利益的立场上都不允许的。少年先锋队不是青年的红军或武装,而只是红军的助手和后备队(这是专在军事上讲);但它具有很主要的对青年的武装训练的意义,这是为了完成土地革命的需要。

如果认为少年先锋队不是农村青年群众的斗争组织而是文化性质的组织（如今年三月前的闽西），这更是严重的错误。这将完全成为反动的第二国际党对青年问题的观点，取消了农村青年的斗争，客观上是帮助了帝国主义、国民党、豪绅地主、资产阶级等的统治及其剥削。

"什么是少年先锋队？"这绝不是简单定义的问题，而成为决定农村青年工作和少年先锋队的一个最根本的问题！因此，坚决地纠正这些错误的认识，——用斗争来清除这些错误的认识，成为目前少年先锋队工作的先决问题了！

目前少年先锋队的任务与总路线

目前中国革命的发展已日益迫近革命高潮，尤其是土地革命之深入，苏维埃区域的发展和红军的日益扩大，已明显地指出只有争取全国苏维埃政权的胜利（首先是一省几省的首先胜利）才能完成土地革命。因此，少年先锋队要解除农村青年所遭受的地主阶级和帝国主义的剥削与压迫，要完成土地革命，必须一致为争取全国苏维埃政权的胜利（首先是一省几省的首先胜利）而斗争，并为了获取青年的特殊利益而战斗！这是目前少年先锋队的总任务！也正是目前少年先锋队一切工作和活动所必须根据的总路线！

目前少年先锋队的工作果真能令我们满意吗？

现在全国少年先锋队队员约八十万以上（这是根据全国苏维埃区域代表大会各代表的报告的统计——一九三〇年五月），散布在所有的农村斗争剧烈的区域，它在几年来的革命斗争中，显著【立】下了不可磨灭的光荣而英勇的战绩！——它组织了几百万的农村青年群众为了完成土地革命而与敌人作殊死的战斗；它成为目前苏维埃区域的有力的一个柱石,它成为目前全国农村青年群众的灯塔;它成为争取全国苏维埃政权胜利的一支尖兵!

但是,这些光荣战绩绝不能遮掩它的弱点。它的弱点正是很多!

请拿事实来说明吧!

目前在苏维埃区域中,在一般农村中,要争取全国苏维埃政权的胜利,必须猛烈地扩大红军,发展苏维埃区域,组织地方暴动,深入土地革命。可是,现在少年先锋队,根本没有在争取全国苏维埃政权胜利的总路线下工作! 关于红军的猛烈的扩大,苏维埃区域的对外发展,组织青年参加地方暴动,深入土地革命等最中心的工作,少年先锋队是做得非常不够! 并且他还犯了不少的错误。如在鄂东北与赤卫队争武装群众,在鄂西和农民协会闹纠纷,在赣西南的一部分曾于一短期间内不受调动,在有些地方它差不多完全成为武装的组织,但在另一些地方它就专门进行文化工作。这些充分地说明了目前少年先锋队根本没有认识他的中心任务,根本没有执行它的总路线。在实质上它所走的道路与正确的道路完全相反。以致目前少年先锋队不能在斗争中充分地表现出它应有的伟大的作用和力量! 这不独是农村青年工作的严重问题,这同时是整个农民运动的严重问题! 这一问题若不立刻解决,必然是少年先锋队工作前途的严重危机,必然是要影响到整个的中国革命和中国青年运动遭受很大的损失! 因此,少年先锋队要立即开始转变!

谁是少年先锋队转变的障碍? 要如何去克服它?

为什么目前少年先锋队有这些错误? 为什么目前少年先锋队不能正确地执行它的任务和总路线? 这最主要的原因是右倾! 这右倾的基础和其表现是:富农路线,农民的错误意识所演出的保守倾向、地方观念,和对于少年先锋队的一切不正确的认识,再加×团内的清谈倾向! 这些右倾的基础及其倾向更是少年先锋队转变的唯一障碍!

少年先锋队要立即执行转变了！但是，它果真能执行和完成它的转变吗？这主要的是决定于能否坚决地执行和彻底地肃清这些右倾！

如何反对和肃清右倾呢？

1.少年先锋队应将它的基础和领导建立在青年雇农和青年贫农的基础上！努力地大胆地向着青年雇农和青年贫农发展，坚决地引进青年雇农和青年贫农到指导机关中来！坚决地拒绝富农子弟加入少年先锋队！

2.坚决地肃清少年先锋队中的右倾！对右倾倾向及右倾分子进行公开的严厉的斗争，坚决地残酷地驱逐富农及右倾分子出去。

3.坚决地执行少年先锋队的转变！首先要在少年先锋队中进行一个透彻的热烈的讨论，使每个队员深刻地认识目前客观的革命形势，少年先锋队的当前的严重的任务，少年先锋队目前的严重的错误和弱点和转变的重要意义及其内容！并立即在实际工作中坚决执行转变！谁不去彻底认识转变的重要和意义，谁不坚决地执行少年先锋队的转变，谁就是右倾，谁就是障碍转变，就要驱逐他出去！

4.坚决地对农民群众中苏维埃中的富农路线和农民的错误意识作残酷的斗争，因为这些右倾同样的是障碍少年先锋队转变的力量！

5.与对少年先锋的错误认识作坚决的斗争。使他们了解少年先锋的性质任务和工作路线。

少年先锋队与红军

红军是中国革命的主力之一，没有壮大的红军便不能保证中国革命的胜利。在目前，红军的猛烈的扩大，对敌人主力的攻击，向中心城市发展，是争取全国苏维埃政权胜利的主要内容之一。少年先锋队是红军的助手和后备队，因此，它目前对于红军的主要任务应该是：

1.积极地去猛烈地扩大红军，组织少年先锋队的队员和未组织到少年先锋队中来的农村青年群众,不断地大批地加入红军。必须在队员中、在农村青年群众中经常地作广泛的深入的"拥护红军,加入红军"的宣传鼓动,要使每一个青年了解红军是自己的革命的军队,要彻底地解除自身的特殊痛苦,必须争取全国苏维埃政权的胜利;必须猛烈地扩大红军,加入红军,方能完成全国苏维埃政权的胜利。

2. 少年先锋队是农村青年的斗争组织,尤其是要参加武装战斗。因此,少年先锋队要使它自己真正成为红军的助手和后备队,它必须随时应红军之需要,在红军的军事指挥下,调动少年先锋队参加红军对敌人的作战!少年先锋队,在军事上要完全接受红军的指挥和调遣。(赤卫队与敌人作战时,若当地当时没有红军,则少年先锋队应完全接受赤卫队在军事上的指挥和调遣而参加作战。)

3. 少年先锋队除了作战外,一定要帮助红军和赤卫队进行侦探、运输、交通、放步哨、救护伤兵、慰劳等工作,及肃清反革命分子的工作。

4. 目前,为了猛烈地扩大红军,一切的武装都要集中到红军去。因此,少先队现有的一切新式武装应全部集中红军去。少年先锋队应以旧式武装武装起来(如大刀,援×××土×等)。少年先锋队的新式武装的训练,可由红军交最少数的新式武装来做训练之用。

少年先锋队怎样转变?

目前少年先锋队的任务和总路线是争取全国苏维埃政权的胜利,首先争取一省几省的首先胜利!执行这一总任务的主要工作是:

1. 反帝国主义反军国主义,是少年先锋队的最中心任务和工作之一。尤其是在目前要反对帝国主义世界大战,武装拥护苏联,反对军阀战争为中心!要随时抓住斗争的时机,来发动农村青年的反帝国主义、反军阀战争、武装拥护苏联的斗争和运动!要将一切口号和要求联系到这三个口号之下,为这三个中心的政治口号而斗争。农村青年大会,青年武装大会,巡行示威,要成为执行这一任务的具体的运动〈的〉方式之主要部分。

2.青年特殊利益的宣传鼓动,和争取青年特殊利益之获得,是少年先锋队最中心的一个任务和工作。它不独要领导农村青年群众在整个农村斗争中来争取青年特殊利益,并应组织青年单独斗争来争取其特殊利益!

3.猛烈地扩大少年先锋队,组织百分之百的农村青年到少年先锋队中来,是目前最迫切的中心任务,是完成它的任务的主要前提之一。要公开地对农村青年宣传"拥护少年先锋队,加入少年先锋队",公开地大批地征集队员,组织农村青年加入少年先锋队!

4.加强少年先锋队的军事训练,提高队员的作战能力和军事知识,鼓动队员"勇猛地参加红军及赤卫队对敌人的作战是少年先锋队的主要工作。"

5.白色区域中,现在很少少年先锋队的组织,甚至完全没有组织,这是组织农村青年参加地方暴动的最大损失。目前在白色区域中,应特别加紧少年先锋队的组织和工作之建立和发展,苏维埃区域中的少年先锋队应以最大的力量来帮助和进行白色区域的组织和工作之建立和发展!这是组织农村青年参加地方暴动的具体工作!它一定要在白色区域的农村青年中作广大的"参加地方暴动的宣传和鼓动",并应实际动员他们参加地方暴动。

6.深入土地革命,是目前少年先锋队的中心工作之一。执行这一工作的具体办法应该是:加紧领导青年雇农反对富农的斗争,加紧组织青年雇农到少年先锋队和雇农工会中来,积极帮助雇农工会中青年部工作之建立和发展,公开对障碍土地革命深入的富农路线作残酷的斗争。

7.建立少年先锋队对青年群众及队员的宣传鼓动工作,主要的内容是苏维埃政府的十大政纲,争取全国苏维埃政权的胜利,争取社会主义的前途,青年纲领,武装拥护苏联,反对帝国主义,反对军国主义,反对第二次世界大战,反对国民党、改组派、取消派,反对军阀战争,反对右倾,组织地方暴动,猛烈的扩大红军,深入土地革命,苏维埃区域猛烈的向外发展,——向着中心城市发展,以及一切临时的斗争的鼓动。宣传方式主要的是农村青年群众的会议、巡行示威(群众会、大会、代表大会)、戏剧、演讲、小报、画报、歌曲、标语、传单等。

8. 夺取国民党军队的士兵群众到革命方面来,组织士兵暴动,是整个的青年运动最主要的一部分。少年先锋队要动员每一个队员去作士兵工作,组织士兵宣传队向士兵群众作宣传鼓动,号召他们参加土地革命举行暴动,反对军阀战争,到红军中来。并调派队员去当兵,直接地组织他们暴动和兵变。民团、保卫团等工作同样的要负责进行。

9. 农村青年妇女,是农村青年斗争的一个主要力量,少年先锋队要广大地吸收她们加入! 将她们组织在少年先锋队中参加土地革命的斗争,并要特别注意争取她们的特殊利益。如反对童养媳制度,反对买卖人口,反对以妇女为抵押品,结婚离婚自由等。

10. 文化工作——特别是反对封建思想,建立和宣传共产主义的教育和思想,目前非常重要。尤其是在苏维埃区域中,要建立列宁学校的工作,反对封建思想的束缚(如反对迷信、反对宗教等),这些工作的进行应当使宣传教育和行动相联系,因此,运用各种宣传方式(如前所述)来作文化运动的宣传教育工作是非常重要。此外,更应建立赤色的体育运动,以强健革命的战斗员之体力。

11. 少年先锋队生活之健全,是转变的一个主要条件,现在少年先锋队的生活是非常的单调和枯燥,甚至是没有。目前应立即开始建立它的生活,主要的内容是:(1)充实少年先锋队的政治生活,加强队员的政治教育,提高队员的政治水平和阶级觉悟。特别是共产主义的政治教育。(2)少年先锋队生活的青年化,一切教育工作必须有明显的青年立场,经常讨论青年斗争及工作问题,建立少年先锋队的教育、娱乐、文化、体育等工作。(3)组织生活的建立,经常地按期地召集会议,按期缴费,经常发展队员,经常分配、督促、执行与检查工作。每一个队员要在群众中作宣传组织工作,建立少年先锋队的纪律,以坚固少年先锋队的组织。(4)大批的新式干部的培养,以强固少年先锋队的领导和发展其工作。

12.改组派、取消派是革命的敌人破坏革命的有力工具,是革命的主要敌人之一。少年先锋队要完成它的任务,必须坚决地经常地进行反对改组派,反对取消派的宣传和斗争,肃清改组派与取消派的活动及其在群众中的影响。

最后,我们要明显地指出少年先锋队的转变的总方向是:

由保守转变到进攻!

由狭隘的地方观念转变到争取全国苏维埃政权的胜利!

团如何来领导少年先锋队的转变

少年先锋队能否完成它的转变,团的领导问题是决定的条件之一!团如何来正确地领导少年先锋队的转变呢?

1.改变领导的关系:少年先锋队是青年群众组织,团对青年群众组织的领导是经过团组织作用。但是,现在很多地方(如赣西南、平浏、湖北等地)团是公开地直接地指导少年先锋队,甚至有团代表(经常的)政治委员等领导方式。这是错误的,一定要纠正过来。将少年先锋队队部中的团员组成团组,团经过团组在少年先锋队中起领导作用。

2.强固团组的领导因而非常重要了!团一定要时常召集团组会议,具体地讨论对于哪些问题我们的主张应如何,我们应提出哪些工作意见和主张,及一切具体工作问题。每次问题经过团组讨论后,立即分配团组中的团员如何去活动,如何将我们团员的决定能使少年先锋队完全通过执行。团组,绝不是一种阴谋的组织,而是由少年先锋队队部中的团员组成;为了使团的政治主张和工作意见,能取得群众的同意与拥护,而扩大团的影响。

3.团,可以并且必要派公开的代表出席少年先锋队大会去做报告、演讲。但是,最好是由少年先锋队来随时邀请。

4.团对少年先锋队的政治领导的强固,是决定团对少年先锋队转变的领导的最主要条件,一定要根据这一工作大纲,配合当地的实际情形,经过团组的作用,坚决地领导他们执行正确的任务和路线,坚决地进行反右倾的斗争!

《团中央通讯》第 6 期,1930 年 6 月 30 日出版

(录自共青团中央办公厅编:《中国青年运动历史资料》第 7 册,内部资料,1960 年印,第 639—648 页)

国际儿童局致共青团中央书^①

（1930 年 6 月 24 日）

亲爱的同志们：

1930 年最近的 5 月来，表示出中国革命运动有迅速的发展：罢工斗争日益扩大，日益猛烈，跟着土地革命的深入，农民运动也飞速地向前猛进，这一运动已采用了游击战争的方式，而且已建立了苏维埃区域与朱毛的胜利的红军。

为了资本主义合理化以及一般的经济危机，中国已有大批开除成年工人，加紧增加剥削童工的事实，因此儿童在生产过程中的作用是增加了。

在目前中国的形势之中，要把工人阶级的儿童群众，广大地吸收到斗争中来以及建立一个强固的、集中的儿童团组织，条件是十分顺利的。

因为你们并没有把你们在 1929 年中怎样执行国际儿童局的指示的情形报告给我们，我们的指导实在感觉得很困难。不过根据我们所有的材料以及中央在 1930 年 1 月所通过的决议案看来，我们可以明白我们的指示是完全没有执行。你们并没有分门别类的儿童团组织，在广大的童工群众中，并没有系统的工作，儿童团的组织（如上海）只包含了一些选择过的童工，而广大的群众本身并未组织在内，有许多可以建立半公开儿童团的机会，你们没有利用；对于各大城市

---

① 本文标题原为《国际儿童局致中央书》。

中被反动势力所破坏的儿童组织,也没有下很大的决心去恢复它起来。最后,中央的指导与当地干部的领导,完全是不够的〈不够〉。

这种现象,主要的原因是团的领导者完全忽视了儿童运动的重要意义,因此并不注意及之。并且有几处委员会,对于这一问题,简直取了一贯的取消主义,这自然是这一运动的阻力。现在必要〔须〕尽可能地迅速地来改正这些政治上以及组织上的错误,而【且】应该以坚决的态度来重行组织这个工作。

儿童运动的具体任务

1. 争取劳动儿童的群众,并争取共产儿童运动的公开存在;

2. 儿童团联盟之组织上的加强,系统化与集中化;

3. 经常地有系统地领导工厂中童工的经济与政治的斗争;

4. 加紧反对日益生长的童子军运动,这是豪绅资产阶级国民党组织的;

5. 坚决地培养提拔无产阶级的儿童运动干部;

6. 组织儿童的出版物;

7. 发动纪念儿童运动十周年的运动。

要执行这些任务,中国的团及儿童团必须做很多的工作。

首先你们必须明确地了解儿童团的作用,这是一个阶级教育的政治组织,在使儿童来参加革命斗争的基础上,提高他们的阶级觉悟。所以你们必须反对右倾机会主义的估量,认为儿童团只是纯文化的组织,并同时反对一种闭关主义和高傲主义。

儿童团应在何处组织?

无疑的,无论在工厂里,学校里,以及各种的场合里,只要那里有着劳动的儿童群众,便应该组织。在目前则特别要在纺织业,烟业,火柴业,及家庭工业中去建立儿童团,因为在这些地方有极多的儿童。同时也应该在小学里以及乡村小学里开始建立儿童团的小组。

【因】为〈了〉有空前的白色恐怖,儿童团应该秘密地工作,但是,他们应该用所有的力量在体育的、教育的,以及学校内的组织中做群众工作,并争取其公开存在的权利。我们应该记住一个狭小的、凌空的、阴谋的儿童团组织,而不【是】建立在广大群众的基础上,是不能发展的。所以你们应该完全执行少共国际的决议,大胆地向群众工作方面转变过去。在儿童团领导与影响之下的公开组织,可以有以下的形式:儿童俱乐部、体育会、工人夜校、读书班等。

工厂中的经济斗争是你们工作最重要的一部,应该以下列的基本要求作为发动的口号:

1. 反对资本主义合理化及对童工的剥削;

2. 童工工作四小时;

3. 童工不做夜工;

4. 同样工作,同样工资;

5. 儿童建立经济组织。

我们要求你们立即建立童工的部分要求纲领,使他们以斗争来争取其生活的改良。我们认为在目前最重要的任务是童工的工会组织(工会组织的意义,即是在工会系统下的组织,并非指"儿童工会"的意义——译者注)。在有赤色工会的工厂中,你们必须使之加紧在童工中的工作,在有黄色工会的工厂中,则必须从其影响之下夺取过来,发动反对派的运动。在某个产业中的童工,如果统统组织在儿童团里,在共产青年团的指导之下,其作用是很大的。但经验告诉我们,青工部对于保护儿童的利益的工作是极少注意的。所以我们必须提出儿童的独立经济组织(儿童部),这些组织应该包含各厂的儿童,并领导各种经济的与政治的斗争,同时,他们也要注意儿童教育的工作(文化的、娱乐的、游戏的、读书习字的……),以及关于他们利益的工作。

上海纱厂童工经济斗争的例子表示,如果革命的青年及成年工人能坚决地保护童工的利益,则童工斗争必可胜利,所以工人的总的要求纲领,务须包含童工的要求。

对反动儿童团体的斗争,应该加强地发展起来,这在现在特别重要。因为豪绅资产阶级国民党所维持的童子军运动,是很快地在学校中生长起来了。因此,工人儿童团应该很快地打进一部分学校中去(只要这一部分群众是最接近我们的),领导群众起来斗争反对童子军,以及其他宗教的或军事的组织。所以应该有广大的鼓动,暴露这些组织的反革命性,破坏其领袖的信仰,应该从内部去破坏他们,利用一切的冲突,并征〔争〕取最好一部分的劳动儿童到我们的组织中来。

加强领导以及领导干部的问题是特别迫切而且严重的问题,要解决这一问题,我们首先必须:

1.建立一个有力的中央局(儿童局)成为中央委员会的一部分。

2.保证各省委员会的工人成分,我们建议:有必要时,可以组织训练儿童运动干部的训练班,从团里找出较好的、较活动的部分来参加。一切懦弱以及不适合的干部必须撤换代之以较好的。

3.开始有系统地来准备训练儿童团以及儿童的活动分子,利用他们在公开工作中的经验以造成干部。准备的方式可分:训练班、代表会议、短期夜课、讨论会等等。这种训练不应太理论的或学院式的,而应该是非常实际的,而使那些活动的童工得到必要的知识及日常工作的习惯(运动、体育、唱歌、游戏、娱乐、野会、远足等等)。

你们知道,儿童的报纸在发动及组织工作中是非常重要的,要用尽一切方法来建立它起来,至少如果不能出版一张儿童团的机关报纸,也应出一份公开的文化性的与教育性的报纸(例如运动报),在这上面我们可以提出我们的口号来。

今年我们要纪念共产儿童运动的十周年。在德国哈雷地方,在7月24到27日将举行一个世界无产儿童的大会。

中国的儿童团必须热烈地来纪念这一十周年纪念,应该利用这一运动以扩大我们的儿童运动,改进我们的工作,把我们的工作坚决转变到群众的公开工作【中】去! 其主要口号是:

1. 反对帝国主义战争的准备,保护苏联!

2. 推翻国民党,建立工农苏维埃政府!

3. 建立群众的儿童革命组织及儿童的革命报纸!

4. 反对学校中的资产阶级教育!

5. 加强并保护儿童团联盟!

6. 坚决反对童工剥削!

7. 暴露国民党童子军的反革命作用!

这些口号须在童工罢工时,作为一个基础来提出,并在一切特别当大会时组织起来的会议上提出。

最后我们要求你们立刻送一个关于儿童团运动的详细报告来。

同时,我们正要给一封信给你们关于苏维埃区域中的工作的。不久,我们要给你们一份主席团对儿童运动之转变的决议,这决议给世界儿童运动以一个新的确定。

（录自共青团中央办公厅编：《中国青年运动历史资料》第 7 册,内部资料,1960 年印,第 681—685 页）

中国共产主义青年团中央通告五字第八十八号
——关于青年妇女工作①
（1930 年 6 月 25 日）

一

在目前全国军阀混战日益延长扩大、反动统治日益崩溃、革命形势日益逼近新的革命高潮的时候,资本主义合理化的结果,青年劳动妇女在生产中及革命斗争中的比重,更加增高,在农村斗争很广泛的高潮里,成千成万的青年农妇被卷入了这一高潮,表现出她们伟大的力量。事实摆在我们的面前,这些广大的青年的女工与农妇,是在英勇地为争取她们本身的特殊利益而战,为争取劳动妇女的彻底解放,亦即是为全国苏维埃政权之革命胜利而战。她们是革命战线中有力的队伍,她们的斗争是整个革命斗争的组成部分之一。她们是革命胜负的决定力量之一。因此,站在整个革命运动以及青年运动的立场上,争取广大青年妇女群众,无疑地成为团的主要任务,而这一任务,在目前的斗争形势底下,更加异常严重!

可是,我们团不但没有能针对着这一形势,加紧青年妇女工作,积极为完成争取广大青年劳苦妇女群众的重要任务而努力,反而一般地忽视这一工作,这不但是证明团是遥远的落在客观形势的后面,

---

① 本文标题原为《中央五字通告第八十八号——关于青年妇女工作》。

且是政治上斗争上工作上的绝大损失！

团在目前开始工作转变的过程中,青年妇女工作也必须要有基本的转变了！要动员全团同志,为这一转变而努力,首先要使全团同志从整个革命运动以及青年运动的观点上,来了解这一工作的重要意义。对于这一工作忽视的倾向,或者认为这一工作是女同志们之工作的观念,以及妇女主义的倾向,都是严重的右倾错误,都是这一工作发展的障碍,必须予以根本的肃清和纠正。这些错误的根源,都因为不了解青年妇女在斗争中的伟大作用,或者把青年妇女斗争与整个革命斗争对立起来认识的缘故。所以,使每一同志对这一工作先有正确的了解,才能把她们兴奋起来,激刺起来,才能在团内发出一种新的力量来实践当前的新的任务:动员和组织最广大的青年劳苦妇女群众,领导她们在本身的特殊利益要求的基础上,争取全国苏雄埃政权的胜利而获得青年劳苦妇女的彻底解放！

二

目前青年妇女工作的中心路线和策略,是要号召和组织广大的青年劳苦妇女群众在团的周围,为争取"以革命战争消灭军阀战争"和"全国苏维埃政权的胜利"而积极参加"政治罢工"及地方暴动。

(一)怎样号召和组织广大青年女工参加政治罢工呢？

1. 坚决提出政治口号(如反对逮捕工人,反对黄色工会,反对武装军警驻厂压迫工人等,主要的是反对军阀战争)在广大的青年女工中作深入的宣传鼓动,而在这些口号之下,联系到青年女工的特殊利益要求,组织她们发动和参加青工单独罢工及政治罢工与同盟罢工。在经济罢工中,特别要在青年女工中加强政治宣传,要领导每个经济斗争转变到政治斗争。因为没有坚决的政治斗争,决〔绝〕难取得经济的胜利,只有在政治胜利中才能获得青年女工的特殊利益。

2. 目前组织青年女工斗争的主要方式,是召集一厂一车间的青年女工大会,及一个产业或一个职业的青【年】女工代表大会。这种大会须有计划地去组织,才能收到完美的效果。事先必须要做充分的、广泛的、政治的宣传鼓动,并提出青年女工要求纲领,使她们能觉悟到这些会议是她们迫切需要的,而热烈地踊跃地参加。代表大会的代表须尽可能地经过群众路线产生,绝对纠正过去拉派同志充数敷衍的现象。大会的目的,不但要做到斗争的实际动员,并且要发挥组织群众的作用。

3. 青年女工的组织,一定要建筑在我们的政治影响与斗争的基础之上。目前青年女工的组织,缺乏到等于没有,这不但是团的群众工作上的一大缺点,而且是整个阶级的斗争力量上的莫大的损失!团要领导广大青年女工群众为她们本身利益,全国革命的苏维埃政权的胜利而斗争,不仅要在政治上能号召她们,且要把她们组织在团的周围,现在主要是组织她们加入赤色工会,赤色先锋队和劳动童子团,同时还要根据实际环境,以教育、文化、娱乐、体育等各种方式来组织广大群众(如平民夜校、读书班、同乐会、俱乐部、唱歌团等),但是团对于这些组织须在政治上获得强固的领导,而使成为赤色工会有力的附属组织。

4. 在每次斗争中,要以总的政治口号及青年女工特殊利益的要求口号,动员广大青【年】女工群众积极参加,争得她们的领袖参加罢工委员会、工厂委员会等组织。

5. 对青年女工的自发斗争,团绝不应坐着不管,应【从】各方面设法打进去活动,提出政治口号,加紧政治宣传,争得斗争在我们的领导之下发展。同时注意群众组织的建立和团的发展。

(二)怎样组织青年农妇参加地方暴动呢?

1. 加紧在青年农妇中,宣传苏维埃十大纲领,团的斗争纲领,并联系到一般群众的迫切要求与青年农妇的特殊利益要求的鼓动(如反对童养媳,反对买卖人口,婚姻自由等),号召并组织广大青年农妇参加土地革命斗争及青农特殊利益斗争,但是主要的是在整个土地革命的斗争中,去争取她们的特殊利益和彻底解放。

2. 广大的青年农妇必须组织在少年先锋队中,因为少年先锋队是目前组织农村青年参加土地革命的最好方式。青年农妇加入少年先锋队,决不能〈要〉与男队员对立分编,除不得已时,暂在分小队时分开,但绝不是男少队、女少队,仅是第几小队。在组织上、工作上都在一个系统的领导底下。并且经过一个相当教育宣传时期后,仍应将他们混合编制。

3. 组织少先队中的女队员和一般青年农妇投身红军,参加红军作战!如帮助红军运输、交通、侦探、看护、慰劳等工作,并踊跃地加入赤卫队。

4. 组织青农妇女到雇农工会中去,雇农工会的妇女部(或妇女委员会)要特别努力于青年雇农妇女的组织,加强她们的教育与斗争的领导。

5. 在各种群众组织中,要争得青年农妇参加指导机关工作,在苏维埃区域中青年农妇(十六岁以上者)必须争取实现她们的选举权与被选举权。

6. 十四岁以下的农村女孩,须组织她们到童子团中去,参加童子团一切活动、工作及斗争等。

(三)动员青年劳苦妇女群众做士兵运动

经过群众组织路线,如赤色工会、少先队等动员青年妇女,去做士兵运动,经常地向士兵群众作宣传鼓动,组织兵变与兵士暴动。

(四)注意一般城市青年劳苦妇女群众的工作

当此全国经济政治危机更益深入,一般城市贫民的生活更益痛苦,他们的斗争更加激剧的时候,争取这些城市里的青年劳苦妇女群众的意义更加重要了!对于这方面的工作,全团要计划去积极进行。

三

1. 这一工作转变的关键,是在于唤起每一支部每一同志自觉地来做,把它确定为经常的独立的工作,而肃清一切取消的右倾的观念,有计划地逐渐推动发展。所以首先根据这一通告及其他各种材料,在全团范围内,于整个团的转变的讨论中,特别对青妇这项工作,作一个彻底的讨论,使全体同志都在正确了解底下,把他们对于这一工作的兴味刺激起来,是有万分必要的。各省委各地方团部收到这项通告后应立即有计划地来领导这一工作的转变!

2. 团要完成这一工作的转变实现,争取广大青年劳苦妇女群众,团结在团的周围的任务,发展女团员,特别是吸收青年女工中的积极分子入团,是非常主要的前提。每一团部每一支部的发展计划中,应特别规定女团员的发展计划,而在国际青年节(九月七日)以前在总的方面实现下列的标准数目:

江苏400人,广东600人,福建300人,湖北800人,顺直100人,河南100人,满洲50人,江西800人,其他500人。

3. 这一工作转变的重要方法,是妇委会的建立,各省委各地方团部于收到此项通告后一星期内,须将妇委会成立起来(或与党部共同组织或团单独组织),特别是江苏、湖北、广东、顺直、满洲等地更加主要。

妇委会的组织人数,应根据各地的实际情形酌量决定,在此一定要打破妇女工作专门要女同志来担任的不正确观念,男同志同样的要做妇女工作,因此没有女同志的地方,也一样的要成立妇委。

各地成立妇委会后,须针对着当地的情形,讨论短期的工作计划(至多不要超出两月),这个计划一定要十分具体、实际,绝对不需要官样文章似的只在原则上讲究〈而〉能用几年的计划。

4. 妇委名单,工作计划,须交来中央存查,同时以后须按月按时(每月底)向中央做工作报告!

中央

(录自共青团中央办公厅编:《中国青年运动历史资料》第7册,内部资料,1960年印,第686—691页)

工会组织法

（1930 年 7 月 15 日）

第一章　总　纲

（一）工会为团结工人群众，代表工人阶级利益，参加生产管理，领导工人阶级夺取资产阶级政权，推翻资本主义，建设共产主义社会为宗旨。

（二）工人之组织以同一产业工人的组织工会为原则，手工工人或产业工人亦均得以职业单位组织工会。

（三）凡工会议决案及工会纪律，会员必须一律遵守。

第二章　各级工会组织

（四）工人以职业为单位，其组织如下：

1. 在一县之内同一职业有二个以上的分会时得召集代表会组织工会。

2. 由代表会选举执行委员七人至九人组织执行委员会，由执行委员会互选三人为常委（内举委员长一人）组织常务委员会。

3. 执委会得设文书科、财务科、裁判科、赤卫科、宣传科、组织科，各科得设干事。

4. 工会组织系统如下图：

（五）分工会之组织：

1. 在一区内（有市镇的地方）同一职业有三个以上支部时得召集群众或代表会组织分工会。

2. 由群众会或代表会选举执行委员五人至七人组织执行委员会，由执委会互推三人为常委（内设委员长一人）组织常务委员会。由执委会互推三人为常委（内设委员长一人）组织常务委员会。

3. 执委会设文书委员、财务委员、裁判委员、赤卫委员、宣传委员、组织委员，其组织系统如下：

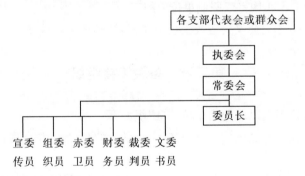

（六）支部之组织：

1. 在同一乡或同一街市有同业工人三人以上得召集群众组织支部，如满十人之支部得召集群众大会选举三人至五人组织执行委员会，互推主任一人。

2. 支会〔部〕委【员】会得设组织委员、宣传委员、文书委员、财务委员,每人得兼二职。

3. 支部组织系统如下:

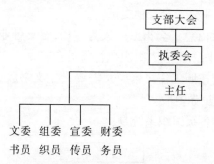

4. 凡满十人之支部得互推主会一人执行日常常务。

5. 凡同一乡村街市无三个同业工人时,得联合他业工人组织直辖支部,受总工会办事处指挥。支部之组织与同业支部同。

(七)总工会之组织:

1. 凡一县之内有三个职业工会时得召集代表大会选举十一人至十三人组织执行委员会,互推三人至五人组织常委会(内设委员长一人)。

2. 执行委员会得设裁判部、总务部、组织部、宣传部、军事部、青年部,各部设主任一人,干事若干人。总务部分会计股、庶务股、交通股、文书股。

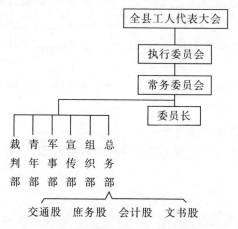

（八）总工会办事处之组织：

1. 凡一区或一市镇内有必要时得设总工会办事处,管理在一区内一市镇内各业分工会直辖支部。

2. 办事处由总工会指派一人为主任,召集各业分会及直辖支部联席会议选举四人至五人组织执行委员会。

3. 办事处按照工作之繁简及需要设立文书股、财务股、组织股、宣传股、裁判股、赤卫股。

（九）工会各级组织系统是：

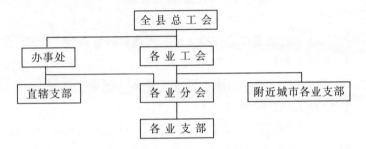

第三章　各级会议

（十）县总工会代表大会每三个月开一次,执委会每月开一次,常务委员会三天开一次。

（十一）各业工会代表会二个月一次,执委会半月一次,常务会三天一次。

（十二）各业分工会代表会或群众会每月一次,执委会半月一次,常务会三天一次。

（十三）各业支部半月一次,支委会五天一次。

（十四）各级会议规定时间外必要时得召集照〔临〕时会议。

第四章　各级代表及执委任期

（十五）总工会代表及执委任期半年。

（十六）各业工会代表及执委任期三月半。

（十七）各业分会代表及执委任期二月。

（十八）支部委员及主任任期一月。

（十九）各级代表及各执委得连选连任。

第五章　会　费

（二十）凡工会会员均有缴纳会费之义务。

（二十一）会员每人每月须缴纳会费铜元六枚至十枚，如遇赤【贫】无力缴纳者得由工会许可免纳。

（二十二）如遇工会经济困难时得募特别捐。

（二十三）如遇工会经济不足时向苏维埃政府请求津贴。

第六章　职　权

（二十四）全县工人代表大会为全县工人群众最高权力机关，闭幕后执委会为最高机关。

（二十五）全县某业工人代表大会为全县某业工人群众最高权力机关，代表大会开〔闭〕幕后执行委员会为最高机关。

（二十六）各业分工会代表大会为某一区内或某一市场内某业工人群众最高权力机关，代表大会开〔闭〕幕后执行委员会为最高机关。

（二十七）支部大会为某乡村或街市某业工人群众最高权力机关，闭幕后支委会为最高机关。

（二十八）办事处接受总工会命令管理所属区域之各业分工会及直辖支部，如遇重大事情呈报总工会处理之。

（二十九）各级常委会为处理日常事务的机关，重大事情须召集执行委员会解决之。

第七章　职员代表资格

（三十）凡系教徒剥削劳动的及有反革命嫌疑的不得当代表及执委。

（三十一）凡有恶劣嗜好为群众多数所不满的不得当代表及执委。

第八章　工会与苏维埃关系

（三十二）工会是工人阶级保障本身利益组织的，同时亦建立巩固的苏维埃中心组织。

（三十三）各级工会应受各级苏维埃指挥，但工会仍有组织性，上下级发生直接关系。

（三十四）工会对政治上的主张，一面向苏维埃提出意见，一面由自己会员在苏维埃各种会议中起领导作用。

第九章　工人纠察队

（三十五）工人为要对抗自己的敌人保障自己的胜利，须组织武装纠察队。

（三十六）凡工会会员除老弱残废外，概加入工会纠察队受军事训练参加武装斗争。

（三十七）工人纠察队组织系统如下：

总队——支队——大队——中队——分队，每分队十人，二分队为一中队，二中队为一大队，二大队为一支队，二支队为一总队。

（三十八）各级工会对纠察队须选派阶级观念较强的会员担任政

治委员。

第十章　附　则

（三十九）凡下级工会组织不能代表工人群众利益时得由【所】属上级命令改组之。

（四十）凡上级工会组织不能代表工人群众利益时，有所属工会三分之二请求时，得召集代表大会改组之。

（四十一）本组织法由高级苏维埃政府颁布实行。

（四十二）工会纪律另订之。

（四十三）本组织法适用于职业工会之组织，与职业工会组织不同之点另行规定。

一九三〇年七月十五日

（录自江西省总工会，江西省档案馆编：《江西工人运动史料选编》，人民出版社1986年第1版，第134—140页）

中央通知第一四八号

——关于赤色工会运动与建立各级工会间的关系问题

（1930 年 7 月 24 日）

目前革命形势是革命高潮快要到临的时候，党在城市〈工作〉的工作路线，就是有组织发动政治同盟罢工，及总同盟罢工，加紧准备工人武装暴动，推翻反动政府。在这个策略之下，普遍发展赤色工会，扩大赤色工会的广大群众组织，消灭黄色工会，征〔争〕取大多数的无产阶级，是党的最迫切的任务；尤其在重要的产业（如铁路、海员、矿山、兵工厂等），与重要产业城市区域中关于推动赤色工会运动的工作，要成为各级党部每日议事日程中的首要地位。

关于发展赤色工会的运动，检查过去全国党部的工作，做得十分不够，现在全国赤色工会的会员不过六万四千余人，而且在主要产业与主要城市的工会组织进步，是很缓慢的。工会组织的散漫现象，依然严重，公开的群众路线的运用与工厂委员会的建立，极其不够，这一切证明各地党部对于赤色工会发展，尚未能引起普遍的注意，未能形成积极有力的运动；因此赤色工会仍未能号召广大的群众踊跃加入。

中央通告全国党部必须严重注意这个问题，各级党部应有计划地号召一切支部同志作扩大赤色工会的运动。在铁路、海员、纱厂、矿山、市政等重要产业中必须加紧促进赤色工会运动的发展，必须完全采用公开的群众化方式坚决地建立产业工会，才能实现党的策略路线。为加紧扩大赤色工会工作起见，在工作方式上不仅是党与工会的路线应该划分清楚，并且应该建立各级工会间的正确关系。

现在全国有些产业（如海员、铁路）和城市（如上海、香港、武汉、天津等)是已经建立了工会组织,有些地方还没有建立起来。全总或铁总、海总各派有工会工作的特派员于重要工作区域。但就现在各地工会工作情形观察,大部分下级工会与上级工会关系十分松懈,甚至没有关系,各工会特派员的工作,也没有在各地方党部指导之下做出更好的成绩,这是目前各地方党部应该严重注意的。兹为明确工会工作关系起见,特规定下列各点,希各级党部注意执行!

一、在已经有工会组织的地方,该地工会应正式与全总发生组织上的关系,各地党部应督促工会党团经常向全总作报告,报告每月的工作,规定工作计划,并接受全总的指导,在群众中宣传全总的作用,推销全总的书报、小册子、印刷品,如有铁路、海员工会组织的地方,同样应使他与铁总、海总发生密切关系。

二、在目前尚未形成工会群众组织地方,全总或海总、铁总派有特派员驻在其地专任工运工作,地方党部应以最大的注意督促特派员的工作,使与上级工会发生密切关系,必须执行经常写报告,草定工作计划,接受全总的指导等。

三、在既无工会组织,又没有工会特派员工作的地方,地方党部应于所属地方的产业或职业工厂作坊中迅速建立工会组织,并使该工会马上与上级产业工会或全总发生组织上的关系。

四、在农村中的雇工工会,他在组织上有独立系统(关于雇工工会的组织,全总不久另有详细通告),党应该注意使他与上级工会及全总发生组织关系,其办法如前。

五、各级党部向中央的每次报告中必须于上述执行各情形随时报告,并提出具体意见批评当地工会工作。

各地党部对于上述各点,务须严重注意,并按照当地情形详加讨论,得出更具体的办法,这样才能建立工会工作的正确关系,更加迅速推动赤色工会的广大发展。

中　央

(录自中华全国总工会编:《中共中央关于工人运动文件选编(中)》,档案出版社 1985 年第 1 版,第 65—67 页)

少共国际执行委员会致中国共产青年团中央书

（1930 年 8 月）

亲爱的同志们：

　　少共国际执行委员会在他最近的一封信里配合了中国总的政治形势的变化和团的现状，已经详细地指出你们的任务。你们的材料，特别是刘、陆、苏三同志的报告使我们可以得到这样的结论：即是执委会的指示主要的已为团的领导机关所了解，团的工作也都是根据了前次信中所指示那样布置。

　　这信是完全为了中国革命的新的发展，给你们指出具体的政治与实际任务的。

　　对于革命之现阶段的估量，对于团之主要任务的确定，你们必须完全根据共产国际的决议案（7 月），在这决议案里对于最近几月来发展事变有一个布尔什维克的估量，把革命的前途与任务明显地确定下来，指出党在群众中工作的大纲。这一决议案必须广大地在团员及青年工农群众中作一个普遍的解说；必须把它当作为团未来工作的一个政治根基。

　　城市工人之经济与政治斗争的发展（1928 年有 40 万罢工者，1929 年加了一倍）、土地革命的扩大、红军与游击战争的壮大、苏维埃区域的开展……都证明了"中国革命运动之新的勃兴已成为不可否认的事实"（共产国际决议）。工人阶级和农民已经从反动的打击中恢复了起来，现在是重新起来，在推翻帝国主义国民党之反动统治的口号下面作革命的斗争。

这最近一时期发展的事变完全打破了右倾机会主义者、托洛茨基主义者、陈独秀主义者以及其他取消派分子的预言,而证明共产国际及中央对于革命复兴的估量是绝对的正确。

外国和中国资本家之对于工人阶级的特别残酷的进攻,深广的经济危机所造成的广大的失业,工作条件的恶化,工资的减少与物价的高涨(米价涨高了 77%)——这一切都使一部分无产阶级陷于饥饿的绝境。那个把几千万农民困于饥寒的灾荒,继续扩大的农民穷困化,城市小资产阶级及手工业和家庭工业工人的破产——这无非是国民党几年来统治的成绩。群众已经明白认识国民党的无望之后,他们要起来推翻帝国主义与豪绅、资产阶级反动统治的决心,便日益生长坚强起来了。

虽然"我们在现在还没有一个普遍全国的革命形势……但是事实却是向着这样的方向发展的,即在最近的将来这个形势如不立即包含了全中国,也必然要包含一部分重要的省区。使得这一进程迅速地完成,主要是依靠党的正确策略,特别是要党能正确地执行其领导任务及苏维埃运动的发展"(共产国际决议案)。

在这种革命形势之下,团的任务是更加严重了。革命运动的发展需要更迅速地执行团的中心任务:夺取最重要部分的青年工农群众。最近一时期中团的工作能够向着这个方向做去,所以就能保证得很大的成功。团还需以更大的努力来执行这个路线。在一切青年工农的经济斗争与政治斗争之战线上,团必须成为斗争之真正的组织者与领导者。根据了这个理由少共国际执委会认为你们必须把一切注意力都集中到下列的中心问题去:保持正确的政治路线,反右倾与"左"倾,领导青工的经济与政治的斗争夺取青年的主要阶层,加强团在重要工业中心中的地位,执行土地革命发展中之团的任务。在苏维埃区域中的任务:扩大红军,发展游击战争,在白军中的反军国主义工作。

目前在重要产业中心中的一个特征是青工经济斗争的发展,并且这斗争是一天一天的更带着政治色彩,最明显的证据就是罢工浪潮的高涨,在这罢工斗争中青年的作用是很大的。在目前的条件底下,跟着生活情形的日益恶化,跟着资本家进攻的厉害,青年的斗争还要更加发展。这种形势要团必须密切地走去领导这些斗争。目前在几个重要产业中心,团在准备发动青工群众来参加总的政治罢工时,〈团〉必须还要加紧努力去发动青工为争取部分要求或基本要求的斗争,当联系到总的反帝国主义和反国民党的口号时,我们切不要忘记,必须提出可以了解的具体的要求,使这一口号可以深入到最落后的阶层里去。为要在这样的基础上去组织青年斗争,中央的团部应该提出各产业的、各产业中心的,甚至于各个重要工厂的青年部分要求纲领。

工人阶级的斗争的发展,也表现在其阶级组织特别是赤色工会的发展上。根据参加赤色职工国际的代表团报告,在赤色工会中的青年数量也是有增加了。可是我们还不能不指出团在工会运动中的工作是一般的非常薄弱,特别是在黄色工会中的工作更加微小。中央在最近是已经了解这一任务了,其总的路线是正确的。我们却不能忽视事实:即有许多对于加强团部赤色工会和夺取黄色工会的青工群众的工作,是完全没有充分注意,他们借口说工会是完全由青工组织起来的,或者说建立青工部会把青工群众引导到黄色工会里去的。这个也可以由几个同志个人的错误假设(在二中全会上也曾发现)证明出来,这种假设是主张建立青工的单独工会。我们问题在工会上的路线,在前封信上是说得很详细的,这还是完全的正确并且由斗争的发展证明正确了。中央及全团的任务是集中力量来加强赤色工会,广大地吸收青工群众,在工厂的基础上来建立群众的青工部。立刻须开始在黄色工会中去做紧张的工作,去建立赤色的青工部,形成为革命的反对派,但注意绝不去做黄色工会的上层机关。你们须立即开始建立工厂中的青工代表会,这个机关,这个群众组织形式可以联合整个的青年工人(无论他们加入了工会〈或者〉没有),这个机关须经常存在,它能使团与工厂中的整个青工群众发生联系,能在组织上领导他们并扩大团的政治影响。

少共国际执委会认为在目前团的中央来开始建立工厂中的"少年先锋队"正确是绝对的,并且也正得其时。你们须用一切的方法来加紧发展这一组织,使之成为工厂中青工的战斗队伍,并努力争取公开的存在。目前在几个主要产业中心中,首先就要建立"少年先锋队"的联合,只要以地方做范围好了(以城市为范围),但为要保证团的坚强的领导作用,必须加强在队中的团组。"少年先锋队"的注意力须集中于工厂中斗争上的(保护罢工、打工贼、做侦探、保护演讲人,等等)以及取街道(保卫示威),你们要建立这一组织,作为团的一个群众附属组织时,你们必须坚决地反对一种先锋主义和盲动主义的倾向,想拿这一组织来代替了团,明显是取消团的倾向,"少年先锋队"既是建立在工厂斗争的基础上,在一切产业中心都有广大发展的可能,我们必须吸收大批的青工来加入这个组织。

团在青年群众中,必须发展有力的反帝运动,提出这些口号:民族独立统一,中国国家之政治与经济的独立,消灭国际帝国主义之统治与压迫,反对进攻苏联,联合世界无产阶级与殖民地劳苦群众。在每次帝国主义暴行的时候,团必须〈利用〉发动青年来参加革命的罢工,青年反帝同盟必须扩大,必须在每一产业中心组织起来,必须广大地征求青工及劳苦青年加入。少共国际执委会认为青年反帝同盟与反帝同盟同时并存是不好的,中央应该使青年反帝同盟与总的反帝同盟统一起来,使"青反"实际成为总的反帝同盟之青年部。

团必须组织并发展反对军阀混战及变军阀战争为革命战争的革命群众运动,反对一切军阀和国民党的各派。在你们的政治鼓动上,在你们扩大你们的影响到青工群众【中】去的时候,你们特别要加紧反对改组派、第三党和取消派,团必须把陈独秀派和托洛茨基派的反革命作用暴露无遗,说明召集国民会议的口号和取消群众革命的观点,都是对国民党帝国主义的明显的帮助。

关于中国团的当前任务之一,少共国际执委会特别指出中国团〈之〉社会成分之不良(十分之一的青工)。无产阶级成分的薄弱以及非无产阶级干部的占着多数,使得在团里面没有巩固的无产阶级领导,并时常有小资产阶级动摇的危险。减少了对农民团员群众的无产阶级影响,要使团里面无产阶级领导加强起来,必须加强党对团的领导,并扩大团的无产阶级成分。所以继续加强党对团的领导和英勇吸收青工入团,使之起无产阶级的领导作用,实为中国团目前之急务。执委会建议无限的加强产业中心中的工作,建立工厂支部,勇敢地提拔青工到上层来。

土地革命与苏维埃区域的发展与团的任务

农民运动之有力的发展,特别是在南方一部已走到土地革命的阶段了(农民武装夺取土地,保护苏维埃政府、红军),这在团的面前重新提出了农村工作的问题。在过去有一个很长的时期,团实际上在农村中没有做过这一些工作,到了最近,方才有一些活气,但执委会主要的指出团在农村中跟不上群众发展的这个事实,这是苏同志也承认,不过执委会很相信这种落后现象,在最近将来是一定可以克服过来的。

在未曾建立苏维埃的区域里,我们的主要任务是发展抗租、抗税的运动,号召他们起来发动游击战争。【在】苏维埃区域,号召并组织农民去解除豪绅地主的武装,建立赤色游击队和少年先锋队,建立农民委员会、农会和斗争委员会,加强革命的宣传鼓动,特别是抓住灾荒和军阀混战来作广大的宣传号召。团必须在这几个省份里立刻建立组织,从工业区域中派遣最强的同志去特别工作,这些同志必须能以乡村的雇农和贫农里面提拔出的可靠的干部来组织并领导农民的斗争。你们必须在各种青年农民组织里竭力去争取领导权,因为那些用各色各样名义的组织,包含着广大的青农群众,我们不但只夺取领导权,并必须在这组织的群众中,扩大我们的口号和行动纲领,以吸收更广大的后备军来参加土地革命。

在苏维埃区域里团的任务是:动员团的组织及青年雇农、贫农和中农,起来实行贫农与中农的土地革命,反对富农。他们时时想阻碍没收或主张依照生产工具来分配土地。以一切的力量来帮助苏维埃之经济政策的实行,以及劳动保护法的实施(八小时工作、最低社会法、阶级工会的自由……),组织雇农工会,组织贫农小组,把中农团聚在其周围。帮助苏维埃政府执行经济建设纲领(建立统一累进土地税,以阶级原则来建立革命的土地组织,改良文化设施,建立学校读书室,肃清文盲,改良道路,改良水利,培养森林,开拓荒地,开掘水井……)。在实现苏维埃之经济建设纲领这一工作中,以及在发展农民的文化教育工作中,团必须成为青年群众及整个农民群众的领导人和组织者。

在这些区域里团的工作,可以并应该经过地方苏维埃来执行(乡村苏维埃和城市苏维埃)。在帮助建立苏维埃的工作中,团应该必须占一个很活跃的地位,应该积极地与富农斗争,阻止他们混到苏维埃里去,应该吸收雇农、贫农到苏维埃去工作,应该帮助苏维埃来执行其决议。为达到这些目的,可以指定团员到苏维埃各部里去工作,提出团的候选人到苏维埃里去。

团在苏维埃区域里,应该特别注意组织上的发展,阶级的基础应该是雇农青年和苦力贫农青年,以及那些在斗争中表现能执行土地革命与拥护雇农、贫农和苏维埃的中农分子。为要防止富农青年混入团中,你们必须举行日常的清团斗争,把富农分子完全驱出,并特别要努力吸收青年雇农入团。

少年先锋队的任务,应该是武装援助红军的行动,帮助游击队,帮助贫农中农武装,没收封建的土地,以及担任一部分必要的保卫地方的义务(民军的性质)。在少年先锋队的组织里,必须建立巩固的团的领导,党对少年先锋队的领导也必须加强,并且少年先锋队必须与游击队建立密切的关系。在苏维埃区域里,我们应该广大地征求青年雇农、贫农和中农去加入红军,特别要以〔从〕少年先锋队中大批送进红军去。

在全国范围中,团必须以扩大拥护苏维埃政府和苏维埃区域的口号,号召为建立全中国的苏维埃政府而奋斗。

你们应该提出关于制定青工法令的问题（十岁以下四小时工作，十八岁以下六小时工作，同工作同工资，以八小时照算，最低限度的社会保险，禁止雇用儿童作危险工作，十四岁以上加入赤色工会。建立雇农的最低法令，废除私人契约以工会的集体契约代替。契约中说明义务教育的设备由雇主出钱）。这些法令须由苏维埃政府来颁布，并由地方苏维埃政府来执行，如果在苏维埃政府尚未颁布这一法令之前，团亦应该开始准备执行这个法令。

这一切关于土地革命的任务，团必须执行，必须与一切不正确的"理论"，如认为青年农民没有特殊利益之类，作坚决的斗争。土地革命继续发展，必能解除青年农民的主要问题（工作、教育、政治上、文化上与集会、结社的自由，经济状况之改善，参加政治生活，参加苏维埃之建设……）。同过去以及现在还残留着的封建压迫，是全然不同了。

建立红军与团的主要任务

"中国共产党一定要了解在中国目前的特殊条件之下，建立一队十分有力的，在政治上健〔坚〕强的红军，实在是一个先决的任务，执行了这一任务就可以确实保障革命之更有力的发展"（共产国际决议案）。

共产国际的这一指示，应该成为团决定其对于红军之任务的出发点，建立及加强红军，团必须负着极大的责任。直到现在为止，从我们所收到的报告看来，团实在还〈并〉没有做它应做的工作，这必须坚决地立即转变过来才好。最重要的工作是以〔从〕产业中心里，广大的征求青年去加入红军，经常地动员团内的青年工人以及吸收在赤色工会青工部，工人自卫队中的青年工人踊跃地去加入红军，因为要使红军有一个坚强的无产阶级基础，这一工作十二万分的重要。你们应该选举大批进步的青年工人去进红军的军事学校和军官的训练班，因为很明显的红军要有它自己的、可靠的、无产阶级的司令官，团必须负着很大的责任。现在的红军,我们知道还是兵士的成分占着大多数,我们主要的工作是要把红军变为真正的群众军队。红军主要的应该吸收哪一种社会成分呢?首先我们须吸收青年工人,特别是〈以〉产业中心的青年工人,次之青年雇农和苦力,贫农青年以及进步的中农分子,团必须坚决地反对富农分子混入红军,因为要在最近将来在红军中建立一强有力的无产阶级核心,其发展的成分实在是与革命发展有着极其密切的关系。

你们应该开始在红军中建立团的组织,但为要避免与党平行,团的组织须依照整个红军的规律,集中起来,团可以成为帮助党的支部的一个小组,在党的直接日常的政治领导之下,帮助党部及军事人民委员会的工作。团的辅助小组须特别负责传达党的无产阶级影响到整个红军中去,并组织群众中的政治文化工作,提高红军士兵的政治觉悟,加强他们的教育,提高他们对于阶级的认识任务。这一辅助小组,与党一道对红军中一切不正确的倾向作猛烈的斗争。

跟着红军中团的发展,团的阶级成分是必须注意,团的发展必须主要以雇农、苦力、贫农、中农的进步分子为基础,并且在这一基础之上,首先必须建立强固的无产阶级核心。

团也有责任在附近群众中或在占领的城市或乡村中去组织文化教育的和政治的工作,去建立团的组织,去发展工人和雇农的职业组织,去团聚贫农群众在苏维埃政府的周围并帮助其工作。

中央必须立即选举一批积极的无产阶级分子送到红军中去做组织团的工作,在青年工农群众中的宣传鼓动工作中必须指出下列主要的各点:红军与中国任何其他军队的分别,红军的斗争纲领,红军是为工农劳苦群众的利益而斗争的,青年团的任务是要以一切的力量来帮助红军。

你们必须使少年先锋队的武装队伍与红军及游击队的行动完全一致,使少年先锋队的工作都建筑在帮助红军与游击队这一个基础之上。

在目前军阀军队中士兵的不满,是飞迅地增加起来了,兵变和暴动是日有所闻,有时甚至是整队的投到红军方面去,在这样形势之下,我们到敌人军队中去做破坏的工作,去领导他们的反抗运动,实在是加倍的重要了。主要的几点是:派遣团的同志到蒋介石主要军队(一、二、三、五、八)中去工作,去到那些与红军作战的军队中工作,去组织士兵的日常的部分要求的斗争,组织士兵与红军或游击队实行兄弟化或投到对方去,建立士兵的刊物,建立对外国士兵的宣传工作,必须无情地与那些不肯具体解决这一工作的人斗争,暴露其畏怯与机会主义的实质。龙州飞机袭击以及长江流域与长沙附近帝国主义军队的集中与暴行,都说明中国的工农革命,必然要遇到帝国主义的联合进攻,因此团必须根据党的口号与政治立场在帝国主义军队中去做广大的破坏工作,这实在是非常重要的。

在革命斗争的剧烈发展中,团必须保证政治路线的正确,团之必须有意识上的巩固,团之必须对一切曲解工作路线斗争,都是保障团能完成其任务的先决条件。只有对于两条战线的布尔什维克斗争,反对右倾机会主义,反对"左"倾闭关主义,反对任何的调和倾向,才能保障团的路线之布尔什维克的正确,才能领导青年工农群众的革命斗争。

在目前阶级中,危机是那样的深入,阶级斗争是这样的尖锐,即使会有某个单独的群众运动遭受暂时的失败,而整个解放斗争之发展是无可阻止的了。在这样条件之下,党的当前任务是要团聚一切力量来准备最近将来的决战,党必须以革命的方法来发展它一切的力量,去争取几百万群众。在这时候,主要的危险是右倾机会主义,这一危险的表现是尾巴主义,赶不上客观的革命发展,是畏惧反帝斗争,不敢发动并领导罢工,合法主义,以及不敢坚决地暴露黄色领袖的罪恶,甚至于公然的投降,依他们的要求阻止罢工,对游击战争估量不足,在苏维埃里拥护富农利益(共产国际决议)。

这一右倾机会主义的表现,无疑都反映在团内,用着各种各样的形式,譬如:留恋学生及小资产阶级层(有几个团部),对青工作用及其在团内与在群众斗争中领导作用估量得过低，认为"青工不是开通的，又不识字，没有什么可以做的，等等"，要求与党合并，取消团的存在，合法倾向，在黄色工会中并不争取其群众，却只夺取其机关，否认土地革命的发展可以解决青年农民的特殊痛苦，忽视对青工罢工的领导等等。

右倾机会主义与"左"倾闭关主义的假革命空谈倾向，是发生于同一基础的，这一基础都是团之社会成分的糟糕，无产阶级成分的薄弱（十分之一），所以反右倾斗争，反对其在党及团内的具体表现，在这革命运动开展之中，应该成为你们主要的任务。

但如果团对于反"左"倾斗争放松了一些些，那便是大错特错，团必须一样地加紧反对这一危险，反对其在团内的具体表现。团的中央把这一任务提出在团的面前，无疑是正确的。共产国际的决议提出：

"不过在必须极度地扩大游击战争与英勇的领导工农罢工暴动与斗争时，一种盲动与闭关主义的危险便增加起来了。这表现在对于群众作用的估量过低，常常不顾及有没有扩大群众参加来计划暴动，把中心的重要只放在一个单独事件上，而不注意以农民斗争与士兵哗变来配合，或者在经济斗争中常常只会把革命策略死板板地拿来运用，或在苏维埃区域经济政策中则采取一种'左'派幼稚病态的病等"。

合着这些"左"倾的具体表现在团内无疑地还有许多对黄色工会中之革命工作估量过低，不想去夺取那儿的青工群众；企图把团看成"第二党"；过低估量了在反动军队中的工作，并没有决心去做；用假革命的词句来掩饰实际的无能，失败和没有决心作布尔什维克日常工作，以求其日复一日地加强在青工群众中的地位，等等。

如果认为团过去在五次大会前，在反盲动主义及反先锋主义获得了成功，就克服了"左"倾危险，这是错误的，却正相反，"左"倾〈正〉主要的还没有在团内克服呢！团还必须长期的与"左"倾危险及闭关主义作战！团必须特别在意识上向"左"倾闭关主义开火，团能向这些企图以假革命的言词来阻止布尔什维克日常群众工作的人斗争愈利〔厉〕害,则团愈能成功地向着群众工作转变过去。你们必须认为反右倾斗争是反对在转变为群众战斗组织路上之"主要障碍"的斗争(少共国际扩大会议决议案),是帮助克服右倾危险的斗争。

少共国际执委会确定地相信,中国的团过去曾在中国无产阶级及劳动群众中的革命斗争史上,贡献了不少的光荣页篇,在现在,在中国党及少共国际的领导之下,在革命的急烈发展中,必能以布尔什维克的方法来领导青工的经济与政治斗争,必定能够吸引人批的青年农民来参加土地革命,必定能够协助着党来建设并加强红军,必定能够加强对两条战线斗争,必定能够加强其布尔什维克的统一。

少共国际执行委员会

(录自共青团中央办公厅编:《中国青年运动历史资料》第 8 册,内部资料,1960 年印,第 97—108 页)

中国共产党在职工运动中的任务
——共产国际东方部提纲草案
（1930 年 8 月）

一、国内经济及一般的政治危机的日益加紧，新的革命高潮，苏维埃区域之迅速地扩大与游击运动的发展，最后，罢工斗争的高涨及其质量的水平线之提高，这些便是目前状况的特征，在农民运动、土地革命及反帝国主义运动【中】确立工人阶级领导权的问题是非常紧迫，准备总同盟罢工的问题也迫切起来了。1929 年是一般的阶级斗争之发展，特别是职工运动发展中转变的一年，革命的职工运动处在高潮上。

二、工人阶级的经济斗争，复兴于 1928 年，先带着自卫的性质，很迅速地转到反攻与进攻。在这些斗争中的新现象，便是中国无产阶级的重要队伍中团结甚坚的群众，都走入经济的斗争，青岛的纺织工人，开滦的矿工，北方的铁路工人和南方的海员等，被吸引到这个运动来的，有无产阶级的新阶层，新的区域，四川盐井的罢工，女工和青年工人的非常积极性，经济斗争很快地转到政治斗争，在罢工斗争时，反对国民党与帝国主义的口号益发多起来。所有这些，向中国共产党在职工运动中提出了许多新的任务与开辟了新的前途。所有这些，正要与机会主义尾巴主义的一切表现作坚决的斗争，要求与那些在转到高度斗争之下所表现出来的一切消极性或形式主义及机械式的来指挥群众组织的现象作坚决的斗争。

三、共产党与赤色工会近来在罢工斗争中是有大的成绩的，他们积极地参加经济斗争，尽力领导这些斗争，组织罢工委员会，将经济斗争转变为政治斗争,转变为反帝国主义反国民党的总战线的一部分。可是直到现在,党与工会组织比较群众斗争的准备性,还是落后的,在许多罢工斗争中,甚至于最近的时候,我们的同志还等待斗争的工作,最近一年来的最大的罢工,差不多都不是由于我们的同志的准备与发动(开滦煤矿的罢工、青岛四方纺织工人的歇业、北京车夫工人的大罢工等……)我们的同志在一切大罢工中与反对国民党的幻想(这种幻想在北方工人中还很厉害)的斗争,都表现了不坚定性,我们有许多同志他们在黄色工会中能够占到领导的地位,在罢工斗争的实际工作上有厉害之机会主义,这是必须指出的(如我们的同志,黄色工会的领导者号召停止上海电车工人的罢工,邮政工人的罢工也是一样的)。中国党的中央因此不能不在罢工的过程中实行坚决的干涉与改正这种对改良主义的机会主义的关系与【对】罢工的领导的不坚定性。

四、另一方面必须指出,表面的机械的实行罢工斗争的革命策略的企图,这种企图,首先便表示在没有充分的技能其〔去〕实现下层的联合战线(北京车夫工人与电车工人的冲突),没有充分估计熟练工人与不熟【练】工人统一战线的意义,机械的计划罢工,而不作动员群众的重要工作,特别要指出对罢工斗争的发展的机械的计划的无条件的错误与害处,例如党的上海委员会在六月以前预计"组织总罢工"的计划——这一切都表现出与工人群众的联系薄弱,而这些联系是在秘密条件和白色恐怖之下失掉了的。党与革命的职工会还未得着这个中心任务的具体解决。

五、发展组织与领导无产阶级的经济斗争,是共产党和赤色职工会在目前发展的阶段中最重要的任务,同时注意到近来中国无产阶级的一切经济斗争,都带〈含〉有尖锐的政治性质,注意到在国内存在着革命的高潮,共产党与赤色职工会的重要口号〔工作〕,应该是在日益增长经济斗争的浪潮上准备总政治罢工。

此种工人运动的新高潮,在中国革命职工会发展方面是有转变,这个转变表现在二方面:一方面是,党在黄色工会中所采取的进行有计划工作方法,另一方面是发展与巩固赤色职工会。

六、中央对在黄色工会中的工作,估计不足的时期已经过去,在中国呢,改良主义的基础比较先进国家中的条件要狭隘些,而且质量上不同,高等熟练工人的阶层并不大,工人贵族主要的是那些老板、监工夫、头目,实际上这些人不仅是工人,而且是工头,其大部分的进款来源,不是在企业中工作,而是从中介绍劳动力和参加剥削劳动力。可是在中国(一般的在殖民地国家也是一样)改良主义还有另一个基础,民族改良主义的影响很大,这是发源于小资产阶级对工人的包围,如手工业者、手艺匠、小商人、职员与无产阶级中(特别是北方)留存【对】国民党的幻想,特别是对"左"的武断宣言的改组派有一个幻想,对革命工人运动采取恐怖政策,强迫的手段,委派制,无疑的是中国黄色工会存在的基础,可是同时并不能忽视在现存的职工会中改良主义的基础。

七、必须说明党近年来在黄色工会中的工作达到相当的成绩,在许多情形之下(唐山的铁路工人、开滦煤洞的矿工、青岛的纺纱工人、北方上海的市政工人),中国 CP 能进行很大的工作,揭露职工会中的 KMT① 的领袖向工人宣布他们的叛变作用,他们对于工人迫切利益的仇视,不仅如是,在许多情形之下,中国的同志能将 KMT 的领袖赶走,推翻他们基本的错误,可是正在这里,就是一个斗争主要的在许多情形之下,纯粹的反对坏的叛徒的领袖,而不反对整个 KMT,没有将革命的职工运动的政纲和策略和国民党的政纲和策略对立,没有将群众动员起来,环绕于工人运动的许多基本问题的周围。没有在揭露国民党领袖的实际中将群众动员起来,这样一来,在很多情形之下,结局便是以另外一些还没有被揭露出来的领袖来代替这些领袖,以改组派来代替蒋介石的分子。

八、这个主要的错误,又引起另一个错误来,我们有些同志,在揭破赶走了旧的领导之后,自己却让别的国民党来代替,或则让给中立

---

① KMT,即"国民党"英文缩写。

分子,自己加入黄色工会机关,而不动员群众建筑自己的基础,他们自己成了 KMT 上层分子的俘虏,很容易地走向机会主义,而终于成了黄色工会领袖。

九、党已认定这个政策是错误的,并且局部已在改正,必须更坚决更巩固地来改正党在这个中心问题的策略路线,便将有可能更广大的动员群众来注意 KMT 在工人运动中的所有的实际,并把这个问题与国民党的一切政策联结起来(土地的、帝国主义的、反苏联的问题)。

应指出党在建设赤色总工会方面的几点成绩:(A)在最近半年内赤色职工会会员增加了两倍,从三万增加到六万;(B)组织在赤色职工会里的成分有较好的无产阶级成分的改变,除小企业的工人外,大大地吸收铁路工人、煤矿工人、纺织工人、市政工人;(C)红色职工会的发展,主要的是在最重要的工业中心(上海、香港、唐山、铁路),但是这些胜利还应看着只是开始,党在将来更应在这方面加紧广大的政治与组织的工作,这个工作比以前更应努力加紧注意,应该消灭在这个工作中所犯的错误和弱点,比如,在赤色职工会的领导中还没有充分估计到组织上要来巩固日益发展的女工积极性,还非常薄弱(在 6 万赤色工会会员中大约只有 1500 女工)。

十、若是过去党在长时期内见不到党在黄色职工会工作的重要,那么,现在照全国总工会第五次代表大会的决议,又演成另一方面矫枉过正的错误,他误【认】为在黄色工会中工作占有特殊意义,而组织并发展赤色职工会的工作却好似成为次要的了。这种立场是不正确的,赤色职工会是党与群众联系的主要桥梁,采用各种方法来发展和巩固赤色职工会,是党的主要任务之一。工人运动之落后,跟不上农民游击战争的发展,使这个任务更为重要,他是目前党工作中很重要的关键。

十一、赤色职工运动除了数量上的夺取以外,其最大的缺点,就是运动本身的散漫和组织的薄弱,秘密的职工会是不能包括到几百万群众的,在白色恐怖与严格秘密的条件之下,职工运动只能够吸收那些先进的少数的无产阶级加入赤色职工会的,但在这种条件之下,组织上的巩固,各部分之团结与集中化的领导,却有特别意义的。中国赤色职工运动大部分还带一种散漫的形式,每个工厂内部却有独立的赤色工会,每个工会会员很少超过 20 个人以上。因此,绝对必须把各工厂的赤色工会合并起来,合并成一种生产工会的地方会。至于在这种的城市中(如上海、天津、香港等)则必须开始合并为这一城市内的产业工会。如果不是这样,则对经济斗争的切实领导、对同盟罢工的真正准备,以及工人一般的政治斗争,都会要感觉极端的困难。

十二、而且就是在赤色职工会都好好地合并以后,可是因为环境所迫而秘密起来的赤色工会支部,依然不能把党的影响宣布到广大群众中去,这里必须要有公开的组织,工厂委员会可以而且应该成为这样的组织,工厂委员会虽然仅只与这厂内的工人有联系,只是与他们的狭隘的日常要求有联系,但同是〔时〕它却可以给我们一种可能,使我们可以影响到这一厂内全体工人群众。

十三、只要是赤色工会有正确的策略,则他便可以侵入工厂委员会,影响工厂委员会,散布自己的影响到本厂的许多工人群众中去,并在拥护工人日常要求的过程中,来和他接近起来,吸收最觉悟的工人到红色工会组织中,藉以扩大赤色工会支部,这样一来,就为自己在各企业中走上了更广大可靠的基础了。

自然在中国条件之下就是工厂委员会也不能希望到完全的与长期的公开存在,可是工厂委员会可以用各种灰色的名义此起彼落出没无常地来发展自己的工作,藉以发动和训练广大的群众。这种工作,一方面是需要很大的敏捷性与适当性,他方面又需要党支部与工会支部之极坚定的原则的与策略的路线。

十四、对于失业工人的组织是赤色工会工作非常薄弱的地方,没有经常地有系统地去领导失业工人运动,与企业中工作的工人斗争之间完全没有联系。

只有正确地发展赤色工会的下级组织,建立无数的经过工厂委员会,而和企业中群众联系着的工会支部,才能彻底地消灭从上而下的命令主义与委派制度。因为这种制度虽然在每次代表大会与中央全会决议中都遭受过裁制,但至今尚未消灭,结果在政治上和组织上都减弱了整个赤色职工运动,在这方面提拔和训练新的干部,有左右全局的作用。

十五、在中国苏维埃区域内【赤】色职工工会问题,完全是一个新的问题,将一切的苏维埃区域和中央革命政权联合,将许多工人的中心区域都包括到这个区域以内(虽然是不大的),在以苏维埃政权的形式而存在于这些区域以内的工农革命民主专政的系统中来确定赤色职工会的任务,此乃非常迫切的任务,此地赤色职工会的工作,首先应该从战胜封建帝国主义联合的利益,发展农民土地革命及反对帝国主义斗争,由现时德谟克拉西革命转变到无产阶级革命的前途,拥护非资本主义的道路出发,赤色工会应当十分注意农民土地革命,赤色职工会应当用各种方法帮助巩固苏维埃区域的国家机关及红军,要在工人积极分子中挑选出优秀分子去作领导与指挥工作。在民权革命的条件之下工业还未收归国有,所以在保护工人阶级的经济利益方面,赤色职工会的任务,是为生活程度实际的改善而发展无产阶级的经济斗争,假使在还未收归国有的本国企业中,不发展罢工斗争,简直是最大的危险,这在中国特别的重要。武汉时期的经验证明当时党与赤色职工会简直阻碍经济斗争的发展,保护工人阶级的利益,是赤色职工会实际工作中的中心问题,赤色职工会应该向国家提出实际和主要的口号:八小时工作制,劳动保险,社会保险(保护失业、疾病、灾害等),保证工人阶级的独立作用,是党与赤色工会的中心任务,但是在发展经济斗争的时候,绝对不要忘记保护苏维埃境界,及工人阶级与农民的联合,应当将工人的利益与农民土地革命的利益,以及反帝国主义群众革命的利益联合起来。列宁曾在无产阶级专政的条件之下,指出(在 1921 年第九次全国代表大会)在现在还存在有资本主义和小资产残余……在整个社会制度内还存有社会主义的增长与这些残余的矛盾,职工会的各种任务有许多矛盾,这许多矛盾不是偶然的,在十年内还不能消除,而且这种矛盾在工农德谟克拉西专政的条件之下,是必然的,这里正有转变为无产阶级专政的前途。

至于国有化的企业(帝国主义与反革命者的),则赤色工会的任务,完全是另一样,拥护无产阶级的经济利益,同时还必须提出积极的发展和巩固苏维埃的工业的任务,这也就是说提拔工人的积极分子到国有化工业的领导地位上去。

因此,共产党必须在职工会中实行争取领导作用的坚决斗争,反对一切工团主义的分子,行会主义者,狭隘的经济主义者,赤色职工会应该是共产党与群众的传递者,是共产主义的学校,是革命的国家政权的后备军。

最后最主要的而不可【推】诿的任务——就是组织雇农的联合会,这个雇农联合会,应该是实现无产阶级在现时资产阶级民主革命及反帝国主义革命中的领导权的重要工具之一。

所有这些,须要在组织上巩固赤色工会和训练新的工人干部的工作上的努力。所有这些,只有在赤色职工会内坚决的实现工人德谟克拉西才有可能。

—完—

(根据中共江西省委党史研究室藏件刊印)

共青团中央为成立苏区团中央分局的任务
致小关同志的指示信

（1930 年 9 月 4 日）

小关①同志：

伍豪②同志回来后对于全国的工作布置上都有相当的变动（详细的规定党中央自然告诉你），这一变动毋宁说是补充我们以前的不足。党中央根据国际的指示：在广大的苏维埃区域内，必须集中一切力量巩固的向前发展，更有力地，更有把握地，更有保障地争取全国的胜利。在这一策略之下，我们应该将各大区域苏维埃的组织集中统一起来（现定湘鄂赣三省的边界一直至中心区，总之能够联系的地方详细地划分，望依党的划分而划分），组织中央分局，加紧中央对苏维埃区域工作的领导，且便于工作的进行，加速完成历史上伟大的任务！C.Y.中央毫无疑义地要坚决执行这一策略，决定【有】依照党中央分局管辖区的分划成立中央分局的必要，尤其是在领导团的转变关头上更成为急需。最近全党行委决定 C.Y. 仍保持其全国独立组织系统与指导关系。全党行委的青年秘书处乃是在全党行委直接领导之下，是行委分工的组织形式。它对各局行委青年秘书处及各省行委青年秘书处，仍然用 C.Y. 中央名义发生直接关系，各省行委青秘对各地方行委青秘也与从前省委一样，用省委名义建立直接关系。团的经费仍然独立支配，不过在全党动员组织军事化，成立行委集中

---

① 小关，即关向应。
② 伍豪，即周恩来。

指挥的原则下,青年秘书处对政治上的问题应该经过总行委批准才能执行。

这次决定青秘保持其独立组织系统的重要意义,是因为青年团乃是党政治领导下的政治的斗争组织,是青年群众共产主义的学校,它应该经过参加党的生活与政治活动;经过青年特殊工作方法的运用,组织青年工农的阶级斗争;极广泛地向青年工农劳苦群众实施布尔什维克的教育宣传,这样征〔争〕取广大青年群众到自己的队伍中来。在目前革命形势紧张,全党动员积极准备武装暴动夺取政权时期中,青年团要在此时极紧张状态中动员全体团员,在全党直接领导下,坚决执行青年工作转变的任务,极广泛地运用青年工作方式征〔争〕取更广大青年工农群众,加紧青年武装干部的训练,供给党的调遣与驱使。所以在全党行委组织形式中,保持青年团独立的组织系统,绝不会妨碍全党力量的集中,恰恰相反,青年团正要在全党动员状态中,在全党行委领导下,经过全团的独立组织系统和指导关系,动员全团,运用青年工作方法与方式,征〔争〕取更大多数青年群众,扩大全党的力量。

不过 C.Y. 中央目下无人可派来负责成立 C.Y. 中央分局,好在你对青年工作有较长的历史,我们就把这一任务委托于你。这是得到 C.P 中央同意的,我们现在把几个具体任务告诉你:

(一)你代表 C.Y. 中央在最短时间内召集一个各特委及中心县委的代表大会或扩大会议,这次大会的主要任务是:

1. 发动全体同志起来切实地讨论"转变"问题,必须引起全体同志的严重注意! 在这种方式下,应很好地将少共国际及中央的"转变"路线传达下层同志中间去,另一方面,应该配合该地的实际情形更须详细地讨论转变的具体内容及方法,切实的执行工作上的"转变"。

2. 在这次会议中应根据国际及党的精神与策略,配合该地实际情形更切实地详细讨论。规定各省、各县的工作的布置与计划。

3. 这次会议主要任务之一便是积极、坚决地提拔新的干部,特别是工人干部起来,产生中央分局,但书记一职由你根据实际情形找出一个较好的人来代理,C.Y.中央当于最短期内决定派人来负责书记(如果这次会议万不能或迟开的时候,你亦必须指定数人成立中央分局名单交中央批准)。

4. 同时这次会议结束后应即接连举行各县、各区、直至支部的会议,尽可能召集各代表会议,加紧整理组织,特别是切实地改变下层工作路线,使这次大会及中央的精神与路线更迅速地丝毫不漏地传达到下层去,这是"转变"的先决前提。并要很详细地实际规定各该地的工作计划及方法,等等。每种会议中必须成一接受国际及中央的"转变"路线的决议案。(交来我们审查)

这次会议的经过情形及规定请详细报告我们。

(二)关于苏维埃会议中的青年工作问题

在革命形势的发展上必须建立全国苏维埃的中央政权,以资与反动的国民党政权对立,并领导全国革命的最后胜利。这也是国际非常着重指示我们的问题!因此党决定迅速的召集全国苏维埃代表大会,树立中央政权(地点多数在苏维埃区域内)。关于这个严重的政权问题,C.Y.中央认为青年工作是非常重要之一项。我们的意见是:在大会之前必须动员全体同志以至全体青年群众起来,拥护与保障苏维埃政权,并在巩固中的猛力发展苏维埃政权,这是非常迫切的任务;但同时必须领导广大的劳动青年群众参加政权,这也是不可丝毫忽视的工作。所以在这次大会的代表选举时特别的要注意选举青年代表的工作。在全国大会后须召集全体代表中的青年代表开"青年工作会",这种会议的性质与任务是:根据大会的决定而是更具体化、切实化地运用到青年方面来,详细地讨论苏维埃政权下如何加紧青年工作,如何发动广大青年群众起来保护苏维埃,特别是青年本身的特殊问题等。这种会形式与实质并无与政权大会的对立意义!然而只是更有利于青年工作的发展。这个"苏维埃青年工作会议"事前必须有充分的很好的准备,最好中央分局特别组织一个委员会预先讨论各种具体的个别问题,对于会议时更能充实其内容。这种会议方式不但在全国会议时〈的〉运用,同时在各省、各县、各乡的苏维埃大会时亦同样的运用。

(三)少年先锋队与劳动童子团的组织与集中问题

1. 劳动童子团除了有计划地大量地发展外,目下各地的童子团组织还【有】须加以整理并集中之必要,各个劳动童子团单位(如工会、农会、学校),共同联合起来组织"劳动童子团联合会",为各该地(如省成立省"联合会",县、市皆如此推)最高机关,现在几省联合起来组织也有可能且有必要。但是同时必须加紧与保证 C. Y. 的领导,在这些组织中成立团组直接的执行与实现团的路线,这也是保证 C. Y. 对童子团领导的良好方式。同时在儿童运动中必须纠正过去所谓"儿童党"的工作方式,应要注意到童子团的个性,必须浓厚地带有充分的教育性,力求儿童心理的实际工作方法,当然不是说:童子团不参加政治活动,而【是】单纯文化的组织的意义〔思〕,而是应该纠正过去的偏见——专注意政治,而忽略了教育意义。因此工作方式与方法全像党的一样,结果妨害儿童运动的发展。关于儿童团干部非常严重,各地应特别注意训练干部,团应要派些年岁较大的得力干部主持工作,这样才能加强儿童团的工作及团对儿童团的领导。中央为着更有力发展童子团的工作,应给与〔予〕充分的注意,并决定由中央以至各地团部必须成立"儿童局",这种组织它是有单独的工作及系统,专门负责与指挥各级童子团的工作,但儿童局必定有得力同志负责。(儿童局的组织与以前童委不同,请注意! 见上文解释)

2. 少年先锋队我们提出以下的意见:

a. 在苏维埃区域内少年先锋队原有组织需要好好整理一下,(重新改编、分队,登记、开会等等)及改变其工作方式,充实其生活内容。它的组织受当地苏维埃政府指挥(作战时受赤卫队指挥)但团必须保证与加紧领导(运用团组的作用)。

b. 特别注意加强少年先锋队的武装训练及政治教育。除了日常开会、体操、演习等等之外,应尽力举办干部队的组织。这种组织是挑选队中的先进分子(特别注意工人分子)加紧训练,培养大批武装教练人才分散到各队中去施以各队员的训练。不但单纯的战斗教育,同时亦须注意到侦探、破坏等等的学习,并且特别要注重政治教育,只有这样才能形成青年的战斗队伍,才能为无产阶级所用。

c. 少年先锋队应猛力地发展,尽量地扩充队伍,这不单是加强本身的战斗力的意义,而同时负起扩大红军的任务的意义! 应在这扩大的青年武装队伍中选择较大而且较强的队员到红军中去。做这一运动时需要举行广大群众大会,举行检阅礼欢送队员到红军去,这样一方面能够鼓励红军的战斗力,另一方面同时鼓励少年先锋队的勇气以及使他们充分地认识自己的任务!

d. 尽可能地给与他们武装(当然是从敌人手中夺来的),使他们时常实习,并且分配他们守卫、放步哨等等的工作,能够使他们成为有力的保护苏维埃政权的武装(阶级的附属武装组织)队伍之一。更希望成为红军的后备军组织。

(四)文化教育工作问题

在苏维埃下的团的任务与非苏维埃下的团的任务,自然稍为〔微〕有不同的,但在争取全国的胜利上是无异致的。在苏维埃之下的团的文化教育工作任务是增大了,这是为了要巩固苏维埃与发展苏维埃。因此团应负起教育与宣传发动广泛的青年群众起来为保护与发展苏维埃政权的斗争,同时必须加紧共产主义的阶级教育,灌输共产主义的思想,筑成将来社会主义社会的重要前提之一。我们的具体意见是:

a. 应要运用苏维埃的教育政策,团特别要注意学校的思想斗争的领导,及学校中的教育工作,更有计划帮助规定教程,找人专门负责编课本子,有必要时可组成教员研究班或师范学校之类的组织。借以有系统地、有方法地教育青年群众。

b. 团各支部周围应当组织各种研究、文艺、体育、俱乐部等等的附属组织,利用这些方式更普遍地、更深入地接近青年群众,教育青年群众,更加广泛地保证我们对青年群众的思想领导。

c. 以后应注意到大量地翻印中央地一切刊物及其他宣传品。为执行这一任务必须：成立几个印刷局，特别要建立发行工作。除了所谓代售处之外，必须利用少年先锋【队】及童子团，与其他的群众组织，公开的在马路上、街道上、戏院中等等地方贩卖，建立群众的定〔订〕阅方法等。这一工作是非常严重的任务！望你迅速解决这一难题。中央以后尽量设法寄给你们〈的〉材料。

d. 应该开始大量地编各种小册子、戏剧、歌本子、图画、小说等等，这些方法非常容易深入青年群众中去，特别是利用戏剧、歌本、图画更为有效。这一工作你们应即开始。

虽然文化教育工作是整个苏维埃政府的任务，但团不能【有】丝毫的忽视，并且应加倍地努力注意与工作，特别在苏维埃政府的文化委员会中，及下级的青年群众团体的工作！！这并不是说要以团来代替苏维埃的任务！

我们给你写这封信主要作用是委托你处理上列各重要的任务，至于苏维埃区域中青年工作及中央分局的具体工作问题等等，则需要你督促他们立即将各地的工作情形，特别是团员、少年先锋队员、童子团员，及其他青年群众组织的具体状况及详细报告交来中央，以便更详细地讨论与指示，于一月内由中央来人带去。此致

布尔什维克敬礼

C. Y. 中央

（录自共青团中央办公厅编：《中国青年运动历史资料》第 8 册，内部资料，1960 年印，第 157—163 页）

少共国际致中国团关于工会运动中的任务的信

（1930 年 9 月 12 日）

亲爱的同志们！

详细研究了中国团二中全会的经斗①决议，中央经斗委员会扩大会的通告以及苏、刘和出席赤色职工国际代表大会的代表们的报告之后，我们要唤起你们对于经斗工作中几个问题的注意：

（一）团在青工斗争中的一般任务

1. 虽然中国最近开始积极参加工人的一般斗争（上海电车工人罢工、安迪生电泡厂、日华纱厂、英美烟厂、香港五金工会的罢工、唐山矿工罢工等等）以及领导了一些青年工人的单独斗争（老怡和纱厂的罢工、日华与申新纱厂的最近的罢工），但中国团落于青工斗争发展之后，仍是无可争议的事实，在许多大的罢工斗争中，我们的同志们，自己没有去领导，而反在自发斗争开始之后，才设法去领导他。这种现象，如在上海市政工人的罢工中，以及包括一千以上青年工人的丰田纱厂的自发罢工中，都可以看到，最近在青岛、武汉以及其他城市的纱厂中，发生了好些青年工人自发的罢工，团在其中毫无影响。

团的主要任务是善于合时的准备青年斗争，以及吸引青年工人到工人阶级的总的斗争中去，团必须在各部分要求的斗争的基础之上，把青年团结在自己的周围，必须与反帝国主义、反国民党的口号

———————

① 经斗，即经济斗争。

一起,提出具体的部分要求。这要求要广泛到直到包罗到青年工人的落后阶层,团必须制造出各产业的甚至单个最重要工厂的部分要求纲领,这纲领必须包含这一产业的一切特别要求在内。

在号召罢工以前,必须举行一个广大的鼓动工作,如印发特别的传单,以及经过团报与党报举行广大的运动,把青年要求详尽地普遍宣传。

为要获得成年工人的同情与帮助,必须在成年工人【中】进行特别的工作。

2. 在工人阶级的一般斗争中,团必须在把青年特殊要求包含到总的要求的基础之上,在青年工人【中】进行一个特殊工作,把青年引进工人阶级的一般斗争中来。罢工委员会之中,必须有青年工人的代表。在最近的电车罢工中,团没有进行充分的准备工作,所以虽然这罢工结果是胜利的,虽然成年工人得到增加工资与发米贴,但是因为团不能像党对成年工人一样去利用这罢工来组织青年工人,而青工所得目的,仅是多发一点米贴。

3. 直到如今,中国团〈的〉组织广大青年群众来作反对合理化的斗争的工作,是极端薄弱,必须制出青年的反对现时正在进行的合理化的具体部分要求(例如反对减少工资,反对工厂作坊中所应用的一切加紧劳动的新方法,要求与成年做同样工作的新受雇的青年,得到与成年同样的工资,要求改善劳动条件)。

资本家在合理化之中,是开始在更多的应用"养成工制"。这个制度之下,自由的工人是被毫无工钱的青年工人所替代,必须要求进行最坚决的斗争来反对这个制度,要求直接给与〔予〕这些"养成工"的青工以工资,与其他工人有同样权利,有住在厂外的权利等等,以及在这些要求的基础之上,团结这些"养成工"的广大青工群众起来斗争。

4. 被总的世界恐慌所加紧了的中国经济恐慌,已经使成万的青年的工人失业(南洋兄弟烟厂与强新〔译音—译者〕烟厂的关门,许多纱厂与烟厂的关门),但是直到于今,团没有参与失业运动,团的组织对这工作很少注意,中国团的中央必须向下级组织提议,指定一些积极的同志来组织失业运动,必须在失业委员会中组织失业的青年委员会,并把他与青工部密切地联系起来,必须制出失业者的部分具体要求的纲领,如辞退工人时赔偿金,按月发给补助费,失业青年工人有加入工会的权利等等。失业青年的要求,必须也在在业的青工中广大宣传,以获得工人阶级对失业运动的帮助,为了使失业青工与在业青工更多的接触起见,必须召集他们联席会议与示威。

5. 以10月至12月少共国际的各分部将举行1万团员到工会中去工作,这里包含至少10%的在县委区委与支部中工作的积极团员,中国方面要动员的大致数目是二千团员和三百的积极的干部分子,这个数目必须立即指定。

(二)在赤色工会和附助〔属〕组织中的工作

6. 虽然中国团在赤色工会中的工作有了初步的成绩,但是还必须指出这工作中的好些缺点:

(1)把青年工人吸引到赤色工会中来,以及加强赤色工会工作是极端的不充分,虽然在赤色工会的六万四千会员中,青年工人占百分之四十以上,但是这些青工会员的大多数没有吸收到团内来。

(2)青工部的数目是极端的少(全国只有廿个青工部),并且在其中没有经常的工作,上海、汉口、无锡、天津,以及其他地方的好些大工厂与作坊中,直到如今没有尝试组织青工部。

(3)吸收到附助〔属〕组织(如少年先锋队、体育团体,以及其他团体)内来的青年,总起来〈的〉不到三千人。

7. 中国必须在工会作与附助〔属〕组织工作中做一个转变,必须指定一些干部去做工会工作,在最主要的工业中心:上海、大冶、香港、天津、满州,必须指定好些大工厂,其中好些青年是有基本的作用的,指定团的省委与县市委的个别同志去工作,以便在那里创造强有力的青工部,做其他青工部的模范。

8. 在现有的全中国廿个青工部之中,只有上海与香港的很少几个是建筑在产业的基础之上。必须要在最短的时间中把建筑在区域之上的青工部完全改组，依照工厂的原则改组。在现有的青工部之中是没有民主的，一切领导的工作人员都不是选举的，而是指定的，必须要在青工部工作中容许更大的民主，青工部的"局"的委员应由青工自己选举出来。青工部要制定青年工人的革命要求纲领，如缩短学徒年限，青工与成工做同样工作得同样工资，禁止工头虐待青工，废除一切罚款与保证金，工资要直接发给青年工人而不经别人之手，缩短工作时间等等，这纲领要经过报纸与各种会议在青工中作广大宣传，青工部在这纲领之上把青年工人团结在自己的周围。

9. 中国的团还没有充分懂得在一切工厂与作坊建立永久的、青年全权代表的队伍，作为与下层无组织的青工群众建立更密切的关系的机体之必要。现在所有的很少的工厂中的全权代表是暂时性的，而不是永久性的，他们的大多数是在经济斗争中、示威中、会议中建立起来的，在这些事做完了之后就取消了。现在必须努力使这些团体在罢工等行动之后还能长期存在。这些青工全权代表的队伍的代表，必须为附近的没有青工全权代表队伍的工厂作坊的青年工人设法也建立这个队伍，这个组织要成为青工部的组织基础，关于青工部中和青工全权代表队伍中的工作方式，我们另外给你们材料。

10. 团的工作的最主要问题之一，是在工厂建立少年先锋队，成为青年工人的斗争的队伍。少年先锋队必须为了工厂中青年的斗争而工作，例如：保护罢工，保护集会，保护演讲人，作反对破坏罢工者与侦探的斗争，保护示威等等。必须经过斗争来尝试与获得少年先锋队的组织的公开，少年先锋队的组织要建立在吸引广大青工加入基础之上，而不反〔仅〕限于团员，如上海有几个工厂发生罢工时所做的那样。

（三）黄色工会中的工作

11. 团的下层组织，大多数还不懂得黄色工会中工作的重要，最近时期中，黄色工会还在进行有力的尝试来争取广大的青工群众，如上海黄色工会〈的〉建立好些夜校：唐山矿，与云南铁路的工会学校，青岛的学徒学校等等。一切这些表示出必须经过自下而上的统一战线,在黄色工会与国民党工会的广大青工群众之中,进行有力的工作。

12. 中央在收到这封信之后,必须指定在政治上试验过的(即坚定的)同志到黄色工会中去工作。这工作必须〈于〉集中【于】最主要的工厂以及黄色工会正在那里建设学校、俱乐部、读书室,或用别的方式总来争取青工群众的工厂中。团的委员会中的委员,必须个人的在黄色工会有大的影响的主要工厂去工作,在那里创造一个革命反对派的运动。

13. 虽然二中全会在黄色工会中工作的问题上采取了正确的路线,但是你们在今年二月举行的中央经斗委员会的扩大会上,做了一个大错误,你们决定在没有赤色工会的企业中的黄色工会中,不组织青工部,这个错误与上面已述的错误是同一来源,就是你们认为青工部只是工会机关的一部分,而不是一个可以帮助团去把黄色工会的广大青年群众争取到我们方面来的群众组织。必须开始在黄色工会中建立革命的青工部及青工委员会,以及在其中建立团组。青工部的全部工作,必须在揭发国民党领袖与黄色改良主义者的欺骗作用,拆散这些黄色工会并使他的会员跑到赤色工会中来。

14. 黄色工会中的青工部必须制出一个具体的要求的纲领,如青年有【加】入工会【成为】会员之权,少纳会费,会费不从工资中减去,争取改善青工的地位,增加工资与减少工作时间等等。而在这些要求的基础之上,团结黄色工会中的广大青工群众来加强革命反对派的运动。

(四)乡村中与苏区中的工会工作

15. 中国农业工人与农场劳动者数量的庞大,关于我们给这工作的最大的注意,必须帮助党在乡村中组织赤色工会,把广大的农业青年工人吸引进去,在反动统治下的区域中,要在工会中建立青工部,以及设法把农业青工愈多愈好地吸收进去。为要实现无产阶级对农民运动的领导,必须动员产业区域的团员,派他们到农村区域去建立工会运动。

16. 在较强团的苏区中，像在非苏区那样建立青工部是不正确的，可是必须在工会的执行委员会之中有选举出来的青年委员在青年之中进行工会的工作。团必须在最近的将来，在每个企业与农村中建立青工全权代表的运动。团必须召集青工的群众大会，青年全权代表的会议，在这些会上使青年详尽地了解赤色工会的目的与任务。

17. 必须做到苏区的政府发出关于青年劳动的特别的法律，如十六岁以下的工作四小时，十八岁以下的工作六小时，工资与成年八小时的相同，最低限度的社会保险，禁止雇用童工作有害身体的工作，十四岁以上的青工有加入工会的权利，对于农业劳动者的最低法律，禁止个人合同，而代以经过工会而建立的集体合同，在工会与厂主所订之集体合同，应规定特殊条文由厂方供给设立工厂或店铺学校，以提高〈由〉14 岁至 18 岁青年工人的熟练程度，并给他们普通教育。工会与团要发动青年群众的斗争，以群众力量去要厂主真正遵守这些法律。

18. 至于在收归国有的产业中，我们必须达到改善青工地位，以及青工的根本需要，同时要达到改善生产与增加劳动生产力。

—完—

（根据中共江西省委党史研究室藏件刊印）

中共中央六届三中全会关于职工运动议决案

（1930 年 9 月）

一、工人斗争的形势和共产党的工作

（一）现在工人运动的特点

最近一年来，因为国内政治经济的总危机，进到了更高的阶段，工人群众的生活受着更残酷的剥削和极端白色恐怖的压迫，所以"罢工斗争日益高涨，这斗争的性质和程度都更加提高"。最显著的事实，就是重要城市的工人群众，在最严重的白色恐怖镇压之下，却发展着广大群众的罢工运动，时常和警察、巡捕、军队发生武装的冲突（上海水电罢工、纱厂罢工、丝厂总罢工，最近青岛人力车罢工等等）。虽然这些罢工运动，还没有更大的规模和巨大的力量，还不足以去直接袭击帝国主义国民党的整个统治，可是，斗争的剧烈化和日益高涨，已经是明显的事实。现在工人斗争的特点是：（1）斗争的发展范围和规模还没有充分地伟〔扩〕大，经济斗争还是散漫的和不相配合的现象，可是经济斗争剧烈的形势却一天天地利〔厉〕害起来；（2）虽然还没有坚强而巨大的政治罢工，然而多种斗争之中的政治性质正在增高起来；（3）一般工人群众的政治觉悟的确日益提高，先进的工人更日益表现对于推翻国民党和武装暴动必要的认识，但是一般斗争之中党和赤色工会的组织作用和领导作用还不充分，特别是在工厂作坊中的组织还很薄弱，并且缺乏对于斗争的准备与领导。总之，群众对于暴动的决心,尤其是群众之中的组织力量还没有十分坚强起来。城市工人斗争的力量,一般的说来,还没有和农民战争的力量互相汇合和平衡。

(二)赤色工会的进步和弱点

赤色工会运动,自从党的二中全会之后,得到了相当的进步和发展:(1)更加积极的参加,并且领导群众的经济斗争,把经济斗争转变到政治斗争,转变到反帝国主义国民党的斗争,——总之,对于这种方针,能够积极地努力;(2)最重要的产业(铁路、矿工、海员等),和最重要的城市(上海、香港等)里面的工会工作有相当的发展;苏维埃区域的赤色工会相当的建立,赤色工会组织的扩大(从三万会员增加到十万以上的会员)产业工会的开始建立(铁路,上海等);(3)党和赤色工会的政治影响日益扩大。可是,党和赤色工会的发展和实际工作,还是落在群众积极性之后,表现很多的弱点和缺点:(1)赤色工会组织直到现在还是薄弱和散漫,并且是极不稳定的流动状态,重要产业工人之中,和重要城市之中赤色工会的组织尚且还是极其弱小,特别是在重要产业里没有建立起真正稳定的基于工厂作坊里面的和群众有联系的组织,没有加重〔强〕工厂作坊中组织工作,尤其对于童【工】女工及失业工人组织工作;(2)对于群众斗争的领导,还不能有系统地准备和动员,大多数的罢工斗争和冲突,仍然是群众自发的,不能充分地注意罢工的准备与领导,因此不能把各种产业工人的散漫的斗争配合起来,并且有些是停滞而不能扩大,对于动员成千成万的失业斗争以及与在业斗争联系工作极不充分;(3)在黄色工会之中也缺乏有系统的坚定工作,特别在罢工之中和反对国民党黄色工会的斗争之中都表现了不坚定性;(4)对于罢工运动之中策略的运用,表现许多机械的工作方式,尤其表示"没有充分的技能去实行下层的统一战线",许多罢工计划都表现与工人群众的联系薄弱;(5)对于苏维埃区域赤色工会运动注意得太少,特别是对于城市工人斗争和乡村农民战争之间的联系,缺乏实际的工作。这些缺点和弱点,在全国革命之中,在争取广大工人群众准备武装暴动的总任务之上,在汇合工人斗争和农民战争,加强无产阶级领导,为着苏维埃政权的总斗争之上,都是很大的妨碍。

(三)职工运动之中党的策略上的错误

党对于职工运动的路线,从二中全会到现在,一般的说来,是正确的;政治局曾经迅速地遵照共产国际的指示,更明确地确定赤色工会独立领导工人斗争的路线。可是,最近政治局策略上的错误,不能不反映到职工运动上来:(1)组织政治罢工之中,对于经济斗争的注意减轻,没有把政治的和经济的要求充分地联系起来,去领导和组织广大的群众;(2)偏重工人武装的技术上的组织和训练,没有充分注意把武装训练工人的任务和领导群众日常斗争的任务联系起来,而且和赤色工会的发展隔离起来;(3)尤其是各级"总行委"的组织方式和运用的错误,事实上代替了赤色工会的领导机关,妨碍了工会群众组织的独立指导系统,使工会的领导机关(例如全总和上海工联)和工厂里面的工会组织以及群众斗争不能密切,工会领导机关的行动和工作停顿起来,这样,自然是削弱了赤色工会的整个组织的活动,这对于真正争取广大群众来积极准备暴动的任务,是最大的危险和障碍。而"左"倾的空喊暴动,说"工人只要暴动,不要罢工和示威",这种观念,事实上只是引导到对于群众日常斗争的机会主义的消极态度,而且是加强右倾机会主义的立场。本次会议完全同意共产国际执委正确的指示,坚决纠正这种危险和错误,而要求执行必要的转变,同时,严重的指出:这一转变固然是要坚决反对空喊暴动而不艰苦的争取群众的倾向,可是,这亦就是要对于目前最主要的危险——黄色倾向尾巴主义的机会主义路线,作更加坚决的斗争。

二、共产党现在对于职工运动的中心任务

(四)发展赤色工会领导经济战斗和组织政治罢工

中国现在的形势是从:工农群众部分的革命行动进到革命的总进攻的过渡时机。因此,共产党在职工运动里的中心任务,就是:(1)

在坚决的独立领导群众斗争的过程之中，去努力巩固和扩大赤色工会的组织——特别要在全国重要产业工人之中(铁路、矿山、海员、兵工厂、纺织业等)和在重要城市之中(上海、香港、武汉、天津、满洲等)，发展和建立最重要的产业工会组织；(2)在准备总同盟罢工的方针之下，去加紧组织政治罢工——因此，必须努力加强对于群众日常部分的经济和政治斗争的领导，扩大罢工运动，以发展各业的同盟罢工，并且发动更广大的政治斗争，联系经济和政治的要求，这样去组织伟大的政治罢工。这是目前最中心的战略。同样，要加紧对于苏维埃区域赤色工会运动的领导和发展，要使工人斗争和农民战争更迅速地汇合起来，要加强无产阶级的领导，而巩固发展为着苏维埃政权胜利的总斗争。

(五)两条战线的斗争

职工运动之中，必须实行两条路线的斗争——同样加紧反对"左"倾和右倾的斗争，而右倾是目前主要的危险，尤其要集中火力来反对。关于政治罢工的问题，"左"倾的错误是——认为每一个总同盟罢工，"必然紧接着就是武装暴动"，这种机械的断定，客观上引导到"罢工和暴动没有区别的观念，反而形成放弃组织罢工而等待暴动的现象。再则，把政治斗争和经济斗争机械地分别对立起来，这亦是很大的错误；因为这种错误，可以引导到只用政治口号而忽略经济要求的号召罢工。其实，总同盟罢工转变到武装暴动的可能，必须党和赤色工会用自己的组织力量去努力争取，方能够得到胜利的实现，而总同盟罢工和政治罢工发展的"必要的前提，正是要能够运用正确的方式，去领导一切日常的部分的经济政治斗争"；没有这个前提，就只能取得少数先进工人的同情，而不能引起最广大的落后的群众来积极参加斗争。关于政治罢工的问题，右倾的错误是——机会主义的消极态度，尾巴主义的落后行动，自己不能积极地、独立地去发动和领导群众斗争，不能抓住广泛的自发斗争，不能认识现在中国工人经济斗争之中，特别包含着严重的政治成分，因此，也就不能适当地领导赤色工会去提出政治口号，反而认为现在应当只做经济斗争，不应提出组织政治罢工的任务,并且认为总同盟罢工是遥遥无期的次要的问题。现在,中国全党范围之中,这种右倾机会【主义】还是最主要的严重危险。现在事实上关于组织政治罢工问题的错误和缺点,的确是:(1)没有更充分地从领导群众日常部分的政治经济斗争的基础上去组织政治罢工;(2)没有把政治口号和政治罢工的方针,深入到广大群众之中去,很实际地把这种口号和方针联系到群众日常的部分要求——直到最落后的群众要求——来发动群众领导群众到伟大的政治斗争;(3)尤其普遍的是,没有在群众经济斗争的领导之中,正确地抓住斗争的政治实质,来动员群众而转变到政治罢工。

党的任务是——反对"左"倾和右倾的对于政治罢工的观点,尤其是要加紧反对尾巴主义的落后行动。这就是要努力使政治罢工的口号深入到群众之中去,联系着一般工人群众最切身最实际的要求,去在反对帝国主义国民党军阀混战等口号之下,发动并且组织政治罢工。同时,也要加强注意:要从积极领导群众日常的部分的经济政治斗争,来发展和联系为着全国苏维埃政权的总斗争,来准备几个最中心城市的地方总同盟罢工和全国总同盟罢工,以至于武装暴动。

三、赤色工会的总任务和组织原则

(六)苏维埃政权的斗争和赤色工会

赤色工会的总任务是——加紧发动和领导广大群众的斗争,组织工人阶级的力量,加强反对军阀国民党帝国主义的斗争,拥护苏维埃和红军,以及反对军阀混战和赞助革命战争。因此,必须由每一日常的部分的政治经济要求和斗争联系为苏维埃政权斗争的总口号,必须在坚定的组织政治罢工准备总同盟罢工的方针之下,去领导并且组织群众的日常部分斗争。目前,尤其要加紧苏维埃第一次代表大会的准备工作——宣传和组织工作。要有系统鼓动群众组织群众,起来实际行动——示威、罢工等等,去赞助红军的胜利,反抗并且阻碍帝国主义国民党的进攻苏维埃区域和红军(实行调动工人群众去破坏交通和运输,鼓动军阀军队里的兵士群众),同时,实行帮助苏维埃和红军的行动……在各业各地工人之中组织代表团到苏维埃区域参观等。赤色工会要在这些斗争之中,密切地联系着群众的部分斗争和要求,日益组织更加广大的工人群众,领导他们为着苏维埃政权的全国胜利而斗争,更加使工人群众武装暴动的决心坚决起来。

(七)赤色工会组织的扩大和工会生活的建立

赤色工会组织的扩大和巩固,是目前职工运动之中最主要的基本任务——就是组织工人阶级力量,去迎接将要到来的决定胜负的战斗。扩大赤色工会的工作,必须在领导群众斗争的过程之中去进行,必须在反对黄色工会和独立领导罢工的斗争之中去巩固自己的领导地位。这里的任务,首先就是建立工会的下层组织和群众基础——要深入到工厂作坊里面,使每一个赤色工会,都有真实的工厂里面的会员。这就是说:在斗争过程之中去发展工会。必须消灭现在的流动而不稳定的现象,而切实地建筑群众里的基础。这样,同时也就使反对黄色工会斗争里,赤色工会的影响和领导,真正得到组织上的巩固。

至于巩固赤色工会的工作,那么,首先就是工会生活的建立,赤色工会组织的扩大之中,必须:(1)工会和工会会员有更加实际和密切的联系——缴纳会费,定期开会,讨论日常斗争的领导,这样,去消灭群众之中那种"除某时斗争之外,可以不需要工会组织"的观念;(2)切实运用工会的组织作用,去和群众斗争密切联系,这就是说,每次斗争之中,工会要有组织地讨论决定进行斗争之中的每一步骤,而且都要会员群众来参加;(3)切实执行白色恐怖之下可能的工会民主主义(职员的选举,问题的集体讨论),实行并且加强集体的指导,消灭一两个共产党员或工会职员包办一切的现象;(4)工会组织——各业工会从下而上、从上而下的各级执委,要有独立的工作系统的组织路线,尤其要提倡下层组织,工厂作坊里面的工会组织,以至各个会员,对于工会的建议能力,发展他们的积极性和独立的活动能力——要消灭命令主义委派制度的残余。这样来建立经常的独立的工会生活,才能真正在扩大之中巩固赤色工会。在这种工会生活的群众化的基础之上,才能扩大而巩固地建立产业工会——把重要的全国各业的产业工人组织合并起来。同样,把各大城市所有的各业各厂零星组织联合起来,成立各业的全国产业工会(铁总等),各地每业的产业工会,以及各城市的总工联会。"如果不是这样,那么,对于经济斗争和各业的同盟罢工的切实领导,对于政治罢工的组织,对于总同盟罢工的真实准备,以及一般工人政治斗争的发动,都会感受到极端的困难。"

(八)党与赤色工会的关系和群众组织的路线

共产党是工人阶级先锋队的组织,他要巩固并且扩大自己和广大工人群众的密切联系——尤其是在现时的中国——就只有更加充分利用工会组织的系统,经过各工会去组织起广大的工人群众。工会应当有他自己的组织上的独立,赤色工会应当在党的政治影响和领导之下。可是,他不可以和党混合为一(也不能为任何行动委员会所代替),因为这样,就使工会的组织狭小起来,丧失他组织广大群众的作用。因此,党现在要更加加紧消灭党和工会混合的某些现象,而努力帮助工会组织的独立和工会路线的建立——从中华全国总工会直到某工厂委员会的独立的组织系统和工作路线的建立。

党对于工会的领导,必须经过党团去实现,经过工厂支部去实现。要坚决纠正"党包办工会"和"党团代替工会执行机关"的现象。要充分吸引无党的工会会员,来做工会的干部,来参加工会各级指导机关——这是彻底消灭"党包办工会"的基本办法。

同时,为着加紧发展赤色工会运动和彻底执行工作上的转变起见,党必须有系统地、有计划地、有耐心地在工厂之中,注意斗争过程里新的工会干部的培养和训练。党分配到工会里去工作的工会干部,不应当随便改变工作,而且要用党的最好干部,来担负工会的职任。

最近党的各级职工委员会之中,分配最好的干部临时组织专管各产业的小委员会(所谓"产委"),去专心帮助各产业工会的建立——这种方法,的确有了很大的作用。然而这种党部之下的小委员会,或者工会上级机关的小委员会,只是临时的工作委员会,他们绝对不能代替工会的本身,所以只能在开始建立和发展某业产业工会组织的时候适用。等到产业工会的基础和群众工作发展起来之后,这种"产委"就必须取消。党到这种时候,就应当组织各该产业工会里的强固的党团,来实现自己的领导;而在组织路线上,应当帮助各该产业工会建立自己独立的工作和组织系统。

四、实行下层统一战线

(九)反对黄色工会的斗争

赤色工会要执行这些严重的任务,就必须在共产党的领导之下,去坚决地加强反对黄色工会国民党等的斗争。党对于反黄色工会斗争和黄色工会内部的工作,已经改正过去的错误而得到相当的进步和成绩;可是党内还存留着两种不正确的倾向:(1)认为黄色工会已经完全法西斯蒂化,绝对不能欺骗群众,于是放弃反黄色工会的斗争,走到狭隘的赤色工会关门主义的道路;(2)对于黄色工会斗争不坚定的机会主义路线,只反对领袖而不反对黄色工会和国民党,不敢拿公开的赤色工会纲领去独立领导斗争,而隐藏在黄色工会组织的形势之下,完全变成国民党的俘虏——这是最严重的黄色倾向。这两种不正确的倾向,都妨碍党和赤色工会独立领导和争取广大群众任务的执行,必须坚决地肃清这些倾向和实际行动。

党应当在黄色工会内部采取有系统的、有计划的工作方针,对于一切欺骗工人群众、钳制工人运动的派别和分子都要这样。现在国民党黄色工会虽然更加法西斯蒂化,更加成为政府机关的一部分,执行警察和资本家代理人的作用,可是,他们还靠着白色恐怖的威吓和资本家协作的关系,维持他们形式上的存在和压迫群众的作用。广大的群众,虽然认识黄色工会不是工人自己的工会,可是,还只有消极的表示不满,多数群众还没有组织起来公开脱离黄色工会,就是

〔像〕潮流一样的来加入赤色工会而受赤色工会的领导。这里,正需要党和赤色工会独立地去领导群众斗争,加强赤色工会在反对黄色工会斗争之中的组织作用。这就是说:党和赤色工会,不但要能够领导黄色工会内部的先进分子,作反对黄色工会的斗争,而且要特别注意一般群众以至最落后的群众的动员,使他们都积极起来参加反对国民党黄色工会的斗争……以至于消灭黄色工会。因此,目前最中心的策略问题,就是实行下层群众的统一战线,这不仅在黄色工会之内争取下层群众,而且在无组织的工人群众之中,也是十分重要的策略。执行下层群众的统一战线,当然,绝对不是放弃党和赤色工会的纲领,不是放弃独立领导,而去和黄色工会的首领实现联合战争。恰恰相反,正是为着白色恐怖之下,大多数无党的群众,以及非赤色工会会员的群众,还不敢公开赞成党和赤色工会的主张的关系,所以必须由党和赤色工会,提出最适当的斗争口号,最切近于广大群众的实际要求,并且把这些口号和要求联系着中国革命的总口号,独立地领导群众的斗争和行动,这样去实现共产党员和非共产党员、赤色会员和非赤色会员之间的下层群众的统一战线,使先进工人能够把广大的以至于最落后的群众团结于自己的周围。争取青年工人和童工女工,以及一切劳动群众,来在党和赤色工会纲领之下,反对黄色工会及其领袖,打破群众之中的帮口观念和帮口组织——这样,在斗争过程之中,罢工运动的发展之中,一直达到消灭黄色工会。

改良主义的基础,在中国虽然非常狭小,可是,民族改良主义在群众之中还有影响。工人运动之中,必须加紧反对一切种种改良主义的斗争,反对国民党改组派,反对邓演达派,特别要反对工人阶级叛徒的陈独秀托洛斯基派,揭露他们反革命的真面目。过去反对黄色工会以及这些派别的斗争,还不充分,必须格外地加强。

(十)工厂委员会运动和斗争委员会等的组织方式

实行下层统一战线以争取广大群众的任务,现在使工厂委员会(作坊委员会,船只委员会,车站委员会,矿、坑委员会等)的运动更加成为最中心的问题了。工厂委员会是团结工厂内先进工人以至最落后的工人,领导他们一致行动的最根本的组织方式。赤色工会在工厂之中要努力成为工厂委员会运动的中坚;同时,工厂委员会的建立和发展之中,正可以扩大赤色工会的组织,而且巩固赤色工会的工会生活。从六次大会二中全会决定工厂委员会运动的方针之后,直到现在,全党对于这个问题,注意得太不充分,实际工作上差不多有忽视这一工作的现象(上海只有部分的很少的经验);本次扩大的三中全会,特别号召全党严厉地纠正过去这一缺点;赤色工会和党的工厂支部,都要用最大的努力来发展工厂委员会。

党和赤色工会还要会用各种辅助组织——俱乐部等来团结群众在自己的周围。尤其要会运用临时的组织方式,例如斗争委员会、罢工委员会、行动委员会等。这种斗争委员会是临时领导斗争的组织,如反对罚钱,反对加工,要求增资,反对关厂等等;罢工前后就是罢工委员会,这些组织要尽可能地转变到经常的工厂委员会。为着领导规模广大的斗争,更可以组织行动委员会,统一各种群众组织,在一致的动员之下来行动,以加强工人阶级对于其他劳动群众的领导作用。

五、赤色工会的组织问题

(十一)发展和巩固赤色工会的重要产业和中心城市

赤色工会的发展和巩固,在下层统一战线争取广大群众的任务和组织政治罢工准备总同盟【罢工】的方针之下,首先要集中力量,注意:(1)重要产业里的发展,最主要是——矿工、铁路、海员、兵工厂等;(2)重要城市的市政、纱厂、丝厂、印刷、铁厂(五金)、码头……以及他们的联合;主要的城市是——上海、香港、广州、武汉、天津、青岛、大连、哈尔滨等。同样,要注意到反动统治区域的农村工人(雇农苦力等)。

(十二)失业工人运动

中国现时总的经济危机之中,失业工人运动愈加严重了,工厂停闭和大批开除工人,使失业问题成为失业工人和在业工人共同的斗争。过去党和赤色工会没有把这个运动认为【是】目前最中心的工作之一,仅仅做了某些工厂倒闭时候的临时斗争的领导,这是非常错误的。对于失业工人,必须有系统地、有计划地去领导他们的斗争,建立他们的组织;领导他们去进行"要工作,要工资,要饭吃,要政府和资本家实行经常的失业救济和失业保险"的运动,举行示威游行,包围工厂和政府机关等的行动。但是失业工人的斗争必须与在业工人的斗争密切联系起来——要求减少在业工人的工作而加增工资,反对开除裁减工人,反对加重工作和减少工资等斗争,可以和失业工人要求工作……赞助在业工人罢工的运动联系起来。失业工人的组织,也必须同时各自参加各业的赤色工会。而且要训练失业工人之中的积极分子,使他们成为工会的新的干部。

失业工人的斗争,必须联系到一般的政治斗争——推翻国民党统治,建立苏维埃政权的斗争。因此,失业工人运动之中,同样要加紧关于苏维埃和红军的宣传。要号召失业工人加入红军。要由赤色工会选派积极工人以及失业工人的最好分子到红军中去,充当红军干部或者帮助苏维埃政府工作——以坚强无产阶级对于苏维埃区域红军的领导。

(十三)女工运动和青年工人运动

党对于女工青年工人之中的工作,虽然历次会议和决议之中都有正确的决定,但在实际工作的检查之中,发现很严重的取消青年工人女工运动的倾向(不积极争取女工青年工人加入工会,对于女工青年工人的特殊斗争不去领导,以及工会之中这两种工作只有形式上的机关,尤其是忽视在纺织业中这种工作等等)。现在必须切实地反对这种实际工作中的机会主义——这是发展青年工人女工运动的前提。

现在资本家加紧地剥削和进攻——生产合理化等等的压迫之下,更加增加了青年工人女工在产业之中的重要和他们斗争的积极性,这是在争取广大群众的时候,绝对不容许党和工会再有丝毫忽视的。必须动员全党和赤色工会的组织,来争取青年工人女工加入工会,要加紧领导他们的特殊斗争。党和赤色工会要把这种工作认为【是】自己的中心工作之一。

为着加强青年工人女工的工作,必须不但设立青年工人部女工部,而且要党和赤色工会的整个组织,直到工厂支部,都切实注意起来;要努力培养工厂之中的青年工人女工干部,吸引他们实际参加各级工会的指导机关。

赤色工会里的青年工人部,要实行他的作用,必须由下而上地建立起来,必须纠正过去只有上层机关的错误。要使青年工人部和女工部切实执行青工女工的一切工作,领导青年工人代表会、女工代表会的运动;青工部还要建立和发展劳动童子团的组织和工作。同时,在黄色工会内及无组织的青年工人女工群众之中,也要努力进行女工代表会和青年工人代表会的运动。这种代表会必须经过广大群众选举,建立经常固定的工作,来团结青年工人女工的群众,使他们围绕赤色工会而成为斗争的组织。

(十四)工人的武装组织和训练

现在群众斗争的发展之中,应当同时经过工会,去加紧工人武装组织和训练的工作——工人武装自卫团体的编制和演习(纠察队、赤色先锋队和少年先锋队等);应当实行军事的编制训练和政治教育以及武装的练习。必须防止脱离斗争而单纯地、机械地进行武装组织和训练;必须使这些训练和组织,更密切地和群众日常斗争联系起来,而且要建立在厂内活动的基础之上:例如保护示威,保护罢工工人,保护青工女工斗争,保护赤色工会组织和会议等等。这样,才能更加帮助赤色工会的扩大和发展,以及真实地准备暴动。

(十五)工会的鼓动工作和鼓动组织

赤色工会必须建立经常的、有系统的、独立的宣传鼓动工作,利用每一次大小的斗争,宣传赤色工会的纲领——不论这种斗争是在黄色工会钳制之下或是无组织工人的自发斗争。从全总直到最下层的工会组织,都应当有经常的定期刊物,直到墙报和工厂小报,而且这种最接近群众的出版品,却是最重要的。赤色工会,特别是下级工会和工厂支部,要建立宣传鼓动的组织,要训练鼓动的干部——宣传队、读报团、演讲会、工厂小报或墙报的编辑委员会、工人通信员协会、红旗读者会等等。要吸引无党的工人,以及非赤色工会会员来参加这些组织。

(十六)赤色工会的公开和秘密工作

赤色工会运动,在严厉残酷的白色恐怖统治之下,常常是处于极端秘密的地位,因此,赤色工会争取公开的活动和秘密工作的方式,需要极切实、极灵敏的联系。赤色工会,甚至工厂委员会,为着争取公开活动起见,可以运用各种灰色的名义,发展自己的工作,而且同时要争取公开活动。至于反动统治动摇削弱到某种程度的时候,要求赤色工会整个组织自动地公开出来,以领导广大群众的直接行动;这种时候,赤色工会尤其要注意公开活动之中,保存秘密工作的组织和基础。这种工作方式上的组织问题,特别"须要一方面有很大的敏捷能力和适应能力,别方面,还要党和工会支部有极坚定的原则和策略路线"。

六、苏维埃区域的赤色工会运动

(十七)苏维埃区域工会运动的重要

苏维埃区域里的工会运动,"完全是一个新的问题",现在建立苏维埃的根据地和苏维埃临时中央政府,巩固无产阶级对于农民战争领导的总任务之下,为着苏维埃政权在全国胜利的总斗争之下,苏维埃区域的赤色工会运动,成为最中心的问题之一。党和工会过去对于这个问题,没有充分地注意,的确是一个严重的错误。中国共产党中央委员会扩大的第三次全体会议,完全同意共产国际执委对于这一问题的指示。

苏维埃区域赤色工会的任务是——拥护苏维埃政府,帮助巩固苏维埃政权机关和红军,保障八小时工作制及劳动法令的实行,赞助发展土地革命斗争,及反对帝国主义国民党的斗争。苏维埃区域的工会和工厂委员会,要在苏维埃政府领导之下,实行劳工监督生产的任务。同时,赤色工会要用自己领导群众斗争的力量,来实现苏维埃的劳动法,保障工人的经济利益,不应当完全依赖政府的力量去达到一切。

苏维埃区域内的工会组织,必须成为真正群众的组织,更加发展群众对于工会的积极性,吸引广大群众来参加工会工作,实现工会的会员生活,坚决纠正机关主义的倾向。

党和全总,为着加强苏维埃区域内赤色工会运动的发展起见,应当派出大批的工会干部,到苏维埃区域去领导工会运动,应当有系统地建立当地统一集中的产业工会和手工工会的联合。中央临时政府的所在地,中华全国总工会要设立苏维埃区域的执行局,派得力的全总执行委员去主持,以统一当地工会运动的指导。

苏维埃区域的赤色工会运动,必须和反动统治区域,特别是重要产业区域的赤色工会运动,建立密切的联系。产业中心城市的赤色工会,对于苏维埃区域的赤色工会,要实行加强政治上的领导和组织上的帮助——调动自己的干部去加强苏维埃区域的工会。苏维埃区域的工会要把当地工人生活和胜利的情形,广泛地报告到反动统治区域的工会,以发展广大的宣传和鼓动,引起更加广大的群众,起来为着苏维埃政权而斗争。

(十八)雇农工会问题

苏维埃区域里面,也和反动统治区域一样,要更加加紧组织独立的雇农工会。苏维埃区域之中,雇农工会应该是实现现时无产阶级在资产阶级民权革命和反帝国主义革命之中的领导权的重要工具之一。特别为着彻底肃清富农路线,加紧反对富农的斗争,为着争取中国革命将来的社会主义发展道路,雇农工会的组织和领导斗争,更加成为一个中心问题,党和赤色工会,要加派工会干部到苏维埃区域,以及反动统治区域的乡村之中去,发展和领导雇农工会的运动。这是再也不能迟缓的了。

苏维埃区域的雇农工会,应当和贫农团建立巩固的联盟,并且争取【对】中农群众的领导。雇农工会的独立的组织,是苏维埃政权在乡村里的支柱,必须加以严重的注意。苦力工会的运动,也是同样的重要。至于反动统治区域的雇农工会和苦力工会的会员,也要对于农民委员会起核心的作用。

(录自中央档案馆编:《中共中央文件选集》第 6 册,
中共中央党校出版社 1989 年版,第 329—350 页)

少共国际关于建立青工部与
青年全权代表团体的方式的材料

（1930 年 9 月）

建立工厂中的青工部与青年革命全权代表团体，是中国团的最重要问题之一，青工部与青年全权代表团体，是工厂中的永久性的战斗组织，其作用是为着日常保护青年工人的利益，为着团结与动员青年，为着组织与领导青年，为着经济的与政治的斗争。但是对于这个问题，中国团是非常缺乏清楚的了解，因为虽然事实上中国很久已经在工厂中建立青工部与青年全权代表团体，但是至今尚不是有群众的，而且仅仅限于有赤色工会的很少工厂中。这些组织的方式，尚未开始利用一切的可能来应用，所以这些组织的成分是极端薄弱。因此，我们认为需要给你们关于这问题的详细材料，使你们可以清楚了解工厂中青工部与青年全权代表团体的方式与其意义。

一、革命的青工部，必须在凡有工会的一切工厂作坊中组织起来。可是还必须在此地特别着重地说青工部不但要在已有的赤色工会中建立，而且要在黄色工会与国民党工会中建立起来，这里有许多的青年。

二、在政治与经济斗争之中，要在青工之中发展广大的征收工作，吸收他们到青工部之中，这工作要在保障青工利益的基础上特别注意到主要的工业，以及大工厂与军事工厂，必须利用每一个斗争来建立青工部，需要最严重地注意鼓动青工工人，整个团体整个部地加入青工部。

三、青工部是建筑在工厂的基础之上的,但是因为工厂的特别构造而不能以工厂为基础建立青工部的地方(手工业工厂等等,以及部分的建筑工人与在家中工作的工人),青工部可以按照地方或区域来建立,青工部的建立,不可仅仅用统一已经有组织的青年的方法,而应当用广大群众的征收,特别在工厂中主要阶层的青工之中【征收】。失业的青工要愈多愈好地附着于他们以前做过工的工厂青工部,如果不能的话,则要他们附于最近的工厂或地方的青工部。

四、青工部必须在工会系统的一切机关之中与成年工人有密切关系,以及工会的一切领导机关之中有青工部代表。

五、青工部要有自己选举出来的代表在工会机关之中,要自己登记自己的会员,自己出版定期刊物,或在工会的机关报上有自己的特别的一栏。

六、青工部要经常召集青工部的全厂会员大会或小组会,吸收广大的无组织的非工会会员来参与。此外,青工部要开青年工人的代表会与大会,在大会上制定具体的战斗纲领和为着发展斗争的具体办法。

无论如何不可以向青工部的会员收集特别的会费,在黄色工会之中会费甚高,使青工不能加入工会,革命的青工部要为最低的青年的会费而斗争。

七、青工部不仅保障有组织的青年的利益,而且也要为着无组织的青年利益,要准备与领导他们的经济斗争,而教育他们以革命的精神。

全部的工作必须向着拆散黄色工会、鼓动脱离黄色工会与加入赤色工会。

八、赤色工会的青工部以及在革命的领导之下的改良工会和国民党工会中青工部,必须经过工厂中的青工全权代表会进行他们的一切工作。按照着我们的包罗与争取无组织的青年工人以及改良工会或黄色国民党工会中的青年工人来做工会负责的职务,我们在自下的统一战线的基础之上,把这些青年工人吸引到工厂中青工全权代表的运动中来。

工厂中青工全权代表的选举和组织,必须在下面的基础之上进行:

一、要在我们总的青年要求基础上举行青年工人的会议。在这些会议之上,要解释建立工厂中青工全权代表的重要,以及进行选举,在大的纱厂、丝厂、火柴厂与五金工厂有许多青年的地方,这个选举要在各部门中进行,以及在各班(日夜班的班——译者注)的时候,在各部门中与各班上选举出来的青年全权代表会,总起来应成为工厂革命青年全权代表的团体,工厂中各部门的青年全权代表自己选出一个领袖(各部门的领袖——译者注),以及选出全工厂的领导机关,其中有三个至五个全权代表,这选举要在目下的统一战线与我们的斗争纲领的基础上进行,在工厂中去做工作的时候,要不仅把有组织的青年工人,并要把无组织的以及在国民党的工会与改良工会中的积极的青年工人,在实际行动中表现出阶级觉悟的【工人】选举为全权代表,和选举到领导机关中,特别是要在准备与进行经济斗争的时候,在选举工厂委员会的时候,以及在厂内发生重大事件的时候(如应用新的合理化的方法,减少工资,增加工作时间,增加各种罚款,延期散发工钱,对于青年的重大意外事件,虐待童工,应用保证金制度,无理开除学徒,等等),进行建立和选举工厂青工全权代表。

在属于帝国主义的工厂中,要特别在反对帝国主义运动之中建立与选举青工全权代表。

二、为要建立工厂中全权代表的阔大的网,需要设法使至多每十个至十五个青年工人选举一个全权代表,这样可以快速地组织战斗行动。察访青工的情绪和经过全权代表给青年以通知,中国有大约〈有〉五百万青年在小的家庭工业与手工业企业中做学徒与助手,所以必须尽可能〈将〉广大地吸收这些企业中的青工到青年全权代表的运动之中来。在家庭与手工业企业中,每五个到八个人选举一个全权代表,在小的区域的基础上,创造小企业中的全权代表的网。

在许多中国和外国的工厂中,除了在工厂中做工的青年以外,有许多青年工人不在厂内做工,而是抱〔把〕工作拿到家中去做的,所以把这〈些〉部分青年工人吸引到工厂全权代表运动中来,是极端的重要。要在每一带房子进行选举,10个至12个青年选举一个代表。太平洋的特点之一,是工厂中有许多童工。为此,在这样的工厂中,要选举儿童的全权代表。

纱厂、丝厂与茶业之中,青年女工占有百分之七十以上,在企业中占主要的作用,所以要从青年女工中建立青年全权代表。

三、工厂的青年全权代表,必须与革命的工厂委员会讨论一切问题,要做到青工代表的领袖,可以参与工厂委员会的会议,并有发言权。

在东方的国家之中,阻碍青年加入工会的困难与阻碍,在一方面是由于青工被认为无权加入工会的,另一方面是由于他们不承认在某一年龄之下的青年工人有积极参加工会工作的权利,所以必须不断地为着允许青工领袖的选举权,以及在选举时候的选举权与被选举权而斗争。

四、工厂青年全权代表的运动,是革命全权代表的工作运动中不可分离的部分,青年全权代表是在团的支部的直接领导之下的,如厂中没有支部,则在赤色工会直接领导之下,入会登记等等手续是由于革命的青工部或由附属于工会的青工委员会(这个委员会,要在一切赤色工会领导机关中建立)来做。

五、为了工厂中青年全权代表讨论一切任务,为了准备经济斗争,为了进行活动与运动,为了讨论政治与社会的问题,要经常开青年全权代表全体会议,与革命青工部的小组会,或把他们组织到附属工会的青年委员会之中,青工全权代表要按期地以及在准备与组织经济斗争的时候,召集自己的区域的某一带的,或某一产业的代表会议,来创造一个一致的行动。

要不断为我们的战斗纲领(这一纲领要有某一产业的具体要求),与反对改良主义及国民党官僚不断的斗争。

六、在组织青年工人的经济的、政治的、斗争的事件上,必须要进行经常的鼓动,这工作要得到工厂中青工全权代表的帮助,以及革命的青工部或附属于工会的青年委员会的领导之下。因此,需要印发许多材料(关于工厂的全权代表的政治任务与经济任务的通知材料),青年全权代表要在一切斗争的问题、劳动问题、学徒制问题的上面发表意见,需要建立与团的工厂报纸或别的机关报的积极合作,因此,必须建立工人通讯员,以及与他们的组织【会商】。

七、工厂青年全权代表的任务中,也包含着同与他有关系的青年保持经常的关系,而且他要完善地告诉青年以消息。因此需要召集各工厂部门的会议,青年全权代表在会上报告他们的工作,全权代表的全权会议的情形等等。

工厂青年全权代表要详细知道本工厂情形,他要知道青年与学徒的工资(按件工作、按时工作、年终赏金、回家做工等等)他们必须知道工作时间的情形,与工厂中实行着的工作时间规则(工作时间、休息时间与假期、罚款、学徒的期限或条件等等)。他们必须详细知道工厂中的一切特点,知道这工厂真正是属于他们,学徒与儿童的百分数,谁管理雇佣工人与散发工资,以及工厂与同业的工厂有什么不同情形。只有这样,工厂青工全权代表才能够负起他的一切任务,而成为青年工人在为自己的利益的斗争中的真正代表,他必须同与其他有关系青年共同来讨论,讨论要求与战斗的方法,以及明了他们的欲望和情绪,特别加强经济斗争的准备工作。

当厂内发生冲突之前,必须在正当的时候,提出青年的要求,以及设法动员青年,在将要到来的斗争中达到他的要求,鉴于东方的产业中,儿童与青年占极大的百分数,所以特别需要在准备进行斗争的时候,选举青年的代表和在斗争委员会中组织青年执行委员会,以便在青年之中进行特殊工作,为着在工厂内特别的青年罢工——完全与儿童共同举行的——中的准备工作,需要建立的特别青年斗争委员会,青年斗争委员会或青年执行委员会,要在团的领导之下和在工厂青年全权代表的基础之上,在斗争结束之后,青年斗争委员会与青年执行委员会要解散的。

在经济冲突的时候,青年中产生意外的时候,压迫学徒或青年的时候,青年工人全权代表与青年工厂委员会的委员,一定要保障青年工人的利益以及帮助他们获得权利。要按照客观的具体环境,采取相当的战斗方法(例如意外事发生时,如果是严重的,则号召一个抗议的罢工,提出具体要求,如应用安全的设备,改换工头,减少青工童工的工作时间)。

八、一切这些必须与为加强赤色工会与青工部的强烈的征收工作合在一起。在没有青工部而已有青工全权代表厂内,青工全权代表必须把青工部建立起来。

为要在尚无青工全权代表的工厂中,建立广大青工全权代表网,就需要与这些工厂建立关系,这件事要利用党在工厂委员会与全权代表中的地位。

九、为要维持青年全权代表的经济,使他能执行其任务起见,需要在工厂中收集这战斗经费。

十、产业的资本主义合理化与已经爆发的经济恐慌,特别对于青年给予严重的打击。许多产业如烟厂、纱厂以及其他,几乎全部是青年工人在工作的,都关闭了,结果成千的青年失业。所以,现在要比从前更加与失业青工发生密切关系。这个密切关系的执行,要经过互派代表,联合的示威,与为发给辞退的工人以赔偿金或其他要求而斗争。

十一、青年工全权代表必须建立在团的支部的直接领导之下。团必须在青年工人全权代表的一切机关中建立团组,来得到对他的工作的领导。

—完—

(根据中共江西省委党史研究室藏件刊印)

少共国际鉴于农民运动的发展给
中国团中央的信

（1930 年 9 月）

亲爱的同志们！

鉴于农民运动的有力发展，发展到了农民的武装斗争，以及在过去一年中建立了好些新的苏维埃区域。中国团的面前放着好些农村工作的新任务，在苏区中以及在无苏维埃政权的区域中，我们认为需要在这问题上特别给你们一封信。

（一）苏区中团的任务

1. 团在苏区中的一个最重要任务，是帮助党来正确地解决土地农民问题。团必须动员农业青工、青年贫农与中农，经过没收地主、绅士、土豪与高利贷者的土地，依平均的原则，分配与贫农的办法，来执行贫农与中农的土地革命，这革命是要依据于占乡村大多数的贫农、农业工人与苦力的反对富农的斗争，富农是想阻碍没收土地或想按照生产工具来分配的。

2. 红军或农民队伍夺取了某些区域后，党团必须立刻没收地主、绅士、土豪与高利贷者的土地，同时把他们的房屋、财产、仓库与农具也充公。团一定要做到把充公来的财产中，指定一些房屋地产为俱乐部、学校，以及其他青年的文化教育组织之用，要做到把土地与农具首先分配给积极参加红军或游击队的农业青工与青年贫农，并且免去他们的一切税。

3. 团的大任务之一，就是积极参加苏维埃的一切工作，与〈他〉执行经济建设的纲领，团必须把一批有准备的干部送到苏维埃的各种组织中去工作。必须争【取】到在乡村苏维埃中有农业青工与青年贫农的代表。团要在最广大农民群众中鼓动他们组织合作社的借贷（信用）制度，来反对高利贷，尽量地组织买物（买进）与分配（卖出）的合作社，团〈要〉应成为进行下列这些社会事业的发起人与组织者，这社会事业如：筑路、造桥或修桥、种植树木、改良现有的灌溉的制度、掘井、开垦荒地、帮助红军与游击队中农民的家属，组织学校、读书室、识字运动等等。可以组织一些特别的日子来做公共工作，要使无党青年与成年农民大家知道这些日子。

4. 团必须帮助苏维埃施行农业统一累进税，团要在一切所在，在团的会议上，在无党青年的会议上，在俱乐部中，向农民解释军阀的农业税和苏维埃政权之下的农业税不同，必须注意勿使累进税受到误解，而要使一切劳动农民都懂得苏维埃之下的税是减轻了，在交付农业税的事件上，团员应做无党农民的模范。

5. 团要成为组织者来实现苏维埃对于青年劳动的法律，苏维埃政权关于教育的决定，青年与成年政治上的权利平等，青年经济地位的改善，青年的得到土地等等。如果发生不执行苏维埃政府的决定，以致青年的地位没有改善的事件，团必须做到把这些侵犯者送交苏维埃机关办罪。

6. 团对于中国劳苦群众宗教迷信的态度，是有极大重要性的事。一切可以侵害群众的宗教感情的强迫办法，例如在分配与耕种土地时，强迫掘毁祖宗坟墓，不许祭祀敬神，捣毁庙宇等等，这种办法可以使青年离开我们。必须在广大的信教群众中进行文化教育工作，揭破宗教与传教者的真面目，只有在得到群众的完全同意之后，才可以采取【措施】，如封闭庙宇等等。团必须在俱乐部中组织"不信神者"（无神者）的支部，以及经过他们进行反宗教的工作。

7. 少年先锋队必须尽量的加入红军，其余的少先队应有帮助执行没收土地，组织乡村自卫等任务，必须做到苏区中每个团员都要受军事训练，以及能够在一声号召之下就加入红军。

8. 团在苏区中有极大可能来发展团的组织，必须争取在最近的将来在较大的乡村中都有团的支部。乡村中团的组织,要建立在青年贫农、农业青工、苦力以及较好的一部分的中农青年身上。为要把广大贫农与农业青工群众引进团来,必须召集无党青年群众的会议,讨论团的立场是什么(赞成什么,反对什么)。

但是在广大征收团员之中,必须用一切方法,不许富农子弟及其拥护者入团,因为许多"围剿",苏区的地位不稳定,必须把团的组织建立得很能够立刻转入秘密状态。

9. 团只有把青年农业工人、苦力与贫农围绕在自己周围,才能执行上述的许多任务。为了这个目的,团必须在工会中组织青工部,尽量广大地吸收农业青工、苦力、产业青工与手工工人加入(我们另给你们关于建立青工部与青年工人全权代表的方式的特别材料)。尚未有工会的地方,团要与党一起立刻把他建立起来。工会青年部要经常召集乡村会议,县的甚至省的会议,在这些会议上讨论许多青年问题。青工部把整个无产阶级青年团结在自己周围,他的基础是保障纯粹的青年利益,例如坚持青年劳动法律的执行,给青工以读书机会等等。青工部必须尽量地印发新闻纸、传单,组织俱乐部、读书室、文化教育的会社等等。城市中产业工会的青工部要与乡村的青工部建立扶助的关系,给他以一切可能的帮助。在经济上,以及从青年中派特别的工作员、组织员去。

10. 建立一般青年农民的农会,如在苏维埃区域以外所有的,在苏维埃区域中是不好的,一切现存的这类组织,必须逐渐消灭,而把其中较好的部分,贫农与青年工人吸收到团内和"贫农团"之内。

11. 整个农村青年运动的无产阶级领导问题是非常重要的,团要在产业区域动员青工派到乡村中工作。团的工厂支部,不可与派到乡村去的同志失去联系,而在一切工作中帮助他们。

(二)团在中国反动统治下的乡村中的任务

12. 团在地主资产阶级反动统治下的乡村中,其主要任务是发展基本农民群众的反对一切剥削的日常斗争,把这斗争引向建立苏维埃政权。为了这个目的,必须一直利用小的冲突来煽动群众的不满意进行不断的斗争,反对各种各式的税与捐,与进行反对高利贷与反对高租的斗争。同时,准备农民群众来武装夺取政权,以及帮助红军,但是必须防止过早的行动,这种行动只能破坏这个事业。

13. 团必须用一切方法发展工会,以及建立其青工部,青工部必须制成在地主的产业中与其他大的农庄中做工的农业青工的具体要求,要求增加工资,与成年得同样工资、休息日、平等的政治权利、得到土地等等。而在这些要求的基础之上来团结乡村中的整个无产阶级青年。

14. 在苏区中,我们是取消一般农民的农会,在地主资阶级反动统治之下的区域中,却相反的需要尽量发展这种组织,并保持对他们的经常领导,需要组织愈多愈好愈广愈好的群众组织,并且经过斗争来取得他们的公开的存在。在一切这些群众组织之中,要建立团组。

除此以外,需要建立各种青年男女农民的俱乐部、体育团体以及识字班,组织乡村女青年的缝纫班等等,一定使这些组织,都要广大愈好地吸收青年农民,但是必须防止富农分子〈的〉侵入这些团体,以及这些团体中受到他的影响。

15. 在农民团体与红枪会之中,团必须加强工作,与其中的党团共同建立工作,使这些团体的整个工作,趋向于反对反动地主统治的斗争,以及给游击运动的发展以积极的帮助。

16. 在资产阶级地主反动统治之下的乡村中,团的大任务之一就是发展与加强少先队的组织。需要做到每一个贫农都要有武装而成为少先队的队员。少先队的任务是:保卫农村青年,反对强收军事捐,各种税捐,在军队调动时的没收牲畜与用具,以及过境军队的蹂躏农产。除此以外,要从少先队中征调队员加入游击队,来助常备的红军,少先队也要给红军以帮助。

17. 这些区域中,团的主要任务之一,是在广大农民群众中普遍地宣传苏维埃共和国,要每个青年贫农与苦力知道苏维埃政权如何改善了青年的地位,给了他们充分的政治自由,建立了学校、俱乐部、工会,保护青年不受剥削阶级的剥削等等。每个团员要召集广大青农群众会议,在会议上告诉他们苏维埃政权一切行动的消息。要给红军以帮助,或则〔者〕为红军在农民中收集粮食,或则〔者〕告诉红军以敌人行动的各种消息。宣传鼓动的一个最好方法之一,就是派送青年代表到苏区中去。这些代表会在实际中知道苏维埃政权一切活动,而在他们回去之后把这些告诉无党青年。团必须号召青年农民加入红军与游击队的运动。

—完—

（根据中共江西省委党史研究室藏件刊印）

中国共产青年团中央委员会为
第一次全国苏维埃大会告全国劳动青年①

（1930 年 11 月 11 日）

全国工农兵士贫民劳动青年！

第一次全国苏维埃大会要在今年广州暴动纪念日（12 月 11 日）开幕了。

苏维埃是什么？是工农兵士选举代表，组织起来的政权。

国民党政权是反动政权。在国民党政权底下，我们青年工人一天做 14 点钟工作，只得到几个铜元的工资，受尽工头厂主的打骂，动不动就要罚工钱，开除，坐牢，枪毙。我们青年农民，没有饭吃，只有饿死。我们青年兵士，领不到饷，被军阀拉去当炮灰。总而言之，是死路一条。改组派、社会民主党、取消派等改良主义者，喊着国民会议的口号，现在国民党南京政府也说要召集国民会议了，他们都是刽子手。国民会议一点也不能改善我们劳动青年的状况，只会加重我们的痛苦。现在中国只有两条道路，或者是国民党的反动政权，或者是工农苏维埃革命政权，"国民"会议实际是"军阀""官僚""地主""豪绅"帝国主义的狗子狗孙的会议，是国民党欺骗群众，维持他们反动政权的工具，我们必须坚决反对，要誓死为工农劳动民众自己的苏维埃政权而斗争！

苏维埃政权是革命政权。苏维埃政权已经实行给劳动青年许多

---

① 本文标题原为《为第一次全国苏维埃大会告全国劳动青年》。

利益：

一、青年工人 18 岁以上的每天做工 8 点钟，16 岁到 18 岁的只做 6 点钟，14 岁到 16 岁的只做 4 点钟，不满 14 岁的不做工。

青年工人每礼拜末，连续休息 44 点钟。

男女青年工人的工资，同成年工人一样，减少工作时间不减少工资。

不满 20 岁的青年工人不做夜工。

学徒制、打骂、罚工钱、开除等等剥削方式、压迫方式，完全禁止。

青年工人与成年工人一同监督生产。

二、青年农民与兵士分到土地，苛捐杂税完全废除，不交租不还债。

三、妇女完全解放，废除童养媳制度，婚姻自由。

四、一切劳动青年，读书不出钱，有便宜的米吃。

一切劳动青年与革命学生，有集会、结社、言论、出版、罢工的自由。

一切劳动青年，在 16 岁以上的，对于苏维埃政权有选举权和被选举权。

全国劳动青年们！起来拥护自己的苏维埃政权，反对国民党政权！

第一次全国苏维埃大会，就是全国各地工农兵士选举出来的代表，以及英勇的红军代表，相聚一堂，讨论怎样互相帮助，推翻国民党政权，建立苏维埃政权，使全国的劳动群众以及劳苦青年群众，享受苏维埃政权之下的一切利益。

共产青年团号召你们，把第一次全国苏维埃大会的消息告诉每一个劳动青年。在每个工厂里，每个村庄里，每个兵营里，与成年工农兵一起，选举代表去参加这次大会，把你们的痛苦与要求，告诉全国工农兵士与英勇的红军战士，同他们去商量怎样一同斗争。要你们的代表把大会的决定，和苏维埃政权之下的实在情形，告诉你们。

共产青年团号召你们起来，选举青年工人代表会和贫民委员会，为自己切身利益去勇敢的斗争。你们要加入赤色工会青工部,加入少年先锋队、童子团,加入反帝同盟青年部。用群众的有组织的力量,用群众的斗争,来拥护苏维埃政权!

中国共产青年团中央委员会

(录自共青团中央办公厅编:《中国青年运动历史资料》第 8 册,内部资料,1960 年印,第 357—359 页)

立三路线与青年运动

——少共国际来信

（1930 年 11 月 29 日）

中国共产青年团中央亲爱的同志们：

关于你们 8 月 9 号的来信，我们除了拍了电报给你们以总的指示之外，觉得还必须详细地说明我们对于你们所提出的问题的态度。这是非常必要的，因为这并不是关于每种次要的关于形势估量或策略认识之不同，而是关于"在这个中国革命转变关头中的两个原则不同的政治路线"（共产国际的信）：就是一个是为一些党的领导同志所拥护的李立三的路线与一个共产国际执行委员会的路线之不同。少共国际当研究了你们的来信之后，不得不指出你们之所以错误地（随便怎样都是错误的）同意于行委的决定，同意于暂时取消青年团，都是由于你们中央局的多数都同意于李立三之对于目前形势及力量对比之错误估量，如果企图掩盖这一事实，是非常有害并且危险的。相反的，团的中央局应该用布尔什维克的态度来承认并克服李立三的这一错误立场及其本身的错误，而更加努力地来阐明并执行共产国际执委会的路线。共产国际执委会已经送了一封详细的信给中国党的中央，指出李立三的错误路线，这封信是应该详细研究的，这对于团的领导干部有极其严重政治上及组织上的意义，这能更加保证团在中国之反帝革命与土地革命继续进攻中能实际地协助中国的党。

总之，关于你们的信，〈从〉你们的一种说法是："党已在政治上获得工人阶级的大多数的拥护"。

"在这个非常的时节,必须把两个不同的组织系统合并起来,置在〔于〕一个直接的指导之下"等等,都可以看出行委的决定都由于有许多同志同意于李立三的路线。这一路线是这样的:

"李立三没有根据于对客观形势的正确分析,也没有根据于战斗力量之对比的正确分析,他缺乏了这两种马克思列宁主义者之必要条件,结果不但做了个别的错误,并且形成了一贯的反马克思主义的反列宁主义的立场。这一立场是脱离了实际的,脱离了群众的,是离开组织群众,并动员群众的,这一立场不能不发展为一种盲动的冒险主义的策略。然而这种用假革命的词句来掩盖实际消极的立场,实质上是机会主义的,犹之乎托洛茨基一样。在这一非马克思主义的立场上,才会生出一种理论,以为中国已有全国范围内的成熟革命形势,同时以为在世界范围内的革命形势,也同样地成熟了。"(共产国际执行委员会的信)

这一路线究竟有些什么错误,什么害处,什么危险,以及什么不实际性?李立三,第一,没有考量到中国革命发展中之最重要的特点,他把"一切共产国际执行委员会以及中国党所说的军阀割据与帝国主义的瓜分,经济发展的不平衡以及革命发展的不平衡"(共产国际执委的信)一下子便取消了。第二,他没有看到工人运动之落于农民运动之后。第三,他没有考虑到帝国主义的势力。第四,他没有想到苏维埃区域还没有成为革命的巩固根据地。第五,他没有注意到建立教育并巩固工农红军的必要。

对于这些最重要的问题之不了解,以及对客观形势和革命远景之错误估量,便产生了一种理论,以为工人只会响应暴动,不会响应示威与罢工,这实际是用"左"倾的话来掩盖机会主义的消极而已。对于工人阶级的日常斗争之领导,不是更加注意,而是党及团却更加忽视。对于政治罢工的必要准备和执行,是并没有做,而党团支部的合并,实际上是取消了集中力量来准备暴动的工作。即使说,在中国已经有直接革命的形势了,取消团的存在,和党合并为行委总是一个大错误。列宁在 1917 年 10 月 8 日写道:"调动我们最坚决的分子

（我们最活动的分子青年工人和最好的水兵）编成小的纵队，去夺取最重要的地方，去参加一切的斗争，去协助最重要的动作。"（"局外人的建议"全集第十四卷）这几句话可以表示列宁对于青年工人在武装暴动时的作用估量得何等重要。所以首先团就必须用最大的力量来动员最广大的青年群众来参加直接的武装斗争。那么，怎样可以说为了要集中指导，就需要取消青年团呢？固然，在这样的时候团的任务与活动，绝对必须与党的总任务有密切关系，而且完全服从党的总任务，但这完全不是说应当废除团的组织独立性，把团取消。

如果否认了中国革命的成就与党团的成功，这是有害的，并且在政治上是绝对不允许的，武装暴动之路线的确定（这是绝对正【确】的）就表示出党与团的工作已获得了极大的成功。但是若不想到或不看见或忘记了李立三所取消了的各点，则在他的计划之实现途程中，中国无产阶级的鲜花将被帝国主义的暴力所直接踩蹦，重要工业中心的工人将遭受屠杀，红军将受到惨败，我们的运动将向后倒退。李立三的路线是非列宁主义的，是引导着走向消极与失败的。

少共国际已经知道党的政治局已经改正了它过去的决议，而采取共产国际执委会的决议，我们也丝毫不怀疑 C. Y. 中央局将一致地纠正错误并有力地执行共产国际执委会的路线，特别是在最近一封信中所指出的。我们相信你们必能有力地完成革命的实际任务，把革命从主要的右倾危险及一切"左"倾的假革命词句及幻想中拯救出来。

因为我们在八月中已经有一封信给你们，把一切具体的任务都指出了，这封信现在仍然有效。我们认为你们必须与我们的代表共同立即决定一些实际的办法，来实现共产国际以及我们的信中所指出的路线，首先就是这几个问题：

1. 最大限度地积极协助党建立苏维埃的根据地；

2. 建立坚强的工农红军；

3. 实际领导青工的日常经济斗争与工会工作；

4. 大批的征求青工、苦力、青年雇农、贫农入团，这一工作是很不

能满意的;

　　5.发展反动区域中的农运,发展游击战争等等;

　　6.特别研究交通工人、铁路工人及兵工厂工人中的青年工人工作问题。

　　正月里我们要开一次扩大的执委全会,你们应有一个报告,这应该充分准备,应立即开始考察几个最重要的问题。

　　我们希望你们能够在你们的报告中把团的现状与执行共产国际路线的工作,有一个透彻的检阅。

　　我们还要使你们注意的是:我们还不知道中国党政治局决定以后你们的立场如何。

—完—

十一月廿九日发

(根据中共江西省委党史研究室藏件刊印)

儿童运动决议

（草案）

——根据少共国际执委决议与国际儿童局来信改造儿童运动

（1930 年 12 月 11 日）

一、中国的劳动儿童运动，在革命中发生过了极伟大的作用。1930 年的一年中，中国革命的高涨，苏维埃与红军的发展，罢工，斗争与农民运动的猛进，一切斗争之中，劳动儿童日益激进化，并且在每个斗争之中表现其力量。在反动统治之下，资本主义合理化以及经济危机之中，资本家开除大批成年工人与青年工人，加重剥削童工，儿童在生产过程中的地位，也日益增高。同时在苏维埃区域中，儿童已经得到了解放，资本主义对童工的残酷剥削，完全废除掉了。

二、团在儿童运动中，虽然有不可否认的成绩（特别是苏维埃区域儿童团的发展），但全国的儿童运动却是不可否认地发生了危机状态。这个危机状态表现在，一方面是工人群众的急剧的激进化，另一方面，反动的儿童运动（特别是国民党童子军）却极度的活动。而在共产党及青年团领导之下的儿童运动，在反动统治区域内是没有明显的发展，一般的是停滞着，甚至是向下低落，即在苏维埃区域，这一运动，也因为没有正确的工作，而缺少生气。这表示我们在儿童运动中，做〔犯〕了极大的错误。这个错误是：（1）对于儿童团的性质任务，以及具体工作方式的了解，有极大的错误，团尚未了解共产主义儿童运动是用许许多多方式把儿童团结起来，以适合儿童〈的〉兴味的方法，以及领导他们进行斗争，来教育儿童群众以共产主义，特别是在"行委"的时期（六月至八月），把儿童团认成了一个暴动队的组织。这样,非但使儿童运动在一方面只能团结一些最进步的儿童,儿童团的工作像儿童党一样;另一方面,儿童团成为纯文化的组织,儿童团员不知道共产主义为何物,而且最后就到了儿童运动的取消主义。(2)党与团对儿运的领导,是绝对的不适当,特别是对于儿童运动干部的"任其自然",不注意培养,以及儿童运动系统〈的〉至今没有建立起来,也没有注意去建立。

三、必须根据少共国际的儿运决议,来重新确定儿童运动的性质与任务、组织原则,根据这些来改组儿童运动。

(1)确定我们的儿童运动的性质是"共产主义儿童运动"。"共产主义儿童运动的任务,是要使广大的无产儿童群众,知道他们自己的阶级状况,认识阶级斗争的必要,并且在使他们参加阶级斗争的基础之上,以共产主义精神教育他们。"(少共国际决议)儿童团的年龄,定为14岁以下(青年团的最低年龄为14岁)。

(2)共产主义儿童运动是在团的直接领导之下的(不经过团组的),各级团部的儿童局,就是儿童运动的各级组织。

因为儿童的兴趣、能力与需要是各各不同的,所以应当组织各种各式不同的儿童团体(工会性的、学校的、识字的、运动的、打拳的、工艺的,旅行[远足]的、音乐的等等组织,废除过去用军事组织系统的方式。团体大的可以分组)。这些组织,不必统一名称,而可随便规定的。在苏维埃区域可以统一名称为"共产儿童团",但仍须用许许多多方式组织各单位。这些组织的方式无论如何复杂,他们应有共同的原则及责任,在党与团的统一领导之下,成为统一的共产主义儿童运动。

这共同的原则,就是参加一般的阶级斗争,以及提出儿童的要求,用儿童所懂得的方法,把儿童群众动员起来,围绕在总的政治口号之周围。他们的共同的责任,就是组织劳动儿童在工厂中,在农村中,在学校中的一切斗争,反对国民党的军事训练,解说苏联儿童状况与拥护苏联之必要,到敌人队伍(特别是国民党童子军)中去争取群众,拆散其组织,参加党与团的一切行动及工人阶级的斗争(示威、罢工、援助等），散发书报，交换工作经验。

在组织上，团要使这许许多多团体联合在"革命儿童团体联盟"（即团的各级儿童局）之下，大家有同样的口号（准备着！时时刻刻准备着！），礼节（举手礼，依照国际儿童团的礼节，举手高过于头，五指并列），章程标志（在苏区用红领带）。

四、为了适应上列的改造起见。必须采用下列的具体方法：

（1）自中央起以至各级团部，迅速成立儿童局。儿童局中，要能包含教育家、体育家、音乐家、儿童父母等等，来共同工作。

（2）建立儿童运动的系统，主要的不是建立机关，而是建立下层的干部。所以在各级委员会中，除指定有能力的同志进行儿童局工作，以及组织儿童委员会（吸收下层的干部来参加），主要的要在工厂中农村中的在业同志中，指定许多有能力的适当的同志进行儿童工作。

（3）现在儿童团中有许多在十四岁以上的分子，这些分子，应尽量的介绍到团内来。其中一部分就要受训练而成为儿运的下层干部。不加入团的，应介绍加入少先队、青工部等的组织中。十四岁以下的留在儿童团内，照本决议的原则，绝对改组。

（4）出版儿童的刊物，要以各种方法来进行。首先出版全国的总的儿运刊物。

五、认为在信仰共产主义者父母之中进行工作，也是非常必要。党必须专发指示信给各地党部，进行此项工作。

儿童运动改造的原则，已在中央局通过。各地应根据此草案，立即进行工作，并研究各种具体的问题，交与中央，以便补充此决议，成为正式的具体的决议。

（录自共青团中央办公厅编：《中国青年运动历史资料》第 8 册，内部资料，1960 年印，第 471—474 页）

少共国际致中国团
中央关于出版书报问题的信

（1930 年 12 月 18 日）

亲爱的同志们！

　　印刷品（书报）是争取广大青年群众的最重要的武器之一，资产阶级懂得这个道理，所以他在青年中散布极广泛的文化刊物，如侦探小说、冒险小说、军事小说等等，使青年有兴味时去看它。这些文艺刊物初看见很非政治性的，但资产阶级却用这些来训练青年以资产阶级精神。因此这些刊物在其假面具下所包含着的，仅仅是教育青年以爱国主义的精神，把保护祖国的战斗理想化，把青年拉开阶级的政治斗争等等政治内容。举例来说，中国有许许多多的杂志、报纸、书籍等等，特别是基督教青年会学生团体，国民党以及帝国主义的研究团体，出版得最多，他们都有最终的目标，就是把青年拿到他们的思想的领导之下，把青年领在他们的背后。

　　中国共产青年团也必须特别严厉注意这个斗争的工具，我们在这里很难判断，你们利用书报来争取广大青年群众工作，做到如何程度。因为虽然我们向团中央屡屡要求愈多愈好地把团的一切出版物送给我们，但直到现在仅收到很少的几份中央出版物，〈无论如何〉就根据很少几份我们收到的《列宁青年》已经可以说明中国团还没有充分地注意到这个问题，以及没有充分利用这个武器。

　　团必须不要忘记，神秘的团必须经过出版物把它的行动不仅侵入到一切无产阶级的中心，并要侵入到老远的，那些【因】为警察与别的理由而口头煽动不能达到的农民区域之中。报纸是团与群众思想接触的最大帮助之一,经过报纸可以通知群众,以斗争中的事实,以及能够在这些群众之中领导其斗争。

中国团到今还没有一个能在青年劳动群众中广大散布的报纸,当然的,团的中央机关报《列宁青年》的印刷,是在现在的艰难状况之下,他要首先回答直接有关于团的活动的内部组织的问题;但是中央机关报是无论如何不能仅仅成为命令和指令的机关报。团的中央机关报,亦必须用容易了解的方式,充分注意工农青年的日常斗争问题,这些问题是不仅有关于团的较高阶层,而且也有关于下层团员和无党青年的。一般的说,报纸的内容与篇幅必须从下述的观点上考虑,就是要使中央机关报不仅成为好的理论机关报,并要成为一个煽动的机关报,以及一个组织者,他要能使工农青年的广大阶层对之感到兴趣。

"可是报纸的作用不仅限于散布思想政治教育以吸引政治上的同想者,报纸不仅是一个集体的宣传者,并且也是一个集体的组织者,好比造房子时搭的鹰巢,规定这房子的大概,使建筑工人之间的相互关系较为容易,帮助他们分工,和看到这有组织的劳动所完成的总的工作成绩。由于报纸的帮助以及跟着报纸而来的,就有几个永久性的组织形成起来,这个组织不仅涉及地方的工作,并且及于经常的一般的工作,教导他的会员去细心地观察政治事变,去估量他们的重要性,以及他们对人民各阶层的影响,去定出适宜的办法,使革命的党在这事变中发生影响"——列宁。但是你们对于这个问题,是缺乏了解的。你们的领导同志之一,在赫达洛夫同志的报告中关于"我们的报纸"的一段作了一个注解,说我们的机关报《列宁青年》是一个例外,只能做一个理论的机关报,而不是煽动的机关报,因为我们有别种报纸来做煽动的机关报。(看 1930 年 9 月 21 日的列青上赫同志的报告)这刚刚〔恰恰〕是你们所不宜做的。因为你们只能出版一个中央机关报,那么这无论如何不可成为只合于很少数的读者的纯粹理论刊物,而应当同时也是合于广大劳动青年群众的煽动刊物。

在你们的基础的观点之上,你们仅仅印一点长的政治文章,从别的国际共产主义杂志翻印些长的报告、决议、宣言,而并无别的东西,这个报纸全不涉及青年工农的阶层〈他们〉的经济地位与对于广大青年群众有关的问题,所以这报纸在青年工人之中发行得很少。举例来说,9月7日、21日、28日的报纸仅有赫达洛夫的报告占了篇幅的四分之三,续登了9期,此外只有很少的宣言和关于国际青年日的理论文章,除此以外什么也没有。

你们必须改变报纸的内容,使之成为群众化的报纸,你们必须经常的谈到这一个或那一个工厂作坊与乡府〔村〕的工农青年的斗争与生活;同时,也要广大的告诉青年以红军的消息,以及苏区中苏维埃对于青年劳动群众采取的一切办法的消息。你们要学习党的《红旗》来建立你们的报纸,《红旗》是一个好的报纸的例子。

使广大青年工农群众发生兴趣的最好方法之一,是建立青年通讯员。你们必须在许多工厂与乡村中【成立】专为读看与研究《列宁青年》以及散发他的小团体。

将来你们要讨论在汉口、满州、天津,以及中国南方建立很多的青年报纸,以及要尽力建立一个特别为广大乡村青年群众的报纸,这个可能,特别在苏区是存在着,那边直到如今,你们尚未设立去建立群众的报纸,虽然有极大的可能。你们必须尽量地设法创立公开的半公开的青年刊物,但在这些公开的以及半公开的刊物上,无论如何,不可因为检查的原故而曲解我们的正确政治路线以及把秘密的团的存在与其工作,向工农青年隐藏起来。

看到中国党的刊物,我们亦看到中国团尚不能正当地刊用党报,在广大青年群众之中进行宣传鼓动工作,例如在《红旗日报》,以及别的报纸和在苏区出版的报纸,几乎完全没有关于青年的文章。将来,你们要严重地注意党与工会的报纸,这些报纸的每一期,必须有特别的青年栏,其中有关团的政治任务的,关于青年斗争的,关于农村青年的状况等等的文章,特别要利用苏区中党的刊物,这些刊物中,你们甚至可以有一个青年页。

　　中国团的大任务之一，是组织工厂与作坊报纸，这是团的争取无党青年的最好武装之一，许多青年吸引到产业之中，有许多企业，青年占了大多数。所以必须参加总的工厂小报的工作以外，还要设法特别为青年出版报纸，如果这件事难以做到，则要在每一期的工厂报纸中有特别的青年栏。工厂与作坊报纸必须尽量的公开出版，因为这样一来，这报纸才能包罗多数的读者。但是，合法性必不可以影响到正确地执行团的路线。

　　工厂与作坊报纸，将能够比中央机关报更合时地，与更好地反映青年的困苦情形，和指导青年做些什么，以及如何去做。你们的工厂作坊报纸，往往是中央机关报的长篇论文的转载，你们必须做到，做出国际形势的愈短愈好的估计，以及对于各种青年生活问题的特别详尽的注意，如青年工作条例〔件〕的惨苦，工资的微少，失业等等。工厂报纸要对于黄色工会的欺骗作用，和鼓动青年加入赤色工会，以最大的注意。工厂支部如能正确地解决工厂报纸的出版问题，他将把无党青年的广大阶层吸引来参加报纸的工作。这将组成一个积极无党青工的团体，你们必须实行各工厂的报纸的交换，你们必须尽可能地在乡村中和小城市中出版墙报，苏区乡村中每个团的支部必须出版青年的墙报。

　　我们再一次唤起你们注意，把你们所出版的一切刊物，中央机关报、工厂报纸，以及一切宣言传单等等，经常送给我们。

—完—

（根据中共江西省委党史研究室藏件刊印）

中国共产主义青年团中央紧急通告①

（1930 年 12 月 20 日中央局会议通过）

接受少共国际 11 月来信纠正中央路线，宣布三中全会决议及中央 11 月接受少共国际来信决议的无效，并号召全团团员为肃清立三路线与调和主义而争斗。

一、团的危机在目前已经成为无可争辩的事实。经过立三路线的执行和团的取消，经过三中全会及三中全会后直到现在中央局的调和主义立场继续执行立三路线，大大地削弱了团的战斗力量，减弱了团的活动能力；另一方面，团的群众，在国际来信之后，坚决地起来反对立三路线及三中全会和这一时期中央局的调和立场，这是完全正确的，是列宁的青年团员的布尔什维克的行为，亦即是团的转变的动力。同时，中央严重地指出，在反立三路线的争斗中，在上海已经发现许多不良的倾向（如离开实际工作的空喊反立三路线，如党沪中区委宣布组织上独立，如团闸北的区委自己宣告解散，如一切区委、省委，甚至中央名单要由支部提出和通过等等），这些倾向，不但不能加强团的战斗力，不但不能加强反立三路线的争斗，反而更加妨碍着团目前的紧急任务的执行与反立三路线和调和主义的争斗。中央局

---

① 本文标题原为《中央紧急通告——12 月 20 日中央局会议通过——接受少共国际 11 月来信，纠正中央路线，宣布三中全会决议及中央 11 月接受少共国际来信决议的无效，并号召全团团员为肃清立三路线与调和主义而争斗》。

坚决承认三中全会和三中全会以后整个路线是错误的,是对反国际反列宁主义反马克思主义的立三路线调和的,是佣〔庸〕怯的机会主义路线。因之,中央号召全体团员,团结在国际路线之下,进行毫不懈怠的、布尔什维克的、坚决的反立三路线和调和主义的争斗,特别是肃清一切在实际工作中还存在着领导着的立三路线,同时号召全团用同样的布尔什维克和列宁的坚决性,来反对一切反立三路线争斗中的不良倾向和派别观念,使反立三路线的争斗深入到实际工作中去,以挽救团目前的危机,实现在中国革命中的团的伟大的作用,促进中国革命的新的伟大的胜利。

二、中央认为三中全会的路线是不正确的,是对立三路线调和的,他的严重的政治错误表现在:

1. 党三中全会的政治路线,是错误的,是把国际路线与立三路线两个完全不同的互相对立的路线混淆起来,对立三路线取调和主义的立场。团的三中全会同意党三中全会的路线,所以团的三中全会亦是把国际路线与立三路线混淆起来,是调和主义的立场。三中全会的这个调和主义的立场,实际上是替立三路线辩护,继续立三路线,拒绝执行国际路线。

2. 立三路线在青年运动方面,是"左"倾机会主义,以"左"倾的空谈掩盖其机会主义的实质,最后一直发展到取消主义——取消对青年工人斗争的领导,取消青年团与青年群众组织。这与少共国际的路线,是完全不同,互相对立的。三中全会没有揭发立三路线在青年运动中的错误,没有提出坚决与他斗争,这是把少共国际的路线,与立三对于青年运动的路线混淆起来,这也是严重的调和主义错误。

3. 中央局在六月至三中全会的时期中,非但没有反对立三路线,并且在他的领导之下,赞助了他拒绝少共国际代表的指示,而同意了党政治局当时取消青年团的主张。所以这时期中,中央的路线是与少共国际的路线相矛盾的。三中全会没有指出团中央在这时期中路线上的错误,并且说,中央这一时期中的路线,与少共国际路线是一致的,这种估量是错误的。

三中全会虽然在取消"总行委"的决定之下,形式上恢复了团的组织,但因为他的调和主义的立场,不但不能坚决地进行反立三路线的争斗和实际工作的转变,并且在新的掩盖之下还继续着立三路线,重复着取消主义的错误(如上海广暴纪念工作的过程中,拒绝青工斗争的组织和领导,青年委员会的运用中取消了青年团和青年群众的组织)。

三、中央局11月29日接受少共国际来信的决议,虽然表示接受少共国际所指示的正确路线,确定了立三路线为反列宁主义的,反共产国际的路线,指出了立三路线在青年运动中的取消主义,指出"三中全会决议中对立三路线犯了调和倾向的错误"。但这一决议,还认为调和主义的三中全会的路线为"一般正确的",没有指出三中全会的调和主义立场是实际上继续立三路线与为之辩护,没有指出对立三路线与调和主义作无情的争斗是团的紧急任务之一,没有指出中央从三中全会以来的路线是调和主义的,是不正确的。因此,这个决议的路线,也还没有离开调和主义的立场,也是错误的。

四、中央公开的承认,从三中全会以来这一时期中,中央所执行的路线是不正确的,是继续立三路线。中央认识了这个错误,与因这个错误而发生的更加深的团的危机之后,特决定下列各点,坚决进行急剧的转变。

1. 三中全会决议与11月接受少共国际来信决议,一律宣布无效。要采用适合秘密条件的非常办法,根据少共国际8月与11月来信,定出新的政治决议来代替三中全会的决议,执行国际路线与反对立三路线。在未曾定出新的政治决议以前,中央及各地团部,应根据少共国际两次来信,进行工作。

2. 中央同意少共国际及党的政治局的提议,部分的改变中央局的领导成分,并开始召集六次大会的准备工作。

3. 为要保障坚决执行国际路线与反对立三路线,必须站在国际路线之下，发展自下而上的无畏的自我评批而不妨碍秘密条件，反对任何抑制或威吓自我批评发展的企图，必须坚决反对以派别观念对抗反立三路线的分子，而造成掩护立三路线的小组织行动。这样才能冲破家长制度、命令主义、惩办制度、委派制度，而开展反立三路线之绝不调和的争斗。要反对以"实际工作"与反立三路线对立起来，阻止深入反立三路线争斗的企图。而相反的，应当发展反立三路线的争斗，由理论上深入到实际工作中。

4. 在反对立三路线争斗中，对于指导机关中间还继续执行立三路线的分子，应该采取组织上的裁制，但是必须反对惩办制度及一切不愿意进行对于过去犯过错误的同志的教育工作和帮助他们改正错误，如果认为反立三路线仅是单纯的改造指导机关的争斗是错误的。加强团的各级组织的领导必须和创造新干部，重新教育旧干部的任务，密切地联系起来。

5. 反立三路线是长期的艰苦的工作，尤其是目前团的紧急任务之一。反立三路线的争斗，就是两条战线上的争斗——反对立三路线的"左"倾空谈与冒险盲动，及其右倾机会主义消极的实质。同时在反对立三路线的争斗中，丝毫不能放松反对在党内团内存在着的各种不良倾向——特别是右倾。一切用各种形式来掩盖立三路线的企图，都必须给以无情的打击，不仅有思想上的争斗，而且要有组织上的必要的制裁。反立三路线与调和主义，必须在执行少共国际路线的基础上来真正实行实际工作的转变，必须坚决地反对在反立三路线争斗中已经发现的不良倾向，主要的是离开实际工作的空谈，极端民主化的倾向。这些倾向是立三路线的改头换面的继续，要使反立三路线的争斗成为提高团的战斗力，动员全团及广大的青年群众来解决中国革命目前紧急任务的争斗。一切取消派右倾机会主义分子乘机活动的企图，应该得到团的广大的群众的布尔什维克的猛击。

同志们！团目前的危机是严重到了十二万分了！只有全团同志，站在少共国际的正确路线及接受了国际路线的中央的领导之下，以列宁青年的顽强性,坚决争斗,肃清立三路线与调和主义以及在反立三路线争斗中的不良倾向,使这一争斗,挽救团的危机,转变团的实际工作,走向革命的胜利。

团中央

十二月二十七日印发

（录自共青团中央办公厅编:《中国青年运动历史资料》第 8 册,内部资料,1960 年印,第 493—497 页）

团中央关于纠正立三路线错误执行
国际路线的决议

（1930 年 12 月 31 日常委会通过）

因为三中全会的决议必须加以立即改正,因之中央认为必须通过下列的决议:

一、虽然团三中全会已在承认少共国际路线这方面走了第一步（恢复团的组织）,但是它对立三路线采取了调和态度,这便是妨碍了团内转变的实行。

1.团三中全会的决议,抹杀了反立三路线斗争的问题,认为党政治局 6 月 11 号的反国际的决议是一般正确的,在这决议中,是有许多对反列宁马克思主义的立三路线调和的错误。团三中全会反而同意于党三中全会的调和主义。

2.团的三中全会,虽然讨论中央过去的错误,但是对于团中央局在六八月间执行李立三的取消团的路线,却默不作声,这在政治上是不正确的。三中全会没有彻底揭发下列团的事实,就是六八月间,团的中央局完全赞助了在立三领导下的党政治局的反国际的、反列宁主义的路线,走上了反共产国际的取消青年团的道路上去,否认国际的纪律(不理国际代表的提议),而不愿起来反对党政治局当时的错误路线,并且走上了托洛茨基性质的"左"的小资产阶级的空谈的道路上去。这些空谈,是用来掩盖"左"倾机会主义者的实际上的机会主义的消极,和不愿意及不能在青年群众中进行布尔什维克的工作。

团中央这取消主义的路线,正是目前团的严重状态的主要原因。在六八月间,团的中央局与党的中央局一起取消了立刻在全国组织武装暴动总同盟罢工的方针,毫无二语,盲从着李立三的反马克思列宁主义理论(如说工人不要罢工示威,只要暴动,如说直接革命形势已经到来,及中国革命运动发展是不平衡的,同样关于农民运动游击战争及土地问题中的李立三理论,及说共产国际执委不了解中国实际情形等),而在实际上,是执行了一个机会主义的任务——取消对青年工人群众斗争的领导,取消青年群众组织,取消青年团。

在中央的领导之下(这时中央已变成了总行委的一部分),团的支部和党的支部都合并了,在各地鼓励和培植了荒唐"左"倾机会主义的清谈,停顿了一切团的活动,使团脱离了青工群众的危险,和关门主义、宗派主义等更厉害地发展起来了。

3.三中全会没有揭发在青年运动中的立三路线,这在政治上是不正确的。立三路线在青年运动方面,一般都是"左"倾机会主义的空话,来掩盖其实际上的消极、灰心和无能。否认青年工人群众在阶级斗争中的作用,否认青年工农的特殊的经济文化的政治要求和他们的单独斗争,〈在〉不了解动员、争取和组织青年群众的特殊工作方法,在这种【情形下】便发展成了他们对青年组织的忽视甚至取消主义,取消对青年群众斗争的领导,取消青年群众组织,反帝同盟的取消青年部,始终没有建立等等,及取消青年团的本身组织。

〈在〉三中全会的决议还有许多李立三式的政治错误,如青年工作决议案,对政治罢工与经济斗争的关系〈的〉问题的提出是不正确的。如平分土地的问题,根本没有提出了。

二、三中全会之后,中央局继续执行三中全会的调和路线,而做〔犯〕了许多新的错误。如:

1.告同志书中,中央局抹杀了关于在青年运动中李立三取消主义路线问题,认为团的取消主义的标志就是在团的积极分子愿意做党【的】工作。

2.在发出的计划上,中央完全忘掉了反立三主义的斗争的问题,并未指出在这方面进行解释工作和领导反立三主义斗争的具体方法。

3.中央局采取了许多不正确的组织方法,来反对那些在少共国际来信前便起来反对中央调和主义的错误及拥护国际路线的同志。

4.11月25日中的补充决议中,中央局虽然正确地断定立三路线为反国际的路线,指出中央六八月间的路线是反国际的,但因为他说"三中全会的路线,是一般地正确的"这种说法,便抹杀了这个决议的意义。直到12月10日的紧急通告,中央才完全转变到正确的路线(虽然这个通告还有些缺点:如没有指出在反立三路线的斗争中,上海已发生的不良现象,是由中央对于斗争的动摇和犹疑所引起和助长的,如对于工作没有指示等)。

在承认了这些错误之后,中央指出对这些问题的解释工作进行不充分及不允许的迟缓,以至大多数支部都还不知道党团三中全会的错误,国际来信以后有些地方还重复着立三路线的错误(如直隶、上海等组织),三中全会及中央局的调和态度还在地方组织中重复,这些错误的基础同样是由于这种调和态度,妨碍了中央局站在反立三主义的领导地位,及引起了团内许多不良的现象(如极端民主化及在反立三路线的旗帜之下右倾机会主义的活动等)。

因此,中央局为了保证少共国际路线的执行,改变了自己的成分,撤消〔销〕在实际工作中不进行反立三路线斗争的同志,吸引在共产国际来信之前,就坚决地积极起来拥护共产国际和少共国际路线的同志。

三、中央指出到现在还没有看到团在实际工作中,向群众工作方向的严重转变;至今还忘掉工人日常斗争,经济斗争;至今对组织青工还忽视;至今还用空喊来代替争取青工群众的艰苦工作;灰心失望的情绪,同样地存在着;实际中的机会主义更加厉害起来;这是过去小资产阶级的错误和不正确的路线的必然的结果。团不能站在青工斗争的领导地位,基本任务实现得异常薄弱。

对于团和它的干部的无产阶级化进行的不可允许的薄弱,于六月到八月的反国际的立三路线以及以后的调和路线和右倾的主要来源,是因非无产阶级成分和干部中知识分子占大多数,其中有部分极容易很快从空谈变成无出路,对于少共国际八月来信所指出的任务的实现,非常薄弱(对于动员力量来巩固红军及反对敌人的总进攻,领导经济斗争,加紧青工部的组织,发展少年先锋队,创立大工厂中的生产支部等等),最主要的任务进行得非常的迟缓及实现得非常的薄弱。

四、因为中央局无条件地接受少共国际的指示,坚决地谴责自己过去的错误,改变了自己过去的成分,并注意到目前的客观形势,是革命运动的高涨继续向前发展,虽然因为过去立三路线的领导使革命运动在某些部分上受到挫折,使党团和群众的关系大大地削弱,但是只有最无耻的机会主义者,才会说革命运动已经葬送了,才会说为苏维埃政权而斗争已经不是目前的中心任务。正因为目前这样客观形势,要求党和团用一切的力量去肃清立三路线,解决当前决定一切的一切任务,所以中央认为必须号召全团及全体积极的干部,将所有的干部来巩固团,集中力量来完成总的战斗力量与任务。

1. 坚决进行反对立三路线和对他的调和主义斗争,与反对主要危险右倾密切地联系一起。在两条战线上的艰苦斗争,不是要任何的抽象讨论,而是要每一个支部在实际工作中实现共产国际的路线,中央要求各级组织进行对少共国际来信的解释工作,召集积极分子会和支部会来讨论这些问题,对于那些表面上同意国际路线而在事实上怠工和不执行的【人】作无情的打击斗争。中央号召全体团员起来揭破怠工者的面目,取消他们的工作,以积极地、诚意地执行国际路线的干部来代替他。

因为陈独秀托洛茨基活动加紧,必须加紧反对他们的斗争,在群众面前揭破他们。

在集中火力反对李立三路线时,要加紧反对右倾的斗争。右倾机会主义者〈这些分子〉正是在反李立三主义的旗帜之下进行他们的活动。只有坚决的彻底的两条战线上的斗争,才能实际上实现少共国际的路线。

在反对一切不良倾向和实现团的彻底的转变中，自我批评有极大的作用。应该发展自下而上的自我批评。

2.在党的领导之下动员一切力量给国民党军阀两次"围剿"苏区和进攻红军以严重的打击。用自愿的方法动员苏区和苏区外的青年团员和青年工人到红军中去。必须加强瓦解白军军队〈中〉的工作，加紧反对一切资产阶级改良主义的欺骗，特别是国民会议的口号。将反对国民会议的运动与拥护苏维埃密切地联系起来。

3.因为帝国主义武装干涉苏联的危险更加急迫，因为帝国主义干涉中国的军事行动已经部分地开始，必须十倍地加紧反帝国主义运动。扩大反帝同盟青年部的组织，引导广大的劳苦青年加入。必须积极动员全中国劳苦青年群众反对帝国主义进攻苏维埃，干涉中国革命运动。

4.要坚决执行团和它的干部的无产阶级化，吸收青年工人到团的队伍中来。反对团的组织的宗派和关门主义，更加勇敢地提拔工人干部到领导的地位上去，并从这个观点上来审查省委的成分。

5.必须更加积极地去领导、开展青年工人的经济斗争。要加紧努力地去发动青工为争取部分或基本的要求斗争，在斗争中将日常的经济斗争的部分的要求与总的一般的政治要求联系起来。要加紧赤色工会青工部，要坚决地进行下层统一战线。

6.为具体实现在企业内创造支部的任务，必须特别派遣人员到工厂中去，亦可经过党的支部去创造。改良目前对支部的领导方法。省委对支部必须有经常的帮助和监督，并有系统地派遣巡视员检查他们的工作。

7.巩固扩大群众的组织，实际地去执行少共国际〈的〉关于少年先锋队的决定。在大城市里，坚决地〈进行〉组织少先锋。中央责成各省委严格地监督下层组织关于这一决定的执行的程度，要求他们的报告。同样，劳动童子团的工作亦应十倍的加紧。一切辅助组织应该广大地建立起来。

8.改变领导的方法,取消那些抽象的通告,而予以切实的巡视及和下级委员会工作的经常联系。

9.关于苏区工作,中央局亦〔将〕在最短时期间订出苏区计划大纲。关于各种工作的具体指示,中央在〔将〕于最短期间中发出各种通告。

（录自中共中央书记处编:《六大以来(下)》,人民出版社 1981 年第 1 版,第 615—618 页）

全苏大会关于劳动法报告

（1930 年）

项 英

今天报告的劳动法，是我们全苏大会和成立中央临时政府的一个最重要的法令，政权是阶级的统治工具，无论哪一个阶级夺取了政权，都是运用这一工具来保障和拥护本阶级的利益。苏维埃政权是工农政权，所以当苏维埃政府成立的时候，首先是确定在这一政权下工农阶级所享受的各种权利，剥削了工农的敌对阶级——豪绅地主资产阶级——在苏维埃下一切权利的享受，将这些权利的规定构成为国家宪法的主要部分，根据这一总的规定分别制定各种个别法令，以保障本阶级的各类群众不同的实际利益，如劳动法、土地法等等，这即是分别保护工人与农民的个别法令。

劳动法是保障工人阶级劳动的权利，详细规定在劳动时各种利益的保护的一种国家法律，谁个违反这个法令上〈一切〉规定，那就算是犯了法，政府就要依法加以惩罚。

农民的生活是要依靠土地，所以在革命胜利的时候，就将豪绅地主等土地没收过来，平均分配给雇农贫农中农，富农分坏田，这是土地革命胜利后，将农民从豪绅地主剥削之下解放出来，工人生活的来源，是靠劳动换得工钱来维持自己和家庭的生活，可是劳动力的丧失以及被资本家任意开除而失掉工作，这都等于失掉了生活来源一样，如农民失掉土地，而不能收获一切农产品，不能维持生活相同，所以劳动力的保护，实际是保护工人的生活。再工人劳动的情形，也与农民耕田不同，是关在工厂里，在机器的支配之下，随时发生危险，危害生命和健康,同时在目前民权革命阶段中,资本家还是存在着,资本家的剥削和压迫,仍然不能消灭,因此劳动法就是保障工人的权利,拥护工人一切利益,制止资本家对工人剥削和压迫,苏维埃政府下工农利益的取得,在农民是得着了土地,工人就是劳动保护法。

现在正式来报告劳动法的本文,首先我提议对于草案全部的布置,要有一个改变,第一应在前面有一章总纲,第二应将劳动雇用(即雇工方法)劳动合同提到前面来,第三是工作时间,第四是工资,第五青工女工,第六安全与卫生,第七社会保险,第八职工会与劳动保护,第九劳动法的执行与工厂检查,第十应加一附则,将劳动法公布之发生效力时间改在这一条。

第一,总纲中应明确规定这一劳动法是何种劳动者才能享受这一劳动法的保护和权利,譬如独立劳动者,也是沿门卖工,靠工钱来维持生活的,但他不是工人,就不能享受劳动法所规定的一切权利和利益,只有卖劳动力赚工钱受资本家剥削的工人,才算真正工钱劳动者,才有权力享受劳动法所规定的一切权利。

这一劳动法是在一般原则来规定对于工人权利和利益的保护,多半是以城市企业和工厂工人为主。对于雇农,苦力,森林工人,以及其他各种企业特殊情形都应有个别法令颁布,将来由劳工委员会根据这一劳动法的原则来制定和颁布,这是总纲上所应当说的内容。

第二,劳动雇用——雇工方法和集体合同。这是保障工人劳动的一个最基本条件,在资本主义制度下面,工人卖工都是不容易的事,雇用权完全操在资本家手里,资本家可以随意地将工人开除,使工人时时有失业恐慌,做工都没有相当保障,工作介绍权则完全操在资本家走狗工头买办及私人的介绍所,工人要卖工,还要先拿钱来运动工头买办及私人介绍所,还要有保人给他,他才能介绍。得到了工作,开始的时间,还要拿出一部分工钱来酬报他,不然的,就永远没有工做,永远失业。做工的条件(工资工时待遇等等劳动合同或集体合同),不是由工人或工人团体与资本家共同商定,而是完全操在资本家手里,随他自己来定,当然资本家总是为自己多剥削而对工人更加的压迫和束缚,所以工人到工厂作工,好像卖给资本家的奴隶一般,生死归他罢了。劳动法所规定的劳动雇用和集体合同,就是保障工人的劳动的权利,资本家雇用工人必须是由工会和国家的工作介绍所来介绍,禁止一切剥削工人的包工头包工制,严格禁止并处罚对于介绍工作时各种剥削,使工人在劳动时有政府与工会的保障和合同的保障,失业的保险等等,劳动合同所订的一切条件不能低于劳动法上所规定,否则宣告无效。

第三,工作时间。这首先要说明工人劳动的情形,在工作时间因为机器的关系,是不能随意休息的,由工作时起到工作时止,继续几点钟,有的十几点钟的劳动,劳动过度和体力疲劳太甚,这对于人的身体健康,有绝大妨害,若是没有制止和充分的休息时间,劳动力的恢复和继续劳动都要发生问题的,主要的是影响到人的寿命缩减。现在工人做工只能做到四十多岁,因为体力不行了,最大多数工人的寿命都是不能活到五六十岁,至于求知识读书等,这都是人人应该有的,可是工人因为工作时间太长,这种权利完全被剥夺了,尤其是资本家加紧剥削工人,最利〔厉〕害的法子,就是延长工作时间,有的延长到十六点钟的,时间愈长,则资本家愈有利,剥削工人愈厉害,因此规定工人相当的工作时间,成为保障工人最主要的问题。

苏联现在实行的是 7 小时工作制,五日休息制,每年有长期的两星期和四星期的休息制,这都表现无产阶级专政的国家对于工人阶级保护的特别法律,世界工人为了减少工时,实行 8 小时工作制,自 1884 年 5 月 1 日起,不知作了许多残酷斗争,直到现在还是继续斗争,所以八小时工作制的实行,是我们苏维埃政纲主要的一条,对于危害身体的企业工作时间应缩短。每星期应有 42 小时连续休息,每年有两星期和【四】星期的长期休息,假期的休息,而且要由资本家发给工资,这是保障劳动力和限制资本家剥削必须的规定。

第四,工资。工资是工人自己和家庭的生活来源,是工人出卖劳动力用金钱所表现的代价,如农民在土地上劳动所得每年收获米粮菜果等有一样的意义,现在我们是工农民主革命,还准许私人资本经营工业,工人劳动的全部代价,还要受资本家的剥削,因此工资的规定更主要了。什么叫做最低工资额呢？这是根据社会生活情形和工人家庭必须费用作标准由政府随时颁布。社会生活增高，最低工资也随着增加，任何工厂工人的工资都是不能少于这一个数目，只有高的，这样才能勉强维持工人自己和家庭的生活，像苏联工人最低工资是很高的，在1927年时是45个卢布(现在一个卢布等于中国两块多钱)，现在更不止了。

资本家剥削工人的方法多得很，虽然工人的工资确定了，但是资本家用延长时间、罚款赔偿、保证金、储蓄金、扣存工等，将工人工资扣了一部分，有的扣了一大部分，使工人得到真实工作与规定工作额相差得远，所以要保障工人真正工资，却要禁止资本家一切剥削方式和减少工人工资的花样，同样工人如超过原定时间以外做工，就要加倍给工钱。

第五，女工与青工，女青工是受资本家最利〔厉〕害的剥削的一类工人，除了剥削一般工人方法外，还要降低女青工的工资，特别加紧压迫等，所以目前反对资本家剥削，尤其是要禁止资本家对于女青工的额外剥削，使青女工一定要与男工成年工得一样的待遇，做同样工作得同样工资，同时青女工与成年工人不同，有他的特殊情形，女子与男子、青工童工与成年工人的身体不一样的强健，女子还有怀孕生小孩及月经等，这都使女子在劳动时，要增加比男子多的困难与痛苦，因此女工不能与男工【一样】做那些很繁重的很危险性的工作(如禁止做重工及地下工等)不能如男子经常做工，而要有特别的休息与保养(如产前后休息和禁止夜工等)，应该有特别经济上的补助(如产前后的工资、养小孩子等)，对于女工的特殊情形，应有特殊利益的保护。

青工尤其是童工，年龄不但幼小，身体都是尚未达到完全发育和正在发育的时候，是我们无产阶级和革命的后备军，资本家残酷的剥削，不仅是剥削了一般工人，连工人子弟的血汗都吸吮了，无产阶级的后备军都摧残到了，使得许多不满十岁小孩子，广大的青工童工都以弱小的体力牺牲为着资本家增加财富，使得无产阶级世世的为资本家做奴隶，使许多活泼泼的青工童工失掉了求学的机会，丧失了知识发展，为人类争幸福的前途，因此为拥护青年工人的利益，拥护无产阶级的后备军,为增加革命的生力军,应该保护青工童工的体力发育,拥护青工童工的利益,取得求学的机会,应当禁止十四岁以下的童工在工厂做工,14岁至16岁只做4小时工,16岁至18岁只做6小时工,可是工资应照8小时发给,应该由工厂设学校,学习技术与补充教育,禁止旧有学徒制与养轻工制,严禁青工做夜工,由工厂设俱乐部增加青工娱乐等。

第六,安全与卫生。资本家是只求赚钱,不顾工人死活的,对于工厂中保护工人生命危险与健康是不愿管的,因为这都要资本家拿钱出来的,在工厂的机器安置得不好,周围保险得不好,动辄房屋倒了压死工人,机器倒了或爆炸了,就要打死工人或炸死工人,机器的周围保险得不好,工人就时常被机器压死或成残废,死了,残废了,资本家也不管。还有许多带毒性的工业,资本家也不买防预〔御〕的东西,来保护工人的生命,在工作上的危害很容易使工人受毒死,或是终身的疾病。因此为保障工人的生命安全与健康,非要资本家增加各种设备,保障在工作时不受危害,并且要由政府经常检查或强迫执行,如若他不这样做,就应封闭该工厂或是严厉惩罚。

第七,社会保险。什么叫做社会保险?就是在社会上所发生一些人类不幸的事和特许事情(如疾病、失业、残废、老弱、死葬、医药、房屋、养小孩),这些事情不仅是增加意外损失与担负,而且常常因此使人受到这些意外事变而走到很悲惨的境地,所以各国资本家有保险公司设立,作各种保险,可是〈这是为〉只有资本家少数人才能得到保险的利益,因为资本家才有钱去保险,工人是没希望的,所以在各国工人为争社会保险,曾做了不断的斗争,我们的社会保险,不是为资本家少数人的保险公司,而是为广大工人阶级保护,将由国家设社会保险部,钱要资本家拿出,不能扣工人的工资,工人发生上列各项之一的事情时候,由社会保险部拿钱来救济,工会有权力〈的〉来监督保险机关以防弄弊,但享受的权利,工会的会员是有优先权的。

第八,职工会与劳动保护。在反动政权下,他们是禁止工人组织工会,是否认职工会代表工人的权利,否认职工会在法律上的地位,因为职工会是工人的团体和斗争的武器,是保障工人利益的工具,反动政权是代表资本家的利益,他一定要反对职工会,禁止职工会的行动,否认职工会的政治地位,在我们苏维埃政权下,职工会是最主要的群众团体,是拥护和巩固苏维埃的柱石,不仅承认他在政治上的各种权利,并且在法律上明确规定职工会有代表工人的各种权利和地位,参加国家企业管理和监督私人资本的职权,使职工会更有权力的来拥护和保障工人的一切权利,这才能更保障劳动法真正的实行。

资本家总是不愿意来执行劳动法的,必定是阳奉阴违或是公开地不执行,这须〔需〕要政府来强迫和命令他做,这种强迫和命令,是为保护劳动工人对付我们阶级的敌人所必须要的手段。

第九,劳动法的执行与工厂检查。苏维埃政府不仅颁布劳动法,而且要保障在事实上完全实现的责任,政府劳工委员会是执行劳动法的主要负责机关,为使各种问题的实际督促资本家实行与管理起见,在劳工委员会之下,要设工厂检查员、劳工保护局、技术检查处、工厂卫生检查局,关于青工女工等类组织分别管理和执行,使得一切工厂切实实行。对于违反劳动法的应加惩罚,将来有另行的专门条文公布。

第十,这一劳动法自全苏大会颁布后即发生效力,在苏维埃共和国境内都要执行。

这一劳动法的颁布,正是表明苏维埃政府与国民党政府的不同;表明在苏维埃政权下的工人有政府和劳动法的保护,而在国民党政府下的工人是被剥削、被压迫的奴隶,这证明工人阶级只有在苏维埃政权下才能得自由和解放,只有苏维埃政权才是工人自己的政权,这一劳动法的颁布,不仅使全苏区的工人群众热烈的起来拥护,而围绕在苏维埃政府的周围,去争取苏维埃在全中国的胜利,而且要引起反动统治区域的千百万工人群众起来热烈地拥护,起来在苏维埃旗子之下为推翻帝国主义国民党的统治,为实现全中国的苏维埃政权和劳动法而奋斗。

全总苏区执行局印

(根据中共江西省委党史研究室藏件刊印)

共青团中央关于少先队的意见
——在与文同志谈话时,我曾答应他把我关于少先队的建议写出来(俄译文)

(1930 年)

现在的少先队是以农民青年为主的组织。在决议草案里面估计它有 160 万队员。我觉得这个数字过于夸大,在党中央全会的时候,联共(布)党的同志们曾估计为 60 万。后面这个数字可能比较接近于实际。但无论怎样讲,少先队总是一个成员众多的群众性的组织。绝大多数的少先队组织都是在苏区的,在城市里我们差不多没有少先队组织。某些同志直到最近还有一种不正确的意见,认为不应该在城市里建立少先队组织。

少先队组织迅速发展,它日益受到中国劳动青年的欢迎,这一事实表明,只要我们对它加以正确的领导,这个组织是可以成为拥有数百万劳动青年成员的、庞大的、群众性的组织,而成为共青团和党在广大工农青年群众中传布影响的强有力的杠杆的。这个任务是完全可以实现的。劳动青年对自己在国民党统治下的经济状况和政治地位日益感到不满,这就是实现这一任务的主要的客观有利条件。如果在党内和共青团内能把少先队的性质、任务、工作方法和组织机构,从原则上明确起来,我们就能够实现这一任务。现在少先队组织都是分散地进行工作,它的工作经验几乎没有受到注意。这些组织还没有形成一个组织系统(没有一个统一的领导),在它的工作性质方面还有不明确的地方。

在这次全会上详细地讨论少先队问题,确是必要的。

少先队的性质和任务

关于少先队的性质和任务,我们必须采取以下方针:

1.少先队是工农青年的半军事化的群众性组织。由于它是共青团的一个外围组织,所以它比起在非法情况下活动的共青团来,应该吸收广泛得多的劳动青年入队。

2.所有对自己的经济状况和政治地位感到不满的工农青年,只要他们愿意以各种方式来争取达到个人的要求,少先队就可以接受他们入队。这就是说,任何青年工人、农民以及大中学生(主要是出身于劳动阶层学生)只要他们以申请入队的行动来表示对压迫劳动青年的行为、对国民党政权的抗议,少先队就应吸收他们。这里必须避免两种可能发生的错误:一方面,可能有一些明显的阶级异己分子、敌对分子混到少先队组织里来(例如,具有国民党思想的青年、资产阶级青年、所谓的改组派——陈独秀主义和托洛茨基分子之类的共产主义叛徒等,显然是不能接受这些人入少先队组织的);另外一方面,少先队组织在接受新队员时可能产生关门主义,害怕群众和企图保持这一组织的秘密小团体的性质的情况(特别是在城市里)。我们既要严格地注意不让敌人混进少先队组织,同时也必须保证组织无论在城市或在农村中都能有巨大而迅速的发展。因此,那种要求一个申请加入少先队组织的青年工人或农民完全了解或同意共产党的纲领和所有原则的想法是可笑的(对于这样的青年工人或农民,应该让他们直接参加党)。我们一方面固然不要对要求加入少先队组织的青年提出过高的要求,但同时也必须通过我们的全部宣传教育工作来广泛地宣传这个组织的宗旨和任务,说明它是一个反对国民党,反对军阀集团,争取中国从外国帝国主义压迫下面解放出来,争取中国的统一和建立苏维埃政权的组织。但是,一切宣传鼓动工作必须做得很巧妙,要做到把原来只求实现细小的个人要求的劳动青年提高到能够理解少先队组织的重大政治任务和愿意为实现共产党的基本口号而斗争。

3. 但是少先队不应成为一个单纯争取满足青年的经济要求的组织(这是我们在工会组织中设立的青年部的任务),而应是一军事体育性质的组织。因此少先队在争取实现工农青年的要求时所用办法就不同于共青团的其他外围组织(如反帝国主义组织、青年部等等)。少先队组织有自己的特殊的任务,例如在城市里,在工人罢工时与工贼作斗争,反对企业主和警察在工厂中搞的恐怖手段(特务活动),参加保护罢工和罢工工人,参加罢工纠察队,积极参加党和共青团组织的一切游行示威活动,保护和捍卫这些游行,保护和捍卫秘密性的群众集会,反对国民党组织的游行示威等等。显然,少先队的队员们必须在他们的周围进行经常的宣传工作,他们必须宣传少先队的原则和争取发展组织。在少先队组织内部必须开展紧张的教育工作,必须组织各种政治、体育、音乐之类的小组。由于少先队的性质,特别需要建议在队内开展学习军事问题的活动(例如学习上海和广州武装起义的历史,中国红军和它的任务,街堡战,俄国红军,俄罗斯十月革命史等等)。少先队组织必须有高度的纪律性。如果可能,全体少先队员都要在队内的军事训练班里学习一下,最少也要学些军事理论(例如如何使用武器、军纪、街堡战等),这办法大概是可行的。但并非必须都要组织这种学习,因为有的少先队组织也可能没有这种条件。至于体育工作,就必须大规模的开展(如组织游泳小组、日本柔道、体育锻炼小组和其他小组等)。

在农村里少先队组织要公开宣布它绝不妥协地反对地主和军阀,反对劣绅和所有压迫者,争取取消租税等等,全力支持游击队运动,并完全站在红军一面。少先队应举行游行示威活动,组织队员学习军事,完成党和共青团交付的各项任务,在农民中间进行宣传工作等等。苏区的少先队组织是红军在斗争中的积极助手,同时也要积极参加苏维埃的全部活动,如供应红军粮食、帮助肃反斗争等等(同志们必须根据现有的经验加以补充)。

城市和乡村少先队组织的任务必须多样化,要能反映和满足青年的多方面的利益和要求。少先队组织是一个有阶级性的组织,是中国工人和农民争取自身解放的斗争的积极参加者,所以它要对劳动青年进行阶级教育和军事教育,使他们能够为苏维埃政权进行坚决的战斗,还要组织青年的休息等等。因此,它必须采取多种多样的工作方法。

4. 少先队在苏区站在红军一面,在城市里站在罢工工人一面,并与农民游击队在一起进行斗争,它公开宣布自己是军阀和国民党的死敌。显然,认为这样的组织可以公开合法地存在的想法,是一种有害的幻想。城市和乡村(指苏区以外的地区)的所有少先队组织,必须进行绝对非公开的秘密活动。但是如果少先队组织能够在各种化名或表面上不会触犯当局的组织形式下半合法地存在而不这样做,这也是有害的。只要有利于争取广大劳动青年群众,就必须尽量利用一切有利条件进行各种合法的或半合法活动。为了这样一个目的,少先队就应该在体育协会、音乐小组、俱乐部、旅行小组等外形的掩护下,进行活动(中国同志必须研究这方面的可能性)。本来少先队组织自身也是应该举办上述各项活动的(主要的任务)。显然,由于自己的活动,由于国民党的特务和暗探的活动等,这些组织的真象是会被发现的。但并不能由此得出结论说少先队组织不应执行自己的直接任务(使少先队组织变成一个非阶级性的纯粹的文化组织的这种倾向,毫无疑问是会产生的,因此必须和这种倾向进行斗争),恰恰相反,这正说明它必须更善于进行工作和其他活动。在少先队组织里的共青团小组和共青团员不应该公开。

少先队的组织机构

我认为下面是比较正确的少先队组织机构：

1. 在城市中按工厂建立少先队组织。工厂（城市）或乡村小队是少先队组织的基本组织单位。必须（尽可能地）在每一个工厂建立少先队小队。如果小队中队员过多，在这种情况下，它可以分开成为几个组织单位（在工厂里按车间或楼层；在乡村按居住地区建立）。一个区的各小队服从区的指挥部；区的指挥部服从省的指挥部；后者则服从中央指挥部（总的说来队的组织机构和党及共青团是一致的）。小队、区和省的指挥部应由选举产生，在所有小队和各级指挥部里都必须有不公开的共青团组进行工作。小队和各级指挥部的大部分领导人都应是共青团员，不能让少先队组织的领导权落到不可靠的人（指从共产主义者的观点来看）的手里。共青团支部和共青团委员会必须经常地通过自己的团组领导少先队组织的全部活动。

共青团在少先队工作方面的当前任务

1. 必须建立苏区少先队的领导系统和统一领导。为此，必须迅速广泛展开筹备召开苏区少先队代表大会的运动。必须召开区和省的代表大会，来讨论一系列的政治问题（中国政治情况、红军的斗争、关于共青团的问题等等）和选举区和省（与党和共青团的机构相一致）的少先队组织指挥部。而后（我的意见是紧接着苏区苏维埃代表大会）必须召开中国苏区少先队代表大会。代表必须是选举产生，但名额不宜为多。由于苏区处于被分割的状态，所以应该考虑在每一个苏区里都建立一个直属于中央指挥部的少先队指挥部，而中央指挥部则放于一个巩固的苏区里（例如设在朱德和毛泽东的部队活动地区）。在每个苏区里都必须自下而上地召开各级代表大会。团中央必须派人到各苏区去。团中央常委会应像领导少先队组织全部活动一样地领导这一工作。

2. 必须开始加紧开展城市和全国各地的少先队运动,争取形成一个全国性的运动。这项工作必须从基层开始。每一个共青团支部必须组织少先队小队,必须与那些自发地建立起来的少先队组织取得联系。在一个区里有了足够数量的少先队小队的时候(但不要等到在每一个工厂和乡村都建立起了小队),就必须召开全区的秘密代表大会,而后召开全省的,最后召开全国的代表大会。少先队全国代表大会的任务是:讨论少先队运动当前的政治任务,通过少先队章程和选举全国中央指挥部。同志们不要忘记,一切工作都必须从基层做起。尽管中央指挥部随时都可建立,但如果不去动员和组织劳动青年,它将是一个没有队部的空头司令部。

我们认为,共青团能够在非法情况下,在半年内完成召开少先队全国代表大会的任务。

团中央常委会做些什么?

1. 在中央全会上提出所有这些问题,并把这些问题列入中央工作计划,使代表们都能带着这方面的具体任务回到地方去。

2. 首先在上海、北京、天津、广州和其他大城市中指派一些人员负责组织少先队小队的工作。指定中央书记处一位书记负责领导这一工作。

3. 准备少先队章程,语调要有鼓动性,文字要通俗(可以用这种形式:我们是半军事性的少先队的队员,我们参加这个组织是为了坚决争取中国的统一,为了推翻国民党的制度,为了满足工农的要求等等。这个问题我们还可以在一起讨论一下)。

4. 派人到各苏区去。

5. 中央全会以后,一方面在共青团支部中传达这次会议精神,同时开始建立少先队的组织工作。

　　请中央常委同志讨论这封信,并在下一次见面的时候把你们的意见通知我。如果同志们同意这封信的基本观点,就应在全会上通过相应的决议。致

　　敬礼

代表

(录自共青团中央办公厅编:《中国青年运动历史资料》第 8 册,内部资料,1960 年印,第 538—544 页)

苏维埃区域少年先锋队工作决议

（1931 年 1 月 9 日团中央局通过）

一、少年先锋队工作的检查

1. 数年以来,中国南部各省土地革命猛烈发展的过程中,青年农民的积极性及其作用,在少年先锋队的广大的组织及英勇的斗争中,充分地表现出来。少年先锋队的产生和发展,证明了中国农村劳动青年群众是土地革命和为苏维埃政权而争斗的主要力量之一。

2. 虽然,少年先锋队在土地革命的进程中有广大的发展,但是,因为团对于它的工作缺乏正确的强有力的领导,致使少年先锋队及其领导的成分都极端的不能令人满意。在少年先锋队中充塞着富农的成分,没有充分广大地引进青年工人、雇农、苦力、手工业工人、贫农及革命的中农青年加入;并且在很多地方,富农甚至地主成分占据了少年先锋队中领导的成分。这样,当然使少年先锋队在土地革命过程中不能充分完成它应有的伟大的作用。

3. 最近一时期内,因为苏维埃区域中的党和团,执行李立三路线的原故,对于少年先锋队实际工作的领导是更加放弃了。以"左"倾的空喊、盲动主义、军事投机,代替了对于少年先锋队的艰苦的群众工作;对于巩固少年先锋队的阶级基础,对于改善少年先锋队的成分,对于建立少年先锋队的无产阶级领导,对于少年先锋队基本任务的实现,都没有进行过切实的工作,只是空喊"以少年先锋队来猛烈地扩大红军",企图把少年先锋队变成"青年红军"。因之,便充分地发展了少年先锋队中的盲动主义、先锋主义与无政府状态(少年先锋队与红军、赤卫队冲突等等)。另一方面,右倾机会主义对于少年先锋队的取消主义的倾向,亦大大地发展起来:由主张缩减少年先锋队队员的年龄到 18 岁(如赣西南有些党部),反对少年先锋队应有一部分新式的武装,一直到正式把少年先锋队的组织取消(赣东北)。因为李立三路线和"左"倾机会主义错误执行的结果,使许多地方少年先锋队队员的数量减少,并使有些地方少年先锋队的组织不能公开地存在。

4. 青年团以及在少年先锋队中团组的责任,是在少年先锋队中进行不调和的两条战线上的争斗,反对目前主要危险的右倾(他表现于吸收富农加入少年先锋队,企图完全取消少年先锋队,或限制它的任务仅仅做文化的和经济的活动)及反对"左"倾,反对李立三路线(先锋主义,企图将少年先锋队变成为狭隘的脱离广大青年农民群众的纯军事的组织;变成为第二个青年红军的形式;绝对地忽视农民群众遗留着的宗族观念,而进行打菩萨、掘祖墓等等)。虽然红军受到部分的失败,但是在目前革命运动急剧发展的情况之下,在我们对于少年先锋队正确的策略之下,我们能够将少年先锋队变成为千百万雇农、贫农、中农青年群众的半军事性的组织,完成它为实现平民式的彻底的土地革命和为着全国苏维埃政权而争斗的作用,而成为党和团在苏区青年群众中工作的一个最有力的工具。

二、少年先锋队的性质

5. 少年先锋队是工农劳动青年的群众的半军事性的组织,在团的领导之下进行工作。团的领导是经过少年先锋队内的团组队长(当他是团员时)来实现的。同时少年先锋队进行文化的工作,进行争取青年农民的要求的经济争斗,帮助苏维埃政权来实现一切法令。在确定少年先锋队的性质时,必须要坚决地反对下列各种不正确的观点：或者认为少年先锋队是一种单纯的军事武装组织，只吸收劳动青年中的最勇敢的分子加入，而成为一种狭隘的武装组织，或青年红军；或者认为少年先锋队只是领导青年群众的经济争斗的组织，而没有军事的性质，没有武装自卫的性质，把它与青工部、青农部混淆起来，甚至主张把少年先锋队变成为纯文化的组织；或者认为少年先锋队的任务，只是团结青年工农群众参加一般的武装争斗，而忽视了发动少年先锋队进行青年群众特殊利益的争取；或者是将少年先锋队看做第二个共产青年团的组织等等。

三、少年先锋队的任务

6. 苏维埃区域中的少年先锋队的任务：

在政治方面：武装帮助红军赤卫队的行动，没收地主阶级的土地，领导平均分配一切土地，参加和巩固苏维埃政权，反对富农、地主的成份混入苏维埃；反对官僚化，肃清一切反革命派，发动劳动青年群众镇压反革命，保卫苏维埃政权；担负一部分维持地方治安的职务，组织游击战争，扰乱敌人后方。

在参加苏维埃政府经济政策的实施方面：帮助苏维埃政府实施一切正确的经济政策，进行反对高利贷、钱庄、当铺剥削平民的争斗，反对投机商人操纵市场，破坏苏维埃政权的阴谋；积极地提倡和参加消费、贩卖、信用合作社的组织；帮助苏维埃政权实现统一的收入累进税和阶级税之实现，及其他一切经济的设施。

在巩固红军方面：少年先锋队对于红军的巩固负有更重大的任务。一方面少年先锋队应该是红军的后备队和作战时的助手——参加武装作战；同时，少年先锋队应该经常地输送自己的最好队伍和队员到红军中去，建立红军中的工人成分的骨干，来巩固红军，建立强有力的得到劳动群众热烈拥护和帮助的铁军。

在青年特殊利益的争取方面：少年先锋队应该积极地参加土地革命和彻底地重新平分一切土地。它应该领导青年群众争取青年的特殊利益。要加紧在青年群众间的文化运动,创立识字班、平民学校,成立俱乐部、阅报室、读书室,组织体育、游艺等等。

7. 少年先锋队应该有它自己的经常的组织生活和日常工作,有经常的政治的、军事的、文化的、青年运动的训练,要有经常的会议和操练。要建立少年先锋队各级队部的公开机关(在有可能公开的地方),创办少年先锋队的机关报。经常地分配队员以组织的、宣传的工作等等。

四 少年先锋队的组织构造

8. 少年先锋队组织的原则,应当是民主集中制。它应当有系统的组织和指导机关,它的组织应当自下而上地建立起来。少年先锋队应该采取委员制(由委员中推选队长),委员及队长均须由选举产生。在工作上行动上都须绝对地执行革命纪律——队员服从组织,下级服从上级,在作战、演习、警备时,则完全须服从军事纪律。

9. 少年先锋队队员的成分,应该是青年工人、雇农、苦力、手工业工人、学徒、贫农,及一部分良好的中农青年,在少年先锋队中必须创立坚强的铁的无产阶级的领导。必须坚决地反对富农混入少年先锋队;同样地要反对不愿意开除少年先锋队中现在存留着的富农成分的倾向。只有那些富农子弟,他们与家庭脱离了一切关系,在实际上进行反富农争斗的(自己的父母亦在其内),及完全证明他们忠实地、坚决地执行苏维埃政权一切革命的步骤的,才能够留在少年先锋队内。因此,必须坚决地将富农、地主的成分从少年先锋队的队伍中【清除出去】,首先把这些分子从少队的领导机关中清除出去。这些富农、地主的成分,混在少年先锋队中,他只是完成反革命派给他的任务。

10. 少年先锋队的组织结构如下:少年先锋队的最低单位是每村或每厂的队伍。每队选举一委员会(或队部),小队三人,大队五人。委员会的主席即该队的队长。团应该保证在少年先锋队中的领导,将团员选入委员会及指定团员作队长。每区的各队伍服从区队部的领导,县亦是一样。每一苏区的各县队部,应服从该苏区的队部领导。团的支部、区委、县委应该经过团组去领导它们自己范围内的少年先锋队各队部,并且经常的监督它们的活动。在少年先锋队各队部之内分成下列各科:(1)军事教育科。(2)宣传鼓动科(宣传工作、政治教育、文化工作)。(3)组织科。

在少年先锋队之内,要进行教育的工作,组织短期的列宁学校、青年俱乐部、干部学校等等。在红军需要的时候,少年先锋队应立即派自己的队伍去帮助红军。在军事行动时期,它直接在各该部分红军的领导之下,开展农民的争斗,帮助红军吸收新的广大的劳动农民青年加入革命争斗——这是少年先锋队目前基本的任务。

11. 在许多苏区中已经有广大的、有力的少年先锋队存在,因此将它们团结起来,集中少年先锋队的领导,是我们目前不容延缓的任务。必须把现在各自散乱的,〈及其〉性质和执行的任务都异常复杂混乱的少年先锋队各队伍〈中〉,造成统一的、群众的、坚决拥护团和党的、有纪律的广大青年劳动农民群众的组织。各级团部必须动员一切力量,进行和发展少年先锋队的运动,坚决地反对对于少年先锋队的一切宗派主义的倾向。同时,必须保证我们对少队的完全的领导,克服少年先锋队中一切无政府状态等等的倾向。团应该完全领导少年先锋队,只有这样,少年先锋队才能完成自己的任务。因此,中央委托苏区中央局,即刻在实行团结少年先锋队于统一的领导之下——自下而上的任务。为着这个目的,苏区中央局应该召集每一苏区内的少年先锋队代表大会。在召集这个代表大会之前,先召集县和区的代表大会。到会的代表应该由队员群众选举出来的。大会日期由苏区中央局决定,但至迟应在今年上半年完成。代表大会未召集之前,苏区中央局应该不要等待的,即刻从少年先锋队中积极分子与团的工作人员中指定苏区少年先锋队总队部、各苏区队部、县部、区部。有些地方已经建立了少年先锋队队部组织的,应该加紧对它的领导,及重新审查它的成分,驱逐一切阶级异己分子出去。

有些地方少年先锋队运动仅仅是初步的开始进行,它的领导机关还没有基础,应该自下而上积极建立,避免一切指定少年先锋队上头机关的方法。但是却不能因此便延缓和妨害我们立即来团结统一已经存在的少年先锋队队伍的任务。

12. 在少年先锋队中,应创立模范队,模范队必须在队员自愿的基础上,定出具体的冲锋计划,举行革命竞赛。竞赛的标志可用作战的勇敢,操演的整齐,成分与纪律的良好,宣传教育工作的进行等等。

13. 少年先锋队必须动员自己的队员去加强和扩大红军,要经常地征集队伍及队员——特别是工人、雇农、贫农成分,自愿地去加入红军。应该将自愿到红军中去的队伍和队员编成为模范营和模范团,由红军军事机关直接加以训练和领导,这种方法应经常地采用。

14. 少年先锋队必须尽量的齐备各种武装,除应该广泛采用旧式武器外,少年先锋队应有一部分新式武器,以加强战斗的力量。少年先锋队在作战中所得的武装,应全部交给苏维埃革命军事委员会,然后,由它分配一部分或全部给少年先锋队。一切为争取武装而和红军和赤卫队发生冲突的现象,应绝对的禁止。

15. 少年先锋队与各种组织的关系如下:

(1)少年先锋队与苏维埃:①少年先锋队完全受苏维埃的政治领导,为创立、巩固、拥护苏维埃政权而争斗,一切少年先锋队的活动应与苏维埃政府的纲领相适合。②苏维埃政府经常地给少年先锋队以政治上、工作上与财力上的帮助。有些地方形成少年先锋队与苏维埃的对立,或者把少年先锋队变成为苏维埃机关的一部分,都是不正确的。

(2)少年先锋队与红军、赤卫队:①少年先锋队应该有自己的独立组织和工作,不能将少年先锋队合并红军和赤卫队。②红军、赤卫队在平时应经常地给予少年先锋队以帮助和指导(如派人演说,帮助少年先锋队的军事训练等等)。③在作战时少年先锋队完全服从红军的指挥和调遣。

(3)少年先锋队与童子团——是互相帮助的兄弟团体,少年先锋队应该加紧对于童子团的帮助。

五 团对于少年先锋队的领导

16. 每一个团的支部是团领导少年先锋队的柱石,必须加紧支部对于少年先锋队的领导,支部中每一个同志都要积极参加少年先锋队的工作,支部会议上要经常地讨论少年先锋队的工作。

团的各级委员会应设立少年先锋队工作委员会(或部),由担任当地少年先锋队工作的同志负责。在少年先锋队各级队部中成立团组。在作战时,团得派自己的代表为少年先锋队的政治指导员,进行团在少年先锋队内的领导和工作。

17. 团必须派最得力的同志到少年先锋队中去,必须反对忽视少年先锋队工作的倾向(如派不好的同志去工作等等)。团必须采取一切的方法建立共产青年团和共产党在少年先锋队内的绝对威信。

中央档案馆藏

(录自共青团中央办公厅编:《中国青年运动历史资料》第 9 册,内部资料,1960 年印,第 12—19 页)

团中央对党四中全会的决议

（1931 年 1 月 12 日中央局通过）

听了团中央出席党四中全会的代表团关于党四中全会的经过和总结的报告之后，中央一致通过下列的决议：

一、完全同意四中全会的召集及其决议，四中全会完成了他的历史的任务，确定了立三路线的完全破产和国际路线的胜利，四中全会对于彻底进行反立三路线和执行国际路线和党的工作的真实转变，给以一种保证，四中全会正确地揭破了立三路线调和路线的实质及对于革命的危险，四中全会正确解决了一切目前党的政治的、组织的任务，中央局坚决指出会议中一部分同志(罗章龙、何孟雄等)不顾国际的指示和客观条件，而坚持召集紧急会议的行动，在实质上最妨害反立三路线的斗争和反国际的，尤其四中全会后他们还进行反对四中全会和坚持召集紧急会议的活动，□□□□□□这种活动是小组织的反党活动，中央□□全团的同志，来坚决地反对这种活动。

二、完全同意四中全会对于□□政治形势的分析和党的实际任务的决定，中央局坚决地反对一切机会主义者的估计，如认【为】中国革命已被立三路线所葬送了(海总党团)，立三路线所造成的结果与陈独秀主义、瞿秋白主义没有丝毫的轻重的分别(全总党团)，甚至以为革命已经失败了，为苏维埃政权而斗争，已经不是目前的中心任务(郭妙根等)，这些机会主义的意见值得全团同志加以布尔什维克的猛击。

三、完全同意四中全会对于中央政治局成分的□□,认为新的政治局是能够保证国际路线的执行的,中央局坚决的反对部分的右倾机会主义者(罗章龙、何孟雄等)主张推翻整个中央和政治局的企图,中央认为必须在政治局的领导之下,根据四中全会正确的国际路线来进行自己的工作,实行团工作的彻底转变。

四、完全同意四中全会的决定,认为在集中火力反对立三路线时,必须坚决地进行两条战线的斗争,集中火力反对目前主要危险的右倾,同时绝不丝毫放松【反对】"左"倾。

虽然这两种小资产阶级对无产阶级和党的□□的表现形式密切的综杂在一起,虽然右倾分子的□□机会主义的理论和李立三的□□综杂在一起,如何孟雄同志认为中国阶级斗争已经剧烈到极点(□全国建立红军),但是我们必须把这两种形式分开起来,特别加紧反对一切公开的机会主义的理论,同样应该严厉打击一切不良倾向(如极端民主化,离开实际工作清谈反立三路线斗争等等)。

五、中央局认为四中全会上少数同志(罗章龙、何孟雄、王克全、余飞、徐锡根等)的行动是绝对不允许的,这些同志反对四中全会,坚持召开紧急会议,对六次大会至今年五月间,中央所执行路线是否正确〈的〉,回答含糊其辞;对目前的紧急任务和时局的分析,没有一句话;对于右倾的危险认为是不重要的,或说不要夸大右倾的危险,最后甚至公开地做反国际的攻击,反对国际唯一的布尔什维克的路线。中央局号召全团同志起来坚决地反对这些右倾机会主义者的理论与行动,并要求这些同志放弃他们右倾机会主义的意见和反国际的活动。

六、中央局极端愤懑地指责罗章龙、徐锡根同志在四中全会后议决议案修改委员会上的行动,章龙、锡根同志〈在〉破坏了布尔什维克的铁的纪律和组织原则,在委员中反对四中全会已经完全接受了的国际路线,这种行动是反党的反国际的。中央局要求章龙、锡根同志,及其拥护者立即停止这种反党的反国际的行动及他的机会主义的意见,服从及执行四中全会的决议。

七、中央同样坚决地指出陈友同志在海总党团的报告及陈友同志报告后所通过的决议,以及王□□同志在闸北区委的报告,他们的反四中全会的活动是绝对不能容许的,这种反国际行动应该得到全体同志布尔什维克的打击。很可惜海总党团的同志,非但不能够给陈友同志的反国际的小组织活动以无情的打击,反而一致地通过了反四中全会的决议,中央局要求这些同志立刻服从和执行四中全会的正确的决议,并坚决地与右倾机会主义分子斗争。

八、中央局认为有一部分李立三路线的拥护者(如贺昌)企图用外交手段假的承认错误,实际上是在坚持和继续着自己的错误,如说贺昌同志已经承认了错误或承认得不够,都是不正确的。贺昌同志是在辩护并且继续自己的错误,不然应该加以党的纪律裁制。同样中央局要求一切【在】四中全会已经公开承认自己错误的同志,在实际上证明给全党看,他们能忠实坚决地执行国际的路线。

九、中央认为必须加紧反对立三路线的争斗,从理论上深入到实际工作中去。这里必须给那些机会主义的说法,认为□到实际工作就是压制,反立三路线的斗争(王凤飞、蔡博真)以猛烈的打击。反对李立三路线的斗争,不是要任何抽象的争论,而是要和某一个支部中实行国际路线的具体方法的规定联系起来,在理【论】上、思想上,特别是在实际工作中反对立三路线,执行国际路线,是目前斗争的任务。中央局坚决反对这种说法,以为反立三路线争斗已经部分完成了(至少在上海),这是对立三路线是有□的调和态度的表现。

十、中央局认为团中央代表团在四中全会上的发言和行动是满意的。

十一、中央局必须采取一切方法,迅速传达党四中全会的路线和决定到各级团部去,进行广大的讨论,坚决地反对一切不良倾向,并将这个问题的讨论与各级团部工作彻底转变的具体办法联系起【来】。

—完—

团中央

少共万泰河东委员会翻印
一九三一年四月二十一日

（根据中共江西省委党史研究室藏件刊印）

团在苏区中的任务的决议

（1931 年 2 月 19 日团中央局通过）

一、虽然红军的某些部队曾受到部分的失败，虽然苏维埃区域的地域有些缩小，但是英勇的工农红军胜利地击退了军阀的进攻，得到了许多光荣的胜利。恰恰与一切中国革命的死敌（从帝国主义者军阀起，直至右派叛徒陈独秀、罗章龙等，及托洛茨基主义者止）的断言相反，革命的苏维埃运动不仅没有破产，而且还在继续着迅速的发展。它吸收着新的劳动群众，它在日常争斗之中得到了工农专政和苏维埃建设的初次经验。在帝国主义者直接的帮助之下，国民党正在准备着对于苏区的第二次进攻，集中很大的力量来反对红军。工农苏维埃不仅能够打退第二次军阀的进攻，并且能够实现它自己的迫切的战斗任务（如创立巩固的苏维埃根据地，将苏维埃政权集中起来在统一的苏维埃政府领导之下，争取苏维埃政权在一省数省内的首先胜利等等）。假如：

1. 一切苏维埃运动的最好的力量能够用来去巩固红军，更加加强其纪律，将红军变成得到广大的农民群众无量的信任和日常帮助的常胜的铁军。

2. 假使苏维埃政权能够实行正确的内部政策，这政策是要无情地镇压一切反革命的企图和反革命的分子（南京的国民党、改组派、AB 团、陈独秀、托洛茨基取消派及罗章龙右派等等）；要进行反对一切的地主和富农的争斗，要实现正确的、适合于基本农民群众的利益（雇农、贫农、中农）的分配土地，要以雇农、贫农、为支柱，而与中农结合亲密的同盟,要努力地进行苏维埃的建设。

二、上面所说的,就决定了苏维埃区域中青年团的任务和性质。苏维埃区域中的青年团团结了数十万的工农青年在自己的队伍之中。在为苏维埃而争斗中,在苏维埃政权的巩固和发展之中,团应该有极大的作用的。这作用便是党和红军的第一个助手和后备军。团经常地将最好的、最勇敢和忠实于革命的工农青年去充实党和红军的队伍。因之,从团的存在的目的和目前苏区政治军事状况下产生出来的团的紧急任务,就是在:

1. 动员一切力量来巩固红军,参加红军,吸引广大的劳动青年参加拥护苏维埃政权的革命战争。

2. 积极参加一切苏维埃法令的实现(土地法、劳动法、租税法等等)。积极地参加苏维埃建设,实现工农青年的要求纲领。

3. 以共产主义的精神教育广大的劳动青年群众。

三、党和苏维埃政权的右倾机会主义的错误(分配土地与所谓"好的"地主,有些地方完全不进行没收地主的土地及分配土地,允许富农参加苏维埃及其他革命组织,甚至做领导工作,对于苏区内部反革命组织的镇压进行得不充分不坚决。不执行阶级的租税政策及苏维埃区域内没有阶级争斗,没有反帝国主义运动的理论,忽视无产阶级的领导权,认为工人是不革命的等等),以及"左"的错误,立三路线的执行(土地分配的不正确,因此而破坏了与中农的联盟,执行许多过早的办法,集体化,到处组织苏维埃农庄,没有创造必要的先决条件而进攻大城市的方针,轻视创立苏维埃根据地和有纪律的红军的任务等等),在苏维埃区团的目前的状况和工作中都有它的表现。

吸收富农入团,在团及少年先锋队的领导机关中,到处有很多富农的成分(甚至有 50% 以上),将团变成纯粹文化组织的倾向,专门为"教育"那些不愿参加战争、参加红军、参加苏维埃工作的人的组织,用缩短团员年龄的办法,企图将团变成次要的、非政治的、儿童的组织,拒绝参加红军工作的企图,延缓苏维埃政府关于青年法令的执行的企图,取消团组织独立性的企图等等,都是团内右倾机会主义路线在实际工作的直接的表现。右倾是主要的危险,其结果必然要使团丧失其对于广大青年劳动群众的影响,要取消团,帮助阶级的敌人。

这种倾向与"左"的小资产阶级的倾向,与李立三主义亲密地综杂在一起,在李立三主义之中,半托洛茨基主义和纯粹的右倾机会主义融合在一起。团内的"左"倾表现在:先锋主义(这就是说政治上企图离开党独立,组织上不服从党和代替党),盲动主义,企图将团的组织造成狭隘的、宗派主义的、只有"最勇敢的……最……的"革命家才能加入的组织,而离开广大的劳动青年群众;某些少年先锋队的无政府主义的行动,不顾农民群众宗教的传统心理,而去毁庙宇,掘祖墓,打菩萨;"土地归青年"的口号等等。由于红军及党的领导执行立三路线的结果,在最后一个时期中,这种倾向在许多地方组织内统治着。

在这些"左"右倾的错误和错误路线的执行的结果,苏区的团至今还不能够在自己的队伍中间团结着雇农、贫农青年的主要阶层,落后于劳动青年群众的革命的发展,还不能适合于客观的可能性而变为广大的组织,不曾能够成为党在苏维埃建设事业中的积极的助手,对于巩固红军的工作做得不充分。最后,团及领导干部的成分不能满意。

苏区的团只有在两条战线上不调和的争斗,反对右倾和"左"倾,才能够顺利地完成自己的任务。右倾是目前主要的危险,但是一切李立三主义的假的"左"倾空谈和冒险主义,必须加以坚决地打击和在实际工作中肃清它。

四、因之,在苏区团的面前有下列实际的战斗任务:

(一)在巩固红军方面

1. 进行征收雇农、贫农、中农的青年自愿地加入红军。将他们中的最好分子送到红军中去。

2. 立即动员5000最好的团员送到红军中去。这个动员应该在一个月内完成。在这次动员完成之后,动员团员加入红军,应该成为团帮助红军的经常方法,以后可以继续应用,至于人数的多寡可以按照当时的具体要求来定。

3. 从最好的最有战斗力的少先队及队员中,创立三个模范团,由红军军官直接领导。以后亦应采用这个方法。

4. 动员团的好的积极分子来充实红军军事政治学校。

5. 在红军中的团的组织,在有党的支部的地方成立帮助工作的小组,在没有党的支部的地方就成立支部。

6. 积极地发展有力的少年先锋队,它是自卫的半军事性的组织。

7. 积极地参加红军后方的组织与巩固,进行在农民居民中的鼓动,及动员他们来做抗拒敌人的具体工作(掘战壕,组织农民自卫队,组织团员和女团员的看护队等等)。

8. 团坚持苏维埃政权进行青年群众的总的军事教育,并积极地组织他。这种军事教育不仅应由少先队来进行,并且要苏维埃的军事机关来进行。一切满十六岁以上的青年都应该受军事教育,其目的在扩大红军的后备队和人民的自卫。

9. 团应该组织"青年团员的礼拜六",来进行帮助红军的工作,这就是说,在休息日(星期【日】、假日)动员一切的团员来做一定的工作(如搬运粮食、掘战壕、运枪械,及女团员来缝制军衣、军鞋、修补军装等)。这个方法在苏区团的工作中应该经常地应用。

10. 团应该派得力同志到进攻苏区的国民党军队中去工作,瓦解他们,并号召他们投入红军。

(二)在参加苏维埃政权的组织,〈在〉参加苏维埃法律的执行,〈在〉参加苏维埃建设方面

1. 团应积极地帮助党和苏维埃来实现苏维埃政权的土地法令,参加土地的分配,分派团员去帮助苏维埃机关。团应帮助党来督促土地分配正确地按照当地决定的原则实行(平均分配按照劳动力或人口的方法),到处成为平分一切土地的倡导者,平分一切土地是苏维埃政权解决土地问题的最彻底的办法。团帮助党和苏维埃,反对一切不正确的土地分配,在乡村中的每一个团员必须负责进行"土地

国有"的宣传。注意不使土地落到地主手里去,假如有这样的事实的时候,将这个问题向苏维埃政府提出来。团中央局认为"土地归青年"的口号是原则上不正确的,而且有害的,它将青年农民一部分的利益和整个农民的利益划分开来,中央局说明:不能把劳动青年从整个的土地分配中除外或者特别提出,在实行苏维埃的土地法令的时候,青年的问题已经解决了。按照苏维埃的法令,土地应该或者按照人口分配,或者按照劳动力分配,那对于青年亦是一样。

2. 同样团参加实现苏维埃的收入累进税,取消一切军阀时代的旧税则等等,派选自己的工作人员到苏维埃的财政及其他机关中去工作等等。同样的对于苏维埃的劳动法令,这个法令对于劳动青年的利益有特别的关系,对于教育方面亦应该用一样方法。具体地,团应该提出自己的代表到苏维埃政权的一切机关中去,帮助苏维埃政权创造教育人才的干部,创造劳动检察员的干部,这些劳动检察员的任务是检查一切苏维埃法令的真正实现,团应得〔当〕注意不使在学校中还教授三民主义及一切"孔孟之书",要帮助苏维埃驱逐那些向苏维埃政权怠工的最反动的教员。团要积极地反对官僚主义及被阶级敌人收买的分子,揭破他们的面目,组织劳动青年群众起来反对他们。团应该和苏维埃机关(教育机关等)一起来组织列宁学校、读书室、各种青年小组、体育军事教育(主要的是经过"少年先锋队")。

3. 团积极参加苏维埃的选举,动员享有选举权的青年(16岁以上),帮助党执行坚决的阶级政策(剥夺地主、绅士、富农等的选举权)。团在党团提出的名单上,提出自己的候选人来。特别是在目前苏维埃第一次全国代表大会的选举运动,团应该充分地发挥自己的积极作用。

4. 团应当特别地注意到经过苏维埃法律公布的劳动青年纲领的真正实现。如14岁至16岁的青工4小时工作,16岁至18岁6小时工作制,绝对禁止童工的劳动,保护青工及青年雇农的劳动,16岁以上的青年有选举权。在苏维埃区内禁止一切的青年组织,除了青年团及青年团创造的和在它领导之下工作的附属组织,组织青年的教育等等。至于那些国家的及为保护苏维埃政权而工作的工厂中的工作时间,可由苏维埃政权的决议来改动。这里最主要的是要发动这些厂内的工人群众自动地在革命竞赛的基础上来要求延长工作时间,反对一切官僚主义的、得不到群众拥护的、"一纸命令"的决定。一般的说,革命竞赛的方法在苏区团的工作中应该广大地应用。

一切青年的特殊要求应该包含在苏维埃的各种法令之中,假如这些法令没有提到青年特殊要求的话,团应该坚决地提出,要求通过和实行。团应该帮助组织反对破坏这些苏维埃法律的争斗。

(三)在团的附属组织的创立和发展方面

1. 一切劳动青年特殊的利益和要求,不应该单纯地凭借苏维埃法律来实现,而必须经过青年群众组织的工作和争斗。中央指出,直到最近,苏维埃区域中赤色工会还没有广大的建立,青工部工作的薄弱和没有形成是绝不容许的现象,苏区中央局应即刻派遣大批的得力干部来进行这一工作,首先是青年雇工中的工作。

2. 在三个月内必须在各苏维埃区域中,召集以县为单位的青工学徒代表大会及青年农村工人大会,来检查苏维埃法令实现的程度,和青工生活状况及其改善的方法。

3. 团应该积极地参加贫农团的工作,在贫农团中组织青工小组,应该将广大的中农青年团结在贫农青年小组的周围。

4. 必须尽量地发展童子团的组织,它应该团结广大的劳动儿童,并且将工作建立在吸收儿童参加苏维埃政权、青年团及职工会的一切社会的、政治的争斗之上。应该组织儿童的共产主义教育,应该采取一切适合于儿童心理的工作方法(体育、游艺等等),来达到童子团的政治目的。在今年五月间,各苏维埃区必须进行童子团的大检阅。

5. 必须即刻进行反帝国主义同盟青年部的工作,必须广大地进行反帝国主义的争斗,团结工人、雇农、贫农及良好的中农青年在反帝同盟的组织之内。

6. 中央局应准备和召集(在今年上半年)苏维埃区青年工农代

表大会,这大会要有广大的代表参加(至少应有五六百代表)。大会的目的是广大的劳动青年拥护苏维埃政权、红军和党的示威,是工农青年一致团结的表示,号召农民青年中良好的部分加入红军,加紧征收团员运动等。工农青年代表大会是一次的运动,大会的准备应由各级团部负责进行,大会及大会后,绝对不创立任何经常组织和机关。关于代表选举的单位及具体的办法,苏区中央局应即刻准备和决定。

7. 团应该积极帮助党进行女工农妇代表大会,在一切群众组织中应注意吸收青年女工农妇参加。妇女运动主要的目的,是吸收劳动妇女参加一般的阶级争斗和政治争斗,及争取她们的特殊利益,必须纠正一切强迫放足、强迫剪发的无政府状态的行动。

(四)在巩固团及其领导方面

1. 必须加紧征收雇农贫农的青年加入团,必须允许良好的一部分中农青年加入,绝对不允许富农、地主等的成分参加团的组织,不是用一次清团的方法,而必须用坚决的继续的工作来将富农驱逐出团,首先驱出领导机关。只有那些完全与家庭脱离关系,坚决地反对富农(自己的父母亦在内),实际上证明忠实于革命之后的富农子弟,才能够留在团内和吸收入团。清除团的工作再不能延迟了,因为在团内充塞了阶级异己的分子,可以将某些团部从党的工具变成了阶级敌人的工具。

2. 必须将青年雇农、贫农、工人坚决地提拔到团的领导工作中去,要保持团的铁的无产阶级的领导,这领导要善于团结青年劳动农民在自己的周围。

3. 应该在2个月内开办苏维埃区域内的团校。第一期学生可以从100至150人,3个月毕业。团校的目的在准备团的中下级干部。苏区中央局应该准备团校的教授大纲及指定负责人,以后应继续办下去并扩大它。此外,各级团部,应进行短期训练班来培养干部。

4. 应该创造团的支部系统工作,团的委员会应该创立经常的巡视制度,各级委员会的委员应该到支部中去帮助工作,作报告,召集支部会议来解决日常问题等等。

5. 对于青年群众的教育,应该根据在吸收他们参加苏维埃区中的阶级争斗、参加苏维埃建设,并且要用各种小组和体育组织等去帮助团的组织进行这项工作。

6. 在苏维埃区域中,团必须公开的存在和工作中必须反对一切害怕公开的心理,同时必须准备一部分干部以便在必要时能转入秘密状态而继续工作。

7. 在邻近苏区的区域(300里左右),苏区团部应该派得力的干部去工作。

(五)给苏区中央局的责任

1. 中央指定的苏区中央局,应该立即与党的中央局发生关系,在它的领导之下工作,进行完成这个决议,并应设法与各特委发生关系,指导他们的工作。

2. 苏区中央局应立即开始组织各苏区的团的代表大会,在这些代表会之前,应该先开各地方的代表会议。大会必须用来清除阶级异己分子(富农等)出团,在大会上选举执行中央和少共国际路线的委员会。

3. 中央局应该经常的向团的中央局报告工作。每两星期作工作报告及派交通到中央。

4. 中央局为了保证这一个决议的执行,必须立即创造监督巡视部(8个人)。

5. 中央局分工如下:书记、组织部长、宣传鼓动部长、经济法权部长、参加革命军事委员会的代表(他就是少年先锋队的领导者)。

6. 中央局应该完成中央局关于少年先锋队的决议,就是准备和召集少年先锋队大会,创造少年先锋队总部,将富农从少年先锋队干部中清洗出去。

7. 中央局应准备和召集苏维埃区工农青年大会。

8. 中央局应积极准备和参加苏维埃第一次代表大会的工作,提出五六个在广大青年群众中有信仰的劳动青年到苏维埃执行委员会的候选人名单中去。

    9. 中央局应立即创立中央局机关报,日刊或三日刊。

    10. 中央局应在 2 月内开办团校。

    11. 中央局应准备五月间的儿童团大检阅。

中央档案馆藏

(录自共青团中央办公厅编:《中国青年运动历史资料》第 9 册,内部资料,1960 年印,第 53—62 页)

中共苏区中央局
关于工会运动与工作路线的通告

（1931 年 3 月 1 日）

一、苏区工会运动的任务

苏维埃区域的工会与反动统治区域的工会运动的实际任务，不完全相同，而是一个新的问题，因为它的任务，不单争取工人阶级本身的利益和解放，首先要使它的斗争和利益密切地联系在巩固苏维埃、争取全国胜利、土地革命的利益、消灭封建势力、反对帝国主义的利益上面。它的任务的具体指示如下：

1. 争取在苏维埃法令上工人阶级的利益实际的实现——这就是说，在苏维埃法令上所规定八小时工作制，劳动保护法，社会保险（如保护疾病、失业、灾害等等），实行工人监督资本等等，都要促成政府和领导工人，用斗争方式要资本家来执行，使工人阶级实际取得在苏维埃区域一切利益和解放。

2. 加强无产阶级在苏区领导作用——为巩固苏维埃政权，保障苏维埃运动的胜利，最紧要的使苏维埃政权土地革命的发展和深入，红军的铁军的创造，及保障它在革命中的伟大作用，那都要保证无产阶级在这些组织和群众中强大的领导地位与作用。这固然要特别加紧在产业区域和中心城市的工人群众工作与斗争领导，可是目前苏维埃区域虽偏于农村发展，没有取得大的中心城市，产生工人更缺乏，就是手工业工人雇工也不多，而这些工人人数虽然少，他的阶级意识要比较明显，易于接受产业无产阶级的影响和领导。所以加强对于这些工会的组织和工作,要使它在苏区【的】一切运动和斗争【中】都处于领导地位,如苏维埃选举运动,反富农斗争,拥护苏维埃,反军阀战争和反帝运动,巩固与扩大红军等等运动中,工会都要站在领导地位上面,特别是选举工人群众中最坚强分子来巩固政权机关和加强红军中政治的军事的干部。

3. 建立阶级工会扩大阶级斗争——苏维埃区域的范围现在还只偏于农村,阶级的界限,当然没有产业区域和大的中心城市那样明显。在工人中工人与手工业者(自己有工具没有资本家压迫和管辖,直接去卖工的)常常混合〔淆〕不清,认为都是工人,组织在工会里面,甚至店东老板都加入工会,这完全将领导作阶级斗争的工会变成旧时的行会组织(如公所、公会等)。这样的工会,当然不能担任领导和发展阶级斗争的任务,因为老板店东与工人是对立的(两个阶级)而混合【在】一起,自然就发动不起斗争来。再加以一般手工业者,他本不受资本家的剥削和压迫,无斗争的对象,实际他的对象是买东西人,结果在目前将阶级斗争的工会变成了与农民斗争的形式。雇工工会的组织多半不是现在当雇工的,而实是从前做雇工,现在分了田地变成农民,当然也就无斗争了。工会组织既不是一个阶级组织,当然不能实行阶级斗争、扩大和深入阶级斗争,这是非常严重的问题。目前土地革命向前发展走向非资本主义道路,由民权革命转变到社会主义革命前途,阶级工会的组织,成为最主要的基础,只有扩大与深入阶级斗争才能争取这一前途。

4. 帮助农民取得土地,消灭封建势力——土地革命是目前革命阶段中最主要的内容之一,无产阶级来领导这一革命,使它彻底完成,那就更有利地使中国革命迅速转变到社会主义前途,因此苏区工会运动绝不能与土地革命斗争离开。尤其是实行无产阶级对于农民领导,那只有积极帮助取得土地革命胜利,彻底消灭封建势力,才能实际建立领导地位,才能在民权革命完成后,使广大农民在它的领导之下走上社会主义道路。

5. 拥护苏维埃争取全国苏维埃胜利——苏维埃政权是工农民主政权,无产阶级不仅是参加政权,而且处在领导地位。工会在苏区固然

【是】团结工人领导斗争的组织,同时是苏维埃政权主要的柱石。工会应领导广大工人群众来拥护苏维埃,赞助政府一切法令的实现,要成为苏维埃主要的群众基础,更要去鼓动并发动其他的群众在其领导和影响之下,为全国苏维埃胜利作坚决斗争。所以工会与苏维埃绝不是对立的,说什么苏维埃是农民的,工会是代表工人的,简直是无稽之谈。工会与苏维埃的正确关系,应依照通告第三号严厉纠正。

6. 建立与反动区域工会运动的密切联系——因为实行无产阶级领导,主要的方式是在用斗争方式发挥领导作用,特别是产业工人的斗争,因此,为加强产业无产阶级领导作用,必须由斗争的联系,经常在组织上建立密切关系,实行产业工会对于苏区工会领导制度。这必须使苏区工会运动,不仅依照组织系统,经过全国总工会领导,而且要直接与苏区周围的产业区域和中心城市的产业工会建立经常的密切关系,一方面接受产业无产阶级的意识,另一方面使产业无产阶级经过了苏区的工会,加强它在苏区和红军中的领导。

二、纠正过去苏维埃区域工会运动的错误

苏维埃区域的工会运动,在过去的确犯了严重的错误,现在指出如下:

1. 非阶级的斗争的组织——在苏维埃区域一般来讲,都是没有将工人手工业者分别清楚,没有了解工会是阶级组织与领导阶级斗争的意义。于是将手工业者,店东老板,甚至有些地方将念经的道士,看死人坟地的阴阳先生,都认为是工人,与真正的工人组织在工会里。这样一来,阶级的工会,变成了非阶级的乱杂人的结合,当然就不能来实行斗争。尤其是店东老板与工人在一个工会里面,不仅不能来领导工人斗争,而且将工会成为压迫工人保护老板的"公会",所以苏维埃区域内从来就不十分注意发动工人起来斗争。在工会运动上讲,这是一种反工人阶级的反动行为,造成在革命中的罪恶,要坚决地来改正。

2. 脱离群众的机关主义形式主义——因为工会不是建立在阶级

的斗争的基础上面,那么工会自然要走到脱离群众的道路,完全要成空架子了,机关主义就充分发展起来了。现在苏区许多工会经常与群众无关系,只看见少数人在工会里吃饭无事做,将工会形成一座衙门,许多人在工会内吃饭,甚至一般流氓也混在工会内,负责工作人员自然腐化起来,官僚主义也就自然产生,使一般工人对于工会完全失掉信仰。形式主义必然要随着机关主义而产生,不问它的实质与作用,只求其形式上就算了。如雇工工会,这是在苏区内最主要的一种群众组织,因为过去分配土地,旧时雇工都分得田地,已经不是雇工,可是为了组织雇工工会,而目前又无真正雇工或是很少数的雇工,于是就将已分配土地现在不做帮工的过去的雇农,组织起来成立雇工工会。这样的工会,因为他们经济地位改变,已无斗争的对象,自然无斗争可言,完全失掉这一组织在阶级斗争中领导土地革命的作用,这纯粹是一种形式主义。

3. 不执行领导斗争,反而专以打土豪、富农来筹经济——工会已失掉斗争的作用,经常不去计划领导工人来争取革命利益和苏维埃的各种革命斗争,而工会又是庞大机关,工作人员又多,于是吃饭成问题,经济上专靠会费收入当然不够得很,如是为维持机关及工作人员的伙食。不得不超出工会范围以外来筹经济,打土豪打富农,就成为工会经济的主要来源,形成工会与政府相同的机关,甚至为争打土豪富农发生争执的奇怪现象。本来打土豪反富农这是广大群众的革命斗争,政府将它曲解为罚款筹经济的唯一来源,已经是大错而特错了;而工会不是一个政府,它只能来领导工人打倒土豪地主阶级,反对富农,扩大和深入土地革命斗争与苏维埃胜利,来帮助政府〈来〉肃清反动势力,绝对不能代替政府行政任务。而私自打土豪、打富农来筹经济,简直是破坏苏维埃政权的行动,同时是造成工会腐化官僚最主要的原因。这是在工会运动中、苏维埃革命中绝对不允许的事情。

4. 与苏维埃政府形成对立形势——工会已不认识它自己在苏维埃的任务,特别是领导作用,于是对一切斗争不积极去参加,在其中取领导作用,反而走到最狭隘的工会运动道路,因此发生一种苏维埃是代表农民,工会是代表工人,分成两个政权的理论。于是形成苏维埃与工会对立的形式。这不仅是一个错误,而且是破坏工农同盟,放弃对于农民的领导的严重罪过,对于目前革命是很大的障碍,要彻底纠正过来。

5. 党不注意工会工作,经常无指导——苏区工会运动发生这些严重的错误,主要的原因由于各级党部忽视工会工作,经常不注意【对】工会工作指导,让一般党员做去,甚至许多工会党团都不健全,对于工会领导人也不注意,这同样由于党没有认识工会运动是党的中心的第一等工作,更不了解加紧无产阶级对苏维埃运动领导的严重意义。今后各级党部必须以最大力量来注意工会工作,经常在策略上、工作方式上给予指导,特别派党的最健全同志去担任工会党团书记。

三、今后工会运动的中心工作和其正确路线

1. 建立阶级的工会,肃清行会思想——将现在非阶级组织的工会要重新改造,首先是将一般老板、店东、道士、阴阳先生这类的人,驱除出工会;同时将一些手工业者要他们退出工会,分别加入各地贫农会、城市的贫农协会里面;将纯粹做工(受资本家雇用)的工人与学徒组织起来,按照职业和产业以及地方来成立工会。雇工工会同样的来组织。以前是雇工,现在分了田不卖工的会员,要他们去加入贫农会;另将现在做长工的,和常年做短工的,以及虽有点田每年大半年还是卖短工的人来组织雇工工会。这一工作首先要向广大群众做宣传,使群众明白了解,以后改造工会才能顺利地实现,不致发生不好的影响。同样的,在农村中及非产业区的城市中,手工业工人对于行会思想的残余非常浓厚,如地方观念、帮口观念、职业界限等等,这都是阻碍阶级斗争的发展,模糊群众的阶级意识,要坚决地用无产阶级的意识来克服这些观念,将行会思想在群众中彻底肃清。

2. 肃清机关主义,工会群众化——要将脱离群众的机关主义现象,彻底肃清,工会要成真正的工人群众斗争的团体。在特区和县的机关供伙食做事的人应减少;要使在业的工人也来参加工会的工作,工会支部不要常驻会,办公的人也只一人驻会办公;特别是许多地方

不必成立一个工会的就不要成立,免得变成空招牌的机关;这样工会的经济必可以节减,工会真成群众自己的团体,经常有群众到工会来建立最密切的关系,才不致发生有脱离群众的现象。要使工会成为群众的公众的工会,不仅吸引很多很多群众中最积极的坚决斗争分子来参加工会各级指导机关及工会各种工作;目前在苏维埃区域的工会,应当实行相当民主,各级工会都要建立定期的固定的代表会议,就是各级工会依会员人数,选举五十至一百左右的代表(要按会员人数多少来定),定一个经常开会时期(如地方各业工会每半月一次,地方总工会一个月一次或定每三个月一次等等)。代表可定半年改选一次,按期开代表会讨论工会各种问题(如工人斗争、工会会务审查工作及经济等等),遇有紧急问题则召集临时代表会议来讨论,这样使大多数群众的积极分子来参加工会一切问题讨论,愈能发挥群众的积极性;则愈使工会与群众关系密切。

3. 巩固工会在一切革命斗争中的领导作用——工会不仅积极领导工人为本身利益而斗争,并且是积极参加一切运动和革命斗争(如苏维埃选举、准备苏维埃第一次代表大会的工作和宣传土地斗争、反富农斗争、反帝国主义和军阀运动、参加革命战争、巩固红军,肃反运动等等),应当在运动中都要首先来发起和参加,这样才能实行和加强无产阶级对于革命的领导。

4. 斗争策略——工会应当注意工人的一切要求,经常计划为争取工人利益的各种斗争,争取在苏维埃法令及劳动保护法上所载的工人一切利益的实现。但是在一切斗争中,工会都不应完全依赖苏维埃政府用命令强迫资本家去实现工人一切要求,需要工人以斗争的力量和方式(如工会直接交涉罢工、怠工等等)来取得一切利益的实现,这样才能加强工人的阶级斗争的认识与力量。但是工人斗争和利益的争取,应当要注意与苏维埃运动的利益相符合。要防止只顾工人利益,不顾及苏维埃运动如何的狭隘经济主义的倾向发生,同时要反对借口妨碍苏维埃整个利益的放弃工人斗争领导和争取的右倾机会主义。

5. 工会组织问题——应当按照产业与职业关系来成立工会，每种工会都要有系统的组织，使它分别清楚。店员手工业工人各来成立店员工会、手工业工会。凡是手工业工人都应组织在一个地方手工业工会里，再按照手工业的职业关系来组织分会或支部（这是看该地人数多少来定）；店员工会也是一样（挑夫、马头夫），也应当单独成立工会，然后由这样工会的联合（雇工工会也在内）成立地方总工会，以至特区总工会。县以下区总工会的组织看情形来定；如该区各业工人很多，可组织一个区总工会，如人数少，则只联合各业支部组织一个区工会。其系统表如下：

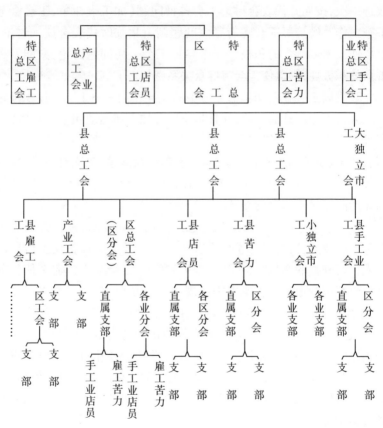

6. 建立工会与苏维埃政府正确关系——工会与苏维埃政府绝不是对立的,与其他群众团体一样,都是苏维埃政府下的革命团体。应遵照中央局第三号通告立即改正,使工会真正成为苏维埃政权的主要支柱。

7. 努力建立与反动统治区域工会的密切关系——全国总工会为统一苏维埃区域工会的指导,已准备成立苏区中央执行局。苏区与反动统治区域的工会运动关系,不仅经过全国总工会这一组织取得密切联系,而且应当努力将苏区工人的生活及自由平等的好的情形,尽可能的设法向反动统治区域的工人中宣传,扩大苏维埃运动,随时将反动统治区域的工人斗争情形向自己的会员作报告;还要设法建立与反动区域工会经常通信关系,互相报告会务及斗争情形;特别是在苏区边界的工会,更要设法直接与反动区域的工会建立经常关系,互派代表及帮助工作。各党部及工会党团接此通告后要详细讨论,决定具体的执行方法。

（录自中华全国总工会编:《中共中央关于工人运动文件选编(中)》,档案出版社 1985 年第 1 版,第 118—125 页）

苏区党第一次代表大会
关于青年团工作决议案[①]
（1931 年 3 月 10 日带到）

在这几年来苏维埃运动的发展中,充分表现了劳动青年的积极性,在一切苏维埃的工作与历次革命战争中,都吸引了广大的劳动青年群众参加,尤其在扩大红军方面更是主要地发挥了青年的活动能力。青年已经显然成为苏维埃运动主要的一种组织力量。豪绅、地主、资产阶级了解青年的作用这样重要,所以他们在进攻苏区的时候,特别注意到青年群众的夺取,企图把这个苏维埃运动的力量变为反革命进攻苏维埃运动的力量。反革命政党——AB 团、社会民主党等特别注意在青年群众中的活动,阴谋破坏青年团及少年先锋队、儿童团等革命青年的组织,就是一个明证,虽然他们这种企图,现在已经遭受了失败。

可是,在青年的积极性的发扬中,却更加暴露了青年团领导力量的薄弱,青年团的活动,至今远落于青年积极性的后面。一般说来,苏区的青年团,还没有成为党的最有力的助手。

大会指出这一时期党对团的领导和帮助,是异常的不够,无论在地方上以及在红军中,党对于团的工作,一般表现不可容许的忽视倾向。对团和青年工作的取消主义,在党内团内还是存在和流行着,这给了团的转变以极大的阻碍。大会指出这种取消主义的存在,陈独

---

① 本文标题原为《苏区党第一次代表大会通过决议案之五》。

秀主义和立三路线的残留,乃是他的历史根源;而那些"左"的错误,如井冈山时代,红军中建立团的独立系统,形成党团对立,以及后一时期在红军中提倡青年特殊利益斗争等等,则也是帮助了取消主义的立场。大会严重指出,这一时期党未能充分地在两条战线斗争【中】特别坚决打击那些公开的取消主义理论(如认为红军中青年无特殊要求,因此无青年工作)与公开取消团的行动(如澎湃县平阳区委把团区委工作同志派到区政府当传令兵,把团区委取消),是党的错误和损失。

因此,大会号召全党同志坚决与一切右的"左"的倾向斗争,特别反对取消主义。大会警醒各级党的组织,加强对团的政治领导,帮助团的巩固与发展,使他日益布尔什维克化,是苏区党目前主要任务之一。

二①

在苏区党执行立三路线及对立三路线的调和路线的时期,团同样执行了这些错误路线,团的阶级基础薄弱,便是一个根据,使得反革命政党——AB团、社会民主党等能够打入团内并在团内发展其组织和活动。而立三路线和调和路线的执行,一方面是取消了团的组织和工作,另一方面使AB团、社会民主党更以此为掩护,尽量发展其反革命组织和活动,盘据〔踞〕团的各级领导机关。这就造成了当时苏区团的极严重的危机状态。

在党转向国际路线的时候,苏区团的中央局成立,并开始在团内转变其路线。直到现在,错误的路线已为各级团的组织所排斥,正确的四中全会和中央的路线已开始在实际工作中执行,并已获得相当的成绩,这主要表现于扩大红军工作,组织青年群众参战的工作,帮助苏维埃的各种政策和工作之执行;特别是团的改造已经有了一个

---

① 原文没有"一"。

开始，把团内隐藏着的反革命分子逐渐扫除出去，引进了一些真正忠实的青年工农分子到领导工作上来。这些工作的执行和其成就，显然使团的状况开展了一种新的气象，团的巩固已经得到了一个前提，团动员和领导青年群众的力量，相当地提高了。

但是，团的这些成就，仍然未能消除它的许多重大的弱点，团的新路线，还没有深入到实际工作中去。团的政治积极性还没有充分发挥，团动员群众尤其是组织群众的力量仍很脆弱；团在青年工人方面的工作，薄弱到了极点，团对青年群众组织如少年先锋队儿童团等等的领导，未有多大的进步。在团内，存在着对这些群众组织的忽视和包办主义的倾向；团在青年工人、雇农、贫农中的发展依然极少，团对引进工农分子到领导工作上来及培养干部的努力，仍然不够。这些弱点的存在，使团在革命斗争发展的面前，仍然表现异常严重的状态。

党为要加强对团的领导，就有很大的必要去深刻了解团的工作和正确地估计团的现状，那些右倾机会主义的估计，完全否认团的进步，把团的困难看得太大，反映一种悲观失望的情绪，这是极端有害的；同时把团的状况过分估计，对团的工作，抱着不必要的夸大态度，同样是不正确的，因为当他一受到困难和某种打击的时候，亦必走到消极和失望。团现在有一切客观的和主观的条件，保证他走向巩固和发展，大会要求全苏区的党，领导团，以其列宁青年的顽强和坚决，充分执行国际和中央的正确路线，完成他的布尔什维克的转变。

三

苏区团目前的主要任务，大会指出：

1. 组织青年工农到红军和地方武装中去的工作，应该成为苏区团的最主要工作之一。但这一工作的进行，必须依据于深入群众的宣传鼓动，而在群众自愿的原则底下做去，一切指派强迫和欺骗的方法，必须绝对纠正和防止。同时，团在红军中的工作，必须以最大的力量去建立。团应该了解红军中的工作,是整个工作中最重要的一部分,这方面的工作应与地方工作同时并进,党特别要帮助团把某部分红军中团的取消状态,迅速克服。红军中的团,应坚决向青年化转变,帮助党在红军中作政治教育、军事训练与文化娱乐的工作。

2. 苏区团应加紧领导青年群众参加苏维埃政权及各级苏维埃政权的改造,坚决反对富农和一切的阶级异己分子混入苏维埃,推选最好的青年工农领袖到苏维埃政权中工作。团应该领导青年工农群众参加一切实际拥护苏维埃政权的斗争,参加革命战争。团应领导和组织青年群众,使他成为一个重要的力量来帮助苏维埃执行一切法令和政策,如土地政策、劳动政策、经济政策,坚持这些政策,反对一切破坏这些政策实施的企图;特别在文化工作方面,团应帮助苏维埃组织列宁小学、平民夜学和广泛的识字运动,而逐渐达到普遍的义务教育的实现。

3. 目前政治形势,表明世界资本主义的经济恐慌达于极点,因而帝国主义进攻苏联战争的危机加深,同时帝国主义〈实际〉瓜分中国的实际步骤已在逐步地进行,因瓜分中国及重新分割世界而引起的第二次世界大战的危机亦更为紧急。因此,拥护苏联反对帝国主义和反对世界大战的任务,要严重地要求苏区团来加紧执行。团应在青年群众中进行广大的运动来执行这些任务,并使之与巩固和发展苏区的斗争联系起来。团应把反帝同盟的工作建立起来。

4. 组织一切青工学徒到阶级工会中去,在强固的苏区工会中,不应组织青工部青工小组,而应在工会执行委员会之下设立青工委员会,在青工中进行工会工作。在新发展的和比较流动的苏区,则仍应组织青工部,由于阶级工会之逐渐健全,青工部逐渐过渡到青工委员会。团应加强在青工学徒中的活动和工作,领导青工学徒为其本身的特殊利益而斗争,组织一切青工学徒加入青工部,把青工部的工作坚强地树立起来。此外,团应加强对少年先锋队、儿童团等各种群众组织的领导。应克服团内一切对这些群众组织的包办主义和忽视倾向,使这些组织的领导操在真正的青工雇农和贫农分子手里,使这些组织的生活和经常工作建立起来,使这些组织成为党和团的一切政策在青年群众中实行的桥梁。

5. 要实现团的一切任务,必须使团的组织巩固起来,团应在青年群众中,加紧进行团的政治宣传,扩大团的政治影响,吸收一切积极参加斗争的工农分子入团,而把富农地主驱逐出团。特别是团的各级领导机关,要引进工农干部来工作,绝对驱逐一切异己分子出去。团的巩固,必须以团内自我批评和两条战线的斗争为主要武器,以此武器来发动团员群众的积极性来巩固团内思想上的一致,来改造团的组织。团内教育工作,必须加紧注意。在团员中,加强一般的政治教育、青年运动的理论和实际的教育以及一般的理论教育,这些教育工作的进行,应同团的实际工作联系起来。

四

苏区团的巩固和转变,党的领导和帮助,是主要条件之一。大会警醒各级党部,应该切实了解团的工作是党整个工作的一部分,而经常给团以有力的政治领导,并给以实际帮助。因此,除互派代表参加会议的制度须执行外,党还应多派党员在团内工作。在红军中,党向团调动干部时,必须注意到不要因此而给团的本身工作以阻碍和损失。

在有党的组织而没有团的地方,党应帮助团的建立。

中央档案馆藏

(录自共青团中央办公厅编:《中国青年运动历史资料》第9册,内部资料,1960年印,第83—88页)

中国共产青年团中央第四次全体会议
告苏维埃区域青年书

（1931 年 3 月 11 日）

苏维埃区域的青年工友们！贫农们！英勇红军的战士们：

当我们举行大会的时候，正是你们同敌人血泊苦斗的时候，亦正是国民党刽子手增调五十万的兵力，进攻红军，准备血洗苏区的时候。

我们从最近的报载中，已知道你们正在继续光荣的胜利，已经冲破了敌人第一次的"围剿"，敌人的军心又露出异常的仓惶和凌乱了！

亲爱的苏区劳动年青的弟兄姊妹们！起来吧！

巩固红军是保障你们胜利的至要武器，你们要踊跃地自动到红军中去，参加红军的作战，组织救护队，帮助红军侦探敌人军情，运输辎重，镇压后方，使红军有战斗、有阵地的同敌军作战，而取得伟大的胜利！

你们同白军开火的时候，或在白军经过的村镇，你们要勇敢地到白军中去，使白军的兵士，明白苏维埃的意义，国民党"围剿"的罪恶，鼓动他们叛变，投到红军方面来。

你们在白军的后方，要尽一切的骚动，加入游击队，向敌军举行游击，破坏敌人交通，断绝敌军的粮食。

你们要帮助苏维埃政府一切的设施，消灭富农的反动，肃清改组派、AB 团所有反革命的分子。

你们自己的队伍，少年先锋队、儿童团、青工部、雇农部，应该严密起来,必须把富农分子排除出去。

你们要团结【得】像一个人一样,在共产青年团领导之下,英勇进行一切的争斗!

本团中央的四次全体会议,号召你们热烈地来执行你们目前的迫切任务,同白色区域的劳动青年携手,一致为青年利益及全国苏维埃胜利而斗争!

亲爱的兄弟们!战斗吧!胜利终属于我们的!

苏区的劳动青年动员起来!

实现巩固红军,苏维埃的革命工作!

鼓动白军的兵变!

冲破敌人第二次的"围剿"!

全国苏维埃第一次代表大会成功万岁!

共产青年团万岁!

中央档案馆藏

(录自共青团中央办公厅编:《中国青年运动历史资料》第 9 册,内部资料,1960 年印,第 89—90 页)

中国共产青年团四中全会决议

（1931 年 3 月）

一、全会完全同意党的四中全会的决议，党的四中全会坚决地揭露了李立三主义的反列宁主义的实质，指斥了党三中全会及政治局的调和路线，对于政治局中某几个委员的对于共产国际的虚伪及两面派的态度给了无情的打击，以无畏的布尔塞维克的自我批评，来估计了党和群众组织的现状，并且正确指示了党的工作的实际的转变。同时，党的四中全会揭破了罗章龙及其同情者的右倾机会主义的小组织，他们企图在反对立三路线的假面具之下，把陈独秀主义的政纲拿到党内来实现，并且准备分裂党（而开始组织自己的各级委员会及组织等等）。在四中全会之后，在罗章龙领导之下的这个腐朽的右倾机会主义者的小组织，立即便直接地走上反革命的损害党的道路上去，团的四中全会完全同意政治局及团中央局对于右派小组织分子（党对罗章龙等、团对韩钧等）所采取的一切方法。这些方法保证了将右派叛徒们从党和职工会的领导机关中清除出去，及保证了使那些开始受罗章龙欺骗而随着他们走的工人分子回到党的道路上来。党的四中全会宣布了在两条战线上的不调和的争斗，反对主要危险的右倾和反对李立三主义，集中党的注意力来完成他的基本任务，更新了党的领导，这就完成了党的布尔塞维克化的主要的一步。

二、团的四中全会坚决谴责团中央局去年六月到十一月底的路线，在这个时期中，团中央毫无两语地盲从着党政治局的反共产国际的李立三路线，执行了取消团，积极地参加许多盲动主义的行动。在

"左的"托洛茨基主义的空谈的掩盖之下,发展了关门主义,实际工作中的机会主义,否认了国际的纪律,其结果便造成了团目前的严重的现状。团的三中全会虽然在恢复团的组织这方面走了第一步,可是他对于立三主义采取了调和的态度,团的三中全会没有揭发立三路线是反共产国际的半托洛茨基主义的路线,不去谴责党的三中全会的调和主义的决议,反而去同意它;对于中央局的立三路线,则默不作声,这样便妨害了团的工作的真实的转变。在三中全会之后,中央局还继续在团内执行对立三路线的调和主义(告同志书,工作计划,对于开始为国际路线争斗的同志采取压迫制度,反对远东局在政治局变更团中央局成分的提议,11 月 25 日的错误决议等等),团的四中全会完全同意根据远东局的提议而执行了的中央局成分改变,撤销在实际工作中不执行国际路线的同志,引进站在正确的共产国际路线上争斗的同志。

新的中央局毫无二语地站在共国际的路线之下,并且进行了两条战线的斗争,证明了在执行共产国际路线时,他是党和少共国际的可靠的支持。特别是在反对罗章龙的右派小组织的争斗中更证明了这点,团四中全会批准中央局在实行坚固的坚决转变方面所采取的各种实际步骤,及他的各种决议:12 月 31 日决议,反右派决议,苏区团的任务决议,苏区少年先锋队工作决议,并责成各级团部将他们在实际工作中实现起来。四中全会指出少共国际在纠正团的路线中绝大作用,并完全同意他的 8 月(1930 年)到 12 月间的各种指示。

三、四中全会指斥右派叛徒关于团已经破产了的悲观失望的谰言。相反的,在反对"左"的右的机会主义分子的斗争中,团在思想上巩固起来。但是四中全会必须指出,在执行立三路线及对立三路线的调和主义的结果,团的现状是很严重的,团的组织没有站在青工争斗的领导地位,不能够组织群众的积极性及其为日常要求的争斗,在许多地方还过着脱离群众的宗派主义的生活。在非苏区之中,团员的数量不到一万人,生产支部非常的少。在决定一切的主要的工厂中,常常没有任何基础。团及其干部的成分是不能满意的,还存在着宗派主义的畏惧,不愿意吸收新的团员入团。团的成分陷于经常流动的状态。团的干部大多数还是知识分子,其中一部分或陷于机会主义的消极和悲观,或陷于小资产阶级的"左"倾的急进主义的清谈,提拔工人到领导工作上来,实现得非常迟缓,而且在实际上还受到阻碍,群众的附属组织几乎没有。必须要重新创立,团在职工会中的工作是没有进行,青工部在许多地方已经坍台。因为轻视秘密工作,及违犯秘密工作的最低限度的结果,许多团的组织遭受了敌人的破获。在苏区之中,团虽然大大的发展了,创立少年先锋队和童子团的群众组织,但是他们对于自己主要任务的实现是不能令人满意的。这些主要任务便是帮助巩固红军,实现土地革命的基本口号,参加苏维埃的建设。无疑地,苏区中的团还不曾能够将青工及雇农贫农的主要阶层团结在自己的队伍之中,富农的成分充塞着。有时甚至领导机关的成分中,富农占50%,做了许多右倾机会主义和"左"倾的错误。这些错误妨害苏区的团变成有力的广大青年群众的共产主义的组织。造成苏维埃区域中团的现状的责任主要的是要中央负的,中央直到最近没有领导苏区的工作,没有同它创立经常的关系,并没有确立能充分负责的苏区中央局。

四、四中全会号召各级团部用布尔塞维克的自我批评的精神,来揭露他们自己的工作中的一切缺点和错误。同时,指出目前团有一切必要的先决条件,来转变目前的状况和实现一切工作的根本转变,保证他夺取青年工农的主要阶层和变成为真正的群众组织。客观环境对于团的发展是非常有利的,中国空前的经济恐慌,失业工人的不断的增加,蒋张新的军阀战争的准备,国民党对于已经十分不能过活的工人生活水平线更加紧的进攻,乡村中的饥荒,红军光荣的胜利,国民党第一次进攻红军的失败,等等,所有这些都造成我们工作的绝对良好的可能,恰恰与右派叛徒及托洛茨基主义者的断言(说中国革命失败了,说苏维埃运动失败了)相反,城市工人的争斗没有停顿,乡村农民的游击运动更加发展起来,军阀军队中的兵变更加增多,苏维埃运动与红军更加发展,发展的革命争斗中亦吸收着广大的劳动青年工农群众,他们正在进行为自己的政治和经济的要求而斗争。团的责任是利用目前良好的形势在政治上、组织上夺取青年工人的大多数,及农民青年的主要阶层。

五、团要实现这个任务,必须进行两条战线上的绝对不调和的争斗,右倾是目前主要的危险部分,右派机会主义者在他们公开分裂党的活动受到党的猛击以后,他们正在采用口头承认错误,"静待时机",来重新进攻国际路线的策略;另一方面,立三路线的工作方式和方法,还依旧在工作中充塞着。坚决地深入支部的两条战线的争斗是团的工作转变的必要前提。两条战线的争斗要与团的一切实际工作联系起来,这个争斗要与反对两面派,和实际工作中的机会主义联系在一起。实际工作中的机会主义是团目前的严重现象。这一争斗,要揭破在实际上向执行共产国际路线怠工的分子,要无情地消灭实际工作中机会主义,消灭对组织工农青年日常争斗的消极态度,驱逐对实际工作清淡及盲动主义,打击不愿意在群众中间工作的情绪,进行日常的艰苦的工作,创立群众组织等等。

六、在目前一切团的实际工作应该按照下面几个主要方向进行:

(1)反对军阀第二次的"围剿",巩固红军,用一切方法加紧苏维埃运动;(2)开展与领导青工群众的经济战斗,进行职工会中的工作;(3)在组织上巩固团,争取主要的工业部门和主要的工厂;(4)组织各地青年群众的附属组织。因之四中全会提出下列的具体任务:

(一)在巩固红军苏维埃区域和打击军阀的进攻方面

1. 全会同意中央局关于在最短时期内动员苏区中五千团员参加红军,及从少年先锋队良好的队伍中创立三团红军的决议。全会批准中央局所采取的巩固苏区团的一切办法,及中央局关于团在苏区中任务的决议。

2. 全会认为必须加速和扩大在非苏区之中动员青工加入红军运动,在最近两个月内至少派送五百青年工人到红军中去。

3. 全会委托中央局进行动员团员去破坏军阀的军队(在最近两个月内至少要动员六十个团员到军阀主要部队中去),到秘密书社和乡村中的半军事性的组织中去做工作,和进行在上海、香港、天津、汉口、厦门等等的外国海陆军的工作。

4. 全会责成各级团部根据中央决议到军阀军队中去创造团的组织。

5. 委托中央局在制定给各省的创立支部的具体决定时,特别注意到军事工业中的支部的创造。

6. 全会责成各级团部,在一切团的支部及无党的青年工农会议上,进行关于红军、苏维埃区域和反军阀二次进攻的广大的宣传运动。

(二)在领导青工经济斗争和工会工作方面

1. 为了领导青工的日常经济斗争及发展他们到更高的阶段上去,团应该善于提出青工的部分要求及坚决地为这些要求而争斗。从这个观点上,全会满意中央局已经开始的关于制定每一工业部门的青工要求的工作,并促其在最短时期内结束这项工作。

2. 在开展青工的经济争斗时,团的组织应该反对盲动主义的倾向(在上海溥益罢工时曾有这种倾向)。同样要反对对于青工争斗的消极态度,反对拒绝领导自发的运动和青工单独罢工的倾向。团应该是一切青工争斗的鼓动者和领导者,并应该领导一切青工自发的争斗。

3. 为了创立赤色工会中的青工部和巩固他的工作,全会决定要在两个月内至少选派六七百团员到工会中去做积极的工作,同样要进行派送团员到黄色工会中去破坏他们,在黄色工会中创立赤色青工部,用来争取黄色工会中的青工到我们方面来等等。

4. 开始在工厂作坊中间创造青工全权代表制,吸收无党的青工参加这个运动,全权代表应该在青工会议上选举,最低的标准可以6到8人选举一个,青工全权代表是青工部在厂内的基础。经过青工代表,青工部实现它对青年群众的影响,并团结他们。

5. 在大城市中于最近两个月,首先在上海、香港、天津、唐山,召集青工代表会议,保证真正在青工会议上选举出来的代表参加。代表会应该讨论国内一般的政治状况(红军、国民党等等),及青年工人的生活状况。他应该成为发展工会工作、创造青工部、征收团员的具体步骤。

6. 为着青年女工工作的进行,全会决定首先在上海召集青年女工代表会(于最近一个月内完成),应用上海的经验到别处去。而天津、香港等,也须积极于此工作的筹备与实现。

7. 到处应该派选团的代表到职工会里去。

8. 开始在失业工人中的工作。全会责成中央局检查和督促各地团部对于失业运动的决议的执行。

(三)巩固团的组织方面

1. 全会责成各省委按照具体指示去创立大工厂中间团的支部。在进行这一工作时,可以利用创立模范队和派团员到那些工厂里去工作的方法,经过巡视员来监督这一决议的实行。

2. 委托中央局召集重要的工人支部的联席会议来改善他们的工作,委托中央局制定关于生产支部工作的具体指示。

3. 在将来的各省代表大会上,采取从青工斗争中推拥出来的工人团员来更新干部的成分的坚决方针,有计划地〈进行〉提拔工人干部到领导机关中来,对〈于〉不愿提拔工人干部的心理作坚决的争斗,按照上海的经验,在各大城市中开办积极分子的训练班(按照中央的决定),并在每个区委之下,开办支部积极分子短期训练班。

4. 全会禁止团的各级委员会印发不必要的抽象的通告,这成了团的普遍的危险的病象。各级委员会应该按照各地的特殊情形与实际工作现状,给地方团部以精短的指示,为适应秘密工作条件及为了真正的具体的领导,都要求我们必须这样做。必须创立各级委员会的活动的领导。首先是巡视制度,并且要应用不领生活费的巡视员制(每个省委应该有三四个,县委区委二三个)委托中央印发巡视员工作条例。

5. 全会责成各级委员会用实际领导的方法(取消通告,进行巡视制),对于每一个通过了的决议的实行创立严酷的监督及负责执行决议的委员会和某个同志的政治责任,全会特别向中央局提议处罚上海委员会,因为他们不执行中央关于上海团部现状与其任务的决议,及顺直委员会,因为不执行中央的指示和最主要的唐山组织中团员人数减少了两倍。在重复这种情形的时候,中央和省委应该采取最坚决的方法直至撤消工作。

6. 全会知道了团的实际情状之后,指出:在团内这统治着假报告,夸大统计等等的有害的传统,必须坚决肃清这种情形。全会责成中央局对做夸大的不合实际状况的报告的人,采取坚决的办法直至撤消工作。

7. 全会责成中央派遣同志去恢复破坏了的组织,首先是全国重要区域。

8. 全会向中央局提议,派遣同志到自发的农民运动发展的省区中(如河南及其他各省)去工作,来巩固那里的团,创立少年先锋队等等。

9. 全会向各级团部指出:必须广大地利用公开的、半公开的可能去组织青年工农群众,创立各种与工人群众接洽的地方(运动场、音乐组、戏剧组、识字班、女工缝纫班等等),中央局应该制定在这方面的具体办法。

10. 全会指出必须在各大城市中进行征收团员运动——特别是青工入团。对新加入的团员,应该有系统的训练,中央、省委应制定训练大纲。

11. 全会读了中央局关于秘密工作和反对敌人在团内的侦探的决议,决定责成一切工作人员,在严格的纪律之下,实现这个决议。全会责成中央处罚破坏这个决议的人,直至解散那因不注意秘密工作而使敌人破获的各级委员会。

(四)在群众组织方面

1. 开始在城市中建立少年先锋队,中央局应制定关于反动区域内城市少年先锋队的性质与任务的决议。中央局应该规定考查地方团部,指定为创造少年先锋队的专门工作人员及其工作,实现在各种公开名义掩护之下(体育的、音乐的等等)创立少年先锋队的计划,同时警告各级团部,不应该有少年先锋队能够公开存在的幻想。

2. 全会委托中央局及各省委特别考查童子团的工作,及决定改善他的现状的办法,要选派团员——特别是女团员去做个工作。

3. 全会指出:团对于反帝运动的参加是不可允许的薄弱,决定于最近一个月内首先在上海、香港、天津、广州、青岛、哈尔滨组织反帝大同盟,与党一起共同准备反帝同盟全国代表大会,在反帝同盟之内组织"非基小组",进行反基督教的运动。

4. 应动员全体团员加入济难会、革命互济会,并选派得力同志到救济会中去工作。

5. 尽力发展与赞助这类自发的青工组织,如兄弟团、姊妹团、友谊会、读书班等,派团员去工作,将这运动引导到共产主义的道路上来。

6. 上海、北平,广州,必须于最近两个月内进行革命学生代表会的召集,讨论学生中的工作和领导学生争斗问题。

(五)在宣传鼓动工作方面

1. 全会责成中央局根据少共国际根本指示改善《列宁青年》的内容,立即开始出版少年先锋——中央局、江苏省委共同出版的机关报,起初可以五六天出版一次,在广东、顺直省委必须于最近一个月开始出版团的机关报。

2. 在中央及省委创立宣传队。

3. 出版工厂小报。

4. 中央宣传部应该散发许多通俗的小册子,在青年工农中广大地散发。

5. 在最近一切团的宣传工作应该集中在下面的几个问题上:反对进攻苏区,反对反苏联战争的准备,反对国民会议,反对工厂法,反帝国主义宣传。

6. 全会责成中央局与各级委员会建立迅速普遍的书报发行网,责成每个团员负责发行党报与团报。

七、全会决定在党的七次大会以后,立即召集六次大会,委托中央局向少共国际请求关于这问题的指示。

八、团的四中全会号召全体团员用所有的力量来完成目前的任务,将所有的努力和英雄气概来进行在工厂中、农村中的真正的工作,团结新的工农青年群众到团的旗帜之下。

—完—

(录自中共中央书记处编:《六大以来(下)》,人民出版社 1981 年第 1 版,第 619—624 页)

团中央关于红军中青年工作的决议

（1931 年 4 月 1 日）

一、在目前中国红军的革命战争日益发展与扩大当中，异常表现着红军中的青年工作的严重状态。一方面，团在红军中青年工作的作用极端的微弱，甚至等于零（如现在一、三军团……军……）。有些红军不但没有青年工作的表现，简直连青年组织也没有（如现在的九军……）。这种情形由于过去对于红军的青年工作的估量与实际当中发生许多错误的观点和现象，如在红军中无团的独立组织系统（民国十七年的朱毛红军），红军党的负责机关对红军中青年工作至今仍存留有浓厚的取消观念，如说红军中青年无特殊要求（待遇勤务一样），和特殊工作。因此，无需要团的组织，并且有了团的组织，就分裂了党的力量（如过去的四军，现在的一、三军团……）。这完全是不了解团的工作是党的工作的一部分，是帮助着党任务的执行的，取消青年工作，是党的莫大损失。同时，在青年工作的实际中的先锋主义的倾向，在红军中提出青年不打仗，青年不拿长枪、拿短枪、盒子炮的口号……（如过去二、六军……），更帮助了取消主义的立场与发展。特别是立三路线执行的结果（取消团、取消青年工作……），更加强了这中间的取消主义与先锋主义，更阻碍了红军中青年工作的进行。这些现象的总结，遂造成了目前红军中青年工作的取消状态。只有坚决地肃清立三路线的影响，凶猛【地】向着主要危险公开的、右倾的取消观念，以及"左"倾的先锋主义清淡等严厉的袭击，广大的发展红军中青年工作，才能挽回这一严重状态，进行红军中青年工作极大的转变。

二、因为统治阶级正加紧联合地向着红军进攻（调动了廿师以上的兵力），因为红军本身还有许多的弱点（无产阶级成分与党的领导的薄弱，政治工作不够等……），所以我们目前的紧急任务是"加强红军，建立坚强而有战斗力的红军铁军"，"打破敌人的围剿"，"更广大地扩大革命战争"。同时，因为红军青年成分的绝对多数（半数以上），与他们情绪的特殊（青年的特殊心理、热烈的情绪等等），都证明团在红军中青年工作的严重与必要。必须坚决地反对"红军中无青年工作"的论调。因此，目前团在红军中青年工作的任务是：广大地教育青年群众，激发青年的热烈情绪，加强红军的战斗力量，造成坚强的铁的红军，以扩大革命战争，深入土地革命。因此，必须建立团在红军中的工作系统和基本组织，必须广大地发展团员，并加紧团的教育，改善并执行一切青年工作（如兵士群众中的教育娱乐工作和地方的青年群众工作等……）。

三、为了切实执行团在红军中的工作任务，必须加紧执行下面的具体工作：

1. 团必须以青年工作的方法，加紧在士兵委员会中活动（主要以连为单位），努力地进行党的政治宣传与一般的政治教育（如土地政纲、十大政纲、红军的任务等）随时随地动员同志去在党的领导下，召集青年士兵的群众大会，来向他们作政治的工作的报告，发动他们来讨论并进行游艺娱乐。有计划地分配同志去与个别青年士兵谈话，做不断地教育工作，以坚定士兵的革命性，提高他们的政治水平。用各种有利的方法去发动士兵中的革命竞赛（如打仗竞赛、禁酒同盟、禁烟同盟等），定出列宁式的奖章旗帜来奖励优胜者，以提高士兵的战斗情绪和力量。在教育与自愿的原则之下，在党的领导之下，去建立团员或士兵群众的决战队或模范队，这种队伍是绝对英勇击破敌人险要处或主力处所必须的队伍。对于这种队伍的宣传教育工作，团应特别加紧，并号召多数的甚至全体同志〈来参加〉，以及广大士兵青年群众来参加。

2. 建立与参加红军俱乐部的工作和列宁室的工作(在每一连之内)。团必须在党领导之下,将俱乐部列宁室的工作任务,大部分负担起来,进行士兵中的文化工作(识字运动、出版青年刊物、画报、组织研究会、演讲大会等),和游戏、娱乐工作等组织(新剧团,各种体育运动、唱歌、游戏等)。这些工作,应在不妨碍红军整个行动与党的路线之下,尽量利用一些机会进行,适当地分配士兵做这些工作,使士兵群众生活得以调剂,而更有兴趣地为革命而斗争(对于俱乐部详细工作,须另编小册)。

3. 创造与帮助地方的青年群众工作,是红军的主要任务之一。在没有团的组织区域,红军中的团必须切实调查当地青年群众生活状况,配合党的政治口号,提出青年特殊利益的要求,用各种方式方法(标语、传单、画报、歌谣、宣传队……)进行广大深入的宣传工作,扩大团在青年群众中的影响,发动青年参加整个的斗争和单独的斗争,有计划地组织青年群众(少队、童子团等),和创造地方团部的组织(团的支部区委等)。但这些工作的结果,必须交给上级团部接收指导。当地组织成立,则一切地方团的工作归地方团的组织领导,红军中的团绝不能代替地方团的工作及指导,红军团应特别在青年群众中扩大红军的宣传,与当地青年开联欢大会,组织宣传队,化装演剧团,到青年中去宣传,号召广大青年群众武装起来,并英勇地投身红军。在有团部组织的地方,红军团应与之发生极密切的关系(但不能直接命令地方团部),要求互相参加会议,交换青年工作意见及文件,或协同讨论当地青年工作问题,并极力帮助地方团部的军事教育的执行,帮助地方团部号召广大青年儿童群众拥护红军和协助红军。

四、红军中团的组织原则,是根据于军队便利作战及统一行动的特殊情形,不能有党与团两个独立系统的组织,但必须建立团的工作系统而隶属于党的系统之下。目前的任务是:

1. 在党的支部之下建立团的小组(以连为单位),彻底实行党、团的划分(23 岁以内归团),凡是团员的年龄,一定要编入团的小组,参加团的会议,缴纳团费,讨论并执行团的一切工作。

2. 在红军中党的团、旅、师的委员会直接领导之下成立青年团的团、旅、师的委员会。这些青年团的委员会是负责召集该全团、全旅、全师的团员大会,及其他会议(如活动分子会等),监督其工作,帮助和督促党的一切决议指示在团员中执行。这绝不是说,青年团自下而上有什么独立组织系统。军部或军团中,不必设青年团的委员会,这中间团的工作,归党代表直接指挥,连以下在每连中设立团的小组。

3. 青年团的连的小组,小组长一定在全连的大会上选举出来(如果环境允许),但团以上的青年团委员会,党有权指定之(团以上的青年团委员会最好也是由全团、全旅、全师的团员大会上选举出来)。

4. 团员在红军中公开的活动,要很明显地成为一般士兵的模范。定出入团的条例,公开征收与开除团员,严格防止富农子弟混入团内来,并帮助党把他们从红军中肃清出去。这样,在实际行动中,来加强团的组织,帮助党的领导力量。

5. 红军中团员的教育工作,应有计划地进行,如出版团的小报、画报及其他团的刊物,保证团员能够在余闲时间来看。举行经常的团员大会及小组会议(以连为单位),来讨论政治问题,成立训练班,成立研究组(如时事研究组,团纲、团章研究组,苏联红军研究组),鼓励与分配每个同志能参加某一组研究,举行每个政治问题的公开讨论会,组织理论学习竞赛,号召同志在小报上投稿,组织红军中团员与地方团员的理论学习竞赛,切勿要忘记用许多方法来助兴,使得同志们不感觉枯燥乏味。

五、现在团中央以及苏区中央局各特委,必须加紧注意帮助红军中的青年工作的建立与进行,大批地供给红军中青年工作的干部,并竭力与一切进行工作中的障碍斗争(取消观点、先锋主义、清谈倾向……),以开展团在红军中的伟大作用。有团组织的红军,接此决议应立即配合实际情形,讨论执行工作的转变,并要求党中央局的同意,通知各红军的党,切实执行这一工作的决议;以后工作执行与经过情形,随时报告中央。

　　六、此外,党发下的红军青年工作条例(红军政治工作条例中),亦可参照应用。

—完—

(录自中共中央书记处编:《六大以来(下)》,
人民出版社 1981 年第 1 版,第 631—633 页)

团与少先队的关系问题

——团特通知第十一号

（1931 年 4 月 6 日）

各级团部及各级少先队团组：

少先队的工作是团的大部主要工作，团应有大部分力量注意少先队工作，经常讨论少先队工作，加强团对少先队的领导。但是各地团部与少先队关系弄不清，有的忽视少先队工作，经常□□①少先队工作的讨论，关于少先队一切工作一点也不顾问，□□□□□少先队，团对少先队公开去指导命令，少先队□□由团决定，不通过少先队会议，很少〈组〉起团组作用。有些少先队队部只认识当地团部，接受当地团部的指导，而不与上级少先队队部发生关系。少先队上级对下级的工作指导，也是非常缺乏，弄到少先队上下级关系不严密。因此就减了少先队指导机关在青年群众中的威信，并失了团在青年群众中起领导与核心作用的意义。

少先队是在团领导之下参加各种政治经济斗争的青年武装自卫群众组织，他有独立的组织系统，团是青年群众的核心，少先队一切工作除了由团组接受当地团部的指导外，仍须服从与执行上级少先队的指导。下级少先队经常向上级少队队部作工作报告，上级队部应经常指导下级工作，少先队上下级的关系要特别严密起来。团对于少先队的工作是要在少先队指导机关中建立健【全】的团组织，经常指示少先队团组工作。团部对少先队工作的决议应由少先队团组

---

① 原文不清，似为"没有"二字。

及支部去实现(起核心作用),绝对防止团公开命令少先队,隔断少先队上下级关系的不正确倾向,望各级团部与少先队团组〈应〉严格注意!!!

——完——

少共赣西南特区委
一九三一年四月六日号于黄沙
少共万泰河东委员会翻印
一九三一年四月十一号于槎源□□

(根据中共江西省委党史研究室藏件刊印)

C. Y. 苏区中央局对赣西南工作的决议

（1931 年 4 月 28 日中央局会议通过）

一、在反对国民党军阀反革命进攻红军和苏区、拥护苏维埃的残酷斗争中，赣西南（赣东南包括在内）劳动青年群众的积极性更明显、更高度地涌现着、发展着。这就是说，广大的工农劳动青年是在英勇的为苏维埃政权而斗争，是苏维埃苏区域内主要的斗争力量之一。因此反革命进攻革命的时候，青年是一个主要的目标——反革命以各种各样的方法进攻青年，AB 团——阶级敌人反革命的组织，特别发展它们的活动。在青年方面，有计划地向着革命青年的先锋队——共产青年团进攻，侵入到团内来发展它们的秘密组织，在团内起党团作用，破坏革命、破坏团。赣西南团的阶级基础，是异常的薄弱，团内包含了很多阶级的异己分子，尤其是团的各级指导机关，几乎完全被地主富农出身的知识分子所盘据〔踞〕了。由于整个革命运动的高涨，特别是土地斗争的深入，团内这些地主富农的分子逐渐动摇背叛，大部分从青年团员变为 AB 团的分子，以致大多数的团的指导机关，被 AB 团所操纵。团的阶级基础的薄弱以及阶级领导的缺乏，乃是 AB 团能在团内生长和发展的根源。立三路线的执行从"左"倾机会主义一直发展到取消主义，取消了青年组织和青年团，使团陷于严重的危机状态。同时 AB 团以立三路线的旗帜掩盖其破坏土地革命，破坏红军，破坏团的反革命的阴谋和活动。这即是说立三路线实际上给了 AB 团以活动便利，使 AB 团在团内更加发展，更加重了团的危机。

正当国民党军阀第一次进攻红军和苏区,反革命组织了苏区内部的反动势力,企图里应外合的紧要时期,红军内、党内、团内 AB 团的大批破获,成红军第一次胜利的前提。富田事变是 AB 团所领导的反革命暴动,是一回激烈的阶级斗争,亦即是对于破获 AB 团的革命行动的一个反攻。富田事变后,接着发生龙岗之战,这不是偶然的,这是说明富田事变的爆发与国民党军阀张辉瓒的进攻是不能分离的,是残酷的阶级战争中的一幕。因为反革命的事变,以立三路线为其政治的旗帜,所以能吸引一部分团员及青年群众参加,但是这并不能减轻事变的反革命性。这里,中央局指出完全同意党中央局扩大会"关于富田事变的决议"。

三中全会的精神传达到赣西南来,团党划分恢复了团的组织的独立,把团从取消状态中讨论出来。但是因为三中全会的调和主义的立场,实际上继续立三路线,赣西南的团自然也不是而且不能例外的,不能真实地转变到正确的少共国际的路线上来,不能执行团的彻底改造,肃清团内的 AB 团及一切异己分子,建立坚强的无产阶级的领导,转变团到青年群众工作方面去,以至直到最近,团的工作一般的陷于停顿,AB 团问题仍形严重,团的组织非常紊乱松懈。总之,赣西南的团现在还没有脱离严重的危机状态。只有坚决肃清立三路线与调和路线,执行少共国际及中央的正确路线,实行团彻底改造,肃清团内 AB 团及一切异己分子,才能把团根本地挽救过来,走向健全化。

团要集中火力反对立三路线与三中全会调和路线,在每一支部中广泛地解释少共国际与现在中央的正确路线,同时还必须反对团内一切不正确的倾向,因为这些错误倾向都是阻碍正确路线之执行,都是可以为 AB 团的阴谋活动的借口与掩盖。尤其要集中力量反对右倾及对它的调和倾向,这主要表现于富农路线,对青年运动及团的力量过低估计,消极失败的情绪,对于消极动摇的知识分子干部的留恋等等。同时不放松反对"左"倾及对它的调和倾向,这主要表现于"打富农"政策、清谈倾向、命令主义、关门主义、机关主义等等。只有坚决不调和的两条战线的斗争,才能保证正确路线的执行。

二、改造团的组织加强团的基础,建立铁的无产阶级领导,是目前最主要的任务之一,是目前团的工作锁链中首先要把握住的一环。改造团的组织的进行,须要深入每支部,发动每一个团员积极性,坚决地起来排除一切地主富农阶级的异己分子出团,驱逐 AB 团及参加反革命事变(富田事变、乐安事变)的分子滚出团去,尤其是驱逐这些分子立即滚出指导机关,选出他们所信任的工人、雇农、贫农分子到指导机关里工作,同时必须大量地吸收劳动青年,特别是工人、雇农的积极分子入团,以加强团的阶级基础。

中央局认为必须举行团员的重新登记,在最迅速的时间内,给特区委以具体指示,去进行登记的工作。

改造团的组织,各级指导机关必须立即放大胆子引进新的工人、雇农、贫农分子来工作,即使因为这些分子的工作经验比较缺乏,在开始时候要使工作受些影响,甚至部分的停滞,都应毫无顾虑地来这样执行。只有在这样执行,坚决的改造中,才能产生新的忠实于团的工农干部,来代替 AB 团分子及动摇消极那些人。

改造团的组织必须加强巡视工作,各级团部从特区委本身起必须立即改变指导的方法,通告应该取消,一切冗长的文件必须减少,而以最大的力量用在巡视工作,以最忠实最有工作能力的干部充当巡视员,巡视员的指示应发生绝对的作用。特区委应即团结一部分可靠得力的干部首先到中路、东路去巡视,同时要设法建立与西路、南路、北路的关系,很快地派巡视员到这些地方去。

改造团的组织,必须发展团内的自我批评,自下而上的自我批评,是改造团的主要武器,一切压制自我批评的企图应该坚决反对。

三、团目前的迫切任务,是动员并组织最大限度的劳动青年群众参加反对国民党军阀第二次进攻的斗争,争取红军的第二次胜利,这一任务的执行与团的本身的改造,必须密切联系。

这一任务的执行要经过少先队、儿童团、青工部等组织,动员广大的青年群众参加放哨、戒严、侦察 AB 团和一切反革命分子,以及一切巩固后方的工作,参加游击战争及一切扰敌的工作,参加交通、担架、看护等等一切直接间接帮助红军作战的工作。就在这一动员及工作过程中,进行改造少先队儿童团的组织和生活,洗刷这些组织内的地主富农子弟及 AB 团反革命分子。在劳动青年中吸收新的分子,扩大组织,特别是他们的领导机关,必须引证〔进〕工人、雇农、贫农的分子来代替那些地主、富农的子弟,按照中央局的少先队与儿童团的工作大纲的指示,改正少先队与儿童团的组织形式,更重要的是改造和充实他们的实际工作与生活,特别注意加强青工学徒及雇农方面的工作,组织百分之百的青工学徒和青年雇农到阶级工会和雇农工会中去改造青工部的组织和工作。

这一任务的执行,要在一般群众特别是青年群众中扩大拥护红军的宣传鼓动,更提高群众对于红军的认识和信仰。举行拥护红军慰劳红军的运动,发动群众自愿地捐助食物及日常用品帮助红军,特别是组织青年群众加入红军,在一月内要组织三百人,但这必须充分鼓动群众自动性,绝对反对任何指派、欺骗、怕"生死勾"等一切强迫的方法。同时要建立红军与地方武装中团的组织和工作,积极执行中央局的红军中团的工作大纲。

这种任务的执行要与苏维埃的改造运动及参加建设的实际工作联系起来,发动青年群众积极参加苏维埃的改造运动,推选他们的真实领袖到苏维埃去工作,参加苏维埃一切错误政策的纠正和正确政策的执行,如反富农政策、土地政策、劳动政策等,特别是文化工作、识字运动、劳动小学、俱乐部等工作团应该积极去发展。

这一任务的执行要加紧肃反工作,向群众解释 AB 团、社会民主党、改组派等反动政治派别反革命的事实,使每一群众自动参加这一工作,只有如此,才能使这一工作获得最大的效果。

这一任务的执行要加紧白军士兵中间的工作,动员广大青年群众利用一切机会和方法,鼓动白军士兵,号召他们暴动起来,响应红军,投到红军来。团要克服所有困难派人到白军里面去工作。以前的苏区,现在被白军占领的地方,团要派人去恢复团的秘密组织。

这一任务执行要与红色五月的工作联系起来,加紧反帝国主义的宣传,使每一青年群众认识【到】帝国主义是进攻红军和苏区的组织者,积极起来反对,建立青年反帝同盟的组织,积极执行中央局关于红五月工作的决议。

中央档案馆藏

(录自共青团中央办公厅编:《中国青年运动历史资料》第9册,内部资料,1960年印,第168—172页)

目前苏维埃区域少年先锋队工作大纲

（1931 年 4 月 28 日 C. Y. 苏区中央局会议通过）

一　苏区少先队的现状

在最近以来,反对国民党军阀反革命进攻红军和苏区的残酷斗争中,少先队英勇地参加了前线的战斗,特别艰苦不疲倦地尽了许多保卫地方的义务,少先队伟大的力量和作用,更明显地表现出来,更为一般人所深切地知道。在这一斗争过程中,少先队的组织发展得很普遍,在工作上也有部分的进步。但是少先队的组织内还包含了很多地主富农的子弟,尤其是它的指导机关,大多数为这些地主富农的子弟所盘据〔踞〕。这种分子都是阶级的侦探,混进来破坏少先队的,其中有很多的 AB 团、社会民主党的分子,在少先队内起党团作用,有计划地进行其反革命的破坏少先队的阴谋。同时少先队的生活和工作上也还表现很多严重的弱点与缺点,一般的还不青年化。

造成少先队组织上、工作上这些严重现象的主要原因,是由于团执行立三路线,完全没有正确的领导,甚至把少先队公开取消。目前斗争形势的发展以及少先队的现状,更迫切地要求团的正确领导。

只有肃清立三路线及团内一切对少先队的不正确倾向,主要的是右倾取消观念、公开的取消主义及减低少先队年令〔龄〕的变相取消办法,才能正确地领导少先队的工作,使之走向青年化。

二 少先队的性质

少先队是青年工农及一般的劳动青年的群众的武装自卫组织，是团的辅助组织，是争取青年特殊利益的斗争组织——领导青年群众的单独斗争，及参加一般的斗争，同时是文化教育的组织，是武装训练的组织，是红军的后备队。把少先队认为青年领袖的组织，只有最积极勇敢的人才能加入，或认为纯粹的文化教育的组织，或认为纯军事的组织，是青年红军，或认为在团公开领导下的组织（团政治委员去领导少先队），这一切的认识都是不正确的，都是阻碍少先队工作之发展的，必须纠正。

三 少先队目前的任务与工作

在目前政治形势之下，少先队的紧要任务，是以"自卫"的口号，动员更广大的青年群众，更积极地参加反对国民党军阀反革命进攻红军和苏区的斗争。告诉青年群众，要保卫自己在苏维埃底下所得的一切利益，只有坚决起来斗争，击破反革命的包围进攻，争取红军与苏维埃的胜利，鼓动全体队员及一般青年的热忱，执行下列的具体工作：

1. 帮助红军到前线去参加作战、参加游击战争及一切扰敌的工作，特别是与赤卫队共同做一切保卫地方的勤务，如放哨、守卫等，及参加侦探、交通、担架、看护等工作。少先队要参加及组织广大群众拥护红军和苏维埃的运动，参加"共产青年团礼拜六"鼓励群众，不断以食物、草鞋等物品帮助红军，慰劳红军，少先队要成为红军慰劳队的提倡者和组织者。在红军驻扎和经过的时候，少先队要发起欢迎会及工农兵联欢会。肃清 AB 团及一切反革命的工作，应该成为少先队的主要工作之一。

2. 少先队要以坚忍的宣传与鼓动，打破群众间一切怕当红军的心理，动员并组织队员及劳动青年到红军中去。同时少先队亦应输送队员中的积极分子到赤卫队中去,要以这一工作作少先队的最主要工作之一。一切忽视这一工作之现象及强迫指派的贪懒办法,应该防止与纠正。

3. 特别加紧对白军士兵的宣传工作,动员一部分队员特别加以组织,有计划地去进行,以种种方法接近白军士兵,用口头的、文字的、图画的工具和办法,向他鼓动,号召他们暴动起来,响应红军,投到红军中来。地方反动武装凡包含工农成分的,亦应进行工作。

4. 要彻底击破反革命的进攻,还须深入土地革命,改造苏维埃,使成为真正的工农民主的政权。少先队要积极帮助苏维埃,一切错误政策的改正与正确政策的执行,参加彻底平分土地与反富农斗争,参加苏维埃的改造运动,反对富农流氓分子混入苏维埃,选举忠实的工农青年领袖到苏维埃去工作。同时应在一般群众中扩大拥护第一次全国苏维埃大会的宣传,及参加选举运动。

5. 加强少先队本身及劳动青年的政治教育,提高他们的政治认识,才能使他们更坚决地斗争。政治教育的方法,是在少先的各种会议中,加强政治问题的讨论,举行各种政治讨论会、演讲会、辩论会及出版墙报、画报等,但主要的是使一切教育宣传工作与他们的日常生活与实际工作联系起来。

6. 除在战斗中及一般斗争行动中给少先队以实际的军事锻炼外,必须要加紧一般的军事训练,普遍的军事操法,武器的训练及一切军事知识,军事生活的练习,如作战演习、军事常识的研究、露营、军用电话、军事游戏等。

7. 文化娱乐工作同样是少先队的主要工作之一,以种种方法,如认字、阅书报、唱歌、戏剧音乐、文字、游戏及一般的娱乐游戏等去进行,应经常举行游艺会、晚会,号召一般群众参加,以进行少先队的一切活动,并调剂少先队本身的生活。此外少先队应做体育卫生的工作,如体操、赛跑、跳高、跳远、旅行、打拳及卫生运动等等。

上面这些工作不是个别不相关联的,而应相关联系着去做,组成少先队紧张的工作及活泼的生活。在工作的方法上,应特别注意用革命的、竞赛的方法,以鼓动群众的工作兴趣及增进工作效能。

四 少先队的改造与组织构造

要能够执行上面所指出的任务和工作,必须首先要改造少先队的组织,很明显的 AB 团及地主富农子弟盘据〔踞〕领导机关,决不能真正执行一件工作,只有相反地来阻止和破坏一切工作的进行。

要由下而上地改造少先队的组织,排斥一切 AB 团、社会民主党、改组派等反革命分子及地主富农的子弟〈滚出去〉。首先驱逐这些分子滚出领导机关,只有长期的斗争历史,坚决反对富农(连他的父母在内),并与家庭脱离了关系的富农子弟,才可以容留在少先队里面。主要的是要在青年工人、雇农、贫农及中农中发展少先队的组织,要做到百分之百的工农劳动青年加入少先队,由队员群众推选他们所信任的工人、雇农、贫农分子到领导机关工作,由村队部而乡队部、区队部、县队部,以至特区总队部。这样,自下而上的经过代表大会来完成各级领导机关的改造,在这样的改造中,来推动各级机关紧张的工作,密切上下级组织关系,而改变目前只有机关形式而没有工作的现象。

执行少先队的改造应该加紧各级机关的巡视工作,以得力的干部充当巡视员,深入区队部、乡队部以至村队部,去巡视指导他们的工作,以活的巡视方法,代替那些文字指导的方法。少先队要取消一切布告、通知、通告。赣西南特区总队部,应出一机关报指示工作。

除在工作中培养新的干部外,少先队特区总队部、分路总队部等机关还可举办干部队,从下层选择积极分子,给以短期的政治上、军事上、一般工作上及实际生活的锻炼,派回去做领导工作。

因为苏区一般的还未巩固,尤其在与白色区域交界的地方,随时有被白军反革命占领的可能,所以少先队——特别是边界区域的,应该准备随时可以转入秘密状态,则一旦转为白色区域的时候,不至完全坍台,而能保持组织。以前的苏区现已转为白区的地方,少先队应注意去恢复组织和工作,这些区域的少先队,仍照原来组织系统,受苏区少先队管理。

在这一改造中,要把少先队的组织统一地改正过来,少先队的组织构造应该以村为单位,其组织系统如下表(附最后)。

村队部之下如队员在 20 人以上者可酌量分小队,在城市青年工人中亦须组织少先队,过去不组织的决定是错误的。现在应积极去进行组织,小城(县城)、市(市镇)方面,即以一个城市为单位,成立市队部,直接由区队部或县队部管理;大城市方面(如吉安、景德镇等)以街道为单位组织市队部,由县队部或分路总队部、特区总队部直接管理。中央总队部目前暂不成立,待各特区的组织和工作的改造相当完成,召集苏区代表大会,正式产生。

从村队部至特区总队部,都设立委员会,委员三人至五人,村队部以下的小队设正副队长各一人,各级委员会设主任一人,委员中分组织、教育宣传、军事训练三科,各级委员会由该级代表大会选举,上级机关必要时有权改组下级委员会。

少先队与军队一样,按照三三制编制是绝对错误的,必须改正。

少先队的年令标准是从 16 岁到 23 岁,一切减低年令〔龄〕的企图须坚决反对。

五　少先队与苏维埃红军及团的关系

少先队在政治上应受苏维埃的领导,苏维埃应经常地给少先队以政治上的指导(如派人出席少先队会议等),以及物质上的帮助。但少先队的组织是独立的,苏维埃不能在组织上直接指挥它,任意调动少先队的负责人;红军应经常地在政治上军事上帮助少先队,特别在军事上,少先队应要求红军经常派人去训练,在红军新占领的区域,红军应帮助建立少先队的组织,使与上级组织发生关系。

少先队与儿童、青工部,都应发生工作的关系,团应经过支部及团组的作用去领导少先队,团的各级机关应经常讨论少先队工作,经常听团组的报告,指示它的工作。上下级团组不能发生关系,完全是受各该级团部的指导。在少先队中,应注意吸收积极分子入团。少先队与团的组织混淆不分的现象应即改正。经过团组作用,在少先队机关正式邀请的情况之下,团可以正式派代表出席少先队的会议,团派政治委员公开领导少先队的方式应立即改正。

在少先队参加作战的时候,应直接受红军的机关指挥,团组经过红军的政治机关,可以派团员到少先队去做政治委员,作战完毕,政治委员应即撤回,恢复经常的机关。

组织系统表

苏区代表大会

↓

苏区中央总队部委员会

特区代表大会

↓

特区总队部委员会

分路代表大会

↓

分路总队部委员会

县代表大会

↓

县队部委员会

乡代表大会

↓

乡队部委员会

村队部全体会

↓

村队部委员会

中央档案馆藏

(录自共青团中央办公厅编:《中国青年运动历史资料》第9册,内部资料,1960年印,第161—167页)

团中央关于加紧反帝国主义运动的领导的决议

（中央局 1931 年 5 月 17 日通过）

中央检查全国反帝国主义工作及全国的各地反帝同盟青年部的组织状况之后指出：

一、帝国主义列强正在用加紧对于本国工人阶级的剥削，加紧对于殖民地的侵略和加紧进攻苏联的准备的方法，企图找寻日益加深世界经济恐慌的出路。在最近几个月来，帝国主义对于中国的经济侵略（自二月到五月帝国主义在中国的新设的工场到六百余家之多，资本在一万万二千万美金以上）及政治上压迫（大借款国联盟各部长不断地先临中国，日兵法兵在满州天津之战事演习，外国派兵杀人事件之层出不穷），更加厉害。其结果引起了中国劳苦群众一部分城市小资产阶级反帝运动的勃发。如反帝国主义运动团体之成立：（如荷案后援会等），抵制日货运动（满洲三城镇），反对日兵操演，以及各惨案发生后的反抗运动等等。但是在这些运动的面前，因为积极性和组织作用表现得非常的不够，甚至完全没有。各地的反帝同盟青年部，还是多半陷于狭隘的秘密状态之中，而不曾能够吸引更广泛的群众参加。在苏区中同样地忽视了反帝国主义运动。这里主要的原因，由于李立三路线对于反帝国主义运动的错误观点，以致放弃反帝运动的领导的情形，还仍旧存在团内一部分干部中，以及将土地革命与反帝国主义机械的分开的机会主义观点还没有肃清。

二、在帝国主义列强卵翼下的国民党政府，更加进一步地投降帝国主义（如宁汉案的解决，大借款的进行，要求国际派员参加经济建设委员会等等）。但是这并不妨害无耻的南京国民党政府进行各种"左"的反帝的虚伪把戏（如检查外人入口护照，废止领事裁判权的第二次宣言，自动废除不平等条约宣言，收回租界调查委员会等等）。国民党这些层出不穷的"左"的反帝的把戏之来源，是由于企图利用群众反帝国主义的情绪，欺骗群众，并与帝国主义进行买卖；另一方面由于革命运动的发展，国民党政府企图以假的反帝国主义的花样，将群众的不满情绪转移到"对外"去，正因为我们对于反帝国主义运动领导的不足，国民党的政策，对于反帝国主义的进展造成极大的危险。

根据上面的情形，中央决定下列〈的〉具体的任务号召各级团部及全体同志，以列宁青年团的积极性和坚定性来迅速完成它！

A. 进行口头的文字的广泛的宣传鼓动工作，揭露帝国主义在中国的政治的经济的侵略的狰狞面目。将党和团的政治主张……驱逐帝国主义，无代价的没收一切帝国主义在华的企业、银行、矿山、航路、铁路，废除一切不平等条约，收回租界，取消帝国义一切在华特权；立即撤退驻华海陆军……把这些主要口号的宣布，与每一个帝国主义加紧侵略和暴行的事实，密切地联系起来。在反对帝国主义的宣传鼓动中，必须加紧对反对帝国主义武装进攻苏联及拥护苏维埃红军的宣传。

B. 加紧在广大群众中的宣传鼓动来揭破国民党的一切"左"的假的反帝国主义的花样，根据一切国民党的卖国的投降帝国主义卑鄙无耻的行为，指出各种"左"的把戏的真实意义；同时我们应该提出许多部分的行动的口号，如立即收回租界，立即废除领事裁判权，立即撤退驻华海陆军……在群众中进行宣传，各级团都必须即〔印〕发许多传单、标语、小册子，在团报上经常登载有系统的反帝国主义的文章。

C. 在每一个反帝运动的纪念日（特别是将要来到的八一和九七）及每一个惨案的援助运动中，团应积极动员青年群众加强反帝运动，召集各种群众的会议与代表会，组织罢课、罢工、示威游行。在这些运动中,应该注意下层统一战线的建立。自然在统一战线的建立之中,丝毫不能减低团的政治主张。

D. 立即加紧反帝运动的组织工作,发展青年反帝小组。在已经有青年反帝小组的各大城市,应立即将他统一起来,形成地方性的联盟(反帝同盟青年部)。以便进行准备全国反帝同盟代表大会的工作。中央决定要在上海、北平、香港、奉天①、哈尔滨、广州、开封等地团部立即采取有力的办法,加强各该地的反帝同盟部的团组。在没有成立的地方,应准备在"八一"前成立各该地方的反帝同盟青年部。在各苏区之中,反帝同盟的青年部的组织亦应该马上开始建立。在反帝同盟青年部之中应吸收广大的青工、青年雇农、贫农,及中农青年群众参加,为着吸引广泛的群众及利用公开的可能起见,除了反帝同盟青年部以外,团应该在群众中发起和参加各种各色的反帝的组织(如废除不平等条约委员会、收回法权委员会、收回租界委员会、苏联五年计划研究委员会等等),经过这些组织使团更能够接近广大的劳苦青年群众,而且可以更实际地揭破国民党的假面具。主要的要使这些组织成为真正群众的有经常工作和生活的。在团和反帝同盟指导下的组织,特别应注意到在工人群众进行青□及各种反帝组织工作。

三、中央责成中央宣传部和上海团部即刻根据本决议案订定上海反帝青年部的团组的工作计划。在这计划中应该特别注意到上海各种惨案(顾案、张案、马案)的后援工作。中央责成各级团部协同各地反帝青年部团组,检查自己的反帝工作,订定具体的工作计划。并于八月一日前举行第一次的检查其执行程度。

各级团部接受本决议的经过,根据本决议订定的具体计划和检查其执行的程度等,应随时详细报告中央。

—完—

(根据中共江西省委党史研究室藏件刊印)

———————————

① 奉天,即沈阳。

团中央关于儿童运动决议案

（团中央局 1931 年 6 月 17 日通过）

一、中国革命之中，劳动儿童也有极大的作用，不仅在从前，特别是武汉时代的童子团，对于革命做过伟大的贡献，而且是现在，特别在苏维埃区域里，劳动儿童对苏维埃与红军，也做了不少帮助。产业合理化，学徒制度，以及乡村农民的贫困，使广大的工农儿童受到惨酷极顶的剥削，受不到教育，活泼的生机被葬送。儿童在产业中，地位增高，就使儿童在革命中的作用也增高起来。

二、共产主义儿童运动，是用儿童所了解的方法（唱歌、图画、游艺、体育、故事，以及参加阶级斗争）来教育劳动儿童（8 岁至 14 岁）以共产主义，中国团的儿童运动任务，就是：一方面在苏维埃区域中，用儿童所了解的方法，教育劳动儿童拥护苏维埃与红军，拥护土地革命，参加反对地主、富农的斗争，同时，也改良儿童的生活与教育状况；另一方面，在反动统治区域中，用儿童所了解的方法，教育劳动儿童，反对国民党的反动统治，及反对帝国主义，参加阶级斗争，改善自己的生活，和拥护苏维埃与红军。

三、检查一年来的儿童运动，我们可以见到右倾机会主义，与"左"倾的立三路线，是密切的交织着，而且混合着。立三路线把儿童团当作"暴动队"，这种未之前闻的办法，就爽快的取消了儿童团，完全不顾儿童团中的共产主义教育工作，以至儿童团员不知道共产主义是什么，从儿童团中吸收团员的工作，就完全没有。"左"倾的立三路线，就得出这样右倾的结果。

同时，儿童运动中，还存在着许多不可容忍的右倾与"左"倾现象,例如赣东北苏维埃区域的团,组织"儿童联合会",有些苏维埃区域的团则以"侦探工作"列入儿童团的经常任务中;还有许多苏区中,儿童团代替政治保卫局执行检查逮捕的工作,以及反封建,文化运动中的"左"倾现象(如裸体以打破男女关系的秘密观念等等)。城市中的儿童运动,都不能在工厂之中有庞大的发展,一方面是右倾的轻视儿童运动,一方面却是"左"倾的不顾儿童心理,军事的编制,狭隘的观念,放弃敌人组织中劳动儿童的工作,不会用下层统一战线的策略(如殴打童子军中的劳动儿童,在童子军阅操时,不号召群众〈不〉到操,而仅是叫儿童团员〈不〉到操等等)。最后甚至有把儿童团与少年先锋队的年龄限制互相对调(江西外县)的现象。这些都是儿童运动中极严重的错误倾向。

四、现在必须肃清这种错误,来进行儿童中的工作:

(一)在苏维埃区域内的任务是:

1. 组织统一的"共产主义儿童团",除了地主、富农,与资本家的儿童以外,工农的儿童皆可加入。儿童团的标识是红领带,儿童团的口号是:"准备着,时刻准备着"! 儿童团的仪节是举手礼(举右手过头,伸五指手心向左)。

2. 各级团部之下,设立儿童局,应以年龄较长的团员来担任此项工作的领导。儿童局的任务,是经常检查儿童团的工作,以及依照党的政策,领导儿童运动。儿童局要团结若干革命的教育家、音乐家、图画家、体育家,与儿童的父母等,在其周围,随时得到他们的帮助。

3. 儿童团的组织,不应当如军队那样严格的编制,可以以村为单位,每村一队,人数过多的地方,则分为数队。儿童团的下〔上〕级领导者,必须是团员。苏区中应特别注意吸收女团员来进行此项工作。

4. 至迟到本年底各苏区必须举行全区儿童团野营一次,事先应有充分的准备,这野营要在最好的一区举行,各区各县派代表数十人或若干队前来。

(二)在反动统治区域中的任务是:

1. 儿童团的组织不须〔需〕统一名称,可以各种名称组织起来

（体育的、识字的、唱歌的、图画的等等），而联合在"儿童团体联合会"之下，特别注意组织工厂中的童工，儿童团应当有统一的仪节与口号，但不必有统一的标识。各儿童团可以有自己的标识（臂章、徽章等等）。

2. 各级团部也须设立儿童局，由年龄较长的在业团员为领导。应当组织公开的"儿童团体联合会"（名称可以随便决定），其领导机关应当有革命的教育家、音乐家、图画家、体育家，与儿童父母等（应吸收非同志来参加）。

3. 赤色工会之中，应有儿童团部的组织，为工厂中童工斗争的指导机关，并以工会的力量来改善童工与工人儿女的生活（如识字班、儿童俱乐部等的工作）。

4. 儿童的组织，是以各儿童团体为单位，而不是呆板的军事编制。团体人数较多的，可以分为数队。儿童团体的下级干部，必须是团员。

5. 应根据这样的原则来改组与发展反动统治区域中的儿童团，其中年龄较长的（14岁以上的）应尽量介绍到团内来。这些团员将成为儿童团的下级干部。

6. 在小学校中，尤其是基督教的平民学校，与童子军中以及有劳动儿童的反动组织中，必须尽力去组织劳动儿童团。

儿童运动决议附件（一）

国际劳动儿童的仪节：

全世界的劳动儿童（8岁到14岁的）都是同一个阶级的。劳动儿童是将来的共产主义社会主义翁，是共产主义社会的建设者，所以劳动儿童是国际主义者。

劳动儿童都要知道自己的仪节。全世界儿童团通行的仪节，就是将来共产主义社会的主义翁与创造者的仪节，这个仪节就是：举右手高过头，伸直五个指头，手心向左。

五个指头代表地球上的五大洲，就是：

亚细亚洲，欧罗巴洲，亚美利加洲，亚非利加洲，澳大利亚洲。

把五个指头举高过自己的头,就是说:全世界五大洲上无产阶级的利益,高于自己个人的利益。

所以劳动儿童团要牺牲自己的利益,为全世界的无产阶级而奋斗。这样的劳动儿童,就是一位国际主义者,一个小布尔什维克。

儿童运动决议附件(二)

国际劳动儿童的口号:

劳动儿童将来要创造共产主义的世界,〈在〉要打倒帝国主义国民党,打倒地主资本家,拥护苏维埃,拥护红军。劳动儿童年纪虽然小,志气倒很大。那么现在就要准备着!

全世界的工人,希望自己的后代能有大志气,干大事业,所以常常要告诉劳动儿童"打倒国民党,准备着!"全中国的劳动儿童齐声喊道:"时刻准备着!""反对帝国主义进攻苏联,准备着!"全世界的劳动儿童都喊道:"时刻准备着!"

所以全世界劳动儿童的口号都是"准备着!""时刻准备着!"

要时时刻刻地准备着做他的阶级大事业的劳动儿童,才是真正无产阶级的小英雄。

儿童运动决议附件(三)

国际劳动儿童的标识——红领带。

全世界的劳动儿童都齐齐整整的挂起一条红领带,为什么?

因为红色是革命的颜色,劳动儿童是革命的后代,所以挂起红领带。

因为全世界的劳动儿童都是同一阶级的,所以大家挂起一样的红领带。

——完——

(根据中共江西省委党史研究室藏件刊印)

中国共产青年团苏区中央局为
第一次全国苏维埃代表大会宣言

（1931 年 6 月 19 日）

青年工友们！农友们！青年的苏维埃战士们！一切劳动青年们！

关于第一次全国苏大会的事情,我们完全同意共产党苏区中央局的宣言！

青年同志们！在苏维埃政府底下,我们已经得到了很多好处！我们分到了田,我们只做六小时工作,我们得到苏维埃的选举权和被选举权,婚姻自由,以及免费教育。召集全国苏大会,建立中央政府,不但可以保障我们这些已得到的好处,而且根本推翻国民党政府,争取全国革命胜利,可以得到更多的好处,得到我们青年的根本解放！

青年同志们！参加苏大会的选举运动,16 岁以上的青年同志,千万不要放弃我们选举的权利！选举我们青工的领袖,不准许地主、富农子弟、反革命参加选举！把每人要说的话,交自己代表带到大会去。

青年同志们！现在苏维埃政府办的事满意吗？在选举运动中,不要忘记改造各级苏维埃政府,富农分子驱逐他,腐化官僚驱逐他！选举我们的领袖到政府里去办事。

青年同志们！政府是我们自己的！政府办的不对的地方,要批评它！把我们自己的办法提出来！

青年同志们！拥护第一次苏大会,就要参加肃反工作——打 AB 团,就要扩大红军,巩固红军,就要巩固我们的组织——巩固少年先锋队! 巩固青工部! 巩固儿童团! 巩固贫农团! 加入共产青年团!

拥护第一次苏大会!

争取三次战争胜利!

青年解放成功万岁!

共产青年团宁都县委员会翻印

公历一九三一年六月十九日

（根据中共江西省委党史研究室藏件刊印）

共青团苏区中央局给团闽西特委的信①

（1931 年 6 月 27 日）

闽西特委：

爱萍、冰天两同志已到，他们带来的报告决议及一切文件都已收阅。

中央局审查了这些文件，听了爱、冰两同志的口头报告以后，根据目前情形对闽西工作有如下的指示：

一、中央局首先指出给你们第一号的指示信，现在依然是有效的。那封信里指出"闽西工作已有新的气象"，一切实际情形证明这种估计是完全正确的。帮助红军的工作执行得有相当成效（4 月份组织了二百多个青年到红军中去。"青年团礼拜六"已经部分地实现，红军中青年工作已开始注意），参加苏维埃的建设和工作，特别是参加没收豪绅地主财产，收回其土地的斗争，已经发动了比较广大的青年群众并提高了他们的积极性，团与青年群众的关系比较有进步，少先队、儿童团、青工部、青年反帝同盟等群众组织，团已开始加强对它们的领导，特别重要的是团的组织改造已经获得初步的成效，把团内的异己分子洗刷很多，把隐藏在团内的反革命分子（社会党）破获很多，提拔工农分子到领导工作上来亦坚决执行，且得有相当成绩。这些即是新的气象的主要表现，这些都是特委能坚持执行路线的转变，能坚决执行中央局"对闽西工作的决议"的结果。

---

① 本文标题原为《苏区团中央局给闽西特委的信》。

团的代表大会既在前信(第一号指示信)所估计的那种状况下举行的,其结果恰亦与中央局料想的一样,是成功的,中央局同意大会的召集和其决议。

但是闽西团在执行路线的转变与中央局的决议中,仍有些重要的缺点和错误:

甲,没有彻底执行深入土地革命的斗争——中央局对闽西工作的决议中早已明显的指示:"在土地政策方面,要向群众解释过去'以经济为原则'的分配方法的错误,而拥护以雇农、贫农、中农的利益为前提的彻底的平均分配,不使好的田落到富农手里"。虽然特委与党一致地进行了动员了群众没收豪绅地主财产及收回其土地的斗争,但是特委再没有注意到要求苏维埃发动贫农、雇农、中农广大群众进行重新分配土地的斗争,使好田依然落到富农手里,特委没有与一切"等到秋收后再来重新分配"的富农路线斗争,事实上是同意了这种富农路线,把中央的决议指示拒绝了,这是严重的错误。团应该深刻认识,闽西广大的农村基本群众还没有最高度的积极起来,苏维埃政权还没有很巩固,根本的原因,就是土地革命不深入,土地革命的利益,还没有真正落到贫农、雇农、中农身上。

乙,团没有集中注意力于领导青年群众的参战活动——一般的说,闽西的青年是积极参加了二次战争的,但是闽西的团却没有把领导青年群众参战作为中心任务,把团的一切工作和活动,环绕着这个中心。虽然在宣传上提到冲破"围攻"的问题,但如何去把一切青年群众在参战口号底下动员起来,如何去实际组织青年参加击敌、截敌、扰敌及一切帮助战争的活动,则团始终没有很好地注意〈团〉的,这就使得团难以争取广大青年群众,组织他们参加整个斗争。

丙,一切工作的执行没有深入到下层去——中央局决议中指出,团必须在自下而上的彻底改造中,去实现转变,团对于这一路线的执行是非常不够的。在两个月的短时间中,上层的会议举行了很多(少先队代表大会、儿童团代表大会、青年反帝同盟代表大会……),团耗费了大部分时间去从事这些大会的工作,而真正深入乡村,深入青年群众的工作则做得很少。这不是说上层的会议不要开,而是必须要开的,但应该在自下而上的改造中去完成这些会议。可是你们要注意到,团内却很普遍地有为了这些大会而去进行改造、进行一切工作的倾向,这样改造变为简单的改造,一切工作都偏于形式上的而不实在。

因为这些错误和缺点,使得新的路线和新的工作方法,还没有真正地为团的下层组织(区委支部)所了解和执行,这样翻根拔蒂把团大转变过来,团的阶级基础,依然未见充分增添,新的工农干部没有大量提拔与培养起来,富农路线,一切右倾倾向与实际工作机会主义,在闽西团内仍是严重,特别是社会党、AB团反革命分子埋伏在团内的还很多,某些部分的领导机关还为他们所操纵盘踞,积极进行其破坏革命、破坏团的活动。所以中央局认为,闽西的团仍处在严重状态中,只有深入地执行正确路线,执行中央局的决议和指示,接受和运用这一时期的经验和教训,在两条战线上进行艰苦的斗争,才能完成团的转变。

二、红军和苏维埃第二次伟大的胜利,开展了革命的新局面,使得帝国主义和中国反动统治阶级发抖,而暂时妥协其内部的冲突,动员更大的力量来布置对革命的新的进攻,所以第三次战争有很快到来的形势。因为革命发展不平衡等原因,在反革命进攻革命的时候,军阀战争是有爆发的可能的,现在广东与南京的对抗很尖锐,军阀战争在三次战争之前及三次战争进行的时候,都有爆发的可能的。但是目前政治生活中的中心,是反革命布置第三次进攻红军和苏区,革命的中心迫切任务是准备三次战争,争取三次战争的胜利,一切对军阀战争的过分估量,都会放松我们当前迫切任务的执行的,都应该坚决反对。

闽西的形势在上述总的形势下必更加严重起来,因此闽西团的任务,亦跟着加重起来。目前闽西总的任务,是加紧争取和团结一般劳动青年群众与组织青年工农的主要阶层……雇农、青工、学徒、贫农积极准备三次战争,帮助党迅速打通闽赣苏区的联系,使闽西成为中央区巩固的后方,因之闽西团要以极大力量去建立汀连工作,同时将永定、杭武一带的工作巩固起来。

在敌人加紧进攻的当中,团内右倾情绪(悲观消极等)必容易生长,这是团内的主要危险,必须毫不疲倦地与之斗争;同时对于一切"左"的清谈,与实际工作的机会主义,亦须严厉地加以反对,站定在正确路线之下,不调和地进行两条路线斗争,是团执行一切任务的前提。

三、在执行上面总任务时,中央局指出下列几项重要工作加以解释。

甲,领导青年参加重新彻底平均分配土地的斗争,是闽西团目前工作的中心。坚决纠正过去解决土地问题中的错误,立即执行国际与中央的正确策略,无情地向富农进攻,把土地革命的实际利益,从富农手里收转到雇农、贫农和中农手里。要与党一起定出重新分配的具体步骤,发动群众,要求政府立即执行。尽可能在秋收以前完成这一工作,团要在这一彻底平分土地的斗争中,去动员和组织农村的基本青年群众,去团结中农青年,实现党巩固的联合中农的策略,去改造苏维埃政权与巩固红军,去实现团与青年群众组织的彻底改造。自然这一工作的执行,是一个艰苦的斗争,要集中火力反对公开的富农路线与一切动摇不坚决的右倾分子,要防止破坏与中农联合的一切"左"倾的企图。

乙,全苏大会决定于十月革命纪念日(11 月 7 日)开会,团应立即开始进行全苏大会的选举运动,团应注意选举运动必须要与深入土地革命斗争,改造苏维埃的运动互相联系起来。在选举运动中,团要领导青年群众,成为一种不可侮的力量,去打击那些反革命分子、富农流氓和一切剥削者的阴谋企图。因此运用青年工农大会的方式和经过一切群众组织去动员青年群众,使某〔每〕一青年都成为最热心的宣传者,和最良好的选民(指 16 岁以上的),在举行选举的时候,青年成为政府最得力的助手,监视一切剥夺了选举权的人,禁止他们对于选举的任何企图的实现。团在选举运动中,要加强对青年群众的领导作用,要提出青年候选人,要经过群众的路线,在一切提案中,充分地包含了青年问题的内容。

丙,组织青年到红军中去,和采用一切方法帮助红军的巩固这一任务,在目前有最严重的实际意义。组织青年到红军中去的工作,团要切实实现中央局的决议。对这一工作的消极和怠工是不可能饶恕的错误,应该坚决纠正;同时一切命令主义、指派主义及各种方式的强迫办法,都是最有害的,团应万分地注意到去克服和防止,绝对愿意的原则必须最高度地遵守,团时时刻刻不要忘记自己的任务是组织青工、雇农、贫农的一切劳动青年到红军中去,去强固红军。反革命(社会党、AB团)与富农流氓企图混入红军去做破坏的事业,团应给以猛烈的打击。根据以往的经验,有许多年龄很小,体格很弱的青年愿意去当红军,团应该向这些分子做善意的解释,长成后再去当红军,把这些未发育的青年送到红军中去,是不应该的。

"青年团礼拜六"不管是否在礼拜六这一天举行,但必须要是定期的,你们不规定时间是不对的。依照赣东南经验,可定于十日、二十日、三十日这三天举行,主要是做些事情,帮助红军家属耕田做事,做草鞋供给红军,与修桥、补路、开荒等等。

丁,团要把改造工会与改善青年工人的生活的任务,紧急地提到自己的面前。团应了解工会是工人阶级的组织,是苏维埃政权的基础。现在闽西的工会成为非无产阶级的这种现象,团应与党一同消灭它,将独立劳动者、小商人、家庭手工业者等等这些成分毫末不留地洗净他,把工会真正建立到工人身上去,这里团要特别注意雇农工会的工作。团要在参加改造工会的工作中,把青工部的组织和工作建立起来。青工部的任务,应该是领导青年工人积极参加政权的工作,做改善自己生活的斗争,参加一般政治的社会的斗争,领导贫农团的青年工作,与加紧对青工的教育。团必须坚决反对那些认为"青工生活已经太好了"或者"青工没有斗争要求了"的非阶级观点,而实际地去了解青工的生活状况,领导他们向富农、手工业主、店主斗争,以及要求苏维埃政府的帮助去完全实现苏维埃关于青年工人的法令。

贫农团的工作同样的要千倍万倍地去加强,团要以建立和改造贫农团的实际工作,去代替那些对富农的让步和柔弱,在贫农团中,注意建立青年小组的工作。

戊,肃清社会民主党、AB团等反革命的组织,是一个艰苦的斗争,团切勿以为经过一次二次的破获反革命就可以肃清了的。在这一斗争上,团确实需要以列宁主义的顽强性、坚决性,来克服反革命的阴谋。坑口事变解决的胜利,铁 ·般地证明群众是完全拥护苏维埃与党和团的,可以给那些过分估量反革命的力量及一切动摇犹豫分子,一个强硬的回答。坑口事变的爆发,同时证明反革命尚在努力挣扎,绝对不容我们有一点忽视,尤其在目前的政治形势下,反革命必趁机活动,更要我们加紧肃反的斗争。主要的团要耐心去向群众解释,要帮助政府建立政治保卫局的工作,团在必要时(如审青年团员的叛徒,重要青年犯)应公开派代表参加审讯。

己,对于少先队、儿童团及其他青年群众的组织,领导其组织的改造和工作的转变,是主要的问题。俱乐部与列宁小学的工作亦应加紧,现在团在这些组织里,应适当地把准备三次战争的问题提出来,不仅要造成广大青年群众准备战争的热烈潮流,而且要发动他们立刻参战的活动,如击敌、袭敌、扰敌、交通侦探、运输、构筑工事等等。

庚,进行征调与训练团员,或好的青年到白军中去做破坏工作,是再也不容许延缓了。要切实执行闽西代表大会决议中关于反军国主义工作的决定。要特别注意驻湖雷张贞部队中,由上海被欺压来当兵的五百失业工人中的工作。此外在接近白色区域的地方,要多写士兵的要求与鼓动白军兵变的口号,和张贴短小的传单,作广泛的宣传煽动工作。

四、团的问题,最主要还是要深入到下层继续团内的改造,要建立支部的真正领导作用,和可靠的各级支部。这一工作要与一切实际工作联系进行,纠正以往单纯解决组织问题,把改造做成改选的错误,坚决反对那些动摇以至有反革命嫌疑知识分子,应坚决提拔工农分子来代替他们的右倾机会主义,巡视工作应特别加强起来。除特委提拔下级干部培养巡视员的办法及开办训练班外,要坚决提拔工农分子,随着工作能力较好的同志学习工作(如某个巡视员可带二个工农分子,一同出发一路学习工作……)。特委应立即创立监督巡视部,至少三人,广大发展团的组织,要求闽西以最大的力量去注意,要在每一工作与斗争中广大吸收青年工人、雇农、贫农分子到团内来。新参加的同志要举行入团典礼(在支部举行),告诉他们共产青年团是什么,怎样做一个共产青年团员,使新加入的同志,对团有个深刻的印象。注意有时候苏区被敌人占据的时候,无论如何要保留一部分团的秘密组织,他们要进行扰敌与破坏敌军的工作,并传送白区消息,因此团事先应有很好的准备。

五、其他问题。(略)

中央档案馆藏

(录自中共龙岩地委党史资料征集研究委员会、龙岩地区行政公署文物管理委员会编:《闽西革命史文献资料》第6辑,内部资料,1985年6月,第96—100页)

三次战争与团的任务

(1931 年 7 月 1 日①)

二次战争胜利后,时局的发展,国民党军阀反革命积极布置对红军和苏维埃的新的进攻,三次战争有更快爆发的形势。因此,准备三次战争的任务,更紧急更严重地要求独立奋勇去执行。

这里,我们首先应该忠实接受二次战争中团的工作教训。

二次战争中,充分表现了青年群众的积极性。红军中青年战士的勇敢,少年先锋队儿童团(队员和团员群众)与一般青年的坚决参加作战及尽力于保卫后方的义务,许多青年自愿地投身到红【军】中去以及一般青年诚恳地做很多帮助红军的工作(如收买粮食,做草鞋送给红军,替红军家属耕田等等),这些,都表示青年奋不顾身地与敌人斗争,为着苏维埃政权。但是,除了部分的(如闽西)有些进步以外,团的情形,一般地更暴露得严重。团不能领导青年群众,一般同志不知道该做些什么工作以及怎样去做,团一般的落在群众的后面,如红军攻水南、莠田,群众热烈地帮助红军作战,而团的区委和支部同志,则待红军占领了那些地方两三天,还不敢回去,闽西龙岩的团,当白军节节进迫的时候,不积极领导群众斗争,只是向苏区腹地跑,甚至有很多团员逃往南洋去了。团内特别是团的领导机关内不断地破获 AB 团与社会党,他们躲在团的旗帜底下,阴谋反革命,在敌军进占的区域(如水南、水东),这些隐藏在团内的反革命分子就公开反

---

① 原文无时间,此为《青年实话》第 1 期的出版时间。

水,作白军的向导。

这种情形,证明团的正确路线,中下级团部与一般团员还完全不了解,路线的转变□为团的上级组织所开始了。同时,证明团内的领导工作,几乎大多数操在地主富农子弟手里,而这些人一般的是动摇,不忠实于团,以及反革命分子潜伏团内,操纵领导机关的严重,尤其重要的是说明,路线的转变之所以不能深入,就是因为领导工作一般地多为地主富农子弟及 AB 团社会党所操纵的缘故。

根据二次战争中团的工作教训,进行准备三次战争的任务,必须更坚决更深入团的改造工作,排除一切阶级异己分子,动摇分子,肃清一切潜伏在团内的反革命分子,特别要从领导工作上肃清出去。创立坚强的无产阶级领导,而使改造工作的进行,与正确路线的解释工作,及收回地主家属土地,彻底平均分配一切土地,深入土地革命,改造苏维埃政权与进行全苏大会选举运动,肃清一切反革命,巩固红军,加强对少年先锋队儿童团的领导等等,这些任务的执行,密切联系在一起。

(录自《青年实话》第 1 期,1931 年 7 月 1 日出版)

团的改造与两条战线的斗争

（1931 年 7 月 1 日[①]）

作霖[②]

一、团的改造是艰苦的斗争

苏区团的改造，一般的是在开始，在某些部分（如在闽西），已经得到初步的成就。改造工作一开始，就给了我们一个深刻认识：团的改造，是一个艰苦的斗争。在各地都是一样的，改造问题提出来，立刻受到许多不正确倾向的阻碍，特别是受到右倾的抵抗。改造的开始，就是斗争的开始，这种现象的发生，不是偶然的，因为团的领导工作，几乎完全操在地主富农出身的知识分子手里，在团要实行彻底改造的时候，他们必然要动摇和抵抗。尤其是各级团部里充满了 AB 团、社会民主党分子，他们亦必掩藏在各种不正确倾向底下，进行抵抗和破坏。所以改造团的成果，只有在激烈的苦斗中去争取。指出这一短时期的初步的斗争经验，指出只有更坚决地深入改造的斗争，去转变团的现状，这是这篇文章的责任。

---

① 原文无时间，此为《青年实话》第 1 期的出版时间。
② 作霖，即顾作霖，时任中共苏区中央局委员，共青团苏区中央局书记。

二、苏区团能够改造么？

　　许多人在团的严重的现状的面前,吓坏了! 他们绝望地呼叫:"青年团就是 AB 团"! 他们觉得现在苏区的这个团,完全没有希望了。根据这种悲观的估计,他们自然不赞成改造,认为改造是根本走不通的。那么,怎么办呢? 他们就提出根本不要这个团,去重新创造一个新的团,这样,很自然很漂亮地做下了一个取消主义的结论。

　　有些人虽然不把团估量得这样绝望,但一样地把团估量得过分坏了,如兴国团第四次代表大会分析兴国的团,认为:"豪绅地主子弟以及富农流氓等在团内占主要成分",这样,也必不能坚定改造团的路线,而必然引导到动摇消极和怠工。

　　这些人做出这种右倾的、悲观的估计,都抹杀了下面这个事实,虽然许多许多团都是在 AB 团、社会民主党的操纵盘据〔踞〕底下,虽然支部同志中间也混入些阶级敌人的侦探,且〈是〉一般的工农团员群众,是忠实于团的,是在迫切地要求团的正确领导。

　　另一方面,也常听到人这样说:"我们这里改造得很好了,不必再改造了!"这种说法把团的严重状况完全撇开,把团的改造的必须,完全否认,同样是一种对团改造的反抗。

　　改造问题提出来,立即要在两条战线上,与上面这种右的、"左"的不正确观念接火,而战胜他们。

三、绝对排除富农以及排除小资产阶级知识分子问题

　　改造团的基本意义,即在于坚决排除团内一切地主富农子弟等异己分子。因此,改造工作一开始,就在这个问题上〈开始〉猛烈地斗争。

　　闽西的某些团部(如永定县委)提出一个口号,"反对绝对排除小资产阶级知识分子、富农子弟的'左'倾错误",这个口号包含着什

么意义呢？这是隐藏在假的"反对'左'倾"的旗帜底下的一个右倾的口号。提出这个口号，客观上是企图根本推翻改造团的路线，把小资产阶级知识分子与富农子弟并立起来，而冠冕堂皇扯起"反对'左'倾"的旗帜，以混乱一般同志的认识，这是何等巧妙的富农路线！根本粉碎这种富农路线，粉碎以富农路线来代替正确的改造团的路线的一切企图。只有这样，真正的改造工作才能开始。

万泰河东委员会第四次扩大会议关于清团运动的决议，凡属地主、富农子弟、小资产阶级分子，一律"淘汰"不准登记。这证明绝对排除小资产阶级分子的倾向，在闽西、赣东南的团内都有的，这种"左"的倾向，亦必须纠正，否则也会削弱团的力量，也是对团有害的。

四、向青年工人雇农贫农开门

团的改造，不只是要排除一切异己分子出团，还要吸收新的工人、雇农、贫农分子入团，只有在这样排除吸收的交流状态中，才能巩固团的阶级基础，考察闽西、赣东南团的现状，团的组织，异常狭隘，而对于青年工人雇农贫农入团，至今还是普遍的拒绝态度。

这种关门主义的"左"倾，普遍存在于团内，与富农子弟盘据〔踞〕指导机关的现象，是有密切的关连的。这就是说，这种"左"倾倾向是与富农路线的右倾错误连〔联〕结在一起的。

必须以坚决的斗争，克服关门主义的倾向，冲破这道万里长城，【把】青年工人、雇农、贫农中的积极分子大批地吸收入团，像潮流一样的吸收进来！

五、建立团的铁的无产阶级领导

改造团，是要由下而上地改造各级团部，把领导机关中一切地主、富农子弟及动摇怠工的分子坚决地驱逐出去，而勇敢地将青年工人、雇农、贫农提拔上来，创立团的铁的无产阶级领导。

但是许多人不能坚决这样做,而猜疑、动摇。对地主富农出身的知识分子干部,虽然他表现动摇、消极,甚至有反革命的嫌疑,但不坚决立刻排除出指导机关,而对于工农分子的提拔迟疑,顾虑到他不能说得漂亮,写得漂亮,赶不上知识分子。这里我提出一个标本的例子:闽西永定县委说:"须知提拔工农干部,即是提拔进步或能学习工作的工农干部,而绝不是形式上的提拔,来增加我们工作的困难。"这是一种十足的右倾机会主义理论,是一种绝不容许的对于团的改造的反抗。团必须集中火力反对这种右倾观点,首先对于像永定县委这些右倾分子要给以严厉的打击。

提拔工农分子到领导工作上来,必须有充分的坚决,当工农分子初提拔上来的时候,自然也感受一些困难,但这些必须以耐心的教育去培养他们。怕受到这种困难,怕做教育工作,而对提拔工农分子动摇,这是现在最有害的右倾,必须反对;同时,提拔了工农分子以后,不注意在工作上细心地去教育他,而让他空着不做工作,或者不放心给工作他做,而只是形式地将他们列在名单里,或者搁在机关里,这种倾向同样必须纠正。

在两条战线斗争的激流中,让那些异己分子、动摇分子沉没下去,冲碎一切反革命的阴谋,巩固团的阶级基础!建立团的铁的无产阶级领导!

(录自《青年实话》第 1 期,1931 年 7 月 1 日出版)

三次战争与少年先锋队

（1931 年 7 月 9 日①）

盛　荣②

中国苏维埃运动猛烈地向前发展,使得反动统治一天一天地动摇崩溃,使得帝国主义国民党吓得发抖,而暂时妥协他们内部的冲突,积极进攻红军和苏区。这种进攻,除了派几十万白军来"围剿"以外,还在苏区内部组织反革命的队伍,来"内外夹击"。苏区内部的反革命队伍,在闽西叫社会民主党,在赣西南叫 AB 团。无论共产党、青年团、苏维埃政府,以及一切革命团体,都有他们的组织或分子暗藏在里面。少年先锋队在过去的斗争中,表现了它的伟大作用,阶级敌人必然企图来破坏它;加以少先队的本身,有许多缺点和弱点,特别是各级队部的领导,大多操在地主富农子弟手里。因此,少先队内暗藏的反革命分子(社会的民主党、AB 团)也很多,中上级队部,几乎完全被他们拿了去。这样,苏区少先队的现状,当然是很严重的。少先队必须自下而上地改造它的组织,将混入的地主富农子弟和反革命分子驱除出去,特别是自下而上地把它的各级队部(从村队部、乡队部、一直到总队部),根本来个改造;肃清一切富农、地主、流氓等阶级的异己分子,肃清一切暗藏着的反革命分子,以真正的工农青年领袖来代替。只有这样,少先队才能改变它严重的现状。

---

① 原文无时间,此为《青年实话》第 2 期的出版时间。
② 盛荣,即王盛荣,时任共青团上海沪西区委副书记。

在红军取得第二次的伟大胜利以后,反革命又布置了第三次的进攻。现在三次战争,很快要暴发,少先队应该根据它一次战争、二次战争的经验,积极参加三次战争。决不容许他单纯去改造,不管战争;而且单纯改造,也不会改造好的。少先队应该把他"参战"的任务与它本身的改造,联系起来。

因此,少先队立刻要做一个总动员,使每一队员了解三次战争的形势和少先队的任务,使他们都积极起来,高兴起来;组织一部分到红军正式的地方武装中去,组织一部分做交通、侦探、宣传、担架、慰劳等各种工作。在赤白交界的地方,组织一部分去参加游击队,或与游击队一起,去做扰敌、堵敌、袭敌等工作。其余的散布在各路口,各村口,做警戒的工作:放哨,检查行人——不要放一个侦探到苏区来,也不要放一个 AB 团、社会党出苏区去。在后方和苏区腹地,少先队的主要责任,是做保卫地方的勤务:放哨,检查,参加肃反等。

少先队要注意宣传鼓动工作,在每一村里,造成一种紧张的斗争空气。在红军经过的时候,当地的少先队要与儿童团一起,做欢迎和欢送红军的工作:红军开来的时候,把队伍排列在路旁,唱歌,呼口号,欢迎他;开走的时候,这样欢送他们。红军停留的时候,正式开欢迎会,欢送会,向他们讲鼓励的话,做游艺给他们看,同他们亲近。

少先队目前要特别参加肃反的斗争,侦察形迹可疑的人,侦缉一切逃犯和被政府通缉的人,帮助政府捉犯人和看守犯人。

就在这样的动员和工作中,去改造少先队的组织,使它健强起来。青年团应该特别注意到,经过团组和支部的作用,去完成少先队的这些工作。

(录自《青年实话》第 2 期,1931 年 7 月 9 日出版)

C.Y.苏区中央局给
C.Y.闽粤赣苏区省委的信第三号

（1931 年 7 月 14 日）

闽粤赣苏区省委：

中央局收阅了你们最近的文件以后，认为必须再给你们一封信，解释目前政治形势与团怎样去执行迫切任务的问题。

在第二号指示信中，中央局具体指出了目前政治形势，指出帝国主义国民党军阀反革命第三次进攻苏区和红军是目前中国政治生活中的中心问题。根据这个分析，中央局并指出了团的迫切任务和实际工作。

可是，你们却不是这样去分析时局的，你们认为"政治上有变动"，而这一"变动"却是表现于军阀战争的"爆发"。换言之，二次战争胜利后，现在政治生活中心问题，已经不是革命对于苏区和红军的进攻，而是反革命内部矛盾的爆发——军阀战争。你们完全没有看到二次战争光荣的胜利，以及因此而引起的阶级关系的变化和时局的新形势。这就是说，你们不了解"革命促进反革命的团结"，不了解二次战争的伟大胜利，发展了革命的新局面，反动统治阶级在革命的面前发抖了，不得不暂时地妥协他们内部的冲突，而暂时的团结起来，调动更大的力量来第三次地进攻苏区和红军。

自然，反革命内部的矛盾还是存在而且还是发展着的，加以革命发展不平衡等原因，所以中央局指出，就是在进攻苏区和红军的过程中，军阀战争还是有爆发的可能。蒋介石积极进攻苏区和红军，主要是为了企图消灭革命，消灭苏区和红军，但也包含着准备军阀战争的步骤的意义在内，不过，这个意义是次要的。然而你们却相反地说："各军阀必然更加积极地进攻苏区和红军"，这是为了"企图巩固其作战的后方"（见《列宁青年》"反对军阀混战与团匪的实际任务"一文内）的缘故。这完全是一种非阶级的非马克思主义的分析！根据这种错误分析，必然使团不能正确确定和执行其当然的迫切任务，而引导到等待军阀混战和悲观消沉（看到敌人是在向我们积极进攻的时候）的道路。这样，也就没有什么奇怪为什么团的一切文件上没有一句准备三次战争的话——团张着眼睛等军阀战争的爆发，早把革命战争这一件事抛到九霄云外去了。

〈最〉近来局势的发展，证明中央局的分析绝对正确，蒋介石已经调动好了一百廿余团兵力，向中央区及红军第一方面军进攻。蒋介石且发了遗嘱式的通电，下了最大的决心，自己到江西来指挥他的军队，这几天且已迅速地逼进苏区内部来。事实是铁，是最强硬的，它告诉你们非立即改正这种错误，立即执行你们的迫切任务不可了。

可是，你们若仅仅了解三次战争要到来，根据这种了解去执行你们的任务，那还是完全不够的，你们还应该了解第三次战争的残酷性和激烈性。历史是不会重复的，反革命受了二次惨败的教训，必然要把这些教训运用到三次战争中来。事实上，反革命这次所动员的军队和社会力量以及所采取的战略和进攻方法，都比以前厉害得多了，所以在我们这一方面，同样要根据以前的战斗经验，动员更广大的阶级的社会的力量，采取正确的战略和更有效的方法，去在血肉的拼争中获取第三次【战争】的更伟大更光荣的胜利。因此三次战争给予团的任务是比二次战争的更为繁难更为严重的，完成这些任务真是需要团最大限度的努力！

因此，你们应根据前信（第二号）与这封信的指示，具体决定进行工作的方案，要立刻在团内和青年群众中作一深入的动员，并同时开始作领导青年群众参战的实际工作，要使这种动员和一般工作的进行深入〈的〉到支部、支分部与下层群众中去。这里你们是要注意去坚决反对官僚主义、形式主义与实际工作机会主义，反对一切只作上层活动的倾向,你们自己也要注意到:上层的会议少召集些(你们自己去计算计算看,两个多月来你们开了多少闽西范围的上层会议了,用在从事这些会议的力量化了多少了,但这当然不是说,不要召集这类会议),把最大部分的力量用到巡视工作去,这种巡视要是深入支部、支分部,要是比较长期的。决议案少作些,反对这种以决议的方式代替通告的现象。工作要抓住中心,从这一中心上去联系到各方面的工作,推进各方面的工作——要懂得在目前形势与团的现状底下,各方面工作,一视同仁地普遍注意。东抓一下,西抓一下,这不是表示其能干,而是最蠢笨最有害的。这些关于实际工作的方法,望你们千分万分地注意!

关于其他一些问题,中央局委托党的欧阳钦同志传达,望你们派人直接与他接洽,此致!

努力争取三次战争的胜利!

中央档案馆藏

(录自共青团中央办公厅编:《中国青年运动历史资料》第 9 册,内部资料,1960 年印,第 299—301 页)

苏区团中央局报告第四号

（1931 年 7 月 14 日于兴国古龙岗）

因为时间的限制，以及秘密技术的困难，这里只能写一个报告的纲要，详细的问党的欧阳×同志。

一 赣东南苏区的状况

1.赣东南这个苏区，现在还不是全国的革命根据地，当党执行立三路线的时代（至今年三月止），因为党的领导的错误，造成了赣东南非常严重的状况。跟着党的路线的转变，赣东南整个苏区的状况是开始了转变，依据各方面的条件，在党的坚决的正确领导之下，在艰苦的斗争中，这个区域是可以造成全国革命的根据地。现在的情况，是在开始向这个前途走：

（1）一般的说，政权机关多半是操在富农、流氓以及反革命（AB团）分子手里，真正的工人、雇农、贫农以及良好的中农分子，没有能够到政府机关工作，赣东南没有一个健全能够工作的政府。群众一般的说苏维埃好，但还不是拼命拥护，部分的怕苏维埃，不敢说话。苏维埃的改造，部分的在开始。

（2）红军——第一方面【军】的基础比较好，一切都有了个规模，日益向"红军铁军"这方面进步。赣东南苏区能存在到今日，以及要把它造成根据地，便靠这个红军。

（3）赣东南自建立苏区以来，土地革命是一个逐渐深入的过程，从"抽多补少"，"抽肥补瘦"，但土地问题至今没有彻底解决！地主阶级的土地没收了,但是把土地分配给一切人(地主家属小商人等在内),富农的土地没有没收。土地革命的利益没有真正落到贫农、中农身上,而落到富农手里去了。这是苏维埃区域不能巩固的根本原因。最近已开始收回地主家属土地,并平分一切土地的政策,仅在党内开始斗争,同时,开始提到群众中去。

(4)赤色工会、雇农工会、贫农团有组织,但是,是非阶级的独立劳动者和流氓的组织。现在仅提出改造的口号,改造的实际工作,还没有很好开始。地方武装,原来都抓在AB团手里,一般的说,现在是抓回来了。

(5)肃清反革命势力的斗争,这一时期很有发展,反革命的组织破获很多,而且已经开始吸引广大群众到这个斗争里来。但是反革命组织仍然有系统地存在和活动,仍然是苏区的"心腹之患"。

2. 在这个整个的情况之下,青年的生活和地位是怎样呢? 当然,在苏维埃底下青年的生活和地位是有些改善的,但是这种改善是极其不够的,没有推动选工农劳苦青年的领袖到苏维埃中去,参加苏维埃的工作很少。土地的分配,虽然成年青年一样的得到(完全以人口为标准),但好田是在富农手里。劳动法令的实现非常微弱,雇主对于学徒的半封建的剥削,仍然存在(学徒分得的田,归师父种,学徒所得工资,一半给师傅)。对青年的军事教育不能迅速施行,青年受教育之机会,非常之少(学校很少,办得不好,识字运动没有系统的进行),完全没有正当的娱乐、游戏,生活极其枯燥。

虽然青年在苏维埃政权底下,没有得到根本的解放,但相当地改善了他们的生活和地位。因此,青年在拥护苏维埃的斗争中,成为一个主要力量。

二次战争得到了伟大的光荣的胜利,这种胜利的获得,与青年有莫大的关系,青年的积极性,在这次战争中确实表现得非常显明。胜利主要是从红军的血肉拼战中来的,而红军的主要成分是青年,青年战士在战争中特别表现勇敢、坚决。二次战争吸引了广大群众参加,在战争爆发之前,地方武装和群众不休歇的与敌人战争,堵敌、扰敌、袭敌;在战争进行的时候,同样有广大群众的配合行动,这些群众有拿着枪的,土枪、土炮的,打着红旗的,和徒手的,最主要的是谁呢?青年!此外,对于战争有很大帮助的,如交通、侦探、看护、慰劳以及保护后方的勤务,如放哨、检查行人等等工作,都是谁做的呢?青年!在前方火线上,在后方的种种活动上,主要的是看到青年的活跃,奋勇。战争把百分之九十以上的劳动青年都吸引去了。伟大的二次战争的胜利,说明没有青年,就没有战争、没有胜利。

二 苏区团的转变

苏区团是开始在转变,但苏区团的现状,依然十分严重!

在闽西方面,自从中央局同志进来召集一个扩大会,给了他们一个决议改造了特委以后,一直到现在团是有进步的。在五月十五日,他们已经开了一次代表大会,产生了新特委。不久以前,中央又派了张绩×同志去,特委的领导更加强了(【团】中央最近与党中央一样决定,把闽西特委改为闽粤赣省委)。

在赣东南方面,中央局一进来,看到这里团的严重状况,即决定以全力直接来领导团的改造。在"集中力量,抓着中心"的方针底下,先从宁都、永丰、吉安、兴国几个中心县份做去。中央局的同志自己下去跑(也只有中央局跑了),领导团的自下而上的彻底改造,洗刷富农等异己分子,驱逐反革命及动摇分子,重新登记团员,改选各级团部。经过两个多月的艰苦工作,这几县的工作,有了新的现象。

团的转变(包括闽西与赣东南)表现在:

1.新的路线已经为部分团的组织所了解和实际接受。新的工作方式和方法部分的已经开始运用。

2.团的改造有了初步的成效,异己分子和反革命分子驱逐的很多,工农团员的新的吸收开始了。

3.团对青年群众组织的领导,相当的建立和加强(如对少队、【儿】童团、青工部的改造,实际的开始去领导,青年反帝同盟开始建立——在闽西等)。

4.巩固红军的工作较有成绩,闽西这一时期组织四五百青年到十二军及赤卫团。赣东南亦组织千余人到红军及地方武装去,"青年团礼拜六"已开始做起来。

5.参加苏维埃的改造和一切政策的执行,并开始有具体办法去做。

但是团的状况还是十分严重,如:新的路线和新的工作方法与方式还未深入团的下层组织和团员中去,立三路线的残余和一切不正确倾向,特别是富农路线很浓厚的存在。同时,团内还埋伏着许多的反革命分子和异己分子,阶级基础仍然薄弱,真正纯粹的工农干部,还很少很少培养起来,团的组织上的危机,还没有渡过。

至于赣西、湘东南、湘鄂赣方面,最近才得到他们一点东西,根据这些东西看来,那边团的情形同样是严重的,尤其是赣西各级团部完全在 AB 团手里。

三 苏区中央局工作

在团的严重现状面前,中央局不得不以最大力量来做赣东南工作,且不得不分配中央局的委员跑到各地去长期巡视,加以中央局本身很不健强,只有三个人,因此中央局本身的经常工作,是无法建立。中央局这一时期的工作:

1.直接领导赣东南工作,得到相当成效(中央局本决定"八一"开赣东南代表会,现因三次战争紧张,要延期)。

2.对闽西方面,除中央局刚成立的领导了他们的扩大会改选了特委以外,当他们开代表会时,中央局本要派人去出席的,因为交通阻隔,加以赣东南工作抽不出人,所以没有人去。直到现在,中央局还是没有法子派人去巡视。但他们与中央局的关系,最近交通打通,已比较密切,中央局给了他们几封指示信。

3.赣西、湘东南、湘鄂赣,直到七军过来时,才得到了他们一些材料。中央局已决定于无可奈何中抽二人过河(一是李□□,前赣西南特委书记,老干部中之硕果仅存者,一是胡□□,本由上海派来【经党中央】曾任宁都县委书记),组织湘赣临时省委,只要交通不受阻碍,即可过去。

4. 中央局的团报《青年实话》已经出版,现在出了两期,因印刷等困难,只能出旬刊。现在出版开始还很难估计它的影响,但在内容上中央局自觉勉强可以。

5. 团校的创办,正在进行准备,须得经过一时期后才能开办。

四 目前形势与团的工作

二次战争的伟大胜利,给了反动统治阶级特别是长江流域的反动统治阶级以莫大的威胁,促使他们不得不暂时妥协内部冲突,团结起来动员更大力量,来三次进攻红军和苏区。所以当二次战争胜利后,我们即估量三次战争必然到来。最近局势的发展,说明三次战争要很快地爆发。蒋介石到江西后,即指挥其部队猛进,现在各路白军都已逼近苏区来了!

但是从二次战争胜利后,因为军阀战争的加深,过去不正确分析的影响,以及长期战斗后的疲劳,各地等待军阀战争爆发的倾向很浓厚,对三次战争的准备工作,做得绝少,因此中央局除加紧赣东南各县的动员外,对闽西×西都有指示给他们,严厉批评他们这种不正确估计,要求他们迅速负担起当前迫切任务。

动员和组织青年战士的工作——苏区与团的一般任务,如领导青年群众参加苏大会的选举运动(苏大会订于十月革命节时开)与苏维埃的改造运动,巩固红军的工作,深入肃反的斗争,以及领导青年组织的改造与团的改造密切联系起来,这是一切工作的中心。关于这些,另有决议及团报上的文章指示,要闽西把这些材料交交通取给你们,这里不赘。最后一句话,要求中央的指示和帮助。

中央档案馆藏

(录自共青团中央办公厅编:《中国青年运动历史资料》第 9 册,内部资料,1960 年印,第 293—298 页)

中央给苏区中央局第一信

（1931 年 8 月 4 日①）

苏区中央局：

关于赣西南团的现状的估计，你们能够坚决地打击青年团就是 AB 团的观点，我们是完全同意的。但是我们必须指出：说赣西南的团处于严重的危机状态中，是不正确的。同时，说赣西南的上下各级团部都在 AB 团手里，同样都是惊惶失措的谰言！我们不能相信，像你们第一段报告中所说出的青年群众革命情绪的高涨，与少年先锋队的勇敢作战，而能容忍自己的指导机关完全操在反革命 AB 团手中。AB 团如果正如你们所估计的力量，则暴动或者早可成功。

所以，我们认为你们的估计是惊惶失措之谰言！自然，我们不想否认团的严重状态及 AB 团的危险，被推翻的统治阶级在被推翻之后，自然要加十倍地增加他们的仇恨，除了展望蒋介石的胜利外，便是加紧自己〈的〉在内部的捣乱工作，以帮助蒋介石胜利地获得和自己的统治之恢复。团的阶级成分之不良，以及过去路线上错误及段良弼的领导，自然更造成了目前的严重现象。所以，你们决定彻底地改造各级团的组织是正确的，并望你们坚决地执行。不过，绝不要将一切过去的干部当做一概都是 AB 团，对于每一个同志与干部，都必

---

① 原文只有月日，无年份，年份是编者判定的。

须仔细考察与教育。自然,提拔工人与贫农的新的干部,是第一等的任务。(下略①)

八月四日

(根据中共江西省委党史研究室藏件刊印)

---

① 原文如此。

中央对职工部及全总党团工作的决议

（1931 年 9 月 15 日通过）

中央听了职工部和全总党团的报告以后，认为过去全总虽然建立了几个地方的工作（如上海、满洲等），曾派人去苏区去建立执行局，供给了苏区一些下层干部，对于海总、铁总工作都曾有相当的布置；可是这些工作是绝对的不够，而且直到现在还没有显著的成绩。共产国际和赤色职工国际的路线，还没有切实在实际工作中去实现，工作上的转变不够，而且非常缓慢。中央认为全总党团在过去的工作中，有下列的缺点和错误：

一、在全总的组织之下，除掉上海、满洲海员方面有相当工作基础以外，其他各地的工作很少，而且有些地方直到现在还没有关系。全总在组织上还非常薄弱，赤色工会的工作还没有真正深入到广大的工人群众中去。中央职工部与全总党团还没有切实注意到这一问题，没有设法将赤色工会的工作真正深入到企业中去，建立有群众拥护的在企业内的基础。

二、全总下面的组织，还没有普遍到全国。实际上现在的全总还没有成为全国性的领导机关，全总的威信还没有建立起来，因此不能抓住全国工人阶级的斗争而去领导他们。

三、全总党团在过去工作中还表现出工作迟缓和应付的现象。工作敏捷的、负责的同志差不多都在跑腿，缺乏集体的领导，在工作中还保存着手工业的方式，不全用组织力量去推动工作。

四、过去全总对许多问题注意力不够，在过去一月中对于青工女工问题没有一次讨论,更说不上有什么工作。其他如对万宝山案的问题,更是忽视,这是非常不对的。

五、中央职工部的工作,也没有真正建立起来。职工部还没有成为党对工会运动的政治指导者。职工部的工作许多都是带事务的性质。对于将职工运动的经验和教训贡献给全党的工作,简直是没有做。

六、全总党团与职工部对于苏区工会工作的注意和讨论,是完全不够的,许多苏区工会工作的严重问题没有能够确切地解决。

七、对于在两条战线上斗争的执行还不充分。特别是没有将工会运动中许多错误的倾向和观念,给以及时的打击,使这些斗争深入到群众中去,这样来教育群众。

因此,中央认为职工部与全总党团在今后工作的主要任务是:

1. 职工部与全总党团务必切实去讨论发展组织和建立全国关系的问题,规定出具体的发展全国工作的计划,首先是发展企业内的工作,切实将工会工作建筑在企业的基础上去。有计划地派人打进生产,去实现这个任务。

2. 切实去布置和领导全国工人阶级的日常经济斗争,首先是上海的斗争。要切实去实现独立的领导。目前应该抓住反工厂法的斗争,去发动群众。职工部与全总党团必须有具体的讨论,帮助上海工联和海总去布置几个中心的斗争。

3. 加紧反对黄色工会的工作,揭露黄色工会的欺骗。职工部与全总党团应该切实地去知道几个黄色工会的具体工作内容(首先是上海的邮务、法电、印务等),指定同志专门负责,收集黄色工会的材料,具体地去讨论怎样反对黄色工会,怎样进行革命反对派的工作。

4. 应该立刻改正过去工作中的手工业方式,立刻建立各部的工作,实现集体的领导。应该改正过去职工部代替了全总党团工作的现象。同时职工部应该立刻成立,召集职工部的会议,帮助全总党团来建立全国的工作。

5. 在每次斗争中应该切实注意到提拔干部的问题,应该将在斗争中有表现积极而且勇敢的工人吸收到领导机关中来。同时全总党团应该设法培养干部,特别是企业中的工人。同时中央组织部,应该注意工会干部的供给。

6. 对于苏区工作应该立即加以重大的注意,建立全总对于各苏区工会的真实的具体的领导。

7. 加紧两条战线上的斗争。在工会的组织下面,还暴露有许多"左"倾的空谈和"立三主义"的工作方式,同时在目前最危险的还是右倾机会主义的消极不动的观念、和平发展等。这些观念在上海工联过去纺总的负责人及海总内某些负责人中,表现得最明显。过去全总虽然与这些倾向作过斗争,可是这些斗争并不深入,而且更没有拿这些斗争来教育全党的同志。因此,加紧两条战线上的斗争,使这些斗争深入到下层群众中去,利用每次斗争的具体事实来教育整个工会的群众和全党的同志。

8. 过去工会工作的同志,很少将工会的问题和每次斗争的经验和教训,介绍给全党的同志,对于党报没有负起投稿的责任。中央认为今后在工会工作的同志应该随时将工会运动的各种问题,特别是斗争的教训,在党报上发表。每个同志都应该负起责任来。

中　　央

(录自中华全国总工会编:《中共中央关于工人运动文件选编(中)》,档案出版社 1985 年第 1 版,第 126—128 页)

共青团工作大转变的开头

（1931 年 9 月 21 日）

陆定一①

省委扩大会议,提出了一个口号:"团必须造成对青年工农群众政治上、组织上的领导力量与动员力量。"在这口号之下,扩大会议进行严格的自我批评,提出两条战线上的斗争,具体指出各种右倾与"左"倾机会主义,向它宣战,以及定出团的目前具体任务。

这个决议案,这个路线,这个坚决的两条战线上的斗争与自我批评,这些目前具体任务,当然是遇到不少阻力。有些同志甚至认为,省委扩大会的自我批评是太过分了,有些同志以为这决议案的路【线】将使团对肃反工作不坚决不充分了。这种种的理论,在事实面前,表现其完全不正确。决议案执行的实际结果,正是与这些理论完全相反。

省委自从迁到汀连以后,就立即发现,右倾与"左"倾机会主义,果然是扩大会所说的"团内一切反革命分子的最好障蔽"。在立三路线之下,这些分子的障蔽是:"打到漳厦去,不要分土地"的一类口号。现在呢? 连这些分子也自号为反立三路线者。可是,他们或者用种种右倾的理论,或者用"左"倾的理论,使团员受其蒙蔽,跟着他做反革命的工作。例如,吴坑乡的社党在教团员以强迫手段来扩大红军;瑞金的社党首要傅赞金,提倡团员外找干部;许多地方的社党,用各

---

① 陆定一,时任共青团苏区中央局宣传部部长。

种方法，甚至鼓动贫农（涂坊）来反对早日分好土地，或者用"人口原则""劳动原则"（实际上这是劳动力与人口的混合原则，两者对富农的待遇完全一样），来惹起分田的纠纷。尤其巧妙的，他们还以激进口号，鼓动反中农的情绪，主张消灭富农等等。一切这些倾向，如果团的扩大会议上坚决指出与他斗争，如何能彻底地肃清团内的社党分子及其影响？两条战线上的斗争，使团在政治上日益健全起来。

省委到涂坊的时候，立刻召集五区的团员大会，发动团员积极地起来自我批评，并且执行团的纪律。特别是自我批评，使得到会的团员，大家积极起来，参加黄家营会议的，参加钟屋村行动，因社党恐吓而惊惶的（南□、塘背）都起来接受批评，而且自己批评自己，更进而批评和揭发一切反对社党不坚决的，或受社党欺骗的分子。这样的现象，完全靠一个武器——自我批评来把他发动起来。团员大会使五区的团员整个地推动起来，因而能够提拔许多积极的雇农、贫农到指导机关中来，彻底改造旧的区委。如果不是自我批评，不是两条战线上的斗争，就不会得到如此成功。

在9月8日五区少先团队总检阅完毕时，实行公开团员，告诉青年群众，谁是共产青年的团员，要求群众起来加强团的力量，与肃清团内的不良分子。就在这次会上，公开报名入团的将及五区旧团员的一倍。群众中再也没有对团的恐怖心理，或莫名其妙的态度，给社党的企图以一个致命的打击。

在汀连全县的区委负责同志会议上，我们应用扩大会路线，完全得到大的成功。不管敌人的拼命进攻，每个团的负责同志，责任心都大大地加重了。会议上一致地自愿地决定，在最短时期（20日）内扩红军六百人，拿起江西运来的枪，与敌人拼命。这是空前未有的负责性之表现，是空前未有的"冲锋精神"。更神妙的是这个会议，用坚决的自我批评精神，竟发现出第二区负责人罗桂声同志，他本来是个独立劳动者，平常消极怠工，但自称是工人，欺骗全团。这种发现，又是完全依靠着扩大会所特别指出的武器——自我批评。

扩大会的决议,至今方在开始部分实现,但就这十几天的工作,我们已经可以看到其伟大的成功,恰恰与反对这决议者所预料的完全相反。我们更确信这一决议的正确,要更努力来把他全部实现,只有如此,团才能成为真正布尔什维克的团,真正实现扩大会所提出的口号,特别是肃清社党、AB 团、托洛斯基派的组织及其影响。

(录自中共龙岩地委党史资料征集研究委员会、龙岩地区行政公署文物管理委员会编:《闽西革命史文献资料》第 6 辑,内部资料,1985 年 6 月,第 168—169 页)

中共中央、少共中央致苏区
中央局转苏大会电

（1931 年 10 月 15 日[①]）

中国无产阶级唯一的政党中国共产党的中央与中国劳苦青年的先锋队中国共产青年团的中央，在全中国苏维埃第一次代表大会开会的一天，谨向全中国工农兵及劳苦民众的代表，致布尔什维克的敬礼。我们相信大会必定能够以布尔什维克的精神通过一切为工农兵以及一切劳苦群众谋利益的法令草案，为苏维埃革命在全中国的胜利而奋斗。帝国主义者国民党近来正因苏维埃红军三次伟大胜利，正因为全中国革命运动的发展与革命危机的日渐成熟，正在疯狂般地准备向苏区与红军〈为〉新的进攻。但是我们相信，得到全中国千百万工农劳苦群众拥护的苏维埃与英勇的红军将给我们的敌人以新的革命的打击，开始在一省与数省取得革命的胜利。中华共和国临时政府成立，不但是苏维埃革命在它斗争与胜利的道路上最大的成绩，它也将是全中国工农兵以及劳苦民众的一盏指路的明灯，号召在帝国主义与国民党铁蹄之下的他们起来为推翻他们的敌人而斗争，而且也将是全中国民众革命斗争的组织者与领导者！

亲爱的同志们！苏联社会主义建设伟大的成功，世界经济恐慌的继续深入与革命危机在德国、西班牙与波兰等国的日渐成熟，以及印度、南美等殖民地与半殖民地革命运动的发展，正在动摇资本帝国主义在世界上的统治。苏联一万五千万的工农，资本主义国家内的

---

① 原件无时间，此时间是编者判定的，月日是存文时间。

千百万无产阶级者与殖民地半殖民地的千万万劳苦民众,将是〔在〕中国革命唯一的领导者列宁的共产国际与它的各国共产党支部的领导之下,将根本推翻这一剥削与屠杀的资本主义的统治,建立没有人剥削人的社会主义的制度。

口号:

打倒帝国主义国民党!

打倒一切反革命的派别改组派、第三党、AB 团、社会民主党!

中国苏维埃第一次代表大会万岁!

中国苏维埃革命胜利万岁!

拥护苏联!

世界革命的领导者共产国际万岁!

世界革命胜利万岁!

中共中央

少共中央

(录自团中央青运史研究室、中央档案馆编:《中共中央青年运动文件选编》(1921 年 7 月—1949 年 9 月),中国青年出版社 1988 年 2 月版,第 332—333 页)

中央苏区反帝大同盟章程

（1931 年 10 月 19 日）

一、宗旨

本大同盟以团结被压迫的劳苦工农群众及红色战士，在中国共产党的领导之下，参加中国革命运动，根本推翻帝国主义在华的统治为宗旨。

二、组织

组织分下列几点说明：

1. 本大同盟在世界反帝大同盟中国分部指导之下进行反帝工作。

2. 本大同盟根据世界大同盟中国分部各级组织系统，在乡设□①反帝大同盟，乡之上设区反帝大同盟，区之上设县反帝大同盟，县之上设省反帝大同盟，下级受上级指导。

3. 乡以上的反帝大同盟均设执行委员会，乡选委员三人，区选委员五人，县选委员七人，省选委员十人，由各省大同盟代表大会选举若干人成立中央苏区反帝大同盟。候补委员由各级按照工作情形决

---

① 原文不清，似为"乡"字。

定名额多少,委员会设主□①、组织、宣传各一人,分任工作。

4.各级委员会设立办事机关,但委员以不脱离生产、不常□②驻机关办事为原则。

5.乡反帝大同盟执行委员会任期三月,区反帝大同盟执行委员会任期六月,县反帝大同盟执行委员会任期一年,省及中央苏区的反帝大同盟执行委员会任期一年。各级执行委员会如遇特别事故不能终职或不能尽职时,由各该级过半数会员提议,可随时召集大会改选。

三、会员

凡服从本大同盟的宗旨,反对帝国主义,并愿执行反帝工作,经会员一人以上的介绍,得为本大同盟的会员。

四、会费

会费分两种:1. 会员每月缴会费铜元一枚;2. 自由捐助。

五、工作

甲,在宣传方面:要采用各种宣传方式——开会作报告,召集群众大会、演剧、化装讲演、画壁、印传单、出刊物——使群众了解下面各种问题与事实:

1. 帝国主义历次勾结中国军阀镇压中国革命,尤其是最近进攻苏区"围剿"红军屠杀工农群众的种种事实。

2. 帝国主义历次〈进行〉进攻苏联的阴谋。

---

① 原文不清,似为"任"字。
② 原文不清,似为"用"字。

3. 帝国主义国家经济政治危机的各种事实,争夺殖民地,积极准备帝国主义第二次【世界】大战的各种消息与事实。

4. 帝国主义侵掠〔略〕中国的历史和真相。

5. 帝国主义的本质。

6. 介绍帝国主义国家内的无产阶级、各殖民地的劳苦工农群众的反帝斗争,及苏联社会主义建设的胜利,中国苏维埃运动发展的消息。此外在行动方面要把帝国主义各种侵掠〔略〕的事实与问题,组织临时的或固定的委员会去研究、讨论、反对。如现时可组织反对日本出兵满洲会、反帝国主义屠【杀】轰炸苏区群众会。

六、本反帝大同盟章程如有变更的必要时,得由世界反帝大同盟中国分会许可修改之。

中央革命军事委员会总政治部编

(根据中共江西省委党史研究室藏件刊印)

少共苏区中央局
关于目前形势与苏区团的任务决议

(1931 年 10 月 30 日①)

一、最近的国际形势,是苏联社会主义建设的踊跃进步,五年经济计划将近全部完成,国际工人运动的突飞猛进,殖民地半殖民地〈的〉革命运动的风涌发展;资本主义世界的经济危机更加深和剧烈,使国际帝国主义的统治的崩溃过程日益加速和加剧。国际帝国主义,为要挽救自己垂死命运起见,便用尽一切方法来恶化工人的生活程度,镇压工人阶级的革命运动,竭力压迫和剥削殖民地半殖民的穷苦群众,特别是疯狂似的从各方面加紧进攻苏联的行动,同时积极准备爆发第二次世界大战。

二、在国际帝国主义统治之下的中国,无论从进攻苏联的观点,爆发世界第二次大战的观点看,以及从投资及销售商品剥削贱价劳动力与原料供给的观点看,都是一块国际帝国主义必须集中力量来争相宰割与侵略的重要地方。目前中国革命运动的高涨,尤其是苏维埃运动的强大,以及工农红军的伟大胜利,已经给国际帝国主义以巨大的威胁,而必然使帝国主义不仅要指使和帮助其走狗——国民党军阀加紧进攻红军和苏区,加紧以白色恐怖镇压全国革命运动,而且帝国主义必要加紧直接干涉中国革命与瓜分中国的企图,必然与其进攻苏联的行动,以及准备第二次世界大战的步骤密切地联系起来。

三、这次日本帝国主义出兵中国、占领南满的事件,便是在走

---

① 本文封面写有"1931 年 10 月 30 日于洛口圩"字样,文末标注时间为"1931 年 10 月 31 日"。

〔以〕上的国际局面的基础上发出的。这件事的爆发,正当苏联社会主义经济建设日益强盛、全世界无产阶级准备庆祝十月革命 14 周年纪念的时候,其实际意义是非常显明的,是帝国主义武装进攻苏联的尝试以及干涉中国革命与瓜分中国的实践步骤。同时以日英为主体的国际帝国主义内部冲突紧张,第二次世界大战的危机之加深,证实这一事件在某种形式之下发展,或表面上和缓以至和平了结,但是这种严重的政治意义是不能磨灭的。发生这一事件的紧张的国际形势是不能和缓或消弛的,而只有发展到更严重的局势。中国豪绅地主资产阶级国民党与其政府,是国际帝国主义统治中国的工具。他对于帝国主义这种干涉中国革命与瓜分中国的行动——日本出兵事件,必须站在服从与帮助的地位,就是唱些假的"反对""抗议"的调子,也只是用以欺骗群众,阻止革命的反帝运动的发展,并不敢违抗他主人——帝国主义的意旨,而且他必然要加紧进攻苏联与压迫中国革命,以与帝国主义的行动相呼应。最近国民党军阀蒋介石受到第三次进攻苏区的惨败〈的〉,正企图与粤桂等各派军阀妥协,积极对苏区的新的进攻。这种妥协在目前形势之下有极大的可能,但即使暂时妥协下来,也决不能消灭军阀战争。军阀战争〈还要〉正在酝酿到更大规模的爆发。但是进攻中国革命是国际帝国主义与中国反动统治阶级各派共同的首要任务,而且是与进攻苏联不能分离的任务。所以对苏区的新的进攻不仅必然要到来,且有很快到来的可能。

四、根据上述的分析,目前苏区团的任务千百倍地加重了。团特别应该在拥护苏联反对第二次世界大战这个历史的任务上,来□□的积极性。同时,这一任务是与反对帝国主义国民党进攻苏区及动员青年群众参加巩固苏区的斗争的任务密切联系着的,中央局对于这些任务的执行,有如下之决定:

1. 团因〔应〕立刻加紧在青年工农群众中的政治鼓动,在"反对帝国主义进攻苏联""武装拥护苏联""庆祝十月革命十四周年纪念""反对第二次世界大战""反对帝国主义干涉中国革命""反对帝国主义瓜分中国""反对帝国主义国民党进攻苏区""参加苏全大会选举运动"等这些政治口号上,把广泛的青年工农劳苦群众热烈地动员起来。为达到这个目的，团必须善于从他们的实际生活上来解释这些口号的内容和其相互的关系。

2. 为了要组织一个广大青年工农群众的反对日本出兵，"拥护苏联"反对第二次世界大战运动，团应公开召集青年工农代表大会。此种代表大会以县为单位来举行，先期举行一乡或一村的青年工农群众大会，进行鼓动，并产生代表。代表大会应决定进行这一运动的具体办法。代表大会仅是一种临时性的会议，一切决议由各代表回去传达给群众执行，不应产生任何执行机关。各县的青年工农代表大会应于半个月举行完毕。

3. 开始建立和加紧反帝同盟青年部的工作，是团目前主要的实际任务之一。团应在青年群众中作广大的反帝同盟青年部的宣传，但青年部的组织和工作则应由下而上地建立。先由乡这一级起，由团的支部公开发起，邀约各种青年团体，如少年先锋队分队部等加入，并征求个人会员成立乡反帝同盟青年部（各县、各区、各乡反帝同盟青年部）。然后由乡而区而县，跟着工作的开展，依次成立其上级组织。反帝同盟青年部应广泛吸收革命的中农青年及一般劳苦青年加入，但应建立强固的无产阶级领导，在已有反帝同盟青年部组织的地方，应加紧其工作，使之成为广大青年群众反帝运动的领导者。

4. 特别加紧纪念十月革命的宣传，向青年工农说明十月革命成功后第十四年，现在的苏联青年工农的生活状况，号召广大青年的坚决的斗争，来庆祝十月革命胜利，并实际准备十月革命纪念节（十一月七日）的大示威（关于十月革命纪念节的行动问题，中央将另有通知）。

5. 加紧领导和组织青年群众参加苏维埃工作，参加济难工作，特别是募捐运动（中央局已有单独的决议），参加没收地主豪绅土地财产，没收富农土地，彻底平分土地斗争；参加肃清一切反革命派别□斗争，尤其是加紧拥护全苏大会的宣传，领导青年群众积极参加选举运动，□□和苏维埃的改造。

6. 宣传和组织工农青年到红军和地方武装（警卫团）中去，并领导一般青年群众加紧慰劳红军和地方武装，特别是慰劳伤病兵的工作(做草鞋、套鞋以及一切食用品)。在这一工作的进行上,团要坚决反对"青年怕当红军"的右倾理论及以强迫命令代替艰苦的宣传组织工作的左倾。

7. 动员青年群众更积极参加一切保卫地方的活动,参加赤色戒严赤色清乡的工作,参加侦探、交通、担架等工作,毁灭一切工事,洗净一切反动标语;在边界区域,则更应组织青年群众参加一切扰敌、堵敌的工作。

8. 团必须注意去建立白军中的士兵运动。团——特别是边界区域的团,和红军中的团,要经常去注意做宣传工作。同时,在可能的条件底下,团并应派人到白军中去工作。

9. 迅速建立工会青工部的组织和工作。在一月以内,各地区的青工代表大会务须完成。少年先锋队的工作,团必须加倍去注意领导,各级团部的少队工作部应立即建立起来。团应领导少年先锋队积极参加斗争,并加紧其本身的军事训练和政治教育。在不断的工作中,去改造其组织。团亦应加强对儿童团工作的领导。

10. 这些工作的进行,首先需要团内的充分的动员(主要是召集各级团的活动分子大会和团员大会做报告和讨论)。这一动员必须联系到过去工作的检阅,而广大地发展团内自我批评,以及加紧两条战线的斗战〔争〕,反对那些动摇悲观、逃避斗争及尾巴主义等的右倾;同时,反对命令主义、强迫群众及关门主义等等的"左"倾,而集中火力反对右倾。此外,团应加紧在青年群众中作团的政治宣传,扩大团的政治影响,并加紧向青年雇农、贫农、学徒开门,而把富农等异己分子驱逐出团,首先驱逐出领导机关,大胆引进工农积极分子到领导工作上来,并准备在代表大会的工作。

中共红三军团前敌委员会

1931.10.31

(根据中共江西省委党史研究室藏件刊印)

中共中央关于职工运动决议案

（1931 年 11 月 15 日）

中国的经济危机,在日益剧烈的世界经济恐慌的影响之下,空前的扩大与深入。农村经济空前的崩溃,工商业的衰落与大批的工厂关闭,普及全中国的水灾,以及帝国主义、官僚军阀、地主资产阶级残酷的搜括〔刮〕与剥削,造成了大批失业失地的工农群众,使他们的生活日益陷入绝境。全中国工农的革命斗争在这样情形之下,得到了更进一步的发展,使中国的革命危机日益成熟,这在中国苏维埃与红军的伟大胜利与中华苏维埃共和国临时政府的成立中,尤其表现得明显。但中国工人阶级经济的、政治的斗争的发展,当然也是中国革命危机的主要指标。

从党的四中全会以来,尤其在满洲事变以后,中国工人斗争的发展,显示以下的特点:

一、罢工斗争带着浓厚的政治性质,反对国民党和黄色工会的斗争日益剧烈,日益正在爆发反对日本帝国主义的大罢工。

二、罢工斗争的反攻中带着很多进攻的性质,这在最近的斗争中更明显地表现了出来。

三、罢工斗争包含了整个产业（丝厂）及各主要产业的工人（上海市政、纱厂、印刷、北方铁路、矿工以及纱厂工人）,斗争一开始就带有几个工厂同盟罢工的形势,而且在许多产业部门正酝酿着同盟罢工。

四、斗争大部分还是自发的、经济的,猛烈地发动,还缺乏持久性与组织性。因为统治阶级的崩溃和革命危机的成熟,一方面推动了工人斗争的发展,同时使得帝国主义国民党和资产阶级更加残酷地使用暴力来压迫工人的斗争,主要的在以下的事实上表现出来:

1. 国民党使用强迫仲裁与工厂法、工会法来压迫工人阶级,几次命令禁止工人阶级为切身利益,组织工人群众反对帝国主义国民党资本家的进攻,一切"劳资纠纷",逮捕争斗的工人。

2. 资本家使用开除政策(整个的部分的开除罢工工人)来对付罢工。要求工人赔偿罢工怠工的损失,日本资本家更以关厂政策对付工人。

3. 国民党帝国主义和资本家到处收买流氓工贼,在企业中组织〈组织〉法西斯蒂队伍,分裂工人的战线,鼓动工人起来械斗,利用失业工人及灾民来破坏罢工。

4. 在工厂配置武装厂警,实行严格的检查,架设机关枪〈实行〉在工人区域戒严。

5. 在"一致对外"及"增加生产"的口号之下,加重工人工作,减少工资,进行资本主义的合理化。在"退职"的口号之下来反对工人的反日罢工,解散罢工工人,禁止工人的"违法行动",枪杀游行示威的工人。

国民党资本家这些压迫的政策,是直接在黄色工会的积极拥护之下进行的。黄色工会拥护国民党资本家进攻工人阶级的一切政策,〈与〉国民党资本家及帝国主义结成联合战线来压迫工人的革命斗争。因此黄色工会在工人中的信仰大大地缩小,主要地倚〔依〕靠工厂中的法西斯蒂队伍及国民党的警察维持自己的地位。同时,因为国民党内部斗争的加紧,黄色工会的派别斗争也剧烈起来。改组派正在想利用工人阶级对南京政府的不满,利用工人的经济斗争,进行欺骗群众的工作,企图夺取黄色工会的领导机关,打击蒋介石派。托陈取消派及罗章龙右派,他们认为在帝国主义国民党资本家严重进攻工人阶级的时候,不应该罢工,也就是和黄色工会一样帮助统治阶级来消灭工人阶级的革命斗争。

仅仅只有共产党和共产党领导之下的赤色工会是坚决地拥护工人阶级的切身利益,组织工人阶级群众反对帝国主义国民党资本家的进攻。党和赤色工会在最近的工作中得到了以下的成绩,在几次反帝示威中提高了工人的情绪,党的政治影响在工人中扩大,有些企业中增加了党员及工会会员,并团结了部分的工人群众在自己的周围,开始建立了工厂委员会;领导了一部分罢工斗争,组织了一些工人的反日的义勇队及辅助组织。在工作中开始运用公开工作的方式及下层统一战线等。

但是党和工会组织还是落在客观形势发展的后面,在实际工作中执行国际路线还非常不够,这暴露了许多缺点和错误,主要的有:

一、在组织反日罢工中充分表现出我们组织的无能和不积极,不会将工人的经济要求与反帝口号联系起来动员群众,许多日本企业的罢工与辞职没有去领导,使罢工没有成为目前反帝运动中的主要力量。

二、赤色工会独立领导经济斗争的成绩极少,缺乏有计划的耐性的准备,很少去领导工人的自发罢工。甚至有人说,工人只有在组织赤色工会,打倒黄色工会之后,才能举行经济罢工;同时赤色工会又不会在组织上来巩固自己的影响和已得的胜利。

三、赤色工会在企业的组织是非常薄弱的,尤其是重要产业部门,缺少经常工作,不能将企业中的群众团结在自己的周围,领导大多数群众,散漫和会员的流动现象没有消灭。

四、空有广大的上层工会机关,部分工作人员的雇佣化,对工作的敷衍,以及悲观消极和清谈的现象,还非常严重。没有将一切工作的重心放在企业里面。

五、不了解工会工作的中心是解决工人切身的日常问题,不会利用工人的切身问题来联系到党的主要任务,常常使工会的工作与党的工作完全一样,用建立党的方式来建立工会及其群众组织,不善于运用群众工作的方式去接近和领导群众。

六、不会运用下层统一战线来吸引广大的群众参加斗争,没有组织罢工委员会、斗争委员会等，或者由少数赤色会员推举罢工委员会，脱离广大的群众，不会利用公开，并使公开工作与秘密工作联系起来。

七、在黄色工会中还没有建立有力的革命反对派，不愿在黄色工会的群众中去工作，不注意研究黄色工会欺骗群众的方法，并拿住每个事实来揭破黄色工会的欺骗。同时，投降黄色工会的倾向还时常表现出来。

八、党的地方党部和工厂支部忽视建立工会和参加工会工作的重要，许多工厂的同志不加入工会，认为建立工会仅仅是工会工作人的事。

九、对于失业工人运动及青工女工工作的一般忽视。

十、在苏区的工会工作，在有些主要区域内（如湘鄂西、鄂豫皖两苏区）已经有了不少的成绩。但是，在有些苏区（如中央区、湘鄂赣苏区等）一般的是忽视了工会工作，工会还是空洞机关，没有领导工人斗争，及大大地改良工人生活，甚至劳动法及八小时工作也不能充分实行，并有认为在战争紧急时期必须放弃工会工作的理论。

以上这些缺点和错误，就是使党和赤色工会落后于客观形势的主要原因。

党为着完成自己在职工运动中的中心任务——动员广大的无产阶级群众，组织伟大的反帝国主义罢工，成为目前的反帝运动的中坚领导力量，为巩固和发展苏维埃区域与红军，为彻底推翻帝国主义国民党的统治，及完成土地革命斗争，就必须领导日益发展的经济斗争，使这些斗争与党的中心任务联系起来，消灭党和工会在职工工作中的一切缺点和错误，保证国际路线在实际工作中的完全执行。只有这样才能准备力量来迎接当前的伟大革命，要达到这一目的，就必须执行下列各项：

一、党与工会的组织，应以极大的紧张和毅力来组织反帝国主义的罢工。开始发动那些日本中心工厂，利用日本资本家的关厂政策来组织工人的进攻。努力使罢工扩大到一切工厂，同时反对国民党并竭力保护工人的本身的利益,使工人的经济罢工与反帝反国民党的罢工密切地结合起来。应坚决地反对国民党借口"救国"来禁止"劳资纠纷",反对资本家借口"提高生产"来进攻工人阶级。应广泛地利用公开来建立广大工人群众的反日组织。应很好地答解工人对罢工所提出的各种问题(如救济费等),同时应宣传只有工农武装起来推翻国民党,在苏维埃政权领导之下才能战胜帝国主义。

党和工会应采取各种方法去领导那些反日的自发罢工与辞职,使工人的行动转向积极的、有组织的斗争。

二、党和工会组织应集中力量来领导日益发展的经济斗争。这是夺取工人群众到党和工会的周围所必须拿住的关键。赤色工会及革命反对派应在群众的经验中去证明自己是群众切身利益的拥护者,与黄色工会的欺骗、拍卖和背叛完全不同,证明赤色工会和反对派不但是对远大的政治问题有办法,并能使群众从赤色工会和反对派那里得到一切切身问题满意的回答与解决。这是吸引工人的自发斗争来寻找赤色工会领导的最好办法。

党的和工会的组织应使自己不落后于群众,就应经常查明和表白群众的情绪,把群众的不满变成简单明了的要求,时时都准备来领导斗争。

应提出各产业部门的要求纲领来准备每一产业的同盟罢工,应扩大工人的每次罢工,组织群众的"同情运动",来发动同盟罢工。同时赤色工会还应该动员自己的组织及在自己领导之下的工人去援助自发罢工,用写信、慰劳、招待、派代表、组织后援会等方法与罢工工人发生联系,在刊物和印刷品上向罢工工人作各种提议,用这些办法去扩大自发罢工并给予领导。

三、党和工会应该用种种方法使罢工政治化,使经济罢工转变为政治的罢工。我们的组织应该在罢工进程中提出各种为工人群众所了解的政治口号(如反对用军警压迫工人罢工,反对把机关枪架在工厂门口,反对公安局捕人),来使罢工政治化。应该组织群众来反对禁止罢工、逮捕工人领袖、解散工人团体及封禁工人报纸和搜查,要求集会、结社、罢工等的自由〈等〉，反对国民党的仲裁调解，反对国民党的工厂法、工会法，一直到反对帝国主义国民党拥护苏维埃的直接斗争。只有在实际斗争中使工人群众在自己的经验中了解我们的口号的正确，我们的口号只有忍耐的、经常的向工人群众宣传我们的政治主张，才能为广大的工人群众所拥护，才能使广大的工人群众为了我们的口号而斗争。

四、赤色工会独立领导经济斗争必须广泛地运用下层统一战线。下层统一战线应在于下层群众的共同要求（首先就是工人的切身要求）上建立起来。罢工委员会、斗争委员会应该普遍成为领导斗争的组织形式，应该号召全体工人或大多数工人来选举罢工委员会，使罢工委员会一分钟都不要脱离群众。秘密的赤色工会应依靠自己在罢工委员会的小组来领导罢工委员会，完全采用群众工作的方式来参加委员会的工作。在黄色工会有力量的企业中，更必须采用罢工委员会、斗争委员会的方式来夺取经济斗争的领导权，努力使这些委员会脱离黄色工会和国民党而独立领导。

五、应该努力扩大赤色工会的组织，利用各种可能来征求会员（尤其在罢工时期），召集赤色工会的代表会，建立各种产业委员会等。党的地方党部和工厂支部应该把工会工作放在工作日程的重要地位，尤其在没有工会组织的企业中，党的支部应该担负建立工会支部的责任。

党和工会应该集中力量克服一切的困难，在铁路、海员、五金及重要矿山中工作，建立组织，夺取这些重要产业下面的群众。

赤色工会应利用一切可能跳出目前的秘密状态，应组织群众的力量争取赤色工会的公开。利用罢工委员会在结束的大会上来建立工厂委员会，在可能时直接把罢工委员会转变为群众的赤色工会。利用各种临时紧急问题（如大的罢工、目前的反帝高涨等）来召集各种工人团体的代表大会，并成立联合的组织。赤色工会应积极参加这种联合的组织，握住领导权。

六、党和工会应在各地建立各种公开辅助组织。这些组织以适合群众的需要,经过党员和会员在群众中去发起来建立,应在这些组织中扩大党和工会的宣传影响,吸收党员和会员,并利用这些组织来帮助工人的斗争。

七、为着与被收买的流氓工贼及法西斯蒂队伍作斗争,应组织罢工纠察队及工人自卫队。

八、在黄色工会中建立革命反对派的组织,是党和工会主要任务之一。应采用各种方法和步骤去进行。切实推动在黄色工会中的同志和赤色小组去工作,训练他们的工作方法,在与黄色领袖长期艰苦的斗争中征〔争〕取群众。联合赞成赤色工会纲领的工人来建立革命反对派的组织。反对派应在每次斗争中,提出自己独立的主张,利用各种事实揭破黄色工会的纲领和欺骗,当着大多数的群众团结在反对派的周围,就可从黄色工会分裂出来。

党员和赤色会员参加黄色工会的执行委员(只有群众选举的才允许),主要的目的是在代表广大工人群众的利益而说话,是在不断的宣传赤色工会的纲领,并揭破黄色领袖们的欺骗作用与他们的出卖行为,把群众夺取到赤色纲领之下。党和工会对于被选者应有严格监督与领导。他们不应脱离企业,不应领受国民党的津贴。

九、应该加紧反对一切反革命的派别,如改组派、取消派、罗章龙派等,在斗争中揭破一切这些派别的阴谋与欺骗,指出他们反对工人阶级投降统治阶级的实质。这一斗争在目前尤其重要。

十、应特别注意组织失业工人运动,建立失业工人委员会,用它来组织和帮助失业工人。领导失业工人斗争,来解决目前切身生活问题,向联合政府和雇主要求救济,住到空着和公共的房屋中去。联合不失业工人自动分配公共的和私人的粮食等,组织失业工人及一般失业群众的团体,把失业工人运动与在业工人联系起来,反对资本家的收买。反对关厂,反对资本家的开除政策。应宣传工人失业的原因和出路。应向工人解释水灾的原因及其与工人生活的关系,号召工人援助灾民的斗争,使失业工人运动与灾民斗争打成一片。

十一、整个组织应重视青工女工工作。在青工女工中发起组织读书会、体育队、音乐队、儿童团等。召集青工女工代表会，在斗争中提出青工女工的特殊要求，并联合全体工人为这些要求斗争。号召青工女工加入工会及纠察队等，加强对青工女工的教育，组织特别的训练班。还应在工人家属中工作。

十二、应注意建立工人的报纸、工厂小报及书报等。抓住企业中每一个工人的切身问题和斗争问题来讨论分析。注意揭破黄色工会纲领及国民党的武断宣传，组织大批工厂通讯员并教育工人投稿，使报纸大部发到工人手中去。应宣传苏维埃区域及苏区工人的生活，宣传苏联五年计划与中国工人的关系。

十三、党和工会应将一切工作重心放在企业里面。坚决执行"面向生产"的口号，应帮助得力的同志去参加生产，经常检查支部，派最有经验的同志指导支部工作，从企业中培养大批干部。短期训练班应普遍到许多工厂、矿山，并提拔新干部到指导机关负责。

应与工会会员的流动性作斗争，就应该建立工会生活，使企业中的组织有经常的实际工作，绝不容许到支部中清谈。应【极】力缩小工会的上层空机关，把工作人员分配到企业中去，消灭工作人员的雇佣现象。

十四、应该加派职工运动的干部到苏区，严格训令苏区同志，执行国际中央和全总对职工运动的决议，按照产业原则来建立和改组苏区的工会，发动工人斗争来大大改良工人生活，实行劳动保护法，增加工资，八小时工作，救济失业及社会保险等。在苏区应训练大批工会干部，尤其注意雇农工会的组织和建立，在战争紧急时更应加紧工会工作，经过工会发动群众来参加战争。

在国民党的后方应动员群众来援助苏区和红军，扰乱国民党的后方，破坏军事交通等。应在工人中组织"红军之友"募捐慰劳红军，征调工人到苏区和红军。

十五、为着执行上述任务，党必须坚决地在两条战线上作斗争，肃清立三路线的残余，保证工作方法和方式的彻底转变，尤其要集中力量来反对右倾危险，各种黄色倾向，投降黄色工会的主张，和平合法的观念，及消极不动的情绪，与清谈敷衍的现象。每一个具体的错误，必须与之作最坚决的斗争，在斗争中来教育同志。应尽量使两条战线的斗争具体化，并且深入到下层群众中去。

中央

一九三一年十一月十五日

（根据中共江西省委党史研究室藏件刊印）

中共苏区工会运动决议案①
(1931 年 11 月)

一、苏区工会运动特点

1. 中国苏维埃运动飞速地发展,尤其在中央苏区第三次革命战争胜利后,苏维埃运动已成为中国革命的主要标志。目前全国革命继续高涨,反动统治内矛盾日益剧烈更加【剧】其崩溃的程度。在这样新的局势之下,全国苏维埃运动必然要开展一个新的更大的发展局势。为保证中国苏维埃运动迅速地胜利地发展,以争取全国苏维埃的胜利,巩固无产阶级在苏维埃运动中的强固领导地位,是一个最基本的条件。在苏区中执行这一任务,就是要充分地发展工会运动与工人群众的斗争,加强苏区工人阶级——雇工、工人、苦力在一切斗争中实际的领导作用。只有这样,〈更〉才能去完成目前党的建立巩固根据地,创造红军铁军,以争取一省和几省首先胜利的实际任务。

2. 苏区工会运动与反动统治区域的工会运动完全不相同,有他的特殊情形。

甲,苏区工会运动,是在工农政权之下,成为苏维埃政权下主要的群众运动;

① 本文为苏区党第一次代表大会通过的决议案之四。

乙,现在苏区还未包括有大的中心城市,还缺乏产业工人,农村工人群众主要的是雇农,手工业工人和苦力;

丙,苏区不断的在敌人包围封锁和残酷的战争中,经济受着极大的损害,最大多数手工业停闭,手工业工人随之而失业,雇农在土地革命后都已经分得了土地。

3. 因此,苏区工会运动的实际任务,是要将争取工人阶级的利益和解放,密切地与苏维埃运动全部的利益和胜利联系起来,与消灭封建势力,土地革命的利益,反帝国主义斗争密切联系起来。

二、苏区工会运动的现状

1. 苏区工会运动在过去,的确犯了严重的错误,主要的是非阶级路线,将行会组织代替了阶级的工会,将拥护工人利益的工会变成保障师父、老板利益的工具,变成拥护独立劳动者狭隘的经济利益的护身符。后来,虽经党的严厉纠正,虽将师父、老板、道士、地理先生等人驱逐出工会,虽将独立劳动者与真正工人分别划清,但至今真正的阶级工会还未健全的建立起来,有的地方还没有开始建立。

2. 工会对于工人利益的争取和斗争的领导,过去曾发生两种严重的错误。一是单纯的经济主义倾向,不顾及整个苏维埃运动的利益(如闽西龙岩、贡〔赣〕西南等处过分增加工资,尤其是误解监督生产为监督资本,学徒要与师父得同样工钱等),破坏苏区经济政策和增加苏区经济困难(实际上过去的经济斗争不是为工人,而是替师父老板加工钱,因此这些工钱加到农民身上,影响工农联盟,而真正工人反没有得到一点利益)。另一种是不去发展和领导工人斗争(八小时工作制没有真正实行,增加工资改善生活均未实际去做)。第二种现象到现在很多区域(如赣东南)还是存在,使工会失掉领导斗争的作用,使工人对于工会减低了信仰。

3. 工会与政权的关系极不正确,过去曾形成工会与政府对立的形式——两个政权,工会不参加苏区各种斗争,有破坏工农联盟的危险,工会自己打土豪、打富农(这特别在闽西,在赣西南)。后经党严厉纠正,可是又走到另一种倾向,工会成为政权下的附属组织(如最近赣东南各地),没有树立工会独立领导的作用,没有使工会在农民群众中,在各种斗争中,在苏维埃政权中,实现他的领导作用。

4. 雇农工会的组织与工作,没有成为苏区工会运动中的主要工作,过去在中央区曾犯过取消雇农工会的错误(即是分了田的不加入工会)。至今各苏区雇农工会的工作,还未很健全地建立起来,特别在土地革命的深入斗争中和贫农团中,雇农工会没有树立实际的领导作用。

5. 工会与工人群众的关系是脱离的现象,工会生活非常缺乏,形成少数人包办的机关,命令主义极其浓厚,这种现象到现在仍然严重。

6. 工会运动在过去非阶级路线之下,不仅使独立劳动者以至师父老板在工会占领导地位,并且使许多封建残余分子——道士、地理先生等混进了工会领导机关,使 AB 团、社会民主党等反革命组织利用工会当为〔作〕他发展和活动的地方。现在工会肃反工作虽有了相当成绩,可是在肃反工作中亦没有将工会工作真正地建立起来。

7. 苏区工会(中央区及闽西)运动许多严重现象,虽然严厉纠正,有了一个转变,在组织上也有进步,但是整个工作还缺乏正确的工作路线,因此路线转变极其不够,一切工作尚未完全走上正轨,不能使工会实际地完成自己的任务。

三、党对于工会的领导

1. 苏区党对于工会运动的工作和领导非常之薄弱,许多地方党对于这一种重要工作是完全忽视的。这由于过去党缺乏明确的阶级路线和对无产阶级的领导权认识不够,因此对于工会运动自然忽视了,没有认识这一工作是党的中心工作,没有以最大力量去建立这一最基本的工作,即或有些地方在形式上建立了工会,实际上对于工会的领导和经常指导的工作也是极缺乏的。这一严重错误,大会号召全苏区的党立即纠正过来,并要坚决地与这种倾向作斗争。

2. 党对于工会运动,首先就要认识这一工作是党的最基本的群众工作,只有充分地去发展工会运动,特别是雇农工会的建立和健全,使工会运动成为苏区一切群众运动和苏维埃运动中的核心,才是实际地去加强无产阶级在苏维埃运动中的领导权。目前各级党部应以最大力量去建立阶级工会的组织与工作,发展和领导工人的斗争,这是苏区党最基本的实际任务。

3. 党应该动员自己的党员去建立和发展工会运动,特别是工人党员和党的工人支部,实际地成为工会运动的主要动力。每个工人党员要参加工会工作,每个工人支部要建立一个工会支部的组织,对于工会工作,党要有经常的指导,在党的会议上将工会工作列为议事日程中主要问题之一。党应该选派最好的干部去参加工会工作和加强工会党团的领导,同时督促政权机关中的党团要实际地去执行劳动法和工人利益的保护。

4. 党对于工会的领导是运用工会的党团和党的支部来实现党的一切决定,绝对不能直接命令工会。因此在每个工会中,应将参加领导机关的党员组织党团,隶属于同级的党部。为便利党对于工会运动下层群众工作的领导,在农村支部中尽可能地将雇农工人、苦力的党员编在一组,以便于讨论工作和起核心作用。

四、今后工会运动的任务和工作

1. 建立真正的阶级工会组织,彻底洗刷非阶级分子出工会。这里对于独立劳动者要有明确的划分,只是自做自卖,以及倡门卖工,中间不经过资本家剥削的,是不属于独立劳动者(如裁缝、剃头、木匠、泥匠、篾匠中之一部分的个人劳动的),不是工人,不能加入工会。只有资本家的工厂,老板的作坊,工厂中卖劳动力换工钱的方算工人,要从阶级上去团结工人群众,才能建立真正的阶级工会。

2. 发展和领导工人斗争,首先是实现八小时工作制,实行监督生产工人生活实际的改善。充分发展雇农对富农工人对老板的对抗和斗争。但是在斗争领导中,要反对两种倾向,一种是狭隘的经济主义者不顾及苏维埃运动的整个利益;另一种是藉口苏维埃运动的整个利益抑制工人斗争。工人利益的争取必须是领导群众以自己的力量用斗争的方式去实现,纠正只靠政府命令资本家实行的错误。对于国家企业中拥护工人的利益与巩固和发展国家经济的任务,应互相联系起来。

3. 失业工人的救济,在〔是〕目前苏区手工业工人中的最中心问题,党与工会应以最大力量去进行这一工作。首先在政治上加强在失业工人中的宣传和鼓动,使他们认识失业是由于反动统治阶级的封锁,根本的解决只有将反动统治推翻,全国苏维埃胜利,才能得到解决。更加引导他们参加革命斗争,特别鼓励他们大批加入红军,应当在苏维埃各种工作中吸收他们参加。工会可发展合作社运动——各种必需品制造合作社,相当地容纳部分的失业工人等办法。

4. 巩固苏维埃政权和红军。工会应领导工人群众成为拥护苏维埃的主要柱石,帮助和拥护苏维埃一切法令的实现,积极领导工人群众参加苏维埃政府所领导的各【种】斗争——革命战争、土地战争、肃反等等;参加各级苏维埃选举运动,并选举工人中最积极、最坚决的分子到苏维埃政权中负指导工作,保证真正工农政权的实现;应当在雇农工人和苦力中经常作广大的鼓动宣传工作,鼓励他们不断地自愿加入红军,强固红军的无产阶级成分。可在工作中成立红军后备队,选送最好分子到红军中去,使他们负指挥责任。工会并要在贫农及中农中作广大宣传,鼓励他们加入红军。对于加入红军的工农群众,组织欢迎会,对于已加入红军的工人,经常建立通讯关系和工会会员关系,以及安慰和帮助他们的家属。

5.【积】极参加土地革命的深入斗争。最近收回地主豪绅反动派家属的土地财产和富农分坏田的斗争,雇农工会要成为这一斗争的主要动力,要在贫农、中农中起强大的领导作用,使这一斗争更彻底更深入,使雇农、贫农以及中农愈加团结,巩固阶级战〈争〉线以与富农对抗和斗争。

6. 巩固工会在各种斗争和群众组织中的领导地位。应当在反帝国主义和反国民党运动中、武装拥护苏联运动中、互济会运动中等等,工会常常处在主动的和领导的地位。发展和加强贫农团的组织,建立反帝大同盟,强固互济会,发展合作社等等。而在这些组织中,除贫农外,更为团结中农,独立劳动者及其他劳动群众的方式,使他们在工人阶级影响和领导之下,积极参加一切斗争。

7. 从上而下的建立工会的组织系统,健全各级指导机关。工会组织要实行民主化,建立工会定期代表会议,吸引工人群众参加工会一切工作,工会指导机关尽量吸收非党的积极分子来参加,反对党和少数人的包办工会,肃清机关主义和命令主义。

8. 加强工会对于工人群众政治的文化教育工作,普遍发展识字运动,每个工会和支部都有识字班、读书班、读报班、讲演会的设立,建立俱乐部、体育运动、各种娱乐组织。

9. 发展合作社运动。首先是消费合作社及各种制造品合作社,同时也可以相当来救济工人的失业,但必须纠正过去的营业性质,使这一运动发展成为〈是〉反对投机商人和巩固与发展苏区经济的运动。

10. 工会对于政权关系应正确地建立起来。工会对于政权要遵守一切法令,对于行政事务,工会只能站在帮助政府的地位,绝不能代替政府或干涉政府的行政,即或对于政府发生问题时,也只能向政府提议或运用苏维埃代表会议的形式提出抗议,以至改造政府。对于贫农团的领导,必须运用自己加入贫农团的小组来起核心作用,或采取联席会议的形式来实现,绝对纠正以贫农团认为是工会的附属组织和直接命令贫农团的错误,对于反帝同盟、互济会、合作社等,都以会员资格提议的形式来【起】领导作用。

11. 工会干部问题,首先党应当经常地或临时地举办训练班,进行政治教育和训练工作,特别是在工作中的实际训练,使他们成为工会运动中最好的干部,群众的最有信仰的领袖。工会对于非党员干部的培养,必须是在各种工作中尽量吸收他们参加而加以训练,在可能情形下也可以办训练班、工人夜校、补习学校等。

12. 对于青年工人的工作,工会要实际建立起来,特别是正确领导青工斗争。苏区最大多数的是学徒,正确领导学徒为工作时间与学习期限的规定,待遇的改善,反对旧式学徒制等斗争实际的实现。女工在苏区虽很少,绝不能因此而放弃女工工作的建立,特别是【对】女工特殊利益的斗争的领导。

13. 建立与反动区域工会的关系,要用尽一切方法与可能实现这一工作。因此对于交通的木船工人,要特别加紧运用这一组织与反动区域工会建立联系,应互相通讯和报告斗争情形,一方面使苏区情形和影响,更普遍传达到城市工人群众中去,同时使城市工人斗争情形,在苏区中扩大宣传。在赤区附近城市的工会运动,苏区工会与党尽可能派最得力的干部去建立组织,发展斗争,便更有力地帮助苏区和红军的发展。

（录自中华全国总工会编:《中共中央关于工人运动文件选编(中)》,档案出版社 1985 年第 1 版,第 129—135 页）

中共中央关于扩大劳动妇女斗争决议案

（1931 年 12 月 11 日）

一、中国广大的劳动妇女群众——女工与农妇，除在工农已经得到政权的苏区以外，都是处在帝国主义与国民党的铁蹄压迫之下，早已受尽了地主资本家的残酷的、非人的剥削。最初由于全国经济危机空前的扩大与深入，农村经济的破产，十七省以上的水灾，工厂的倒闭与歇业，生产合理化的加紧，帝国主义瓜分中国的压迫，国民党军阀的横征暴敛，更使她们成为失业与灾荒的普遍现象中最大牺牲的对象。目前资本家为着应付经济恐慌加紧剥削，一方面大批裁减工人（目前因被丝厂、纱厂裁减或开除而失业的女工已占着惊人的数量），特别增加女工工时（普通女工工作时间总在 12 小时至 14 小时以上），减少女工工资（普通女工工资每日不过 2 毛至 4 毛）；另一方面利用女工工资的低廉，与比较缺乏组织性和抵抗力，以她们来代替男工，企图分裂整个工人阶级斗争的联合战线。至于乡村的地主与豪绅，自然更乘灾荒的严重与农村的破产，加紧他们对于农村劳动妇女的剥削与奴役，使她们完全成为地主豪绅的牛马和奴隶。

二、中国的劳动妇女处在这种压迫与剥削之下，自然要求解放与参加斗争的情绪是非常浓厚的，但是国民党与其他一切反动派别，对于劳动妇女的解放运动究竟怎样呢？他们除了露骨地压迫与剥削以外，只有采取一切欺骗和牢笼的方法，来蒙蔽广大的劳动妇女群众。这里他们最主要的共同点便是：以性【别】的分别来代替阶级的分别，以单纯的"妇女问题"来代替劳动妇女的阶级利益。例如国民党的

"妇女协会""妇女参政协会"以及各种反革命的派别(如改组派、国家主义派、新月派、第三党等等),对于妇女问题的主张都是如此。他们所谓"妇女群众",总不出乎太太小姐的范围,所谓"妇女问题"总不外乎婚姻社交的空谈,至于广大劳动妇女的阶级利益,不但深讳不言,而且更采取积极压迫的方法,利用中国劳动妇女的比较落后,常以反动的封建道德,与极端的男女界限来反对和污蔑真正的劳动妇女的解放运动(例如国民党拼命捏造苏区"共妻"与破坏"伦常"的事实,便是铁证)。很明显的,国民党与一切反动派别对于劳动妇女,不但不会有丝毫的解放,而且只有增加她们的锁链与痛苦。

三、无论帝国主义与国民党、地主和资本家,如何残酷地剥削与压迫,无论国民党及一切反动派别如何巧妙地欺骗与蒙蔽,中国劳动妇女的解放斗争,不但要爆发,而且已在爆发了。现在能够领导这种斗争的,当然只有唯一的拥护工农劳苦群众利益的中国共产党,这不但在过去已有很多的证据,而且在目前更成为铁一般的事实。最近,广大的劳动妇女群众由于自己切身的痛苦加深,由于国民党政权的日渐崩溃与苏维埃红军的伟大胜利,由于全国一般工农斗争的高涨,已经能在共产党的领导或影响之下,加倍表现她们的革命的积极性与创造性,这在各大城市纱厂丝厂女工斗争发展与苏区的劳动妇女拥护苏维埃拥护红军参加斗争的积极【性】上(如洗衣队、慰劳队、救护队、做鞋队等)完全可以看出。无疑的,这种劳动妇女革命斗争的继续发展与扩大,在革命危机日益生长与成熟的过程中,将成为一个不可忽视的伟大的力量。

四、四中全会以后,党在劳动妇女中的工作,由于路线与实际工作的转变,的确获得了相当的成绩(苏区妇女群众组织的发展与上海女工附属组织的建立等)。可是这点初步的转变还非常微弱,根据目前工作的检查,中央认为〈是〉现在仍然充分地表现着以下的缺点与错误:

1.各级党的组织、工会与青年团,仍然一般地忽视妇女工作,没有注意巩固和建立妇女工作的领导,没有认识劳动的女工是全部工作重要的不可分离的一部分,至今仍有许多地方认为女工与农妇的工作只属于妇委工作的范围。

2.至今仍没有切实地把我们工作的对象完全放在劳动妇女——女工与农妇的身上,许多地方仍然或多或少地保存着国民党妇女协会的残余,认为妇女工作的内容,只是所谓单纯的"妇女问题",不了解多数党所谓妇女群众的利益,主要的是她们的阶级利益,不了解我们在妇女中工作的意义,引导她们参加整个的革命斗争和为她们的特殊利益而斗争。

3.至今在各大城市的轻工业中,特别是纱厂和丝厂的女工群众中,严格地说起来,我们还没有打进去,这证明各级党部与群众组织还没有真正认识半殖民地的中国的特殊情形,即纺织工业在数量上占着绝对优越的地位。

4.在农村中特别是在数千万啼饥号寒的被灾的劳动妇女群众中,除苏区外,一般的说我们还没有工作。

5.由于上面的原因,我们对于劳动妇女的斗争,不但不能站在积极的主动的地位去组织和领导她们,而且对她们许多自发的日常斗争,都时常落在后面,甚至于完全不知道。

6.在苏区内至今仍有几个地方根本忽视妇女工作(如中央区、湘鄂赣),其他区域(如湘鄂西、鄂豫皖)虽曾做了些工作,但是仍然赶不上劳动妇女积极性的发展,甚至远远落在她们的后面,不会(或不充分)利用劳动妇女的积极性与创造性,加以正确的领导;反而许多地方(除鄂豫皖较好外)竟将整个妇女工作的范围束缚在婚姻问题上,以至无法解决,甚至发生禁止或限制婚姻自由的错误,使一部分劳动妇女表示暂时的不满或消极。

7.无论苏区或白区内,对于劳动妇女的教育工作,还有很多缺点。苏区的妇女生活改良委员会与妇女干部训练班,还没有切实地、普遍地组织起来。白区内的妇女教育团体(和〔如〕姊妹团、读书班)也是凤毛麟角,关于妇女生活或斗争的刊物更微乎其微。

五、根据目前革命形势的发展,与我们工作的缺点与错误,现在党在劳动妇女中工作的中心任务应该是:在白区内,根据劳动妇女的特殊地位与痛苦,尽量发动她们为本身的阶级利益而奋斗,加紧领导她们的一切的经济斗争与政治斗争,用各种适当的方法与方式,吸引她们参加整个的工农的为苏维埃政权的革命斗争。在苏区内应加紧领导劳动妇女参加土地革命的斗争,利用各种组织的方式,尽量发展她们的积极性与创造性,组织并领导她们拥护苏维埃、红军,改良自己的生活,同时无论在苏区或白区,必须彻底肃清国民党的工作方式的残余,站在两条战线上坚决地消灭一切对于劳动妇女工作的忽视和错误。

六、为着执行以上的中心任务,各级党部、工会与青年团必须立刻进行以下的实际工作:

(一)在白色区域内

1. 党和团的组织必须立刻加强对于劳动妇女斗争的领导,特别要抓住纱厂丝厂中女工的工作,坚决地执行"面向劳动妇女群众"的口号。省委和中心县委必须从速设法建立和巩固妇女部的领导,区委及支部必须有专门负责的妇女组织员。

2. 在大的产业中心(如上海等处)必须立刻开始准备女工代表会的组织,努力使这种组织逐渐成为党在女工群众中直接工作的方式。为着适应目前的客观环境,最好首先组织女工代表会发起人的筹备会。

3. 赤色工会必须立刻加强对于女工的一切经济斗争、政治斗争的领导,坚决地打击那种把领导女工斗争的责任完全推在妇女部肩上的右倾机会主义。总工会及目前已经成立的各产总必须建立和巩固妇委会的领导;各个城市中的工联与企业中的赤色工会小组必须指定一人负责女工工作。

4. 估计到我们在女工中组织基础的薄弱,必须择定若干重要工厂为对象,继续派遣艰苦积极【的】妇女同志,或赤色工会的会员去参加生产,以便与女工群众打成一片。对于已经参加生产【的】妇女同志,必须时常给以指示并检查她们的工作成绩。

5. 为着加强我们对于广大劳动妇女群众的联系与教育,必须利用各种组织的方式,在工厂和农村中组织妇女的附属组织(如姊妹会、读书班、识字班、互济会等)。

6. 对于工人的家属与家庭工人,必须采取各种方式与他们发生亲密的关系,并设法组织她们,吸引她们参加一般的工人斗争。

7. 在农村中特别是在灾民中,必须加紧领导贫农雇农妇女的斗争。在有农民协会同农民斗争委员会的地方,必须有妇委会或妇女组织员负责领导乡村劳动妇女的斗争;在有党的组织的地方,可设法召集乡村劳动妇女代表会,以便扩大她们的斗争与党的影响。

8. 各级党和团的妇女部与工会的妇委会,为着加强对于劳动妇女斗争的领导,引起一般同志对于妇女工作的注意与讨论,必须有公开的劳动妇女刊物,或在一般刊物上专辟妇女栏,以便解答各种问题,此外妇女通讯亦须经常地有计划的进行。

(二)在苏区内

除上述各种方法均应参酌实行外,更须切实执行以下的工作:

1. 必须立刻加强对于妇女斗争的领导,吸引她们积极参加土地革命及一切群众组织工作。党的妇女部与妇女组织员必须健强起来。

2. 必须加紧发展妇女的群众的积极性与创造性,利用各种组织的方式(如洗衣队、做鞋队、救护队,慰劳队等),来领导和组织她们拥护苏维埃拥护红军。

3. 为着加强对妇女工作的领导,交换各处的实际工作经验,党与群众组织必须经常地召集妇女代表会及妇女组织员的大会等。

4. 利用苏区的公开环境,必须设立各种劳动妇女干部的训练班,以便从工农劳苦群众中不断地培养出大批妇女工作人才。

5. 要坚决地反对那种把妇女工作只束缚在婚姻问题上的错误。对于这种问题最适当的办法是在引起劳动妇女对于政治问题社会问题的兴趣,领导她们参加阶级的斗争,用各种教育方法,使之觉悟,而不是加以禁止或限制。

6. 最后党认为保证这一决议的切实执行,必须坚决地进行两条战线的斗争,肃清立三路线,特别打击右倾机会主义,反对一切忽视或曲解妇女工作的机会主义。

（录自中华全国总工会编:《中共中央关于工人运动文件选编(中)》,档案出版社1985年第1版,第145—150页）

中国共产青年团中央为目前时局告同志书

（1931 年 12 月 16 日）

亲爱的同志们：

目前的事态的发展，是如此的迅速！自红军冲破敌人第三次"围剿"以来，中国苏维埃运动更是猛烈地向前发展着，工农劳苦青年积极地拥护和参加革命战争的英勇，是空前的激烈化；全国的反帝怒潮，是在汹涌澎湃，广大的工农学生劳苦青年，都卷入这一斗争的漩涡中来了；在灾民中士兵中的青年的斗争，也是在继续地增长；城市的青工，更是在向资本家开始着进攻；全国的革命危机，正是在日益成熟！

帝国主义瓜分中国，正在积极进行，国民党无耻地出卖民族利益，投降帝国主义的行为，已经完全在群众面前暴露；国民党采取屠杀政策，不但是不能压制革命运动，反而表示他们最后临死的挣扎！

群众对国民党统治的不满，推翻国民党统治要求的迫切，这是在最近的群众行动中，表示得更加清楚；由请愿而到示威与军警的冲突，上海、南京、山西、北平、浙江等地群众的捣毁国民党的党部和政府机关，这都是说明了反动统治愈趋崩溃。

同时，群众对于我们党和团的口号的拥护，在他们自己的斗争生活与经验中，证明了只有照着我们的主张，才走得通，这些都是说明新的革命浪潮，汹涌地向前发展着！

在这样的革命危机日益成熟、反动统治愈趋崩溃的形势之下，全国工农劳苦青年，是在空前的英勇、积极激烈化的进行中。

因为革命的发展,特别是苏维埃运动的胜利,全国苏维埃临时中央政府之成立,国民党更疯狂似地向着革命进攻。开始对红军和苏区的第四次"围剿",企图压制正在发展的革命运动。

国民党为着挽救反动统治的动摇崩溃,用尽一切无耻的方法,由国民党政府面前的流血,直到对革命群众造谣欺骗。

而反动统治的各派:改组派、国家主义派、"社会与教育"派、新月人权派、取消派、右派,都在为着挽救地主资产阶级反动统治鼓吹着"和平统一""一致对外""民主政权""救国会议""国民救国会议"等等的花样,企图来掩饰国民党的屠杀政策。

亲爱的同志们! 目前我们的中心任务,是在动员千百万工农劳苦青年,为实现党目前的中心任务,争取中国革命在几个主要省份(湘鄂赣)的首先胜利。这一任务,已经不是将来革命发展的前途,而是目前所要实现的摆在议事日程上的战斗任务。(党中央告同志书)

这一任务的完成,要求全团同志更加努力地进行艰苦的深入青年群众的工作,发动青年工人、农民、兵士、灾民、学生的斗争,领导罢工、罢课、罢操、抗租、抗税、抢粮、游击战争的斗争,发动群众示威游行,组织青年的自己的武装,由要求武装到夺取武装的斗争。

用一切力量,来建立义勇军、白军中团的工作!

经过了反帝运动激烈的转变以来,群众到处在努力创立自己的民众法庭,这一教训,使群众更快地认识【到】组织自己的政权的必要。全团同志,必须加紧民众政权的宣传,建立工农兵的代表会议——苏维埃,必须指出,民众政权的实现,必须经过群众自己的斗争——武装暴动,推翻反动统治,建立自己的政府。

在宣传民众政权时,是与拥护现在已经存在的苏维埃中央政府的工作,完全不能分离的。将苏维埃政府关于青工法令、土地法,在青年中进行广泛的解释,反对进攻苏区红军,应当成为拥护苏维埃中央政府的具体工作。领导广大的青年,为冲破敌人的第四次"围剿"而斗争!

反革命的各派,用一切方法来争取青年,为维持地主资产阶级反动统治的柱石,必须将这些派别(改组派、国家主义派、新月派、"社会与教育"派、第三党等)的一切欺骗,向广大的劳苦青年揭破,使他们在青年中的影响和青年对他们的幻想消灭,脱离他们的领袖〔导〕,到我们的领导下来。

苏区的团,正在进行第一次团员代表大会,争取主要几省内的首先胜利,将是苏区团员大会和大会后一切工作的中心。领导苏区的广大青年,执行把湘、鄂、赣苏区打成一片的工作,取得湘鄂赣皖的首先胜利!

亲爱的同志们!要完成党目前这一中心任务,须坚决地站在少共国际和团中央的领导之下,坚决地、毫不动摇地〈如〉像一个人一样地、团结地来完成这一任务,给那些悲观失望的分子以打击,来巩固列宁的青年团!

亲爱的同志们!勇敢地向前作战!创造中华苏维埃共和国!

团中央

一九三一年十二月十六日

(录自《青年实话》第 14 期,1932 年 4 月 5 日出版)

团的建设问题决议

（草案）

（1931 年 12 月 20 日苏区中央局通过）

一　苏区团的总任务与建设工作

苏维埃区域的团与反动统治区域的团,因为环境不同,它的任务也不相同的。反动统治区域的团在"地底下"工作,它的一切任务的执行向着这个政治目的:动员组织和领导广大劳动青年为苏维埃而斗争。而在苏区内则国民党的反动政权已被推翻,已经建立了工农苏维埃的政权,团是公开存在的,它应成为更广泛的无产阶级青年的政治教育组织。它的总任务应该是动员组织和领导最广大的劳动青年,用他们组织的斗争的力量实现苏维埃法令中所规定的一切青年利益,以共产主义的精神教育他们,并领导他们参加阶级战争,为巩固苏维埃根据地,争取苏维埃在全国胜利而斗争。由于苏维埃运动的飞速发展,苏区团的这一总任务是更加加重了。

苏区团要担负起它日益繁重的这一总任务,必须首先加紧团的建设工作,建立团的巩固的无产阶级基础和铁的无产阶级的领导,最高度地提高团对劳动青年群众的领导作用。只有依靠于这些建设工作的充分执行,团才能实践它的总任务。

二 团的现状

过去团的无产阶级基础薄弱,地主、资产阶级的基础混入团内,并占领团的领导地位,以及团内政治水平的低落,教育工作的缺乏,便是反革命派别——AB团、社会民主党等能在团内存在和发展的组织上的根源。立三路线的执行,一方面是取消了团的独立组织;另一方面是这些反革命派别更以此为掩护,加紧在团内的活动和破坏,这就造成了当时团的危机状态。

自从苏区中央局成立,团从立三路线转到国际和四中全会的正确路线以后,经过这一时期的艰苦奋斗,团的实际工作已开始转变,团已逐渐走上巩固的道路。这主要表现于:隐藏在团内的反革命分子和一切异己分子相当的肃清和排斥,雇农、学徒、贫农等新的成分稍有增加,开始引进青工、雇农、贫农等积极分子到领导工作上来,新的工作方法开始运用,团内思想斗争和自我批评开始发展,团对青年群众组织的领导逐渐注意去加强等等。但是这些成就,是极不能满足的!我们的进步还是落在客观的斗争需要的后面很远!

团的阶级基础的薄弱,仍然是不可容许的现象。因为过去缺乏明确的阶级路线:实际上拒绝了阶级成分的吸收,同时,团的关门主义的倾向普遍存在,更使得团的发展极其迟缓,甚至部分的陷于停滞状态。对于引进工农分子到领导工作上来的积极性和坚决性一般的表现不够,对那些不能教育过来的知识分子干部的留恋及由于对团内反革命派别估量的扩大化,而发生的对引进工农分子的恐怕情绪极为浓厚,同时对引进新干部的形式主义,亦日见严重,教育干部的努力,更极稀弱。因此干部恐慌遍及于全苏区的团,无产阶级的领导表现柔弱无力。

支部的作用一般的还未建立起来,一切团的决议和指示没有深入支部中去,支部的生活和工作,陷于单调的死板的不健全状态,团员对支部生活一般的不感到浓厚兴趣。两条战线的斗争为"肃反"工作所代替,自我批评和团内民主为命令主义、委派制度所淹没的情形还部分的存在,团内教育工作极度的缺乏。这一切使得全团的生活达于一种不经常的状态,各级团的组织与团员群众的技能和作用不能充分发挥,一切团的工作不能充分执行。

团缺乏青年化的群众工作的方式和方法,成为团领导青年群众主要障碍,团员一般的不能灵活运用团的青年政策在青年群众中活动,去领导群众,在思想上和行动上去作群众的模范,甚至落于群众的后面。团员在生活上、行动上脱离群众的现象表现得日益严重,团特别缺乏对于青年利益的深切关心以及组织青年群众斗争能力,在青年的斗争及一切社会活动中,团的尾巴主义成为最严重的现象,团还没有成为广大劳动青年群众真正的唯一领导者。

团对于群众组织的领导关系没有树立起来,团内存在着两种不正确的倾向:对群众工作之忽视消极与包办主义,这两种倾向都使团在群众中的领导作用削弱,都是束缚团的活动能力的有害倾向。大多数团部对群众组织的工作绝少注意。

由于上述种种缺点和弱点,使得团内隐藏着的反革命分子尚未能迅速地完全肃清,尚成为团内的严重问题。

上述一切证明,目前团还是处在严重的状况之中。团必须深刻了解这种状况,而以顽强的奋斗去克服它,那种忽视目前状况的严重性,夸大团进步的必要的乐观态度,对团没有丝毫的利益,而且当其在实际工作中一遇到困难的时候,必然走到消极和悲观,团应该反对这种"左"的倾向,但主要的团应坚决反对那种右倾的估计。如认为团的发展完全是停顿的,团还是同以前一样处在危机状态等等。这种估计是一种悲观消极的情绪的反映。做这种估计的人,没有看清楚团的奋斗的成绩,没有了解这些成绩虽然还很不够,但这些成绩就是我们团转变完成的基点,他更没有了解现在客观的情形对团的工作是绝对有利的。一切客观主观的条件是以保证团的布尔什维克化,一切右倾的估计必然走向悲观和动摇,对团更为有害,团更应给以布尔什维克的痛击。

三 造成团目前严重状况的原因与加紧两条战线的斗争

造成团目前的严重状况,有其客观的原因:就是现在的苏维埃区域还是僻处在较偏僻的区域内,缺少广大无产阶级青年的群众基础,农村落后的、散漫的小生产经济生活反映到团内来,形成团内落后的、散漫的生活与手工业经济方式,同时过去立三路线的恶果,反革命派在团内比较长时期活动所造成的□作用和影响,亦为其历史上的原因。但是造成团目前严重状况的最主要的原因,乃是团的主观上的原因。

团内对团本身的取消主义浓厚的存在和流行,成为目前团的主要危险。取消主义的根源主要是立三路线的残留,在红军中公开的取消主义理论,如认为红军中无青年工作等,虽已受到相当打击,但尚未完全铲除。党团混合实际上是团的取消状态,尚有部分的存在。在地方取消主义的倾向亦时常表露出来,甚至有露骨的取消团的行动发生(如以前宁都、平阳区委)。这种取消主义,不仅阻碍团的转变,而且取消了团的组织和工作,要根本消灭团,帮助阶级敌人。

机会主义的倾向,如消极悲观情绪,对异己分子的洗刷和工农干部的引进,犹豫、迟疑,对团内思想斗争和自我批评的发动和领导消极,对群众工作的取消忽视现象和斗争中的尾巴主义等等,以及实际工作机会主义,仅在口头上叫着、书面上计划,而不切实执行到实际工作中去,以及"左"的关门主义等等,这些错误倾向都给以团工作上极大的妨碍。此外那些老的秘密团的工作方式和立三路线的脱离群众工作方式,尚未有很好的转变,以至对这些已经破产了的工作方式留恋,对新的青年化的工作方法和方式尚未能灵活地运用,这也是阻碍了团的实际工作的转变。

这些错误倾向是最主要的原因,形成了团目前的严重状况。因此团必须加强两条战线的斗争,坚决地执行国际和中央的正确路线……一切"左"的、右的倾向扫射,特别向主要危险的右倾机会主义、取消主义瞄准,只有【在】这种斗争的发展中给这些不正确倾向以严重打击,才能开展团的工作,迅速克服团目前的严重状况。

四　今后团建设工作的中心任务

在目前的形势之下,团的建设工作迫切地需要彻底的转变,清除过去的一切错误与弱点,而使团转变到无产阶级青年化和群众化,使团的全部工作迅速地开展起来,以适应目前的斗争需要。

(一)巩固团的无产阶级基础与无产阶级领导

团是无产阶级青年的政治——组织——的基础,必须坚固地建立在无产阶级青年和无产阶级青年贫农身上,因此团应巩固其无产阶级基础。须要彻底肃清团内一切地主、资本家、富农等的阶级异己分子。同时,特别大量吸收青工学徒、雇农入团,争取无产阶级青年的大多数到团内来。团应努力与短期间达到每个工厂作坊和农村都有团的支部,这就要反对对阶级异己分子留恋的倾向,特别要击破对无产阶级关门主义。团的组织的发展主要是依据于团的宣传的扩大,因此团需经常向青年群众解释团的纲领和主张,使他们对团有明确的认识——要求入团。团应在适当的时候(如在纪念节)在群众中公开征求团员,介绍新团员须采取公开的方式,要反对把团主张向群众秘密的现象,以及秘密拉夫式的发展团员的方式。

为建立团的铁一般的无产阶级的领导……的无产阶级化,引进青工、雇农分子到指导工作上来,……的教育他,使他成为执行团的正确路线最坚决最努力的干部,来代替那些消极怠工的人。在这里对那些消极怠工的人留恋和引进青工分子不积极不坚决的倾向,都应打得粉碎。把工农分子"提拔"起来就算了事,而完全不做教育工作的形式主义,同样应该严厉反对。除在工作中引进和培养新干部外,各级团部还应举办短期训练班、流动训练班等,选择工农团员中积极的分子加以训练,造就团的儿童团、少先队的工作干部。中央局所办的团校应继续举办下去。

为建立团的铁一般的无产阶级领导,必须健全各级地方团部的组织。个人工作、秘书长专政、敷衍了事的等等恶现象须完全消灭,各级委员会都应有科学的分工,树立集体的领导。

为建立团的铁一般的无产阶级领导,必须彻底转变团的领导方式,腐败的文书通告的方式,应实质地取消,而代以切实的巡视制度。各级团部须设巡视员四人至七人。一切对下级的督促和领导,都要紧靠于巡视员工作的进行。为使巡视工作深入,培养工农分子的巡视员,可运用巡视团的方式。

为建立团的铁一般的无产阶级领导,彻底转变团的领导方式,必须树立团报的领导作用。省委县委都应创办机关报,以最好的力量去建立和加强出版报纸的工作。团报不仅是团内的指导者,而且是在青年群众中的宣传者和组织者,它的内容应有最大的鼓动性和指示性,中央局的机关报应迅速在群众中树立它的威信。

(二)……(原件题目看不清)

团的全部工作的转变,它的基础在于支部工作的彻底转变。只有支部转变到青年群众工作方面去,能在青年群众中起核心作用,能使它的一切工作和活动,完全适应于领导青年群众斗争和组织青年群众的要求,团的转变才能完全实现。

支部是团与广大青年群众联系的柱石,是团在青年群众中的细胞。现在一般的现象,支部不做青年群众工作,这就丧失了支部的应有的意义和作用。因此支部应坚决深入到青年群众中去,把支部全部工作的中心,建设在领导青年群众斗争上面,建设在组织和教育青年群众的活动上面,支部应以领导少先队、童子团等青年群众组织和做工会工作为其第一等的基本任务,经常领导这些群众组织内团组的工作。在没有这些群众组织的地方,支部应基于它在青年群众中的活动。迅速……(续下一段,原件看不清——抄者)。支部委员会,必须由支部大会代表大会选举,由支部中最有威信的同志担任。支部委员会应有适当的分工,应建立它经常的工作,它的工作主要是在有计划地领导和督促每个团员在群众中的活动,有计划地领导一切青年群众组织的工作。支部委员会要在群众工作的进行【中】，来考察每个团员的能力，来教育团员。

(三)发展团内自我批评，健全团的生活

要发展各级团的组织和广大团员群众工作的积极性，坚决为执行团的正确路线而奋斗。必须广泛发展团内在同一路线下的自我批评，上级团的组织应向下级组织，特别要向团员群众作自己的工作报告，使他们在庄严的自我批评的精神之下尽量批评，以揭露一切缺点和错误，求得工作上的进步。在支部中团员应经常把自己的工作向支部会小组会报告，实行相互的批评，只有这种自我批评的厉行和深入，才能消灭一切消极怠工与腐化等等恶现象，才能唤起和提高团员对于工作的自觉和责任心，才能使全团的生活活泼热烈地健全起来，才能增进全团的工作效能。所以一切抑制自我批评的企图，是绝不能宽容的错误，必须予以最严厉的打击；同时，自我批评是为了团的正确路线而斗争的工具，一切不负责任的自由批评，无原则的斗争，以及创造派别的企图，实际上同样破坏自我批评的发展的，必须同样反对。

团的下级组织尤其是支部，必须发展对于团的路线和青年政策的讨论。只有如此，才能使团的路线真正执行到实际工作中去，才能打破目前团内对工作盲目的现象。这里，须反对那种支部中不讨论政治问题和策略问题的事务主义。推翻团的民主集中制中关于集中的成分。必须反对命令主义和委派制度的工作方式。要在执行民主生活中，根本消灭命令主义和委派制度；但另一方面亦必须防止和纠正极端民主化，尤其在红军中的团，须反对一切掩藏在民主口号之下，以破坏红军统一指挥的企图。

(四)加紧团内教育工作，实行铁的纪律

加紧团内的教育工作更成为团目前的一个主要任务，这一任务的充分实行，才能提高团内政治水平和理论水平，才能使全团团员坚定地在正确路线之下奋斗。

团的教育工作的进行，应该使〔用〕共产主义青年运动的经验和教训作为实际材料,来教育同志。因此,在每一件工作和每一个斗争完毕后,团的领导机关应总结一切成绩、错误和缺点,在支部中充分讨论。抓住团内每个不正确的倾向和不正确的思想,发展团内两条战线的斗争,使团员的认识得到进步。在这些实际工作和斗争的进行中,引导到马克思列宁主义的理论教育,一般的政治教育特别是共产主义青年运动的理论教育。团应创办各种读书班、政治问题研究会及出版各种小册子等来进行此种工作,团的每个支部须举办壁报。因此,必须坚决反对把理论与实际分割开来的错误思想和倾向,或者否认理论,或只空谈理论不做实际工作。团对于新加入的团员,应有特别的必要的教育工作。

团的纪律同样是用以巩固团的组织和路线的实行的。凡团员特别是负责的团员犯了错误或者浪漫腐化,都须严格地执行团的纪律。这样,使团员真成为群众的模范。团的纪律应使团员自觉的遵守,纪律的执行应有对全团的最大限度的教育意义,团的纪律绝不是惩办制度,严格团的纪律应该坚决肃清惩办制度,反对在曲解严格纪律的掩护之下发展惩办制度的企图,同时也反对在曲解惩办制度之掩护之下放松执行纪律的现象。

(五)团的公开与建立团的秘密工作

苏区团是可以公开存在和公开活动的。所以团应适应环境的公开出来。在巩固的苏区团应完全公开,这自然是不仅把团的纲领和口号在青年群众中公开宣传,而且应把团的机关和团员向群众公开。支部应召集青年群众大会,宣传团的政治主张,并介绍团员与青年群众。支部会议可以容许非团员旁听,团员的开除亦应在群众中公开。特别重要的是要把团的错误,以布尔什维克的自我批评,向群众公开承认。这不但不会减低或丧失团在青年群众中的威信,而且更使群众认识团是领导他们忠实的领导者,只有使他们更坚定地在团的领导之下奋斗。所以团的公开可以扩大团的政治影响,密切青年群众与团的关系,获得广大青年群众的拥护,害怕公开的心理是不正确的,应该纠正。但团仍应准备一部分团员与干部保持秘密,一等到环境转变,团有立即转入秘密状态的可能。在新发展的及流动而不很巩固的苏区,则团只能把一小部团员与干部公开,而更充分地保持随时适应环境而转变的可能。忽视秘密工作,一俟环境转变,团员全数走避,工作完全停顿的现象亦应注意防止。

对于苏区附近的白色区域,特别是那些重要城市中秘密团的建立,应该是苏区团的重要任务之一。团应培养一批干部有计划地派到这些区域去活动,建立团的组织和工作。在这些区域里,团必须采用"地底下"工作的方式和方法,深入青年群众中去。若忽视和秘密工作联系,只是帮助敌人。

(六)确立红军中团的组织

红军中团没有独立系统的组织,这是【因】为〈了〉红军是一种武装组织,有统一指挥的绝对必要。当然这绝不是减轻红军中团的任务,这更绝不能作任何对团和青年工作的取消主义者的藉口,来取消红军中团的组织。现在红军中的团,大部分还处在一种取消的状态中。这必须团残酷地去与取消主义的思想斗争,而把团的组织确立起来。同时,在红军中建立团的独立系统的企图,亦应防止。红军中的团,除执行上述的一般原则外,特别要以最大的努力把工作转变到青年化,向青年兵士作政治教育和文化娱乐的工作。一切工作的进行应全部服从红军中政治工作的条例。

(七)执行工作竞赛发展团员的积极性

团必须广泛地执行工作中的竞赛,竞赛是发展团员的积极性,提高团的工作效能的一个主要方法。团必须举行县与县的、区与区、支部与支部间、团员与团员间的竞赛。竞赛应该是基于团员的工作热忱去实现某一工作计划的武器。所在竞赛以前,必须把工作计划公布,在团员中作充分的鼓动。竞赛进行中应不断地把各部分的成绩发表,以刺激团员的情绪,而使完全达到以至超过原来的工作计划。以命令主义的办法去命令竞赛,就完全失掉了竞赛的意义,绝不能收到任何效果的。

团要在竞赛的进行中,使全团团员卷入工作的热忱中,给每个团员以充分的可能,去表现发展他的活动力和创造力,去把他自己造成一个真实的共产主义青年运动的宣传者和组织者。

(八)改进党团关系

党的强有力的政治领导和帮助,是实现团的转变的主要条件之一。因此团的各级组织,须坚决实行互派代表出席会议的制度,经常向党作工作报告,要求在党的会议上经常讨论团的工作,与领导和帮助团的转变。在党没有组织的地方,团应帮助建立党的组织。团应把供给干部与党作为自己的一个重要任务。

因此,团必须最坚决的斗争,反对党内对团的取消主义的倾向,这种倾向不但对团是最危险的倾向,而且是有害于党的危险倾向。同时,一切企图脱离党的领导与党对抗的"左"的倾向,亦应纠正和防止。

五　建立团与青年群众组织的正确领导关系

要建立团与青年群众组织的正确领导关系,必须首先肃清团内对群众组织的忽视和取消的倾向与包办主义。发生这些错误倾向的人,都不懂得团如何去争取广大青年群众,都不了解一切青年的组织是党和团的一切口号和策略执行到青年群众中去的桥梁。

团对于工会中青工工作的领导,对于反帝同盟中青工工作的领导,对于少先队的领导,是经过团的支部和团员的作用以及团组去实现的。少先队只有在参加作战时,团才可以派遣团员作政治指导员去直接领导。平时在得到工会、反帝同盟、少先队等群众机关的正式邀请,团亦可以派代表去讲演或参加会议。去直接领导这些群众组织与同他对立起来都是不正确的,应该纠正。

共产儿童团是共产主义的教育组织,应受团的直接领导,它没有独立的组织系统,区委以上的各级团部中,应设立儿童局来领导儿童团的工作。支部不设儿童局,而设一儿童委员,儿童委员必须是儿童团的队长。儿童团的领导分子都必须是团员。团应分配一部忠实而适宜于此项工作的团员,特别是女团员,到儿童团中工作。建立儿童团的独立系统,或建立儿童团团部与儿童团局的双重系统,或把团与儿童团的关系看做党与团的关系一样等等,都是不对的,都使团不能有力地去领导儿童团工作的。都应改正过来。

团应与互济会等组织,建立密切关系,动员团员与领导青年群众加入这些组织,并供给干部到这些组织中工作。

此外,团还应组织学校、俱乐部等等,去组织和教育青年群众。

中央档案馆藏

(录自共青团中央办公厅编:《中国青年运动历史资料》第 9 册,内部资料,1960 年印,第 629—640 页)

中央关于苏区赤色工会的
任务和目前的工作决议

（1931 年 12 月 21 日通过）

　　只有"彻底地实行无产阶级的领导权"，才能使巩固和扩大苏维埃区域，争取一省数省首先胜利的任务胜利前进。因此发展苏区革命职工会的工作，是苏区党的斗争任务。

　　四中全会后，苏区革命职工会的工作，已经有了不可否认的成绩，主要是：(1)广大地建立了雇农工会的组织，建立了产业工会支部（如浦圻铁路工会），工会会员已过十万，在一切苏区的城市和乡村差不多都有了工会组织。(2)在平分土地运动中，工会起了相当的领导作用——如湘鄂西、鄂豫皖等处。(3)改善了工人的生活，并领导了一些经济斗争——如湘鄂西、鄂豫皖。(4)提拔了工人优秀分子到苏维埃红军作领导指挥工作，广大的工人参加了冲破三次"围剿"的战争。(5)把富农、老板、AB 团等反革命分子从工会中肃清出去，提拔了真正的工人干部来领导工作——如中央区、鄂豫皖。(6)举行了一些工人代表会议，颁布了工人斗争纲领——鄂豫皖。

　　这些成绩，当然不能过分地估计，当然不能掩盖我们工作的严重缺点和错误。苏区工会工作最严重的问题是：没有明确的阶级路线和机会主义的消极。这在下列几个主要的错误中表现出：(1)阶级的异己分子——富农、老板等侵入了工会，甚至富农把持了工会（赣东北），阶级工会变成了行会组织（中央区）。(2)不去积极发展工人的经济斗争，改善工人的生活状况，以工人斗争的力量，彻底地实现劳动法，同时工人的经济利益与农民土地革命的任务不能联系在一起，常常使农民与工人对立,牺牲工人的利益,或者将很高的要求加在中农身上去,八小时工作制大部分还没实现。(3)没有将赤色工会视为苏维埃政权的柱石,积极挑选优秀分子到苏维埃作领导工作,反而使工会与苏维埃对立,强迫工人替红军作无代价的挑夫,在红军作战时放弃工会工作。(4)不相信工人群众斗争的力量,用政府的命令来增加工资,肃清反革命分子。(5)忽视女工童工的工作,甚至在国有企业中尚不实现平等待遇(鄂东兵工厂女工不分伙食尾子),或者使青工与成工对立(如赣东北组织独立的青工联合会)。(6)不广大地执行工会的民主化,重复了命令主义、委派制度的错误。(7)没有加紧附近白区工会工作,特别是重要的产业里。

这些机会主义的错误,非阶级的工会路线,助长了富农、老板、AB团、改组派等反革命的活动,他们侵入了工会,利用工会组织,实行破坏苏区的阴谋。

因此:(1)改善苏区赤色工会成为真正广大群众的阶级工会;(2)发展无产阶级的经济斗争,根本改善工人的生活状况,彻底地实行劳动法;(3)发展并领导农民土地革命,反帝国主义的战争;(4)吸引积极的分子到苏维埃红军中作领导与指挥的工作,使赤色工会成为苏维埃政权的柱石,以准备"由现时的民主革命转变到无产阶级革命的前途",应是苏区赤色工会主要的任务。为达到这些任务,必须执行下列的工作:

1. 在发展工人阶级的阶级斗争和进攻反革命的过程中,彻底地实行改造工会的运动。赤色职工国际五次大会决定中国苏区革命职工会的根本任务是"根本地改造群众的革命工会"。现时好些苏区的工会,为富农老板所把持,使工会去发展阶级斗争,巩固苏维埃政权成为不可能。党必须彻底纠正过去的错误,确立工会的阶级路线,真正去动员广大工人群众,坚决地拥护工人阶级的切身利益,实行彻底的反对富农老板的斗争,启发群众的积极性,以群众的力量从斗争中将富农老板及一切阶级的异己分子从工会中肃清出去。召集广大的群众大会及工会代表会议。自下而上地改造工会,选举真正工人领袖到工会领导机关,使工会真正在工人的手里,成为阶级的革命的组织,推进和巩固苏维埃政权的动力。要反对不去动员群众力量,只用苏维埃的命令或党的包办来肃清工会的反革命分子,及不发动阶级斗争,而只在形式上改换工会组织。

2. 坚决地发展和领导工人的经济斗争,根本改善工人阶级的生活状况。制定各种产业、各种职业部门的斗争纲领,提出工作八小时、增加工资、劳动保险、失业救济等口号,使每一个工人清楚地了解。发动工人向雇主斗争,要求劳动法彻底地实行。与雇主订立集体合同、劳动合同,使每个苏区工人在工会的领导中、斗争中得到一切日常生活的改善,取得阶级工会的自由,保证无产阶级独立的作用。工会应经常派人检查雇主富农对于合同的履行,注意雇主富农欺骗和利用工人,破坏工会和苏维埃政权的阴谋,用罢工封锁等方法来对付那些顽强的雇主富农。到资本家违犯〔反〕苏维埃的法律,用关门停业的方法来对付工人时,工会应要求苏维埃来解决,同时不能专门依赖苏维埃的制裁,来取消工人的斗争。

在发展经济斗争中,应该将工人的利益与农民土地革命及反帝国主义的利益,巩固扩大苏维埃的任务联系在一起。不要使工人与基本农民对立,不要使罢工斗争妨碍了红军的行动和击破敌人的进攻,但绝不能以此藉口来取消工人的斗争。相反的,"工人阶级生活激进的改善,是巩固苏维埃最重要的条件"。即使在苏维埃区域经济严重的破坏之下,工会也应该用种种方法来保障工人最低限度的生活,减少工人的痛苦,提出许多方法,经过苏维埃把经济恐慌的重担加在富农资本家身上去。

3. 领导农民的土地革命,发展反帝国主义的斗争。在分配土地的运动中,工会应该起来领导农民反富农的斗争,打击富农地主残余一切反革命来窃取土地革命的果实,坚决地领导和组织农民彻底平分土地。拥护贫农和中农的利益。雇农苦力只要他们愿意获得土地,绝对有权利取得土地。农村中的手艺工人及失业工人应按照他们的要求分给土地。工会不能提出一切工厂作坊工人、手艺工人都分得土地的原则,而应将工人要求生活改良的运动,与农民分配土地的运动,密切联系起来。

苏区工会应正确地实行联合中农反对富农,对于中农应根据苏维埃政府颁布的雇用辅助劳动临时条例,来保障工人的利益。同时不能将对付富农的要求完全加在中农身上,也不能以对付富农残酷的斗争方法去对付中农。要订立双方协商同意的劳动合同,同时反对在中农的经济中牺牲雇农和工人的利益。工会必须要积极领导贫农,拥护贫农在土地革命的利益,使乡村的雇农苦力工会及工厂工会会员整个地加入在贫农团里,在工会指导之下组织小组,领导贫农反富农的斗争,建立与中农贫农巩固的联盟。

不能一刻延缓地去发展反帝国主义的斗争,工会号召广大工人群众,领导农民起来反对帝国主义瓜分中国,进攻苏联,反对帝国主义进攻苏区,封锁苏区经济,将一切苏区的痛苦,转到进攻帝国主义国民党的斗争上去。工会应发起组织反帝大同盟,领导他成为真正广大群众的反帝组织,加紧拥护苏联的宣传和国际教育。

4. 赤色工会是巩固苏维埃最重要的柱石,应积极地提出优秀分子到苏维埃红军中做领导工作,征调工人到红军中去,彻底实行无产阶级的领导权,从各方面帮助苏维埃国家机关的巩固。工会应努力帮助苏维埃政府武装工人的工作,组织工人的赤卫队,加紧政治军事训练,保卫苏区,肃清反革命和保护工人的组织。工人赤卫队大部分是不应脱离生产的,赤卫队应归苏维埃政府赤卫队总部管辖。除开赤卫队,工会不必要另外组织武装纠察队,已组织的应改编为赤卫队。在红军作战时,工会应动员群众参加到红军和赤卫队中去,帮助红军的运输,征收粮食,监视和肃清反革命分子,巩固红军后方和苏维埃区域。

工会应动员群众帮助苏维埃一切法令的执行,但不是代替了苏维埃的工作,或与苏维埃对立。但苏维埃用命令来解散工会,禁止罢工和工人斗争,一样是不允许的。

苏区工会,应组织工人实行监督生产,选出忠实有经验工人组织监督生产委员会,要雇主报告企业的生产量及营业状况,防止资本家投机商人怠工和破坏苏维埃经济,并学习管理生产。

工会在国有企业中与非国有工业中,有完全不同的任务。工会应当积极地帮助苏维埃工业的发展与巩固,并应提出积极分子到国有企业及一切工业中去做领导工作,苏维埃政府要将劳动法首先在国有工业中彻底实行,改善工人的生活,同时工会要帮助苏维埃政府切实保障工人的利益。

5. 巩固和扩大工会的组织。苏区工会应为吸收广大工人自愿入会而斗争,反对用"不加入工会,不准在苏区工作"的强迫办法,要以改善工人生活实际的利益(如增加工资,实行八小时,社会保险等),宣传教育的方式来吸引工人自愿地加入到工会里来,用革命竞赛的方法来扩大工会组织。提出真正工人领袖到工会机关(不识字不要紧),驱逐富农老板一切阶级异己的分子出工会,旧时的地主、豪绅、官吏、军官、侦探、警察、民团及其家属,以及和尚、道士、牧师等宗教的负责人虽在苏区做工,但不能加入工会组织,已加入者肃清出去。工会会员在六个月至一年完全不做工,改营独立经济者(如经商经营土地等)亦不能再留于工会组织,但在红军中的工会会员,应保留会藉(工厂作坊工人失业一年亦不能开除)。

工会应依照产业的原则来建立,组织雇农工会、运输工会、职员工会、建筑工会、海员港务工会等从上而下的系统,这些工会又应加入白色区域的赤色产业工会,联成整个的机体。

加紧地在斗争中训练新的干部,开办职工运动学校与训练班,实行工会的民主化,肃清工会的命令主义和委派制度、官僚主义、少数人包办和秘书专政的现象。建立各级工会的经常工作,保证上级工会及指导机关与群众的密切关系,吸引广大群众参加工会生活,来巩固工会的组织。动员工人自动地缴会费,保筹备工会基金,号召苏区工会正式加入全总,按月缴纳会费。

6. 加紧青工女工的工作,在各级工会中设立青工部、女工部。吸收青工女工加入工会。帮助扩大少年先锋队、儿童团的组织,召集青工女工大会及代表会议,规定青工女工特殊要求的纲领,领导他们参加整个工人阶级的斗争和为特殊利益而斗争。反对苏区内尚存着不平等待遇女工,反对雇主、师父对青工、童工、学徒的压迫,要求劳动法中一切青工女工利益的彻底实行。反对忽视青工女工的工作,同时要纠正将青工女工运动与整个职工运动对立起来(如赣东北)的现象,提高青工女工的政治水平,深入反宗教迷信和封建关系的教育。但令青工童工去打神像,掘坟山的过早的行动,只能助长富农地主煽动农民来反对苏维埃。

7. 工会注意失业工人的工作,吸收失业工人加入工会,办理失业登记,设立劳动介绍所,要求雇主及苏维埃政府救济。号召失业工人加入红军,组织工人的劳动公社及合作社,工会应帮助苏维埃想各种方法来解决失业工人的生活。

8. 扩大宣传教育工作,创办工会的报纸。在苏维埃帮助下,有计划地设立工人学校及工人子弟学校,举行工人识字运动(首先是工会领导工作的),使工人识书班、阅报组等组织普遍到一切工人集中的处所。创办工会报纸,发行画报、小册子、壁报,宣传拥护苏维埃政权,反对帝国主义国民党进攻苏区,富农老板一切反革命破坏苏区的阴谋。告诉工人无产阶级在土地革命与工农民主专政中的使命和社会主义的目的及工人的阶级任务,领导工人的阶级斗争和拥护工会。宣传反对帝国主义瓜分中国和拥护苏联,加紧工人的国际教育,建立工会的宣传队、俱乐部各种文化教育的组织,扮演新剧,化装演讲,以扩大宣传。

9. 苏区工会应注意附近白区的工作,特别是铁路、海员、矿山及武汉、长沙、南昌、九江等处的重要企业部门。工会要派得力干部到白区的生产里,扩大苏区工人生活状况的宣传,建立白区的工会组织,领导他们的日常经济斗争、政治斗争,扩大反帝国主义、反国民党、反黄色工会的斗争,组织白区工人到红军中去,及参观苏区,募捐帮助白区工人的罢工,并相互派代表及交换刊物。

要完成上列的任务,党必须确立阶级的工会路线,动员各级党部,加紧工厂、作坊、农村的工人支部的工作,以支部为枢纽去努力进行。深入两条战线的斗争,与非阶级的工会路线、机会主义的消极作残酷的斗争。反对不领导工人的经济斗争,不相信群众的力量,轻视和放弃工会工作的观念;反对工会代替苏维埃及与苏维埃对立、包办工会等一切"左"右倾的机会主义,【与】立三路线残余与〔和〕实际工作的机会主义作坚决的奋斗〔斗争〕,并使两条战线的斗争深入到下层群众中去。

(录自中央档案馆编:《中共中央文件选集》第 7 册,
中共中央党校出版社 1991 年版,第 558—567 页)

江西福建两省工人代表大会
定"二七"在瑞金开幕
——全国总工会苏区执行局已发通告召集
（1931 年 12 月 28 日①）

中央区的工会运动经全国执行局数月来的工作和指导,已有很大的转变,兴国、赣县、万太②的总工会经过改组成立好了。瑞金总工会早已成立。会昌总工会已在加紧筹备,不日可成立。吉安正在筹备成立县工会,于都正在筹备。其余宁都、广昌、石城、寻邬③,全总执行局已准备派人去建立和恢复总工会。闽西已有杭武、永定、汀连三个县总工会和闽西总工会。全总执行局为建立强固的工会运动,成立江西省总工会,改选闽西总工会,决定 1932 年"二七"第九周纪念日,召集江西福建两省工人代表大会在瑞金开会,已正式发出通告。出席代表共有 180 人,江西各县共代表 100 人,福建共有代表 50 人。规定由下而上地选举出席代表（即区代表会选举出席县代表会代表,再由县代表选举出席大会代表）。现各县正在进行选举运动及大会准备工作。

（录自《红色中华》第 3 期第 4 版,1931 年 12 月 28 日）

---

① 原文无时间,此为《红色中华》第 3 期出版时间。
② 万太,即万泰县。1931 年 11 月,中共江西省委根据中共苏区中央局指示,将万安、泰和两县河东苏区合并为万泰县,成立中共万泰县委,隶属中共江西省委,下辖万安的窑头、塘上、茅坪和泰和的沙村、冠朝、文塘、古坪、寺下等 8 个区委。1934 年 11 月,中共万泰县委撤销。
③ 寻邬,今江西省寻乌县。

中国的革命的职工运动的任务
——一九三一年十二月职工国际执行部第八次会议的决议案
（1931 年 12 月）

一、受着世界危机和社会性质的灾难（1929—1930 年的旱灾，1931 年的水灾）的打击而加深了的中国经济危机，已表现国民经济总崩溃的趋势。国民党的四年统治的结果，使劳动群众遭受最残酷的掠夺，使几千百万民众走到破产与饥饿，使帝国主义的统治加强了。它并且替帝国主义者准备好了基础，让他们来割据中国（如日本帝国主义之并吞满洲，法国之侵占滇桂的一部分），公开的武装干涉，开始完全瓜分中国。

在工人阶级领导下的中国民众，正在进行着反帝国主义的土地革命的英勇斗争，已在国内大部分的区域中建立了苏维埃形式的工农民主专政，与国民党对立着的有苏维埃的中国。国民党的中国，对民众是实行封建的剥削，帝国主义的压迫和军阀的掠夺，苏维埃的中国，是在实现土地革命和分配土地，把劳动群众从帝国主义及地主资产阶级的反动压迫下解放出来，把千百万的民众从饥寒、贫困和奴役之下拯救出来。苏维埃的胜利，及国民党反苏维埃"围剿"的失败，其主要的条件，是在于无产阶级组织群众及领导群众的作用，是在于广大的劳动群众坚决拥护现有的武装革命力量——红军，是在于彻底执行土地革命及反帝革命的口号，以保证一致团结革命力量于苏维埃的周围，动员群众反对地主资产阶级的联盟和帝国主义。

苏维埃运动的发展，工人阶级革命斗争的增长和城市贫民群众的革命化，更加与反对日本帝国主义——世界帝国主义的先锋——

夺取满洲的广大反帝浪潮汇合起来。集中在中国各重要口岸的国际帝国主义的力量指是①,来反对中国民众的民族解放斗争的伟大的原动力,是苏维埃运动向前发展的主要障碍,这在中国革命运动发展的不平衡上,是占着极大的作用的。

在帝国主义完全瓜分中国的开始,国民党出卖民族政策的暴露,苏维埃和红军的增长与巩固,以及现时反帝国主义运动中工人阶级的领导作用,将要发展到推翻帝国主义国民党的统治,并建立全中国的苏维埃政权的斗争。为实现这一革命的前途而斗争,是中国革命的职工运动的基本任务。中国职工运动必须成为群众为争取中国的完整、独立和革命的统一而斗争的先锋。

二、中国的工人运动,正处在新的高涨中,经济斗争正在不断地生长,差不多一切生产部门的工人(除了铁路工人及海员相当的落后外)都在卷入斗争。罢工运动的区域扩大了,除了许多防御性质的冲突及罢工以外,中国工人阶级反攻性质的经济斗争已增加了,而且占着优势。经济斗争往往迅速地发展成为政治斗争。胜利的罢工或成立有利于工人的协定的罢工,在数量上也增加了。在许多情形中,工人不顾官厅的压迫自动宣告八小时工作制,失业和饥饿的工人的斗争正在发展着,广大的工人群众在反帝国主义运动中表现先锋队的作用等,这些都是目前劳动运动的高涨中的特点。

中国工人阶级的斗争中除了露天大会、游行示威、罢工、武装冲突的积极斗争的行动以外,还有消极的斗争形式(如怠工等),也占了很重要的地位。中国现在的罢工运动,大部分还是自发性质的。

在苏维埃区域中,无产阶级和半无产阶级群众的组织性与阶级觉悟性正在增长着,工会和苏维埃政府已开始彻底地实行八小时工作制,保证最低限度的生活费,进行社会保险、劳动保护,以及改善妇女和青年工人的生活状况。

三、在帝国主义者、第二国际和亚姆斯德丹国际的援助之下,国

---

① 此处原文如此,疑有误。

民党在反对革命斗争中,不但对工人和劳动者采取白色恐怖,而且利用社会的和民族的武断宣传,利用改良主义的欺骗去蒙蔽他们。国民党为要使群众离开斗争,便由所谓"国民会议"颁布《土地法》和《劳动法》,颁布《劳动条例》和《工厂检查条例》等。同时国民党却用尽一切力量去消灭工人阶级的组织。国民党的工会法(由法西斯蒂的工会法抄袭来的),把工人阶级所有组织和斗争的权利都剥夺净尽。国民党曾经进行"改组"黄色工会,并实施工厂法,目的是在建立一个在"劳资合作"口号之下钳制工人群众的反抗的机关,为的是要用暴力强迫工人服从国民党警察式的仲裁。

国民党在压迫和摧残工人运动的行动中,是利用黄色工会的官僚、同乡会、兄弟会的领袖,以及购买工人和职员的个别分子等。

黄色工会在最近几年来活动得更加积极了,残酷的白色恐怖,大批群众的失业,利用破产农民,妇女与儿童代替和排挤旧的无产阶级的干部,来改变工人的成分。黄色工会在国民党极狭小的"合法"限制中所处的垄断地位,由于政府机关及工厂主的赞助和承认的剥削者有时对他们部分的让步,广大的施用社会和民族武装宣传,工头和走狗们的拥护,赤色工会的错误和弱点等等,这些都是黄色工会的影响增长和加强的主要原因。国民党黄色工会影响的增长及积极化的事实,更要在赤色工会面前加倍地坚决地提出夺取黄色工会影响下的群众工作任务。黄色工会影响增长到了相当的程度,表现出工人阶级要求改善其物质的与权利的地位,及组织和团结起来的愿望。但在国民党压制的条件之下和因赤色工会力量薄弱之故,他们依然未能成立别种组织。有几个黄色工会中反对实行"改组"就是群众的积极性增长的一种证明,黄色工会的领袖用尽一切力量使群众脱离阶级的、反帝国主义的斗争、侮辱,分散并摧残他们的斗争。为达此目的,黄色领袖还竭力控制群众的不满与行动,一方面用领导他们请愿式仲裁的方法,同时即用恐惧手段,检举积极的工人交给军警,以出卖罢工。这种卑鄙的行为曾经屡次引起工人和会员自发的反抗行动,在个别情形下甚至将国民党的领袖驱逐出去。可是这些斗争,大部分都还没有能在组织上形成及巩固赤色工会。

四、虽然存在着许多有利的客观条件,但除苏维埃区域以外的赤色工会,都是极端微弱的,他们的组织状况远远地落在群众反抗和斗争之发展的后面。赤色工会这样的微弱,全国总工会旧的领导有一个时期执行了小资产阶级冒险主义的李立三路线及否认与取消无产阶级群众的组织。后来又采取罗章龙的右倾机会主义的取消主义的立场——是要负大部分的责任的。直至揭发了李立三主义和罗章龙主义,并改〈了〉变了总会的领导之后,才开始进行工厂工作,建立职工小组,加紧在黄色工会中的工作,参加罢工斗争,重新形成职工会。可是革命的职工运动在工作中的成绩,达到决定的转变之完成,则尚很远。现有的赤色工会,还不是群众的组织,倒是工会机关及个别企业中的小组织或半公开的捕〔辅〕助组织,代替了群众组织。赤色工会的这种状况,更加上工会会员很大的流动性,有时失去和外界的联系。工厂内部工作的薄弱,共产党的方法和口号,在赤色工会中重复的应用,上层领导和群众联系的不充分,大部分中国工人阶级罢工斗争的发生是没有经过赤色工会的领导和参加的。职工国际第五次大会所指出的中国赤色工会的错误与缺点,到今天还是没有消灭。

日益加紧的白色恐怖,一年来赤色工会迭遭严重的破坏,全国总工会的错误,及各企业中群众工作极其薄弱等,都构成赤色工会严重状态和大大的落在工人群众斗争后面的主要原因。

五、现时中国革命的职工运动必须抓紧的基本任务是:

1. 尽量发展组织和领导经济斗争,恢复、建立并转变赤色工会为群众的组织。

2. 最大限度地领导反帝国主义运动,打碎国民党钳制群众的锁链。

3. 努力争取中国工人阶级的主要阶层,瓦解黄色工会,夺取其下面的群众。

4. 扩大并加强苏维埃政权下的工会,这是无产阶级和农民的革命民主专政的柱石。

所有这些必须在中国革命的职工运动的基本任务——拥护并发展苏维埃运动,争取苏维埃的、反对帝国主义和土地革命的胜利的任务之下去执行。

六、为实现这些任务,职工国际执行委员会第八次会议要中华全国总工会注意下列的工作:

1. 目前的反帝国主义运动,只有在整个中国工人阶级卷入斗争中去领导这一运动,并使这一运动真正地、强有力地【和】反帝国主义势力——苏维埃运动联合起来,才能得到胜利。这一任务的实现,主要的要看赤色工会是否进行有力的群众工作。组织和开展反帝国主义的罢工运动,把这种运动和部分的经济要求与反国民党斗争联系起来,在各工厂联络,【在】街道中建立群众的反帝委员会的组织,举行会议,群众大会,游行示威等——这些都是激发群众,反对武装干涉,【反对】国民党出卖民族利益,为苏维埃政权而斗争的种种形式和方法。为完成这些工作,赤色工会必须:

(1)最大限度地利用各种可能,使运动扩大和深入起来,巩固并发展已有的组织,在现有工人群众组织中取得领导权。

(2)在大的会议上和群众大会上提出日本企业中男女工人的经济和政治的要求纲领,并使其通俗化。

(3)用一切可能的方法,准备和扩大日本企业中的罢工斗争,并竭力使其转变为反日反帝的总同盟政治罢工。

(4)组织反对日本厂的关门和大批开除工人的运动,领导从日本厂中被开除的工人,要求国民党和市政局发给一年的津贴费,开办免费的食堂,豁免房租,没收日货作为维持费等。

(5)深入各企业和黄色工会下的各种反日团体,并取得和巩固在这些组织中的领导。

(6)争取并领导广大的城市贫民、学生、工人群众的抵制日货运动,坚决地经过纠察队委员会、检查队等组织,彻底实现这一运动,和资产阶级半途而发〔废〕的抵货方法对立起来。

(7)号召群众不但反对日本帝国主义,而且反对整个世界帝国主义,把自发的反日运动转变为更高度的反对一切帝国主义的运动,在〔并〕继续不断地揭露国民党反对民族解放斗争的罪恶。

(8)要求工人的武装及由赤色工会来组织工人军事训练班。

(9)揭破黄色的和国民党的工会利用"民族统一战线"以加紧剥削工人的假面具。

(10)进行扩大苏维埃运动的宣传及其反帝口号和土地口号,号召群众拥护苏维埃和加入红军。

(11)宣传(成为通俗化)苏联社会主义建设的成功及其和平政策,估计到因占领满洲而增长着反苏联战争的危险,赤色工会必须在"拥护苏联——反对世界帝国主义斗争的唯一大本营"的口号之下去动员群众。

2. 拥护苏维埃的斗争,加紧中国工人阶级自发的经济斗争和反帝运动的发展,在中华全国总工会和赤色工会的面前,很迫切地提出尽量发展和领导群众的一切革命行动的任务来。为达此目的,赤色工会必须:

(1)集中所有的一切力量组织工人阶级的反攻,依照每一区域、每一工厂、每一个别环境中的具体条件,应用各种斗争的方式(罢工、怠工、示威、群众大会等)。

(2)赤色工会必须用所有的力量争取对自发的罢工运动的领导,他们必须参加每一次的自发的罢工,提出罢工的要求,帮助工人更完善地组织起来(群众的罢工委员会、纠察队、募捐队等),把群众组织从较低的形式转变到较高的形式(从怠工到完全罢工、示威、由工人自动提出的政治口号等),全〔同〕时必须暴露并驱逐罢工中的黄色领袖,用自己的努力和不断的奋斗取得工人的信仰与拥护。

(3)赤色工会必须特别努力把每一个工厂中的罢工扩大到同一种类的许多企业中去,更由此扩大到整个工业部门中去。同时,赤色工会必须用一切的力量去发展并组织援助的运动(采取邻厂工人示威,或罢工两三小时等方式)。

(4)除必须参加自发的罢工以外,赤色工会必须在大企业中进行准备并组织罢工的独立的工作,并要使这些罢工成为广大的工人群众罢工的模范(这里需要正确地估计具体的环境和工人的情绪,经常地提出工人的要求,建立由全体工人选举出来的斗争委员会和包括很广的罢工委员会,群众的纠察队,示威运动,组织别厂的援助与一致行动,坚决反对仲裁,无情地揭露黄色领袖与国民党的罪恶等)。

(5)工会必须自行调动工会干部及邻近的工厂、商店和区域中的工会职员下层会员到最重要的斗争场所去。

(6)工会必须普遍地建立群众的罢工委员会(包括一百至二百个委员,而内中包括一小部分的领导干部)的组织,罢工终结时要把这些罢工委员会转变为工政委员会或企业中其他的工人的经常组织。

(7)工会要求估共〔计〕到群众的斗争情绪的增加,同样要估计到罢工期中警察、军队及被雇用的流氓走狗所〔的〕压迫,因此在罢工时,工会必须组织群众的纠察队,并使成为工人自卫的经常组织。

(8)召集正在罢工的工厂或已经罢工的工厂的工人大会和工人代表大会,研究斗争的教训,讨论出更有效的形式和方法(斯脱拉斯堡代表大会的决议)。

(9)一切在罢工或其他运动中表现积极的工人,都要吸收到赤色工会、辅助组织及这些组织的领导机关中来,同时对他们做有系统的、政治的和阶级的教育。

(10)赤色工会必须在工厂和产业中开始募集罢工基金的运动,为达此目的,必须开始在工人、城市贫民和学生中间募捐,经常地向工人报告此项基金。

3. 赤色工会必须组织失业工人的运动,反对雇主、国民党及其政府,并把这种斗争和在业工人反对关厂与大批开除、用延长工作时间与合理化的办法抛掷工人于生产之外的斗争联系起来。要完成这项工作,必须使失业工人团结在他们自己所选举的委员会的周围,这个委员会一方面和赤色工会发生密切的关系,同时依然是基于失业工人群众独立的组织,凡有大批失业工人的地方,都要成立失业委员会,为达此目的,就须召集他们开大会,制定出失业工人的要求纲领,选举委员会(切忌委派制度)。委员会应领导失业群众到斗争中去,而且要依靠在这些群众之上,因此要在委员会下组成各部来实现自己的决议(组织部、经济部、文化教育部、管理住宿部、监督生产部),失业委员会要组织失业工人回到原住的房屋(住在那里被驱逐出来的)去住。组织他们夺取货栈中的(尤其是政府的)粮食,举行集会、示威游行。组织失业工人去城市中心,到当地的政府当局、国民党党部和黄色工会去,强迫他们帮助失业工人。此外,失业委员会必须号召失业工人加入为把劳动群众从饥饿失业和奴役之下解放出来而斗争的红军中去。城乡中几千百万的饥民也要在工人团体的领导之下和失业运动联合起来。

失业委员会的所有工作,都要充满着具体的内容,在群众的强有力的压迫〔支持〕之下,可以部分地改善失业工人的地位〈的〉,失业工人运动应该根据他们的特殊的要求纲领〈的基础之上〉组织起来。在制定这一纲领时,应吸收所有的失业工人参加意见,下列各项在要求纲领的基础上应该加入进去:

(1)由国家、资本家和市政当局拿出钱来经常援助失业工人,为失业工人及其子女开办免费的食堂。

(2)房租、一切捐税完全免除,发给衣服和燃料。

(3)增加失业的津贴〈金〉。

(4)不要有一个铜板去付外债和军用公债,所有的金钱都拿来维持失业工人。

(5)没收粮食堆栈,分配给失业工人和饥民。

(6)反对从在业工人方面征收特捐或扣除工资来援助失业工人,而是要成立援助失业工人的组织,一切维持费都要由富有的阶级负担。

4. 为暴露国民党工厂法的反工人的性质,赤色工会必须不限于做一般的反工厂法的宣传,而要抓住其中具体的某一项(如八小时工作问题,星期休息日的问题等),号召群众自动地用革命的方法去实行,同时更揭穿国民党用武断的法律去欺骗工人的企图。对于依照工厂法所成立的双方仲裁会议,必须利用工厂委员会去和他对立起来。同时赤色工会必须召集工人的群众大会讨论并提出要求的纲领,选举代表以与仲裁委员会指定的委员对立起来。被选举出来的代表,应拒绝参加这些仲裁委员会的工作,他们只限于将工人的要求向资本家的国民党提出。

5. 在黄色工会中还有着很大数量的工人的事实,极端迫切地提出了夺取这些群众的问题。罢工运动的发展,群众对国民党工会领导的不满与自发的反抗的增长,国民党实行"改组"工会等等——这些都是全国总工会在黄色工会内部工作的便利条件。

赤色工会在群众中把自己的工作做得愈好,则在工人群众中及黄色工会领导之间的裂痕愈深愈厉,并且愈快地发展扩大起来,赤色工会应明白这一点。因之,赤色工会必须:

(1)实行真正的下层统一战线的策略,在每个工厂中提出具体的要求和口号,和黄色工会官僚的武装宣传相对抗,利用具体的事实揭破这些官僚的真面目,动员群众帮助我们所提出来的要求,反对黄色工会与国民党的武断宣传。

(2)特别注意辨别各工会的特点,考虑各工厂中的特点和条件,不要提出一般的抽象的口号,而要依照各工会的情形把它们具体化和个别化起来。

(3)对国民党黄色工会中的工作要采取一种坚决的转变,虽然在职工国际的信徒中通过了不少适当的决议,但在做职工运动的同志中间依然存在着一些对于国民党黄色工会内工作的意义有害的忽视,结果是决议案不能运用到实际中去。但是因为中国的工人阶级中没有改良主义的传统,同时黄色工会也缺少强有力的下层的群众机关,因此在这些工会中进行工作,在工作过程中是可以把国民党领袖驱逐出去,选举反对派和革命分子去代替的,特别因为经济斗争不断地爆发和工人阶级高度的战斗力,夺取黄色工会下面的群众是完全可能的。

在这里,首先必须对做职工运动的同志做教育工作,使得他们了解在国民党黄色工会——有群众的团体中工作之重要性。职工运动的同志要在这些工会中团聚一切反对派与革命分子在自己的周围。他们必须建立群众的职工反对派,利用俱乐部、补习学校、互助会、同乡会、兄弟会及参加其他公开或半公开存在的组织形式,在其中进行组织群众的工作。同时,在这些同乡会、兄弟会之中必须不断地反对乡土观念与落后的习惯,把工人吸收到阶级的工会运动中去。

(4)为了实现工会反对派的领导,赤色工会必须经过它提出具体的要求,这些要求是从每个工厂和工会的实际情形中所产生的,对抗黄色工会的领导,为实现这些要求而斗争。

(5)主要的口号应该是:驱逐指派的委员,各工会机关须实行完全的选举,驱逐国民党官僚、工头和走狗出工会,拒绝黄色工会征收会费,和反对克扣工资作工会经费,工会完全脱离国民党的控制,罢工自由等等。

(6)赤色工会必须进行揭破仲裁的把戏,把每次国民党仲裁的结果指示给群众,动员群众反对国民党。

(7)在日常工作中要不断地反对托陈取消派(罗章龙派在内),因他们利用一切旧有的关系实行捣乱工作,在斗争中常常帮助国民党,反对工人运动。

(8)为立即实现国民党法律中一些个别的条项而斗争,提出具体的要求(尤其是要求雇主和黄色工会给予失业的保险,疾病的保险等),由请愿的方式转变到更高的方式(游行示威等),在每一个具体的环境中揭破黄色领袖的真面目。

只有夺取属于黄色工会、兄弟会等的群众,加强在他们中间的活动,发展工厂小组,赤色工会才能号召群众起来斗争,扩大其影响并加强其组织。

6. 现时赤色工会的组织状况,完全不能适应领导正在发展着的中国工人阶级的斗争。职工国际执行委员会第八次会议认为,革命的工人阶级的斗争得到胜利的重要条件,是恢复加强并扩大赤色工会。兹特责成中华全国总工会执行下列工作：

（1）为团结自己的力量并加强自己在基本的无产阶级群众中的影响，要把工作集中到最重要的工作部门中去——纺织、丝厂、矿山、铁厂（兵工厂）、铁路和轮船的运输事业；集中到最重要的工业中心区域中去——上海、汉口、天津、满洲、广州、香港等；集中到和苏区邻近的区域中去——萍乡、大冶、长沙、南昌、景德镇及其他；同样的要加紧有大量的农业工人的区域中的工作，必须特别注意在女工和青工中的工作，要估计到女工青工在中国工人阶级中占百分之五十。

（2）赤色工会的工作中心要移到企业中去，建立对赤色工会下层支部的日常的具体领导，并派遣大部分工会机关大多数的工作人员到支部和工厂中去工作，并巩固这些地方的工作。

（3）根据各厂的具体情形，建立下层组织的工作，执行争取群众的基本任务，扩大并加强赤色工会。

（4）在有着很大的赤色工会会员的地方，在他们中间一方面要保存总的领导，一方面必须改组为许多小的支部——经过总的领导保持相互的关系——以便团结某一工厂中的广大群众在每个支部的周围，使工厂中一切的工人代表组织（工厂委员会、罢工委员会等），中间都包含有赤色工会的会员。

（5）如果工会小组很少的（仅有两三个会员，那么会员要利用各种结合的方式，团结工人群众立〔在〕自己的周围，经过这样的小组来建立和群众【的】经常联系，并且把这小组的工作和总的领导联结起来。

（6）依照某一工厂中的情形提出具体的要求，在下层统一战线的基础上动员一切工人为这些要求而斗争，工会必须领导这些群众，并在斗争的过程中吸收百数十的新赤色工会的会员。

（7）发展赤色工会在工厂中下层的支部网，恢复已失的关系，召集并组织个别的会员，形成新的小组。赤色工会必须将全部工作建立在无产阶级民主的基础上（选举和经常作报告等），同时把他和秘密工作的条件联系起来。

（8）在巩固赤色工会一切工作上，职工运动的干部，有伟大的作用，新的干部必须勇敢地从斗争【中】提出表现得最积极的男女工人中提拔出来，要组织补习班、学校、流动训练班等的密网，去训练大批新的领袖，特别要注意训练出青年工人的干部。

（9）恢复并经常出版全总的机关报及各工厂的小报，传达工人的生活状况，斗争的经验，讨论斗争的较好的形式和方法等，并通俗化起来，是很必要的，在这些报纸的周围要建立工人的通讯网，进行经常的工作。

（10）提高全部工作到更高的水平和加强下层工会组织的任务，要求着领导机关在质量上的改善，特别要吸收在罢工斗争中已取得群众的信仰和有了经验的下级干部来加强全国总工会和上海工联的领导。

七、在苏维埃区域中，职工会要成为工农民主专政之最重要的群众支柱，工会要【在】利用发展着的工人为自己直接经济利益而斗争的基础上，引导工人群众参加苏维埃国家和红军的建设，要造成直接执行无产阶级领导权的无产阶级先锋队与广大的劳动群众之间的联系。

团结并组织千百万的无产阶级和半无产阶级，在斗争中教育群众去彻底完成资产阶级民主革命的阶段，并使革命往前发展为社会主义革命的任务。苏维埃区域的工会必须成为"团结的学校，学习管理的学校，同情的学校，保证自己利益的学校，学做主人的学校，共产主义的学校"（列宁）。

在现阶段上，工会的最重要任务是为最彻底的实现反帝国主义和土地革命而斗争。巩固并扩大苏维埃政权和红军而斗争，为达此目的，工会必须积极参加苏维埃建设，提拔工人起来巩固苏维埃及国家机关，在群众工作中，在实现工人的监督生产中，在反对地主资本家、富农和投机商人的斗争中，要帮助苏维埃机关，但在这里，工会决不能代替了苏维埃政权机关的作用。

苏维埃区域中的工会，在参加中国反帝国主义和土地革命的总斗争,纠正一切狭隘的习惯和"工团主义"的倾向,同时,还须最坚决地发展保护工人阶级日常经济的利益的工作。工会决不能把这种工作看为"附属的"或次要的任务,在苏区中依然没有消灭"在战争时期中要不忽略工会工作是不可能的"这一类的观点,要向这种观点宣布无情的斗争,工会工作必须依照列宁主义的教训去领导,这就是"只有工人的经济地位改善了的时候,群众才能卷入运动中去,积极参加他,重视他,并发挥其英勇、无畏、顽强性与忠诚到最高限度。"

八、在动员群众环绕于日常经济的和政治的要求周围的基础之上,中国苏维埃区域的工会必须:

1. 估量到一直到现在,在许多苏区中的工人还没有组织进阶级工会中去,因此最近将来工会工作的主要任务是组织新的工会,同时扩大并巩固已有的工会。首先要组织就是农村工人(雇农)的工会、苦力工会、手艺工人的工会和店员的工会。

农村工人工会除农村无产阶级以外,吸收半无产阶级分子做会员,但不是农民也不是那些以出卖劳动力为附带收入的贫农,而是那些虽然自己有耕地,但逼得每年有系统地要替雇主劳作的半无产阶级分子做会员。

在工会阶级的数量很微弱的苏区中,而且那里也没有其他工会的,那么农村工人工会在社会的成分多半应当是纯粹的无产者。

农村工人工会的组织,将是彻底地坚决地实现土地革命的最可靠的保证,他应当实现对广大的农民群众的领导,特别要由农村工人在贫农团中去实现□领导。

在手艺工人的工会中必须特别注意学徒,把学徒另外组织小组,像在闽西所有的。

2. 在建立新的工会中,一开始就必须将剥削者的分子排斥出去,现有的工会里面那些地主、头儿(帮头及富农——他们甚至已钻进工会的执导机关中去——必须肃清),同时除了基本的群众外,从生产中排挤出来的工人,和在执行土地革命之后已分得土地的雇农,也要吸收到工会中来。

3. 使工会领导机关无产阶级化,保障在领导机关中有极大多数是从阶级斗争过程中出来的勇敢的工人——这个任务必须坚决地迫切地在事实上执行起来。一切藉口工人的"文化程度低落",放弃这一路线的企图必须给以打击,女工和青工必须吸收到工会的领导机关中去。

【4.】苏区工会在最近期内的一个紧急任务,是争取苏维埃政府所颁布的劳动法中工人的主要要求的完全实现:八小时工作,男女工人同工同酬,规定最低工资,劳动保护,社会保险的经费取偿于企业家等。要记住没有有组织的工人的积极援助、监督与创造,苏维埃政府将不能实现劳动法的。私有的资本家、雇主,尤其是许多小剥削者的反抗,甚至国家机关中官僚主义的把持,只有在广大劳动群众顽强的斗争的过程中才能战胜。

5. 为着动员工人群众环绕在苏维埃劳动法中基本要求的周围,必须进行普遍的有充分准备的运动,同各种雇主谈判并订立劳动契约,以巩固苏区中工人所得的利益。订立契约运动必须包括最大限度的工人,首先而且最重要的就是农村工人、手工业工人和苦力——这些就是工会的当前迫切任务。

6. 工会也要满足那些没有被劳动法所审定的工人的要求,例如:增加工资、不经过工会规定工人的雇用或解雇的条例、改善学徒的生活和地位、减少工人苦力、□□□削劳动力的手工业工人的捐税、从剥削者没收来的房屋首先给工人居住等等。

7. 对于农村工人,工会必须满足他们实际的经济要求,如改良食品的质量和住所的条件等而斗争,在提出这些要求时,工会必须辨别富农雇佣者——他们在继续不断地有系统地剥削劳动力和中农雇佣者——他们雇佣为的是辅助劳动力的不足,应该采取不同的办法。

8. 最近期间中主要的任务之一,是组织手工业者和商店的学徒并保障其利益——他们是手工业中最受剥削的一部分,必须禁止虐待学徒,缩短学徒的期限,规定特别的时间去进受普通教育的学校等。

9. 在失业工人中的工作是特别重要的,工会必须经过苏维埃从剥削者那里为失业者筹得物质的救济,同时和苏维埃共同商定救济失业工人的具体方式(如募集特别的基金等),成立失业工人的协会,组织他们去为供给红军或其他社会的需要而工作,并可把因怠工而没收来的企业转交给工人组合等。

10. 使工会有生气的基本条件是他的群众性和无产阶级的德谟克拉西,工会机关之完全选举的原则,代表向全体群众大会经常作报告,撤回不称职【职】员的权利,经常召集大会由州、区委员会和全总苏区执行局站在广泛的自我批评的立场上作报告,无情地与官僚主义、行政手段的倾向和工会机关庞大、不敏捷作残酷的斗争。——这些要成为工会工作的基本方法,只有在发展工会内部很广泛的民主化的基础之上,才能战胜那些混进工会机关中去的反革命分子(社会民主党、AB团、改组派、托陈派、罗章龙派等),同时克服右倾机会主义者和"左"倾的李立三的思想。

11. 对工会中的政治教育工作必须予以严重的注意,组织俱乐部、流动训练班、补习班、学校,推广工会的报纸,组织群众的工会刊物、小册子、传单、标语等等的发行,就是提高工会会员的政治水平和阶级觉悟的工具。

12. 还有一个最重要的任务,就是工会必须进行军事工作:具体地帮助红军,如加强红军中无产阶级的骨干,而且要供给他许多干部,组织工人队、女工看护队,到国民党统治区域去进行宣传和破坏工作等。

13. 苏区中的工人组织必须尽量帮助国民党统治区域中的工人,募集及赠送他们以物质的资助,组织专门的学校,或短期训练班,训练干部派到白区去工作,出版刊物等。

在帝国主义进行公开干涉,国民党出卖民族利益和存在着两个专政——一个是资产阶级地主的专政,另一个是工人和农民的专政的情形之下,中国的革命的职工运动的一切工作,都要从积极拥护苏维埃的任务出发,只要坚决反对右倾和"左"倾的机会主义者,反对机会主义的消极,反对掩盖在建立非亦〔赤〕非黄的"中间工会"口号之下的取消主义,加强其组织,夺取群众并领导其斗争,中国的赤色工会才能成为团结无产阶级和半无产阶级的基本群众之组织,发动并领导他们参加去为脱离危机、饥饿与贫穷的胜利出路而斗争,争取苏维埃政权在全中国的胜利。

—完了—

　　此决议上次译后匆匆付印,未及详细校对,内中不免有错误之处,现经校正,特重行印发。

一九三二年五月二十七日

（根据中共江西省委党史研究室藏件刊印）

少年先锋队组织法与章程

（1931 年①）

一、少年先锋队的性质

少年先锋队是广大农村青年组织，在目前革命阶段中担负有重大的政治任务，所以它的组织是带有军事性质，准备参加红军而保障青年在斗争中获得特殊利益的胜利，是撕碎旧社会的先锋队，积极文化工作，养成一般青年革命思想，因此它与红军赤卫队的组织不相同。

二、少年先锋队的组织法

1. 少年先锋队在暴动时是要完成参加赤卫队接受赤卫军的指挥，而不需要单独组织交通队、侦探队、破坏队等。少年先锋队的组织以乡为单位，乡之中分大队、中队、分队三级。

3.② 五人至十五人为一分队，设正副队长各一人。

4. 三分队至五分队为一中队，设正副队长各一人。

5. 三中队至五中队为一大队，设正副队长各一人。

---

① 原件无年份，此为编者推测的年份。
② 原件缺 2。

6. 一乡中有一大队以上或不够一大队〈部〉,由乡队部指挥,〈而〉乡队部成为全乡最高机关,而设正副队长和政治训练员各一人。

7. 三队〔乡〕队〈部〉以上成立一区队,设正副队长、政治训练员、军事教官各一人。

(注一)区队部之下增设政治训练处,处之组织分教育科、宣传科、组织科、游艺科,各科设科长一人,处长由政治训练员兼。

(注二)乡至区之间的组织对指挥不便利时,即设若干支队,设正副队长、政治训练员各一人。

(注三)各级正副队长指挥军事事宜。

8. 三区队以上成立一县少队部,设正副队长、政治训练员、军事教官、秘书各一人。

(注四)政治训练员之下,政治训练处的组织照区政治训练处之组织法。

9. 县少队部直接受省少队部之指挥,没有省少队以前,三县以上可以成立总队部,除设一总队长外,组织少队工作委员会指挥一切工作。

(注五)□员数量以工作上去决定,委员长以总队长兼之。

(注六)少队工作人员对于少【年】先锋工作〈上〉可能待聘请适当的人起草讨论。

(注七)总队部名称,例如赣西少年先锋队总队部简称总队部。

10. 青年女子完全参加本部组织,关于放哨等军事任务尽可能要负责。

11. 各级产生法:乡队部以下之正副队长由队员大会选举,乡队部以上均由代表大会选举,少队工作委员会初期可由政府委任。

(注八)政治训练员由代表大会选举,军事教官由正副队长聘请。

(注九)产生少队工作委员会第二种方式,可由各县少队部派代表开联席会议选举,从第二期起由队员代表大会选举。

三、少年先锋队的章程

（一）名称：本队定名为（某某）少年先锋队。

（二）宗旨：本队以团结广大青年工农群众施以政治军事教育，训练培养青年之阶级革命精神并实际参加阶级斗争为宗旨。

（三）队员资格：自十五岁以上廿三岁以下的青年农民群众，不分性别，能遵守本队章程及纪律者，皆得为本队队员，参加经济剥削的富农子弟、AB团不准加入。

（四）组织：本队最高机关为队员大会或队员代表大会，闭幕时即由队部为最高机关。

（五）会议：乡队部队员大会每月一次，大队每20天一次，中队每10天一次，分队每5天一次。

支队部代表大会每两个月一次。

区队部代表大会每三个月一次。

县队部代表大会每半年一次。

总队部代表大会每年一次。

各级队长、政治训练员经常会及联席会议，临时决定，如有特别会议，得多数队员或高级负责人的同意得随时召集之。

（六）队员月费：队员每月纳费二□，如有经济丰富及赤贫者即不在此内。

（七）纪律：队员服从上级命令，按时到会及出操，按月缴费，凡有违背本队纪律者，即以严重分别惩戒，或警告，或开除等处罚。

（八）经费：除队员月费外，每队需要经费时可【请】求苏维埃政府或农民协会津贴。

（九）检阅：每年少国纪念日（九月第一星期□）及其他重要纪念日和特动时均须举行检阅。

（十）旗帜：同赤卫军一样。

（十一）服装：制服尽量的办整齐，左手佩红布臂章，并置梭标

〔镖〕一支。

(十二)其他:本章程如有未尽善之处,须由代表大会修改之。

—完—

(一)少队工作委员会

(二)县少队部

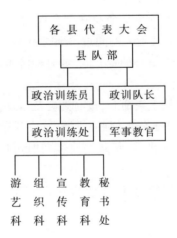

（三）区少队部

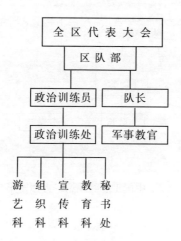

（四）支队部

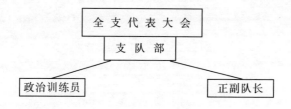

（五）乡队部

（六）大中队部（相同）

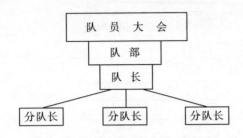

中国工农红军第一方面军第三军团总政治部印

（根据中共江西省委党史研究室藏件刊印）

国际雇农委员会秘书处
关于中国雇农工会的决议案
（1931 年）

1. 国际雇农委员会秘书处（以后简称秘书处）听了王明同志关于中国雇农工作的报告，认为雇农工会（现在已有十万雇农做会员）的成立，是中国职工运动中一件最重要的事件，对于土地革命与争取苏维埃的斗争有极大的意义。不过该会的活动范围，完全限于苏区，直到现在全总尚没有在白区成立雇农工会的组织。

2. 秘书处察觉了雇农工作的许多错误，错误的来源，便是由于全总旧的领导在 1931 年以前同意了李立三的意见，否认成立农业无产阶级的独立组织的必要，不肯分配土地给雇农；同时他们想跳过资产阶级民主革命的阶段，提出主要地由雇农成立集体农场与苏维埃农场的口号，来抗制土地的平均分配和雇农的分得土地。

在以后的时期内，全总犯了一些右倾的错误（罗章龙派），有一个错误，便是允许雇农工会内吸收巨大数目的农民。这样便把雇农工会的无产阶性蒙蔽了，他在农民运动中的无产阶级先锋的作用，再被削弱了。结果也就忽视了农业无产阶级的经济利益、文化利益和生活利益的防卫，拒绝反富农、苏区内反地主残余的罢工斗争。

3. 同时在保护农业无产阶级的经济利益的斗争中，又存在着反中农的过分倾向，这表现【出】机械地把工业中的劳动法搬移到苏区内应用工钱劳动的农田上去，并不顾及该农场的能力与社会成分。

这一路线的执行削弱了无产阶级与农民的联合，把贫农与中农驱逐到富农与地主的影响底下。

4. 要在全总领导下,来成功地发展中国农业无产阶级斗争和组织,便要坚决地执行两条战线的斗争(反对"左"倾立三主义,反对右倾机会主义罗章龙)。

5. 在实现无产阶级的革命的农民运动中的□□中,贫农应该起很大的作用。过去在中国所做的,只是组织农业无产阶级的□□的工作。在苏区□□与巩固农业无产阶级的组织在国民党区域成立这种组织,是非常重要的。因为第一,农业无产阶级是中国工人阶级的一部分,是他在农村中的先进队伍;第二,中国革命中心问题之一,就是土地问题,中国农业无产阶级在土地问题的革命的解决办法中,必须负起无产阶级在领导中国土地、反帝革命当中的先锋的绝大政治任务;第三,中国农业无产阶级成为全国工人中的绝大多数。

6. 在苏区中土地问题的解决,把土地分给了雇农,但是并没有减低雇农组织的重要性,必须坚决地反对"以为土地问题解决了不为成立雇农的特殊的阶级组织"的现存观念。1917 年 2 月革命后的俄国,也有这种观念的存在。关于这一点,列宁说过:"有些人似乎认为农民正在组织与宣布废除土地的私有权,而且赞成土地的平均使用权的时候,若要成立雇农工会,那是不合时宜的;恰恰相反,只有在这时候才是更□合□和必要,不容丝毫的迟延。"

二、中国雇农的现状①

1. 几千万的中国雇农,都是做长工或季工或月工或日工的。雇农的劳动情形各有不同,但是存在几个共同点,例如工钱的低微、工时无限制,饮食居处的不良,非人的待遇等,女性与青年雇农的现状比较男性雇农的还要坏得多。

中国农业中前□资本家的剥削的形式(那些剥削形式,特别的和

---

① 原文缺"一"。

正在发展的资本家的关系□□□□□)的支配,□常以雇□用高利贷剥削雇农的借贷关系,使劳动力的雇用过于复杂,这更增加了雇主的高利贷剥削,又以"共分收成"的关系,使他趋于复杂,所以"共分收成"的关系,便是地主以牲畜、种子来供给只有劳动力的佃农,而□收获的一定部分,百分之三十或四十)发给他们作为工钱。

在苏区内在□□□雇农工会已经□□改善雇农的物质与生活条件,但是这仅是一个开端。在这方面,工会还有许多很□的工作要做。

2. 组织中国的雇农还有许多困难,这困难起源于雇农劳动的性质,如雇农的涣散、雇农附着于土地、小资产阶级的观念等,对于这种困难必须加以而且可以克服,只要革命工会运动,把组织农业无产阶级的任务【当】成为他注意的中心,动员所有的力量来实现这个极重要的任务。

三、中国雇农工会的成分

1. 苏区与白区的雇农工会,必须成为雇农的无产阶级的工会组织。凡是承认会章的雇农,凡以出卖劳动力为唯一生活来源(无产阶级)或为主要生活来源(半无产阶级)的雇农,都可以加入雇农工会,就是那些除了以自己的下等农田收到□款之外,以工资的收入为重要的生活□□的雇农以及常年〈为〉靠出卖劳动而生活的,都可以加入工会。

在工业无产阶级数量少,而且没有别的工会的苏区,雇农工会应该有较多的无产阶级的成分,为着保证无产阶级路线与一贯无产阶级政策的执行,雇农工会内的领导,必须由产业工人与雇农中有较多经验的干部来做。

2. 雇农工会除包含个别农田、菜园与茶、稻、烟叶的垦殖场上的年工、季工外,还应该联合一切林业工人,如砍木人、锯木人、编筏人等。雇农工会必须组织农村中各种手工业式的经营中出卖劳动的工人,垦殖场工人以及生产农业原料的企业中所雇佣的以工钱为目的的工人,只要这些工人没有独立的工会,都应该把他们组织起来。

3. 农民运动中无产阶级的领导是非常重要的,雇农工会应该站在革命的农民暴动的极先锋。至于领导的形式,要决定于各地的具体情形:

(A)苏区雇农工会应该和贫农团紧密地联系着,集体地加入贫农团,目的在巩固它,加强无产阶级对它的领导,雇农工会加入后,必须领导贫农团要求土地与拥护苏维埃红军的斗争。

(B)白区内的,在国民党富农豪绅影响或领导下的农民组织,在组织上不应和这类团体发生任何关系,却要从内部分散它,加强对它群众的影响,吸收其中的贫农中农到革命斗争这边来,进行反对国民党要求分配土地的斗争,为苏维埃与红军而斗争。雇农工会在加强自己的影响,在争取□□组织的群众,在从内部割断敌人对群众的领导,在进行反对国民党地主豪绅的斗争中,必须引导这些组织到斗争的道路,反对反革命的地主资产阶级及帝国主义,拥护土地革命与苏维埃。

(C)雇农工会必须帮助反地主豪绅、反高利贷、反军阀、反帝、反国民党的农民运动。他必须用罢工示威等来拥护这些农民运动,并且帮助组织农民的团体,如抗税团、灾民团等,推进这些组织到斗争的道路,反对地主资产阶级集团。

四、雇农工会的基本任务

1. 雇农工会站在革命的阶级斗争的立场,应该成为斗争的机关,争取雇农的经济利益,争取雇农物质地位与劳动条件的改善,争取法律地位的改善,争取文化水平的提高,扩大雇农的政治眼界,这样把雇农引入整个工人阶级反地主资产阶级帝国主义总的革命斗争。

2. 雇农工会在无产阶级领导土地革命的进程中,必须起很大作用,它必须领导贫农、中农要求没收地主豪绅高利贷者的土地,要求把土地平分给雇农、苦力、红军、兵士以及贫农、中农的运动。它必须反对土地分配中以同样态度对付农民的各阶层,反对富农依照生产工具分配土地的口号,反对不分土地给雇农、苦力、红军兵士的口号,不论这个口号甚〔基〕于怎样"革命的"词句。

3. 争取雇农经济地位的改善,是"雇农工会的第一个任务"(列宁)。雇农工会必须按照各地的情况,制定农业和林业工人(工钱工人)的要求的具体纲领,这一纲领必须反映工钱工人各集体的利益。在制定纲领时,应该依照雇主的社会成分,采取个别的办法。此外,不可把白区提出的要求,机械地移转到苏区,因为苏区的情况完全不同。

纲领中的主要项目应该是:

在白区内——

(子)在地主与富农的田庄上,工时应该缩短为八小时(成年工人),青工的工时减少到六小时。

(丑)实际工钱提高到当地产业工人的平均工资的水平。

(寅)过时工作给双薪。

(卯)年工应有两个星期的休假,工资照付。

(辰)每星期休息一日,工资照付。

(巳)休假日与休息日的工作给双薪。

(午)工人病了,工资照付,并且供给食宿。

(未)合同中规定了供给住处,便应以"□□□个别居室"给与雇农。

4. 对于雇用辅助劳动力的中农,必要把要求减低,因为保护雇农的利益,不要增加雇农的失业,不要打击中农,使吸收中农到土地革命、反帝革命的道路上来增加困难。

关于贫农与中农的田庄,工时可以延长(到十小时为止),工时的长短、休息时间、休假日、额外工资等,可由双方在合同中规定。

以下的要求不管田庄性质怎样,应该提出:

（1）同工同酬。

（2）女工产子的前后应该休息。

（3）改善菜饭的质量，规定饭菜的数量，饭菜必须够吃，在质量上应该和雇主自己所吃的〈应该〉是一样的。

（4）应该依照合同供给必须的住处，不可把乱屋或牲畜住的房子给与雇农。

（5）改善雇农的待遇，废除打骂、罚金与恶劣待遇。

（6）雇用劳力（雇农）需要经过个别的或集体的合同，其形式由雇农工会制定。雇农工会必须□□雇主是否履行合同，反对欺骗工人或欠付工资。

（7）雇农有结合的□□，不受限制。

（8）废除一切限制组织工人阶级罢工、出版等的法律。

5. 苏区的雇农工会必须首先争取苏维埃劳动法中所规定的工人基本要求的充分实现，加以必须的修改，以便适合于农业的特点（农业与工业是不同的），并且按照雇用工钱劳动的□□田庄的大小，以及他的社会成分（富农、中农、贫农），提出不同的要求。雇农工会必须会同苏维埃机关提出公布雇农劳动法的问题，对于富农田庄与雇农、中农的田庄，应对分别办理，规定最低工钱与物品工钱的部分（食物与住宿），禁止恶劣待遇等等。

6. 苏区的雇农工会，在雇农群众的积极参加下，制定关于重新分配土地的要求纲领，纲领中的主要项目是：

（1）依照人口与劳动力的混合原则，无条件地分给土地于雇农。

（2）没收地主豪绅的工具、牲口，分给雇农。

（3）帮助没有牲口的农民，成立劳动组合来共耕土地，来雇用牲口建立犁牛站、农具站，出借耕牛及工具，举行借货〔贷〕，种子，及信用借贷等等。

（4）拥护苏维埃的种种办法，来减削富农超过劳苦群众的土地，并且把富农移到质量较劣的土地。

7. 在要求纲领中应该列入保护"共分收成"制度下的雇农的

利益。

在白区必须向工人说明,以一部【分】收成做工钱是奴隶式的雇佣制。在解释的进程中,要求以货币工钱或只〔至〕少以混合形式来代替地主、富农田庄上的共分收成的办法,在一切以共分收成做工钱的场合中,若遇到荒年,应该要求担保最低的数目。

在苏区也采取同样的路线,适用于以"共分收成"雇佣工人的富农田庄,□□苏区与白区内以共分收成雇用工人的中农、贫农田庄,雇农工会不可一概禁止这种雇佣形式,但是可以要求担保歉年的最低数目(指工钱最低不得超过政府所规定的最低限度)。那么,这一最低数目,便等于中农田庄上按时工作的工人的平均收入的一半。除这些基本要求外,还可以提出根据各地具体情况的特种要求。

五、雇农工会的组织系统

1. 雇农工会□全总的一部分,应依下法而成立:

雇会〔农〕工会的核心,是各田庄企业等中的雇农委员会,由该田庄企业等中雇农大会【选】举出来。

省委县委由雇农工会的省县代表大会选举出来。

在不公开或半公开的状态下,雇农工会的系统,是可以依照具体情形来改变的。

2. 假如雇农工会中包含着从事生产农业原料的工人与手工业工人等,那么在省县委中应成立这种工人的部门。

六、组织雇农工会的具体任务

1. 组织雇农工会是有若干困难的,所以有较多经验知识与力量的产业工人,应该帮助雇农组织他们的阶级工会,这一任务是"无产阶级先锋即产业工人的工会的最大而且无条件的责任"(列宁)。

产业工人可以依照下法予以帮助:

（A）在产业工人工会，全总及其机关的直接领导下，组织特别委员会，成立特种委员会来帮助组织农业无产阶级。

（B）为组织雇农工会募集基金，以由一切工人捐助一天工钱这个办法，作为募集基金基础。

（C）把募集的捐款，来发行通俗小册子及传单，帮助雇农工会出版一种报纸。

（D）派遣□□员与组织者到农村去，立刻组织分会，应该派遣和农村工人与贫农有直接关系的产业工人，并且利用与农村有关系的工会（铁路、矿工、邮工）。

（E）城市工人，尤其是市郊一带的，扶助雇农工会的地方组织。

（F）组织训练班来教育雇农工会的组织者。

2. 在苏区内立刻成立原先没有成立雇农工会的分会，扩大与加强现存的组织，在白区应该把公开和秘密工作巧妙地联系起来，根据实际情形创立失业斗争的基金，成立俱乐部学校等，并且组织和工会领导有关系的领导小组，参加一切辅助组织，抓住有觉悟的分子，使成为小组，使之成为组织其他雇农的中心。

3. 在完全不公开的条件下，小组应该用特种的代表机关宣传演讲员等，来影响与领导群众，并且把【他们】吸收到组织中来。假如这些区域内的干部不够，办事不力，应该从城市与别的地方，尤其是从苏区派遣得力的干部。

4. 在半公开的状态下，尤其是在国民党力量薄弱的地方，应该成立广泛的雇农代表会议，围绕于一个小的指导委员会，这个委员会，包含着有较高教育程度的工人，围绕着这些行动委员会的周围，应该把当地的雇农组织起来，使他们立刻加入雇农工会和成立各种辅助组织。

5. 在组织雇农工会地方小组中，工会应该特别注意研究劳动的具体条件，研究其一地方□田庄的雇农的情况，整个组织的工作，应该从适合的具体情况的要求纲领出发，这样才能动员雇农群众，使他们加入无产阶级的一般的斗争。

6. 雇农介绍所存在的地方,应该成立雇农委员会,不仅组织别处来找工作的工人,以及去别处找工的工人,很可以利用他做宣传员与组织员,来成立工会的小组。雇农地方委员会的基本工作,便是动员一切寻求工作的雇农,为合同而斗争,务使雇农与工人所订的合同,依照工会所定的形式,以便取得雇农大会所讨论的种种要求。

7. 雇农工会鉴于雇农群众中的工作机关重要,使应注意成立工会代表工人革命报纸,工人通讯员,口头教员的集团,在白区半公开与不公开的条件下,应该在每个活动分子(通讯员工会代表)的周围,组织许多雇农,经过这些雇农,就可以和农村中的无产阶级建立具体的联系。

8. 最重要的工作,便是筹备雇农工会的干部。因此,应该广泛地发展会员群众中的政治教育工作(成立学校、训练班、俱乐部等)毫不迟疑地把罢工斗争时实现组织工作的积极分子,提高到领导工作。应该特别注意提拔□工女工到领导工作。

9. 罢工是斗争的一种手段,应该广泛地通知到白区内,农业无产阶级的经济政治利益的保护与这一阶级的阶级团结。

苏区雇农工会必须知道,雇农经济政治地位的改善,只有坚决地保护那些利益,动员群众来执行工会所提出的任务,如发展工会内的广泛的群众组织,积极地参加苏维埃红军合作社的工作,□是可能的。

对于苏区内的富农田庄应该广泛地适用罢工,□对□□□贫农的田庄,只有在最后才可适用罢工,并且还要经过高级工会组织的许可。

雇农工会除争取雇农的经济文化政治生活条件的日常改善外,还要争取苏维埃即中国革命到□□□的工农专政的形式斗争,苏维埃的影响与权力的□□,□他能□全中国。

—完—

(根据中共江西省委党史研究室藏件刊印)

全总苏区执行局关于独立劳动者问题的通知

（1932 年 1 月 6 日）

一、工会是工人阶级的组织，是团结和领导工人阶级作阶级斗争谋阶级解放的机关，因此须建立真正的阶级工会。

过去工会虽然把师傅、老板洗刷出去了，可是还没有建立真正的阶级工会，现在还有些工会仍有独立劳动者存在，我们为了建立无产阶级领导，应坚决洗刷出去。

二、独立劳动者虽不是剥削人的剥削者，但他也不是被剥削者，他的性质不过是沿门卖工的劳动者。因为他不是被剥削者，所以没有反抗资本主义剥削斗争的情绪，他与阶级工人不同，因此就不能加入阶级工会。

独立劳动者简单的说来就是自做自卖的，还有自己有做工技能、有做工器具，不经过资本家老板的剥削，直接出卖于雇主（如有些裁缝、剃头的等），这亦是独立劳动者。但如果在革命以前是阶级工人，在革命以后因为没有老板雇用而失业，现在为谋生活起见，自己沿门卖工，这不是独立劳动者，这是一个阶级工人，仍然可以加入工会，因为他的阶级意识还是存在的，他的反抗剥削性还是有的，所以在革命以前的独立劳动者与在革命以后为谋生活起见而自己沿门做工的工人与独立劳动者绝对不相同的，因此应该分别来看。各级工会必须详细考审，坚决地洗刷非阶级分子，建立真正的阶级工会，吸收阶级工人,扩大阶级工会的组织,这是目前工会工作的任务之一。

全总苏区执行局

1932 年 1 月 6 日

(录自江西省总工会,江西省档案馆编:《江西工人运动史料选编》,人民出版社 1986 年第 1 版,第 203 页)

第五次劳动大会农村工人运动工作大纲决议

（1932 年 1 月 15 日①）

一、在半殖民地的中国一切社会经济组织，都束缚于帝国主义铁蹄之下，不能前进。因此，工农无产阶级，虽因帝国主义直接在中国设工厂，有了相当的发展，但是他的数量仍不十分发达。在中国整个无产阶级力量，除了主要的工业无产阶级外，还有二千万的手工业工人，二千多万的农村工人，都是积成中国整个无产阶级的革命力量，成为中国革命中强有力的领导者。

二、农村工人最主要的是广大雇工群众，其次是农村中手工业工人和店员。中国农村经济自经帝国主义侵入以后，日益崩溃。虽然农村生产形势仍停滞在资本主义社会前一阶段，并没有产生新式生产的农村工人，可是有些地方已经发生集中的或半集中的农业公司，或垦牧场大公司等等（如江苏、满洲），包含有多数雇工群众。虽他的生产方式仍然采用旧的工具，但是在他们阶级关系上，已达工厂和工场的工人地位。还有地主富农直接所雇用的工人，更占多数，不过人数不大集中而已。

三、农村广大的雇工群众，他是被地主富农及新式农业公司直接剥削剩余价值的一个雇佣劳动者，他与工业无产阶级同样的出卖劳力维持生活，所不同的只【是】生产方式而已。因此，在他的经济地位与生活条件上，决定了他是农村无产阶级。在整个无产阶级的意识

---

① 此时间是翻印时间。

〔思〕上说,他是无产阶级之一部。

四、雇工因为经济的地位与生活的背景表现他的阶级意义〔识〕与一般农民不同,而接近于无产阶级。

1. 对于阶级意识比较明显,阶级觉悟比较敏锐。

2. 私有观念比较薄弱,对于无产阶级革命——社会主义革命,无畏惧而【且】热烈拥护。

3. 封建思想比较少。

4. 在革命运动中特别坚决。

因此,雇工工人在革命运动中形成一个占主要的地位,在民权革命阶段中,他是最积极的革命分子,而能完全接受城市无产阶级领导,以致领导一般农民彻底肃清封建势力,完成土地革命。在革命深入转变到社会主义革命的时候,他不仅是坚决反对富农最有力【的】一种革命势力,并且【是】领导贫农进行社会主义革命【的】中坚力量,同时是建设社会主义之一员,应由农民群众中划分出,列入到无产阶级的队伍中来。

五、无产阶级在目前革命阶段,欲巩固他对于农民领导地位,只有经过农村无产阶级——雇工,才能建立强固的工农革命同盟,才能引导农民群众(除富农外)由民权革命进到社会主义革命的阶段。无产阶级必须吸引广大的农村雇工到〈了〉自己阶级战【线】内,积成强大的无产阶级革命力量,建立在农村中强固【的】领导地位。因此,无产阶级要以最大的力量来帮助农村雇工群众建立组织,发展斗争,使他们在农村形成独立的斗争力量。

六、在城市的赤色工会和地方总工会,对于雇工工作,要与城市工人与手工业工人及店员同样的认为【是】自己主要工作之一,同样的到农村中来建立和发展农村工会组织,应当使农村工会加入到市总工会组织内,由全总至各县总工会,在执行委员会之下,设立雇工部来管理一切农村工会工作。

七、农村工会组织基本群众是雇工群众,其次手工业工人以及少数店员。至于临时帮工而仍有耕〈土〉地者和带剥削地位的手工业者,不能将他们组织在内。应以农【场】公司和雇佣有多数雇工的大地主富农为中心工作。

八、农村工会组织以农村支部为基础组织,联合一乡或一区,规〔视〕区或〔域〕大小来规定农村支部和附近市镇各业支部成立农村工会。较大的农场公司,应单独成立工会,然后按耕种的区域或居住的关系来组织支部。至于手工业工人在乡村中除了该项手工业为特殊工业,可另成立工会(如福建烟工,各地油坊工人,酿酒工人,浙江之纸工)外,其他手工业工人,可按其职业关系,在工会之下成立职业支部。

九、农村工会中对于青妇工应该设青工和妇女部,专门负【责】宣传教育工作,对于青年和儿童雇工,仍然要加入到工会,编入各农村支部组织,同时可以组织劳动童子团和少年先锋队。

十、雇工群众在地主富农残酷剥削之下,不仅勤劳终年所得无钱〔几〕,特别是儿童的雇工,每年工资甚至不到一元,除了耕种以外,还有替地主富农无代价地做各种劳役,生活的痛苦达到了极点。因此在发展农村工人运动,主要的是坚决来领【导】雇工群众,作经济的政治【的】斗争,只有在斗争中才能发展工会组织,建立农村工人在革命中对于农民群众的领导地位。

十一、雇工的经济要求主要的【是】:

(1)增加工资。(2)减少工作时间。(3)改良待遇。(4)规定工作范围,反对其他的额外工作及劳役(如抬轿、推车、防盗等)。(5)规定休息时间和一切例假。(6)反对雇主任意解雇。(7)儿童妇女与成年同样工作时应给同样工资。

十二、雇工的斗争,应当注意在斗争中有组织地行动,尽可能地使每一斗争采取联合【形】式(如同盟罢工、怠工等),不要太偏于个别斗争而易发生失败,同时在斗争时应注意工作的时会〔机〕,才能保障斗争的胜利。

十三、雇工政治斗争是政治革命——没收土地,建立苏维埃政权。因此,他们的斗争不能脱离一般农民的斗争,对于农村中一般斗争（如反抗苛捐杂税、抗租、抗债、反豪绅地主斗争），应该积极参加，领导农民来实行土地革命。农村工会，不仅在宣传上要使一般雇工对于土地革命的认识，指出土地革命与雇工解放的前途，引导他们积极参加，并且在雇工每【次】斗争中，都要注意到农民与一般斗争的联系，在这种斗争中才能建立雇工领导地位。

十四、贫农是半无产阶级，是农工永远最坚固的同盟者——自民权革命至社会主义革命中坚固的同盟者。富农是农村资产阶级的前身，并且中国富农多半是兼中小地主和半封建剥削者，是雇工阶级斗争的对象，同时富农即【有】妥协【性】和反动性，尤其农村斗争稍一发展或雇工斗争发动以后，必然更快地变成乡村反动势力之一。因此，雇工在农村同盟要自贫农至中农，富农除外。对于雇工斗争时，应当坚决地拥护雇工利益，不应对富农有丝毫让步。在苏维埃区域中，更要加深这一斗争，即或有一般斗争中（如抗捐、【抗】税等）有富农参加在内，应由雇农领导贫农、中农，积极地夺取领导权。

十五、农村工会与农民协会或农民委员会，要建立很密切的关系，应互派代表参加会议，讨论一般斗争问题，在农村暴动和一般斗争，可共同组织行动委员会来指挥。在雇工斗争时，农协或农民委员会，要召集全体农民起来援助，雇工群众除了加入工会以外，仍可用个人名义加入农民协会为会员，在农协中取得领导地位。在苏维埃区域中，雇工应完全退出农协，而只团结在独立的农村工会中。

工农联合议决案

一、目前中国反抗帝国主义，反抗资产阶级，肃清封建残余的革命，是要得到全国数万万广大的劳苦群众与全世界无产阶级的拥护才能彻底胜利的，因此，城市的工人与乡村的农民结成巩固的同盟，是保障革命胜利的唯一条件，只有工人与农【民】手挈手的相依为命的前进，才能摧毁阻碍中国革命的一切敌人。

二、现在帝国主义资产阶级和封建势力已统一在一条战线上，张着大口,狼吞虎咽地咀嚼着广大工农群众的血肉。城市的工人在资本帝国主义所建的牢狱一般的工厂中,度着悲苦无涯的生活,每天做十几小时的牛马苦工,得不到一点儿休息,而工资则少到不能养活父母妻儿,至于待遇更简直和畜牲一般。乡村的农民,处在地主军阀两片石磨中间,不但血肉,差不多连骨头也给裂〔碾〕碎了。

三、帝国主义侵略中国的结果,首先使乡村中的农民及手工业者失去了土地和工作,有一小部分跑到城市中,为资本家挑选了去替他们榨取剩余劳动的牛马——又有一部分投到军队中去当军阀们抢地盘时的炮灰,或者上山落草当土匪流寇,其余大部分都没有地方容身,坐在家里望着等待死亡。所以城市的工人与乡村的农民,在原先是同气连枝的亲兄弟,现在虽分离开,然而在城市,在乡村,所过的都仍旧是同一般痛苦的命运。

四、统治阶级的一切统治,所得一切要求,都靠剥削我们工农而来。我们的血肉都成统治者及所有社会寄生虫的养料,而我们自己却生的悲惨结局,如拉夫征粮,奸淫焚烧屠杀无非是【落在】工农们的妻子【身上】。数不清的苛捐杂税,混乱的金融,无数的清票库券,吓人的高利益〔贷〕盘剥,又无非转嫁到我们的工农身上。我们简直【被】逼到上天无路。然而地主资本家却依然一样的快乐豪华。为打倒这些敌人,城市工人与乡村农【民】的要求通足〔是〕一致迫切的。

五、再就我们敌人方面来说,他们也并没有划分城市与乡村,在半殖民地的中国里,城市的资本家有许多就是乡村的地主,地主与资产阶级也和兄弟或姻娅的关系一般,他们彼此之间是一致的。所以中国农民不能希冀得到资产阶级丝毫的援助,而从地主手里解放出来,这完全是一种无耻的欺骗。只有城市的无产阶级,才是农民反地主的友军。

六、过去的事实也证明上面所说的是十成十足的真理。过去反军阀反帝国主义的斗争中,工农都是手牵手地前进的。我们深切地认识,劳苦的工农,除依赖自己的力量以外,是不能依靠任何他人的。劳苦的工农若不自己来解放自己的痛苦,谁都不能为我们设法【解决】的。我们为解放自己，必须将各个地方打成一片，必须全国在一个同盟之下，在一个组织中结合起来。

七、过去的经验也教训了我们，以前很多次的农民暴动（如太平天国）是失败了的，为什么呢？因为是无自觉农民的暴动，所以终归失败了；因为没有农村无产阶级与城市无产阶级的同盟，所以失败了，这是原始暴动所以失败的重要原因。

八、前年广州工人伟大的暴动，所以失败的主要原因之一，就是得不到市郊四周农民的援助，这一个创伤，永远存留在我们的心【里】。我们深刻地记着，中国革命的胜利，必须城市与农村两种斗争汇合起来，然而还必须城市的工人与乡村的农民先有一种坚强的联盟。

九、然则是否城市的无产阶级与乡村中全体农民结成一个联盟呢？不是的。

在农村中有一种受雇于地主、富农的人，这种人叫做雇农，是农村的工人，是原〔属〕于无产阶级的，剥削他是富农和地主。富农与地主残酷的待遇这些【雇】农工人，以最低的工钱为他们做很长久的时间的工作。我们要努力使在富农地主底下的雇工得到更高的工资，按时休息和良好的待遇。雇工也只有和城市无产阶级一起，才能从一切困苦与贫穷中逃脱出来。除了城市无产阶级之外，没有人会来帮助雇农的。除了依恃自己之外，也没有人可以依恃。

在农村中有许多没有或者【有】很少土地的，不能不替富人作工以维护生活的农民。这样的农民叫做半无产阶级，他们也是城市工人的兄弟，他们为对一切的富农地主作斗争计，除了与城市工人结合起来以外，也没有其他出路的。

我们看，在铁路经过的地方，谁在路面上工作呢？谁在水面上摇船呢？谁在蜿蜒的道路上推着小车、挑着扁担呢？也都是乡村无产阶级干的事。这种在中国是很多很多的，这些人名义上是农民，实际是被雇佣者，是工人。他们全部必须与城市工人结成一带联盟。

在农村中有耕不多的土地，可是他们依然不能用这些土地上的收获来支持【生活】，即在丰年他们的生活也不会好的，这种农民叫做贫农。贫农一年的收入不能温饱自己的身体，挨饥挨饿，他们的经营完全濒于破产，简直没有能力去整顿照料所耕的土地。贫农必须与城市无产阶级结成联盟，而对剥削他们的富农与地主作坚决的斗争。

中农是位于富农与贫农之间的农民。丰年的时候，可以从农业经营断〔所〕得，平稳地过去，但是贫穷却不时迫着他们的后头，他们的经济是动摇不定的。在帝国主义、地主豪绅阶级掌握着政权与土地，若临在我们头上的时候，贫农当然不能脱出穷困的命运，中农也断然不能不受这命运宰割的。中农虽然始终要想变成一个土地私有者，但是想是不能成事实的，他必须要打击富农与地主，为要打击富农与地主，又必须与城市工人及乡村的雇农、贫农结成同盟，才有可能。

富农是农村中的资产阶级，同时兼高利贷——商业资本及半地主的剥削。他包含一些动摇以致反革命的成分。在反地主、反军阀、反帝国主义的斗争中，富农是不会起积极作用的，而且他更有接近地主，与地主联合的可能。所以城市无产阶级与乡村农民的联合——是必须把富农除外的，贫农、中【农】如果不从富【分】离出来，而与雇农、城市工人结合联盟，则富农将欺骗他们，而把他们引到地主的队伍中去。

十、我们要使中国革命胜利，首先必须做到，使农村的中农、贫农，农村无产阶级及半无产阶级与城市无产阶级的联盟坚固起来。为这一联盟的实现，马上就需要进行争自由（言论出版、集会、结社等自由）的斗争，马上便需要帮助农民进行争地位平等，废除封建剥削的斗争。自然，我们最后的目的并不限于这些，我们最后的目的在求得社会主义的胜利。但是，社会主义的胜利不是马上就可以实现的，要使它实现，必须坚决地不断地与帝国主义、地主豪绅、资产阶级作殊死的斗争——把这些敌人打倒；要实现这个最后的目的，必须全中国的一切城市与乡村的无产阶级与贫农结合在一个铁般坚固的同盟之中。

我们现在正向着这方面前进。同时我们的敌人也对我们施行空前的白色恐怖,极野蛮残酷地迫害我们。然而我们决不决〔屈〕服于敌人之前,我们继续着斗争——我们决不怕敌人的刀锋子弹,我们决不怕敌人的手镣足铐。我们为【从】帝国主义之下解放出来而斗争,为工友们、农友们的自由幸福,反抗地主、豪绅、军阀、资产阶级而斗争,为推翻国民党反动的统治,建立我们工农兵共和国而斗争,为解放几千万、几万万民众的贫困与痛苦而斗争的。无论帝国主义怎样顽强,白色恐怖怎样严厉,只要我们这个工农的联合能够坚强伟大,那么胜利终归是属于我们的。

中共永新县委会翻印
一九三二年一月十五日

(录自江西省总工会、江西省档案馆编:《江西工人运动史料选编》,人民出版社 1986 年第 1 版,第 204—211 页)

中共苏区中央局通告第二号

——关于拥护"二七"召集的闽赣两省工人代表大会的运动

（1932 年 1 月 15 日）

一、在目前苏区工农群众与红军积极地向外发展进行革命战争的当前任务下，全国总工会苏维埃执行局已经决定于 2 月 7 日召集闽赣两省工人代表大会。"二七"纪念，是中国工会运动大流血的一幕。两省工人代表会定在这天开幕，是有它历史意义的。这次代表大会的召集是建筑在两省工人斗争的开展与深入和阶级工会真〔正〕确建立的基础上。只有阶级群众真实地发动，才能使代表大会完成其领导工人的斗争和组织，来积极参加和领导革命战争向外发展的任务。中央局号召各级党部对于这一次工人代表大会的运动，必须发挥最大的积极性，进行发动群众的工作。在代表大会号召之下，建立工人的真正阶级工会，领导工人的斗争发展，使苏维埃区域的职工运动在这一运动中实现新的转变。

二、中央局指出过去各级党部对于职工运动的忽视，工作和领导的缺乏和错误，使职工会直至现在尚未能成为真正的阶级的有力的斗争组织，使广大工人群众在其领导之下形成巩固并发展苏维埃政权的柱石力量。各级党部对于阶级路线认识的不足和无产阶级领导权的意义的忽视，遂致放弃了党对于组织和领导自己的阶级群众的基本任务，使职工运动的脆弱成为苏维埃区域的最大弱点，这是党最严重的错误。第一次苏区党代表大会对于这些错误都已经详细地指出了，并对苏区职工运动有了明确的决议。各级党部对于党大会决议案的真实和〔的〕了解和执行，对于党的路线在实际工作中的彻底转变,必须在这次拥护工会代表大会运动的工作中保证其实现。

三、这一次闽赣两省工人代表大会的运动,绝不能视为单纯的选举代表的运动。如果是这样的了〔理〕解,那便是继续着旧的路线,使工会组织和群众斗争生活隔离起来,工会的形式主义便必然地要发生,并且工会中的非阶级成分便会洗刷不去。全党要认清:两省工人代表大会运动的主要任务便是发展工人斗争和建立真正的阶级工会组织。对于这一任务的充分实现,必须和单纯的选举运动的倾向作坚决的斗争。

四、各级党部为实现此项任务,首先要在运动中向群众作政治的动员。对于当前的巩固苏维埃政权、扩大苏维埃区域和扩大红军,积极的向外发展进行革命战争的政治任务,我们不仅要向工人宣传和解释,而且要事实指证出:工人阶级和这些任务的密切的利害的关系。譬如目前苏维埃区域受敌人的包围,工人失业非常众多,我们应该在代表大会的运动中鼓动工人自愿地加入红军,为巩固并扩大苏维埃区域向外发展而斗争;同时要在工人会议中领导工人向苏维埃政府建议各种救济的办法(如贷款组织工人合作社等),要使政府的经济政策因工人的建议而加强其作用。对于苏维埃建设运动,我们必须发动和领导工人群众积极地参加选举苏维埃代表与建立城乡的经常代表制。我们必须把握着这些政治任务到〔与〕工人利益的相互关系,提高工人的政治觉悟与在政权中的领导作用。

五、各级党部在这一次运动中,必须号召广大群众为实现劳动法而斗争。各地各业工人应制定斗争纲领,在苏区力求实现并影响边区的工人群众为此纲领而斗争;从斗争中改造并建立真正的阶级工会,加强雇农工会的组织与斗争的作用。这些工作的彻底完成和代表大会运动有不可分离的连〔联〕系。

六、为实现上项工作的任务,各级党部应依照下列决定进行工作:

(1)各级党部于接到此项通知后,应使每一个支部每一个同志,特别是工人支部向周围的群众进行工作,并依照全总苏区执行局的规定,速即发动群众斗争与开工会代表会议,或成立前工会,推选赴大会代表,讨论向大会的提议。

(2)规定二月一日至二月七日为工会运动宣传周。在这一周中,各级党部应发动群众领导工会将两省工人代表大会的意义以及当地工会的斗争要求、各级工会改造的意义,联系到工会政治任务,广为宣传;并发表刊物,召集群众开会,庆祝两省总工会成立,以树立工会在群众中的影响与信仰。

(3)党应领导各级工会在两省工人代表大会运动中进行洗刷非阶级分子的会员出去。

(4)改选县工会以下的各级工会。未有工会的地方建立新的阶级工会,并在各级选举大会代表的会议中,便执行这一改造。

(5)改造雇农工会,制定雇农特殊的斗争纲领,规定雇农工会的经常工作计划。

(6)进行实现劳动法的宣传。根据劳动法与当地工人的要求,制定当地工人的斗争纲领,发动群众力求实现,并影响和号召苏区的白区的工人群众为实现此纲领而斗争。

(7)根据斗争纲领发动工人群众向资本家斗争,订定团体合同。

(8)发动工人群众组织自己的文化教育团体与合作社各种组织。

(9)领导工人群众向苏维埃政府建议救济失业与社会保险的各种可能办法,并经过苏维埃城乡的工人代表或由工会直接向苏维埃政府建议各项设施的意见。

(10)党应领导工会、雇农工会。在工会还没有成立的地方,党应直接领导工人群众发起并成立各乡各区各县的拥护红军委员会,吸收各革命团体并中农和城市贫民群众加入,来扩大红军运动的领导,并号召工人自愿地加入红军。

(11)党要在群众中解释和宣传"二七"运动的血的教训,要使工人群众了解自己工会的重要;要联系到反对帝国主义国民党目前对于白区工人运动的压迫和屠杀,并发展和成立反帝大同盟的组织。

七、这次运动中主要口号应是:

（1）拥护闽赣两省工人代表大会！

（2）领导工人斗争！

（3）建立工人真正的阶级工会！

（4）反对忽视工会运动的错误！

（5）工会是苏维埃政权的柱石！

（6）工会发起拥护红军委员会！

（7）工会要做扩大红军的领导！

（8）工会要积极参加苏维埃选举运动！

（9）工人为实现劳动法而斗争！

（10）工会工作是共产党的基本任务！

（11）要选举斗争的工人做代表！

（12）庆祝两省总工会成立！

（13）洗刷非阶级分子出工会！

（14）改造下级工会、雇农工会！

（15）为实现工人斗争纲领向资本家斗争！

（16）订立团体合同！

（17）实现八小时工作制，加工资！

（18）改善工人生活！

（19）为青工女工利益斗争！

（20）组织工人合作社！

（21）组织工人文化教育团体！

（22）救济失业工人！

（23）失业工人到红军中去！

（24）积极向外发展进行革命战争！

（25）以革命战争消灭军阀战争！

（26）反对日本帝国主义占领东三省！

（27）反对帝国主义瓜分中国，压迫中国革命！

（28）反对帝国主义国民党进攻苏联，武装保护苏联！

（29）纪念"二七"死难烈士，"二七"死难烈士精神不死！

（30）反对帝国主义国民党压迫和屠杀白区工人群众。

（31）中国无产阶级领导的工农民主专政胜利万岁！

（32）全世界无产阶级联合起来！

八、这一运动完毕后，各级党部须将运动的经过详细检查，并报告给中央局（这一通告同样适用于红军政治部在工人群众中的工作）。

苏区中央局

（录自中华全国总工会编：《中共中央关于工人运动文件选编（中）》，档案出版社 1985 年第 1 版，第 158—162 页）

闽赣两省工人代表大会工作指南与问答

（1932 年 1 月 18 日）

关于两省工人代表大会问答：

一、问：什么叫做两省工人代表大会？

答：两省代表大会，就是江西、福建两省工人代表在一块开会，故简称为"两省工人代表大会"。

二、问：为什么两省要在一起开会？

答：因为江西福建两省总工会过去的工作，差不多犯了同样的错误，这两省工人代表大会所要讨论的问题也差不多相同，而两省的地域又相毗连，若各自开会，要费两次手续，不如在一起开会较为便利。并且全总苏区中央执行局又在瑞金，在一起开会，指导上又要便利许多，所以决定江西福建两省在一起开会。

三、问：为什么要开两省代表大会？

答：第一，过去工会没有明确的阶级路线，甚至于是非阶级路线，为要加强职工会的组织与工作，转变到明确的阶级路线，所以就要召集两省代表大会来讨论将来工作的进行。

第二，要讨论实现全苏大会的劳动法，与总结过去一切宝贵经验，就要开两省代表大会。

第三，要成立江西省总工会，改选福建省总工会。

四、问：为什么要成立江西省总工会，改选福建省总工会？

答：第一，江西工人运动的发展，赤区工会组织的扩大与新的工会成立，过去的省总因 AB 团把持被解散了，因此，必须成立省总工会,以统一领导机关,来指挥工作。

第二,福建省总工会不健全,组织散漫,领导工作人员有脱离群众的现象,并且以前没有开代表大会,就改组省总工会,为要建立健全的阶级工会,建立工会生活,所以就要开代表大会来改选。

五、问:要选哪些人到代表大会?

答:要些工作表现很积极的真正阶级工人、雇农、苦力、店员,所以有些表现不积极、工作不努力的分子就不要选他当代表。

六、问:我们要怎样来拥护两省代表大会?

答:我们要拥护两省代表大会,一定要加紧我们的革命工作,要改造各级工会,要执行阶级工会路线的转变,要扩大阶级工会的组织,要争取劳动法的实行,要组织红军后备队,要发动工人的斗争,在这些实际工作中才能动员广大工人群众热烈地来拥护代表大会。

七、问:为什么要改造各级工会?

答:因为有些非阶级分子,甚至有反革命的 AB 团社会民主党等分子,躲在工会内破坏、捣乱、操纵工会,使工会工作没有很好进行。

八、问:怎样改造各级工会?

答:1. 要反对各级工会官僚主义,因为官僚主义,是不做实际工作,不注意工人要求,专在机关里摆架子的人。

2. 要反对命令主义,因为命令主义,是要工人盲目服从不许工人讲道理,不向工人宣传解释,结果使工会机关脱离工人,为少数人所把持。

3. 反对腐化、消极、怠工的现象,因为这些不吃苦、不耐劳、不努力工作的现象,就会造成上面官僚主义、命令主义。

4. 坚决地洗刷工会内一切非阶级分子,及其反动分子,选举坚决勇敢真正的阶级工人分子到工会工作。

九、问:怎样来执行阶级工会路线的转变?

答:站在阶级的立场,作阶级斗争,谋阶级解放,坚决洗刷非阶级分子,反对行会思想,建立真正的阶级工会。

十、问:怎样来扩大阶级工会的组织?

答:吸收阶级工人加入工会,扩大阶级工会宣传,提高工会地位,发动工人斗争,实现工人本身要求,定出工人斗争纲领,使工人自动的来加入工会。

十一、问:怎样争取劳动法实行?

答:扩大劳动法的宣传,各级工会都要讨论劳动法的实行,使每个工人都晓得劳动法是保障工人利益的,【以】发动工人斗争【的】方式去争取,使每个工人都能自动地为实现劳动法而斗争。

十二、问:为什么要组织红军后备队?

答:第一,因为阶级敌人尚未消灭以前,他时时刻刻是要想向我们进攻的,我们为巩固现时□苏区的争取全国胜利,必须更要准备将来与帝国主义国民党作最后的决战,这就要扩大红军巩固红军,这是我们的任务。为了发动广大工人加入红军,鼓动群众自愿加入红军,随时准备应红军扩大的要求,这就要组织红军后备队。

第二,我们在为□巩固苏维埃政权,加强工人在苏维埃中领导,特别是在红军中的领导,必须鼓动工人大批地自动加入红军,加强红军中无产阶级的成分。

十三、问:为什么要反对帝国主义?

答:因为帝国主义是压迫和剥削中国工农群众的反动头子,不仅常常在中国制造军阀混战,使我们受苦遭难,被白军俘虏烧杀,□□官吏苛捐杂税,每年饿死了几百万,还□拿飞机枪炮炸弹给国民党军阀的军队,几次进攻苏区和红军,并且在上海、汉口、天津、东三省等处开了好多工厂吸〈收〉工人们的血汗,使农村破产,农民无饭吃,最近各帝国主义又直接武装进行瓜分中国,压迫中国革命,所以要反对帝国主义的剥削与压迫,就要打倒帝国主义,这是中国革命主要任务之一。

十四、问:谁是工人的领导者?

答:中国工人领导者,就是中国共产党,因为共产党是工人阶级的政党,是为了工农阶级利益而奋斗的,是最进步、最坚决、最勇敢、最彻底实行土地革命,实行劳动法,及坚【决】打倒帝国主义和国民党,工人农民士兵只有在共产党领导之下才能得到解放。

十五、问:两省总工会要做些什么工作?

答:两省总工会是要领导全省工人作斗争,和指挥全省工会,并〈做〉巩固和发展苏维埃,建立巩固革命根据地,争取苏维埃在全中国胜利的一切工作。要使全苏大会劳动法的实行,不能像过去江西省总工会的 AB 团包办,吃饭不做事,和【像】福建省总工会的工作人员官僚腐化的一样。

十六、问:两省代表大会对工人有什么利益?

答:在两省代表大会上,要从各县区工人代表中选举最坚决、最勇敢、最有能力、最有斗争经验、最好的分子,来成立省总工会。这个省总工会一定能坚决领导工人斗争,争取工人阶级的实际利益,努力革命工作,实现《劳动法》,执行两省代表大会决议案,以谋工人阶级解放。那我们工人也热烈地来庆祝两省代表大会的开幕,和热烈参加代表大会的选举代表运动。

中华全国总工会苏区中央执行局印

(根据中共江西省委党史研究室藏件刊印)

苏区团在工会运动中的任务决议
——苏区团第一次代表大会通过①
（1932 年 1 月 20 日）

一、团在工会运动中的基本任务

团在工会运动中的任务，是团的最基本的任务。这一任务，在目前更成为苏区团的首要实际任务之一，只有这一任务执行得充分，团的其他一切任务才能保证其充分执行。

团在工会运动中的任务，要在下列的基础上去进行：组织百分之百的青年工人（青工、雇农、学徒）到阶级工会中去，站在争取和保障青年利益的立场上，领导他们以组织的斗争的力量，坚持劳动法令中规定的一切青工权利的实现，领导他们参加一切社会的政治的斗争，发展他们的政治积极性，发展他们在一般青年群众中的领导作用，并加紧对他们的文化教育工作，以提高他们文化的政治的水平。

---

① 本文时间是编者判定的。1932 年 1 月 15 日至 20 日，苏区团第一次代表大会在瑞金叶坪村召开。中共苏区中央局委派毛泽东出席大会并作政治报告，临时中央政府副主席项英、红军总司令朱德、红五军团总指挥季振同等领导也出席大会并致词。大会选举产生了团苏区中央局新的领导人，充实和完善了团中央局的领导机构。顾作霖任书记，张爱萍任秘书长，胡均鹤任组织部长，陆定一任宣传部长，王盛荣任少先队总队长，曾镜冰任儿童局书记，冯文彬、张绩之、谭启龙等任巡视员。本文是大会通过的决议案之一，形成时间应不晚于 1932 年 1 月 20 日。

二、过去工会运动中青工工作的错误和缺点

1. 工会运动中的非阶级路线,使得真正的阶级工会没有建立,大多数工会机关成为手工业者、独立劳动者,甚至一部分封建残余分子——和尚、道士、地理先生等的护身符,青工、学徒和青年雇农,实际上为这些阶级异己分子所盘据〔踞〕的工会机关所抑制、所排斥,很多没有加入工会;就是加入了工会,亦仅仅是登记了一个名字。

2. 苏区青年工人的生活,部分的虽有某种程度的改善,但一般的来说,劳动法令中规定的一切青工权利差不多全未实现,青工生活的改善极端微弱,很多学徒和牧童,还是在师傅老板和富农的剥削与压迫之下,过着同从前在反动统治时代同样的痛苦生活,甚至那些剥削者进一步地以新的剥削方式来向青工进攻,例如学徒分得了田要给一半与其师傅(宁都)。

因为工会机关大多数把持在异己分子手里,所以始终不去发展工人斗争,坚持劳动法令的实现,对于青工利益的争取,则〈更〉不但不去积极地领导,反而利用他们在工会中的地位,压制青工,使其照旧忍受半封建的奴役与剥削而没有能力反抗。同时,有些地方的工会机关,仅依靠政府的命令和威权,强迫资本家实现工人利益,而不去发动工人群众的斗争,结果反而养成工人群众的依赖性,不认识自己的力量。此外,还发现了经济主义的倾向,不顾及整个苏维埃运动的利益(如闽西龙岩等处监督资本、学徒与师傅得同样工资等),破坏苏维埃的经济政策。这种倾向,必然而且事实上已经给那些压制青工斗争否认青工特殊利益的人一种藉口,来抑制青工利益的争取,以至全部推翻青工已得的正当利益。

3. 在工会运动中,一般忽视雇农工会工作的情形之下,对青年雇农牧童的工作,极不注意。青年雇农分得了田,就可以不必加入工会。对雇农工会工作的取消观念,还很浓厚地存在。因此在工会工作中,不积极引导青年雇农加入雇农工会,雇农工会青工部的工作,

特别薄弱,不注意经过青工部与青工小组的作用,去领导贫农团中的青年工作,团结广大中农青年于贫农团的周围。

4. 青工部的组织和工作,没有真实地建立起来。一般的对青工部的作用,缺乏明确的了解,认为青工部是一个机关,不了解是青工群众组织,因此各级工会的青工部,都成为各该级工会机关分工的名义,而根本没有实际工作,同青工群众没有密切的联系。许多青工部都没有专人负责,即使有人负责,最大多数亦不是由青工群众所选举的领袖分子,有些甚至为异己分子所窃代。这就使得 AB 团、社会民主党反革命派别能够混入,以青工部的地位在青工中做些反革命活动。

5. 青工全权代表的运动没有进行,就是有些地方,虽已开始运用青工代表会议的方式,但这种代表会议还不是一种全权代表运动的实现,还没有建立他的经常工作和活动。

6. 对青工的文化教育工作异常缺乏。一般青年工人,仍然难得受教育的机会,俱乐部、读书室、夜校等绝少建立。青工的文化水平、政治水平仍甚低下。

由于上述的错误和缺点,使得青工虽然参加了一般斗争,但是他们的生活和社会地位尚未适当地提高起来;他们文化的、政治的水平,尚未迅速地增高;他们的积极性,尚未在一切斗争中和活动中,充分发挥出来。

这是由于过去团对于工会运动中的任务,表现不可容许的忽视,甚至抱着极端错误的取消观念,如认为苏区中没有青工,或者青工已经解放没有什么要求和斗争了,等等。

同时,团对于青工部的领导,亦有包办主义的倾向,不吸引非团员的青工领袖【任】青工部工作,不去领导青工部发展民主,由青工部的会员选举青工部的委员会,而多由工会机关甚至由团部直接指定团员去包办。这种办法,只能阻止青工部工作的建立和发展,使青工部永不能成为群众的组织,青工部的系统永不能建立起来。

上面这许多错误,因为过去团中央对团的力量估量过低,所以不但不能很快地克服,而且对这些错误的斗争也放松了。

因此,必须警醒全团同志,深切了解工会工作是团的最基本的一项工作,反对上述的一切错误,而实际加强团对工会中青工工作的领导。团必须广大征收青工、学徒和青年雇农入团,并加强青工团员的作用,每一青工团员必须加入工会,成为工会工作的有力分子,在城市和墟场中,团需努力建立工厂作坊的支部。同时,应将各个个别的青工团员,组织工人支部,以实际领导工会中的青工工作。在农村支部中,应将青工团员尽可能地编为一个小组,以便于工会工作的讨论和进行。区委应时常召集全区青工团员的会议,来讨论工会工作。凡工会尚未建立的地方,团员及团的支部应负责把工会建立起来。此外,各级团的组织,必须经常注意工会工作,作为日常的议事日程。自区以上的各级团部中,应设立经济法权部,经常注意对青工工作的指导和领导工会中团组工作。

三、今后团对工会工作的具体任务

1. 首先,团要组织一切青年工人、学徒、雇农加入工会,做到没有一个青工站在阶级工会组织之外,要使青年工人成为坚决的分子,来执行工会的改造,排斥工会内一切异己分子,不使那些消极怠工的分子站在工会的领导机关内,而推选真正的工人领袖来做工会的领导工作。在工会执行委员会与常委之中,必须有青工领袖参加。

2. 团应随时随地〈的〉密切关心青工的特殊利益,必须定出各业的青工斗争纲领,发动和领导青工的斗争,坚持苏维埃劳动法令之完全实现。团必须反对一切否认青工特殊利益和抑制青工斗争的企图,那些完全依靠政府的权威和命令去实现青工利益,而不去组织青工、领导青工斗争的观念,同样是庸俗的机会主义观点,必须坚决反对。目前在苏区中对学徒的压迫制度,仍有部分的存在,因此,团应特别加紧在学徒中的工作,以最残酷的斗争,去推翻和消灭这种黑暗制度。此外,团应注意发动和领导青年雇农对富农的斗争,以发展农村无产阶级青年的积极性与领导雇农,巩固广大贫农青年和中农青年的联盟。在青工斗争中,必须纠正与防止经济主义的倾向。

保障青工利益的实际获得,必须发动青工参加苏维埃的选举运动,建立城乡代表会议的制度。团应充分注意政权机关中劳动检查的工作,各级团部(区、县级以上)必须派最忠实于阶级利益的干部,到同级政府的劳动部中担任青年检查委员,他的责任是:经过政权的作用,检查和监督劳动法令中所规定的青年权利之真正实现。

3. 在巩固的苏区,苏维埃政权已经巩固,劳动法令已经实现,阶级工会已经强固,可以完全保障青工利益,就不应组织青工部和青工小组,而应在工会之下成立青工委员会。

青工委员会应该由选举产生,它是附属于工会的组织。它的任务是:在青工中进行工会工作,领导青工的斗争,登记青工会员,召集青工会议,领导青工全权代表的运动。青工委员会可经过工会派人到下级巡视工作。

在新发展的区域,及比较流动的区域,则苏维埃政权尚未巩固,阶级工会尚不强健,劳动法令尚未完全实现,因此必须建立青工部和青工小组,以有力地发动青工群众,领导青工的斗争。这些区域,经过相当工作后,劳动法令已经实现,青工部亦逐渐过渡到青工委员会。

4. 团必须在每个企业与农村中,建立青工全权代表的运动。首先,要在总的青工要求的基础上,举行青年工人的会议,解释建立青工全权代表的重要,以及进行选举。

在大企业中,这个选举要在各部门进行,各部门的青工全权代表会,总起来成为工厂青工全权代表会。

在小的市镇中,家庭工业、手工业学徒、商业学徒中,这个选举要在各街道进行,每五个到八个人选举一个代表,建立一个市镇的青工全权代表会。

在乡村中,这个选举要在各乡中进行,五个到八个人选举一个代表,成立区的青工全权代表会。要使那些比较觉悟和积极的非团员当选为全权代表。青工全权代表的运动,是工人全权代表运动中不可分离的部分。

青工全权代表,是在团的支部直接领导之下的,登记代表等等手续,是由青工部或由青工委员会来做。青工全权代表须与他有关系的青工保持经常关系。青工全权代表会,要深切了解青工的生活,进行青工的斗争,进行青工中的文化教育工作,若全部青工都加入了工会,则青工全权代表会就不应组织,已组织者逐渐取消。

5. 团应在青工群众中做允分的工作,动员他们到红军和地方武装中去,使之成为工农武装的骨干,青工委员会应与到红军和地方武装中去的青工会员保持密切关系与充分帮助。同时,应当组织少年先锋队,来保护工人的斗争与进行青工群众中的武装训练,少先队应与工人纠察队发生密切关系。

6. 在青工中进行文化教育的工作,是团在工会工作中的主要工作之一,工会、工厂委员会应举办俱乐部、读书室、阅报室、识字班、体育会等等。团须领导青工部、青工委员会和青工全权代表会进行这些工作,以这些机关作为它活动的中心,与一般群众密切联系着。在文化教育工作中,应格外注意加强政治教育。同时,团应供给干部给工会,来做这些文化教育工作。

7. 在收归国有的产业中,以及在苏维埃政府举办的工厂中,我们必须经过政府,使之首先实现劳动法令。同时团应领导青工群众,站在发展苏维埃经济、帮助革命战争的立场上,以革命竞赛的方式,提高青工在生产中的积极性,以改善生产与增加劳动生产力。在必要时,发动群众自动要求政府延长工作时间。

8. 团应领导青工群众,加强在一般青年群众组织,尤其是少年先锋队中的活动和领导作用,领导一般青年群众,积极帮助红军和革命战争,帮助苏维埃政府。团应领导青工群众积极参加合作社的运动,首先是消费合作社及各种制造各种必需品的合作社,使这运动发展成为反对投机商人和发展苏区经济的运动。

9. 特别要注意失业青工中的工作。向他们解释失业的原因和其出路,引导他们积极参加一般斗争及向资本家富农斗争。把他们组织在工会和青工全权代【表】会之中,同他们密切联系着,团特别要在失业青工中作充分鼓励,号召他们加入红军和地方武装中去。

10. 建立反动统治区域的工会工作,团要用尽一切方法和可能去进行,团与苏区工会和青工部,应尽量选派得力的干部到苏区附近反动统治区域的中心城市和工业区域,去建立工会工作,去与已经建立的工会和青工组织取得联系,互相通信报告斗争消息。在反动统治区域里,团应提出青工要求纲领,发动青工斗争,建立青工部,拆散黄色工会,争取广大青工群众建设其斗争的组织的基础,以帮助红军和苏区的发展。

11. 今年"二七"的江西、福建两省苏区工人代表大会及"五一"的全国劳动大会,团要发动青工群众积极参加,选举真正的领袖当代表。在两省大会之后,团要经过全总苏区中央执行局,召集两省苏区青工代表会议。

—完—

(根据中共江西省委党史研究室藏件刊印)

苏区团第一次代表大会儿童运动议决案①

（1932 年 1 月 20 日）

一、苏区的劳动儿童在革命运动之中已经表现出他们的巨大的作用，特别是三次战争和最近苏区消灭灾荒的斗争中，劳动儿童都发挥了他们的积极性。

二、苏区儿童运动在立三路线时代陷〈入〉于取消状态。立三路线的儿童运动是把儿童团作为"暴动队"，这种荒谬的办法是根本违反少共国际纲领的。这就使得团完全放弃了实现苏维埃法令中规定的儿童利益的任务，使得儿童运动完全失掉共产〈党〉主义教育的作用，结果是削弱和破坏了儿童〈中〉运动，并且使反革命派别得以在劳动儿童中活动，以致有些劳动儿童受反革命的影响和欺骗。

三、苏区共产主义儿童运动的任务是要实现劳动儿童的利益，用儿童所了解的方法来教育他们以共产主义，并且领导他们，用他们能力所及得到的方式②，参加革命斗争——这样使儿童成为将来继续革命事业的战士和共产主义社会的建设者。

自从苏区中央局成立，反对立三路线执行国际路线以后，因为犯

---

① 原稿封面标题为《苏区团第一次代表大会儿童运动决议案》，封面写有"刘志坚阅"字样。刘志坚（1912—2006），湖南省平江县人，曾任中国工农红军第三军团政治部秘书处处长、青年部部长，以及红四方面军政治部宣传部部长、第四军政治部主任等职务。

② 原文如此，疑有误。

了对于团的估计不足的主要错误,对于儿童运动【采】取了错误的放弃态度,团内对于儿童的错误了解消极态度,以致取消主义仍然严重存在。实现劳动儿童利益的任务没有实现,甚至连注意【也】谈不上,多数的劳动儿童仍旧受着剥削,而且在封建习惯的压迫之下过生活。在儿童中进行政治与文化教育,养成劳动儿童革命的政治思想,培养儿童良好的生活习惯。领导参加政治斗争的工作一般的是非常漠视,儿童运动中极错误的单纯军事化的立三路线残余非常浓厚,许多地方的团叫儿童团做极大适宜①的经常工作(送信、放哨、捉反动派、查路票等),甚至有些地方异想天开地动员儿童当红军。大部分的团放弃对儿童运动的直接领导,把儿童团附属于苏维埃政府机关内,有些团部虽然形式上领导儿童运动,但实际上却采取消极的态度。到党大会前后,上面的错误改正过来,团对儿童运动开始注意,各级儿童局开始建立,但儿童运动实际工作的转变还为微弱。

大会一致认为儿童运动必须彻底转变,改正以往的错误和缺点,进行正确的儿童运动方针。

四、目前苏区儿童运动的具体任务是:

1. 完全实现苏维埃法令中规定的劳动儿童的利益,十四岁以下的儿童禁止受人雇佣,反对儿童在家庭中做过度的劳动及受打骂。为要实现这个任务,团要经常注意向劳动儿童的父母进行解释工作。

2. 领导儿童入学读书是团目前在儿童运动中主要任务,儿童团要负责做到每个【适】龄的儿童(八岁以上的),不论男女,都入列宁小学读书。为要达到【这】个目的,必须在儿童〈儿〉中作有力的鼓动,向儿童父母作经常的不倦的解释工作,同时要努力工作,使列宁小学很普遍地建立,并且有很好的工作。

3. 儿童团的组织系统要依照少共国际的规定改变,儿童运动的组织系统是附属于团的系统,区委以上各级团部必须指定同志负责各级儿童局,团的支部委员会要指定同志作支部儿童委员,或组织儿

---

① 原文如此,似有误。根据文意,似应为"极不适宜"。

童委员会,以及作儿童团少队长。这些儿童运动的干部一定要是年龄较大有工作能力的,最好是女同志。儿童运动的系统如下图:

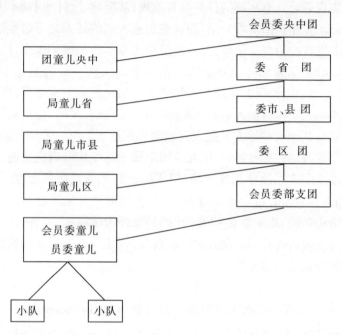

儿童局负责规划与进行儿童运动及制出关于儿童运动的议决,上级儿童局可向下级团部及儿童局作关于儿童运动的指示,但一切总的计划与决议,必须【得】到团部的批准或通过。儿童局犯有极严重的错误时,团部有权把他解散,但被解散的儿童局可以向上级儿童局控告。儿童局要经常向团部作报告,团部应经常讨论儿童局的报告,团的巡视员要同时负责巡视儿童运动状况,对上级的报告中要同时报告儿童运动状况。

4. 儿童局与儿童委员会应当团结一些革命的教师、体育家、歌舞家、音乐家、画家及革命的儿童父母在自己的周围,帮助工作。儿童运动中要彻底废除过去立三主义的专做兵暴的方法,要经常做政治的和军事的文化的游戏、唱歌、跳舞、听故事、看图书等等。同时,必须坚决反对过去不注意儿童清洁与健康的倾【向】，要在革命的儿童父母的帮助之下进行。

5. 团要领导儿童，用他能力所及的方法参加一切革命工作，同时要注意领导他们在家庭中的工作。儿童所特别适宜的工作如〈像〉宣传、扩大红军、欢迎与欢送红军，帮助做礼拜六〈的人〉，鼓励父母兄弟参加苏维埃选举、牧牛、帮助春耕，宣传反对帝国主义与保护【苏】联，宣传国民党与一切反动派别的罪恶，宣传合作社运动，鼓励父兄交税，进行节省运动，救济灾荒，举行读书运动，提倡卫生清洁运动与防疫工作，反对烟酒、反对迷信等，要经常地举行。

6. 儿童运动的扩大发展是目前迫切的需要。团要做到把一切工人、雇农、贫农、中农、独立劳动者等的儿童，不论男女，完全吸收到儿童团内，富农地主等剥削者的儿童没有加入儿童团的资格。

7. 儿童团的标识、口号、敬礼，必须依照中央的规定完全统一起来，并且使每个儿童团员都熟记标识、口号与敬礼的意义。

8. 中央局与各省委（首先是江西与福建）必须经常出版儿童的刊物，供劳动儿童阅读。

9. 为了训练儿童干部，大会委托中央局筹备儿童运动干部训练班的办理。

10. 大会同意中央局于三月八日召集儿运干部会议的决定，要督促各地的团从速筹备大会，并决定九月四日（国际青年节）举行全国苏区儿童团大检阅。

—完—

中国工农红军第三军团政治部翻印

（根据中共江西省委党史研究室藏件刊印）

苏区团第一次代表大会政治决议案①

（1932 年 1 月 20 日）

一　战争与革命的时代

苏区团第一次代表大会同意苏区党第一次代表大会的政治估计，特别指出，在党大会以来一个短时期中，政治形势的发展，更明显地表示革命已到了大发展的局面。

社会主义的苏联，已经把五年计划中的多数部门完成而且超过，现在已在开始执行新的五年建设计划。全世界一切资本主义国家，没有一个不陷入经济的危机，革命运动发展起来，以致有好多国家，已经生长着和发展着革命的危机。帝国主义者已经积极地用武装和秘密条约来重新瓜分世界。日本帝国主义已经占领中国的东三省，法国帝国主义已经进兵云南与广西，来瓜分中国，直接进攻中国革命，直接屠杀与压迫中国的民众。帝国主义第二次世界大战的危机，已经非常迫近了！尤其是世界上最主要的矛盾——社会主义制度与资本主义制度间的矛盾，紧张到了极度！因此，帝国主义进攻苏联和中国革命的危险，是目前最主要战争危险。

在中国，革命运动也飞速地发展起来。首先是全中国工农兵群

_____

① 时间是编者判定的。本文是苏区团第一次代表大会通过的决议案之一，形成时间应不晚于 1932 年 1 月 20 日。

众,已经乘着三次革命战争的胜利,建立了自己的中央政权——中华苏维埃中央政府。苏维埃与红军一天天地巩固和发展起来。全国各大城市中,甚至白色恐怖最严厉的城市中(武汉、长沙等)都发展了剧烈的反日反帝斗争,这个斗争已经转变成为反国民党的直接行动(各地捣毁国民党与国民政府的机关),以及群众的反帝游击战争(热河、奉天等省的义勇军)。城市工人的罢工斗争发展起来和激烈化起来,水灾区域的灾民斗争与游击战争日益扩大。白军士兵因为生活痛苦,因为反对投降帝国主义的国民党军阀,发生了兵变的潮流,特别是宁都暴动,二万士兵全体加入红军,更是中国革命史上空前的事件。在这革命的猛烈发展之中,青年工农兵士与贫苦学生群众的政治觉悟和积极性也巨大地增高起来。这在苏区中,表现于青年工农群众的踊跃加入红军,热烈拥护苏维埃中央政府,参加土地革命和帮助红军作战;在反动统治区域中表现于青年工农兵与贫苦学生群众的积极参加罢工斗争、反帝斗争、游击战争与白军兵士的哗变。

垂死的国民党统治,益发分崩不可收拾,这种分崩的现象,在国民党各派成立新的南京政府争取反革命领导权的时候,更明显地表现出来。但是,同时他们也更加联合一致来对付革命,他们大举进攻鄂豫皖苏维埃区域并其他苏区,他们更残暴地屠杀革命工农与反帝群众。可是地主资产阶级的任何一派,都无法来挽救他们垂死的统治。巨大的革命潮流,必然把他推翻。

现在是战争与革命的时代,是革命运动在全世界大发展的时期。在中国,全国的革命危机,日益成热〔熟〕。青年工农群众的彻底解放,完全依靠于革命战争的胜利。

苏区团的当前任务,是发动和领导苏区广大工农青年群众的斗争,实现苏维埃法令中规定的一切青年利益,巩固革命根据地,尤其是参加日益扩大的反帝国主义反国民党的阶级的革命战争,夺取几个大城市,把许多苏区连成一片,这样来争取一省数省首先胜利,反对帝国主义瓜分中国与进攻中国革命,反对帝国主义第二次世界大战,武装保护苏联!

二　共产主义青年运动与苏维埃区域

苏维埃区域的巩固与发展,主要地依靠于广大工农群众斗争的发动,工农民主政权的建立与苏维埃政纲的实施,铁的红军的创造和扩大。共产主义者在苏区青年群众中的任务,是要尽力发动与领导他们,在无产阶级的领导之下,争取青年的利益,参加政权,尤其是加入红军,发挥青年工农群众在巩固与扩大苏区的斗争中的作用。特别因为在过去几年的苏维埃运动中,青年工农群众已经表现了非常伟大作用,这就更加说明和指出,共产主义青年运动,是苏维埃运动中不可分离的主要部分。立三路线,一切青年运动的取消主义,与对立三路线和取消主义调和的倾向,是与列宁主义没有丝毫相同的地方的,都是对于苏维埃运动有害的。

立三路线在青年运动中,是取消主义。他完全忽视青年的重要作用,放弃领导青年为苏维埃而斗争的工作,对于青年的唯一领导者——共产青年团,则主张"与党合并"。

在立三路线之下,一切领导青年工农争取本身利益、实现苏维埃政府法令的工作,领导工农青年参加政权的工作,领导工农青年扩大红军的工作,和工农争取本身利益,实现苏维埃政府法令的工作,领导工农青年参加政权的工作,领导工农青年扩大红军的工作,和工农青年中共产主义教育的工作,完全取消,或者走上完全取消的地步。立三路线培植了青年运动中非阶级意识的生长,发展了团内右倾与"左"倾机会主义,使一切反革命政治派别(AB团、社会民主党、改组派、托洛斯基派等)得以乘机在团内发展它的影响与组织,潜入团的和青年群众组织的领导机关,来进行他的反革命阴谋。立三路线使整个苏维埃运动受到很大的挫折与损失,同时也就使苏区的共产主义青年运动受到很大的挫折与损失,陷入危机状态。

对立三路线的调和路线,实际上仍然继续立三路线的取消主义,阻碍了团〈的〉向国际路线的转变。

苏区的团,从立三路线的取消主义转到国际路线之后,才消灭危机,重新走上发展的道路。青年工农群众的积极性的作用,才在团的领导之下发挥起来,团的影响也扩大起来。这完全证明青年运动中立三路线取消主义的破产,只有国际路线是唯一正确的路线。

三 中央苏区团在执行国际路线中工作的检阅

苏区中央局的成立,是苏区团开始脱离立三路线,转变到国际路线的标志,在这时期中团的工作得到了相当成绩:团的政治积极性开始提高;团的散漫状态逐渐消减;潜伏在团内的反革命分子大部分肃清;团的阶级成分相当改造,新的干部开始提拔;红军中团的工作开始建立,青年中的反帝运动开始进行;团在领导青年工农帮助红军作战的工作中,有了相当的发动;团发起了"共产青年团礼拜六";团工作中青年化的方式开始应用;团内自我批评、两条战线上的斗争与政治教育工作,都在开始发展起来。但是这些进步,一般的说来是极为微弱。有些成绩,仅是在某部分的团开始表现出来,有些地方的团,甚至连初步的成绩都还没有!团的状况仍然是很严重。团的发展远落于革命发展的后面。

大会一致地认为这种团的成绩,是团在中央局领导之下,反对立三路线与取消主义的收获。那些"苏区内青年工农无须斗争""青年工农无须参加苏维埃""红军中没有青年工作"等的理论,完全是取消主义的理论。那些"共产青年团就是社会民主党 AB 团""共产青年团被社会民主党 AB 团破坏了""把团解散,重新组织一个"等理论,乃是取消主义丑恶的变相。大会一致拥护过去中央局与这些取消主义的坚决斗争,并且认为团应当继续这个斗争。

但是,少共苏区中央局在领导中央苏区的团与国际路线而奋斗之中,除了党大会所指出的一般的缺乏明确阶级路线与充分群众工作,更犯了右倾机会主义的严重错误,这就在一个较长的时期中(中央局成立直到党大会前后),阻碍了和迟缓了中央苏区团向着国际路线的彻底转变。大会完全同意中央八月四日来信,认为中央局过去的主要错误,是对于当时团的状况估量过低,对于反革命政治派别惊惶失措的右倾机会主义错误。中央局在苏区团转变到国际路线,并且有充分客观主观条件来执行国际路线的时候,却不信任这从土地革命中生长出来的团,而恐惧反革命派别,估量当时团的状态为"危机状态"。这个右倾的错误估量,就引起了严重的恶果!

团放松了当时最紧急的执行国际路线到实际工作中去,实行工作青年化,争取第二次革命战争胜利的任务,而认为必须首先肃清反革命分子,然后才能工作,于是就执行了非阶级的非群众的肃反路线和采取了许多不正确的组织办法(如某些地方解散团的组织,重新登记等),造成团内恐怖状态;压制了团员政治积极性,思想斗争与自我批评的发展;产生了引进新干部与发展团组织的恐惧心理,放弃了团内的教育工作;对于国际路线的传达,极不深入;实际上放弃了或削弱了工会、少先队、儿童团等群众组织工作;放弃了真正发动群众来肃清一切反革命派别的组织与政治影响的工作。结果是:团的组织虽然恢复过来,但是却又受到严重的损失,甚至有些地方受到破坏;团内的取消主义虽然受到打击,但是许多的不良倾向与机会主义反而助长起来;反革命派别虽然受到严重打击,但是残余的反革命派,仍能利用团的错误来破坏团的组织和影响。因此国际路线的执行受到了巨大的阻碍。此外中央局还犯了对青工运动不关心,对三次战争的胜利估量不足的右倾错误。这些错误,中央局直到党大会前后才改正过来。改正这些错误以后,团的工作有了明显进步。

大会一致认为中央局的毫不掩饰的自我批评,是苏区团的布尔塞维克化的最可喜的表现。大会号召全苏区的团员热烈地拥护少共苏区中央局,继续在其布尔塞维克的领导之下工作,为国际路线而奋斗!

大会同时指出,团内还存在着各种右倾与"左"倾机会主义。如对政治形势的估量不足,太平观念的保守主义、取消主义,对青年群众积极性估量不足(如说青年不肯当红军,贫苦工农没有能力等)。

对团的估量不足,对领导青年工农参加苏维埃政权与土地革命的不积极,对反帝运动与工会工作的消极,对反对 AB 团、社会民主党等工作的不积极,对排除地主富农分子,吸收工人与雇农团员与提拔工农干部的不坚决,不愿【作】思想斗争的团内和平观念,俱〔惧〕怕团的公开的心理,不愿扩大红军,不领导青年群众参加战争,尾巴主义,拒绝发展自我批评,向迷信投降,实际工作中的机会主义,怠工消极等等的右倾机会主义;以及反中农的情绪,"向苏维埃示威",第二党倾向与先锋主义。不了解团应当是比党更广泛的组织,工作方式的不会主义,看不起青年的工农群众而拒绝他们入团的要求(关门主义),对艰苦的工作不耐烦,把少先队、儿童团作为青年红军,打菩萨、打庙宇、强迫群众等"左"倾机会主义,都在团内存着。这些机会主义的倾向,也障碍了团的工作转变,必须在理论上和实际工作中向这些错误的倾向作坚决斗争,特别是对着目前主要危险的右倾斗争。

四　苏区团的目前任务

苏区团必须把国际路线执行到实际工作中去,把团的工作青年化,发动广大青年群众,团聚在自己的周围,领导他们为巩固苏区、扩大红军向外发展、争取一省数省的首先胜利而斗争。不经过残酷的国内阶级战争,就不能有苏维埃的胜利与工农青年的彻底解放。目前团的一切任务必须围绕着争取革命战争胜利的中心目标。

(甲)扩大红军,实行苏区工农群众的武装训练,领导青年参加革命战争

1. 积极发动青年工农群众加入红军与地方武装,实现军事委员会三个月扩大红军计划。在扩大红军的工作中,团要成为主动的力量。每个团员,都有在团的一声号召之下,加入红军的责任,要坚决肃清"加入团就可不当红军"的错误观念。每个团员都应当是扩大红军的领导者与宣传者。在扩大红军的工作中要坚决反对强迫、指派、欺骗等方法,尤其是反对对扩大红军的消极的右倾机会主义,并且严

厉防止地主富农子弟混进红军。

2. 团要经过少年先锋队(工农青年半武装的自卫组织)在广大青年工农群众中,进行普遍的军事教育与体育运动。团要尽力得到红军干部的帮助,来进行少先队的武装训练,并使少先队和红军发生密切关系。少年先锋队中,除了一般的武装训练外,要加紧政治的训练。团要广大发动少先队员到红军中去,少先队应尽一部分保卫地方的责任。

大会认为苏区少先队代表大会的召集,是合时的。团应当领导少先队,积极准备今年国际青年节(九月四日)的苏区少先队总检阅。

3. 在红军作战的时候,团要广大发动青年工农群众参加战争,领导少年先锋队,在红军指挥之下,进行扰敌、击敌、堵敌及一切帮助红军作战的行动。组织运输队、担架队、救护队、洗衣队、慰劳队等,在后方帮助红军作战。在暂时被白军占领的苏区中,团要坚决反对失望逃跑的右倾观念,留在当地领导群众作游击战争。

4. 团要做到,在分田的时候,把其中比较最好的几份作为"红军公田"或者分给本乡的红军战士。要做到把没收来的工具等,首先分给红军家属。团要举行"共产青年团礼拜六"的工作,每个团员必须参加,并且宣传群众自动地前来参加。礼拜六工作的主要内容,是帮助政府实现优待红军条例——耕作红军公田,帮助红军家属作田,帮助红军的运输与收买粮食等等。

5. 红军中团的工作必须加强。团须成为红军中俱乐部、列宁室的积极分子,在严守红军纪律,政治与军事学习,作战的勇敢等事件上,都要成为一般红色战斗员的模范。团要在红军政治机关的领导之下,积极进行提高青年战斗员的政治水平的工作,这样来造成红军铁军!

(乙)领导青年工农群众积极参加苏维埃政权,实现城乡苏维埃的经常代表制度

1. 在最近的选举运动以及今后苏维埃选举之中,团要领导十六岁以上的青年工农百分之百地参加选举。同时要发动群众,禁止富

农地主等没有公民权的人来参加选举。

2.团要领导青年工农群众,选举最好的青年工人、雇农、贫农、中农与城市贫农分子到苏维埃中工作。因此必须与党一起,在选举之前提出候选人的名单,这名单中一定要有青年工农分子,并且把这个名单向群众宣传,以便在选举大会上通过。同时要坚决反对地主富农或其拥护者当选。

3.目前开始进行建立城市苏维埃与乡苏维埃经常代表制度的时候,团要帮助这个制度的建立。不能代表群众利益的代表,团要与党一起发动群众,把他撤换。团在苏维埃中要经常建设关于青年利益的提案,并且要领导青年群众帮助政府来实现其一切决议。

(丙)争取青年工农的本身利益,完全实现劳动法与土地法令

1.领导青年农民群众,热烈参加土地革命和土地建设。大会严厉斥责过去许多地方的团,对于领导青年农民参加土地革命的怠工现象。团应当与这种怠工现象奋斗〔斗争〕,积极发动青年农民,依照中央政府的规定,与成年一起,完全没收地主的土地、财产、房屋、工具,禁止地主租借田地。同时,没收富农的土地及多余的工具、房屋,分与坏田。把没收的一切土地、房屋、财产、工具,分与贫农、雇农、失业工人和作红军公田。在目前重新分田的地方和新发展的区域中,团必须努力进行这些规定。同时须坚决反对损害中农土地的"左"倾错误。

目前春耕的时候将到,团必须积极动员青年群众参加储蓄粮食和土地建设的工作。这就是,准备粮食,开垦荒地,建造和改良灌溉制度,培植森林,准备种子,准备耕具,组织耕牛站来帮助无牛的农民等。在这工作中,团要领导青年农民反对富农囤积居奇,开导农民的封建迷信(如因为"风水"关系而反对改良灌溉制度等),提倡贫苦农民合作,帮助农民插秧,领导牧童注意看牛,反对破坏耕牛站等等的行为。

2.组织和领导青年工人,实行劳动法令。为了实行这个任务,应当:

（1）在工会和雇农工会中，组织青年〔工〕部或青工委员会，吸收百分之百青年到工会中来。青工部和青工委员会的中心任务，是定出切实的青工纲领，领导青年工人的斗争，争取青工本身利益，完全实现《劳动法》中青工应得的权利。

（2）团供给苏维埃政府以劳动检察员。

（3）在青年工人中，组织少年先锋队，与工人赤卫队发生密切关系，保护工人的斗争罢工，以武装自卫的力量，对付破坏与捣乱罢工的资本家走狗。

（4）区委以上各级团的"经济法权部"，立即成立起来。

（5）在国家的工厂中（兵工厂、被服厂等），《劳动法》要经过政府首先完全实现。团在这工厂中，要发起革命竞赛，增加生产。

（6）苏区团应立刻全体动员，准备二月七日召集的江西、福建两省苏区工人代表会和五月一日的全国劳动大会。团要经过全总苏区执行局青工部，即在会后，召集两省苏区青工代表会和全国青工代表会。

（丁）发展苏区青年群众中广大热烈的反日反帝运动

1. 广大宣传帝国主义瓜分中国、屠杀与压迫中国人民，日本帝国主义占领东三省与准备积极进攻苏联的行动，帝国主义世界大战的危机，国民党屠杀反帝群众压迫反帝运动，举行广大的反帝演讲与示威运动。

2. 发展反帝同盟青年部的组织，建立各县和省的反帝同盟青年部及其工作。

3. 大会认为建立苏区反帝青年的最高机关——苏区反帝同盟青年部——是非常迫切的需要。决定委托中央局在最短期间内，发起召集苏区反帝青年代表大会，成立最高的反帝青年指导机关。

（戊）帮助苏维埃政府实行经济政策

1. 广大发展购买消费合作社的运动，以及扩大工农银行股金的运动，来反对奸商渔利和高利贷。团必须发起这些工作，并且要做到苏维埃政府对这些工作给以帮助。

2.举行节省运动,领导青年工农群众搏节费用,来帮助红军作战的战斗费,反对一切金钱与必需品的浪费。在这件事上面,团员要做群众的模范。

3.努力进行消灭灾荒的斗争,必须继续发展互济运动,用募捐,没收地主财产,没收富农多余的粮食、种子、工具、耕牛等方法,来救济灾区。

4.为了帮助政府征收统一累进税的缘故,即使目前苏区因为战事很少地方征收农业累进税,团也要进行宣传与解释的工作。【在】征收农业累进税的地方,团员应做群众征税的模范,首先缴纳。

（己）文化教育工作与清洁防疫运动

1.团必须在群众中解释无知识的害处,发动群众帮助政府,进行开学读书的运动,并且要做到各地政府用极大力量来注意这个事业。团并且要成为各地俱乐部、识字班、读报团、读书班、歌舞队、戏剧团等等的组织者与积极分子。

2.国民党在三次战争中,故意造成苏区的瘟疫,想来残害苏区的工农群众,清洁防疫的工作因此成为团的严重战斗任务之一。团要努力地〔以〕清洁防疫的常识向群众作广大宣传,举行清洁防疫运动,并且实行清洁防疫的办法,举行防疫竞赛与卫生宣传。

3.团要进行铲除鸦片和反对饮酒的工作,在过去受国民党军阀毒害而种鸦片的地方(如瑞金、宁都等县),团要发动劳苦农民不种鸦片,要种粮食,要宣传群众不吸食鸦片,并且劝导吸烟的工农去戒除烟瘾。团要宣传饮酒的害处,进行反对烟酒的运动。

4.团要进行经常的反宗教迷信运动,方法就是在俱乐部内,组织"不信神教同盟",经常进行反宗教的宣传与解释工作。但必须防止不得群众全体同意而打菩萨、拆庙宇盲动行为与强迫行为。

（庚）儿童运动、妇女运动与青年工农代表会议

1.儿童运动,必须立即依照中央或改组进行真正为儿童所了解

的共产主义教育工作①。全国应当立即热烈地进行这个工作,准备中央局在三月八日召集的儿童运动干部会议和今年国际青年节的全苏区儿童团大检阅。

2. 团要与党共同建立妇女委员会和参加妇女代表会议的工作,领导青年妇女运动,争取妇女特殊利益,提拔妇女干部。

3. 青年工农代表会议要经常地召集,作为广布团的主张,扩大团的影响,发动青年群众,参加各种运动的主要工作方式。

(申)白色区域与白军中的工作

1. 征求同志到白军中工作,是团当前的重大任务。团要发动团员热烈地自动在中央局指导之下去做这项工作。

2. 在苏区附近的反动统治区域中,特别是中心城市与工业区域中,团应当积极地去建立工作基础。

3. 团要在附近的反动统治区域中,组织参观团来苏区参观。

(壬)发展团员的政治积极性与两条战线上的斗争,加强无产阶级的领导

要实现上述的任务,完全依赖于团员政治积极性与团的两条战线斗争的发展,以及团的无产阶级领导的加强,因此必须:

1. 对于一切右倾、“左”倾机会主义,必须发展无情的斗争,只有在思想斗争与不顾情面的布尔塞维克的自我批评之基础上,才能巩固团的布尔塞维克的一致。必须反对一切压制自我批评与掩饰错误的企图,同时必须反对极端民主化的倾向。

2. 必须坚决执行排斥地主、富农子弟到团外去,和广大吸收工农分子,特别是青工与雇农到团里来。大会认为,目前团需要有一个大的发展,决定中央苏区于最近两个月内,举行广大的征求团员运动,发展一万新团员。

3. 必须努力发展团的政治教育。团报《青年实话》应当更加改进并且青年化,全团必须努力注意发行、读报、通讯等工作。团校(列宁

---

① 原文如此。

青年学校）与团的训练班，是团内教育的主要方式之一，必须继续并且扩大。团的宣传与教育工作中，尤其应当注意到反对一切反革命派别的理论。

4.必须建立支部的工作，团的支部要能在群众中起核心作用。

5.必须把团的主张、行动以及组织公开起来，同时建立强健的秘密工作，每个团员应当是青年群众的革命模范。团的支部要时常召集青年工农大会，宣传团的主张，宣布团的纪律执行，发动群众来讨论团的主张与批评团员的工作。在这个会议上要公开征求团员。区委县委也必须时常召集青年工农代表会议及青工雇农大会等，来进行这些工作。

（根据中共江西省委党史研究室藏件刊印）

苏区少年先锋队章程
——苏区少先队第一次代表大会通过
（1932 年 1 月 25 日①）

一、苏区少年先锋队是工农劳动青年半军事性的阶级的组织，他团结广大劳动青年参加革命的斗争，争取和保卫阶级利益，并从斗争中给以政治的军事的教育和训练，他帮助城市和农村中被剥削青年的特殊要求和为了实现其特殊要求而斗争，他是红军的后备队，他帮助苏维埃政权实现一切法令。

二、共产青年团少年先锋队是工农劳动青年的独立组织，他在共产青年团的政治领【导】下活动。

三、凡承认本队的章程、年龄在 16 岁以上 23 岁以下的劳动青年皆可加入，不分男女，地主资本家富农的子【女】不得加入。

四、青年工人、雇农、苦力、学徒、贫农等青年，自愿加入本队者即可加入，不必经过介绍。但青年的中农及一般小资产阶级的分子加入本队须经乡（工厂、街道、市）队部的审查和批准。

五、本队的组织为民主集中制。各级领导机关由队员大会或代

---

① 本文形成时间是编者判定的。苏区少先队第一次代表大会于 1932 年 1 月 21 日在瑞金召开，1 月 25 日闭幕，该"章程"作为大会通过的文件之一，其形成时间应不晚于 1932 年 1 月 25 日。本篇原稿封面写有"中国工农红军五军团政治部翻印，1932 年 12 月 2 日"，应为翻印时间。中国共产主义青年团中央委员会办公厅编《中国青年运动历史资料（10）》（1960 年 11 月版）第 518 页亦刊有该文献，题目为"苏维埃区域少年先锋队章程——苏区少年先锋队第一次代表大会通过（1932 年 5 月 5 日）"，与本文内容有少量差异。本篇依据原稿刊印。

表大会选举。被选举出来的机关对选举者负责,按时报告工作;下级机关承认上级的决议并迅速执行,遵守纪律。各种问题只有在上级未决定以前队员可尽量讨论,一经决议,队员必须无条件地执行。

六、本队以地域界限而组织之,组织的最低单位是工厂乡村市镇街道。组织系统如下:

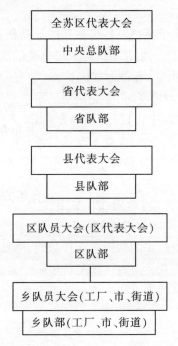

七、各级队部由队员大会或代表大会选出三人至九人组织之,由此三人至九人选出正副主任各一人,各级队为便于指道〔导〕工作起见,可以在队部之下组织各科或委员会,如军事教育科、宣传鼓动科、组织科等。各科或委员会按照队部所指示的方针而工作,并须经过队部实行各科或委员会的决议。

八、工厂、乡、市、街道、小市镇的队员大会,每半月开会一次。其队员在廿□①人以上者,可在队部组织小队,小队会议由队部随时指定召集。区队员大会或代表大会每三个月开一次,县代表大会半年开一次,省代表大会每年一次,全苏代表大会两年一次。各级队部每五月②开会一次,经全苏区省队部过半数的请求,中央总队部得召集临时全苏代表大会;省以下各级经下级的请求——过半数和上级机关的允许,【得召集】各该级临时代表大会。

九、遵守纪律是每个队员及各级队部的最高任务,在工作行动上须绝对地服从革命纪律。如遇不执行上级机关的决议或犯本队所议定的错误,处罚的方式是:各种形式的指责、警告,取消其指导工作,开除队籍。在作战演习警备时,要完全服从军事纪律。

十、本队各级队部的【所】需费用则先预算,求得上级批准,向其领取。本队月费收铜元一枚,失业工友或贫苦者经队部批准可免收。

十一、本部〔队〕的礼节是右手握拳平右耳,全体队员须遵守此礼节。

十二、本队在苏【维埃】政府指〔政〕纲之下活动,并帮助苏维埃实现一切法令。本队应随时随地帮助红军,经常供给红军及工作人员,同时本队也应求得红军的帮助。在作战时,本队完全服从红军指挥和调遣,以及完全服从共产青年团的代表——政治指导员的指导。

十三、只有全苏区代表大会有权更改本章程。

(根据中共江西省委党史研究室藏件刊印)

---

① 原文不清,此处似为"廿六人"。
② 原文有误。经考证,此处"五月"为"三日至五日"之误。

苏维埃区域少年先锋队的性质与今后工作
——苏区少先队第一次代表大会通过

（1932 年 1 月 25 日[①]）

一、本大会认为在过去几年来的革命斗争中,少先队有了极大的发展,并表现了很大的作用,他成为苏维埃与红军有力的帮手。有些不了解少先队这种伟大作用,想取消少先队(赣东北是被取消过的),想减轻少先队的作用的(如把少先队的年龄减低到 18 岁),这都是不对的,都是对革命有害的。本大会号召全体队员,鼓起少先的精神,反对这种人,反对这种办法。以前有些地方苏维埃政府设一个少先委员会来指挥少先队,这也是妨碍少先队有独立系统的,现在苏维埃政府已经改正过来,少先队要拥护。苏维埃这种改正,并纠正自己的错误。

二、本大会确定少先队是工农劳动青年群众的组织,他团结了工农劳动青年参加一般的斗争,进行争取青年工农特殊利益的斗争,进行文化工作,帮助苏维埃政权实现一切法令。过去各地因为对于少

---

① 本文形成时间是编者判定的。本文作为苏区少先队第一次代表大会通过的文件之一,其形成时间应不晚于 1932 年 1 月 25 日(苏区少先队第一次代表大会于 1932 年 1 月 25 日闭幕)。本篇原稿封面写有"中国工农红军五军团政治部翻印,1932 年 12 月 2 日",应为翻印时间。中国共产主义青年团中央委员会办公厅编《中国青年运动历史资料(10)》(1960 年 11 月版)第 521 - 522 页亦刊有该文献,文末标注"1932 年 2 月 19 日少共苏区中央局通过",内容与本文亦有少量差异。本篇依据原稿刊印。

先队的性质与基本任务没有弄明白,所以发生各种的错误。有的认为少先队是一种单纯的军事组织,是一种青年红军,所以只吸收工农青年中最勇敢最强壮的人加入,用三三制编起队伍来,只做军事训练和参加一般的武装斗争,不去进行争取青年特殊利益的斗争,不做文化教育的工作。有的认为少先队只是一种领导青年群众作经济斗争的组织,把他与工会青工部一样看待。有的认为少先队是纯粹文化的组织,只做文化教育的工作。

上面这些错误都使少先队不能做他应该做的任务,不能起到他应有的作用,这都是很危险的错误,本会号召全体队员同这些错误作坚决的斗争,以战胜这些错误。

三、本大会规定少先队今后要做下列几件工作:

(1)帮助红军作战、拥护红军、慰劳红军,输送自己的队员去扩大红军、加强红军。

(2)参加和巩固苏维埃政权,帮助苏维埃一切法令的实现。

(3)参加反帝国主义的运动,参加一切拥护苏联的运动。

(4)赞助青年群众反对资本家富农的斗争,争取青年的特殊利益。在这些斗争中少先队当尽武装保护的责任。

(5)参加共产青年团礼拜六工作。

(6)进行文化运动,办俱乐部及平民学校。

(7)实现章程,建立自己的独立系统,发展和巩固组织。

(8)加紧政治教育和军事训练,取消以前死板的教育方法,采取新的方法,开始新式武器与救急的训练,办干部(式)学校训练干部。大会委托中央总队部立刻定出教育训练计划与办干部学校的计划。

(9)经常采用工作竞【赛】的方法。

—完—

(根据中共江西省委党史研究室藏件刊印)

中共少共苏区中央局为动员党员团员参加革命战争和加入红军告同志书①

（1932 年 2 月 1 日）

同志们：

现在革命形势大大发展了！

英勇的工农红军冲破了帝国主义国民党的三次"围剿"后，全国的革命形势有了一个莫大的开展。

帝国主义的恐慌与崩溃日加厉害，争夺殖民地瓜分中国的斗争也更激烈。日本占领东三省全部后，越发猛进。最近霹雳一声，更进兵上海，占领闸北，炮击南京，将封锁芜湖、九江、武汉，预备占领整个长江流域。各国军舰特别是美国舰队飞快开向上海，帝国主义的大战将要一触即发，日美在上海的陆战队的前哨战已经开火。

国民党军阀虽尽其投降帝国主义出卖中国的惯技，虽极力企图利用民众反日热情与上海问题，勾结美帝国主义，挑起世界大战，以中国民族作牺牲，但他们已经四分五裂，走到了穷途末路，死亡的日期就在面前。

同时苏联社会主义建设的伟大成功，世界革命运动大发展，苏维埃旗帜出现于西班牙北部，英国几十万纺织工人准备大罢工，印度革

---

① 本文标题原为《苏区中央局为动员党员团员参加革命战争和加入红军告同志书》。

命更加高涨,在中国各处红军都取得伟大胜利,苏维埃运动大大发展,城市中反对帝国主义的民族革命运动大爆发,几万工人的罢工,广大群众的游行示威,民众的自动武装,直接驱日本帝国主义,这些运动都在共产党领导之下猛烈地发展着。全国兵变的潮流仍在继续,宁都的暴动,红军第五军团的成立,更是白军动摇瓦解的最高表现,这一切都证明革命的大风暴就在面前!

在这极端有利于革命发展条件下,我们应当积极地向外发展,配合和领导全国反日反帝的民族革命运动。我们不仅要扩大苏区,我们还要立即去夺取苏区附近大城市,赣州、吉安、抚州等,我们更应当了解争取一省几省的首先胜利已经是目前的工作了。

在这样极端有利于革命【的】条件下,任何观念,太平观念、保守主义和一切惧怕战争的情绪,都是极有害的右倾机会主义,我们假若陷入这些机会主义的泥坑中,就会变成革命的罪人!

我们要积极地向外发展,要响应和领导全国反日反帝高涨,要很快地取得一省与几省的首先胜利,必须积极参加革命战争,努力地扩大红军!

为要参加革命战争,你们必须发动和领导广大工农群众自愿地到前方去,帮助红军作战,组织运输队、担架队、侦探队,侦探敌人的行动,破坏敌人的后方,加紧白军中的士兵工作,发动慰劳红军的运动,并领导群众来切实地执行红军优待条例。

为要参加革命战争,你们必须领导广大工农群众巩固苏区后方,发展地方武装组织,执行赤色戒严,肃清一切团匪和地主残余武装,加紧春耕,帮助红军家属耕田,耕种红军公田,集中和节省粮食以贱价卖给红军,节省一切用费援助红军。但这还不够,参加革命战争的主要工作,就是要加入红军!

用命令、用强迫、用欺骗来扩大红军的错误,现在固然仍旧存在,但是现在最严重的还是党员团员对于扩大红军的消极怠工,尤其严重的是党员团员很少去加入红军,甚至以为做了党团员便可不当红军,这样便使扩大红军的工作停顿起来。

同志们!武装斗争——战争,是革命斗争最激烈的方式,因此每个革命者都应当参加红军来同敌人作战,尤其是共产党员青年团员,是革命中先进分子,更应该个个加入红军来与敌人拼命!

假若共产党员青年团员怕吃苦、怕离开家庭,离开父母、妻子、儿女,怕作战、怕牺牲,而不去加入红军,那就不配当一个革命先进者,那就不配当一个共产党员青年团员,那就要被唾弃。共产党员青年团员都想坐享太平、坐享安乐而不到前方去斗争打仗,那还能为党员团员吗?那还能领导工农群众来加入红军来扩大革命战争吗?

同志们,当红军是英勇的事业,是光荣的事业,"当过红军"应当是每个同志斗争历史上重要的一页,"当过红军"的同志,应当为共产党青年团和工农群众所爱戴,当红军应当享受"红军优待条例"的特权,这是因为参加红军是参加革命斗争中最激烈的方式——战争。

同志们!革命发展要求我们飞速地扩大红军,因此你们都应当去加入红军,这还不够,你们还要领导工农群众来加入红军,这样你们才尽了革命先进者的责任,尽了共产党领导群众的责任。

共产党青年团中的女同志们,你们因为身体关系,不能来当红军战士,但是你们必须同样积极地参加革命战争,发动工农妇女群众组织看护队、洗衣队,尽量组织慰劳队,慰劳红军,帮助红军家属的工作;你们必须向工农妇女去宣传,要她们督促鼓励自己的丈夫儿子兄弟去参加红军,要做反对男子留恋家庭、妇女牵阻男子的宣传。你们必须尽力参加后方的工作!女同志们!后方工作的责任,是落在你们身上!

同志们!革命的大风暴快要到了,同志们动员起来,来参加革命战争!

我们的口号是:1.到前方去!2.当红军去!这样来积极向外发

展！争取一省和几省的革命首先胜利！

中共、少共苏区中央局

中央档案馆藏

（录自共青团中央办公厅编：《中国青年运动历史资料》第10册，内部资料，1960年印，第150—153页）

国家出版基金项目
NATIONAL PUBLICATION FOUNDATION

中央革命根据地
历史资料文库·群团系统

15

中共江西省委党史研究室
中共赣州市委党史工作办公室　编
中共龙岩市委党史和地方志研究室

中央文献出版社　江西人民出版社

《中央革命根据地历史资料文库·群团系统》编纂委员会

目　录

团中央关于苏区少年先锋队决议

（1932 年 2 月 10 日）

在目前中国经济危机的深入，走向国民经济的总崩溃，千百万的工农劳苦群众，陷于失业灾难痛苦与死亡之中，加以普遍全国的水灾，使一万万的农民，已进入了饥寒交迫的地狱。日帝国主义公开地武装掠夺，使东北兵工厂、矿山铁路的工人，不死于炮火之中，即沦于失业流离的状态中。自上海事变①发生，单在上海，已有 16 万失业工人。受兵燹的难民达 70 万。在这样的情况之下，工农的革命斗争，也愈高涨，革命危机日趋成熟。红军苏维埃新的胜利，国民党不但不能去消灭，甚至不能暂时阻止革命的发展。自红军冲破敌人三次"围剿"以来，红军与苏区得到了非常大的巩固和发展，占领了许多新的重要城市，武汉、南昌已在包围的形势中。红军苏维埃的胜利促进了帝国主义公开的武装干涉瓜分中国，进攻中国革命。日帝国主义公开地武装占领满洲，进攻中国沿海各口岸以及长江流域各市镇，于 1 月 28 日又在上海开始武装行动，用飞机、炸弹、枪炮进攻闸北、江湾、吴淞，屠杀上海的劳苦群众。各帝国主义亦派遣大批海陆空军来华，

---

① 上海事变，亦称"一·二八事变"。1932 年 1 月 28 日夜，日本侵略军以日僧被殴为借口，突然向上海闸北一带发起进攻。驻守上海的国民党第十九路军在爱国将领蒋光鼐、蔡廷锴的指挥下奋起抵抗。上海工人、学生及各界人士组织抗日义勇军、敢死队、运输队、救护队奔赴前线，支援十九路军作战，给日军以沉重打击。后经英、美等国调停，中日双方于 3 月 3 日宣布停火，24 日开始谈判。5 月 5 日，达成《淞沪停战协定》。

实行瓜分中国,进攻中国革命。国民党政府本其一贯的投降政策,"不抵抗""逆来顺受",将满洲送给日帝国主义,接受帝国主义的一切条件,提议"天津锦州共管",接受上海设中立区,命令自己的军队撤退,仰鼻息于瓜分殖民地的强盗机关——"国际联盟"和"九国公约",用疯狂般的屠杀政策,压迫和屠杀反日反帝的群众。全国的反帝浪潮正在汹涌澎湃,用"罢工""罢课""罢操""示威游行""民众自己武装起来""驱逐日帝国主义以及一切帝国主义""推翻出卖中国的国民党的统治",来回答帝国主义的武装侵略,国民党的无耻投降。

革命的狂风把全国的青年工农士兵学生以及一切劳苦的青年,都卷入到斗争的旋涡中来了。青年参加革命斗争的积极,是正在猛烈地增长。在目前的情况之下,苏区少年先锋队的任务是:要巩固与扩大苏区,为将几个苏区联〔连〕成一片的苏区,为占领几个重要城市,以争取革命在一省数省内的首先胜利,帮助武装民众,进行民族的革命战争,争取中国独立解放。

在冲破敌人三次"围剿",巩固和扩大红军与苏维埃运动中,苏区英勇的少年先锋队,是起了伟大的作用,在革命史上写下了他的光荣的一页!

自四中全会以来,团在苏区内对少先队的工作有了很大的进步与成绩。在冲破敌人三次"围剿"中,少先队积极地参加作战,帮助后方的警戒和保卫〈的〉工作。担任放哨、交通、侦探、救护、慰劳等工作。在巩固和扩大红军上,输送了大批的队员到红军中去,帮助红军家属耕种收获,为红军做鞋、做衣,节省粮食银钱帮助红军,积极帮助游击战争的行动,骚扰敌人的防线。在拥护苏维埃工作上,帮助苏维埃政府执行经济政策,解决粮食问题,发展生产的工作(鄂豫皖、湘鄂西),执行坚决的肃反,检查行人、站岗、警卫,进行反对存在在苏维埃机关内的官僚、腐化、富农地主异阶级的分子,参加轻骑队的工作,参加没收和分配土地的斗争。少先队的组织有很大的发展(在中央区、鄂豫皖、湘鄂西、赣东北四个苏区内各有 20 万队员)。领导机关相当地改善了,进行了驱逐地主、富农、异阶级的分子于少先队之外的工作,进行了一些文化教育工作,如识字运动反对迷信。

苏区的少先队是广大青年群众的军事化的团的附属组织,它吸引青年工人、贫农、中农以及广大的劳动青年的阶层,在党和团的领导之下,来拥护红军与苏维埃,来进行反帝斗争与土地革命。那种以为有了群众的青年团的组织,可以不需要少先队的说法,是绝对不正确。在中国土地革命中主要的特点之一,即是土地革命由于争斗着的农民群众自己的创造性而建立起来的斗争形式———赤卫队、少先队、游击队等等。那种以为有了少先队可以不要团的组织的取消主义,他是不懂得团在革命中的特殊作用———领导青年运动的作用。那些把少先队看成纯粹文化的组织,和企图降低少先队年龄为18岁的,都是不了解少先队的战斗性,企图降低它的作用,这都是对少先队的取消观念。那些把少先队看作青年红军的,不了解它的青年群众性,而走上先锋主义的道路。

在少先队内必须以青年工人为它的骨干,加强吸收青年工人队员的工作,来巩固少先队的组织,保障少先队内无产阶级的领导。在少先队内混进了不少的反革命的分子,而且潜入到领导机关内来(如中央区、闽西、鄂豫皖),企图破坏少先队的组织,造成与红军对立(鄂西),包围苏维埃政府(闽粤赣)的现象。

在少先队内应当执行正确的阶级路线,来与各种不正确的倾向作斗争。但是在少先队的工作中,还存在着许多缺点和错误。在巩固和扩大红军的工作中,还保存了不少的命令主义和强迫的方式,没有广大的政治鼓动工作(鄂豫皖、湘鄂西);机械地把18岁以上的划入红军或赤卫队,结果一方面是取消少先队,另一方面不愿当红军的质量是削弱红军的战斗力。[①]〈在〉募捐帮助红军的工作也是一样存在着许多命令的方式,没有在拥护红军的基础上做广大的宣传,结果使有些农民不了解。在拥护苏维埃的工作上,没有将苏维埃的劳动法、土地法、基本法来广大地解释。在文化工作中,识字运动没有广

---

① 原文如此。

泛地进行；甚至不经过任何的宣传工作，采取过早的打菩萨、掘祖坟的办法；对男女的关系也没有正确地建立起来。少共礼拜六的工作没有经常地进行。少先队的组织生活不健全，政治的教育非常缺乏，模范队、革命竞赛没有广泛地发展；革命的纪律没有正确地建立，甚至少先队内还存在"打""跪"的军阀式的纪律。团对少先队的领导是绝对不够，没有把少先队的工作看作是团的工作（赣东北），甚至认为不要在少先队内公开提出反立三路线（中央区）。在附近苏区的白区内的少先队没有建立起来，甚至有把苏区的少先队与白区的青年群众对立的现象（如赣东北）。必须坚决执行两条战线上的斗争，与上面这些不正确的倾向作斗争，肃清工作中的缺点与错误，来开展少先队的工作。

少先队是土地革命中的产物，要完成他的伟大使命，必须执行下列的任务：

（一）巩固与扩大红军苏维埃，参加土地革命和反帝斗争，争取打成一片的苏区，争取一省数省的首先胜利，进行民族的革命战争。

（二）争取青年的特殊要求，保卫青年的斗争。

（三）实行广大的共产主义教育。

为了实现上面这些任务，必须执行下列的工作：

一、巩固和扩大红军苏维埃工作。必须经常地在自愿的原则上调派自己精壮勇敢的队员到红军中去。自愿的原则怎样才能实现？

1. 艰苦地进行宣传鼓动、解释说服的工作，把红军的阶级性彻底说明，绝对不能认为这是小的问题。要把当红军的光荣，为阶级利益斗争的伟大，提得非常之高。

2. 利用各种时候，尤其是与敌人激战的时候，在保卫苏维埃的动员之下，给以有力地煽动，鼓动青年的热血与情绪。在派遣队员到红军中去时，开欢送会，在欢送会上给以鼓动，用"自动加入到红军中去，来欢送战士"的号召使队员都踊跃自愿加入红军。

3. 用团员自愿加入红军的模范，来影响非党的青年。只有这样才能消灭存在着怕当红军的现象。

这里所谓"自愿的原则"，并不是"听其自然""等待他们自动加入来了"。必须加强反对这种"听其自然"的观点。所谓自愿的原则之实现，只有我们的工作加紧，才能求得。

反对任何欺骗的、强迫的、命令的征调，最好的征调方式，还是可以采用广泛地去发展"模范营"的工作。

在帮助红军家属耕种和募捐帮助红军的工作上，必须纠正过去所有的错误，尤其是向农民募捐时，必须加以宣传鼓动的工作。团应当有计划地领导这种募捐的工作，主要的是在发动和扩大拥护红军的工作，绝对要防止那些足以引起农民认为是苛捐杂税的行动，如三日一募，五日再捐，或摊派的方式，都要禁止之。募捐的工作，应当由农民自愿地自动〈募〉捐。

团应当有计划地来发动帮助红军家属耕种的工作。除了那些自动却酬为红军家属耕种的青年，才可不给他们任何报酬外，苏维埃政府应当给那些帮助红军家属耕种青年应有的报酬，以鼓励这一工作的进行。这里不但巩固红军安心作战，而且是巩固红军对苏维埃政府坚决的信念。

团应当去发动帮助红军打草鞋、缝衣、洗衣等工作；组织广大的慰问队到前线去慰劳；当红军开到后方休息时，必须组织红军与民众的联欢会。

在前方作战和后方军事形势吃紧时，必须调动少先队的队伍帮助红军的军事行动，或分配自己的队伍到敌人前方或后方去游击，以扰乱敌人的阵线，断绝敌人的交通、炸毁桥梁、割断电线。分派自己的队员帮助红军的运输，绝对要消灭拉夫的行动。分派顶好的队员去侦探敌人的情形。少先队应当分派自己的队伍到白军中去当兵，组织白军内的工作，特别要使附近苏区的敌人的主要部队，响应红军的行动投到红军来。

必须在少先队内宣传苏维埃的一切法令，使少先队员了解，组织各种研究组织，进行详细的讨论。

少先队应当是苏维埃政府地方的保卫者主要的力量之一。为着担负这一工作,必须加紧肃反工作,留心在苏区的不良分子,盘查来往旅客,以及站岗放哨工作。在担任这些工作中,必须消灭少先队不经苏维埃而擅自捕人、擅自审判的行动,这样一方面是造成了少先队与苏维埃的对立,另一方面造成无组织无政府状态,破坏革命的纪律和革命的秩序,久而久之,将使少先队脱离群众成为使人厌恶的东西。必须预先防止这些事情的发生。

少先队应当动员自己的队伍帮助苏维埃政府必要的设施,如道路的建筑,桥梁的建筑,特别是军事上需要的修理,大水所冲破的堤坝,以及为耕种上所需要的水利和荒地的开辟。在这些工作中,苏维埃政府应当给以相当的报酬,以奖励这些公共事业的进行。

少先队应当帮助苏维埃政府执行正确的经济政策。发展消费合作社的事业中,少先队应当起主要的作用。少先队应当派好的队员去帮助当地苏维埃政府建立消费合作社的组织,尤其是到白区去购买民众必需的消费品(油、盐、米、火柴等)进来。应当组织少先队的消费合作社,并帮助去建立红军的消费合作社。

在解决苏区内粮食的困难问题上,首先是红军的给养问题,少先队应当帮助苏维埃政府发展耕种收获运动,组织生产队,帮助发展苏维埃政府的和人民的储蓄粮食的工作。在执行这些工作上必须进行坚决的反富农投机商人一切企图破坏苏区内经济的阴谋。

少先队应当去帮助苏维埃政府肃清存在它机关内的官僚、腐化、富农、地主异阶级分子,积极参加轻骑队的工作,参加苏维埃的改选运动。

二、必须积极参加分配土地的斗争。必须使土地革命的果实落到贫农、中农身上,进行坚决的反富农的斗争。少先队应当武装帮助苏维埃政府或临时革命委员会分配土地。

在分配土地的斗争中,必须争得 14 岁以上的劳动青年,获得全份土地的权利。必须把苏维埃政府土地法令和分配的原则,广泛地在主要的农民中宣传,获得农民的了解与拥护,号召农民的大会,使农民自己来参加分配土地的工作,和发表自己的意见,使土地革命的利益,真正落在中农和贫农身上。在已经分配土地而好的土地落在富农手里的地方,少先队应当积极地参加重新分配,反对富农窃取土地革命的利益的斗争。

三、保卫青年的斗争和争取青年的特殊利益。少先队应当在自卫口号之下,来保护青年在苏维埃政权之下所得的一切利益,以及在自卫的口号之下,来保护青年的斗争。

在青年的罢工中和青年反抗压迫者的一切斗争,应当积极地武装保护,使这些斗争不至为敌人来破坏。

少先队应当参加争取青年特殊要求的实现,用自己的力量,来获得要求的完全胜利,用斗争的力量来实现苏维埃政府所规定的青年最低限度的权利。

无论哪种阻碍青年特殊利益的实现的企图,或想推延这些利益实现的企图,少先队都应当与之斗争。

四、少先队的生活。必须加强政治教育,才能使少先队的生活改善,过去在这一工作上,犯了绝不容许的错误。

为着提高少先队的政治水平线,必须在少先队的各种会议上,来研究各种的政治问题。团应派指导员去指导他们的会议。将各种政治问题编成讨论大纲,预先由少先队的指导机关有计划的规定。指导讨论这些问题的指导员,一定要是党和团的负责同志。对国际教育必须加紧,将苏联的青年状况和资本主义国家的青年情形,经常地提出来报告。

必须提高少先队的文化水平线。组织各种研究组织,研究无产阶级的科学常识。发展识字运动,组织读书班、识字组等,开设各种的学校、夜校、半日班等。

发展少先队的俱乐部,组织少先队的晚会、报告会、演讲会,出版少先队的墙报、画报、壁报。

在娱乐卫生方面,也必须特别注意。组织少先队的剧团、音乐会、体育会、旅行团、参观团,教他们唱革命的歌曲,组织清洁运动。

少先队应当进行反对迷信、宗教、封建思想的斗争,但是必须是经过广大的宣传鼓动说服的工作。必须反对那些过早地打菩萨、掘祖坟的办法,这都是会加强富农的煽动;在男女【关系】问题〈的关系〉上,也必须依据苏维埃政府的法律,正确地建立起来,反对那些任何足以破坏革命的道德,加强敌人的宣传的行动。

少先队的军事训练,必须特别加强。真正地教他们使用新武器,教他们普通军事和作战的特别技术。组织少先队的野外演习、野外宿营。

为着鼓动他们斗争的情绪,可以召集少先队的检阅,乡、村、县,可以召集全体队员的检阅,县以上可以【召集】队长的检阅。

五、应当建立少先队的经常宣传鼓动工作。出版少先队的刊物,进行拥护苏联、反对帝国主义的大战、反对帝国主义、反对国民党、反对进攻红军苏维埃的工作;应当利用具体的事件,把这些工作与苏区内一切实际的活动相联系。

〈如果是〉少先队不能单独出版刊物的地方,一定要在苏维埃政府的机关报上,有少先队一栏,在党团工会的刊物上,经常地登载少先队的消息。

六、少先队的组织和团对它的领导。苏区内少先队是青年群众半武装的组织,团的辅助组织;因为军事的组织是要有集中的领导,其目的是加强无产阶级的领导、团的领导。

团不但应公开地去领导少先队,而且少先队各级的领导机关,应当由团、党、红军(如没有红军由赤卫队)各派一人组织之(如村队部,由该村团的支部、党的支部、当地红军或赤卫队各派一人组织之,乡的队部由该团支部、党支部、红军;县的队部由团县委、党县委、红军;省的队部由团省委、党省委、红军;苏区少先队总队部由团分局、党分局、军区各一人组织之)。

团的代表,可以兼队长。在组织上,下级服从上级,队员必须服从革命纪律。—— 在前方作战或后方军事行动时,完全听红军的调动和指挥,服从红军的纪律。团对少先队的领导是直接经过团的代表及团在少年先锋队的团组来实现。团的支部、区委、县委、省委、中央分局经过自己派去各级少先队部内工作的同志,来实现对少先队的指导。同时必须加强对少先队内的团组同志的工作,召集他们的会议来帮助团的领导之实现。所有党、红军和苏维埃政府,对少先队一般不要直接给以命令和领导。

对少先队的工作检查与帮助用不着巡视员到下级,可以由各级团部直接检查,同时可以用上级队部的方式检查。

这里必须指出少先队还不是红军,还是青年群众的半武装的组织(保有它的公民的地方的自卫的各种情形),因此在它的组织上的编制仍可按照部队的,不必仿照军队的"三三制"。必须指出对少先队的集中指导,不是要将少先队员从生产中调出来集中,但遇有前方的作战与后方的军事行动(这里包括组织游击队、破坏敌人后方、扰乱敌人的阵线在内)的需要时,是可以而且是必要集中起来准备调动与敌人作战。

各级团部接到此决议后,必须广大地解释这个决议,并依据当地的环境来具体化。

(录自中共中央书记处编:《六大以来(下)》,

人民出版社 1981 年第 1 版,第 649—654 页)

关于青年团工作的决议

——听了团书记×同志报告后的决议

（1932 年 2 月 15 日）

一、中国的革命危机正在以极大的速度生长着，经济危机深入到国民经济总崩溃的程度，苏维埃运动与红军的伟大胜利，帝国主义进攻中国革命与瓜分中国的急进，决定了目前反帝国主义运动与土地革命的强有力的高涨。工人罢工争斗的澎湃，反帝争斗在全国范围内的蓬勃开始，士兵哗变，灾民与农民骚动的风起云涌，和红军及苏维埃的壮大与发展呼应着。帝国主义掠夺殖民地的战争，直接地打击着中国劳苦群众，帝国主义列强间的强盗战争与他们一致进攻苏联的战争，都威胁中国的无产阶级与劳苦群众。革命的风暴逼临着中国。经济恐慌的深入，帝国主义直接公开的武力侵略，国民党的卖国与辱国，与革命危机的成熟，当然，不能不影响到劳苦青年最广大的阶层。一方面，经济危机的铁锒〔锤〕，帝国主义在满洲以及全国的主要工业城市的军事的占领，残酷地打击了在国民党统治区域中的劳苦青年群众。地主资产阶级及其政府，正以一切经济恐慌的重担，加之于劳苦群众的肩上。广大的青年群众，正度着非人的奴隶生活，在饥饿冷冻、死亡的漩涡中挣扎着。资本家残酷地向着青工的生活水平进攻（取消月赏，减少工资，延长工作时间到十五、六小时，三日班）。开除和关厂使着几千几万青年工人女工失业（由全国丝厂关厂的结果使不下四万左右的青年女工失业，上海的日本纱厂的关闭，使着五六万的青工与女工徬徨街头），加紧着非人的剥削打骂，压迫在业的工厂与手工业作坊的青工群众;水灾与农村经济的破产,使几百万的青年农民失去一切,处于饥饿的状态之中。而地主与高利贷者更利用时机来非人地剥削与奴役青年农民。人口卖买广大流行,将几千几万农村儿童与青年农妇陷于奴役的生活。青年劳苦群众的生活,已痛苦到了极端。另一方面,苏联社会主义建设的成功与苏联劳苦青年生活极大的改善,在土地革命胜利了的苏维埃区域中青年的生活得了极大的改善,青年六小时工作,劳动的保护,文化教育的享受,同工同酬。青年农民得到了土地,解除了一切地主高利贷的奴役与束缚,取消了一切苛捐杂税。青年群众的生活开始了大大的改善,大大地提高了他们经济与文化的状况。苏区的青年工农以自己的英勇争斗给全国的劳苦青年指出脱离饥饿、灾荒、经济浩劫与地主及资本剥削的革命出路,指出了从帝国主义奴役之中解放出来的道路。这便给国民党区域中的青年争斗以极大的刺激。青工的单独争斗的数目是增加了(据不完全的统计,在上海1931年下半年有28次青工单独争斗),青工参加总的罢工争斗亦是更加积极。在一切反帝运动土地革命及日常争斗中,青年群众都起了重大的作用。青年群众在阶级战斗中的作用与意义是提高了。而资产阶级及其走狗们争夺青年的争斗亦是更加紧了,利用一切民族爱国主义的武断宣传、体育游艺、党化教育、民族文艺、童子军等来笼罩青年。在野的反革命派别更以假的似乎的反帝国主义的反国民党的口号(国家主义派:"打倒一党专政,对日宣战";社会与教育派:"召集国民大会进行反日革命战争";改组派:"打倒个人独裁,建立民主政治",与取消派的"召集国民会议实现民众政权等等"),来争取青年群众。所有这些客观条件,大大地提高了团的任务,要求团用最强的速度在为保护青年工农日常利益而坚决争斗的基础上,在独立的坚决的领导反帝国主义、反国民党的争斗的基础上,争取团集〔结〕最广大的青年群众在自己的周围,去进行领导青年群众参加民族的革命战争,反对日本帝国主义及一切帝国主义,拥护苏联,争取中国独立解放与统一。开展土地革命,推翻国民党统治,争取联系一片的苏区,争取中国苏维埃的一省数省的首先胜利及其在全国的胜利。

二、假如从这个观点来检查团四中全会以后直到目前这一时期中的工作,则不管他虽然有了许多的成绩(恢复了被立三主义所破坏了的组织,在拥护共产国际及党的路线的争斗中提高了团员的政治水平,在苏区领导了青年群众的英勇的争斗,在上海及别的地方坚决地领导着争取街道(示威)的争斗等等),而一般的情形看来,团的现状是不能满意的。团的工作很大地落后于劳苦青年群众的积极性之后;团争取青年群众的程度和速度很大地落后于客观条件所要求的程度与速度之后;团对于一切政治事变,缺乏灵活的反响。这特别在目前革命危机迅速成熟的面前是十分危险的,是不能容忍的。造成目前这种落后的原因,首先就是在团的领导机关的工作方式与方法的浮泛不切实际,空喊清谈多于具体的行动,工作的不青年化,没有具体的活的领导与工作的检查。两条战线斗争的不深入,干部成分的恶劣,及其与群众联系的薄弱,对于工厂工作注意力的缺乏。同样各级党部——特别地方党部的取消主义的残余,缺乏对于团的政治领导及经常的有力帮助,亦是主要的原因之一。

三、党中央号召一切团部及团员群众坚决地起来为着工作的转变、工作的青年化而争斗,为着工作的速度而争斗,为着改变工作的方法与方式而争斗,为着具体的领导与工作的检查而争斗,为着争取最广大的千百万的劳苦青年群众,在党口号的周围进行革命的进攻而争斗。中央责成各级党部给团以正确的政治领导及实际工作上的一切具体的、经常的、有力的帮助。

党中央着重地指出以下的团的最主要的急须完成的任务:

1. 团必须百倍地加强争取青工群众的工作,这是团的工作的最弱的一环,然而这是最主要的一环。团直到如今还没有真正地开始组织准备领导青年工人的经济争斗,极大多数的罢工中没有显明提出青工的要求,没有在罢工委员会内组织青工委员会,没有一个失业青工委员会,没有一个黄色工会中的赤色青工反对派。在职工会的工作上,四中全会的决议动员二三百团员到工会中去工作是完全没有实现,青工代表会议、青年女工代表会议还在开始的状况之中,工厂青工的具体的部分要求纲领,到如今还没有一个。许多青年工人单独斗争及参加一般斗争的丰富经验,没有加以任何研究和总结,这种机会主义的消极与动摇,应该立时的消灭,必须十倍百倍努力为保护青工日常利益的争斗;在"不准减少工资一文""反对开除""增加工资""反对取消月赏""失业津贴""同工同酬"等等口号之下,来组织青年的争斗。应立刻:

(甲)立刻在各级团部内——从中央到区委——建立有力的经斗部,以有经验的工作人员来充实经斗部的工作,他对经斗工作应完全负责。动员最好的团员到赤色职工会与赤色反对派去担任负责的工作,同样在失业工人中工作。为着下面口号而斗争:"每个青年团员应该是赤色工会青年部的会员或赤色反对派的会员。"

(乙)在最近短时期内,订立青工群众的部分的要求纲领,不仅要有全国的,某一城市某一产业的,而且要有某一具体的工厂的要求纲领。这要求纲领无条件的要在青工群众的会议讨论,要成为真正青工群众的要求纲领,而且必须建立为这纲领而斗争的一切青工下层统一战线。在下层统一战线的基础上,选举青年斗争委员会与各车间的青年代表,要吸收非党的青年及黄色工会中的战斗的分子参加。

(丙)青工代表会议与青年女工代表会议的运动,必须广大地在各工业中心进行,要将这些代表会变成青工群众战斗的组织,应从一厂或几厂的代表会做起而到召集某一城市的代表大会。

(丁)在中央经斗部及江苏省委经斗部的领导之下,召集罢工的参加者来开罢工经验研究的会议,总结青工罢工争斗的经验及准备新的罢工,在某一个罢工之后,应该经常地召集这类会议。

(戊)团必克服在失业青工中工作的机会主义的消极。选举失业工人青年委员会与青年代表,领导要求工作与食粮,反对开除,争取国家及雇主出资的失业津贴的争斗,规定具体的要求纲领,将他们在群众会议上讨论,并争取其实现。必须要建立失业工人与在业工人的战斗的联合(在罢工委员会中应有失业工人的代表,失业青工委员会应有在业工人的代表,为失业青工的要求而争斗,吸收失业青工参加纠察队、示威与会议),应即选派一部分同志来专门进行失业工人中的工作。

(己)开始真正的争取黄色工会会员群众的工作,开始在黄色工会中建立赤色小组。赤色小组应该在青工要求纲领的基础上团结黄色工会中的青工,为着这个纲领而争斗。每一步以具体的事实来揭破黄色工会领袖的反革命面目,而同时以同志的阶级的态度来说服其会员群众,经过赤色小组建立赤色青年反对派。

(庚)团必须克服附属组织发展的薄弱、基础的狭隘、工作上的关门主义(在上海有四百多团员,而附属组织中仅二百多人!!)。要广大地发展附属组织(读书班、俱乐部、足球队等等),要使附属组织有他自己的生活。

(辛)儿童运动应该立即恢复起来。提拔团员与女团员来组织儿童局,进行这项工作。在一切党团领导的群众组织之中,组织儿童小组(工厂儿童组、报贩组、在俱乐部体育等组织之中的儿童小组)参加全世界反对剥削童工的争斗,组织儿童工人及劳动者为着儿童的经济的、生活的、文化的状况之改善而斗争。

(壬)在反动区域的农民与灾民中,应该派得力的团员进去工作,为反抗捐税、为分粮而争斗,发动游击战争,创立新的苏区。

2. 组织青年群众反对进攻红军与苏区,拥护苏维埃和红军,加强对于苏区的团的领导,考查苏区团的组织,巩固青年运动中的无产阶级的领导,清洗阶级异己的分子,使团在苏区中变为党和苏维埃红军第一个可靠的助手,依然是团的主要任务。在这方面必须具体地实行:

(甲)对于苏区中团的任务,中央认为团中央去年的关于团在苏区中的任务的决议,必须迅速完成。应特别的注意到肃清隐藏在团内及群众组织之中的反革命派及青工群众的工作。首先是巩固工会青年部的无产阶级的领导。

(乙)立即依据少共国际最近关于少先队的指示,来总结少先队的丰富的经验,并保证这指示的实现。

(丙)应该继续动员青工到红军去,动员团员及革命的青年学生到苏区中去进行文化教育的工作,中央应该准备文化与教育的课本和材料来帮助苏区。

(丁)为加紧团在白军士兵中的工作,应再派选一百人到白军中去,在出发前应给以短期的训练。在兵工厂及运输事业中的工作,应该特别加紧。应编印一本给兵士阅读的关于红军的小册子。

(戊)在一切反动的武装与半武装的军国主义的组织中,团必须派人进去工作。

(己)为着使青年工人群众更清楚地了解苏区与苏区青年工农的英勇争斗,编印许多关于苏区及苏区青年争斗的小册子,将劳动法及土地法普遍到青年群众中去,组织某一工厂与一定的苏区的团部与少年先锋队间的经常的通信,交换意见,募捐款项购买赠品送给少年先锋队,组织青工苏区参观团,与苏维埃运动研究组。

(庚)派选中央代表到鄂豫皖、赣东北、湘鄂赣等区去领导各当地团部的工作,派选得力的巡视员去巡视各地工作,考查和改造各地团部。

3.领导广大的青工及青年劳苦群众的反帝国主义的争斗,反对日本帝国主义进攻中国革命,反对帝国主义瓜分中国,反对帝国主义进攻苏联,反对出卖中国的国民党,号召与组织革命的民族战争,反对日本帝国主义及一切帝国主义,争取中国的独立解放与统一,这是团在反帝国主义运动方面的任务。团必须坚决地打击自己队伍中的右倾机会主义(这是目前的主要危险)的表现:不了解独立领导武装民众进行民族革命战争的任务(以"拥护十九路军"的口号来代替发展独立的群众争斗,及号召兵士与民众进行反对帝国主义与不服从反革命长官的命令,"不要保护革命组织,以免扰乱十九路军后方"的口号,资产阶级反革命的和平主义的口号"反对战争",及揭破一切反革命派、孙科改组派、国家主义派及取消派之不足等等),不了解在反帝运动中无产阶级的领导作用,忽视在青工群众间的反帝工作,害怕提出党的彻底的口号,企图迎合资产阶级的自由主义,不敢勇敢地利用公开的可能,害怕将经济争斗政治化。团同样要打击盲动主义的倾向与左倾的空话,如过早的分裂政策,空喊暴动等等。在这方面团应该:

(甲)团必须与党的组织一致地努力准备在我们有军事力量的区域组织革命军事委员会。

(乙)广大地组织青年工人及劳苦群众的公开的反帝组织,在每一工厂中、街道上、学校中、兵营中去组织民众反日会一类的支部,组织在这一类组织中的青年部——特别是工人反日救国会的青工部。

(丙)广大组织少年先锋队,可以在各色各种的公开名义之下来组织,积极地开展组织义勇军的工作。在各地各处工厂中街道上建立公开的义勇军招募处;给这些义勇军与少先队以政治的军事的训练,组织他们去进行革命的反日的游击战争;保证每一队青年义勇军中无产阶级的骨干与团的领导。

(丁)在兵士群众中——特别是在与日本帝国主义战争之中的士兵中,进行广大的宣传煽动的工作,争取士兵群众,争取士兵与民众的联合,为着士兵群众的日常的部分的要求而争斗。在军队中进行士兵委员会的组织来保护士兵的经济的需要(饷银、衣服、伙食)及政治的权力。

(戊)积极地参加和领导学生的反帝运动,团集〔结〕学生群众的贫苦的阶层在团的周围,利用学生去煽起反动区域的农民群众,使学生运动与工人的争斗更密切地联系起来。

(己)开展独立抵货运动,组织纠察队、检查队没收日货,将没收来的日货分配给罢工工人、失业工人与难民。

四、在团的组织问题方面:

(甲)在四中全会以后,团的发展是特别不能满意的。团在非苏区中几乎没有发展,甚至还减少了团的数量。在团的干部与工作人员中,很厉害的宗派的关门主义的倾向,还依然存在。各级团部对于团的发展问题的注意力是十分不够的,特别在大工厂之中、青年女工及农民之中。必须即刻在"每一个团员介绍一个新团员","在数量上赶上和超过党","凡是有党的支部的地方必须有团的支部"的口号,进行经常的争取团的布尔什维克的发展的争斗,在紧张的争斗(罢工、反帝、反国民党争斗)的时候,特别的征收团员运动,尤应注意到在主要工厂与产业中建筑革命的堡垒。

(乙)干部的成分的恶劣状况是绝不能忍耐的(上海在区委中工人干部的成分不到五分之一),应该立即采取具体的方法使干部工人化;应该进行新同志的支部书记的短期训练,并开办高级团校来训练与重新训练干部,应该从发展自我批评之中,来进行各级的改造与充实新的工人干部。

(丙)为建立活的与具体的领导,必须建立经常的巡视制度,不仅中央省委要有巡视员,而且每一区委之下应有几个不领生活费的巡视员,经常去巡视与帮助工厂支部的工作。

(丁)中央应该以更大的注意力去帮助和建立外省的工作,要立即恢复××、××、××、××、××、××、××、××等地的组织。

(戊)加紧工作〈的〉执行〈的〉程度的检查,是执行一切正确〈的〉决议的先决前提。应该进行区委每星期的报告、省委每月报告的制度。提高个人负责制度,反对一切不负责任分子机会主义的消极。

(己)为着真正的建立大产业支部,团中央局应经常地讨论每个〈的〉重要的工厂的工作,与给他们以具体的指导与帮助。

(庚)团中央的机关报《列宁青年》应立即恢复出版,保证正确的政治路线,对于目前团的任务动员和组织的作用。同时应注意到刊载国际青年运动的经验的论文,保证其广大的发行路线。

(辛)中央政治局号召全团的同志广大的在这个决议案精神之下,来开展对各级团部工作的布尔什维克的自我批评,来揭露团的工作中的一切错误、缺点与弱点,依据团员群众的创造性与积极性〈上〉来改正它。发展自我批评与为实现这个决议而斗争,不能与加深彻底的两条战线上的斗争分开来〈的〉,反对右倾机会主义对于目前时机估计的不足,机会主义的消极,与反对"左"的盲动主义、先锋主义倾向,反对两面派与实际工作中的机会主义,坚决的布尔什维克的两条战线的争斗,是团的工作展开与这个决议案的实现的前提。

中央坚信,中国共产青年团——国际青年运动的最光荣的队伍之一,能够完全地完成自己的历史任务:动员千百万的劳苦青年群众在共产主义的旗帜之下。

政治局通过　一九三二年二月十五日

(录自《列宁青年》第 5 卷第 2 期,1932 年 3 月 20 日出版)

苏区少先队第一次代表大会的总结

（1932 年 2 月 15 日[1]）

盛　荣[2]

　　苏区少先队第一次代表大会，已于一月廿五日完满闭幕了。在这闭幕的时候，正是红军大举进攻赣州、整队出发的时候。

　　这次大会，讨论了政治问题，一致接受共产青年团苏区中央局的报告，并且决定今后要在共产青年团的政治领导之下，积极参加革命战争，来保障工农青年群众的利益。大会又作了扩大红军的决议案，以及讨论了共产青年团苏区中央局提出的"少先队性质和任务决议"和"苏区少先队章程"，建立了中央总队部。

　　在共产青年团的正确领导之下，大会完满成功！

　　少先队是阶级自卫的组织。当现在革命形势非常发展，红军进攻赣州的时候，我们要积极加入红军，和帮助红军作战，把帝国主义国民党打倒，我们的阶级利益才有最确切的保障。所以阶级自卫的目前任务，是要加入红军，为扩大苏区而战！

　　同时，我们要把少先队的工作内容，做得更加活泼有趣，使全苏区的男女青年，更加熟练军事的技能，并且有革命的头脑，所以必须把政治教育，军事教育和救护的教练，加强起来。同时，少先队要提倡体育，使大家身体强健，更有力量来自卫。

（录自《青年实话》第 10 期，1932 年 2 月 15 日出版）

---

① 原文无时间，此为《青年实话》第 10 期的出版时间。

② 盛荣，即王盛荣，时任少共苏区中央局委员、少先队总队长。

全总苏区执行局致闽赣两省工会信

（1932 年 2 月 18 日）

江西、福建两省工联会并转各级工联会：

在两个月以来苏区执行局接到各级工会关于职工会经费问题的许多书信，执行局认为在许多书信里面都包含着同一对于经费问题的不正确对〔观〕点，这种观点如果不纠正，不仅职工会经经〔费〕问题无法解决，而且要阻碍职工会正确路线的转变。

各级工会对于经费问题，观点都是依【赖】着上级职工会的津贴，这是非常错误的。职工会不能从征收会员会费来维持工会，充分表明会员和职工会联系的薄弱；职工会失却群众的拥护，工人对职工会经费困难膜〔漠〕不关心，不能积极想种种办法来维持，所以只有依赖上级职工会的津贴，表明工会不是工人自己的职工会，而是上级拿出钱来办理的职工会。

必须指出这是非常错误的机会主义的表现，如果因交通阻碍，或别种的关系上，上级和下级失了暂时的联系，不能拿钱来，岂不是就要组织瓦解，没有斗争，革命也就停止了吗？

但是事实上恰恰相反，如果职工会员能代表工人的利益，领导工人的斗争，工人积极参加职工会的工作，将职工会充裕与否当作自身的切身利害，那么，无论如何的困难情况下，就不会因经费问题而妨碍工作，只有经费有上级可以依赖，亦更增加工会离开群众不领导斗争的倾向的发展条件。

两省工人代表大会指出：过去职工会的非阶级路线及机会主义

消极的错误,因此在路线的转变过程中,要解决各级职工会的经费困难,就必须发展群众斗争,使工人在职工会领导下得到利益的增进,自然踊跃的缴纳会费,或捐款维持职工会工作的进行。

执行局要求闽赣两省各级职工会,要切实执行两省工人代表大会的决议,完成实际工作的转变,主要的要积极保障工人利益,发展群众斗争,更要打击机关主义(如工作不需要的过多常驻人员及不吸引群众参加工会工作),密切上下级职工会关系(下级应纳会费),实行劳动法(征收资本家缴纳工会费用),从工作的转变中解决经费问题,但为了目前各工会工作正在开始转变的时期中,特规定职工会经费问题的具体办法如下:

一、各级职工会应立即纠正过去不发动群众斗争的错误,要切实保障并增进工人的利益,发展反对资本家剥削的斗争,要在群众的斗争中将经费困难问题提交群众讨论解决。

二、各级职工会实行征收每一会员的会费,失业工人可以不纳会费,雇农及卖零工每月无固定收入的工人,每月五个铜元;每月有固定收入的工人,按照工资征收百分之一,此为会费的大概标准。各级职工会按照当地情形,可以稍微增减,但必须经群众会议通过。

三、各级工会如遇工作需要,经过会员通过,可征收特别捐。

四、对于征收会费,不能用强迫的方法,对不缴会费的会员,纪律的裁制(开除出会),先要经过几次劝告,经过群众会议的通过。

五、工会对资本家的集体合同,要根据劳动法订定资本家缴纳工会经费的数目。

六、各级工会缴纳上级工会的会费,应为自己会费收入百分之几,各级工会对此问题,可向上级工会提出意见,俟意见征集后另行规定。

七、各级工会按照自己收入制定预算,此项预算按照上级工会的指示的大概原则,根据各地的需要指配用途。县与区级职工会的预算,主要的要经过各级代表会议的通过,并不需要一一经过上级批准,但上级职工会自当审查有无浪费之处。

八、自区级以下的职工会，工作人员应以不脱离生产为原则，主要的吸引工人热烈地参加职工会工作。工会的办公费（纸笔墨等），应以会费自给，上级只能根据当地之实际困难与需要，相当的帮助宣传费。

九、县级职工会应裁汰不必要的多余的工作人员，如属城市工人，亦可以不脱离生产。

十、在目前职工会工作正在转变中的开始，省级及县级职工会暂用执行设法筹借款项帮助，并区职工会工作人员如属必要，可维持一人伙食（白区及新苏区另外），办公费及宣传费亦相当帮助。其对各县各区的分配【由】省工联决定。

十一、执行局补助经费仅为暂时的性质，各级工会必须在发展斗争中解决经费问题。区级工会的帮助，仅为三月、四月、五月，除宣传费酌量帮助外，应实行工作人员不脱离生产，办公费要由会费收入自给。

一九三二年二月十八日

（录自江西省总工会、江西省档案馆编：《江西工人运动史料选编》，人民出版社 1986 年第 1 版，第 222—224 页）

反帝同盟青年部组织及工作大纲

（1932 年 2 月 19 日少共苏区中央局通过）

一 发展青年反帝运动——团的一个迫切任务

苏区团大会指出：发展青年中广泛热烈的反帝运动是苏区团的一个基本任务，尤其是团目前迫切的主要任务之一。由于帝国主义瓜分中国，帝国主义大战的形势日益紧张，更把这一任务推到团的面前，要求团迅速地充分执行。但是有一部分团的组织，至今对这一任务漠视消极，这是不可容许的现象，这种现象的继续存在将演成莫大的革命的罪恶，必须号召全团团员首先反对。同时在目前反帝工作的进行中，只说不做的清谈以及只有形式上建立反帝同盟青年部的名义和机关，而不去动员群众的现象，亦日见严重，同样必须引起全团的注意，迅速加以克服。只有把这些右的"左"的倾向击破，特别是打击右倾机会主义消极，才能实现团大会的指示，执行青年反帝运动的任务，深入实际工作中去，发展成为广大青年群众的运动。

二 反帝同盟青年部的性质和作用

为得用青年化的方式和方法在劳苦青年群众中进行广泛的反帝运动，所以必须建立反帝同盟青年部的组织。青年部是反帝青年的群众组织，有它自己的系统，隶属于反帝同盟的系统之内。若认为有了反帝同盟,便不要青年部,这完全不了解青年部是反帝同盟在广大青年群众中进行工作的有力助手。有了青年部,不但不会分散反帝斗争的力量,而且只更便利地吸收成千成万劳苦青年群众到反帝斗争的阵线上来。若把青年部认为反帝同盟执行机关的一部分(像组织、宣传部一样),则实际上同样是取消了青年部的组织和工作,同样是严重的错误。同时青年反帝运动是整个反帝运动的一部分,所以青年部必须在反帝同盟领导之下工作。企图把青年部与反帝同盟对抗,或者使青年部完全离开反帝同盟,这是要把青年反帝运动从整个反帝运动中分割开来,分散反帝运动的阵线和力量,亦是有害的不正确倾向,亦须坚决反对。

在红军及地方武装中,因最大多数系青年成分,而且因为军队中的群众组织方式应力求简单,所以应发展反帝同盟的组织,而不须另设青年部。这决不是说军队中没有青年反帝工作,而恰恰相反地说明军队中青年反帝工作更为重要。

三　青年部的组织

1. 青年部有自己的系统,同时属于反帝同盟的系统之内,所以青年部在整个的工作的进行上,必须按照反帝同盟的方针与全盘计划,定出更具体的工作计划与工作方法,经过自己的系统去执行上级青年部直接指导下级青年部的工作。

下级青年部向上级青年部作工作报告,同时各级青年部须向各该级反帝同盟作工作报告,服从其领导。这种关系下图可以表明之。

2. 反帝青年部的各级委员会,应由反帝青年群众大会或代表大会选举产生,不能由反帝同盟执行委员会指派,更不能由团部指派。团应经过支部及团员的作用在选举中做到通过预拟的名单。青年部中,应多吸收非团员的积极分子参加,绝不要清一色的由团员负责。应把青年部委员会中的团员,组织团组,在同级团部领导之下(如省反帝青年部中的团组受省委领导),把团的主张与决定在青年部中实现。青年部委员会的人数由 5 人至 11 人,委员会设主任 1 人。委员会的委员以不脱离生产、不支火食费为原则。县以上各级在必要时,主任可以常驻,与反帝同盟机关一起驻宿。办公委员会之下不设组织部、宣传部及其他的委员会。每一星期至十日开会一次,讨论工作,分配各委员去执行。

3. 一乡的及一个城市的反帝青年群众大会,应经常举行,但不宜太多(约一月一次)。从区以上的各级反帝青年代表大会不定期举行。临时召集反帝青年群众大会及代表大会的召集和进行,应在同级反帝同盟领导之下。

4. 反帝青年部是广泛的青年群众组织,不应过于严密。所以在乡或城市青年部之下,不应设立青年小组。

5. 青年部是反帝同盟的一个助手,而不是与反帝同盟并立或对立的组织。青年加入青年部即是加入反帝同盟,青年部的群众即是反帝同盟的会员,所以青年部除征收反帝同盟的常费以外,不另收费。青年部将得的常费应交同级反帝同盟执行机关,青年部必需的办公用具和费用,由同级反帝同盟供给。

6. 青年部应发动青年会员参加反帝同盟之下的各种研究性质的委员会,如满蒙问题研究会、不平等条约研究会、外债研究会等。青年部自己不需另外组织这一类的委员会(在同级反帝同盟尚未成立时,青年部可组织这一类的委员会)。

7. 现在青年部尚未成立的地方,应即动员青年群众,由反帝同盟或各青年团体共同发起召集反帝青年群众大会(乡或城市的)或代表大会,即行成立。如反帝同盟尚未成立,青年部可先成立起来,但青年部应在一般群众中加紧工作,负责将反帝同盟于短时期内成立起来。

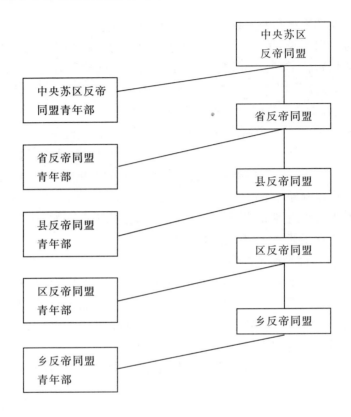

四 青年部的工作

1. 青年部的工作,主要的是要以青年化的方式与方法,组织青年群众积极参加反帝运动,并使每一个反帝青年认为要反对帝国主义必须××参加当前日益发展的革命战争,尤其是投身红军。因为只有革命战争,才能消灭反革命帝国主义世界大战,以及推翻帝国主义国民党的反动统治,求得劳苦青年群众的彻底解放。因此青年部一切工作的进行,要围绕着实际动员青年群众参加革命斗争的中心任务。

2. 青年部要经常动员最广大的青年群众参加反帝的群众大会

与游行示威,这要依靠于各种各式的宣传鼓动方法,深入青年群众,使他们了解帝国主义同他们的切身的关系,才能引起他们反帝的热情,自觉地站在反帝斗争的阵线上来。

3. 青年部要组织戏剧团、歌舞团、口号队、化装队等,吸引青年自动加入练习各种反帝反国民党的戏剧、歌舞,经常在广大群众面前(如上群众大会、晚会)表演,使宣传鼓动能够深入。

4. 青年部应编制各种各式的反帝反国民党的宣传品,如歌曲、图画、奇异的标语(如在交通要道树立奇大的木板和粉饰的标语)、简短的小册子(可当识字课本用的),在群众中普遍散发,进行有系统的反帝教育。

5. 在反帝同盟出版的刊物上,青年部应要求辟一青年栏,专登载青年反帝的文字,由青年部负责编辑。

少共湘赣省委团校材料第七种

(录自共青团中央办公厅编:《中国青年运动历史资料》第 10 册,内部资料,1960 年印,第 187—191 页)

发展苏区团的组织决议

（1932 年 2 月 20 日团苏区中央局通过）

一、中央局首先指出：过去苏区团的发展迟缓，团的组织异常狭隘，以至比党还不宽广，乃是绝不可容许的非常严重现象。各级团的组织与团员群众，一般的不能以发展工作作为他经常的基本任务去执行，不能经常吸收工农劳动青年中积极分子入团，而表现一时注意一时放松的寒热症状态，特别在每一个运动或斗争之中，团不能格外注意把那些坚决分子及时吸收进来，而且反而放松甚至放弃了这工作（如红军中在战争时，大部分往往陷于停顿状态）。团的组织，对发展团的工作，甚至表现极其忽视的现象，如福建省委在汀州城四个月中，只发展了十多个团员。在红军中亦同样现象，如十二军的有些部队，四个月来没有发展一个团员。在有新发展的苏区，如石城、广昌等地，经过了二、三个月还没有团的组织。在红军及地方武装的某些部队中，至今没有一个团员的也有（如雩都独立团）。同时团在青工、雇农、学徒中的发展，特别缺乏，因而团的阶级基础，仍很薄弱。团的发展不仅赶不上客观形势的飞速进展，而且比党的发展还要落后，无论在地方上，在红军中，团的组织一般的比党狭小。这种非常严重的现象，使得团的力量不能张〔长〕大，在执行当前任务上受到困难和阻碍。团大会对苏区团的发展问题，有了正确的指示，团大会以来，团的发展，有些新的成绩，但是严重现象仍未克服过来。

二、造成这种现象的主要原因，是由于团内关门主义的盛行以及机会主义的发展路线。关门主义认为只有最觉悟、最勇敢、最坚决、最……的分子才可以入团。因而吸收一个团员介绍就先要经过长期的观察,介绍后,要经过一再的审查考察,往往有费时数月之久的。关门主义,把团的口号和主张向群众秘密起来,用秘密的拉夫式的方法,去发展新团员。关门主义,在实际上是阻止青年群众中的积极分子到团内来。关门主义,特别对于青工、学徒、雇农分子,认为他们不识字,政治认识太低(?),不够资格入团,而严厉拒绝他们入团。关门主义惟恐团的组织发展、团的阶级基础强固,而把团的门户关闭起来,使团停滞于现在基础上。关门主义直到现在还普遍于团内,这主要的是因为不了解团是比党广泛的无产青年的群众性的组织,是政治的教育的组织。应该广泛吸收劳动青年尤其是青工中积极分子入团,在团内生活中把他们锻炼成为完善的列宁青年。而以为团是与党一样严格的组织(如以前吸收团员的标准与党吸收党员的标准完全一样),甚至以为比党更狭小的组织(如以前四军中普遍有此观念,现在地方吸引团员都比党来得少而慢)。这种认识,自然走到惧怕发展的关门主义的错误。团内一部分团员的农民落后意识,惧怕吸收积极能干的新的成分到团内来,会超过他的作用,因此不愿吸收,这亦是关门主义的根源之一。同时中央局指出,过去中央局领导错误,对团的估计过低,对反革命派别惊惶失措的结果,亦是助长了团内关门主义的发展的。

因为过去在发展工作中的机会主义路线,所以团在青工中的发展特别缺乏,而普遍的以"老实"为吸收团员的唯一标准(如在江西及第一方面军中),以"穷人""革命者"为团的发展对象。只要是工(独立劳动者)、农,无论老板、富农的子弟都算是穷人,就都可以入团,只要是"革命者",无论豪绅、地主、资本家的子弟也就都可以入团。在这一错误路线之下,必然使得团的阶级基础不能宽广起来,而且吸收了许多非阶级的异己分子到团内来,成为过去反革命派能够在团内发展的主要根由。这一错误路线的发生,同样是由于对团的性质的不正确了解,以为团是"穷人"的组织,是"革命者"的团体,而完全不了解团是无产青年的阶级组织,不了解团必须是强大的阶级的组织,才能尽到它的作用。

因为对于团的性质的不正确了解,发生了和助长了关门主义及机会主义的发展路线,吸收了一些异己分子到团内来,结果更阻碍了阶级的新的成分入团,保留些落后分子在团内,阻碍团的进步和任务的执行。

三、因此团必须认识发展团的组织,是团的一个基本任务,尤其是团目前的一个战斗任务。这就必须反对那些对团的性质的机会主义的了解,以及打击和肃清关门主义与机会主义的发展路线,执行正确的发展路线,使团在劳动青年中广泛发展,特别向青工、学徒、雇农开门,以加强团的领导力量与阶级基础,保证他执行当前的严重的政治任务。

关于正确的发展路线,中央局具体指出:

1. 苏区团的阶级基础,应建立在青年工人、雇农与半无产阶级的青年贫农身上。因此,团必须首先求得在青工、雇农、贫农中的广大发展,尤其要争取青工、雇农、学徒的大多数到团内来;在红军中,团应特别注意【在】战争兵中的发展;团在青年劳动妇女中的发展,过去的成绩特别微弱,以后应充分注意。

2. 团的发展,必须与领导青年群众斗争的任务密切联系起来,因为残酷的斗争,是最能表现出谁是坚决和积极,谁是消极和动摇。斗争中的积极分子,应一个不放松地吸收入团。这些分子,必能成为团内忠实良好的团员。把团的发展与斗争分离以至对立起来,如在斗争中放松或放弃发展工作,是严重的错误,必须纠正。

3. 团的组织的发展与团的政治影响的扩大是相辅而行的,团应加紧在青年群众中扩大团的政治宣传,使每个青年都知道团的纲领与主张,使青年群众中比较先进的分子自动要求入团,而根本肃清那种秘密拉夫式的吸收方法。在适当的时机,团可以用公开征求的方法来扩大团的组织。

4. 团的发展与团内异己分子和一切不可教育的分子的洗刷,应该同时并进。一方面大胆地征收阶级的新的分子入团,一方面无情地排除异己分子,和一切不能教育的分子出团。这样才能改造团的成分,加强团的力量。过去有些地方只从一方面去进行,或只发展而不洗刷,或只洗刷而不发展,都是不对的,应该纠正过来。

5. 介绍新团员的手续必须执行团章的规定,候补期制度的实行,尤其重要。刚才入团的新团员,团必须给以特别的教育,使他对团得到基本的了解,这可以采用新团员训练班的办法去执行。

6. 为了推动团的发展,开展一个团在组织上的新局面,中央局决定于最近两个月内(三月、四月),在中央苏区及第一方面军中举行一次发展团员的运动。在这次运动中要发展新团员一万人。要在新发展的区域,普遍建立团的组织,要在所有的工厂、作坊与乡村中建立团的支部,要在红军和地方武装每一伙食单位中建立团的小组。中央局责成各级团的组织,定出计划去执行这一决定。

中央档案馆藏

(录自共青团中央办公厅编:《中国青年运动历史资料》第10册,内部资料,1960年印,第192—195页)

关于执行团大会决议深入实际工作中去的决议

——少共中央局接受中共中央局关于目前政治形势的分析与苏区党的紧急任务决议的决议案

（1932 年 2 月 20 日）

中央局完全同意党中央局关于目前政治形势的分析与苏区党的紧急任务的决议，并认为苏区团大会后政治形势的开展，证明了团大会政治估计的正确，以及更迫切要求团执行团大会全部决议，深入实际工作中去。

中央局审查了最近江西、福建以及红军中团的工作以后，认为团对团大会决议的传达和执行是极端不够，且发生了不少错误。主要的错误是机会主义的消极与形式主义。机会主义的消极，实际上完全拒绝团大会决议的执行，如有些团部（以前的瑞金县委）接到团大会决议后，既不阅看，更不讨论，亦不翻印。团大会决议严重指出目前一切任务的执行，要围绕着动员青年群众参加革命战争的中心目标，而很多团部（如前届瑞金县委、现在的雩都县委等）就是把发展革命战争的口号，在团内进行解释这一点都未做到，甚至还未在团内提出这一口号，自然更说不到在青年群众中进行宣传鼓动，动员他们去参加革命战争。这种机会主义的消极，是实现团的转变的主要障碍，是目前团内的主要危险。同时把团大会决议的传达和执行，只限于形式的翻印大会决议，或召集一些上层的会议，做一报告了事，而不发动团内热烈的讨论，不发动广泛的自我批评和反对一切不正确倾向的斗争，不检阅自己过去工作的错误，不去根据团大会决议和实际环境定出具体的工作计划,不耐心地向支部团员作解释工作！这种形式主义是一种更丑恶的实际工作机会主义的表现,实际上同样是拒绝了团大会决议的执行,同样是不可容许的严重错误。因为这些错误,以及其他的不正确倾向,使得团大会后一个月来,还没有在团内掀起一种热烈的气象和积极性,团大会所指出的全部工作的彻底转变,还没有很好的开始。

因此,中央局号召全苏区各级团部和全体团员,坚决与上述的机会主义的消极与形式主义及一切不正确倾向斗争,特别对机会主义消极予以痛击。把团大会各种决议,迅速在各级团部尤其要在支部中,联系到实际工作,作详细的解释和热烈的讨论,定出具体的工作计划去执行团大会所规定的九大任务,而围绕着动员青年群众参加革命战争的中心目标,这样来使团大会的决议执行到实际工作中去,团的全部工作的彻底的转变得以迅速实现。

中央局指出目前革命形势的猛烈发展,更有利于开展团的工作,每一团员应该抖擞列宁青年的精神,担负起当前的责任,为完全实现团大会的决议而坚决奋斗。

中央档案馆藏

(录自共青团中央办公厅编:《中国青年运动历史资料》第 10 册,内部资料,1960 年印,第 196—197 页)

为实现党中央给团中央的决议而斗争

（1932 年 2 月 21 日）

凯　丰①

　　党中央给团中央的决议的意义是在彻底地揭发团过去工作中的弱点、缺点与错误，指出具体的任务与方法来克服这些弱点、缺点与错误，给团在政治上、领导上、工作上以实际的帮助与推动。

　　站在团的工作速度上与全国青年运动发展的速度上来检查团的工作，暴露团的工作的落后现象，落后于革命运动的发展。

　　站在目前革命的发展要求转变我们的工作方法到适合新的环境上去，暴露了团没有切实的工作的检查，没有具体的实际的领导。

　　对于青年运动的理论与实际，夺取青年的战术与战略没有去研究，没有把团的工作转向到青年方面去，工作不青年化。

　　在目前革命的发展，青年参加革命的斗争的积极的形势之下，全国的团应当在党中央的这一决议之下来检查自己的工作，用毫不顾情面的自我批评揭发工作中的缺点与错误。只有在切实地了解实际工作的真实情况，了解自己的弱点与错误在什么地方，才能正确地定出克服这些弱点与错误的方针与方法。

　　一切不愿意去了解自己的工作的真实状况，或企图掩盖自己工作中的缺点与错误，都是阻碍这一决议的执行，应当是受到无情的打击。

　　在我们检查工作的过程中，遇到了这样的一些观点，以为我们工

---

　　① 　凯丰，即何克全。

作为什么不青年化,因为"做了一般的工作",拿这一理由来作为掩盖团自己工作错误的护符。其实一般的工作团也无若何重大的成绩。

甚至把这种观点的发展,以为我们为什么"做了一般的工作","因为党不做,迫得我们不得不去做",这种观点的发展,不但是掩盖自己的错误,而且是可以要走到先锋主义的道路上去。

在我们检查工作的过程中,可以而且已经遇到这样的观点,看到无情地揭发工作中的错误,以为我们什么也没有,而走到悲观失望的道路上去,这种观点也是错误。团的工作是有它的成绩,有它的基础,正因为这样,所以能够去执行党中央所给我们的任务与工作,去克服现存的缺点与错误。

在开展着真正的自我批评的火力之下,坚决地在两条战线上作斗争,肃清上面这些不正确的观点。

在检查团的工作和接受党中央的决议的讨论中,如果只是官样文章的讲些同意、赞成以至完全同意这类的"阿弥陀佛"的话,是还不够的,必须要定出具体的计划与方法来实现这一决议。

为实现党这一决议而斗争,我们应当把党的决议,【传】达到各级团部与团的支部中去,使支部每个同志都了解,使每个同志都团结在为实现这一决议而斗争。

在为实现党这一决议而斗争中,发动全体团员同志的积极性、创造性,把那还睡在长期秘密工作的牀〔床〕上的【人】击醒过来。创造一切新的工作方式、青年的工作方法,去适应新的革命环境。

要保障党决议的全部实现,我们必须切实注意下列几个问题:

一、干部——必须在党的决议的基础上来教育干部,使每个干部都成为能干的干部,把那些不干的干部给以无情的打击。

一刻也不能迟缓的是提拔新的干部,尤其是工人干部的问题。将那些在斗争中积极的、对团忠实的、工作努力的,马上提拔起来,应当采取有计划地来提拔干部,只有这样,才能加速执行这一决议的速度,保障这一决议的实现。

二、支部——(这里我想不提到创造支部、发展支部、健全支部、巩固支部的问题,这一部分可以包括其他文章内去)我们应当把一切工作集中到支部去,支部应当去领导它周围的一切工作,真正为青年群众的核心。

把过去不将工作的重心集中在支部,甚至不经过支部的工作方式完全肃清。

三、要使我们的工作达到决定一件就实现一件。我们的计划能够实现,使着党中央这一决议全盘实现。必须实行个人的负责制,每个同志自己所负担的这一部分的工作,不管是怎样的小,都是要自己负责地去完成。

把那些过去个人不负责的、专门吹牛皮的、放空炮的现象肃清。

为着这一决议的实现,我们将要动员全团的一切力量!

二月二十一日

(录自《列宁青年》第 5 卷第 2 期,1932 年 3 月 20 日出版)

关于婚姻条例质疑

（1932 年 2 月 24 日）

中华苏维埃共和国的婚姻条例,确立以婚姻自由为原则,废除一切封建的包办、强迫和买卖的婚姻制度。这里充分地表现出苏维埃的精神,克服了资产阶级及其走狗所谓共产即是公妻之谬论。

关于离婚问题,第三章第九条规定:

"……男女一方坚决要求离婚的,即行离婚。"

假使在一个男子或女子,他没有一点正当理由,提出离婚,另一方则坚持不肯,在这样的情形之下,究竟可否准他离婚? 如果不准,则与婚姻条例有抵触;如果准,则另一方因〈其〉对方没有正当理由,每抱不满。

同时,如果无论任何一方,没有正当理由都可以准许离婚时,则在目前群众教育还很薄弱的时候,朝秦暮楚之事,必然要发生出来。且这种现象,现在永定各地已经发生,究要如何解决?

关于离婚后男女财产的处理问题,第五章第十八条规定:"男女同居所负的公共债务,归男负责清偿"。

第二十条又规定:"离婚后,女子如未再行结婚,男子须维持其生活,或代耕田地,直至再行结婚为止"。这样,假使男女同居时,因负债务太多,女子便坚决要求离婚,离婚后,这债务便应由男子负责偿还了。这对于男子,是否负担过重?

同时,女子没有理由,坚决要求离婚,离婚后,男子要维持女子的生活费,直至再行结婚为止。这样男子本不愿意离婚,离婚后又还要负担女子的生活费,不是雪上又加霜吗?

以上的问题,不了解的人,恐不止我一个,希在《红色中华》报上公开答复。

向荣

二月九日于永定县委

向荣同志所提出的,对于婚姻条例的三个疑问,的确是很多人同要发生的疑问,现在答复如下:

一、婚姻法主要的精神,不只是"废除一切封建的包办、强迫和买卖的婚姻制度",因为这还包含男女双方面的意义在内,最重大的意义,是彻底消灭封建社会束缚女子的旧礼教,消灭男子对于女子的压迫,资产阶级社会他们也讲婚姻自由,主要是在第一项,对于女子还要用另一种方式加以束缚。如离婚问题,离婚后偿债和维持生活等,都是在给女子以困难,使女子不得不屈服于男子之下,中央政府所颁布的婚姻条例,正是站在彻底解放妇女,消灭任何束缚女子的方面,来规定的一切条例,这是首先要了解的问题,然后对于以下问题就容易明白了。

二、离婚问题。婚姻自由是包含结婚和离婚两方面的,有一方〈面〉坚决要求离婚,毫无疑义的要准许离婚。现在离婚的,主要的不是男子而是女子,因为女子刚在封建束缚之下解放出来,坚决反对离婚的绝大多数是男子。所以我们应该坚决地拥护离婚自由。至于无正当理由的说法,这就要了解现在是刚从封建束缚下解放出来的过程中,一切现存的婚姻关系,还是新制度占主要?抑【或】是深陷在旧制度而未解脱出来?这是很明显的事实,不能拿当时的离婚来说,应该从现存的婚姻关系上来认识。若是藉口无理由,这不过是反对婚姻自由的掩饰话,实在就是拥护压迫女子旧的制度存在。至于说"目前群众教育还很薄弱的时候,朝秦暮楚事,必然要发生出来",这是国民党训政宪政的观点,是维持旧礼教老冬哄先生所侮辱女子的话,说有这些思想的男同志,不要害怕,我们正是从这些上面更去彻底摧毁封建制度的残余,以及肃清存留在我们脑筋中的封建残余思想,坚决拥护离婚自由。至于女子不愿离婚的虽有,但是少数,绝大多数反对的是男子。

三、离婚后的债务问题。现在女子虽取得了经济上的地位,但男子经济地位还优于女子,最主要的还是使女子不受经济上的束缚而得真实的解放,所以应归男子负担。至于男子"担负过重",正因此限制男子不要轻易乱结婚离婚,因为结婚是男女双方问题,不是女子一方面。

四、离婚后维持生活问题。这一问题首先要了解如若是女子要离婚,这个问题就不大成问题了,因为女子在目前解放之下,决没有守独身主义的,有的是特【殊】情形,离婚后必然很快地就要结婚。若是男子要离婚,女子还未找着新的对象,生活当然要男子维持到女子与人结婚为止。过去社会中,正是男子摧残女子的地方,随意抛弃,随意与人结婚,还同样是限制男子随便离婚结婚的办法,而在这种限制中,无形地就可减少乱结乱离的现象。

总之,对以上的问题,我们不应从男女双方来认识,应该从彻底消灭封建残余,解放妇女的意识来了解。

项 英

一九三二年二月廿四日

(录自江西省妇女联合会,江西省档案馆编:《江西苏区妇女运动史料选编》,人民出版社 1982 年第 1 版,第 50—52 页)

反帝运动与失业工人斗争

（1932 年 2 月 24 日）

谢　康[①]

上海事件后,所有的日本工厂和战区里的工厂,都通通关闭,几十万的工人从工厂里被驱逐出来而失业,无衣、无食、无房住。抓住工人在战争时一切的痛苦,领导广大工人要饭吃、要米、要救济、要房子,团结广大工人向帝国主义国民党资本家斗争是职工运动最中心的工作,放弃了这一工作,就不能团结广大的群众〈的〉。沪东法南的工作没有成绩,因为他没有抓住这一工作。沪西动员了广大群众,正因为他能够抓紧了这个问题。如果有的同志认为领导这些斗争是不重要的,认为这些斗争与反帝国主义是没有关系的,是机会主义,这是错误的,这便是放弃了真正组织工人来反帝国主义。

但是在沪西领导关厂失业的斗争中,我们看到了另一个极大的错误,就是他们的斗争的领导没有向着武装工人、反抗帝国主义国民党的中心任务,积极的发展,而是停滞在如何在经济上解决工人的生活问题。因此扩大反帝国主义的宣传,提高工人反帝斗争的情绪,使工人认识他们的痛苦、失业、死亡、无饭吃、无房住、无衣着,尽是由于帝国主义瓜分中国,国民党的反动统治出卖民族利益的结果所造成的。彻底地解决工人的生活问题、死亡、失业,只有工人自己武装起来,推翻帝国主义国民党的压迫,建立工农兵劳苦群众自己的政权,

---

① 谢康,即康生,时任中共中央委员、临时中央政治局成员,中央组织部部长。

才能真正地得到解放。抓住工人要武装夺取武装的情绪，用极大的努力武装工人，组织工人的义勇军。发动工人义勇军加入前线去反抗日本帝国主义，夺取革命的兵士在无产阶级领导之下，配合群众的斗争，在日军后防实行游击。夺取武装，武装工人，是以群众的武装力量，来保护工房，反对国民党封闭工厂，武装保护工人的组织。反抗帝国主义国民党的武装军警拘捕压迫工人，夺取他们的枪支，没收日货，检查日货，来救济自己。这些工作，在沪西是极大的放弃，而只是天天注意要救济、募捐、分米（不是说这些工作不应该做），而没有将这些斗争与武装工人、反抗帝国主义国民党的工作密切地联系。这样发展下去，必然要走到经济主义、工团主义的机会主义道路，而放弃了武装工人、反对帝国主义国民党的任务。正因为此，我们在沪西的工作，对于党的政治主张，工人反日会通过的纲领没有深入地宣传到群众中去。我们的政治主张，群众是没有清楚地认识。群众的政治教育，反对改组派、国家主义派、取消派、反黄色工会的工作是忽视的。有些群众只知道他们到工反①中登记，只是分米，对于工反的政治主张是模糊不清的。上海工人代表会通过的宣言纲领，致苏维埃的电报，致赤色职工国际的电报，以及苏维埃政府的来电，是没有在群众中作广大热烈的讨论的。相反的，群众找到苏维埃的代表，问到苏维埃许多问题。这样，我们便不能使群众斗争的情绪日益的积极化、革命化，使工人的阶级觉悟极大限度地提高起来。沪西动员群众的成绩，今日来是没有进步，固然有许多原因，而最主要的是政治上动员群众〈是〉非常缺乏，我们没有从政治上巩固群众与我们的联系。

党与职工会必须立刻来纠正上述的错误，与这些错误作严厉的斗争。在纠正错误的过程中，我们不是要求将领导工人要饭吃、要米、要房住、要救济等工作，现在可以放弃。抓住这些工作，正【是】职工国际所指示的"这并不是中立主义，这并不是放弃政治"，相反的只

---

① 工反，即工人反日会。

有抓住这些问题,才能真正动员群众。我们所要纠正的是绝不能将这些工作〈与〉从整个反帝国主义国民党的斗争中分离出来,只限滞〔制〕在这些斗争中,而放弃了武装工人反抗日帝国主义。因此,党与工会要抓住现在的斗争,提高工人自动武装起来,反抗日帝国主义,组织工人义勇军到前线上去,联合革命的士兵,反抗日本帝国主义,反对帝国主义国民党屠杀工人,夺取武装,武装自己,反对帝国主义国民党,搜查工房,驱逐工人出工房,武装保护工房,反对封闭反日团体,反对封闭工会,工人武装起来保护自己的组织,反对拘捕工人,扣留代表,立刻释放被捕工人,工人武装起来保护自己,反对社会局扣留捐米,社会局立刻将米交给罢工委员会分给工人,反对工贼走狗,反对黄色工会,打死破坏工人反帝斗争的日本便衣队,拘捕工贼交工人反日会审判,彻底解决失业的问题,只有工人武装起来推翻国民党统治,建立自己的政权等口号。同时必须更进一步地提出没收关厂的日本工厂交给工人反日会,将这一口号与武装工人,推翻国民党统治,建立民众政权的口号相联系。在这些口号之下,极大限度地发展工人斗争积极的情绪,召集各厂的群众大会,代表会议,建立各厂赤色工会的组织,动员广大群众起来坚决地斗争,使斗争更加政治化、革命化,走上反帝国主义更高的阶段去。

二月二十四日

(录自《斗争(上海版)》第 6 期,1932 年 3 月 5 日出版)

反对职工运动中的机会主义

（1932 年 2 月 27 日）

谢 康

上海事变后，职工运动中，许多机会主义的观点，必须予以无情斗争与彻底地肃清的！

一、武装工人反抗帝国主义国民党的工作，是表现了机会主义的消极

帝国主义大炮飞机轰炸屠杀的凶焰，国民党无耻地投降帝国主义，出卖民族利益，压迫反帝运动，是遭受着上海无产阶级的激烈反抗的。

许多工人自动地到前线上去，反抗日本帝国主义（如沪西面粉厂等工人），许多工人到战区中去，夺取帝国主义军队国民党的警察、保卫团的枪械，与帝国主义国民党武装斗争（如沪东码头工人）。工人武装起来成为上海无产阶级最迫切的问题，因为工人不愿徒手地让帝国主义大炮轰击得粉身碎骨，赤手地让国民党屠杀拘捕。

反动统治阶级，怎样来解释这个问题，帝国主义派大批军队巡捕，搜查工房，取缔工人的武装，国民党封闭工人的反帝组织，禁止工人义勇军的组织，阻止工人到前线上去打日本帝国主义。社会局押解工人出境，在几十万工人的威胁中，吐出一点口中的肉骨，派工贼走狗到沪西去发米票子，使工人为一升米，终日在马路上东奔西跑地找米铺，企图使工人在他那一升米之下驯服，以解除工人的武装斗

争,消灭工人的组织。资产阶级的先锋队——托陈取消派,是用这样的奸谋来答复工人的武装问题。

"王——说到武装,枪在哪里,饷在哪里?

李——不错,只要我们团结起来就有办法,我们的团体组织好了以后,马上就成立工人政府,军饷、军械就向地方征发。"(见取消派《工人报》第五期《对话》)。

为了工人武装问题,取消派替帝国主义国民党向工人慷慨地允许了一个"工人政府"(?)但是他已经清清楚楚地警告工人,现在帝国主义国民党的武装是一毫也不能动的,不能夺取武装来反抗帝国主义,推翻国民党的统治,工人的武装是要等待取消派的"工人政府"成立之后"就地征发"的。

帝国主义、国民党、资本家,用尽了一切屠杀、恐怖、引诱、欺骗的手段,来企图消灭工人武装反抗帝国主义国民党的斗争,解除工人的武装组织,国民党克尽了日本便衣队的任务。

在这种情形之下,共产党员的任务是从扩大在业工人的罢工运动,坚决地领导关厂失业工人要救济、要饭吃、要房住、要米的斗争中,努力开展武装工人反抗帝国主义国民党的斗争;广大地组织工人义勇军到前线去,联合革命的士兵,反抗日本帝国主义国民党;到战区中去夺取帝国主义国民党的武装,武装自己反抗帝国主义的屠杀拘捕,夺取他们的武器;武装保护工房,武装保护工人组织;武装工人,没收日货,没收投机奸商的粮米来救济工人……彻底地揭破国民党社会局取消派一切反动派别的欺骗,使工人了解彻底地挽救工人的死亡、失业,只有工人武装起来,推翻帝国主义国民党的统治,建立苏维埃政权,才是唯一的出路。但是有些同志以工团主义的观点来领导失业斗争,以为失业斗争唯一的问题,就是要米,要了米什么问题也解决了,米就是斗争的目的。武装工人,反抗帝国主义的工作,表现了机会主义的消极,这是绝对错误的。如果放弃武装工人的任务,而只是领导工人每天在米袋里兜圈子,这恰恰是中了国民党的阴谋,作了他们——帝国主义国民党资本家的俘虏。

我们重复地说:领导工人要救济、要饭吃、要屋住这些斗争,我们一刻也不能放弃,而且要加紧领导的。我们坚决地反对立三路线,放弃了群众的切身问题,而空喊罢工,空喊反帝,但同时我们必须反对那些放弃武装工人、发动工人武装反抗帝国主义国民党的机会主义。那些人只看见米袋米票子,看不见帝国主义的大炮飞机,他只知道米可以烧饭,他不知道米不能抵抗大炮的轰炸与屠杀的。

二、放弃了组织在业工人的罢工,是一刻也不能允许的

"强有力的反帝反国民党的运动,只有开展在业工人的罢工运动之基础上,才能上升和组织起来。"但是许多同志将职工运动的中心,只限在领导失业工人的斗争中,而对于组织和发动在业工人——特别是重工业市政交通工人的罢工,来配合失业工人的斗争,以扩大反帝运动,是放弃了的。电车、公共汽车、中国纱厂、印刷业、卷烟业中许多可能实现的罢工,而我们没有努力去组织。邮务、报馆、法商、华商、出版业等黄色工会的斗争,我们是置之不理的。对于黄色工会的工作的怠工,已至无可允许的程度。有许多区委没有真正地去推动支部深入群众中去组织罢工,许多工会工作同志没有将罢工摆在他的工作日程里。对于黄色工会,即使连黄色工会的会址是何处,也是不晓得的。许多罢工的教训,是不研究的;许多罢工中错误的口号,根本不去注意。许多同志在会议上可以说出许多批评,乐意接受一切决议,但是他以为这些决议与他领导的工作是没有关系的,他可以在实际工作中放弃总同盟罢工的口号。他可以不必去实际地坚决地进行罢工运动的一切工作〈的〉。这不仅是实际工作中的机会主义,而是根本不相信,只有开展无产阶级的罢工浪潮,才能强有力地组织反帝国主义国民党的战争。这种现象是一刻也不能允许。党与工会必须坚决地无情地反对放弃罢工、空喊罢工、罢工运动的一切实际工作的机会主义,根据中央屡次指出的一切策略和方法,参看《红旗》《斗争》,关于罢工的文件一到企业中去,到黄色工会中进行坚定

的工作,这是比任何时候都迫切的。

三、坚决反对取消青工女工工作的倾向

在会议上在口头上,谁也说是青工女工工作的重要,提起纱厂工作,谁也说,女工占百分之八十以上的。工厂在沪西登记的工人,有百分之九十的女工。事实尽管如此,可是在实际工作中,一样可以将青工女工工作放弃。如果青工女工自动起来工作还可以骂他们与整个工作对立。青工女工选出代表到工反去,负责人可以回答他们没有工作分配的。女工的代表到罢工委员会去,可以骂他"只会吃饭不会做事"。女工的代表到工厂去解决问题,我们的同志可以置诸不理。工厂在沪西的工作,一方面将百分之九十的女工群众放弃,而同时常常怀疑为什么他不能动员广大群众呢? 有的同志,不去积极地指导青工女工工作,〈的同志〉却天天怨她们为什么不来做"一般的工作"呢? 工厂的章程可以漏去青工女工的组织,这样竟是可以在代表大会中通过的。取消青工女工工作的倾向,不仅是个别的同志,几乎整个组织是这样的。这种现象,是要彻底地肃清,一分钟也不能延缓的。必须立刻动员上海整个的党、团、工会从观念上、思想上肃清青工女工工作的取消主义,坚定地在企业里黄色工会里进行青工女工的工作,不是口头上而是实际的成绩。随时纠正党与工会的同志在工作中的错误,努力去领导青工女工工作同志,随时加以工作上策略上的指示。工反、罢委、赤色工会要努力地吸引青工女工来参加反帝国主义国民党的战争,团结广大的青工女工在工反、罢委、赤色工会的组织里。建立强有力的青工部、女工部,建立青女工的代表会议,成立下层的青女工的组织,发动青女工为特殊利益而斗争,吸引积极的分子到工反、罢委、赤色工会做事,用极大的努力组织少年先锋队,组织女工反日战争救护队、慰劳队,发动女工到兵士中、伤兵医院里去宣传兵士,向男工说服忽视女工青工的错误。举办青工女工单独的刊物,从实际工作中来彻底肃清取消青工女工工作的错误,

党、团、工会要时时检查青工女工工作的成绩,经常来讨论计划青女工的问题。

四、放弃组织赤色工会,这是不可饶恕的错误

有些同志,以为现在的工人反日会,就是赤色工会,因此不必去另外组织工会,这完全是取消了赤色工会的错误,这完全是不了解它的意义和性质。工反绝不是赤色工会,他是在反帝的纲领上,下层统一战线的基础上,一个团结广大工人群众反帝的组织。他是要向着争取工人苏维埃的前途去发展的,所以他的任务纲领组织,是与赤色工会不〈是〉相同的。加入这个组织的工人,不一定是赤色工会的会员,即使不愿加入赤色工会而赞成反帝国主义的【人】,是一样可以加入,他完全不能代替了赤色工会,相反的赤色工会要在工反中起中心领导作用,吸取〔引〕广大的群众来加入赤色工会的组织。正因为我们把工反当作一个赤色工会,所以一方面使工反没有克尽他反帝国主义的任务,而另一方面建立赤色工会的组织是放弃了的。另有一种观点,以为当赤色工会尚不能公开存在,还是没有广大群众的时候,工联可以名义上存在,实际上可以不要的,做工会工作的同志完全可以到党内工作去,只要党能做职工运动就可以的。至于深入黄色工会建立革命反对派的工作,去夺取黄色工会的会员到赤色工会的领导之下,现在是没有开始。上海事变后,全总、工联、省委即使一个企图,也没有的。这些取消赤色工会的错误必须无情地斗争,立刻地在工反的广大的群众中,宣传赤色工会的纲领,公开地活动,吸引工友、积极干部及广大群众大批地加入赤色工会。深入各个企业里,按照产业的原则来建立赤色工会,坚定地在黄色工会中进行建立反对派的组织,是不能再推延一分钟的。要反对那些不敢公开的宣传赤色工会的纲领,不敢去争取赤色工会公开的活动,不去广大地吸引群众来加入赤色工会而采取脱离群众,秘密狭隘的方式在亭子间里建立赤色工会的组织。同时一样要反对口头上赞成赤色工会,而不

去真正地到群众中努力组织实际工作的机会主义。

五、包办一切，官僚主义，代替了群众的积极性

一切工作"面向群众"，发展群众最大限度的积极性，是我们领导群众斗争最大的关键〈的〉。但我们的工作人员，不是"面向群众"，而是背着他们，代替他们解决问题，我们是以包办来代替一切的。罢工委员会不发动广大的群众选举，可以由一小部分工人或委任产生之。即使群众选出来的委员，也毫不会引起我们的注意，也不去团结他们在罢委中领导工作，而用我们的工作人员来代替一切。全上海的代表会，真正能够代表多少群众，每个代表是否都是群众选举的、这个我们是不问的。代表大会我们可以包办的，各种问题，照着我们工作人员所准备的说一遍，即可了事。群众要详细讨论救济问题，援助他本厂的问题，我们是不管的。群众通过致苏维埃政府、职工国际的电报，我们可放在腰包里。大会选出的委员，我们并没有真正团结他到委员会中做领导工作。我们委派人去包办一切，即使买一张纸，刻一图章，我们也不放心群众去做。但是我们同志去登一个广告却要两星期，工厂的同志会发命令，群众的情绪他是茫然的。工厂的纠查队的会议，可以不经过同兴罢委，同兴纠察队，决定取消同兴纠察队的维持费。我们的同志，不坚决地与各厂工人发生关系，而只相信我们派去各厂的组织员与他们去解决群众的问题。各厂的领导机关的影响，至多仅及于一部分的群众，而与大多数的群众是脱离关系。这样怎么希望工人群众的积极性呢？我们必须与不相信群众、包办群众工作的官僚主义的方式、委派制度坚决地斗争。一切的工作向着群众，发动广大的群众来讨论他们的问题，选举他们所相信的领袖到斗争的领导机关中去。工人反日会、罢工委员会必须是群众的，要经常召集群众大会代表会议，各车间各部门的会议，青工女工的会议，纠察队等等的会议。他每天向群众作报告，一分钟也不失去群众的联系，他感觉着群众的脉息，他了解群众的情绪，他知道一切缺点

和弱点,即使群众发生一点动摇,他会马上地消灭下去。党的领导,不是包办,要运用党、团的作用来领导的。对于群众的一切问题,我们是要依据广大群众来解决的,群众一切的提议和决定,我们是要十分的重视,我们完全用不着官僚的方式,用不着包办来代替群众的积极性的。官僚方式、包办是阻碍群众积极性的发展,群众的积极性,只有群众自己从斗争中工作中才能提高的。

这些机会主义的来源,主要的是对于目前政治上的估量不足,不相信群众的力量,不相信只有无产阶级团结起来、武装起来,才能争取反帝国主义国民党的革命战争彻底胜利。因此也就不能在工人运动中加紧扩大深入地宣传党的政治主张,使反帝运动争取苏维埃政权的斗争与罢工运动、失业斗争密切地联系,不能在工人群众中彻底揭破国民党资本家一切反革命派别进攻欺骗工人的阴谋,特别是反黄色工会的工作是完全怠工的。这样,我们便不能从政治上、组织上巩固党与群众的联系,提高群众的阶级觉悟,在党的政治主张下与帝国主义国民党资本家坚决地斗争。党与工会只有彻底地与一切工会工作中的机会主义作无情斗争,彻底地肃清工会工作中一切的错误,才能在这胜利的环境中完成国际所指出的"争取工人阶级多数"的任务。

—完—

二月二十七日

(录自《斗争(上海版)》第 6 期,1932 年 3 月 5 日出版)

纪念"三八"与妇女工作应有的转变

(1932 年 3 月 2 日①)

伯 钊②

一、过去苏区妇女工作的检阅:

在纪念"三八"妇女节的时候,我们应在自我批评口号之下,把苏区的妇女工作,作一总的检阅,将过去的缺点和错误作一彻底转变。

苏区的妇女工作,在群众工作中,是做得顶坏的,不论在党和团,都很少领导妇女起来反对一切封建的风俗和习惯,使他们在土地革命中与男子一样地起来参加铲除封建、反对富农的斗争,指示出妇女只有这样,才是唯一解放她们的出路。所以苏区妇女,对革命斗争参加的观念,非常薄弱,就日常生活也很少有转变。随时还遇见,有帮助家婆压迫童养媳的事情,如叶坪就有二、三个童养媳,不愿在十五、六岁时,同他老公结婚,更不愿受家婆的压迫和打骂,向政府报告。当着政府机关的人去调查时,他们的邻居都以"女大当嫁、家婆对她满好"来塘〔搪〕塞。瑞金第九区政府秘书的老婆,不许老公参加苏维埃工作,服毒自尽。这些怪现象证明苏区的妇女,仍被封建思想统治着,证明我们过去对妇女运动的忽视和不注意的错误,没有吸引他们参加反封建的斗争,使她们从封建影响下解放出来。

目前在组织和动员群众、组织大规模的革命战争时候,要变帝国

---

① 原文无时间,此为《红色中华》第 12 期的出版时间。

② 伯钊,即李伯钊,时任《红色中华》编辑。

主义瓜分中国的战争,为反帝反国民党民族革命战争的时候,我们要扩大红军,动员群众,如果不使妇女明了发展革命战争,争取苏维埃胜利与她们的解放是不可分离的,则对于上述革命中心任务的完成,是有阻碍。因此我们要彻底转变妇女工作,把妇女的解放与苏区实际革命斗争打成一片。

二、今后妇女工作应有的任务

1. 加强对妇女工作的领导,建立妇女代表会议制度。建立妇女代表会议的制度,是唯一的工作方法,可由各地党的支部领导和召集各乡的妇女代表会,经过这一会议来教育和提拔组织领导妇女运动的人才(譬如现在瑞金第九区,第三四乡已成立了代表会,但还需要建立经常的工作),造定妇女代表大会的工作计划,使这一大会成立后,有计划去进行工作。

2. 提高妇女对革命战争工作参加的积极性——过去苏区妇运之所以不能发动妇女来参加一切的革命工作,就是因为还没有使妇女了解只有苏维埃政权胜利,才能使妇女得着解放。因此妇运与实际斗争没有联系起来,使她们为本身解放而奋斗,激动她们对革命工作【的】参加积极性。目前正当革命战争发展的时候,我们要经过各种群众团体吸收广大的劳动妇女组织看护队、洗衣队、慰劳队、敌情的探查队等组织,发动她们鼓动老公当红军,欢送红军,使她们在这一大规模的革命战争的参加中,来启发她们认识革命工作的参加是妇女要求得着解放应有的任务。

3. 吸收妇女参加革命群众团体及苏维埃的工作——妇女因工作能力的薄弱,往往被工作机关抛弃,而不愿给以任何一项的工作,这是非常不对的观点。因为只有渐渐的多吸收妇女同志做工作,才能培养成为工作的中坚。但是我们看一看革命团体及苏维埃政权里妇女同志工作的占绝对的少数,这对提高妇女工作能力有妨碍的,今后要转变不提拔妇女担任工作的坏现象。

4. 提高妇女文化水平——这一工作主要的是要各乡的群众团体的组织,可以在雇农工会、贫农团、俱乐部、互济会里组织识字班、读报团或短期的夜课学校,发动附近乡村的青年妇女来识字或由俱乐部开常识问答的晚会等,使他们在这些文化教育中来认识革命的任务和提高他们对政治问题注意的兴趣,帮助他们工作的进步。

妇女工作是非常的需要,我们要紧记着世界革命的导师列宁同志告诉我们的"社会主义没有妇女参加是不能成功的",同时还应记着中国妇女的解放是与苏维埃政权的胜利不可分离的。

(录自《红色中华》第 12 期,1932 年 3 月 2 日出版)

全总苏区执行局为发展革命战争致各级工会信

（1932 年 3 月 7 日）

各级职业会雇工会工会：

现在苏维埃向外发展的革命战争正在猛烈地向前开展,这次革命战争在全国革命突飞猛进的形势下,将从首先夺取赣州、吉安等中心城市,贯通河东西两大苏区,以至于夺取南昌等更大的城市,争取江西与其他几省的革命首先胜利。因此,这一次战争是大规模的残酷的斗争。苏维埃区域工农群众对于这一次战争的积极参加与维护以争取伟大胜利,乃是中【心】的战斗任务。

闽赣两省工人代表大会很正确地指出这一任务,指出职工会各项任务各项工作,在这一中心任务之下都加重其意义了,工人阶级要使自己生活改善利益增进,只有完成这一任务才能实现,但各级职工会对于此一工作多加以忽视和放弃(如扩大红军成绩很少,拥护红军做得不深入、不充分,其他对于革命战争的工作更多放弃),这种对于工人阶级当前的伟大任务的消极是对于革命战争的严重错误,必须加以严厉地打击。

因此,为目前革命战争的需要,全总执行局特指出各地职工会必须积极地领导当地的群众团体,在苏维埃政府领导之下,进行下列的具体工作。

（1）领导农民帮助苏维埃政府彻底地没收地主财产,供给前方红军作战,在必要时帮助政府对于富农的捐款或征发。

（2）领导雇农及苦力工会,号召农民搜集粮食集中给政府供给红军。

（3）号召工人苦力雇农自动的参加红军，闽赣两省工人实行闽赣两省工联会的扩大红军的计划。

（4）各级工会实行节省运动，节省开支以供给红军。

（5）各级职工会应帮助建立交通关系，木船、邮政必加紧工作，以便利红军迅速的行动，各级职工会应领导组织担架队、运输队等。

（6）各级工会要号召工人、农民、苦力耕种红军公田及帮助红军家属耕田。

（7）各兵工厂工会要发起革命竞赛提高生产，各级职工会并帮助政府搜集子弹。

（8）在苏维埃区现已实行赤色戒严令，各级职工会应动员群众拥护这一命令，动员工人参加地方武装的组织（这次万太职联会被靖匪劫抢，就因为这一工作的缺乏）。

（9）在前线各县职工会应发动群众帮助红军作战，如侦探敌情、破坏断绝敌人粮食〈用〉等。

各级职工会必须了解在三次战争中，我们都曾积极动员拥护红军作战获得胜利的结果，现在是我们进攻敌人的时期了，加紧革命战争后方工作的任务，我们必须积极领导群众负担起来。

各级职工会要在政治上对群众加以很大的鼓励宣传。同时必须在实际工作表现对于此一工作的切实执行并完成。

同时，不要将这一斗争与领导工人的经济斗争隔离起来、对立起来。只有实行两省工人代表大会的决议，实行路线上的转变，领导工人【为】争取自己的利益而斗争，和为发展革命战争的工作联系起来，才能实现职工会领导群众政治与经济〈的〉斗争的任务。

全总苏区执行局
1932 年 3 月 7 日

（根据中共赣州市委党史办藏件刊印，地－25－7，复印件）

一九三一年职工运动的总结
——中央职工部报告的一部分
（1932 年 3 月 11 日①）

一、最近的工人斗争和党与赤色工会的领导

1. 经济恐慌继续地深入,资本家更利〔厉〕害地向工人生活水平进攻,本来是极可怜的中国工人的生活程度,不断地往下低落,广大的失业工人更是无处谋生。由对日经济绝交所产生的痛苦,几乎全部是加在工人劳苦群众的身上(由经济绝交而营业发达的民族工业,借口"国难",更加重工人工作,延长工时;由经济绝交而营业低落的民族工业,也借口"国难"来减低工资,延长工时,裁汰工人,以至关门停业,不给工人救济费等)。因此,推动工人阶级的斗争不断地向前发展。同时反帝运动的高涨,红军和苏维埃的胜利与发展,也给了工人斗争一种有力的推动。但在另一方面,资本家与国民党帝国主义更加联合一致来压迫工人的斗争,更加采用一切的暴力与残酷的方法来镇压斗争的工人,黄色工会更与资本家国民党打成一片,来破坏工人的斗争,因此使斗争遇着很大的困难,罢工的失败经常威胁着压迫要求斗争的工人,赤色工会还没有来得及准备群众的力量去克服客观上所给予的这一切困难。

目前的形势是:工人的斗争更加困难,可是斗争的推动力更伟大

---

① 原文无成文时间,此时间为《红旗周报》第 31 期的出版时间。

了，在群众中酝藏着的革命斗争的内容更丰富了、普遍了（不仅上海的黄色工会有 49 件未决的劳资纠纷，差不多每个产业部门、每个工厂中都酝藏着群众极大的不满与愤怒，都有许多迫切要求）。斗争的锋芒更尖锐了（都有一触即发的形势，一爆发就成为武装冲突），一切斗争都带着极浓厚的政治性（一切斗争都是违法的，都与国民党的统治直接冲突）。目前最主要的就是赤色工会的正确领导和群众的组织力量，去冲破客观上一切的困难，打开阶级斗争的顺利的前途。

最近同志估计"工人斗争的情绪还不够"，取消派在困难的前面投降，要工人"不应罢工"，和立三主义者不估计到客观的困难与主观的力量，去玩弄罢工，都是发展工人斗争的前途的障碍。最近的事实完全可以证明，工人群众虽然处在万分困难的环境之下，胜利的希望哪怕是如何的微小，可是工人还是要不断地起来斗争，统治阶级所给予斗争的困难是完全消灭不了工人的斗争。同时工人群众绝不愿意玩弄罢工，不轻易发动罢工，我们的煽动家许多次得到工人这样的回答："你们所说的是对的，可是我们暂时还不能照你们说的那样做。"

2. 资本家国民党用一些什么办法来对付工人的斗争呢？主要的、更多的是采用赤裸罢工暴力的压迫。但统治阶级的欺骗的宣传并没有减弱，而且是加紧了。尤其在满洲事变以后，国民党几次命令和布告禁止工人罢工及一切劳资纠纷，甚至以死刑来镇压工人（汉口），同时国民党"劳资一致共赴国难"的宣传，更加紧了。改组派及黄色工会更在工人中提出许多欺骗工人的纲领（如上海总工会主张民众运动的独立与自由，取消工会法、工厂法，一切工人有组织工会的权利，救济失业，工人有罢工自由等），取消派认为这是改组派黄色工会的"一个进步"。

每个罢工和斗争，资本家和国民党部采用以下各种办法来对付：（1）当工人准备斗争还没有好的时候，就坚决向工人进攻，开除工人领袖，分裂工人；（2）宣布工人的罢工斗争是"无理取闹""捣乱""不顾困难""破坏劳资合作""摧残民族工业"，把罢工的责任加在工人身上；（3）宣布罢工是"少数不良分子"的捣乱，大多数良善工人是被威胁,使工人与领袖分离,把罢工责任加在少数领袖身上;(4)宣布罢工怠工是"违法",布告禁止工人罢工,命令工人复工;(5)如果还不能屈服工人的话,就限期工人复工,过期全体开除,另招新工;(6)警察巡捕保护工贼及新工上工,逮捕工人领袖及积极的工人;(7)如果工人反对逮捕,对付工贼及包围资本家和示威等,国民党帝国主义不惜以大队武装来枪杀大批工人,实行军事戒严;(8)在工人中,组织法西斯蒂队伍,收买流氓工贼及失业工人,破坏罢工;(9)再没有办法就答应一部分工人的经济要求,而否认另一部分工人的经济要求,分裂工人,或者布告答应工人的经济要求,否认工人的代表权,不与工人代表谈判,打击工人的团结;(10)资本家互相间成立共同对付工人罢工的契约(如上海华商纱厂与英日纱厂),资本家彼此间的相互援助;(11)在报纸上作宣传,在工人中制造各种谣言,制造假的共产党的证据,动摇工人;(12)再不然,竟假意承认工人的要求,等资本家准备好了,否认自己所承认的条件,开除工人领袖,向工人进攻;(13)用关厂政策来对付罢工。

除开上列各项资本家所通常采用的方法之外,还有一个十分重要的国民党的劳资调解仲裁机关,国民党宣布一切的劳资纠纷只能由他的调解仲裁机关来"解决",宣布调解仲裁机关"能公平解决一切劳资纠纷",但劳资纠纷一到国民党的机关里去,就保障资本家的胜利。国民党在调解仲裁机关里,这样来对付工人:(1)要工人立即复工,不作轨外行动,静候解决;(2)要工人遵照国民党的指导及工会法成立工会之后,才有资格派代表,提出条件,来请求调解或仲裁;(3)拖延至很长的时间(常至六个月以上)不解决,以疲劳工人;以便资本家有充分的时间来准备对付工人;(4)用各种恐吓及花言巧语来对付工人;(5)调解不成可以完全不顾工人的愿意与否,执行强迫仲裁;(6)调解仲裁机关一方面决定解决纠纷的条件,一方面又要资本家不履行这些条件,使工人受尽各种牺牲之后,一无所得。

除此以外,国民党资本家还在工人的内部造成很多的黄色工会和狡猾黄色领袖,主张拥护并执行上面各项破坏工人斗争的办法。

国民党资本家压迫和破坏工人斗争这一切的系统,是非常严密的,是从工人群众的内部与外部齐来的。在工人一方面,如果不能击破资本家国民党这一切的进攻使之失败,那斗争的胜利,就是很难得的。试问在工人群众一方面,在赤色工会一方面是不是能够对付资本家国民党这一切的进攻呢?

3. 国民党资本家向工人阶级的进攻是遇着了工人群众不断的反抗的,工人群众还是不断地提出要求向资本家国民党举行斗争。工人斗争的反攻带着了更多的进攻的性质。上海工人是用许多罢工怠工(印刷、市政、纱厂等)来答复国民党禁止罢工和纠纷的命令——用捣毁工厂与巡捕武装冲突来答复国民党帝国主义的武装压迫(永安纱厂、大新织厂、商务等);特别是工人反黄色工会的斗争更不断地爆发起来。工人对于反帝运动已开始积极地参加,反帝斗争正在酝酿着。主要产业工人牵入斗争中间,同时那些小城市的手工工人也不断地举行罢工(如陕西、直南),而且还更多地得到胜利。但是工人斗争中还表现了许多缺点,这些缺点是:

(1)斗争还是各个的爆发,工人群众还没有自觉地组成广大的下层统一战线,联合许多工厂起来同盟罢工,并在工人中还流行"等人家胜利之后再说"的情绪,所以敌人就得以各个击破;(2)斗争大部分是自发的,没有很好的组织和领导机关;(3)在工人中还保存一些"合法"的观念。比如:以怠工来代替罢工(怠工虽然也是工人必要的斗争手段,但最近的许多怠工,并不是根据群众的需要而采用怠工,而是因为怕罢工犯法更大,所以才怠工),以退辞来代替反日罢工。在罢工后宣布"严守秩序""静候解决""不作轨外行动",最重要的最能打击资本家的部分不罢工(如英电怠工照常供给电灯、电车等),不作游行示威,不向各厂工人请求援助及鼓动各厂工人罢工等;(4)不是有计划地、有组织地向敌人的武装作斗争,许多武装冲突都是无准备的突然地爆发。工人中的这许多缺点,表示黄色纲领在群众中还没有完全被群众所抛弃,是许多斗争失败的重要原因。

最近两月来,工人是更多采用直接斗争的方式,罢工、怠工、包围和捣毁是要多过从前,请愿派代表交涉比以前要少。斗争的发动还是一个企业或一个企业的一部分工人,下层统一战线在工人方面是完全没有做到,甚至整个产业的工人都有斗争(如上海印刷、水电、纱厂等),但完全没有联系起来,只是分开个别的发动。斗争的大部分是失败的,尤其是那些主要的产业工人的罢工和怠工,胜利的是很少。但是那些部分的、极小的斗争倒是有许多胜利的(如工联和海总所领导的),要求条件有很多的斗争,极大多数是失败的。工人经过武装冲突及屠杀之后,〈工人〉情绪更高涨,斗争更扩大的是没有,都是工人散漫,没有继起的领导者,由国民党包办来"解决"。这是我们统计最近几个月来的工人斗争所得到【的】结论。至于由日本企业中退出来的工人,除开彩印还有组织的,其他的工人都是散走了(参看《斗争》统计表)。

4. 赤色工会和党领导工人斗争的情形是怎样呢? 完全在我们领导下的五个主要企业的罢工(上海大东、公共汽车、冷作和彩印与河南兵工厂),只是冷作胜利外,其他都是失败的。而冷作工人的胜利是因为工人全体罢工,几次包围,只是向大包头要求加工资,以后工联所给予工人的指导,大体上虽是对的——不过罢工委员会有许多没有执行,但在后来(13 号以后)恰是罢工要胜利时,工联疏忽了对工人的指导,而且是错误的指导,以致完全失败。本来资本家以罢工损失太大,无法雇用新工,各股东责备经理处置失当,巡捕房也警告经理不要延长罢工,各方对工人均表同情,客观上工人完全占着优势,只要能坚持罢工,资本家是可以屈服的。但在这时候工联没有看见资本家的阴谋,黄色工会与资本家的勾结,恐吓工人不应参加 13 号示威,将领袖吓走,将工人从房屋中赶出来,断绝工人的伙食,工头就来(资本家叫他来的)号召工人跟他去,他给工人房子住和饭吃,领导工人退出黄色工会到工厂复工,工人复工后还抱怨我们。工联此时没有将工人领袖拿住,没有反对黄色工会赶工人出来,没有揭破工头的阴谋,并且还赞成了工人退出工会。

河南□□厂的罢工①，我们是完全没有运用罢工的策略，完全没有组织工人，完全没有准备工作，而得到失败。这个罢工如果在主观上不错，是完全有胜利的可能。公共汽车罢工的失败，虽然主观上是有错误，但新工人的上工，资本家破坏罢工的利〔厉〕害，实是给我们很难解决的困难。彩印罢工虽然现在是无法解决的，但我们在组织上、政治上还是胜利的。工人有个时期不听我们的话跑到国民党去，但是现在事实上完全证明了，工人完全回来了，认为我们的话是对的，表示完全愿听我们的指挥。

研究上面几个罢工失败的原因，主要还是我们主观上的策略上的错误。此外，还有许多与我们有关系的工人斗争，我们总是不能把工人的斗争组织起来，表现我们组织斗争的无能。比如上海法电的斗争、电话的斗争、商务、民智、报馆的年关斗争，海员、驳船的斗争等。这些斗争经过我们很长期的准备，至今不能发动起来，实际的准备工作还是一点没有。固然在企业中没有我们得力的干部是很大的困难，但我们也就不能够说服那些活动分子，说服工人，告诉工人许多具体的办法，把斗争的环境前前后后的告诉工人，很好地来运用罢工的策略等，工联和海总的同志还不能够对每一个斗争来从各方面做全盘的估计，不能从各方面告诉工人要如何才能使斗争胜利【来】说服工人，缺少具体的实际办法。

"工联对于工人斗争的领导和布置，比以前是进步些"（工联报告），我认为这是对的。开始他们已把领导工人斗争问题作为自己的中心工作，不比以前专门忙于纪念等的工作，有几个同志已开始来运用罢工策略说服工人，开始用些实际的办法告诉工人，经常在工人中指出到国民党调解仲裁是毫无效果的，实际上领导了一些小斗争得到胜利，并且他们还开辟了一个工作（如大东、冷作及青工等），运用公开路线等，但他们还只是在开始转变，在斗争【中】来学习国际路线的实际运用。

----

① 应为兵工厂。

我们是领导了许多斗争,还有许多斗争与我们有关系,参加了我们的领导。但一般说来,我们是领导的不好,尤其我们在组织上没有收到显著的成绩。学习领导和组织斗争,是党和工联目前最严重的问题。我们在领导斗争中发现了些什么缺点:

(1)不会准备斗争,没有一个斗争我们要群众在各方面都有过准备工作的。有些同志还以发动斗争为目的,甚至借口不要"等待"来反对在罢工之前有充分的准备工作。固然有许多临时问题的爆发使我们来不及准备就要发动罢工的,但在目前这样困难的环境下,我们是要慎重地来准备罢工,选择时机来发动。比如有许多罢工已经酝酿了几个月至半年,当工人已决定罢工,要工人有几天在罢工之前进行某些必要的准备工作,这完全不是等待主义。在目前没有准备的罢工,是很难坚持到底的。相反的在许多临时问题上可以发动罢工的,我们又常常拿不住,把机会放过了。

(2)对于工人自发斗争的领导是不够的,大半是没有去领导。我们没有对每个自发斗争来讨论分析,提出许多办法告诉工人。我们的工作还有些限制在陕陕的秘密组织之内,不能深入到群众中去。

(3)我们的组织还不彻底了解企业中的情形,不能提出群众最迫切的要求,还有些同志以为要求愈多愈好,尤其河南省委提到兵工厂的斗争纲领有十几条,把拥护苏维埃等口号都写在纲领上。

(4)没有提出共同的要求纲领来组织同盟罢工,没有说服工人必须斗争的配合才能屈服敌人。不能把许多个别的斗争配合起来,我们还限制在领导那些零碎的个别的斗争上。相反的,有些同志忽视小的部分斗争的发动,专门来"空叫"同盟罢工(如凭声)。

(5)我们还没有能够组织起有工作能力的、与群众有密切联系的罢工委员会、斗争委员会等。

(6)我们还没有调集一切的力量来争取某些罢工的胜利,组织同盟罢工,扩大罢工,我们还没有任何成绩。

(7)组织失业工人来同情和援助罢工,还没有成绩,只有大东罢工,上工的新工是自动辞工了。

（8）我们还没有系统地向工人提议,要工人有组织地、有准备地与国民党帝国主义的武装作斗争。我们只是简单地要工人毫无准备地去示威与包围和武装冲突。

（9）我们还没有充分地揭破国民党调解仲裁机关的作用,没有告诉群众怎样去反对调解仲裁。

（10）我们不会击破敌人的一切阴谋和进攻,不会利用敌人的弱点,不会临时应变,不会补救自己的弱点。

总而言之,我们领导斗争的能力,我们的方法,远远不足以应付敌人,我们并且还落在群众后面,群众到处起来斗争,我们不能站在前面去领导,还与群众联系不起来。

5. 党和工会动员工人群众来参加反帝运动,还非常不够,工联海总最近才有一些工作。我们组织反帝罢工,还没有一个地方有成绩。从日本企业中退出来的工人,除上海彩印外,我们都没有工作。日本纱厂的罢工,我们的工作也很弱,在工人中建立反日的组织,在最近上海才有一点成绩。如申一、永安、驳船、码头和印刷工人中已有了公开的群众反日会,并加入了民众反日联合会,起了相当的作用。几次动员工人来参加反帝游行示威,虽然没有很多的群众,但是每次都是成功的,参加的人情绪更提高了。不过大东工人参加 13 号大会后,因为黄色工会的恐吓和罢工的失败,没有好的结果。反帝运动与工人经济斗争的联系我们还做的不好。开始我们没有有力地来反对国民党资本家借国难来压迫工人经济斗争的理论,没有许多经济口号来发动工人的罢工,没有在群众中作广大的宣传号召和组织工作,来准备反帝罢工。对于黄色工会在反帝运动中所宣传的口号,我们没有给予致命的打击。对于国民党的改组派企图引起工人与学生运动对立的阴谋（如汕头、山西、北京、上海兵工厂等）,没有在群众面前揭破。

二、赤色工会的组织状况

6. 赤色工会的会员,因为没有材料,无以作出完全的统计,现就各地报告有数目字的,统计会员 1148 人。计上海 666 人,厦门 72 人,海员 319 人(码头驳船在内),哈尔滨 71 人,胶济路 20 人。除此以外,海员有线索 36 人,津浦济南站有线索 41 人。附属组织上海有 692 人,青岛 20 人。连会员线索,附属组织共 1937 人。这个数目是除开河南、满洲各地,及铁路、矿山未计算在内。在全国估计有 300 万产业工人,与我们有联系的大约有 3000 人,我想这不会过分的,当然这还除开有些党的支部不算在内。

我们在企业中的支部有很大的领导作用的,有河南兵工厂、北宁路关外及胶济路,只有这几个支部能领导几百上千的工人,其他我们有领导作用的,如上海的印刷、海员的驳船、法电、哈尔滨的皮鞋工人等。在上海工会的会员非党员估〔占〕多,会员还是流动的。同时还有些工厂虽然没有我们的组织,但到斗争的时候,工人还是来找我们领导(如大东)。工会支部和小组大半是没有经常生活的,与上面的关系又不很好,作用是非常小的。在城市,除上海工联外,有哈总,厦门和奉天都预备成立总会,而哈总大半是在业工人来参加工作。在天津、北京、汉口、香港、广东、唐山等工人多的地方,没有我们的组织。香港派去恢复关系的人又被捕了,天津派去了人还无成绩可言,武汉虽然苏区派有人去,但与我们无关系。

会员流动的原因,工人个别的入会又出会的现象还少,主要的是整个支部的建立和塌台。比如有些工厂,我们的基础很好,但过一个时期,我们的基础完全丧【失】了。丧失这些支部的原因,是由于我们的错误使斗争失败。由于敌人的破坏,或者是同志、会员的消极,在立三时代,许多支部的塌台是由于盲动。至于新支部的建立,大半是由于领导和帮助工人的经济斗争,或者是得力的同志参加了生产。这些现象在上海表现得很明显,是值得严重研究的。但我们在海员方面的现象,会员还是保留在旧的基础上,我们现在对于那些好的支部,如河南兵工厂、胶济路等,更应慎重地指导他们,使基础能更加巩固扩大,并向各方面开展工作,不要一下子又使这些好的支部塌台了。

在企业中的干部能执行我们的路线的是非常少,工会和党又没有注意来培养企业中的干部(需要整个的计划),派同志参加生产的成绩,现在还很少能看见。

发展赤色工会的方式,我们现在还是一个一个地介绍加入小组支部的办法,和介绍党员差不多。我们还没有能够利用各种可能来建立工厂委员会及群众的工会。上海工联曾经在冷作、彩印建立包括大多数工人的工会,但现在还没有成功。许多同志对"小组"还不认识,常把他独立起来。怎样来争取企业中工人的大多数,怎样来建立群众的组织,我们同志还是很少【有】办法的。

附属组织我们所收到的效果很少。许多附属组织还是不公开的,群众很少的,或者我们没有派得力的同志去担任这个工作。如上海组织了有四五十人的工人学校,也没有在组织上收到效果。我们没有组织起适合群众需要的、有很多群众加入的、公开的附属组织。

发行工作是最不能令人满意了。发行的东西是很少的,还不能发到群众中去,群众不看我们的东西,影响几乎没有。但在哈尔滨那些地方是比较好点,工会和党的文件在工会支部小组中很少看见,甚至工会工作人员不看上面的文件,至于研究这些文件,更是少极了。

7. 黄色工会下面的群众最近是到处起来反对黄色工会,改组派利用群众的情绪来夺取黄色工会的机关,可是我们的纲领和口号在群众中还是看不见。仅仅只有空洞的工人组织自己工会的口号。我们提出"从工会中驱逐一切国民党员!工会与国民党各派脱离关系!剥夺国民党员在工会的选举权!"等口号,下层是还没有来执行。工联也没有提出自己的纲领来对抗国民党上海总工会的纲领。甚至还有人去联络改组派(如商务黄色工人)。

反对黄色工会在胶济路、北宁路我们是得到胜利的,同志对黄色工会的策略还有许多错误观念未弄清楚。有人不去个别地分析某个黄色工会,一概地主张加入,就是没有群众的黄色工会也加入。又有人主张退出那些有群众的黄色工会,在黄色工会里面组织赤色工会的支部小组(五次劳动大会决议),在里面组织革命职工,反对派(职工国际五次大会决议),建立工人自己的工会(独立工会)。三个口号我们各地都在应用,并在同时提出,写在一张传单上。同志还分不清这三个口号有什么不同,要用在什么时候才恰当。我们还没有在那些有力的黄色工会中建立有力的、有组织的革命职工反对派。

三、苏区工会

8. 在苏区组织工会是有了不少的成绩:工会数目已统计有九万七千多人,还是除开中区①、鄂豫皖、闽西三个主要区的未计算,我们估计会员数目总要超过十万人至十五万人。在苏区那样闭塞的地方,组织十万多人在工会里,的确不是一回容易的事。在苏区差不多每个地方都有工会的组织,雇农工会是最好的,湘鄂西与鄂豫皖又要好过其他的地方。工会在平分土地运动中起了相当的作用,并领导了一些工人的经济斗争,派遣工人到苏维埃和红军中工作及征调工人到红军,也有相当的成绩。过去工会被 AB 团、社会民主党及改组派把持的,现在差不多都肃清了,换上真正工人来工会负责。但是缺点还是非常多。严格地说来,许多还不是阶级的工会,没有严格地执行阶级的路线,老板富农还没有完全清出工会,小贩、独立生产者还有些是加入工会的。八小时工作在许多地方还未实行,彻底改良工人生活,工会还未努力做到。我们简直得不到一个报告详细说到苏区工人生活状况的,如工资问题、工时问题、社会保险及失业救济、工人住宅等问题,我们还不能详细知道,苏区工会还没有在这些问题上来建立自己的经常工作。苏区经济破坏是给了改良工人生活很大的

---

① 中区,指中央苏区。

困难,但工会应保障工人最低限度的生活,失业救济、建设生产合作社、社会保险、劳动保护,及监督生产等还完全没有举办。在组织上只有雇农工会是按生产来组织的,其他工会都是按地方来组织的。苏区工会这许多问题的解决,是应该得到城市产业工人和全总的帮助,但是我们所帮助的还很少。职工部已有一个苏区工会任务的决议,全总也起草了《苏区工会组织法大纲》和雇农工会的小册子,并且正在研究社会保险、生产合作社及苏区工会经济斗争等问题,预备弄好之后寄到苏区。(下略)①

九月半起至十二月止中国工人斗争统计表

(此表是凭我②的记忆和各地报告作成的)

地方厂业	斗争方式	要求	人数	结果	领导
上海铅印	仲裁,同时自动实行八小时	加工资八小时工作		半胜利	黄
上海英界公共汽车	罢工	加工资,改良待遇	200	失败	赤
上海冷作工人	罢工	加工资	800	胜利	赤
上海中华书局	怠工(停止工作)	要求被开除工人复工	1200	失败	黄
上海民智书局	怠工	同上	200	失败	黄
上海华界电车	怠工	加工资及开除工贼	100 职员	胜利	自发
上海同兴纱厂	退职	反日	3000	无结果	自发
上海电杆业	退职	反日	400	同上	同上

---

① "下略"是原文有的。
② 指刘少奇。

续表

地方厂业	斗争方式	要求	人数	结果	领导
上海海员	退职	反日	2000	无结果	资本家停航
上海码头	不起卸日货	同上		同上	黄
汉口大安纱厂	包围	反对关厂,要求救济	3000	无结果	自发
天津裕元纱厂	关厂	反对开厂	7000	同上	
唐山矿工马家沟	罢工	反对黄色工会	3000	不明	自发
贾旺矿	同上		2000		
镇江荣昌火柴厂	同上	反对苛章及开除工人复工		半胜利	
南通复兴面粉厂	怠工	加工资及例假		胜利	
汉口兵工厂		加工资			
上海英商公共汽车	请愿	要求年赏	200	加二天工资	黄
上海永安第二纱厂	罢工打厂	要求花红	7000		赤色工会有关系
上海英商公共汽车	罢工	恢复被开除工人工作	200	失败	自发
上海日华纱厂	怠工	反对开除、减工资	4000		赤有关系
上海英商电汽	交涉	年赏			黄
上海招商局职员	交涉	年关双薪			职员工会

续表

地方厂业	斗争方式	要 求	人 数	结 果	领 导
上海兵工厂	包围打毁	年赏	5000	胜利	自发
商务印书馆	怠工	反对黄色工会	4000		
上海大东书局	罢工	加工资,改良待遇	300	失败	赤
大新染织厂	与巡捕冲突	失业救济费		半胜利	自发 有黄会
胶济铁路	打黄色工会	反对合作社扣工资	600	不扣了	赤
北宁路皇姑屯	包围	要工资	500	胜利	赤
哈尔滨电车	罢工	要求成立工会及保障	700	半胜利	自发
河南兵工厂	同上	加工资	2000	失败	赤
信阳土木工人	同上				赤
海员阿旦母斯船	与警察冲突	反对开除	70	失败	赤
上海驳船七次斗争	打和包围			五次胜利	赤
上海码头	包围	反对头子吃钱	100	胜利	赤
香港煤炭工人		加薪	300	半胜利	赤
芝顺船海员	包围	反对去大连	80	失败	赤
俄皇后船海员		改良火食	100	胜利	赤
天津肥料厂	罢工	组织工会及恢复被革工人			

续表

地方厂业	斗争方式	要求	人数	结果	领导
门头沟失业矿工	抢米		2000		
山西太原工人	打国民党部	与学生联系	2000		
陕西印刷工人	罢工	工人帮口冲突		失败	赤
陕西盐摊工人	罢工			失败	赤
上海炭韧汽车公司	罢工	反对开除	700		自发
上海法电公董局工人	怠工	反对开除		无结果	自发
上海法电	罢工	反对巡捕打人	700	失败	自发
上海彩印工人	罢工	反对开除工人	300	无结果	赤
上济申一纱厂青工		出厂吃饭		胜利	赤
上海北门公司青工		吃饱饭		同上	赤
上海黄浦铁路青工		加工资不许打骂		胜利	赤
上海光陆印厂		反对开厂		胜利	赤

（录自《红旗周报》第31期，1932年3月11日出版）

更广泛地动员团员领导青年群众当红军去

（1932 年 3 月 15 日①）

作 霖

自从中央局及团大会号召团员领导青年群众加入红军以来，团员及青年群众去当红军的，是比以前要多些了。但动员的范围，仍极狭小。团员不愿当红军的倾向，还未完全克服，青年投身红军的潮流，还未激荡起来。

有些团部，对这一工作比较注意，便收到了相当的效果，如在瑞金，最近到前方去的新战士四连人，其中青年占最大多数，团员占六分之一。

但大多数团部，还没有把这一工作【作】为它的中心任务，没有运用种种方法去进行动员，得的成绩极少，甚至有些团部，一贯地抱着消极态度，完全不注意这项工作。如雩都②就是一个例子。在二月份，雩都去当红军的青年仅约 90 人，团员只有 6 人；好几个团员比较多的一区，一个团员都没有去。这是因为雩都的团员和青年群众特别不勇敢么？不是的！因为县委区委不去动员他们。这种消极，实际上是帮助了反革命！

在瑞金，当开始时，团员和青年群众去当红军的也极少极少，很多的团员以为加入了团就可不当红军的，经过了几次动员，就收到了

---

① 原文无时间，此为《青年实话》第 12 期的出版时间。

② 雩都，今江西省于都县。

相当效果。可见只要去积极动员,到处都可收到很好的效果,不会有一个地方是除外的。

现在有些地方,团员自己去投身红军,不带一些非团员一起去,这也是不好的现象。团要告诉每个团员,他是青年群众的领导者,只是他自己一个人去,还没有尽到他的责任。他应该以他的热烈英勇精神去鼓励其他青年,号召他们跟他一路走。

还有些地方(如闽西、万泰),只动员团员和青年群众到地方武装中去,没有或极少到红军中去的。这亦须注意到。应该进一步鼓动他们,到前方红军中去,到火线上去杀敌。

现在革命战争的局面,更加开展了! 要求我们更广泛地动员团员领导青年到红军中去。谁再要对这一工作消极,谁便是革命的罪人! 哪一个支部还没有团员去当红军,就不配作团的支部! 哪一【区】还没有团员去当红军,这个区委的领导,便是宣告破产!

(录自《青年实话》第 12 期,1932 年 3 月 15 日出版)

切实执行团大会决议
更广泛动员青年群众参加革命战争

（1932 年 3 月 15 日①）

作 霖

从团大会以来，革命形势更开展了！

日本帝国主义的炮火，轰毁了上海闸北、吴淞一带后，正沿沪宁铁路一路扫过去，向南京进迫！国民党政府已下令禁止士兵与日军作战，步步撤退，对不愿撤退的革命士兵，用机关枪扫射！帝国主义国民党一步进一步地【把】中国民众，掩埋在其炮火之下！这推动全国反帝运动的发展，更急速走到苏维埃的旗帜底下来，更迫切要求苏区的援助和领导。

苏区和红军不断地取得新胜利。上杭、武平又已克服，赣州亦早晚可下，其他苏区和红军胜利的捷报，连续地飞来！这给了帝国主义国民党以更大的威胁和恐惧，在他们相互间的冲突愈益紧张中，加紧来进攻苏区和红军。

这种形势，更迫切要求向外发展革命战争！要求革命战争的局面，更快地开展！

这种形势，更加重了团动员青年群众参加革命战争的任务，更要求团迅速执行团大会决议，深入实际工作中去！

因此，团要以最严厉的战争，克服一切对执行团大会决议的消极

---

① 原文无时间，此为《青年实话》第 12 期的出版时间。

和实际工作机会主义等不正确倾向！要最广泛地发展团的自我批评！要使每一团员的热情跟着战鼓的咚咚响,而日益飞跃起来！

团要领导更广泛的青年群众加入红军！发动更广泛的青年群众参战！把游击队、侦探队、担架队、洗衣队、慰劳队等等,组织起来和扩充起来！加紧赤色戒严,武装保卫地方！供给粮食与红军！节省粮食！更耐苦地去耕田,使夏收秋收丰富起来！特别是更热心地耕种红军公田,替红军家属耕田！节省一切费用,供给红军作战费！收集子弹,送给红军去杀敌！——这些都是团的紧急任务。

红军在前方不疲倦地冲锋杀敌！红军中的团员在炮火之下,昼夜不停地领导群众作战！地方上的团应该而且必须努力执行上述任务。谁不执行,谁不努力,谁便是反革命的帮手！

（录自《青年实话》第 12 期,1932 年 3 月 15 日出版）

全总苏区执行局报告

（1932 年 3 月 17 日）

全总：

执行局自从开始工作以来，迄今已将一年，未曾有过详细报告，使你们无从明了苏区职工运动的状况，这首先我们应该承认这是很大的错误。

现在我们写给你们一个报告，共分为六大段：

一、苏区职工会与有组织工人的统计

二、苏区工人生活状况

三、苏区职工运动的情形，各项问题工作错误

四、闽赣两省工人代表大会的经过

五、全总执行局的过去工作与今后计划

六、附件

但是，报告因时间局促甚为芜杂、甚为紊乱，不遑修整，请原谅。

全总苏区执行局

一九三二年三月十七日

[按]这个报告的附件有下列报告：

一、法令——①劳动法；②苏区工会组织大纲；③雇农工会章程草案。

二、指示信件——①3 月 7 日给各级工会信；②4 月 6 日关于独立劳动者的通知；③2 月 18 日给江西福建两省互济会；④3 月 4 日给

湘赣总工会筹备处。

三、闽赣两省工人代表大会决议案九件——①工会在苏维埃的任务；②组织问题；③雇农问题；④拥护劳动法；⑤拥护红军；⑥失业与合作社问题；⑦援助上海罢工；⑧拥护"五一"劳动大会；⑨青工问题。

四、江西之件——①省工联通告第二号（苏维埃选举运动）；②会昌报告。

五、福建之件——①省工联第一次执委决议（工作计划）；②第一次女工联席会决议；③省工联通告第五号（苏维埃运动）；④省工联通告六号（优待红军）。

六、湘赣区之件——①10月29日报告；②2月15日报告。

一、苏区职工会与有组织工人的统计

1. 现在中央苏区的疆土，共有25县，其中有15县县城是属于我们的。兹将各县有无工会组织列表如下：

（打○的是有县城的）

福建全省职工联合会 { 福建全省雇农工会
福建全省木船工会

长汀○……汀州城区职工联合会

新汀（新划分三县）
连城○ } 汀建县职工联合会

宁化○……只有一个支部

永定○………永定县职工联合会

上杭○
武平○ } 杭武县职工联合会，现在因县城已得，要分开组织。

新泉………………新泉县职工联合会

江西省职工联合会

　　江西省雇农工会

　　兴国……………………兴国县职工联合会

　　赣县……………………赣县职工联合会

　　万泰……………………万泰县职工联合会

　　公略(旧吉安)………………公略县职工联合会

　　永丰……………………永丰县职工联合会

　　乐安……………………不详

　　宁都○…………………宁都县职工联合会

　　广昌○…………………不详,未建立关系

　　石城○…………………有联络,但工会未建立完善

　　瑞金○…………………瑞金县职工联合会

　　会昌○…………………会昌县职工联合会

　　于都……………………城区职工会已成立,各区未完全建立,成立于都筹备处

　　胜利……………………筹备处

　　安远……………………安远县职工联合会

　　寻邬……………………寻邬县城职工联合会

　　信丰……………………新发展区域,已派人工作。

　　南康……………………不详

　　2. 湘赣苏区和我们关系非常疏隔,因为道路艰阻的原因,兹将他们报告的工会组织列表如下:

　　湘赣省苏区总工会(二一八成立)

　　永新、吉安、安福、莲花、鄂〔鄱〕县、宁冈、攸县、萍乡已普遍建立工会。

　　除上列几县外、北路几县(县名未详)工会未普遍成立,已派人去巡视。南路各县未接报告,所以不知道。

　　3. 各地有组织的工人数字多未全盘统计,但亦有几个工会已有统计到执行局。兹将这些统计抄上,从这些数目字上可以了解工人分布的状况,工会组织状况,苏维埃经济状况,更可以从此相当估计

全苏区工人的数量。

这些统计当然有缺点，例如雇农对贫农、中农或富农的百分比，对全人口的百分比，手工业工人与作坊数目的百分比等等。这些统计并不是没法做，不过因为中国一般统计知识的幼稚，特别是农村中，我们因为时间和人力的关系，这工作未曾有计划地开始〔展〕。

这些统计根据于已入工会的会员数目，大概是相当可概〔观〕的，但已入工会和未入工会的工人之百分比，各处又都无报告，这是一大缺憾。不过，工人加入工会只是挂名，没有积极参加工会工作是普遍的情形，但工人决心不肯加入工会，此种现象仍不严重。可是在另一方面，工会未曾组织失业工人，此现象〈例〉是普遍（但亦有许多地方，失业工人亦组织起来）。

（1）瑞金各区：

区／工人	黄沙	新中	城区	壬田	黄柏	九堡	黄安	王龙	壬吉	瑞宁	上申	达江	渡头	各区总
雇农	49	184	110	189	52	182	132	98	74	99	18	90	85	1311
苦力	12	64	93			29	98	33		23		23		375
缝业	4			19	29	11	6	11	14	23	9	11	19	156
木业	12			24	3	19	19	23	20	21	25	11	15	198
线业	16			11	3	7	7	4	2	9	9	8	6	68
理发	2			9	3	7	4	2	4	12	3	8	7	61
篾业	2			9	8	27	4	2	9	24	17	1	4	107
□□	1				2	9	7		1	16	3	1	6	58
□业	3			3	8	2		12	3	7	1	2	3	30
□业	3			15	9	4	8	4	9	11	3	2	5	84
石灰						98								98
纸业	32				9			87						128
□工														
□□														

续表

工人＼区	黄沙	新中	城区	壬田	黄柏	九堡	黄安	王龙	壬吉	瑞宁	上申	达江	渡头	各区总
□□														
青工														
女工														

（原数如此）

瑞金城市：

			成年	青工	童工	总计
瑞金县职工联合会	城市手工业工人 各支部	铁业	7	2	0	9
		锅业	12	0	0	12
		理发	6	3	1	10
		鞋业	2	0	1	3
		伞业	6	0	0	6
		缝业	9	4	2	15
		乐业	10	0	0	10
		香业	3	0	0	3
		茶业	7	1	2	10
	城市店员工会	城市店员				
		刨烟	35	4	0	39
		卤腐	28	2	3	33
		药业	32	4	0	36
		京果	46	3	1	50
		洋布	11	5	0	16
	木船工会	木船工人	146	0	0	146
	苦力工会	码头工人	33	0	0	33
	总计		393	28	10	431

（2）万泰（即万安、泰和二县，无城市）

万泰报告甚不详细，计工人数目如下：

真正阶级工人:成年工人401;青工321;童工40;共计762人(内有失业工人4名),计划分为53个支部。

万泰工会在改造中,计洗刷:独立劳劢者1100,□□310,□□177,又扩大红军110人,又反水12人。

万泰雇农:成年868,青工80,牧童1,女工5,共954人,计分61个支部。外洗刷非雇农282,扩大红军130,反水9。

(3)兴国工会组织及参加红军的统计:

区工会名		东村	落江	茶园	上社	永丰	高兴	莲塘	枫边	方太	城冈	丁龙	宗贤	龙沙	杰村	城区	均村
支　部		8	8	8	8	6	13	6	6	6	7	12	8	8	10	16	6
青工小组		9	10	9	8	12	6	4	9	3	9	12	9	5			
参加红军	成年	20	15	0	17	5	7	5	6	2	5	26	31	9		65	8
	青年	1	11	7	22	9	13	11	10	14	16	21	0	0			

兴国雇农统计:

	高兴	江背	鼎龙	龙喜	莲塘	城区	城冈	永丰	茶园	均村	崇贤	乐江	枫边
成　年	236	60	147	207	41	178	78	188	211	14	371	38	66
青　年	32	2	53	20	12	22	6	35	23	13	55	7	15
内妇女	7	2	11	6	2	7	1	3	11		31	5	
内当红军	26	3	9	13	5	12	3	6	4		45		
支　部	13	8	13	14	6	18	7	14	12		91	5	10
青工小组	4	1	9	2	2	2	8	5			10	2	2

共计:成年1867,青年295,内妇女86,内当红军126,支部129,青工小组74。[①]

---

① 经核算,此处人数统计有误,成年人应为1835,支部数应为211,青工小组应为47。

兴国各区工人统计：

	15、45 均村区 成,青	26、94 东村区 成,青	30、66 落江区 成,青	5、5 果园区 成,青	83、95 上社区 成,青	83、83 永丰区 成,青	60、92 高兴区 成,青	33、36 莲塘区 成,青	52、48 枫边区 成,青	40、53 方太区 成,青	58、152 城冈区 成,青	□□区 成,青	龙村区 成,青
木	4,9	10,14	7,15		32,12	20,3	9,10	9,5	10,3	6,2	4,4	14,12	-,3
布	-,7	2,12	-,5		-,8	1,5	-,3				-,12	-,3	-,12
理发	4,4	3,26	3,18	1,26	15,16	7,31	8,33	2,16	3,1	1,5	1,9	4,34	-,4
纸													
竹	1,2	4,2		1,1	29,2	11,1	3,2	4,-	15,14	2,20	4,37	9,4	10
柴	1,-	4,2	4,-			5,-			4,-	2,-	-,2		7
泥										3,-			
陶				1,2	1,4	1,-	5,6	7,2	1,3	4,2	9,2	4,6	4
铁													
花爆		2,10						5,-	2,-	13,6	15,4	5,3	4
锯													
引线													
缝	5,21	-,35	5,24	2,21	35,44	15,36	7,35	4,30	17,25	5,17	8,46	-,43	27

续表

	15、45 均村区 成、青	26、94 东村区 成、青	30、66 洛江区 成、青	5、5 果园区 成、青	83、95 上社区 成、青	83、83 永丰区 成、青	60、92 高兴区 成、青	33、36 莲塘区 成、青	52、48 枫边区 成、青	40、53 方大区 成、青	58、152 城冈区 成、青	□□区 成、青	村区 成、青 龙
棕		-,1				-,2		-,1			-,36		
棉								-,1		-,36			
窑		5,-				20,-					1,-		
石					-,4		-,2	1,-	1,-	3,1	4,-	1,-	-,6
锡				-,1	2,1		2,1			3,-	11,-		
漆					3,-	1,1			1,1				
笤									-,1			13,-	
槽					4,2								
筱													
□													
□													
□													
刨烟						1,							14
□													

城区工会 $\left\{\begin{array}{l}成232\\女42\\青53\end{array}\right.$ 杰村 $\left\{\begin{array}{l}成33\\青38\end{array}\right.$ 崇贤 $\left\{\begin{array}{l}成62\\青80\end{array}\right.$ 共计:$\left\{\begin{array}{l}成1034\\青1060\\女42\end{array}\right\}$ 合为:2136人

（4）赣县工人统计:

据报告,赣县所属良口、江口、白路、田村、青溪、山溪、大湖、茅店六区及修械站共计:

工会支部50个 $\left\{\begin{array}{l}成年328,青工291,妇女苦力2\\去当红军工人62\\木船工会两个——木船工人118\\修械所——成年10,青年8\end{array}\right\}$ 总计819名

赣县雇工人统计如下:

	成年	青工	女工	共计	内当红军	支部	青工小组
四村	142	36		178	18	15	5
南塘	177	47		224	16	10	
江口	189	30		219	3	8	
茅店	30	18	2(成年)	50	6	2	
白路	138	47	25	210	7	8	7
良口	128	40	8	176	7	3	
黄塘	223	63	9	295		13	13
合计	1027	281	44	1352	57	59	25

附注:此是12月19日报告,最近扩大红军有增加,又另有上东区未成立雇农工会,故无统计。又黄塘后〈又〉划归万泰管辖,在做总的统计时应将此数除下,因前面万泰的统计又包括黄塘了。

（5）公略县(即吉安)工人统计:

吉安计有七苏区,但工会有报告的只有三区,即水东、水南及东

古①三区。

	水　　　南				水　　　东				东　古			
	成年	青工	女工	支部	成年	青工	女工	支部	成年	青工	女工	支部
工人	98	37	2	11	41	51	12	3	109	30	0	
雇农	240	18	15		241				136	4	0	

（内牧童1名，又外童工2人）　　　　　　　　　（系童工4人）

以上：工人共计394人，雇农共计656人，总计为1050人。②

（6）会昌县工人统计

名　　称	成年工人	青　工	童　工	女　工	支　　部	共　计
洛江区工会	57	29	1		2	119
海口区雇工会	25	7			分工会1	
会昌市店员工会	40	28	4		3	72
第一手工业工会	98	29	3		5	130
第二手工业工会	91	30	5	4(苦力)	6	126
会昌木船工会					3	144
锡　　岭					9	259
站　　塘					1	55
珠口埠	工人9，雇工28				1	37
麻州支部						
高排支部						
罗田支部						

以上有几区工作人员没有回来，同时也没有报告，不知有工人

---

① 东古，即东固，位于今江西省吉安市青原区。

② 经核算，雇农共计654，工人、雇农总计1048人。

多少。

（7）永定县工会统计（尚有太平区未曾列入）

		成年	青工	女工
羊稔区工会	店员支部（二个）	1	23	
	缝衣支部（三个）	6	9	
	码头支部（二个）	1	1（女）	27
	苦力支部（三个）	16	2（女）	7
	刨烟支部（四个）	35	2	
	五金支部（五个）	10	4	
	建筑工人 ｝编入其他支部	2		
	理　发 ｝		2	
溪南下金	直属刨烟支部一个	6		
	直属建筑支部一个	4		
第三区低业支部五个		82	8	
理　发		2	6	
刨　烟		3	4	
码　头			3（女）	4
缝　衣		8	4	
苦　力		28（女11）		91

永定工人总计：成年209，青工87（内女16），女工129 ｝合计525人
永定雇农总计：成年81，青工18（内女2），女工1 ｝

（8）于都工人统计

于都共有12区，各区工人人数不详。于都大概是苏区工作中最落后的，12区中只有4区有工会组织，只将城市工人列表统计如下：

	伞业	花煤	银业	茶业	纺织	木船	饼业	刨烟	理发	店员	缝业	邮局	染业
成年	8	1	6	5	5	34	13	24	5	10	21	14	3
青年		7		3	3	2	5	2	2	7	2	8	

对于这些统计,我们因作报告时间匆促,不能加以详细研究,但我们可以供给你们下列几个了解:

(1)目前的苏区产业工人绝无仅有,湘赣省对安源水口伪山株萍路正计划开始工作,但目下似尚无成就,执行局派陈佑生同志去湘鄂赣边工作,亦因为要建立产业工人的工作。

(2)苏区雇农对贫农的百分比是非常稀少,但对于工人的百分比却又大了。

(3)苏区青工非常多,不仅湘赣的报告说占多半数,各处亦都是很多的,这因为许多生产品都是独立劳动者所制就〔造〕,而独立劳动者多带有学徒,又有数处青工较少,大概是青工年龄的计算各有参差不同,一般的说,青工数目是很多的。

(4)闽西亦非常多(江西就很少),因为福建女子活泼强健,码头苦力担夫成为女子职业,此是特殊的现象。

(5)江西福建都出竹。福建的竹做毛片纸,所以纸业工人占很大数量,而且一个作坊亦有雇用五六十人的。江西的竹是制器具,所以篾匠亦多(但比纸工差多了)。竹多笋亦多,所以红军有一时期天天吃笋,非常难过。

(6)福建皮丝烟有名出产,所以江西福建刨烟工人亦多。

(7)从统计上可以看出手工业工人分布非常散漫,只有裁缝工人是农民所必需,所以各处都有缝业工人,而且比较多。

(8)江西于都有挖煤工人,用旧法开采,供给当地居民。

二、苏维埃区域工人生活状况

关于工人生活状况,可以分几点说:

1. 苏区经济因受敌人封锁而不流通,所以工人生活不能很多的改善,特别是失业工人非常多(但失业工人尚无统计)。

2. 各地工资,一般的说,都有增加,特别在全苏大会以后,如汀州、瑞金、会昌等城市工人都发动斗争,把工资提高了。但因为过去工会领导上不集中,各地的经济情形大不相同。因之如会昌是新发展区域,在三军团总政治部帮助下,听说全苏大会有每一工人工资要能维持五人生活的话,所以工人就决定小洋改大洋(一元大洋换三百铜元,换小洋 15 毛、18 毛不等),大洋再加三成,所以加得很多。瑞金是赤色的中心,所以刨烟工人最高工资每月有 25 元,普通亦有 20 元。汀州工人工资亦增高了,但在赣县兴国一带正是斗争最激烈的地方,工人大多数都失业,工资提高得很少,甚至于一个钱亦未增加。

3. 现在平均工资每月是三、四元,至于出卖零工,每工亦略有参差,如缝工、雇农、篾匠每工三百至四百文,铁匠每工七百、八百文。这里零工都是指帮工,至于农民给独立劳动者或老板,都要比此数为多,每工多五个铜元不等;至独立劳动者的学徒,那么,师父只出几个铜元给学徒,其余都吃下去了(至工人伙食都是吃雇主的)。

4. 这对于物价的比较,于都的谷三元一毛小洋一担(合二元另七分大洋),二担谷算一担米,即六元二毛小洋一担(合大洋四元一角三分,最近米价大贵,已涨至六元大洋)。盐每斤九百文。柴每担八九百文至一千文,或一千二百文。

5. 八小时工作制亦有部分的实现了,但只是城市中的少数工人,大多数仍是做十小时以上的工,星期休息制亦有少数地方实行。

6. 在待遇方面,如每月牙祭若干次(牙祭即吃肉),发给工人衣服,开会不扣工钱,每年有休假,各地都很多提出此类条件,多已得到。

7. 雇农都分到土地,现在都不做雇农,当然做零工的仍然是有。有许多地方农民分到土地仍不够吃,而且分田以乡为单位,所以有的地方分得很多,有的地方分得很少。

8. 兹将执行局在本年一月间所举办之训练班学生调查表抄上。

从这一表上可以看出工人生活之今昔的比较,各地参差不齐的情形。但需要声明者,此表是一月间所填,现时隔三月,有几个地方工资又增加了(如瑞金、闽西各县),又此表内工人都分到田(又二七两省代表的生活都有调查,但因太多不便抄上,将来你们如需要此种材料可以寄来)。

训练班学生的调查表

	姓 名	年龄	什么工人	担任工会什么工作	家中几人	过去几多田	现分几多田	过去几多工钱	现在几多工钱	过去工作时间	现在工作时间
赣县	彭盛凌	21	木匠	江口区工会交通	2	没田	15担	月洋2元	月洋5元	14点	失业
赣县	刘崇洲	30	雇农	一区三乡支干	5	没田	40担				
赣县	朱地元	24	雇农	六区筹备员	7	没田	48担				
赣县	吴家人	22	刨烟	区工会组织干事	8	没田	44担	月7元多毛洋	没工做	12点	没工做
宁都	谢和鸣	33	雇农	没	7	没田	42担	月30毛	□□	无定	无定
宁都	谢瑞清	26	缝工	没	3	15担	9担	□□	□□	14点	12点
瑞金	杨荣昌	20	雇农	小组长	4	没田	34担		□□		14点
瑞金	赖生	18	刨烟	没	3	没田		年20多毛	年两百毛	12点	12点
瑞金	曹连标	19	缝工	没	5	没田	不知分多少	日两毛半	日三毛	12点	8点
瑞金	刘云生	19	洋布	没	5	没田		年30元毛洋	年42元毛洋	10点	8点(尚未实行)
瑞金	邱云炳	15	纸工	没	4	没田	38担		年20元毛洋	14点	8点
瑞金	杨受保	35	酒业	县总候补委员	4	没田	4担	年三百毛	年四百毛	不定	不定
瑞金	钟安平	22	酒业	过去分工会委员长	5	没田	22担	每工250毛	年400毛	12点	12点

续表

	姓　名	年龄	什么工人	担任工会什么工作	家中几人	过去几多田	现分几多田	过去几多工钱	现在几多工钱	过去工作时间	现在工作时间
瑞金	黄隆九	37	雇农	工会小组宣传	2	没田	20担	年三百多毛	月40毛	不定	不定
瑞金	赵春仁	20	京果店员	没	5	6担	未分田	学徒三年毛洋20元		14点	14点
瑞金	黄良辉	21	皮匠	没	3	没田		学徒三年小洋十元	每月大洋五元半	12点	12点
瑞金	饶秀洪	19	京果工人	没	7	没田			每20元毛洋	12点	12点
瑞金	钟志明	17	豆腐		10	20多担	30担	年550毛	加工资未实行		16点
瑞金	李善高	23	刨烟	分工会组织	5	没田	20担	月70毛	月75毛	没一定	还做16小时
瑞金	江福桂	20	酒业	分工会委员	3	3担	6担	日一毛	月30毛		16点
瑞金	曹贵	27	纸工	没		没	41担	年毛洋20元	年毛洋35元	14点	8点
瑞金	陈火根	20	药工	没	5	没田		年毛洋30元	年大洋30元	10点	10点
瑞金	赖湖南	28	药工	药业工会委员长	2	没田		年小洋50元	年大洋50元	10点	10点
胜利	张相响	18	雇农	没	4	一担	16担				14点
胜利	赵子卿	22	木匠	支部干事长	7	没田	17担	日一角		14点	失业
胜利	赖福来	18	篾匠	工会小组长	4	没田	20担	月30毛	月大洋3元	14点	14点
于都	袁士发	38	雇农	没	5	没田	50担				

续表

	姓 名	年龄	什么工人	担任工会什么工作	家中几人	过去几多田	现分几多田	过去几多工钱	现在几多工钱	过去工作时间	现在工作时间
于都	丁春狗	21	缝工	没	2	3担	8担	学徒没钱	没工做		
杭武	袁玉松	22	纸业	六分工会委员长	3	没田	11担	月3元毛洋	没做工	12点	没做工
杭武	何汗东	20	纸业	一区青工小组长	3	没田	9担	月毛洋6元		14点	
杭武	王富生	25	泥水	分工会小组长	8	没田	50担	月小洋5元		11点	
汀连	陈步发	18	纸业	工会青工小组长	6	33担	60担	月毛洋6元	没做工	12点	没做工
汀连	林一材	27	船工	木船工会工作	5	没田	20担	年300毛洋		14点	
兴国	刘光南	22	缝工	廖塘村支部宣传	10	25担	50担	月三吊钱	月大洋4元	无定	8点
兴国	王芝富	22	缝工	永丰区工会委【员】长	4	没田	18担	没工钱	月大洋4元	无定	8点
兴国	李佐元	26	篾工	村支部宣传	6	没田	30担	月小洋1元半	月小洋1元8	14点	6点
兴国	刘秀仁	20	篾工	工会纠察队长	2	没田	17担	月小洋1元8	失业	14点	失业
兴国	刘巩志	20	织布	村支部干事长	8	4担	48担	没钱工	失业	14点	失业
兴国	肖仁	37	刨烟	曾任委员长现任组织	5	6担	12担半	日4小毛	日5毛6	9点	7点
兴国	黄华廷	33	雇农	没	5	没田	17担		没做工		失业

续表

	姓 名	年龄	什么工人	担任工会什么工作	家中几人	过去几多田	现分几多田	过去几多工钱	现在几多工钱	过去工作时间	现在工作时间
兴国	刘升儒	23	木匠	村支部干事	5	9担	27担	月小洋6元	月小洋6元	14点	没一定
长汀	曾介松	22	船业	没	4	没田	12担	月小洋3元	没工做	12点	没工做
长汀	张赤松	25	船工	没	8	18担	没田家雇工生活	月小洋5元	没工做	12点	没工做
长汀	陈廷光	24	米业	区工会委员	4	7担		月小洋6元	月大洋7元2角	12点	8点
永丰	曹文安	33	米业	县总委员长	10	23担	44担	年大洋40元	没工做	12点	没工做
永定	卢维升	17	学徒	区青工部	2	没田	3担	没工钱	月大洋4元		6点
永定	郑光球	24	烟业	烟业工会宣传	9	没田		月小洋7元	月小洋18元		
永定	许得胜	18	烟业	总工会青工部	4	没田	11担	月小洋6元		14点	8点
永定	张谷林	28	烟业		7	没田	35担	月小洋8元	没工做	12点	没工做
万泰	刘仁贤	50	雇农	三区良村贫农团	1	没田	5斗半	年8吊	年20吊	无定	无定
万泰	周立隆	15	剪发	没	5	7斗	32斗	年1吊2百	年6吊	12点	12点
万泰	曾开先	14	篾工	太和篾场工会青工部	3	没田	25斗	年3吊	年9吊200	12点	12点
万泰	曾纪植	19	篾工	青工小组长	3	9斗	18斗	年3吊	年4吊	12点	12点
万泰	严玉照	26	酒业	酒业分工会委员长	5	4斗	20斗	年30吊	年92吊	12点	12点

续表

	姓 名	年龄	什么工人	担任工会什么工作	家中几人	过去几多田	现分几多田	过去几多工钱	现在几多工钱	过去工作时间	现在工作时间
万泰	陈和春	35	雇农	乡雇工会委员长	3	没田	15担	年8吊	没做工	12点	
吉安	王祖昆	30	泥水	分工会委员工长	2	7斗	14斗8	日480文	日560文	12点	8点
吉安	陈二美	24	缝工	没	3	4斗	20斗	日200文	日360文	12点	12点
吉安	曾庆云	30	缝工	没	5	10斗	32斗半				

（这表里有些没有填的，是因为学生填的时候本没有填。）

三、苏区职工运动的情形，各项问题，工作的错误与缺点

过去中央苏区职工运动的错误，恰恰是非阶级路线与机会主义的消极，兹将苏区职工运动各方面所表现的情形，苏区职工运动的各种问题，工作的错误与缺点，分述于下。在这些报告里，亦可以看见执行是企图转变过去错误，消灭过去缺点，虽然这个转变的企图并未彻底完成，只是在闽赣两省代表大会以后才有力地号召转变。

（一）（略）

（二）职工会的行会主义

在苏区党大会的前后，执行局已号召各级工会建立真正的阶级工会，洗刷非阶级分子出会。根据报告，如万泰现有工人762人，而洗刷独立劳动者1100、师父310、老板177名，雇农工会现有954名，而洗刷非雇农282人；兴国洗刷独立劳动者901人；其余各县虽无报告，但数目仍是很大的。从此可以证明过去工会为师【父】老板所操纵的严重现象。

但这些洗刷仍包含很大的缺点，即是各级工会是有的是在群众会议上将这问题宣布后，即请独立劳动者或老板旁听，叫他以后不要

到会,但未充分地根据工人和老板的阶级矛盾,从斗争中洗刷他们出会,未能利用这一机会使反行会主义的斗争深入于群众中间。

因此,有些地方非阶级分子出去了,有些地方又混进来。同时,有许多地方工人和老板根据行会主义的职业利益,袒护老板帮助老板逃走。老板逃走,工人看店,又蒙蔽工会。因之,发展工人的阶级自觉,发动群众斗争,反对并揭破行会主义对工人的妨害,是苏区职工运动的重要问题。

(三)职工会对于工人经济斗争的领导

闽赣工会过去在领导经济斗争方面,机会主义及狭隘经济主义的错误,请你们翻阅闽赣二省代表大会任务决议所指出的。对于工人一般生活情形,我们上面已经报告,兹均不赘述。

但有一点所要补充的,要使你们知道于经济利益的争取亦发动群众,所以在瑞金发现一桩故事,卤腐工人增加了工资,又退还给老板,说我不要这许多。

第二点要说明的,苏维埃区域工人的生活,确实尚未有彻底的改善,在工人方面的利益的增进,苏维埃的扩大巩固,中心城市的争取,经济政策的正确运用,有密切的关系。在雇农方面,经过雇农工会及贫农团的作用,加强贫农雇农利益的保护。关于这些问题,代表大会都有决定。

第三点,在农村中实行八小时工作制,的确有相当的困难,但我们正在根据个别的情形,规定实施的方案(如轮班×时工资加倍)。

第四点,在全苏大会以后,我们已打击机会主义和狭隘的经济主义,所以已经领导部分工人的斗争(瑞金、会昌、永定、汀洲等处都发生过斗争)。

永定的斗争情形如下:永定只有龙冈店员,多数实行八小时工作,其余各业工人完全无实现。各业工人在老板的实行星期制休息,特别纸业工人每五天休息一天。对增加工资,龙冈店员增加三成至五成(如过去二元增加至四元,三元者增加至五元,五元者加至七元);刨烟工资增加三年(过去每包九厘加至一角);纸业工资增加三成(过去每个二毛六,加至三毛四);其余各业工人同样有增加。

会昌可参阅他们的斗争纲领。瑞金自苦力以至木船、店员、手工业工人工资都增加了,其中以刨烟工人增加为最多。八小时工作制和星期日休息各处都有实行。但在斗争较久的地方失业很多,及乡村的工人斗争仍未很好发展。

对于最低工资的规定,中央区大概是四元或三元大洋,湘赣的报告每天最低工资的标准是等于五升半米。

对于狭隘经济主义的错误,如不熟练的学徒每月大洋十五元(龙岩),学徒工资比成年工大(汀洲),非常琐细的要求(瑞金工人要求,香烟、袜子、鞋每月一双,军衣绑腿,压岁钱等等),监督资本(不是监督生产,如会昌等),这些我们都纠正过来了。

(四)苏维埃政府的劳动法

苏维埃颁布的劳动法和共产党中央所提出的草案,略有更改,已另抄上,请你们参考并宣布全国工人知道,我们正在领导苏区工人为实现这一法令而斗争。

(五)斗争纲领与集体劳动合同

1. 过去苏区是没有斗争纲领(只闽西有斗争纲领,但亦有许多不正确之处,如说检查苏维埃工作等),在十二月间会昌订立一斗争纲领,一月兴国亦订一斗争纲领,闽赣代表大会后规定各县以及地方各职业要订斗争纲领,此一工作是在积极进行中。

2. 执行局在一月间发出一集体合同与劳动合同小册子,现在又将合同印成空白格式以便填写,即日可以印就,使每一工人在订立合同时都可以包括在广大的斗争中。

3. 兹将各县斗争纲领抄录于下:

(1)闽西工人斗争纲领

Ⅰ. 关于政治的:

反动统治区的:①争取言论、出版、集会、结社、罢工的自由;②反对出卖工人利益改良欺骗的黄色工会;③争取赤色工会的公开;④反对国民党压迫赤色工会。苏区的:⑤要求并监督苏维埃实行劳动法、土地法;⑥十六岁以上男女工参加苏维埃政权;⑦工会是巩固苏维埃主要力量,因此工会有检查苏维埃工作之权;⑧巩固苏维埃反对军阀团匪之进攻。

Ⅱ.关于经济生活待遇的:

⑨根据生活程度随时增加工资;⑩工资发现(工农纸票代〔兑〕现),不能克扣;⑪雇工要有定头金,过年要分红利及发双薪(批:红利是有欺骗工人的作用);⑫延长工作时间至四小时的,工资加倍(批:四小时的,不明了);⑬因缺少原料停工,要发给工人伙食费;⑭实行八小时工作制;⑮不做夜工(批:绝对禁止,事实上不可能);⑯每星期休息一天,工资照发;⑰革命纪念日休息,工资照发;⑱不准辞退工人;⑲不准打骂工人;⑳工人因事请假离开工作,最少要保留其工作地位三个月;㉑有病时,资方要负担医药费,工资照发;㉒工人因工作死伤要给抚恤金;㉓长工年老时资方要负担养老费;㉔每年要两套军衣,冷天要一套棉衣及鞋袜;㉕工人家庭有丧庆事要有津贴费;㉖伙食要有一定,规定不得低于雇主;㉗做工应用东西(衣服、草鞋、工具)由雇主备足;㉘开办工人夜校、俱乐部、读报团,资方要供给开办费,同时经常供给油火、纸〈等〉茶烟等费用;㉙雇主请工人,应由工会介绍;㉚工人到工会办事,如不离开职业的,工资照发;㉛工人出发和军阀团匪作战的工资照发;㉜工人当红军的要发一月薪金及军衣、内衣、斗笠、面巾、草鞋等费。

Ⅲ.关于青工的:

㉝18岁以下青工工作6小时,16岁以下的4小时,不准雇用14岁【以】下的童工;㉞同样工作同样工资;㉟童工要有最低限度工资规定;㊱不做额外工作,不替私人服务;㊲青工不做笨重有害生育的工作;㊳废除学徒制,学习工艺自由;㊴禁止打骂顽〔玩〕弄青工女工;㊵女工产期前后休息3个月,工资照给。(执行局批:不完全,没有以工人阶级在革命中的任务编成斗争纲领,又第七条不妥)

(2)汀洲市长担工人斗争纲领

①雇主顾〔雇〕挑担工人应报告工会,由工会介绍,不得私人雇

请;②往□下货每百斤工资小洋150毛,上货每百斤工资216毛,其余宁化、瑞金按路途远近推算;③工人到白区挑担,雇主必须保护;④途中被匪抢去的货物,工人不负责;⑤实行8小时工作制(每天担货跑50里为原则);⑥每担货不能超过60斤外,如60斤以上不能分开的货,60斤以外的,加重工资加五成(加重以身体特别强健,不会妨害身体为原则);⑦雇主每月应津贴工会办公费大洋1角,30号前交给工人转缴工会;⑧革命纪念日星期日休息,在挑担时雇主应津贴伙食小洋每天6毛;⑨工人如遇途中得病不会挑担,伙食、药费等由雇主发给,工资按原担路途推算,驳担超过工资,工人不负责;⑩工资雇主先给一半,货到即清;⑪团匪捐税,雇主必须先给工人,工人不垫;⑫以〔此〕纲领自1932年2月11日起发生效力。(执行局批:错误,斗争纲领不是集体合同,已去函改正)。

(3)福建全省青工童工斗争纲领

①16岁至18岁的青工,每天工作6小时,14岁至16岁的童工每天工作4小时,14岁以下的严格禁止雇用,14岁至16岁的童工要经劳动检查机关许可才得雇用;②青工童工不做有害身体发育及笨重和夜工工作;③青工童工不做额外工作,不替私人服务;④缩短学徒时间,最多不能超过两年,学徒期间内要工资;⑤青工童工要有娱乐文化机会(如开办夜校、俱乐部等),资方应发给开办费,经常给油、火纸、笔、墨、玩具等费;⑥废除过去师贴,订立集体合同;⑦学徒不出钱买工做(即过去师傅金);⑧青工童工应有最低限度工资规定;⑨青工童工开会出操自由;⑩青年与成年男工做同等工作同等工资,童工青工须按缩短时间的工资,但工资仍须按该职业的等级以全日计算。⑪18岁以下的青女工,在怀孕和哺乳时间,严格禁止做夜工;⑫禁止打骂虐待青工童工;⑬做工物体遗失,青工学徒不负责;⑭青工学徒除工作时间外,绝对有学习游玩体育上之自由;⑮青年男女与成年男工待遇平等。

此纲领是根据闽赣两省代表大会关于青工童工的斗争纲领与根据全省整个青工童工情形来定的,不是充分的,各县区各业工会按青工实际情形定出更详细斗争纲领(执行局批:错误已指正)。

(4)于都工人斗争纲领

Ⅰ.政治的

①拥护苏维埃政权,建立工农民主专政,在苏维埃政府领导之下发展各种斗争,推翻帝国主义国民党的统治,首先领导于都农民反劳苦群众,拥护于都苏维埃政府成为强有力的政权,拥护一切法令政策的实施。②和中国工人农民一致团结起来,反对帝国主义瓜分中国、压迫中国革命和进攻苏联的战争,发展革命战争,配合全国反帝运动及大城市工人斗争,并从精神及物质上援助及响应全国的革命斗争。③积极地参加红军、拥护红军,发展革命战争的胜利,以争取革命在一省与数省首先胜利。④领导农民彻底完成土地革命,巩固工农联盟,消灭地主阶级,反对富农,努力耕种运动,发展苏区生产。⑤拥护并实现劳动法,争取工人利益的增进。⑥在赤色职工国际和太平洋劳动会议、中华全国总工会及江西全省职工联合会领导之下,和全世界全中国工人团结斗争,以争取工人阶级的彻底的解放。

Ⅱ.经济的

①实行8小时工作制,工作超过8小时者,工资加倍计算。②实行星期日及法定假日休息,工资照给,如例外特别情形,经职工会许可不休息者,工资加倍计算。③规定最低工资每月3元,伙食在外,工资每半月发给一次,零工工资最低的一角二大洋一工。④论件工资按照每月平均工资件数所得工钱改为每月计算(如不能改为包月工资,须按8小时工作的件数规定工资,如有超过工资加倍)。⑤每年休假至少〈或〉10天,工资不得克扣。⑥工人参加职工会会议及群众的政治集会,工资照发,不得克扣。⑦反对无故开除工人,如辞歇卸职工人须给3个月工资作为卸职津贴。工人自动辞职须给予半月津贴。⑧工人参加红军要由资本家发给3月工资。⑨工人伙食,每人每日不低过一毛大洋,工人有向资本家查问之权,每月并须牙祭二次。⑩疾病除花柳病、旧病外,归资本家出钱请医,医愈为止。⑪资本家雇用工人须至劳动介绍所雇请。⑫雇主照所雇工人工资数目百

分之二缴纳工会作为失业津贴。⑬雇主照所雇工人工资数百分之二缴纳工会作工会办公费,百分之一作为工人文化教育费。⑭工作必要的衣服由雇主发给。⑮工人居住的宿舍须明洁透气,以保卫生。

Ⅲ. 青工特殊要求的:

①青工每日工作 6 小时,童工每日工作 4 小时,如例外特别情形,经职工会许可延长者,工时延长工资加倍。②废止旧的徒弟制,凡是学艺的艺徒,学艺年限以二年为最多。③艺徒论月工资,伙食除外,每月大洋 1 元。艺徒在学艺期间出卖零工,第一年为普通工资二分之一,第二年为三分之二。④艺徒伙食应与成年工人一样。⑤青工与成年工人同等工作,应得同样工资。⑥对于青工及艺徒,除艺师或雇主应照工资之百分数缴纳失业保险、工会办公费及教育费外,应帮助青工艺徒笔费每月铜元 10 枚。

Ⅳ. 女工特殊利益

①女工与男工同等工作同等工资。②女工产前产后实行休息 8 星期,工资照给。③女工生产前 5 个月及生产后 9 个月不得开除。④女工有小孩,在工作时间,每 3 点钟要有半点钟的休息,雇主并须预备清洁的地方以安置小孩。

Ⅴ. 雇农的

①领导贫农从〔重〕新夺回富农在革命中分得的好田,给以坏田;没收地主残余在革命中窃得的土地。②没收富农多余的耕牛耕具种子,尽先给雇农及贫农分配,或归给耕种协社,设立犁牛站等。③帮助政府征收土地税等,给予富农以较重之负担。④反对富农私招长工零工,长工零工均须劳动介绍所雇请,尽先雇用雇农(贫农中农均可雇用,但都须经过劳动介绍所)。⑤资本家烧石灰、烧窑、挖煤等需雇用工人,均需经过劳动介绍所,尽先雇用雇农(贫农、中农亦可雇用,但都须经劳动介绍所)。⑥积极领导贫农中农发展春耕运动,发展苏区生产。⑦帮助红军作战,领导贫农、中农出售粮食,并自动自愿捐助粮食。⑧努力生产米谷杂粮,反对雅〔鸦〕片种植。⑨有组织有计划地进行对于水旱及虫灾的豫〔预〕防。

(5)会昌县工人斗争纲领

Ⅰ.【经济的】

①工人最低工资每月大洋 4 元。②增加工资,反对毛洋计算工钱,一律以大洋计算工钱。③工资毛洋转大洋者加百分之十(10 元加 1 元)。④原以大洋计算者加百分之二十(10 元加 2 元)。⑤按件计算者以一月工资多少内推加之。⑥学徒每月须 1 元工资,并须每年由雇主发给学徒的单夹棉衣服各 1 套,在学徒时间不得做他职务以外的工作(帮老板洗衣服、打洗面水、煮饭等)。⑦废除 3 年学徒制,学徒期不得超过两年,雇主不得打骂学徒。⑧女工青工与成年男工做同样工作应得同样工资。⑨规定工资每半月发给一次,每月之 1 日及 16 日为发工资日,反对佃一二毛支取。

Ⅱ.雇工手续

①雇主请工人须按照工资的总数,另加百分之三发给工会的办公费和教育费。雇主请工人必须经过劳动部或某种工会的介绍,不得私请工人。②雇主辞退工人必须经工人和工会同意,须发给 3 个月工资。③雇主不得无故开除工人。④工人有病,医疗费由雇主出钱,诊愈为止。⑤工人去开会,雇主师付〔傅〕不得阻止,亦不得扣工资。⑥工人参加苏维埃选举或工会办事、脱离生产须给 3 个月工资。⑦工人伙食,雇主不得克扣工资,每月须牙祭 4 次,每次 4 两肉。

Ⅲ.工作时间

①成年工人每日工作 8 小时,如做额外工作,须得劳动部许可。②青年工人工作每日不得超过 6 小时。③青工不做对于身体有害的工作(重笨东西)。④反对做夜工,如做夜工时要加倍工钱,并须得工人同意。⑤童工每日工作 4 小时。

Ⅳ.休息时间

①实行礼拜六休息。②各种纪念节礼拜停工,工资照发。③工人做工 6 个月以上得例假半月,一年最少一月,工资照发。④雇主要以工人工资每月多少,另加百分之五交作工会社会保险。⑤雇主没有工作给工人做,应给工人伙食,工人不出伙食。⑥工人不离职在工

会办事,雇主不得扣工钱。⑦职工会有代表工人与雇主订劳动合同、集体合同之权。⑧开办合作社、劳动公社救济失业工人。⑨反对富农互相帮工。富农请零工,必须经雇农工会,不得私请。⑩工人请假期满后,雇主必须保持工人3个月工作地位。⑪雇农要向富农作要多余的耕牛、农具和种子的斗争。⑫规定做零工,每工大洋一角五毛(割禾、摘木子秧田概不在内)。⑬工人积极领导苏维埃选举运动。⑭工人每月剃头钱四百归雇主发给。

(六)雇农问题

在雇农问题方面,始终继续旧的取消观念,认为雇农分得土地即无争斗。关于这些错误,两省代表大会已经指出,现在将关于雇农的情形报告如下:

1.雇农分到土地后,我们绝未看见又失却土地重做雇农的事。

2.雇农、贫农出卖零工当然很多,每工三百文、四百文不等。

3.土地是准抵押租借,但我们亦很少看见此类事情。我们曾问雇农,他说,我们从前苦的是没有地,现在得到了田还【能】够再失却吗?

4.土地革命后中农走向富农的道路及现有富农的发展,从目前趋势而言,似乎不是从土地的兼并,而是兼营商业(挑担卖盐等)。当然将来从商业上的收入再来投资于土地上是有可能的。

5.雇农分得土地,有许多地方还是不够吃,所以,雇农的副业是挑担、烧石灰、砍柴、挖煤等。

6.农民一年三回收成。第一次种鸦片、菜豆;第二次种稻;第三次种芋薯等。

7.在江西种鸦片是很大的问题,这妨害红军的给养和青黄不接时候粮食的困难。农民种鸦片虽较有利,但亦愿铲去,因为种了鸦片,种稻便过于匆忙了。但在我们(执行局)注意此项问题时,鸦片已将收获了。

8.雇农分得土地后,耕牛、工具、肥料、种子等还是缺乏,因之发动雇农为没收富农多余生产而斗争,真是非常必要。〈但〉各级决议虽都有此一句,但因为雇农工会、贫农团的工作都未建立,特别是对于地方苏维埃关系的不好,雇农、贫农不能在苏维埃代表会议起领导作用,使地方苏维埃(乡或区的)成为强有力的保护贫农、雇农的利益的政权,向富农斗争。雇农工会与贫农团,贫农团与政府,关系不好,是雇农最吃亏的地方。

9. 雇农工会对于贫农团,如取贫农团会费,雇农工会成为贫农团的上级机关常常发生。

10. 过去工会自打土豪反富农变为打富农,反富农又变为打中农的情形时常发生,特别是机械地实行平均分配土地,不由中农的自愿,因之侵犯中农的利益。

至于雇农现做长工是没有了。但中农、贫农都有时招请零工,工钱仍照从前的习惯三四百文一天,所以在雇佣关系上倒并无损害对于中农的联合。但对于富农请零工,工资亦不特殊增加,自然在这一点上并未有反映出雇农联合富农的意义了。

11. 富农窃取土地革命利益的事实时常发生,特别在于都一个梓山区,贫农的好田被富农调回了,说你们从前没有田,现在要这样好田干什么。而苏维埃的工作人员恰恰又被富农及流氓所占住,群众都非常消极了。群众会一人也不到,而苏维埃政府的报告说会开得很好。工人说师父〔傅〕老板分到田,工人、徒弟没田分,还要我做什么支部干事! 在街上发现打倒共产党的标语,问苏维埃政府,他们回答说:这些都是烟鬼写的,捉不了许多,捉来了还要请他吃鸦片烟。地方武装全于都有一千多人,被反动派的恐吓只剩二、三百人,其余都开小差跑了。有的全连跑光,只留连长一人。梓山区开小差的士兵,由苏维埃政府给路票,每人5元大洋。执行局现在于都已派人会同党的机关及政府发动群众和反革命派,地主、富农斗争,重新分田,肃清苏维埃政府内的反革命分子。

12. 但在一般说来,现在贫农雇农都是分得好田。苏维埃政府负责的亦是工人和雇农,联合中农的策略亦更加稳定了。富农窃取土地革命果实的企图是时时待机而动,因之,反富农的斗争不容松懈,但最重要的弱点是雇农工会、贫农团的工作还不曾建立好。

13. 农民还有一个问题,即是对于水灾、虫灾。对这一问题,我们未曾提出研究过。虽然对这些问题的彻底解决,还需要苏维埃区域的扩大、有经济能力办理此种事业。但在目前我们亦应着眼此事,是否在目前经济能力所及范围有何减轻此项灾害的办法。谷仓的办法在目前是不可能。

(七)工人关于土地问题

因为过去工会不发动群众斗争的机会主义的消极,工人加于〔入〕工会没有利益。对失业问题,工会表示束手无能,放弃不管。所以,在一个群众会上问农民在革命后得到什么,他们异口同声地说得到了土地;问工人得到什么,大家就有许多迟疑了。对于劳动法,工会还未曾充分发动群众。对于这一法令的充分认识,未曾以斗争力量拥护其全部实现。因为这个原因,工人转而要求分配土地。现在乡村中的手工业工人,本人不分田,家属都分到田,失业工人亦有田分。我们对于工人要求分配土地问题,是以积极的领导工人争取自己利益,实际地解决失业问题来答复这一问题。

对于职工运动的阻碍又有一种可笑的事实,有些地方分田,对于此人是否工人以入工会为标准,因为入工会的人便分不到田,不加入工会的工人都有田分,因此也就等于鼓励工人不入工会。

(八)工会与独立劳动者的关系

独立劳动者有两种。一种是专门卖工(木匠、泥水、理发);一种是自做自卖(即自己有生产品出售者)。此两种人在农业经济上占很大的数量,各工会洗刷的数目真是非常大。对于自做自卖的人,我们认为应该洗刷出阶级组织毫无疑义。

但那些沿门卖工的人,过去在工会里借工会名义要农民加工钱,加得很大,这种影响对工农联盟有很大妨害。

独立劳动者还有学徒,如甲是独立劳动者,乙是学徒,拜甲为师。甲找到工作时便带乙同去(平时乙在自己家里吃自己的饭)。甲到农民家拿到两人的工钱,本来是三百一工的,现在加入工会加到四百一工了,但甲给乙只是五个铜元一工,甚至一钱也没有,并不增加。

因此我们认为独立劳动者对于其雇用的农民并不能形成阶级的关系,和苦力不同,因为他是主要替资本家运输货物的;和出卖另〔零〕工的雇农亦不同,因为雇农要成为反富农的主要力量,使民权革命的土地改造领导到社会主义的集体经济,所以我们将沿门卖工的独立劳动者洗刷出工会。

但此地仍包含有主要问题和很大的缺点,即是独立劳动者虽和农民不是对立的阶级。但在卖工的时候,农民对于劳动的代价是越少越好,所以在这里面包含有相当的剥削,所以随之农民生活之进步,独立劳动者要求增加工资是非常合理,所以职工会虽然洗刷了独立劳动者,仍然要领导他们,联合他们。但是,这一工作做得不够,有许多地方独立劳动者和工会发生不好的感想,独立劳动者不带学徒就是没有工做。两省代表大会在组织决议上已说到这个问题,但实际工作尚未开始。

(九)青工与女工

1.各地青工都占很大数量。女工在福建从事劳力挑夫职业,所以数量亦很多(贫农妇女兼做挑夫者更多)。因此,更发生农民和工人争挑担的事情。这一问题,我们以由劳动介绍所分配,先由工人挑为解决办法。

2.因为过去工会工作机会主义和非阶级路线的错误,所以青工代表会和委员会和女工代表会及女工委员会都不能很好建立。女工青工为特殊利益的斗争亦未发动,成工8小时工作有少数地方实现了,但青工6小时工作尚未实行。

3.学徒两年制亦未普遍实行。

4.对于女工生产期间休息的规定,因为闽西女工苦力多,没有老板,所以关于这点,要做很大的宣传鼓动教育工作。

5.中央区亦发现男女不平等的情形。如兴国刨烟合作社,男工有伙食,女工没有;男工星期及假日休息,女工没有。但此种情形,我们立即纠正了。

（十）国有企业工人

现在中央苏区中央印刷局、兵工厂、邮政都组织工会。印刷局、邮局长都加入工会。兵工厂属于军职者不加入工会。印刷厂工人都有工资，工人并自动地将最高工资减少以帮助苏维埃。八小时工作制已实行，但工作忙常赶夜工，就加倍工资。工人很踊跃地做工作，对于工作错误亦能力行纠正。印刷局长亦是印刷工人。兵工厂工人亦有工钱，但比较少，工会工作亦正开始，尚不十分健全。邮政工人没有工钱，每天走八九十里路（工作时间应该十小时了），但每工作两天休息一天。对于邮局工人，我们正要和邮局商量，如有可能即发工钱，在无工钱时对于衣服、草鞋要由【邮】局发给。

但印刷局方面有一不好的现象，即工人信件要经局长检查，这亦因为肃反工作不信任群众的表现，而局长的地位亦不宜如此，我们已予纠正。

说到此地，更连带说起对于工人生活的干涉问题。如兴国刨烟合作社本来男女不平等，女工做工无饭吃，经执行局纠正，又实行女工一定要在作场〔坊〕吃饭，如不吃饭即行开除。男工要住在作坊里，每月只能回家（本城）三次，工作有空禁止外出，说恐工人打野鸡。这些，我们都纠正了。

又如邮局送信，凡信封上无机关戳子者概不寄发，说恐负传递反革命信件之责，因之群众就不能寄信，这些都是苏区非阶级路线在比较细微的事情【上】的表现。

（十一）失业、合作社、文化教育问题

1. 苏区失业工人非常多，在乡村中已分得土地，在城市中过去多是放弃不管。在闽赣代表会后，在于都已成立失业委员会，并推举劳动介绍所主任，请苏维埃政府予以委任，在介绍所未成立以前暂由失业委员会负责介绍工人的工作。资本家用工人须向失业委员会雇请并为解决。失业代表大会已决定发起组织些合作社，并实行劳动法的资本家征收失业保险，照工资百分之二。

2. 合作社问题。现在汀洲有贩米合作社（消费合作社性质）的组织。至于生产合作社各处组织多未合法。如瑞金、于都都有缝衣合作社组织，由缝衣工人 39 人合股组织一合作社，先将股金合红军中的借款去买布，代红军做军衣，每人（由经理登记）并无每月工资，只有每月将所做军衣若干件的（由经济部规定），除了本钱（布料）大家平分（亦不问工作熟练与否）。现在红军做衣服很多，所以大家生活很舒服，所谓合作社就是这个样子。我们正在设法在工人的自愿改造此项组织。还有兴国有一刨烟合作社，以前打土豪，没收土豪二三千大洋，就将这钱办一刨烟合作社。名为合作社，实是由来历不明的钱。工会独立自开的店，工人并无股金，失业工人就在里面做工作。当时决定将盈余作救济其他失业工人的经费（其实这也不是办法），后来兴国县苏政府见此项款来历不明，就将合作社没收，改为国家商店。后来（一月间）经执行局的反对与中央政府的纠正，又将商店发还工会。现在的办法是将土豪的钱作为政府交给工会保管的失业基金。刨烟合作社重新征募股金，将这笔土豪之款分期摊还。工会在刨烟合作社股金收集后，即将这笔款再借贷其他的合作社，使其迅速组织成立，以便解决失业。

3. 关于教育问题做得非常缺乏，亦有困难原因：①没钱；②没课本；③没教员。现在工会已决定征收资本家的文化教育费（照工资百分之一）。于都决定青工由老板贴纸笔费，每月铜元十枚。关于此项工作，目下正在开始，同时苏维埃政府现在办列宁师范学校。工人教育问题，因为条件的困难，必须和政府合拢来办。

工人俱乐部现有汀州及瑞金两处，但对于工人的政治教育的工作，并未见有如何成绩。

对于干部的训练，执行局于 12 月开办一期训练班。闽西于 7 月间亦曾办一训练班。

（十二）工会民主化及组织问题的各种错误

工会民主化在过去反动分子占据着工会领导机关时代是被抑制着的。现在反动分子虽已经排斥，但不发动群众的机会主义阻碍了正确路线的实现，反民主化的倾向及组织方面的各种错误，除了行会

主义工会成为非阶级组织外,兹分述于下:

(1)过去工会不仅没有代表会议,连执行委员会能很好开会的亦很少。如闽西总工会有一次召集会议,到会者执行委员长及他的老婆(女工部长)及一、二小孩(青工部长),而美其名曰扩大会议。有许多工会只有执行委员长。在二七代表会议(两省)以前,各级工会多经改造,新的执委亦多产生出来,情形乃较进步。会昌并已组织代表会议,其他各县各区亦要很快建立起来。

(2)命令主义甚为发展,甚至工会负责人更发展为漫〔谩〕骂了。对于工会会员的错误,不从说服的精神,【不】从阶级的利益出发而加以严正的批评,而是带看不起和不信任群众的样子,加以斥责。好像你们都是要不得,只有我一个人是觉悟的样子。我所看见许多工会负责者(如汀洲、于都)都是这样,甚至于会昌工会在开始时有一决定,工人不到会三次要买高帽子游街。这些错误,执行局是纠正,并与以〔之〕斗争。至于斗争及罢工等行动上的命令主义,因为各级工会一般说来,都不提到斗争和罢工,所以也就未曾表现命令主义。过去加工钱依赖命令是有的,但最近未曾发生,又最近的斗争都相当的发动群众,并非命令。洗金的工人加了工钱又退还老板,这当然是命令作鬼,但这不是最近的事情(去年12月)。但召集工人开会又有命令主义,在半个月前,于都工会筹备处召集附城的四部工人开会,是由共产党区委书记写一信给各乡苏维埃,命令工人到城里来开会。果然工人服从政府命令,很多来了。这样吹灰不费力的工会工作,但将党、政府、工会都混在一起了。

(3)委派制度过去是有,现经纠正,很少有这种现象。

(4)各工会的机关主义很浓厚,所以下级工会会员人数只有一百几个,也需要二、三个人离开生产到工会机关里来,一切工作不能发动群众来参加,工会成为空洞的机关。

(5)会议形式不好,有玩弄会议的倾向,工会负责者不知道如何实际地做工作,所以增加工资、减少工时成为口头禅,对于政治任务亦然,工人只听见每次会议都说增加工资,但工资迄未曾增加,天天说扩大红军,但并不规定数目字,一次、二次,工人都厌烦了。我们对于这一问题,在实际工作中都有指示。

(十三)工会经费问题

过去下级工会和苏维埃的经济是不分的,工会工作就在政府吃饭拿钱,现在分开了。关于经费问题可参阅我们的通告。我们企图逐渐走向工人要纳会费,走向自给(福建几个工会已实现),下级缴纳上级工会会费。但目前仍须由中央政府津贴2500元(3月及4月),这种情形是不好的。但在乡村中工会经费特别是上级机关(如执行局及两省总),如宣传费支出的数较巨,确有困难。

工会工作人员现在只有伙食(三元至四元半),因此,亦使工人不愿参加工会工作,所以我们正鼓励其要不离开生产来参加工作。

执行局的经费450元(内宣传占220),此外是工作人【员】23个(马夫、伙夫,赣州工作团暂时的三人),文书、油印、收发、交通等的伙食办公费、巡视费、特别费等。

过去经济浪费,各级工会都依赖政府,大概每月如没有万元,至少五六千元是有的,我们的2500元还要减少以至于自给。

我们深切知道现在革命战争的发展,红军在□需款,但现在是党、团靠政府,工会靠政府,少先队也靠政府,政府靠红军,红军靠打土豪,这种现象是不好的。

(十四)反帝运动

苏区对反帝运动尚未发展。2月18日举行武装反帝大示威,情形还热烈。募捐援助上海罢工亦很普遍,广泛地由工人农民自动捐助,此款俟汇集结束后即寄沪。

农村工人对帝国主义的认识比较困难,如说到帝国主义的枪炮兵舰,枪炮是懂得的,兵舰倒不懂了,说到火车,就要划〔画〕一个火车给他们看。

(十五)苏维埃政府对工人的保护

工会与政府关系的错误,代表大会决议案上已指出,不赘。但政府虽已颁布劳动法,而如失业劳动介绍所、劳动检查员并未设立。中央政府劳动部的工作亦未很好建立。但我们已开始在各县代表会议中选举检查员,介绍所主任请政府委任了。我们已根据劳动法,要在各级工会征收资本家的支付工资百分之二为失业保险,又一为工会办公费;又一为文化教育费。

(十六)扩大与拥护红军的工作

工会对扩大红军的工作虽有,但不够(过去兴国、赣县参加红军数已见统计),在两省工人代表会开幕时由赣县征调工人50名参加红军,代表大会的代表有18人参加红军(12名回去作报告,6名已入伍了)。瑞金一县在一个月左右有63名参加红军。江西工联会亦有两委员参加红军。但代表大会后,两省工联扩大红军计划上的数目字恐有相当折扣。拥护红军的工作各处都有,如闽西女工做草鞋等,各处都有募捐援助组织慰劳队等,红军公田亦有人帮助耕种,但工会对此工作之领导仍微弱。

(十七)白区工作

各处都不曾做,执行局亦只派陈佑生到湘鄂赣工作。湘赣区报告说,派人到株萍水口山安源去,未知实际工作如何。执行局现已定四月间开办一白区工作训练班。

四、闽、赣两省工人代表大会的经过

1. 闽、赣两省代表大会,是工会转变路线的有力号召,对于大会开会的情形,为起草报告时节省笔墨起见,特转来中央政府机关报《红色中华》2月10日的记载。

闽赣两省工人代表大会开幕盛况

(1)大会筹备经过

苏区全总执行局为坚强苏区工会组织与斗争,正式成立江西福建两省总工会,决定于"二·七"召集闽、赣两省工人代表大会。自这个通知发出后,即行动员选举代表运动和讨论对大会的各种问题。代表选举法是各乡以十名选出一代表,经过区工会大会复选为出席代表。此次出席会议之代表,均系参加长期工会运动、富有工作经验之雇农及工人分子,因此对大会工作之完满完成已具有铁的保障。

(2)出席代表人数及代表团之组织

出席代表250人,一共组织了10个代表团。闽西代表组织四个代表团:闽西各直属区组成一代表团;杭武代表团;汀洲木船工会代表与永定代表组织一代表团;汀连代表团。江西六个代表团:胜利、会昌、永丰、乐安代表组成一代表团;万泰代表团;兴国代表团;宁都、石城、安远代表组成一代表团;赣吉代表团;瑞金中央印刷局代表团。各个代表团设主任一人,副主任一人。

(3)大会预备会之情形

当2月3【日】、4日各地出席代表纷纷来执行局报到,各地工会及各团体机关均有庆贺物品赠送大会。会场仍在叶坪附近黄家山(从前少先队开会地方),但会场布置较前更好。到六日,各县代表均到齐。下午举行大会筹备会,由全总执行局代表报告筹备经过,通过大会议事日程:①开幕典礼;②政治报告;③职工会任务报告和讨论;④斗争纲领讨论;⑤组织问题讨论;⑥雇农问题;⑦扩大与拥护红军问题讨论;⑧失业与合作社讨论;⑨选举、闭幕。选举陈寿昌、蔡柱〔树〕藩、张思垣、杨作林、程朝远、林文华、程日兴、梁广、刘香莲、袁国珍、陶桂花、林如垣、谭煜红、邓荣昌、周惠卿、梁有胜、曾广锡、邓振询、张壮英、刘明镜、但志侠等21人组织大会主席团。并决定罗佐夫斯基、斯达林①、曼如意尔斯基、摩洛托夫②、加列宁、特尔曼、汤母曼、白劳德、片山潜、卢福坦、周恩来、毛泽东、项英、朱德、刘少奇等15人为名誉主席。组织审查代表资格委员会审查代表资格,组织大会议案起草委员会负责起草和审查。

(4)大会开幕之盛况

当这一天上午8时,大雨霖霖,天气很冷,而各团体各队部的庆

---

① 斯达林,即斯大林。

② 摩洛托夫,即莫洛托夫。

祝代表均冒雨连络〔络绎〕不绝而至,会场塞满。由主席团代表陈寿昌同志报告宣布开幕,一时音乐大举、炮声爆发,继全体代表及来宾起来静默三分钟来纪念二·七牺牲烈士。完毕后,由寿昌同志致开幕词,说明两省工人代表大会的意义与任务,后有中国共产党苏区中央局代表周恩来同志、临时中央政府代表项英、少共中央局代表顾作霖、军委会代表叶剑英、总政治部代表李卓然、少先队代表王盛荣、中共福建省委代表李明光、江西省委代表刘盛耀,及五军团代表等先后致词。当会议进行中红军三军各连士兵代表二十余人燃放敬炮来庆祝大会,后由各工会代表演说,通过致全国总工会赤色职工国际通电。是后,唱国际歌,高呼口号,一时音乐声、炮〔爆〕竹声、欢呼声充满会场,开幕典礼遂告完毕。

闽赣两省工人代表大会续志(2月17日)

这次闽赣两省工人代表大会开幕以来,虽风雨连绵,天气阴寒,但代表莫不精神奋发,毫无萎靡状况,经过七天热烈的会议,于2月13日闭幕了。

大会闭幕的第二天,由中共中央局代表周恩来同志作政治报告,全场代表极为兴奋,一致狂呼:拥护中国共产党和接受共产党的政治领导。

在这次大会,特别表现工人阶级对于参加红军的积极。在大会开会时,由赣县送工人50名到前方去;在大会讨论扩大红军问题时,更有代表18人自动地、勇敢地加入红军,完全证明了工人阶级是革命斗争的前锋。

大会曾热烈地讨论职工会的任务,雇农工会及劳动法等问题,共计议决了职工会的任务、组织问题、雇农问题、拥护和实现劳动法问题、扩大并拥护红军问题、失业与合作社问题、援助上海罢工问题,准备五一劳动大会问题等八个重要的决议,这是大会的完满成功。

大会选举的两省职工联合会,共选出袁国珍等15人为江西省职工联合会执行委员,胡昌寿等9人为候补执行员;选出石立根等11人为江西雇农工会执行委员,杜志永等5人为候补委员;选出林松善等 13 人为福建省职工联合会执行委员,付德辉等 6 人为候补委员;选出张世英等 11 人为福建省雇农工会执行委员,龚明贤等 5 人为候补委员。

在最后一天,合全体代表及各机关代表三百余人,举行闭幕典礼,由全总执行局代表陈寿昌、中共中央局代表任弼时、中央政府代表项英、少共中央局代表顾作霖相继致词,并当场通过拥护中国共产党、共产青年团、中央政府通电,继有反帝大同盟、中央印刷局代表及大会代表相继演说,在狂呼鼓掌高呼口号的热烈盛况之下宣布大会闭幕。

2. 这次到会代表共计 256 人,成分如下:

雇农 89	饭业 39	木船工人 24	
缝工 19	木匠 14	篾匠 13	店员 10
苦力 10	刻字 1	剃头 2	五金工人 1
锅业 1	磁〔瓷〕业 1	石匠 1	米业 1
刨烟 8	纺织 7	泥水工人 5	
牧童 4	印刷 3	染布 3	
兵工厂 2	窑工 2	茶业 1	
酒业 1	银匠 1	伞业 1	

共计 256 人。①

吉安工人:二十三岁以下 2,四十岁以下 3;

吉安雇农:二十三岁以下 2,四十岁以下 2;

永丰工人:二十三岁以下 2,四十岁以下 1;

永丰雇农:二十四岁以上 1;

万泰工人:二十三岁以下 6,四十岁以下 2,四十岁以上 1;

万泰雇农:二十三岁以下 2,四十岁以下 8,四十岁以上 1;

安远工人:二十三岁以下 3;

安远雇农:二十三岁以下 1;

① 经核算,应为 264 人。

石城工人:四十岁以下2,四十岁以上1;

石城雇农:二十三岁以下2,四十岁以下3,四十岁以上1;

乐安工人:四十岁以下1;

乐安雇农:四十岁以下1;

会昌工人:四十岁以下3;

赣县工人:二十三岁以下3,四十岁以下7,四十岁以上1;

赣县雇农:二十三岁以下2,四十岁以下8;

兴国工人:二十三岁以下10,四十岁以下5,四十岁以上1;

兴国雇农:二十三岁以下2,四十岁以下5,四十岁以上1;

于都工人:二十三岁以下2,四十岁以下3;

于都雇农:二十三岁以下1,四十岁以下4;

宁都工人:二十三岁以下2,四十岁以下3;

宁都雇农:二十三岁以下1,四十岁以下4;

胜利工人:二十三岁以下4,四十岁以下5;

胜利雇农:二十三岁以下1,四十岁以下2;

瑞金工人:二十三岁以下6,四十岁以下9,四十岁以上1;

瑞金雇农:四十岁以下7,四十岁以上1;

印刷工人:四十岁以下2;

兵工厂工人:二十三岁以下2;

江西工人:二十三岁以下41,四十岁以下41,四十岁以上5;

江西雇农:二十三岁以下14,四十岁以下45,四十岁以上7;

闽西工人:二十三岁以下35,四十岁以下28,四十岁以上4;

闽西雇农:二十三岁以下15,四十岁以下14,四十岁以上12;

两省共工人154,共雇农102,合计256人。

五、执行局过去工作及今后计划

在作报告时,为了革命战争的需要,蔡树藩同志到会昌,倪志侠去于北,梁广去赣州,起草报告者(寿昌)亦要第二天清早到兴国参加江西省职工联合会的会议,同时因我(寿昌)到执行局是 1 月 5 日,所以对于过去工作不能详细知道,现在只能简单报告一下:

大概执行局可分三个时期:第一时期是三次战争时期;第二时期是 1931 年 11 月至 1932 年 2 月 7 日,第三时期是二·七以后。

第一时期在三次的革命战争中。在这时候有几个特点:①大家忙于战争,为战争所动员,整个的苏维埃群众大家都忽视工会工作,忽视无产阶级领导的意义。②因此执行局的工作人员也就担任其他的工作,如肃反及党的工作。③在这一时期正是解散江西省总工会,下层工会也很凌乱不堪的,因为战争的关系,交通阻隔,同时又缺乏集中的领导,所以当时有各霸山头的评语。

但在当时下层工会的紊乱,×××的捣乱,执行局工作人员虽然各霸山头,但对于当时下级工会的整理起了相当的作用。

第二时期以准备闽、赣两省工人代表大会为中心。

兹将二月工作计划抄录于下。在这一时期,执行局出了一点刊物,画报亦出版了。此外,如"集体合同与劳动合同"、"苏维埃区域工会组织大纲"、"雇农工会章程"、"两省工会代表大会问答"、"两省代表大会工作指南"等小册子,"为发展革命战争告工人书"。此外分派梁广到闽西工作,蔡树藩到兴国、会昌、于都工作,倪志侠任瑞金工作,陈佑生到湘赣、湘鄂赣去。在这一时候,已经开始对过去机会主义和非阶级路线的转变(如纠正会昌工人的经济主义,规定会昌、兴国的斗争纲领,领导工人的斗争,瑞金亦发生木船、洋布、刨烟工人要求增加工资的斗争,扩大红军亦略有成绩)。

两个月工作计划(此计划亦有数部分未曾实现):

目前革命形势正在飞速猛进,苏维埃运动在全国的发展,已正式成立了临时中央政府。今后中国苏维埃运动更加统一地巩固地向前发展。在这一新的局势之下,我们工会主要的任务是:领导全苏区工人阶级拥护临时中央政府,巩固苏维埃政权,扩大红军,实际取得劳动法的实现,以保障工人阶级的利益和权利,实际建立群众的阶级工会,巩固工会在群众领导地位,争取全中国苏维埃的胜利和工人阶级解放。为

执行这一任务,在 12 月至二七的两个月中,决定以下具体工作:

1. 发起一个拥护全苏大会和临时中央政府的群众运动,这一运动具体工作:

(1)将全苏大会的法令和决议运用工会会议或工人群众大会的方式作广大宣传,使每个工人都了解这些法令和决议是完全保障工农权利的,以提高工人群众拥护苏维埃的积极性。

(2)领导工人、苦力、雇工积极参加各级苏维埃选举运动和苏维埃政权的建设工作,巩固苏维埃的政权。

(3)召集各工会代表大会或群众大会,解释劳动法,讨论实现劳动法的具体办法。这一工作中,使得真正工人群众的兴趣积极来参加工会组织,洗刷非工人阶级分子出工会,巩固阶级工会的组织。

2. 扩大红军工作

(1)在工人群众中加紧扩大红军与拥护苏维埃胜利的宣传鼓动工作,使群众认识扩大红军的意义以及对于红军战士的尊重和信仰,自愿地来参加红军。

(2)在各工会召集群众大会,讨论优待加入红军之工人家属的办法,帮助他的家庭工作。

(3)经过宣传鼓动工作,在工会下成立红军后备队,发给特别证章以鼓励,鼓动工人自愿加入这个组织,准备正式加入红军。

(4)对于加入红军之工人,工会应召集大会欢送。

(5)对于已加入红军之工人,工会应向〔同〕他建立通讯关系,以鼓励和安慰他们,并在工会内设立代红军和其家属传递书信的组织。

3. 监督劳动法的实行

(1)八小时工作制的实行,首先由工会作一调查,领导工人在政府的帮助之下,督促资本家立即实行。

(2)实行劳动法之订立一切合同须经过工会签字。

(3)工会组织调查委员会,调查资本家对于劳动法和合同的履行,组织职工介绍所和参加政府的失业工人介绍所,取得介绍工作的权利。

4. 对于劳动法的宣传

（1）用画报方法将劳动法其中重要条文描写出来，以扩大宣传，这画报在两个月中至少出五期。

（2）编辑小册子，详细解释八小时工作制，最低工资的规定，工作介绍权，社会保险，劳动保护与劳动合同，职工会的权利和加入工会的利益，青工女工特殊利益的保护。

5. 雇工会的建立和巩固

（1）领导雇工积极地参加土地革命的深入斗争，在斗争中去巩固和建立工会组织。

（2）巩固旧的区域的雇农工会，发展和建立新的区域的雇农工会。

（3）在两个月内将各县的雇农工会建立起来。

6. 召集江西、福建两省代表大会，在二·七前后开会

（1）江西立即成立省工会筹备会，筹备代表大会的工作，在二·七开幕正式成立江西省总工会。

（2）福建在此次扩大会中来筹备代表大会工作，从下面〔而〕上地来改造各级工会。

7. 救济失业工人运动

（1）发起一个救济失业工人运动，请求政府设法救济并取得农民群众的同情。

（2）在各级工会下设立失业工人委员会，登记失业工人和讨论失业的办法。

（3）加强在失业工人内【的】政治宣传，使失业工人认识失业问题是反动统治所造成的，根本解决失业问题，只有争取苏维埃在全中国的胜利，更加提高失业工人参加苏维埃一切斗争的积极性。

（4）发展合作社运动，消费与生产的合作社以容纳一部分失业工人。

（5）鼓励失业工人加入红军，这必须加强政治上的宣传——扩大红军与争取苏维埃在全中国的胜利。

（6）督促政府立即设立失业介绍所并履行其职务。

8.训练干部的工作

（1）在两个月内举办一短期训练班，挑选各工会工作人员和积极分子来受训练。

（2）建立巡视制度，在各工会挑选一部分积极分子到执行局担任巡视工作。

9.派人到湘赣和湘鄂赣去巡视工作，建立该两省经常的关系。

10.以瑞金、兴国、汀连三县为中心工作区，特别加紧三县工作的领导和指导。

第三时期为二·七代表会到现在，二·七会议于2月11【日】闭幕，闭幕后我们即迁移到于都，我们的工作是整理大会决议案文件，为此项工作费了相当的时间。②举行二·一八示威运动及募捐运动。③组织赣州工作团，后因赣州未攻下，现组织信丰及赣州两工作团，福建方面由省工联组织杭武工作团。④帮助江西省工联的工作。⑤帮助下级工会制定斗争纲领，并颁空白的集体合同与劳动合同的格式。①

现在因革命战争后方工作任务的加紧，所以蔡树藩、倪志侠两同志均已为发动革命战争工作出发了，但此次和以前不同，是积极发动群众，更不放松工会工作。

执行局的分工：主任寿昌，宣传倪志侠、组织蔡树藩及梁广四人。又一李文棠（海员）是执行局巡视员，又上海来的王先荣（海员），拟叫他担任调查统计工作。秘书黄子刚，但只能担任管账及普通书信的工作，所以，我们很希望有一会写文章的人来。

全总苏区执行局

（录自江西省总工会、江西省档案馆编：《江西工人运动史料选编》，人民出版社1986年第1版，第262—308页）

---

① 此段缺①，原文如此。

中央组织局通知第八号
——关于革命竞赛与模范队的问题

（1932 年 3 月 23 日）

　　罢工运动的沸腾,苏维埃区域的巩固与扩大,红军的胜利等一再表示了工农群众的积极性和觉悟性的增长。他们在各种斗争中,自动的表现出非常积极。我们正应尽量发动群众这种的积极性和创造性。

　　我们不只一次地号召全党,尽量发动群众积极性,〈用〉组织模范队和革命竞赛的新方式是转变全部工作中所必须的。检查了对于执行这一工作之后,明显地看到:各地党部对于这一工作没有丝毫成绩。在上海,沪东、沪西、法〔沪〕南三区所订的革命竞赛条约,成为一纸空文,中共广东省委与江苏省委所订的革命竞赛条约,同样是只订而不实行。不是为着转变工作,不是为着尽量发动群众积极性,而是为着时髦而订一纸条约。这种官僚主义的工作方式是模范队和革命竞赛运动中的敌人,必须严厉地与之斗争。要转变工作方式,运用新的工作方式,发动群众的积极性和创造性。各级党部对于这一工作,必须切实地执行。

　　在苏区,广大的工农群众在党领导之下,正在进行为巩固和扩大苏区而斗争。工农群众表现了万分的积极。我们应尽量发动他们的积极性和创造性,来组织模范队。在红军中,在工厂中,在学校中,组织起模范队,模范队是革命竞赛运动中的基本。每个模范队的任务是用布尔塞维克的速变〔度〕,百分之百地完成工作计划。完成党与苏维埃政府的每一个决议和指示。模范队有队长负责该队的工作。模范队必须经常地开会讨论工作计划,订定革命竞赛条约,检查条约上各点执行的程度,讨论队内部的纪律问题,研究政治问题和党的决议,模范队无论在何时何地,均要表现他是其他群众的模范等。而模范队要完成他的任务,就要各模范队员执行自己所负的责任。每个模范队员必须百分之百地完成自己所担任的工作,遵守纪律,参加社会工作,详细研究政治问题。

模范队运动发展上去,当群众更多的表现精神性时,就来组织模范厂、模范学校、模范连、模范营、模范团等。工厂中的模范队和模范厂的任务,是在百分之百地完成工厂生产计划,多出生产,并提高质量。学校中的模范队和模范学校必须要以最短的时间,学得最切实的理论和实际。红军中的模范队和模范连等要在每次战争中表现出他是最有战斗力的〈一〉最守纪律的、最勇敢的军队,要时时表现出他是最有觉悟的、最有政治训练的工农群众的武装组织。在苏维埃政府机关中的模范队的任务,是改善政府机关工作的方式,与官僚主义作斗争。农村中的模范队的任务,是加紧播种,肥沃土地,增加农产品,并提高质量。

在每一种运动到来和进行的时候,我们更应握住中心,当敌人来"围剿"时,我们就来动员、发动群众,在各模范队的工作上,更定出具体的任务,组织新的模范队,订立新的革命竞赛条约。在目前,春耕运动摆在我们面前。我们必须要农村中的模范队相互进行革命竞赛,进行乡和乡、村和村的革命竞赛,用布尔塞维克的速度,完成春耕运动,要动员工厂工人、学生、红军(在不妨碍军事的条件下)到乡村中去做礼拜六。组织起新的模范队。

模范队与模范队之间,必须进行革命竞赛。革命竞赛不仅是模范队间进行,而且在还未组织模范队的群众团体间(如工会和工会、连和连等)也进行。这里必须指出:我们组织模范队和进行革命竞赛,是在群众自愿的基础上,坚决反对官僚主义和命令主义。革命竞赛进行时,先须订立革命竞赛条约。条约先须双方会议上讨论之,条约上必须载明双方所负的具体工作,纪律,参加社会工作,对政治问题的研究诸项和一定的期限。以后召集联席会议或双方派代表,一再讨论其内容,规定条约的期限,共同负责签名。条约上所规定的各点,必须百分之百的来实现,双方须经常地有系统地相互地检查。

革命竞赛与模范队运动,深入到群众中去,在群众的积极性、创造性的基础上,将成为有力的力量。我们必须鼓励他们。在报纸上,在会议上,应有系统地发表和报告好的模范队和好的模范队员的成绩。称扬他们的英勇。在报纸上,在各工厂、各学校、红军中的列宁室里设置红黑报,在红报上发表好的模范队和模范队员。不仅如此,还应给以物质上的奖励,如赠送物品,红旗或奖章。具体的办法,在目前得由各苏区自行规定之。与此相连的就是处罚,对于不守纪律,不执行条约上所规定各点的"模范队员"或"模范队",必须严格地与之斗争,找他谈话,在会议上批评处罚他们,公布在黑板报上,发动群众与只挂名的"模范队员"或"模范队"斗争。

在白区,工农群众正在进行罢工、游击战争,进行反日反帝的斗争。许多的罢工是自发的,我们还不能用新的方式——模范队和革命竞赛——来组织他们,尽量发动他们的创造性和积极性。在最近必须在支部里,在工厂内,在群众团体的〔里〕组织起模范队,用布尔塞维克的速度,来完成自己的工作。在工会内,在民反内,在各区,组织起模范纠察队、模范义勇军队、模范慰劳队、模范宣传队等。这些模范队不仅表现出自己是能完成工作的,而且还要帮助其他的群众。在这里,因为是白色区域,模范队每队的人数不能过多,而要敏捷。要严格地注意到秘密工作。

在每一个运动到来和进行时,当每一个罢工斗争发动时,要组织起模范队,订立新的革命竞赛条约。"五一"节又快到了,各地党部在这个劳动节中,要组织起宣传模范队等。领导下级党部和群众订立工会与工会、支部与支部、区和区的革命竞赛条约。

模范队和革命竞赛进行手续,除在上面关于苏区内模范队运动指出外,在白区特别要估计到严密组织的问题。条约事先必须要在双方下层群众中详细讨论,但不召集联席会议,而由双方负责者签定之。各区委,各工会和各支部须立刻进行相互的革命竞赛。

对于好的模范队同样要鼓励他们,在报纸上、在会议上宣布之,但不必指出具体的名称。对于只挂名的"模范队"要尽量在报上、会议上揭露和严厉批评之。

在模范队和革命竞赛运动中,无论在苏区,无论在白区,我们必须提拔新的力量入赤色工会,入少共和入党。在模范队和革命竞赛运动过程中,一定会发现新的有阶级觉悟的干部,把他们提拔上来,是我们应用新方式中所不可分离的部分。

各级党部对于模范队和革命竞赛要有系统地在报纸上、在会议上宣传和讨论,要经常地检查这一工作的执行,领导和帮助他们。要有系统地向上级机关作报告和供给材料。

中央组织局

(录自中华全国总工会编:《中共中央关于工人运动文件选编》中,档案出版社 1985 年第 1 版,第 181—184 页)

儿童运动的转变与干部问题

（1932 年 3 月 25 日）①

作　霖

　　从这次儿运干部会议中所得的材料，可以证明苏区团大会以来一个短时期中，儿运状况是在开始转变，得到了相当成绩的。一切儿童团所不应做的事，如下操、放哨、查路条、扩大红军等，都已经不做了；而读书、游戏、唱歌、卫生等等应做的事，是在开始做了。儿童团的生活，逐渐活泼起来了。但是，这些成绩当然不能完全满足的，团大会儿运决议的执行还很不够，比如出席儿童干部会议的福建干部，还不识儿童团的标帜，江西干部还把儿童团的口号弄错了，问他"准备好了么？"回说"已经准备好"。下面的情形，对这些基本问题自然还要弄得不清楚了。

　　无疑的，儿运的转变，还需要团很大努力。许多团部对儿运工作还极不注意，不经常检查儿童团的工作，加以指导。儿童局上下级的系统，完全没有建立起来，各级儿童局都还没有经常工作。特别是对于儿运干部问题，一般的还没有认识团大会决议中的指示。

　　团大会决议中，指出团要指定年龄较大的团员，尤其是女团员，去做儿运工作，以及团聚一些有专门学识的人（音乐家等等）和儿童父母来帮助工作。但事实上，一直到现在，各级儿童局的人，都还是年龄很小的儿童。就以这次儿运干部会议的干部来看，除了二三个（赣县的）年龄较大外，都是些矮小的同志。

---

　　①　原文无时间，此为《青年实话》第 13 期出版的时间。

儿运的转变,干部的转变,是个首要条件。因为教育儿童,领导儿童的责任,只有那些年龄较大、智识比较丰富的人才能担负,儿童是很难教育儿童的。虽然现在有些干部,年龄虽小而能够工作,但一般的说,这种同志是不能让他做这种工作的。

所以,团应深刻了解这一点,立即执行儿运干部的转变,指定那些年龄较大的能力较充足的团员做儿运工作,把那种"儿童工作由儿童做"的观念完全纠正过来,把儿童局的实际工作建立起来。同时,注意团聚一些小学教师来帮助工作,把儿运的转变深入到实际工作中去。

(录自《青年实话》第 13 期,1932 年 3 月 25 日出版)

加强对少先队工作的领导

(1932 年 3 月 25 日[1])

华　民[2]

自苏区少先队代表大会到现在,已是两个月了。少先队工作一般的说来,在团的正确领导底下,正在正轨上前进。各地少先队的领导机关的建立,工作开始有新的表现,队员的积极性也有相当的提高,这就是团的正确领导的收获。但是这些收获,还是极不能使我们满意的。少先队的工作中,还表现出许多的缺点和弱点。

大多数地方的少先队,对于苏区代表大会的决议,执行得极不充分。有些地方简直还没有开始执行(如安远);就是扩大红军的工作,有些地方固然有很好的成绩(如兴国、赣县等),但有些地方则尚未动员,队员还有害怕当红军的(如雩都少队代表大会的代表,因怕团体骗去当红军而逃跑)。

同时,在这一工作中还留存着最要不得的命令主义和欺骗等等,破□方式、军事训练和政治教育工作,则普遍地还没有开始,特别是江西好些地方区一级的领导机关,因为经济困难,而负责同志背起包袱回家,以致工作完全停顿起来。上级没有发经费下去,固然要受到困难,但也不是一走了事的。这里充分表现出要有钱才工作、才革命,没有钱便不工作、不革命的雇佣观念之普遍。这些现象,指明少先队大会决议的执行还极端的微弱,团对少先队工作的领导,亦还不

---

① 原文无时间,此为《青年实话》第 13 期的出版时间。

② 华民,即罗化民,时任少先队中央总队部执行委员。

够得很。

因此，各地团部必须特别注意去加强对少先队工作的领导，把各级队部中的团组工作建立起来，使少先队的经常工作树立一个强固的基础。特别要立即开始少队中普遍的军事训练，按照少先队中央总队部所发的材料，紧张地活泼地去进行，改正以前的机械操法。同时，使这种训练的进行与参加革命战争和地方上的阶级斗争联系起来。这样，使少先队在实际上成为红军的后备军。

（录自《青年实话》第 13 期，1932 年 3 月 25 日出版）

团中央紧急通知①
——国际青年反对帝国主义进攻苏联和瓜分中国的强盗战争，号召中国劳动青年进行民族革命战争的运动周
（1932 年 3 月 29 日）

估计到目前形势的主要事实：日本帝国主义进攻中国，掠夺中国的强盗战争正在疯狂般地进行，帝国主义进攻苏联的战争危险正在空前地紧张起来。少共国际决定：在本年 3 月底举行反帝国主义战争的运动周，动员全世界的无产阶级及劳动青年来加强反帝国主义的强盗战争的斗争，来援助和拥护中国劳苦群众的民族解放的革命战争，来拥护无产阶级的祖国——苏联，拥护中国的苏维埃。

中央认为中国共产青年团应该最积极地参加这个国际的反帝国主义战争的运动；在反对帝国主义瓜分中国的强盗战争，反对帝国主义进攻苏联的战争的任务中，中国共产青年团应该与全世界无产阶级青年一致地进行这个国际的斗争。

根据目前国内外政治形势的实际状况，中央认为在中国这个运动周应该在下列几个主要的口号之下进行：反对帝国主义瓜分中国、掠夺中国劳苦民众的强盗战争，武装群众进行民族革命战争，反对日本帝国主义，反对一切帝国主义，争取中国民族的独立与解放；打倒帝国主义的走狗出卖民族利益的国民党；反对瓜分中国的组织者——国联调查团来华调查；武装拥护苏联，拥护中国苏维埃，反对

---

① 原题为《中央紧急通知》，现标题为编者所改。

帝国主义进攻苏联；反对国民党军阀对苏区的新进攻；组织少年先锋队、青年义勇军，反对日本帝国主义的进攻；回答日本帝国主义的飞机和大炮，千百万劳苦青年加入中国共产青年团，援助日本厂的罢工等等。罢工要求青工工作 6 小时，同工同酬，青工童工不做杂役，减少学徒年限，学徒不为私人服役，不减一文工资，增加工资，要求失业津贴——等于全部工资数目。

中央认为必须指出这一运动——无产阶级反对战争的争斗与资产阶级和平主义的"反对战争"是水火不相涉的。资产阶级的"和平主义"实际上是帝国主义强盗战争的掩护物，最近在上海举行的所谓"和平停战会议"便是帮助帝国主义掠夺中国，帮助国民党投降于帝国主义的东西。必须向广大青年群众说明，这种帝国主义国民党的"和平会议"决不能停止目前的战争；要消灭帝国主义掠夺中国的强盗战争，不是纸上的停战条约或空喊反对帝国主义可以达到的，必须着重地告诉广大群众，只有群众自动武装起来，进行民族的革命战争，才能消灭帝国主义的强盗战争，达到中国民族的独立与解放！所以在这一运动中，必须把宣传群众武装尤其是组织青年群众的武装，组织广大劳苦青年加入少先队、青年义勇军，组织在白军中的工作……积极进行民族的革命战争，应该是最主要的连贯着。

必须告诉青年群众，只有社会主义的苏联才有真正的和平政策，苏联的工农群众正在积极进行并且号召全世界无产阶级群众反对帝国主义的战争，变帝国主义的战争为国内的革命战争。苏联的工农群众正在积极援助和同情中国劳苦民众的民族解放运动，反对日本帝国主义的掠夺的争斗。正是这个原故，帝国主义便拼命准备进攻苏联的战争，所以要消灭帝国主义战争，进行中国民族的解放战争，中国的劳苦群众应该与苏联的工农携手，反对帝国主义进攻苏联的战争，武装保护苏联。

要告诉劳苦青年群众，国民党军阀正动员全部力量以新式火器来进攻中国苏维埃红军，正因为苏区已经脱离了帝国主义的羁绊，红军是反对帝国主义国民党进行民族革命战争的民众自己的武装力量，要达到中国民族的完全独立解放,要达到民族革命战争的胜利,必须保护苏区,组织广大青年工人去扩大和巩固苏区红军;罢工、停车,不给进攻苏区的白军运兵,不把一点水一粒米给"剿共"的白军;组织广大群众的斗争行动,扰乱他们的后方,破坏交通。特别是进行在"剿共"的白军中的宣传煽动和组织工作,动员广大的劳苦青年与苏区红军及广大劳动群众一致斗争,推翻帝国主义国民党统治,树立民众自己的苏维埃政权。所以在这一运动中,必须与目前党的中心任务争取联〔连〕成一片的苏区,争取一省数省政权的首先胜利有密切的联系。

中央认为在这一运动中,必须加紧反对国联,特别是这次国联调查团的来华,因为它是帝国主义掠夺中国的强盗战争的组织者。如果以为国联的假面具已经完全为群众所了解,实际上是会放松反对国联、反对帝国主义的工作,将是帮助国联维持在中国劳苦群众中的影响。必须抓住国联尤其是这次调查团在华的一切行动与事实,向中国劳苦青年面前揭破,说明他们的"和平"与"公理"是瓜分中国的大刀,实际上是战争与掠夺。同时反国联的工作与反对国民党投降帝国主义出卖民族利益的工作,是不可分离的。并且要与反对一切反动政治派别(改组派、第三党、社会与教育派、国家主义、取消派)及反对国联在中国的代言人地主、资本家的斗争联系。他们正在欢欣鼓舞欢迎国联调查团,企图维持国联在中国劳动群众中的幻想,帮助帝国主义掠夺中国!并且要揭破国民党的"国难会议"实际上是计划进攻苏维埃与红军(议程第一项便是"剿共"),压迫和剥削劳苦民众(议程第二项的"赈灾")和投降于帝国主义(议程第三项的"御侮")的会议!

中央指出在这一运动中,必须加紧进行各派青年义勇军、党童子军中工作,加紧在白军中的工作,派大批的同志到白军中去,加紧在上海、香港、天津、厦门等地外国海陆军中的工作,加紧反对基督教青年会等活动工作。

中央更着重地指出,这一运动与"五一"工作的布置是不可分离的。必须把这一运动的进行与日常工作的执行密切地联系着,特别是需要与青年工农日常经济要求的争斗,领导青工的罢工争斗,失业青工的争斗,组织在日本厂内工人的罢工争斗的工作,最基本地联贯起来。要坚决和那些脱离日常工作离开青工群众争斗基础,而空喊布置这一运动的倾向作斗争。

为着进行这一运动,应该组织各种青年群众会议。特别要召集工厂中青工会议,青工代表。这些会议中,把我们的主张公开宣传、公开号召,通过各种宣言、传单与决议,组织领导广大青年群众的反对帝国主义强盗战争与进行民族战争,拥护苏联、中国苏维埃红军的示威游行。

在这一运动中,必须是广大地进行招收团员的运动,扩展团的组织,建立新支部与巩固,在号召青年群众反对帝国主义掠夺,进行民族革命战争的口号下,组织广大劳苦青年加入共产青年团,真实地实现"每个团员介绍一人"、"赶上党超过党"、"有党支部应有团的支部"的口号。

在这次运动中,必须广大地发展青年群众武装组织、少先队、青年义勇军等,特别是这些组织在青工群众中最广泛地开展起来,并且要巩固在反帝组织中青年群众的工作。

中央规定在上海自4月5日到12日汇合着"四一二"纪念,进行这一运动,在外地及各省,规定在4月最后一周举行,与"五一"纪念的准备工作联系起来。

各级团部在进行这一运动时,必须保证得到党的领导及吸收一切革命群众、组织积极地参加。

各级团部接到这个通知后,立即详细讨论,配合各地具体的情形布置这一工作,把这一运动的结果报告中央。

团中央局

三月二十九日

(录自《列宁青年》第5卷第3期,1932年5月10日出版)

全总苏区执行局雇农工会章程草案

（1932 月 3 月）

第一章 总 纲

一、本会定名为××县××区雇农工会。

二、本会在中华全国总工会领导之下团结农村雇农，争取雇农利益，反对资本剥削，提高雇农文化政治生活，帮助苏维埃政府实现一切法令为宗旨。

三、本会会所设在××区××县××乡地方。

第二章 会 员

四、不论在革命之前或以后，凡是在农村中终年的或一年以内，主要是依靠做长工或短工生活来源，靠做工度活的雇农，完全赞成本会宗旨，志愿服从章程及一切决议，缴收会费者，均得加入本会为会员。

五、凡属地主及反革命分子被没收土地以后，以雇农地位度活及雇农靠短工为生活上的补助，和雇农在土地革命以后已发展成为富农和商人者，均不得加入本会为会员。

六、凡本会会员均有选举权与被选举权，为本会职员及享受本会所举办互济教育及其他事业各项利益的权利。

第三章　组　织

七、本会组织以民主集中制为原则,凡本会一切重大问题均由会员大会或代表大会决定通过。执行机关由会员或代表大会选举,会员或代表大会闭会期间,执行委员会为最高执行机关。

八、本会组织系统以本区各乡为单位组织支部,支部之下可依村组织小组,其系统如下:

$$×× 区雇农工会 \begin{cases} ×× 乡支部 \\ ×× 乡支部 \begin{cases} ×× 村第一小组 \\ ×× 村第二小组 \end{cases} \end{cases}$$

九、本会所属各乡支部,由支部全体会员大会推举的三人为干事会,再由干事会推举一人为干事长。支部所属各小组,在小组会推举一人为组长,干事会〔长〕与组长管理该一级组织的会务。

第四章　代表会与执行委员会

十、本会由各乡支部会员每五人选举一人的比例组织本会代表会。

十一、代表会为本会最高机关,决定本会章程工作计划,审查经济,募集基金及特别费,审议并提出工人斗争纲领,议决罢工或复工。但遇特别情形,执行委员会亦得行使此项职权,代表会选举本会对外代表及执行机关。

十二、代表会是经常机关,代表由各乡支部会员大会选出,如代表不尽职时,并得临时撤换,任期为半年,代表会至少每月举行一次。

十三、代表会选举×人组织本会执行委员会,在代表会开会时间,执行委员会为权力机关,执行代表会各项决议,制定预算决算工作计划提交代表会通过执行,宣布罢工或复工,代表大会与雇主订立集体合同及代表大会参加对外活动。

十四、由执行委员会选出委员三人组织常务委员会，处理日常事务，并推执行委员长一人为执委会及常委会主席。

十五、执行委员会下设立组织宣传两部，并组织雇农劳动保护青工女工教育互济贫农团等委员会，组织宣传部长由执行委员会决定，各委员会人选由代表会选举。

十六、执委会及常委会任期均为六月，执委会半月举行一次，常委会每星期举行一次。

第五章　经　费

十七、本会征收会费每人每月铜元×枚，在必要时经代表会之通过，得征收会员及会外特别捐，一切收支预算及决算均须经过代表会通过审查。

十八、本会应缴纳上级工会会费。

第六章　纪　律

十九、凡会员违反本章程及决议，由执行委员会劝告或警告，如仍不改，得停止其会员权利一部或全部以至于开除会籍。

第七章　附　则

二十、本章程由代表会通过发生效力，如有不适用之处，亦由代表会决议修改之。

全总苏区执行局

（录自江西省总工会、江西省档案馆编：《江西工人运动史料选编》，人民出版社1986年第1版，第227—229页）

闽赣两省工人代表大会决议案

（1932 年 3 月①）

壹、职工会苏维埃的任务决议案②

一、目前革命形势与闽赣工人的政治任务

由于中国工人阶级与农民的巩固的联盟及工农群众与工农红军的英勇斗争的力量，在中国已涌现了广大的苏维埃区域，创造了工农民主专政的中央政权。今年的"二七"正当闽赣两省工人代表大会的时候，中国革命同苏维埃红旗领导之下，革命战争的发展和胜利，反帝国主义斗争的猛烈发展，开展了革命形势的新局面。闽赣两省是中国苏维埃区域的中心，在苏维埃政权下，职工会的地位有了巩固的保障，保护工人利益的《劳动法》已经颁布和开始实行。闽赣两省工人已经使自己从政治的桎梏下解放出来，和农【民】联盟成了政权的主人。关于工人的现在是已经取得开始的胜利了，在我们面前呈现着更伟大的胜利前途。

---

① 这是文件戳记上的时间。

② 1932 年 2 月 7 日—13 日，全总苏区执行局在江西瑞金叶坪召开闽赣两省工人代表大会，陈寿昌致开幕词，周恩来在会上代表中共苏区中央局讲话。大会讨论了职工会的任务、组织及劳动法、扩大红军等问题，选举产生了江西、福建两省职工联合会执行委员会。本篇及后续 5 篇均是闽赣两省工人代表大会决议案。

在目前革命发展的新局势下,闽赣职工会领导阶级群众,对于无产阶级在中国革命伟大历史任务的实际充分的担负其意义更加迫切和严重了。最近的事变充分地指示出目前是战争与革命的时代,在国际方面是社会主义与资本主义两个政治的经济系统的对立。苏联社会主义五年计划的成功,新的五年计划的开始,更加奠定苏联社会主义的基础,更消灭腐朽的资本主义的组织。在另一方面,资本主义国家陷入于深刻的经济危机,有些国家则正在发展革命危机:德国、美国、英国工人均勃发英勇的罢工斗争与失业示威,西班牙东北三镇已建立又一个苏维埃共和国,印度工人农民正反对殖民地的改良主义而发展着罢工和暴动。这些斗争都在苏联影响之下,并对于中国革命是有力的保卫和拥护。全世界革命运动怒潮的发展,将必然淹没帝国主义的统治。

在此种局势之下,帝国主义企图要解决莫可挽救的危机,更加紧剥削工人和殖民地,扩大军备,准备第二次世界大战,重新瓜分世界,同时更加紧武装进攻苏联的准备。这次日本帝国主义占领东三省热河后,扰乱和一度截断中东路,唆使白俄为进攻苏联的先锋,更轰击上海、南京,对于中国工农群众大施屠杀焚烧;同时英法帝国主义,出兵侵略中国康藏、云南、广西边境,美帝国主义更集中大批军舰于太平洋,帝国主义瓜分中国的大战将一触即发。这一战争必然要屠杀无数千万的全世界工农兵士,特别是中国的工人、农民和兵士。这个瓜分中国的大战,必然是首先压迫中国,并企图转向苏联进攻。

在这个帝国主义瓜分中国大战的危机非常紧迫的时候,中国苏维埃运动的猛烈发展与全国反帝斗争和城市工人罢工的急剧高涨,使中国国民党各派政府在全中国政治经济危机发展和深入的基础上,更迅速地走上崩溃和死亡的道路。

中国工农群众在冲破敌人三次"围剿"和苏区的伟大胜利后,建立了中华苏维埃中央政府。苏维埃政权开始巩固,苏维埃区域有不断的扩大。全中国工人、农民、士兵在苏维埃影响之下,发展着广大的反帝运动,自动地与帝国主义作武装的冲突。上海工人发展反日罢工,军阀部队士兵的革命化与不断的投向红军,加强了军阀制度的急剧崩溃。在另一方面,中国国民党军阀在帝国主义进攻中国当中,表示露骨的无耻。一方面企图作美帝国主义走狗驱使中国士兵,当挑起帝国主义大战的炮灰;一方面压迫抗日罢工,抗日会组织,并压迫工农及革命士兵对日本帝国主义的自动的武装斗争。苏维埃政权和红军的有力发展,反帝国主义的民族革命运动与土地革命两大潮流的汇合,必然将淹没帝国主义国民党的统治。

在全世界及全中国革命危机的增高和深入,群众的革命斗争的猛烈发展的基础上,中国苏维埃区域的中心——闽赣两省苏维埃区域,广大的工人阶级与农民劳苦群众对于统治阶级正进行坚决的进攻,扩大红军,扩大与巩固苏维埃区域,积极地向外发展。发展革命战争,配合城市工人的斗争与反帝运动,争取革命在一省与数省的首先胜利,这样以革命战争反对帝国主义战争,成为当前的紧迫任务。对于此一紧急任务的完成,需要无产阶级强健的领导,这就是目前苏维埃区域职工会一切基本任务的中心。职工会是保护工人利益的组织,必须领导阶级的群众和农民亲密联合,以工农群众的伟大力量来完成这一任务,才能保护工人利益的彻底改进。

因此,在苏维埃区域工农群众当前的中心战斗任务推动之下,职工会对于下列基本任务的担负更加重其意义:(1)建立真正广大群众的阶级工会,提高无产阶级的组织力量。(2)发展无产阶级的经济斗争,根本改善工人生活的状况,彻底实现《劳动法》,发展阶级斗争,提高工人的阶级觉悟。(3)领导土地革命,彻底消灭地主阶级,反对富农,巩固工农的联盟,领导农民及劳动群众积极地参加和发展革命战争,发展反帝国主义的组织与斗争,完成中国民主革命的任务。(4)拥护和巩固苏维埃政权,扩大苏维埃区域,吸引积极分子参加苏维埃与红军的领导,使工会成为苏维埃的柱石,准备由现时民主革命转变为社会主义革命的前提。

二、闽赣职工会过去的工作错误

闽赣两省工人代表大会,为要达到当前的工作任务,根据阶级的自己批评的精神,指出过去的工作错误,确定今后的正确路线。

闽赣职工会过去的工作表现许多不能允许一刻存留的现象。在AB团、社会民主党占据着在工会领导机关的情形下,工人的组织受反革命派的破坏,工人参加革命斗争的积极性都被阻碍了。工会包含了富农、地主、老板、商人、师父的成份,自然更阻碍阶级斗争的发展与深入。

闽赣的工人在过去几次的革命战争中,都曾以热烈的情绪参加对反革命的斗争,但亦是由于苏维埃政府的政治领导而不是由职工会的组织力量。闽赣工人在工农政权下确实地获得了经济生活的相当改善,但亦由于政府的命令,而不是由于职工会的领导。固然有少数的工会能够领导工人的斗争,但在一般说来,闽赣两省工人在非阶级的、非群众的、被反革命派所占据的江西省总工会及改组前的闽西总工会领导机关的组织系统之下,削弱了工人的斗争的力量和对于革命的积极作用,是革命发展中的最大损失。

闽赣两省职工会自从在中华全国总工会的直接领导之下,开始了工作路线的转变。这些转变的成绩:(1)群众的阶级认识的增进,已经将窃据工会机关的反革命分子及混入工会组织的非阶级分子排除洗刷出去。职工会的组织纯正的阶级成份,使职工会得开始纠正过去错误,发展阶级斗争。(2)相当地纠正了机会主义的不发展经济斗争的倾向。相互的领导工人的斗争(瑞金),同时纠正了经济主义的倾向(会昌)。(3)改善工会与政府的关系,开始消灭了和政府对立的现象。(4)个别的开始进行有组织的征调工人,扩大红军的工作(赣县),因合作社与工人的文化教育亦在开始进行(兴国、汀州、瑞金)。

但是由闽赣两省的职工会对中国〔华〕全国总工会正确指导的了解的不充分,正确路线的转变并不彻底。因之除了反革命及非阶级分子存留于工会组织比较为稀少的现象,及个别的相当进步以外,一般的旧的错误路线的继续,使职工会直至代表大会以前尚未成为真正的群众的斗争组织。概□□闽赣职工会一切错误的主要表现是不发展群众斗争的机会主义的消极,和没有明确的阶级路线,不发动群众斗争的倾向,尤为产生一【切】错误的主要基础。过去一切错误的纠正与工作的转变都是少数上层分子的责任,而不是广大群众真实的发动。因此也就不能真实地完成职工会各种的任务,阻碍了错误路线的彻底的纠正和转变。

大会认为要纠正过去工会工作机会主义和非阶级的路线的错误和免除这些错误的重复,必须具体地指出这些错误的路线和各种表现和这些错误的根源。

(一)工会尚未成为真正的阶级的群众的斗争组织。行会主义的组织代替了工会的真正作用,脱离群众的倾向笼罩着各级工会。这表现于:

(1)工会的非阶级的分子,老板及独立劳动者还未尽肃清(福建)。在这种组织里面,阶级关系都被混淆,特别在新发展区域,一再重复此项错误(石城、连城)。离开群众,不发动群众的组织,对于非阶级分子的洗刷亦以"上级命令"代替群众斗争。因此非阶级分子虽然排出去了,行会主义的影响仍然正当继续。(2)行会主义的影响,助长了脱离群众不发动群众的形式主义、命令主义、委派制度、机关主义与官僚化的各种错误倾向的发展。

(二)正因为工会还不能成为真正阶级的群众的斗争的组织,所以在领导工人经济斗争方面,发生下列的错误:(1)行会主义的发展,使工会变为保护狭隘的职业个别利益的组织,而不是整个阶级利益。独立劳动者以工会名义与农民作斗争,损害工农的亲密联合,实际上真正工人并未得到利益。(2)而最严重的还是工会不发动群众斗争的机会主义的消极,工会没有斗争纲领,除新发展区域外(如汀州)职工会能领导斗争非常稀少(如赣县、兴国)。对于劳动法的实现表示动摇,更缺乏实现的方案,八小时工作制实行很少,青工、女工失业问题的解决表示放弃和无能,并且还发现男女工不平等现象(兴国合作社女工无休假)。依赖政府命令改善工作条件的倾向,仍未消除净尽。雇农工会斗争一般缺乏,依然继续,旧的雇农分得土地即无斗争的取消观念。这些错误的结果,于是有许多地方工人不信任职工会而要求分田,以为工人等于土豪,尚不如富农分得坏田(雩北)。同时又发现狭隘经济主义的错误,如提出违反苏维埃经济政策的要求(如监督资本)过高及不合理的要求(如闽西不熟练的学徒比同一企业的成年工人工资大)。

(三)职工会与政权关系非常不正确,对红军工作非常不充分:(1)职工会和政府对立的错误(工会自己捉人等),虽经纠正,但在闽西此种错误又复个别重复发生。(2)在纠正对立错误的地方又复变成工会为政府的附属或漠不相关的现象。一方面不能担负职工会对于政权的责任,领导选举运动和一切斗争,提拔积极分子参加苏维埃红军;一方面不能建议和督促政府解决工人生活问题、失业问题及经济政策等。(3)对于苏维埃肃清反革命派别的斗争亦陷入于非阶级路线的错误,没有正确地发动群众对于反革命派的充分认识与斗争。(4)对于扩大红军与拥护红军的工作尚不充分,没有提拔积极分子到红军中的领导地位。(5)过去行会主义的老板假借职工会组织名义,反将无产阶级领导权的意义当作避免义务劳动,参加红军、服从法令(如查路票等)的权利。说明职工会尚未能领导工人在实际工作的表现中肃清此种不好现象。

(四)工会尚未能负担领导广大农民及劳苦群众斗争的任务,雇农工会及苦力工会不能发展正确的领导贫农团工作的作用,反而发生不能允许的命令关系(闽西雇农工会收贫农团月费每人铜板一枚,一半归工会)。一般的工会对于农民的领导也非常缺乏,不能积极为领导土地革命的斗争。工会对于其他群众团体,也不能发生强健的领导作用,特别对于拥护红军委员会和反帝大同盟的工作,以及领导群众举行反帝国主义的运动等。

(五)机会主义的消极和非阶级路线的表现,从对于工人经济利益的争取一直联系到工人阶级争取革命的伟大胜利和帝国主义决战的任务,这自然也就放弃了为完成当前任务进行白区城市及赤白边区的工作。

三、职工会的任务和工作

闽赣的职工会为达到扩大并巩固苏维埃区域进行革命战争、争取一省与几省革命首先胜利的任务,应在积极的发动群众纠正过去工作错误的认识下,实行下列的具体任务:

(一)从斗争中建立并改造各级工会成为真正的阶级的斗争的民主组织,以政治经济斗争纲领动员群众从拥护本身利益,反富农、反老板及对于反革命的斗争中扩大工会的组织。征收新会员,洗刷非阶级分子出去,加强工会及主要组织,自下而上地举行群众大会、代表大会。坚决地打击行会主义,反对不发动群众的机会主义、不发动群众斗争简单地改换组织的形式主义,消灭代替工会民主性的委派制度,反对行〔对〕未加入工会的工人任何强迫的方法,消灭脱离群众的机关主义与官僚化等。

(二)争取《劳动法》的彻底实现,发展无产阶级的经济斗争,彻底实行八小时工作制,工人生活的实际改善,制定各产业、各职业乃至各地方的斗争纲领,提高对于失业的救济、劳动保障、增加工资等口号。职工会与雇主订立集体合同,号召每一工人订立劳动合同,使每一工人都包括于深入的斗争的阵垒中。职工会要组织劳动保障委员会,检查雇主富农对于合同条件的履行,揭破欺骗和隐瞒。

职工会要将工人的经济利益与农民土地革命、反帝国主义革命的利益,苏维埃区域的巩固与扩大的利益联系起来。凡是要将工人利益和这些利益分隔起来的企图,机会主义和经济主义的倾向,特别是对于机会主义不发动群众斗争的倾向,要加以严重的排斥。职工会应该要指出工人阶级的生活的改善是巩固苏维埃最主要的条件。即使在苏区经济严重的破坏情形之下,工会亦应用种种可能方法减少工人的痛苦,经苏维埃将重担放在资本【家】、富农身上。对于经济主义的过高要求,职工会要指出在目前工农民主专政的阶段中,特别在帝国主义国民党的封锁中,职工会的任务就有相当的矛盾,正是鼓励工人群众为争取革命战争的胜利,与将来社会主义的前途的转变而积极斗争。

职工会要坚决反对不发动群众而由少数人以外交方法，或倚靠苏维埃政权来代替斗争，这是十足的机会主义，〈而〉是机会主义各倾向及经济主义的发展的共同基础。

（三）领导农民的土地革命。在闽赣最近收回豪绅地主反动派的家属土地财产和富农分坏田的斗争中，职工会要起强大的作用。雇农苦力应该巩固与贫农中农的联合，对于雇佣关系的斗争上，对于中农采取和对富农的不同的策略，但不能牺牲雇农苦力的利益。职工会要坚决排斥对于雇农的取消观念，认为雇农已分得土地已无斗争。职工会必须向雇农指出，在目前小农经济的制度的扩大与商品经济的条件下，农民群众仍不能消灭其生活甚贫乏。职工会要领导雇农为工具、耕牛、种子，发动群众对于富农的斗争。领导组织犁牛站、合作社等这些问题，要与苏维埃的耕种运动联系起来。雇农与苦力工会的会员应加入贫农团，在自己的工会的指挥之下，组织小组发生核心指导作用，□□□□□□□□□□□①的斗争。

（四）号召工人领导农民起来反对帝国主义瓜分中国与进攻苏联，反对帝国主义进攻苏区红军与封锁苏区。要发起和领导反帝大同盟，使它成为广大群众的反帝组织。加紧拥护苏联的宣传和国际工人团结意义的教育。

职工会要启发工人群众在目前苏区被封锁的生活痛苦的经验发展到反对帝国主义及其走狗国民党的坚决的斗争的觉悟，发展革命战争，进行物质援助，以配合城市工人白区农民士兵的反帝国主义斗争。

（五）职工会领导工人为拥护苏维埃的柱石，动员群众帮助苏维埃的一切法令政策，尤其是《劳动法》的实现。领导工人向苏维埃政府建议并实行经济政策，解决失业、经济建设的各项方案。协助苏维埃的选举运动，提拔优秀的、积极的工人参加苏维埃的领导工作。经工会各方面的拥护，使苏维埃成为强有力的真正工农政权。

---

① 原文如此。

在国有企业的职工会,应积极帮助苏维埃工业的法〔发〕展和巩固,提高生产强度,应实行革命竞赛,增加生产的新方式,提出积极分子到国有企业的领导地位中去。工会应帮助将《劳动法》首先在国有企业中实行,实现工人的生活改善,反对国家企业对于《劳动法》的实现任何动摇。

(六)在目前革命积极发展的形势下,发展革命战争,争取革命一省与数省首先胜利,扩大红军,建立铁军的红军,拥护红军是工会第一等任务。

职工会应当在工人群众中间鼓励工人自愿地参加红军,强固红军中无产阶级的领导,征调积极的工人参加红军的领导地位。在工会组织系统下,组织红军后备队进行武装训练,领导工人参加当地赤卫队的组织。要领导和发起拥护红军委员会的组织,扩大红军并领导广大群众对阶级战士进行精神的鼓励与物质援助。

职工会在红军作战时,要领导群众帮助红军的运输、征收粮食、监视并肃清反革命分子,巩固后方和苏维埃区域。

(七)加紧青工、女工的工作。在目前苏区赤色工会组织不健全、《劳动法》未完全实现的地方,应该建立在工会系统下青工的系统组织——青工部的组织,保证青年斗争与积极性的发展。只有在《劳动法》已实行,工会已健全的区域,改为青工委员会的组织。有女工的各级工会,均成立女工委员会。召集青工的女工大会及代表会议,规定青工女工的特殊要求的纲领,领导他们参加整个阶级及特殊利益的斗争。要坚决实行《劳动法》对女工青工的特别保护,反对对青工女工的斗争与组织的忽视。

工会要协助少年先锋队、儿童团的组织,特别是青工要求读书提高文化教育的组织。

(八)注意合作社运动与失业救济。工会应领导组织合作社,特别是生产合作社。对于在敌人封锁下苏维埃经济的流通,反对敌人的投机与怠工失业的问题的救济合作社,都有相当的作用,但须纠正营业性质的错误。

工会应吸收失业工人加入工会,办理失业登记,督促政府设立劳动介绍所,保证劳动介绍所的劳动介绍权。号召失业工人加入红军组织。失业工人的劳动公社、合作社,工会应要求雇主及苏维埃设法救济。工会应负担建议政府种种救济的可能办法。

(九)扩大宣传与教育工作,普遍做识字运动(首先是工会领导工作的),组织读书班,创办工会报馆,发行小册子,建立工会宣传队、俱乐部、文化娱乐等组织。工会应对工人中间进行阶级教育,发展阶级觉悟,肃清社〔机〕会主义,指出工人阶级目前的任务与将来社会主义的前途和全中国、全世界工人团结斗争的意义。

(十)发展附近白区的工作。工会要派得力的干部到白区工作。发展赤色工会的组织,组织经济斗争,扩大反对帝国主义国民党、反黄色工会的斗争。拥护苏维埃区域的巩固和扩大,声援和响应革命战争的发展。在江西应首先注意湘赣边的工作,赣河的交通工人以及矿工的工作。在福建要首先注意到韩江交通工人的工作。

闽赣两省工人代表大会认为必须真实地发动群众,确立阶级的工作路线,反对一切不正确的倾向,以工人阶级坚决的精神完成上列的工作。闽赣两省工人代表大会决议以革命竞赛的方法,号召两省工人发挥最大的积极性,实现工人阶级的任务,领导农民及劳苦群众发展革命战争,争取革命在一省与数省首先胜利而斗争。[1]

(按这决议项目不清,均系照原稿写发。抄者注)[2]

五月二十四日照抄

---

[1] 编者对本文标点作了部分改动。

[2] 原件所注,编者对项目作了若干改动。

贰、组织问题决议案①

在目前革命急剧发展形势下,职工会要完成巩固和发展苏维埃、扩大红军、发展革命战争、争取革命在一省与几省的首先胜利的任务,求得工人阶级的彻底解放,首先要建立阶级的群众的斗争的职工会,提高阶级的组织力量,领导工人政治的与经济的战斗,使工人阶级站在一切战斗的前锋,做一切农民劳苦群众斗争的领导。

苏维埃目前发展的现状,农村工人一般的散漫。因之职工会纠正过去组织上的错误,领导苏维埃区域工人对组织观念的阶级的了解,肃清混淆阶级关系的行会主义和不发动群众的机会主义消极倾向,加紧职工会对组织任务的实际工作,是闽赣职工会完成其政治任务的主要前提。

闽赣工人纠正非阶级路线组织的错误,打击潜伏在工会领导机关的反革命派,洗刷工会组织内的非阶级分子,表明闽赣工人阶级觉悟的增进,是组织任务最大的进步。保证工会组织的纯正的阶级成份,是工会明确阶级路线的实现的基础。正因为闽赣职工会在组织成份上有很大的进步,所以坚决积极地执行组织的明确阶级路线【是】更为急迫的任务。为要免除错误的重复,必须指出闽赣职工会不发动群众、脱离群众的非阶级的路线仍未有彻底的转变,这个继续着的错误路线绝不能彻底改正任何错误。所以,在有些地方地〔虽〕洗刷了非阶级分子出去,在另外有些地方的工会,非阶级分子又混了进去。行会主义的领袖分子虽经排斥,行会主义的影响仍未肃清,真正阶级职工会的组织意义的认识仍未深入。这表明于下列的错误:(一)工会未能成为领导工人群众政治和经济斗争的组织,不能以组织的力量担【负】政治的任务,发生对苏维埃不正确关系。拥护红军、扩大红军的工作做得非常的不充分。不发展经济斗争,没有规定斗

---

① 闽赣两省工人代表大会决议之二。

争纲领,使组织和斗争离开,形成对于发动斗争的机会主义的消极和组织的充实内容①。(二)对于组织成份的改变仍包含了形式主义和命令主义,而不是积极地发动群众的阶【级】意识。(三)工会缺乏民主化,机会主义命令主义流行,阻碍群众积极性创造性的发展。(四)工会组织不健全,工会组织系统分工等均不适合于斗争的需要,清〔青〕工部不能成为群众组织,执委会工作集个人等。(五)工会和工人关系不好,工人对工会缺乏认识,不能使工人积极参加工会工作(收会费亦有困难),会议不能经常举行。(六)工会未能以组织的力量领导农民,更不能成为苏维埃和群众团体的领导。

代表大会纠正非阶级、非群【众】、非斗争路线的错误,从斗争中建立真正的阶级职工会,改选工会和扩大。具体的决定职工会组织问题如下:

(一)职工会规定斗争纲领,动员阶级的群众为实【现】斗争纲领,组织自己的阶级职工会,扩大职工会的组织,组织百分之百的真正阶级的工人于工会之内。现在有许多职工会还不能组织全体的(兴国、瑞金),就必须地提出工人切身利益的政治的和经济的口号,用宣传教育的方法,并规定斗争纲领,动员群众加入职工会。反对用任何强迫方法,如不入职工会即不能得到集体合同的保护,或沿门造册,工人只将姓名加入工会,尚不了解职工会的意义。

(二)职工会对于非阶级分子的洗刷,要摒斥由上而下的单纯的命令主义的办法,要使群众了解工人和老板混合在一个组织内,他们必然在妨碍工人的利益,阻止工人斗争的发展。职工会包含了独立劳动者,如□□□纯阶级矛盾的尖锐性而成为职业性的行为组织。工会必须从工人与异己分子不可调和的矛盾上引【导】广大工人的阶级自觉,以斗争的力量洗刷非阶级的分子出去。对于独立劳动者的洗刷,我们应该进行很好的解释,不能当他们作为资本家看待。

(三)必须很慎重地进行对于阶级成份的分析,要从剥削关系

---

① 原文如此。

（如学徒与独立劳动者），生活主要来源（卖临工的雇农或劳力与卖临工的贫农）、革命前或后的阶级地位（革命前是工人，革命后失业成为独立劳动者，与革命前是地主，现在是做工度活）等区别阶级成份的不同。如有可疑成份加入职工会时，要提出群众会议通过。凡是经苏维埃政府剥夺公【民】权的人（如自首、自新的社会民主党、AB团，经政府判决剥夺了公【民】权者）在目前不能加入工会。

二、实在〔现〕工会的民主化，建立真正的群众工会，提拔干部①

职工会是阶级的群众的组织，必须从斗争中发动群众积极地参加职工会工作、职工会的会议，热烈地发表意见，由群众的意志决定一切工作的进行。

（五）②各级职工会（省级在外）代表会议的制度要很健全地建立起来，保证代表会议的民主性的意义，就要代表的产生真是由群众的会议选举，群众会议要选举讨论并指定出席代表任务，提出某种建议。代表会议的结果，代表回来要有报告，要有讨论。

（六）要使职工会民主化、群众化，就要去除包办主义、命令主义的倾向，就要正确地了解职工会上级机关对下级机关的关系，认清常务委员会、执行委员会和代表会议的权限。一切工作多多地发挥下级工会的自动性，而加以正确地领导。一切工作的方针，特别是发动斗争，要经过群众的意志来决定，是使工会的组织斗争含有群众力量的保证。

（七）工会内部的工作的分工的委员会，应尽可能由代表会议举出。工会发动斗争时的斗争委员会或罢【工】委员会不要由执行委员会代替，要由群众选举。

（八）要建立真正阶级群众的职工会，就要反对违反民主性的委派制度。同时更要摒斥对于工人集体的创造能力的忽视，对于个人技术能力（会识字、能讲话）的过分的重视。职工会的民主性给予工

---

① 原文缺一。

② 原文缺（四）。

人在实际工作中锻炼工作能力的机会。职工会要积极从斗争中提拔干部,只有实行职工会的民主化才能创造出真干部。

(九)从斗争中提拔干部,从民主化中锻炼干部,对于干部加以充分的教育,举办识字运动(首先是干部)、职工运动学校和训练班,提高工作能力。

三、强固并扩大职工会的组织系统,并建立健全工会生活

(十)密切职工会上级与下级之间的联络,特别是对于职工会工作及群众罢工斗争的指导。过去下级对上级只多关于技术事务的报告,必须纠正此项错误。上级对下级职工会,一方面必须发展群众或下级机关自动的工作能力。一点也不要妨碍积极性、创造性的发展;另一方面必须加强上级指导机关对下级组织的指示和领导。

(十一)阶级工会的组织以产业性的组织为原则。但在现在苏维埃发展的现状、交通的阻碍、产业工人的缺乏、工人分布的散漫,地方性的职工会组织在对于斗争的领导,仍需占有重要的意义。但在将来随着苏维埃区域的扩大,城市的占有,逐渐转变以产业别的工会。同时目前对木船工人、矿山工人仍以河流、矿山为单位,不能以地域而加以截刮。雇农工会亦要有总的组织。纸业工会在全省职工联合会之下,有可建立单独的组织。

(十二)为分别地方别与产业或职业别的不同作用,及因职员该地加入于阶级组织之内,大会决定地方别的组织改名为职工联合会,产业别职业的组织名为工会(如雇农工会、木船工会),有职员者名为职工会(如兵工厂职工会、印刷局职工会等)。

(十三)职工联合会或工会须有完整一致的组织系统。省县区均组织职工联合【会】或工会,区以下人数过多之区成立支部,支部下依情形的需要可以组织小组。在城市中的产业工会要以作坊或工厂成立支部,多支人数多者成立工会。木船工会之下依河流区域成立□□河流木船工会。工会之下依码头或船只的集中点成立支部。除例外情形,应废止分工会、直属区工会、直属支部等组织。

(十四)下级职工会正式加入上级职工会为会员,应缴纳会费。

依据此项原则,江西省职工联合会与福建省职工联合会应缴纳中华全国总工会会费,并服从太平洋劳动会议秘书处及赤色职工国际的指示和决议,促进全世界全中国工人的亲密团结。

(十五)工会要负担发展苏维埃的任务,就要进行白色区市赤白边区的工作,派遣有力的干部到白市〔区〕城市进行秘密工作,扩大职工会的组织,到白区领导工人斗争,配合革命战【争】的发展,夺取大城市的胜利。

(十六)各级工会应注意组织工作的中心。在农村中要以雇农工人为主体,巩固工农的联盟,争取土地革命的彻底完成。在福建对纸业工人的特别注意。在江西要向湘赣边、湘鄂赣边的中心产业工作(如株萍路、水口矿、煤矿等)。对于交通工人,闽赣两省都要共同注意。

(十七)必须去除职工会机会的官僚化的现象,严格地打击机关主义。所有技术人员如文书、会计、伙夫等都须尽可能地节省,以适合最低限度的需要为度。主要的是发动工人不离开生产,参加职工会的工作。必须发动职工会的民主化,铲除过去秘书长专政的现象。

(十八)职工会要发动工人自动地缴会费,巩固职工会与工人的关系,废除津贴制度,实行经济自给,并纳缴上级工会的会费。各级职工会必需努力此项工作。职工会的领导者必需坚决相信,如果职工会确实能够代表工人的利益,职工会成为工人自己的工会,则此项工作的完成决无问题。现行的职工会会费每人每月五个铜板的制度不能视为会费的正确的原则,在未失业工人的群众间,会费的征收应照工资百分之一。

(十九)职工会要发动工人自愿的参加职工会各种会议,讨论工人切身的问题,我们要反对疲劳工人的只顾开会形式,不管会议内容的空洞,一定要在会议中发动群众的热烈情绪。每次会议都要与群众生活有密切关系,每一次会议后都要有具体的工作表现。第二次会议一定要比第一次会议有工作上的进步。每一次会议的决议案都要有实际执行的方法,而且要切实执行。

（二十）建立健全的职工会系统下的分工组织，发展民主性，促进工人对职工会工作的积极参加。在职工会执行委员之下成立宣传、组织两部，按照各地的需要，组织下列各委员会：

青工部或青工委员会 ｜此两个组织不仅是分工组织，
女工委员会 ｝而含有群众组织的性质。

审查经济委员会（是在各级代表会议中临时组织）

失业委员会

监督生产委员会

劳动保护特别委员会（审查集体合同、劳动合同内容，检查资本家对于合同是否履行，有无蒙蔽欺骗）

白色区工作委员会

文化教育委员会

合作社监理委员会（管理和监察合作社的组织）

工人武装委员会（管理扩大红军与帮助赤卫队，对红军中职工会员的联络，组织对工人的广泛的武装训练，制定协助红军作战的计划和当地群众组织拥护红军委员会建立密切联系）

以上各委员会的组织在省级以五至九人，在县级以三人至七人，区级三人组织之，由代表会议或全体大会选举，必要时得由执委会指定之。

（二十一）要健全职工会生活，使职工会成为工人的炮垒，需要职工会能领导工人的经济斗争及完成政治任务的实际工作。发动工人参加苏维埃和红军的工作，实际地解决工人的失业问题。举办各种有利工人的文化、教育、娱乐、互济等事业，使工人在职工会组织内确实地得到利益与保障前途的指示和斗争的领导。

（二十二）职工会要在发动群众中发展工人的阶级自觉，整饬工人的斗争纪律。但工会最高纪律只以开除出会为度。要反对过去职工会废弛纪律的错误，同时要反对惩罚主义。

四、组织青工与女工及失业工人

（二十三）凡23岁以下的工人都为青年工人，都应组织于职工会青工组织之内。16 岁至 18 岁为法律上的青工，14 岁至 16 岁为法律上的童工。法律上的青工与童工均受《劳动法》的特别的保护，各项条文的规定（如青工工作不能过 6 时，童工工作不能超过 4 小时，夜工的禁止）。18 岁至 23 岁的青年工人，虽工作条件依照《劳动法》视为成年工人同样待遇，但青年工人除了工时等等的限制外，还有其情绪的共同点，斗争要求与求智欲望的许多相同，所以都应组织于职工会青工组织之内。

（二十四）职工会的青年组织分为两种，在白色区域及不十分巩固的赤区，《劳动法》尚未实现，阶级职工会亦不健全的地方，应成立在职工会组织下有独立系统的青工部。在赤色区域已巩固，《劳动法》已经实现，职工会已经健全【的】地方，应成立在职工会下分工性质的组织青工委员会。

（二十五）青工部是群众的组织，它有自己的委员会。虽在职工会系统之下，但保持其自己的组织系统。在职工会支部下组织青工小组、青工委员会是职工会执行机关下的分工组织。虽然委员仍由群众会议中选出，但并非执行机关的性质，更不能有单独组织的各级系统。

（二十六）各级职工会无论是青工部或青工委员会，都须定期召集（或不定期）青工代表会或全体大会。

（二十七）职工会里的女工委员会亦是执行委员会下的分工组织。女工委员会亦由群众选举产生。如当地女工运【动】薄弱，将由执行委员会暂行指定。女工代表会议或女工全体会议是经常的组织，其决议由女工委员会提向职工委员会审查执行。女工委员会仍与当地的劳动妇女代表会建立密切关系。

（二十八）失业工人不成立有系统的组织，但在职工会支部中可成立失业小组。职工会应成立失业委员会。但委员的人选由工会的代表会议中选举，由在业工人与失业工人共同负责。

五、工厂或作坊委员会及青工全权代表的作用

（二十九）在苏维埃区域，职工会有良好的发展环境，所以统一战线的应用消失其在白区特有的意义。工厂或作坊委员会及青工全权代表运动在统一战线意义方面的作用,反能在赤白政权交替的时候,群众尚包括在工会之内,作为建立职工会及青工部组织的过渡桥梁,以领导无组织的群【众】的当前斗争。

(三十)但工厂或作坊委员会在苏区又发展其另一方面的意义,即是要负担监督生产的作用,反对资本家的怠工或破坏。工厂或作坊委员会要和职工会的生产监督委员会发生联络。

六、职工会和群众团体的关系

(三十一)职工会应领导工人参加反帝大同盟、互济会、拥护红军委员会等的组织。职工会要成为群众运动的领导,特别对于反帝国主义运动的领导,要认为是革命现阶段中职工会的主要任务。

(三十二)职工会要领导雇农苦力参加贫农组织小组,以核心作用领导贫农团,禁止命令的关系及组织上统属的关系。

七、职工会与苏维埃政府的关系

(三十三)职工会不能和政府形成对立的关系,成为第二政权。职工会绝对不能打土豪、处罚任何人。职工会即对于自己的会员最高的纪律只是开除会籍。职工会不能代替政权的事务,反对任何轻视政权威信的倾向。

(三十四)职工会更不轻视自己在苏维埃政权下的政治地位,职工会如果和政府发生漠不相关的关系,是对于职工会任务的放弃。职工会要向政府经常提出意见,要发动群众帮助政府政策的实现,反对商人投机或怠工。在红军作战时要帮助运输、征集粮食,监视并肃清反革命分子、侦探敌情等。

(三十五)国有企业的职工会和私人企业有不同的任务。职工会应当站在领导苏维埃工业、巩固与发展组织的地位和责任。

八、职工会与独立劳动者的关系

(三十六)职工会是工人阶级的组织,独立劳动者不是工人不能加入职工会的组织。对于独立劳动者的洗刷,职工会要发动群众认识阶级的意义,要向独立劳动者进行很好的解释,不能当作资本家看待。

（三十七）职工会的目的是要保证纯粹阶【级】组织。如独立劳动者带有学徒，职工会要保障学徒的利益，废除封建的剥削关系的存在。但职工会必须进行对独立劳动者的工作，要使工人能不妨害自己阶级性质及利益而取得与独立劳动【者】的联络，就要号召独立劳动者组织生产合作社。在合作社内如而非雇佣学徒而为雇佣均不能加入①。职工会在保护工人的利益上应代表学徒和合作社订立集体合同。同时，职工会要在扶助独立劳动者并自己在合作社内的会员的利益的意义上，可以提【向】政府提出，请求政府规定自做自卖独立劳动者生产品的价格与沿门卖工的独立劳动者的工资。②

叁、雇农问题决议案③

1. 雇农工人是农村的无产阶级，是土地革命的主要力量。组织雇农工人于雇农工会，领导农民及完成土地革命，加强在贫农中的领导，巩【固与】中农的联盟，没收地主土地，彻底实行平均分配，消灭封建势力，加紧反富农与反资本剥削的斗争，是苏区〈域〉职工会的重要任务。

2. 闽意向两省工人代表大会明确指出，去【年】两省雇农在深入土地革命斗争中，表现雇农领导贫农、中农，反富农与消灭封建势力的斗争，是彻底而且坚决。但是在另一方面，职工会对于雇农问题的错误与缺点，表现异常严重。

一、大会首先指出，闽赣两省对于雇农问题一贯的取消的观念，认为雇农得到土地不要组织工会的机会主义的见解（江西），目前仍然实际表现雇农工会是个空洞机关，没有发动日常反富农的经济斗

---

① 原文如此。

② 本文标点，编者作了部分改动。

③ 闽赣两省工人代表大会决议之三。

争与政治斗争,没有积极领导雇农在目前斗争中起领导作用。结果雇【农】总不能得到彻底的解放和利益的增进。

二、组织上的改善没有彻底完成,仍有贫农、中农存在,甚至有富农、流氓混进工会来。雇农工会不能正确领导贫农团的工作,与巩固中农联盟,去建立反富农的斗争。甚至不了解对贫【农】团的核心领导,走到命令方式指挥贫农团。一方面又与贫农团混起来(福建),□失了雇农工会的领导作用,削弱无产阶级,必须在农村中保持阶级独立组织的意义。

三、雇农工会不能建立对农民的正确领导,因为对于贫农放弃领导,或以命令代替,一般的对于联合中农的忽视,反富农变为损害中农的利益。有许多地方,土地革命的果实,被富农窃取了,富农分得好田,没有领导雇农、贫农、中农起来斗争。有的地方反富农又变为打富农或消灭富农的过早〔左〕行动。

四、雇农工会由于其一贯的错误,表现于不了解对于贫农团的关系和正确领导,更表现于对于自己的工农民主专政的苏维埃政权关系不好及积极参加的意义。工会和苏维埃联系的恶劣,削弱雇农凭借着政权进行反富农斗争,保障自己利益的作用。

五、工会生活不健【全】,没有发动雇农对于政治斗争的积极。职工会对雇农工会的领导薄弱,雇【农】工会与职工会的关系不好,雇农对雇农工会关系亦不好(会费很困难)。雇农工会领导贫农、中农拥护苏维埃,参加红军的工作表现非常不够。

大会认为,在目前雇农工会运动是目前苏维埃区域的中心工作之一。必须加强无产阶级对于贫农的领导与中农的联盟,加紧反富农的斗争,彻底消灭苏区内残余的封建势力。巩固苏维埃政权,准备和争取更大革命战争的胜利。因此具体的决定下列的中心任务〈工作〉。

(一)加强无产阶级对土地革命的领导

一、为要领导贫农中农反富农,保障土地革命的胜利,落在农民身上,尤其是目前雇农及贫农生活尚不能根本改善,土地革命的胜利,要加速农村阶级关系的分化,富农的滋生,新的雇农的增加与贫乏的继续,必须以强固的阶级组织的力量,领导贫农与中农对富农作不调和的斗争。

二、要实现社会主义的目的,变小农经济为大规模的集体经济,必须引导贫农认识自己的前途和目的,锻炼雇农、贫农,联合中农,以坚强的组织的力量,来争取社会主义前途,才能使农村无产阶级得到彻底的解放。

三、为要取得社会主义的完全实现,首先站在苏维埃政权的保障下,发展苏区经济,争取雇农、贫农与中农的利益,脱离商品经济与富农的剥削。以雇农组织领导力量,发展购置信用及消费合作社的组织,发动租借耕牛、农具的斗争,反抗商业资本的榨取。

四、所有非雇农阶级的分子,都应排除雇农工会,以强固雇农工会的组织。豪绅地主没收土地后被富农雇工的不能加入雇【农】工会。如发现雇农已走到富农地位,应即开除雇农工会。贫农、中农已走到雇农地位,更应加入雇农工会。

(二)建立雇农的日常斗争,巩固贫农、中农的联合战线

一、反对富农,以互相帮助工作来对付雇农的增加工资,改善生活,消极镇压雇农的斗争。雇农工会应发动贫农、中农,把富农多余的耕牛、耕具分配给缺乏耕牛、耕具的农民耕种。反对富农利用封建的社会关系,不向工会来雇请雇工,来破坏雇农工会的组织。特别要在贫农团与中农群众中间揭破富农对革命的阴谋破坏。

二、为要保障雇农所得到伟大胜利,为要使雇农不仅在雇□关系,而更要在政治关系上进行反对富【农】的斗争,凭借政权保障自己的利益,必须加紧领导(丢了一字)①农及参加苏维埃选举运动。以雇农小组的核心作用,指挥贫农团的工作。经常注意苏维埃代表制度的建立,同时要发动雇农、贫农、中农帮助苏维埃工作,与实现劳动法令及一切苏维埃政策。排除苏维埃的非阶级分子,消灭享乐腐化

① 原文如此。

官僚的现象。

三、积极发动贫农,联合中农,检查过去分配土地是否落在贫农、中农身上。如富农还分得好田,应立即发贫农、中农把富农好田抽出,给他坏田。

四、在不断斗争中,组织强固地方赤卫队、警卫连,领导贫农、中农与红军,实现优待红军条例,特别是发动雇农与红军家属耕田,及耕红军公田,参加拥护红军委员会的实际工作。

五、帮助政府征收土地税,调派积极干【部】参加征粮食机关。必要征收粮食时,应举行调查富农粮食,将重担应加在富农身上,并发动雇农、贫农、中农自动地协助红军粮食,特别要宣传教育群众了解土地税征收的应负义务的意义。

六、发动雇农、贫农、中农帮助苏维埃的农村经济建设,如掘井、修河,改良灌溉制度,修理通道、桥梁,举办农村文化教育,提高农民的文化程度。

七、加紧土地国有的宣传。土地国有是民权革命阶段的彻底完成,是走向社会主义发展的必经道路。这一宣传应与反富【农】斗争联系起来,使农民深刻了解只有社会主义的彻底胜利,才能得到最后的解放。

(三)健全雇农工会的生活,建立工会的集体分工

一、所有雇农加入贫农团,成立雇农小组,受雇农工会的指挥,对贫农团以核心领导。

二、各级工会负责人,应尽可能地不脱离生产,应建立经常的会议集体指导工作与实际分工,建立上下级密切联系,区工会应经常给支部以经常的口头指示,支部也经常地以口头报告工作。区以上应经常向上级作书面报告及口头报告,支部应按期召开会议。

三、发动雇农建立健全的会议生活,讨论政治与切身利益经济斗争问题。反对简单呆板不积极的形式会议。讨论政治特别要注意苏

维埃的一切斗争和工作。①

肆、为拥护和实现《劳动法》的决议案②

大会一致拥护第一次全苏大会所颁布的劳动法令上所规定之一切权利,完全是实际保护工人阶级利益的。大会号召江西、福建两省工人群众,在两省职工联合会领导之【下】拥护苏维埃政府的《劳动法》,并为《劳动法》上工人权利而斗争。

大会认为过去江西、福建两省工人在生活上虽有相当的改善,但对于全苏大会所颁布的《劳动法》上所规定之主要利益并未完全实现。最主要的原因由于过去工会对于工人斗争的机会主义消极,特别要指出的过去工会不领导工人群众为这些利益而斗争的严重错误。

大会认为,要争取《劳动法》上所规定工人阶级所享受之权利,是目前两省工人斗争的目标,是两省职工联合会的主要的战争任务。

为实现争取《劳动法》上工人权利的实现,工会应领导全体工人,首先要争取下列各项的实现:

(一)八点钟工作制要普遍地实现。18岁的青工工作6小时,14岁与16岁的童工工作4点钟。如有因工作关系必须延长时间的,须照《劳动法》规定,得工会和政府批准,工资加倍。

(二)星期日休息制普遍的实行,如因工作关系(如店员不能全班休息的),则轮流分班休息,若因特别情形而工作者,均须照《劳动法》规定给双工资。

(三)最低工资的标准情形,要求各地政府劳动机关立即颁布。工会得随时根据当时生活情形提【出】更改最低工资的数目,要求各地政府颁布实行。

---

① 本文标点,编者作了部分改动。
② 闽赣两省工人代表大会决议之四。

（四）实行集体合同与劳动合同的,订立了的集体合同或劳动合同,不符合劳动的规定者,要重新订立。以后国家企业或私人企业雇用工人时,均须得〔将〕工人工作中一切条件详细规定【于】集体合同或劳动合同上面。

（五）工会要取得工作的介绍权。反对资本家不经过工会和劳动部失业介绍所雇用工人。

（六）绝对实行青工女工的同样工作得同样工资,及同样待遇。

（七）如产前产后的休息和工资,应照《劳动法》规定绝对实行。

（八）彻底废除旧的学徒制。学徒的年限最多不能超过两年以上。在学习期内有相当的工资,但须按年增加。学习期满后,与成年工人享受同样工资。

（九）失业保障费应由资本家按照《劳动法》规定应即实行,并督促政府对【失】业介绍所之设立。

（十）工人当红军去的,要由资本家照《劳动法》规定给工人三个月的平均工资,其家属同样享受各种利益。如已分【田】之处,应由红军公田中□一份给家属。

（十一）工人参加苏维埃选举和工会代表会议及会员会时,须照《劳动法》不得扣工资。

（十二）《劳动法》所规定之纪念日休息,均须绝对发给工资,如工作者发双薪。

（十三）资本家应照《劳动法》规定,实行照工人工资应须3%补助工会,办理各种会务及教育费。

（十四）大会委托江西、福建两省职工联合会领导两省苏区工人,根据决议制定各产业、各职业以及各地方工人具体的斗争纲领,争取《劳动法》更迅速地实现。同时影响和【号召】白区工人群众为争取这一斗争纲领和《劳动法》的实现,起来为建立苏维埃政权而斗争。我们要争取《劳动法》所规定之利益的实现,就要工会领导全体工人用自己的斗争力量去取得。

（十五）选举工人中积极分子去当检查员来监督《劳动法》的实

现。对于国家企业机关取得《劳动法》上所享受的利益外,工会还须领导工人去巩固和发展国家企业。特别是在目前革命战争环境中,对于军事上之企业,工会更应领导工人努力提高企业生产,以加强革命战争的力量。

大会特别指出,要取得《劳动法》上工人之一切享受权利,只有努力拥护苏维埃政权,参加革命战争,以争取苏维埃在全中国的胜利,才能完全达到。①

伍、扩大与拥护红军问题决议案②

(一)参加和发展革命战争,加强红军中无产阶级领导

在国内革命斗争更加发展与激烈化,苏维埃革命斗争正在向前开展的形势下,加紧扩大与拥护红军,创造铁的红军,使红军能够在大规模的革命战争中争取更伟大的胜利,是目前职工会非常重要的任务。

要加强红军的战斗力量,要使红军必须勇敢,积极的工人根据阶级的自觉,为工人和农民的利益,武装起来加入红军中去,以加强红军中无产阶级的领导,取得向前开展着的革命战争的胜利,完成红军在中国革命的巨大任务。

因此大会认为,目前广泛地动员工人群众拥护红军,参加红军,是职工会经常的中心工作。

(二)过去职工会对于扩大与拥护红军工作的错误与缺点

从职工会工作转变,职工会组织得到改造以后,动员工人参加拥护与扩大红军工作,固然得到了相当的成绩,可是因为工会的改造不够,工会生活没有极健全地建立,故过去扩大与拥护红军工作还有许多错误与缺点:

---

① 本文标点,编者作了部分改动。

② 闽赣两省工人代表大会决议之五。

1. 还没有彻底纠正过去整个工会忽视红军中无产阶级领导作用的错误,没有极努力动员工人参加红军组织,因此工人群众没有了解红军中无产阶级领导的重要,工人自动参加扩大与拥护红军的积极性也就没有发动起来。

2. 工会对扩大与拥护红军工作没有经常的实际计划与推动,没有将保护工人已得的胜利与苏维埃内外发展革命战争的任务联系起来,特别是过去在非阶级分子反动派别——社党、AB 团的把持工会之下,更加使工人不能积极参加扩大与拥护红军运动。

3. 因为有了以上的错误,使部分工人在得到本身解放以后,竟忘记了工人领导扩大红军去发展革命战争的重大任务,而走到和平享乐(汀州),或者只因一时的热情去参加红军,而没有真正了解参加红军是自己艰苦的战斗任务,以致有些地方部分工人因过去不懂红军生活而逃跑(这当然还因为红军中政治宣传工作做得不够)。有些地方则仍发现强迫命令工人当红军的现象,特别在新的开展区域表得特别严重。

4. 很多地方偏于拥护红军,而忽视动员工人参加红军,这亦错误的。这样要使工人与农民把参加红军的责任放弃,无形中要养成工农依赖红军的观念。当然这并不【是】说拥护红军工作便【可】放轻了;相反的,只有拥护红军工作,使得各地才更能动员群众热烈地去参加红军。

(三)目前职工会对拥护与扩大红军的任务及其实际工作

1. 要争取革命战争的胜利,工人阶级要有决心参加红军

苏区工人为要保障已得到工资增加、时间减少、待遇改良与生活解放的胜利的巩固和发展,为要使工人阶级领导的苏维埃政府更加向前发展,则苏区内所有工人都要有决心去加入红军的向外发展革命战争,好在残酷的战争中做一个最英勇、最光荣的红军战士、革命先锋,以加强无产阶级在红军中的领导,以取得革命战争更大的胜利,争取革命在一省与数省的首先胜利,乃至全国胜利,以求得全中国工人阶级的彻底解放。

2. 无产阶级是革命的领导者,扩大与拥护红军,工人应站在农民劳苦群众的前头

无产阶级是革命的领导者,工人应站在农民劳苦群众的最前头。在贫农团、互济会及反帝大同盟、拥护红军委员会、赤卫队、少先队所有群众组织中,工人应以保障群众所得的胜利与实行目前的斗争任务,以身作则地来领导广大农民与劳苦群众加入红军,热烈地拥护红军。建立健全的输运队、担架队、交通队、侦探队、洗衣队、慰劳队,帮助红军作战,特别要帮助苏维埃政权,实现优待红军条例。工人自动举行礼拜六耕红军公田,帮助红军家属耕田、做事,举行工人积蓄节省运动去慰劳红军,开荒种植去拥护红军。特别是动员工人站在本阶级立场,自动到红军去参加红军作战,做农民劳苦群众的模范,并检查排除非阶级分子到红军。

3. 加强工人的军事训练,锻炼工人的作战技术

各级工会应加紧发动工人,建立健全城市工人赤卫队,在乡村的加入一般的赤卫队,施行广泛的、经常的军事训练,锻炼工人的作战技术,学习和参加游击战争,检阅战【争】中的经验和教训,使每个工人都能灵活地使用枪支武器,——夺得敌人武器即能运用起来——到红军就能成为善战的红军战斗员。

各级工会并要不断地调派工人干部到红军学校,创造红军中无产阶级坚强的干部。

4. 工会对扩大与拥护红军应成为经常的工作

革命战争正在□□开展,拥护与扩大红军绝不是一个时期的工作,而是更加紧张经常不断的工会工作。因此工会对于扩大红军与拥护红军问题应有经常计划的决定,并经常订出扩大与拥护红军的宣传,找得积极进步的工人组织宣传队,宣传鼓【动】与领导广大工农劳苦群众去当红军与拥护红军。各级参加拥护红军委员会的代表不但要能经常到会,而且要在工会中提出很多问题,讨论后带到拥护红军委员会去实现,要在拥护红军委员会中起领导作用。

5. 工会应与参加红军工人建立密切的通讯关系

工人热烈参加斗争的经验与教训,须经常报告参加红军的工人,以鼓动他们在前方战斗的勇气;同时红军的胜利消息与红军的生活及英勇斗争的精神,亦要能经常向职工会作报告,以兴奋在后方的工人继续地加入红军;□的红军家属工作的情形亦要常常向前方通讯,使参加红军的工人极能安心极兴奋地参加前方斗争。

6. 举行拥护与扩大红军的竞赛

大会为要加紧扩大与拥护红军的成绩,特提议在江西、福建两省工作竞赛,定出扩大与拥护红军的工作比赛,使职工会能够更热烈地进行领导工人参加扩大与拥护红军的工作。

各级工会同样要经常订出县与县、区与区、乡与乡的竞赛计划,领导工人加紧扩大与拥护红军,以创造铁的红军。①

陆、失业与合作社问题决议案②

在帝国主义、国民党、豪绅、地主、资产阶级高度的压榨和剥削之下,全中国经济本已崩溃不堪,形成大多数农民无田耕种和使工人失业的现象。

在工农民主专政的苏维埃政权下,消灭地主阶级,抑制了资产阶级的剥削,工人农民的急剧的经济崩溃中找到解放的道路。但是由于帝国主义压榨中国的整【个】锁链还未解除,由于地主资产阶级的国民党军阀的统治还掌握着中国大部分产〔国〕土,尤其是中心城市,而实行对苏区的经济封锁,更由于帝国主义国民党几次进攻苏区,施行大规模的烧杀抢劫,由于苏区一部商人的破坏怠工和对于苏维埃经济政策的违抗,使苏维埃经济受到反革命的摧残而造成苏维埃区域工人失业的现象。

为要使苏维埃区域工人失业问题得到彻底解决,就要以工人的

---

① 本文标点编著作了部分改动。

② 闽赣两省工人代表大会决议之六。

力量保护苏维埃政权的巩固,不让敌人进越苏区一步来摧残我们。尤其要向外发展革命战争,争取经济中心的各大城市以至一省与几省的首先胜利。代表大会认为,只有苏维埃经济向前发展的情况下,才能使工人利益得到彻底改进。

但同时需以最大的努力进行失业救济,求得失业问题的相当解决,并进攻〔行〕合作社运动,发展苏维埃经济,以巩固红军的后方,反抗敌人在经济方面对于苏区工农的进攻。职工会对于此一工作的担负,实具有伟大的战斗意义。

在过去闽赣的职工会对于失业问题和合作运动的表现与实际工作中的无能,是表现对于保护工人利益的机会主义的消极。另外在合作社方面,也还不能成为真正的合作社的组织,如在兴国刨烟合作社只是营业性质的商店的变相。

代表大会决定闽赣的各级工会在失业问题方面须进行下列的工作:

(一)举办失业登记,进行对于失业工人的统计调查。

(二)组织失业工人于工会之内,在工会的支部中成立失业小组。

(三)在工会执行委员会下成立失业委员会之组织,领导失业工人的斗争。

(四)进行对失业工人的阶级教育,领导失业工人为解放失业的斗争而参加整个阶级的斗争。特别要号召失业工人到红军去,积极参加革命战争,加强红军中无产阶级的领导。

(五)向苏维埃政府提议,立即举办劳动介绍所,职工会推荐积极工人参加此项工作,使工作介绍权在政府手里,失业工人得优先雇用。

(六)向政府提议实行失业保险,促成失业津贴的早日实现。

(七)由失业或在业工人自己筹划种种解决及预防失业的可能办法,帮助和向政府提议实现经济政策与发展经济的各种方案。

(八)失业工人在困难情况下,要分配土地,救济失业工人。

(九)组织失业工人的劳动公社与合作社。

在合作社问题方面，代表大会有下列的决定：

（一）职工会领导工人组织生产合作社、消费合作社、购买合作社、贩卖合作社与信用合作社。

（二）雇农工会根据农民的自愿，领导雇农、贫农及中农组织犁牛站及耕种协社□□□□□□□□□□□□□□□□□。（洗不出——抄者注）

（三）建立真正工人和农民或独立□□□□□组织的合作社，反对地主残余或富农份子的加入，企图将合作社变为营业性质的商店。

（四）健全合作社管理机关的组织。使合作社的工作进行上能够一切决定于社员群众意志，加强监察机关的组织。

（五）职工会要经过合作社取得农民的进一步的领导和对于独立劳动者联系，以共同发展苏维埃经济。

（六）要求政府惩罚怠工、破坏苏维埃经济的资本家，如私自逃跑等，并要将这种商店租借给合作社办理。

（七）要求政府在经济可能范围内，给予合作社以信用借贷。

（八）要求政府给予合作社种种利便——如运输税率减轻或免除等。①

（录自中央档案馆、福建省档案馆编：《福建革命历史文件汇集·群团文件 1928 年—1934 年》，内部资料，福建新华印刷厂 1985 年 12 月印，第 146—187 页。）

① 对本文标点作了部分改动。

机会主义的职工运动总结
——批评中央职工部的报告（一九三一年职工运动的总结）
（1932 年 4 月 3 日）
谢　康①

《红旗》三十一期登载的《中央职工部的报告》，以我看来，这不是 1931 年职工运动的总结，而是仲篪②同志的职工运动机会主义的总结。

在这个报告里，仲篪同志告诉了我们些什么？

报告的一开始，仲篪同志就以资产阶级辩护者的态度，创造了一个"对日经济绝交的痛苦论"，作了"因此推动工人阶级的斗争不断的向前发展"的主要动力，将"反帝运动的高涨，红军和苏维埃的胜利与发展"，在"对日经济绝交痛苦"之下，作为一个附带东西。虽然推动工人斗争的条件仅仅是如此。

"但在另一方面，资本家与国民党帝国主义更加联合一致来压迫工人的斗争，更加采用一切的暴力与残酷的方法来镇压斗争的工人，黄色工会更与资本家国民党打成一片破坏工人的斗争。因此，使斗争遇着很大的困难，罢工的失败经常威胁着压迫要求斗争的工人，赤

---

① 谢康，即康生。
② 仲篪，刘少奇的化名。刘少奇时任中央政治局委员，中央职工部部长。

色工会没有来得及准备群众的力量去克服客观上所给予的这一切困难。试问在工人群众一方面,在赤色工会一方面是不是能够对付国民党这一切的进攻呢?"

所以"目前的形势是:工人的斗争更困难了","同时工人群众绝不愿意玩弄罢工,不轻易发动罢工","并在工人中流行着'等人家胜利之后再说'的情绪","在工人中还保存一些'合法'观念,比如:以怠工来代替罢工(因为怕罢工犯法更大),以退职来代替反日罢工。在罢工后宣布'严守秩序''静候解决''不作轨外行动'……工人中这许多缺点,表示黄色纲领在群众中还没有完全为群众所抛弃,是许多斗争失败的重要原因","斗争大部分是失败的,尤其是那些主要的产业大的罢工和怠工……工人经过武装冲突反屠杀之后……斗争更扩大的是没有,都是工人散漫,没有继起的领导者,由国民党包办来解决。这是我们统计最近几个月来的工人斗争所得的结论"。

"目前最主要的就是赤色工会的正确领导和群众的组织力量,去冲破客观上一切的困难,打开阶级斗争的顺利的前途"。

这就是仲篪同志告诉我们目前工人斗争的形势和党与赤色工会的任务的真实的内容。这是1931年的职工运动的总结吗? 不是的,这是彻头彻尾的机会主义,这里完全暴露了仲篪同志对于革命的形势估计不足,对于资本进攻的投降屈服,对于工人高涨着的斗争加以污蔑,降低了党与赤色工会的任务。这与目前中央的路线是完全相反的。如果仲篪同志以为我曲解了他的报告,他曾经指出了目前"斗争的推翻力更伟大了,在群众蕴藏着革命斗争的内容,更丰富了普通了","国民党资本家向工人阶级的进攻,是遇着了工人群众不断的反抗的","工人斗争的反攻带着了更多的进攻的性质"等等一切。不错,这是事实,但这些事实,如果在仲篪同志上面所说的一切问题之下,就成为不可能的。

指出仲篪同志的错误,首先要回答推动工人斗争的动力是什么?
苏联社会主义建设的伟大的成功,资本主义世界经济的危机和革命危机的加深,是推动中国无产阶级斗争的国际条件,在中国国民经济的浩劫,资本的进攻,工人生活的恶化使无产阶级从失业死亡中决定了自己斗争的出路。苏维埃红军光荣的胜利与发展,苏维埃政府的成立,引起了全国无产阶级极大的兴奋,给〈了〉工人阶级指出了解放自己的道路,帝国主义瓜分中国进攻中国革命的急进,国民党投降帝国主义,及其统治的崩溃,反帝运动的高涨。这些是决定中国工人运动发展的三个主要因素。中央指出"国际与国内经济与政治的环境决定了目前工人阶级的罢工斗争的有力的高涨",共产国际十一次扩大会指出"从土地革命生长出来的苏维埃红军,正在以苏区的具体经验,引起产业中心的工人与农民群众来加入斗争"。可惜这些问题没有被仲篪同志所了解的。他不但将红军、苏维埃的胜利与发展,反帝运动的高涨作了一个附属物,并且将经济恐慌,资本进攻,都会归结到抵制日货上去(在另一文件仲篪同志曾说到由抵制日货所产生的经济恐慌之一切痛苦),这种说明,其作用只有来否认决定工人斗争高涨的主动力,实际上替资本家作了借口反日压迫剥削工人的辩护。这样必然走到抛弃拥护苏联拥护红军苏维埃的任务,放弃反帝运动与抵货的斗争。在仲篪同志领导沪西的工作中,这些错误,在事实已经表现的非常明显。

为什么仲篪同志还要这样说呢?因为他曾经认为日本帝国主义掠夺满洲,是为得"解决悬案",是中国革命失败的结果,红军苏维埃的发展,两个政权的对立,他是看不见的。他曾经说国民党的工厂法不是绝对压迫工人的,苏维埃的劳动法,可以当作斗争的"参考材料",他曾经与中央争论过,说目前的工人斗争现在是防御的斗争。他对于革命形势是一贯的右倾机会主义的估量,这种革命形势的估量不足,是仲篪同志在全总中央职工部机会主义领导中的一切错误的根源。可惜仲篪同志虽然承认了他的错误,但他直至现在尚不求他的错误的根源在哪里?(见给思美的信及我的错误)。

从对于革命形势的悲观失望的估计出发,仲篪同志在资本进攻

上投降屈服,对于工人斗争加以可耻的污蔑,难道工人阶级真正如仲篦同志所说那样吗? 中央在为职工运动致同志的信中指出:

"中国无产阶级的最主要的队伍(上海的纺织工人、市政工人、印刷工人、唐山的矿工、天津的市政工人与纺织工人、河南的兵工厂工人、津浦与北宁铁路的铁路工人、外洋与长江船的海员、四川的盐井与纺织工人),都卷入于汹涌的罢工浪潮之中,在许多产业部门之中爆发产业的同盟罢工(上海丝厂、招商局海员、唐山五矿、津浦铁路工人等),在别的一些部门之中正在成熟着(如上海、天津的纱厂与市政工人)对于国民党政府机关,资本家黄色工会的一致进攻,工人阶级正以自己的反攻与进攻来回答,罢工的浪潮粉碎了国民党政府接一连二的禁止罢工的命令,冲破了警察的弹压与黄色工会官僚的破坏而在全中国的重要产业中心与部门中震荡着。斗争带着极大的坚决性、坚持性与顽强性,常常与警察肉搏与冲突……在许多罢工中得到了胜利或者部分的胜利(北宁路唐山五矿等)。一切经济斗争都带着很尖锐的政治性质,反对帝国主义反对国民党,在个别的城市中爆发了反日的总同盟罢工(太原)……"

如果还要些统计未〔来〕证明话,那么我们最好就用仲篦同志自己所举的斗争表来看一下。表中 57 件斗争中,除了正在相持的 2 件,无结果的 7 件,不明白的 8 件外,有 26 次得到了胜利,失败的只有 14 次,不但得不出"大部分是失败的"的结论,而恰恰是胜利比失败还要多的。如果说"尤其是那些主要产业工人的罢工和怠工,胜利是很少的,那么唐山、兵工厂、招商局、胶济、北宁、俄皇后船等工人的斗争是得到了胜利。如果说工人是没有放弃黄色纲领及合法观念,那么在 57 次斗争中,却主要的是罢工怠工与巡捕警察冲突,以及打国民党党部。如果说工人冲突与屠杀之后,都涣散了,那么兵工厂的工人捣毁国民党机关,孝义兵工厂持手榴弹与保卫团冲突,〈而〉却得到胜利。难道问题还不清楚吗?

然而仲篦同志却作出了一个相反的结论,在目前工人阶级汹涌的罢工浪潮中将党与赤色工会组织和扩大工人阶级的经济政治的罢工，发展产业的同盟罢工，争取工人罢工运动的领导，武装工人，组织工人义勇军，进行民族的革命战争，争取无产阶级反帝运动的领导，组织广大的群众到赤色工会中，夺取黄色工会的会员群众，组织失业工人的斗争等，战斗的任务完全取消，而代以"冲破客观上一切困难！"这种机会主义路线，必须予以严重的打击，是一刻也不能允许的存留的。

仲篪同志根据他一贯的机会主义路线，在报告中又告诉了下面的一些问题：

仲篪同志怎样告诉我们去领导罢工呢？他说公共汽车的罢工失败是"资本家破坏罢工的利〔厉〕害，是给我们很难解决的困难"。他的准备罢工，是要在工人的罢工酝酿了几个月至半年，当工人已经决定要罢工的时候，才来进行。报告上说："比如有许多罢工已经酝酿了几个月至半年，当工人已经决定罢工，要工人有几天在罢工之前进行某些必要的准备工作，这完全不是等待主义"。这里明显地告诉了我们在资本家破坏罢工的利〔厉〕害是不能抵抗的，我们要去争取工人罢工的领导，领导工人坚持罢工是困难的，而且这些困难是不能解决的。不管工人的罢工酝酿了几个月，甚至半年，我们的准备工作要等工人已经决定罢工之后！的确，这不是"等待主义"，这是一个取消罢工、放弃罢工的领导的提议。

报告中告诉我们：赤色工会的组织是："企业中的干部能够执行我们的路线的是非常之少"，丧失支部的原因，"或者是同志会员的消极"，将领导机关不去巩固支部、不去领导的错误完全推到群众的身上去。在《红旗》三十二期工会组织问题上，仲篪也曾发展过建立赤色工会的理论，他说因为赤色工会的小组"色彩太红，使群众更怕和我们接近，赤色工会联络好的工人去拜把子，斗争胜利之后要注意群众的骄傲……"许多奇怪的理论，我们在此地不再一一细数，我们只指出仲篪同志从建立第三种工会的理论起，以至提议将工联取消，把工人送到党内去工作，承认沪西工反就是赤色工会等止，一贯的是想取消赤色工会的独立存在。

关于夺取黄色工会群众，建立反对派的工作，报告中并没有我们些什么，黄色工会作什么？是不晓得的，争取黄色工会会员到赤色工会方面的工作，是没有提出。相反的，仲篪同志曾经提出要将我们所领导××的罢工委员会去加入黄色工会，把我们的群众送到黄色工会中去。

这就是报告中告诉我们的罢工，赤色工会，夺取黄色工会的群众的一些问题。

不必再去数这些不能数清的错误，很明显的，仲篪同志在这一报告里表现出对于革命形势的估量不足，对于工人斗争悲观右倾的估计，对于资产阶级投降，走到了取消罢工、取消赤色工会，向黄色工会投降屈服，以致最近仲篪同志在沪西工作中，走到纯粹的工团主义、经济主义，放弃了政治斗争，放弃武装工人，反帝国主义国民党的任务，而天天在米袋里兜圈子。报告中也明显地告诉我们，〈而〉仲篪同志认为从工人的示威、包围、武装冲突中去武装工人是不行的，而是要"有系统的向工人提议"。澎渤〔蓬勃〕高涨着【的】反帝怒潮，全总工联的机会主义的领导完全采取了一种消极旁观的态度，而报告中却说工联有了进步。对于领导苏区工会的问题，报告中完全说明了全总及仲篪同志是以研究学院的态度去消极地应付。

让我们来重复地说，职工部仲篪同志的报告，是一个职工运动机会主义的总结，这个路线是与共产国际赤色职工国际与中央的路线绝对相反的，这个路线是阻止职工运动彻底的转变，造成目前工会工作的严重现象的根源。加紧两条战线的斗争，集中火力反对右倾机会主义，彻底地肃清工会工作的机会主义，【是】取得职工运动真正的转变的前提。

四月三日

谢康同志把《红旗》上所发表的仲篪同志的1931年《机会主义的职工运动总结》，做了一个布尔什维克的批评，这种批评在转变工会工作上是有很大的意义的。我们更希望同志们对于仲篪同的其他带来机会主义错误的关于个别工会工作问题的文章，也能够给以同样无情的自我的批评。

编者

苏区中央局翻印
一九三二年六月四日

（录自《红旗周报》，1932年第36期，第18—25页。）

工人团员怎样实行礼拜六

（1932 年 4 月 5 日[①]）

定 一[②]

现在全苏区的农村团员,差不多都在实行礼拜六了,少共江西省委工作人员,也决定实行礼拜六工作,帮助红军家属耕田。

伟大的礼拜六工作,已经成为扩大红军、消灭敌人的不可分离的工作。没有这个,就不能实现我们争取革命战争胜利的任务。

但是工人团员怎样来做礼拜六呢?

过去对于这个问题的忽视是我们的错误。

在国家工厂中的工人团员,应当比别人多做半天工,不拿工钱,这半天工作,就叫做礼拜六工作,因为这是额外的,不受酬劳的,志愿的工作。

三次战争时,闽西的兵工厂中,团员曾提倡增加工作时间,举行革命竞赛,来争取战争胜利。这个提议,兴奋了全体工人,政府也批准了这个提议,并按照《劳动法》增加工钱,这是闽西兵工厂团员的光荣历史,但这还不是礼拜六工作。

国家工厂中的每个团员,应当学习闽西兵工厂的例子,同时,还应提倡礼拜六工作。

在私人企业中的工人团员,应当按照环境,来规定自己做礼拜六

---

① 原文无时间,此为《青年实话》第 14 期的出版时间。

② 定一,即陆定一,时任共青团苏区中央局宣传部部长。

工作,为军事的需要来作志愿的、无酬劳的工作,如运输,搜集子弹,制造土硝,火药,制造红军一切应用的东西,或与农村同志一起帮助红军家属耕田等,都可以由支部讨论决定。

我们要战胜帝国主义国民党,就把我们的话在实际工作中实现起来吧!

努力啊!工人团员们!

(录自《青年实话》第 14 期,1932 年 4 月 5 日出版)

苏区革命互济会章程草案

（1932 年 4 月 10 日）

中国共产党苏区中央局提出

一、名称：本会是国际革命互济会中国支部（中国互济总会）在苏区内的组织，定名为苏区革命互济会。

二、信条：根据苏区内并援助白色统治区域内一切被难革命战士及其家属，团结广大革命的及同情革命的群众在革命的互济精神之下，反对帝国主义国民党的白色恐怖，参加中国苏维埃运动的一切斗争。

三、会员：号召一切工农劳苦分子，凡赞助革命、同情革命、自愿加入本会者，经会员一人之介绍，均得为本会会员。

四、组织：本会在国际和中国革命互济总会的指导之下进行革命互济运动。

（甲）根据中国革命互济总会组织原则，在乡设互济分会，乡之上设区互济会（城区互济会可由县互济会兼），区之上设县互济会，县之上设省互济会，省之上设苏区革命互济总会，下级〈下〉受上级指导。

（乙）红军中以团为单位组织革命互济会，团以上设军或【军】革命互济会，军与军团革命互济之上设红军互济总会〈军〉，军、军团互济会或红军的互济总会直属于苏区革命互济总会或省革命互济会。

（丙）乡和团（红军中）的革命互济会，由会员大会推选委员三人到五人，区和军或军团由代表大会推选委员五人到七人，推选委员七人到九人①,省和红军推选委员九人到十一人,组织各级执行委员会,由省直属县与红军革命互济会的代表大会,选举若干委员和候补委员组织苏区革命互济总会执行委员会。

（丁）乡、区、县和团革命互济会设主任一人,主任之下设组织、宣传、救济、财务四部,省和军或军团互济会、红军及苏区革命互济总会,加设调查统计部及秘书一人。（乡、区及团、军或军团的互济会主任与各部负责人均不应脱离生产或共〔供〕应工作,县得设专任工作人员二人,省互济会、红军及苏区总会得设专任人【员】三人,各机关均应附设于其他革命群众团体、红军政治部中）。

（戊）乡和团执行委员会任期三月,区和红军或军团执行委员会任期半年,县执行委员【会】任期八个月,省和红军执行委员会任期一年,全苏区革命互济总会代表大会每一年举行一次,改选苏区革命互济总会。

五、救济:

（甲）救济分局精神上的安慰与鼓励和物质上的帮助,各级互济会应组织慰劳队慰劳工作,物质上救济应先及于被难者的本身,次及家属,再次及于死难的人。

（乙）对于革命战事中牺牲的红军、游击队、赤卫队和被白军摧残而牺牲的战士及其家属,应特别注意救济。

（丙）除苏区以内的救济以外,寄款或派代表到反动统治区域,或通过革命互济会去进行精神和物质上救济敌人进攻革命与白色恐怖下被难战士及其家属〈的〉。

（丁）为扩大反对敌人进攻革命与白色恐怖的宣传,应注意敌人进攻革命与白色恐怖下各种材料的搜集和被难的照片及牺牲的总计等经常的发表,并须经常在群众中作口头的、文字的宣传。

六、经费:

（甲）会员有缴纳会费〈主〉之义务,会员每月每人须缴纳会费铜

---

① 原文如此,此句前疑漏"县和军或军团"。

元二枚,会员除按月缴纳会费外,自愿多捐者可按月缴纳特别捐。

(乙)举行公开向会外群众募捐,由各级革命互济会发起募捐运动,动员本会会员以本会名义向各革命团体、各级政权机关、红军及一般群众募捐。

(丙)本会经费是统一的,各级经费收入均须向上级报告,必要时可集中于上级机关。各级机关所需之费用应定出预算,由上级批准数目,并将决算报告上级审查,已临时救济及临时募捐等亦须报告上一级的机关审查批准。

(丁)大会章程修改之权属于苏区革命互济会代表大会(在苏区革命互济总会的代表大会未开之前,可先依此章程草案在各地进行组织,兼在各级革命互济会的代表会中提出通过,以前各地党部各红军所发之互济会章程,应一律取消,至于已经互济会代表会通过之章程与此草案有抵触时,只能于开代表会时经过〈出售党〉党团活动依此草案原则提出修改,绝对不能由党来命令群众团体,取消其原有章程。

江西宁都县革命互济会

1932 年 4 月 10 号翻印

(根据中共江西省委党史研究室藏件刊印)

中国共产党、青年团苏区中央局
为纪念"五一"劳动节告工农劳苦群众书

（1932 年 5 月 1 日）

全苏区工农劳苦群众们！红色战士们！一般劳动青年们！伟大的"五一"劳动节又到了！

自从 48 年前的 5 月 1 日美国的工人阶级，开始以自己的阶级的团结力量起来反对资本家的残酷的剥削，要求实行 8 小时工作制，来了红色的"五一"，已经成为国际无产阶级实行阶级团结和斗争的旗帜！在这一旗帜之下，全世界无产阶级年复一年地坚决起来斗争，团结自身的阶级力量，向着解放的道路迈进！

今年的"五一"更含有特别严重的斗争意义。

今年的"五一"，正当资本主义世界经济恐慌达于极点，苏联社会主义建设迅快发展的时候。在资本主义国家中，资产阶级对工人阶级的剥削达到空前的残酷，不但是工人以热血争来的 8 小时工作制已被取消，工作时间延长到 12 小时以上，而且工资减低到不能饱暖，世界的恐慌追逐着每个工人，全世界失业工人增加到 3500 万的巨大数目！没有一个工人不被推入饥寒交迫的痛苦的深渊中。但是在无产阶级的自己的国家——苏联，工人的生活则是在一种完全相反的状态。苏联工人凭着保卫祖国【的】斗争热情，凭着自己阶级的创造力的发展，奠定社会主义的基础，迅速提高自己阶级的生活。他们一天只作 7 小时工作，青年工人只作 6 小时工作，工作 5 天休息 1 天，工资加增的加增，完全消灭了失业的现象。这种两个对立的尖锐，使得帝国主义极度仇视苏联,积极准备反苏联的战争,同时这两世界对立的情况更使得全世界无产阶级认识了自己的任务,积极起来斗争。

在中国,在国民党统治之下,工人阶级的生活更是比牛马还不如,工作时间的长,工资的减少,待遇的残暴,无一不是驱工人于死的绝地。去年的大水灾,国民经济的大崩溃,更使千百万的劳苦群众陷于生死不得的境地。特别从帝国主义出兵中国以来,国民党一贯投降帝国主义的结果,东三省与上海附近地方,先后沦于日本帝国主义的殖民地,〈无〉数千万的工农劳苦群众在日本帝国主义的炮火下化为灰烬,工厂关门,市场毁为一片焦土,他们不死炮火之下也要死于饥饿与失业!而且因为帝国主义瓜分中国的抢夺,第二次世界大战的危机日益紧张,空前的悲惨的大祸害更逼近到工农群众的头上来!

只有在我们苏区内,在我们工农兵自己的苏维埃政权之下,工人实现8小时工作制,青工【工】作6小时,增加了工资,改善了生活状况,农民和一般劳苦群众也在革命的胜利中得到解放。这里事实证明给所有的人看,只有苏维埃政权才是工农自己的政权,才能保障工农的利益,只有苏维埃政权统治全国,才能解放全国的工农劳苦群众!

今年的"五一"在全世界上到处都要比往年是剧烈的革命斗争,工人阶级为了争取自己的利益,为了保护苏联,反对帝国主义瓜分中国,反对帝国主义进攻苏联,反对世界大战。

今年的"五一"正当革命运动在全中国大发展的时期,一方面白色统治区域罢工罢课,白军士兵哗变暴动,反帝反国民党的革命潮流继涨增高,另一方面苏维埃与红军正在积极向外发展革命战争,夺取大城市,争取革命在江西及邻近省区首先胜利。而且正当着苏维埃中央政府宣布对日作战的时期,最近第一方面军消灭了张贞大部,给了闽粤军阀以极大的打击,并且要【继】续在发展革命战争中消灭入□入闽的敌人,开展革命战争胜利的局面。

全苏区的工农劳苦群众及一切劳动青年!今年的"五一"给予我们的任务,即是积极参加革命战争。只有革命战争的胜利,才能来粉碎敌人一切进攻苏区的尝试与企图,而很快地向外发展,夺取中心城市,配合全中国的反日、反帝、反国民党的革命斗争,推翻国民党统治,直接对日作战,这才是实际保护苏联,反对帝国主义瓜分中国,反对世界大战。也只有革命战争胜利,才能保障我们自己〈得〉的8小时工作制与其他一切利益及土地革命的胜利。我们要热烈地起来参加革命战争,纪念红色的"五一"!

全苏区的工农劳苦群众及一切劳动青年英勇地与敌人斗争!加入红军,帮助红军作战,参加游击战争,参加担架队慰劳等,去帮助革命战争,加紧赤色戒严,参加一切巩固后方的工作,参加礼拜六,优待红军家属……拿我们的斗争来纪念"五一",回答我们的阶级敌人!

全苏区的工农劳苦群众及一切的劳动青年们!今年的"五一"节,我们千百万工农劳苦群众的团结,红军的扩大和胜利,将消灭敌人的进攻!我们的示威,将使敌人在我们的面前发抖,我们革命战争的向外发展,将取得一省几省革命首先胜利!

(录自中华全国总工会编:《中共中央关于工人运动文件选编(中)》,档案出版社1985年第1版,第197—199页)

苏区少年先锋队的性质与组织构造

（1932 年 5 月 1 日）

爱　萍[①]

苏区少年先锋队的性质

苏区少年先锋队，是中国反帝运动与土地革命斗争的战斗队伍，他是从土地革命与反帝运动中生长壮大起来的。苏区的少先队，是广大青年工农群众的军事化的共产青年团的附属组织，是共产青年团的最有力的主要的后备队，在共产党和共产青年团的领导下，积极拥护与扩大红军与苏维埃，坚决进行反帝斗争与土地革命。

坚决反对取消少先队的取消主义是非常必须的。取消主义表现在：以为有了共青团，可以不要少先队，这是绝对错误的。在中国土地革命的斗争中，工农劳苦群众自己的创造性而建立起来的斗争形式——赤卫队、少先队、游击队等等，以为少先队是纯粹文化组织和企图减低少先队的年龄为 18 岁或 20 岁的，都是不了解少先队的战斗性，企图降低少先队的作用，削弱少先队的战斗力量。

同样，以为有了少先队，便可以不要共产青年团，这是根本不懂得团在革命中的特殊作用——领导青年工农群众。那种把少先队看作青年红军的，是不了解它的青年群众性，而走上先锋主义的道路，这都是对少先队的取消主义，应给予迎头痛击！

---

①　爱萍，即张爱萍，时任共青团江西省委常委、宣传部部长。

苏区少先队，必须吸引青年工人雇农为骨干，巩固少先队的组织，保障少先队的无产阶级领导。

苏区少先队的组织构造

16岁到23岁的青年都应加入少先队。它吸收广大的青工、雇农、贫农和（劳苦阶层的）青年学生到少先队内来。在广泛发展少先队的组织时，必须防止一切敌对的分子（富农、地主、豪绅——等）混进来，绝对地封闭他们进少先队的门，掘断他们进少先队的道路。

没有广大的政治鼓动工作，机械地把18岁或20岁的队员划入到赤卫队或红军，结果是取消了少先队，同时，不顾当红军的质量，结果是削弱了红军的战斗力。

因此，16岁到23岁的有选举权的青年，都应经过宣传组织，使之加入少先队。因为，只要有选举权的一切人，都有加入赤卫队服军役的义务，所以加入少先队的就免除加入赤卫队的义务，即是说加入了少先队的，就不加入赤卫队。可是，少先队应尽量介绍自己的强壮队员到赤卫队去。

为使苏区少先队能够适应目前国内战争的环境，能够担负起国内战争的责任，它的军事性就应更加重，它的组织原则应是集权制，应完全接受共产青年团的领导。

苏区少先队的各级队部，应当由党和团及红军机关各派一人组织，团的代表做队长。在组织上，下级服从上级，队员服从革命纪律。在军事上，完全听红军指挥，服从红军纪律。少先队的各级队部，在队长领导之下工作，乡组织大队，设大队长；乡以下组织小队，设小队长；区队部设队长、副队长、军事训练员（以训练赤卫队的兼）；县队部设队长、组织、宣传、参谋；省队部与中央总队部由总队长、组织部长、宣传部长、参谋部长组织。因为少先队是青年群众的组织，应在团的领导之下。同时，少先队是军事化的组织，为保证在政治上完全接受共产党的领导，并在行动上与红军、地方武装配合一致，所以在县、

省、中央总队都由同级党部派党代表经常参加会议。（因为团区委经常参加区队部会议，检查与布置工作，区不要党代表）

从前的一切少先队的性质的了解，组织的构造，都是不正确的。全苏区少先队应深刻地认识苏区少先队的性质与组织，立刻改变各级队部的组织。因为，只有这样，才能使少先队担负起争取国内战争胜利的重担。

原载《少年先锋》第 1 期

（录自古田会议纪念馆编：《闽西革命史文献资料》第 7 辑，内部资料，2006 年印，第 206—207 页）

为动员群众拥护红军胜利反对
第四次围攻苏区而争斗

（1932 年 5 月 2 日团中央主席团通过）

各级团部：

最近苏维埃红军在敌人包围中取得了猛烈的空前的发展,在仙桃、黄安、应城等处白军整师的(三十师、六十九师)被俘,在襄河、皂市两团被击溃,血洗白鹭湖的刽子手一百四十四旅长韩昌俊被俘,四十一师长张振汉受创;在潜江、京山、天门等地,消灭来攻洪湖的徐源泉一旅,萧之楚一部,活捉其参谋长一,团长二,机枪、步兵炮无算。红军队伍迫攻汉阳南乡贺胜集、侏儒山、黄陵矶等地。

在鄂豫皖,除潢川、固始、阜阳被占领外,在光山白军第二师全师复〔覆〕没,师长被掳,红军主力正会攻正阳关。在中央区,更有伟大的发展,除了在湘赣边几县完全占据外,又分兵进迫粤北的宜章、仁化。平浏的红军消灭十五师一旅后,已会合红十六军攻下安福、上犹、崇义,进窥吉安、樟树。赣东北,闽北已占领乐平、万年、广丰、建阳、浦城、五夫、崇安、德兴、铅山,一部直迫浙江之华埠,并截获敌军无数的军械辎重。闽西最近的发展更使敌人胆寒,龙岩、上杭、永定先后占领,张贞师击溃即攻下漳州、海澄、同安,威胁厦门。在赣州附近粤军范德星旅一团完全复〔覆〕没。陕甘边境三水、淳化、正宁一带新苏区的建立,亦以最大速度发展着,全俘陈珪璋一连,警备团一营,这是北方新苏区广大发展的第一步。这些一切不过是报纸上消息的汇合,但我们已经看出红军最近发展的猛烈。

这种猛烈的发展固然是依据于广大工农群众的土地革命的动员上,同时也是目前全国剧烈的反帝运动、罢工斗争的革命潮流的结晶。在这种狂烈的发展下,引起了帝国主义国民党疯狂般对苏区红军的进攻。在开展着的第四次围攻中,征调了全国的部队,各方面加紧动员外,特别注意在政治上瓦解破坏革命运动的社会法西斯蒂的活动,积极布置进攻红军的后方工作,企图和缓群众拥护红军苏区的革命斗争,使前方的部队好安然进击红军。但从红军苏区发展的目前社会根据上说来,即是从当前全国革命运动、反帝运动、罢工潮流、兵变运动、学生××斗争的发展上来说,依据三次击破白军围攻的历史经验说来,第四次的围攻又要遭受空前的失败,我们将用全力在这期间争取一省几省苏维埃政权的完成。

我们为了保证这一伟大胜利的完成,加速这一胜利的实现,团应该动员千百万群众来反对第四次围攻,庆祝红军的胜利,【用】直接行动来拥护红军苏维埃。

依上面说明,我们一定要深刻认识当前拥护红军苏维埃的运动,是一个剧烈的阶级斗争,是广大群众的政治运动,我们要集中力量来执行下面的工作:

一、深入到每一个工厂、部队、农村、学校中去组织群众的政治经济罢工斗争、兵变、罢课与抗租、抗债、抗税及游击战争,我们一定要认识"每一个斗争每一个罢工都会给红军苏区以有力的帮助"。特别是要把这些斗争联系到反对第四次围攻,不运兵,不造械打红军,反对国民党帝国主义等斗争,组织罢工示威游行,××××××××××武装民众×组织游击队帮助红军,是回答白军围攻红军的唯一的武器。

二、要在斗争中,在有计划的布置中,去组织群众的会议,特别是厂内、厂门口、工房、宿舍、校内、兵营的会议。在这些会议中尽可能鼓动群众行动(示威、向资本家提条件、关车罢工等等),最低限度要发动群众呼口号、通过通电、捐资慰劳红军、成立红军苏维埃的后援会等。

三、广泛地在群众日常谈话中、壁报、工厂小报、日报中，介绍苏区红军苏维埃法令、群众生活状况给群众，引起群众的讨论，而至成立苏维埃研究社、苏联红军友谊社等，建立群众对苏区的通讯社。

必须在这些动员中，征调大批的青年工人到红军中去，加强红军中无产阶级的骨干与领导。

四、特别要在这次斗争中加紧建立交通、运输、军事兵工厂的工作，各地方团部当定出在这些工业中冲锋工作的计划，冲进这些工业中去，实现不运兵打红军、不造械打红军的罢工斗争。

五、在河南、安徽、徐海蚌、陕甘、河北、广东、福建等苏区边境，团应用更大力量发动农村抗租、税、粮、债的斗争，有计划组织游击战争，破坏敌军后方，截击辎重、交通运输队及直接援助红军等工作。上列各省务必定出具体计划大纲报告中央，并切实执行。

六、在动员全国军队围攻苏区中，广大的兵变潮流必随之而来，兵士群众便找着直接的出路，各地团部应集合各种社会关系及所有力量，组织到白军中去工作的突击队，在不打红军，不打工农兄弟，不打群众政府及士兵切身的要求下，组织投到红军去的兵变。

七、目前更应抓住攻下漳州的红军胜利，及以后红军的任何胜利去召集群众庆祝会议，特别是厂门、工房、校内的会议，在这些会议上一样的要通过具体的工作与表示。在有可能及在群众的通过下，团应该有计划组织燃放爆竹骚动街市的运动，以鼓动群众的斗争，提高群众的政治情绪，但绝不能因此放弃基本的厂内工作。

八、在工厂学校兵营中，团部应该发行红军消息或红军快报，以简短的文字发布红军苏维埃罢工斗争的消息，去鼓动群众。印发拥护红军歌谣，在各种刊物上发布拥护红军的特刊，动员所有宣传队、粉笔队去写标语、作口头演讲宣传等。

九、为实现这一运动，每个地方团部尤其每个支部都应该开会具体讨论，绝对反对把这一运动脱离了支部、脱离了争斗群众去空喊。

一定要估计到这一运动不是一时的一次的运动,而是一个长期斗争的过程,我们不能把这一工作脱离了日常斗争日常工作去进行的。目前这一工作特别要联结到红五月的工作。

（对苏区另有指示）

中央档案馆藏

（录自共青团中央办公厅编:《中国青年运动历史资料》第 10 册,内部资料,1960 年印,第 487—490 页）

团苏区中央局告福建苏区团员书

（1932 年 5 月 4 日）

亲爱的同志们：

自从红军一方面军一部分主力开来闽西后，很迅速以英勇的战争，消灭了历来摧残闽西苏区最凶恶的军阀——张贞的大部，克复了龙岩，占领了漳州，恢复和发展了苏区。这一胜利给了帝国主义国民党反动统治以极大的威胁，特别给了进攻闽西苏区的国民党军阀当头一棒，兴奋了全国尤其是福建的工农群众的斗争热情，开辟了闽西苏区一个新的局面。

同志们！在现在帝国主义积极进行瓜分中国，压迫中国革命，与积极布置反苏联战争的时候，在现在帝国主义相互间的冲突日益剧烈，世界大战日益紧迫的时候，特别是在现在全国革命运动猛烈地发展，一省几省的革命首先胜利更推进到我们面前的时候，帝国主义国民党反革命是必然要加紧来进攻苏维埃与红军的，但同时他们却必然要受到可耻的失败。这次红军光荣的胜利，又一次地从事实上证明了党与团的中央局的路线的正确，打击了党内团内一切和平、保守、消极、失败主义等等右倾机会主义的观点与各种"左"的倾向。

同志们！革命战争的烈火终要根本毁灭反革命的壁垒，但是反革命就是只存一口气，他还是要挣扎的。张贞惨败后，闽西苏区周围的敌军团匪和一切反革命力量现在正在企图联合反攻，来摧残苏区，蹂躏我们工农劳苦群众。无疑的，我们劳苦群众和红军必能以英勇的战争回答他们,让他们始终只得失业和溃败。

因此,同志们!组织和领导广大青年群众积极参加向外发展的革命战争,击破敌人的进攻,巩固已得的胜利,争取新的胜利。迅速地恢复和发展苏区,配合江西的苏区迅速地取得中心城市,争取江西及其邻近省区的首先胜利。这是落在同志们身上的重大任务,中央局完全相信同志们是能够完成这个任务的。

但是,同志们!中央局要指出,最近实际工作的表现,闽西团对这一任务的执行是完全不能满意的。当前方红军在枪林弹雨中与敌人肉搏的时候,我们没有看见哪一个地方的团组织游击战争抗敌、截敌、袭敌,配合红军的战争行动。我们也没有看见哪一个地方的团,组织青年群众到火线上去帮助红军的战争,甚至连放哨、查路条、警戒后方的工作,直到现在还有些地方全未担负起来。很多同志依然怕当红军,很多同志听到前方的战鼓声而漠不关心,有些同志还抱着和平保守的右倾观念,有些同志还充满了失败情绪,消极怠工,有些同志则流放浪漫享乐。这一切都说明大多数团员同志还没有跟着革命战争的环境的日益紧张,而负起重大的政治任务,加紧在青年群众中的活动,有计划去领导群众。这种现象成为向外发展革命战争的主要障碍!这种现象的造成【是】由于同志们还没有认识这种革命战争的环境,以及这种环境给予团的严重政治任务,还有不认识群众力量的伟大,缺乏在群众基础上才能巩固和发展苏区的信心,而依赖红军。这里,福建省委对于这一点的认识也不深刻的,团内在它的领导上,同样犯了不能抓住【以】参战工作为中心的错误。经过中央局的批评后,省委已在开始改正这个错误。

同志们!这种现象不能容许它一刻继续存在,客观形势的发展,要求每一团员积极起来,抖擞起列宁青年特有的勇往直前的精神,领导青年群众参加向外发展的革命战争。他是不是一个布尔什维克的青年团员,就要看他在参加工作上的表现来决定。对这一工作还是消极怠工的,那是革命的罪人,在实际工作中来表现,就是一个布尔什维克吧〔的〕,同志。

同志们！参战工作的执行,要我们组织青年中的精壮分子,加入游击队,以巧妙的游击战术去疲劳敌人,同时在可以被敌人进占的区域,准备坚壁清野的工作,做到不留一件东西资助敌军,使敌人一入苏区,便霉〔入〕绝地！

同志们！参战工作的执行,要我们组织模范少队去帮助红军作战,组织运输队、担架队、洗衣队、慰劳队等,从各方面去帮助革命战争的进行！特别要我们领导勇敢的青年加入红军和地方武装中去！这样每个同志都要下定决心去做一个红色的战士,以身作则来领导青年。到现在还不愿去当红军的人,是懦弱落后的青年,他就不配当一个青年团员！

同志们！参战工作的执行,要我们领导少年先锋队,加紧放哨、警戒的工作,巩固革命战争的后方——不让一个反动派混进苏区内来。更要我们动员青年群众,去肃清苏区内部的团匪,与白色的山寨、土匪,尤其是迅速争取北四区消灭傅柏翠！

同志们！这些参战工作的执行,要与深入土地斗争、实现劳动法、争取青年本身利益的工作以及反对帝国主义瓜分中国,准备对日作战,反对帝国主义进攻苏联的动员联系起来,这些任务是一条锁链一样的关系着的,分割开来执行是不对的。在参战工作的进行中,要把青年工农中的积极分子吸收入团,要在红五月内做到团在数量上赶上党并超过党,肃清关门主义,把团广泛发展起来！

同志们！这些任务的执行,必须要我们反对形式主义、实际工作机会主义,转变闽西团的工作作风,空话少说些,不要搭些空架子,脚踏实地去做实际工作。把所有的精力用到工作上去,每天自己计划自己的工作,检查自己的工作,在实际工作【中】来锻炼自己！

同志们！前方的战号正在吹着"冲锋""前进",拿着前进冲锋的精神来吧,动员每一青年群众参战,不使一个青年站在革命战线之外,这是你们的重大责任! 中央局鼓励你们负起这个责任,不疲倦斗争下去。

团苏区中央局

中央档案馆藏

(录自共青团中央办公厅编:《中国青年运动历史资料》第10册,内部资料,1960年印,第493—496页)

共青团中央为拥护红军新的
胜利给各地团部的信①

（1932 年 5 月 10 日）

各地团部：

中国工农红军在进攻中取得了新的伟大的胜利！

"在鄂豫皖苏区线上：中国工农红军第四军在去年年底消灭了白军第六十九师全部，活捉了师长赵冠英，占领了黄安县城，逼近武汉门户的黄陂，击溃了李鸣钟、肖之楚、夏斗寅各部；在今年三月中，四军积极向着豫皖边进攻，在商城、潢川、固始击溃了白军第二、第十二、第七十六师、第三十三旅，共二十四团，继又打溃七十六师，占领商城，围潢川、固始；在三月二十二日红四军移师六霍，击溃陈调元部队，并于四月初占六安县城。总计自去年年底到四月初，红四军缴获敌人步枪八九千支，机关枪、迫击炮无数。

"在湘鄂西线上：红军第三军团，在汉水流域的积极行动，击溃了敌人第四师一旅、肖之楚一部，活捉了旅长，给敌四十一师、四十八师与四十四师以重大的打击，缴获步枪数千支、机关枪几十架，占领了距武汉 50 里的黄陵矶、皂市与潜江县城。

"在赣东北县上：不但恢复了旧的苏区（万年、乐平），而且扩大了许多新的苏区，与闽北苏区联系一起，击溃了敌人五十师及刘和鼎部，曾一度占领婺源，现在还占领着崇安县城及浙江的华埠。

---

① 本文标题原为《为拥护红军新的胜利给各地团部的信》。

"在湘赣及湘鄂赣线上：红十六军及独立三师，击溃了浏阳白军十五师之一旅，积极在平、修、铜、鄂南行动，与恢复了莲花县城，占领了安福，向吉安、樟树推进。"

"在中央苏区线上：中国红军一、三、五集团军在积极的行动之中，扩大赣南闽西苏区（上犹、崇义、信丰、南康、三南①、宁化、清流、上杭、武平各县），给马崑旅与范德星重大打击，将范旅一团全部缴械。最近又占领了龙岩、漳州，消灭张贞、陈国辉部七团，苏维埃的红旗荡漾在中国南海的边岸上。"

"新的游击区域在长江以北怒长起来，江苏海州游击队的发动与陕甘边工农红军第二十六军的成立，打破了北方落后论的胡说，成为黄河流域苏维埃运动烈焰的最初的火光！"

"这是中国工农红军在 1932 年春季的伟大胜利的简单的不完全的叙述。"

这次红军的伟大胜利是与工人罢工斗争和反帝运动相呼应着。正因为革命运动的发展，红军苏维埃的胜利，"帝国主义国民党对于苏区与红军的'围剿'，显然与以前的三次'围剿'有着非常不同的形势。这主要的一方面表现在参加这次'围剿'的国民党的军队是更其扩大和增加了，帝国主义对于国民党的帮助，帝国主义在'围剿'中的作用也扩张了。'围剿'的范围是愈形辽阔与延长了，'围剿'的困难比较以前大大地增加了。而在另一方面，红军的行动比较从前更加积极化了，红军参加作战的数量也大大的增多了，红军活动的范围也愈形扩大，而相互中间也能呼应了。最后红军能够向白区进行胜利的进攻，在新的苏区与敌人作战了。"

国民党无耻地投降帝国主义，出卖民族利益，动员自己的军队包围红军，阻碍红军与帝国主义作战，为帝国主义当清道夫。工农红军的胜利，就是全国劳苦群众对于帝国主义国民党的胜利。"所以工农红军的胜利更促进了中国工农红军直接同帝国主义进行民族革命战

---

① 三南，即江西省龙南、定南、全南三个县。

争的时期的到来,使中国工农红军更能为了'以民族革命的战争打倒日本帝国主义与一切帝国主义','以民族革命战争争取中国民族的独立解放'的党的这些中心口号而斗争。"

中国工农红军的伟大胜利,正是在中华苏维埃临时中央政府的领导之下,宣布对日战争,领导全中国工农红军与广大的被压迫群众进行民族革命战争,推翻国民党的统治,驱逐日帝国主义和一切帝国主义,求得中华民族彻底的解放与独立。

苏区的少年先锋队、儿童团【在】帮助红军的胜利中起了很大的作用,动员大批的队员到红军中去,帮助放哨、站岗、交通、运输、慰劳等等,苏区少年先锋队、儿童团是红军的帮手。

中国工农红军是民族革命战争唯一的主力军。

中国工农红军的胜利再一次地粉碎了取消派以及一切反革命派对工农红军的污蔑造谣。托洛茨基、陈独秀、汪精卫、孙科、国家主义派、社会与教育派、社会民主党异口同声骂工农红军为"流寇"、"土匪",已经在广大的劳苦民众之前说明,工农红军是民众自己的武装!

在中国工农红军进攻的胜利中,在我们团内发生机会主义的动摇,对于工农红军的力量的不相信,对于广大劳苦青年对于工农红军热烈的拥护和坚决的信心表示怀疑,甚至不敢在广大劳苦青年中提出拥护红军的口号。全团必须坚决地与这些倾向作斗争,来开展拥护红军胜利的工作。

一、拥护红军的工作是与领导工农劳苦青年的日常斗争〈是〉不能分离的,是与拥护苏联反帝国主义的斗争相联系的。苏联是中国工农红军的真正的同盟者,工农红军是民族革命战争的唯一的基本武装力量。必须在每个工厂、农村、兵营、学校去组织斗争、罢工、示威、游行、会议来庆祝红军的胜利。提出具体的口号:军事工业的青年不替帝国主义国民党制造军械军需攻打红军,铁路运输工业的青年罢工,反对输送帝国主义国民党的军队、军械、军需去攻打红军。青年工友、失业工友们扩大罢工和斗争,争取自己生活的改善来响应红军的胜利,不给进攻红军的帝国主义国民党军队一粒米、一文钱。

青年工友、失业工友到红军中去,青年女工到红军中去做看护,白军士兵投到红军中去,组织青年义勇军、少先队、游击队援助和响应红军的胜利等等。

二、对于这一工作的进行,可以采取各种的方式来扩大对红军的宣传,如在会议上通过决议、通电、宣言庆祝红军,每人募捐一个铜板援助红军,送红旗给红军和苏区少先队,为红军打草鞋、做鞋子,燃放爆竹庆祝红军胜利。

中央提议各地团部发起组织送给红军的"药袋","药袋"用不进水的油布之类做成,内面放碘酒一瓶、药水棉花、捆布一扎。

在这些运动中必须动员广大的青年工人、失业工人到红军中去,动员革命的知识分子到苏区去做文化工作。

必须在这些运动中进行红军之友社、苏区研究社等类的组织。

三、动员一切公开的、秘密的刊物登载红军的消息和关于红军的文章,出版号外、特刊、壁报、画报、工厂小报,及组织宣传队等。

四、各地团部必须建立军事工业、化学工业和运输工业中的组织。要求各地团部根据各地的情形定出具体的计划,来创造这些地方的工作。

五、各地团部必须建立当地国民党军主要部队内的工作,首先是"围剿"红军的部队,领导白军士兵的日常斗争。瓦解国民党的军队,使它哗变到红军中去!

各地团部接到这封信后,必须具体详细地讨论,并将讨论的情形及执行的情形经常地报告到中央来。

团中央

中央档案馆藏

(录自共青团中央办公厅编:《中国青年运动历史资料》第10册,内部资料,1960年印,第548—552页)

中央苏区青工运动中的右倾机会主义

（1932 年 5 月 10 日）[①]

鹤[②]

在苏维埃运动激烈的发展中，保证苏维埃运动中无产阶级的领导权，是成为目前中国革命运动中主要的任务。可是我们〈在〉现在检阅中央苏区中的青年运动，是不能允许的对青工运动的取消主义。这一取消主义在团内认为"中央苏区没有青年工人"，认为"中央苏区没有青工特殊要求"，因此，就放弃了领导青工的斗争，争取劳动法令的实现，放弃了组织青工加入革命职工会。

现在我们来看中央苏区的青工工作，在名义上中央区的青工大部分加入了工会，可是这些青工加入工会很多都只是做了一个登记工作就算了事。因此很多的青工加入了工会，他自己亦不知道为什么要加入工会，团员还没有完全加入工会。各级团部在这一年来没有讨论过工会工作，各工会中名义上有青工都、各级青工部，而这一青工部不是在青工代表会产生的，从工会执行委员会指定一个人负责青工部。各级青工部仅仅是一个人，青工部一般的没有本身的工作，青工小组是不开会的，各地的青工代表会没有建立一个。苏维埃政府中的劳动检查员没有建立起来，就是有亦没有开始工作。

中央苏区青工的生活，一般的说是有部分的改善，学徒期内可以回家，学徒有不替师父老板做家务杂务，学徒不受打骂等等。一般的

---

① 原文无成文时间，此为《列宁青年》1932 年第 5 卷第 4 期的出版时间。

② 鹤，即胡均鹤，时任共青团苏区中央局组织部部长，后叛变。

青工工资增加了三分之一,青工工作时间部分地执行了 6 小时,童工 4 小时,14 岁以下童工,在老苏区没了,但是一般的"劳动法令"仍未全部实现,甚至于有些地方青工生活没有改善,学徒期限仍然是 3 年,学徒期内没有工资,工作时间一天做到晚,师父资本家仍然打骂学徒,学徒期内不能回家,工人生病资本家不管。同时因为怕去发动工人的斗争,因此离开了工人,从工会决定要求,以苏维埃政府的权威,要资本家执行——工会提出的要求,而不去发动群众提出讨论工人的要求向资本家作斗争。

中央苏区的团,过去对青工运动的放弃,没有去发动青工为特殊利益的斗争,没有去组织青年加入工会,没有在青工中进行教育工作与文化娱乐工作,虽然各地有俱乐部的组织,可是实际上是空洞机关,对于失业青工中的工作同样地放弃了。甚至于认为"劳动法令"在苏维埃国有工业中不能执行的错误观念,认为工业中执行了可以减少国有工业的生产,这种观念是企图将劳动法在国有工业的"例外"来阻碍劳动法的执行。

因为团放弃了工会工作,所以在工会的组织中有异己分子的占〔钻〕入,很多的工会机关被那些阴阳先生、店主、老板、独立劳动者所占据。因此他(店主、老板等)拒绝了青工的特殊要求的斗争与组织青工加入工会,因此使青工不能完全加入工会,使青工的生活不能得到劳动法令的保障,这是十足的右倾机会主义的领导的结果。团脱离了青工群众,不去为青工特殊要求而领导青工的斗争,不去组织青工群众加入工会,无产阶级青年群众的先锋队的团,脱离青工群众成为不可允许的错误!但是为要掩盖他的右倾机会主义,说"苏区没有青工工人","苏区青年工人没有特殊要求",因此就可以放弃青工工作?!

目前中央苏区必须集中火力向右倾机会主义作坚决斗争,及对青工运动的取消主义给以无情的打击,只有如此才能转变目前的现状。

在青工运动中,首先第一问题,应提出各业的青工斗争纲领,必须打击认为"苏区青工没有特殊要求"对青工斗争的取消主义!召集青工群众大会将这一要求纲领提到群众大会上来讨论,积极动员青工为实现"劳动法令"而斗争,尤其是在苏维埃国有工业中应首先实现。必须打击认为劳动法令在苏维埃国有工业中"例外"的倾向,在苏维埃国有工业中应发动青工群众来执行革命竞赛,来增加生产的速度,但这里必须反对以命令主义来代替积极地发动青工群众执行革命竞赛的工作。

目前必须发动青工群众百分之百地加入赤色工会,每个工人团员必须加入工会,来改造各级工会与青工部,将阶级异己分子洗刷【出】工会去。但这一工作的进行绝不能用命令主义的办法来进行,必须在青工群众中进行解说工作,使青工群众了解工会是一个阶级的工会,是保障无产阶级利益的,一般青工在这一明确的了解之下进行洗刷异己分子。各级青工部必须从青工代表会或群众大会产生,加强对青工小组的领导,青工小组应经常地定期会议,来讨论青工的要求及文化娱乐工作。同时必须立即开始各地青工全权代表会的建立,青工代表会应以作坊和一乡或一区同一工业为单位组织起来。

在青工中必须进行文化工作与娱乐工作,并办工人夜校及在青工中举行识字运动,建立各地的工人俱乐部。同时团应向失业青年工人中进行工作,将失业工人组织到工会中去,向失业青工解说为什么要失业,怎样才会不失业。发动青工到红军中去,加强红军的无产阶级的领导,同样的应在青工中建立少先队的组织。并且团应供给苏维埃政府的劳动检查员的干部,立即开始各地检查工作。

中央苏区的团应有计划地派青工干部到附近白色区域中进行青工群众的工作,发动白色区域的青工的斗争,建立青工部的组织和青工全权代表会的组织,来讨论和计划青工的斗争与青工的工作,各级团的组织应经常讨论青工工作,只有这样才能转变目前青工运动现状,使苏维埃运动在无产阶级强有力领导之下向前发展,使团真正成为劳动青年的先锋队。

(录自《列宁青年》第 5 卷第 4 期,1932 年 5 月 10 日出版)

红军中共产青年团员教育纲要

（1932 年 5 月 15 日）

提　纲

（一）共产青年团是什么？

1. 为什么要共产青年团？

2. 共产青年团是什么？

（二）共产青年团的略史。

1. 共产青年团的起源与少年国际的产生。

2. 中国共产青年团的略史。

（三）共产青年团与共产党。

（四）苏区共产青年团目前的任务。

（五）红军中的共产青年团。

1. 红军中团与青年工作的重要。

2. 红军中团的组织。

3. 红军中团的任务与工作。

4. 红军中团与地方团的关系。

团员教育纲要

（一）共产青年团是什么？

1. 为什么要共产青年团？

为什么要共产青年团呢？

第一，因为青年工人在资本家的剥削与压迫之下，受着特殊的痛苦。青年工人的身体还没有发育完全，但要同成年人做一样长时间的工，而且还要受资本家种种特殊的剥削（如与成年工人做同等工作而工资特别要少）和压迫（如资本家对青年工人的待遇特别恶劣，打骂他们），使他们过着比牛马还不如的生活，这就引发了他们为了本身的利益和要求，积极起来同资本家斗争。共产青年团便是领导青年工人，为保护和争取他们的特殊利益而斗争，领导他们参加阶级斗争，求得他们的解放的。在中国在帝国主义国民党统治之下几千万青年农民在地主富农的剥削和压迫之下生活也极端痛苦，也需要共产青年团领导他们起来斗争，参加革命。

第二，第一次帝国主义大战（1914—1918年）屠杀几千万的劳苦青年。为了资本家的利益，劳苦青年被强迫去当炮灰，去杀害自己青年弟兄。这使劳苦青年群众明白，帝国主义战争便是屠杀青年的把戏，他们必须反对它。共产青年团便是领导劳苦力青年群众为反对帝国主义战争，消灭反革命战争，求得他们的彻底解放的。

第三，青年是将来社会的主人，青年的头脑又是纯洁的，很容易接受〈对〉他人的教育，所以资产阶级教育青年以资产阶级的道理，要他们将来继承资产阶级的事业，维持资产阶级的反动统治，并且尽力地来欺骗麻醉无产阶级的及贫苦的青年。无产阶级对自己阶级的青年，便要以无产阶级的道理来教育他，以共产主义来教育他，使他能够接替无产阶级的事业，为共产主义而奋斗。共产青年团，便是一个共产主义的学校，来教育劳动青年以共产主义的。

这些最重要的理由，说明必须要一个共产青年团。

现在因为资本家更恶毒地剥削和压迫青年工人,到处用青年工人来代替成年工人(他可以多赚钱),青年工人的数目加多了,痛苦加重了,他们在生产中及斗争中的作用提高了,必须要领导他们来参加阶级斗争,阶级斗争才能胜利,所以共产青年团的作用也更重要了。

现在帝国主义积极准备第二次世界大战,特别是积极在中国进行瓜分中国压迫中国革命的战争,积极准备进攻苏联的战争,拼命在那里欺骗劳苦青年,加紧对他们的军事训练,要他们去打自己的弟兄,去打自己的国家,并且已经强迫日本的弟兄在这里屠杀中国民众。所以告诉这些青年,反对帝国主义进攻苏联,反对帝国主义进攻中国革命,反对帝国主义大战,组织他们起来斗争,参加阶级革命战斗,这种工作是更加重要了,共产青年团的作用更加重大了。

以过去和现在的情形来看,劳动青年加入革命,也表现得特别积极,特别是红军中,青年成分占了最大多数,便是一个很好的例子。共产青年团的作用,也表现得很明显,他是党和苏维埃一个最可靠的帮手。

谁不明这些道理,要取消共产青年团,那对党是有害的,而且是对革命有害的,必须坚决反对他。反对一切取消青年运动的错误理论和观念!

2. 共产青年团是什么?

共产青团是无产阶级青年的、群众性的、政治的、教育的组织。

共产党是无产阶级的先锋队,是无产阶级中最觉悟、最先进的分子组织起来的。共产青年团则是共产主义的学校,是共产党的后备军,他比党要广泛得多,只要比较积极、比较觉悟的分子,都可加入,来教育他成为一个共产主义的战士。当然,团是劳苦青年群众的领导组织,而不是像少先队一样的普遍的群众组织,所以说是群众性的。认为只有最明白、最勇敢的青年才可以加团,把团看得同党一样的严格,那是不对的,那是把团的大门关起来了,那叫关门主义,必须反对。团要特别注意在无产阶级青年中的发展,使团有巩固的阶级基础,才能保证他的□定于阶级的利益,坚定执行国际路线,所以团是一个无产阶级的青年群众性的组织。

共产青年团要领导劳动青【年】本身利益的斗争,要领导他们为了本身的解放而积极参加阶级斗争,参加革命战争,在这些斗争中,来教育他们,引导他们学习共产主义。团若只做文化教育工作,而不去领导青年群众斗争,那不但不能真正地教育共产主义,而且减低团的作用,那是不对的。同时,团若只去领导斗争,根本放弃教育文化工作,那也是不对的。所以他是一个政治的、教育的组织。

这里,可以明白:团是一个无产阶级青年的、群众性的、政治的、教育的组织。

练习题目

(1)为什么要共产青年团?
(2)为什么现在共产青年团的作用更重大了?
(3)什么叫做取消主义?
(4)共产青年团是个什么组织?
(5)为什么共产青年团是个无产阶级青年的、群众性的组织?
(6)为什么共产青年团是个政治的、教育的组织?

(二)共产青年团的略史

1. 共产青年团的起源与少共国际的产生。

1907 年,在德国的石杜加特,由革命青年的领袖——李卜克内西领导,举行了第一次国际青年大会,创立了少年国际,这是少共国际的前身。为什么这时候建立了这个组织呢?因为这时候资本主义已经发展到了帝国主义的阶段,青年工人的生活极痛苦,帝国主义大战的准备很紧张,屠杀青年的凶剧,已经摆在全世界无产青年的面前,客观上需要无产青年的国际团结,需要领导全世界无产青年斗争的组织,少年国际就在这种环境之下产生了。第一次国际大会之后,继续着就是一个暂时停顿的时期,但是,这一次世界大战的爆发,给了青年运动一个有力的刺激,又发展起来了。

1914 年,第一次帝国主义大战爆发了。社会民主党的第二国际,不但不能领导全世界无产阶级,起来反对这个残酷的战争,反而投降资产阶级,欺骗劳苦青年上火线去当炮灰。这时只有列宁、李卜克纳西、卢森堡,坚决起来反对第二国际,号召全世界无产阶级掉转枪头,以国内的阶级战争,消灭帝国主义大战。李卜克内西并在德国组织斯巴特卡斯团领导德国及全世界的无产阶级,起来反对这场杀人的强盗战争。

大战爆发后一年,流血遍地,杀人如麻,资本家要在这次战争中,大发其财,更加紧剥削和压迫劳苦群众,痛苦的经验,使得劳苦群众,尤其是青年群众觉悟到战争的残酷,要求起来斗争。这时(1915 年)在李卜克内西的领导之下,便在瑞士开了一个国际青年大会,决定反对大战,反对社会爱国主义。以无产青年的国际团结,来进行反对大战的斗争,决定每年 9 月第一星期日为国际青年节,举行全世界劳动青年的大示威,来反对战争,检阅自己的团结力量。从此,资产阶级在无产青年的英勇斗争,而发抖起来了。

工人群众对于大战反抗的扩大,国际中的理论斗争的加紧,俄国革命的胜利与欧洲中部革命的爆发,这些,在青年运动中加速了国际的各支部对共产主义立场的最后转变,从 1918 年 10 月建立了全俄共产主义青年团以后,各国的社会主义青年团或社会主义青年团的反对派,纷纷转变或成立共产主义青年团。1919 年 11 月在德国柏林开国际大会,建立少年共产国际,即少共国际。从此,无产阶级青年运动,便统一在这面旗帜之下,成为世界革命运动中一支生力军。

2. 中国共产青年团的史略。

在 1920 年的时候,中国的无产阶级壮大起来了,青年工人因为生活的痛苦,要求起来斗争,加以俄国革命的成功,苏联的产生,更影响了中国的无产阶级走到革命道路上来。便在这样的环境之下,产生中国的共产青年团。这年 8 月,上海有 8 个相信社会主义的人,组织了中国社会主义青年团,但其中分子复杂,思想不一致,到了第二年(1921年)5月,便宣布暂时解散。

但是客观要求的迫切,在当年11月又恢复起来了。

由于帝国主义的侵略加紧,劳动青年的生活日益困苦,苏联的存在和胜利的影响,以及经过努力宣传共产主义的结果,在短时间期内,团得到了很大的发展,后1922年5月,由临时中央局召集第一次全国大会。这次大会,通过团的纲领,并决定加入少共国际。

1932年①8月举行了第二次全国代表大会,这次大会严格检阅过去工作上、教育上、团的组织上的缺点,党与团的关系,也在大会上明确地决定了。

1924年3月中央扩大会,提出注意青年本身利益的口号,"对于无产阶级化"的口号,由宣传进而实现,青年工人入团的很多。

第三次全国代表大会于1925年2月举行。

这次大会不但检阅过去工作经验与缺点,定出各种决议,确定民主集权制的实行,团的组织与纪律亦巩固起来,并在大会上确定改"中国社会主义青年团"为"中国共产主义青年团",举起了鲜红的共产主义的旗帜。

1927年6月在武汉举行第四次全国代表大会,因为大会以后,国民党背叛革命,公开屠杀工农群众,屠杀共产党,共产青年团员,施行白色恐怖镇压全国革命,以致全国革命运动之向低潮,革命暂时失败。

1928年8月在莫斯科开第五次全国代表大会,大会指出大革命时候团与党内右倾机会主义,作坚决斗争的光荣历史,检阅了自四次大会后工作的宝贵经验与教训。估计了当时的政治形势。定出了团的任务和方针。

从五次大会后,中国团在执行国际路线的斗争中,得到了很多的进步,但在1930年6月后,执行了立三路线,把团的工作和组织都取

---

① 根据上下文,中国社会主义青年团第二次全国代表大会于1923年8月召开,此处时间应为1923年,原文疑为排版错误。

消了,在三中全会又执行对立三路线的调和路线,使团受到了很大的损失,从 1931 年 1 月党的四中全会后,团从立三路线所造成的取消形态挽救了过来,坚决反对立三路线,给予了掩饰在反立三路线之下反党反团的右派小组织以严厉的打击和制裁,巩固了团的组织,走上正确的列宁主义的国际路线,团的工作日益进步。

苏区的团,自从苏区中央局成立(1931 年 3 月)后,开始转变到国际路线上来了。

从今年(1932 年)1 月 15 日举行了苏区团第一次代表大会,总结了过去苏区团斗争的经验与教训,定出了今后任务以来,团的工作,更加发展起来了,但现在的革命形势,飞快发展,而团的实际工作的转变,还跟不上客观的斗争需要,要团坚定的执行国际路线,深入团的转变到实际工作中去。

练习题目

(1)少年国际什么时候成立? 为什么在这时成立?

(2)国际青年节的来历和意义怎样?

(3)世界青年运动的领袖是谁? 他怎样领导了青年运动?

(4)中国共产青年团何时成立? 为什么解散? 散解了为什么又即成立?

(5)什么时候中国团入少共国际?

(6)五次大会后,团执行了什么错误路线? 恶果怎样?

(7)苏区团从什么时候起开始转变到国际路线上来? 现状如何?

(三)共产青年团与共产党

共产党是无产阶级的政党,是唯一领导革命的司令部。那么,有了共产党为什么又要共产青年团呢? 因为要站在劳苦青年的本身特殊利益上,领导他们参加革命,在革命胜利中求得他们的彻底解放,并教育他们以共产主义,使他们继承伟大的实现共产主义的事业,所以在共产党以外,还要一个共产青年团。只有青年有他自己的独立组织,才能吸引广大的劳动青年到党的领导之下,才能发挥青年的才力,从他们自己的奋斗中锻炼出来,所以青年团必须是一个独立的组织(红军中团没有独立组织)。团在组织上的独立,不但不是分散了党的力量,而且是党争取青年群众的前提。想取消团的独立,或者限制团的独立性,是取消主义,是错误的。

但在政治上,则团必须服从党的领导。因为青年的特殊利益,是包含在整个阶级利益之内,是阶级利益一部分,必须革命成功,青年才能得到解放。而革命是像作战一样的,只能有一个司令部,只有在共产党领导之下,革命才能成功,所以青年团领导劳苦青年群众革命,必须服从共产党的领导。在共产党的政纲口号与策略之外,团没有另外的政纲口号和策略。团是要把党的口号和策略,运用适合于青年的特殊心理的方式和方法,执行到青年群众中去的。团好像是一条桥,党把自己的口号和策略,经过这条桥,达到青年中去。因此,团必须要青年化,必须以青年的方式和方法,建立自己的青年工作。一切工作内容工作方法都像党一样,变成第二个党,那是要不得的,那就不能争取广大的青年群众。

团若在政治上看不起党,想超过党,在政治上、组织上同党对立,都是不对的。这种倾向,叫做先锋主义,因为它想做整个无产阶级的先锋,代替党。党与团的具体关系,是:

(1)各级党和团的会议,应互相派代表参加;

(2)团应该经常向同级的党部作工作的报告,党部同样应经常讨论同级团部的报告,指示其工作;

(3)党应派比较青年的党员,负责团的工作,区以上各级团的委员会书记,必须是兼党团员担任,团亦应经常供给党以干部分子;

(4)没有团而有党的地方,党应指定党员(兼团员)建立团的组织。同样,没有党而有团的地方,团也要负责把党建立起来;

(5)党的巡视员应负责巡视和指导团的工作。

练习题目

（1）共产青年团在组织上为什么必须独立？

（2）共产青年团在政治上为什么必须服从党？

（3）什么叫做第二党倾向？为什么要工作青年化？

（4）党团具体关系应该是怎样的？

（四）苏区共产青年团目前的任务

苏维埃区域的团与反动统治【区域】的团，因为环境不同，任务也就不相同了。反动区域的团是在"地底下"工作，组织是不能公开的，是秘密存在的，他的总任务是在动员组织和领导广大青年工农为苏维埃政权而斗争。苏区的团是在国民党反动统治被推翻了、建立起工农兵苏维埃政权的环境之下，团是公开存在的，他的总任务是动员组织和领导广大的劳苦青年群众，为实现苏维埃的一切法令，争取本身利益，积极参加向外发展的革命战争，反对帝国主义瓜分中国，进攻中国革命和苏联，武装保护苏联，争取革命的首先胜利以至全国的胜利而斗争。

现在是革命与战争的时期，只有革命战争的胜利，才能保障苏区劳苦青年已得到的利益，并取得他们彻底的解放。所以，团的一切工作，要以动员青年群众参加革命战争为中心目标。离开革命战争，团的政治任务是无从实现的。

苏区团大会定出了目前团的九大任务：

（1）扩大红军，实行苏区工农群众的武装训练，领导青年参加革命战争；

（2）领导青年工农群众积极参加苏维埃政权，实现城乡苏维埃的经常代表制度；

（3）争取青年的本身利益，完全实现劳动法与土地法令；

（4）发展青年群众中广大热烈的反日反帝与拥护苏联的运动；

（5）帮助苏维埃政府实现经济政策；

（6）文化、教育工作与清洁防疫运动；

（7）儿童运动、妇女运动与青年工农代表会议；

（8）白色区域与白军中的工作；

（9）发展团员的政治积极性与两条战线的斗争，加强团的无产阶级的领导。

练习题目

（1）苏区团与反动统治区域团的任务相同否？为什么？

（2）苏区团的总任务是什么？

（3）苏区团大会定出了那些任务？

（五）红军中的共产青年团

1. 红军中团与青年工作的地位

由于现时红军中青年工农占了绝对多数，红军中团与青年工作就占了异常重要的地位，尤其是为过去革命战争中已表现出红军中青年战士的英勇与坚决，因此红军中团在青年工作中的任务亦更加严重了。

红军是一支军队，必须统一领导和指挥，所以在红军中只有一个政治领导系统，团不能有单独的系统。但是这不是说团可以不要，而是说团的工作要在政治机关领导下去进行。

以前不明了这一点，建立团的独立系统，结果是妨碍了红军中统一领导和指挥的原则。所以在红军中要建立团组织工作的单独系统是错误的。

特别是那种取消主义的观念，以为红军要统一领导，或者说红军中青年没有什么特殊利益，所以可以不要团，这也是完全错误的。

自从党大会、团大会以来，红军中团和青年工作开始建立。但是先锋主义，特别是取消主义，还到处表现着，阻碍团的工作，所以必须加紧在两条战线上斗争,集中火力反对取消主义,才能使红军中的团和青年工作跟着革命战争的开展,日益发展起来。

2. 红军中团的组织

红军中的团没有独立的组织系统,团的组织完全隶属于政治机关的系统之下进行工作,团不能成立单独的支部,在党的支部中建立列宁青年组,列宁青年组是在党支部直接指导之下工作。军事学校,团应成立支部,但亦在党的直接领导之下工作。

在党的连支部及总支部下,设青年干部,在各级政治部里成立青年工作科,连支部、团总支部的青年干事,及各级政治部的青年工作科之间,没有任何的隶属系统,他们的任务,就在各该级政治机关指挥之下,经常供给关于青年工作的意见和提议。

3. 红军中团的任务与工作

红军中团的任务,应在党的领导之下,使团员像党员一样,在思想上、行动上、作战时,真正成为红色战士的模范。加紧对青年士兵的教育,激发青年战士的热烈的战斗情绪,加强红军的战斗力量,帮助党对红军的绝对的领导作用与威信的建立,创造红军铁军,扩大革命战争,争取革命的胜利。为要帮助党完成这一任务,必须以青年化的适合青年战士情绪的方式和方法,进行下列各件工作:

(1)领导青年战士积极参加俱乐部与列宁室的工作;

(2)加紧对青年战士的宣传教育工作——积极参加青年队工作;

(3)参加革命竞赛的工作,取得竞赛的优胜地位,吸引青年战士热烈参加各种竞赛——卫生竞赛、学习竞赛、遵守纪律竞赛等;

(4)领导青年战士积极参加红军中反帝大同盟、拥护苏联大同盟与赤色互济会工作;

(5)领导青年战士积极参加卫生与节省运动;

(6)创造与帮助地方团的工作及青年群众的工作;

(7)发展团员,使团员的数量超过党员,加紧团的教育工作;

4. 红军中团与地方团的关系

红军中团与地方团的关系是:

（1）红军中的团与地方团是在工作上发生互助的关系，经政治机关许可，地方团可与红军团开联合会议，讨论与计划当地工作；

（2）红军中的团在所发展区域应在政治机关指导之下，帮助地方青年群众工作的建立。没有团的地方，特别要把团建立起来，团和青年群众组织建立后，应交给它的上级机关；

（3）红军中的团只能对地方团提议，不能直接指挥它。在作战时，红军政治机关得指挥战区的团，以利战争的进行。

练习题目

（1）为什么现时红军中团和青年工作特别重要？

（2）对红军中团和青年工作有些什么错误观念？

（3）红军中团是有单独组织系统么？为什么？

（4）红军中团的组织怎样？

（5）红军中的团与地方团的关系怎样？

（6）红军中团的总任务是什么？

（7）红军中团的工作是与地方团一样吗？是些什么工作？

—完—

一九三二年五月十五日于汀州

（根据中共江西省委党史研究室藏件刊印）

苏区少年先锋队中央总队部训令
——关于举行反对帝国主义进攻苏联瓜分中国
压迫中国革命参加民族革命战争运动周
（1932 年 5 月 15 日）

自从日本帝国主义占领东三省，进攻上海及骚扰沿海沿江各口岸以来，我们首先要了解日本帝国主义这种野蛮横暴侵略政策的目的，是将东三省完全殖民地化，并且是进攻苏联、瓜分中国、直接镇压中国革命的行动具体表现，更把东三省以此为武装进攻苏联的军事根据地。日本帝国主义这回的行动，是已经得到其他帝国主义的同情和帮助的。所谓强盗组合的国际联盟，以及国联调查团，上海的和平谈判，完全是帝国主义强盗进行瓜分中国、压迫中国革命、进攻苏联的分赃会议，都是站在日本帝国主义一条线上的行为。

中国国民党军阀及其政府早已成为帝国主义统治中国的工具，它绝对不会以民族的战争去反抗日本及一切帝国主义的侵略，而且本着一贯的出卖民族利益的惯技，顺从帝国主义的指令，努力地压迫中国革命，屠杀反日反帝群众，特别是我们的青年，解散抗日团体，用机关枪弹压自动与日作战的兵士撤退，尤其积极进攻已经脱离并且反对帝国主义统治的苏维埃与红军。素来与国民党豪绅资产阶级一鼻孔出气的改组派、第三党、社会民主党、教育人权派、国家主义派、讬〔托〕陈取消派等，同样地积极进行"和平""公理""国难"等等武断宣传来蒙蔽欺骗一般群众，来掩饰国民党卖国卖民族的罪恶，来阻止群众反日、反帝、反国民党的积极行动。

中华苏维埃临时中央政府早已宣言，实行民族革命战争对日宣战，驱逐日本帝国主义出中国，反对帝国主义瓜分中国、压迫中国革命,武装保护苏联,以求中华民族彻底解放与独立。要真正实行民族革命战争,首先必须推翻帮助帝国主义压迫民族革命运动,阻碍民族革命战争发展的国民党统治。这里我们就要了解,只有苏维埃政府和中国红军才是真正实行民族革命战争,驱逐一切帝国主义出中国,推翻一切帝国主义在华的统治,推翻阻碍民族革命战争的国民党政府。

中央总队部更要着重地指出:我们要真正能够得到和平、独立、解放,只有自己武装起来,参加民族革命战争,削减帝国主义进攻苏联屠杀工农的强盗战争。我们要坚决地拥护和实行中华苏维埃临时中央政府对日宣战的宣言和决议,我们要推翻阻碍民族革命战争发展的国民党统治,我们要反对瓜分中国、压迫中国革命、进攻苏联的组织者——国际联盟、国际调查团和帮助瓜分中国掩饰出卖民族利益罪恶的改组派、取消派、社会民主党、第三党等,我们要拥护苏维埃政府,反对帝国主义国民党军阀对苏区新进攻。我们要加紧军事政治训练,帮助红军作战,严格执行赤色戒严,加紧参加各地的游击战争,消灭团匪,加紧充分执行青工工作六小时同工同酬,增加工资。充分执行土地法令,援助白区反帝反国民党的青年,来回答日本帝国主义的飞机大炮,彻底争得中华民族的独立与解放。

正当着目前严重关头,接到苏区少共中央局"关于举行反对帝国主义进攻苏联,瓜分中国、压迫中国革命,参加民族革命战争"的决议。中央总队部完全同意,认为万分重要,而且应该坚决站在共产青年团领导之下,来实际地进行这项工作。中央总队部特决定今年五月廿一日起到五月卅一日止,为反对帝国主义进攻苏联、瓜分中国、压迫中国革命,参加民族革命战争运动周。因此,中央总队部更对各级队部给以下列指示:

一、各级队部、各地模范少队,应立即实行对日宣战参加民族革命战争的动员,要使每个队员都能了解,积极发展革命战争,帮助红军作战,参加游击战争,消灭国民党军阀进攻苏区的部队与豪绅地主的武装团匪。夺取中心城市,就是实际地动员参加民族革命战争的行动,尤其是动员队员参加红军,(在以前各省决定参加红军数量赶快实现)扩大实行民族革命战争的力量。这里中央总队部特别要指出,过去对于少先队参加红军时,一般女队员不准其丈夫、亲属、兄弟去当红军的严重错误,这种现象实际上是妨碍革命战争,而无异【于】帮助反革命进攻我们的行动,是进行民族革命战争的障碍。如果在目前参加民族革命战争的紧急关头,还有这种行为的,应该受到革命的惩罚。在队员中不论男女都应该实行军事政治训练,女队员特别要学习救护治疗等常识,各队部要严格审查各地的赤色戒严。如有未举行的,在限期内实行起来,若有对这种工作执行消极怠工或不坚决执行的,同样是无异【于】帮助敌人侦探钻到苏区里面来造谣捣乱,是目前实行民族革命战争、巩固革命根据地的危险障碍。要努力春耕工作,增加生产,屯〔囤〕积谷子,节省粮食经济,准备战争的持久。

二、各级队部及队员,为要充实参加民族革命战争,武装保护苏联的实际行动,必须扩大少先队的组织。只有扩大和加强本身的组织,才能担负起目前严重任务。各地方凡是未有加入少先队的劳苦青年,应取得百分之百的加入;谁忽视这件工作,谁就是对参加民族革命战争、武装保护苏联的怠工。中央总队部决定在五月起到六月卅日止,江西要发展队员一万,福建要发展五千。要动员队员参加反帝大同盟青年部的组织,并要参加所有一切反帝、武装保护苏联的运动与示威。并且随时随地要联同反帝青年部来进行反帝工作,把帝国主义进攻苏联、瓜分中国、屠杀反帝群众的事实告诉群众了解,经常举行化装演说,表演白话剧等,扩大反帝宣传。

三、加强模范少队的工作,除各地以前组织的外,没有组织的地方,迅速组织起来,在今年红五月内,就要达到。凡有少先队组织的地方,就要有模范少队的组织,组织的原则是依照红军组织法,以乡为单位,成立一排。这里中央总队部必须严格指出,过去好些地方,如兴国、赣县、万泰,未得队员的同意,全数编入红军去的错误。因为这种错误办法,实际上是妨碍进行革命战争和动员队员参加红军的损失,取消主义的倾向。各地对模范少队要严格执行每月三次或四次的军事操练。特别要学习打野操,学习夜间作战、街市战、刺枪等。随时随刻要负责保卫苏维埃政府,保卫地方,向外发展进攻敌人,参加游击战争,真正成为红军后备军,实际地参加民族革命战争,武装保护苏联,保护中国革命,驱逐帝国主义出中国。

四、苏联是社会主义的国家,是无产阶级的祖国,是全世界革命的大本营。苏联的存在就是帝国主义的死亡,所以帝国主义时刻都在企图消灭社会主义的苏联。自从日本帝国主义占领东三省后,日本军队节节向北发展,公开侵占中东路车站,破坏苏联的利益,逮捕中东路俄职员,以及西欧各小国的波兰、立陶宛等随时向苏联挑战,这就是进攻苏联的露骨表演。我们为要深入和了解苏联的生活,苏联社会主义建设的成绩,和拥护苏联的宣传,中央总队部曾经发起组织"拥护苏联大同盟"正在进行中,不日即可开始工作。各级队部应抓住这一工作的中心,广泛地对队员及群众宣传,使每个队员和群众都了解拥护苏联的重要,并且要使队员参加拥护苏联大同盟的组织,来实际地行动起来。

五、举行"五卅"武装总检阅,为了要实际动员参加民族革命战争,武装拥护苏联,首先要检查自己的力量,中央总队部决定在今年五月廿一【日】起到五月卅一日止运动周中,举行武装和工作总检阅。我们要检查过去参加红军的成绩和缺点,赤色戒严充分不充分,参加各地战争经验和教训,执行苏维埃劳动法、土地法切实不切实。

(根据中共赣州市委党史办藏件刊印,中 32 - 3 - 118,复印件)

党团中央联席会议的决议
（草案）
（1932 年 5 月 24 日）

最近党与团中央举行了一次联席会议,详细地检查与讨论过在 2 月 15 日党中央给团中央的决议以后至今的这时期中团中央的工作,一致的认为:

一、团的工作现状是处在非常严重的状态中,党给团的决议所指出:"团的工作很大的落后于劳苦青年群众的积极性之后,团争取青年群众的程度与速度很大的落后于客观条件所要求的程度与速度之后,团对于一切的政治事变缺乏灵活的反响……",并且包含着许多严重的错误与缺点;然而在三个月的工作过程中,革命形势正以极大速度向前开展,团非但没有把过去的严重现象克服,反而还更加增长着!

团对于组织青年群众武装参加民族革命战争,动员广大青年拥护苏区红军、拥护苏联,领导青工的罢工争斗,仍然是大大的忽视。许多地方团的组织尤其在上海,被机会主义领导的结果,团员数量比前减少,团的干部更表现恐慌的状态。对于有些团部领导机关所表现的不正当倾向(如江苏省委的机会主义领导,上海沪西在反日罢工中的错误,河南省委个别的政治错误等),团中央未能及时地彻底地纠正和克服,而表现着官僚主义的领导方式,所以团的工作愈加表现其落后。在目前革命危机迅速地成熟,红军在进攻中获得了光荣伟大的胜利的面前,团的严重现状,乃是十分危险的,是不能容忍的。

虽然团在这一时期工作中获得了相当的成绩,如相当的领导过青年群众的反帝斗争,动员了一些青工和学生到红军去,对外省的领导相当的加强,出版了一些公开的与内部的刊物,派了一些同志到白军去,以及最近改组江苏省委,反对机会主义的领导等。但是,所有这些成就,还是十分微弱的,绝不能丝毫减轻了目前团的工作的严重性!

二、联会认为造成目前这种严重现象的原因,不是由于简单的偶然的事实,而是由于团中央更重复了党中央议决〔决议〕所指出的错误而外,还犯了如下的政治错误的结果:

1. 对于无产阶级领导的曲解,因而根本放松了无产阶级青年运动的实际工作(对青工斗争的忽视,对青工运动的消极,对土地革命与反帝运动的无产阶级领导的疏忽及曲解,对重工业及工业中心的青工工作放松,对学生运动没有正确的无产阶级领导等等)。

2. 曲解了争取一省与数省首先胜利的任务(认为只是争取某一个省的政权),而对于红军在进攻中的新的胜利置之不问,没有认识红军的胜利就是对帝国主义国民党的胜利,以及开展着全线的进攻的阶段等的特点,根本不了解红军新的胜利的特殊意义(主要表现于中央第一次发出的拥护红军新胜利的决议中)。

3. 对于党中央的正确路线表现动摇,没有明确地了解党中央对团工作的决议,而曲解为团工作的转变,主要的仅在于工作方式与方法而已(见列青①第四期接受党中央决议的文章)。因此,便不能运用这个决议,作为转变团工作的有力武器,而坚决地执行到实际工作中去,构成了团在历次运动周工作的失败("二一五"、反战争运动、"五一"等)。在客观上,实际上不能不是表现出与党的正确路线相抵抗着。

三、由于上面的几个重要原因,造成了团中央的领导脱离了青年群众的斗争基础;加以中央本身的政治生活不健全,存在着一部分小

---

① 列青,即《列宁青年》杂志。

资产阶级意识,没有开展真正布尔什维克的自我批评与两条战线的斗争,不把政治的争辩放到根本的原则上去展开正确的争论,形成中央内部政治上的不一致,于是走上了"派别争斗"的错误,使得团的最高领导发生了极不能容许的非布尔什维克的政治生活与工作上沉闷混乱的状态;甚至在党中央代表向团常委会提出"派别争斗"时,团中央最大多数的负责同志默然不语,不作明确的表示。这是布尔什维克团所最不能容忍的现象!

在团中央存在着派别争斗的严重现象,负团中央主要工作的同志——团的总书记,不能把党中央的一切正确决定及时地反映到团中央而采取有效的办法去执行,没有站在真正拥护党的正确路线上向团内的派别争斗进行无情的残酷的斗争,反而采取了绝不能容许的多面派中庸主义的态度。在团中央争论政治问题时,没有自己明确的政治立场而开展着基本的政治原则上的争论,进行真正的两条战线的斗争。这样的态度,不但不能领导与开展布尔什维克的争斗,终于更加助长了派别争斗的错误,把自己也卷入"派别"的泥污中去,其结果是愈加造成团中央领导的混乱与工作的落后无能,使青年团的整个工作受到严重的损失。这个责任,团中央书记必须负最大部分的。尤其他是参加党中央政治局的一人,而对于党中央通知团中央派别争斗的错误时,同样的置之不理,而表示惊疑,更是不应有的事实。

联席会认为造成团中央这种严重错误是有重要根源的。主要的是由于团还没有真正地成为无产阶级青年群众争斗的领导,团的工作还没有真正地面向群众,团的阶级基础还是十分薄弱,干部成分异常恶劣,并且保留于团内的立三路线、右倾机会主义、陈独秀机会主义、瞿秋白的调和主义并未根本肃清,于是反映于团中央本身形成了派别争斗的错误。

四、必须着重的指出,团中央大部分同志对于反江苏省委的机会主义路线的斗争未能采取积极的态度,及时地站在最前面来领导这一斗争的深入,而获得江苏省委的工作迅速的转变,所以对于这一斗争是不很坚定的,实际上就是帮助了机会主义者,但同时必须指出,中央解决江苏省委改组省委领导成分的问题是正确的。

五、联会认为求得团的工作彻底的转变而克服以上所指出的严重政治错误，必须要立即开始实际工作的布置与执行。团中央必须以全力来准备今年"国际青年节"的伟大的战斗的任务，现在要立即开始"冲锋季"（六月至九月）的实际工作的布置与"冲锋计划"，推动各地团部的工作。这一"冲锋季"的运动，必须要与拥护苏联、拥护红军苏区、反对帝国主义进攻中国革命和进行扩大民族革命战争及领导目前青工斗争，发动游击战争，创造新的苏区的政治中心任务（巩固与扩大南中国的苏维埃区域，创造北方苏维埃）联系起来，切实地采取必要的办法执行团中央"冲锋季"的工作方针和党中央给团中央的决议。

六、联会认为团中央在这一时期（自党中央给团中央的决议后至今）的工作是犯了很大的个别的政治的错误，更认为团中央存在的派别争斗的错误，是一刻也不能继续存在下去的，为着领导全国团的工作转变及健全与转变团中央本身的生活，必须改组团中央的领导成份，特别是负主要工作的同志。

七、联会也认为：若要转变团的工作，顺利的获得"冲锋季"的胜利成功，必须加紧深入两条战线的斗争，特别是对目前形势估计不足，曲解无产阶级领导对团的基础怀疑或否定等等的右倾危险。反对一切不正确的倾向，消灭与工作有害的"派别争斗"的错误，开展广泛的布尔什维克的自我批评，严格的检查工作，深入反江苏省委的右倾机会主义的路线的斗争，只有加紧两条战线的斗争才能保证团的工作的转变。

八、联会决定了团中央领导成分的改组，要求少共国际批准。

中央档案馆藏

（录自共青团中央办公厅编：《中国青年运动历史资料》第 10 册，内部资料，1960 年印，第 666—670 页）

怎样才能完成团的全部工作彻底转变

（1932 年 5 月 24 日）

冯文彬[①]

目前的政治局面飞速地向前开展，中国的革命已进到了一个簇新的局面，苏维埃运动更是猛烈地扩大与巩固。

苏区团在这一局面之下，它的任务是更加倍地日益繁重，团要担负这一伟大的政治任务，为着加强团的主观力量，和实行团的全部工作彻底转变，才能担负和实现它日益繁重的战斗任务。

湘赣边各级团部，虽然在文章上和决议案上都在大声吹转变啊！〈和〉加强无产阶级的领导啊！其实真的完全转变了吗？不是的！是做得非常不够的，甚至有许多县委转变是什么都还不了解，都抓不去（"去"疑为"住"——编者注）转变的中心。如茶陵县委有一个决议（关于转变团的问题）仅仅是说组织轻骑队、列宁室等。认为转变团的工作××简单吗？

湘赣边的团要××××彻底转变，单纯一个问题，就是要把各级委员会的××个大的改造和转变。真正地提拔新的工农干部，就是建立铁一般的无产阶级的领导，这才是转变团的工作的一个首要问题。

执行团大会的决议和执行团的转变为什么这样迟缓，主要的是各级委员会的成分问题。因为各级委员会充满了老古板、学生老干部（如在第五期《列宁青年》上，内说："光阴似箭，日月如梭"，又说："此迹此状其实以堪"等老古语），调来调去，都是这一些老的学生干部，当然我们并不是说学生不好，和反对学生。如果单纯地说反对学

---

① 冯文彬，时任共青团中央局巡视员。

生,当然是不正确的,但是现在的事实看起来,的确是因为留恋和依靠不能够执行新路线的学生老干部,不能积极地和耐心地去提拔新的工农干部的结果,而障碍了团的转变和正确路线的执行。因此我们要了解执行新的路线,就一定要新的工农干部,虽然他们的工作能力较薄弱,但是他能够迅速地积极地去执行一切新的决议和工作,是能够完成他转变的责任的。

在上期团报上易心平同志说:"各级团部担任领导工作的同志,工农干部要占绝大多数。"是真的吗?不是的罢?!还是形式上的罢?!单把我们知道的来说:如莲花、萍乡、茶陵三县来讲,在整个看起来里面有六人佃雇农和青工,成分倒也不错,但在内部一看,书记、组委、宣委三个都是学生,工农成分的委员仅仅是树了一个空名,只有在开会时来座〔坐〕一下以外,更没有耐心去教育他,其余的书记我在表册上看来,永新、修县、遂川、临县等县委都是学生,在各县常委会中,恐亦不是甚好的。像易心平同志这样说法和估计,我认为是不正确的,是不×要的乐观态度,是坐在房子里估计的,是不深刻了解下层的实际情形的。

因此全团同志应来一个火的斗争,坚决反对和打击过分地估计团的好处,和不×要的乐观态度的"左"倾,特别是要集中火力反对主要危险右倾,如留恋不能执行决议的学生老干部,和对提拔工农干部及执行团大会决议的消极等等右倾机会主义观念作无情的猛烈的进攻,加紧两条路线的斗争。从斗争中坚决地撤消对执行团大会决议和上级决议消极等的学生老干部的工作,以新的工农干部积极分子来代替其工作。

只有积极地、大胆地提拔和教育新的工农干部,真正地到指导机关来,首先在各级委员会的成分来一个大转变,才能真正完成团的全部工作彻底转变,才能更迅速地走上布尔什维克道路,完成它的历史使命。

(录自共青团中央办公厅编:《中国青年运动历史资料》第10册,内部资料,1960年印,第671—673页)

关于进行"冲锋季"工作的布置的决定

（团中央局 1932 年 5 月 25 日决议）

在目前红军新的伟大的胜利，反帝浪潮猛烈的发展，工人争斗有力的高涨中，摆在团面前的任务：争取革命在一省数省的首先胜利，扩大民族革命战争，发展游击战争创造新的苏区，拥护苏联，拥护红军苏维埃，开展着对青工日常争斗的组织和领导。这些任务的实现，要求坚决站在党的政治路线之下，克服目前工作上的不能容忍的落后现象，为着工作的速度，为着工作的质量而斗争。

我们在领导青年工农的争斗上，在组织青年工农的工作上，在组织民族革命战争的工作上，在拥护苏联和红军苏维埃的工作上都是落后。再也不能继续下去，再也不能按照平常的方法工作下去。

团中央号召全国的团开始"冲锋季"工作的布置，决定由六月四日起到国际青年节（9 月 4 日）三个月为"冲锋季"的时期。"冲锋季"应当是克服工作落后的主要步骤。

今年的国际青年节对于我们有特殊的重大的意义。我们不能按照平常一般的来准备今年的国际青年节的工作。"冲锋季"是准备国际青年节的战斗。

团中央对于"冲锋季"工作的布置，给以下列的主要方向。各地团部应当根据这些主要的方向，作为工作布置和检查的标准，按照各地的情形，定出具体的冲锋计划。

非苏区内

（一）领导青年工人的日常争斗和团在工会中的工作

组织领导和参加罢工的争斗，是团的一切工作的中心，团应当有计划地来准备青工的争斗与参加和领导青工自发的单独斗争。提出青工的各产业、各工厂的各车间的单独的具体的要求纲领，并为着这些要求的实现而斗争。

准备纱厂（上海、天津、山东、青岛、豫北等）、矿山（唐山、抚顺等处）、造船厂、兵工厂、铁路、海员、市政等产业内青工的争斗。定出他们的纲领，召集青工群众的会议来讨论，建立斗争委员会。在要求纲领内应当是包括到无组织的和敌人组织内的青工的要求，建立下层的统一战线，吸收他们到斗争委员会内来，建立工厂内的青工全权代表制。

开展团在工会中的工作，发展青工部，有赤色工会的地方一定要有青工部，每个工人同志应当是赤色工会或赤色反对派的会员，动员得力干部到工会中去工作。

准备召集上海纱厂青工代表会成立纱总青工部。

发展在工厂作坊内的青工小组，建立他们的日常生活。

建立在黄色工会中的工作，创立赤色反对派，动员黄色工会内的青年团结在我们的纲领的周围，揭破黄色工会领袖的工贼作用，反对缴纳会费，青工有成立青工部的权利，青工有选举和被选举的权利，在为着我们的要求的实现的周围，夺取黄色工会中的青年到革命方面来。

定出失业纲领，领导他们的日常斗争，组织他们的示威，准备参加全总所组织的失业示威。

吸收青年女工到工会内青工部各级领导机关工作，召集青年女工的会议，进行青年女工中的工作。

开展着在农村无产青年中的工作，建立雇农工会内的青工部，定出农村无产青年的斗争纲领,建立在灾民难民中的工作,领导他们的斗争,发展游击战争,建立农民协会中的青年部及青年小组。

领导革命学生的斗争,组织他们为免费、反对将教【学】费用作进攻红军以及争自由的斗争等等。利用学生在放假时期去创立农村中的工作。

(二)组织工农劳苦青年参加民族革命战争,拥护苏联

组织和号召广大的工农劳苦青年的日常反抗斗争,反对日本帝国主义的侵略,反对帝国主义掠夺和瓜分中国,反对"国际联盟",反对帝国主义军队、警察、资本家的一切暴行。这就是说要进行和号召武装青年,首先是武装青年工人;这就是说要在共产党和无产阶级的领导之下,组织青年义勇军和游击队的运动。但是要反对帝国主义,如果不进行无情的与投降帝国主义的国民党统治作斗争,不进行无情的与改组派、第三党、孙科派、国家主义派、取消派以及一切反革命的派别作斗争,这是没有可能的,因为他们都是用激进的言词来阻碍群众的反帝国主义国民党的斗争。他们宣传"要求政府对日宣战"、"爱国主义"、"阶级和平",他们帮助和拥护进攻苏联和中国苏维埃红军,用造谣挑拨的方法来进攻苏联和中国苏维埃红军。

在一切青工群众的会议上以及日常的争斗中,必须联系到反对帝国主义进攻苏联、瓜分中国、进攻中国革命的强盗战争与扩大民族革命战争。

号召和动员广大的青年工人和劳苦青年武装起来,号召和动员他们到东北义勇军中去,将在反革命派领导下的义勇军夺取到我们的领导之下来。进行组织和发展广大的青年义勇军,实现义勇军的政治训练和军事课程。

创立"民反"、"反帝"内的青年部,发展反帝同盟的组织及建立青年小组的生活。

组织游击战争,实际解除白俄的武装,捣乱日军的后方。

组织罢工反对运兵进攻苏联、进攻苏区红军,建立在英、美、日、法的军队及国民党军队内的工作。

必须利用一切事实来揭破一切反革命派别的欺骗和国民党反动军阀的面具(如马占山实际上是日军参谋部的人物之一)。

(三)拥护红军

工农红军是民族革命战争的主力军,必须向广大的工农青年解释,红军是工农劳苦群众自己的军队,他英勇地与帝国主义国民党作斗争。帝国主义国民党一致地进攻红军苏区,企图消灭中国的苏维埃来维持他们反革命的统治。我们不但是要经过报纸宣传鼓动工作,解释苏区青年生活的改善,而且要动员广大的青年在实际上来帮助苏维埃和红军。

在一切群众的会议和日常斗争中,必须联系到拥护红军苏维埃的工作,号召和动员广大的青年工人到红军中去,募捐援助红军,募捐购买飞机赠给红军,募集物品送给红军和苏区少先队,组织参观团到苏区去,发展"红军之友"、"苏维埃之友"、"苏联之友"社。

组织罢工、关车、群众会议、示威游行、通电、宣言、决议,庆祝红军的胜利。组织罢工,反对运送军队进攻红军,不替帝国主义国民党制造军械进攻红军,不供给进攻红军的帝国主义国民党的军队一粒米、一文钱。

广大地解释和散布苏维埃政府的劳动法、土地法、宪法、对时局宣言、对日作战宣言等等。

建立各级团部反军国主义委员会。

建立在附近苏区进攻红军的白军中的工作。

(四)招收团员运动

在目前革命斗争的发展中,有着千百万的同情者,我们应当大批地把他们招收到团内来。对于发展团的和群众组织的消极,不吸收新的力量到团内来,这是最坏的机会主义。在团内青年工人的成分是非常之薄弱,干部成分的恶劣,这对于我们是非常严重的。必须招收大批的工农劳苦青年,首先是产业青工入团。我们应当在斗争中为斗争而发展组织,实现"每个团员介绍一个团员"、"赶上党超过党"、"有党支部有团支部",拥护红军胜利千百万工农加入团! 回答日帝国主义枪炮千百万工农加入团。改变团的阶级成分,吸收大批的青工入团,进行发展团员的竞赛,进行团员的政治教育。

(五)创立新的产业支部

必须把我们的基础移到企业内去,建立大的纱厂内、矿山、海员、铁路、兵工厂、造船厂、市政企业内的支部,企业支部一定要建立在企业内,反对过去将街道的同志编在企业支部内。

恢复几个大城市(首先是武汉、南京、九江、南昌、广州等)被破坏的组织。

建立活的领导巡视制度,开办训练班。

(六)报纸刊物

建立群众的报纸,首先是青年工人的报纸和工厂的报纸,这是非常之重要的。报纸刊物是我们夺取群众的最有力的武器。必须改善中央的报纸刊物,各地应当建立团报和教育刊物。

建立工厂小报。

改善现有的公开刊物的内容,筹备出版一个全国性的青工群众的报纸,筹备出版一个全国性的理论的月刊。

苏区内

(一)巩固苏维埃政权的工作

巩固扩大和创造新的苏区是团的主要任务之一。把零星的苏区打成一片的苏区,利用目前政治的军事的顺利条件占取一二个重要的城市,开始革命在一省数省的首先胜利,已经放在全国团的每天的工作日程上了。

把苏维埃政府法令、对外宣言、对日作战宣言等等,普遍地通俗地在广大的劳苦青年中解释和散布。在苏维埃改选时将青年工人的名单提出并保障当选,派好的工人团的同志去参加苏维埃政府机关工作,加强苏维埃政府内无产阶级的领导。发展耕种和收获运动,帮助苏政府累进税的进行与实现,动员青年修筑道路、修理堤坝。

动员青年参加分配土地的斗争,执行正确的策略,使土地革命的利益落在贫农中农的身上,动员青年参加群众大会讨论分配土地。

组织轻骑队,建立轻骑队的生活和工作内容,洗刷政府机关内的官僚分子。

吸收青年妇女到各级苏维埃机关工作。

帮助苏维埃政府肃反的工作,进行广大的政治上的教育,揭破一切反革命派别面具。

(二)拥护红军

巩固和扩大红军,创造铁的红军,加强无产阶级在红军中的领导是团的主要任务之一。对广大的劳苦青年解释,红军是工农自己的军队。帝国主义是进攻红军的组织者和领导者,供给国民党以新式的军械、作战计划,直接地公开地武装进攻红军与苏区。苏维埃政府是民族革命战争的领导者,红军是民族革命战争的主力军。将红军的胜利对广大的青年解释,红军的胜利就是全国劳苦群众对于帝国主义国民党的胜利。

号召和动员广大的青年工人和劳苦青年到红军中去,每个同志发动一个群众到红军中去,建立团在红军中的工作,募集物品送给红军,少先队的行动积极化,帮助红军的作战,要求红军加强对少先队的领导。

组织广大的青年群众的会议,庆祝红军的胜利,通电、决议、宣言、慰劳队,发起募捐飞机送给红军的运动。

(三)动员青年参加民族革命战争,拥护苏联

帝国主义进攻苏联瓜分中国的战争是已在中国开始了。集中大批的军舰于中国境内,占领满洲作为进攻苏联的军事根据地,用各种方法挑战。

动员广大的青年参加民族革命战争,武装拥护苏联,用极大的力量来创立附近苏区的、白区内的工作,领导白区内的反帝斗争,武装白区的青年。

组织苏区内的青年群众会议和反帝的示威,发展反帝青年部和

"苏联之友"社等的组织。

建立在直接"围剿"苏区的国民党的军队中的工作,瓦解敌人的军队,夺取士兵群众到革命方面来,投降到红军中去。

(四)领导青年工人的经济斗争和团在工会工作中的任务

在苏区内极大地改善青年工人的生活,这是拥护苏维埃的实际的工作,这是使苏维埃政府与帝国主义国民党统治的对立的具体事实。组织青年工人的日常斗争,领导他们向资本家富农作斗争,争取他们生活的改善,必须实现青工六小时、童工四小时,以及苏维埃政府的劳动法。必须与那些对于实现苏维埃政府劳动法令的怠工作斗争。

帮助赤色工会的建立和改造,发展青工部青工小组的组织,健全他们的生活,每个工人同志应当是工会会员,实现百分之九十以上的青工加入工会。与现在苏区内忽视青工工作,取消青工工作或是认为青工的斗争落于农民之后的理论作斗争。

在苏维埃政府的企业内应当发展革命竞赛和模范队的组织,提高苏维埃企业内的生产和劳动纪律。

(五)招收团员运动

加强苏区团无产阶级成分是巩固和扩大苏维埃运动的基本任务,改变团的成分,吸收大批青年工农和劳苦群众入团,实现"每个团员介绍一个团员"、"赶上党超过党"、"有党支部有团支部"。

(六)报纸刊物

各苏区应当至少出版一种团的机关报(每日刊),保障经常的出版,保障广泛的发行,保证正确路线。出版各种的青年群众报纸刊物,出版许多通俗的小册子,编辑学校用书,发展文化工作。

保证这"冲锋季"工作顺利的进行和实现,必须:

1.把这一决定传达到一切支部和每个团员中去,收集他们的提议,组织他们的积极性和创造性,发动广大的自我批评,改变领导的方式。

2.发展革命竞赛和模范队的工作方法,提高工作的紧张性,必须反对那些对革命竞赛开玩笑的不负责的态度,开展布尔什维克的革命竞赛和模范队的工作。

3. "冲锋季"的工作不仅是团的,而要成为广大青年群众的。动员和团结广大的青年群众来执行"冲锋季"的工作。

4. "冲锋季"工作实现的必要条件,必须改造我们组织,提拔新的干部,特别是工人干部到团的领导机关内来,提拔积极的分子到一切群众的组织内来。

5. 必须坚决地进行两条战线的斗争,反对对于革命形势估计的不够,放弃独立的领导民族革命战争,投降反革命派别等等的右倾;必须打击"左的"空喊,脱离群众的关门主义。反对对于右倾和"左"倾机会主义的自由主义。

6. 要求党加强对团的政治领导,给团以实际的帮助。

同志们!坚决地勇敢地向前进呵!为工作的速度为工作的质量而斗争,为中国共产青年团布尔什维克化而斗争!

中央档案馆藏

(录自共青团中央办公厅编:《中国青年运动历史资料》第 10 册,内部资料,1960 年印,第 674—682 页)

江西省苏维埃第一次代表大会
实行劳动法令议决案①

（1932 年 5 月）

　　一、江西苏维埃运动,在几年的工农群众残酷斗争中创造了全国最大的苏维埃根据地,建立了统一的全省工农兵苏维埃政权,苏维埃政权对于工人阶级的解放已有相当的实现,普遍地帮助工人建立了职工会的组织,并在物质上给予职工会不少的帮助,工人的生活在苏维埃政权保护下,已相当地增加了工资减少了工作时间,雇农全部和失业工人极大多数分得土地,减少了失业工人生活上的困难。

　　二、江西苏维埃斗争三年来都处在革命战争环境中,白军团匪的侵扰,敌人长期的经济封锁,资本家的逃跑,这样使得江西苏区原有的手工业商业等,都走到停歇衰弱地步,使绝大多数工人遭受失业的痛苦,加以过去苏维埃实行经济政策的错误,和实行劳动法的不正确（如监督资本□□□□□□□□□□□□□□□□□□□等）,使得资本家老板更藉此停歇逃跑,这更加扩大工人的失业,使工人群众生活感受很大困难。

　　三、全省代表大会检查过去各级苏维埃对于保护工人群众利益的政纲执行,特别是在临时中央政府成立后,对于全苏大会的劳动法令执行,认为极不满意,具体地指出如下:

---

　　①　现标题为编者所改拟,原标题为《实行劳动法令的议决案》。原件无时间,此为编者所判定的时间。

1. 在一次战争以前各级苏维埃政府所实行的劳动保护法没有分清工人师傅、独立劳动者,于是增加工资变成师傅,作坊老板,独立劳动者向农民加价钱,引起工农关系不好,实际上真正工人还没有完全得到真实工资的增加,反使师傅老板操纵职工会来继续剥削真正工人。

2. 以后这种非阶级的路线有了纠正,但又走到了对于工人权利的保证消极,特别对于工人失业问题,又放弃自己的责任,不积极设法解决,使得工人群众在苏维埃斗争中表现消极。

3. 中央政府成立后,各级苏维埃对于劳动法令的执行,仍然是继续过去的消极,没有将执行劳动法列为各级苏维埃的任务之一,这是放弃苏维埃保护工人政纲的极端严重错误。

4. 八小时工作制,星期例假的休息,工资增加,失业的经济与保护,青女工利益的保护,特别对于女工的不平等待遇(如兴国合作社女工员比学徒还□□一倍)在江西所属各地,并未完全地真实地实现,各级政府从未监督资本家来实行,也未实行检查过,这样使许多工人的生活,还继续的〔着〕资本家过去的残酷剥削,而减低工人参加苏维埃一贯斗争的积极质〔性〕,这不仅是放弃苏维埃的任务,而且减弱了革命斗争的力量。

5. 因此各级劳动部劳动科的建立,过去完全没有,最近选举运动后虽在形式上有了,但在工作上完全变成空后时的经商。①

四、全省代表大会严厉指斥过去各级苏维埃对于劳动法实行的消极,并重托新省苏维埃执行委员会立即去改正这一错误,使之迅速消灭。

五、各省代表大会一致拥护和坚决执行全苏大会的劳动法令,并同意中央劳动部第一号训令去执行外,并根据江西的实际情形,作以下具体的决议。

1. 对于成年工人 8 小时制、青工 6 小时、童工 4 小时、星期日和

---

① 原文如此。

例假日的休息,依照中央劳动部的规定,自今年红五月起,无论政府所办的工厂企业、群众名誉所组织的合作社、私人资本的商店作坊,一律实行的经劳动部批准延长工作者,依劳动法令给双薪,并由各地苏维埃劳动部负责监督实行。

2. 对于乌矿、煤矿、石灰窑等类 3 人的工作时间,不得超过 7 小时。

3. 对于手工业工人、矿工等,除星期的休息外,星期六只做半日工作,零工者不在此限。

4. 矿工石灰窑工以及因工作关系每日工作时间要超过 8 小时以外 2 小时以上的而得到当地劳动部批准者,做 5 日工后,应休息 1 天。

5. 大会同意中央劳动部,规定目前无论男女工人最低真实的工资为大洋七元,并决定零工和雇农短工、苦力、独立劳动者,每日工资,最低者为大洋一毫半,伙食由雇主供给。

6. 长年雇农其每年工资最低为大洋 36 元工资,须分节付给。

7. 绝对禁止包工制,认件工作者,尽可能改为日前〔薪〕或月薪,如遇工作特殊情形,其每件工资由当地劳动部依劳动法规定,定出每件最低工资。

8. 学徒的期限,看熟练的程度而规定,但普通技术,不得超过半年,较困难的技术,最长不得超过两年,如何规定各职工的学徒期限,由省苏劳动部规定出各职业的名员。

9. 学徒学习期内的津贴规定上半年每月最低大洋 1 元,下半年最低每月为大洋 2 元,如学习期为半年及 2 年者,每按半□,增加每月津贴一次。

10. 女工产前产后 8 星期休息工资照给外,对于抚养婴儿的补助金应由雇主给以恰当的津贴。

11. 青工学徒由雇主给工会以相当的教育经济来办青年文化教育工作。

12. 对于刨烟工人矿工窑工纸工铁工铸铜工机器工等每年由雇

主做工衣工一套给工人穿,工作工具完全要资本供给。

13. 苦力工人可负重量,长途者不得超过60斤,在30里内不得过70斤。如超过重量者,除原有工资外,应另加工资。

14. 对工人疾病受伤的在目前社会保险局未设立前,临时由资本家出医药费仍照给工资,因工残废者由资本家出以3个月至6个月的中等工资作优恤金,死亡者除葬埋费外并由资本家出3个月中等工资给其家属作优恤金。

15. 对于失业工人,除照中央劳动部训令建立失业介绍所失业登记介绍工作外,各级劳动部应设法使失业工人在政府企业及合作社中,尽可能先雇用此种工人,并由劳动部与财政部协同帮助失业工人组织各种生产合作社,如造纸、石灰、煤炭、线布、乌沙制造农具铸铜以及日常品制造药等等,这是可以相当地解决一部【分】失业问题,同时苏区生产也发展了,大会委托新讯〔执〕行委员会在三个月内调查各种失业工人状况,及苏区经济情形来似〔拟〕定具体计划并在经济上给以帮助逐渐实行。

16. 对于在失业工人应开始责令资本家按月照劳动法规定出纳失业保险金,暂委托职工会管理以保障工人将来失业之救济。

17. 为了监督劳动法的实行,必须在劳动部之下建立劳动检查所和设立劳动检查员,随时来监督和检查资本家对于劳动法的实行。

18. 对于劳动合同与集体合同除依照中央劳动部训令执行外,各级劳动部随时由劳动检查员去检查合同的实行,最低限度在三个月内要检查一次。

六、为了保障苏维埃执行劳动法起见,必须依照中央劳动部所颁的组织纲要,健全各级劳动部和劳动科的组织与工作,大会严厉指出过去各级劳动部之无工作的空机关之错误,并责成省劳动部切实地来建立劳动部的行政系统,并将劳动法及大会的决议拟定更具体的实际进行方案,以指示和督促下级劳动部执行。

七、为要加强监督劳动法的实行,各级劳动部和劳动科,要经常与职工会发生密切联系,以便取得职工会和其会员的帮助,如劳动部工作计划讨论实行劳动法解决工人与资本家的斗争等等,最好邀请职工会与工人的代表参加会议作报告,同时对于这些问题的解决劳动部可派人出席职工会的会议作报告,征求职工会和其他会员的意见与赞助。

八、大会特别指出保障工人阶级的权利是苏维埃政权基本政纲之一,只有坚决执行这一政纲,方更有力量去领导工人阶级去参加革命战争,争取苏维埃在全中国的胜利。

九、大会号召全省工人群众一致来赞助各级苏维埃劳动部来实现劳动法和本大会的决议,来积极参加苏维埃所领导的一切斗争,参加革命战争,只有将反动国民党在中国统治推翻,取得苏维埃在全中国的胜利,才更能获得劳动法全部的实现和工人阶级更进一步的解放。

(根据中共江西省委党史研究室藏件刊印)

少共国际执委
关于中国苏区中少年先锋队的信

（1932 年 6 月 1 日①）

一、少年先锋队的目的与性质

1. 中国的反帝与土地革命,已经唤起了城市和乡村多数的劳苦青年群众起来反对地方豪绅,高利贷与军阀,没收地主的土地分配给农民的主要群众使用,反对不能容忍的苛捐杂税,反对农村中的奴役和一切封建的残余,反对整个国民党地主资产阶级的统治,反对帝国主义的压迫。这一切的斗争已经使工农群众建立红军和苏维埃政权。同时,自动地产生了许多少年先锋队的组织。少年先锋队,团结在它的队伍中成千成万的青年工农,与共产青年团一道来帮助红军,少年先锋队是中国反帝与土地革命的战斗队伍,他在前线斗争中曾经起了很大的作用,在红军与白军战争中和在苏维埃政府的一切工作中,少年先锋队都有莫大的功绩,他积极地参加没收地主的土地,分配土地,肃清反革命。

2. 中国共产青年团固然是要在少年先锋队中执行它的领导。同时,应当在将来把少年先锋队造成一个群众军事化的与武装工农的组织。在共产青年团领导之下,为中国的反帝和土地革命的口号

———————

① 此为中国青年团中央收到文件的日期。

而斗争。

共产青年团应当执行这样路线,把少年先锋队转变为一个包含数百万青年工人、雇农、贫农,和中农青年群众的组织。

只有真正成为城市和乡村中劳苦青年的群众组织,少年先锋队才能完成它在反帝和土地革命中的任务。

3. 下述的任务,应当是决定少年先锋队更进一步地存在与最大的发展:

(1)少年先锋队是一个工农的广大武装群众组织,是共产青年团一个最主要的后备军。少年先锋队在共产青年团领导之下,积极参加巩固和发展苏维埃的建设,反对阶级敌人的斗争。必须坚决反对把少年先锋队变成纯粹文化组织的倾向,仅仅进行教育工作,脱离了前线上的斗争和苏区中的阶级斗争。

(2)少年先锋队广泛地进行青年的军事训练,为红军训练后备队,少年先锋队在前线上与红军共同的积极作战,少年先锋队的这种特殊性质是与目前苏区的战斗任务相适合的,而且适应参加少年先锋队的劳苦青年的需要,就是在共产党与共产青年团领导之下,积极地反对地主豪绅、军阀、国民党、资本家和帝国主义。

(3)必须坚决地打击把少年先锋队和红军对立起来,以及把少年先锋队变成第二个青年红军等倾向,共产青年团必须防止少年先锋队和红军部队间的冲突,必须经常地解释少先锋队是红军的助手,在红军司令官的军事指导之下工作。

(4)在青年团领导下的少年先锋队中的一切教育工作,应当与少年先锋队的斗争和参加阶级斗争密切的联系起来。目的在使少年先锋队的队员能自觉地参加阶级斗争,并且以阶级的精神去训练他们。

4. 少年先锋队在组织成分上是青年工农的组织,不仅允许青工、青农、青年雇农参加,而且允许农村中的一切劳苦青年(中农)。因此,少年先锋队在斗争的目的和它的任务的性质上看来是党和青年团的一个武器,必须在少年先锋队的组织有强固的无产阶级的领导才能保证少年先锋队的这种作用。如果没有保证青工和青年雇农在少年先锋队伍中的领导作用。在招收少年先锋队员时没有保持阶级的原则,则有些少年先锋队可以从党和团的武器,变成阶级敌人的工具。青年团是少年先锋队中无产阶级领导的主要传达者,应当经过少年先锋队中团的指挥人员,经过团组来巩固团在少年先锋队中的领导作用。

少年先锋队是青年团的一个附属组织。青年团经过这个附属组织传达它对广大青年群众的影响,青年团是劳苦青年群众的先锋队,是一个在党领导下的战斗的群众的青年工人的共产主义组织。少年先锋队应当是一个更广泛的补助组织,吸收城市和农村中的劳苦青年到他的队伍中来。一方面应当反对把少年先锋队和青年团对立起来,反对以少年先锋队代替青年团,即是取消青年团。在另一方面则必须反对剥夺少年先锋队的任何独立作用,反对对少年先锋队的取消倾向——各地苏维埃与其他机关等企图解散少年先锋队的组织,这明白表示他们不能认识中国土地革命的特点,即是中国的土地革命由于斗争的农民自己的创造性而建立起来的斗争形式——游击队、赤卫队、少年先锋队等等。否认少年先锋队有存在的必要。事实上就是压迫农村中劳苦青年的革命斗争积极性,妨害中国的农民在实际上已经证明有效力的阶级斗争的方法和方式。少年先锋队中的政治领导作用,应当是属于青年团,而不应当属于苏维埃机关和工会(各苏区现在就有这现象)。因为在纲领、任务、年龄、组织上只有青年团才能是少年先锋队中党(共产党)的影响的传达者。

少年先锋队是开展青年团最重要的基础。青年团应该采取坚决的行动,大批地吸收比较好的经验过的少年先锋队员到团中来。要在每一个少年先锋队中建立起一个坚强的青年团核心。每一个青年团员应当加入少年先锋队,应当派遣少年先锋到前方去时,团的支部或区委,应同党共同决定哪些团员应当留下继续工作。

二、少年先锋队的组织和构造

5. 应当允许 16 岁到 23 岁的青年参加少年先锋队。每一青工青农和青年学生(劳苦阶层出身的)都可以当少年先锋队员。在吸收非无产阶级分子的时候,必须要注意只收那些不参加剥削他人劳动的青年,主要的是那些同情苏维埃,帮助党与团巩固苏维埃和红军,帮助执行党与苏维埃最重要的经济与政治设施的分子。

6. 在广泛地吸收青工、雇农、贫农青年、中农青年到少年先锋队中来时,必须防止一切敌对阶级(地主、富农、豪绅等)打进少年先锋队中来。绝对地封闭他们进到少队中来的路,必须清除少先队组织中的一切城市和乡村中的剥削分子,但不是用一次总的洗刷(这是有害的)而是用彻底的工作,揭穿和驱逐这些敌对的分子。

7. 必须采取坚决的路线提拔工人、雇农、苦力、贫苦农民到少年先锋队中的领导位置,必须反对右倾的表现,害怕群众这些青年任领导工作。青年团的任务,是供给少年先锋队一个实际能执行党团苏维埃指示的无产阶级构成的领导(为这种目的,可以开办学校,为少年先锋队训练工作人员,只有工人、苦力、雇农、贫农,及受过严格检验中农,才可以改变各地少年先锋队的领导)。

8. 关于少年先锋队的构造,应当按照下列的方法来建立:

(1)少年先锋队应当在青年团的政治领导下活动,党与苏维埃政府(政府的军事机关),经过青年团执行它们对少先队的领导。但是,在前线少先队一切行动的军事行动领导应属于红军的军事机关,在后方则应归苏维埃政府的军事机关。然而在必须的时候,少年先锋队根据党的指示,可以出来反对那些受了阶级敌人的影响不执行并拒绝共产党路线和指示的苏维埃政府个别机关。

(2)必须顺着青年团支部与委员组织少年先锋队,每一个少年先锋队应有一个参谋部,这个组织包括:①总队长(由团取得党的同意指派团员充任);②参谋长(由军事机关派军事工作的同志充任);③

党代表(由党指定同志充任)。为要配合少年先锋队的行动,少先队的区与特区的参谋部,可以组织同一的结构,为要执行对少先队的日常领导,各级团部从上级到下级,应当组织军事部,负责切实地指导少年先锋队。

(3)关于改换指导机关,或解散某些在阶级敌人影响下的少年先锋队等问题,党由青年团与苏维埃政府的军事机关共同解决,至于最后决定则属于党的机关。

(4)不应当在少年先锋队的周围组织儿童队,应当由儿童团去组织儿童,儿童团是在团的直接领导之下活动。

(5)少先队在他的一切工作中应与赤卫队有密切的联系。

三、少年先锋队的任务

1. 帮助红军与青年的军事训练:

(1)少年先锋队参加红军的一切斗争,在前线少年先锋队是在红军官长直接领导之下。

(2)一遇红军官长的要求,少先队应把它是〔最〕好的部队归红军派遣,少先队供给红军的后备兵,由它的最好的队伍中组织红军的营团队等;自动地动员少年先锋队员参加红军,少年先锋队执行侦探的工作等。

(3)一切少先队队员(没有任何例外)应在红军教练官领导之下受军事训练(射击训练军纪研究红军的战略创造与任务等)。

(4)因为少年先锋队也要广大地吸收妇女,必须从妇女中组织特别的卫生队,同时号召她们参加一班〔般〕的斗争。

(5)必须用矛、刀、来福枪(不过不能妨碍红军)武装少年先锋队。

2. 帮助苏维埃政府:

(1)少年先锋队应当积极地参加反对苏区地域中反革命派的走狗的斗争。要把少年先锋队最好的队伍供苏维埃机关使用。在执行苏维埃政府的训令时,少先队受了苏维埃机关训令时,应当参加没收地主土地,参加反对藏匿粮食的斗争。组织粮食的供给,执行苏维埃政府的一切法令,帮助执行严厉的阶级路线。

3. 关于内部的教育工作:

(1)少先队是一个有阶级纪律的组织,它的目的是在共产青年团领导之下,从劳苦青年中培养成坚决的革命者和阶级的战士,反对地主资本家豪绅富农,反对整个的国民党,反对一切的军阀与帝国主义,少年先锋队斗争的目的是帮助党与团建立和发展全中国的苏维埃政府。

(2)根据这一观点,少先队应当把它的活动的每一步联系到同无产阶级与贫农在一条战线上,参加阶级斗争。

(3)因此少先队在执行前述的任务时,是必须以阶级精神进行少年先锋队队员的政治与文化教育,组织政治研究班,各种团体(研究苏维埃法令、红军战略、苏联的列宁共产主义的青年团),为工作人员和队员开办学校。少年先锋队必须铲除自己队伍中的文盲,应当与一般人民的宗教偏见作理论上的斗争。

(4)少年先锋队应当在共产青年团与苏维埃政府领导之下,组织苏区劳苦青年的体育运动,把这一任务与军事化青年的任务联系起来。少年先锋队也应当在自己的队伍中组织各种体育运动(如游泳、赛跑、足球、蓝球、排球、掷沙袋等等)。

4. 只有在下述条件下,少先队才能顺利地执行它的任务,完成它在中国革命中的英勇作用:

(1)在少先队的一切工作中,要有无产阶级领导(提拔工人,雇农苦力,反对敌对分子侵入少年先锋队)征调少先队员到共产青年团中来,共产青年团强有力的领导,使团成为在少年先锋队中党的影响的传达者,这是保证无产阶级领导一个最有力的条件。

(2)作不调和的斗争,反对少年先锋队本身内一切脱离共产党与共产青年团路线的危险的倾向与错误,必须作坚决的两条战线上的斗争,一方面反对最危险的倾右〔右倾〕(如对阶级敌人采取调和态度,容许富农豪绅分子打进少年先锋队伍中和它的指导机关中),反对拒绝参加阶级斗争,拒绝在前线作战,只进行纯粹的文化工作等倾向。在另一方面要反对这些错误,如:不正确的反宗教的斗争(毁灭寺、庙、祖坟、佛像等),反对企图把少年先锋队变为第二个共产青年团,或者代替共产青年团的工作,共产青年团与少年先锋队的指导机关应当进行不断与不调和的斗争,反对这一切错误倾向。

少年共产国际执行委员会
一九三二年六月一日团中央收到

(根据中共江西省委党史研究室藏件刊印)

少共中央给苏区中央分局的信

（1932 年 6 月 6 日）

苏区中央分局的同志们：

听□□的报告和审查了苏区第一次团员代表大会的文件以及青年实话上个别负责同志的文章后，我们认为有给你们这封信的必要。

在中国经济危机深入到国民经济总崩溃，帝国主义进攻苏联瓜分中国进攻中国革命的强盗战争已在中国开始，工人罢工斗争有力地高涨，农民灾民士兵的斗争是风起云涌，反帝运动蓬勃地开展。尤其是工农红军与苏维埃伟大的胜利，使中国地主资产阶级国民党的统治日益走向崩溃，革命危机正以极大的速度生长着，争取革命在一省数省的首先胜利已经是放在团的议事日程上了，国民党无耻地投降，在帝国主义的领导与指使之下，动员一切力量来进政中国工农红军与苏维埃，帝国主义国民党用各种方法挑起进攻苏联的战争，进攻苏联的战争紧张到了一分钟、一秒钟的问题，真实地来讲进攻苏联的战争已经开始了。

正是在这一阶级斗争的尖锐和复杂的环境之下，中央分局对于党的路线的不了解而发生机会主义的动摇，在许多主要的问题上，分局都表示着严重的机会主义的错误。

这里，首先是对于中国两条政权的对立的不了解 。不了解苏维埃政府的存在是中国革命危机的主要标志，这种观点在中央区过去党的领导也是存在，反映团内，是如苏区团第一次代表大会的政治决议完全没有把中国存在着的两个政权的对立，两个政权下的青年的生活地位,明显地对立起,因为你们没有这正确的认识,所以你们认为"在他们(帝国主义国民党)相互间的冲突愈益紧张中,加强来进攻苏区和红军"(《青年实话》12 期),帝国主义国民党对革命的仇恨,正与他们自己营垒中的矛盾同时加紧(11 期)。这种估计没有法子使我们动员千百万工农劳苦青年在苏维埃的周围,使我们能够在同帝国民党新的血战中得到新的胜利,也就是因为这种估计,所以中央区的同志从容不迫地去打土围子。

对于目前两个世界——苏联与一切资本主义世界的对立的估计不够,因此我们同志不了解资本主义世界与社会主义世界,同资产阶级与无产阶级专政间各种矛盾的发展,极端地加强了武装进攻苏联的危险,尤其在满洲和上海事件之后,更加露骨地明显。在代表大会的政治决议中,对于苏联社会主义建设的成功和进攻苏联的战争,也是说得非常之不够。如估计满洲和上海事件时,完全忘记了帝国主义进攻苏联战争的急迫,"帝国主义相互间的掠夺,飞快地走向第二次世界大战,日本占领上海闸北后,各帝国主义强盗,如美、法、意,特别是美国,立即调集大批军舰集中上海,对抗的形势达到一触即爆发大战的紧张状况!前几天日本与美国的前哨甚至有这一次的接触,血洗全世界的大凶剧,快要在我们面前表演了!"(《青年实话》第 10 期)"帝国主义世界大战在中国爆发了!"这是标题,接着就说:"帝国主义已经公开决裂了!帝国主义世界大战的爆火,已经在上海轰炸了"(11 期)从这些估计中,你们是完全地忽视了帝国主义进攻苏联战争和进攻中国苏维埃的急迫。因为这种估计,当然会使你们放弃拥护苏联的任务,在号召二月十八的反帝示威中完全没有提到这一任务。

你们在世界大战爆发的日期上有些争论:"在帝国主义瓜分中国的行动日益进展中,帝国主义相互间的冲突更加尖锐起来,帝国主义大战无疑是很快要来到的,但因为革命运动在全世界巨大的发展给予帝国主义威胁,以及帝国主义准备的尚未充足,所以至今还在盘马弯弓的状态(本报 11 期定一同志大战在中国爆发了的估计,是根据

〈如〉一些不正确的新闻材料,是不正确的),但是大战终是很快要爆发的!"(13期)你们的争论只是"已经爆发"和"快要爆发",仍然是没有站在阶级的立场,去揭发帝国主义进攻苏联战争,以为与那些企图用帝国主义大战来抹煞帝国主义一致进攻苏联的机会主义的观点。

巩固无产阶级对于苏维埃运动的领导是中国革命胜利的先决条件,苏区的团应当集中一切力量来加强无产阶级在团内,苏维埃政府内,红军以及一切群众的组织、一切工作和活动内的领导,中央分局的同志是没有了解的。

无产阶级领导的实现,首先是组织和领导青年工人参加一切的斗争,你们对于这一任务的放弃,从两个观点上表现出来,一方面是认为苏区没有工人,在"手工业者"和"独立劳动者"的掩盖之下放弃对于青工的领导与组织。如果照你们的意见,在□□苏区内凡是有一把刀一把斧或一只针的都是独立劳动者。正如你们在《团的建设问题的决议》上所说的:"造成目前的严重状况的客观的原因,就是现在的苏维埃区域正是僻处在较偏僻的区域缺少广大无产阶级青年的群众基础"。当然有了你们积极的估计,不会去组织共产阶级青年。这也就是你们对于青工工作完全放弃的原因,这是非常之错误的。你们完全不是以剥削的关系立场上去认识,谁是工人,谁是剥削者,譬如有刀斧的木匠或有针剪的裁缝,如果他不是剥削别人,而是受人剥削,我们认为这样的人还是农村工人,另方面用苏区青工群众的积极性落后于青年农民的理论来掩盖你们对于领导和组织青工的消极,如你们在苏区团第一次代表大会所通过给苏区团在工会运动中的任务的决议上写:"他们(青年工人)的积极性尚未在一切斗争中和活动中充分地发挥出来"这是不合事实;我们从□□的谈话中知道在江西兵工厂修理枪械的青工过去修理六支现在修理十支,难道这不是他们积极,不是他们对于苏维埃政府的拥护,又如在红军中最守纪律的是青年工人。这些事实都是说明苏区青年工人的积极性并不是没有发挥,而是我们的领导者,根本不了解巩固无产阶级在苏维埃运动中的领导,是团的主要任务。

正因为你们不了解这一任务,所以你们在"肃反"中表示着张皇失措,没有正确的路线,也不会有正确的路线。你们认为一切的错误都是由于肃反的错误而来的,这样估计也是错误的。

虽然是苏区中央分局成立以后,在自己的工作中获得了一切成绩,主要的是:恢复了被立三路线所取消团,动员和领导青年参加革命战争开始建立在红军中青年工作,肃清隐藏在团内的反革命分子等等。

但是苏区中央分局并没有完成它的主要任务,尤其是团在苏区中的任务的决议,大部分没有实现,团的工作是极端的落在革命发展的后面。

必须发展团内两条战线的斗争,与右倾机会主义对于目前革命形势的估计的不够,对于两个政权的对立,对于在苏联战争估计的不够,对于无产阶级领导不了解的观念开火,同时反对"左"的清谈关门主义脱离群众等,作无情的斗争,揭发团中央分局的错误,发展广大的自我批评,转变领导与工作的方式。

根据目前革命的发展,中央分局和苏区团的主要任务是:巩固苏区创造铁的红军,领导反帝国主义运动,进行民族革命战争,拥护苏联,领导工农青年劳苦群众的斗争,争取他们生活的改善,组织百分之百的劳苦青年群众开展土地革命,推翻国民党统治,争取联系成一片的苏区,争取革命在一省数省的首先胜利,为着实现这些任务,必须执行下列的工作:

一、巩固苏维埃政权是团的主要任务之一。苏区的团应当动员广大的青年工农劳苦群众,拥护苏维埃政府;向广大的青年劳苦群众解释苏维埃政府劳动法、土地法、宪法,以及一切宣言等,并为着这些法令的实现而斗争,执行苏维埃政府正确的经济政策,帮助累进税实行,发展合作社,发展耕种收获储蓄运动。

扩大苏维埃区域,创造新的苏维埃区域。团应当去发动组织附近各苏区的游击战争。

执行土地革命中的正确路线,过去你们只按人口去分配土地办法,是不正确的。在新的苏区内,团应当去帮助没收土地的工作,动员青年农民参加群众大会讨论分配土地等等。

巩固在苏维埃政府内无产阶级的领导。团应当在改选运动中,将青年工人提到候补名单上去,团应当训练一批工人团员到苏维埃政府内去担任各项工作。

发展和领导轻骑队的工作,去帮助肃清苏维埃政府内的官僚分子。你们认为"轻骑队是团内的组织,队员必须是团员,而且要是积极忠实的团员",这是错误;轻骑队应当是团直接领导下的青年群众的组织,组织基础应当以青年工人为骨干,你们又说到"至于检查反革命或政治之错误等不在轻骑队的责任范围内。"这也是错误的;轻骑队应当去侦查反革命分子的行动,报告政权机关首先是政治保卫局工农检查所处理;轻骑队不但要去揭发苏维埃政府内的官僚主义,并且要参加日常的政治生活。

二、拥护红军与少先队的工作

团分局对于建立铁的红军,与加强红军中无产阶级的领导,是绝对不能分离的任务,还不了解。只有〈在〉这观点才能解释,为什么你们没有组织大批的青年工人雇农到红军中去,为什么你们对于红军中青年工作还是没有很好地建立起来。

你们对于中央的《团在红军中工作的决议》认为组织突击队,组织苏联之友等等都是可以分散红军的力量,这认识是不正确的;应当根据中央对红军中工作决议进行工作。

分局应即进行动员大批的劳苦青年,首先是青年工人雇农到红军中去。

对于第五军团(孙连仲叛部)中的工作,分局应当有特别的计划,包括建立第五军团中团的工作,对于士兵的政治教育,使他们在政治上坚定起来。

分局对于白军中的工作,仍是消极,不了解夺取白军士兵群众到革命方面来是实际地给红军以帮助。必须训练一批同志派到白军中去工作,首先是俘虏过来的士兵给他以充分的政治训练,要他仍旧回到白军中去当兵,给他以具体的任务,设法经常地与他们去发生关系。分局首先要具体计划打入广东部队、何健部队、何应钦部队以及福建的张贞、十九路军等部队中的工作。

关于苏区少先队的工作,少共国际和团中央已有新的决定,分局应当根据新的决定具体地执行。

在苏区少先队大会的决议上有许多问题,是与我们对于苏区少先队新的决定不相适合的,首先是团对少先队领导的问题。团应当直接地公开地经过团的代表去实现团的领导,少先队的领导应当是集中由党、红军、团各派一人来组织少先队的领导机关。

少先队应当得到红军中团员对于他们军事训练下的帮助;红军中青年团应当派遣自己的同志去领导少先队;尽可能所派到领导少先队的红军代表应当是团员。

在苏区内应发起募捐飞机拥护红军的运动。

三、领导反帝国主义,扩大民族革命,拥护苏联

帝国主义进攻中国革命瓜分中国的战争,已经在满洲、上海开始了。国民党无耻地投降,压迫反帝运动,为帝国主义当清道夫。只有武装民众进行民族革命战争,打倒帝国主义,推翻国民党的统治,才能使中华民族独立解放。苏维埃政府正是民族革命战争的组织与领导者,工农红军是民族革命战争的主力军。无论在分局通过的反帝同盟青年部的组织及工作大纲,无论在二月十八的反帝示威,无论在分局个别负责同志的文章中,你们都没有这一正确的认识,完全不了解红军苏维埃的胜利,就是全国劳苦群众对于帝国主义国民党的胜利。如在《青年实话》10 期上:"中国革命现在是到了一种新的局面,革命的两大支流——反帝运动与土地革命迅速地要汇合一起!"这是你们不了解反帝运动与土地革命不能对立起来,似乎以前反帝运动与土地革命没有汇合起来□□□迅速□汇□□□□,这是非常错误的。因为你们没有这一正确认识,当然会使你们放弃在苏区内领导反帝运动的工作。

对于帝国主义进攻苏联战争在前面已经说过。你们必须立即纠正这些错误。

分局应即向广大的青年解释,红军与苏维埃是真正的反帝国主义的力量,将苏维埃政府对日宣战的宣言,广大的解释和散播。工农劳苦青年加入红军,要在冲锋季中来实现每个同志发动一个青年劳苦群众特别是工人到红军中去,是实际地给帝国主义国民党以打击。回答日帝国主义的炮声,千百万劳苦工农青年加入青年团、少先队。

动员广大的劳苦青年武装拥护苏联;将苏联第一个五年计划的成功与第二个五年计划的意义,广泛地向青年解释,发展苏联之友社。

分局应当有计划地去领导附近白区内的反帝斗争,首先是创造白区的大城市中的工作,创造围绕苏区的白军中的工作,武装民众进行民族革命战争,利用各种公开的可能(如反日会、义勇军、援助东北义勇军委员会、反对国民党签订上海停战协定卖国条约委员会等)。

四、团在工会中的工作与争取青工生活的改善

正是因为你们对于苏维埃运动中无产阶级领导权的重要忽视,对于领导与组织青工的斗争的消极,在你们的各种文件上都是这样地提出问题,"没有关心青工的特殊利益"。问题不是关心,而是在你们没有把工作的重点放在领导与组织青工工作上。

你们完全在"革命战争"的掩盖之下,放弃对于青工日常斗争的组织与领导。如在代表大会的政治决议上,"青年工农群众的彻底解放,完全依靠于革命战争的胜利"。当然在你们这样"左的"词句之下,实际上是掩盖着对于组织和领导的消极。

无论在什么困难的条件之下,都应当改善青工的生活,为着实现苏维埃政府劳动法令的每一条文而斗争,组织青工向剥削者(资本家富农等等)作斗争。

在苏维埃的企业内必须发展革命竞赛和冲锋队的工作,提高苏维埃的生产。

在目前把苏区广大的青年工人组织起来,是苏区团主要的任务

之一,这一巩固苏维埃运动中无产阶级领导的主要任务。

在苏区内还是要普遍地去发展青工部和青工小组,准备在最近召集一次全苏区的青工代表大会,讨论苏维埃运动中青年工人任务,苏区青年工人的斗争纲领,选举青工部的领导机关——全总执行局青工部。

在召集青年代表大会时,吸收贫农、中农来参加,加强对于他们的领导;并且在青工部的各种会议中都可以吸收贫农、中农青年来参加旁听,加强无产阶级对于他们的影响和领导。

对于失业青工由苏维埃政府发给救济;组织他们向雇主资本作斗争,要由雇主出资津贴;把他们组织到工会青工部内来,介绍他们以职业;在自愿的原则上,可以取得土地;动员他们到红军中去。

为着劳苦的青年农民生活的改善而斗争,执行苏维埃政府的土地法令,使十四以上的劳苦农民青年的获得全份的土地,无条件地取消一切封建的契约,借债等等,进行正确的阶级结果进税。

总之,改善苏区青年工农的生活,是使苏维埃政权与国民党统治对立,最有力的事实是实际的巩固苏维埃政府,是提高苏维埃政府在青年工农中的信仰。

五、团的建设的一切中心问题,是巩固无产阶级的领导,不了解这一点,就不能去建设布尔什维克的团,也就不能了解组织上的一切问题。

摆在分局前面的问题,是怎样去巩固无产阶级的领导。虽然在你们团的建设问题决议(草案)上提到"建立团的巩固的无产阶级基础和铁的无产阶级的领导"。但是照你们同一决议另有一个意见,要巩固苏区的无产阶级的领导,在目前的环境之下,是没有可能的,因为你们认为:"造成团目前的严重状况有其客观的原因,就是现在的苏维埃区域,还是处在较偏僻区域内,缺少广大的无产阶级青年群众基础"。因此你们对于领导与组织青工工作的消极,也不是没有原因的,因为"没有"!摆在分局前面的实际任务,是吸收大批的青工雇农苦力入团,提拔大批的新的工人干部,提拔妇女干部,到各级领导机关内来加强对于一切青年群众组织无产阶级的领导。团应当在斗争中,为斗争而发展组织,这是布尔什维克与一切机会主义者对组织发展的分水界。

为着推动今年国际青年节苏区儿童团的大检阅,分局应立即训练一批儿童工作的干部,派到各地去加强儿童团的工作。

六、报纸刊物是我们最锐利的武器,但是分局还不善于使用这一武器,应当去学习使用这一武器。

如《青年实话》并不能反映苏区青年斗争和参加革命的实况,并没有用极大的篇幅来登载青年工农的积极性创造性,并没有保障广大的数量和发行,经常的出版。

创造一个青年群众的报纸,是为青年群众的领导,组织宣传与教育者是分局的重要任务之一。

在文化教育工作上,分局还是没有给以极大的在意,对于发展广大的共产主义的学校,供给文化工作干部和教本材料等等,分局都是采取消极的应付。

七、中央决定由六月到国际青年节为"冲锋季"。分局应当按照中央关于冲锋季的决定,进行苏区工作的布置,彻底地揭发过去的错误,转变工作的领导方式,开展着无情的自我批评,并随时将分局的情形报告来中央。

集中力量反对机会主义的动摇,纠正团分局的机会主义的错误,转变团的工作领导,为着千百万的青年工农劳苦群众,实现在一省数省的首先胜利的任务!

此致

列宁的敬礼!

团中央六月六日

(根据中共江西省委党史研究室藏件刊印)

团中央为冲锋季工作给各省委的信①

（1932 年 6 月 17 日）

△△省委：

中央在"关于冲锋季决定"中已经指出在政治上布置"冲锋季"的主要方向，并在"列青"第六期上亦有几篇文章论及冲锋季的布置，但至今天还未得到各省委的报告。

最近在江苏省委布置"冲锋季"工作中获得下列的一些经验：

1. 没有按照中央"冲锋季"总的方向来布置，中央在"冲锋季"中第一提出领导青工斗争，第二民族革命战争，第三是拥护红军苏维埃，然后才提到组织上的发展，这不是偶然。江苏的"冲锋季"就是没有按照这样的去布置，首先是对青年斗争和民族革命战争工作的忽视，这都是由于对于革命形势估计的不够。

2. 在计划中决定一个几个苏区的建立，这里可以放弃在"冲锋季"中主要的中心去发动农民的斗争发展游击战争，将组织上的发展放在第一位，将组织上的数目字，分配到区与支部，这样可以限制团内的积极性的发展。

以上几点是江苏在进行"冲锋季"的工作中的经验。

另一方面在江苏省的"冲锋季"计划发出后，在团内认为数目字过高不能执行的右倾机会主义的论调，亦同样的发现了，这是说明团

---

① 本文标题原为《为冲锋季工作给各省委信》，原件无年代，此年代是根据本文内容判定的。

内还存在着对目前革命形势估计的不足,对"冲锋季"的政治意义没有深刻的了解。

因此各省委必须运用这些经验,在中央"冲锋季"总的方向的基础上更具体化,定出当地的"冲锋季"工作计划,这一"冲锋季"必须把支部同志与劳苦青年群众动员起来进行"冲锋季"的工作,只有这样才能执行"冲锋季"的政治任务。

望各省委将"冲锋季"计划立即交来中央,你们每周工作通讯一次,每月必须作一次书面报告交来中央为要!

团中央六月十七日

中央档案馆藏

(录自共青团中央青运史研究室、中央档案馆编:《中国青年运动历史资料》第 11 册,中共党史资料出版社 1988 年 11 月版,第 60—61 页)

中国共产青年团中央委员会为反对
第四次"围剿"告全国劳苦青年书

（1932 年 6 月 23 日①）

全国青年工人和劳苦青年们：

中国工农红军英勇的奋斗，开展在全线上进攻，获得光荣的胜利。国民党血腥的统治直接在帝国主义的指导之下残酷地进攻红军与苏区，签订卖国的停战协定，将上海、满洲出卖给帝国主义，作为进攻苏联进攻中国苏维埃的根据地，从帝国主义方面获得借款、军火的供给、军事计划、军事顾问等等。在红军屡次的胜利中，给帝国主义者以更大的威吓，"赤祸在今年比去年是严重得多了。如若不加以阻止，那一年之后，共产党的中国将变为实际的可能。"（《大美晚报》）这是帝国主义的口供，在红军胜利前面的发抖，更使得帝国主义者直接公开地进攻苏区与红军。

在最近国民党〈所〉召集的"庐山会议"所协商的是"外交，财政与剿匪"三大问题，实际上只是怎样去投降帝国主义出卖中国，吸收民众的一切血汗，更顺利地进行四次"围剿"。

一切苛捐杂税的方法已想尽，一切东西都已经抵押完结，除了借债之外，现在最能见效的办法，便是鸦片公卖。"国民党的统治实际上是人民的鸦片烟"，不顾一切地拿无穷的苛捐杂税放在劳苦群众的

---

① 原件无年代，此年代是根据本文内容判定的。

肩膀上，关闭学校停止提工赈灾，使劳苦群众饿死冻死。

动员一百万以上的军队进攻苏区与红军，用五千万元收买十九路军的军官，把抗日的士兵开入福建去进攻红军，封扣大批的船只，一师一师地输送到武汉去进攻江西的苏区，湘鄂西、鄂豫皖的苏区。

在地主资产阶级国民党政府这样无耻地投降，出卖中国民族利益，而竭其全力来进攻中国苏维埃红军的时候，他们更加紧对于工农青年劳苦群众水平线下的生活进攻，要兵工厂铁厂工人加工造枪弹，要铁路海员工人加速运输，工时不断地增多，工钱反不加，用人头税、吃饭税、"剿共"捐等无奇不有的捐税，加紧剥削农民和贫民，还要派丁拉夫、拉车扣船，强占民房，强夺民财，学校不得开学，贫民不能安居，用"扰乱后方"的罪名禁止工农群众的一切罢工斗争，用"赤化"、"赤匪"任意逮捕屠杀青年，这都是国民党进攻苏区红军中，给予全国工农青年的痛苦！国民党进攻苏区红军，也就是进攻了全中国工农劳苦群众，进攻了我们广大劳苦青年！

但是，青年工人和劳苦青年们！在苏区，工农红军的不断的胜利，扩张了和巩固了苏维埃的区域，大大地改善了工农青年的生活，提高了他们政治的经济的文化的地位，实行劳动保护法，青工工作六小时，童工工作四小时，工资增加了三分之一，青年农民分得土地，十六岁以上的工农青年有选举权和被选举权，政府出钱办学校办戏院，青年工农免费入学，免费娱乐！这都是苏区工农红军的伟大胜利中，给予苏维埃区域工农青年群众的利益和解放！

青年工人和劳苦青年们！苏维埃临时中央政府早已宣布对日作战，国民党进攻红军来阻止红军和日本帝国主义作战，各帝国主义召开圆桌会议，更进一步地瓜分中国，国民党更进一步地投降，因此，红军苏维埃的胜利，是全国劳动群众对于帝国主义的胜利，因为国民党投降帝国主义，动员自己的军队去"围剿"红军，为帝国主义当清道夫，反对帝国主义必须推翻国民党。

一切反革命派别正在帮助国民党的第四次"围剿",由基督教所发起的一切反革命派异口同声赞助的"废除内战,和平建设",就是在和平主义的掩盖之下帮助国民党进攻红军的战争的动员与制造,更经过托洛斯基陈独秀取消派对于红军苏维埃的造谣污蔑,经过一切反革命派别组织苏区内部的阴谋。

青年工人和劳苦青年们! 用革命的实际来回答帝国主义国民党的"围剿"。

青年工人们! 起来为着日常的要求、生活的改善,关车、怠工、罢工的一切大大小小的斗争,就是给国民党以打击,给红军以帮助。

铁路海员运输的青年工友们! 争取自己的日常利益,罢工反对运输军火军队进攻红军,破坏铁道火车轮船航路就是实际的拥护红军。

兵工厂军事工业中的青年工人们! 争取自己日常的利益,罢工反对制军火枪炮子弹军用品去进攻红军!

失业青年工人们! 起来,要饭吃,要工做,要衣穿,要房子住,要失业津贴,国民党有五千万元拿给十九路军作为进攻红军的开拔费,要将进攻红军的五千万元拿来救济失业工人。

国民党统治下的士兵弟兄们! 起来,要发清欠饷,改良伙食待遇,反对开拔进攻红军,投降到红军中去,在前线的士兵与红军士兵联欢,投降到红军去!

农村劳苦青年们! 起来,反对国民党的苛捐杂税,不给国民党军队一文钱、一粒米去进攻红军,组织游击战争帮助红军。

革命的学生青年们! 起来,争取学生的日常要求,反对国民党将教育经费拿去进攻红军,到苏区去做文化工作。

青年工人失业青工到红军中去,充实红军中无产阶级的骨干。

青年工人和劳苦青年们! 以青年勇敢坚毅顽强的热情,开展着募捐飞机,群众会议,罢工示威游行反对进攻红军! 拥护苏维埃红军！团结在苏维埃的旗帜之下击破帝国主义国民党的四次"围剿"，争取中国革命的胜利！

六月二十三日

中央档案馆藏

（录自共青团中央青运史研究室、中央档案馆编：《中国青年运动历史资料》第 11 册，中共党史资料出版社 1988 年 11 月版，第 90—93 页）

团中央关于反对帝国主义国民党
第四次"围剿"苏维埃与红军的决议①

（1932 年 6 月 26 日）

一、自从三次"围剿"失败后，帝国主义国民党对中国革命的进攻是更加紧了！国民党在帝国主义直接帮助与组织下，曾经动员了六十万以上的兵力向苏维埃与红军进攻，然而这一进攻，又遭受到了严重的失败！

在中国共产党领导下，工农红军不但击溃了敌人的"围剿"，而且在对敌人"围剿"采取积极进攻的策略下，取得了全线进攻的伟大胜利，占领了许多重要与次要的城市，已经造成包围南昌、吉安与武汉的形势，以大城市为中心的一省与数省革命的首先胜利的任务，正在这许多伟大胜利中开始实现着。并且在陕甘边成立了新的苏区与红军第二十六军，把建立北方苏维埃的任务放到全党与全团的议事日程上，粉碎了北方落后论的胡说。在残酷的革命战争中，红军坚强了自己，锻炼了自己，各主要苏区的红军已经走上铁军的道路。广大的青年群众在苏区青年团的组织与领导下，由于他们切身生活的改善与经济政治文化地位的提高，更加兴奋了他们参加革命战争与苏维埃建设事业的英勇，坚定了他们在战争中的自信心。他们帮助苏维埃政府和红军加速制造军用品，增加粮食的生产，充实军需，他们帮

---

① 本文标题原为《反对帝国主义国民党第四次"围剿"苏维埃与红军》。原件无年代，此年代是根据本文内容判定的。

助红军家属耕种操作,募捐慰劳红军及其家属。苏区少年先锋队儿童团在帮助红军胜利的进攻中更是起了很大的作用,动员大批模范队员去加入前线作战,帮助红军放哨站岗、交通运输、慰劳、缝纫、烧洗等等,在后防,他们与赤卫军一致担任拱卫地方的工作,侦查暗探、查路票、打土围子,破坏反革命组织。所以在苏维埃红军的伟大胜利中,苏区的青年群众是表现了积极的作用,少先队儿童团更成为红军的帮手,在红军的队伍中,青年是一个有力的支柱。

中国工农红军这一伟大的胜利,正是在中华苏维埃共和国临时中央政府的领导之下,宣布对日作战。工农红军是中国民族革命战争的主力军,红军的胜利,是中国工农劳苦民众对反日本帝国主义及一切帝国主义斗争的胜利,战胜了国民党的进攻,消灭了国民党的武力,是给帝国主义以直接有力的打击,是民族革命战争胜利的先决条件。

二、在苏维埃与红军这一进攻中胜利的面前,地主资产阶级国民党统治更形崩溃动摇,表现了自己已经不能击破甚至暂时阻止中国革命运动的发展,暴露了自己已经不能保证帝国主义者去保存其在中国的经济地位与政治地位,如果不是帝国主义列强这样有系统的军事的政治的财政的帮助国民党,那么中国苏维埃红军也许早已扫除了地主资产阶级的统治。所以在国民党政权累进式的瓦解与苏维埃红军不断的胜利中,引起了帝国主义的恐慌、憎恨,更积极地进行瓜分中国共管中国各大城市的政策与直接帮助组织国民党对苏维埃红军作更大规模的新的进攻——第四次的"围剿"!

同时,在世界资本主义经济危机的加深与苏联社会主义建设的伟大成功中,帝国主义武装干涉苏联的大战危险是到了极端的紧迫的地步,这一战争的准备是在更大战线上进行着。这便是更加紧了帝国主义掠夺中国与直接镇压中国革命的战争,使得中国工农红军与帝国主义直接作战的时候更形迫近,使得中国工农红军更能为了"以民族革命战争打倒日本及一切帝国主义","以民族革命战争争取中国民族独立与解放"的党的中心口号而斗争。

三、苏维埃政权的巩固与发展,国民党政权的急剧崩溃,帝国主义进攻中国革命与瓜分中国的急进,全中国经济危机深入到国民经济总崩溃,中国革命危机以极大的速度发展着,一方面是失业失地灾荒冻饿,工农劳苦青年生活是极端痛苦,另方面,苏维埃红军的光荣胜利,极大改善了苏区广大青年的生活,这便是更加兴奋了国民党统治下工农劳苦青年参加斗争的积极!在目前,工农兵群众斗争的蓬勃开展中,劳苦青年都是热烈地参加,表示自己是斗争中一个有力的支柱。从他们切身经验中,逐渐提高了他们的政治水平,使得许多青年工人的群众经济斗争,很快转变为反帝国主义反国民党黄色工会包围写字间①,社会局巡捕房与巡捕工头发生直接武装的冲突以及游行示威。他们对于苏维埃红军的拥护很明显地表现于他们对红军胜利消息的欢迎与热烈庆祝。在最近上海青工群众中,能够很顺利地进行拥护红军与募捐帮助红军的运动,他们愿意节省自己半天工钱捐助红军,纱厂丝厂青年女工做香粉袋给红军,药业青工制药囊药物给红军,织绸业青工做丝织红旗庆祝红军光荣的胜利。在各地农村中青年农民都积极参加抗租抗税与分粮吃大户的斗争,在与军警武装冲突与游击战争中,农村少年先锋队"佩红符号拿木棍英勇参加革命斗争"(合肥)。在白军士兵中,近来兵变潮流的高涨更是使国民党军阀"寒心"。

"无疑的,中国苏维埃与红军在进攻中的胜利,已经成为全中国千百万劳苦民众斗争的领导者与组织者,成为全中国革命斗争的群星所环绕的太阳了。"

四、为得要抵挡中国工农红军在胜利中的进攻,挽救自己垂危的统治,表示自己更加快忠顺于帝国主义列强,国民党军阀在帝国主义更多财力上武力上与政治上的帮助,已经动员了全部力量开始向苏维埃红军进行新的进攻——第四次"围剿"。

在开始新的进攻中,国民党已经更无耻地投降于日本及一切帝

---

① 原文如此。

国主义,迅速签订出卖中国的条约,取得帝国主义列强更多财政上、军事上、政治上的帮助,给帝国主义充当清道夫。

在开始新的进攻中——地主资产阶级国民党已经动员了一切反革命力量,向工农民众与革命青年进攻,资本家积极进攻工人水平线下的生活,强迫兵工厂工人日夜赶造枪弹,强迫铁路、海员工人迅速运输,用武军警监视工人行动①,工时不断增长,工资极端减少。在农村中迫收烟捐,强占民房,强夺民财,强迫大批的灾民与失业工人去修筑公路,便利于反革命的军事行动。用紧急戒严令禁止工农群众斗争,用"赤化""共产"名义任意屠杀青年工农与学生。他们对于士兵,更是加紧压迫束缚,采取"精兵制",开始淘汰老弱(十九军)。吸收更广大的贫苦青年去给他们当炮灰!最近召开过的"庐山会议",已经更具体地确定了怎样有利地出卖满洲,怎样有力地剥削民众财物(发"剿共"公债,实施全国鸦片公卖)为的更充实进攻红军的财力!

现在国民党军队差不多全部动员到"剿共"的阵线上去,南京政府下面的八十七师兵力,已有六十余师参加进攻苏区红军的战争,这六十余师都是国民党中心部队。

一切反革命派都在积极活动。他们看到工农群众与革命青年的日益"左"倾,已经不是旧的欺骗把戏所能压制!也不是单靠公开屠杀可能停止!于是他们不断地引用了许多"左"的词句,在批评与痛骂政府的腔调上,积极地引诱青年离开革命大道而走向"迷宫"。他们提出"全民民主政治""废除内战""努力建设""反对屠杀革命青年""立即释放革命青年"等口号,以迷惑青年掩饰地主资产阶级统治的丑恶!帮助国民党军阀单纯武力进攻的不足!所以在这一时期中,我们看到了反革命派别的活跃,同时我们又看到了他们的无能!

反革命的地主资产阶级正在挣扎着!在他们的内部,固然表现了更多的涣散与冲突(最近广东内部的冲突已经发生了!)然而在目

---

① 原文如此。

前两个政权这样尖锐对立的形势,大的军阀战争已经是不可能的了!现在,我们动员群众的中心口号:"反对帝国主义国民党进攻苏维埃与红军!""用革命的战争打倒帝国主义国民党!"

五、因此,这一次的"围剿",显然是在一个新的形势中!一方面,国民党统治是急速崩溃着,在他们的内部更暴露了涣散与冲突!但是,它得到了帝国主义更有力的帮助,在帝国主义新的进攻的组织下,动员了全部的武力向中国工农革命进攻!帝国主义在"围剿"中的作用是更加强了,"围剿"的困难不但没有减轻,反而更加增长了!另方面苏维埃政权是愈加发展巩固,红军是锻炼有素了,全中国的工农群众斗争正在热烈呼应着红军在胜利中的进攻,无产阶级及其政党——中国共产党在争斗中的作用是加强了!在这一形势下,便是更清楚地反映了中国苏维埃政权在全中国胜利的前途与国民党统治的最后复〔覆〕灭!

六、在中国工农红军这一进攻的胜利与帝国主义国民党新的"围剿"中,我们团内发生机会主义的动摇,对工农红军的胜利表示不信任,对于广大工农群众与革命青年热烈拥护苏区红军的坚决与信心表示怀疑,不敢在广大工农劳苦青年中提出拥护苏维埃与红军的口号,并且由于对目前形势估计不足,不了解目前两个政权对立的形势,不信任苏区与非苏区内千百万工农群众争斗的力量,正是呼应着工农红军的胜利进攻,而站在单纯的"军力"对比上,在帝国主义国民党第四次"围剿"的面前表示消极害怕!看不见自己胜利的前途,这是最有害的右倾机会主义的观点!当然如果过分估计自己的力量,看轻帝国主义在"围剿"中的作用,只是轻描淡写地认为这一次"围剿"与前三次相同,都是"不过如此"的东西,因此放弃了动员广大青年群众争斗的任务,乃是阻碍实际工作的进行,事实上会帮助反革命的进攻!

正因为白区的团发生机会主义的动摇,便极大阻碍了我们团对于拥护苏维埃与红军的实际工作!严格地说,这一工作是没有积极开始的!不论在征调青工到红军去加强无产阶级领导上,不论在募捐慰劳红军,组织红军之友苏维埃的友社上,不论在宣传苏区红军胜利召集广大青年群众会议与行动表示庆祝红军的胜利上,尤其是对于组织青年工农兵日常斗争与罢工游击战争,破坏敌人交通运输与军用品的制造,以及实际的响应红军的革命战争上,团的工作是极端的不够,甚至于根本放弃。团反对进攻苏维埃红军的运动是落在反革命进攻苏维埃红军的积极的后面!

在目前,工农红军开展着胜利的革命战争,与帝国主义国民党进行更大规模动员第四次"围剿"苏区红军的时候,团对于拥护苏维埃与红军工作的消极怠工放弃,乃是极端有害的不可容忍的现象!

中央号召全团必须用百倍的努力,在坚决开展两条战线绝不调和的斗争,克服团内机会主义的动摇与实际工作机会主义消极的状态,动员全团,动员全中国工农劳苦青年反对帝国主义国民党的第四次"围剿",拥护苏维埃与红军,拥护苏联,开展反帝运动,站在为民族的与自身利益的解放的基础上,开展广大青年工人与劳苦青年群众的斗争,用革命的实际争斗,回答反革命的进攻,实际地参加与响应苏维埃与红军的革命战争,冲破敌人第四次的"围剿",争取中国革命在一省与数省首先胜利的完成!

在苏区,团的任务,是争取劳动法的实现的基础上,组织百分之百的青年工人巩固苏维埃政权,发动大劳苦青年群众尤其是青工,加入红军,动员千百万劳苦青年参加革命战争,冲破敌人第四次的"围剿",以占领南昌包围武汉等中心城市来结合湘鄂赣各苏区的联片,完成中国革命在一省与数省的首先胜利!

为实现这一任务,要求团:

1. 动员广大青年群众特别是青工到红军去,扩大与巩固红军,加强红军的工人骨干,加紧对红军青年战士的政治与军事的训练,加紧在广大青年中深入拥护红军的宣传教育,特别在少先队中进行加入红军的运动,打击"青年不敢当红军"的观点与"强迫拉伕"的命令方法,站在自愿的立场上积极鼓励青年工农报名加入红军。

加紧青年团礼拜六的运动,积极动员青年群众帮助红军家属的耕种工作与慰劳捐助红军及其家属的运动。

猛烈地扩大与巩固少先队，加强少先队无产阶级领导，加强对他们的政治训练与共产主义教育，站在改善青年生活与政治文化地位的提高的基础上，积极发动少先队参加作战，配合游击战争与拱卫后方的工作。

要不断地输送少先队模范队员到红军去。

2. 动员广大青年参加苏维埃政权的改造运动与执行正确的以工农利益出发的土地劳动经济政策。

首先，必须把领导和组织青工工作放到自己第一等任务上，一切忽视青工生活改善，青工落后论等是一刻不能容忍的。必须立即派得力干部到赤色工会建立与健全青工部工作，有计划地有准备地组织青工斗争，动员青年工人环绕在苏维埃政府的劳动法令的基本要求周围争取这一要求的实现！

发动广大青年争取土地法令与经济政策的正确实施，加紧反富农的斗争与苏维埃的经济建设运动，开荒种植，增加粮食，流通金融，以及举行防疫卫生运动等。

参加政权的改造运动，应当动员青工贫农参加各级苏维埃政权的工作，坚决执行肃反运动，肃清阶级异己与解除苏区内"白点子"的地主武装！

必须从发展群众积极性与创造性，加强无产阶级领导与共产主义教育上来进行苏区的建设，增加军事用品与军需品的出产。

3. 必须把帝国主义在进攻红军中作用的加强与帝国主义瓜分中国的急进与武装干涉苏联战争的迫切告诉广大青年群众，组织百分之百的青年进行苏区内的反帝反国民党反革命进攻与武装保护苏联的游行示威，在反对帝国主义掠夺中国进攻苏联与苏区，发展革命战争等口号，发动青年参加游行示威，建立反帝青年部与苏联之友社，号召广大青年准备着与帝国主义直接武装的战争，研究与学习飞机防御战防御毒瓦斯等军事技术。

4. 立即派得力干部到邻近白色区域尤其是南昌、九江、武汉、长沙等城市及铁路工人中发展组织与工作,加紧前线白军中的活动,加紧对俘虏士兵的训练教育。

举行前线白军士兵大规模宣传鼓动工作,使白军士兵投降到红军中去。

在白色区域,团的任务是开展青年工农劳苦群众的日常利益的斗争,引导这些斗争走向反帝反国民党反进攻红军的道路,以响应与配合红军行动,争取革命在一省与数省首先胜利。

(1)首先第一等的工作是用最大力量去开展大城市青工的罢工斗争,组织青工童工的日常利益斗争与参加罢工斗争,领导一切青工自发斗争,提出青工的斗争纲领,召集青工群众会议,建立青工全权代表制度,青工小组青工部,开展赤色工会中青工工作,开展黄色工会中青工群众的争取,组织青工斗争委员会与失业青工委员会,组织青工群众武装,引导这些经济斗争联系到反帝反国民党进攻苏区红军与拥护苏区红军的斗争。

特别紧急的摆到白区团面前是派得力干部加强与开展在兵工厂铁厂铁路海员中青工工作的活动,提出他们的要求纲领,发动青工斗争并①配合与联系到反对第四次"围剿"的争斗。提出具体口号:"军事工业青工不替帝国主义国民党制造军械军需品去攻打红军""铁路运输工业的青工参加罢工反对运送帝国主义国民党军队军械军需去攻打红军""失业青工要米贴要工做要失业救济金,反对国民党进攻苏区红军,将大批军费发给失业工友们"!

(2)深入到广大青年群众中去实际地动员工农劳苦青年,在工厂内、工房中、厂门口、农村中、兵营、学校中召集青年群众会议,报告红军胜利的消息,解释工农红军伟大胜利的意义,以及帝国主义国民党在进攻苏区红军中对于工农劳苦青年生活的进攻,鼓动和号召青年群众热烈地庆祝红军胜利,募捐慰劳红军,赠送飞机给红军,赠送防毒器面罩、药袋、各种军用品给红军,动员青年工人到红军去,动员青

---

① 此处字迹不清,似"并"字。

年女工到红军去慰劳赤色战士,动员青年学生到苏区去担任文化教育工作,组织"红军之友社""苏维埃之友社"表示拥护苏维埃红军,组织苏区参观团到苏区去参观。

在各种青年会议上,应当通过通电宣言,热烈拥护苏维埃红军的胜利,反对帝国主义国民党的第四次"围剿",用各种青年群众团体名义发通电写信给苏区的少先队童子团,红军中青年战士,庆祝他们的光荣胜利。

加紧宣传苏维埃与红军,在会议上、行动上、谈话上与团内团外刊物上,都应广泛地解释红军胜利的事实与意义,解释苏维埃政府的各种法令与苏区工农青年生活的改善,对照着国民党统治下劳苦青年的痛苦,帝国主义掠夺中国瓜分中国的急进,国民党更无耻投降的事实,同时更加紧揭露一切反革命派别对于劳苦青年的欺骗把戏,用工农红军不断胜利的事实,粉碎他们对苏区红军的造谣污蔑!

(3)组织青年农民与灾民的斗争,利用他们抗租抗税抗债的要求发动日常斗争,提出具体的口号:"不给白军一粒米一口水去攻打红军","反对白军剿共士兵强占民房","反对白军派丁拉伕去攻打红军"……把青年农民的切身要求联系到这些口号,引导斗争到分粮吃大户以至游击战争的发动,破坏敌军后方,实际帮助红军作战。进行土地革命,没收地主阶级土地,推翻国民党建立苏维埃政权。

江苏河北河南陕西等团部,应该立即派得力干部到游击战争发动区域去,有计划有准备地与当地党部一致开展与领导农村游击战争。

积极组织农村青年的武装,扩大少先队农村青年义勇军的组织与工作,巩固农村中无产阶级的领导,领导少年先锋队一致参加武装保卫农民斗争行动与参加游击战争。

(4)组织白军士兵的哗变。必须清醒估计到目前士兵情绪的左倾与兵变潮流的高涨,要求各级团部坚决切实地调派一批得力干部及赤色青年打进白军中心部队中去,进行内部的组织工作与活动,发动与组织白军要欠饷等斗争,在"士兵兄弟不打红军"、"投到红军,共同进行土地革命与民族革命战争"等口号【下】,发动白军士兵变投到红军及革命民众方面来,进行游击战争。

(5)必须积极组织革命青年的武装,参加民族革命战争,反对武装干涉苏联,反对帝国主义瓜分中国,开展反日反帝运动,建立与扩大青年义勇军的工作,动员大批革命青年到满洲义勇军去,一致参加民族革命战争,争取满洲义勇军的无产阶级领导权。

(6)组织青年学生的群众斗争,反对国民党军阀把教育费挪作进攻工农红军,反对学校驻军。

(7)在执行这些任务中,必须紧切地联系到团本身组织的扩大与巩固,向广大的青年工人开门,吸引新鲜的战斗的革命青年到团的组织中来,加强团员的政治教育改造与巩固团的领导成分,乃是战斗的任务。

为要百分之百地完成上面的任务,立即执行团内的全部紧急的动员,把中央的这决议与冲锋季决定进行广泛的传达与深刻的讨论,具体规划每个团部每个支部的工作,把每个支部每个团员动员起来,面向青年,面向争斗,为着实现自己的中心任务而争斗!

中央档案馆藏

(录自共青团中央青运史研究室、中央档案馆编:《中国青年运动历史资料》第11册,中共党史资料出版社1988年11月版,第97—106页)

对红军中青年工作的意见

（1932 年 6 月 29 日）

红军中青年工作虽已有许多决议、文件、指示、计划，然而实际工作的转变还是不够，而且还表现出许多缺点和错误，如：

1. 政治、文化、娱乐等工作的建立和活动并不够，生活枯燥。

2. 教育方式不好，不青年化，青年的积极性没有发扬；事实上证明：许多部队的政治教育机关，对于青年的教育材料、计划，没有很明显的很具体地订定出来。

3. 好些地方，大部分□□□拿游戏时间来做补足军事教育，如刺枪、劈刀、走步伐，整队带到操场里做上面的动作，同出操时间一个样子。

4. 平常不能健全和注意列宁室俱乐部，使之成为大家的活动舞台，尤其是青年活动的舞台。

5. 上政治课的时候，采用那些大学教授的长篇大论，高谈雄辩的方式。尤其是教育材料，没有顾□青年的要求来定订，而只死板地把一般的问题都搬来讲讲。

我们为着发扬红军中青年的积极活泼性和奋勇的精神，加强红军的战斗力，我们要加强青年工作，改正上述错误和缺点，我们要：

1. 坚决去组织青年部，教育他们，去鼓励他们读书、读报，参加列宁室、俱乐部，去改善青年教育材料求适合青年的要求和程度；

2. 娱乐时间一定让他们和鼓励他们尽量去娱乐，才可以调剂他们的生活；

3. 彻底转变青年教育方式，坚决反对那种不良方式，而采取活泼有精神的教育方式，多提出问题（适合程度的），多利用娱乐，及种种方法，从各方面去补足他们的教育，而不是仅靠上课就够了；

4. 建立列宁室俱乐部的实际去〔工〕作，使青年的一切活动放到俱乐部列宁室里去，我们承认目前红军中青年成分占了绝大多数，应该实际的去加强青年工作。

一九三二．六．廿九于白砂

（录自《青年实话》第 22 期，1932 年 7 月 10 日出版）

少共苏区中央局
关于冲锋季中发展团与改造团的具体计划

（1932 年 7 月 3 日[①]）

中央局在"冲锋季工作计划"中,已具体规定了发展团与改造团的任务。

中央局认为:发展团和改造团,是巩固和发展苏维埃运动的战斗任务,是完成冲锋季整个冲锋战斗决定的主要部分。只有这个任务的完成团才能完成冲锋季的全部任务,才能克服和消灭团的实际工作上的落后现象,而完全负担起它当前的紧急的历史任务。同时也只有在整个冲锋季工作的执行中,在领导青年群众参加革命战争与一般阶级斗争中,在领导青年特殊利益斗争中,在为着工作速度,为着工作质量斗争中,才能使发展团和改造团的任务完成起来。

此外,团的冲锋季的时期,正是党中央局决定的发展党与改造党的运动的时期,这一发展团和改造团的任务的执行,正应在党的领导和帮助之下,适应党的工作的开展而开展团的工作。

因此,中央局在定出"冲锋季工作计划"以后,更具体定出下列发展和改造团的计划,号召各级团部与全体团员,在坚决的两条战线斗争中,为实现整个冲锋计划及本计划而斗争。

（一）团的发展

1. 在冲锋季中,团无论在支部、区、县、省的范围内,在数量上,一般的都要超过党,特别要加紧强固无产阶级成分的斗争。在江西,

---

① 原件无年代,此年代是根据本文内容判定的。

要发展三万新团员,闽粤赣要发展一万新团员,湘赣、湘鄂赣要发展现数(六月份的数量)的一倍半。

在新发展的数量中,青工雇农苦力要占四分之一以上,妇女亦要达到四分之一。

只有明确地在阶级路线底下,团才能得真正地广泛发展。团应肃清一切错误的发展路线(如以"漂亮""老实"为吸收团员标准),要吸收工农青年中积极的分子入团,尤其要将勇敢积极斗争分子一个不漏吸收进来。

要使每个团员经常担负介绍新团员的责任,纠正现在大多数团员不介绍新团员【的】坏现象。在冲锋季中,要实现"每一个团员至少介绍一个团员"的口号。

在国际青年节举行公开征收运动,要动员全体团员,在青年群众中作充分的团的宣传。并派代表出席青年工农大会,青工会议,贫农团会议及少先队会议,报告团的主张和策略,引起讨论,公开征收团员,纠正过去临时的招兵式的征收办法。

在红军中,团员的发展,亦应达到超过党员数量。

2. 每乡每个工厂作坊中建立团的支部,这在各区域(冲锋季以前相当巩固的新区域亦在内)必须做到,在新发展区域亦须迅速达到。

凡有党的支部的地方,必须建立团的支部。

在红军中,每个党支部之下,必须建立起团的小组。独立师独立团警卫连地方武装内的团的小组亦要普遍地建立起来。

3. 江西团要将沿岸的交通运输工人(轮船木船工人)及赣州、吉安、抚州、南昌等中心城市中的团建立起来。至少要在敌人部队中建立二个团的支部(没有党的地方可以成立支部)或小组。在雩都、宁河、都河、兴国等的木船工人苦力中,团的组织必须建立和强固起来。

闽粤赣团要把西河木船工人中、×江船工苦力中,和汀州、上杭、龙岩、漳州等城市的团,建立和巩固起来。把饶和埔平蕉梅及闽北各县的团建立起来。至少要在敌人部队中建立二个支部或小组。

湘赣团要把〔在〕吉安、南昌、袁州、萍乡、长沙,及珠萍路工人、袁水交通工人、水口山锡矿山〔工〕、西华山矿工中,发展团员建立团的工作,并开始在敌人部队中建立工作。

新团员入团的手续执行,要极迅速,消灭介绍或征收了搁起来不理的现象。加紧对新团员的教育工作,区委要每星期召集一次新团员大会(该星期批准的新团员),报告和讨论"什么是共产青年团"、"怎样做共产青年团员"和团的组织上几个重要基本问题。支部要特别注意对新团员的教育工作,从实际工作中来训练他们考察他们。

(二)改造支部

1. 为要使每个团员,成为青年群众的模范与领导者,使每个支部真能成为群众的核心,所有苏区团的支部,须在八月十日以前举行一次支部工作总检阅并改造支部的书记和委员会。

总查工作的支部大会,应有〈很〉准备。在大会上,执行下列数字〔项〕:

(1)检查支部工作(以领导参战群众工作发展团和教育工作为标准,由地方团部另定"检阅支部工作大纲");

(2)具体决定半个月的工作计划;

(3)改选支部委员会,将消极怠工的分子逐出支部领导机关,推选最积极的分子上来,尤其青工,雇农,苦力分子;

(4)选举出席全区域或市代表会议的代表。

在大会上必须启发支部同志的热烈讨论发挥自我批评,保持良好的情绪。

2. 在这次改选中,每区要建立一个或两个模范支部,订立支部与支部竞赛的条约。模范支部应在下列两个条件上建立其模范作用:

(1)工作速度比一般的支部要快;

(2)工作质量比一般支部的要快〔好〕。

3. 经过这次改造运动后,每个支部必须建立起下列最低限度的主要工作:

（1）建立支部委员会的领导工作。

（2）按期自动开会，小组会两星期一次，支部会两星期一次，一月共四次会，小组会与支部相间开，每星期开一次。在支部会上，讨论执行上级决议和领导群众斗争，发展与教育团员的办法，检查和计划工作。

（3）领导少先队、儿童团、青工小组的工作及贫农团反帝同盟，拥护同盟中青年工作。

（4）提高一般团员的政治水平和文化水平，建立列宁青年小组（与党内列宁小组性质和作用）的工作，进行识字运动，消灭团内的文盲。

（5）分配并检阅每一团员的工作，在工作中教育团员。

（三）改造地方团部

1. 在支部改造结束后，各区或市即应召集全区或市代表会议，实行改造区委或市委。代表会议前应有充分准备。代表会议的主要工作：

（1）检查和批评过去工作；

（2）定出当前工作的具体计划；

（3）改选区委或市委，提拔最积极的正确的分子特别是青工雇农分子，洗刷消极怠工的分子出区委市委去。

这一区委市委的改造工作，要在九月十日完成。

2. 省委必须严格检查各县委的领导能力和领导成分是否可以保障正确路线执行。对于那些组织不健全，领导能力和领导成分不甚良好的县委，必须在九月三十日以前召集全县代表大会，检查其工作，并改造县委，提拔青工雇农干部上来工作。

3. 在改造地方团部中，最主要是加强对青年参战工作的领导，和对青年群众组织少先队青工部、青工委员会、反帝青年部、儿童团等等的领导。反对对这些工作忽视消极的倾向，转变领导方式，坚决消灭代替包办的方式。

4. 在这一改造中，真正建立各县的模范区（每县一个或两个）及各省的模范县,同样要从工作速度和质量上来表现它的模范作用。

(四)各级团部领导方式的转变

1. 省县区委以至支委,必须完全实行建立集体领导与个人负责制度,反对个人包办的家长式的领导方式。应执行到下列各点:

(1)各级指导机关经常开会,一切重要问题经过会议讨论决定;

(2)省县区委必须把宣传部组织部经济法权部的组织和工作建立起来,吸收工农干部到各部参加工作! 支部的组织委员宣传委员必须建立他本身工作;

(3)个人所分配的工作,绝对负责执行,否则应受批评和纪律制裁。

2. 各级地方团部须定出一个时期的工作计划,各部根据整个工作计划定出本部的具体计划,并须定出执行计划的工作日程,按日按时检查工作,为工作计划工作日程的每一条每一点而斗争。

3. 各级地方团部的巡视员或巡视团制度,要实际建立起来,省委县委须有三个至五个巡视员,区委亦须有三五个(不都是常驻脱离生产的)。巡视【员】必须实行中央的巡视工作条例,不应成为一个简单的调查员或传达员。

4. 各级团部的决议(文字的)、通告必须减低到最少最必须要的限度。下级必须讨论上级的文件,定出具体计划去执行。每一次决议和决定必须努力求得百分之百实现。湘赣、湘鄂赣两省的机关报应即出版或继续下去。各县委应在党报中建立青年栏,各级工作干部必须每人要阅读党团机关报(不能读的由能读者读给他们听)。每区至少有三个支部墙报建立起来。

5. 必须建立工作报告制度,下级按期向上级作工作报告(书面的或口头)。支部对区委的报告,每星期一次;区委对县委的报告,每半月一次;县委对省委,省委对中央局、中央,每月一次(必须书面报告)。

6. 各级团部必须运用工作合理化的方式,决定在一定时间与空间内之中心工作,一切人的调动,领导力的注意,各方工作的推动与配合,均应环绕着所决定的中心工作。

7. 各级团部的领导方式,必须"向着下层""向着群众",领导干部须经常亲身去参加支部会议和群众会议,亲听支部团员和群众的意见。县委区委都应经常派人出席模范支部的会议。区委应经常召集活动分子会议,支部书记联席会,来报告和讨论区委及其上级的决定,与检查下面的工作。

(五)干部的培养

1. 中央局应在冲锋季内举办第三期团校,训练县委工作干部,模范少队中的团政治指导员及红军中师团青年工作干部。同时对江西、闽粤赣两省送到政治教导队的学生,应特别给以青年工作的训练。

2. 省委可用讨论会的方式(依照党内采取用的方式——见《党的建设》第二期)来训练区一级的干部,江西、闽粤赣两省应即运用。

3. 省委在执行讨论会方式外尚有余力时,仍应办短期训练班,来造就支部的书记及区委干部。参加讨论会及训练班的分子,青工雇农苦力应占半数,妇女应占到四分之一。

4. 县委可与党合办一短期训练班,主要是训练支部书记及支委。在一般课程完结后,对团员学生须另外发〔教〕以足够的青年工作的课程。

5. 地方团部及支部对送到团校及训练班的学生,必须按照上级通知,慎重选送,反对过去不负责任派送的错误倾向。

6. 各区委须注意,经过活动分子会、支书联席会去训练活动分子。

7. 各省必须选举最好的干部,特别是青工雇农苦力干部,到红军政府中工作,江西十二人,闽粤赣十五人,湘赣、湘鄂赣亦须有相当数目。

8. 省委要帮助现有苏区各县委培养新的县委书记,准备好将原有书记调到新发展的城市和县份去工作。在冲锋季内,江西要准备调八人(县委书记),闽粤赣、湘赣、湘鄂赣各要准备四人。

各级团部收到这计划后,应更加加紧更加深入冲锋季的动员,以最大的速度进行冲锋季工作计划和本计划,求得迅速完成并超过。必须注意发展团和改造团的动员,这一计划的执行是冲锋季整个工作的重要部分,是要与冲锋季计划中其他各项任务同时并进的,绝不能分离开来的。

七月三日

中央档案馆藏

(录自共青团中央青运史研究室、中央档案馆编:《中国青年运动历史资料》第 11 册,中共党史资料出版社 1988 年 11 月版,第 160—166 页)

给予对少年先锋队的取消主义之回答

(1932 年 7 月 10 日①)

爱 萍②

革命的狂风,把全国的青年工人农民兵士以及革命学生一切的劳苦的青年群众,都卷入到革命斗争的漩涡中来了,全国各地的青年参加斗争的积极性,大大地提高与增涨起来了,特别是在苏维埃政府底下的青年工农群众,特别积极参加革命战争。

苏区少年先锋队在几年的土地革命斗争里,的确表现了他不可磨灭的英勇的斗争成绩与光荣。

在冲破敌人三次"围剿",以及最近答复帝国主义国民党新的进攻中,在巩固与扩大苏维埃区域上,在扩大与加强红军上,苏区少年先锋队都写下了他在革命的历史上光荣的一页。苏区少年先锋队在中国革命中的英勇斗争,已经引起了全世界无产青年的敬仰与钦佩,已经激起了全世纪无产青年为苏维埃政权而斗争的决心。

可是,少先队工作的进步和发展,还是不能完全满意的。这主要是受了对少先队取消主义的影响,对这种取消主义,过去一直到现在,我们作了坚决的斗争,但取消主义仍然没有肃清,取消主义企图从减轻少先队的年龄上,降低少先队的作用上以及各方面来取消少先队,取消保卫苏维埃,以及红军后备军与有力助手的少先队,

---

① 原文无时间,此为《青年实话》第 22 期的出版时间。
② 爱萍,即张爱萍。

□□□□□□决的斗争,给这种取消主义以严厉的打击。

"苏区少年先锋队是广大青年群众的军事化的团的附属组织,他吸引青年工人贫农中农以及广大的劳动的阶层。少先队在党和团的领导之下,来拥护红军与苏维埃,来进行反帝斗争与土地革命"。"以为有了群众的青年团的组织,可以不需要少先队的说法,是绝对不正确……那种以为有了少先队,可以不要团的组织的取消主义,他是不懂得团在革命中的特殊作用——领导青年群众的作用,那些把少先队看成纯粹文化的组织和企图降低少先队的年龄为十八岁的,都是不了解少先队的战斗性,企图降低它的作用,这都是对少先队的取消主义。那些把少先队看成青年红军的,是不了解他的青年□□,这□走上先锋主义的道路"。"没有广大的政治鼓动工作,机械地把十八岁以上的列入红军或赤卫队,结果一方面是取消了少先队,另【一】方面不愿当红军的质量是削弱了红军的战斗力"(团中央关于少先队的决议)。

少先队与赤卫队的关系应该是:"十六岁到二十三岁的一切有选举权的青年,都应该□充分的宣传组织工作,使他们加入少先队。同时,只要有选举权的一切人都应该加入赤卫队服军役的义务,但赤卫队的组织,不能用强迫的编制的办法。仍须遵守队员自愿的原则,加入了少先队的,就不加入赤卫队的义务。即是说,加入了少先队,就不加入赤卫队,但少先队是经常尽量介绍其强壮队员到赤卫队中去。"在新发展区域,组织赤卫队,同时就没派人组【织】少先队"(过去把少先队编入赤卫队的地方,现在立刻划回少先队内去"(党团苏区中央局给各级党团部的信(6月17日)。

为得要使少先队能够适应目前国内战争的环境,担负起他在国内战争中的责任,少先队的军事性就应加重,他的组织原则,应是集中制,因此,各级少先队的领导机关,应当由党团红军(由军事机关或政府军事部选派,因红军的行止是不一定的)各派一人组织之……团的代表可兼队长,在组织上,下级服从上级,队员必须服从军事纪律……在军事行动时,完全听红军的调动和指挥(与赤卫队一起作战时,由赤卫队指挥——作者),服从红军纪律(团中央关于苏区少先队的决议)。

因此,少先队的各级队部,是在队长领导之下工作,在乡组织大队,设大队长,乡之下组织小队,设小队长,区队部除队长,副队长,另有一军事训练员(由训练赤卫队长兼)(因为团区委直接参加与检查少先队的工作,不要设党代表);县队部由队长、参谋、组织、宣传,组织之;省队部设中央的队部,由总队长、□课部长、宣传组长、组织长,组成之,因为少先队是青年群众的组织,应该在团的领导之下,□□□过团去实现,它对少先队的决定,但少先队是军事化的组织,为保证它在政治上□□在党的领导之下,并在行动上与红军及地方武装配合一致,所以县、省、中央总队部,都由同级党设一党代表,时常来参加会议,在路线上与行动方针上来领导各级的队部,各级队部,都是在队长指挥之下工作,不是民主集中的组织,不是委员会的性质。

为得要使苏区少先队的组织能够很快地转变□□,各级团部深入的在团员及少先队队员中作一广大的解释工作迅速执行中央和中央局的决定,积极的参加革命战争。因此,必须与取消少年先锋队的取消主义作坚决毫不调和的无情的斗争,同时也要反对和防止先锋主义,只有这样,才能保证少先队在组织和工作上的迅速转变。

(录自《青年实话》第 22 期,1932 年 7 月 10 日出版)

中国革命互济会全国总工会
给苏区革命互济会同志们的信

（1932 年 7 月 10 日）

苏区革命互济会同志们：

帝国主义强盗们反苏联的战争正在疯狂地进行着，他们准备好了军队、飞机、毒瓦斯……他在日夜地赶造这些杀人的武器，只等总司令命令一下，他们就会残酷地去屠杀苏联建设社会主义的工农群众；轰炸苏联伟大的社会主义建设，帝国主义强盗们的目的只要得苏联自由的公民变为资本家的奴隶。

这反革命的战争在东方不仅已经开始而且正在残酷地进行着。日本帝国主义现在正以最大的兵力及毁灭性最强的军器，在屠杀东北义勇军及东北劳苦群众。群众的尸横遍野，孤儿寡妇的号呼，贫困失业流离颠沛，疾病死亡……这是残暴的白色恐怖底下，东北劳苦群众的生活状况。

围攻中国苏维埃的战争在残酷地进行着，国民党动员了全国的军事力量在实现这战争（除留下一部分压迫白区群众斗争外）并且普遍地组织反动分子，豪绅地主的保卫团，这些强盗们是更加要野兽般地吞食残杀我们的劳苦兄弟。对于苏区群众的残杀情形，同志们你们是完全知道的。但是不仅如此，国民党的军官们，长期在苏区的附近无情地实行轰炸，投弹杀害拥护苏维埃红军的劳苦工农。国民党是企图这样的杀戮、铁血政策来扫荡苏维埃势力，扫除帝国主义瓜分中国的障碍，并维持地主资本家的剥削统治。在白区中白色恐怖的残暴是更加厉害了,统治阶级在全国普遍的实行□□的清查戒严十家联保,……民众一切的自由都被禁止了;不服从这法律的,国民党即施以残暴屠杀逮捕与监禁,罢工工人无例外的是以武装军警压迫驱逐逮捕以至枪决。最近,国民党枪决了一大批反对学校关门的学生(学校关门是因为去进攻红军了),特别无耻是七月十七日江苏反帝代表大会一百多代表,完全遭国民党逮捕。在帝国主义指挥下无尽地压迫与侮辱牛兰。在牛兰绝食十六天之后,在全世界全中国工人与劳苦群众激昂热烈地拥护牛兰,要求立即释放牛兰夫妇,斗争四处暴发和开展的情形之下,国民党在帝国主义唆使之下,竟丝毫不让步,无理地监禁牛兰,给以最残酷的虐待,断绝他与任何人的接见,甚至他四岁小孩也不能会见,自然这样的残酷与压迫是为的要更残暴地进行反苏联、反中国苏维埃、瓜分中国的战争。

亲爱的同志们,白色恐怖的统治者是执着残暴地向革命群众全线进攻和这些刽子手的流血斗争,是无情在进行着统治阶级□全力来镇压我们的解放斗争,但是我们将是这斗争中最后的胜利者。全国罢工斗争的发展,坚持激烈,反帝与反国【民】党斗争的深入与扩大、农民的游击战争与灾民难民的抢米分粮斗争、白军出兵的群变……全国广大群众对于红军的拥护,保障了红军最近来伟大胜利〈和〉的获得,在这战争继续的进行中,我们将去争得一省与几省的首先胜利。

在这伟大的历史斗争中,同志们:你们的任务是十分伟大的,你们要来担负组织和动员千百万工农劳苦群众的工作,只有这样才能保障消灭白色恐怖战争的最后胜利。因此,总会号召全体苏区的会员同志们以最大的革命热忱与毅力来进行以下的工作:

①组织和动员千百万苏区群众,拥护苏联、反对帝国主义对苏联的进攻,经过研究组、群众会议、演讲会、戏剧文字宣传、画报化装演讲团……一方面介绍苏联的社会主义建设,及工农生活在状况,一方面尽量去揭露帝国主义进攻苏联的阴谋,组织群众的示威,组织群众更大地反对白军的英勇战争。

②发动救护牛兰及释放一切革命政治犯的斗争,使每个苏区群众懂得发展白区中革命斗争是扩大与巩固苏维埃红军胜利的必需条件,因此援助白区斗争,救济白区中革命被难战士,成立〔为〕每个苏区群众的直接任务。在这个基础上,你们要去广大宣传白区中群众生活的痛苦状况、受压迫情形,监狱战士的痛苦……要引起群众的同情,及对于统治阶级最大的仇恨。发动援助牛兰及一切革命政治犯的斗争,在苏区群众中进行广大募捐运动,救济他们及告诉苏区群众在残酷的暴矢〔力〕里,我们已经有许多战士因为生活上的痛苦疾病,因为医药的缺乏,病死在监狱里了,救济他们是刻不容缓的革命工作。

③用救护、慰问、宣传、洗衣、做饭……队伍去组织苏区千百万群众给英勇作战的红军以实际援助,是在四次"围剿"中,每个互济会员的迫切任务。同志们,只有这样,只有巩固和扩大苏维埃红军的胜利,你们才尽了拥护苏联反对白色恐怖的任务,拥护苏维埃政权和援助红军是苏区中一切工作的重心。

同志们,在白区中我们正在广大〔泛〕的进行这些斗争,特别拥护苏维埃红军的工作,你们应全部地动员起来配合白区英勇的斗争,只有这样我们才真正去消灭白色恐怖的统治,求得工农劳苦群众真正解放与中国民族的独立。

全部的积极动员起来,在我们后面有千百万的群众,将我们组织起来,我们在这次的战争中得到最大的胜利。

中国革命互济会全国总会启

一九三二年七月二十日印

江西省博物馆藏

(根据中共赣州市委党史办藏件刊印,地－20－3,复印件)

苏区少先队江西省队部训令
——接受中央总队部关于冲锋季工作
（1932 年 7 月 14 日）

省少队部完全同意中央总队部关于冲锋季工作的训令，并接受少共江西省委关于冲锋季工作的领导，认为目前革命形势急剧开展已把争取江西及邻近几省的首先胜利，已〔为〕主要迫切的战斗任务，但是检阅着江西少先队的工作还落在革命形势之后，赶不上革命形势的发展，还落在革命形势后面。因此，我们只有提起革命冲锋精神，积极参加革命战争，以赶上革命形势的发展，迅速地夺取江西及邻近几省首先胜利，因此省队部对冲锋季工作有以下的决定：

（一）动员全体队员参加民族革命战争，扩大红军发展游击战争，扩大新苏区加紧争取江西及邻近数省的首先胜利。

1. 加紧少先队模范队组织和训练，经常直接配合红军作战，向边区去游击，发展新苏区，以少先队中精壮积极勇敢的队员组织模范团，在冲锋季中完成每区一连配合赤卫军模范营一起行动，至少兴国组织（二团）第一、二团，赣县（一团）第三团，胜利①（二团）第四、五

---

① 胜利县，1932 年 1 月，临时中央政府决定以于北区为基础，在于都、兴国、宁都三县边界设置胜利县。同月，中共胜利临时县委成立，隶属中共江西省委，下辖于都县的车头、平安、马安、河田、仙下贯、半迳、曲洋、桥头，兴国县梅窖、古龙岗、江口，以及宁都县的赖村等 12 个区委。8 月，正式成立中共胜利县委。1935 年 1 月，国民党军队逐渐占领胜利县，县委机关转战各地游击。3 月，县委机关解体。

团,瑞金(二团)第六、七团,于都(一团)第八团,公略①(一团)第九团,万太②(一团)第十团,永丰(一团)第十一团,宁都(二团)第十二、三团,乐安石城共(一团)第十四团,寻邬③安远(一团)第十五团,会昌(一团)第十六团,南广④(一团)第十七团,模范团是同红军一样的编制,连的政治指导员,及团政治委员由□党的共产青年团员担任,加强共产青年团对少先队的领导。

2. 广泛组织救护队,把县区身体壮强,积极的女【团】员组织救护队,全省组织1800名——兴国150名,赣县120名,胜利120名,瑞金150,于都120,公略120,万太20,永丰100,宁都120,乐安100,石城100,南广100,寻乌100,安远100,会昌100,宜黄30〔80〕。救护队,县组织大队,区组织中队,乡组织小队。编制:各队设队长一人,大队有政治指导员,总〔都〕要共产青年团员,各县要七月底编制完毕,加紧教救护与看护的常识,使之在作战时到战场上能够担任救护伤兵工作参加战役。

3. 健全少先队参战组织,把担架队、运输队、侦探响〔向〕导队、搜索队、慰劳队等参战组织健全起来(未组织地方限七月底组织起来),使之在一切行动之下,自动参加这一工作,并能使之随时调动。

————————

① 公略县,1931年9月15日,中国工农红军第三军军长黄公略在指挥战斗时,不幸中弹牺牲。为纪念黄公略同志,1931年11月,中华苏维埃第一次全国代表大会决定成立公略县,以毛泽覃为县委书记,隶属中共江西省委,下辖吉水的水南、白沙、冠山、中鹄和吉安儒林、富田、陂头、东固、水东以及泰和县罗家乡。1934年5月,县委驻地水南被国民党军占领,县委、县苏机关组成工作团,开展游击战争。1935年5月停止活动。

② 万太,即万泰县。

③ 寻邬,今江西省寻乌县。

④ 南广县,1932年2月,中共江西省委决定将南丰、广昌两县委合并,成立南广县委,隶属中共宁都中心县委。1932年8月,成立中共南广中心县委,与南广县委合署办公,下辖甘竹、长陂、头陂、青桐、城市、大株、尖锋、巴口、新安、白水等10个区委。1933年4月,南广县委撤销。

4.扩大红军与拥护红军。红军是革命战争中主要的力量,少先队应输送一大批自己的队员到前方红军中去,当然不是强迫命令。全省扩大红军9000人,分配以下:兴国800,赣县750,胜利700,于都600,万太530,宁都500,公略520,永丰450,瑞金550,会昌550,寻【邬】450,安远450,石城450,南广450,乐安400,宜黄350,信康500①,同时积极参加礼拜六执行优待红军条例优待红军与红军家属。

(二)武装队员的列宁主义理论加紧政治军事教育。

1.大队小队应经常开会,在会议上讨论各种政治问题,讨论时应请当地共产党员或团员参加为指导员。

2.在军事训练上应反对过去的一种形式的不适用的操法,而采用各种实际活泼青年化的方式来训练,训练时,要请红军或地方武装中的指导员来指导与帮助训练(定每月训练几次),班为单位,5天出操一次,排为单位10天一次,连15天【出】操一次。

3.要使每一个队员都能够使用新式武器,射击前进、带兵、侦探、警戒、攻击、防御、扰敌、截敌、堵敌的方法及野外演习等。

4.加紧在队员中进行识字运动,积极参加俱乐部工作,在队员中组织识字组、读报组,使每个队员都要认得字,都能够读与推销《青年实话》《红色中华》,全体队员,都要参加游戏娱乐运动等工作。

(三)扩大少先队的组织加强少先队的力量。

1.扩大少先队影响,吸收百分之百的有选举权的青年加入少先队,在每一乡村,都要建立起少先队的组织。

2.在新发展的苏区,在各县区附近的应立即派人去组织少先队。

3.要利用各种关系到苏区附近的白区里建立秘密的少先队,万

---

① 信康县,1932年9月,经江西省委批准,南康与信丰党政机关合并,设立信康县,9月下旬,成立中共信康县委,机关驻赣县南部边境韩坊圩,隶属于都中心县委。下辖赣县、信丰、于都、安远4县边界地区的韩坊、金鸡、重石、茶梓、龙布、乱石、古陂、石背、西河、牛岭、长演坝等区。1933年8月,划归粤赣省管辖。

太应派人到万安县附近一带建立少先队,公略应派人到吉安及【吉】水县□□刘□【屋】建立少先队,永丰应派人到下永丰附近一带建立少先队,乐安派人到乐安县建立少先队,广昌应派人到南丰建立少先队,宜黄向该县发展建立少先队,石城应派人到边区建立少先队,会昌应派人到粤边建立少先队的组织,寻乌派人去平远附近建立少先队的组织,安远派人到粤边区建立少先队,信康南雄这个月底要将全县少先队建立起来,赣县应派人到赣州附近建立少先队组织,同时加紧到白区组织体育会、游艺会、俱乐部、文艺研究会等团体,吸收青年群众来参加,由这类组织,渐次转变为少先队。

(四)反对帝国主义、拥护苏联与中国苏维埃。

1.国际青年节的反帝国拥苏大示威——加紧在队员中来做反对帝国主义的宣传与讨论,发动每一队员都加入反帝同盟青年部,参加国际青年节(九月四日)反对帝国主义,武装拥护苏联发展民族革命战争的青年大示威。

2.全苏区少年先锋队大检阅——各县立刻加紧政治军事及文化教育,准备参加国际国际青年节(九月四日)举行全苏区少先队大检阅(另有文件)。

3.实现苏维埃的劳动法令与经济政策,每个队员都要努力为实现劳动法而斗争和参加土地革命,坚决没收豪绅地主土地财产,依照土地法分给贫苦农民。执行经济政策,每个队员都要按期热烈地缴纳累进税,节省粮食经费,反对浪费。

4.每个队员购买苏维埃临时中央政府为得发展革命战争的公债票一张,以红军不顾筹款,持久与国民党帝国主义作战,且【顺】利而迅速地打败进攻苏区的敌人,争取一省和几省的首先胜利,已发出革命战争的公债票(关于公债的情形和购买法请看中央政府布告)最低限度每个队员都要买一元的公债票一张。

为要接受中央总队部的训令和少共省委冲锋季的计划,各县首先召集各区队部干部开会做详细讨论,充分使每个队员都能了解这一冲锋季,使每个队员能用最高限度的决心去完成这种冲锋季的工作,同时各县队部对这一冲锋季的执行和成绩,各县队部随时报告省队部。

—完了—

1932 年 7 月 14 日印

（根据中共赣州市委党史办藏件刊印,地 – 9 – 5,复印件）

陆定一同志给少共中央局的信

（1932 年 7 月 22 日）

少共中央局：

在边地读到《青年实话》第二十期，特写此信，希登载《青年实话》。

诚如编者所说，在二十期上我的文章中，尚未深刻地检阅出〈的〉自己回避错误责任，企图掩饰错误的错误。应当向全团来公开承认，和封建错误作积极斗争，并且反对这错误斗争的调和倾向，来保证自己今后坚决执行正确的路线和教育全团。

因为在中央局讨论我的错误的问题时，适当在团中央局中发生"路线是否正确"的争论，当我初到汀州时，听到了作霖同志对我讲到问题，就很迟延地写关于自己的错误的文章，在写"自己的清算"的文章时，曾三次易稿，第一次的稿子说到党（指中央区，以后仿此）的路线错误。这个稿子自动的改换了（因为那时还在党中央局正式争论之前），但在第二次的稿子中，没有着重检阅自己的错误，而详细地论列中央局的政治估计的错误及其影响，经作霖同志的督促，最后作成第三稿。这一过程，充分表现了想以扩大团中央局政治错误，回避责任企图掩饰错误的错误。

但虽然在正式讨论之前，我已把说党政治路线错误的稿子自动撤回，对于这个争论，我的立场仍是不正确的。（中路）这都是错误的，是与自己以前一贯的错误和当时回避责任企图掩饰错误的错误有密切关系的。

第二十期上的文章中,尚未彻底揭发这个错误。所以仍是不够的,仍不能保证完全脱离这个错误。

党中央局号召我们坚决反对过去中央局所犯的右倾机会主义的错误,但如果不能反对一切错误倾向(连最小的在也内),就不能真正坚决反对主要的右倾。我们要号召全团来反对那有了错误而不肯承认,企图掩饰和回避责任的人;反对那把别人的错误扩大化,来搪塞自己的错误的人,并且要与调和倾向作坚决斗争,发展广大的自下而上的和自上而上的自我批评,才能执行国际与中央的正确路线。

陆定一

七月廿二日

(录自《青年实话》第 24 期,1932 年 8 月 20 日出版)

中央苏区反帝总同盟第一次代表大会特刊

（1932 年 7 月 23 日）

目次

一、中央苏区反帝总同盟第一次代表大会的总结

张 欣

中央苏区反帝总同盟第一次代表大会已于 6 月 23 日到 25 日举行了。虽然时间是短短的三日，但是大会已如广大反帝群众所希望，完成它的工作，获得了伟大的成功。

大会的举行，是正当着帝国主义作临死的挣扎，疯狂似地进攻苏区，瓜分中国，进攻中国革命的时候，它的意义是如何的严重如何的

伟大。大会团结了中央苏区的千百万的反帝群众在它的周围,集中了反帝运动的领导,整肃了反帝的战线,响应并配合了全世界全中国汹涌发展着的反帝浪潮,这是苏区反帝运动猛烈展开的先声,是给帝国主义对革命进攻以有力的答复。

具有同样严重意义的这一次大会,它的成功是非常伟大。大会详尽地检阅了过去的工作,无情地揭发了过去的错误,决定了反帝斗争的纲领,通过了反帝同盟的章程,并根据正确的政治分析,综合过去的工作经验,决定今后反帝任务,及实现这任务的具体工作,成立了大会的决议案,这一决议将成为今后反帝斗争实际工作方针的总汇,成为开展中央苏区反帝斗争有力的武器。

大会的成功首先表证于大会对于目前政治形势有正确的阶级的估计和认识。过去,因为对政治形势的右倾分析,认为帝国主义相互间的矛盾已发展到极度的紧张,争夺殖民地,瓜分中国的战争即要爆发,而忽视了资本主义与社会主义两个世界的尖锐的对立,因而也就不能号召广大工农劳苦群众为拥护世界反帝运动的大本营——苏联而斗争。这次的大会,彻底地纠正了这一错误,明确地指出了拥护苏联为反帝运动中心任务,动员广大群众努力求这一任务的实现。

大会更指出反帝运动与土地革命的联系。在大会的决议中,无情地揭发苏区过去"对土地革命与反帝运动的不可分离性,还不深刻正确的认识","认为除土地革命问题以外没有什么帝国主义的干涉",因而"无情进行反帝运动"这严重的根本的错误。大会明确地指出:"帝国主义正是国民党进攻苏区的指挥者,是直接镇压苏维埃革命最大的敌人",要保卫土地革命的彻底胜利,只有根本摧毁帝国主义在华的统治。这一点的指出,是给了过去因认识不足而起的对反帝运动的忽视以严重的打击,号召工农劳苦群众为反对帝国主义,彻底完成土地革命而斗争。

大会明确指出反帝同盟的组织任务,决定要发展反帝同盟的组织,使反帝同盟的组织深入到每一乡每一工厂作坊,要使反帝同盟【成】为广大群众的反帝斗争的组织。为实现这一任务,大会在热烈讨论中通过了组织章程。无疑义地,强固和扩大反帝斗争的组织,是开展今后反帝运动的主要条件。

大会检查了过去的错误和缺点,根据目前的政治形势,决定了反帝运动的任务;又为了这任务的实现,大会详尽决定了具体的工作。这给了苏区各级反帝同盟以有力的指示,使他们能认识自己的任务,并在具体工作指导下来进行开展苏区的反帝斗争。

大会汇集了在反帝运动中工农劳苦群众的要求,成立了反帝运动的斗争纲领,使苏区千百万反帝的工农劳苦群众为这一纲领而坚决地勇敢地斗争。

最后,大会号召全苏区工农劳苦群众配合和呼应全世界全中国的反帝运动,通电全世界反帝大同盟,中国反帝总同盟号召全世界全中国的无产阶级劳苦群众,站在反帝的旗帜下,亲密团结的,整肃阵线,以革命的进攻,粉碎帝国主义反革命的进攻,完成我们共同的光荣的任务——打倒帝国主义。

大会成功了。大会给了我们宝贵的指示工作的【指】南针。虽然在目前革命战争环境中,因时间的匆促,使大会还不能最大限度地详尽地讨论,但它的成功是非常显著的,我们全苏区的广大工农劳苦群众要努力为这些大会的决议百分之百的实现而斗争。

一九三二.七.廿三,在瑞金。

二、中央苏区反帝总同盟第一次代表大会宣言

九十年来,国际帝国主义对于中国的侵略、压迫,一天凶恶一天,在他的铁蹄底下,我们中国几万万工农劳苦群众,被宰割,被摧残,被蹂躏,陷于最痛苦的境况中。它是中国反动统治的主人,它是我工农劳苦群众的死敌。

由于资本主义经济危机极度的剧烈化和深刻化,特别是由于中国革命运动的猛烈发展,尤其是苏维埃和红军的伟大胜利,国民党在

其与革命作斗争中的宣告破产,革命大大地威胁着帝国主义对中国的统治,使得帝国主义从暗中的侵犯进到以公开的战争,来进攻中国革命,瓜分中国。从去年九月日本帝国主义出兵满洲以来,到今天,这种战争没有停止过,帝国主义强盗们特别是日本主义强盗,用了最猛烈的炮火,描〔瞄〕准着中国民众,压迫中国的革命运动。

世界上唯一的无产阶级国家,反帝国主义的大本营——苏联的强盛,使得帝国主义发抖起来,使得它更疯狂地积极准备大规模的反苏联战争,而它这种进攻中国革命瓜分中国的行动,也便是反苏联战争的重要的准备步骤。

自从日本帝国主义出兵满洲以来,帝国主义最残暴的强盗面目,完全现露出来了,它像野兽一样的直接屠杀中国民众,把中国的领土轰为平地,沦为血海,要把中国作为它的完全的殖民地。

自从日本帝国主义出兵满洲以来,中国地主资产阶级的集团——国民党更无耻地投降帝国主义,出卖民族利益,它对帝国主义一贯的"无抵抗",它不断地断送国土,它并且努力压迫反日反帝国运动,与帝国主义一起屠杀反帝革命群众,它特别积极以全力来"围剿"□□脱离帝国主义羁绊的苏维埃区域,尽忠于帝国主义奴役中国□清道夫的反革命职务。

只有苏维埃政府才是唯一的反帝国主义的政府,只有红军才是唯一的反帝国主义的武装力量。只有苏维埃临时中央政府,才早已宣布对日作战,号召和领导全国劳苦群众,扩大民族革命战争,反□帝国主义,领导红军和苏区广大群众,正在向外发展革命战线,随时准备着直接与帝国主义作决死的战斗,坚信广大工农劳苦群众的伟大力量,能从战斗的胜利中,扫除我们的敌人,达到中国的独立与解放。

从"上海休战会议"后,帝国主义强盗们,是在更积极地、更一致地准备□□□的战争,进行瓜分中国,进攻中国革命,特别是指导国民党□□进行对苏区的新的"围剿"。同时,在瓜分中国的利权上,增长着帝国主义强盗们相互间的冲突与帝国主义大战的危机。

现在,全世界的革命运动迅速高涨起来,在反对帝国主义、拥护苏联、拥护中国革命的旗帜底下,全世界无产阶级与被压迫民族的斗争力量和国际团结更加强起来了。中国革命的两大潮流——反帝运动与土地革命汇合着,迅速走向革命在江西及其邻近省区的首先胜利。

本大会热烈拥护苏维埃中央政府对日宣战的决议,号召全国群众扩大民族革命战争,赶走帝国主义,争取中国的独立和自由,武装拥护苏联。

本大会号召红军战士及苏区工农劳苦群众,在中国共产党领导之下,以勇敢的革命的进攻,回答帝国主义国民党的反革命进攻,消灭敌人,夺取中心城市,摧毁国民党的反动统治,与帝国主义直接作战,争取民族革命战争的彻底胜利。

本大会号召反动统治区域的工农劳苦群众与白军士兵,夺取国民党的武装,武装自己,自动与日本帝国主义作战,推翻国民党的反动政权,建立自己的政府——苏维埃政府。

本大会指出:帝国主义是中国民众的死敌,我们工农运动与国际帝国主义武力之间的最大冲突的历史时期,横在我们面前,最后胜利是我们的。

发展民族革命战争,打倒帝国主义走狗国民党!

发展民族革命战争,赶走帝国主义!

打倒帝国主义!

武装拥护苏联!

中国的独立和自由万岁!

全世界无产阶级被压迫民族解放万岁!

三、大会通电

通电一

全世界反帝大同盟并转全世界的工人农民及反帝的革命战士们!

本代表大会于 6 月 23 日在中国红色的中央苏区开幕,成立总同盟,号召与动员白区及苏区的千百万的工农劳苦群众和英勇的红色战士们起来,团结我们的力量,扩大我们的战线,坚决地实行民族革命战争,争取和完成江西及邻近省区的革命首先胜利,来粉碎帝国主义一致向中国革命与苏联的武装进攻阵线,反对瓜分中国,反【对】国民党出卖中国,消灭国民党对苏区与红军的新进攻,随时准备着直接与帝国主义作决死战。热望你们和我们站在同一战线,扩大反帝斗争,给我们有力的援助,打倒我们共同的敌人——帝国主义,这就是武装保护苏联,保护中国革命的实际斗争,以完成我们和你们最光荣的任务。

中国中央苏区反帝总同盟第一次代表大会

通电二

上海反帝大同盟并转全国工人农民学生及反帝的革命群众们!

今天我们在红色的中央苏区举行反帝第一次代表大会,成立总同盟。号召并热望你们团结在反帝旗帜之下,实行罢工、罢课、罢市,不纳租税,自动武装起来,回答帝国主义对中国革命与苏联的武装进攻,粉碎国民党的统治,反对国民党出卖中国,为自由独立的中国而斗争,发展新的苏区,组织新的游击战争,积极努力地从各方面来瓦解国民党对苏区新的全线进攻! 以实际斗争的行动来配合与援助苏区与红军的向外发展,一致我们的战线,拥护苏维埃中央政府对日作战的宣言,扩大民族革命战争,猛烈扩大反帝斗争,驱逐帝国主义出中国,推翻国民党的统治,争取与完成江西及邻省革命的首先胜利,也正是拥护苏联,保护中国革命的武装斗争的实际行动。我们号召苏区千百万工农群众及英勇的红军随时准备着直接与帝国主义作殊死战,为苏维埃中国而斗争,愿你们和我们共同来完成这光荣的任务。

中国苏区反帝总同盟第一次代表大会

通电三

英勇的红军战士们!

正当你们同帝国主义国民党军阀残酷作战而高奏胜利之歌的时候,中央苏区反帝总同盟第一次代表大会正式开幕了。大会对你们英勇的战斗,光荣的胜利,表示热烈的敬意与拥护。在苏维埃革命飞速地发展,英勇红军日益壮大胜利中,你们不但在苏区推翻了封建势力,推翻了国民党与帝国主义的统治,更动摇了国民党在全国的统治,直接打击了帝国主义。只有你们是坚决的彻底的唯一的反帝的武装力量,所以大会在扩大民族革命战争,争取中国独立自由,武装拥护苏联的任务下,号召动员千百万的反帝群众来加入红军,扩大红军,节省经费,发展生产,踊跃缴纳土地税,购买公债票,以充实革命战争的经费。英勇的红色战士□□战斗呵! 我们紧密地团结起来,站在反帝的最前线,坚决与敌人作决死战,消灭国民党进攻我们的军队,粉碎敌人全线的新进攻,准备与帝国主义作战,争取与完成江西及邻近省区革命的首先胜利,进而争取革命在全国的胜利!

中央苏区反帝总同盟第一次代表大会

四、中央苏区反帝总同盟第一次代表大会决议案

苏联社会主义建设五年计划完成胜利并开始执行新的五年计划,帝国主义经济危机更加深入,走上不可避免的衰颓死亡道路,反动的法西斯蒂的凶焰在各帝国主义国家剧烈燃烧,世界革命的怒潮也迅速地高涨,两个世界——社会主义与资本主义——的对立与矛盾达到异常紧张。中国工农红军冲破三次"围剿"与最近全线新的伟大胜利,苏维埃运动日益扩大发展,国民党一贯地无耻投降帝国主义,出卖中国民族利益,走向崩溃死亡的道路,两个政权——国民党政府与苏维埃政权——的对立,愈加尖锐而紧张,这就使帝国主义为

了巩固与保护他在中国的统治,已由暗藏的供给国民党一切反革命派军火飞机顾问指使干涉,走到直接地公开地武装干涉中国革命完全瓜分中国的政策。在瓜分中国利益冲突矛盾上,虽然滋长着帝国主义世界大战的危机,但目前最中心最危险还是帝国主义一致的进攻苏联与进攻中国革命。日本帝国主义在各帝国主义协调默许同意之下,占领满洲,攻取上海,便是这一强盗行动的实际露骨表现。更因最近全国罢工斗争的汹涌澎湃,反帝运动□发展高涨,红军新的全线的空前胜利,帝国主义遂迅速解决上海事件,更加急剧地进行对中国工农劳苦群众的掠夺与奴役中国,更加疯狂般地进行对苏联不断的挑衅与武装进攻的准备。帝国主义在上海协定①签字后,立即组织国民党各派及全国反革命的力量,向红军与苏区作全线的新进攻,积极地沿长江(从上海至武汉增驻海陆军)从海岸(上海、厦门、汕头)建筑□包围苏区的进攻阵地,指使着国民党军队,全部的动员。指示国民党采用法西斯蒂的方式,企图用种种压迫与欺骗,进行组织所谓"剿赤义勇军"来进攻苏维埃与红军,更利用社会法西斯蒂煽惑群众,欺骗群众,来完成这一任务。帝国主义在中国的作用更加强大了!中国工农革命运动与帝国主义武装冲突的历史阶段,是摆在我们面前,因此拥护中央苏维埃政府对日作战的宣言,扩大民族革命战争,坚决准备与帝国主义直接作战的任务,已落到苏区广大工农劳苦群众和红军的肩头,成为我们今天最迫切的中心战斗任务。

反帝国主义民族革命与土地革命,是中国革命现在阶段主要内容。在实行土地革命的苏区,不仅没收地主土地,推翻国民党统治,同时也驱逐了帝国主义,脱离了帝国主义的羁绊。另一方面,进攻苏区的不仅是国民党,同时帝国主义是二次"围剿"的组织者,而且还是现在新的进攻与以后进攻红军和苏区的有力的组织者、指挥者。这革命与反革命双方斗争的行动,完全充分证明没有发动广大群众彻

---

① 上海协定,指 1932 年 5 月 5 日国民政府与日本签订的《淞沪停战协定》。

底实行土地革命便不会有反帝国主义的胜利;同时,没有广大动员群众的反帝斗争打倒帝国主义,便也不能保障土地革命的胜利。

过去苏区一般的说,对土地革命与反帝运动的不可分离性,还不深刻正确的认识:认为除土地革命问题以外,没有什么帝国主义的干涉,只认国民党是敌人,忘记了帝国主义,无须进行反帝运动,是极错误危险的认识,故广大群众不能在反帝斗争中动员起来组织起来,使土地革命与反帝运动割离开来。更因过去政治形势估量错误,认为帝国主义大战即要爆发,遂放松了反帝斗争的实际任务,反帝运动被忽视而消沉,反帝组织亦多架空形式□机关,未能吸引广大群众团结在反帝旗帜之下,来参加日益扩大的革命战争。反帝的组织与工作,亦缺乏集中的领导与坚〔艰〕苦的群众工作,未能普遍地建立起来,这是不容许的错误和不【能】容忍的现象。恰恰相反的,帝国主义正是国民党进攻苏区的指挥者,是直接进攻镇压苏维埃革命的最大的敌人。

苏区反帝国主义斗争的实际行动与积极参加革命战争是不可分离的。大会与各级反帝大同盟应坚决地、积极地、持久地来号召苏区广大工农劳苦群众起来,正确地认识土地革命与反帝运动的关系,认识帝国主义是苏维埃革命中最强大最后的敌人;认识帝国主义从反中国的武装干涉去实行反苏联的武装干涉,认识反帝国主义与武装保护苏联的必要,认识帝国主义国家内日益法西斯蒂化,是积极进攻苏联进攻中国革命的先声。要认识社会法西斯蒂对苏联的反宣传与挑衅是促成帝国主义的向苏联及中国进攻的实现,要认识反法西斯蒂的斗争是反帝运动主要任务之一;尤其要认识红军是唯一能坚决反对帝国主义的武力,认识苏维埃区域已推翻了帝国主义的势力,脱离了帝国主义的羁绊,认识国民党一贯地投降帝国主义出卖民族利益,是帝国主义最忠诚的清道夫,认识如果无国民党对苏区与红军的"围剿"进攻,英勇的红军早已和帝国主义直接战斗了,认识反帝国主义首先就要反国民党,推翻国民党的统治。要认识消灭国民党武力,摧毁国民党统治,是给帝国主义直接打击,是与帝国主义直接作战的准备,是民族革命战争胜利的先决条件,是反帝国主义武装进攻苏联的国际斗争。

大会检查了过去反帝运动的错误和缺点,根据目前时局,最广大地动员千百万工农劳苦群众与红色战士,在反帝的战线上,扩大民族革命战争,准备与帝国主义直接作战。反对日本帝国主义侵犯中国,反对一切帝国主义瓜分中国、进攻中国革命与武装进攻苏联,反对投降帝国主义、出卖民族利益、污辱中国民族的国民党。反对军国主义化,反对法西斯蒂的恐怖统治,反对社会法西斯蒂的欺骗,反对帝国主义国民党新的进攻苏区与红军,以争取中国的独立与解放,以争取中国的统一。更大动员苏区千百万的工农劳苦群众与红色战士,巩固现有苏区根据地,利用目前有利于苏维埃运动与工农红军发展形势,配合和响应全国反日反帝运动与工人罢工的浪潮,进行坚决的革命的进攻,消灭国民党的武力,粉碎帝国主义国民党的新的全线总进攻,摧毁国民党的统治,夺取中心城市,实现江西及其邻近省区首先胜利。为了实现以上的任务,大会更具体决定下列的办法:

1. 号召动员全体会员和组织千百万工农劳苦群众,扩大反帝斗争,扩大民族革命战争,拥护中央苏维埃政府对日作战的宣言,扩大红军,扩大地方武装,反对逃兵,拥护与慰劳红军,动员群众帮助红军家属耕田做事。为了充实革命战争的经费,积极迅速地推销公债票,节省经费,完纳土地税、商业税。发展生产,开垦荒田,加紧会员的军事训练,准备与帝国主义直接作战。

2. 抓紧帝国主义对中国的每一暴行,对苏区的每一进攻,作为鼓励宣传的材料,召集讲演会,在必要时,动员群众组织反帝的示威游行等。

3. 团结全国反帝斗争力量,苏区与白区反帝相互呼应,要与白区反帝同盟建立工作与组织上的关系,援助白区反帝的罢工与一切斗争,以一致我们的战线。加强反帝的团结与斗争力量,各级反帝大同盟更应派人到白区去扩大反帝斗争、建立反帝的工作。

4. 要从扩大反帝斗争、扩大民族革命战争、消灭国民党的武力,来进行武装保护苏联的革命斗争,并号召全体会员与广大工农群众加入拥护苏联同盟的组织。

5. 为了团结反帝的力量,首先是与东方被压迫的民族亲密地团结,要经常与东方被压迫的民族的反帝同盟,建立工作上、组织上的关系。

6. 发展反帝大同盟的组织,在今年"八一"以前,反帝的组织要深入到每一乡每一工厂作坊以及城市贫民群众中建立起来,要反对指定命令包办方式去成立一些有名无实的机关。

7. 为了团结苏区群众在反帝同盟的周围,与兴奋群众的反帝的热情,引起群众对反帝的注意,须建立许多附属的组织,如不平等条约研究委员会、帝国主义对殖民地策略研究委员会、反对大战委员会、苏联研究委员会、帝国主义国内革命运动研究委员会等,来动员群众,经常召集会员大会来报告讨论,建立反帝的经常工作。

8. 应编印各种反帝的报纸、小册子、书籍、歌谣、画报等,随时联系实际的问题与事变,更换宣传的标语口号;〈主〉要多组织宣传队,或流动宣传队,用口头宣传的方法,深入与扩大反帝宣传工作。

9. 反对基督教天主教的运动,应注意进行,亦更能动员群众来作反帝国主义的革命斗争,不限于驱逐牧师出境,要使群众认识宗教运动是对中国民家〔众〕的麻醉剂,是帝国主义侵略中国的先锋队,故反帝运动同时要做广大的反基督教运动。

10. 国民党改组派、托洛斯基派、人权派、社会民主党、AB 团等反革命派是与帝国主义妥协的、拥护它的,是代表帝国主义宣传欺骗麻醉群众的,应坚决的与他们作思想上的斗争。

11. 在阶级斗争的极端尖锐的现在,帝国主义为换牧〔挽救〕必然的死亡前途,便实行法西斯蒂主义的恐怖统治,它实行军国民教育、实行强迫军役、实行军国主义,并利用种种欺骗与压迫,使广大工农劳苦群众尤其是青年,为地主资产阶级的利益而走上战场当炮灰。最近的国民党在帝国主义的领导下也进行组织所谓"剿赤义勇军",

企图欺骗或压迫劳苦群众去做地主资产阶级的工具,而进攻苏维埃红军,尤其是社会法西斯蒂在这一任务上有□它伟大的作用,他欺骗群众,煽惑群众,并在帝国主义面前作进攻苏联的挑衅,所以在反帝运动中,我们要指出法西斯蒂的反动作用,揭发法西斯蒂的欺骗,要坚决反对军国主义,反对法西斯蒂,尤其要反对社会法西斯蒂。

12. 为了各级反帝同盟更能切实地进行工作,上级对下级能及时正确地领导,必须经常进行工作的检查,上下级建立密切的关系。

大会指出为团结广大劳苦青年群众积极参加反帝斗争,□广泛发展反帝大同盟的青年部的组织,建立青年部组织上、工作上的单独系统,同时各级反帝大同盟应加强对各该级青年部的领导,创造各种青年化的方式和方法,在青年中进行反帝工作。

最后,大会特别号召各级反帝大同盟和全体会员起来,坚决地为这一决议百分之百的实现而斗争,向一切对反帝运动的不正确观念倾向斗争。我们要坚决反对空谈的形式的反帝运动,反对对反帝运动的消极与怠工,发展反帝的组织,扩大反帝运动,扩大民族革命战争,夺取中心城市,争取江西与邻近省区的革命首先胜利,拥护中央苏维埃政府对日宣战,坚决和帝国主义直接作战,以我们广大群众的伟大力量去战胜帝国主义,摧毁帝国主义和国民党的统治,达到中国的独立自由,建立苏维埃政权的中国。

五、反帝斗争纲领

(1932 年 6 月 23 日中央苏区反帝同盟代表大会通过)

(一)推翻帝国主义在华的统治,驱逐帝国主义海陆空军出中国!

帝国主义为维持在中国的统治,派遣大批海陆空军到中国,直接地屠杀中国工农劳苦群众,与进攻中国革命。为要推翻帝国主义的统治,必须驱逐帝国主义一切海陆空军以及警察等武装力量,没收帝国主义一切军事设备,如飞机场、无线电台、兵营、仓库、修械厂、海军船坞等。

（二）没收帝国主义在华银行、工厂、矿山、交通工具及其他企业等！

帝国主义在华的企业，是直接榨取中国广大工农劳动群众血汗，使中国工农劳苦群众陷于饥饿痛苦的地位，这些企业又同时增强帝国主义在中国的政治的与军事的统治作用，因此对帝国主义的银行、工厂、矿山、交通工具及其他企业都须一概归苏维埃国有。只有某些个别的企业，在目前完全服从苏维埃法律和命令的条件下，才的〔得〕重新另订租借条约，继续生产。

（三）争取中国独立和统一，收【回】帝国主义租界与租借地，取消领事裁判权！

帝国主义强占中国土地，划为租界和租借地，并利用领事裁判权建立帝国主义在中国的特权。苏区工农为要争取苏维埃新中国领土和行政的完全独立和统一，须收回租界与租借地，反对帝国主义设立自由市，取消帝国主义在中国的行政司法和警察机关，取消领事裁判权。

（四）取消帝国主义宰割中国的一切不平等条约！

不平等条约是帝国主义宰割中国的法律的保障，要废止帝国主义在华的特议权，首先须否认并自动取消一切不平等条约。

（五）否认一切外债与赔款！

自满清政府以及北洋军阀直至国民党政府，在一贯出卖民族利益的政策下，订立屈辱条件，□□无数万的赔款。这无数万的金钱都是中国工农劳苦群众的血汗，反革命的政府□□帝国主义举借外债，这些外债只□□□帝国主义的经济势力，□□剥削中国工农群众，帮助军阀混□□的□□压迫革命运动□□□军阀官僚私囊。□这些赔偿和外债及举借外债时所订立条件，须一概否认。

（六）收回帝国主义侵占的海关盐税等！

帝国主义为要尽量地剥削中国工农劳苦群众，阻碍中国国民经济的发展,将海关的管理、税率的决定操在自己手里,形成了对中国经济的垄断,强锁帝国主义工业品,并榨取廉价的原料;同时将盐税亦握在帝国主义手里,剥削中国盐的消费者——广大的中国工农劳苦群众。因此必须将帝国义掌握的海关盐税收归苏维埃国家管理征收,一切税率由苏维埃政府自己决定。

(七)反对与帝国主义亲密结合的封建势力,彻底完成土地革命!

中国大多数群众同土地和乡村生活联系着。帝国主义维持中国的封建势力,经过地主与高利贷者实行对广大农民的封建的掠夺,所以农村经济的命脉,就握在帝国主义手里,因此更加速农民的穷乏化。为要推翻帝国主义在农村中的掠夺,必须彻底没收地主一切土地,消灭地主阶级,反对富农。将良好的田分给贫农、中农、雇农,分给富农以坏田,彻底完成反帝国主义的反封建势力的土地革命。

(八)反对帝国主义文化侵略,没收帝国主义在华教堂、学校和一切文化机关及其财产!

帝国主义除了进行政治、军事与经济的侵略以外,又进行文化的侵略和宗教的麻醉,施行欺骗和迷信的宣传,企图阻碍中国群众的革命思想的发展。帝国主义办理教育的目的,在养成奴隶的买办人才,帝国主义的宗教教堂,偏〔遍〕布在中国穷乡假〔僻〕邑,更尽其帝国主义间谍和侦探的作用。中国工农群众一致反对帝国主义传布的宗教,反对文化侵略,主要没收由剥削工农血汗所得的教会和文化机关的财产,以最大的积极性,在无产阶级领导之下,进行文化教育工作。

(九)反对军国主义和法西斯蒂!

帝国主义为维持其武力的统治,发展军国主义,实施对工农劳苦群众特别是青年工农欺骗或强迫的军役和军事训练以进攻革命,同时在目前帝国主义经济日益崩溃的历史条件下,更采用法西斯蒂主义的统治形式,施行极端的白色恐怖,组织恐怖的队伍,并以全民和职业代表等的思想,遮掩资产阶级直接的彻底的专政。军国主义和法西斯蒂在全世界阶级斗争两级化日益尖锐的时期,到处抬头,更特别利用社会法西斯蒂——社会民主党及托洛斯基派等以维持反动统治,对于殖民地施行彻底的帝国主义侵略和武装干涉,这更为军国主义和法西斯蒂的特征。中国工农群众反对全世界各帝国主义国家的军国主义和法西斯蒂,反地社会法西斯蒂,反对中国国民党统治的军国主义化、法西斯蒂化,如组织"剿赤"义勇军、民团、靖卫团、保安队、童子军等,反对中国军阀混战与强迫兵役(如抽丁)和征发(如派捐、派款、拉夫、封船等)。

(十)反对国民党及一切反革命政治派和投降帝国主义的反动思想,反对民族武断宣传!

国民党是投降帝国主义的,一切反动政治派别(国家主义派,取消派,社会与教育派,人权派等)都是拥护反动统治的,他们在群众的反帝怒潮中,传播民族的武断宣传国民党的民族主义、民族改良主义、全民武装、军国主义、国民会议等反动思想。这些手段主要作用是企图阻碍群众的阶级的觉悟,和缓群众对反革命的斗争,以维持和帝国主义勾结的地主资产阶级的统治,同时是更进一步准备进攻苏联的战争和进攻苏区红军。因此,必须坚决地暴露国民党及一切反动派别的真面目,与这些反动思想作坚决的斗争。

(十一)反对帝国主义瓜分中国压迫中国革命,反对国民党上海休战条约及与帝国主义的一切密约协定!

在目前全中国苏维埃政权和国民党政权的对立日益尖锐,国民党在其与工农苏维埃政权和红军作斗争中,已不断地宣告破产,帝国主义遂由暗中进行的侵犯转为公开的战争。自从日帝国主义出兵东三省,以致完全占领东三省与进攻上海,英法美等帝国主义的出兵中国边境与沿海沿江各口岸,最近共同签定上海休战协定,帝国主义瓜分中国,公开的直接的以武装干涉中国革命的行动是日益急进了。全中国工农劳苦群众,必须武装起来,扩大民族革命战争,准备与帝国主义直接作战,反对国民党上海休战协定及与帝国主义的一切密约协定,反对帝国主义瓜分中国与压迫中国革命。

（十二）联合世界【革】命大本营苏联，反对帝国主义进攻苏联！

全世界政治形势亦表现两种政权与两个经济系统的对立：一方面是苏联社会主义建设的兴盛，五年计划完满成功，第二个五年计划又已开始；另一方面是资本主义制度已走到穷途末路，帝国主义国家的经济危机日益深入，世界革命运动日益发展，帝国主义和社会主义矛盾的猛烈发展，成为目前国际关系的核心，帝国主义武装进攻苏联的危险亦极端地紧张了。苏联是全世界无产阶级和被压迫民族反帝斗争的世界革命大本营，中国和苏联工农劳苦群众在反对帝国主义战争上是兄弟般亲密的团结，中国革命的发展和胜利，在苏联十月革命胜利指导下，将得到苏联无产阶级伟大的帮助，中国群众必须坚决反对帝国主义进攻苏联。为武装保护苏联而斗争。

（十三）反对帝国主义强盗战争！

目前国际政治的中心，是帝国主义反苏联战争爆发的前夜，阶级矛盾是不可调和的基本矛盾，因此帝国主义□□进攻苏联的危险是主要的根本的危险，但这并不是说帝国主义相互间的矛盾便会减轻了，他们中间的战争危险便会消灭了，相反的〈但〉它的矛盾仍然增长，战争的危机仍然是存在和发展。因此对于帝国主义强盗战争的危险，中国工农劳苦群众必须加以坚决反对，因为这一战争如果爆发，必然葬送全世界的工农群众于血泊炮火中。

（十四）发展民族革命战争，粉碎帝国主义国民党对苏区的进攻，推翻帝国主义走狗国民党统治！

国民党是帝国主义走狗，它代表帝国主义和中国地主资产阶级的利益，出卖中国民族利益给帝国主义，它是帝国主义奴役中国的清道夫，受帝国主义的指挥，并和帝国主义武力结合来进攻苏区和红军。因此，发展革命战争粉碎帝国主义国民党的进攻，消灭国民党的统治，正是驱逐帝国主义和帝国主义搏战的必要条件，是民族革命战争胜利的前提。

（十五）扩大民族的革命战争,拥护苏维埃中央政府对日宣战,驱逐一切帝国主义出中国!

苏维埃临时中央政府已经宣布了对日本帝国主义的民族革命战争,苏区工农群众须一致地拥护中央政府的决议,首先消灭国民党的武力及其统治,直接与日本帝国主义作战,驱逐一切帝国主义出中国。

（十六）拥护与扩大中国真正的反对帝国主义的武装力量——中国工农红军!

只有中国工农红军,才是真正的反对帝国主义的武装力量,中国工农红军在几年来和帝国主义国民党的残酷斗争中展示了无比的英勇和坚决,苏区工农群众须一致拥护红军,扩大红军,实际地参加战争,以争取民族革命战争的彻底胜利。

（十七）统一中国,建立苏维埃政权!

只有苏维埃政府才能实际领导中国工农劳苦群众和帝国主义斗争,只有苏维埃区域才脱离了帝国主义的羁绊,只有在苏维埃区域里工农群众已经从帝国主义和中国地主资产阶级的压榨下解放了出来,建立了工农自己政权与新的政治生活。苏维埃政权要在全国工农群众的拥护和英勇的斗争中统一全国,使全中国工农劳苦群众从帝国主义的羁绊下解放出来,获得中国的整个的独立和自由。

（十八）援助和领导白区的反帝斗争!

帝国主义□□□□□□中国革命是在疯狂地进行,白区工农群众对帝国主义及其走狗国民党□□□□□□□□特别在□□□红军不断□□□影响和推动下,中国无产阶级□□□□□□□□□下,使全中国反帝反国民党斗争□□有力的高涨起来。为要配合和□□□□□□□□□□□□□□□□从革命战争的发展中,并从精神和□□的援助中,使全国反帝斗争更扩大深入起来,为驱逐帝国主义争取苏维埃在全国范围的胜利而斗争。

（十九）联合世界无产阶级和被压迫民族!

帝国主义在全世界的统治是少数人对大多数人的剥削、掠夺和压迫,反帝国主义的营垒中,包括无数万万的无产阶级和被压迫民族,这个伟大的群众觉醒,雄厚的斗争力量必然淹没帝国主义的统治,而且苏联无产阶级的胜利已有14年,充分指证了反帝斗争的光明前途。中国革命在全世界无产阶级及被压迫民族国际团结的斗争和拥护中,必然取得最后的胜利,促成世界革命的成功。

六、反帝大同盟章程

1. 宗旨:本大同盟以团结被压迫的工农劳苦群众与红色战士,在反帝国主义的旗帜之下,积极参加中国革命运动,根本推翻帝国主义在华以至在全世界的统治为宗旨。

2. 会员:凡工人、农民、一切劳苦群众、红色战士及革命的小资产阶级分子,服从本大同盟的宗旨,反对帝国主义,并愿执行反帝工作,经会员一人的介绍得为本大同盟的会员。凡豪绅、地主、富农、资本家及国民党官僚政客均不得加入本同盟。

3. 组织:组织分下列几点说明:

(1)本大同盟在世界反帝大同盟中国分部指导之下进行反帝工作。

(2)本大同盟的组织系统在农村中以乡为最小单位,设乡反帝大同盟,农村中的人数过多的学校、工厂,得以学校、工厂为最小单位。在大城市中(在中央与省直属的城市),以工厂、学校、街道(小的街道可联合两个以上的街道)为最小单位,设工厂、学校、街道的反帝大同盟。最小单位的反帝大同盟下,酌量情形设支部,其上设区反帝大同盟,区之上设县或市反帝大同盟,县或市之上设省反帝大同盟,省之上设苏区反帝总同盟。下级受上级的指导。

(3)乡、工厂、学校、街道的反帝大同盟,设执行委员会,选委员3人至5人;区选委员5人至9人;县或市选委员11人至15人;省选委员17人至25人,由各省与红军大同盟代表大会选举25人成立苏区反帝总同盟,候补委员由各级按照工作情形决定名额多少,委员会设主任、组织、宣传各一人分任工作。

（4）各级委员会设立办事机关，办事机关可附设在工会雇农工会列宁室等群众机关内，但委员以不脱离生产或原有工作为原则。

（5）乡、工厂、学校、街道反帝大同盟执行委员任期三月，区反帝大同盟执行委员任期六月，县或市反帝大同盟执行委员任期一年；省反帝大同盟及苏区反帝总同盟亦任期一年，各级执行委员会如遇特别事故不能终职或不能尽职时，由各该级过半数会员提议，可临时召集大会改造〔选〕。

（6）乡的会员大会及区以上的各级代表大会的召集与各级执行委员【会】大同盟任期相等。

（7）在红军中以团为单位，组织团反帝大同盟，团以上组织军或军团与方面军的反帝同盟（师不设反帝大同盟，而师直属队组织直属队反帝大同盟，直属于军反帝大同盟）。军或团与方面军的反帝大同盟，直属于苏区反帝总同盟，独立师设师反帝大同盟，直属于省反帝大同盟，独立团设团反帝大同盟，直属县反帝大同盟（红军中上级对下级的指示须经过政治部）。红军中各级反帝大同盟亦各设执行委员会委员三人至一人①，红军中各级反帝大同盟应随时与所驻地方的反帝大同盟发生密切的关系，在适当时机组织红军与地方的反帝群众大会。

（8）红军学校设立反帝大同盟，直属于苏区反帝总同盟，其他各革命团体、政府机关（如党团、政府、工会、政治保卫局等）组织支部，直属于当地反帝大同盟。

（9）地方的反帝大同盟中应设一青年部，青年部是劳苦青年反帝的群众组织，有它自己的系统，但它是反帝大同盟的一部分，各级青年部都应受各该级执行委员会的领导。

4. 会费：会费分两部：（1）会员每月缴会费铜元一枚；（2）自动捐助。

---

① 原文如此。

5. 工作:组织反帝国主义的群众示威大会,表演新剧化装演讲,出版传单画报和其他宣传品,组织各种问题的研究会(如日本出兵不平等条约和苏联的研究会),研究帝国主义侵略和瓜分中国进攻苏联与中国革命,以及帝国主义世界大战等问题,进行反帝的宣传教育,领导与发动广大工农劳苦群众参加反帝国主义国民党的革命战争。

6. 本大同盟在世界反帝大同盟中国分部领导之下,与反动统治区域的反帝大同盟发生密切的工作关系,使苏区的反帝运动与反运动统治区域的反帝运动的发展联系配合起来。

7. 本反帝大同盟章程如有变更之必要得由苏区反帝同盟代表大会修改之。

七、苏区的青年反帝运动
——苏区反帝青年部报告

(一)青年反帝运动的重要与苏区反帝青年部的成立

反帝运动,在殖民地与半殖民的工农劳苦群众身上,是应负的重要的任务。因此,反帝运动便成为中国革命的主要任务之一。

由于军国主义与帝国主义大战给予青年的影响上剧烈痛苦,青年就更加反对帝国主义。

在整个反帝斗争中,工农劳苦青年群众表现了他反帝的英勇与斗争的伟大作用。特别是在日本帝国主义出兵东三省后,中国各大城市——北平、天津、上海、南京的学生、工人,及城市的贫民,更表演〔现〕出他们反帝的英勇,成为中国反日反帝的主要动力。最近反帝斗争更向着反对国民党政府、拥护苏维埃政府的道路,他们接受了共产党的口号,因为他们看见国民党根本不是反对帝国主义的;恰恰相反,正是投降帝国主义、出卖民族利益的。在苏区里,各地的青年工农劳苦群众,在苏维埃,在共产青年团的领导之下,普遍的、积极的,在那里举行反帝的斗争——"三一八"红色五月的反帝运动周等〈的〉反帝示威运动。

这些说明什么呢？说明青年在反帝运动中的重要，说明青年在反帝斗争中的英勇，说明青年在反帝斗争中的伟大作用。

反帝青年部，就是运用青年化的工作方式，组织领导与动员广大的青年群众，在反对帝国主义的旗帜之下，积极参加反帝斗争，强固反帝斗争战线与力量。

由于过去对反帝运动的忽视，而青年反帝工作也同样是忽视的。苏区的青年反帝运动，一直到二月才开始注意。这时，苏区少年先锋队中央总队部，在少共苏区中央局领导之下，发起组织苏区反帝青年第一次代表大会筹备会，开始给苏区青年反帝工作的领导，反帝青年即在各地也就开始建立，青年反帝的工作，也就开始发动起来。

"三一八"日，苏区反帝青年第一次代表大会开幕于赤色江西的兴国，大会经过三天时间的讨论，大会可说是得到相当的成功的。大会详细检阅了过去青年反帝斗争中的错误与缺点，在少共苏区中央局领导之下，决定了青年反帝运动的任务与工作，并产生了"苏区反帝总同盟青年部"以领导整个苏区的青年反帝斗争。

大会虽是得到了这些伟大的成功，可是因为那时对政治形势的估计犯了右倾的错误——认为帝国主义大战立刻就要爆发了，甚至已经爆发了，而忽视了帝国主义公开直接的进攻苏联，与进攻中国革命的作用，而放轻拥护苏联的任务（少共苏区中央局代表陆定一同志在大会上的报告，就是这样的精神），这就是说火〔大〕会在政治上是犯了不可容许的右倾机会主义的错误。

(二)反帝青年部的性质和组织

反帝同盟青年部是青年反帝的群众组织，在反帝大同盟的领导之下，运用青年化的方式和方法，将反帝大同盟的主张、口号和策略实现在广大青年工农群众中去。换句话说，反帝大同盟青年部，在反帝大同盟领导之下，领导广大的青年工农群众，为实现反帝大同盟的主张、口号和策略，团结百分之百的青年工农群众在反帝斗争旗帜下，为反对帝国主义，参加中国革命而斗争。

青年部有他自己的组织系统，但是隶属于反帝大同盟的系统之内。假使有人认为有了反帝大同盟便不要青年部,他根本就不懂得,青年部是反帝大同盟在运用青年化的方式在广大青年群众中进行工作的有力而唯一可靠的助手。

假使又有人说青年部是反帝大同盟执行机关的一部分,像组织部、宣传部一样,这同样的〔是〕错误的,减轻了青年部的作用,实际上同样是取消了青年部,是青年反帝运动的取消主义,应给予严厉的抵抗。同时,把青年部与反帝大同盟对立起来,也是错误的,是青年部运动中的先锋主义,这样便会离开反帝大同盟的领导,而分散反帝斗争阵线与力量,我们同样是要反对的。

现在我们正确的回答:

因为,青年反帝运动是整个反帝运动的一部分,所以青年部必须在反帝大同盟领导之下工作,但它有它自己的单独组织系统,隶属于反帝大同盟的组织之内。

因为,红军及地方武装中,青年成分占绝对的大多数,同时红军中的组织又要力求简单,在红军地方武装中不另设青年部。这并不是说就取消了军队中的青年反帝工作,相反的,正是说明军队中青年反帝工作的重要。

因为,青年部是更广泛的青年反帝的群众组织不宜过于严密,因此,青年部不设小组。

因为,青年部是反帝大同盟的一部分,不应另设其他附属组织,只发动与领导青年会员积极参加反帝大同盟的各种附属组织——不平等条约研究委员会、外债研究委员会、苏联研究委员会、帝国主义侵略殖民地策略研究委员会等等。

(三)苏区反帝总同盟青年部工作经过

苏区反帝总同盟青年部成立以来,已有四月了,在这四月当中,一般的工作是有进步的,主要的表现在组织方面,江西省、福建省、湘赣省的反帝青年部已正式成立,各地的青年部,大部分的成立起来,挂空招牌的现象,已经受到打击,转向实际工作方面,会员也大大地增多起来,在江西省的会员,如下表:

县名	区反帝青年部数目	会员数目	备考
兴国	17	7611	
赣县	9	2870	
公略	7	6536	
瑞金	14	5636	
雩都	12	384	
胜利	11	4255	
万太	5	4130	
永丰	5	3113	
会昌	14	114	
乐安	3	764	
统计	97	35413	
备考			
附注	这个统计仅仅是十县的（十县也不完全），还有六县尚未统计在内。		

在福建省的上杭、长汀、武平、永定、龙岩、新泉等县，也成立县的反帝青年部，其他新发展的苏区，也正在那里组织。

在宣传与行动方面，一部分的地方，是经常在那里举行反帝的青年工农游行示威（如江西之胜利、兴国）在各种纪念日，普遍地举行示威大会，在四月五日江西省反帝青年部领导全江西全省一致的"反对帝国主义武装拥护苏联"的示威大会，在红色的五月的最后一周，总同盟青年部在少共苏区中央局领导之下，领导了中央苏区的"反对帝国主义进攻苏联，进攻中国革命瓜分中国，发展民族革命战争运动周"的工作，总同盟青年部直接领导了福建省汀州市的运动周的工作等等。

苏区反帝青年运动,在几月来,与取消主义不断地斗争着,他本身是渐渐壮大起来,可是在工作【中】还有不少的错误与缺点,在某些地方,青年部还是限于取消主义与忽视的状态中,大部分地方青年还是挂着空的招牌,或限于右倾机会主义的状态,以为现在还没有与帝国主义作战,而不要加紧会员的军事学习,与扩大红军——唯一反帝的武装力量等,各地工作还没有强固地健全起来。

(四)苏区青年反帝运动的任务与工作

目前的革命形势迅速发展,苏区红军得到空前伟大的新胜利,帝国主义直接地公开地进攻中国革命,瓜分中国,积极地紧张地准备进攻唯一反帝的苏区的时候,我们苏区反帝青年的任务就更加重了。我们的任务就要密切地与这一形势联系起来,以民族革命战争推翻国民党,争取赣江两岸中心城市,争取在革命江西及邻近省区首先胜利,这就是苏区反帝青年运动的当前紧急任务。

为得要实现这一任务,反帝青年部就要以青年化的工作方式与方法,组织百分之百的青年工农群众积极参加民族革命战争,参加红军,因为只有革命战争才能消灭帝国主义大战,推翻帝国主义的统治,才能求得中国民族的独立解放。

为得要推翻帝国主义在华的统治,首先就要消灭国民党。因为国民党是帝国主义的走狗,是帝国主义在中国的清道去〔夫〕,是投降帝国主义污辱中国与出卖民族利益的东西。

为得要实现这一任务,必须广大动员与加紧反帝的宣传鼓动,以青年化的宣传方法——新剧团、歌舞团、化装宣传队、口号队,以及其他漂亮而引入注目的标语口号,深入地〈宣〉宣传帝国主义的罪恶,激怒〔发〕青年的反帝热情,扩大反帝青年部的组织,加强与扩大反帝青年的阵线与力量。

最后要求〈大〉以严格的对反帝青年工作的详细检阅①,很好地讨论,给予反帝青年部以详细而具体的指示与决定,因为只有这样才

---

① 原文如此,似有误。

能使苏区反帝青年运动更加激剧的发展，反帝青年部更加强固起来，也就是反帝斗争能够得到强有力的帮助。

八、中央苏区反帝总同盟第一次代表大会经过概况

（一）大会的筹备

中央苏区反帝总同盟是由中华全国总工会苏区执行局所发起组织，并于五月五日召集中共苏区中央局、少共苏区中央局、工农红军总政治部、苏区反帝青年部、苏区少年先锋中央总队部、江西省反帝大同盟、福建省反帝大同盟、福建省拥护红军委员会、福建省互济会等团体机关代表开会讨论进行筹备工作，当时即推选到会各代表为筹备委员，成立筹备委员会，而以全总执行局为主任。

筹备委员会成立后，〈那〉努力进行一切筹备工作，在一个多月的短时期中，就将工作完成，组织方面，完成了各地代表的选举，政治方面，起草了大会决议、斗争纲领、宣言，等草案；其他事务上技术上的一切，也都在这时期内筹备竣事。所以到了 6 月 23 日，大会依预定时间正式开会。

（二）代表的人数和成分

依筹备委员会的决定，大会代表应到 250 人，但是因为：

（1）红军在作战时期，不能多派代表；（2）远地代表因时间迫促不及派代表来会，所以结果到 23 日开幕时，只有 145 人到会。但 23 日下午又有代表 27 人赶到，总计

出席代表人数 172 人。

区分如次：

江西 78 人

福建 45 人

红军 21 人

红军学校 20 人

中央机关 8 人

代表成分

贫农 80%

雇农 10%

其他(工人学生等)10%

(三)大会的经过

大会第一日——6 月 23 日

群众的庆祝:大会决定在沙基惨案纪念日——6 月 23 日正式开幕。在这天的清晨,开幕礼还未举行前,瑞金县少年先锋队、儿童团全体约 2000 余人,肩着彩帐对联,整队到大会会场,庆祝大会的成功。在庆祝会中,少先队代表用热烈的词句表示庆祝和拥护的诚意,并鼓励大会各代表努力工作,完成他们伟大的任务。讲完后,筹委会主任陈寿昌致简单的答词,感谢青年战士们的盛意,并代表大会表示接受他们的鼓励和指示。答词完毕,群众高呼反帝口号,随着激昂的巨声青年战士整队散去。

预备会:上午 11 时,举行预备会,陈寿昌主席,依照开会程序宣布开会后即由筹备委员会报告筹备经过(报告内容与本文“大会的筹备”同,故不另记),报告完毕即通过议事日程及推举主席团,和代表资格审查委员会,散会。

主席团:名誉主席团 13 人,斯达林、加列宁、莫洛托夫、片山潜、齐莫达洛夫、特尔曼、赵港、毛泽东、朱德、项英、张国焘、周恩来、袁炳辉。大会主席团 15 人:刘启耀、陈衮燔①、陈寿昌、谭棠柏、蔡乾、张爱萍、廖文盛、张修芳、邓兰英、陈日兴、谢长茂、谢荣光、谢宝山、李新民、龚予清。

代表资格审查委员会:5 人,陈日兴、刘启耀、谢宝山、胡毕杰、李盛岳。

开幕礼:同日下午 3 时,大会举行开幕礼。主席陈寿昌,依议事日程进行,宣布开会唱国际歌后,即由主席致开幕词,内容说明扩大

---

① 原文如此,与后文出现的陈衮燿疑为同一人。

苏区反帝运动的重要性,大会意义的伟大,过去忽视苏区反帝运动的错误,反帝工作的转变与会后反帝运动的任务;最后并声请各代表对各问题的热烈讨论以完成大会的任务。

次由中共少共苏区中央局代表顾作霖演说,指出大会应在发展民族革命战争的口号之下,把反帝运动与土地革命联系起来。大会应在中央政府对日宣战的号召下,组织并团结广大反帝群众参加到民族革命战争中来;大会成立苏区反帝总同盟,应担任这一中心任务。同时,帝国主义现在正猛烈地进攻苏联,反帝总同盟应加紧执行拥护苏联的实际工作,发展民族革命战争,推翻国民党的统治,争取与帝国主义直接作战,赶走帝国主义出中国。讲后,苏维埃中央政府代表何叔衡演说,解释中央政府对日作战的宣言和训令的意义,并希望大会在这号召下动员群众参加革命战争。

嗣后全国总工会苏区执行局,少先中央总队部,台湾反帝大同盟,福建、江西反帝大同盟,红军学校,女子义勇队,等代表相继演说,最后高呼口号,奏乐,典礼告成。

大会第二日——6日24日

第一次正式会:

上午9时,举行第一次正式会。主席刘启耀,议事日程:

1. 宣布开会

2. □□□□中共少共苏区中央局代表顾作霖报告

3. □□□年□报告——张爱萍报告

4. 江西省反帝大同盟报告——刘启耀

5. 福建省反帝大同盟报告——陈日兴

6. 通过宣言及通电

下午全体代表应中央政府邀约前往□□。

大会第三日——6月25日

第二次正式会:

上午8时第二次正式会开会。张爱萍主席,讨论大会决议案,先由筹委会邓颖超报告决议草案,经过各代表的热烈讨论,对草案有很多的补充,大会决议,依原文如以补充,文字交新任执行委员会负责整理。

第三次正式会:

下午二时第三次正式会蔡乾主席。

1. 讨论斗争纲领,由筹委员会陈寿昌报告草案,并详尽讨论后,决议:依原文补充,文字交新任执委会整理。

2. 讨论□□□□程——先由筹委会张爱萍报告草案,经详经讨论后决议:依原文□□□□□□□□□□新任执委会负责整理,下午六时休息,七时继续开会进行□□□□□。

选举结果:

执行委员会25人:刘启耀　谢宝山　谢长茂　陈衮耀　张爱萍　龚予清　徐德　黄日新　陈寿昌　邓颖超　吴仲莲　邓兰英　张□　陈□　周景新　关蕴秋　李少□　蔡乾　沈乙庚　刘宠尧　陈日兴　王盛□　陈洪盛　谭棠柏　李明康

候补委员10人:罗日芝　王永标　陈满娇　赖□□　刘德芳　钱希钧　黄芳华　邓起凤　□亭　张世杰

委员成分:工人11人　贫农10人　学生5人　雇农3人　中农2人　台湾2人　韩国2人。

附注:委员中有现充红军战士的6人

闭幕礼:

晚九时举行闭幕礼。陈寿昌主席,开会后,主席致词,对大会作一简单的总结,继由各代表讲话。完毕后,执行委员会代表刘启耀致词,表示接受大会推选,以后执委会当努力工作完成大会所结〔交〕与之任务。讲毕,在口号声鞭炮声的交响奏中,大会正式闭幕。

编后

编辑这一小册,是常务委员会的决定,将大会通过的各种文件和大会的经过情形,汇集起来,供给反帝同盟工作时的参考。

这一工作的进行，本是很快的，大会文件的整理是，早已完成，但为了印刷问题，直延迟了一个月，到现在才出版。这点，我们要特别声明，□□同志们的误会。

编者　一九三二．七．二十三

（根据中共江西省委党史研究室藏件刊印）

关于争取和完成江西及其邻近省区革命首先胜利中团的任务决议

——接受中央六月六日来信的指示

（少共苏区中央局 1932 年 7 月 28 日通过）

中央局认为中央的指示信是完全正确的。

中央局认为苏区团大会是继续中央局成立以来的向着国际路线的转变，它彻底揭发了过去青年运动中立三路线的错误。它严厉打击了对青年运动的取消主义，它揭发了过去中央局所犯的对当时团的状况估量过低，对于反革命政治派别惊慌失措的右倾机会主义错误，它开始纠正了当时苏区团内缺乏明确阶级路线与充分群众工作的错误，它在苏区团的工作转变上是起了进步的作用，但这绝不能掩盖得了团大会所犯的严重的机会主义的错误。

团大会对当时政治形势是估量不足，对世界上两个制度——社会主义制度与资本主义制度尖锐的对立估量不足，虽然指出了"帝国主义进攻苏联和中国革命的危险，是目前最主要的战争危险"，但对帝国主义进攻苏联战争危险的全部实在性没有深刻了解，对满洲事件的分析，没有指出其反苏联的挑战性。因此，不了解武装拥护苏联的任务，是苏区团当前实际的战斗任务，而把这一任务完全忽视。团大会对中国两个政权的对立，也是估计不足，没有深刻了解苏维埃政权与国民党政权的对立已到了"你死我活"的地步，没有了解国民党在其与革命斗争中已宣告破产。因此，帝国主义遂由暗中进行的侵犯转为公开的战争，来瓜分中国，进攻中国革命，没有了解国内阶级力量的对比已经变动了,这个变动是有利于工农的,有利于红军苏维埃的,国民党各派的力量都削弱了。相反地,工农苏维埃运动的力量是增长了(党中央关于争取革命在一省和数省首先胜利的决议)。因此,不能明确地提出发展民族革命战争的任务与积极进攻的路线,不能肯定地指出争取革命在江西及其邻近省区的首先胜利,是放到今日团的议事日程上面了。也因此,不能把两个政权下的青年的生活地位明显地对立起来,不了解两个政权对立的尖锐化,苏维埃运动的胜利与国民党政权累进式的瓦解,是鼓动了苏区劳苦青年群众的积极性和创造性,是刺激了非苏区工农劳苦青年和革命学生的斗争情绪。更不了解"改善苏区青年工农的生活,是使苏维埃政权与国民党统治对立最有力的事实,是实际的巩固苏维埃政府,是提高苏维埃政府在青年工农中的信仰"(中央来信),而以"青年工农群众的彻底解放,完全依靠于革命战争的胜利"这样"左"的词句,掩盖着对于领导青年工农劳苦群众斗争、争取他们生活的改善的机会主义消极。

因为团大会在政治估计上犯了这种错误,所以团大会不但不能反对党大会政治估计的错误,反而完全同意它。

与这一错误有密切关系的,团大会在巩固无产阶级在苏维埃运动中的领导上,也犯了右倾机会主义的错误。中央苏区团一向忽视无产阶级的领导,特别对青工斗争与工会工作,在团大会前是一贯的机会主义消极。团大会虽然指斥了对工会工作的消极与取消倾向,但团大会把沿门卖工的手艺工人当作"独立劳动者",认为苏区没有工人,认为"现在的苏维埃区域还是〈僻〉处在较偏僻的区域,缺少广大无产阶级青年的群众基础"(团大会建设问题决议)。以这种理论为根据,来放弃青工工作,放弃巩固青年运动中与整个苏维埃运动中无产阶级领导权的任务。因此,对组织青工加入红军,动员青工参加苏维埃工作,加强红军中苏维埃中无产阶级领导权的工作,也就没有引起团大会的注意。

因为犯了这些错误,而把过去团的错误,认作仅仅是对于团的估量过低,对于反革命派别惊惶失措的错误,这也是不对的。此外,在土地问题上,团大会没有批评以前的绝对平均主义,与反对以人口劳动力混合为分配土地标准的错误,没有指出实行人口劳动力混合标准分配土地的原则,没有提到宣传土地国有的重要,这也是严重的错误。上述这些是团大会中最主要的错误和缺点。

团大会后,中央局完全同意党中央局的政治估计,认为帝国主义相互间的大战在上海事变中将要一触即发;对帝国主义直接地、公开地进攻中国革命,尤其是苏维埃与红军,看着是帝国主义大战爆发后的事;而完全没有估计到帝国主义进攻苏联战争主要危险与进攻中国革命的紧迫;完全不了解日本帝国主义在上海的血的屠杀,是为着直接镇压反帝运动,为着布置进攻中国苏维埃与红军的根据地,为着进攻苏联,为着瓜分上海以及完全瓜分中国。这是继续并发展了团大会政治估计上的错误。

因为团大会及中央局犯了这些错误,在团大会后4个多月中,虽然中央苏区团的工作是有进步的,在扩大红军、拥护红军的工作上,在建立红军中的青年工作上,在发展团的工作上,在转变少先队工作与儿童运动上,在干部培养及领导方式的转变上,都有了相当的成绩。但动员青年群众参加和发展革命战争的工作,不能迅速地积极进行;对青年反帝运动不能广大地动员,特别对武装拥护苏联的运动,完全忽视;对于巩固无产阶级在青年运动与整个苏维埃运动中的领导,青工斗争的领导和工会工作的加强,白区白军中工作的建立,团的改造与支部生活的建立,尤其是团内两条战线的斗争,都没能达到必要的成绩,甚至完全忽视。尤其因为没有揭发团大会的错误,这就障碍着向着国际和中央路线的转变。

直到五月间,得到国际和中央的指示,党中央局改正了关于政治估计及忽视无产阶级领导的错误以后,中央局也才开始纠正这些错误。但对这些错误的揭发还极不深刻,还没有发展团内两条战线的斗争与广泛的自我批评来反对这些错误,这就使得这些错误的纠正极其迟缓和不深入。因此,必须坚决发展团内两条战线的斗争,集中火力反对右倾机会主义的动摇,无保留地揭发中央局及团大会的错误,广大发展自我批评,这是苏区团彻底转向国际和中央路线、完成实际工作转变的必要前提。但如果以为有了这些严重错误,便是中央局与团大会政治路线的错误,或者认为团大会后工作就毫无进步,这也是不正确的右倾估计,也要严厉反对。

中央局以布尔什维克的自我批评精神,号召苏区团彻底纠正这些右倾机会主义的错误,坚决执行中央来信的指示。

团大会以来事变的发展,更充分证明党、团中央对于时局分析的完全正确,与团大会及过去中央局政治估计的错误。由于苏联社会主义的伟大胜利,资本主义世界经济恐慌的深刻化,世界革命运动的发展,世界上社会主义与资本主义两个制度的对立空前尖锐起来;由于中国革命运动尤其是苏维埃运动的猛烈发展,全国国民经济达到总崩溃的形势,国民党反动统治的日益崩溃,两个政权的对立达到前所未有的紧张状态;使帝国主义疯狂似的在更大的战线上准备进攻苏联的战争,更加紧进行反中国的武装干涉,来瓜分中国进攻中国革命,布置从东方进攻苏联的军事根据地,加紧向苏联挑战。从"上海和平会议"后,日本帝国主义不断增兵满洲,在那里拼命屠杀东北义勇军与千百万劳苦群众,现在更开始向热河进攻,各帝国主义的军舰不断地集中到太平洋中国沿海各地与长江沿岸,这都是为了进攻苏联,为了完全瓜分中国,为了进攻中国革命。所以现在的形势是:

在瓜分中国、分配中国的富源上,开展着帝国主义各国间的矛盾与冲突。而主要的是:帝国主义一致地加紧准备进攻苏联的战争与进攻中国革命。

中国的统治阶级,地主资产阶级的中国国民党,把东三省、上海以及许多重要的城市交给帝国主义,把整个中国出卖给帝国主义,帮助帝国主义镇压中国民众的反帝运动。尤其是现在在帝国主义直接帮助之下,动员了它的全部力量,正向中国苏维埃与红军作大规模的四次"围剿",企图挽救它日益崩溃的反动统治,来作帝国主义瓜分中国的清道夫。

现在全国革命运动正在巨大发展:工人罢工斗争有力的高涨,反帝运动继涨〔续〕增高,农民灾民和白军士兵的斗争蓬勃地开展,尤其是各苏区的工农红军在全中国工农劳苦群众热烈拥护之下,在全苏区群众的战斗的动员和配合之下,在相互呼应的全线出击中,最近在全线上都获得新的胜利,正在开展胜利的进攻,以粉碎帝国主义国民党的"围剿",争取革命在江西及其邻近省区的首先胜利,与帝国主义直接作战,驱逐帝国主义出中国,争取苏维埃政权在全国的胜利。

在这一形势之下,苏区团的主要任务是:动员和领导最广大的劳苦青年群众发展民族革命战争,巩固苏维埃政权,创造铁的红军,领导反帝国主义运动,武装拥护苏联,领导工农青年劳苦群众的斗争,争取他们生活的改善,实现劳动法与土地法令,组织百分之百的劳苦青年群众,开展土地革命,扩大苏区,争取联成一片的苏区,争取革命在江西及其邻近省区的首先胜利。

因此,苏区团目前必须执行下列工作,并首先要完成冲锋季的战斗:

(一)创造铁的红军,发展民族革命战争与少先队的工作

动员广大劳苦青年群众特别是青工雇农到红军中去,扩大红军,加强红军中无产阶级的领导,是苏区团的第一等任务。团应在青年群众中进行广大的宣传鼓动,尤其要以红军的伟大胜利去刺激青年群众的战斗情绪,而使他们踊跃地投身红军。团应以最大的努力,经过青工部与少先队去动员和组织青工雇农加入红军。团应为了实现军事委员会扩大红军的计划,为了迅速实现补充团计划而斗争。这就要击破那种"群众怕当红军","青工怕当红军"的机会主义论调。这种悲观论调只是对扩大红军工作消极怠工的掩盖,对青工工作放弃的掩盖。必须加强团内的动员与思想斗争,克服团员怕当红军的现象,加强团员在青年群众中的领导作用。在冲锋季中,实现每个团员发动一个青年尤其是青工到红军中去的口号,达到和超过冲锋季计划上规定的数目。团的各省委应当经常输送干部,首先是青工雇农干部,到红军及地方武装中工作,到红军学校去受训练。

动员广大青年群众配合红军作战,轮流征调各县一部分少先队、

模范队跟随红军行动,参加战争。领导青年群众,发展游击战争。动员赤色腹地的模范队到边区游击,扰乱和疲劳敌人,消灭敌人,以响应和配合红军的行动。动员青年参加担架队、运输队、交通队、侦察队、洗衣队、慰劳队、掩埋队,到前方参与战役,组织救护队,救护伤病的红军战士。

对于红军中青年工作,应完全执行中央的"团在红军中工作的决议"。在红军中应普遍组织突击队和轻骑队,应活泼利用青年队,建立俱乐部、列宁室的工作,在俱乐部中设立青年组,在墙报中辟设青年栏。加强反帝大同盟拥苏大同盟的工作。必须坚决反对对红军中青年工作的取消主义,反对那些认为建立了青年工作的组织方式和工作方式便分散红军力量的理论,这是取消主义的变相。同时,要防止先锋主义的倾向。要建立团的小组的工作,加强对红军中团员的教育,使每一团员真能〈成为〉在思想上行动上和战斗中成为群众的模范。

拥护红军的工作,应广泛发展起来。"少共礼拜六"要在更宽广的群众基础上去普遍实行;帮助政府实行红军优待条例;发动青年群众替红军做草鞋、做笠篷,慰劳红军。举行红军与地方青年的联欢大会。最近,团应发起募捐购买飞机的运动。

少先队工作,应完全实现少共国际来信、团中央的决议及中央局的决议,执行其全部工作的转变。

白军白区工作的建立,对发展革命战争有极严重的意义,对这一工作的忽视消极,必须以严厉的斗争,立即克服。各省应以最迅速的时间内,建立苏区附近大城市(南昌、吉安、赣县、长沙、大冶、岳州、衡州、萍乡、抚州)及交通工人(南浔铁路、武长铁路、株萍铁路工人,赣江、韩江船工)中的工作。中央局应开办白军士兵运动训练班,征调团员给以训练,派赴白军中建立工作;各省委亦应有计划进行白军中的工作。

(二)巩固苏维埃政权的工作

加紧在青年群众中的拥护苏维埃政府的宣传,对苏维埃政府的每一法令,向青年群众作解释工作,号召和领导他们为实现法令的每一条文而斗争。

动员百分之百的有选举权的青年参加选举运动,选举青年工人到各级苏维埃政府工作。建立城乡代表会议的制度。团必须经常供给青工雇农团员,到苏维埃政府去担任各项工作。

在执行积极进攻路线,向外发展游击战争中去扩大苏维埃区域,创造新的苏区。

过去在土地问题上,对雇农、贫农、中农以人口为标准分配,对富农以人口与劳动力混合标准分给坏田的办法,还是不能使雇农贫农得到土地革命的最大利益,还是不正确的,必须纠正过去错误,执行土地革命中的正确路线。在今年秋收前苏区的土地革命,必须得到实际的彻底解决。地方上全部的重新分配或部分的收回掉换,要依照基本农民群众的要求来决定。重新分配的,必须执行人口与劳动力混合标准分配的原则。在新的苏区,团应积极参加没收土地的工作,发动青年农民参加分配土地,完全执行人口与劳动力混合标准分配原则。团须在苏区农民群众中进行土地国有的宣传。

积极执行苏维埃政府正确的经济政策。建立合作社,反对奸商富农的投机与破坏苏区经济的反革命阴谋。帮助政府征收累进税,组织冲锋队,发动青年农民踊跃缴纳土地税,参加监督税收委员会的工作,发动青工学徒帮助政府缴纳营业税的工作。最近,更应发展购买公债的运动,迅速完成中央政府发行公债的计划。在青年农民中,发展耕种收获的运动,目前首先要领导秋收的运动。

帮助苏维埃政府进行肃反斗争。发动少先队、儿童团协同赤卫军放哨检查行人,加紧赤色戒严,肃清反革命政治派别的组织与活动,加紧在一般群众中的教育工作和思想斗争,杜绝一切反革命政治派别的活动机会。普遍组织轻骑队,肃清苏维埃政府中的官僚腐化现象。

团应训练一批团员担任列宁小学的教员,帮助苏维埃驱逐那些怠工反动的教员。在群众中进行反宗教迷信的运动,反对对这一运动消极的倾向以及毁庙宇、掘祖坟等脱离群众的错误。

（三）领导反帝国主义与武装拥护苏联的运动

彻底纠正苏区不要反帝运动，把反帝运动与土地革命对立起来的错误观念，纠正忽视反帝运动与武装拥护苏联运动的错误，积极领导青年群众参加反帝国主义和武装拥护苏联的运动，参加民族革命战争。

团应该在群众中进行最广泛的反帝国主义和武装拥护苏联的宣传鼓动，指明帝国主义进攻苏联战争的危险，紧张到了极点，现在正是这个战争爆发的前夜。指明帝国主义瓜分中国，进攻中国革命的野蛮战争，是在急剧的进行着。揭露国民党投降帝国主义，出卖中国的面目。号召劳苦青年加入红军，加入青年团、少先队，积极参加民族革命战争，来回答帝国主义对苏联的进攻及反中国的武装干涉，武装拥护苏联。

抓住帝国主义进攻苏联瓜分中国的每一事件，动员青年群众的反帝拥苏的斗争，组织最广大的青年群众加入反帝青年部与拥苏大同盟，建立反帝青年部的实际工作。

（四）领导青工斗争与工会工作

必须立刻加紧进行青工工作。定出各地各业青工的具体斗争纲领，领导青工为纲领百分之百的实现而斗争，为劳动法的全部实施而斗争，为订立与完全实现集体合同劳动合同而斗争。组织全体青工加入工会，健全青工部青工委员会的工作，普遍建立青工小组，在这一基础上，动员青工加入红军，参加革命战争，参加苏维埃政府内各项工作，参加各种青年组织，以巩固无产阶级在青年运动及整个苏维埃运动中的领导权。过去把沿门卖工的当作"独立劳动者"而排斥于工会之外的错误，必须立即纠正；必须严厉打击苏区没有工人的机会主义观点；打击掩盖在"青年群众的彻底解放，完全依靠革命战争的胜利"的"左"倾词句之下的放弃青工斗争的倾向；打击降低工人要求抑制学徒斗争，以及在青工斗争中与阶级敌人妥协让步的右倾机会主义；以及纠正一时注意、一时放松的寒热症的现象。积极准备在广州暴动纪念日(12月11日)举行全苏区的青工代表大会。特别加强苏维埃企业(兵工厂、被服厂、印刷厂、造币厂)内的青工工作,组织革命竞赛和冲锋队,提高劳动生产力。对贫农团的工作,团应严重注意。

(五)儿童运动与妇女工作

儿童运动,团必须在领导儿童参加革命斗争争取儿童利益、教育儿童以共产主义的基础上,广泛地发展起来。团必须派最有能力的干部去做儿童运动。各级儿童局的工作必须健全起来,各级团部必须加强对儿童运动的领导,经常检查和指示儿童局工作。对儿童运动忽视,以及认为儿童运动由儿童局去做,团可以不问的错误倾向,应该给予严厉打击。在儿童运动中,必须运用适合于儿童心理和能力的工作方法。对于妇女工作的忽视,目前成为普遍的现象,必须以坚决的斗争,反对对妇女工作的取消主义和忽视倾向。加紧领导青年妇女的斗争,争取妇女特殊利益,把青年妇女最广大地组织起来,动员她们参加革命战争,同党一起组织妇女代表会议,从这些工作中,把妇女工作发展起来。

(六)发展团与巩固团的无产阶级的领导

"团的建设的一切中心问题,是巩固无产阶级的领导"(中央来信)。因此,必须首先粉碎那种认为造成团过去的严重状况的客观原因,是苏区内"缺少广大无产阶级青年群众基础"的机会主义理论,而吸收大批的青工、雇农、苦力、学徒及贫农、中农入团,特别要向青工、雇农、苦力、学徒开门,在斗争中为斗争而发展团的组织,使团在数量上超过党,并强固团的阶级基础,培养新的青工干部,改造团的支部与地方团部,建立支部生活,加强团对青年群众组织的领导,加强团报的工作,使《青年实话》成为"青年群众的领导、组织、宣传与教育者",转变团的领导方式,建立巡视制度及严格的工作检查制度,发展团内的自我批评,最高度地提高团员群众的积极性,使团的决议与一切工作,都能深入到下层去,深入到实际中去。中央局关于发展团和改造团的具体计划,应迅速实现。

（七）两条战线的斗争

为着执行中央指示信，执行上述的任务，必须坚决进行团内两条战线上的斗争。这首先要彻底揭发和改正团大会与中央局过去的错误，然后才能保障国际和中央路线的彻底执行。目前苏区团的主要危险是右倾机会主义，这主要表现在：对目前两个世界与中国两个政权对立的不了解与估计不足，对目前革命形势和敌人崩溃形势估计不足，忽视进攻苏联战争的主要的根本危险，忽视苏维埃运动中无产阶级的领导权，不认识帝国主义武力直接干涉苏区的危险，对青年运动的取消主义倾向，忽视反帝运动与武装拥护苏联的运动，对参加民族革命战争消极，对青工斗争与工会工作消极，对深入土地斗争消极，对扩大红军、拥护苏维埃的工作消极，对白军白区工作与肃反工作忽视消极，这一切都是极严重的右倾机会主义，须集中火力来反对。"左"倾的危险表现在忽视目前中国革命发展的不平衡，认为国民党既无力进攻我们，盲动倾向，反中农倾向，关门主义，形式主义，空谈倾向，先锋主义以及一切立三路线的残余等，也应给予严厉打击。同时要反对实际工作机会主义与口是心非的两面派。要了解放松任何一种倾向在团内存在，都是动摇革命战线，同时也就要助长苏区农民落后意识、保守观念、太平思想的发展，障碍苏维埃运动的发展，所以对于倾向的自由主义，对于反倾向斗争的调和态度，都是绝不容许的。苏区团应在不调和的斗争中，进行目前的中心任务，为完成江西及其邻近省区革命首先胜利而斗争！

少共苏区中央局

（根据中共江西省委党史研究室藏件刊印）

中央关于失业工人运动的决议①

（1932 年 7 月 31 日）

　　一、虽然共产国际与职工国际一再指出组织失业工人运动的重要,指斥党团工会对于失业工作消极的严重错误,但是党与工会对于真真有计划的组织和领导失业工人运动还是停留在决议上纸头上,二月二十五的国际失业斗争日的工作,各地是失败了,北平成功的示威,只是一些学生群众,上海最近蓬勃发展的失业工人斗争,党与工会没有参加与领导,整个党团工会没有把失业工人运动,看成革命职工运动的主要任务之一。这种对于失业工人工作的机会主义的估计不足,是由于不了解千百万失业工人反对帝国主义国民党反动统治的极端重要,轻视这种革命的伟大力量,放弃对于这种伟大力量的组织与领导,这便是十分严重的机会主义的错误。中央号召全党同志以布尔什维克的自我批评,立刻纠正这一错误,动员党、团、工会来开始有计划地去进行组织和领导失业工人运动。

　　二、帝国主义侵略的加深,地主资产阶级的非人的剥削,民族工业的日趋衰落,农村经济的急剧破坏,尤其是帝国主义武装进攻中国的结果,使千百万工人与劳动者,从工厂中农村中驱逐到失业、饥饿、死亡的路上,许多工厂的关闭,实行三日班五日班,实行生产合理化等等,使极大部分工人走到失业或半失业的状态,这一巨大数量的失业工人,单在上海一埠,根据国民党社会局的统计已有廿四万。如以

---

　　①　此标题为编者所改拟,原标题为《失业工人运动决议》。

全国计算,何止几百万与千万。投河自杀,卖儿鬻女的事件日有所闻,工人失业的结果,同时影响到失业工人家属及在业工人的生活更加恶化。他们每天每分钟都在饥饿死亡中奔跑,失业工人数量巨大的增加,失业工人的极端痛苦是直接由于帝国主义侵略与国民党反动统治的结果,但是国民党可以用了无数万的款项去进攻红军,参加芝加哥展览会,偿付国际联盟的会费等,而没有和不愿用一个铜元在失业工人的身上。相反的,一方面资本家利用广大失业工人的饥饿与等待工作,来进攻在业工人,减少工资,加重工作。另方面,从帝国主义的报纸起,资产阶级甚至女青年会都在恐惧地讨论着,计划着如何压迫与消灭失业工人的斗争,他们压迫了沪西日本纱厂几万失业工人的斗争,企图在六月份完全驱逐上海失业工人出境。国民党在"以工代赈"的口号之下,强迫失业工人与饥民修筑进攻苏区与红军的"公路",采取一切残酷的压迫来破坏目前几个厂失业工人的斗争。

但是巨大数量的失业工人与其拼死的斗争,已经是中国革命运动中反帝反国民党统治的一个伟大力量。上海三友实业社、中华工艺厂、达丰厂、药业、商务、兵工厂、造船厂等失业工人,反国民党资本家的斗争,利用着各式各样决死斗争的新的方式,占据工厂,封锁资本家的自由行动,包围资本家与市政府。满洲失业工人成千成万去参加义勇军的反日战争,天津北平失业纱厂工人与半失业的黄包车夫经常与国民党的武装斗争,唐山在我们领导下几个钟头地召集了八百失业矿工去包围矿局,在几个主要城市内,都是酝酿着发展着广大失业工人的斗争,许多失业工人斗争得到了部分胜利。失业工人的斗争,密切地关系着在业工人的斗争,反对开除与要求恢复失业工人工资的罢工的数量的极大增加,失业工人政治觉悟的极度增高,如潮水一般地到红军中去;但是广大的失业工人中我们还没有经常的有系统的工作与领导,所以这一广大群众的失业斗争,还是自发的,失业工人的斗争还没有走向要求国家与资本家的经常的失业救济。

三、党与工作会在失业工人中工作的基本任务:是要去组织、领导广大的几百万失业工人的争斗,最坚决地为着他们的日常需要与生活状况的急切改善而争斗,为要工作、要饭吃、要紧急救济而争斗,并应该用最大的力量来组织领导失业工人争取经常的国家失业救济与由国家与雇主出钱的社会保险。同时在坚决的领导失业工人一切日常争斗时,我们必须最广大的告诉失业工人群众:造成这种惊人的失业与饥饿的原因,是帝国主义侵略与地主资产阶级的反革命的统治,所以只有推翻帝国主义国民党的统治,建立民众的苏维埃政权,才能够消灭失业的现象。在这个基础上,党必须把失业工人的争斗与扩大民族革命战争与拥护红军苏维埃密切的联系起来,动员他们到工农红军与满洲义勇军去。在领导失业工人的争斗时,应该□斗争的火力去反对国民党政府与中外市政当局及资产阶级,应绝对不允许将失业工人与中等阶层对立起来,尤其是与小商人小贩与在业工人对立起来。党与工会必须用一切力量来建立在业工人与失业工人的密切的联系,只有这样,才能保证失业争斗的胜利。

四、组织与领导失业工人运动,应该动员群众围绕在下列几个基本口号的周围起来斗争:(1)由国家及中外市政当局资本曾经发给失业工人救济金;(2)由国家及资本家出钱办理失业保险;(3)没收粮食堆栈,分配给失业工人与饥民;(4)没收日货分配给失业工人与饥民;(5)免除房租及一切捐税,发给失业工人及其家属衣服,免费食堂,燃料,公共房屋;(6)拒付一切赔款外债及军用公债来救济失业工人;(7)将进攻红军的军费及投降帝国主义的蒋介石、张学良等军阀官僚的财产充公,来救济失业工人;(8)实行八小时工作制,不减少工资,给失业工人工作。

但是必须估计到失业工人每点钟每分钟在挨饿,因此除了这些基本的口号以外,必须提出立刻动员群众斗争行动的部分口号,如:(1)立刻要求发多少钱,多少米,多少燃料;(2)立刻停付房租,不许驱出工房,房租由市政当局代付,要求立刻把全埠地产公司空房子免费给失业工人及其家属居住;(3)立刻要求发给每人衣服,被褥;(4)立即将"围剿"红军的每月一千六百万军费来救济失业工人等等。抓住国民党的失业工人救济会发一元米票的事实,反对登记的一切留难,反对凭折登记,要求失业工人及其家属不问有无工折一律要发一块钱;要求每星期发一块钱;要求公布救济金的总数增加救济金总数;要求全部救济金给失业工人自己的委员会来分配。为要与在业工人的要求联系起来,必须提出反对关厂,反对开除,要求开厂,短工改长工;停厂开除要给一年退职金;反对拘捕工人,释放被捕工人,反对资本家向在业工人抽收特捐扣除工资来救济失业工人等等。党与工会必须配合着各地不同的失业工人的情形,规定出失业工人斗等〔争〕要求,必须是经过失业工人群众讨论的,必须完全适合他们需要的动员失业工人为着这些要求起来斗争。

五、要动员千百万已经出厂失业了的比较散漫的失业工人斗争,首先要依靠党与工会最大限度的组织失业工人的工作,必须像水银泻地"无空不入"去到处组织失业工人委员会。上海立刻要去参加三友、中华工艺、达丰斗争中去反对黄色工会的领导,建立工人自己的失业委员会,在沪西立刻开始在石灰窑、英华里等工房中,南市高昌庙、闸北丝厂、商务等工房内去建立失业工人委员会。除了工房以外,必须要选择群众集中的地方,茶馆、包饭作、海员公所、邮政局门口的野鸡工,甚至国民党失业救济会发米票时去组织失业委员会。在组织失业委员会中必须注意到发动失业工人的家属及孩子来参加。

因为失业工人斗争是广大的群众行动,因此要采取一切公开的、联系的组织方式,在我们组织工作的动员中,一般的进行中,首先要抓住几个厂斗争着的失业工人与我们较有基础的药业、商务、报馆、电话等失业委员会的建立,把这些失业工人组织经常的代表会议,以公开的方式来到处发展失业工人的组织,要由全国党与工会的极大努力,使整个中心城市失业的工人有着宣传上、组织上、斗争上的联系,一直到建立全国的失业委员会。

因为失业工人委员会【是】最广泛的组织,因此必须打破党与工会一切工作束缚于已有组织的关门主义,只要饥饿着【的】失业工人不分政治派别,不分赤色工会与黄色工会的会员,统统应该组织于由群众选举的失业委员会。失业委员会必须是独立的系统,不包括于赤色工会组织之内,只能经过共产党在委员会的党团与赤色工会会员去领导失业委员会,同时赤色工会要以参加会议、建议等等方式以公开的关系去领导失业委员会。

六、我们对于失业工人的一切宣传煽动与组织工作,是为了去发动与组织失业工人的斗争,也只有不断领导他们最迫切需要的要工作要饭吃的斗争,我们才能组织他们,扩大失业委员会的组织,巩固我们的领导。目前上海首先要以冲锋突击的方式打入与扩大正在发展反对国民党,不满黄色工会,等待革命领导的三友、中华工艺厂、达丰药业等反对关厂,要求安插与救济斗争,去揭露国民党黄色工会压迫失业工人与出卖失业斗争罪恶,揭露他们的欺骗。把这些斗争的领导权从黄色工会手里夺取过来,从领导这些斗争中来扩大失业工人的斗争,满洲特别要抓住兵工厂、中东路以及斗争着的失业工人,河北要特别抓住唐山矿工,天津纱厂工人,北平地毯工人与洋车夫,北宁路铁路工人,山东河南要特别抓住铁路、矿山、纱厂的失业工人。

学习与发展三友、达丰、中华工艺厂、药业等失业工人的斗争的经验,组织他们去占领工厂,断绝资本家的饮食与行动,包围资本家黄色工会,立刻要求发现钱津贴,把这些斗争方式,扩大起来汇合起来,组织广大失业工人及其家属的妇女小孩去包围当地中外政府机关与中外商会,组织巨大的示威游行,组织他们自动占据公屋,自动分配资本家的粮食堆栈。

为使失业斗争与在业工人斗争真真密切地联系起来,当着某厂工人罢工时,失业委员会的领导机关要动员广大失业工人及其家属参加罢工工人的组织与纠察,坚定在业工人斗争的决心,帮助失业工人争得生活救济与改善,使资本家不能利用失业工人来破坏罢工。

把帝国主义国民党反动统治的恶果,对于失业工人救济的一毛不拔,与苏联社会主义建设成功,没有一个失业工人,中国苏区失业工人得到苏维埃政府完全的救济,全世界失业工人蓬勃的斗争,争得生活部分改善的事实,尖锐清楚地对立起来,领导失业工人为推翻帝国主义国民党的反动统治,为建立苏维埃的中国而斗争。

七、为反对于失业工人工作的机会主义消极,再不能空设而是实际地、迅速地、广泛地动员,各级党团与工会,立刻讨论这一决议,迅速确定自己的工作计划。首先就是区的工厂的积极分子与支部及赤色小组的会议,把这一决议传达下去,教育每个同志、每个会员了解失业工作的重要,依据各厂的情形,立刻决定各厂工作的区域与具体的工作方法。

每个区委与工会的产业工作委员会,除了全体动员以外,特别要指定一个负责同志来领导和团结下面三个至五个专门的工作人【员】,给予这些工作人员负责的具体的领导。

每个党团工会的委员会,每个失业委员会要有各式各样的报纸与画报,介绍各地失业工人的生活与斗争,发动失业工人自己描写的投稿,传达领导斗争的策略,广泛传布到失业工人中去,组织广大失业工人于我们宣传和领导的周围。

中央号召全党同志迅速地纠正放弃失业工人运动的机会主义的错误,以布尔塞维克的顽强性、坚持性来组织和领导失业工人的运动,把"领导失业工人运动"与组织罢工、扩大赤色工会、瓦解黄色工会一样成为检查革命职工运动的尺度,为转变职工运动而斗争。

中央

一九三二年七月卅一日

(根据中共江西省委党史研究室藏件刊印)

为募捐购买"少共国际号"飞机
告苏区工农劳苦群众书

（1932 年 8 月 15 日）

全苏区的工农劳苦群众们！

帝国主义国民党不断地派大批飞机来轰炸我们苏区，来进攻红军，白色的飞机是最可恶的东西，我们要以红色的飞机去轰炸敌人，去回答帝国主义国民党的进攻，去消灭白色的飞机！

国民党军阀的白色飞机，是帝国主义供给它的，我们红军的红色飞机，应由全国工农劳苦群众供给，我们全国工农劳苦群众铁一样的团结，必定能战胜帝国主义国民党！

上海工人正在募捐购买"上海工人号"飞机送给红军，山东工人正在募捐购买"山东工人号"飞机送给红军。他们都是在帝国主义国民党和资本家最残酷的剥削和压迫之下，饥寒交迫，但是他们热心地省下饭钱来捐买飞机，这充分表现了他们对苏维埃和红军的拥护和爱戴。

全苏区的工农劳苦群众们！我们是处在苏维埃政权底下，我们的生活地位改善了，而且现在帝国主义国民党正在进行四次"围剿"，白色飞机每天飞来轰炸我们，我们应该比上海工人、山东工人更热心地来募捐买飞机送给红军，拥护红军。

同志们！我们共同发起募捐购买"少共国际号"的飞机，热望同志们勇跃地捐款，积少成多，很快地我们就要有很多红色的飞机了，我们的红色飞机必能消灭帝国主义国民党的白色飞机。

工农劳苦青年们！拿出少年先锋的精神！在这次募捐运动里，要特别表现你们的积极性！同志们！努力呵！

少共苏区中央局

少年先锋队中央总队部

中央苏区反帝总同盟青年部

一九三二年八月一五日

（根据中共江西省委党史研究室藏件刊印）

国际青年节与团的任务

（1932 年 8 月 20 日[①]）

盛　荣

　　像全世界工人阶级有"五一节"一样，我们青年也有特殊的节日——国际青年节。国际青年节是全世界无产青年及一切劳苦青年，武装拥护苏联，反对帝国主义战争，争取本身利益，检阅自己队伍的示威日子。

　　目前政治形势的中心是两个世界和两个政权尖锐的对立。苏联社会主义的经济基础更加巩固和扩大，垂死的资本主义日益崩溃，全世界全中国革命运动飞快地生长，帝国主义瓜分世界，抢夺中国的强盗战争，疯狂般地在进行，特别是帝国主义反苏联战争的危险紧张到了万分。帝国主义为要保障进攻苏联的东方军事根据地的巩固，首先加紧反中国的武装干涉，并直接指挥国民党军阀进行对苏区和红军的第四次"围剿"。同时，反帝罢工运动的浪潮猛烈地发展，农民灾民斗争的风起。白军士兵□□□化，特别是苏维埃红军不断地得到新胜利——江西红军击溃粤敌十七八团，鄂豫皖、湘鄂赣、湘鄂西、赣东北的红军先后得到伟大胜利，表示着英勇的工农红军，在全线上的出击中，在主线上获得伟大的胜利。证明帝国主义国民党四次"围剿"开始受到失败。现在中央苏区红军正在那里积极行动，向北发展，坚决打击进攻苏区和红军的敌人，更进一步取得赣江两岸的中心

---

　　① 　原文无时间，此为《青年实话》第 24 期的出版时间。

城市,实现江西一省数省首先胜利。

在这政治形势之下,我们来举行国际青年节总示威,更有其特殊的意义和任务。团应该用一切力量,开展青年群众斗争的积极性,团应该组织和领导千百万青年群众,为武装保护苏联,反对帝国主义进攻苏联,反对帝国主义大战,反对帝国主义瓜分中国,压迫中国革命而斗争!团应加紧领导青年工农,鼓动他们自动到前方去,积极参加民族革命战争,坚决执行积极进攻的策略,争取中心城市,赣州、吉安、南昌等,粉碎帝国主义国民党的四次"围剿"!完成江西及其邻近省区革命首先胜利,这是团对今年国际青年节的任务。

为要实现上述的任务,我们不要像平常一般地来准备国际青年节的工作,各级团部须动员全团的同志,提起列宁青年的精神,运用革命竞赛的方法,来完成冲锋季的工作计划,完成青年节的任务,执行下列工作:

第一,团立即在青年群众中,进行广泛的反帝国主义与武装保护苏联的宣传鼓动,指出帝国主义进攻苏联战争的危险,紧张万分,达到了战争爆发的前夜。指明帝国主义瓜分中国进攻中国革命的强盗战争疯狂般地进行,揭露国民党一贯投降帝国主义出卖中国的真面目,宣传国际青年节的意义与工农劳苦青年国际团结的重要,以及今年青年节的任务。号召青年工农劳苦群众加入红军,加入共产青年团、少先队,积极参加民族革命战争,来回答帝国主义对苏联对中国革命的进攻,实际地执行武装保护苏联,反对帝国主义战争,反对帝国主义瓜分中国,压迫中国革命的任务。

第二,团应该加强对青工部,青工委员会的领导,领导青工的斗争,实现劳动法,动员青年工人加入红军,参加革命战争,参加苏维埃政府的工作。发动青工学徒帮助苏维埃政府征收土地税商业税,以富裕国库收入。团必须注意青工的政治教育,鼓励他们参加各种青年群众组织,巩固无产阶级在青年运动中的领导,这是团的中心工作之一。

第三,加强团对少先队工作的领导,派遣得力的青工雇农干部去做少先队领导工作,改组各级队部,严厉的打击对少队的取消主义,及纠正团乱调少队干部的错误。健全模范队的组织,协同地方武装深入白区去开展游击,发展新苏区,配合红军作战,经常进行扰敌,截敌……的工作,以疲倦敌人,使少先队真正成为红军有力的助手。并要使少先队能够担任后方防务,参加肃反,保护秋收等工作。在这些工作中,加紧领导少先队儿童团的全苏区总检阅准备工作。

第四,深入工农群众中,经过广泛的宣传,进行募捐购买"少共国际号"飞机送红军的运动,这一工作,以少共中央局作发起人,各级团部负责募捐,将募捐款项汇解中央局来,定购飞机送给红军。在募捐当中,要严厉防止不经过宣传的"派捐"方式的发生。

第五,充分地筹备示威大会的工作,就要运用群众路线,组织"国际青年节示威筹备会",去动员群众,事前在群众中,详细报告国际青年节的意义,使群众热烈地参加示威,各地团要于国际青年节中,举行少队【儿】童团的检阅。

第六,在青年节工作中,加紧团的宣传,征求新团员,实现中央局发展与改造团的具体计划,巩固团的无产阶级领导,并广泛地发展两条战线的斗争,克服团内"左"右倾倾向,集中火力反对右倾。

国际青年节的工作是冲锋季的主要战斗,要广泛地组织革命竞赛,来完成并超过冲锋季工作计划!

(录自《青年实话》第24期,1932年8月20日出版)

坚决执行冲锋季中发展团员一倍
实行团员数量超过党！

(1932 年 8 月 20 日①)

镜 冰②

中央局在冲锋季工作计划中，提出一个口号："发展团员一倍，实行团员数量超过党"，但我们现在检查起来，这口号是还没有坚决地执行到实际工作中去，□以团员来说，在四月前是超过党的，但根据五六月的报告看来，又复落在党的后面，不能赶上党的数量，这一现象，是值得我们万分的注意！

在五六月份中，虽然各县发展组织的工作，都有相当成绩，特别是□□□在 6 月份，□□□有九百多新团员，这是在工作转变中，一个很好的成绩，在□□□组织□□□，还是不能超过党，这是我们要坚决地更进一步地去努力，为实现中央局的决定而奋斗！

我们应该坚决纠正大多数团员不介绍新团员的坏现象，实行冲锋季中，每个团员至少要介绍新团员一个，使团的组织在每省每县每区每乡每厂都能超过党，同志们！抖擞起冲锋精神起来，为在冲锋季中发展团员一倍，使团员数量超过党而斗争！

同志们！要坚决执行团员数量超过党，就要把"关门主义"，空喊"发展组织"而实际怠工的机会主义，打得落花流水，使它在团内再没

---

① 原文无时间，此为《青年实话》第 24 期的出版时间。

② 镜冰，即曾镜冰，时任共青团江西省委常委、宣传部部长。

有存在余地,同时,要反对"拉夫式"的发展组织,严防阶级异己分子混进团来。

要无孔不入地来创立交通工人,与中心城市的支部,创立新苏区的支部,与白军中团的小组。在发展组织中,特别要向青工雇农开门!

为要达到这一工作百分之百的实现,必须实行支部和支部竞赛,团员和团员竞赛。充分地发挥团员的工作积极性,使冲锋季的工作,迅速地完成并超过!

(录自《青年实话》第 24 期,1932 年 8 月 20 日出版)

中央苏区儿童干部会议决议案

（1932 年 8 月①）

从苏区团大会以来，中央苏区的儿童运动，在大会正确路线的领导之下，迅速开始转变，实际工作有了很大的进步。大会决议中指出的各种工作，都在开始执行，且获得了相当成绩。

但执行大会决议还有些不充分的地方，还有些错误尚未完全纠正过来，如：

1. 列宁学校教授方法一般的还不适合于儿童心理，有些地方还在教老书——孔孟之书（瑞金、雩都、永丰）。

2. 卫生运动没有做到儿童团以外去，儿童还有吃烟吃酒和吃辣椒（江西）的。

3. 儿童团员还有赌博的（汀州、广昌、雩都）。

4. 三三制的组织方法有些地方还存在（寻邬、瑞金、公略），儿童局的组织有些地方还由选举产生（永丰、公略），新区域的儿童团未迅速建立起来（连城、宁化），有些儿童团内还有富农子弟没有洗清（永定）。

今后的儿童运动，应更切实执行团大会决议，纠正过去一切错误和缺点。今后的具体工作是：

（一）读书运动

1. 没有办学校的地方，要求苏维埃政府立即开办，如因种种困

---

① 原件无年代，此年代是文件戳记上的时间。

难一时无法办学校的地方,应即举办读书班,由团指定团员负责。

2. 动员全体儿童团员,到学校或读书班去读书,发动儿童团向阻止儿童读书的父母做宣传解释工作。

3. 对学校及读书班的工作,儿童局应经常注意检查,如有教老书的,应即向其提出立刻改教新书;如有以私塾式的老方法教授的,亦应要求采用适合儿童心理的新方法,对那些不肯改正的教员,应要求政府撤换他。

4. 委托中央儿童局与政府文化部审查和编订各种学校课本。

(二)拥护红军和苏维埃

1. 儿童团员应尊敬红军,随时随地见到红军应行敬礼。

2. 红军驻在时,应动员儿童团员参加联欢会,并经常去与红军一起唱歌游玩,表演歌舞给他们看。红军过境时应动员儿童团整队在路旁欢迎欢送,唱歌呼口号,并烧茶煮粥,供给红军吃。

3. 对红军中开小差回来的人,儿童团应该鼓动他回到队伍中去,如他不肯去,应以种种方法耻笑他。

4. 儿童团员应鼓动他的父兄亲友去当红军,对他已经去当红军的父兄亲友,时常写信去鼓励。

5. 动员儿童团员加紧牧牛,帮助家里加紧春耕,并尽其所能地帮助红军家属与参加耕种红军公田的工作。

6. 宣传儿童团节省零用,积蓄起来参加红军作战或买东西慰劳红军。

7. 儿童团应多做关于革命战争,反帝国主义和拥护苏联的宣传。

(三)关于儿童利益问题

除14岁以下的儿童禁止受人雇佣,实现苏维埃法令中规定的儿童利益以外,应向儿童父母做宣传工作,不要打骂儿童。对打骂儿童的父母,儿童团应警告他。

(四)唱歌娱乐工作

1. 儿童团的一切游戏歌舞要注意到儿童的生理条件,一切猛烈的不安稳的游戏舞蹈,不适宜于儿童的应勿做。同时,要注意歌舞游戏,成为儿童群众的,而不是少数人的。

2. 除现有各种游戏外,儿童团应演习各种"活报"。

3. 儿童团应经常举行旅行,可以乡为单位,20 日或 1 月举行一次。

4. 儿童团应参加俱乐部工作、时常在俱乐部中表演他的游戏歌舞。

(五)卫生运动

1. 儿童团员要不吸烟、不吃酒、不吃辣椒。饮食有定时,少吃零食。时常洗身、洗衣服、剪指甲、刷牙,并要向他父母及其他的人宣传卫生的道理。

2. 儿童团员应清洁他的房子及庭院,时常洒扫,要使他家里同意把便桶移到屋外去。

3. 儿童团应组织灭蝇队等,捕杀蚊蝇等害虫。

4. 儿童团要以乡为单位,组织儿童卫生队,经常进行公共卫生的事情。

5. 儿童团应宣传不吃易致疾病的东西(如瘟猪、瘟牛),有了疾病,要求医诊治,不要求神拜佛。

(六)反对宗教迷信与赌博

1. 应使儿童团员都不迷信不赌博。

2. 儿童团员应向群众特别向他父母作反宗教迷信及不要赌博的宣传。

3. 在清明节儿童团要参加植树运动,每人种一棵树。

(七)儿童团的组织问题

1. 儿童团的口号、礼节与标帜〔识〕,要迅速使每一团员了解和实行。

2. 儿童团的组织应照大会决议统一起来,乡成立大队,村成立小队。

3. 儿童团应把所有的工农贫苦儿童都组织进去,把儿童团中的富农子弟完全洗刷出去。

4. 儿童团应作体操但不应下操（军事操），会议方式应更活泼些，勿拘束于老方式。

5. 儿童局委员及大队长应由团员担任，小队长亦最好由团员担任。团特别要培养年龄较大的女团员来做儿童团工作。

6. 儿童局的系统应迅速建立起来。下级儿童局应经常向上级儿童局作报告，上级亦应指示下级工作。儿童局不需有组织、宣传等分工，应由书记经常召集委员开会分配各委员的工作。

中央档案馆藏

（录自共青团中央青运史研究室、中央档案馆编：《中国青年运动历史资料》第 11 册，中共党史资料出版社 1988 年 11 月版，第 431—434 页）

国际青年节反帝示威中中央区少先队总检阅

（1932 年 9 月 6 日）

苏区少年先锋队总检阅，在伟大的国际青年节中，宣布总检阅的开幕。计出席检阅的队员会昌 27 人，万太 40 人，兴国 41 人，石城 16 人，赣县 35 人，胜利 43 人，宁都 37 人，公略 41 人，永丰 34 人，南广 16 人，安远 12 人，寻乌 21 人，于都 61 人，瑞金 60 人，宜黄 10 人，新泉 28 人，长汀 43 人，宁化 11 人，汀州 22 人，中央政府青工少先队 23 人，共 692 人，均于一日后陆续向筹备会报到，福建各县亦于 4 日上午赶到。各种胜利品，以及组织统计，也早在陈列室陈布。4 日上午参加红军学校运动会，并举行预演，下午参加国际青年节总示威，5 日上午本要正式举行检阅，因天下霪雨，提前举行政治测验，下午特聘红军学校校长刘伯承同志，在红校俱乐部讲演军事。6 日上午补行检阅仪式，由赞礼员宣布开始检阅后，有中共中央局代表、少共中央局代表、中央政府代表、全总执行局代表、红军总政治部代表，及检阅总指挥等相继训词，均策励队员加入红军，积极参加革命战争，队员精神为之大振。接着举行军事操演，特别是上杭和瑞金、兴国等县更为整齐出色！下午进行参观比赛，由各县作报告，扩大红军成绩以瑞金为最好，作战行动以兴国、万太为最好，其余各县在两省竞赛总结会以后，亦有开始积极行动，7 日上午举行野外演习，下午往红军学校参观，闻总检阅将于 8 日结束，9 日开拔！红军学校政治部已发起在结束后开欢送会云。

详细如何，容后续报。

（录自《红色中华》第 32 期，1932 年 9 月 6 日出版）

少共苏区中央局关于扩大红军工作的决定

（1932 年 9 月 18 日中央局通过）

中央局完全同意最近（9 月 7 日党中央局通过的）党中央局关于扩大红军的决议。中央局指令各级团的组织（尤其重要的是团的支部）立即将党中央局的决议与这个决定，详细讨论，深刻检阅过去扩大红军的工作，动员广大团员与工农劳苦青年去当红军，百分之百地实现中央局这一决定！

一、为了使英勇的工农红军能迅速开展胜利的进攻，完全粉碎帝国主义国民党的四次"围剿"，完成江西及其邻近省区的革命首先胜利，为了积极准备与帝国主义直接作战，中央局指出：猛烈扩大红军，强固无产阶级及其政党——共产党对于红军的领导，是目前党和团最紧急的第一等任务。民族革命战争的胜利开展，革命任务的完成，主要是依靠于这一任务的充分实行。

二、扩大红军，中央局早已确定为冲锋季的最主要的任务，且在冲锋计划中，具体的规定了数目和办法。现在冲锋季快要完毕，原定计划不仅没有完成和超过，且相差极远，甚至在闽粤赣方面，在数目上只达到了计划的五六分之一。这是绝不能容忍的现象。这主要是由于对扩大红军这一任务的机会主义消极和政治动员的不宽广不深入。

三、因此，必须以坚决的斗争，集中火力反对机会主义的消极。中央局指其〔出〕这种错误，是由于对政治形势估计不足，对工农劳苦青年群众的斗争积极性估计不足，不了解扩大红军是团的经常的最主要任务之一。同时,空谈扩大红军敷衍塞责的倾向,亦须反对,这实际上同样是一种实际工作上消极的表现。坚决在两条战线上斗争,克服一切不正确倾向,进行广泛的群众动员,消灭团员怕当红军的可耻现象,加强团的领导作用,消灭一切强迫、指派、命令、欺骗、收买等等恶现象。

四、中央局决定江西团在 9 月底,闽粤赣团在 10 月底,必须完成冲锋计划中规定的数目,并为了激励扩大红军的热烈潮流,加强扩大红军运动中团的领导作用,输送团内优秀的分子到红军中去,强固红军,决定在十月革命纪念节前,在江西的兴国、宁都、永丰、公略、万太、赣县、瑞金、胜利及闽西的上杭等县,征调十分之一的团员到红军中去。中央局鼓励全江西和闽粤赣的团员提起冲锋的精神,为完全实现这一决定而斗争! 为完成冲锋季的任务而斗争!

1. 首先,必须在团内作一深入的动员,使团员在对目前政治形势和扩大红军的重要以及团员的领导责任的认识和了解上,粉碎一切落后的农民意识,如家乡观念、保守观念、太平观念等,而自动自觉地报名,做群众的模范和领导者。因此,必须举行支部大会或全区活动分子会,而且在会议以前要有充分准备,在会议上要有鼓动性的报告,要发动热烈的反倾向斗争,要作具体的讨论和决定。会议以后,区委与支委必须有严密的检查和督促,以保证决定之完全实现。

2. 在实行征调的地方,更须进行广泛的解释工作,使团内外群众不致有"现在即实行征兵"的误解,尤其要不致有"抽丁"的不正确认识,而更激发团员的热忱,自动起来纷纷要求。经过相当鼓动和解释后,除自动报名要求的以外,不足的数目,在 18 岁到 23 岁的男团员中征调。征调的团员,应在家庭状况和体格(如没有大病,不太矮小)上是比较适当的。应从积极的鼓励和教育中,使被征调的团员,成为自愿和自觉的。对拒绝征调的团员,应发动支部同志同他斗争,适当地给以纪律制裁。

3. 每个团员须加紧在劳苦青年群众中扩大红军的宣传鼓动工作。"群众怕当红军"的说法,是对于群众的斗争积极性的机会主义估计,是一种消极怠工的掩盖,必须坚决反对。必须将政治状况,特别是红军的胜利,联系到当地的实际问题,向群众作不疲倦的宣传工作。特别是报了名或被征调的团员,要在群众中作广大的号召,吸引一批群众一起到前方去。

4. 团应加紧对各种青年群众组织的领导,经过群众组织的路线去动员广大群众。应即举行青工小组、青工部、反帝青年部等群众组织的会议。团派代表去出席这些会议,作鼓动的报告,并经过团的和团员的作用,发动这些群众组织中扩大红军的运动。

5. 少年先锋队是半军事的团的附属组织,是红军的后备军。在扩大红军运动中,少先队内的动员特别重要。团特别要有计划地去领导少先队的这一动员,尤其要加紧模范少队的领导和政治工作。在每次集中训练时,团代表(政治指导员)须作有系统的报告,特别是扩大红军的鼓动,加强其中团员的领导力量,尽力做到自愿地整连整团地加入红军。

6. 应加强支部的墙报工作,没有出版墙报的支部,应即出版。应以扩大红军问题,为墙报的中心内容,用通俗生动的文字和图画,用动人而美观的式样,建立其在群众中的信仰,要使墙报成为扩大红军运动的一个主要的宣传和组织的工具。

7. 团应动员青年妇女,首先是女团员,加紧扩大红军的宣传鼓动,鼓动她们的父伯兄弟和丈夫到红军中去,消灭妇女阻止其丈夫儿子当红军的不良现象。同时,应领导儿童团进行此种宣传鼓动工作。

8. 特别要动员青工雇农团员及群众中青工雇农分子到红军中去,以加强红军中无产阶级的领导。青工部青工委员会应成为各种青年群众组织扩大红军运动的中心领导。团应实行输送一部分最好的干部,到红军中工作。

9. 对于"开小差"的红军士兵,应发动团员和青年群众,宣传他归队,与他讨论和解决一切困难问题。他若不愿归队,应发动儿童妇女群众耻笑他,促进他的觉悟和勇气,使他归队。

10. 优待红军家属的工作,特别是"少共礼拜六"的工作,应普遍进行,应成为广大青年群众的热烈行动。反对这一工作中一切形式的敷衍的现象以及骚扰红军家属(如替红军家属耕田要受招待)的行为。对红军公田的耕种,亦应成为群众的自动的广大行动。

11. 团应用革命竞赛的方法,来推广和深入扩大红军的运动。特别要发动支部与支部自动的举行竞赛,提高团员更高度的积极性,来执行中央局这一决定。

(录自《青年实话》第 1 卷第 26 期,1932 年 9 月 20 日出版)

苏区少先队总队部关于由各县调两团模范少先队参战问题致中革军委电

（1932 年 9 月 18 日）

中革军委：

我来兴参加各县少先队队长联席会，动员扩大红军及参战工作，在会中决定轮派从各县调两团模范少先队来前方配合作战，定期三月一次。军委是否同意，如同意希准备，衣被开支由何处领取均希电示。到时望用大力加强政治教育，鼓动他们自愿参加红军，而不能强迫编队。

盛荣组

十八号

中央档案馆藏

（录自共青团中央青运史研究室、中央档案馆编：《中国青年运动历史资料》第 11 册，中共党史资料出版社 1988 年 11 月版，第 530 页）

中央苏区少年先锋队第一次总检阅

（1932 年 9 月 18 日）

爱 萍

中央苏区少年先锋队第一次总检阅，从 9 月 4 日到 9 月 8 日举行过了，在中央局领导之下，经过了这 5 天的时间，大检阅成功了。

假使我们回忆起检阅时的情形，有许多地方值得我们记忆与注意的。

一、正式检阅前——"国际青年节"

这是一个清凉的早晨，〈隔〉太阳儿照顾我们时还早，检阅的队员们，打扮得整整齐齐，排列起严肃的队伍，笑嘻嘻，活泼泼地到了红军学校运动会会场——飞机场。

运动会开始了，只见万头钻〔攒〕动，拥挤不通，红军学校学生的刺枪、变换队形、野外演习以及篮球、跳高、跳远等，看得我们眼儿都花起来了，煞是好看呀！

是这天下午，在飞机场举行"国际青年节"示威大会，三四万群众同我们一起围绕在主席台的前面，成了一个半圆形。大会开始后，天空中黑得像墨□般的乌云，聚积拢了，忽儿，盈盈大雨，下将起来，但严肃的队伍激昂的群众，并不因雨有丝毫的移动，大会照原来程序开完，即向瑞金城游行示威，示威队伍浩浩荡荡，好不威武！

二、检阅开始，举行政治测验

涔涔大雨，从昨晚起一直下到今朝。检阅场雨水汇集，淹没过踵，检阅仪式，只得暂缓举行。

数百名"少年先锋"，拥挤于红军学校俱乐部，举行政治测验。测验虽经半天时光，而队员精神抖擞，毫无倦色，接着演讲，讲演题目有三：

（1）苏区少年先锋队的性质与组织构造；

（2）苏区少年先锋队的任务与工作；

（3）苏区少年先锋队与革命战争；

结果：讲演，雩都第一，宜黄、安远、新泉、宁化落后了；问题待答，瑞金第□，永丰、雩都、安远、宜黄最坏——连少先队应该做什么工作都不知道，还说出帝国主义无法进攻苏联的梦话。甚至安远发现冒名顶替的可耻办法。这些地方的团，对少先队的政治教育，未免太不注意了！

三、热热闹闹，大显好身手

雨也不下了，风也不刮了，天气晴朗了。上午 8 时，各地队员齐集于检阅场。霹雳拍，霹雳拍，夹杂着军乐与欢呼之声，乱轰轰，连天价地响个不停，如小鸟般啾啾喳喳的人声，登时肃静。

举枪掷帽，严整端立，小小的三角红旗，飘飘上升，这就是检阅仪式开始的"升旗礼"！

"起来！……"唱国际歌了。"英特尔，纳雄耐尔，就一定要实现！"万众齐声洪亮的歌声停止了，共产党共产青年团中央局，苏维埃中央政府，全国总工会，总政治部……等代表以及总队长的训词，欢悦激昂，句句动人，鼓掌之声，拍拍地乱响不住。

总指挥命令一下，个个队员精神抖擞，奋勇争先，前进，散开，射击,刺枪,劈刀,各展强能,大显好身手,一场军事检阅,宣告终结:上杭第一,宁化、宜黄、寻邬、安远就打了一个大败仗,他们连走步法也闹。

四、展开光荣的血战史

6日的下午,雨又重新照顾我们了,数百少年,在红校俱乐部挤满一堂,展开历史,清理过去与敌人作战的战迹。兴国、赣县、万泰、上杭等处,英勇善战,瑞金、长汀、公略、永丰、胜利、汀州、宁都等处也还可以,只有宁化、安远、寻邬、会昌、宜黄等处没作战过,毫无战迹可说。

各地少先队的参战,还是重复着过去的错误——不坚决执行积极进攻的策略,出击敌人,到白区去,发展新苏区,只能抵御敌人,甚至有些地方,听见敌人要到,就逃之夭夭的(长汀、寻邬等)。

五、天色昏暗,战云密布

雄纠纠,气昂昂。英气冲顶的队员们,个个体直气壮,准备撕〔厮〕杀。一煞时,喊杀之声与冲锋的号音,乒乒乓乓的枪声,混成一团,红旗、白旗飘飞空中,许多少年战士,奔驰起伏,冲锋陷阵,上杭、宁化、公略、南广、中央政府青工少队,对长汀、新泉、永丰、会昌、汀州;瑞金、雩都、石城、赣县、寻邬,对兴国、万泰、胜利、宁都、安远、宜黄;一场恶战,杀得精神百倍,十分起劲。结果:万泰、兴国、瑞金、雩都、赣县,大获全胜,宁化全军覆灭——完全被俘虏。

这就是总检阅队伍在7日上午的野外演习。

六、报告工作与总结给奖

总检阅完了,结束期也近了。为得在总检阅后,工作的进步,任务的完成,8日上午在红校俱乐部由中央总队部代表报告少先队的任务与工作。

就在这天的下午,个个怀着莫大的希望,站在指挥台的前面。先由少共苏区中央局的代表致词,次由总队长训词,后由评判委员会代表宣告总检阅成绩:兴国第一,赣县第二,上杭第三,万泰第四,瑞金第五,以下是长汀、胜利、公略、永丰、汀州、宁都、雩都、石城、新泉、南广、会昌、寻邬、宁化、安远,宜黄最后。

在这次总检阅中,充分地表明在有些地方,在军事训练方面,充满了形式主义(上杭、长汀等),有些地方一点没有实行训练(安远、宜黄);在政治训练方面,一般的都非常非常的缺乏;在参战方面,从两省竞赛后有大的转变;没有参战的,现已开始发动(福建),扩大红军也有成绩,这次总检阅中,瑞金有22个队员自愿报名当红军。我们在这次总检阅后,应该来:

学习瑞金扩大红军的样!

学习万泰赣县兴国参战的样!

反对像上杭、长汀的形式主义的训练!

反对像宜黄、安远、宁化根本不训练的消极怠工!

一九三二.“九一八”于瑞金

(录自《青年实话》第1卷第26期,1932年9月20日出版)

苏区少先队总检阅的总结

（1932 年 9 月 30 日）

爱 萍

苏区少先队第一次总检阅,已于国际青年节(9 月 4 日)到 9 月 8 日举行过了。经过 5 天的时日,总检阅在中央总队部的正确领导之下,是得到了伟大的成功。

总检阅的举行,正当着帝国主义进攻苏联的战争紧张到了万分,帝国主义瓜分中国,进攻中国革命的积极进行,日本帝国主义更积极地向热河进攻,现已占领朝阳而前进,以达到实现他的"满蒙计划",准备武装干涉蒙古共和国。

同时,苏联社会主义建设的伟大成功,苏联社会主义经济基础,进一步地巩固与扩大,世界革命正在猛烈地发展,全国反帝反国民党与工人罢工斗争的汹涌澎湃,最近全国红军在全线上得着新的伟大胜利,中央苏区红军在一周内进占了乐安、宜黄、南丰、黎川、宁化等县城,发展了大块的苏区,帝国主义国民党四次"围剿"遭受了重创,尤其是中国苏维埃革命运动的突飞猛进的时候。

因此,总检阅是具有它伟大的政治意义,这次的总检阅是开苏区少年先锋队的第一声,在少先队的斗争史上,是具有其光荣伟大的价值。

总检阅在少共苏区中央局与中央总队部领导及在千百万的队员热烈拥护之下,是完全地成功了。

总检阅检阅了苏区少年先锋队的英勇伟大的斗争力量,严肃了我们的阵线,整齐了我们步伐,提高了队员最大限度的积极性,以这一总的英勇的力量向帝国主义国民党及托陈取消派,AB 团等一切反革命派别以总的示威与回答!

总检阅检阅出各地少先队的政治训练非常非常之缺乏——政治课测验题,平均最好的,38 人答对 122 题(瑞金),最差的是 28 人答对 2 题(宁都),文化水平低落到出席总检阅的队员 80% 不识字。

总检阅检阅出军事训练之缺乏——在部分的地方(上杭、长汀等)虽有相当的训练,可是又临于离开实际斗争而走上空的不实际的形式主义;在某些地方(安远、寻邬、宜黄、宁化、新泉、石城——等)简直没有进行对队员的军事训练,就是有,也薄弱得很!

总检阅检阅出参加苏维埃工作的不够,保卫苏维埃政权的消极,赤色戒严的忽视及怠工,体育运动的同样忽视不去进行与发展。

总检阅检阅出各地少先队参加革命战争工作的进步——输送了大批队员当红军,队员普遍的参战,配合红军作战,参战的积极性,在队员中掀动起来了,特别是从前不参战的上杭、长汀、汀州,以及新泉等都积极在那里参加战争。

尤其显著的光荣成功,是在总检阅中有自动报名当红军的队员 24 人(瑞金 22 人)显明的表明少先队真正成为"红军的助手",红军的后备军。

总检阅总结了几年来少先队的经验教训,错误缺点,指出各地少先队中无产阶级领导的薄弱,并根据这些缺点与错误,指出了今后少先队的任务与工作。

总检阅最后号召全苏区的队员起来深刻地认识过去工作的错误缺点,并努力地克服,极度地执行今后少先队的工作,完成少先队的斗争任务——拥护红军与苏维埃,进行反帝与土地革命,争取一省几省革命首先胜利。

总检阅是成功了,它给予我们许多宝贵的经验教训工作的指南,虽然它因只有 5 天的时间,未能更深刻详尽地一点一滴地检阅,可是它在共产青年团与中央总队部的领导之下,它的成功是很显著的。

全苏区的队员们！鼓起少年先锋的精神，极度地发展我们顽强性与坚决性，为实现少先队的历史任务的完满实现而斗争！

原载《少年先锋》第 4 期,1932 年 9 月 30 日

（录自古田会议纪念馆编:《闽西革命史文献资料》第 7 辑,内部资料,2006 年印,第 366—367 页）

动员广大的队员加入红军

（1932 年 9 月）

挺　群①

　　根据的各省报告的材料,关于征调队员到红军去的运动,在一般的说来,是有相当的成绩,各级队部对扩大红军的工作,都摆在工作日程第一位,在 7、8 两月中,中央苏区少队,征调了 3500 多的队员当红军。如下：

县　份	月　份	当红军人数	备注
瑞　金	7、8 月	595	
兴　国	7、8 月	377	
赣　县	7、8 月	160	
万　太	7、8 月	292	
公　略	7、8 月	218	
胜　利			未详
永　丰	7、8 月	114	尚有 5 个区未算
石　城	7、8 月	120	
寻　邬	7、8 月	76	
宁　都	8 月	413	7 月未算
雩　都	7、8 月	156	
会　昌			未详
安　远			未详

---

① 挺群,即魏挺群,时任共青团苏区中央局宣传部副部长。

县　份	月　份	当红军人数	备注
南　广	7、8 月	98	
宜　黄	7、8 月	171	
长　汀	7、8 月	228	
上　杭	7、8 月	363	
新　泉	7 月	52	8 月未算
宁　化	7 月	39	8 月未算
汀　州	7、8 月	14	

然而,这个数目的成绩,还是极其微弱,极其不够的。距冲锋季中决定江西 9000 人,福建 3000 人的决定,仅仅实现到四分之一强,更其严重的,如福建新泉县在七、八两月份征调了 52 个队员当红军,反逃跑回 100 多;汀州征调了 10 多个队员当红军,反逃跑回 60 多人。

因此,在检查少队对征调队员当红军的工作以后,使我们不能不警惕到:各级队部对扩大红军的工作,还做得不够,非常的不够。尤其是因袭收买欺骗的作风,没有从政治上来动员队员,没有从宣传上来鼓动队员,换句话说,是没有使队员懂得当红军是自己的任务,当红军是光荣的事业。这种的动员工作的不充分,这种的陈腐的工作方法,自然不能实现我们原定的计划。

现在政治形势更有利于苏维埃运动的发展,江西和邻省革命的首先胜利,极快就可以完成,少先队的革命任务也就大大加重了!广泛地动员和征调队员加入红军,到前方去消灭敌人,是目前少先队工作中心的中心。一切的工作,都应围绕着参加革命战争扩大红军来动员与布置,十足的实现在 10 月革命纪念节前,江西要输送 5500 个队员,福建要输送 2500 个队员当红军。

必须记取过去扩大红军的经验与教训,充分地执行优待红军条例,进行经常的拥护红军运动,举行欢送新战士大会,举行慰问红军家属运动,来鼓励队员当红军去。瑞金在运用了这些方式以后,动员了大批的队员当红军,便是最好的例子。

必须加紧女队员的政治教育,使他们站在革命的立场,来鼓励自己的丈夫兄弟,踊跃地充当红军,反对写信要亲属回家,反对丈夫当红军而自己在后方做不正确性行动。上杭才溪区运用了这种方式以后,也动员了大批队员当红军,又是最好的例子。

要坚决反对逃兵现象,以至消灭逃兵现象,就要向逃兵作充分的解析〔释〕工作,帮助他解决一切困难问题,鼓励他们归队,少先队不收纳逃兵分子,发动队员耻笑逃兵,造成逃兵最可耻的空气,同时要彻底纠正收买与欺骗当红军的办法,加紧政治上的动员,从根本上来消灭逃兵现象。

加紧少队的军事训练,特别是模范少队的训练,经常地配合红军作战,输送整连整营的队员,尤其是青工雇农的队员加入红军去,来加强无产阶级在红军中的领导。

扩大红军,不断地输送队员当红军,是在革命战争中少队的经常任务,要严厉地打击"没有办法扩大红军""队员不愿意当红军"的右倾机会主义,要为着消灭敌人,保卫与扩大苏维埃政权,实现青年本身特殊利益,而动员广大的队员到红军去,积极参加革命战争,为实现江西和邻省革命首先胜利而奋斗。

原载《少年先锋》第 4 期,1932 年 9 月 30 日

(录自古田会议纪念馆编:《闽西革命史文献资料》第 7 辑,
内部资料,2006 年印,第 369—370 页)

周恩来关于参战少队和少队部工作
致少共中央局电

（1932 年 10 月 15 日）

少共中央局并转盛荣同志：

由兴国来前方参战之少队共十连，编一个师，总政治部因其集中在一起不便学习，决以连为单位，交各军团政治部训练，彼等意坚决不能分开，说这是编散入红军，少数干部复煽动群众，以不许则〈以〉开小差为要挟，经我们多方解释几天后，始同意编成两团，分随一、三两军团受训，但内中尚有少数坏分子起领导作用，以 3 个月满即回家的口号抓住群众，一般的干部且都很弱，团员竟当政治委员，有些连长更公开地反抗命令，望少队部派得力人来前方，以后要任团长排长连长及政委需经过严密考查，派前方时勿贪多，勿因一时便利轻于许诺，致前方为难。

恩来

中央档案馆藏

（录自共青团中央青运史研究室、中央档案馆编：《中国青年运动历史资料》第 11 册，中共党史资料出版社 1988 年 11 月版，第 595 页）

苏区少先队中央总队部训令
——关于战争的紧急动员
（1932 年 10 月 16 日①）

一、苏维埃政权巩固的发展，工农红军在粉碎帝国主义国民党四次"围剿"中，在全线上——无论在鄂豫皖、湘鄂西、赣东北、湘鄂赣等苏区都得到伟大的胜利，尤其是中央苏区红军向北发展的胜利。

同时，正因为由于中央苏区是全国苏维埃运动的领导地区，红军主力集中之地，因此，国民党在其他苏区遭受惨败之后，在帝国主义的严厉〈地〉督促与帮助之下，正在以全力来大举进攻中央苏区，加紧对赣东北、湘鄂赣与河西苏区的进攻。

二、这是由于革命的胜利，反动统治必然以全力作最后挣扎。我们要正确地认识：目前革命与反革命间的阶级对比，是比三次战争时大大不同，敌人的困难更加多。主要的在于"地主豪绅资产阶级国民党反革命力量的大大削弱"，而在革命方面，苏区的巩固与扩大，红军的扩大与力量的加强，全国反帝与工人罢工斗争以及游击战争的普遍而蓬勃的发展，"工农民众革命力量的大大增加"。这次的阶级战争，比从前任何处〔几〕次都要剧烈和严重。我们要紧急动员少先队员到前方去，扩大红军，帮助与配合红军作战，发展游击战争，巩固与发展苏区，加紧前后方的工作，粉碎帝国主义国民党对中央苏区的大举进攻。

---

① 原件无年代，此年代是根据本文内容判定的。

三、中央总队部为粉碎帝国主义国民党对中央苏区的大举进攻，以及对全国的四次"围剿"，号召全苏区队员紧急地动员起来，"一切应该服从于战争的利益，一切国内生活，应该服从战争，任何的犹豫是绝对不容许的。……一切牺牲，一切帮助给予战争，抛开一切的动摇，集中一切力量，准备一切牺牲"执行以下的紧【急】动员工作，争取这次战争的胜利！

第一，紧急的动员起来

紧急的动员全苏区的队员群众加紧对全体队员的群众的政治鼓动，知道这一次战争的重大意义，积极地参加前线与后方的一切战争工作，粉碎敌人对中央苏区的大举进攻。因此：

1. 省县队部立刻全体动员到区、乡去召集大队与小队的会议，特别是单独召集模范队的排连的会议，在会议上做关于紧急动员的意义与工作，使每一队员都了解这次战争的政治意义，全体积极地动员起来。

2. 在每次军事训练后，请当地中共与少共代表做政治报告。特别应在各个政治讨论会上，讨论这次的紧急动员的实际方法以及在俱乐部里召开报告会，报告这次的紧急动员工作。

3. 以区为单位，举行队员的检阅，及大队与大队的竞赛（关于紧急动员的）。以团为单位举行模范队的检阅。在这些检阅与竞赛会上面，报告与讨论紧急动员工作。

第二，猛烈扩大红军与参加战争

猛烈扩大红军是加强革命战争的力量，是粉碎帝国主义国民党的大举进攻的必要工作。因此，各级队部，应以冲锋的精神，完成中央总队部的计划——在十月革命纪念节前江西输送5500队员去当红军，福建输送2500队员去当红军。

这一工作的执行要加紧对队员的政治鼓动，坚决消灭任何的欺骗、收买、命令、强迫等办法，完全实现优待红军条例，特别加紧扩大模范队，给模范队以充分的政治鼓动，使之整排、整连、整团的加入红军去。坚决打击"加入了模范队就不当红军"的机会主义！积极领导模范队与少先队帮助与配合红军作战。取消过去一切参战组织的名义,实行每一队员一个武器,一付〔副〕运输的器具——担架、挑担等,使每一队员既可以作战又可以运输。要做到队员随时随地帮助红军运输,所有队员都应随时地紧张的准备着参战。

第三,广泛地发展游击战争

加强模范队的军事训练,要尽量采取轮流的一连一团随红军及地方武装出发作战,踊跃加入游击队到敌人的后防去扰乱、截击、堵截敌人的工作。当敌人向苏区进攻时,必须给予严厉的打击,并实际地派灵活而忠实的队员,到赤白交界的地区,去建立少先队的组织与发动群众实行土地革命,向北和东以及东北发展新的苏区。

同时,责成各级队部要派大批队员与干部到向中央苏区进攻的敌军部队中,去组织兵变与兵暴,瓦解敌人的部队,绝不容许放松这一工作!

第四,充实红军的战费加紧肃反工作

必须立刻发动队员,积极缴纳土地税,要学习长汀水口区队员,领导群众缴纳土地税的光荣榜样,并组织秘密侦探队,侦察富农及奸商的破坏土地税与营业税,侦察他们所收买的粮食,储蓄粮食、食盐,节省粮食,努力耕种杂粮,队员踊跃加入粮食合作社。同时每一队员都要负责任侦探地主豪绅的残余分子以及富农流氓等阶级异己分子的反革命活动。加紧赤色戒严工作,不放进一个反动分子到苏区来,扑灭苏区的反动活动。特别要加紧队员的政治教育,使每一队员都知道 AB 团、社会民主党、托洛斯基派等反革命的理论与阴谋。

四、为得要执行上列的参加的紧急动员工作,中央总队部号召全体队员进行绝不调和的两条战线的斗争,反对一切不正确的思想,严厉地将一切对战争的消极怠工分子赶出少先队去。将一切的青工、雇农、苦力吸收到少先队来,将领导这一工作不坚决的动摇分子赶出领导机关。提拔青工、雇农到领导机关来,保证这次阶级战争的必然胜利。

各级队部,中央总队部责成你们,坚决努力地实行这一紧急动员的工作,坚决来相信我们伟大的列宁告诉我们的话"……一切牺牲,一切帮助给予战争,抛开一切的动摇,集中一切力量,准备一切牺牲,当然是这次我们要胜利的!"

中央总队部总队长 王盛荣

十月十六日

中央档案馆藏

（录自共青团中央青运史研究室、中央档案馆编:《中国青年运动历史资料》第 11 册,中共党史资料出版社 1988 年 11 月版,第 626—629 页）

中共中央妇委
关于女工代表大会的基本组织原则

（1932 年 10 月 23 日）

一

女工代表会是共产党和广大无产妇女群众接触的主要组织形式之一，而且是有系统地传达共产党的影响到群众中去的最好方法之一。这种代表会包括无产阶级的妇女的代表，而且经过这些代表可以和整个女工群众发生联系。因之这种代表会是党深入到女工群众中去的一种传达器具。

这种代表会的工作，可以造成在共产党领导之下的劳动群众的联合战线，因为这种工作是建筑在无产阶级的日常斗争问题上，而这些问题，与各工厂、各作坊、各班次（各间）、各地方、各区域的无产妇女的切身利益产生有机体的联系。而且关系于整个女工群众，不论是已经组织了的，或者是没有组织的，不论是属于社会民主党的，或者是属于任何敌对团体的，总要引导他们不仅服从代表会的决议，而且要努力地去执行。

这种代表会是共产党和革命职工运动获得女工的新的力量的一种经常基础，它给她们一种政治教育，并且吸引她们和无产阶级共同斗争，以及参加共产党的日常活动。这种代表会要成为共产党在劳动妇女群众中的组织基础，因此，在有支部的地方，她可以成为组织支部的一种原〔元〕素。

二

这种代表会的组织,事前需要和女工们接触,这种接触可以用各种会议,研究团等等形式去做。除此之外,我们需要知道各工厂女工的状况,她们的工作情形,家庭状况。她们的需要,对她们有兴趣的各种问题。她们组织的程度,敌对团体对她们的影响,及她们过去参加劳动斗争的事实,我们对于在共产党、革命职工运动、工厂委员会、代表团体、罢工和革命会议中的妇女活动分子都应加以注意。

三

这种代表会的组织方法,不能呆板地规定,假使有好的机会,可以组织代表会,共产党便应经过工厂妇女和工人的妻子去建立一种革命的代表团体,女工要占多数,它在共产党指导之下,成为一种永久的机关,以便应付无产阶级日常斗争中的一切问题及在这些斗争中女工们积极合作。

罢工便是选举女代表的最好的机会,任何其他无产阶级的群众运动,例如工厂委员会的选举,革命工厂代表的选举(如捷克斯拉夫)团体契约运动,反资本主义合理化运动,以及在各种共产党的群众运动,如"五一""八一""三八"选举运动,反对减少和限制社会保险,反对失业斗争,反对开除结婚妇女以及组织和召集群众大会(如德国)等都是很顺利的机会。

四

这种代表会首先要在工业区域组织起来:

1. 女工多的大工厂里,只要有好的机会,便可组织这种女工代表会,在一个工厂支部中的妇女组织者,当一种运动快要起来的时候,便要负组织这种代表会的责任,首先是选举代表,至少是从分组选举出来,去执行某些对于妇女有利益的任务。以后,这个工厂女工的组织者应努力在各部门,各间和各班组织代表的选举。

在吃饭时或散工后,想在工厂里召集飞行集会,讨论本工厂的一切问题,以便组织日常斗争。然而并不是所有工厂内的代表会都是以同样方法组织的。倘若一种代表会,不能在工厂内详细讨论一切问题,那便应当在代表家内,或其他合宜地点召集会议。

一个工厂内代表会所执行的工作,能帮助党扩大它在那个工厂内的影响,和造成改进党的支部和工会革命反对派,以及组织党的支部及工会革命反对派的必要条件。

2. 当一种群众运动影响一个整个区域,而在这个区域内,又有一种产业占着重要的地位(如纺织化学等),或者在那里只有中等或小的产业,甚至那里只有很少的女工,或者没有女工的时候,那我们便应组织区代表会议,代表该区邻近的产业。

只有两个或三个工厂的代表已经选举了区代表会,便应开始办公,虽然那时候只有三五个代表。以后其他各厂所选的代表,以及工人妻子和失业工人的代表均应马上加入。

每个工厂的代表,在代表会中成为该工厂的单独的代表团,他们各自召集会议,除了该区全体代表所召集的会议外,他们还要在各自工厂内执行职务。

3. 工厂内的代表和区代表全体代表之中亦应选举该工厂工人的妻子,手艺的女工以及从前在该工厂工作而现在失业的女工,然而这些分子应占代表会的少数。

4. 在男工占多数的区域(如鲁尔等处),代表会议首先是由该区的工人妻子组织起来,在斗争的时候,应组织各别的工人妻子代表会,以便到女工或没有女工的工厂去活动。

5. 长久的失业使得我们不仅可以很便利地去吸引失业女工到工厂代表会或区代表会中来,而且可以在革命职工运动统治之下组织各别的失业女工代表会。

五

1. 选举到代表会中的妇女,首先应是那些表现革命热情的活动女工,不管她们是否属于那个工会,老的女工以及新的工人均应选举,女工组织应设法选举那些属于社会民主党、基督教工会和和平主义派团体的妇女,然而在提出这些代表来的时候,应给那些倾向于革命分子以优先权。

2. 照例代表应由全厂或某部门全体大会选举,或在工人妻子或手艺女工的特别会议中选举,倘若不能在工厂内召集公开大会选举代表,那么,应在女工的某一部门或一小组内进行选举,偖〔倘〕若在极端秘密情形之下,或者代表须要由更多几种产业选举出来,那么代表可以由党从他们所知道工厂女工之中推定。

3. 代表会应尽量代表各工厂的女工,开始的时候,顶好是要比较少数的代表去干。但是有可能的时候,代表应即增加,代表会应即扩大。

4. 每个代表会应要有一个在妇女部指导之下的共产党妇女及她们的同情者的小组,这种小组设法使整个代表会革命化,并提高其活动。

六

代表会的工作主要的是适应某一个厂的男工或女工以及该区内的工人妻子的利益的政治斗争或经济斗争的日常问题。

1. 严厉的机械式的纲领,对于代表会,是不需要的,我们需要记着共产党及革命职工运动在某一国内的紧急而重要的任务。例如准备一般的政治运动,议会选举;工厂委员会的选举,重要产业中的罢工和反对法西斯蒂和社会法西斯蒂的斗争等。我们应将这些事情和代表会联系起来,在代表会中讨论这些问题,将代表会的一切工作都建筑在无产阶级的一切日常斗争的问题上,以及这些斗争之中女工的合作上,要像一个领袖者一样,有系统地将这些问题和工人阶级的先锋队共产党的最后目的及任务联系起来,我们说话的时候,言语须明了而实际,尤应用代表们所知道的例子去证实。

(2)当着一个问题已经分析和解释以后,我们便应分配工作给代表个人或代表团,这些工作的分配,便吸引代表们加入斗争,在实际中指示她们在理论上所学习的东西,证明共产党所说的正确,给她们一个机会去思索、考察、追求、报告、证明、诵读、分配、耳听以及说话和组织。

妇女代表主要的是要吸引到各种革命团体里去活动(例如赤色工会、工会反对派、合作社反对派、共产党报纸以及在共产党支配下的市政委员会等等),照例这些团体内的共产党团应当极力以布尔什维克的精神指导代表们的这种工作,组织者应布置代表们在执行工作中所需要的统制和帮助。

以后,最聪明和最进步的代表应给她们以工作,在执行这些工作的过程中,她们将看出工会官僚主义、社会民主党及法西斯蒂者们的真实性质。

七

新的代表会所要执行的工作,是由需要组织她们的时机来决定。

(1)倘若代表会是一种罢工中或在准备罢工中组织起来的,那个代表会的工作,自然要和那种罢工联系起来,代表须给以实际的工作以便扩大罢工情绪,代表们要用工人们一般的罢工要求及妇女们的特殊要求去开始组织女工,这些要求应以主要的共产党团协同提出,并要注意将女工的要求包括在一般要求之内,这些代表提出罢工委员会和斗争委员会的候选人,她们组织罢工期内,经常供给粮食和看护小孩的方法,她们组织女工防护队、纠察队,她们派遣代表团到其他工厂或其他区域去宣传,她们搜集材料,散发传单、标语和旗帜等。

罢工过去了，但代表会并不解散，我们应设法使它仍旧执行任务，并须深入共产党的影响。罢工完了之后，组织者应即召集代表会，讨论罢工的结果及其教训，并考虑代表们、全体工友、罢工委员会、改良主义者及基督教工会主义者的行动，以及决定将来应做的工作。

2. 倘若一种代表会是在准备某种会议中，或在一种会议后结束组织起来的，她的活动应环绕着该项会议议事日程中对于女工有关系的一切问题上，我们应以具体实例来证明，一切说话，一切实际的组织工作，应以某一个工厂的情形来分配。因之代表会的工作，是要适应那些所以要组织代表会的条件的。

八

1. 每个代表，在共产党所领导的各种经济和政治斗争中，以及在各种示威、罢工和抗议中应极力活动。

2. 每个代表应该传达我们的意见到群众中去，他应经常地向所代表的群众做报告，并在斗争和工作中获得她们的拥护。

3. 每个代表应该经常的参加代表会，并对某些实际革命工作负责。

4. 代表们在散发党的刊物，和征求我们的报纸和杂志的读者的时候，应该大家合作，他们并应在报纸上描写女工们的工作和生活状况以及在工厂内的日常斗争情形。

5. 代表会应尽量使代表和党接近，在代表会的发展中，那些最积极的革命分子，便应加入党来，其他则成为在党影响下的团体的会员，我们的规例应该是这样，没有一个参加过代表会的女工，不属于无产阶级革命团体之一。

6. 凡已经加入党和现在革命团体内做某种实际工作的妇女代表，照例应由这些团体派以经常的工作，而将他们从代表会中撤回来，所选举的代表，便应马上代替他们（以前的代表）假使必要时，她们中的某几个人，仍然可以继续在代表会中工作相当时期，继续她们的领导作用。

九

1. 每个代表会和一区内代表会的每个代表团,应有它的组织者(某个工厂代表团的组织者,某某里某某胡同工人妻子代表团的组织者,某某产业失业工人代表团的组织者)。

2. 这些组织应该这样选举:她们要知道选举她们出来的群众,她们的生活和工作状况,以及她们的需要和兴趣,这些组织者对于那些妇女们的社会关系,以及她们引导妇女们担任某种工作的能力,她们的资格,她们分配工作的能力和她们监视执行工作与必要时相助工作的能力,均应加以注意。

顶实际的办法,便是选举工厂内的女共产党员充当组织者,或者在执行实际工作的过程中训练顶忠实的共产党的同情者来担任这项工作,同样的工人妻子组织者,也应选举一个住在同里或某工厂工作的女共产党或者她的丈夫是共产党员,失业妇女的组织者,或者是一个党员或者是一个同情者。

3. 在每个代表会的组织者开始工作以前,妇女部应给她以必要指示(不论她是否共产党员)。以后妇女部应经常召集代表会的或者代表团的组织者会议,以便给他们以指示和领导,女工组织者中的有系统的工作,对于代表会工作的成功和女工党员干部的提拔,都大有帮助的。

十

1. 所有女工均应经常参加代表会,代表们对于党的组织联系便依靠这种会议。代表会自己应当管理代表会的一切活动,并利用同志们的批评和帮助去执行那些任务。

2. 倘使有些代表不出席代表会,那就应该马上调查不出席的理由,并要催促他们出席,或者至少是要设法选举新代表,因为这些代表的缺席,对于整个会议有很坏的影响,甚至可以使它倒台。妇女部和代表会的组织者,应详细研究缺席的原因,他们并应经常考察代表会的工作,和留意代表会是否讨论一些有兴趣的问题,和采取关于这些问题的实际办法。

3. 每个区代表会,代表团或工厂代表会的组织者,对于他的工厂或邻里的全体代表的出席须负责任,并要立刻注意在这个工厂或那个工厂,在这个里或那个里所选举的代表是否足数,而且他要引导代表们参加代表会议中所发生的一切问题的实际工作。

4. 妇女部应尽量协同组织者为每个代表拟定计划,他们规定选举日期、代表人数、任期长短,他们也要订定下次代表会所要讨论的经常问题以及分配代表们的一切实际工作。

十一

组织代表会的一切准备和经常工作,整个党,从中央委员会直到工厂支部均应加以经常的监督。

每个有代表会的工厂支部,均应从该工厂代表会中取得经常的报告,以便将该代表会的工作报告该地的党部,转呈上级机关,妇女部奉党部的命令组织代表会及其一切活动。并实行定期的报告。

中央在检查妇女工作决议中,指出目前在妇女工作中的一切迫切任务"集中力量去组织工厂女工代表大会","研究共产国际及太平洋职工秘书处关于女工代表大会的决议"过去所发下的《女工工作指南》已经散发完了,但各级党部并没有讨论,甚至连有些妇委就没有看见过,今特将这小册子中最紧要的一部分翻印出来,以供各级党部详细研究来执行中央的正确指示,来完成女工代表大会的任务。

中央妇委

(录自中华全国总工会编:《中共中央关于工人运动文件选编(中)》,档案出版社 1985 年第 1 版,第 262—269 页)

冲锋季工作的总结

（1932 年 10 月 26 日）

作　霖

　　冲锋季的时期,正是帝国主义国民党发狂一样地四次围攻苏区和红军的时期,同时也正是红军在各个战线上得到伟大胜利,民族革命战争猛烈扩大,反帝浪潮汹涌发展,工人斗争有力高涨的时期。在这样的时期,"争取革命在一省数省首先胜利,扩大民族革命战争,发展游击战争,创造新的苏区,拥护苏联,拥护红军苏维埃,开展对青工日常争斗的组织和领导",这些任务是更加重地□□团的身上来了。为实现这些任务,所以中央决定举行冲锋季,要求全团"坚决站在党的政治路线之下,克服目前工作上的不能容忍的落后的现象,为着工作的速度,为着工作的质量而斗争"。

　　毫无疑义的,中央关于冲锋季的决定是绝对正确和必要的,中央局定出的"冲锋季工作计划",正是具体化了中央的决定,也完全是正确的。现在,有人因为这一计划没有完全实现,而认为这一计划定得太高,这显然是一种降低冲锋季的任务和掩饰自己错误的可耻的企图,必须首先予以痛击。

　　应该指出,两省冲锋季中的工作,是有成绩的:动员青年群众尤其是组织和领导模范队参战的工作,得到显著的进步;白区工作开始建立;扩大红军工作,拥护苏维埃和红军的工作,团的发展和改造以及组织青年工农的工作,都得到一些成绩。认为冲锋季的工作比两省竞赛时期(5 月前)还要落后,或者认为冲锋季的工作没有成绩,这都是有害的机会主义的悲观估计,必须坚决反对。

同时要指出,认为冲锋季工作完全满意,固然是不容许的夸张态度;就是以平常的眼光来估计冲锋季的工作,也是抹煞了冲锋季的意义。为什么要举行冲锋季? 因为各种的"工作上,都是落后,再也不能继续下去,再也不能按照平常的方法工作下去"。所以,"冲锋季应当是克服工作落后的主要步骤"。现在应当站在这个观点上,以中央局的"冲锋季工作计划"为表〔标〕尺,来深刻地计算冲锋季的收获。那么,我们应当指明:上述的成绩,除模范队的工作达到和超过了原定计划外,其他各项工作,都没有达到计划上所定的程度。特别是白军工作简直完全没有进行,反帝拥苏工作依然忽视,扩大苏区的工作完全忽视和不了解,巩固苏维埃政权的工作极其薄弱,领导青工斗争和工会工作,一般的是一贯的机会主义的消极。因此,冲锋季的工作是没有全部完成的。

更具体指明我们工作上的错误和缺点:

一、在扩大民族革命战争方面:(1)一般的对向外扩大民族革命战争,实行全线出击,缺乏深刻的了解,一切工作的动员和布置,还不能以战争为中心,保守主义与和平建设的倾向在团内极其浓厚。(2)还不能有计划地调动模范队到前线配合红军作战,发展游击战争,模范队参战,有些还只是跟地方武装空跑一下,"参而不战"。团对模范队的领导很弱(宁都还有模范连政治指导员不是团【员】的事),教育训练很缺乏,战斗力还不坚强。(3)对动员一般青年群众参加革命战争的工作,没有达到应有的努力,尤其是对各种青年群众组织的领导,甚为忽视,不了解经过这些组织去动员广大青年群众参战,对少先队的领导极不够,关门主义的倾向,表现得很严重。(4)反帝拥苏工作消极忽视,反帝拥苏的宣传教育完全不深入群众,不了解从反帝拥苏的工作中去动员青年群众参加民族革命战争,反帝青年部和拥苏同盟只是架空机关。(5)白区工作,只是部分的团开始进行,但仍不是有系统的,派去白区工作的干部,缺少白区工作的训练,大多数的团对这项工作仍然忽视,白军工作是普遍的一贯的消极。

二、扩大红军工作的不能达到原定计划,主要是由于:(1)机会主义的消极,认为"再不能扩大红军了"(以前兴国县委),"群众怕当红军",一般的现象,这种消极是以空谈来掩盖的——把扩大红军当歌唱。(2)不能艰苦地去做政治动员,一切强迫(闽西还有抽丁的事)、欺骗、收买等等办法,还到处发生——这是破坏扩大红军的最好办法,不能在模范队中进行广大动员,使之整连整团加入红军,甚至提出"加入模范队就不能加入红军"的口号(永定)。(3)此外,优待红军家属的工作,不能认真去做,"礼拜六"尚未普遍实行,有些地方实行得纯粹是形式主义的(雩都有些区的"礼拜六",是每月一次,真可谓"大礼拜六"了),尤其是还有些地方做"礼拜六",不是为了优待红军家属,相反的要受红军家属优待(吃酒吃肉),更是最坏的现象。

动员青工雇农加入红军,强固红军中无产阶级的成分,还没有充分注意。

三、创造新苏区的问题,两省的团都是忽视的。团内充满着依赖红军打天下的观念,不把扩大苏区创造新苏区,引为自己的责任。甚至红军占领了新的地区,团还不注意趁火〔热〕打铁地去建立这些区域的工作,争取这些区域。不愿派得力干部到新区域工作,这更是完全没有向外发展的观念,反映着农民的保守的落后意识。在发展的方向上,也没有明确的认识,红军打赣州就布置向赣州方而发展,打大庾、南雄,就布置向这方面发展。在主力红军向北行动以前,两省的团都没有向北发展的工作布置,这是极大的错误和损失。

对巩固苏维埃政权的工作,做得异常薄弱,对改造苏维埃,加强苏维埃政府中无产阶级的领导,没有做多大的工作,轻骑队工作一般没有建立,实现苏维埃一切法令,和参加苏维埃建设(土地税的征收问题,很多地方未讨论),没有必要的积极和努力。土地问题,很多地方尚未彻底解决(不久前长汀河田查出十多家土豪财产未没收且分到了田);反富农斗争,不积极发动和领导;肃反工作,缺乏在青年群众中的思想斗争和教育工作(乐安团对消灭"勇敢队"及广昌石城团对消灭"一心会",都没有做什么工作)。

四、领导青工斗争与建立工会工作,这是冲锋季工作中最薄弱的一环。一般的现象,对这项工作是一贯的消极,这仍然表现对巩固苏维埃运动中的无产阶级领导权的忽视和不了解。这不是偶然的,乃是浓烈地反映了农民的落后思想。"劳动法不能实现","工人加工钱与农民利益冲突",这种露骨的机会主义观点,在团内普遍存在。有些地方的团还以"青工不积极,不愿斗争不肯到会"的说法来掩盖其对青工工作的消极。除极少数的团以外,最大多数团从来没有把青工斗争问题提到议事日程上来,青工斗争纲领,自然也就没有定出,或者,在团的机关内"秘密"定一个,根本不使青工群众知道,来掩饰一下(如广昌)。

青工委员会的工作依然没有建立。所谓青工委员会,只有一个名义,有些地方名义也没有。青工委员会大多数根本不开会,日常生活和工作更不消说。汀州市儿童局直接向资主家交涉青工要求,广昌县委经济法权部亦如此,这都是根本不要青工委员会。

各级团部经济法权部的工作亦没有建立。像宁都县委还要把经济法权部建立到工会中去,还弄不清这是个什么东西。

五、团的发展问题上最主要的是发展路线的问题。普遍的,以公开征求为唯一的发展方法。个别介绍的方法竟根本抛弃了。甚至许多县委(如宁都)都认为个别介绍即是"秘密拉伕"。在每次群众大会上,都实行公开征求,既没有充分的宣传,又不经深刻的考查。这不是在斗争中为斗争而发展,而完全是一种"招兵式"的机会主义的发展路线。因为执行这种错误的发展路线,所以团不能迅速发展赶上党和超过党(兴国团本来超过的,现在又被党超过了,只有胜利、上杭、永定等县超过党),并且不少的投机分子,很容易地混入团内来,许多觉悟的积极的分子,倒没有吸收入团(模范队中都不注意吸收团员)。当然,这不是说公开征求的方法根本不要,应该了解,公开征求是一时的运动,而不是经常的发展方法。

团的改造,有些地方是消极的(宁都一个区都未改造),一般的把改造认作机械地掉换一批负责人。因此,改造后工作进步的固然不少(兴国),但也有少数支部和区委改造后反而更坏了。支部生活,还很不健全,区一级团部的领导能力,都很薄弱,有些地方,消极怠工的分子还留在领导机关内,新的积极的青工雇农干部的提拔和培养,极其不够(瑞金 15 个区委书记,没有一个青工雇农分子)。

害怕自我批评,掩盖自己的错误和弱点,在自己的错误和弱点的面前恐惧悲观,是懦弱的机会主义。但自我批评不是消极的忏悔,而是工作转变的武器。所以不仅要勇敢地揭发错误和弱点,并且必须要深刻地指出发生这些错误和弱点的原因以及纠正的方法。

冲锋计划为什么不能完全完成,为什么发生上述的错误和弱点呢?认为这是因为客观环境不利(在总结会上信康代表的发言),这自然是机会主义的胡说。正确地指出,最主要是由于一切不正确倾向尤其是右倾机会主义的障碍。

中央和中央局一开始即指出,冲锋季不应只是团内的,而应是广大青年群众的。但两省的团,从省委一直到支部没有了解这一点。各种青年群众组织,都冷淡地站在冲锋季工作的外面,无论少先队青工委员会都没有讨论冲锋季问题,都没有订出冲锋计划(中央总队部是发了训令的),青年群众都不知道冲锋季这回事。由于这种狭隘的关门主义的倾向,不与广大的青工及劳苦青年群众一起进行冲锋季的工作,障碍了冲锋计划的完全实现。

特别是,就是在团内,对于冲锋季的动员也极不深入,没有激动一般团员的热情和积极性,各级团部一般的还是"按照平常的方法工作",工作速度还是那样迟缓,这不仅是工作方式和方法的问题,而是缺乏冲锋季的必要的冲锋精神。这主要还是由于对于政治形势的估计不足,因而还不深刻了解一切"工作上都是落后,再也不能继续下去,再也不能按照平常的方法工作下去",因而对冲锋季抱一种消极冷淡的态度。

在前面关于错误和缺点的叙述里,已经再明白也没有地指出了各项任务的执行所以不能达到冲锋计划,主要是由于各种不正确倾向尤其是右倾的障碍。

这里,我们还要指出这些主要的右倾错误,如对政治形势估计不足，一切工作的动员和布置不能紧密地围绕着战争的中心，反帝拥苏运动的忽视，无产阶级领导权的忽视和不了解，青工工作的消极，白区白军工作的忽视消极等，这都是前一时期（两省竞赛时期）的错误，已经严厉地指斥了的，大多数地方的团也不断地提到要进行这些任务，但在实际工作上，仍然继续过去的错误，这是十足的实际工作机会主义。

主要〈的〉是由于这些不正确倾向，特别是右倾，障碍了冲锋季的工作全部完成。

此外，领导的不健全和官僚主义的领导方式，也是冲锋计划不能完成的原因之一。各级领导机关都缺乏坚强的有系统的具体领导，普遍地存在着让其自流的现象，且腐朽的文书通告的领导方式，仍然占着主要的地位，巡视制度一般的还未确立，巡视员大多数不能达成任务，领导机关不能面向支部，面向群众，一切实际工作的布置和动员，不深入支部和群众，工作检查制度和个人负责制度没有建立，很多消极怠工分子不驱逐出领导机关之外，突击队没有建立它的应有作用，工作竞赛中"开玩笑"的态度，非常流行。

各级党部对于团的冲锋季工作的领导和帮助是极不够的。这与冲锋季工作不能全部完成是有很大关系的。

现在，冲锋季已经过去了，但是，革命的猛烈发展，帝国主义国民党对中央苏区的大举进攻快要到来，两省团在动员和领导广大青年劳苦群众，扩大民族革命战争，粉碎敌人的大举进攻，完成一省数省首先胜利的任务上，是更加吃紧了，更不能按照平常的方法工作下去了。因此，团员必须"坚决站在党的政治路线之下，克服目前工作上的不能容忍的落后的现象，为着工作的速度，为着工作的质量而斗争。"

这就需要将冲锋季工作的这些经验，运用到目前的工作中去，坚决在两条战线上斗争，集中火力反对右倾主要危险，发展自我批评，彻底地转变团的领导方式。

一九三二年十月二十六日

（录自《青年实话》第 2 卷第 28、29 期合刊，1932 年 10 月 30 日出版）

全总执行局关于加强地方工会
联合会工作的决定

（节录）

（1932 年 10 月 27 日[①]）

一、全总执行局审慎估计了讨论了工会工作与工会组织问题以后,并以〔与〕各业工会的中央委员会共同商定了,因为有下列几个原因,必须在目前加强地方工会联合会的工作,以【与】其领导的作用:

1. 因为目前苏维埃区域暂时□□占有壮大产业区域,因为全中央苏区工人总数只占全人口四十分之一,因此工人阶级要加强对于农民的领导,加强在苏维埃运动中无产阶级的领导作用,须得更加集中其自己阶级的力量,以一个一致的地方工会联合会领导之下去实现对于广大农民群众的领导。

2. 估计到全中央苏区十余万工会的会员,除了几个城市的少数工人以外,是完全分散在中央苏区三千多□乡中,而在每只乡内都有农业、手艺、苦力、木船等不同的职业工人。在这个情形之下,乡村中各业工人已自动地组织各业工人总支部来领导全乡各业工人。因为这种总支部事实上比较分散的,各业支部委员会在推动工作上,在一般相同的动员工作上比较起来都要便利敏捷,工作的权效更大。同样的,在各省各县各区的地方工会联合会在工人中的领导作用,比较起来事实上□□与各业工会的委员会,这不是简单的没有加强各业

---

① 原文无时间,此为编者判定的时间,文中着重号是原文所有。

工会独立工作的原因,而是因为工人散处乡村,因为交通的不便,不像大城市中上下级工会随时可以建立敏捷的指导关系。因为目前干部以人力的限制,事实上需要在一定的区域有集中的不能独立领导工作的工会的领导机关。由于这个事实,各省各县各区的地方工会联合会的领导作用比之各业工会的委员会更加主要(当然各业工会委员会一样重要的)。

3. 估计到工会工作虽然有了进步,但还是落后与〔于〕其他工作的后面,我们要有最大的力量去克服工会工作的落后,故此不是将目前工会仅有的干部人力去分散到各业工会委员会,而是需要更加集中我们的干部人力。首先加强地方工会联合会的领导,抓紧这一个□□来推动全盘的工会工作,从集中人力来加强地方工会联合会的领导,〈中〉使下层工会组织活跃起来,□领导着组织着工会会员积极性与工会领导之下,我们要在这一个成功的工作中,在□□□□□□□□□工会的工作与其组织。

因为上述的几个原因,全总执行局决定集中各业工会的人力于地方工会联合会领导之下,适当地分配以□□工作上去。

二、这种集中地方工会联合会领导的意义决不是要取消各业工会的工作,也决不是所谓转变组织,这是错误的。相反的,各业工会应该有其自己的独立的工作,而且各业工会的单独的问题,工联必须经过各业工会的讨论与执行局才能更加具体与适当地解决。我们所需要□集中与工联的领导,是使干部的力量分配上统一与〔于〕地方工会联合会的领导之下,集□□□工会最好的力量,首先去保证加强对于各个县与每一县中间的各个区的领导,使各县各区能够建立独立的工作,否则像现在情形□县工会要推动其一只区的工作,工联要派得力的干部,各业工会仍□□□□的干部同时到这一区去。这样非但工作重复,非但干部人力〈量〉的应用是不经济以不□□,而且在推动全县各区工作的程〔成〕效上来计算,那□□□□□□我们现在要集中各业工会干部以〔于〕县工会联合会的领导与分配,那么可以把各业工会的四五个得力的干部分散到四五只区□不仅去推动每只区一个业的工会的工作,而且推动每只区各业工会与工联的工作,这样就推动了四五只区的工作。在全县工作效能上来看是极大的□□□□□各业工会分散力量与重复的指导方式。

三、依据我们决定那末工联与各业工会互相配合的工作方式应该这样:

(一)省县两级工会的组织与工作方式

(1)省县两级的各业工会的干部应该集中与省工联县工联,依据全省全县的全盘工作的需要去分配工作,各业工会的战争动员部、文化教育部、青工部、女工部四部,因为工作上积极去的共同的关系,因为女工青工会员数量不多与需要集中领导,应该使各业工会的这四部的干部与工徒共同组织与工联的战争动员部、文化教育部、青工部、女工部中共同工作,工联的这四个部应该在其工作上去善于分别各业不同的工人中进行不同的工作。

各业工会的社会经济部、组织部,以其干部仍有自己的组织,但是参加工联的社会经济部与组织部,工联要领导他们,可以分配他们适宜以其本身工会或与其有关系的工作。在分配其一般的工会工作中,工联要估计到不致使各业工会工作损失,尽可能地□得各业工会同意而分配其工作,同时工联必须把组织部与社会经济部大大地加强,在一个县工联的社会经济部中,应该有人专门注意和领导国家企业的工作,省工联的社会经济部要有专人注意与领导店员的工作。

(2)各业工会的委员会应该为了自己工会单独问题经常开会与讨论自己的工作,这个委员会的组成分子是已经选举了的各业工会委员会的主任组织社会经济与已经组织于工联内的青工、女工、文化、教育等各部长其他不兼部的委员,吸收当地在业工人来参加,但是各业工会必须要保存一个同志,经常在自己工会的办事处工作,而且尽可能的不要调通〔动〕其工作,使其能积累自己的工作经验。

(3)工联委员会的组成,应该是县工联正副主任与各业工会的主任,还可以按照需要与工作的敏捷吸收工联几个部长来组织工联的常务委员会。根据工作的需要,由工联与同级各业工会共同商定提出县工联执委的名单,由上级工联与上级各业工会委员会共同商定后,批准组织临时的工联的统委会。

工联的正副主任与各部的正副部长不是机械地与〔由〕过去工联的主任与部长来充任,而要根据工作的适当与否,在各业工会干部中推选最适宜与〔于〕该部工作的干部来负责。依照上述组织形式,我们决定各业工会除主任以外,组织部与社会经济部依照工作的需要(省县〈与〉的不同①,大县与小县的不同)可以连部长常驻 1 人至 3 人,而这些干部均可以在工联的领导以〔与〕分配之下工作,省工联及各业工会的省委员会共计常驻多少人,由省一级工会自己按照工作需要来决定;县工联与各业工会县委员会常驻人【数】,我们决定大县或□□驻廿七八人至卅人,小县合计常驻十七八人至廿三四人,执委 11 人至 15 人,常委 7 人或 7 人以下组织之。

(二)区一级工会与支部的组织与工作方式

1. 区工联与各业工会区委员会

(1)区工联与各业工会区委员会常驻共 2 人至 5 人(在会员 200 人以下的区常驻 2 人;会员 200 人以上的区常驻 3 人;有会员 300 人至 500 人的区常驻 4 人;500 人以上的常驻 5 人),内区工联主任 1 人,各业工会区委员会主任各 1 人,组织区工联的常委会。

(2)区工联常驻人应有分工,有 1 个人担负主任,组织、文化、教育与社会经济部须各有 1 人担任,在青工或女工多的区,青工或女工委员必须常驻来担任,青工或女工工作与青工女工少的,可以不常驻,并须有会计 1 人管理经济(可以不脱离生产)。

(3)各业工会的区委员会除主任 1 人常驻外,应吸引几个在业不脱离生产的工人来参加解决与讨论各业工人的特殊问题。

(4)因为区一级只有常驻 2 人至 5 人,因此区工联常驻人的工作方式应该照下面的办法:

各业工会常驻人不是由自己一个人去出席全区八九只乡的本业

---

① 原文如此,似有误,根据上下文内容判断,应为"省与县的不同"。

支部,而是由区工联共同分工每一个人去担任经常领导二三只乡的总支部,他应该特别注意本业工人的分支部,但是一样的要首先加强全乡各业工人的总支部的领导。经常由其他常驻人的报告中去交换与听取本业工人的工作情形与工作报告。当然参加支部的分工,在必要时或经过相当时间以后,可以互相调换的。(下文不清,略去)

全总执行局印发
江西省工联翻印

(根据中共江西省委党史研究室藏件刊印)

苏区少先队中央总队部训令第九号

——充实红军战费，购买和推销第二期公债券

（1932 年 10 月 27 日[①]）

各级队部：

因为革命的猛烈发展，尤其因为红军的伟大胜利，国民党在帝国主义的指挥和帮助之下，死命地进行对苏区和红军的四次围攻，最近特别在布置对中央苏区的大举进攻。我们英勇的常胜的红军，积极向北发展，出击敌人，现已得到极大胜利，占领了建宁、泰宁、黎川、邵武等城，与赣东北苏区和红军取得了联系，击破了敌人一面，正在开展胜利的进攻，去迅速粉碎帝国主义国民党的围攻。

为了动员全部的力量，充实红军战费，迅速取得革命战争的完满胜利，中央政【府】特发行第二期革命战争公债 120 万元。拥护中央政府第二期公债的发行，踊跃购买和推销这期公债券，是少先队当前的紧急的实际任务之一。这一任务，与动员劳苦青年群众参加革命战争的全部工作，和十月革命节的运动，应密切联系起来。

因此，特训令各地的少先队，更加紧战争的紧急动员工作，立刻开始购买和推销革命公债券的运动，还必须运用过去的（购买和推销第一期公债券的）经验，在队内外群众中进行广泛的宣传鼓动，使群众自觉地自动地节省用费，来踊跃购买。提出并实现"队员每人至少买一张公债券"的口号，尤其是模范队队员必须更积极努力，表现他

---

① 原件无年代，此年代是文件戳记上的时间。

真是一般队员的模范。青工队员应须领导青工群众,至少以1月工资来买公债券,应发动广泛的竞赛(小队与小队、大队与大队、连与连、排与排),来提高群众的积极性。要鼓动群众多以现金来购买公债券。

强迫和命令的办法,是阻碍这一运动的深入和广遍〔泛〕,是阻碍公债券的发行的,必须防止和纠正;同时,消极怠工,更是对争取革命战争胜利的机会主义动摇,对革命不负责任,更是不许可的,望各级队部努力执行这一训令,为粉碎敌人的大举进攻,争取革命战争胜利而坚决地不疲倦地斗争!

中央总队部总队长 王盛荣

十月二十七日

中央档案馆藏

(录自共青团中央青运史研究室、中央档案馆编:《中国青年运动历史资料》第11册,中共党史资料出版社1988年11月版,第651—652页)

赤色职工国际对于在中国黄色工会与国民党工会内工作的决议案①

（1932 年 10 月）

赤色职工国际的指示，曾经屡次地着重地指出中国赤色工会在黄色工会和国民党工会中进行不倦的艰苦的工作的任务。这正是因为将黄色工会队伍中的比较重要部分的工人，从黄色工会影响下解放出来，是非常必要的。中国目前的政治情形使这一任务成为特别迫切，使他成为夺取工人阶级的大多数和形成群众的革命工会中最重要的任务之一。在日帝国主义占领满洲、进攻上海中，引起的伟大的反帝高潮，捲〔卷〕入了广大的中国无产阶级群众。反革命的国民党想利用这根本违反于它的志愿的反帝运动，努力去为了自己的利益而夺取对这运动的领导。为了达到这个目的，国民党便经过它在职工运动中的"左"的经〈过〉纪人——改组派和它们的刽子手陈独秀派和罗章龙派——去活动。它们想抓住工人群众的反帝高潮，用服从国民党的各种团体（如各种反帝团体、义勇军等等）来笼罩他。在"左"的欺骗的虚伪的反帝空谈之外，黄色工会在保护工人的利益方面，进行着同样的手腕（如宣布武断的口号"罢工自由""工会运动的独立""失业救济"等等）。群众反帝运动的自发性，这个运动和小资产阶级运动（学生、小商人、手工业者等等）的交相错综，"左"的反帝词句，黄色工会的合法存在，赤色工会组织的薄弱等等，都使得国

---

① 此决议案为《职工运动指南》文件之一。

民党和它的伙计们能够夺取到有些部分的工人。夺取他们的群众组织的领导和破坏群众的斗争。赤色职工国际中国的拥护者的主要任务,就是领导群众的反帝高潮,将提高它和群众的经济要求相配合,组织立刻推翻帝国主义统治和国民党政权的斗争和建立苏维埃政权的斗争。赤色职工国际的拥护者必须将一切力量,集中到夺取仍在黄色工会影响下的工人群众。

"只有争取黄色工会,兄弟姊姊〔妹〕团,同乡会等组织中的群众,只有加强在他们中间的工作,在工厂中扩大我们的小组。只有这样,赤色工会才能发动群众斗争,去扩大赤色工会的影响,和巩固赤色工会的组织"(赤色工会国际执委第八次全会决议案)。

为着实现这个目的,赤色工会必须在黄色工会和国民党工会中建立发展和巩固群众的革命的工会反对派,以便争取黄色工会和国民党工会中的工人群众。赤色职工国际为发挥以前所给的各指示具体的建议下列的工作方式和方法:

(一)革命的工会反对派应该在哪里建立和怎样建立?

1. 我们必须打入黄色工会和国民党工会的一切有群众的组织中去,并把其中有革命情绪的分子组织反对派的小组。赤色职工国际的拥护者所必须打入的组织,主要的是下列几种:(1)工厂中黄色工会和国民党工会的组织;(2)黄色工会和国民党工会的分区的,街道和区域的组织,如集合处、开会的会场、区委、俱乐部、文化以及教育的组织;(3)反日的组织;(4)反日义勇军;(5)互助基金会社;(6)失业工人的救济所与食堂;(7)兄弟姊妹团以及同乡会□。

2. 估计到赤色工会的脆弱,我们在建立革命工会反对派的时候,不应当分散我们的力量,或者想在一切黄色工会和国民党工会中,立即建立革命工会的反对派,但我们必须在【一】些忍受资本家进攻的威胁的重要产业部门的基本的工厂中,和在比较重要的反帝组织中开始我们的工作。

3. 必须利用一切方法,打入敌人的工会里面去,如在运动中散布传单,□示反对派对于目前事变的意见,和一些有革命情绪的工人个别发生关系,派赤色工会中坚决的会员到黄色工会与国民党工会中去等等。

4. 革命工会反对派的小组,应在有黄色工会和国民党工会会员的企业中和反帝组织中,团结所有的有反对派情绪的工人在他的周围。必须巩固反对派的小组,使他们逐渐地形成固定方式的组织:(1)一切反对派的会员,应该常常地集会共同决定行动的路线;(2)各个反对派的会员,应依照所规定的路线实际执行各人所分配的具体任务;(3)每个小组应有一个组长,依照公开的情势和小组的大小,由革命工会小组指定,或由群众选举;(4)遇必要时小组可向会员募捐,以供给各项工作的用款(如印传单等)。

5. 在赤色工会的中央市区等以及主要的工会联合会以及产业机关内应指定一个负责人员,来负起帮助和领导建立革命工会反对派的责任,在全县中也应指定这样一个负责人员。

(二)赤色工会和革命工会反对派的关系应该怎样?

1. 革命工会反对派小组不应和赤色工会的小组相混合,他们同时在一个工厂中并存着,是可以的。我们应记着,赤色工会是所有中国的无产阶级群众都应团结在它的周围的基本组织,即黄色工会和国民党工会中的革命工会反对派也包括在内,估计到有许多工人是在黄色工会和国民党工会中,他们因为各种原因还未加入赤色工会,所以赤色工会便应在反动工会中建立附属组织——如革命工会反对派——以便在内部分裂他们,并吸收这反动工会中的群众,这样革命工会反对派,系□□赤色工会的一种附属的地位,因此应在赤色工会的直接领导之下工作。

革命工会反对派的成立,并不是说就要取消或缩小赤色工会小组的工作,相反的,它须要赤色工会〈里〉加紧地努力工作,须要它在工厂中发展许多的工会小组,须要加强吸收工人到它的队伍中来〈的〉工作,成立许多补助组织等。

2. 赤色工会的下层小组,在自己的会员内的指定做反对派工作的领导者。

3. 为免除对于赤色工会与工会反对派征收会员的问题的混淆，应该说明，无组织的工人应该吸收到赤色工会，而黄色工会与国民党工会内的会员，应该吸收到革命工会反对派，等到这些工人积成紧密的集团后，再来转到赤色工会去。

4. 赤色工会与革命工会反对派的同时并存，只有在无组织工人与反对工会的工人共同工作的地方，才可以容许，假如一切工人都属于反动工会，那只有尽先成立革命工会反对派。

(三)黄色工会与国民党工会内，赤色职工国际拥护者的革命工会反对派的基本任务是什么？

1. 革命工会反对派的中心工作，在于组织群众来保护他们的日常需要。□□影响工人利益的任何争执，革命工会反对派在黄色工会和国民党工会工作中，要坚持地主张采用各种斗争的方式去行动，如罢工示威等，必须争取群众到自己的旗帜下，反地〔对〕他们的领袖，建立一切有组织、无组织工人的广泛的统一战线，选举斗争委员会，不理工贼的领导的机关，来开始斗争。

2. 反对派的中心工作，首先就是在黄色工会国民党工会的群众中发展一切形式的群众工作，如开会、分组谈话、个别谈话、传单等，毫无肆忌地揭破他们领袖的叛卖行为，说服黄色工会国民党工会中每个非恶意而错误的工人，证明他的领袖是和资本家警察国民党勾结一致的(这些都是工贼)。要特别着重地揭破改组派的"左"的把戏和口号，要揭破他们口里喊着"罢工自由""工会独立""修改劳动法"，实际上，他们破坏每个罢工以及帝国主义企业中的罢工，强迫工人屈服于国民党的仲裁，他们组织破坏罢工队，他们用逮捕和枪毙来对付积极的工人。要□工人列举许多事实来作证明尤其要举出他们从自己的经验上最熟悉的事实。

3. 在黄色工会领袖所指导的反日会与义务军中，要作〔做〕同样的揭破工作，我们利用保护上海的事实，向工人说明蒋介石派汪精卫派的叛卖，说明他们不愿意和不能够反抗日帝国主义，证明只有推翻国民党统治才能战胜各帝国主义。我们把这个做出发点，必须达到：

第一,撤销工人义勇军的黄色工会所指派的领袖,工人义勇军的完全民主化,它的指挥,应属于选举出来的支部委员会。第二,把革命工人提拔到各会社与队伍中的选举出来的领导机关里去。第三,武装一切工人与失业者,成立新的义勇军与支队,如果这些队伍已有武装,那就要要求更多的更锐利有力的武装如机关枪等,非等到驱逐日帝国主义出境不肯解除武装。

4. 反对派在布置他的工作中,务使在黄色工会和国民党工会所开的每个会议,都不放过,都有我们的严刻〔苛〕批评,并且在这种会议内提出明白的口号与议案,表现革命反对派的议事日程,决定自己的策略,提出具体的决议案,指定谁人代表反对派说话,或□用工人群众的名义也可,然后要在工厂中或向广大工人会员群众作报告。

5. 反对派必须在黄色工会和国民党工会内为着每个□任的位置而斗争,尤其是关于工厂代表的选举以及别种的下层的选举工作人员,反对派的任务是在群众□□□下,争取黄色工会和国民党工会的下层群众的,区的地方的机关,关于黄色工会指定工作人员的问题,以及下层机关长期不召集会议来改选的问题,反对派应该积极广泛地自下而上地群众运动,要求选举一切机关,要求完全的财政报告,要求监督工会领袖的行动,要求一切领导方案须经批准,要求驱逐侦探、工贼、警察国民党职员、工头、资本家于会外,要求不得从工钱内扣除会费,要求完全脱离国民党与警察的监督,要求罢工和联合权等。假如黄色工会不赞成这些要求,就立刻□□改选指导机关,必须在选举前加强群众工作,提出自己的候选人,争取过半数的群众的选举票。

6. 假如反对派取得了黄色工会内的几个领导机关,它必须在日常的实际工作中,使工人相信反对派与黄色工会在实际上确有根本的不同。要达到这个目的,只有在领导机关的日常工作中施行无产阶级的民主与自我批评等,这就是说要和工人讨论与决定一切问题,考虑到工人的指示,真实地组织工人利益的保护。

7. 反对派的紧急任务中的一个,便是发展持续的工作,从内部分解国民党工会,煽动群众反对他们的领袖,我们在批判国民党工会领袖的反民主的工作方式时(如缔结集体合同和雇主们订约减工资而不许工人参加,指定领导机关职员,要□会费,不开会议等),应该使那些领袖们成为工人仇恨的对象,由工人自下而上地驱逐出去。

8. 反对派的紧急任务中的一个,便是发觉积极工人分子、得到工人信仰的领袖们以及在罢工示威中表示〔现〕积极的工人,革命工会反对派小组必须能吸收他们过来,让他们编入反对派的组织中,革命工会小组应挑选几个特别的同志,给他们以个别的训练,还要组织训练班等。这些分子既已入了反对派的革命工会小组组织,便可指定他们做反对派与赤色工会中的领导工作。

(四)为下层统一战线而斗争与斗争机关

组织下层统一战线,就是说要能够达到各种各样男女工人对于某个行动能够有一致的合拍的步骤。不论他们是熟练的或非熟练的,不论他们的政治倾向是不是一致的,不论他们的工会关系是怎样的,不能或不愿组织下层统一战线的反对派,便会变成脱离群众的宗派,虽然他们是代表工人最先进的思想,所以反对派必须经常地和厂内的工人以及工人之每一部分亲密地联系起来,很敏捷地反映他们的要求,抓住劳资的每个争端来组织斗争,反对派必须发起制定要求的纲领,组织罢工委员会、斗争委员会和统一委员会来领导工人的斗争,这些委员会是统一战线的机关,必须由全体群众选举出来。并须向群众作经常的报告,自上而下地指派斗争委员会,是严重的"左"倾宗派的态度,只有在稀有的场合中,才可以在狭隘基础上选举斗争委员会,反对派经过自己被选举出来当委员的拥护者来指导,统一战线的机关,不许在任何条件命令或强暴地阻碍它的路线,斗争委员会的任务,是组织当前的斗争,动员工人,募捐罢工基金,组织宣传经济委员会等。罢工一开始,斗争委员会即行撤消〔销〕,而代以罢工委员会,由一切工人选举出来。这一委员会的任务便是领导罢工。他必须在罢工的过程中和罢工工人密切地联系着,不断地向他们作报告。

在最重要的统一战线的机关中,还有工厂委员会,工厂委员会与斗争委员会以及行动委员会之不同，在于斗争委员会、行动委员会等都是属于临时性质，而工厂委员会必须是工厂内的统一战线经常的机关，他必须是由一切工人选举的，担负保护工人日常利益的任务，即是说要与保护工人，反对开除，反对减少工资等而斗争，在斗争中它不是被取消，而是在斗争委员会与罢工委员会领导之下进行准备罢工与进行工人的一般工作。

赤色工会反对派，必须□□斗争，以便由□□□□成立工厂委员会，和腐败的国民党"工厂委员会"对立起来。

赤色工会只有正确地不动摇地执行赤色职工国际的一切指示，同时要坚决地反对忽视黄色工会内工作与投降黄色工会的机会主义，才争取黄色工会和国民党工会内的多数工人。此外，必须揭破□托派、陈独秀派乃至罗章龙派的□□取消派的说法，"改组派的主张，是改组派黄色工会的伟大进步"。只有为工人的日常需要而斗争，只有反对□□□□主义，只有在黄色工会内执行严格的反帝的政治工作，才能争取黄色【工】会内的群众。反帝运动的高涨，广大群众对国民党政策的不满，都是冲破国民党警察政策的先决条件，所以赤色工会应该努力从地下走出来，用各种的名义争取公开或半公开的存在。半公开或公开的工会组织的成立，可以成为瓦解黄色工会和国民党工会的出发点。在成立半公开或公开的工会时，我们必须在他们当中建立秘密的核心，以便新的政治压迫的浪潮到来时，可以保存我们的干部。

—完—

一九三二年十月初版八千本

出版者 苏区中央局

（根据中共江西省委党史研究室藏件刊印）

顾作霖、王盛荣对于少先队参战问题之意见

（1932 年 11 月 3 日）

周、朱、王①三同志：

　　关于少先队参战问题，我意再调 2 团来前方，连同以前 2 团共 4 团，总司令部第一团其余 3 团分交一、三、五 3 个军团指挥部，都完全受红军指挥机关教育、管理、指挥。而一方面深入红军在教育工作和实际生活锻炼中，争取他们加入红军。某一团加入红军即由后方调一团去补充，总要经常有 4 团在参战，这在青年群众参战上更为有力，对红军帮助更大。同时在扩大红军上亦此〔比〕轮流更可靠。当然在后方少先队中应加紧扩大红军的动员，并非必须经过这一阶段。在苏联国内战争时青年参战亦采用此种方式。任、项两同志亦同意此意见，你们来电谓前方 2 团加入红军无望，似对加紧领导和教育争取他们加入红军的努力极不够。同时似又忽略了他们参战的意义和作用。你们提出在 11 月要在少先队中编 500 人入红军，这种编的办法我亦不赞成。但应注意动员他们自去 500 之数，当能超过续调 9 连来前方，前已电告现拟照上述办法编为□团 10 日集中宁都，次日出发来前方，已由红校调团长编去，并特别注意连一级干部总队已派人办理。此事给他们充分的教育和鼓动，来前方后应抓紧教育，至少

---

　　① 周、朱、王即：周恩来、朱德、王稼祥。周恩来，时任苏区中央局书记兼红一方面军总政治委员。朱德，时任中革军委主席、中国工农红军总司令。王稼祥，时任中革军委副主席兼总政治部主任。

要做到他们较长时期在前方参战。再恩来前来电谓说在兴国即有十分之七愿当红军未免夸大。党团省委省队部都如此,报告在热烈鼓动中,有此表现当时是可能且事实如此,夸大云云未免武断。你们意见如何? 盼火速复。

顾　王①

三日

中央档案馆藏

（录自共青团中央青运史研究室、中央档案馆编:《中国青年运动历史资料》第 11 册,中共党史资料出版社 1988 年 11 月版,第 665—666 页）

---

① 顾、王,即顾作霖、王盛荣。

周恩来关于纠正赣少队部八号训令错误致中央局、中央政府、少共中央局电

（1932 年 11 月 11 日）

中央局、中央政府、少共中央局：

一、江西省少队部八号训令明文规定，来前方参战的四团模范队暂定四个月期满即回，决不编入方面军，这有何法使前方能不宣传他们加入红军而不要求回家。

二、训令上规定请团县委派人当政委，这无怪上次有团员当政委不接受总政治部派政委，且与少共国际规定由党派代表〈的〉不合。

三、训令上其他错误甚多，尤其是破坏军事集中指挥原则，在目前更危险，中革军委及总司令部应有权纠正，究如何？请党决定速复。

恩来

十一日

（录自共青团中央青运史研究室、中央档案馆编：《中国青年运动历史资料》第 11 册，中共党史资料出版社 1988 年 11 月版，第 675 页）

中央局关于纠正赣少队部八号训令
错误问题致周、朱、王电

（1932 年 11 月 13 日）

周、朱、王三同志：

关于江西省队部八号训令中的错误，因中央局总队部在接到该训令后，曾向省委、省队部指示，总队部曾给以指示信于省队部，现再由中央局详细指示省委严厉纠正。江西军区训令中，亦谓模范队，参战 4 月必回家，中央局当即去电纠正。

中央局

十一月十三日

中央档案馆藏

（录自共青团中央青运史研究室、中央档案馆编：《中国青年运动历史资料》第 11 册，中共党史资料出版社 1988 年 11 月版，第 676 页）

苏区少先队中央总队部命令

（1932 年 11 月 14 日①）

现在革命战争正在胜利地进行着。各地医院的工作,亟需进行整理与健全,使伤病的战士,早日恢复健康重赴战场消灭敌人,争取革命战争的胜利。

因此,中央政府已决定:

一、每个医院所在地的少先队,男队员应担任医院招护兵的工作,女队员应担任医院洗衣的工作。各医院附近的少队部,应准备随时调遣队员至医院工作。

二、凡距离医院较远之各地少队部,亦应准备随时调遣队员至各处医院担任招护与洗衣的工作。

中央总队部特命令各级队部,在医院所在地及邻近的队部,应一体遵照中央政府的决定,动员队员为着革命战争的利益,积极参加医院工作——完全负担招护与洗衣的责任,要和医院负责人商磋,根据医院的需要,来计划派遣队员去服务的办法。在离医院较远的队部,也应准备随时派队员去工作,准备医院一要人时,马上可以派人去工作。

执行情形,要按级报告来!

右令知

---

① 原文无年代,此年代是文件戳记上的时间。

中央总队部总队长 王盛荣

十一月十四日

　　再：第四期列宁青年学校（已提前于 11 月 22 日开学），看护班（11 月 25 日开学）以及派往红校×练（12 月 30 日）的学生务须依时派人来，如有敷衍延误者，当以纪律制裁！

中央档案馆藏

　　（录自共青团中央青运史研究室、中央档案馆编：《中国青年运动历史资料》第 11 册，中共党史资料出版社 1988 年 11 月版，第 677—678 页）

关于配合红军作战的经验与教训

（1932 年 11 月 20 日^①）

挺　群

　　现在，各地方的少先队，对调动它的队伍到前线配合红军和地方武装作战，已有了显著的成绩。少先队正在以血战的勋绩，表明它是红军有力的帮手。而在这一时期，在这方面我们是得到了许多经验与教训，做我们今后工作的教条。

一、加紧政治鼓动
反对不正确的动员口号

　　少先队是反帝与土地革命的战斗队伍，在前线上与红军共同积极作战，是少先队的任务。我们要在队员中间，加紧政治鼓动，使队员了解目前的革命形势，了解战争与本身的关系，了解少先队的任务，自动地要求到前线去，配合红军作战，消灭敌人。我们要有充分的政治动员和思想斗争，克服队员们的家庭观念保守享乐观念。

　　所以，提出"参战 2 个月"，甚至提出"参战 3 个月后一定回来"的口号（见江西省队部训令），拿这样的口号，去动员队员，这是错误的。因为这是迁就队员的落后意识，这只有助长队员的落后意识，而增加我们争取广大队员加入红军的困难。这正可以解析，为什么到

---

　　①　原文无时间，此为《青年实话》第 1 卷第 30 期的出版时间。

了前方的模范队，要"开大差"，可以解析为什么现在有些地方（如瑞金），扩大红军的工作，做得只有更差了——因为在这些同志看来，加入了模范队就不能加入红军（如永定），他们是拿参战来掩饰对扩大红军工作的消极。

真正相反，我们要以模范队的组织，做我们征调队员当红军的最好方式。我们自然不是用编的方法，将模范队编入红军，但我们要经过不疲倦的工作，争取整连整团的队员，能够完全自愿地加入红军。同时还应经常不断地，动员队员加入红军。这是我们第一等的任务。

二、加强干部的领导
一个最主要的关键

现在大多数的模范队连排长，都缺乏作战的经验。所以，在日常的训练科目上，多编〔偏〕于不实际的操演，而在行军的时候，就多不惯于实地的工作。同时，政治委员政治指导员的领导，大于〔多〕薄弱。团员在一般的队员中领导不够。尤其是个别的部队中，因为干部分子的不良，致使得队员的参战积极性，非但不能有最大的发扬，而且还受到不好的影响。

在会昌县队部给总队部的报告上说："主要的站塘区被敌人骚扰，是二支队的队长怕死，他看到敌人来了时就一步步地退，还带着战斗员跑，不抵抗。"而在瑞金县队部，更鼓动城市区模范队参战时，也主要由于连长自己不愿意去，以致影响整连队员不愿意出发。特别严重的还在于前次出发前方的两团队伍中，有 AB 团的自新分子当副排长，以致从中捣乱，发生一些不好的现象。

所以我们要使参战工作得到成功，就必须严重地注意到干部的问题。要求党团军事机关派遣最好的干部，在模范队中担任领导责任。这些负领导责任的干部，他自己必须是有决心当红军，可以做队员表率的。只有这样，才能保证模范队在战斗中得到伟大成绩。

三、注意队员成分
同时必须完全自愿的

模范队是少先队参加战斗的主要队伍。它是模范的队伍,应该是完全自愿的,由精壮积极勇敢的队员来组织。这里应该指出:假使把所有的男队员,都一体编入模范队,一方面将使一般的少队,成为单纯女队员的组织;另一方面又将使模范队本身会困难负担当前的战斗任务,是不正确的。

前次江西派遣的 2 团,到前方后,不服从红军指挥。并且有 1 团"开大差",这种现象的发生,主要固然是干部问题,但也告诉我们必须注意模范队员的成分,坚决反对异己分子混入,而应该树立无产阶级的领导,由最好的队员在完全自愿的原则之下加入。

四、加紧政治任务的执行
队员绝对遵守纪律

过去许多地方(如福建)的模范队出发游击,很少去进行群众工作,发动占领区域的斗争,发展少先队的组织,创造新苏区,与创立白区工作,而仅仅是打打仗而已。同时没收豪绅地主的东西,没有一个有组织性的,甚至各人乱拿一顿,不遵守纪律。这是非常坏的现象,必须立即克服。

应该在广大的队员中加紧政治教育,使他们了解争取白区群众,建立新苏区工作的重要及其方法。应该在红军政治部领导之下,在游击地域,去进行群众工作,一直到建立苏维埃政权,扩大红军,建立和扩大少队的组织。同时,要在队员中解析红军的"三大纪律,八项注意",防止模范队的脱离群众的行动发生。

五、有计划有准备的征调

配合红军作战虽然是一般地动员起来了,"但各级队部事先没有很好的准备和计划,每次集中起来,都因为伙食关系而不能不遣散"(见福建省队部报告)。有些地方则跟地方武装空跑一趟,结果"参而不战"。这样,就使得少先队的积极性,未能极度地发扬起来。再则,因为编成整团整师的队伍,跟随红军出发,在前线的训练和作战上,都有许多的不便。

因此,我们征调模范队配合红军作战,应该是有计划的有准备的。我们应当与红军政治部或政府军事部商量,在他们的决定之下以连为单位〈的〉派遣去配合红军去作战,配合地方武装出发游击。出发部队的伙食,可以向所跟随的红军部队之指挥部或政府的军事部领取。决定要出发部队,可以暂时停止参加小的动作,有计划地训练一短时期。训练的科目要实际,要适应作战的需要,完全废止形式主义的"打花枪"。

*　　　　　　*　　　　　　*

根据实际的经验,已经证明不断地派模范队配合红军作战,是少先队参加战争的最好方式。少先队在英勇的决斗中,已经写下了光荣的战史。我们应该记取我们的经验与教训,来教育全体队员,充分发挥少年先锋队的积极性,更积极的参加革命战争。

(录自《青年实话》第 30 期,1932 年 11 月 20 日出版)

少共苏区中央局通告
——为广州暴动五周年纪念

(1932 年 11 月①)

中央局完全同意党中央局关于纪念广州暴动的通告。

今年举行的广州暴动五周年纪念的运动,必须以战争紧急的总动员为中心,动员最广大的工农劳苦青年群众,完成中央政府关于战争的紧急动员的命令(十二号)中所指出的一切工作。特别是扩大红军,要完全实现,并超过闽赣两省竞赛条约中所定的数目。对少先队的领导,必须充分地加强起来,动员和领导模范少队配合红军及地方武装作战,发展游击战争。组织白区工农劳苦青年的斗争,进行瓦解白军,迅速建立和发展新区域的工作。加紧少先队的政治军事训练。加紧肃反斗争和赤色戒严,以及修桥、修路、拆毁城墙、土围与敌人所筑工事等等工作。发动热烈的迅速缴纳土地税和购买公债票的运动。进行储蓄盐米等必需品,节省粮食,多种杂粮。进行和准备长期艰苦斗争,来粉碎敌人的四次"围剿"和大举进攻!

中央局检查一个多月来的紧急动员工作,认为进行得异常迟缓和不深入不普遍。这最主要最基本是因为团内对革命发展和敌人大举进攻的形势估计不足,因而和平、保守、太平享乐、动摇、消极等待敌人进攻的机会主义倾向表现得很严重。不坚决执行积极进攻的路线,放松和忽视紧急动员工作。此外政治动员首先是团内动员的极

---

① 原件无年代,此年代是文件戳记上的时间。

不充分,官僚主义、形式主义、命令主义的作风和工作方法,亦是使紧急动员工作迟缓不深入不普遍的重要原因。因此,举行暴动五周年纪念的运动,深入战争的紧急□□,必须首先开展团内两条战线的斗争。坚定打击团内对敌人大举进攻忽视和认识不足,放松动员工作的"左"倾,尤其是对革命发展估计不足、夸大敌人力量、动摇失望、和平保守、等待的右倾机会主义。在残酷的团内斗争的基础上,深入团内的动员和群众的动员,转变团的作风和工作方法,克服照旧工作的现象,造成团内和群众中紧张的战斗情绪,坚定每一团员和劳苦青年的长期艰苦斗争的决心,完成纪念广州暴动的战争紧急动员的任务。

中央局要求各级团的组织,尤其是支部,根据这一通告和中央局关于紧急动员工作的决议,立即对过去的动员工作举行一次深刻的检阅,具体布置和进行纪念广州暴动紧急动员的工作,召集各种青年群众组织的会议,加紧纪念广州暴动粉碎敌人大举进攻的宣传鼓动,组织和领导最广大工农劳苦群众□□□战争的意义,来□□□进攻敌人,在敌人大举进攻□□□与布置粉碎敌人的大举进攻□□□!

少共中央局

中央档案馆藏

(录自共青团中央青运史研究室、中央档案馆编:《中国青年运动历史资料》第 11 册,中共党史资料出版社 1988 年 11 月版,第 704—705 页)

少共中央局关于少共国际纲领讨论大纲

（1932 年 12 月 4 日①）

少共国际纲领，"可说是国际无产青年运动最重要的文献"，"是革命青年为实现世界无产阶级专政而战的纲领"，青年的参加武装斗争，青年的为建设无产阶级专政的斗争，在殖民地半殖民地中的'地底'的工作和苦战，对法西斯蒂主义，白色恐怖的决斗，以及在无产阶级专政下的青年运动，社会主义建设的参加——凡此一切共产主义青年运动所得的伟大的革命经验，是统统归纳到这个纲领里来的"，"每个团员都有责任去研究这部纲领，融化这部纲领，并且要在青工群众之中运用这个尖锐而有力的武器"。（纲领序言）尤其是苏区的团政治的理论的水平很低，对共产主义青年运动的基本理论，更是极端的缺乏研究和理解，所以对于这本共产主义青年运动的"经典"——少共国际纲领更必须普遍进行研究"融化"的工作。这种工作，同我们面前的发展革命战争的战斗任务，是密切联系的。因为武装我们的手足与武装我们的头脑，在目前对于我们是同等重要且应同时并进的。并且这种研究"融化"的工作，也必须以一种战斗的精神去着手和进行。首先要克服不要理论、轻视理论的农民落后思想，同时也要纠正和防止学院式的研究的倾向，而必须了解这部纲领是我们的战斗的武器，联系着前面的实际生活和实际工作去理解"融化"它。

---

① 原件无年代，此年代是文件戳记上的时间。

　　"但正因为纲领是那样浩繁,那样重要,那样要注意读,那样在共产主义青年团的政治教育上有伟大的作用,所以对于怎样研究这纲领是可以想出些办法来的。"(纲领序言)仅仅用提出这样简单的讨论大纲的方法是不够的,尤其是在支部和小组中拿了这个讨论大纲,还是难于进行讨论的。因此,宣传部决定编一种"提纲",将大纲中提出的问题,加以简明扼要的解释,以帮助支部小组的讨论研究。

　　在干部中进行纲领的研究,更加重要。所以在各级团部(省县区)中负责工作的同志,应组织一种讨论会,对纲领作有系统的讨论和研究。这个讨论会应在各级团部直接领导之下,可以每星期开讨论会一次,按纲领的分段讨论。事先要各人阅读纲领,开会时根据讨论大纲有次序地进行讨论。宣传部按照纲领的分段,制定讨论大纲,每星期发一次。

少共中央局宣传部

十二月四日

附:

帝国主义、战争与世界革命时代

　　一、资本主义怎样发展到帝国主义?

　　1. 资本主义社会的特点是些什么? 什么叫做生产的无政府状态? 为什么发生这种状态?

　　2. 在资产阶级国家里,国家是个什么东西?

　　3. 帝国主义是什么? 资本主义发达到了帝国主义时代有些什么特点?

　　4. 帝国主义为什么要重新分割世界? 怎样发生帝国主义的世界大战?

　　5. 资本主义制度的主要矛盾是些什么? 帝国主义为什么必然要

灭亡？

二、帝国主义与世界革命：

6. 为什么帝国主义必然要引向世界革命？

7. 帝国主义怎样来拉一部分工人做它的工具？改良主义的社会民主党是个什么东西？

8. 有些什么条件，足以摧毁改良主义在群众中的基础？

9. 资本主义发展的不平衡，到了帝国主义时代消灭了么？什么叫做不平衡？

10. 世界革命为什么不是万国同时，一举而就的事业？为什么社会主义的胜利在起×只几国或甚至一国才有可能？说社会主义不能在一国首先胜利，这对不对？反革命托洛斯基主义对这一问题的观点如何？

三、第一次帝国主义大战与世界革命：

11. 1914 至 1918 年的第一次帝国主义战争为什么发生的？其结果是否解决了资本主义的矛盾？

12. 世界革命从什么时候开始？大战后在哪些国家爆发了革命？哪些国家的革命失败了？为什么失败的？在大战后这个革命巨浪中国际工人阶级得到了什么？

13. 大战后，为什么能够部分地造成了暂时的资本主义稳定？什么叫做部分的暂时的稳定？资本主义就这样稳定下去了吗？

14. 法西斯蒂主义怎样形成的？它的作用怎样？

15. 社会民主党怎样来维持资产阶级的统治？

四、世界革命与共产党：

16. 世界革命有很多不同的过程么？一切的革命都走向哪里？

17. 工人阶级用什么方法才能推翻资本主义？才能获得一切被剥削被压迫的群众及其本身的解放？

18. 工人阶级在革命中，为什么要与农民联盟？不要农民革命能成功吗？认为农民在革命中没有什么作用，这是一种什么样的思想？

19. 工人阶级要完成革命，建设社会主义，走向共产主义，必须在共产党的领导之下才能吗？为什么？

20. 世界革命能够胜利吗？有些什么胜利的条件？

少共中央局

中央档案馆藏

（录自共青团中央青运史研究室、中央档案馆编：《中国青年运动历史资料》第 11 册，中共党史资料出版社 1988 年 11 月版，第 706—709 页）

周、朱、王关于鼓动少先队积极分子到赤卫军和红军等问题致军委党分区电

（1932 年 12 月 5 日）

军委党分区：

1. 4 日电悉。现周敌占邵武，向光泽前进中，参观团暂勿来。

2. 18 岁上 45 岁下劳动男子均为组织赤卫军，但 18 岁至 23 岁是少队年龄，如已加入少先队不必再加入赤卫军，但同时要尽量鼓动少先队积极分子输送到赤卫军和红军中来，其军事指挥系统须单一集中。

3. 制弹工人待路通即派来。

周 朱 王①

中央档案馆藏

（录自共青团中央青运史研究室、中央档案馆编：《中国青年运动历史资料》第 11 册，中共党史资料出版社 1988 年 11 月版，第 710 页）

---

① 周、朱、王即：周恩来、朱德、王稼祥。

少共中央局通知第一号
——关于反对帝国主义,武装拥护苏联,发展革命战争,粉碎敌人大举进攻运动
(1932 年 12 月 14 日①)

各级团部:

自从国联李顿调查团报告书发表以后,国际帝国主义强盗进攻苏联的战争危险更加紧迫,瓜分中国进攻中国革命更加露骨和积极化,帝国主义国民党更疯狂一样地进行对苏区和红军的四次"围剿",尤其是加速地准备和布置对中央苏区的大举进攻。在这一形势之下,中央苏区反帝总同盟及拥苏总同盟决定于 1933 年 1 月 1 日至 1 月 3 日举行"反对帝国主义,武装拥护苏联,发展民族革命战争,粉碎敌人大举进攻运动",这一运动在深入反帝拥苏的政治动员,领导广大群众参加革命战争,粉碎敌人大举进攻的战斗上,有重大的意义。团应领导广大青年□□□□群众积极参加这一运动,使这一运动的进行紧绕着战争的紧急动员的中心,在这一运动中,使战争紧急动员工作更为广泛和深入。团应在这一运动的进行中建立和发展反帝青年部的组织和工作,加强对反帝青年部的领导,动员广大青年群众加

---

① 原文无年代,此年代是根据本文内容判定的。

入拥苏大同盟,建立拥苏大同盟的组织和工作。

少共中央局

十二月十四日

中央档案馆藏

（录自共青团中央青运史研究室、中央档案馆编:《中国青年运动历史资料》第 11 册,中共党史资料出版社 1988 年 11 月版,第 711 页）

少共中央局通知第二号

——关于领导青年参加检举运动

（1932 年 12 月 15 日[①]）

各级团部：

中央局指出团必须领导广大青年工农劳苦群众积极参加检举苏维埃政府机关和地方武装中的阶级异己分子,贪污、腐化、动摇、消极分子的运动,这一运动,在目前粉碎敌人对于中区的大举进攻的战斗中,是异常必要的。各级团部必须领导少先队切实执行中央政府工农检察人民委员部的第二号训令及少先队中央总队部关于少先队参加这一运动的训令,以及执行下列各点：

1. 必须经过少先队队长及队部中团组的作用,以政治上最坚定在群众中有威信的党员团员特别是工人同志任检举委员会委员。

2. 在检举中如检举团员有消极怠工、贪污、腐化、动摇,或系异己分子,团必须给以严厉的纪律制裁,以提高团在青年群众中的威信。

3. 在这一运动中,必须建立和发扬轻骑队的工作和作用,须坚决克服忽视轻骑队工作的错误倾向。轻骑队在这一运动中,必须成为检举委员会最有力而可靠的助手。

4. 在撤消〔销〕被检举分子的职务后,必须注意从团员及青年群

---

① 原件无年代,此年代是文件戳记上的时间。

众中,提拔一部分最好的同志,特别是工人雇农成分,去加入政府及地方武装军事机关,及少先队部中工作,以巩固党与无产阶级的领导。

少共中央局
十二月十五日

中央档案馆藏

(录自共青团中央青运史研究室、中央档案馆编:《中国青年运动历史资料》第 11 册,中共党史资料出版社 1988 年 11 月版,第 712—713 页)

少共中央局通知第三号

——关于闽赣两省第二次青工代表大会的准备工作

（1932 年 12 月 15 日①）

各级团部：

全国总工会苏区执行局及江西、福建两省职工联合会已决定于明年 2 月 7 日举行闽、赣两省第二次工人代表大会，即在这一大会闭幕之后，接着举行闽、赣两省第二次青工代表大会，以总结一年来的青工斗争，动员和领导两省青工更积极地参加革命战争，巩固苏维埃运动中无产阶级的领导权，具体讨论和决定青工生活的改善与青工委员会的组织和工作。

各级团部必须以最残酷的斗争和最艰苦的教育，克服团内一切对青工工作消极忽视的机会主义倾向，立即领导两省青工代表大会准备工作的进行。经过青工委员会中团组及团员的作用，领导各级青工委员会与青工小组与职工联合会一起，迅速进行代表大会代表的选举运动，实现全总执行局与两省工联关于召集代表大会的决定，推选斗争中最积极的分子为代表。在这一选举运动中，同时应检查各级青工委员会和青工小组的生活和工作，发展青工组织的自我批评和民主，撤消〔销〕青工委员会中消极怠工、动摇、腐化的领导分子，提拔积极的分子，健全各级青工委员会和青工小组的生活和工作，尤其要注意这些代表大会准备工作的进行。必须要以战争的紧急动员工作与青工斗争为中心，必须在青工斗争的深入（特别要注意年关斗

---

① 原文无年代，此年代是文件戳记上的时间。

争的发动和领导），青工生活切实改善，劳动法的完全实现中，把青工的斗争积极性发扬到更高度。动员青工到红军中去及积极参加一切战争的紧急动员工作。只有如此，才能巩固无产阶级在伟大的革命斗争中的领导权，也只有在广大青工群众斗争的基础上，才能使代表大会的准备工作深入群众，保证代表大会的伟大成功。

少共中央局
十二月十五日

中央档案馆藏

（录自共青团中央青运史研究室、中央档案馆编：《中国青年运动历史资料》第 11 册，中共党史资料出版社 1988 年 11 月版，第 714—715 页）

少共苏区中央局、少先队中央总队部联合通知
——关于开办第五期列宁青年学校

（1932 年 12 月 26 日）①

各级团部、各级队部：

一、在目前革命战争紧张地残酷地进行和开展中，少年先锋队更应发挥其伟大的作用，因此，加强少先队的领导，更是特别重要。因此中央局与中央总队部决定在第四期列宁青年学校毕业后，立刻继续开办第五期，专门训练少先队的干部。

二、这里，我们要指出：虽是前次严厉的责成各级团部与队部要送成分好而有学习精神的分子，严格地按照条件送学生来。可是你们送来第四期的学生，仍令我们非常不满意，大多数都不合我们所规定的条件，有许多地方（宁都、寻邬、会昌等）特别表现不负责任。现在我们再预先地严重地警告你们，不许重复过去的错误，必须按照下列规定的条件，按时选派学生前来，否则，必给予严重的纪律的制裁！

三、在你们这次选派学生时，应特别注意与他们因过年而不愿意按时前来训练的错误斗争，因为这次的开学时期，距过年的时间不远的原故。

四、学生的资格：

1. 现任少先队的区队长；

2. 最好是青工雇农的成分，贫农、中农也可以；

---

① 原文无年代，此年代是文件戳记上的时间。

3. 团龄在半年以上的;

4. 工作积极,完全受调动的;

5. 观念正确虚心学习,能读浅的文字的;

6. 年龄 18 岁以上,23 岁以下,身体相当高大与强健的;

(注:不合条件的不收!)

五、学生人数的分配:

1. 与中央直接发生关系的地方:瑞金的□阳、新迳、砂心、黄柏、沿江、壬田六区区队长;会昌的罗塘、城市、高排、罗田、筠门岭五区区队长;石城的□坨、横江、大猷,珠江四区区队长。

2. 江西省:兴国的均村、龙砂、高兴、上社、城岗、莲塘、江背 7 区区队长;赣县的茅店、大湖江、江口、大□、山溪 5 区区队长;公略的罗家、中鹊、东固、富田 4 区区队长;永丰的沙溪、□田、潭头、石马 4 区区队长;胜利的平安、河田、桥头、曲阳 4 区区队长;雩都的新坡、梓山、罗坳 3 区区队长;宁都的城头、梅江、黄陂、田头、安福、马头 5 区[①]区队长;南广的头陂、长坡、白水 3 区区队长;宜黄吴村、南团 2 区区队长;乐安招携、于溪 2 区区队长;建宁区队长 2 名;寻邬澄江、吉潭、三标 3 区区队长;安远板石、龙佈、天心 3 区区队长;万太寺下、古坪、冠朝、□下 4 区区队长;信丰区队长 1 名。

3. 福建省:上杭的太拔、旧县、官压〔庄〕、大阳、华□亭 5 区区队长;长汀的河田、童坊、新桥、大田、红坊、四都 6 区区队长;宁化的淮土、曹坊、禾口 3 区区队长;永定的丰稔、合溪、大〔太〕平 3 区区队长;新□的新线、南阳、儒畲 3 区区队长;龙岩区队长 □名;武平的湘湖、桃溪 2 区区队长;汀州市模范连连长。

(注:如上述规定的区队长,不合上面规定资格的,由县委县队部另外决定别的区队长代替!)

六、训练时间——1 个月。

七、入学日期——各地学生一定要在 1933 年 1 月 14 以前到达

---

① 原文如此,应为 6 区。

瑞金中央局与中央总队部所在地,决不允许有一个地方迟延误时的。

八、学生来时必须自带碗筷、衣服、被毯等日用物品!

九、路费——来时由各级队部发给,回来时由中央局与中央总队部发给。

少共苏区中央局

少先队中央总队部

十二月二十六日

中央档案馆藏

（录自共青团中央青运史研究室、中央档案馆编:《中国青年运动历史资料》第 11 册,中共党史资料出版社 1988 年 11 月版,第 720—722 页）

少共苏区中央局关于春季冲锋季的冲锋计划

（1932 年 12 月 27 日）

一、为什么要进行春季冲锋季？

中央关于进行冬季冲锋季的决议，是完全正确的。但因决议收到得很迟，来不及按照中央规定的时间（广暴纪念节起）开始进行，所以中央局决定由 1 月 15 日至 4 月 15 日止，在苏区各省进行春季冲锋季。

中央局认为赣闽两省团进行 7 月到 9 月的冲锋季的结果，推速了团的工作的进展，这首先是在扩大红军，组织和领导模范少先队作战及团的发展上面。然而这一冲锋季，却没有成为克服工作落后的决定步骤。我们各种工作进展的速度，还是够不上革命发展的猛烈，而且这一冲锋季，还不是所有两省的各县都有收获的。

因此，应该进行春季冲锋季，"进行非常猛烈的有组织与有计划的努力"，最高限度地提高工作的速度和工作的质量，克服我们工作上的落后。尤其是，今年的春天，乃是阶级战争进行得最凶猛最残酷的季节，乃是革命与反革命拼死活的严重关头，团必须以不平常的、急剧的猛烈的工作，动员一切力量，发展民族革命战争，粉碎帝国主义国民党四次"围剿"和对中央苏区的大举进攻。所以，春季冲锋季的进行，就是进行粉碎敌人大举进攻的巨大的胜利的战斗。

"自然，冲锋季并不是一个经常的工作形式，它是一个动员我们所有力量,实行最猛烈的有计划的活动,去执行主要任务的非常时期"。因此,在春季冲锋季中,"我们应该努力将这一非常的猛烈的活动,转变为全团的经常的工作方法。(中央决议)

二、春季冲锋季的任务是什么?

目前帝国主义更加紧布置进攻苏联的战争,更加紧进行瓜分中国,进攻中国革命,尤其是组织和指挥国民党军阀和中国一切反动的社会力量,疯狂一样地四次"围剿"苏区和红军,特别是倾全力布置和进行对中央苏区的大举进攻。团的任务,在于紧急地动员、组织、武装,领导最广大的青年劳苦群众,实行进攻路线,加入红军,强固和猛烈扩大红军,配合红军作战。广泛发展游击战争,巩固苏维埃政权,发展苏区。加紧组织白区的革命斗争,加紧瓦解白军的工作。准备和进行长期的艰苦战斗,开展胜利的进攻,粉碎敌人的四次"围剿"和大举进攻。夺取抚州、吉安、赣州等大城市,夺取南昌,完成革命在一省数省的首先胜利。武装拥护苏联,反对帝国主义瓜分中国进攻中国革命,准备随时与帝国主义直接作战。

这就是春季冲锋季的任务。

三、赣闽两省进行冲锋季的冲锋计划

(一)准备和进行长期的艰苦战斗,粉碎敌人大举进攻

甲,团必须深入战争的紧急动员,使每一青年正确认识目前的形势,克服太平、保守的落后意识,坚定他们胜利的信心,使他们下定长期的艰苦战斗的决心。在党和团的领导之下,一切用于战争,一切为着战争。不动摇、不懈怠、不疲倦地斗争到底,以进攻的胜利战斗,不让苏区一寸土地被敌人摧残,消灭敌人,扩大苏区,粉碎敌人的大举进攻。

乙,这就要加紧团内的战斗的动员,使每一个团员〈从〉深刻认识

目前斗争的严重性上，深刻认识他所负的非常的重大革命责任上，在政治上、生活上、实际斗争上，做青年群众的模范，成为一个勇往直前坚〔艰〕苦卓绝的战士。使每一个支部成为广大群众的核心，成为坚固的战斗的堡垒。围绕着、团结着、领导着广大的青年劳苦群众，上前线，在后方，不屈不挠地与敌人作决死战斗。团的一切活动，都要安置于战争的基础上，都要为着战争的胜利。

（二）猛烈扩大红军，瓦解白军

甲，普遍进行深入的扩大红军的政治动员。江西省动员 10000 青年，闽粤赣省动员 3000 青年加入红军和地方武装（独立师独立团警卫营连，游击队——脱离生产的）。在江西的 10000 中，到方面军（二十一军、二十二军在内）的 6000 人，到地方武装的 4000 人。在闽粤赣的 3000 中，到方面军（十二军在内）的 1500 人，到地方武装的 1500 人。其中团员各应占三分之一，青工雇农各应占四分之一。

乙，这些数〈目〉字的达到以至超过，只有在运用过去的经验，进行充分的政治宣传鼓动的条件之下，才有可能。特别要在少先队模范队中作有系统的宣传鼓动，动员他们"整团整连整排加入红军"。坚决为消灭在这一工作中一切强迫，欺骗命令的恶现象而斗争，用说服的方法，使一切逃兵归队，在 1 月内（1 月 31 日以前）做到除个别的落后分子外，所有的逃兵都归队。

丙，帮助苏维埃实现优待红军条例。特别是在春耕运动中，要替红军公田及红军家属首先耕种。"少共礼拜六"要吸引广大青年群众自愿参加，而不是极少数人的点缀。各地方尤其是医院附近的地方，应时常由青年群众选派慰问队去医院慰问伤病的红军战士，医院所在地及附近地方，由少先队员轮流担任招呼（看护）洗衣的工作。

丁，为加强团在红军中的工作，必须大批地输送地方团的干部到红军中担任青年工作。中央局在 2 月间及 4 月初办 2 次短期训练班，给这些干部以红军中青年工作的训练后，送交总政治部。每次江西至少 30 人，闽粤赣至少 10 人，其中青工雇农分子应占三分之二。

红军中团与地方团的关系应亲密起来。红军驻在或经过时，当地团部应与政治部发生关系,在可能条件之下,举行红军中团员与地方团员的联合大会,交换工作经验,讨论当地工作,举行互相的竞赛(关于理论学习及各种工作的)。

戊,瓦解白军的工作,必须从口头进到实际的进行。首先,应派团员到白军中去。中央局在2月初和3月底办2次短期训练班,每次江西至少10人,闽粤赣至少5人。在边界区域,应以各种方法,散播宣传品到白军中去。在被敌人占领的区域,团的秘密组织尤其应活用口头的文字的种种方法,去向白军士兵宣传。少先队模范队在与敌人作战及游击战争中,特别要注意对白军士兵的宣传鼓动,号召他们暴动起来,拖枪来当红军。

(三)发展民族革命战争,拥护苏联

甲,动员广大的青年,参加民族革命战争,武装拥护苏联。有计划地动员模范队到前线配合红军作战。在冲锋季中,江西动员4团配合一、三、五军团,1团配合二十一军和二十二军作战;闽粤赣动员1团配合红军十二军作战。此外,还应动员一连二连〈的〉配合独立师团作战。尤其是普遍动员模范队广泛发展游击战争,实行中革军委的训令。必须有计划有准备地动员,反对毫无计划和准备地随便调动与玩弄群众。按照中央政府的训令,更改模范队的编制,实行政治委员制度,加强对模范队的领导,加紧模范队的政治的军事的教育,做到战争紧急时,在一声动员令下,所有模范队都能调到前线去作战。

乙,加强对一般少先队的动员和领导,进行有系统的政治教育和合用的军事训练。实行每一队员1支梭标〔镖〕,1支扁担,积极参加运输担架,交通,响〔向〕导等工作。

丙,在青年劳苦群众中,进行有系统的反帝拥苏教育。尤其要抓住每一具体的事件及纪念日,加紧反帝拥苏的宣传鼓动,组织反帝拥苏的青年群众会议和示威,号召和动员广大青年参加民族革命战争。

丁,发展青年部及拥苏大同盟的组织,健全反帝青年部的工作。

(四)巩固苏维埃政权,扩大苏区

甲,把苏维埃政府的各种法令、土地法、劳动法,以及最近的紧急动员令与关于检举运动的训令,普遍地通俗地在广大青年劳苦群众中解释,使他们深刻认识苏维埃是他们自己的政权,为拥护苏维埃及其法令的实现而坚决斗争到底。驱逐苏维埃政府中的阶级异己分子与官僚腐化动摇消极分子,推选群众领袖尤其是工人雇农到苏维埃政府中工作,加强苏维埃政府内无产阶级的领导,健全各级苏维埃,尤其是健全城乡代表会议。

乙,动员青年参加分配土地的斗争,深入土地革命。现有的苏区内,在冲锋季的第一个月内,必须彻底解决土地问题。在新发展的苏区,必须以最高的速度,首先正确解决土地问题。为了准备与进行残酷的战争,争取这次战争的全部胜利,团应动员青年群众在中央政府的号召〈底〉下,提早春耕,发展春耕运动,积蓄粮食、日常用品及经济。

丙,动员青年迅速完全实现中央政府的紧急动员令,在 1 月份,将所有的土地税公债票缴销完毕。组织群众的合作社,调剂市场,冲破敌人的封锁与商人富农的操纵。

丁,加紧肃反斗争,励行赤色戒严,认真检查行人与考察监视阶级异己分子的思想行动。进行艰苦的思想斗争和广大的政治教育,揭破一切反革命派别的面目。组织轻骑队,建立轻骑队的生活和工作内容。

戊,在开展胜利的进攻中,扩大苏区。以最猛烈的工作,建立新区域的工作,将这些新区域巩固下来,征调大批有能力的好干部到新区域工作。江西征调 150 人,闽粤赣征调 50 人(担负团与少先队工作的)。在工作有基础的县份,组织冲锋队,去新区建立工作(县委组织,省委调动)。

己,随着战争与游击运动的开展,创造苏区附近的白区工作。苏区附近的大城市与大河流中的工作,必须派人去进行。江西应派出 30 人,闽粤赣应派出 10 人。中央局与党中央局合办短期训练班,来训练这些派去白区工作的同志。

(五)领导青年工人的经济斗争,强固工会工作

甲,在敌人布置和进行大举进攻中,资本家加紧向工人进攻,必须抓住资本进攻的每一事实,抓住青工的每一具体要求,领导青工向

资本家富农斗争。在1月份必须以县为单位,与青年工人一起定出分业的具体的斗争纲领,发动和领导青工雇农学徒斗争,普遍订立合同(没有订立过的订立,订立了而要重订的重订),尤其是学徒的学艺合同(学徒与商店老板,学徒与手工业者,学徒与手艺工人的),实现劳动法令。

乙,由于敌人的进攻和封锁,使得大批的工人失业。团必须向这些失业的青工指明他们失业的原因及他们的出路,领导他们向资本家斗争。号召和领导他们加入红军,领导他们组织合作社。

丙,在准备"二七"两省代表大会的运动中,发展和改造工会的组织,健全青工小组青工委员会的生活,实现百分之九十以上的青工加入工会。在"二七"后举行的两省青工代表大会中,必须总结过去一年来的斗争,定出今后斗争的纲领、策略及具体工作。

(六)巩固支部,加强团的布尔什维克化

甲,团必须以最大的力量巩固支部,健全支部生活,健全支部干事会的工作与领导,提高支部与下层组织的工作能力。这就是要以对支部工作的具体帮助,来代替官僚主义的领导。要用一切方法,来提高支部在青年群众中的领导作用。必须以最大的力量来建立与发展支部巡视员的工作。必须将团的政治问题,在支部讨论,提高支部的创造性。必须将模范支部固定下来。必须建立区委的集体领导,健全各部工作,强固区委独立工作的能力。

乙,在青年群众中,深入团的政治宣传,使觉悟的劳苦青年自动要求入团。在斗争中,吸收积极坚决的分子入团,争取大多数青工到团内来。使每个团员,负起介绍新团员的责任,反对以公开征求为唯一的经常方法的现象。在列李卢纪念周中,进行普遍的公开征收团员运动,到冲锋季终结时,实现大多数的县区,团员数量超过党员数量。

丙,加紧团内的反倾向斗争与教育工作,坚固团的列宁主义的一致。经过不断的反倾向斗争与教育,将动摇消极怠工的分子洗刷出团,首先洗刷出领导机关。大胆地提拔与耐心地教育青工雇农干部,严厉执行干部工人化。供给最好的干部给党,介绍政治上坚定工作积极的团员入党,增加兼党团员的数量,以加强党对团的领导。

丁,组织群众的刊物,特别是支部小报。要使半数以上的支部都出版一种小报。扩大《青年实话》的推销,每个活动分子(区委支委、小组组长、活动分子)都要读《青年实话》。建立支部的通讯网(每个支部要有一通讯员),健全发行工作。组织读报运动,在支部与群众会议上,组织关于我们刊物的讨论。征求定户、读者与他们对我们刊物的提议批评。《青年实话》在冲锋季内,在两省要有6000定户,江西4000,闽粤赣2000。

戊,团要加强对儿童运动的领导,派最好的团员去儿童团担任领导工作。领导童工的斗争,进行广大的运动,消灭童养媳制度,向儿童的父兄作解释和教育工作,勿使儿童担任笨重工作。领导儿童,就能力所及参加各种革命战争的工作,特别是扩大红军的鼓动工作,慰劳红军及春耕运动。寒假过后,列宁小学开学,发动广大的读书运动,使最大多数的儿童入学读书,并派好的团员去任教员,帮助苏维埃改进列宁小学的教育。如因战争关系,列宁小学不能开办,则团应普遍地建立"野外学校",进行对儿童的教育工作。决定4月1日为"儿童节",团应领导儿童团,准备和进行"儿童节"的运动。

四、怎样进行春季冲锋季?

甲,各级团部立刻根据这一计划,定出冲锋计划,在冲锋季开始(列李卢纪念周)以前,必须传达到所有支部中去,到一切群众团体,使支部与群众团体,订立自己的冲锋计划。经过群众报纸利用5分钟的报告,利用群众会,召集群众会议,使没有一个青年不知道青年团进行春季冲锋季,不但要解释春季冲锋季的意义,而且要细心倾听每一青年对我们组织的意见,对春季冲锋季的提议。

乙,"冲锋计划的完成与超过,只有在开展群众的革命竞赛的条件之下,才有可能。发展区与区、支部与支部,以及个别同志间的革命竞赛,写出最明确简单的竞赛合同,实行经常的检查工作。必须坚决反对在革命竞赛上破坏自愿原则的命令主义,应该将群众情绪提到最高度"。(中央决议)广泛发展冲锋队,征求先进分子去帮助落后的分子。

丙,"听其自然的放任主义,是冲锋工作最危险的敌人。领导的责任,不只是在于提出一些任务而且应该要经常反映这些任务执行的程度,要毫不疲倦地帮助下面工作的同志,严格了解各地的情形,给以分别的具体的帮助。"(中央决议)

丁,"巩固区,巩固支部,是执行我们计划的主要条件。在政治上,干部上,从各方面去巩固区与支部的领导,将一切工作的重心拿到区拿到支部。经常提拔新的干部,参加领导工作,反对脱离自己最基本的细胞的皮相的领导方式,建立得力的巡视制度,经常讨论单个支部的工作,研究支部工作的单个问题(会议、小报、对群众组织的领导等等)。"(中央决议)

戊,开展两条战线斗争,集中力量打击目前主要危险的右倾机会主义。开展自下而上的自上而下的无情的凶残的自我批评,是保障春季冲锋季成功的有力武器。反对任何压迫自我批评的表现,进行坚决斗争,发展积极的(不是悲观的、自杀的)工作批评。

全团团结得像一个人一样,在党与中央的路线之下,猛烈地进行冲锋季工作,为超过这一计划,为克服团的落后,为粉碎敌人的四次"围剿"和大举进攻,为完成革命在一省数省的首先胜利而斗争!

少共苏区中央局

一九三二年十二月二十七日

中央档案馆藏

(录自共青团中央青运史研究室、中央档案馆编:《中国青年运动历史资料》第 11 册,中共党史资料出版社 1988 年 11 月版,第 723—731 页)

团小组会三个月讨论材料

（1932 年下半年①）

一、共产青年团是什么？

1. 团应有的作用在哪里？
2. 青年团与党的区别及其关系：
   　　a. 组织　　　b. 任务　　　c. 工作　　　d. 政治主张
3. 党团员怎样划分的？
4. 青年团与青年群众组织的区别及其关系：
   　　a. 组织　　　b. 作用　　　c. 正确的关系

二、红军团的错误现象

1. 取消观念：
   　　a. 有哪些表现？　　　　b. 所受到的损害？
   　　c. 来源？　　　　　　　d. 怎样的纠正？
2. 一切工作不青年化、不活泼的：
   　　a. 有哪些表现在红军中？　　b . 所受到的危害？
   　　c. 来源？　　　　　　　　　d. 怎样的纠正？

---

① 　原文无成文日期，推测应为 1932 年下半年。

3. 团缺乏积极性的提高：

    a. 有哪些表现在红军中？   b. 所受到的危害？

    c. 来源？   d. 怎样的纠正？

4. 错误的总来源：

    a. 左的先锋主义错误

      I. 过去的表现？   II. 他的结果？

    b. 立三路线的结果，对团工作的取消观念在哪里？

    c. 党内团的取消主义：

      I. 表现在哪里？   II. 他的结果？

三、红军中团的组织问题

1. 红军中团的组织，能有单独组织么？为什么？

2. 团能成立支部么？团的小组是受哪个直接指挥的？

3. 连支部团总支部底下设立一个青年干事么？能设立青年干事会么？

4. 青年干事及青年工作科，其上下各级有一个工作系统么？

5. 青年干事青年工作科是不是下级团的组织？是受哪个的指导和指挥？

四、红军中团的任务与他的具体工作：

1. 团的任务是些是〔什〕么？

    a. 青年群众在红军占了如何地位？

    b. 青年群众有无特殊心理与特别情绪？为什么？

    c. 对目前创造铁的红军政治任务之下，团应该怎样？

2. 为什么工作要青年化？

    a. 青年群众与成年的不同点，他的表现在哪里？

    b. 哪些是青年化的方式？

3. 团怎样去领导与参加列宁室俱乐部的工作？

    a. 为什么要建立俱乐部列宁室？

    b. 团对他的领导方式怎样？

    c. 怎样来建立他的工作？

4. 团怎样去进行士兵的教育工作：

    a. 教育的方式怎样？

    b. 青年队是否单独组织训练？他的意义在哪里？

5. 轻骑队是个什么组织？团对青年〔骑〕队工作应该怎样？

    a. 轻骑队是对付哪些人的？

    b. 轻骑队是哪些人才能当队员？团员怎么去参加？

6. 团要怎样去参加发动节省运动、卫生运动？

    a. 节省、卫生运动的意义

    b. 在节省、卫生运动中，团员要做到什么程度？

7. 团怎样去进行地方青年工作？

    a. 工作步骤怎样？

    b. 工作的方式怎样？为什么要组织青年工作队？

    c. 对地方青年工作，团怎样去领导？

8. 团内教育工作要如何加紧，团内生活如何改善？

    a. 会议要怎样开？内容主要什么？

    b. 对新团员怎样去训练？

    c. 团内生活要怎样才能活泼？

9. 团对发展应该怎样？

    a. 团的性质怎样？   b. 发展方式怎样？

    c. 须反对哪些倾向？   d. 发展主要目标是什么？

10. 团对反帝运动、工会运动应该怎样？

    a. 团应该对□□组织怎样？

    b. 加入里面做些什么工作？

五、团是个什么组织的性质?

1. 有了党为什么还要团?

2. 团为什么必须服从党的政治领导?

3. 团的组织应当比党广泛? 还是应该狭隘?

4. 团发展了是否分散党的力量?

5. 团与青年群众组织有什么不同?

6. 团只须领导青年群众做本身利益的斗争,还是又要参加一般的政治斗争?

7. 团是个纯碎〔粹〕的文化教育组织,还是□为做教育工作?

六、苏区团的任务与建设工作

1. 苏区的团与反动统治区域的团是否相同,为什么呢?

2. 苏区团现在的任务是些什么?

3. 团的任务的执行与建设工作有什么关系?

七、团的现状

1. 从前反革命派不能【在】团内存在和发展组织上的根源是些什么?

2. 执行立三路线对团有些什么影响?

　　a. 在成分上?　　　　　b. 在教育?

　　c. 在阶级基础上?　　　d. 在团的组织上?

3. 中央局成立〈的〉到现在,团工作转变在那几条?

　　a. 反革命分子的肃清怎样? □□□

　　b. 在成分、干部上?

　　c. 工作方式?

d. 在团内教育上？
4. 团的现状还是很严重？表现在哪几点？
　　a. 发展工作的缺点怎样？
　　b. 对团干部的提拔发生不好的倾向？
　　c. 支部工作□□□？①
　　d. 自我批评两条战线斗争于哪种所代潜？
　　e. 团的工作方式的缺乏表现在哪里？
　　f. 团对于群众组织关系怎样？
5. 团能够完成他的转变，有些什么条件保证？
　　a. 中央局的领导成绩　　　b. 客观形势的有利

八、造成团目前严重状况的原因是些什么？

1. 客观上原因？历史上原因？主要原因是什么？
2. 哪些错误倾向也障碍了团的转变？

九、今后团建设的中心任务要怎样做？

1. 在广泛发展团的组织巩固阶级基础方面：
　　a. 团的成分怎样转变？　　b. 对富农异已分子怎样？
　　c. 团要向哪些人开门？　　d. 团的干部要怎样创造？
　　e. 团要怎样去分工？　　　f. 团以后领导方式怎样？
2. 在广泛发展青年群众工作，加紧团在青年群众领导作用方面：
　　a. 发展工作怎样去进行？
　　b. 团在青年群众组织里面应该怎样去建立领导？
3. 在建立支部工作和生活方面：
　　a. 支部在群众中应该怎样活动？

----

① 原文不清，疑为"不完全"。

  b. 支部的工作任务是什么？

  c. 支部委员会怎样建立健全？

  d. 会议应该怎样开？

  e. 怎样使他的生活使同志不枯燥？

4. 在发展自我批评方面，推行竞赛工作方面：

  a. 为什么要自我批评？

  b. 在二条战线斗争中要不要防止些什么倾向？

  c. 竞赛工作对工作上有何好处？团应该怎样去参加？

5. 团的政治教育方面与巩固的纪律方面：

  a. 团的各种会议内容应该怎样？

  b. 理论能与实际工作分开吗？为什么？

  c. 对新团员干部教育方式怎样？

  d. 纪律是拿来做什么的？

  e. 在执行纪律当中要防止哪两个倾向？

6. 要使团的工作正〔真〕实的转变要向什么斗争？

  a. 左的是什么？右的是什么？

  b. 工作不斗争能否得到转变？

—完—

红军第四军政治部编印

（根据中共江西省委党史研究室藏件刊印）

革命互济会纲领及十大工作

（1932 年底①）

一、革命互济会的纲领

1. 反对白色恐怖

帝国主义国民党、军阀、土劣、地主、买办等一切统治阶级为维持其特权地位，为继续剥削都施行白色恐怖，拼命压迫民众、屠杀民众。自 1927 年革命失败后，一切革命群众遭屠者几百万，一天一天受着刮民党②反动派摧残、拘禁、枪毙的更不知几千几万，所以革命互济会号召一切被压迫群众起来反对白色恐怖，尤其要反对白色恐怖制造者。

2. 援助被压迫群众革命斗争

根本的救济，只有消灭灾难贫穷的制造者统治阶级，被压迫阶级自觉的斗争是消灭统治阶级唯一的办法，所以互济会要援助革命斗争，发动斗争，援助斗争。

3. 救济被压迫群众革命战士

为提高被压迫群众的勇气，为减少被难革命战士的精神上、物质上的痛苦，一切为革命而受难被捕的战士，互济会都要救济之。

---

① 原文无年月日，此为编者判定的年份。
② 刮民党，即国民党。

4. 号召组织贫民救济运动

帝国主义的经济侵略剥削和二十多年来不断的革命混战,不断的抽勒苛敛,使中国一般劳苦群众完全破产,不能生活下去。所以,成批成批的都市贫民、乡村灾民都被制造出来,这些贫民、灾民都是被压迫阶级中受压迫受剥削最厉害的工农,所以互济会要设法救济他,要使他明白灾难的原因,组织起向统治阶级要饭食。

5. 反对欺骗慈善事业及伪人道宣传

帝国主义的宗教机关、一切土劣、资本家、慈堂济良所,都是欺骗群众、藉名涣利的机关。他们对于贫穷灾难的来源一点都不说,只宣传统治阶级的慈善,教群众安分守己,所以这种机关更有模糊阶级的意识和被压迫群众反抗勇气的反动作用,互济会要揭破这种虚伪的面目,要反对这种反动机关。

6. 号召援助红军、反对国民党进攻苏维埃区域,劳苦的工农及一切被压迫群众年来受不住国民党的焚烧、屠杀,受不住白色军队的掳掠奸淫,起而组织群众的武装——红军,所以红军是被压迫阶级主要的保护者,是反白色恐怖的主力军。互济会是站在被压迫阶级地位,要极力帮助〈对于〉群众自己的政权——苏维埃也要尽力帮助它。一方面宣布苏维埃区的真相,打破反动派对苏维埃的谣言;一方面号召群众起来反对国民党进攻苏维埃区域。

二、十大工作

革命互济会全国总会在纲领之下照中国现在革命的情势,规定眼前重要工作十条于下:

1. 帮助工人组织赤色工会。

2. 帮助农民组织赤色农会。

3. 帮助士兵(包括一切团丁警察)组织士兵委员会互济,只有工农士兵会员或者仅有些线索时,就要帮助其向各该群众发展,设法成立赤色工农士兵会。

4. 帮助妇女组织赤色纲领的妇女会。

5. 帮助学生组织赤色纲领的学生会。

发展妇女学生的组织,考式①同前,但所谓有赤色纲领者即各该会应根据群众要求,定出革命纲领,实行纲领,反对改良主义的欺骗,反对逆〔适〕合统治阶级法律的"合法路线",反对哀求式的"和平路线"。

6. 帮助失业工人组织失业工会,救济失业工人。

7. 帮助饥民组织饥民大同盟,领导其向饥荒制造者进攻。

8. 帮助弱小民族革命运动,组织留华之弱小民族。

9. 援助监狱斗争,组织监狱中群众(如组织绝食同【盟】等),由改良待遇至打破监督等。

10. 援助红军,反对国民党进攻苏维埃区域。

(根据中共江西省委党史研究室藏件刊印)

---

① 原文如此,疑为"方式"。

方面军团与青年工作

——冲锋季工作的总结

（1933 年 1 月 3 日）

萧　华[1]

　　冲锋季是以非常猛烈的有计划和有组织的努力,来执行红军中团与青年工作的战斗任务。在冲锋季执行的过程中,我们得到了什么? 有些什么进步?

　　一、在冲锋季中,团员的积极性是相当地发动了。团员在各种工作中,的确起了他的领导作用。举几个例子来看:购买少共国际号飞机,团员 95% 以上热烈得很。购买公债票,二十二军有一连团员在群众中领导,四五次不分伙食钱,有的吃二顿饭,节省来买公债。列宁室工作,有 90% 以上的团员参加,特别是二师,在三点钟之内,可将全师墙报出版。在宜、乐、许湾[2]、礼西……几次战争中,团员特别勇敢。尤其是三军团两个团员带花数次,还去爬城。一军团一个团员被敌人围住还能缴枪,俘虏敌人士兵回来,这更是光辉的例子。

　　二、阶级团结,阶级友爱,减少病兵,帮助病兵的工作,做得好。团员自己抬伤病兵,领导卫生运动,提出了"一个团员不病到后方去"的口号,病员是大大地减少了。

　　三、参加列宁室工作比以前更加努力。墙报一般的能做到全连

---

　　①　萧华,时任中央革命军事委员会总政治部青年部部长。

　　②　原文如此,疑为"浒湾"。

人数大半甚至百分之百的投稿。五军团的墙报,从屋瓦下贴满到墙下。五军二师的同志,随时随刻都有一张墙报,在内容上有了相当的进步。消灭文盲运动,更做得有成绩,从前不识字的"瞎子",现在都能识几十个,不识字的现象是没有了(新来的例外)。

四、工作方式,是有相当的转变,在内容上方式上都有了改善。团的会议生活的改善,青年队的上课,青年晚会,都能引起团员与群众相当的兴趣。

五、发展团的组织,在质量上是有显著的增进。在新团员中,青工、雇农是占了三分之一以上(三军团发展 220 个,青工有 160 多)。有些部队中,团员的数量赶上而且超过了党(一军团团员在战斗之中超过党的三分之一)。对动摇消极和阶级异己分子,进行了坚决的洗刷。

六、在地方上的青年工作,有相当的成绩,对地方工作的取消观念,受到了布尔什维克火力的打击。在建宁、泰宁、黎川,青工斗争的发动,都得到胜利。团员犯纪律现象比以前减少。

七、团内干部的培养,引起了相当的注意,军团、师都经常办了训练班。

这些都是不能否认的成绩。然而,拿我们冲锋季应有的尺度来测量我们的工作,那就还表现出异常的迟缓与散漫。我们还没有拿战斗的突击冲锋的精神,来执行工作,以致我们的工作,还表现下面的缺点:

一、动员的工作是很不深入。有些团员甚至还有不知道冲锋季是什么一回事。七师二十团的团员,还没有与冲锋季文件见面,因此,他这团的工作也就表现落后。特别是这一工作,没有与战争的实际任务联系起来,认为冲锋季与战争分开,因此就更不能激发团员的热情,造成紧张的战斗情绪,虽然在会议上有报告,但是实际工作的动员是差极了。

二、青年特殊教育,是被忽视了,不能利用各种各样的方式,去进行工作。没有经常去上青年队的课,教育的内容也没有抓住着青年战士的日常生活,同时对这一工作,没有具体地、有步骤地去进行,以至有不愿到课的现象。

三、团员对反帝拥苏等工作,还不能加强其领导,以至竟成为形式的,没有建立它的实际工作,甚至有小部分团员还比群众落后些(如犯纪律、贪污、腐化)。

四、列宁青年组工作,还没把它健全起来,特别是列宁小组,没有以战争为中心,在支部的领导之下去进行工作。组长和组员的关系不好,列宁小组还不能成为一个大车轮来不停地去群众中进行实际工作,模范组还没有运用比赛的方式,普遍地建立起来。

五、新的工作方式,运用得不够,还是呆板守旧的,不能适应着青年情绪与实际生活,尤其是工作的奖励,发挥以及比赛方式的运用,更是缺乏。

六、发展组织,表现着严重的关门主义,冲锋季中的发展,还太〔过〕于迟缓(三军团原来超过党,现在又比党少),有少数支部(十师、六十五师)在冲锋季中,一个都没发展,这些都要挂在团的工作的黑板上。

七、转变团的领导方式,是冲锋季工作的一个中心,但是机关主义、清谈主义、官僚式的领导方式,还没能彻底转变,部分的做青年工作的同志,不愿面向团员,"面向士兵",从实际工作中去执行这一任务。工作缺乏积极性和自动性,而且表现了团干部自己的取消主义(有青年科长要求不愿做青年工作),同时对党的取消主义,不能与他作残酷的斗争。

冲锋季工作给了我们什么教训?

一、我们工作的进行,是落在正在开展着的革命局面的后面。我们没能在战争的紧急动员令下,激动起战斗的热烈情绪,甚至有少数同志,表现太平观念,不了解战争的严重性。这样,就不能发挥他最高限度的积极性,而使战争与工作分开。

二、在执行冲锋季工作中,不能抓住中心,有步骤地集中力量去执行。同时各级政治机关,在冲锋季工作中,依样画胡芦地发了许多文件,许多的工作,都不能深入到团员中去,并且有些组织是形式建立——如突击队。

三、应该运用新的领导方式。对好的工作作风(如□师①)不能把它发扬起来,在实际工作中斗争中,去创造新的工作作风。特别是陈腐的官僚主义、机关主义的领导方式,应该彻底地克服与纠正。

四、党对团工作的领导与帮助,是冲锋季工作成功的一个条件(如二师、四军十一师),他们因为政治机关,党的经常注意,因此也都收到更大的成绩。

红军中的冲锋季工作已总结了。在目前与敌人决死斗的剧烈战争前面,在红军胜利的开展中,更要求我们以战争的紧急动员,以列宁青年的精神,运用冲锋季中的教训,去完成冲锋季未达到的工作。尤其是要努力地来完成最近新订"四不五要三努力"的三个月比赛条约,坚决与对敌人大举进攻估计不足、对这一工作执行怠工消极的现象斗争。集中我们的力量,迅速完成当前的战斗的实际任务,粉碎敌人大举进攻,争取战争的全部胜利!

一九三三年一月三号于黎川城

(录自《青年实话》第 2 卷第 4 号,1933 年 2 月 19 日出版)

---

① 原文不清,似为"二师"。

少先队中央总队部训令

——春季冲锋季的冲锋计划

（1933 年 1 月 4 日）

一、进行春季冲锋季的意义：中央总队部认为闽、赣两省少先队进行七月到九月的冲锋季的结果，加速了少先队工作进展，这表现在动员队员加入红军，动员模范队到前方配合红军作战，以及优待与帮助红军家属等工作上。可是冲锋计划并没有全部实现，工作的速度还是赶不上革命的猛烈发展，并且在某些地方还没有多大收获。

所以，进行非常猛烈的有组织与有计划的努力，最高度地提高工作积极性，克服工作的落后，对苏区的少先队是非常必要的。尤其是今年的春季，正是阶级斗争非常急热〔激烈〕，革命与反革命进行决死斗争的时候，少先队更应以超乎平常的、急剧的、热烈的工作速度，执行中央总队部"关于战争的紧急动员令"，与敌人作决死的斗争，发展民族革命战争，粉碎帝国主义国民党的四次"围剿"和大举进攻，夺取赣州、无〔抚〕州、吉安、南昌，完成江西及邻省革命首先胜利，实际地来武装拥护苏联，反对帝国主义瓜分中国、进攻中国革命，准备与帝国主义直接作战。

因此，中央总队部完全接受和拥护少共苏区中央局关于进行春季冲锋（从 1933 年 1 月 15 日到 4 月 15 日）的决定，号召和训令全苏区的少先队组织和队员群众，在共产党、青年团的领导之下，为进行和完成春季冲锋季的工作，粉碎敌人四次"围剿"和大举进攻而坚决斗争。

二、闽赣两省春季冲锋季的冲锋计划：中央总队部根据目前革命形势与两省的实际情况，根据少共苏区中央局关于闽赣两省的冲锋计划，决定闽赣两省少先队春季冲锋季的冲锋计划如下：

1. 进行长期的坚〔艰〕苦战斗粉碎敌人大举进攻：少先队必须广泛地深入战争的紧急动员，使每一个队员都正确地来深刻认识目前斗争的严重性和坚〔艰〕苦性，克服一切太平、保守和平、享乐等落后意识，坚定胜利的信心，"抛开一切动摇，集中一切力量"，一切给予战争，坚决与敌人斗争到底。

少先队必须继续过去血战的光荣成绩，在政治上、在生活上、在斗争上，坚〔艰〕苦卓绝、勇往直前地上前线，在后方不屈不挠，前仆〔赴〕后继地与敌人作决死斗争，取得这次战争的全部胜利。

2. 动员加入红军，瓦解白军：(1)在冲锋季中要猛烈地扩大红军，动员队员加入红军，在江西省要动员一万队员，福建省动员三千队员加入红军和地方武装（独立师、独立团、警卫营连，游击队……脱离生产的武装）。在江西省的一万人中，要有六千人到方面军（二十一军、二十二军〈在内〉）；在福建的三千人中，要有一千五百人到方面军（十二军〈在内〉），其中青工雇农成分各占四分之一。

(2)这里首先要进行最深入的政治动员，坚决反对这一工作中强迫、命令、欺骗、收买等破产方式，应该运用过去工作经验，以充分的政治鼓动，抖擞起革命热情和战斗勇气，纷纷像潮水一样地自动地奔流到红军中去，特别是应艰苦地不疲倦地宣传鼓动工作，动员模范队整团整连地加入红军去。

同时要运用说服与鼓动方式，宣传在前方（地方武装的也一样）开小差的、请假的，动员一律归队。在1月31日前做到除一些落后分子外，所有开小差的完全归队

(3)努力执行优待红军条例，积极参加"少共礼拜六"（不准有一个乡不实行），帮助红军家属以及到前方作战的队员家里耕种工作，时时刻刻、处处地方、无微不至地给予优待和帮助，尤其是在今年春耕运动中，队员应积极地首先把红军公田、红军家属的田、到前方作

战的队员的田耕种好,现在立刻应做春耕的准备工作(如解决种子、肥料、耕牛、农具等问题)。

完全实现每一队员"一支武装,一条扁担,五人一副担架"的决定,随时随地帮助红军作战与运输,特别是在医院附近的少先队,应经常组织慰劳队去医院慰问英勇的伤病战士,轮流去医院充当"招呼兵"(即看护工作),以及洗衣补衣的工作。

(4)少先队与红军的关系应亲密起来,红军经过或驻扎的地方,当地的少先队须开欢迎与欢送大会、同乐会等,并采用"某一队部与红军的某一部队发生关系",互相通讯,报告红军的胜利与少先队的斗争情形。

(5)坚决打击忽视瓦解白军工作的机会主义观念,把瓦解白军工作,从口头上、纸头上进一步到实际工作上来,各级队部应与当地团部计划,派坚决的队员去白军中工作,尤其是模范队应在作战时,加紧对敌军士兵作宣传鼓动工作,号召白军士兵带枪来当红军,瓦解白军。

3.发展民族革命战争,武装拥护苏联:(1)广泛地动员队员,参加民族革命战争,武装拥护苏联,积极组织动员模范【队】到前方配合红军作战。在冲锋季中,江西省应动员四团配合。① 军团一团配合二十一军、二十二军作战,福建省应动员一团配合十二军作战,还要动员一连的模范队配合独立师作战。

(2)应经常地、有计划地、有准备地(不是无计划毫无准备地随便调动模范队和玩弄方式)动员模范队,配合地方武装,发展游击战争,完全实现中华〔革〕军委会的训令,全线出击敌人,到白军区去建立少先队的组织与工作。

(3)在队员中进行有系统的反对帝国主义、武装拥护苏联的宣传与教育,加紧反帝拥苏的宣传鼓动,领导队员积极参加反帝拥苏的示威与行动,号召队员完全加入拥护苏联大同盟与反帝青年部,积极参

---

① 原文此处后有多个字不明。

加民族革命战争。

4. 巩固与发展苏维埃区域：（1）在队员中深入地详细地解释苏维埃政府的一切法令——劳动法、土地法、经济政策以及紧急动员令、检举运动的训令等，领导队员为完全实现苏维埃法令而斗争到底，坚决反对苏维埃政府中的官僚腐化分子，参加检举运动，驱逐苏维埃政府中的阶级异己分子与消极怠工官僚腐化分子，选举工农群众的领导到苏维埃工作，积极参加"轻骑队"的工作。

（2）深入土地斗争，发动队员积极参加土地斗争，在现有苏区内，在冲锋季的第一个月内，必须帮助苏维埃政府彻底的解决土地问题。在新发展的区域，少先队员应领导青年劳苦群众首先正确解决土地问题。

（3）少先队员应积极参加今年的春耕运动，提早春耕，储蓄粮食、油盐等日常用品，在一月份，将所有的土地税、营业税、公债费缴清，积极加入各种合【作】社，冲破敌人的经济封锁与奸商富农的操纵。

（4）加紧肃反斗争，严密赤色戒严，实行边区五里一哨、苏区复〔腹〕地十里一哨，尤其是交通要道，更要认真检查行人，检查和监视阶级异己分子的思想与行动，加紧思想斗争，揭破一切反革命派别的欺骗与阴谋。

（5）调大批的青工雇农干部到新建立少先队〈的〉工作，在冲锋季中，江西省应调50人，福建应调20人（能担任区队部工作的），到新区去工作。

同时派最忠实坚决的精明强悍的队员，随游击队到白区建立工作及派住〔驻〕白区工作。

5. 加强队员的政治教育，武装头脑和手足：（1）经常召集小队长联席会议、大队长联席会议及连排长会议，讨论一切政治问题，有系统地进行干部的政治理论的教育，组织读报工作，小队长以上的干部必须阅读《青年实话》。

（2）加强队员每次的军事训练，在训练中，反对一切形势〔式〕主义，进行适当的军事训练——如使用梭标〔镖〕和新式武器，防御进攻,扰敌、阻敌、截敌……游击动作和游击战争。

（3）在队员次挥〔操练〕后上短时间（半点钟到一点半钟）的政治课,请当地的党团政府负责同志来讲授指导。

（4）军事训练的进行以大队（乡的区域较小的在适中地点进行）或小队（乡的区域较大、小队人数较多的）为单位,至少每星期一次,每次最长半天,（以小队为单位的每半月）或20天可集中全乡（大队）会操一次,区的会操酌量情形适当举行,□使队员每月最多下操六次,最少四次。模范队,以每月中班的【会】操三次,排的【会】操二次、连的会操一次为最适宜,大检阅在最适当时举行,事先应有充分的动员和准备。

（5）一切文化工作——识字、读书、读报的工作应积极进行,做到小队长以上的干部都认识字,都能读通俗浅显的文字,足球、跳高、跳远、赛跑、□□、□架等体育运动也要普遍地进行。

6.巩固与扩大组织,加强无产阶级领导。（1）扩大少先队的组织,在现有苏区□吸收最大多数的工农劳苦青年（有选举权的）到少先队来,健强模范队,使之成为少先队的基干队伍,按照总队部训令（即将发出）统一的改编【为】模范队。在新发展区,要迅速建立少先队的组织。

（2）在现有的少先队内,将消极怠工、动摇腐化分子,特别是阶级异己分子洗刷出去,吸引青工、雇农到少先队来,组织百分之九十以上的青工加入少先队,巩固无产阶级的基础。

（3）撤去消极怠工、动摇、犹豫的干部,提拔大批青工雇农干部到机关来,担负领导工作,巩固与加强少先队无产阶级的领导作用。

（4）建立大队、小队的生活,经常开会、下操、讨论、检查及布置工作,转变领导方式、转变专靠文书通告的官僚主义的领导方式,实行深入队员、深入下层的新的领导方式。

三、为完全实现并超额完成这一冲锋计划而斗争

1. 各级队部接到这一训令之后，即召集区队长、大队长、小队长动员大会，作详细的报告与解释，使队员了解进行春季冲锋计划而斗争！在冲锋季的第一周中，必须将这一计划传达到小队中去。

2. 广泛地发展县与县、区与区、大队与大队、小队与小队、队员与队员的革命竞赛。这里我们要订出竞赛的简单扼要的几件工作，实行检查与帮助下级队部执行工作，坚决反对革命竞赛的命令主义，必须是自愿的竞赛，应将队员积极性提到最高度。

3. 为保证这一计划的实现并超过，必须广泛地开展两条战线的战争，集中力量打击目前主要危险的右倾，发展自上而下、自下而上的自我批评，这是保证春夏冲锋工作成功的有力武器！

中央总队部总队长：王盛荣

1933 年 1 月 4 日

（录自中共赣州市委党史工作办公室馆藏资料，中 33 - 3 - 95，复印件）

中央苏区反帝总同盟青年部通知第二号①

（1933 年 1 月 4 日）

各级反帝青年部：

总同盟青年部为要使全苏区的青年会员，对于中苏复交的问题得到正确的认识了解□见②，特发出中苏复交报告大纲，以供各级的需要。现在报告大纲已发下，希你们接到这一报告大纲后，立刻召集各种会议，在会议中，作广泛地、深入地报告和讨论，在乡一级的青年部，必须组织讲演队、化装宣传队，把这一中苏复交的问题，根据报告大纲，密切的与目前战争紧急动员联系起来，迅速地到〈群〉青年【群】众去作有力的宣传鼓动！号召他们来加入青年部、拥苏同盟，加入红军去，加入少先队、游击队，发展游击战争！粉碎敌人四次"围剿"和大举进攻！争取革命在江西及整省首先胜利！

完

中央苏区反帝总同盟青年部

一九三三、一、四

此材料抄自安远博物馆，类别 A，分类号 106

（录自中共赣州市委党史工作办公室藏件，中 33－3－92，复印件）

---

① 原标题为"通知第二号"。
② 原文不清，似为"起见"。

苏区中央儿童局关于春季冲锋季中儿童运动的决定

（1933 年 1 月 5 日）

一、工农劳苦儿童群众的春季冲锋季

中央局决定了从 1 月 15 日起至 4 月 15 日止，进行春季冲锋季。春季冲锋季必须是团的全部工作突飞猛进，克服落后现象的有力步骤，必须是广大青年群众的战斗。春季冲锋季中，儿童运动也必须有惊人的开展。冲锋季必须也是工农劳苦儿童群众的。

尤其是因为在过去这一时期，儿童运动虽然得到了些成绩（在拥护红军的工作上，在拥护苏维埃的工作上，在文化教育的工作上，在工作方法的转变上），但因为各级团部，一般的对儿童运动忽视和不了解，所以这些成绩是很薄弱而且不普遍的。所以更要在春季冲锋季中，克服团内一切对儿童运动忽视消极的错误倾向，加强对儿童运动的领导，以最高度的积极性和速度，发展儿童运动，将冲锋季工作普遍地深入工农劳苦儿童中去。

二、春季冲锋季中儿童运动的任务是什么？

春季冲锋季中儿童运动的任务是：要用儿童所了解的方法，领导广大工农劳苦儿童,用他们所能做到的方法,拥护红军和苏维埃,参加民族革命战争,粉碎敌人的四次"围剿"和大举进攻,参加反地主富农资本家的斗争,争取儿童的特殊利益,争取儿童生活的改善,教育他们共产主义。

三、具体工作是些什么?

(一)拥护红军

1.发动儿童鼓励自己的父兄和青年工农去当红军。用各种热忱的感动的方法欢送新战士去前方,鼓动开小差的及请假的士兵立即归队,经过无数次的宣传鼓动而还是不归队的,耻笑他。

2.红军经过或驻扎某一地方,领导当地的儿童群众,沿路欢迎欢送,唱歌呼口号,参加联欢会、□会、演说、唱歌,表现种种游艺,并不断与红军士兵个别谈话,亲近。

3.儿童团员见到红军士兵行敬礼。普遍发动儿童团员自动地常常写【信】给在前方的父兄和认识的战士,鼓动他们勇敢杀敌。每一红军胜利的消息,在儿童团会上报告解释,举行庆祝(如唱歌、开同乐会、短距离游行),以当地儿童团名义派代表到附近的红军部队去庆祝,写信去前方部队庆祝鼓励。

实行一地的儿童团与一个红军部队(某一团或某一师)建立经常的亲密关系(如经常送慰劳品,要求红军经常告以胜利的消息,互送旗帜等等)。闽西的儿童团应与十二军及各独立师发生关系,赣南的与二十一军,其他各地的与一、三、五军团及各独立师、团发生关系。

4.医院附近的儿童团,应常常组织慰问队去医院慰问伤病战士,以及动员儿童做看护工作。

5.参加优待红军家属的工作,参加"少共礼拜六",帮助红军家属看牛、砍柴,及做各种适宜的工作。捡肥料,建设肥料所,供给红军家属和耕种公田。在红军家属联欢会上,以各种表演,安慰和宣传红军家属。

（二）拥护苏维埃

1. 向儿童群众解释苏维埃是工农的政权，和拥护苏维埃的道理。发动儿童拥护苏维埃各种法令的实施，参加轻骑队，反对苏维埃政府中的官僚腐化分子。

2. 发动儿童向他的父兄宣传鼓动，快些买公债票和缴土地税，在一月份缴清。积蓄粮食经济和日常用品，准备大战来到时供给红军和自家的需要。

3. 向儿童解释提早春耕的道理，鼓动他们同他们家里的人，提早努力春耕，进行发展生产的运动。在"清明节"举行植树运动，发动每个儿童种几棵树，培植树木森林。

4. 发动儿童参加肃反斗争，动员年龄较大的儿童团员与少先队一起检查行人。向儿童解释各种反革命派别的反革命性，打破一切欺骗和武断宣传，发动儿童侦查反革命，监视一切阶级异己分子的行动。

（三）争取儿童生活和教育状况的改善

1. 发动广大儿童进行反对童养媳制度，反对缠足的运动。儿童要向他自己的父母解释反对童养媳制度和缠足。对那些顽固的父母，要发动儿童团员，以有效的方法〈和〉去说服和制止。反对打骂儿童，向儿童父母解释，不要打骂他的子女，不要给笨重的工作以他的子女做，不要禁止他的子女受教育。这里要反对那种不做解释工作，随便把儿童父母抓来戴高帽子游街的办法。

2. 发动儿童参加反地主富农资本家的斗争，特别要发动童工学徒争取特殊利益的斗争，订立集体合同和劳动合同。

3. 使大多数工农劳苦儿童到列宁小学读书。各级团部和儿童局应与同级苏维埃政府文化部发生联系，经常向文化部提出关于改善教育状况的意见。因为战争紧急而列宁小学不能开办，即应广泛建立野外学校，广泛发展识字运动（识字班）。团的支部应以大力来组织和进行这一工作。"野外学校"及"识字班"要以灵活方法,提高儿童的学习兴趣和创造性。

4. 发展体育运动。儿童团要与少先队一起普遍建立运动场和俱乐部。做到大多数乡村都有简单的运动场,时常举行运动会和晚会。教育儿童唱歌做游戏,以适当的运动,生趣的歌舞游戏,来培养儿童的身体和头脑,来滋润儿童的日常生活。

5. 教育儿童以卫生常识,驱除儿童生活中不卫生的陋恶习气,养成儿童良好的清洁卫生的生活习惯。发动儿童向他的家庭和一般群众宣传,注意个人和公众的卫生,清洁自己的家庭,通畅沟渠,清洁街道。组织儿童卫生检查队,改进公众卫生。

6. 进行广大的反神教运动。首先要灌输儿童以科学的知识,解释神教是地主资产阶级对工农的麻醉迷惑。特别把反动派在苏区利用神教来进行反革命活动的事实(如大刀会、一心会等)告诉他们。发动儿童向父母宣传,不要他们去敬神拜佛。特别是在每一敬神的时节(阴历年关、清明节、初一、月半),要进行反神教的运动。发动儿童加入不信神教同盟。领导儿童用广大的解释和说服来代替那种脱离群众的办法(如乱打菩萨,乱掘祖坟)。

争取儿童生活的改善和对儿童的教育工作,培养儿童的身心,这是解放劳苦儿童,这是使劳苦儿童将来继承革命事业的必要准备。同时,也只有经过这些工作,才能动员儿童尽其所能地参加目前的阶级斗争,参加革命战争。所以这些工作的进行,必须与对儿童群众的战争的教育和动员,密切联系起来,使每个儿童对于战争有深刻了解,积极参加目前的艰苦战斗,并准备将来的事业。

(四)儿童节工作

中央局决定四月一日为儿童节。这是劳苦儿童自己的日子。今年的儿童节要成为改善儿童生活、教育儿童和动员儿童参加粉碎敌人大举进攻的斗争,并举行中央苏区的儿童团大检阅。中央儿童局对儿童节工作,另有具体的决定。各级团部及儿童局应早先准备这一工作,以充分完成这一工作。

(五)发展儿童团的组织,健全儿童团的生活

1. 必须将儿童团的地主富农子弟驱逐出去,最广泛吸收工农劳苦儿童加入儿童团。在冲锋季内,儿童团组织,应有巨大发展。在新苏区,团应更迅速建立和发展儿童团。

2. 为发展儿童运动,团必须派最好的年龄较大的干部,尤其是女干部担任儿童局工作,健全儿童局,纠正"儿童工作儿童做"的不正确观念。为加强儿【童】团的领导,**必须成立支部儿童局**,在团的支部干事会的领导之下工作。支部儿童局书记,即是大队长。村成立小队,设小队长。各级团部必须经常检查、讨论、指示儿童局的工作。团的巡视员必须同时巡视儿童团的工作。同时各级儿童局应建立他的指导系统。

3. 儿童团的生活必须活泼起来。应以小队为单位,利用空隙的时间,二天或三天作一次短时间的集合,进行简单生趣的政治文化教育和军事性的训练(体操、木棍操、操梭标),以及唱歌、游戏运动等等。要在一切唱歌游戏、娱乐等等活动中,灌输革命的知识。大队会议一星期或十日举行一次,区域辽阔的乡大队会议少举行,可集合附近的三四乡来开会。

四、工作方法的转变

1. 各级团部必须加紧领导儿童运动,首先要将冲锋季的工作传达到儿童群众中去,定出大队和小队的简单明确的冲锋计划,启发儿童群众的积极性和创造性。各级儿童局应加紧检查下面的工作,帮助下面的工作。

2. 广泛发展革命竞赛,各级儿童局与儿童局、大队与大队、小队与小队的竞赛,这种竞赛要在自愿的原则下进行。

3. 在一区的儿童团中,以工作较好的一个大队为模范大队,在大

队之下以工作较好的一个小队为模范小队。模范大队和小队，应在
工作上作模范。

苏区中央儿童局

一月五日

中央档案馆藏

（录自共青团中央青运史研究室、中央档案馆编：《中国青年运动
历史资料》第12册，中共党史资料出版社1989年8月版，第7—12页）

中央苏区反帝总同盟、拥苏总同盟、 反帝青年部通知新编第 1 号

——关于列李卢①纪念周工作

（1933 年 1 月 6 日）

一月十五至二十一日，是列李卢纪念周，在这一纪念周的运动中，各级反帝同盟、拥苏同盟、反帝青年部应切实执行下列工作：

一、今年纪念列李卢要加紧动员会员和群众完全执行中央政府战争紧急动员令的一切工作，要纠正过去对当前中心工作的这一忽视放松的现象，要做到百分之百地执行中央政府紧急动员令，为争取战争的全部胜利而奋斗。

二、于本月二十一日以城乡为单位举行列李卢纪念群众大会，各级同盟尤其是乡同盟必须号召盟员热烈参加，但事前（从今天起）必须在群众中进行深入的宣传鼓动工作，以党团中央局的宣传大纲为根据，各乡宣传队经过训练后，立即全体出发到各乡村进行广泛深入的宣传，纠正空有其名、而没有实际工作、或马虎了事的消极怠工的方式，必须随时地检查宣传队的工作，并予以指导和督促。

三、今年列李卢纪念周，正当全中央苏区工农劳苦群众举行了反帝拥苏、发展民族革命战争、粉碎敌人大举进攻运动以后，我们应利用经过这一运动后，群众斗争情绪和对反帝拥苏的任务认识的提高，

---

① 列、李、卢分别指列宁（1870—1924）、卡尔·李卜克内西（1871—1919）、罗莎·卢森堡（1871—1919）。

来更加积极领导他们,发展他们参加反帝拥苏斗争的积极性,开展反帝拥苏的群众运动,大批的征求工农劳苦群众加入反帝同盟、拥苏同盟及反帝青年部,来扩大反帝拥苏的组织力量。

四、纪念周的工作必须利用这次"反帝拥苏运动"的经验,转变我们的工作方式,纠正忽视反帝拥苏工作的不正确观念,克服实际工作中的机会主义。

五、在列李卢纪念周中,必须加强盟员及工农劳苦群众列宁主义的教育,发动他们热烈的兴趣来学习列宁主义,使每个群众都深刻认识列宁主义是工农劳苦群众彻底解放的唯一武器。在列宁主义路线下来反对一切反革命政治派别的欺骗宣传,更坚定地克服群众在敌人大举进攻中的太平保守享乐观念和动摇害怕的情绪,坚定群众胜利的信心,以列宁主义的积极路线,来粉碎敌人大举进攻。

六、列李卢纪念周工作结束后,各地同盟及反帝青年部团结一致,积极地来粉碎敌人的进攻,保卫我们的苏区政权。

一九三三年一月六日

抄自安远博物馆,资料类别 A ,分类号 107 号

(录自中共赣州市委党史工作办公室馆藏资料,
中 33 - 3 - 97,复印件)

少共中央局为进行春季冲锋季给
少共湘鄂赣省委的电文①

（1933 年 1 月 12 日）

少共湘鄂赣省委：

少共中央决定广暴起进行冬季冲锋季，因时间上来不及，中央局决定 1 月 15 日起至 4 月 15 日止，进行春季冲锋季，动员一切力量，准备和进行长期的艰苦战争，开展革命的胜利的进攻，粉碎敌人的四次"围剿"和对中央区的大举进攻。冲锋季主要任务：

1. 猛烈扩大红军，瓦解白军。

2. 有计划地动员模范少队配合红军作战，广泛开展游击运动，发展民族革命战争，武装拥护苏联。

3. 巩固苏维埃政权，实行中央政府紧急动员令，扩大苏区。

4. 领导青年经济斗争，强固工会工作。

5. 巩固支部，励〔厉〕行干部工人化，为群众的布尔什维克的团而斗争。你们应即定出冲锋计划，加紧督促和领导冲锋季计划的实行。

注意：

（1）迅速传达到支部及青年群众中去。

（2）开展群众的革命竞赛，广泛开展冲锋队。

（3）反对听其自然的放任主义，转变团的领导方式。

（4）巩固区、巩固支部，一切工作的重心拿到支部。

（5）开展两条战线的斗争与自我批评，只有在这些条件之下，才

---

① 本文标题原为《少共中央局来电——进行春季冲锋季》。

能使冲锋季成为群众的,得到距〔巨〕大成功。冲锋季是动员所有力量实行最猛烈的有计划的活动,去执行主要任务的非常时期,而不是经常的工作形式,所以我们在这冲锋季中,应努力将这一非常的猛烈的活动转变【为】全团的经常的工作方法。

中央局

(录自共青团中央青运史研究室、中央档案馆编:《中国青年运动历史资料》第 12 册,中共党史资料出版社 1989 年 8 月版,第 25—26 页)

少先队中央总队部密令第 1 号[①]
——关于模范队编制问题
（1933 年 1 月 17 日）

一、模范队是少先队的基干部队。它的必要和作用,无论在配合红军作战上,在发展游击战争上,在担负后方的勤务上,以及少先队的一切活动上,这一时期的光荣成就,都为之充分地证明了。

二、认为有了少先队,就不需要将其中精壮分子组织模范队,对模范队工作消极,这是错误的。同时,组织了模范队,对一般少先队的工作放松,甚至于完全放弃,这也是极严重的错误。这些错误的发生,都由于不了解模范队是少先队的基干部队。模范队与少先队,决不是对立的,加强模范队的工作,更能发挥少先队在革命战争中的伟大作用。但我们的工作,不但是要强固我们的基干队伍(模范队),而且要加强我们全部队伍的战斗力量。有些队员〔伍〕将男队员一律编入模范队,使普通少先队完全成为妇女队伍,这同样是削弱少先队和模范队的作用,是不对的。为此,必须坚决纠正上述的错误,丝毫不懈怠地来加强少先队和模范队的工作。

三、尤其因为最近红军的伟大胜利,更残酷的巨大的阶级决斗之迅速来到,更高度地发展少先队模范队的作用,使之成为红军的最有力的帮手和后备军,目前是比以前任何时候更紧要了。因此,一切对少先队模范队的取消观念,都是对革命有害的,都是实际上削弱革命

---

① 本文标题原为《中央总队部密令 No1——关于模范队编制问题》。

的战斗力量,必须坚决反对。那些把少先队与赤卫军对立,而将少先队取消的企图,必须首先击破。同时,使少先队模范队脱离党和团的领导,与团对立,与赤卫军红军及苏维埃军事机关对立,在作战时不服从红军地方武装指挥机关的指挥,这一切"左"的倾向,同样是极危险的,必须坚决纠正与防止。

四、为要更加提高少先队在目前战争中的作用,尤其是加强模范队的作用,使之更有力地来配合红军和地方武装作战,击破敌人进攻的集团战略,与其所采取的十个战术,执行苏维埃中央执行委员会第一号密令,中央总队部决定改变模范队的编制。

五、配合红军主力作战,主要是采用游击战术。因此,模范队的编制与地方武装的编制一样,要适合于短小精悍,行动敏捷,突击有力的原则。现在依照正式红军的编制,太过庞大了。同时,在游击战术中,主要的是袭击敌人,在战斗上是以白刃战为主,但是现在少先队模范队普遍的只要步枪,鄙视梭标〔镖〕,这是不对的。此外在武器配置上,亦有很大缺点。

六、根据苏维埃中央执行委员会的决定,根据过去的经验,现决定模范队新的编制原则如下:

1. 采用三排六班制,以 11 人为 1 班,在班之下,分两组,每组设组长 1 人(每组连组长共 5 人),以 2 班为 1 排,每班设班长 1 人,每排设排长 1 人。每连连长、政治指导员各 1 人,全连共 71 人。每区组织 1 连,合 3 连赤卫连编为 1 营。

未组织模范队的地方,按此新的编制组织起来。已组织的地方应即照此改编,将弱小、消极、阶级异己分子,一切不良分子洗刷。如一区不足 71 人的,可将区附近乡中队员编入。如这一办法亦难以执行的,则有些班可以缩小而只设一组(即一班只 5 人)如一区能编 2 连者,则编 2 连,连同赤卫连 3 连,共 5 连合为 1 营。

2. 模范连武器的配置:每班步枪 3 支,班长组长各 1 支,梭标〔镖〕8 支,每个队员 1 支,连长、政治指导员、排长步枪各 1 支,每连共步枪 23 支、梭标〔镖〕48 支。

3.普通少先队的组织照旧。每乡设一大队,大队之下设小队(以工作便利来编制,但每小队至多不得超过 24 人,至少不得少过七人),区设区队部,县设县队部,省设省队部。实行每个队员一支武器,大队长小队长备土枪或鸟枪,队员有鸟枪土枪的用鸟枪土枪,没有的须备梭标〔镖〕。

4.每枝梭标〔镖〕的长度应为五尺二寸。各种武器(梭标〔镖〕、土枪、鸟枪、土炮、火药)须立刻备齐。同时,改编后,一切训练要注意实际的战斗教育和演习,彻底废除过去一切形式的非战斗的教育和训练。

6.①各地模范队限于"二七"前改编完毕。出发配合红军作战及游击敌人的模范队,则须等到回苏区后再改编。

七、中央总队部训令各级队部迅速完全执行上述各项,完成这一工作。

中央总队部总队长　王盛荣

1933.1.17

中央档案馆藏

(录自共青团中央青运史研究室、中央档案馆编:《中国青年运动历史资料》第 12 册,中共党史资料出版社 1989 年 8 月版,第 43—45 页)

---

① 原件缺第"5"项。

团的小组讨论大纲之怎样
去执行新的比赛条例？

（1933 年 1 月 22 日）

（一）我们为什么要比赛？

革命的比赛与资产阶级的风头主义、锦标主义的比赛完全不同，革命比赛是为了发挥我们工作的积极性，加速工作的速度，消灭一切落后现象，尤其是在目前革命战争的猛烈发展，红军在开展胜利的进攻中，而团的工作是落在战争发展的后面，因此实行革命比赛加速工作转变，来执行当前战斗任务更有他的必要与作用。

（二）比赛些什么？

我们比赛的内容是"四不、五要、三努力"。

不吊〔掉〕队

不逃跑

不生病

不犯纪律

要努力识字做墙报

要虚心学习到青年队的课

要建立二个模范组

要争取白区青年群众

要创造青年干部

努力发展团的组织

努力学习军事技术

努力参加实际工作

（三）怎样才能完成这一比赛条约呢？

1.我们必须以战争的动员，以列宁青年精神，来领导每个青年战士来执行并超过。

2.坚决反对对比赛条约执行的消极怠工与一切取消主义斗争，互相鼓励、互相帮助来做。

3.我们要随时随刻加紧本身工作的检查，特别是好的工作作风加紧的学习，并加紧自我的批评。

（根据中共江西省委党史研究室藏件刊印）

少先队中央总队部训令第 15 号①

——补充密令第 1 号

（1933 年 1 月 23 日）

中央总队部一月十七日发出的"密令第 1 号"——关于模范队编
【制】问题——是根据目前战争环境与模范队作战的需要与便利来决
定的，这是完全正确的，责成各级队部按照这一密令切实执行，迅速
完成模范队的改编。

中央总队部为防止各级队部在执行这一密令中可能发生的误会
与错误，把模范队同赤卫营合并，无形地取消了模范队，同时把模范
队与普通少先队割离开来。因此，特对"密令第 1 号"作如下补充：

一、少先队模范认〔队〕，每区编一连（如一区能编二连者则编二
连），合三连赤卫连编为一营。这是战斗的编制，使在作战时，模范队
便于受赤卫营、红军或地方武装（在红军或地方武装一起作战时）的
指挥。但，在平时，则模范队仍受区队部直接指挥与领导，而绝不许
可将模范队合到赤卫营中去，取消模范队。

模范队的连部，应该同该区的赤卫营营部经常发生关系，要求他
们在教育训练及各方面的帮助，并根据赤卫营的决定共同计划模范
队的工作。

二、因为模范队是少先队的基干队伍，应成为少先队一切工作的
模范，所以模范队不应该与普通少先队分割开来，互不相关。但是，

---

① 本文标题原为《中央总队部训令 No. 15——补充密令 No. 1》。

过去模范队与普通少先队分开,漠不相关的现象普遍地发生,而失却模范队队员在一般队员中的领导作用,这是错误的,应立即纠正。

现在中央总队部决定:模范队的政治的、军事的训练,应该与普通少先队不同,而特别加紧。但是,模范队,应该在生活上在其他活动上——如:拥护红军、优待红军、参加苏维埃与肃反、文化工作、娱乐、体育、运动等,同普通少先队一起进行,实现模范队在普通少先队中的模范作用。同样,普通少先队,也要担负起作战、游击敌人、发展苏区等任务。

中央总队部责成各级队部,接到这一训令之后,配合着密令第1号讨论,切实执行。此令!

中央总队部总队长 王盛荣

一九三三年一月二十三日于瑞金

中央档案馆藏

(录自共青团中央青运史研究室、中央档案馆编:《中国青年运动历史资料》第12册,中共党史资料出版社1989年8月版,第46—47页)

中国共产青年团苏区中央局为进行春季
冲锋季告苏区工农劳苦青年群众书

（1933 年 1 月 23 日）

全苏区的工农劳苦青年们！

亲爱的同志们！

和暖的春天到了！但今年的春天，与往年的春天，是大不相同的。今年的春天，是什么时候？是阶级斗争最剧烈的时候，是我们与阶级敌人作决死战的时候。

这和暖的春天，正是帝国主义加紧准备和布置进攻苏联的斗争，加紧瓜分中国，进攻中国革命，尤其是帝国主义国民党发疯一样的四次"围剿"苏区和大举进攻中央苏区的时候。

这和暖的春天，同时也正是红军和我们工农群众得到胜利，开展胜利的进攻，消灭敌人，革命战争猛烈发展的时候。

同志们！这风和日暖的春天，战争的炮火警〔惊〕天动地，这是我们与敌人决胜负决生死的严重关头。我们应该过太平享乐的日子吗？

不！这不是我们太平享乐的时候。我们只有更加〈要〉提起青年的勇毅果敢的精神，比以前更加猛烈地参加民族革命战争，实行积极进攻的路线，进行长期的艰苦斗争，去粉碎敌人的四次"围剿"和大举进攻，完成江西及邻近省的革命首先胜利。在这胜利的战斗中，来摧毁地主资产阶级国民党的反动统治，来反对帝国主义瓜分中国，进攻中国革命，来武装保护苏联。

我们的苏维埃政权,我们土地革命的胜利,我们已得到的一切利益,只有在这样胜利的战斗中,才能巩固和发展。我们太平、享乐、和平、保守,只有失败,那等于自杀!

因此,我们决定今年的春季为"冲锋季",号召全苏区的工农劳苦青年群众,在本团领导之下,奋发青年的积极性,以冲锋的速度,来进行摆在面前的战斗任务,上前线杀敌去! 加入红军! 加入少先队模范队,到前线配合红军作战,加紧军事政治的学习! 积极参加游击战争,实行全线出击! 进行白军士兵工作,瓦解白军,深入苏区内部的阶级斗争,加强工会工作! 加紧组织白区的革命斗争,援助白区的革命斗争! 肃清苏区内一切反革命派别! 巩固苏维埃政权,参加苏维埃工作,执行苏维埃一切法令,加紧春耕,到新区域工作,发展新苏区!

同志们! "春季冲锋季"是我们青年群众的。我们要比平时更加努力,更加积极,更加猛烈地战斗,来完成"冲锋季"的任务。

今年的春天,是我们与敌人残酷战斗的季节,而且是我们粉碎敌人四次"围剿"和大举进攻、苏维埃和红军胜利发展的季节!

同志们! 我们号召你们,拥护共产青年团的主张,加紧"冲锋季"工作,不要放松春光的一时一刻,坚〔艰〕苦卓绝地为革命战争的胜利而斗争到底!

一月二十三日

(录自瑞金革命纪念馆编:《文物史料汇编》
第 16 集,内部资料,1980 年 8 月印)

少先队中央总队部训令第 16 号[①]
——加紧动员模范队到前线作战，配合红军与敌人主力决战
（1933 年 1 月 26 日[②]）

（一）由于目前革命形势所产生的少先队的任务与敌人主力决战的时候到了！

目前是革命与反革命拼死活的关头。这是我们向各级队部及队员时常提及的。在帝国主义直接组织之下，国民党用比三次战争更大的气力，用"三分军事七分政治"的策略，动员极大的反革命军事、政治和社会力量，进行与准备长期的大举进攻中央苏区，这是一方面。另一方面，红军及工农群众在共产党领导之下，执行中央政府的紧急动员令，积极执行胜利的进攻路线，进行和准备长期的艰苦的革命战争；红军在前线的伟大胜利，和白区反帝罢工运动、灾民农民斗争、白军兵变作相适应的配合。现在斗争的形势，是进到主力决战了！我们红军和工农群众与敌人决胜败的浴血大战是来到了！配合红军作战是少先队目前最光荣的任务。

在现时，动员队员加入红军，动员模范队配合红军到前方作战，配合地方武装发展游击战争，实行全线出击敌人，来粉碎敌人的大举进攻，完成江西和邻省革命首先胜利，准备与帝国主义直接作战，回

---

① 本文标题原为《训令第十六号——加紧动员模范队到前线作战，配合红军与敌人主力决战》。

② 原文无年代，此年代是根据本文内容判定的。

答帝国主义对苏联、对中国革命的进攻,是比任何时候都来得〈的〉迫切,来得光荣的战斗任务。各级队部必须善于领会列宁主义的作用,找寻锁链的特别一环,以全力抓住这一环,集中一切注意力去解决执行这个任务。

(二)动员队员配合红军作战的宝贵经验

在动员队员配合红军作战,我们是有相当成绩。

这里,我们指出,我们在过去动员队员配合红军作战的工作上,是取得了相当的成绩。江西、福建两省队部,曾经动员了模范队,积极配合红军,配合地方武装作战,写下了历史上不可磨灭的勋绩。

同时,在工作中还有好些错误。

然而我们还须要深切地来指出:虽然在这一方面,我们有了光辉的成绩,同时,在工作过程中,还有不可容许的错误存在。比方在江西第一次动员到前方作战的两团模范队,其中有一团(第二团)起初因为有反革命派别自首与自新分子的混进,以及动员中的许多缺点,以至在前方不听红军指挥,甚至发生严重的"开大差"事件。此外整批(一连、一排、一班)从前线逃跑的现象亦时有发生。特别是,很多地方的模范队,还不能坚决执行积极进攻路线,积极配合地方武装,出击敌人,实行中革军委训令,而表现保守把口,甚至像敌人屡次进扰上杭白沙中,上杭县队部和区队部竟没有领导模范队起来配合红军与地方武装作战,去堵敌、截敌,消灭敌人,以及在其他个别的地方,随便调动队员,动员起来又不作战的玩弄态度。

一定要记取这些宝贵经验,使错误不再重复发生。

不管这些错误有的已经消灭和战胜,或者已经在纠正中,我们都必须记取着这些工作的结晶,这些宝贵的经验,并且保证以后不再重复发生这些错误,这就表示我们确能执行任务的标识之一。

把这些经验归纳起来是:

1. 必须屏弃脱离群众的官僚主义作风 。

江西省队部第一次动员到前方的模范队,因为省、县、区队部没有给予充分的政治鼓动,没有注意队员的成分,特别是领导成分,在一部分地方运用欺骗、强迫、命令方式,只图数量的凑齐,没有了解到前方作战的意义,以至发生"开大差"的可耻现象。这就最明显不过的告诉我们:一切脱离群众的官僚主义作风,一切不深入群众不切实工作的变相的形式主义,一定不能真正地执行当前的任务,而正相反的起一种破坏的阻碍的作用。在动员配合红军作战中,首先要与这种阻碍斗争。

2. 必须进行深入的政治动员工作。

这里,不是一种墨守成法的公式似的鼓动工作,而是联系到青年实际生活,为青年所理解所接受的政治宣传,不是单靠通知训令的文告,而是深入群众的深切的工作,在征调模范队到前方作战时,事先省、县、区队部必须派得力的人深入到区去,召集大队长、小队长联席会和大队、小队的会议,以及各大队、小队的联席会议,作耐心地、艰苦地、充分地政治动员,使队员了解战争与本身的关系,而积极地、自动地到前方作战。要了解"切近地研究活的事情,与活动的人们共同讨论,以及具体地帮助他们,比之数十个命令式的决议案,是更有价值的、更有效果的。"(《列宁青年》十一期社论)

3. 纠正不正确的鼓动口号。

动员模范队到前方作战时,应有充分的政治鼓动。提出"绝对不加入红军"、"三个月一定回家"的口号是错误的。因为这不但不能坚定队员作战的决心和勇气,且足以助长队员落后意识的发展,助长队员的家庭观念,不安心作战,时时想回家,同时这足以增加争取队员加入红军的困难。当然,模范队到前方,不是机械的编入红军。但我们应该加紧政治鼓动与解释工作,争取队员加入红军,争取整团整连加入红军。所以,在鼓动工作中,应使每个队员都具有"敌人不消灭,绝不回家"的决心。

4. 注意队员成分与领导成分的审查。

动员模范队到前方作战,必须慎重地注意模范队的成分。阶级异己分子、AB团、社会民主党、托洛斯基派、改组派等反革命派分子和这些反革命派别的自首自新分子都绝对洗刷出去。同时,负领导责任的干部,从班长以上都应以积极勇敢的分子,最好是青工、雇农、贫农分子,积极坚决的、作战勇敢的、具有当红军的决心的充任。特别是政治指导员与政治委员,一定要是兼党的团员或党员,保证这一支红军后备军中共产党的领导。红军中或地方武装中开小差的,动摇不坚定的,观念不正确的,消极怠工的,必须经过斗争和教育工作,使他们坚定和积极起来。经过艰苦的斗争和教育工作,而仍然表现不好的,亦应洗刷出去。

(三)继续动员队员到前方作战的决定

做到全体模范队员随时可以调动。

估计目前革命形势突飞猛进地开展,认清了目前是与敌人拼死活的关头,我们应该运用上述的经验,发挥我们已往的光荣,坚定我们胜利的信心;坚决执行积极进攻的路线,克服一切保守、等待、太平、享乐等等错误倾向,继续不断地调动队员配合红军,配合地方武装出击敌人,消灭敌人。为此之故,总队部接受共产青年团的领导,根据红军的战略,训饬各级队部,抓住我们中心工作的一环〈呵〉。这个中心工作,就是要集中你们的注意力,会精集粹地去动员模范队员,动员他们能够在总队部的命令一到,马上可以出发。关于队伍的行动问题,由中央总队部与劳战委员会切实计划,进行有组织的普遍的动作。各级队部不得随便调动,重复玩弄群众的错误。

持枪!准备随时听候【命令】出发!

在最短的时间之内,各地模范队除出发作战的以外,要一律按新的编制改编好(不是已经说过好几回了么?)。总队部打算在最近要在宁都、兴国、瑞金、永丰、胜利、雩都六个县份各调五连(新编制的连)队伍(各一团),赣县、会昌各调四连,汀州市、上杭、石城、长汀、宁化各调一连,共计43个连,去前方配合红军作战。总队部命令这些决定调动的队伍:持枪!听候命令出发。这就是说:第二个命令,接着就是开步走,描〔瞄〕准放了〔抢〕,各县市队部应该准备,准备好!

加紧军事政治的训练。

各地模范队，为要准备随时可以调动，应特别加紧军事政治训练。在军事技术上，要加紧操练战斗的实际动作，即梭标〔镖〕操（按前时发下图式与操法说明）火力与刀矛配合使用，刺枪射击□□□□□□□□□的紧张的一种神气冲冲的战斗情绪，即：从政治形势联系到青年切身问题，启发其高度的阶级仇恨。同时，加紧队员中红军纪律的解析，战斗中、行军中各种常识的灌输。

（四）为百分之百执行训令而斗争

这一工作，是少年先锋队当前最中心的工作，是春季冲锋季整个工作中的特别的一环。解决这个任务，抓住这个任务，就可以保证冲锋季工作的完满效果。必须为百分之百地实现这些条文而斗争。反对一切执行训令的消极怠工或者无能□□的态度，敏捷地、生动地、蓬勃地来实现这一工作的全部。不愿意不积极地执行这个工作的分子，事实上等于消极地帮助反革命，客观上是工农阶级的敌人。这一训令要在全体队员中解析与讨论。此令！

中央总队部总队长王盛荣

一月二十六日

中央档案馆藏

（录自共青团中央青运史研究室、中央档案馆编：《中国青年运动历史资料》第 12 册，中共党史资料出版社 1989 年 8 月版，第 48—53 页）

加紧两条战线的斗争
发展红军中的团和青年工作[①]
（1933 年 1 月 29 日）
萧 华

红军中对团和青年工作忽视取消的现象，从苏区党大会、团大会以后，的确有了很大的纠正。从方面军政治工作会议，更给了取消主义一个严重打击以来，团和青年工作更有较速的进步。但对团和青年工作的忽视观念和取消主义，仍然不断地到处表现出来。如二十二军有个团政委，在支部会议中提出支部中不要青年干事；七师二十团的负责同志接到冲锋季工作的文件，几个月未传达，文件也不发到各连去；九师的副主任，对青年科长提出的意见，置之不理，经过几次催促后，才说一声"执行就是"；很多的党和政治机关，认为青年工作是青年干事的，不闻不问；团的文件，丢在那里不管，一般的支部干事会不加讨论；甚至认为青年工作是次要的，一贯地忽视；就是很多人口头上常常说到青年工作，但是实际工作上的领导和帮助一样的极少。这些忽视和取消主义的倾向，是强建团和青年工作的主要障碍。

在这里，必须同时指出，在青年工作干部中的清谈主义，还很流行。少数青年工作干部的不积极，要求不做青年工作等等，这也【是】使得团和青年工作不能实际地发展起来的一个原因。

现在与敌人进行浴血大战的紧急关头，必须发展青年工作，提高和坚定青年战士的战斗情绪。所以必须坚决进行两条战线的斗争，

[①] 原文无时间，此为《青年实话》第 2 卷第 3 号的出版时间。

反对青年工作中的清谈主义和不青年化,集中火力反对忽视和取消青年工作的倾向。各级政治机关,必须经常地、充分地讨论和进行青年工作,纠正青年工作任凭青年干事自己做的现象。尤其是支部必须真实地指示和帮助列宁青年组的工作,使一切工作深入团员群众中去。

只有把团和青年工作,认真地作为政治工作中不可缺少、不可分离的重要部分,才能使这个工作发展起来。

(录自《青年实话》第 2 卷第 3 号,1933 年 1 月 29 日出版)

我们儿童怎样加紧完成冲锋季的工作？

（1933 年 1 月 29 日[①]）

镜 冰[②]

我们儿童亦来进行冲锋季，为的是什么呢？为的是要以最高度〈的〉积极性和布尔什维克的速度，使儿童运动突飞猛进地开展呀！来完成我们儿童在粉碎敌人大举进攻中的任务呀！但是冲锋季的时间已经很快的过去差不多一个月头了，而我们进行冲锋季工作的程度是怎样呢？我们的"冲锋季"工作，是不是差不多要完成了呢？不！不！还差得很远！很远！我们是不是要完成"冲锋季"呢？要！要！这是当然要使其完成，而且还要使他能够超过的。

呵！小同志们！你要完成和超过冲锋季工作吗？请你们加紧努力吧！但要像平常一样地努力那还是不够的啊！要更加更加努力呢！

现在你们首先要来把你们的工作检查一下吧！你们拥护红军工作做了多少呢！拥护苏维埃工作做了多少呢？争取儿童生活和教育状况的改善工作做得怎样呢？"儿童节"工作的准备到了什么程度呢？发展儿童团的组织和健全儿童团的生活是不是实现了呢？工作方法是不是转变了呢？还没有完成吧！赶快下乡去找大队和小队来开会，告诉每个团员我们为什么要进行冲锋季，和告【诉】他们冲锋季

---

① 原文无时间，此为《青年实话》第 2 卷第 3 号的出版时间。

② 镜冰，即曾镜冰，时任共青团苏区中央局儿童局书记。

要做哪几点工作,使每个儿童群众都能提高他的工作积极性,为着冲锋季而斗争。同时,就要〈同时〉分配他们的工作,使他们马上去做!

(录自《青年实话》第 2 卷第 3 号,1933 年 1 月 29 日出版)

中央关于"三八"妇女节工作的决定

(1933 年 2 月 7 日)

一、中央认为首先必须指出各级党部对于去年十月中央检查妇女工作的决议之执行,完全不能令人满意:吸引广大女工入党与加入革命团体及女工代表大会的工作,依旧很少进展,女工的斗争大部分尚没有得到我们的领导。中央号召全党要与这种轻视妇女工作的严重现象作坚决的斗争,责成各级党部须即刻在各地发动党、青年团、工人等组织进行群众的检查执行中央决议的运动。并须于最近两月内将检查结果和各地要真正以支部为骨干来转变妇女工作的具体情形报告中央。

二、广泛地宣传三八妇女节的意义,特别要具体地介绍苏联与中国苏维埃区域妇女生活的情形,把它与帝国主义国民党统治下的妇女生活情形对照起来,揭穿国民党及一切反革命派别的武断宣传与造谣、污蔑;加强宣传和实地组织拥护苏联的工作。必须动员一切报纸、刊物、画报及宣传鼓动员,化装讲演员,在群众中,在女工代表会上,在个别谈话中,最清楚地指出中国的劳动妇女,一方面受着帝国主义的血浴、轰炸,国民党的压迫、屠杀,豪绅地主及中外资本家的奴役、剥削,封建宗法社会的束缚、轻视以及全国国民经济总崩溃的浩劫,使广大的女工农妇,病苦、死亡、失业、破产、饥饿、寒冷、流离失所,过着非人的生活;另【一】方面在中国苏维埃政权下,男女平等地参加了政权,得到了土地,获得了劳动法上全部的利益,粉碎了宗法社会束缚妇女的锁链,得到了一切自由与解放。这样去揭露帝国主义国民党地主资产阶级的罪恶,指出中国共产党所领导的苏维埃革命是中国劳动妇女和一切劳苦群众解放的唯一出路。

三、在斗争中根据女工、农妇的迫切要求,提出特殊的要求纲领,真正为着这些要求的实现而斗争,把这些斗争与三八妇女节和目前一切政治运动很好地联系起来。在城市中,党要动员每个党员及赤色群众组织的会员深入到工厂的女工与失业女工群众中和在业与失业工人的家属中、难民灾民的妇女中,领导她们参加整个工人阶级的斗争与她们特殊要求的斗争,特别要加紧领导目前纱厂、烟厂、丝厂工人的斗争;在乡村中,同样要动员农妇、难民的妇女参加整个抗捐抗税、分粮、吃大户与游击战争。在斗争中动员广大群众组织"三八纪念节筹备会",女工或农妇的代表会、谈话会,集中力量去准备某几厂的罢工,几分钟的关车,车间会议,厂外的飞行集会,与农村中的骚扰、露天大会,以至按照一定的具体情形去运用与准备游行示威。

四、动员女工与农妇及一切劳动妇女参加整个的革命斗争与一切政治运动。全党,特别是河北、满洲党必须组织妇女的救护队、慰劳队、交通队、募捐队……到义勇军中去,到前线的士兵中去,到伤兵中去,进行反帝国主义反国民党、夺取义勇军与士兵的工作,吸收她们参加反帝团体。全党,特别是苏区周围的党必须广泛地动员她们参加反对四次"围剿"、拥护红军的运动,组织妇女的慰劳队、参观团到苏区去,组织妇女到战区和白军中去,进行侦探、放哨、通讯、破坏等工作,扩大"红军之友"和募捐运动,征调大批女工到苏区去。

五、工会、青年团、互济会、反帝同盟、文化团体等组织,必须按照自己特殊的职能与范围,加紧妇女工作与三八妇女节的准备工作。立即准备各种宣传品、刊物,召集各种女工农妇的会议,领导各种形式的斗争,广泛的发展妇女会员,吸收她们参加工作,采取一切办法去提高妇女的政治水平线,与斗争的积极性。

六、必须集中力量在发动群众斗争的基础上,去吸引女工入党、入团,"没有广泛女工的党,不能成为无产阶级群众的党",应当是三八妇女节的准备、动员与进行中的一个主要口号。必须在征收运动中,在个别征收工作中,去争取成千成百的女工和一切革命的先进妇女入党、入团,吸引她们参加党的和团的领导工作(如书记、干事、妇女组织员等),进行专门的训练班、小组等,加紧对她们的训练。特别要抓住三八过后紧接着的马克思逝世五十周年纪念,广泛地传播马克思列宁主义到妇女群众中去!

中　央

一九三三年二月七日

(录自江西省妇女联合会、江西省档案馆编:《江西苏区妇女运动史料选编》,人民出版社1982年第1版,第74—76页)

苏区互济总会筹备会成立

（1933 年 2 月 13 日①）

中央苏区革命互济总会筹备会已于"二七"纪念日成立，决定 4 月 12 日召集苏区革命互济会代表大会，并通知赣东北及湘赣省互济会派代表前来出席。现当日本帝国主义正在进攻热河华北，成千万的工农，死在日帝国主义的飞机炸弹炮火下面。国民党对中央苏区大规模"围剿"的战争，已摆在我们面前，大烧大杀疯狂般的白色恐怖，无论在苏区边境和白区，都在残暴地进行着。总会的成立，是为着要开展反白色恐怖的运动，以革命的进攻，去消灭白色恐怖。

龙岩、上杭、永定被福建军阀摧残的难民约三四千人，逃来赤区避难，并愿积极参加苏维埃的建设，福建省革命互济会业已将能劳动者分别介绍适当工作，年老及小孩不能劳动的，均给以相当的经济援助云。

（录自《红色中华》第 52 期，1933 年 2 月 13 日）

---

① 原文无时间，此为《红色中华》第 52 期的出版时间。

中共中央关于产业支部的现状及目前党的任务的决议

（1933 年 2 月 15 日）

一、在最近国际和中央的许多决议和指示中,曾将产业支部的工作放在异常重要的地位,这正因为目前中国革命形势的存在与发展,没有党在企业中的坚强堡垒,就不可能迅速完成争取工人阶级大多数的任务。为着切实了解目前产业支部的状况和我们支部的弱点,中央曾以最大的注意力来研究一切关于产业支部的材料,同时经过支部巡视员的直接考察和几次关于产业支部工作的会议,根据这些研究和讨论的结果,中央认为党在四中全会以后,在产业支部的工作上,的确已经获得了以下的成绩:

（1）不仅恢复了党在立三路线时代所削弱或失掉的许多阵地,而且开始了些新的企业中的工作(如轻工业、市政、印刷及个别的重工业);（2）【作】为全国无产阶级的首都的上海,最近在争取工人阶级大多数方面,已经前进了一大步(党员数较四中全会时增加 6 倍);（3）产业工人入党比以前更踊跃了,因此党在白色区域中无产阶级的成分相当地提高了(据最近的统计,18 个城市的党员,已占全国白区党员 20% 以上);（4）从产业支部中提拔干部,在几个地方已经得到相当成绩(如上海区委〈成分〉80% 是新提拔的工人同志,其次如山东、河北亦有些成绩);（5）上级党部对于产业支部的了解和具体的领导,在几个地方已经有了一些进步(如检查支部、建立支部巡视员、创造模范支部);（6）产业支部的同志的积极性与支部在群众斗争中的领导作用更加提高了（如领导罢工、参加反帝运动、拥护红军、发展党员等）。以上这些成绩的获得，主要的是由于党的正确领导与广大的支部同志的积极性所造成的。

同时，中央认为必须十分警惕地指出：尽管有上面的成绩，产业支部工作，在目前党的白色区域工作中，仍然是非常薄弱的一环。在这一方面存在着许多严重的弱点，这主要的表现在：（1）许多大城市，尤其是环绕苏区的大城市，与铁路、海员、矿山、兵工厂等重要产业中，我们工作的薄弱，个别的产业甚至没有工作。（2）在群众的黄色工会和国民党工会的工厂里，党与革命反对派没有强固的基础。（3）在许多轻工业中（如丝厂、纱厂），女工占着极大数量，但是吸收在我们组织里的非常之少，至今最大多数的女工仍然与党没有组织上的联系。（4）支部一般的微弱，许多支部没有握着厂内重要部门，在许多产业中很久只有我们个别的线索或两三人的单位（特别是许多重工业），不能形成支部，缺乏经常的有计划的征收工作（除了个别的地方，如上海），一般的尚不能抓住目前顺利的条件，造成产业工人入党的潮流。（5）支部组织的零乱与散漫，差不多成了现有支部的普遍现象。这里最主要的是缺乏巩固的完善的领导机关；许多重要的工厂支部没有支部支干会，甚至于没有支部书记，或者形式上有干事会的存在，但是由于这个干事会的产生没有经过支部的有准备的民主的选举，干事会的分工与组织的不适当，缺乏地方党部的帮助与有力的领导等，以致不能执行支部领导工作；同时支部全体同志没有实行必要的分工，每个同志缺乏组织的具体任务，一般的在工厂内与革命的群众组织没有适当的关系，时常发现着分离的现象（如党、团、工会在同一个工厂内的活动常常不一致）。（6）厂内群众工作的薄弱，是产业支部目前最主要的弱点。首先对于工人群众的生活没有锐敏的感觉，缺乏与工人群众最亲密的适当的联系，不能抓住工人生活的脉息来时时为着工人阶级的日常利益而斗争。同时，产业支部一般的还没有在把赤色工会的工作，当作支部最主要的工作。有些支部同志至今还没有加入工会，许多有支部的地方没有赤色工会或革命反对派,不了解怎样地去分别接洽赤色群众、黄色工会会员以及无组织的工人,不了解怎样去运用下层统一战线,把广大的工人群众团结在具体要求的周围,因此许多支部不仅不能很好地准备和领导工人的斗争,而且常常罢工或斗争的发生对支部是出乎意外的。此外,支部不能随时抓住厂内厂外的事变,向工人群众作深刻的、有力的宣传鼓动,经过各种各式的组织方式(如失业工人委员会、反日会等)把工人群众团结在支部的周围,就是对于已有的群众组织也时常缺乏坚强的正确的领导,甚至于没有领导。(7)缺乏经常的应有的政治教育。支部对于上级党部的决议很少深刻的讨论,甚至于很久看不见党的文件;许多新同志入党后,得不到任何的训练;很少支部有经常的刊物(如壁报、小报之类)。同时支部不能根据自己的工作来开展两条战线的斗争与自我批评。一般的产业支部目前还没有完全成为党的路线的强有力的支柱。(8)忽视秘密工作。不了解秘密工作与公开工作的联系。地方党部与区委,不仅没有教育支部同志注意秘密工作,而且时常自己破坏秘密工作,支部同志,特别是积极分子,差不多完全向敌人公开,不能很好地取得群众掩护。因此,时常被资本家开除,为工贼走狗所暗算,遭受拘捕和破坏,结果不能使支部稳固和壮大起来。(9)地方党部与区委对于产业支部的领导,是非常严重的。首先是没有执行国际的指示——"改变工厂支部在党的工作系统上的地位开始";还没有真正的面向支部,在工厂支部的基础上去改变党与群众的工作;缺乏与支部灵活的联系,不能具体了解厂内与支部的情形,对于支部时常采用包办命令的方法来抹杀支部的积极性与创造性,经常以空洞的一般来代替分别的具体的领导,同时又不能依靠在主要的支部的积极分子上来改造一切厂内的工作,以及采取有效的方法来培养新的工人干部。因此地方党部区委虽能在形式上跑得很忙,可是实际的领导,是异常薄弱的。所有这些弱点,必然要而且已经是反映到整个革命运动上:对于汹涌澎湃的罢工,不能给以有力的领导;对于正在发展着的苏维埃与红军,不能给以相当的城市工作的配合;最后,对于广大的反帝运动与劳苦群众的斗争,不能给以充分的领导。这种严重情形,在目前表现得比任何时候都要清楚。党如不能迅速地克服这种弱点,那是没有法子保证争取革命的决定胜利。

二、因此,目前彻底转变工厂支部的工作,创造和加强工厂支部,成为全党最主要的任务之一。党要巩固和发展我们生产支部上已经获得了的成绩,采取一切有效方法来根本消灭所有以上的弱点,以便在工厂的基础上,完全转变党与群众的工作。为要达到这一目的,第一步应该从改变支部在党的工作系统的地位开始,应该以工厂支部为基础来执行党的任务,使工厂支部真正成为党的无产阶级群众的联络机关,来改善党与群众的联系。执行上面的任务,中央认为在现有的产业支部方面,必须立刻进行以下的工作:

(1)彻底转变厂内的群众工作,使每个产业支部能够经过无数桥梁,真正成为党与群众联系的核心。这里,第一,必须整个支部的生活在工人群众中加紧厂内活动,切实了解厂内情形,与大多数工人发生最亲密的联系;每个同志应该与工人建立个别关系,能够预先体察到工人情绪中任何的变化,抓住最小的风波与不满,来小心地准备与领导工人一切日常斗争与罢工。第二,必须坚决地进行建立赤色工会或革命反对派工作,不许一个同志不加入赤色工会或革命反对派;同时要利用一切时机,宣传赤色工会的纲领,在斗争中建立真正的群众的赤色工会或革命反对派,培养为群众所信仰的干部来充实工会的领导;对于一切有群众的黄色工会必须打进去,运用下层统一战线的策略来揭穿他们领袖的欺骗,夺取其下层群众。第三,必须抓紧厂内厂外的事变,在下层统一战线的基础上,建立各种斗争委员会与群众组织(如工厂委员会、罢工委员会、苏联之友、红军之友、反帝组织等),团结更多的工人群众于支部周围,举行或参加各种政治运动与集会,提高工人阶级的政治觉悟。第四,必须用一切方法来加紧和扩大厂内的宣传鼓动工作,这里最主要的武器就是小报和壁报。每个产业支部应该建立起小报委员会,吸收工人群众参加编辑和投稿,组织小报的读者和通信,以最显浅的文字来描写厂内工人的生活和事变,使出版小报真正成为党在厂内组织工人斗争、夺取工人群众到党与赤色工会领导之下的有力武器。

共产国际在支部工作的问题上指出:"如果党能在工厂支部中确定了厂内的工作任务,以及规定出加强党在工人内工作的具体方法,那必然会在工厂基础上转变党的一切力量与工作方法"。这一指示是我们转变工厂支部工作的首要前提。

(2)巩固与改善支部的组织,使每个产业支部具有一定正确的组织形式和适当的联系方法。这里,第一,每个工厂支部,必须在区委直接帮助之下,经过有准备的民主的选举,建立真正有信仰的、有工作能力的支部委员会(在没有车间的工厂,一律称为干事会);委员会的分工,一般的可以是书记、宣传,组织、工会干事及群众工作干事。在女工特别多的工厂内,除尽量选举女工为委员外,妇女干事应该参加委员会;形成经常集体领导。此外,对于 CY 必须互相派代表经常参加会议。第二,要根据生产部门(或班次,以易于集合为原则)成立党的小组(在 7 人以内而无特殊困难的工厂支部可以不成立小组),选举组长一人,指挥该组工作。在大的部门内有 70 个党员以上的、必须选举 13 个人的车间(或部门)干事会,成立车间支部,以便在支部委员会领导之下,指导这一部门的工作,并管理这一部门的小组;干事会的分工,可以是书记、组织,宣传。第三,除了支部委员会、干事会及小组组长外,其余的支部同志,必须实行精细的分工,例如建立小报(或壁报)委员会、宣传员、发行员,以及参加各种群众工作等。第四,特别注意工会党团小组的形成。集合各车间做工会工作的积极分子(在没有这样分子的车间,应该指定同志),以支部委员会的工会干事为首,建立党团小组。在这个小组内经常讨论工人日常斗争与工会工作问题,一方面在自己的工会中去执行,同时反映到支部委员会和各个小组中去讨论执行。对于其他厂内群众组织,如互济会、反帝同盟、红军之友等,以及其他辅助组织(如俱乐部、读书会等),均应有党团的建立,由支部委员会的群众工作干事会管理;如果这些群众组织的人数很少,则可以不立刻成立党团,而指定一个同志对委员会负责。领导这些党团的方法,除群众工作干事经常的分别领导各党团,召集各党团书记联席会议外,支部委员会必须按时听这些党团书记的报告。第五,支部委员会、干事会、各小组、各党团,应该整个生活在工厂内,利用厂内时间,经常接头和举行短期的会议,传达党的指示,解决厂内日常发生的问题;支部委员会必须根据具体的情形,来调剂会议的时间次数,务使工人参加会议不感受很大困难,并能适应秘密的条件,永远保存支部的领导,每个支部委员会应有一个后补书记及两个候补委员,他们平时不要积极在外活动,以便在支部委员会破坏了的时候,继续各部的领导工作。

(3)加强和改善支部的政治教育,使每个产业支部真正地成为党的政治路线有力的积极的支柱,努力不懈地用心去教育和培养工厂支部的中心干部,依靠工厂支部新的、强有力的干部作为改变支部工作的支柱。这里,第一,就要每个产业支部有充分的经常的政治生活,按时研究和讨论上级党部的每个决议和文件,依照中央和地方党部所发的大纲,来求得每个决议深刻的了解;同时,这种讨论应依照上述的车间(或班次)小组来分别地进行,每组组长事先应督促本组同志做准备工作;同时,支部应指定一部分同志(或要求区委派人帮助)帮助那些文化程度低的同志解读文件。第二,政治教育与实际工作是不能分离的,支部委员会必须根据一切工作的进行与各个同志的责任,领导和发展支部同志的自我批评与两条战线的斗争,启发同志的积极性与创造性,注意支部中的优秀分子,随时给以个别的训练,并提拔他担任较重要的工作。第三,对于党报或其他定期刊物,革命理论书籍,必须采取集体的研究与互相帮助的方法来鼓励同志们阅读,提出各种有趣的问题征求同志的回答。同时在放工或休假的时候,支部亦可根据自己的力量,举办短期班或谈话班。第四,对于新入党的同志,支部必须给以政治教育,应将共产党员的起码的常识,很仔细地告诉他们,使他们能够很快地同化于共产党的队伍。

(4)必须把征收党员的工作当作一个战斗的任务来进行,使每个产业支部能握住企业中主要的部门,起着决定的作用。这第一,必须抓住目前的顺利条件,反对各种各式的关门主义与官僚主义,实行大规模的征收党员的运动。每个产业支部,应该根据自己的弱点有计划地打入生产部门,加紧领导工人日常经济政治斗争,大胆地吸收一切先进的觉悟分子入党,不让一个群众领袖留在党外。特别的征收运动(如"九一八"号召),在一定条件之下是必须采取的。在上海成立纱厂工会运动中,当场就有八十几个工人热烈地加入共产党。这种经验告诉我们,越是能加紧在工人群众中进行布尔什维克的群众工作,加紧领导日常生活斗争,越能使征收工作得到极大的成功。必须对将征收党员的工作和领导斗争加紧群众工作分离的倾向坚决斗争。第二,经常的个别的征收,应该是支部征收党员的主要方式。一切认为个别征收只是"和平发展",应该受到最严重的打击。每个同志必须负起征收党员的责任。第三,要加紧征收女工入党,特别在纱厂、丝厂、烟厂等产业里。一切对于女党员征收的忽视,应该受到严重的打击。第四,对于新入党的工人同志的工作,必须有最大的注意。这里最主要就是要使每个新同志都能受到一定的教育,具体地考察他们的来历和能力,分配以适当的党的工作。遇有流动现象的发生,支部委员会必须仔细地讨论,研究这种现象的原因,采用有效的方法来消灭它。

(5)加紧注意秘密工作,努力争取公开的活动,使每个产业支部完全适应于秘密条件的存在,成为地方党在企业中不可动摇的堡垒。这里,第一,在工厂中的党员,除非在必要的时候须以党的名义向群众说话以外,不应在举动上使其他工人知道他们是共产党员。第二,支部会议与支部委员会等等的会议,必须选择适当的时候与地址,以防备工贼走狗的暗算,参加会议的人数不宜过多,应尽可能的缩小,分开举行;在会议或谈话时,不要用真名字。第三,支部同志必须深入到工人群众中去活动,时时争取群众的拥护,经过工厂小报、个别谈话及其他公开或半公开的宣传向工人鼓动。党的秘密文件应该特别小心保存。第四,最大限度利用公开及半公开的可能(如互济会、反日会、识字班……),对于一切厂内的敌人组织,必须设法打进去。

第五,对于新同志必须给以秘密工作的常识,考察他们的履历与政治面目。第六,必须加紧反对白色恐怖,尖锐地揭穿一切叛徒的言论与行动,号召工人组织防御团,同时在同志中加紧马克思列宁主义的教育。

三、估计到许多大产业区域与个别的企业中,至今仍有我们的工作,或者是失却了很久的阵地,或者只有个别的线索与同志,因此,与上述的任务不可分离的就是要进行艰苦的创造工作,来建立新的产业支部,为达到这一目的,就必须:

(1)各地党部立刻提出战斗的计划,动员全党来讨论重要企业的创造工作。在每个支部同志中,找出当地的重要企业的线索,推动支部同志向他做工作;同时要多方面来动员青年团、工会、互济会,用同样的方法在自己组织内找出线索来。从上海沪西罢工与电话报馆的罢工以及其他工厂斗争的经验,证明我们如果坚决地领导和参加工人的斗争和罢工,我们便能在那些企业里建立我们强大的支部,恢复我们在立三路线中失掉了的阵地。这个宝贵的经验各地党部必须采取。

(2)决定有能力的党员设法打入生产;如果不可能,就要在工厂附近工房中设法接近工人,去了解这一工厂的环境,工人的痛苦;同时集中各方面的线索,进行艰苦的群众工作。

(3)动员工厂所在的这个区域的街道支部,在上工放工的时候,【到】工人休息吃饭的地方去与工人接近,读报、谈话,进一步到工人家里去建立经常的关系,向他做工作。

(4)在自愿的基础上,动员强有力的支部同志,广大组织突击队,要完全到群众中去接近各种工人。突击队要讨论自己的工作方法与接近工人的口号。领导机关对于突击队要有经常的监督、具体的领导,用各种方法鼓励同志的积极性。

(5)把所有工厂线索集中化,最迅速地形成组织。开始可以先建立群众组织或附属组织,使他们经常与我们接近,了解群众不满意的问题,同他们讨论解决方法,发动厂内斗争,抓住他们中间积极分子建立党的支部。

（6）对于没有我们组织的大工厂，应该经过各种方法传播党的影响，在工厂附近与工房中散发传单与写标语，运用各种公开路线到群众中做口头宣传。〈把〉飞行集会和分区示威的时间与地点，适应大工厂工人群众，吸收他们参加政治运动。这一切工作，必须紧紧与组织工作相联系。

（7）另外一个有效的方法就是经过组织工作团来创造和加强企业中的工作。要运用这种工作方式必须坚守以下三个条件：①选择两三个适当而能坚苦工作的同志，给以必要的训练；同时，这些人过去必须有某种产业的经验与适于当地的环境。②与上级党部保持最亲密的联系，同时受当地党部的指导。③在开始工作时，必须确定具体的任务，为着一定的目的而斗争。

每个产业都有特殊的不同的情形，党去进行创造工作时，必须选择适当的方法，在群众中创造新的工作方法，才能完成我们的任务。

四、为着产业支部工作的彻底转变，要求一切领导机关实行"面向企业"的口号，集中最好的力量放到产业支部的工作上。应该根据上海的经验实行对于支部直接检查。区委和地方党部，必须依照以下的方向和办法转变自己的工作：

（1）彻底实行新的领导方式，根本消灭与工厂和产业支部隔离的情形，区委要用一切方法深入到支部中去，与支部同志详细谈话，具体了解工厂环境、群众的情绪及支部的情形。帮助支部同志解决一切工作上的困难，回答支部同志在工作上的疑问。坚决地为具体的分别的领导而斗争，同时要尽量发展支部同志的积极性与创造性，养成支部自动独立的工作精神，肃清任何官僚主义的包办与命令的方式。这种具体的方法应该是：第一，根据环境，建立区委与支部的亲密关系；尽可能地把区委机关建立在支部同志的家里，区委的个别同志应该与重要的产业支部书记生活上打成一片；利用工房召集支部的各种会议与谈话，详细解释党的一切决议；无条件地消灭仅仅靠区委委员或扩大区委来管理支部的办法，立刻从产业支部中选出一批积极分子为支部巡视员,给以经常的训练,并保证对于他们的固定的领导(区委委员每人应该领导一部分巡视员);这些同志一般的应该不脱离生产、不拿生活费,每人只管理一两个支部,他们平时是区委最好的帮手,在区委破坏时就成为与支部的唯一的直接联系者。第三,抓住支部的中心分子给以特殊的训练(如夜班、短期班、谈话班等),使每个产业支部都有一定积极分子为骨干。区委依靠这些分子,就能开展和巩固支部的工作。第四,在开展具体工作的基础上(如征收党员运动),组织支部同志的革命比赛,永远抛弃纸头上的空喊。第五,经过产业支部广泛地建立中央与地方党报的通信网,使厂内情形与产业支部的工作状况及支部同志的意见,能够经常地反映到党报上来,同时支部能够由党报上得到许多具体的指示与帮助。第六,估计到秘密环境,区委管理20个以上的支部是不适宜的,各地党部应根据实际情形,缩小区委的工作范围,建立新区委。

(2)在地方党部与区委下面坚决不懈地创造几个模范的产业支部,使这些支部在实际上能成为这一区域一切运动的中心,能够首先响应党的一切政治号召,能够作一切产业支部的榜样,这是目前非常重要的一个任务。为实际的进行这一工作,中央认为:第一,必须永远抛弃以为这个任务可以用决议或通告解决的思想,应该找出几个最重要的工业中心,并由这几个工业中心决定几个最主要的工厂开始。第二,保证给指定的工厂以强有力的支部巡视员。第三,区委与地方党部都应指定一个常委同志为指导员,对这个指定的工厂专门负责,经常帮助该支部巡视员的工作,并与他一起制定改善这个工厂的一般工作计划及最近具体的任务。假若为秘密工作所不许,省委或类似的地方党部,可以经过巡视员与支部巡视员发生关系。第四,地方党部及区委必须经常的(至少两星期一次)听指导员关于指定工厂的工作报告,每人立即采取迅速的办法来加强工作,并纠正所犯的错误;同时必须重新分配党的力量及做出组织结论等等;并扩大在党报上及党的会议上散布这些工厂的经验。

(3)尖锐地提出考察现在领导干部问题,这考察的观点应在他们是否能在产业支部的基础上改造党的工作,是否能直接在工厂中组织工人,配合一切秘密的公开的和半公开的工作。党应该勇敢地提拔从无产阶级群众革命斗争中产生起来的新力量,坚决地排除那些在目前阶级斗争紧张中表现不能领导党的工作的分子,经过有准备的区域或地方党部的代表会,以及随时的提拔,来改造和加强地方党部与区委的领导,同时要坚决地进行训练新干部、重新教育老干部的工作,肃清一切哭诉干部恐慌、不了解干部的倾向。

(4)加强对于一切群众〈的〉组织的领导,使他们一样能够把最好的力量,放到主要的产业中去。为达到这一目的,地方党和区委应该有系统地召集这些组织中负责同志的会议或谈话,讨论一切关于在工厂中工作的问题,务使这些组织的工厂内工作,特别是中心厂的工作能够与党的产业支部工作很好地配合起来,消灭一切厂内工作的分离主义。

(5)各地党部必须根据这一决议开展实际的布尔什维克的自我批评,彻底检查当地产业支部工作的状况,并采取一切有效的方法保证决议的执行。同时中央责成江苏、河北与满洲的党在"五卅"以前完成考察上海、天津、唐山及满洲的主要企业与工厂支部的工作,供给中央一切必要的材料,在中央的帮助和领导之下制成关于这些地方产业支部工作的专门指示。

(录自中华全国总工会编:《中共中央关于工人运动文件选编(中)》,档案出版社 1985 年第 1 版,第 270—281 页)

坚决反对对少队工作的取消主义

（1933 年 2 月 19 日①）

绩 之②

　　列宁同志最肯〔恳〕切地估价了青年运动的意义，他说青年参与革命与否，是决定革命胜负最主要的条件之一。由此，我们可以得到这样的结论：少队工作是我们党和团最重要的工作，因为少队是青年群众军事化的组织，它包括工农青年最广大的阶层，谁不认清楚这一点，谁就简直是革命的罪人。

　　然而，在江西的许多党和团部中，却做了一个严重的错误，不了解少队的性质与其伟大作用，主张将壮丁和 23 岁以下的青年完全编入赤卫军，甚至有些地方（如万泰、博生③），因地方武装不健全，采用强迫的方法，将少队编入赤卫军。当然，我们并不是说少队不应加入赤卫军，相反的，少队是要经过其组织作用，不断地输送成员加入赤

---

　　①　原文无时间，此为《青年实话》第 2 卷第 4 号的出版时间。

　　②　绩之，即张绩之，时任共青团江西省委书记。

　　③　博生县，1931 年 1 月，为纪念同月 8 日牺牲的宁都起义领导人之一、红五军团副总指挥赵博生，临时中央政府人民委员会决定将宁都县改称为博生县。1 月 21 日，中共宁都县县委改称中共博生县委，隶属中共江西省委，下辖城市、梅江、竹笮嵊、安福、黄陂、东山坝、青塘、湛田、田头、戴坊、固村、固厚、马头等 13 个区委。1933 年 7 月，临时中央政府人民委员会决定将博生县划分为洛口、长胜、博生三县。1934 年 10 月，博生县城为国民党军占领，县委、县苏机关撤离；1935 年 2 月，停止活动。

卫军。这就是说:少队加入赤卫军,须要在不妨碍少队本身工作,经过其组织的介绍,输送队员加入红军,绝对不能用"编"的办法。

这里我要说到,江西党和团的省委,虽然在最近给各级党和团部的信——加强少先队领导的问题上,指出了上述的对少先队的取消主义,号召党团员坚决反对对少队的取消主义。但是,在这封信里面,说少队是苏维埃后方武装自己的组织,接着又说少队是保护青年工农已得的特殊利益的组织,这样同样可以引导到对少队的不正确认识:否认少队在前线上光荣的战绩,否认少队在争取和实现青年工农特殊利益的作用,是对少队工作右倾的估计。另外,又带着"左"倾的错误,说模范队差不多赶上红军一样的重要,包含着红军第二的观点,所有这些,都必须立即纠正!

同时,在个别的地方少队,表现着脱离共产党与共产青年团路线的危险倾向——江西省队部,在同时期曾表现过对团省委代表的不尊重态度;在日常工作与会议中,对团毫不信任,这实际上是脱离团的领导,把少队与团对立起来的先锋主义倾向,是非常危险和错误的。我们反对对少队的取消主义,同样必须与少队内的先锋主义、第二团倾向作不调和的斗争。

必须打击和纠正对少队的取消主义,加强党和团对少队工作的领导。各级党和团的委员,应经常督促、检查与指示少队的工作,派得力干部领导少队,经常参加少队会议,帮助少队进行军事政治训练,保证少先队是党和团的一个武器。

(录自《青年实话》第 2 卷第 4 号,1933 年 2 月 19 日出版)

扩大少先队至一百五十万

——中央苏区在三个月内扩大队员一倍

（1933 年 2 月 19 日[①]）

盛　荣

中华苏维埃中央政府的战争紧急动员令，号召全苏区的工农劳苦群众动员起来，武装起来，进行民族革命战争，完全粉碎帝国主义国民党的四次"围剿"与对中央苏区的大举进攻。我们少先队摆在面前的最迫切的战斗任务，是要立即动员全体队员和青年工农群众武装起来，为执行中央政府的紧急动员而战斗。

各级团部和队部，因为没有彻底了解紧急动员的严重性，所以除了部分的动员模范队以外，对武装每个青年工农的工作，注意得不够。这完全由于是不了解我们要准备和进行与敌人作长期艰苦的斗争，看不到我们与帝国主义作直接武装冲突的阶段是在面前。

我们不要忘记：我们不但要加紧模范少队的军事政治训练，还要加紧普通少队的军事政治训练，还要进行武装每个青年工农，准备从自愿兵役转变为征兵制度。

红军在前线上到了与敌人拼死活的主力决战的当儿，少先队应当发挥其红军后备军的作用，男队员做到随时可以在一声动员令下到前线作战；女队员每人做一双草鞋、一双鞋套送给红军，使红军不打赤脚。同时，估计到目前的斗争情势，必须猛烈地扩大我们的组

---

①　原文无时间，此为《青年实话》第 2 卷第 4 号的出版时间。

织——在 3 个月内,各省各县应扩大原有的少队一倍,全苏区扩大少先队至 150 万! 加强红军的后备队伍!

各级团部和队部,必须为着这一任务的实现而斗争!

（录自《青年实话》第 2 卷第 4 号,1933 年 2 月 19 日出版）

少共苏区中央局
关于开展反罗明路线斗争的决定

（1933 年 2 月 20 日）

中央局完全同意党中央局关于闽粤赣省委的决定。

中央局认为：现在党省委内一部分同志的以罗明同志为首的机会主义的退却路线，它的形成，已有了长久历史过程。远在闽西特委时代（1931 年下半年起），在卢德光领导之下，从对革命形势的悲观失望的估计出发，对群众力量根本不信任，依靠军事力量的观点出发，从机会主义的退却的观点出发，而放弃虎冈一带苏区根据地，向汀连退却，即是这一退却路线的萌芽。由于阶级战斗的日益尖锐，敌人的大举进攻，由于省委不能坚定地站在中央和中央局的正确路线上，领导全党迅速地给予布尔什维克的猛击，使得这种逃跑退却的机会主义观点，逐渐发展，而到最近最后的形成了一贯的机会主义路线。这一机会主义的退却路线，与党的布尔什维克的进攻路线，没有丝毫的共同点，而且这一机会主义路线一开始形成，便表现了它是反国际、反中央、反党的。这一路线，现已公开走上了取消党取消群众革命团体的取消主义的道路。最近新泉县委书记杨文仲给省委的信，便是这一取消主义的政纲。

党省委大多数同志，以刘晓同志为代表，不能站在党的路线上，坚决反对罗明路线，为党的路线斗争到底，而对罗明路线采取了腐朽的自由主义和调和态度，这实际上是对于罗明路线的妥协投降，而且助长了他的发展。

这里,中央指出:团省委书记陈荣同志,虽然几次〈的〉在党省委中对罗明路线作了部分的反对与批评,但他缺乏布尔什维克党内思想斗争的彻底性和顽强性,没有能坚决为拥护党的路线而斗争到底。

中央局为加强团省委的领导,决定派冯文彬同志任省委书记,刘帮化同志去任省委组织部长。要求团省委全体同志,在党和中央的布尔什维克的进攻路线之下,坚固团结一致,为拥护党和中央的路线,反对罗明路线及对罗明路线的自由主义和调和主义而作坚强的斗争。

中央局并责成省委将这一斗争,开展到闽粤赣全团去,在团内作广大的解释工作,向全体团员正确地解释党的路线的唯一正确性与罗明路线的机会主义的实质。领导全团为着党和中央的路线斗争,集中火力向着罗明路线及对罗明路线的自由主义和调和主义。

为深入这一斗争,中央局决定在党临时代表会议之后,举行团省委扩大会,中央局派一同志去领导这个扩大会。

中央局认为必须在全苏区团内开展反罗明路线的斗争。要求各级团的组织讨论中央局这一决议,并向全体团员解释这一决议。

(录自中共中央书记处编:《六大以来(上)》,
人民出版社 1981 年第 1 版,第 331—332 页)

苏区苦力运输工会临时组织大纲
——苦力运输工会筹备会议通过

(1933 年 2 月 21 日)

一

1. 本会定名为苏区苦力运输工会。

2. 苏区苦力运输工会以下列几种人为会员：

(1) 车夫。

(2) 码头工人(在没有海关、港务工会组织的地方)。

(3) 挑夫。

(4) 船夫,造船、修船工人(木船工人和造木船工人)。

(5) 木排、竹排工人,打揽〔缆〕工人。

(6) 其他靠各种不定的苦力劳动过生活的工人。

3. 凡是以出卖劳动力为生活唯一来源或主要来源的苦力运输工人,遵守工会章程,均可加入工会。

苦边运输工人在革命后分得土地虽然很少,虽然很少出卖自己劳动力,也应吸收他们加入工会。

4. 凡是下列几种人虽是被雇在苏区作苦力,也不得加入工会：

(1) 旧时的豪绅、地主、军阀、官僚及其家属。

(2) 旧时的资本家、富农及其家属。

(3) 一切反革命派别的首领。

(4) 各种宗教机关的负责人。

（5）剥削工人的工头、包工头、老板及管理员等。

（6）被革命法庭剥夺公民权的人。

5. 从现在起各地组织应举行一次征求会员的运动，征求还没有加入工会的各种苦力运输工人，加入工会。

6. 从现在起应重新进行一次会员的登记清查，凡不合上列条件的会员可令其退出。

二

7. 过去苏区苦力工会与运输工会是按地域在各区成立许多独立的工会。即使福建及江西省一级的木船工会，仅是一个联合的组织，这种散漫的组织可以妨碍苦力运输工人的统一，决定改组为统一的苏区苦力运输工会。这个工会应包括苏区与吸收邻近白区的苦力运输工人在内。

8. 苦力运输工会应有自己的独立组织系统，有临时中央委员会，在临时中央委员会之下有各省的省委员会、区委员会、支部委员会等各级组织：

（1）本会基本组织为支部委员会，支部委员会是依据乡（工人住处）、码头职业、类别等三种原则来组织。凡依据上列原则，有会员15 人以上，即可成立支部委员会，由会员大会选举 3 人至 7 人组织之，并由委员会选举 1 人为主任。在支部委员会之下得按照实际需要来成立小组。

（2）联合 3 个支部委员会以上，即可成立区或市委员会，由该区或该市委员大会或代表大会选举 7 人至 11 人组织之，并由委员会选举 3 人至 5 人组织常务委员会，内举 1 人为主任。

（3）联合 3 个以上区委员会，即可成立县委员会，由该县代表大会选举 11 至 21 人组织之，并由委员会选举 5 人至 7 人为常务委员会，举 1 人为主任。

（4）联合 3 个以上县委员会，即可成立省委员会，由该省代表会选举 21 人至 31 人组织之，并由委员会选举 7 人至 11 人组织常务委员会,并选举 1 人为委员会主任。

三

……(原文遗失——编者注)

四

17. 苦力运输工会的经费应完全统一。

(1)会员常月费暂照目前各地收缴数目。

(2)向雇主缴收办公费,一律为工资的 2%(中农、贫农除外)。

(3)支部委员会下应有会费征收员,征收员由工人选举,每 10 人至 30 人选举 1 人。

(4)各级委员会的一切收入均须按月交给上级,各县银行泾〔汇〕交中央委员会会计科。

(5)各级委员会的一切费用须于【每】月 15 日以前作成预算,造交上级机关批准发给。

(6)向会员及雇主征收【办】公费,办公费的收条印花,由中央会计科制【就】发给。

(上列(4)、(5)、(6)三条在中央筹备委员会规定详细办法以后实行)。

(7)为着巩固苏区苦力运输工会的基础,决定募足工会基金叁万元,在第一次全苏代表大会通过之后收集。

筹备会议号召每个会员为自己的工会工作一天,其工资作为工会基金。

湘赣省赤色职工联合会

一九三三年二月

(录自江西省总工会、江西省档案馆:《江西工人运动史料选编》,人民出版社 1986 年第 1 版,第 503—505 页)

"三八"节与团的任务

（1933 年 2 月 26 日①）

作 霖

在今年"三八"节的前面，团应尖锐地提出实际的建立和开展青年妇女工作的问题。照例地、形式地来"纪念"一下，这是十足的官僚主义，必须决绝地反对这种官僚主义。

我们时常说劳苦青年群众在革命战斗中表现了发展了他的积极性，这里，青年劳动妇女，自然是没有除外的。而且，事实告诉了我们：青年劳动妇女是在如何积极地参加革命战争？

但是，团没有注意而且忽视了青年妇女工作。团没有去组织青年妇女群众的斗争积极性。虽然，我们有时在有些团的某种文件上，可以见到"加紧青年妇女工作"的词句，但这只是漂亮的不兑现的空头支票。事实上，这项工作，从来没有郑重地提到我们的议事日程上。

为什么如此？这是由于团内充分反映着轻视妇女的封建思想的残余，由于对劳动妇女在革命战斗中的伟大作用认识不足，由于不了解青年妇女工作的重要意义。

不是照例地形式地来"纪念""三八"，而是实际地来激剧开展思想斗争，克服一切轻视妇女的封建残余，克服一切对青年妇女工作的忽视消极，从实际工作上，来加紧组织和教育广大的青年劳动妇女群

---

① 原文无时间，此为《青年实话》第 2 卷第 5 号的出版时间。

众,领导她们参加革命战争,参加苏维埃建设,争取她们的特殊利益和改善她们的生活。

不是照例地形式地来"纪念""三八",而是以实际工作来全部实现党中央局关于"三八"国际妇女节的决议。

不是照例地形式地来"纪念""一下""三八",而是真正地担负起青年妇女工作的战斗任务。不是开玩笑地,而是战斗地把这项工作列到议事日程上。不是在说到团的一般任务时,联系到这项工作,而是要各级团的组织经常地专门来具体讨论和计划这项工作。同时,团的支部干事会中要设一妇女干事,(分配一个干事负责妇女工作)区委、县委、省委,都有专门负【责】妇女工作的同志,他同时去参加同级党委员会之下的妇委会。各级团委员会之下,不需设立妇委会(湘赣方面有妇委会组织的应改正)。自然,妇女同志负责妇女工作是更适宜的,但必须绝对纠正"妇女工作是妇女的"这样错误的观念。

特别要了解劳动妇女代表会议,是我们组织和教育劳动妇女以及领导她们斗争的最有力武器,必须实际建立这一工作。

在领导劳动妇女斗争中,吸收她们加入少先队,吸收积极的觉悟的加入团,提拔与培养妇女干部。

这就是今年"三八"节前面的团的任务。

(录自《青年实话》第 2 卷第 5 号,1933 年 2 月 26 日出版)

纪念"三八"吸引青年劳动妇女到少先队来

（1933 年 2 月 26 日[①]）

爱　萍[②]

★加紧武装女队员的头脑和手足！

★担负起后方一切勤务工作！

在今年的"三八"国际妇女节，必须而且应该吸引广大的青年劳动妇女到少先队来，扩大少先队女队员的成分。

因此，摆在我们前面的是：

广泛地深入解释青年妇女在革命斗争中的作用，坚决与轻视妇女，特别是与妇女小足、不会做工作等观念斗争。在"青年妇女加入少先队是最光荣的"口号下，把没有加入少先队的青年劳动妇女吸引到少先队来。

这里，我们所需要的女队员，是坚苦耐劳，积极参加革命工作的。所以，必须加紧对女队员的政治的军事的教育训练（关于训练问题以后专门讨论，我想），使之健全地担负起一切后方勤务——交通、侦探、放哨、检查路票、洗衣、慰劳、看护……以及参加苏维埃工作，并能做到动员一部分到前方参加救护卫生工作。

在"每个女队员扩大一个红军！""为扩大一百万铁的红军而斗争！""每个女队员做一双草鞋一双套鞋送红军，使红军不打赤脚！"

---

① 　原文无时间，此为《青年实话》第 2 卷第 5 号的出版时间。

② 　爱萍，即张爱萍，时任少先队中央总队部训练部部长。

"每个女队员借五升谷子给红军"等口号下,广泛地发动女队员送郎送兄弟当红军的运动,宣传阻止老公当红军是最可耻的! 造成扩大红军与拥护红军的热潮!

这是我们今年纪念"三八"的工作,每个少先队的队员同志,努力为这一任务斗争!

(录自《青年实话》第 2 卷第 5 号,1933 年 2 月 26 日出版)

劳动妇女们武装起来拥护苏维埃

（1933 年 3 月 3 日①）

月　华

　　"三八"节快要到了。"三八"节就是国际妇女节，它和劳动节、青年节一样的有着伟大的意义。全世界的劳动妇女在这一天要起来游行示威，反对资本家地主的剥削和压迫，反对旧社会、旧家庭的封建束缚。但我们劳动妇女要求得彻底解放，只有在无产阶级的领导之下，推翻社会旧家庭的封建束缚。但我们劳动妇女要求得彻底解放，只有在无产阶级的领导之下，推翻帝国主义国民党的统治，武装拥护苏维埃，参加民族革命战争，才能达到最后的目的。

　　我们看一看，那已经解放了的苏联妇女的生活怎样呢？她们现在没有地主资产阶级的剥削和压迫了，她们已经得到了独立和自由，并且从沉重的家务的烦累中解放了出来，度着愉快的政治文化生活了。在伟大的社会主义建设中，她们更踊跃地参加生产，组织生产突击队，为完成社会主义建设而斗争着。不论在政府里面、工厂里面或是集体农庄里面，妇女都占着极重要的地位。总之，苏联的妇女在政治上、法律上、教育上和生活上，都已得到了彻底的解放。她们真是新时代的女英雄呵！

　　但是她们能够得到今日的解放，绝对不是一回容易的事情，她们是经过了长期艰苦的奋斗的。在苏联国内革命战争时期，劳动妇女

---

　　①　原文无时间，此为《红色中华》第 57 期的出版时间。

曾经大批大批地开往前方,与地主资产阶级、白军作了拼死的战争。同时她们又在后方参加地方武装,竭力负起全部生产的劳动,供给红军的粮食,以一切力量来帮助战争,终于获得了最后的胜利!

我们苏区的劳动妇女,在苏维埃政权之下,法律上已经完全和男子平等,婚姻条例保障了我们结婚离婚的自由;政治上也同样地获得了选举与被选举权,苏维埃政府里面都有妇女的工作同志,至于经济上,也和男子同样的得到了独立和自由。在苏区里面,女工和男工一样,都做同样的工作时间,获得同样的工资。分田的时候,女子和男子是完全平等的。假如女子出嫁时,她有自由处置分得的田地的权利。

正因为苏维埃把我们劳动妇女,从两重压迫之下解放了出来,使我们得到政治上经济上的绝对自由和平等,所以我们要用尽一切力量为拥护苏维埃的胜利奋斗到底。我们苏区的劳动妇女过去在慰劳红军、扩大红军、参加地方武装和执行紧急动员令上面,是曾经表现了极大的积极性的,但是仍然做得不够,我们劳动妇女并没有充分动员起来,真正完成〈了〉目前战争紧急动员的战斗任务。

现在是帝国主义国民党对中央苏区和红军大举进攻的时候,我们每个劳动妇女必须理解目前我们所得到的政治上、经济上的自由平等,也还是初步的解放,最后的彻底的解放是要在消灭了帝国主义国民党统治之后。因之,现在我们必须执行下列几个任务:

(1)每个工农妇女应当武装起来,积极地加入赤卫军,加入少先队去!

(2)鼓励自己的丈夫、兄弟和儿子去当红军,完成共产党所提出的创造一百万铁的红军的战斗任务!

(3)自动募捐,购买"三八"号飞机送给红军!

(4)每个女工以一天工资,来帮助红军的战费;每个农妇以三升谷子捐红军,并且都来做草鞋、袜子去慰劳红军。

(5)提早春耕,多种杂粮,把田园家室好好处理,使前方红色战士安心地去消灭敌人。

只有完成这些任务,我们才能配合前方战士,粉碎帝国主义国民党的四次"围剿",完成苏维埃的一省数省以至在全中国的胜利!苏区劳动妇女们!武装起来拥护苏维埃,为自己切身的利益而斗争!为苏维埃的胜利而斗争!

（录自《红色中华》第 57 期,1933 年 3 月 3 日出版）

赣闽两省各县儿童局书记联席会总结

（1933 年 3 月 12 日）①

镜　冰

三月八日,苏区中央儿童局召集闽赣两省各县儿童局书记开联席会。

联席会指出:我们过去的工作,主要的是不儿童化。想出许多适合儿童的工作方法,加强共产儿童运动的速度,是没有的。因此,联席会议提出一个口号:严厉打击儿童工作不儿童化!

此外,联席会议主张:儿童节必须成为劳动儿童战斗的日子——加紧参加革命战争,争取本身利益,加紧学习共产主义;定"四一"【为】儿童节日,瑞金、兴国、博生、汀州、长汀、上杭等 6 县,各派人到瑞金,在中央儿童局领导之下,举行大规模的检阅;各地就以乡为单位举行检阅。

联席会更决定:举行广泛的募捐运动,购买共产儿童号飞机及高射炮送给红军;以及许多拥护苏维埃红军,争取儿童生活和教育状况的改善,改进儿童团组织和生活……

这次会议是得到了完满的成功。

同志们! 这是从通过决议到执行它的时候了! 努力呀! 看谁执行工作呱呱叫。

（录自《青年实话》第 2 卷第 7 号,1933 年 3 月 12 日出版）

---

①　原文无时间,此为《青年实话》第 2 卷第 7 号的出版时间。

政治、文化、娱乐和体育运动

——加紧少年先锋队的教育工作

（1933 年 3 月 12 日①）

爱　萍

这里，专讲到关于少先队的政治与文化教育，我想关于少先队的军事教育，另有文章来做专门的讨论。

关于少年先锋队的教育工作，少年共产国际这样地指示我们："少先队是一个有阶级纪律的组织，他的目的是在共产青年团领导之下，从劳苦青年中培养成坚决的革命者和阶级的战士，反对地主资本家豪绅富农，反对整个的国民党，反对一切的军阀与帝国主义，少先队斗争的目的是帮助党与团建立和发展全中国的苏维埃政府。"

"根据这一观点，少先队应把它的活动的每一步联系到同无产阶级与贫农在一条战线上，参加阶级斗争。"

"因此，少先队在执行前述的任务时，更必须以阶级精神进行少年先锋队员的政治与文化教育。"

这是多么容易明白的：加紧少先队员的政治与文化教育，是保障少先队战斗任务执行的重要条件。

可是，过去许多地方，对少先队的教育工作是忽视的，甚至简直没有进行。如中央总队部在去年发出的"政治讨论大纲"，除了万太、公略等县有部分的地方讨论了以外，余外的好些县份，很少有进行

---

① 原文无时间，此为《青年实话》第 2 卷第 7 号的出版时间。

讨论。

在目前阶级决斗走到决定胜负、完全粉碎帝国主义国民党四次围攻与大举进攻的紧急关头，加紧少先队员的政治与文化教育工作，是一分钟一秒钟也不能忽视或放松的。真正相反，它正是我们在紧急动员工作中的重要工作之一。

这里，我就来分门别类地谈谈少先队教育工作中的政治、文化、娱乐和体育运动，以供各地少先队教育工作的参考。

（一）政治教育工作①

为着提高少先队员的政治水平，必须加强少先队中的政治教育工作。少先队的政治教育工作，应以种种方式来进行。

1. 政治讨论会。以大队为单位，而模范队应以排为单位，组织每大队与每排的政治讨论会，讨论各种政治问题（讨论的材料，根据省队部训练部和中央总队部总训练部发出的各种政治材料）。各个政治讨论会，务必请该地党和团派遣指导员。指导员应将各种政治问题编成讨论大纲，以及指导政治讨论会的一切工作的进行。政治讨论会，至少应每两礼拜开会一次。各个政治讨论会的产生，应依据于政治的说服，使队员明了政治教育的重要与对自己的利益，自动报名加入，而使之努力为讨论工作。同时，各级部队的工作同志，应参加当地的政治讨论会。会议的方式，应力求活泼有生气，提高队员学习政治的兴趣与热情。

2. 报告会。在临时事件（如红军的胜利、纪念节等）发生的时候，可以召集大队或小队的会议，报告某一临时发生的事件，也可以在俱乐部中组织报告会，吸引非队员群众参加。同时，将苏联的青年状况和资本主义国家的青年情形，经常地提出来报告。报告时，必须注意说明某一事件发生的原因、结果，以及这一事件的伟大意义，刺激、鼓励、兴奋队员的革命情绪。

3. 十分钟的讲演。无论是少先队的大队或小队，模范队的班或

① （二）文化教育工作，见《青年实话》第2卷第8号。

排的军事操时,留出最后的十分钟,请当地的党、团、政府以及少先队的领导者讲演,讲演政治问题或少先队生活与工作问题。

必须在事前通知讲演的人,以便他对讲演作充分的准备。讲演的内容要抓住问题的中心,并力求避免空洞冗长乏味的说话。

(政治教育完,文化教育与体育运动待续)

(录自《青年实话》第 2 卷第 7 号,1933 年 3 月 12 日出版)

提高少先队员的文化水平

——加紧少年先锋队的教育工作之二

（1933 年 3 月 19 日①）

爱　萍

一般地说来，苏区少先队员的文化水平还低落得很，拿 1932 年"九四"总检阅的结果来说吧：出席总检阅的队员 80% 不能写字。依江西省队部给中央总队部的 9 月 1 日—12 月 1 日的报告：不认识字的队员，在赣县 7409，胜利 9300，公略 6374！只有模范县的兴国才较好些——不识字的 898。

这是怎样不令人满意而再也不容许继续的现象呵！

这充分地说明，由于对加紧队员的文化教育工作的重要性了解不足，以为战争紧张时，便不可能进行文化教育，把文化教育与战争分离开来，或认为不重要，不知道加紧队员的文化教育、提高队员的文化水平，是对战争紧急动员更能迅〔顺〕利地进行。

因此，现在应加紧进行少先队中的文化教育工作，提高队员的文化水平。在这方面，应采用下列的办法来进行：

发展识字运动：在队员中进行普遍的识字运动，向队员说明不识字的害处，工作不便利处，做事很吃亏，以及识字读书、要求教育，是青年的特殊要求之一等。发动队员自觉地、热烈地进行识字运动。

组织识字组与识字班：各个小队，应以 3 人至 7 人组织识字组，以

---

① 原文无时间，此为《青年实话》第 2 卷第 8 号的出版时间。

稍识字的队员任组长,不论在吃饭后、游戏后、工作后等休息时,组长都可以把识字课本(标语、传单、捷报等)来教队员识字。以小队为单位组织识字班,5 天或 7 天的夜晚集合全小队队员教识字一次。

看图识字:通衢大道和一村一乡的适中地方,要立一大的黑板,在黑板上画一个图,同时写出生字,如画一只"牛",同时写一个"牛"字。这应隔一天或两天换一次生字与图画。各大队应指定文化水平较高的队员或聘请乡中文化水平高的同志负责这一工作。

建立读报室:各大队应找出一乡中适中地方的房子一间,为"少先队某某大队读报室"。组织读报室的管理委员会,经营一切购报、读报等事项。管理委员要每 5 天或 7 天召集全队队员来读《青年实话》《斗争》《红色中华》,买报纸的钱应由队员中募集出来,或要求政府津贴一些。

开办学校:一个区、一个城市或一个乡,在苏维埃政府的帮助之下,由队员自己募捐,以及向各团体募捐,开办列宁夜校,或半日学校(半天读书,半天做工),发动队员大家去学校读书。学校的教员应请当地党、团、政府派同志担任,这样,可以得到不要薪金的教员。

设立俱乐部:每一个乡设立俱乐部一所,发动广大队员以及青年工农群众参加,俱乐部都要免除挂空招牌的现象,建立起实际的生活,给予队员以唱歌、音乐、跳舞的训练(关于俱乐部的详细办法,另有专文来讨论)。

组织研究会:发动队员参加反帝拥苏同盟青年部,发起组织各种研究会,或单独组织研究会,如苏联青年生活研究会、白区青年生活研究会等。各个研究会,必须有专门人负责,并请党或团派人指导。

在进行上述工作的时候,可运用革命竞赛的办法,提高队员的学习精神。

(文化教育工作完,体育运动待续)

(录自《青年实话》,第 2 卷第 8 号,1933 年 3 月 19 日出版)

在胜利的粉碎敌人
四次"围剿"前面团的紧急任务

（1933 年 3 月 19 日）

凯 丰①

一、决胜负的战争在我们前面！

"……同国民党军阀决定四次'围剿'的胜负的战争，是在我们前面。在这一决战中间，我们是有着完全取得胜利的一切条件：世界经济危机已来到了资本主义暂时稳定已经终结的阶段，世界政治形势的发展已经到了革命与战争新阶段的过渡期中，并且在全中国有着革命的形势。在这一决战中间，阶级力量的对比是完全有利于我们的。"（党中央局 2 月 8 日决议，见《斗争》第 2 期）

英勇的中国工农红军，在全国工农劳苦群众的拥护与帮助之下，在反对四次"围剿"中，获得了许多光荣的决定的胜利。工农红军与苏维埃运动猛烈的扩大开展，在全中国反日反帝的浪潮猛烈的开展，国民党统治区域的工人罢工争斗与农民的骚动有力地高涨，这些事实不得不极大地打击国民党的四次"围剿"。地主资产阶级国民党的统治在日本帝国主义进攻中国的前面，完全露骨无耻地投降，出卖满洲、上海之后，现在又将热河、华北不抵抗地交给日本。国民党在帝国主义直接的驾驭之下，动员反革命的一切力量来向苏维埃红军和

---

① 凯丰，即何克全。

苏区的民众作残酷的绝望的进攻。

我们是在决胜负战争的前面,我们有着取得战争完全胜利的一切条件。在这样的情形之下,目前团的任务,应当在"一切为着战争"的动员之下,为着党的进攻路线争斗,在我们前面"提出开展各个战线上的进攻,来把革命形势迅速地变成为胜利的大革命"(博古——《斗争》第 3 期),争取一省与几省的首先胜利,争取工农民主专政在全中国的胜利及迅速地转变为无产阶级专政。

二、变数十万的红军为百万的红军

团在"一切为战争"的动员之下,首先第一个最重要的任务就是帮助党和苏维埃政府在最短的期间内实现扩大一百万红军的战斗任务。

为什么我们需要? 这就是因为"这一决战我们的胜利,将在苏维埃运动前面,开展一个新的局面,将使我们取得一个以至几个中心城市,实现革命在一省数省的首先胜利。同时这一胜利将开始我们直接同帝国主义武装干涉进行更大规模的民族革命战争的整个阶段,根本推翻帝国主义国民党在中国的统治"(党中央二月八日决议——《斗争》第 2 期)帝国主义国民党正是用着全副的武装,备□着最新式的武器,向苏维埃作残酷的进攻。同时中国苏维埃运动的发展和苏区领土的扩大,由极北的陕西延长到极南的广东,这些都是要求我们在最短期间内来完成扩大一百万红军的战斗任务。

有些什么可能? 我们有着扩大一百万红军的一切胜利的条件:群众的对于工农红军的拥护,红军在群众中的威信的增高,尤其是在四次"围剿"中工农红军的英勇胜利,更加使得广大的群众大批地加入红军。在白区内,工人和劳苦的群众自动到红军中来,国民党军队的动摇与诈变等等,这些都是极有利于我们扩大一百万红军的条件。

怎样去实现? 要完成这一战斗的任务,团必须加紧布尔什维克的群众工作,在政治上的动员,将红军胜利的光荣和红军为着阶级利益牺牲的英勇,经常地在青年群众中散播解释,要把青年去当红军是最光荣的事业提到最高的顶点。开展有力的群众工作,组织群众〈的〉加入红军的潮流!

必须在最短的期内,根据少共国际的信完成对少先队领导的改造。极大限度地扩大少先队和模范少先队,造成少先队整连整团加入红军的潮流。

同时保障这一任务的完成的先决条件,需要坚决地反对悲观失望、退却逃跑的右倾机会主义对于群众加入红军没有信心,在有些团员同志中,存在着"青年怕当红军"的观念,这事实上是对于广大青年踊跃加入红军的诬蔑,实际上是掩盖□自己对于扩大红军的消极怠工;要这一任务的实现也必须去反对那些"左"的空喊,把扩大红军当作"阿弥陀佛",脱离群众,用强迫欺骗的方法。团在扩大红军中的"左"的错误,实际上是助长"开小差"的现象。

对于扩大红军有着重要意义的,是争取白军士兵的工作和争取俘虏兵成为红军的积极战斗员。

彻底地执行优待红军条例,也是给予扩大红军以极大的推动。

只有认真地进行日常坚〔艰〕苦的群众工作,才能去完成党和苏维埃所给予我们扩大一百万红军的任务。

三、组织赤色的回答苏维埃政府的
号召去反对法西斯蒂式的回答

苏维埃政府最近发表宣言:在下列三个条件之下与任何武装部队订立作战的战斗协定:(1)立即停止进攻苏区;(2)立即保障民众的民主权利(集会、结社、言论、出版之自由等);(3)立即武装民众,创立武装的义勇军队伍,以保卫中国及争取中国的独立统一与领土的完整。

国民党用无耻的武断宣传说中国红军的存在,使他不能动员一切力量去抗日,在"抗日必须剿共"的武断口号之下,动员一切反革命

的力量向苏区进攻。国民党想用这样的方法来掩盖它的卖国勾当。

国民党在日帝国主义的侵略前面，无耻地投降，出卖满洲、上海，现在又将热河、华北出卖给日本。国民党对于苏维埃政府宣言的回答，是动员百万的军队来进攻已经脱离了帝国主义和领导民众进行民族革命战争的苏维埃政府与他们的武装部队红军。一切反革命的政治派别对于苏维埃的宣言给以无耻的造谣，或是说"苏维埃放弃了他的主张与国军合作"，或是说"因为红军失败，企图延缓国军的进攻"，这是国民党和一切反革命派对苏维埃政府宣言法西斯蒂式的回答！

我们应当组织赤色的回答来反对国民党的法西斯蒂式的回答。最近，中国工农红军在各个战线上的伟大胜利，这就是赤色的回答，我们将在一切为着战争的动员下，击破敌人的四次"围剿"，争取一省数省的首先胜利，准备直接与帝国主义作战。

在民族革命战争的动员下，白区的团争取更大的公开的活动，动员广大的群众反对日本的进攻，反对国民党的无耻投降，组织群众的赤色的回答。

组织白区群众的赤色的回答与工农红军的赤色的回答相配合，"才能够阻止帝国主义瓜分中国与国民党出卖中国"（博古——《斗争》第 2 期）

一九三三年三月十九日

（录自《青年实话》第 2 卷第 8 号，1933 年 3 月 19 日出版）

开展苏维埃区域内群众的青工运动

（1933 年 3 月 23 日）

凯 丰

　　提在苏区团在工会运动中的紧急任务,是"要利用广泛的发展着的直接为经济利益的斗争引导工人群众参加苏维埃国家和红军的建设,造成直接执行无产阶级领导权的无产阶级先锋队与广大的劳动群众间之联系"（职工国际的决议）这就是说团应〈在〉保护青年工人的经济利益的斗争吸引青工去参加为着战争,争取工农民主专政的胜利,加强无产阶级在苏维埃运动中的领导。

　　苏维埃区域的工会正如列宁所说的"联合的学校,团结的学校,保护本身利益的学校,管理的学校,共产主义的学校"。

　　不管我们已经开始的来注意到建立产业工会内的青工部,吸收了一些青工加入工会,然而在苏区内群众的青工工作还没有建立起来。青工的许多重要问题（如学徒、牧童等问题）还没有给以回答。这是由于团过去对于在苏维埃运动无产阶级领导权的忽视,放弃青工的工会运动。由于在团存在着"苏区没有工人",或是"青年工人落后于农民"的理论,实际上这种理论是掩盖着团在工会运动的消极。

　　同时在工会运动中"左"倾的错误没有受到必要的打击。这种"左的"错误就是在农业内机械地运用劳动法的结果,使学徒减少,在许多地方消灭了学徒,造成学徒与师父和贫农中农间的对立现象。然而这种"左的"错误有时发展到窄狭的经济主义和"工团主义"的倾向,这就是把经济的利益超过这个革命的利益,超过工农民主专政的利益。

正因为团没有正确地去给这种"左"的倾向以必要的打击,在许多地方继续着重复着这种错误。

在最近全总执行局青工部关于"学徒问题草案"上就是犯了这样的错误,我们的同志不了解造成在学徒问题上的严重状况主要的是【在】于团过去的错误。在草案上企图用强迫雇用带领和苏维埃政府的法律来解决学徒问题,这只有增加在学徒问题上更大的困难,因为如果苏维埃政府用法律去强迫小商人、小手工业者、师傅带学徒,这只是会造成小商人、小手工业者和师傅对于苏维埃政权的不满,这是要妨碍到整个的革命的利益,妨碍工农民主专政的利益。

我们是要保护学徒的利益,"我们不但要保护学徒今天的利益,而且要保护学徒整个的利益"(博古在团中央局的发言),学徒整个的利益就是要很快地学习手艺成为一个熟练的工人。在草案上正是只看到学徒今天的利益,而忘却了学徒整个的利益。只看到学徒今天的利益,而忘却了整个革命的利益,工农民主专政的利益。

要正确地解决学徒问题,不能只从学徒今天的经济利益出发,而是要从保护学徒整个的利益,从保护工农民主专政的利益出发。

这种"左的"错误结果使学徒减少和消灭学徒的现象,正是帮助了"右的"倾向说"苏区没有青工"的理论的发展。

我们正处在坚决地转变团在工会工作中的前面,在全总执行局的领导之下将于4月1日召集农业工人代表大会,在5月1日召集店员手艺工人代表大会,团应当加紧在青年工人中的工作,建立在下层工会的青工组织,具体地来研究解决学徒牧童问题,将绝大多数的青年工人学徒牧童都组织在阶级的工会内,开展群众的青工工会运动,这就需要我们坚决转变团在工会中的工作,坚决地来与右的和"左的"倾向作斗争。

三月二十三日

(录自《青年实话》第 2 卷第 9 号,1933 年 3 月 26 日出版)

少先队中央总队部训令新编第一号①

（1933年3月23日）

兹将苏区少先队各级队部组织条例公布之，各级队部应立即根据本条例进行改组，并将改组结果，按级报告来。此令！

中央总队部总队长　王盛荣

党代表　博　古

一九三三年三月廿三日

苏区少先队各级队部组织条例

（一）总则

第一条　少年先锋队是劳苦青年工农群众军事化的组织，是共产青年团的辅助组织，是红军的后备军及第一个助手，他的任务在于：(1)巩固和扩大苏维埃和红军，参加土地革命和反帝斗争，争取打成一片的苏区，争取一省数省的首先胜利，进行民族革命战争；(2)争取青年的特殊要求，保卫青年斗争；(3)实行广大的共产主义教育。

第二条　少年先锋队在组织成分上是青年工农的组织，不仅允

---

① 此现标题为编者所改拟，原标题为《训令新编第一号》。

许青工、青年贫农、青年雇农参加,而且允许农村中的一切劳苦青年(中农),必须以青年工人做骨干,树立少先队中强固的无产阶级领导,保持少先队是共产党和青年团的重要武器。

第三条　因为少先队是军事化的组织,须要有集中的领导,所以少先队的组织原则,完全适用集中制,下级队部绝对服从上级队部,各级队部组织应该依照地域,顺着共产青年团支部与委员会的组织,全苏区设立中央总队部,一省设省队部,一县设县队部,一区设一区队部,一乡设大队部。

(二)队部的隶属系统

第四条　各级队部在共产青年团的政治领导下活动。在组织上、日常工作上,下级队部服从上级队部。在前线作战一切行动领导,完全属于红军指挥机关,在后方的军事行动领导则属于苏维埃政府的军事部或赤卫军的指挥机关。

第五条　队部的隶属系统:

中央总队部—省队部—县队部—区队部—大队部

(三)队部的组织构造

第六条　大队是少年先锋队的基本单位组织,设大队长、大队副各一人,组织大队部领导全乡队员的活动,对区队部负责,在乡村地域较大或队员人数较多的大队得划分若干小队,设小队长小队副各一人。

第七条　区队设:①区队长一人,②党代表一人,③参谋一人,④训练员一人,四人组织区队部,领导全区队员的活动,指导所属各大队部工作,对县队部负责。

第八条　县队设:①县队长一人,②党代表一人,③参谋处长一人,④训练处长一人,四人组织县队部,领导全县队员活动,指导所属各区队部工作,对省队部负责,大的县份得增设参谋及训练员。

第九条　省队设:①省队长一人,②党代表一人,③参谋部长一人,④训练部长一人,四人组织省队部,领导全省队员活动,指导所属各县队部工作,对中央总队部负责,参谋部下分作战科、调查统计科、军事训练科,训练部下分政治训练科、文化教育科、体育运动科。

第十条　中央总队设:①总队长一人,②党代表一人,③总参谋部长一人,④总训练部长一人,四人组织中央总队部,领导全苏区队员活动,指导各省工作,总参谋部下分作战参谋科、军事训练委员会、调查统计科,总训练部下分政治训练委员会、文化教育委员会、体育运动委员会。

(四)队部各部门的职务

第十一条　各级队部在队长与党代表领导之下工作,部务会议是建议的性质,最后决定权属于队长,各种文件由队长与党代表署名负责。

第十二条　参谋部(处)或参谋在队长与党代表领导下工作,依照红军的战略,与同级的军事机关,共同规划少队配合红军及地方武装作战的行动计划,进行队员人数与武器的统计与编制,决定与考察队员的勤务以及决定少队军事训练科目及方法。

第十三条　训练部(处)或训练员,在队长与党代表领导之下工作,根据政治任务,以阶级的精神,规划队员中政治文化教育,指导俱乐部墙报工作,提高队员的斗争情绪,铲除少队中的文盲,进行反宗教偏见与反对一切反革命派别的理论斗争,组织苏区劳苦青年的体育运动。

(五)任免与调动各级队部负责人的手续

第十四条　各级队部的队长,由同级共产青年团团部派代表充任;党代表由同级共产党党部派代表充任;参谋部(处)长或参谋,由同级的苏维埃军事机关派军事工作的同志充任;训练部(处)长或训练员,由共产青年团部指定团员充任,但必须报告上级队部取得同意与批准,然后才正式公布。

第十五条　关于改换指导机关或解散在阶级敌人影响下的少年先锋队等问题,由共产青年团与苏维埃军事部共同解决最后决定于〔权〕属于党的机关,在事前与事后,必须向上级队部作报告。

第十六条　平时调动少先队部负责人的权限,属于上级队部,上级队部得党与团的同意,有权委派下级队部的负责人。

（六）与政府及其他革命团体的关系

第十七条　少年先锋队【是】共产青年团的一种附属组织,完全接受青年团的政治领导。

第十八条　少年先锋队是红军的助手,在军事上受红军(或赤卫军)指挥机关的指导,各级队部应不断地调动队员加入红军与配合红军(或赤卫军)作战。

第十九条　少年先锋队是苏维埃政府地方的保卫者主要力量之一,应当拥护与实行苏维埃政府的一切法令,积极参加苏维埃工作,以及调动队员负责政府各种勤务。

（附）模范队及其队部的组织

第一条　模范队是少先队的战斗性更加加重的武装的阶级自卫组织,是普通少先队一切工作的模范。

第二条　模范队的主要任务,是执行红军战略,配合红军与地方武装作战,发展游击战争,巩固苏维埃根据地,向外发展新苏区。

第三条　少先队中强壮、勇敢、坚决、积极的队员,都可以而且必须加入模范队,但必须是在自愿的原则之下。

第四条　因为配合红军与地方武装作战,主要是采用袭击敌人、白刃战斗的游击战术,所以模范队的编制,武器的配置,应该火力与刀矛配合使用。

第五条　模范队的组织,采用三排六班制,以十一人为一班,在班之下分两组,每组设组长一人(每组连组长一起五人)以三班为一排,每班设班长一人,每排排长一人,每连设连长、连政治指导员各一人,全连共七十一人,模范队的连排长由县或区队部与当地政府的军事部共同决定,连政治指导员,即由党或红军政治机关委派。

第六条　模范连的武器的配置,每班步枪三支,班长、组长各一支,梭镖八支,每个队员一支,连长、政治指导员、排长步枪各一支,每连共计步枪二十三支,梭镖四十八支。

第七条 模范队每区编一连(如一区能编两连者则编两连)如一区不足七十一人的,可将区附近乡中队员编入,如这一办法亦难于执行的,则有些班可以缩小而只编一组(即班只五人),连同赤卫军三连编为一营,这是战斗的组织,在平时模范队受各该地的队部(县或区队部)的直接指挥和领导,在作战时则受红军或赤卫营部的指挥。

第八条 模范队的连部,应包含连长连政治指导员,经管员一人,司号员一人,通讯员二人,炊事员三人,如连长及指导员不认识字时,可增加司书一人。

第九条 模范队的连部,应同赤卫营营部经常发生关系,要求他们在教育训练及各方面的帮助,并根据赤卫营的决定,共同计划模范队的工作。

第十条 模范队的政治军事训练,应与普通少队不同而特别加紧,但模范队应在生活上在其他活动上同普【通】少队一起进行,实现模范队在普通少队中的领导。

—完—

(根据中共江西省委党史研究室藏件刊印)

少共苏区中共〔央〕局关于少先队工作的决议

（1933年3月27日中央局通过）

自从帝国主义国民党进行对苏区和红军的四次"围剿"，苏维埃中央政府颁布紧急动员令以来，在苏维埃运动的猛烈开展中，在英勇的工农红军的胜利进攻中，更表现了苏区工农劳苦青年群众的活跃和斗争积极性，更高度地发扬了苏区少年先锋队伟大的作用和力量。少先队已从它英勇的战斗中，锻炼了它自己，坚强了它自己。它的光荣的斗争记录，充分证明了它已成为真正的、坚强的中国反帝与土地革命的战斗队伍，红军的第一个助手和后备军。

在这一时期，中央苏区团在少先队工作上，获得了很大的进步和成绩。少先队动员了它最好的队伍与红军一道作战（半年来动员了将近四十连人与第一方面军共同作战，另外还有很多队伍配合独立师团作战），输送了大批的队员到红军中去（到第一方面军者约一万五千人，到地方武装——独立师、团等等者七八千人）。最近更开始动员模范队整团整连加入红军，有计划地、广大地调动模范队上前线作战，发展游击战争。模范队普遍的建立（约有二百连），积极担负了交通运输等勤务及放哨、盘查等后方的警戒和保卫的工作；为红军做草鞋，慰劳红军，替红军家属耕作，节省粮食、银钱，帮助战费，参加没收和分配土地的斗争，帮助苏维埃政府征收土地税，推销公债，借谷子给苏维埃，开始发展春耕运动。少先队在这些巩固和扩大苏维埃和红军的工作上，有了光辉的成就。此外，少先队洗刷了地主富农等阶级异己分子，领导机关亦相当改善了。

但是,必须指出,少先队工作的开展和进步,还未完全适应胜利的剧烈发展着的革命战争的需要。他的成绩,主要的还只在扩大红军和动员模范队作战方面。在争取青年的特殊利益与拥护苏维埃的各式各样的活动,尤其在帮助苏维埃执行经济政策方面,少先队的工作是极为薄弱的。特别是少先队内政治军事的教育训练,还没有有计划、有步骤地去进行。许多地方的少先队不能经常开会下操,一切教育训练都极缺乏。少先队的生活非常单调枯燥,少先队组织的扩大极其迟缓,甚至有些地方的队员反而减少了。这些都是少先队工作上不可容忍的现象。

少共国际"关于中国苏区少年先锋队的信"及团中央的"关于苏区少年先锋队的决议"将关于少先队工作的任务,最正确具体地提到苏区团的面前,但我们团没有系统的为实现少共国际及中央的指示而斗争。少共国际和中央的指示到达苏区已半年多,而最大多数团部,还没有去加以深刻的讨论和了解。少共国际和中央指出:为了少年先锋队更进一步地存在与最大地发展,必须加强无产阶级的领导,团的领导必须改造少先队的领导,由党、团、军事机关各派一人组织少先队的领导机关。但这一指示,至今尚未为各级团部所了解与彻底执行。各级团部一般的没有经常地、密切地、具体地指导和检查少先队的工作,没有派最好的干部去领导少先队。很多团部(闽粤赣省委、汀州等)半年来没有讨论和检查少队工作。甚至有些地方团的领导机关(胜利、博生)将少先队的负责人(县队长)调开,而一二个月不派人去负责,使少先队工作停滞起来,表现对少先队工作不可容许的忽视消极。这是由于对少先队在中国革命的伟大作用之估计不足,对少先队工作之重要性之认识不足。正因为团内这种对少先队的作用和意义的估计不足的机会主义倾向,因为不能确切了解和坚决执行少共国际和中央的指示,所以少先队的工作还存在着不少严重的缺点和弱点。

目前,"全中国反对日本帝国主义的民族革命战争与反帝运动正在同反帝国主义与反国民党的苏维埃与红军的胜利的进攻配合起来"（中共中央告民众书）。更大规模地、更残酷地与帝国主义国民党决死的战斗是在前面！少先队的作用与任务，随着革命战争的开展，将日益加重起来。团必须加强少先队的工作，使他们成为苏维埃和红军的最有力的助手，与苏维埃红军一起，开展胜利的进攻，彻底粉碎帝国主义国民党的四次进攻，夺取中心城市，巩固和扩大苏维埃与红军，将苏区联成一片，完成江西及邻近省区的革命的首先胜利，为苏维埃在全国的胜利而斗争！

为此，不再容许一丝一毫的动摇和迟疑，团必须迅速在实际工作上实行少共国际指示信和中央决议的全部。中央局更决定下列各项，责成各级团的组织立即执行，于最短期内完成之：

一、团应该把创造一百万铁的红军的紧急任务，通俗地、具体地向少先队队员群众解释，抓住每一政治事变，特别是每一次红军的胜利，以及每一个扩大红军的例子，在少先队中进行政治鼓动，动员少先队涌跃地加入红军。特别是运用过去的宝贵经验，派遣团的得力干部去加强模范队的领导，加强模范队中团的核心作用与宣传教育，组织模范队整团整连加入红军的潮流，动员广大的模范队上前线作战，发展游击战争，给党创造一百万铁的红军的号召以布尔什维克的回答。

在动员少先队加入红军与作战上，过去主要的错误在于政治宣传的缺乏，不能从有力的工作上去提高队员的觉悟和战斗情绪，造成他们自动的、自觉的英勇行动，而用简单的命令强迫的办法，甚至用些欺骗的说法，只求他们出发了事。结果是屡屡发生少先队整连整排从前线逃跑的严重现象。中央局警戒各级组织，不能再容许这种错误与严重现象的重复发生。已经逃跑回来的队伍和队员应加紧宣传教育，用举行大规模的晚会等方法，造成有力的社会舆论，使在最短期内完成归队。现在在前线作战的队伍，当地团应派遣〔遣〕得力干部和坚定的团员，去加强他的领导，坚定和提高他的政治情绪，广泛实行联系制度，使各地少先队与红军部队，以及前线的少先队建立最深密的联系。

少先队必须成为一切拥护红军运动（如欢迎、欢送红军，与红军开联欢会，慰劳红军，募捐买飞机、高射炮送红军，等等）的提倡者和中坚，并积极参加交通运输等工作。

训练和动员少先队女队员，从看护卫生工作到红军医院看护洗衣，每一模范团中设立一卫生队，并动员女队员经常做草鞋套鞋送给红军。

二、少先队应在各个战线上，成为一支尖兵，目前由〔尤〕其在经济的、生产的战线上，少先队应表现他的活跃和积极性。团要在少先队中组织热烈的春耕运动，发展生产突击队，广大的运动与革命的竞赛的方式，提出"每个队员多栽十把禾，多栽十棵棉，多栽十棵菜"的口号，提高队员最大限度的劳动热忱，动员队员帮助红军家属及红军公田首先耕种。同时，应该在队员中提倡合作社运动，反对投机商人破坏苏维埃经济的阴谋。在借谷运动、向富农捐款及拥护苏维埃关税政策的事件上，团必须领导少先队，首先是少先队中的团员成为一般无党工农群众之模范。应该向少先队员解释：为充裕红军战费，胜利的粉碎敌人大举进攻，必须要从各方面开展经济战线上的突击，节省和储蓄谷子和现金，供给红军。

团要动员少先队拥护苏维埃政府、镇压反革命派的训令，肃清一切反革命派别和反革命的活动，巩固苏维埃政权。少先队不但要担任戒严放哨、检查行人等勤务，还要积极参加政治保卫局的工作，输送少先队良好的队伍〔员〕供苏维埃使用。

三、实现中央提在苏区团面前的"扩大少先队到150万"的任务。中央局指出中央苏区的少先队，在"八一"以前，应扩大到50万，应提出"每个劳苦青年武装起来加入少先队"的口号，号召一切劳苦青年自愿地加入。这不但在目前执行少先队的战斗任务上有极大的必要，而且在准备从志愿兵役转变到义务兵役，也有很重要的意义。同时，必须加强少先队的无产阶级的领导，"提拔工人、雇农、苦力，反对敌对分子侵入少年先锋队，征调少先队员到共产青年团中来（每个共产青年团【员】必须加入少年先锋队）。共产青年团强有力的领导，使团成为少年先锋队中党的影响的传达者。这是保证无产阶级领导一个有力的条件"。

少先队的各级领导机关，必须按照少共国际和中央的指示，加以改造。这一改造必须在五月底以前全部完成。

四、必须依照少共国际和中央的指示，以阶级的精神，来进行少先队员的政治的文化的教育。中央总队部立即供给各级队部以政治教育和文化体育运动的实际材料，有计划地领导和帮助下级队部这种工作。各级团部必须派最强健的干部到同级少队部中担任政治训练的工作，并经常指示和帮助少先队的教育训练工作。同时在军事训练方面，必须按照现时战斗的需要，运用适合于青年的教材，去加紧少先队的、特别是模范队的军事训练。

为要实现少共国际和中央的指示及本决议，必须坚决反对团内对少先队工作估计不足，忽视消极以及取消主义的倾向。同时必须反对少先队内一切脱离共产党与共产青年团路线的危险倾向和错误。必须作坚决的两条战线上的斗争。一方面反对最危险的右倾，如和平保守，拒绝在前线作战，对阶级敌人调和妥协，容许地主富农子弟在少队内，消极悲观等倾向。在另一方面要反对这些错误，如：企图将少先队与青年团对立，代替青年团的工作，向劳苦青年关门的倾向（如汀州市），工作的不青年化，官僚主义的领导方式，在扩大红军等工作中命令主义和强迫方式，等等。团与少先队的领导机关必须进行不断的与不调和的斗争，反对这一切错误倾向，而把少共国际和中央的指示及本决议迅速实行到实际工作中去！

少共苏区中央局

中央档案馆藏

（录自共青团中央青运史研究室、中央档案馆编：《中国青年运动历史资料》第12册，中共党史资料出版社1989年8月版，第87—92页）

中国农业工人第一次代表大会致工农红军电

（1933 年 4 月 1 日）

全体工农红军战士亲爱的同志们！

　　中国农业工人工会第一次代表大会①，今天在瑞金开幕了，大会谨以无限的热情向你们致革命的敬礼！并庆祝你们最近在各个战线上的光荣伟大胜利。正当着日本帝国主义占领热河，猛攻华北，正当着全国反帝反国民党的浪潮汹涌澎湃，工农【红】军在全线上的伟大胜利，使更推进全国的革命形势，实现革命在一省数省的首先胜利。代表大会将号召全国农业工人，更加紧地进行战斗的动员，征调工人并领导农民加入红军，征集慰劳品向富农筹款，积极帮助红军的战费，加紧春耕，充实红军的给养，望你们继续胜利的进攻，彻底粉碎帝国主义国民党的"围剿"，争取苏维埃政权在全中国的胜利！常胜的工农红军万岁！工农解放万岁！苏维埃新中国万岁！

大会主席团　　四月一日

（录自《红色中华》第 66 期第 1 版，1933 年 4 月 2 日）

---

　　①　1933 年 4 月 1 日，中国农业工人第一次全国代表大会在江西瑞金召开，会期 7 天，选举产生该会中央执行委员会，通过《组织苏区中央农具生产合作社的决议》《关于扩大红军的决议》《中国农业工人工会章程》等文件。本文及后续 10 篇文献均为本次大会相关文件。

中国农业工人第一次代表大会开幕的第一天

（1933 年 4 月 2 日①）

中国农业工人第一次代表大会于 4 月 1 日下午二时正式举行开幕典礼，大会会场布置极其壮〔庄〕严，到会代表总计 232 人，青工代表 33 人，女工代表 17 人，红军代表 5 人（还有 30 多个红军代表尚在途中），中少共中央局②、中央政府、工农红军军事委员会等机关代表均出席参加。首先由筹备委员会提出与通过以唐开元同志等 31 人为大会主席团，斯大林同志等 7 人为名誉主席团，后由全总执行局、中少共中央局、中央政府、红军军事委员会及瑞金县各机关代表致词，全体代表鼓掌如雷，继由大会代表致答词。当午通过了大会议事日程，及各委员会名单，并审查了代表资格，讨论委员会，大会秘书处组织，以及大会给前方红军的通电，反对日本帝国主义进攻热河华北的通电。四时三十分钟散会，六点钟瑞金县级机关欢宴大会代表，七时青工代表开会讨论青工重要问题。这样，庄严雄伟的大会开幕第一天便很快的过去了。（郭南熏）

（录自《红色中华》第 66 期，1933 年 4 月 2 日）

---

① 原文无时间，此为《红色中华》第 66 期的出版时间。

② 中少共中央局，即中共中央局、少共中央局。

中国农业工人第一次代表大会的意义及任务

（1933 年 4 月 2 日①）

中国农业工人第一次代表大会在中国共产党与全总苏区执行局领导下，在全国农业工人热烈拥护与庆祝下，于 4 月 1 号在赤色首都——瑞金正式宣布开幕了！

正当着日本帝国主义在国际联盟强势集团直接帮助，与国民党的无耻投降下，武力占领热河、猛攻华北的时候；正当着全国反日反帝的革命浪潮与武装的民族战争，猛烈开展的时候，特别是全国红军，在粉碎敌人四次"围剿"与大举进攻的决死战斗中，获得了在各个战线上的光荣伟大的胜利的时候，农业工人代表大会的开幕，对目前正发展着的反帝反国民党与土地革命和争取苏维埃胜利的斗争，有着极重大的政治意义。

在日益紧张起来的政治局势下面，大会要为着实现下列的战斗任务而斗争：

一、组织和动员自己力量，为巩固与扩大苏维埃政权而斗争，这首先要征调自己的会员，大批地加入红军，以最大努力与最高度的热情去完成筹备会的创造红军的"农业工人师"的决定。要动员和领导贫农、中农猛烈扩大红军，为创造〈的〉铁的红军而斗争，要开展和深入阶级斗争，进行查田运动，与向富农借款，要动员贫农团与一切革命团体的力量，向富农筹借三十万的战费，来彻底肃清地主残余，加

---

① 原文无时间，此为《红色中华》第 66 期的出版时间。

紧反富农的斗争。

农业工人要担负起在农村中先锋队的任务,退还二期公债票运动,发展到农村中去,实现并超过"退还八十万公债帮助红军"的号召,要领导千百万的会员,□□□中农,来加紧春耕,消灭荒田。我们要□□:"增加两成秋收""开垦三十万担荒田"而斗争。

农业工人工会,须征调大批干部到苏维埃中和红军中去,健强苏维埃和红军中无产阶级的领导骨干,要在一切斗争中来拥护苏维埃和红军,领导广大工农群众,积极参加苏维埃和红军建设的各种斗争。

二、最大限度地争取农业工人经济利益与物质文化条件的改善,彻底解决土地问题,发展互助合作运动来解决雇农在耕种土地时的各种困难,并努力保护工人的一切日常生活的利益。

三、要广泛吸收各种农业工人加入工会、组织季侯工人,洗刷非工人成分,巩固与扩大工会组织,转变为真正的群众的阶级工会,严厉打击"雇农分了土地之后,工会就没有存在的必要"的取消苏区雇农工会组织的错误观点。

四、建立白区农业工人工会的组织,领导白区的农业工人,增加工资缩短工作时间,改良待遇与参加抗租抗税反国民党、要求土地的斗争。苏区农业工人工会,要派遣积极的干部到白区工作,并给以精神上物质上与组织方面的积极帮助,发生密切的关系。

五、提高农业工人政治文化水平,要有计划地进行广泛的农村文化教育工作,组织识字班读报班及创办学校俱乐部等文化机关,吸引广大产业工人来参加。

这些任务的完成,要依靠每个代表及其所代表的广大农业工人,团结千百万贫农、中农在它的周围,来开展各方面的胜利的进攻。我们要将农业工会的组织,建立到南昌、武汉,建立到全中国去,来粉碎敌人的四次围攻,完成革命在一省几省首先胜利,以至到全中国的胜利!

(录自《红色中华》第 66 期,1933 年 4 月 2 日)

目前的政治形势与中国农业工人的任务①

（1933 年 4 月 6 日）

一、在中国现在是存在着革命的形势。第一，苏维埃和红军已经在广大的区域内，取得了不断的胜利，苏维埃政权和国民党的反动政权，正处在大规模的国内战争的决裂斗争中，最近帝国主义国民党对苏维埃红军所进行的四次"围剿"，已经在各个战线受到严重的失败；第二，日本帝国主义积极地进攻中国和最近的占领热河，进攻华北，与帝国主义瓜分中国的激进，引起了广大工农小资产阶级群众的反帝浪潮和武装的民族战争在全国的开展；第三，正因为红军的胜利及反帝运动的高涨，白区工人罢工运动正处在新的高潮上面，农民与士兵群众的革命斗争，到处发展着；第四，因为革命运动的高涨，使得国民党的反动统治更加无法挽救目前国民经济的浩劫，更加困难克服他们内部的矛盾，而日益走到崩溃与死亡。

二、在中国存在着的革命形势，更因为世界局势在最近的变动是有利于中国的工农劳苦群众，在世界上苏联社会主义建设得到了伟大的胜利，世界无产阶级的力量是百倍地加强了。资本主义世界的经济恐慌继续深入，帝国主义重新分割殖民地的世界大战，尤其武装反对苏联的战争，已经进入危险的阶段。世界无产阶级与殖民地民众的革命斗争是有力地高涨着，在世界资本主义暂时稳定的局面已终结，开始走到了革命与战争的新的阶段的过渡时期。

---

① 中国第一次农业工人代表大会决议案。

三、在世界和中国的日益紧张起来的政治局势下,中国工人阶级当前总的任务就是要组织和动员自己的力量,领导广大的农民,为巩固和扩大苏维埃区域而斗争,为彻底实现土地革命、推翻帝国主义国民党统治,为苏维埃政权在全中国的胜利而斗争。只有帝国主义国民党统治的彻底推翻,只有苏维埃政权在中国的胜利,才能保护中国劳苦群众,从失业饥饿与奴役的状况下解放出来。

四、中国农业工人是中国工农阶级的一部分,在全国工人中占着绝大多数,他们是工人阶级在农村中的先锋队伍。中国农业无产阶级在目前反帝与土地革命当中,必须负起绝大的先锋队的政治任务,因此中国农业工人工会正式宣布自己的成立,对于目前正在发展的反帝与土地革命和争取苏维埃政权的斗争,这是具有极大的政治意义。

中国农业工人工会是彻底地、坚决地实现土地革命最可靠的保证,是城市无产阶级与乡村劳苦农民群众兄弟联合的重要组织者与宣传人,是乡村苏维埃政权最重要的群众柱石。

五、雇农工会过去是有很大的成绩,他吸收了十万雇农做会员,一般地提高了农业工人的工资,在平分土地运动中起了不少的领导作用,在许多地方领导了苏维埃政府的查田运动,反对富农与地主残余,反对了苏维埃机关中的官僚主义分子,大批征调委员去参加红军,对于拥护和参加红军的工作,有很大的成绩(如帮助战争【节】省经济、借款给红军、优待及慰问红军,购买公债,帮助税收及派送干部参加苏维埃工作等),但是雇农工会过去的工作,是有严重的弱点:

1. 直到现在还没有在白区建立农业工人的组织(除开极少数的地方以外),雇农工会的活动,几乎只限于苏区以内。

2. 忽视了农业工人日常生活利益的保护,没有去解决分了土地的雇农耕种土地的困难。

3. 没有建立雇农工会从上到下的组织系统,没有健全的工会生活,完全没有工会的基金,部分地还没有吸收〈了〉农民成分作会员。

4. 对于雇农的文化教育工作完全〈被〉忽略。

因为有了以上这些弱点,使得雇农工会还没有成为有充分群众性的阶级工会,并且使雇农工会在反帝与土地革命猛烈发展的过程中,没有达到它应有的成绩。

六、中国农业工人工会第一次代表大会完全接受国际雇农委员会关于中国雇农工会的决议,并努力执行这一决议。代表大会认为全工会必须吸引广大的农业工人来参加整个工人阶级总的斗争,推翻帝国主义国民党的统治,为彻底实现反帝国主义的土地革命而斗争,农业工人工会的一切组织必须:

1. 在一切斗争中拥护苏维埃和红军,领导苏区中农、贫农积极参加苏维埃和红军的建设,努力争取目前反帝运动中无产阶级的领导。

2. 争取农业工人经济利益与物质文化条件的改善。

3. 转变农业工人为有充分群众性的阶级工会,用极大努力建立农业工人工会在白区的组织。

七、为着完成上列的任务,农业工人工会的一切组织必须迅速进行下列各项工作:

1. 在苏区巩固与扩大工会的组织转变。组织系统为统一的集体的工会。征求新的会员组织季候工人,洗涮非工人成分。大规模教育农业工人的干部,尤其是青年妇女干部。统一工会的经济,巩固工会的基金。健全各级领导机关,转变工作方式,肃清官僚主义、命令主义,广泛地【发展】无产阶级民主,广泛地吸引会员来参加工会的生活。同时必须无情地打击取消苏区雇农工会的观点,这种取消观点认为雇农分了土地之后,工会就没有存在必要。在国民党统治的区域,应该用极大的努力建立农业工人的组织,使白区与苏区各级农业工人的组织发生了密切的关系,应该分派最好的干部到白区工作,训练白区的工作干部,帮助他们的宣传品与经费等。

2. 用极大的努力来保护农业工人的经济利益、文化利益和生活利益,并使这些工作与巩固和扩大苏维埃政权的任务联系起来。应该按照各地情形来制订农业工人各个集团的要求纲领,在纲领中分别农庄的大小与雇主的社会成分（贫农、中农或富农），在订立的合同中来实现农业工人的要求。在苏区应该向政府提议保护工人利益的劳动法，帮助劳动部成立乡村工人的劳动介绍所。在新苏区彻底解决土地问题，拥护中央政府清查富农用地的办法，吸引贫农、中农去反富农。要求将没收的房屋及耕具、耕牛等首先分给雇农，切实帮助雇农耕牛、耕具、种子资金等。为达此目的，必须组织农具生产合作社及肥料、种子、信用等合作社，帮助雇农组织劳动互助共耕地，建立犁牛站农具站等。在白区应该提高农业工人的工资到相当地产业工人的水平，缩短工作时间每日内八小时，实行星期日的休息，为农业工人团结契约权，及罢工集会组织工会的自由而斗争。

农业工人工会，应该为工人一切日常利益而斗争，在这些斗争中来组织与教育工人，扩大农业工人的政治眼界，吸引农业工人来参加反对地主资产阶级与帝国主义总的革命斗争。

3. 广泛地进行文化教育工作，提高产业工人的文化水平与政治水平。吸引农业工人来参加乡村中一切文化教育的运动和组织，创办农业工人的补习学校、读书班、读报班、识字运动及流动教育等。出版工会的报纸，尤其是画报、标语、小册子、墙报，组织通讯员研究农业技术，建立农业工人的娱乐组织，尤其是流动剧团、化装演讲等，在白区这种环境下，更应广泛地吸引农业工人来参加一切教育的、娱乐的、体育的团体，使这些组织团结在工会秘密小组的周围。

4. 在苏区必须更大地吸引农业工人群众来参加苏维埃国家与红军的建设。要派遣大批积极工人去参加苏维埃一切机关与红军中作领导的工作。大批地征调会员去参加红军，创【建】红军的农业工人师，而且应该领导乡村农民去参加红军，参加赤卫军、少先队，应该参加和帮助政府工农检查部的工作，反对机关中的官僚主义分子，帮助苏维埃一切法令的正确执行，在各乡村群众中发起帮助政府的经济的运动，退还第二期公债票，向富农筹款、借谷子，节省经济，发展苏区的生产，组织合作社，尤其是最近的春耕，准备今年的夏耕。帮助红军家属及慰劳红军等。工会在进行这些工作中，必须消灭过去与苏维埃对立与隔离的现象,经过苏维埃,和苏维埃共同进行这一工作,而且必须首先参加贫农团的会议,在贫农团通过,取得贫农的拥护与赞成。领导乡村广大的贫农、中农来自觉地参加苏维埃国家与红军的建设,反对富农与地主残余分子。为了这个目的,工会的乡村支部,必须集体地加入贫农团,在贫农团的会议作各种的提议,实现对于贫农团的领导。

在白区产业工人组织,必须帮助农民抗租、抗捐、抗债的运动,帮助农民反对地主豪绅高利贷,反对军阀国民党及帝国主义的斗争,帮助农民组织各种斗争的团体——如抗税团、灾民团等。农业工人必须自己加入这些组织,去实现自己的领导。要用示威罢工等方法来拥护革命的农民运动。在国民党豪绅富农影响下有群众的农民组织,应该从内部去瓦解他,夺取下层的中农贫农到自己的影响之下来参加革命斗争,要求分配土地,拥护苏维埃红军。

一切农业工人的组织,必须积极参加反帝运动,吸引农民来加入反帝同盟等组织,加入义勇军,帮助在与日本帝国主义进行坚决武装斗争的民众。

中国农业工人工会的成立,及其工作的彻底转变,将更加强和推动苏维埃运动在全国各地取得胜利。大会训令一切农业工人的组织,用布尔塞维克的速度和革命竞赛来执行大会的一切决议。

一九三三年四月六日

(录自中央档案抄件)

对于苏区农业的工钱工人的经济斗争决议[①]

（1933 年 4 月）

苏区农业工人中的雇农,虽然分得了土地,但是由于农具、耕牛与资本的缺乏,逼迫着极大多数的雇农经常做零工来维持每年生活上的不足,极少部分仍旧继续做常年雇工。过去,雇农工会以为雇农分田以后就没有要求,没有斗争,没有在各方面去保护零工、长工的生活利益、经济利益,零工被富农夺取零工的工作,这应该是严重的错误。代表大会认为保护农业的零工、长工的利益,改善他们的生活,是工会主要任务之一。代表大会决定以下列的要求纲领来领导会员,为实现这个纲领而斗争。

一、工作时间

1. 成年的农业工人,每月实在工作时间,以八小时为原则,但被雇于中农、贫农、经济中工作时,或在工作上有特殊情形时,得延长每日的工作时间至十小时。

每日工作从何时开始至何时完毕,以及中间的休息时间。根据各地工人的要求,与雇主在合同上规定,但在冬天开始工作的时候,不能太早,必须在上午八小时以后。在午餐后,至少须有半小时的休

---

① 1933 年 4 月中国第一次农业工人代表大会通过。

息,夏天在午餐后至少必须有一小时至二小时的休息。

又在工作时间内上午与下午应有两次休息(吃烟茶)。

每次休息,不得少于十分钟。如果在工作上有十分的必要,延长工作时间必须超过每日十小时者,得到工人同意后,亦得延长至每日十一小时,但务须使工人每个月内平均的实在工作时间,在冬天不超过每日八小时,在农忙时不超过十小时。

2. 超过法定时间的额外工作,工人应得额外工资。额外工资的数量,在与雇主的合同上规定。但在富农及私营企业中额外工作时内的额外工资,应高于法定工作时间内的工资。

3. 被雇在农业中工作的未成年(十八岁以下)的工人,其每日的工作时间,应少于成年工人的工作时间,以每日六小时为原则。在中农、贫农经济中,及有特殊情形的工作中,可延长每日工作时间至八小时。如果未成年工人与成年工人在一块工作,必需同时上工下工时,未成年的工人,在工作中就应有更多的休息时间。在上工与下工时必须作的准备与收拾的工作,青工应更少的担负,同时不能担负笨重与损害身体健康的工作。

4. 牧童及家庭雇用之厨工、杂役等,因他们的工作性质,可以在机械规定每日的工作时间。但在合同应规定工人每天应担负的工作,与每日一定的休息时间,每天上午下午最少须共有二小时休息。工人不做在合同所规定范围以外的工作。如果雇主要求工人担负合同范围以外的工作,必须得到工人的同意,并给额外的工资。

5. 哺乳的女工,在工作时间内,应有一定的休息时间来哺小孩。工人如因工作关系,雇主要求工人做夜工时,雇工除开得到额外工资外,做到晚上十一点钟时,雇主须减少第二天的工作时间。对于青工哺乳及怀孕的女工,第二天的工作时间,应有更多地减少。

二、休假

6. 农业中长年累月的雇工,每星期日应该休息,照给工资。如果取得工人的同意,星期日工作者,应加给工资,多小〔少〕在合同上规定。

牧童的家庭雇工及其他农业工人,如因工作上关系,星期日不能休息,取得工人同意者,则工人今年可休假六十天(三节休假在内),不扣工资。休假时间的选择,在合同上规定。

7. 长工月工每年八个法定纪念日的休息,照给工资。

8. 农业工人工作六个月至一年者,除星期日休息外,至少应有十四天的休假,照发工资(星期日与纪念日的休假在外)。

三、工资

9. 农业中零工的工资,按照各地生活程度,在工人与雇主订立口头与书面合同时规定。零工的最低工资,至少每六个月由当地工会会同地方苏维埃政府规定一次。大约零工每天最低工资,不能少过继续维持一人一天的生活资料。目前中央苏区零工工资在生活程度最低地方,也不得少过每天四百文,伙食由雇主负责。

10. 雇工不论男女老少,做同样工作者,得同样工资。

11. 长工、季工、月工的工资,按照各地生活程度与工人的技能,在工人与雇主的合同上规定。如果雇主需要犁田、栽秧、割禾、种菜者,每年工资最低不得少过大洋三十六元,月工不得少过每月大洋四元,伙食由雇主负责。

12. 纯全养牛之牧童,除由雇主供给伙食衣服外。应得相当的工资,最低每月不得少过大洋三角。如果还要兼作其他杂事,牧童每月工资最低不得少过大洋五角。在生活程度较高的地方,还应按生活程度提高牧童的工资。

13. 长工工资每月应付给一次,月工工资每月应付给二次,雇工工资应在当日付给,如得工人同意后,可在月底付给。工资除付给通常货币外,如果得到工人同意,可以用自然品代替一部分,但不得超过工资总数的二分之一。自然品代工资的价格,不得高于市价。

四、待遇

14. 雇农、牧童的伙食,由雇主供给,伙食的质量应按季节在合同上规定,最好将伙食作成价钱,加在工人的工资内,当工人不在雇主家吃饭时,领回伙食钱。

伙食的质量,零工每天最少包三顿,至少有一顿荤菜、食米或面。长工每月最少三次以上的肉食,每次不得少过六两肉,在栽秧与割禾及打谷时,每日应吃饭三顿和二次点心。雇工如担任有防害身体健康的工作(如挑大粪出牛栏等),雇主应该给雇工特殊的食品(鸡蛋、猪肉等)。

15. 雇农住的房屋,必须清洁通空气,没有日晒雨漏,暑天的蚊帐,冬天的被盖,如果雇工没有,应由雇主设法供给。

16. 农业工人与牧童在工作中,所需要的衣服、用具(如棱〔蓑〕衣、斗笠、湿鞋、雨伞、草帽等),由雇主供给。如果向例由雇主发给工人平常的衣服及脸巾、鞋袜、剃头钱、黄烟钱等,仍然向例发给。数量在合同上规定。

17. 工人的衣服、被帐,应由雇主设法洗洁及补整。

18. 零工如已雇定雇工到雇主家上工,不得临时辞退。若因雨雪或其他原因,不能在外工作。雇主临时不得不辞退时,应由雇主供给早餐。如果雇工业已开始工作,虽因雨雪的原因不得不停业工作者,亦必须付给全日工资。

19. 长工、季节【工】、月工与牧童,如果去参加工会与苏维埃的会议,临时被法庭叫去当见证人、陪审员等,而必须中止工作者,雇主不得阻止,并不得扣除工资。工人在工作完毕之后,到补习学校读书,或参加俱乐部游艺等,雇主不得阻止。

20. 雇工担负的工作,订立合同时应在合同上详细规定,雇主不得强令雇工作合同所规定范围以外的工作及于雇工生活有危险或违犯劳动法令的工作。

但在合同规定内,如因临时发生不可克服的原因临时没有该项工作,或暂时不能进行该项工作时,雇主可要求雇工担负所约定以外的工作,但应根据该项工作付给工资,并不得少于原来合同上所规定的工资。〔以下原缺"21"——本文库编者按〕

22. 雇主在下列情形下,经过工会支部委员会的同意,中途解除合同开除工人,长工由雇主发给两星期工资的津贴,月工发给三天工资的津贴(如果拒〔距〕合同期满超过三天者)。

(1)在 21 条的情形下,雇工不顾担负所约定以外的工作时;

(2)雇主破产不能仍旧继续维持其经济时;

(3)雇工丧失劳动力,长工超过两个月以上,月工超过十天以上仍不能到工时,但雇工无充分原因不履行合同上所规定的条件,及雇工犯刑事法被法庭判徒刑两个月以上,经工会同意而被开除者,不发给津贴,由雇工要求解除合同者,亦不给津贴。〔以下原缺"23"——本文库编者按〕

24. 雇工被征去参加红军,长工至少由雇主发给两星期的工资,月工给五天工资。

25. 富农除付工人工资外,应在付给工资总数百分之二为工会办公费,又百分之一为文化教育费。中农、贫农应付工资的百分之一为工会办公费,文化教育费不付。

五、社会保险

26. 工人有疾病致丧失劳动力者,经过医生证明,按照下列办法,由雇主供给药,发给工资:

(1)长工有病在半个月以内,雇主除供给医药外,并照发工资,在半个月以外两个月以内,由雇主供给医药并伙食,工资可停止发给;

(2)月工有病在三天以内,由雇主供给医药,并发给工资;

(3)零工在工作中忽生疾病如不能工作者,雇主应发给当日整天的工资。

27. 长工因工作受伤致丧失劳动力者。在一个月内,由雇主供给医药,并照给工资;在三个月内,供给医药伙食,工资可停付。零工因工作受伤,除照给工资外,并给以相当医药费,多少依照雇工的受伤轻重与雇主经济情形来决定。月工,因工作而受伤,六天内,由雇主发给医药,并照给工资。

28. 雇工因工作受伤而残废或死亡者,按照雇主经济情形由〔给〕其家属以相当的抚恤金。

29. 长年女工产前产后共休息八星期,雇工至少应发给一个月的工资外,并给以相当的药费和小孩的用品,长工小产休息两星期,亦不得扣工资。

注:上列社会保险各条,如工人已经政府社会保险局保险者,则各次恤金与工资由社会保险局担负。

六、劳动合同

(一)①农业工人的长工、季工、月工,被雇主雇用时,均须订立书面的劳动合同。零工做工在七天以内者,可订立口头合同,等以上者②,亦应与雇主订立书面的合同。对富农订立合同,由工会代表工人订立,对中农、贫农,只须与雇主双方同意,经过工会参加即可订立合同。代表大会认为在发展苏区的经济,深入土地革命,在坚决反对地主残余与□□的斗争中,必须与中农结成巩固的同盟。过去雇农的经济斗争,对于中农一般地正确地采取了与富农不同的策略,必须继续执行对于中农不同的策略。要帮助中农、贫农,采取换工的方式,对于中农的经济斗争非到不得已时,不能采取罢工的方法,即使而采用到来不得已时③,罢工也必须得到上级组织的允许。

---

① 原文序号如此。
② 原文如此,似应为"七天以上者"。
③ 原文如此。

代表大会认为争取上列要求完全实现，是农业工人工会的主要任务，但是为这些经济与生活利益的斗争，必须与领导和深入土地革命，积极参加苏维埃红军的建设，领导农民参加战争的一切工作，争取革命在全中国的胜利的工人阶级总任务密切地联合起来。

中国农业工人工会第一次全国代表大会决议案

（录自中央档案抄件）

关于帮助革命战【争】经费的决议

（1933 年 4 月①）

为着彻底战胜国民党，应该以一切的牺牲和一切的帮助给予革命战争。大会决议执行下列的办法，来帮助政府进行革命战争的经费：

一、组织会员退还第二期公债票给政府，不要政府还本，应该达到自愿退还 60% 以上的数目。

二、积极帮助政府向富农借款，各区务必达到并超过所规定的数目。在中央苏区的总数应超过 30 万元。

三、努力帮助政府借款给红军的运动，中央区务必达到总数 20 万石的数目。

四、扩大节省运动，节省经济帮助红军！织草鞋布鞋送给红军！每个会员，每个月至少为红军做 4 天工，来帮助红军或红军家属！

五、努力耕种提高苏区的生产。

农业工人工会的一切组织，在进行上列各项工作中，应号召会员来作乡村一切劳苦群众的模范，组织经济动员的模范队，带领贫农中农来一同地进行。只有领导了广大的中农贫农群众来学习自己的模范，才能百分之百地完成上面的任务。

大会同时要求，中央政府：（1）在各区向富农借款的数目内拿出

---

① 原文无时间，此为编者判定的时间。根据内容推测本文应为中国农业工人第一次代表大会通过的决议之一。

一部分来借给该区的犁牛合作社,帮助雇农解决耕牛、耕具的困难;(2)在借来的□□中,拿出一部分来供给雇农、贫农,组织石灰合作社,解决肥料问题。

(录自中央档案抄件)

关于苏区"查田运动"的决议^①

（1933 年 4 月）

在苏区彻底解决土地问题的过程中,因为许多区域雇农工会与贫农团的工作不深入,苏维埃某些负责人员的妥协,以至还有少数地主残余分了土地,富农分了好田,他们的耕具耕牛,也没有没收分给贫农、雇农,同时还有极少数的雇农没有分得足够的土地与好田〈的〉。许多县查田运动的结果(许多县都查出一万担至数【万】担田及大批财产),证明在苏区其他地方还有少数地主残余及反革命富农的土地与财产,还没有完全彻底没收和分配。这一方面是损害了乡村劳苦群众的利益,另一方面是保存了反革命在经济上的某些力量。

大会训令会昌、于都、寻乌、安远、永丰、博生、石城、公略、万太、瑞金等县,及边区与其他苏区土地问题还没有完全彻底解决的地方的农业工人的组织,在乡村中发起和组织普遍的"查田运动",查出那些隐藏的分了【土地】的地主残余,去彻底没收他们的田地和一切财产,把分了好田的富农移到较坏的田地上,贫农富农没有分到足够的好田的,补足给他们。

在新发展的区域,农业工人工会的组织应该根据老苏区的经验,领导农民彻底没和〔收〕分配土地,但对中农的土地,以不动为原则。

根据过去查田的经验,农业工会的县委员会应有整个全县的计划,召集各区乡的会员开会,发动他们的积极性,讨论查田的计划。以乡为单位,发起组织查田委员会(由苏维埃各工会、贫农团派人来

---

① 1933 年 4 月中国第一次农业工人代表大会通过。

组织,在苏维埃领导下)。这个委员会的任务,在于调查全乡的地主残余与富农,接受贫农、雇农关于分配与没收土地的控告,发动和组织群众去执行自己的决定。

查田运动必须取得贫农的积极参加,因此,农业工人工会的乡村支部必须与其他的工会支部一起,在贫农团的会议上提出查田的详细计划来讨论,鼓动贫【农】起来,积极执行这些计划。

在查田运动中,没收来土地,应该分给贫农、雇农(除开必要的公田外)。首先应该分给在平分土地中得到土地能〔不〕够自己耕种的乡村工人,及没〈收〉分得足够的好的田地的雇农、贫农。没收来的耕牛、耕具及财产(除开货币金银与宝贵物等外),应该首先分给雇农及积极参加查田运动者。

在查田运动中,对中农应该进行充分地解释,绝对不允许侵害中农的利益,和动摇中农,而且要使中农在查田运动中得到利益。

农业工人工会,要领导农民,加紧土地建设,尤其在土地问题已经彻底解决的区域(如兴国、胜利的桥头区等),应该(改良土地种子,驱除害虫,修理水利,培植森林)提高农业技术,使群众从土地上得到更〈大〉多收获与利益。

农业工人工会的一切组织,利用一切机会宣传拥护共产党"土地国有"的口号,应该向自己的会员和农民解释,雇农贫农虽然得到了一小块土地,但是因资本主义经济制度的存在,还是免不了贫困和破产的,只有实行土地国有,是消灭封建势力最彻底的办法,只有实行社会主义的改造乡村经济,才能使雇农、贫农和一切的劳苦农民从贫困破产的痛苦中,最后地解放出来。

大会训令临时中央委员会,要严格地督促和检查各县组织对于这一决议的执行。

中国农业工人工会第一次全国代表大会决议案

(录自中央档案抄件)

中国农业工人代表大会关于扩大红军的决议

（1933 年 4 月①）

一、为着彻底推翻国民党在全国的统治,完全驱逐帝国主义出中国,必须组织极【强】大的红军。农业工人代表大会完全拥护共产党扩大红军一百万的口号,并训令临时中央委员会与各级组织努力为实现这一口号而斗争,同时要在群众中宣传转变现在的自愿军役制。

二、扩大红军是过去雇农工会在苏区许多组织【的】光荣成绩。中央苏区平均征调了六分之一的会员去参加红军,但是在扩大红军的工作中,还有以下的缺点:

1. 只顾调自己的会员去扩大红军,没有同时领导和发动周围的贫农与可靠的中农去参加红军。

2. 在扩大红军宣传鼓动工作的一般性与积极性,很少活泼的联系到当地群众的切身问题;对于少数逃兵没有发动广大的群众起来反对。

三、大会训令农业工会一切组织,更广大地征调自己的会员、并领导周围的农民去参加红军,这应该是工会经常的、主要的任务。大会并决议创造中国工农红军的农业工人师,征调 1500 个会员和 4500 个贫农和可靠的中农(每一个会员至少带领三个农民)去参加红军的工人师,在今年六月底以前完成这任务。在其他的苏区应尽可能地创造红军的农业工人团和连等。各级工会组织,在广大红军工作中

① 1933 年 4 月中国第一次农业工人代表大会通过。

必须实现对于贫农团的领导。参加红军的会员必须用自己的模范去吸引贫农、中农一块去参加红军。

四、在扩大红军的宣传鼓动工作中,必须说明目前的政治形势,联系到当地群众的切身问题,使群众了解为着争取自己的解放,与保障已得的胜利和土地,而勇敢地加入红军,农业工会应该领导贫农、中农去帮助红军家属,解决他们一切的困难问题(尤其在湘鄂赣及石城、乐安等处)。

五、农业工会各级组织必须在乡村中发动反逃兵的运动(尤其在逃兵多的区域),召集专门反逃兵的群众大会,严格地督促逃兵归队。在群众中耻辱他们,用群众的力量,帮助苏维埃要逃兵赔偿公家的损失(衣服、军毡等),要逃兵加倍地做还以前优待其家属的工作,并追还其他的慰劳品。要在群众中造成一种反对逃兵的舆论,认为这个【是】革命队伍中最耻辱的事情。

大会批准各县代表团在大会上自己承认的六月底以前各县调会员参加红军的数目:

1	雩都	195 人	2	胜利	160 人
3	兴国	120 人	4	博生	110 人
5	长汀	100 人	6	瑞金	80 人
7	安远	80 人	8	万泰	70 人
9	赣县	60 人	10	石城	60 人
11	上杭	50 人	12	宁化	50 人
13	永丰	50 人	14	公略	50 人
15	乐安	50 人	16	会昌	40 人
17	宜黄	30 人	18	广昌	30 人
19	武平	15 人	20	寻邬	10 人

一九三三年三月廿七日印发

(录自古田会议纪念馆编:《闽西革命史文献资料》第 7 辑,内部资料,2006 年印,第 96—97 页)

组织苏区中央农具生产合作社的决议

（1933 年 4 月①）

一、苏区农业工人极大多数是分得了土地，但是一方面因为农业工人没有农具、耕牛及缺少肥料资金，另一方面因为白军的搜扰，和〈被〉破坏农具，夺劫耕牛等，使得农业工人耕种自己所分得的土地发生极大的困难。农业工人工会为解决这种困难，并发展苏区生产，特决定集中苏区全体会员的力量，来创办中央耕具生产合作社。

二、中央耕具生产合作社，以制造各种农具（犁耙锄铲刀等）供给社员使用为目的。在它的经营发展时，可兼营肥料（石灰）的生产及信用借贷与种子的贩卖等。除开总社之外，并可在各县设分社及工厂。

合作社的生产品，无论市价如何，只能照成本售给社员。在社员购买有余时，方能卖给非社员（照市价）。

三、合作社以农业工人集股组织之，由农业工人工会的临时中央委员会直接监督，同时应吸收贫农、中农及分了土地的苦力、手艺工人等来加入（但拒绝富农、地主残余加入）。

四、股金定为每股大洋五角，每人认购一股即为社员，但股票不能转移给他人用，政府公债票及合作社工厂可用之废铁等，可以作为股金入股。

五、合作社的基金多少不规定，必要时并要求国家银行贷款，开

---

① 1933 年 4 月中国第一次农业工人代表大会通过。

始从小规模的工厂办起,以后再扩充。开始应生产农业工人社员需要的东西(加今年秋收的禾刀等),工厂应设在最适当的地方。

六、大会委托临时中央委员会起草详细的计划,规定详细的章程,并即时开始招募股本。在有相当基金时,即着手创办,由中央委员会派人管理之,但在社员发展到相当数目时(一万人时),即应召集社员代表大会选举委员会。

七、在代表大会后一月内,即应公布章程,印发社员证,开始招股,并公布第一个工厂的计划。

—完—

一九三三年三月二十七日印发
中国农业工人工会第一次全国代表大会决议案

(录自中央档案抄件)

中国农业工人工会(雇农工会)章程

(1933 年 4 月①)

第一章 总则

第一条 本会定名为中国农业工人工会(雇农工会)。

第二条 本会的主要目的:

1. 团结全中国(苏维埃区域与非苏维埃区域)农业工人的力量。

2. 努力争取并保护全体农业工人经济生活与文化生活上的利益。

3. 努力参加并拥护苏维埃政权,巩固和扩大苏维埃区,争取苏维埃政权在全中国的彻底胜利,并为实现社会主义的前途而斗争。

第三条 本会加入中华全国总工会与全国各业工人联合,加入赤色职工国际并国际雇农委员会与全世界革命工人联合。

本会各级组织加入各该地方的革命工会联合会。

第二章 会员

第四条 凡是被雇在中国(苏区与非苏区)农业中服务的下列几种工人雇农,以出卖劳动力为生活资料的唯一来源或主要来源,承认

---

① 1933 年 4 月中国农业工人工会第一次全国代表大会通过。

本会章程者,不论年龄性别、民族和宗教的信仰,均得加入本会为会员:

1. 各种田庄(稻田、麦田、高粮什糧、菜园、烟田、茶园、果园等)上的长年工、季工、月工及零工。

2. 林业工人(斫木、斫竹工人、锯木工人、木炭工人、香菇工人等)。

3. 畜牧工人(饲养牛、马、鸡、鸭、猪、羊等工人及兽医)。

4. 各种垦殖场上的工钱工人(如开荒等)。

5. 农村的家庭雇工(伙夫、奶娘等)。

6. 其他生产农业原料手工企业中的工钱工人及鱼业工人(如果这些工人还没有独立工会组织)。

失业的农业工人及革命前的农业工人、雇农,在革命前分得土地,虽然现在很少出卖自己的劳动力,亦得加入本会为会员。

农业工人在革命前(指红军第一次到达该地以前)三年以上,其生活的主要来源就是依靠耕田及其他独立经营,并不出卖劳动力者,则不能加入本会。但农业工人在革命前三年因失业,靠各种不定的劳动来维持生活者,还得加入本会为会员。

在革命前与地主"共分收成"的雇农(即地主以牲畜、耕具、种子等供给只有劳动力的佃农,而以收成的一部分作为工资),亦得加入本会为会员。

第五条 在苏区的下列几种人,虽是现在被雇在农业中工作,亦不得加入本会为会员:

1. 革命前的豪绅、地主、资本家、富农及其家属。

2. 反动政府的军阀、官僚及其家属。

3. 一切在宗教机关负责的和尚、道士、牧师及阴阳家、堪舆家(但被雇在家教机关服务的工人不在此例)。

4. 剥削与压迫工人的工头、包工头、管理员等。

5. 一切反革命派别的首领。

6. 其他被革命法庭剥夺了公民权的人。

第六条　凡会员入会,须到本会支部委员会填写志愿申请书,经过支部委员会的审查及支部大会的通过,但办理入会手续至多不得超过两星期通知本人。

第七条　凡本会会员有下列情形之一者,开除其会藉,但须经过支部大会的通过,区委员会的批准。

1. 屡次违犯本会章程决议,经过三次以上的劝告和警告而不能改正者。

2. 吞没工会的公款经审查确实者。

3. 违犯苏维埃法令及红军军纪,经法院确定并判徒刑在三个月以上者。

4. 无故连续三个月以上不交会费的。

凡会员受开除会籍的处分不服者,得向上级委员会控告。

第八条　凡本会会员均有选举权、被选举权,参加会议,向本会建议及享受本会所举办一切事业的利益之权。

凡本会会员均有交纳会费、遵守章程、服从决议及参加本会各级组织内工作的义务。

第三章　各级组织

第九条　本会的基本组织是支部委员会,凡有会员15人以上之乡或农场企业,即可成立本会的该乡或该农场企业的支部委员会,由会员大会选举3人至7人(由工人人数多少来决定)组织之,并由委员会选举一人为主任。

会员不到15人之乡或农场企业,可与邻近乡村或农场企业的会员来共同组织支部委员会。

支部委员会之下如有必要,得按村庄来组织小组,每小组由会员选举一人为组长。

第十条　凡有3个乡村或农场企业支部委员会以上之区,即可成立本会在该区的委员会,由全区会员大会或代表会选举7人至15

人组织之,并由委员会选举 3 人至 5 人组织常务委员会,内举一人为常务委员会主任。

第十一条　凡有三个区委员会以上的县,即可组织本会在该县的委员会,由该县代表会选举 15 人至 21 人组织之,并由委员会选举 5 人至 7 人组织常务委员会,内举一人为委员会主任。

第十二条　凡有三个县委员会以上之省,即可成立本会在该省的委员会,由该省代表会选举 21 人至 35 人组织之,并由委员会选举 7 人至 11 组织常务委员会,内举一人为委员会主任。

第十三条　凡不到三个乡支部委员会的区,可联合邻近几个区,共同组织一个区委员会;凡不到三个区委员会的县,可联合邻近几个县共同组织一个县委员会;凡不到三个县委员会的省,可联合邻近几个省共同组织一个省委员会。

第十四条　本会最高权力机关为本会全国代表大会,代表大会闭会期间,临时中央委员会即为本会最高权力机关,本会临时中央委员会由全国代表大会选举 61 人组织之,并由中央委员会选举 21 人组织常务委员会,由常务委员会互推委员长一人、副委员长二人。

第十五条　本会各级委员会均设候补委员,其人数须在正式委员的四分之一以上。正式委员出缺时,即由候补委员递补之。

第十六条　本会之区以上的各级委员会均设下列各部办事:

1. 秘书处——管理文书、庶务、会计等事。

2. 组织部——管理会员的登记、干部的分配及巡视工作等。

3. 社会经济部——管理订立合同、劳动保护、合作社及社会生活的调查统计等。

4. 文化教育部——管理本会的学校、俱乐部、报纸及一切文化教育事项。

5. 青工部——由本【会】青年会员选举委员会(经各级委员会任命)管理之。

6. 女工部——由本会妇女会员选举委员会(经各级委员会任命)管理之。

上列各部均设部长一人,部长之下有各部的委员会,由各级委员会任命,得上级各部的批准。

各部得视事务之繁简设干事,办事员若干人。

各级委员会得设各种临时的委员会,办理各种临时发生的事务。

支部委员会设组织委员、文化教育委员、经济委员、青工委员、妇女委员各一人,不设各部。

第十七条　本会全国代表大会与各省代表会每年举行一次,县代表会每半年举行一次,区的会员大会或代表会每三个月举行一次,支部会员大会每月举行一次,均由各级委员会召集之。

第十八条　本会临时中央委员会全体会议每半年召集一次,省及县的委员会全体会议每三个月召集一次,区委员会每月召集一次,均由常务委员会通知召集之。

各级常务委员会及支部委员会每星期召集一次,由委员长或主任召集之。

本会的会员大会、代表会、代表大会、各级委员会如遇有特别事故,均得召集临时会议。

第十九条　本会临时中央委员会与省委员会每年改选一次,县区及支部委员会每半年改选一次。

第二十条　本会在白区的各级组织系统得按照实际情形来改变。

第四章　组织原则

第二十一条　本会以民主集中制为组织原则:

1. 本会各级委员会的委员及代表会议的代表均由选举产生,选举人随时有撤换自己的代表之权。

2. 本会的各种决议以多数的赞成而通过,少数服从多数。

3. 本会的下级组织须服从上级组织的决议指挥和命令。

第五章　经费

第二十二条　本会的经费有下列几种收入：

1. 会员常月费

甲、分了土地而且自己耕种土地的雇农,每人每月收铜元 10 枚。

乙、工钱工人每人每月照工资的数目收百分之一。

2. 向雇主征收的工会办公费——在工资之外以工资的百分之二,但雇主是中农、贫农者不收。

3. 会员的特别捐——经过中央委员会的通过之后,得向会员征收特别捐,其数目临时规定。

4. 政府及其他革命团体的捐助与津贴。

完全失业的会员及残废疾病的会员,经过本会支部委员会的通过及区委员会的批准者,得免收或减少会费。

在红军中服务的会员,及在机关中服务而完全没有收入的会员,免收会费。

会员的常月费,经过中央与省委员会的决定,得一次征收三个月以内的月费。

第二十三条　在支部委员会下由会员每 10 人至 20 人选举会费征收员一人,负责征收会费(或者由小组组长负责征收)。

第二十四条　本会经费完全统一:

1. 本会各级委员【会】的一切收入均须按月交给上级机关,集中【于】中央委员会会计科。

2. 各级委员会的一切用费须于前月 15 日以前将预算送交上级,由中央委员会批准发给。

3. 征收会费的印花收条,由中央会计科制发,与中央苏区还没有打通的苏区及白区在实行此条时,得按实际情形更变。

第二十五条　本会基金由全国代表大会选举保管委员会保管之,不得中央委员会全体会议的通过不得动用基金。

第二十六条　本会各级委员会的帐目，须按月向会员公布，并报告上级。凡本会会员均有权随时选举委员会审查本会一切机关的经费和帐目。

第六章　附则

第二十七条　本章程经临时全国代表大会通过后发生效力，只有全国代表大会有修改本章程之权。

本章程的解释权属于临时中央委员会。

一九三三年三月二十八日印

（录自中央档案抄件）

中国农业工人工会通知（第一号）

——关于中国农业工人第一次代表大会

（1933 年 4 月）

一、中国农业工人第一次全国代表大会在全总执行局直接领导下，于 4 月 1 日在瑞金开幕，共开大会 7 天，大会后并举行青工代表会，大会是完成他一切的工作获得成功。

大会根据目前的政治形势及各代表报告过去工作中的经验，通过了中国农业工人的任务的决议案，大会通过了中国农业工人工会的章程，正式宣布中国农业工人工会的成立。

大会通过了中国农业工人的要求纲领，解决分了土地的农业工人耕种土地的困难，成立了解决耕牛问题决议，互助耕牛站决议，农具生产合作社决议等。

大会上全体代表表现了坚决拥护苏维埃红军的热忱，一致通过了扩大红军决议，在今年 6 月底完成创造红军农业工人师的决议，及帮助战争经费决议与参加苏维埃及贫农团工作决议等。此外大会还通过下列的决议：白区工作决议、工农检查部工作决议、征调干部决议、解决耕牛缺少决议、登记会员决议、征求会员决议、青工决议、牧童决议等。

二、各地出席大会的代表江西 16 县 181 人、福建 6 县 30 人、红军中 25 人、赣东北 8 人，一共 244 人，因为敌人的阻碍，湘鄂赣白区代表不及派来。

三、选举临时中央委员会的结果，大会选举朱地元、黄汉章、萧良德、刘启覆、陈云、宋新怀、钟昌桃、李文棠、张念仁、黄宜章、谢乾导、王国保、李又林①、杨保身、王保仁、许亦居、钟新、谢纵椿、钟玉英、谢必连、廖月山、丘良伯、张腾英、赖凤元、萧崇逢、萧德有、刘福秀、刘文法、萧时久、蔡寿元、陈正忠、赖家林、吴亮明、刘儒侠、廖桂寿、洪其鄡、张金楼、施姜贞、朱象凡、宋远胜、李世林、刘新有、黄瑞毕、施齐、曹礼春、刘燕玉、段松瑞、刘寿喜、徐联珍、白区等60人为中央执行委员。林章礼、李金德、李濬监、张中海、郭朝发生②、温治有、谢毓玳、翁其瑞、楚萧义、曾佛祥、张云山、何允明等12人为候补委员。4月8日，临时中央委员第一次会议推举朱地元为委员长，李文棠、张念仁为副委员长，以张念仁兼组织部、李文棠兼社会经济部、谢纵椿为文化教育部、萧良德为青工部、钟玉英为女工部，钟昌桃、黄宜章、刘启覆、陈云、宋新怀、刘福秀、谢乾导、赖凤元、王汉章、洪其鄡、王国保等17人为常务委员。

农业工人工会业已正式成立，已开始办公，希各级机关、革命团体来往信件直接发生关系，并希时加指示为荷。

（临时机关报在瑞金北门）

中国农业工人工会中央委员会

委员长　朱地元

副委员长　李文棠

张念仁

中国农业工人工会第一次全国代表决议案

（录自中央档案抄件）

---

①　李又林，原文不清，似为李凤林。

②　原文如此，疑为"郭朝发"。

中央苏区革命互济总会为举行
"反对帝国主义国民党的白色恐怖运动"宣言

（1933 年 4 月 12 日）

帝国主义国民党的掠夺、压迫、摧残、屠杀的白色恐怖，是笼罩着全中国的劳苦群众！

日本帝国主义，他调动八个师团两个旅团的军队，用巨大的战斗飞机、巨大的大炮、剧烈的炸弹，轰炸屠杀，把成千成万的劳苦群众在〔置于〕血肉横飞的惨状下面。最近它已完全占领了热河！整个东北数千万的中国民众，都正在过着悲惨的、亡国奴的生活，遭受日本帝国主义军队的蹂躏与残酷的屠杀！

国民党军阀，始终是不抵抗日本帝国主义的侵略，相反的，他为着对帝国主义尽忠实的走狗的职务，"他帮助日本帝国主义与一切帝国主义镇压全中国反对日本帝国主义与一切帝国主义的民众运动，出卖与解散东北义勇军，整批屠杀自动抗日的士兵"。同时他调动百万精锐军队，来向苏区和红军作绝望的进攻；对苏区已被解放的工农群众，是用"快刀斩麻的手段"，加紧实行"杀尽赤区壮丁"，"烧尽赤区房屋"的命令。他想把苏区的工农群众，淹没在血海里面，来恢复反动的剥削统治，来扫除帝国主义瓜分中国的障碍。

工农劳苦群众们！

日本帝国主义与一切帝国主义和国民党，要使全中国变为完全的殖民地，使全中国民众变为亡国奴，他们是中国民众的死敌，是屠杀中国民众的刽子手。我们现在不仅是要争取民族的解放，同时是要保障劳苦群众的生存权,扩大民族革命战争,援助白区反日反帝的运动,援助为民族解放与日本帝国主义作血战的东北义勇军。工农群众自己武装起来,抵抗帝国主义国民党的屠杀! 反对日本与一切帝国主义国民党烧杀中国的劳苦群众!

在反动统治区域内,一切革命运动,以及工人农民反抗资本家、豪绅〈土〉地【主】剥削压迫的斗争,帝国主义国民党都极是残酷的镇压,整批的革命战士和工农群众,都遭受逮捕枪杀。在反动统治的监狱内,关着成万的革命战士,我们要立即释放一切革命战士,救济被难战士,反对摧残革命群众,保障民众罢工、怠工、集会、结社、言论等绝【对】自由!

工农劳苦群众们!

帝国主义国民党的四次"围剿"与进攻,是用血腥的屠杀的白色恐怖,来做他已快死亡的最后挣扎! 但他们这一绝望的进攻,在各个战线上,我英勇红军取得了伟大的光荣的胜利,以致把他的主力军整师整团地消灭,这是获得了彻底粉碎敌人四次"围剿"更有利的条件,是给了敌人屠杀我们工农群众最实际、最有力的回答。铁的事实〈的〉证明,只有民众的苏维埃政权与英勇的工农红军,才能抵抗帝国主义国民党的掠夺摧残和屠杀,才能谋工农群众最后的解放。我们准备一切牺牲为着战争,一切帮助给予战争,热烈地拥护红军和慰劳红军,为反对反动统治的烧杀,为保障我们的生命和财产而斗争!

红军战士们!

我们担负了消灭白色恐怖伟大的战争任务,鼓起我们百倍的勇气,与奋起我们无限的阶级仇恨,为把全中国的劳苦群众从反动统治的剥削、摧残、压迫、屠杀下面解放出来而奋斗,为苏维埃的全中国而奋斗!

被白匪摧残的革命群众们!

帝国主义国民党是工农的死对头,有他们的存在,我们就不能安宁地生存下去,我们的房屋被焚毁、土地被掠夺、父母妻弟被屠杀,但我们不是要哭泣抱怨,也不是【要】悲观失望,【而】是要积极地参加战争,参加生产,消灭进攻的敌人,夺回我们已得的利益,争取我们的最后解放。

我们要:

反对帝国主义国民党的烧杀政策!

反对日本帝国主义占领热河、屠杀东北民众!

反对帝国主义国民党屠杀苏区劳苦群众!

反对帝国主义国民党镇压全国反日反帝运动!

援助白区的被难革命战士!

扩大红军,扩大地方武装,消灭残暴的白色恐怖!

四月十二日印

（录自中共赣州市委党史工作办公室馆藏资料，

中33－3－99,复印件）

团在苏区工会中的任务
——在闽赣两省总结会议上的报告
（1933 年 4 月 13 日）
凯　丰[①]

一、苏维埃政权下的工人阶级和工会

由于苏维埃革命的胜利,在推翻了地主资产阶级国民党的统治,与建立了苏维埃政权后,苏维埃政权是无产阶级领导的工农民主专政,因此在苏维埃政权下的无产阶级和工会发生了变动,在性质上有了变更,由被统治的阶级一变而为国家的主人,管理自己的政权,这里的赤色工会是苏维埃政权的主要群众支柱。但是,在另一方面,这个民主主义的专政"没有动摇资本主义的基础",在"民权革命的条件之下,工业还未收归国有",因此在苏区内赤色工会的问题,不能不是一个新的问题。赤色工会的基本任务,不能不是争取革命战争的胜利、巩固工农的联盟,发展反帝国主义的土地革命,准备由现时为民主革命转变到社会主义革命。因此,"共产党的苏维埃和工会应公开地承认经济斗争是继续地存在而且不可避免的"。(列宁)

---

① 凯丰,即何克全,时任共青团中央书记。

在苏维埃区域内的工会正如列宁所说的"团结的学校,学习管理的学校,同情的学校,保护自己利益的学校,学做主义的学校,共产主义的学校"。

这里必须着重指明的为争取工人阶级的生活实际的改善,而发展的无产阶级的经济斗争,是与争取工农民主专政的胜利与巩固工农联盟是不可分离的。

二、苏区内的阶级斗争与形式

由于工人阶级和农民由被统治的地位一变而为统治者,因此在苏区内的阶级斗争也就到了新的更高的阶段。

当斯大林同志引了列宁所说的"革命的根本问题,就是政权问题"。他接着就解释说:"这里是不是说只限于夺取政权占据政权呢?不,不是这样说,夺取政权这仅仅是事情的开始,在一个国家内已下台的资产阶级,因为种种原因,将有长时比推翻它的无产阶级更强,因此无产阶级必须保持政权巩固政权"。要这一政权不至于失败,要达到这目的必须怎样做呢? 至少必须执行胜利后的"第二日"提出于无产阶级专政前面的三种主要任务。

1. 打破那被革命所推翻所剥夺的地主和资本家的反抗,扑灭他们恢复资本主义的一切企图。

2. 团结一切劳动者,于无产阶级周围,以进行社会主义建设工作,并进而准备逐渐消灭阶级的分化。

3. 武装革命组织革命军队与国外敌人斗争,与帝国主义斗争,必须有无产阶级专政来完成这个任务。(列宁主义概论四三、四四)

如果把斯大林同志的建设〔这些〕话,拿到我们目前的情形之中来讲,这就是:

1. 无情地镇压地主大资产阶级的绝望的反抗,扑灭一切必然产生的他们的复辟的企图。

2. 武装工农在新的阶级基础上创造工农自己的军队——工农红军,来进行反对国内和国外敌人的武装斗争,进行国内的革命战争与反对帝国主义干涉的斗争。特别是殖民地半殖民地的国家中而革命只在一部分的领土上胜利的时候,这个任务更有重大意义,因为在这种情形之下,在一部分的土地上被推翻的地主大资产阶级,他们的反抗必然要利用还存在着的数量上、技术上占优势的军队来进攻革命的根据地,而国际帝国主义者〈的〉即〔则〕经过他们,组织他们来实现自己对于工农革命的隐秘的武力干涉,在革命向前更加发展,国内反动武装逐渐〈更〉削弱的情况之下,帝国主义的干涉将隐秘的方式转变为公开的武装干涉,工农革命与帝国主义的武力的剧烈的武装冲突的整个历史的阶段,是不可避免的,为着胜利的进行革命的国内战争与革命的民族解放战争,创立数百万铁的工农红军是不能延缓的任务。

3. 坚决地肃清一切国内生活中的封建残余,进行土地革命到底,没收地主阶级的土地,将它分配给雇农、苦力、贫农、中农,团结基本的农民群众及一切劳动者到无产阶级的周围,加强无产阶级的领导权,进行有系统的经济建设,限制资本主义的剥削,以造成经济生活中的非资本主义形式发展的前提和优势,准备革命生长到社会主义革命与社会主义的建设。"(博古)

所以目前阶段斗争的主要形式:

第一,无产阶级领导者的农民反对封建地主的斗争,用流血的【斗争来】镇压地主资产阶级的反抗和恢复他们的统治的一切企图,这一斗争的最高形式就是国内战争。

第二,是无产阶级反对资产阶级的斗争,发展坚决的阶级斗争。

第三,除了用流血的镇压和发展坚决的阶级斗争外,这里还存在一种协商的办法,这就是消灭阶级——这并不是说"仅仅驱逐地主和资本家"——这【是】我们比较〈是〉容易做的。这就是说,要消灭小商品生产者,而这种人是不能驱逐的,是不能压迫的。应该与他们和

好,他们是可以(而且是必须)改造的和重新训练的,但必须经过很长久的迟缓,很慎重的组织工作。(列宁)

这是告诉我们对于小商品生产者的农民和小手工业者,我们是要用协商的办法去解决他们与工人阶级中的冲突,然而这种协商的办法是阶级斗争的另一种形式,这种争斗的形式包括条约、合作社等等。

这是目前革命阶段上苏区内阶级斗争及其所采取的形式的主要点。

三、团在工会中的任务

如果是了解了由于苏维埃革命中在工会运动中所产生的变动,如果是从这些新的转〔变〕动和新的任务的基础上,来规定团在工会工作的新的任务和检查团在工会中的工作〈不管〉,我们开始来注意产业工会的建立,吸收了一些青工加入工会。然而在苏区内的群众的青工工作是没有的,关于青工的许多重要问题(学徒、牧童等),以及由苏维埃革命而产生的新的问题(发展苏区的经济等),没有给以回答。这是由于因过去对于在苏维埃运动中无产阶级领导权的忽视,在团内存在着"苏区没有青年工人",或者是说"青年工人落后于农民的理论在许多地方存在着,苏区没有阶级斗争",或者"在苏区内发展阶级斗争就会妨碍战争"理论,这种机会主义的理论,正是拿来掩盖团在工会运动中的消极。

同时,在工会运动中"左"的错误,把工业的劳动法机械地要搬到农业中去,不估计到农业和小商品生产环境,结果造成学徒减少,甚至许多地方消灭了学徒,造成学徒与师傅、贫农、中农〈民〉以及小手工业者们的对立,把工人部分的利益甚至是行会的利益,超过了整个革命的利益,超过了工农民主专政的利益。

我们必须坚决地与这些倾向作斗争,在工会运动中的主要危险还是右倾,但是"左"的危险还是在增长着,"左"的错误正是帮助着右倾的发展,只有坚决与这些倾向的斗争,才能与转变我们的工作,开展群众的青工工作。

在目前工会工作中的团的主要任务应当是:

(一)帮助扩大巩固与建立阶级工会和他的青工部

□按照生产的原则来建立工会,同样也是我们在苏维埃区域建立工会的出发点。过去我们的错误就是没有这样做,以为在苏区内没有大的产业,要按生产来建立工会,是不可能的。我们应当纠正这种错误,首先应当建立的是农业工会,手艺工人、店员工会,运输苦力工会,国家企业□员工会,等等。

在吸收工会会员的成分中,首先应洗刷和拒绝非无产阶级的分子加入工会,但是我们过去的错误,正是一方面容忍了非无产阶级分子,甚至剥削的分子都加入工会;另一方面,又把那些主要生活来源多靠出卖劳动力的半无产阶级的分子拒绝在工会之外。

譬如在最近农业工人代表大会中,有一个胜利县的青工代表,他革命以前是牧童,他的父亲是篾匠,在革命以前带过一个学徒,这个青工现在是工会会员。我问他的父亲是否加入了工会,他说工会不许他的父亲加入,因为他的父亲是剥削分子,这真是荒天下之大唐。我又问他,你的父亲现在要不要学徒,他的回答说当然不再带。我又问他"你的意见,你的父亲是一个什么? 可否加入工会?"他不回答。经过解释后,他了解到这是工会过去的错误,并且他还同意他的父亲还可而且需要再带学徒。

又有这样的事实,譬如打铁的铁匠,他一个人在任何条件之下是很难或者完全是不可能工作,过去我们不去考察他是雇佣、辅助的劳动,一概地拒绝加入工会。

这些错误都需要我们去纠正的。

在进行的春季冲锋季中,我们正是当着农业工人代表大会的时候,我们的同志可以在决议上计划上重复一千遍,要组织90%的青工到工会中去。然而我们没有参加这一运动，这正是说明为什么到今【天】的青工只有33人。对于农业青工、牧童问题的解决没有得更多的帮助，甚至有些县份在给中央局的报告上写着"对于青工学徒问题，我们没有什么意见"。我想问题是多，而且复杂，将在下面详细来讲。

（二）领导青工的经济斗争与劳动法问题

上面已经讲过的，因为这个民主主义专政是不能动资本主义的基础的，因为在目前革命的阶级〔段〕上还没有取消资本主义发展的可能，正是在彻底地消灭封建后，消灭了地主的私有土地和彻底地分配土地后，资本主义一定要表现向前生长的趋势。"在民权革命的条件之下，工业还未收归国有，所以在保护工人阶级经济利益方面，工会的任务，是为生活实际的改善而发展无产阶级的经济斗争。"

团对于领导经济的斗争和为争取青工生活的改善，在许多地方是消极和忽视。这是由于存在着"在苏区没有阶级斗争"的机会主义的理论，或者说"改善了工人的生活会使工会腐化"。这正是不懂得列宁主义的教训，这就是"只有工人的经济地位改良了的时候，群众才能卷入到运动中去，积极地参加它，重视它，□发挥其英勇无畏顽强性与忠诚到最高限度"。（列宁）

在许多地方，工人的斗争没有得到我们的领导。在斗争发动以前没有准备，甚至在斗争爆发后，团还不知道。然而，在有些地方又压制工人的斗争，在战争的借口之下，说工人应当去忍受资本家的压迫，这种观点是非常之有害的，实际上防〔妨〕碍工人的经济，这种观点正是重复了武汉革命时代陈独秀主义的理论。

当然在苏维埃政权下，因为工人是国家的主人，在这里领导工人〈的〉斗争的最终目的〈不〉□不与白区内完全不同，资本主义制度下罢工斗争的最终目的是破坏国家机关，推翻现有的阶级的政权。但是，在过渡形式的无产阶级国家中，工人阶级的每个行动的最终目的是经过反对这种国家的官僚主义毒瘤，反对他的错误与弱点，以及反

对资本家避免监督的阶级贪欲等斗争来巩固无产阶级国家。（列宁）

这就是说，〈在〉我们领导工人〈的〉斗争的最终目的是要巩固苏维埃政权和争取战争的胜利。

从这样的观点上来检查，过去在经济斗争中，我们又犯了另一种错误，这就是没有估计到，整个国家的利益，把部分的利益超过了整个革命的利益。整个革命的利益是什么？是争取革命战争的胜利【和】巩固工农的联盟。如在去年年关汀州和各城市的总同盟罢工是防〔妨〕碍到整个的革命利益，又如在发展工人的斗争时，没有把苏维埃的生产与巩固苏维埃的经济基础〈和〉联系着，甚至在某些地方破坏到苏维埃的经济。

在这里，我们应当紧〔谨〕记着"如果产业工人将专注意于狭隘的行会利益，狭小者我业利益，以及从心所欲的只限于留心改善自己的地位，有时是按安闻〔稳〕的小人的地位，那么，这些工人便不能执行自己全世界历史的使命……无产阶级成为真正革命的，真正以社会主义的精神而行动的阶级，只有在这个条件之下就是他们的斗争和行动表现。他是一切劳动者与被剥削的先锋，〈是〉他们【是】在推翻剥削者的斗争中的先锋"。（列宁）

对于经济斗争正确的领导，在斗争中来提高他们的政治觉悟，使他们来学习怎样叫做阶级的团结，学习保护自己的利益，这是在工会工作非常重要的任务。

然而，这里所讲的斗争，决不能像有些人所了解的，以为斗争仅只是且永远是×的罢工的斗争，而我们的目的是在开展一切形式的斗争，提高工人创造性，在斗争中来教育他们要达到这目的，工会必须握得斗争的领导权。

是否在苏区内还要罢工斗争呢？因为生产还是在私人手里面，无款〔疑〕义的罢工斗争是需要的，在俄国革命后列宁曾说过："一方面因为无产阶级国家的官僚主义赘瘤及其机关内资本主义社会的遗毒，他方面因劳动群众政治的不发展与文化的落后，在无产阶级的国家中,是可以采取罢工斗争的。

在苏区的罢工是用来去加强和巩固苏维埃政权,因此在苏区的罢工不是无条件,当着一部工人行业的利益与整个革命的利益(那是工人阶级总的利益)相冲突时,工会应当以斗争的悦服精神使部分的利益服从于总的利益。

在这里,我们坚决地反对机械把白区的罢工的方式搬到苏区内来,因为在今天白区内"罢工的乃是主要的武器",这种情形在苏区内已经变更了。我们有些同志常是把白区组织总同盟罢工的光荣传统机械地搬到苏区内,这是不正确的,如去年年关在汀州以及其他各城市的总同盟罢工,都是不应该的。

在经济斗争中的另一个严重错误,就【是】机械地把工业的劳动法搬到农业和小手工业的和小商品生产中去,这样的结果造成学徒减少,以及许多地方消灭了学徒。

在农业和小手工业中,学徒是再受剥削的一部分,许多封建式的奴隶的剥削都放在学徒的身上。团应当积极地领导这些学徒来改善他们的生活,限制他们的工作时间,取消一切封建式的压迫与剥削。

使学徒减少的原因在哪里?

由于团没有正确地去领导学徒的斗争,在许多地方执行了"左"的错误,机械地实现劳动法的结果,造成学徒与农民间、学徒与师傅间、学徒与小手工业者间的对立,因此学徒减少、失业等。

譬如两个木匠,一个姓张,另一个姓李,他们每天的工作时间,工资、工作的熟练程度都相等。姓张的带有学徒,姓李的没有带。因为机械地实现劳动法,学徒实现了6小时或4小时,所获得的工资与他们的师傅不同等,因此农民就不愿意请张木匠,而大家都愿意请李木匠,结果张木匠就因带学徒而失业了,同时因为带了学徒,而剥夺他加入工会的权利。在有些地方,在师傅没有工作时,还要供给学徒伙食,这样一来师傅带徒弟还要亏本,当然执行这样的策略不会有人愿意带学徒。

又如农村中的牧童机械地实行劳动法,结果要养一条耕牛〈的〉,至少要请两个牧童,才能牧一条牛,这样当然也再没有人愿意请牧童了。

学徒的减少对于苏维埃政权是极大的危险,因为学徒的减少就是熟练工人的减少,熟练工人的减少无疑义的是要防〔妨〕碍到苏区的经济发展。譬如我们现在在瑞金,还有 50 个木匠,如果都不带学徒,经过几年,这些木匠大部已死了或老了,那么连桌子、凳子都没有人做,我们就要坐地下,死了连棺材也没有睡,这还不要紧。农民如果没有木匠做耕具那就大成问题,大家没有饭吃,那时就会骂苏维埃了。

你们看,这样的问题发展下去将要造成什么结果?

是否我们的同志曾经想过这个问题,当然是有的。有些同志感觉得不好,但还在疑义中;另些同志感觉到这个问题不好,但不讲〈说〉,还有第三种同志,如果听到有人说机械地执行劳动法是行不通,他来一个打击,说你是妥协,我们主要的领导同志到今天也还没有去讨论这个问题,更讲不上解决这个问题。

今天,在这里提出这个问题和讨论是有非常大的意义,从什么出发点去解决学徒问题呢?

在目前的情形之下,要消灭学徒制是没有可能的。因为小手工业生产者是占优势,而熟练工人主要的来源,在今天还是由〈于〉小手工业中来的。因此,我们的任务是来保护学徒的利益而不是去消灭学徒。

什么叫做保护学徒的利益?

这就是争取他们今天的生活的改善,取消一切封建形式的剥削虐待。我们不但要保护学徒今天的利益,而且要保护学徒整个利益、终身的利益。这就是很快地学习手艺变为熟练的工人,不是将来的小的私有主,而是国家的主人。

在保护利益的基础上来提高学徒的积极性,提高他们的政治水平,他们了解他们的利益是与争取战争的胜利、与苏维埃的整个利益。(工人阶级总的利益不能分离而且不知。)

××××根据这样的原则〈来〉去依照各种不同的具体环境来解决学徒问题。

我们苏维埃政府提议,在最近须颁布保护农村手艺内、手工业商店内的学徒的法令。

下面的一个问题是关于领导失业工人的斗争。由于资本家老板的怠工,以及战争的关系,使苏区内还存在着许多的失业工人。争取他们的利益吸引他们到苏维埃政权的斗争中来,这也是非常重要的工作。过去一方面忽视对失业工人利益的争取,另【一】方面在解决失业问题时,采取了不正确的方法,就是所谓"强迫雇佣"的方法。结果不但不能解决失业问题,而且更加增加失业结果,使着小的□小产商店,更加速地倒闭,直接影响于苏区商品的流通。必须纠正这种错误,吸引失业工人来组织各种的合作社,在苏维埃政府和军事上的工作,首先给失业工人去做,实现正确的劳动介绍,由苏维埃与工会举办失业的保险与救济,在自愿的原则上分给土地。

在领导工人的经济斗争中,我们必须坚决地与那些忽视工人生活的改善或者用战争的借口来反对改善工人的生活(如湘赣苏区),或者是说红军的生活坏,工人的生活不应当比红军的生活好(湘鄂赣苏区)。这种右倾机会主义的观点,都是放弃对于工人经济斗争的领导,同时必须反对那种"左"的把部分的利益超过整个的利益,有时发展到经济主义和工团主义的倾向。

在苏维埃政权下,工人获得了劳动法的保护,但是没有有组织的工人的积极〈性〉帮助、监督与创造,苏维埃政府将不得实现劳动法的。私有的资本家雇主,尤其是许多小剥削者的反抗,甚至国家机关中官僚主义的把持,只有【在】广大劳动群众顽强地斗争的过程中,才能战胜。(职工国际决议)这就是说劳动法的实现必须是依靠工人的积极性、创造性，发展的阶级的争斗。《劳动法》不是预防斗争，也不是限制斗争的东西，而且是在苏维埃政权之下，工人的斗争获得劳动法的保障。

（三）工会与发展苏区的经济

我们知道在目前革命的阶段上，苏维埃经济政策的出发点是从争取战争的胜利与巩固工农的联盟而出发。然而，苏维埃经济政策的出发也不能不估计到"苏维埃革命已经胜利的地方还只是中国一部分的地方，虽然已经【是】很大的一部分的地方，但是还是互相被反革命的武装力量隔离着的，没有取得巩固的联系的各个苏区，而且这些区域是在经济上比较落后的区域。（博古）

发展苏维埃的经济，是对于巩固苏维埃与争取战争的胜利有着决定的意义，也可以说是苏维埃政权的生死问题。

在苏区分配土地后，就是发展土地上的建设问题（把用血肉从地主手里夺来的土地，能够正确使用〈土地〉，能够从土地上生产出"用之不尽取之不竭"的东西。在土地的建设上首先就是供给充足的粮食，这里必须经过农业工会首先是雇农，依靠着贫农，吸引广大的中农群众，到发展土地的生产斗争中来。

开展土地建设的中心问题是解决生产工具、耕牛、种子问题，开办农具合作社、犁牛站和借贷信用的合作社。

在国家企业内工会就应当成为发展生产的主要突击队。

因为在今天苏区内的生产者还是农民与小手工业者，因此我们不但要在国家企业内发展革命竞赛，在下列条件之下：（1）为着军事的需要，（2）改善工人的生活，（3）在苏维埃与工会的监督之下。在这样的条件之下，而且可以在今天还在私人手里的企业内，发展革命竞赛，增加生产。

在发展苏维埃的生产中的重要问题是提高劳动纪律，在国民党的统治之下，使着工人失业、农民失地与脱离生产；另一方面又和一部分寄生虫，在资本主义社会内是无政治的生产。在这样的情形之下,就造成了社会的无政府状态。工会的任务就是要与旧社会遗留下来【的】无政府状态作斗争,为着苏维埃的秩序,为着提高劳动纪律斗争,"顽强地提高劳动纪律以及提高为劳动纪律与生产力之增长而斗争的文化形式,这对于提高国民经济、巩固苏维埃有特殊的意义"(列宁)。

在发展苏维埃生产中的另一个重要问题是熟练工人的问题,工会应当是供给熟练工人的主要源泉。

在发展苏维埃的生产中,应当去发展各种的合作社,用实际的例子证明给农民看,集体的劳动优越于个人的劳动,在经济上造成许多非资本主义发展的前提与优势。

(四)青工部与经济法权部的组织与工作

许多同志还不了解我们为什么要有青工部与经济法权部的组织,以及应该做些什么,怎样做。因此,在这里来解释这个问题是必要的。

我们的组织是"随机应变"的。为什么我们需要在工会内建立青工部? 因为许多的青工学徒、牧童没有吸引到工会内来,我们需要用这样的组织形式去把他们组织起来。

青工部是工会内的一部分,他不但是工会〈的〉机关的一部分,而且是一个群众的组织。但是虽然如此,青工部并没有他的独立组织系统,他的会员就是包括在工会内的年龄在 23 岁以下的青工会员。每个青工部的会员必然是工会的会员。各产业或联合会内的青工部应当在它的直接隶属的工会的领导之下。但是上级的青工部要去指示下级的青工部,〈并〉必须取得工会的同意。青工部可以另外地登记它的会员,但是青工部不得有另外的会员证,也不得单独地征收会费,他的会员证就是工会的会员证,他的会费应当向工会缴纳。

青工部必须参加整个的工会工作,到工会的一切会议,在青工的特殊问题上召集青工的会议。

在工会支部的地方,将青工组织青工小组。但在下列的情形之下:(1)如果全数〔部〕是青年工人,(2)青工没有特殊要求的地方,不需组织青工部或青工小组。

在许多地方还把青工部与青工委员会两个东西弄不清楚。青工部是工会内的一部分,但是青工委员会却不限于工会的会员,他是下层统一战线的组织,是包括广大的青工组织,在斗争时【是】领导斗争的组织。

经济法权部是团内的组织,他是在团的委员会领导之下的组织,他的目的"第一是帮助团来研究青工的问题。第二,团经过经济法权部去领导工会中的青工工作。第三,帮助与参加苏维埃劳动部的工作。

—完—

凯丰

1933.4.13 在闽赣两省总结会上的报告提纲

少共湘干〔赣〕省委翻印
七月二十二日

(录自中共赣州市委党史工作办公室馆藏资料,
地–17–27,复印件)

国家出版基金项目
NATIONAL PUBLICATION FOUNDATION

中央革命根据地
历史资料文库·群团系统

16

中共江西省委党史研究室
中共赣州市委党史工作办公室　编
中共龙岩市委党史和地方志研究室

中央文献出版社　　江西人民出版社

《中央革命根据地历史资料文库·群团系统》编纂委员会

目 录

团中央局为红色五月征收团员运动的决定

（1933 年 4 月 16 日）

（一）为什么要进行红五月征收团员运动？

因为：常胜的红军及广大的工农群众的坚决斗争中，已经在基本上和主要战线上击破了敌人的四次"围剿"与大举进攻，而日本帝国主义正在这个时候又占领了热河，侵入华北，全国反日、反帝、反国民党的斗争汹涌高涨，革命形势如飞一样地发展着。

在这样的飞速发展着的革命形势之下，团的政治影响是大大地扩大了，但我们团的组织发展仍是落在团的政治影响扩大的后面，所以在斗争的红五月中进行征收团员的运动，回答日本帝国主义的进攻，响应红军的胜利，十万的青年工农加入共产青年团，为着群众的团斗争。

（二）有什么可能来进行征收团员运动呢？

团在青年群众中的政治影响大大地扩大，青年工农群众的积极性极度地增高。如：少先队的整团整连整排地加入红军，青年工农劳苦群众踊跃地加入红军，普遍地成群结队地慰劳与欢迎欢送红军，自动地退还公债，热烈地借谷，节省经费与粮食帮助红军。

在一切行动中有无数的同情者、同志与未登记的团员，极大部分的青年都卷入到政治的斗争中来了，积极地参加斗争，这是给我们扩大团的组织最顺利的条件。

（三）怎样来进行征收团员运动？

〈这〉首先就要这一征收运动与整个的战争动员工作密切地联系起来。换句话说，我们的征收团员，只有在整个战争动员工作中，来吸收大批的青年工农群众到团内来，这就是布尔什维克发展组织的路线，是在斗争中而且为着斗争！

必须广泛地详细地解释中央局发出的关于征收团员的标语、传单，同时，各个〈的〉机关及支部应出版一次关于征收新团员运动的墙报，以及以区或乡举行晚会，表演新剧与话〔活〕报，同时召集少先队，各业青工、劳动妇女、儿童团等，青年群众的报告会，报告："团是怎样的在为工农青年的解放而斗争！""目前政治形势之下团的主张！"要求他们对团的批评，而踊跃地加入团来。使这一运动深入到广大的群众中去，不让有一个青年不知道共产青年团的征收运动。

（四）发展团的阶级路线

在进行征收新团员运动中，必须执行发展团的阶级路线，即是说：在征收新团员中，要吸收青工、雇农、学徒、运输苦力、店员，最受剥削的青年，忠实于革命工作积极的中农，大批地吸收红军青年战士、劳动妇女，以及青年群众的领袖入团，不让一个积极的青年工人站在团外。

（五）要赶上党超过党

由于共产青年团是以无产阶级青年为基础的广大劳苦青年群众性的政治的斗争的组织，是共产主义的学校，是共产党的后备军，团的组织应该比党要广泛，所以在红五月中，必须每个团员介绍一个新团员，达到团的组织赶上党、超过党。

（六）加紧对城市工作的领导

一般的现象是，城市工作要比乡村〈要〉差，忽视城市工作，仍在团内存在着，我们为得要大批地吸收青工到团内来，就必须加紧对城市团与青年群众工作的领导。因为城市是革命的堡垒，那里集中着更多的无产阶级成分，那里在经济上、军事上、政治上都有着更大的意义。

（七）健全支部工作

在红五月中征收新团员运动中，必须把支部工作建立与健全起来。要密切与改造支部，创造模范支部。

（八）怎样才能使这次征收运动得到完满的成功？

对征收工作的具体领导是征收运动成功的保障。需经常地对这一工作的检查、监督与帮助，对于这一运动的任何听其自然的现象，是征收运动最凶恶的敌人。

保证征收运动成功的先决条件，是坚决地与团内关门主义和对发展组织的消极作斗争，在团内存在着所谓反对秘密拉夫、反对和平发展、反对公开征求的观点，都是征收运动的敌人，必须受到严厉的打击！

同志们！我们万分地需要而且有着一切可能来扩大团的组织，决定征收运动的成败是握在我们每个同志手里。成败的责任是放在每个〈的〉同志的肩上。同志们，努力呵！只有不疲倦的波尔什维克①的群众工作才能去完成征收运动，争取征收运动的全部胜利，组织模范的运动——红五月的征收运动！

团中央局

四月十六日

（录自中央档案抄件）

---

① 波尔什维克，即布尔什维克。

中央苏区革命互济会第一次代表大会开幕

(1933 年 4 月 17 日①)

中央苏区互济会第一次代表大会,已于 4 月 12 日上午 9 时,在赤色的首都——瑞金正式举行开幕典礼,会场的布置极形辉煌壮〔庄〕严,到会代表总共有 187 名,其中各县区的代表有 140 名,红军代表 31 名,赣东北 9 名,此外尚有中央局、中央政府及党校等代表很多。正当大会举行开幕典礼时,瑞金县政府及各群众团体都敲锣打鼓地走入会场,并献上赠送大会的彩匾、对联等物,一时会场高呼口号,代表们则以热烈的掌声来答谢。瑞金县政府大会首先通过了由筹备委员会提出的彭子星同志等 30 人为大会主席团,继由中共中央局、中央政府、全总执行局、红军学校等机关代表致词。全体代表兴高采烈,欢欣鼓舞,掌声如雷,后由大会代表致答词。下午 1 时,全体代表整队前去参加反白色恐怖的示威,在会场上全体代表的情绪异常热烈,至 6 点半钟才闭会,便是这样,壮〔庄〕严雄伟的大会开幕第一天便很快地过去了。

(录自《红色中华》第 70 期,1933 年 4 月 17 日)

---

① 原文无时间,此为《红色中华》第 70 期的出版时间。

五一节与劳动法执行的检阅

（1933 年 4 月 19 日）

洛 甫[①]

　　自从中华苏维埃共和国中央政府颁布劳动法以来,差不多快要一年半了。在这一年半内,由于劳动法的部分地执行,工人的生活是部分地改善了,工人的积极性是大大地提高了。然而这一年半的经验同时告诉我们,这一为了大都市大生产所订立的劳动法,在经济上比较落后的苏维埃区域内,是不能完全机械执行的。一年半的经验,要求我们的党与苏维埃政府用十分审慎的态度来解决我们在执行劳动法中所遇到的各种困难问题,使劳动法的执行更能够适合于我们目前的环境与需要。

　　第一,我们必须说的,劳动法的执行,决〔绝〕不能与整个苏维埃政权的利益相抵触。巩固苏维埃政权,这是无产阶级斗争目前的最高原则。而巩固苏维埃政权,首先就是巩固工农的联合。机械地执行劳动法,无疑地会影响到农民群众,使他们发生不满意的情绪。

　　举些实际的例子吧。在赣东北的横峰县乡下有个雇农,名叫陈克思,16 岁,由工会青工部的领导,同雇主订立了劳动合同。在劳动合同上规定,实行每日工作 6 小时,不担 40 斤以上的担子,工钱从 8 元增到 16 元。而这个"老板",却是贫农。另外有个 15 岁的牧童,名叫吴树德,每日工作 4 小时,工资由 4 元增到 10 元,挑担子不得超过

---

　　① 洛甫,即张闻天,时任中共临时中央政治局委员、常委。

30 斤,而"老板"又是贫农。还有一个牧童过去没有工资,现在拿 15元。而这样的例子还可以举的很多。(见赣东北少共省委组织部出版《团的建设》13 期)

同志们试想,一个贫农雇用一个每日做工 4 小时的牧童,那他每天至少还须〔需〕雇用两个以至三个牧童来养他的牛,如若这样,他必须每年花三十余元大洋,这当然是贫农所不能负担的。结果农民不再雇用牧童,而使牧童失业。这样不但农民不满意,就是牧童也会怀疑到我们的领导。

在许多苏区,现在都是这样的情形。农民对于工人工资的加倍增加与工作时间的减少,是不满意的。这种不满意,就值得我们的党与苏维埃政府的严重注意。我们不能简单地把〔用〕"这是落后的农民意识"一句话,把实际的情形掩盖起来。应该看到在苏区农村中间,目前雇用补助劳动力的,大多数是中农,而这些中农,不是我们的敌人却是我们的同盟者。我们的党与政府在这种情形之下,应该用一切方法改良工人的生活,而这种改良,使农民也认为必要,而且也认为可以实行的。

就因为这一原因,所以国际雇农工会在《关于中国雇农工会的决议案》上提出把苏维埃劳动法"加以必须的修改,以便适合于农业的特点(农业与工业是不同的)",并且提议"雇农工会必须会同苏维埃机关提出公布雇农劳动法的问题。"(见《工运指南》185 页)这里修改的原则显然是要使我们的劳动法,更能适合于乡村,使我们在执行劳动法中巩固工农的联合。

对于沿门卖工的师傅情形也是如此。这些人大多数都是劳动者,虽是他们剥削他们的学徒,这些人也不是我们的敌人,而是我们自己的人。然而,我们现在把劳动法同样地搬到这里来。我手头有许多全总执行局送来的劳动合同,这些千篇一律的合同,许多是师傅同学徒订的。我现在抄一个在下面吧。"成年工人 8 小时,青工 6 小时,童工 4 小时,若多做时间,工资加倍。星期日不做工,工资照给,若要做时,经过劳动部及工会同意,工资加倍。工人吃烟、穿草鞋、剃头等都要师傅发给，不得克扣工资。工人有病要师傅诊治，药费工资应由师傅发给。工人去当红军，应要师傅发三个月平均工资。工人参加机关工作，要师傅发给一个月平均工资。无故不得开除工人，若要开除工人，【须】经过劳动部及工会同意，发给三个月平均工资。等等"工资则一般地每月从40毛到90毛。

试问在这些条件之下，这种沿门卖工的师傅，还有愿意再带学徒的吗？当然没有。这里师傅是不满意，学徒也会失业，而熟练工人没有后代。这里劳动法的机械执行，对于苏维埃政权与工人阶级本身都有害处，没有好处的。我们的党与政府应该用一切力量，立刻改善学徒的生活，消灭师傅对于学徒的封建式的剥削，但同时必须要使师傅带学徒是有利的，而不是贴本的。这种利益，实际上等于学徒学习技术的学费。而且这样的师傅，我们并不能把他排斥于工会之外。这里，显然的，苏维埃政府必须订立关于学徒的新的补充劳动法令。

其次，劳动法的执行决不能使我们苏区的经济衰落，发展我们苏区的经济是目前的中心任务。我们的党与我们的政府，要在事实上证明给千千万万帝国主义国民党统治下面的以至苏区内的群众看，我们不但能够破坏旧的，而且我们能够创造新的。在苏维埃统治之下，不但生产力不低落，而且迅速地发展，工人群众不是贪吃懒做的"共产"，而是新社会的创造者。

然而，我们在执行劳动法中，却表现了我们的党与政府对于这一基本问题的许多不了解与漠不关心的态度。这里，我手头有许多商人、老板给工会的请求书，从这些请求书中也可以部分看出，机械地执行劳动法的结果，必然是工商业的凋零。

这里举一个汀州市的例子。昂格斯路恒丰荣烟店共有资本毛洋4千角。曾由工会介绍两个半工人去做工。其中刨烟工人李振光，从11月8日起至4月20日止，每月工资大洋20元，又年关双薪20元。年关鞋袜大洋5元，特别要求大洋3元等等，老板共计付洋1458毛。然而尤其奇怪的，是这个工人并没有在店内做过一天工。因为这个工人大约是在苏维埃政府或其他地方做事或开会去了。因为依照劳动法五十二条"工人去参加苏维埃选举,出席苏维埃大会,参加职工大会或会议,担任工厂委员会的工作,被法庭叫去作当证人、鉴定人或陪审员等,在执行工作期间,无论时间之久暂,都不得克扣工资。"

在小的城市中间,对于小的企业主,不管他现在所处的情形,而想机械地执行劳动法上的每一条文,甚至还要添加许多花样(如工人是少先队队员,则老板必须发雨衣、梭标〔镖〕、制服、套鞋等等,过年除旧历年关双薪外,还有过年费,等等)。那结果老板当然因为不能负担,而倒闭他的企业。这种现象,更因为党、政府与工会实行向资本家强迫介绍失业工人的完全错误办法的施行,在目前更为严重了。当然,许多老板商人关门逃跑,是因为他们想破坏苏维埃的经济。然而我们这种政策的结果,正给了他们以关门的口舌,而且其中确有不少,是因为营业的不能维持而倒闭的。

要发展苏维埃的经济,在目前不尽量利用私人资本是不可能的。私人资本主义的部分的发展,对于我们并不是可怕的。这种发展,可以增加我们苏区内的生产,流通我们的商品,而这对于苏维埃政权现在是极端重要的。但是要使私人资本家投资到生产中或商业中来,那必须使他们有利可图,而不是亏本的。世界上没有这样的资本家,他的投资是为了亏本。

在这里,我们必须估计到的,就是在目前苏维埃区域内,我们还没有大的资本主义的企业。我们所有的大多数是小的,至多是中等企业。我们想在这里把劳动法上的每一条文执行起来,当然是不可能的。比如一个铺子内有两个青工的店员,如执行工作 6 小时,那这个铺子从早上 8 点钟开,到下午两点钟就得关门,不然他还得用两个店员。如若一个在苏维埃或工会中工作,那他名义上用两个青工,实际上只有一个青工。再如若一个青工进店不久,即当红军去了,那老板就得付他三个月工资。如若一个工人进来不到三天,他就自请退职,那老板又须付他半个月工资。这样下去,当然不久,这店铺就不能不关门。

所以在小的企业中间,劳动法上的有些条文,是不能机械执行的。在有些企业内应该尽量改善工人的生活与待遇,增加工资,但工作时间却不能完全依照劳动法执行。如木船工人、做纸工人,这里要实行 8 小时、6 小时、4 小时的规定就极端困难,虽是在劳动合同上是那样的规定着。我们完全不能同意木船青工因为要实行他的 6 小时工作,所以撑船到半路上就停下来了。这里需要我们执行劳动法时,不是官僚式的下命令,而是能够具体地估计到企业的大小,企业的特点与实际情形,而有伸缩性。而且有些条文(如关于三个月、半个月的津贴,可以自由地以开会或疾病等名义不上工等)必须立刻修改。工人也不能有意破坏或不执行他们自己所订立的劳动合同。在工人自愿的原则之下,在增加额外工资之下,在私人企业内增加工作时间是可以容许的。

最后,在劳动合作社内,劳动法的执行,更不能不有变通的办法。然而我们过去党与工会的领导者都同样的把劳动法完全搬到这里来,结果合作社同样的因为赚不到钱而倒闭了。这样合作社不能发展,发展合作社的口号变成空喊。甚至有这样滑稽的事情,工人自己的合作社,大多数的工人同工人自己选举出来的管理员订立劳动合同,照样的实行劳动法!因此,群众觉得与其加入合作社贴本,还不如摆些小摊子的好。

工人们在自己的生产合作内,可以延长他们的工作时间,可以尽量提高他们的生产力,这样使合作社的生产增加,商品的成本便宜,生意兴隆,赚钱多,结果工人的生活也可有更多的改良。就是生产与消费合作社雇用工人时,我们在执行劳动法时更应该采取一些不同的具体办法。

在国家企业内,劳动法上有些条文的机械执行,同样地会损害国家企业的发展,这里在工人自愿的原则之下,可以相当地延长工作时间与减低工资。经济核算制度,同样的适用于国家企业之内。必须用一切方法提高国家企业的生产力,使生产合理化。在国家企业内的劳动纪律,应该是模范的。在这里,工人们必须表示共产主义者对于劳动的态度。

总之,一年半来,在为劳动法的斗争中,使我们得到了不少的经验,使我们更能够根据〈于〉实际情形修改与补充我们的劳动法,使劳动法更能顺利地执行。在乡村中,农业工人应该有农业工人专门的劳动法,对于沿门卖工者的学徒,应该有单独的学徒保护法令。劳动法本身也应该有很多的修改。这种新的劳动补充法令的订立与旧的劳动法的修改,不但不会引起工人的不满意,而且更能够引起工人对于党、工会与苏维埃政府的信仰。

劳动法的修改与订立不但是为了工农联合的巩固,为了发展苏维埃经济,而且也为了工人阶级本身生活的改善。只有苏维埃经济的发展,才能使工人生活更大地改善,才能使工人免于失业,才能在生产中容纳更多的工人。在目前用"把资本吃完了再说"的政策,结果必然使苏维埃经济凋零,使工人失业,使工人的生活恶化。这种政策实际上是代表一部分落后工人的小资产阶级的意识,代表一部分工人眼前的狭窄的工团主义的利益,而牺牲了或损害了整个工人阶级的利益!

当然,就是我们有了更完善的劳动法之后,我们的党与工会还是需要更活泼地来实现我们的劳动法。我们的集体合同与劳动合同,必须更能适合于雇主的对象,与雇主所处的经济情形。譬如在目前对于获利很高的酒菜馆,可以提出较高的要求,而对于无利可图的洋货业,则不能不提出较低的要求。一切这些只有党与工会的正确的具体领导,才能适当地正确地去执行劳动法,才能不是条文上的,而是实际上地改善工人的生活,把工人阶级的积极性与忠诚提到最高限度!同时苏维埃政府应该给各级劳动部以执行劳动法的训令,告诉他们,如何在不同情形之下,对不同的对象,变通劳动法的执行。

必须最坚决地打击那些反对改良工人生活,反对实现劳动法上的一些基本条文,以为工人阶级在目前应该牺牲自己的利益,以巩固苏维埃政权的右倾机会主义者,但同时必须同那些不顾任何情形企图完全机械地执行劳动法的"左"的倾向作斗争。这种"左"的倾向正是在给右倾机会主义者造成劳动法不适用于苏维埃区域内的理由与证据。左右倾机会主义者在这里同样的是互相帮助的。因此要顺利地开展反对右倾机会主义的斗争,必须同时清除这种"左"的障碍物。

四月十九日

(录自《斗争》第 10 期,1933 年 5 月 1 日出版)

关于苏区工人的经济斗争

（1933 年 4 月 25 日①）

陈 云

　　一年以来，党与工会在改善工人生活，领导工人经济斗争中，已经极大地开展〔调动〕了工人群众的积极性，一万工人英勇地参加红军，踊跃地退还二期公债，领导了乡村的查田运动，这些事实证明只有工人生活激进的改善，是巩固与发展苏维埃政权的先决条件。

　　但是苏区党与工会内忽视工人经济斗争，忽视工人在分田以后的经济上的要求，还是一般的存在着的严重现象。一方面不去领导工人改善生活，一方面却凶骂工人不革命，或者说工人落后于农民，甚至要工人在战争时期忍受资本家的任何压迫不要反抗（湘赣）。这种机会主义的说话，由于他们不了解，只有工人的经济地位改善了的时候，才能提高工人阶级的觉悟，发展他们参加革命的积极性。由〈于〉这种机会主义的观点出发，所以对于农业工人在分田以后缺乏耕牛、农具、肥料实际的困难，没有领导他们用工人阶级的互助合作，与取得政府帮助，来解决农业工人的困难。许多乡村工人没有增加工资，同时因为没有劳动介绍，被富农与地主残余夺取了乡村工人的工作，成万失业工人因为敌人的经济封锁与资本家阴谋怠工而遭遇着不能生活的痛苦，我们没有去领导他们在与资本家坚决斗争中，在发动他们的互助与合作运动中，在积极领导他们参加苏维埃建设与

---

　　① 原文无时间，此为《斗争》第 9 期的出版时间。

参加战争的工作中来改善他们的生活,来救济失业工人。许多女工青工,虽然与成年工人同等工作,我们没有领导他们起来争取同样工资与女工青工的特殊要求,没有解决学徒的失业与帮助学徒的学艺与增进学徒的技能。许多工会收了极大数量的社会保险金,不去救济工人,反而被工会机关乱用。忽视了苏区工人目前这些最迫切的问题,是阻止了工人群众参加革命的积极性的发展,是目前苏区在职工运动中最危险的右倾机会主义。

最坚决地反对阻止工人斗争,忽视经济斗争的机会主义,切实地领导工人解决他们一切困难,发展农村中间的犁牛站与农具生产合作社,改善乡村工人的生活,实行劳动介绍来保护乡村工人的工作,建立失业工人的生产合作社,建立失业工人的饭堂,动员失业工人去参加政府与战争的工作,领导女工青工学徒,争取他们的经济利益,举办学徒的习艺所,增高学徒的技能,规定缴收社会保险金的办法,迅速地把已经缴收的社会保险金规定具体办法来实施救济。党与工会要拿住了工人群众这些最迫切的问题去改善工人的生活,不放松工人每个日常斗争的领导,提高他们的阶级觉悟,领导他们积极参加苏维埃工作与革命战争,这是党在职工运动中的最重要的任务。

但是在领导工人经济斗争中间,存在着极端危险的工团主义的倾向。这种工团主义的倾向,表现在工人群众只看到行业的狭小的经济利益,妨碍了发展苏区经济巩固苏维埃政权的工人阶级的根本利益。许多城市中商店作坊中提出了过高的经济要求,机械地执行只能适用于大城市的劳动法,使企业不能担负而迅速地倒闭,或者不问企业的工作关系,机械地实行八小时与青工六小时的工作制,不顾企业的经济能力,强迫介绍失业工人,在年关斗争中许多城市到处举行有害苏区经济流通的总同盟罢工,这种"左"的错误,可以使许多企业作坊的倒闭,资本家趁机提高物价。所以,这种工团主义的倾向是破坏苏区经济的发展,破坏工农的经济联盟,破坏苏维埃政权,破坏工人自己彻底的解放。

正如列宁同志所说:"如果产业工人将专注于狭隘的行会利益,

狭隘的职业利益,以及从心所欲地只限于以用心改善自己的地位,有时是安闲的小人的地位,那么这些工人便不能执行自己全世界历史的使命,即把人类从资本压迫中和战争中解放出来的使命。在许多先进国家里的"工人贵族",恰恰就是这样,他们是第二国际下的似乎是社会主义的诸政党之基础,而实际上是社会主义最凶恶的敌人,社会主义的出卖者,小人的国家主义者,工人运动中资产阶级的代理人。

这种"左"的错误的领导,非但不能发展工人阶级的觉悟与提高工人的积极性,相反地只能发展一部分工人不正确的浪漫的生活,使工人群众不信任党与工会的领导。而且这种"左"的错误,恰恰被资本家利用来一方面欺骗工人,使工人脱离工会的领导,同时实施对于苏维埃政权的怠工。

这种错误的来源,由于政治上的工团主义的错误,同时也由于我们领导工人经济斗争中间,并不深入群众与官僚主义的领导,不去估计商店作坊各个不同的实际情形,只是提出一般的并不适合每个企业的笼统的要求纲领,所以各业的集体合同虽然不断地订立,但是每个【行】业的许多店铺的失业工人与工人迫切要求仍是没有解决。

党与工会必须在工人群众中详细解释,工人阶级一方面要争取改善自己的生活,另一方面必须把发展苏区的经济、巩固工农经济联盟、巩固苏维埃政权看成工人自己根本解放的任务,要使工人了解不彻底推翻资产阶级的统治,工人【就】不能解放自己,使争取日常利益的斗争,最密切地与争取革命完全胜利的斗争联系起来。

党与工会在经济斗争的领导上必须纠正官僚主义的一般的领导,必须重新审查各业集体合同的具体条文,审慎地了解各业的每个商店作坊的经济能力,依照企业的实际情形,规定适当〔合〕于这个企业的经济要求。

最审慎地去考察资本家怠工与否,分别各种情形去执行不同的策略,领导工人坚决地反对在经济上故意停止营业破坏苏维埃经济的资本家,监督这个店铺作坊的生产。对于确实因为没有来货、无货可售的或是确实生意清谈〔淡〕,将要倒闭的资本家,工会应该领导工人要求资本家继续营业,同时应该领导工人在他们自愿的条件之下,减少一部分工资,到企业不致倒闭为度。在某些企业的工作关系上不能实行八小时工作制(如木船等),应该取得工人的同意,用增加额外工资的办法来补偿额外工作的时间。党与工会只有这样去了解实际情形,给予各种工人以具体的领导,才能提高群众斗争的积极性,取得工人的信仰,团聚群众于我们的周围。

对于工人群众的经济斗争领导上,是自上而下命令的脱离群众的,许多地方的工人斗争的要求,抄录了劳动法,所有集体合同,千篇一律,没有表现出各个企业的不同的工人自己的要求。这就是说这些斗争的要求,不是工人群众自己提出的,不是真正他们自己的要求,不论形式上我们召集了几次群众会议,不论群众已经举手通过,但是实际上这种斗争要求与集体合同只是工会机关自上而下提出的,并不是群众最迫切的要求。这种要求与集体合同,并不能取得群众热烈的拥护,并不能使群众有决心为实现这些要求而斗争,而且可以阻止群众斗争的积极性。这种错误的领导,可以而且必然为资本家利用来煽动工人对于工会领导的怀疑,模糊工人的阶级觉悟。

对于斗争方式的领导上,同样存在着不发动群众、命令群众的错误,过去运用脱离群众的完全依靠政府力量,或是逮捕资本家、戴高帽子游行的斗争方式。但是纠正了这种错误以后,在去年年关斗争中,同样不去发动群众与资本家的谈判,不发动群众的一切斗争的行动来要求资本家答复这些要求,反而到处发展着总同盟罢工。这些总同盟罢工,没有经过群众慎重的讨论,没有提高与组织群众斗争的积极性,只是上级机关的命令。过去许多斗争方式的错误的根源,是由于我们不了解每个工人的日常斗争,必须依靠于群众自己的斗争的力量,依靠于群众的斗争积极性,党与工会的任务要在每个斗争中去组织与提高群众的斗争的积极性与阶级觉悟。

在苏维埃政权之下经济斗争中间举行总同盟罢工,不但妨碍商品流通,不但妨碍红军的作战的行动,而且〈却却〉被资本家利用去团结一致,来反对工人的斗争,来实施对于苏维埃经济上的怠工。因此,这种总同盟罢工不但是斗争方式上的错误,而且是政治上的极大的错误,非但对于工人阶级最高利益——巩固苏维埃政权——没有任何利益,而且不能提高工人的阶级觉悟与政治觉悟,不能正确地提高群众的积极性。

工人群众的经济斗争,必须依靠于群众自己的最积极的行动。每个日常经济要求,每个集体合同的条文,必须是群众最迫切的需要,必须经过群众慎重的讨论,要组织群众自己选举的有威信的领导斗争的委员会,要组织工人自己的一切斗争的行动。只有群众自己的要求,才能使群众有决心与信心来争取这些要求。党与工会的任务是要正确地了解群众的要求,抓住这种要求来动员群众、领导群众,为实现这些要求而坚决斗争,提高群众阶级的、政治的觉悟,取得群众对于党与工会的热烈地拥护。

在斗争的方式上,不但要立即纠正错误的总同盟罢工,而且领导斗争的过程中,采取各种斗争的战术来组织与提高工人斗争的积极性。每个工人群众决议了的要求,工会要领导工人自己起来,选派代表与资本家谈判,在群众面前暴露资本家压迫与剥削工人的实质。即使对付那些顽强的资本家,要采取罢工手段时,必须在罢工以前采取交涉谈判、包围等各种方式的斗争,在这些斗争的过程中,去提高群众斗争的积极性。

工人斗争的战术上,必须分裂资本家的团结,因此每个商店作坊的工人斗争,应该依据自己的资本家经济状况来进行与自己店内资本家斗争。同时,工会应该组织同业的与各业的工人用开会、慰问、示威、包围等各种同情援助的方式,来提高阶级团结情绪,与组织阶级团结的力量。

只有这样的了解群众情绪、依靠群众力量、组织群众力量的各种斗争方式,才能正确地发展工人的阶级与政治的觉悟,发展无产阶级斗争与组织的力量,才能揭露资本家欺骗工人的阴谋,使工人清楚地了解工人与资本家是势不两立,提高他们的决心,为着推翻整个资产阶级与争取工人阶级最后解放而斗争。

职工运动中忽视工人经济斗争，忽视改善工人生活的要求，与阻止工人积极性的发展的右倾机会主义，和经济斗争中的妨碍苏区经济发展的工团主义的倾向，都是与党在苏维埃运动中正确的路线不能并立，党必须清楚地估计到工人经济斗争中"左"右【倾】机会主义是对于巩固与发展苏维埃的莫大的危险。正确地领导工人的经济斗争，在每个斗争中去教育工人，提高工人的阶级觉悟，发展工人参加苏维埃国家建设与革命战争，使每个工人经济斗争为了巩固工农的联合与无产阶级在这一联合中的领导权，为了苏维埃政权的发展与巩固。

在经济斗争上开展两条战线的斗争，同样是我们在目前的中心任务。

（录自《斗争》第 9 期，1933 年 4 月 25 日出版）

"五一"劳动节中国手艺店员工人
第一次代表大会开幕

(1933 年 4 月 26 日[①])

中国店员手艺工人第一次代表大会,在全总执行局领导之下,将于伟大的"五一"劳动节日开幕了。大会一切准备工作——各级选举运动、大会决议草案、秘书处、事务处、招待处、布置股等工作都已有了充分的准备。这次当选代表共有五百余名,湘鄂赣、湘赣、闽浙赣的代表已经到了五十余人。这次大会任务,是检阅过去斗争的经验与教训,来具体地讨论今后工作。大会要领导全中国店员手艺工人为拥护这次代表大会而斗争!我们相信这次大会必顺利地得到完满成功,完成他们的任务。(郭南熏)

(录自《红色中华》第73期,1933年4月26日)

---

① 原文无时间,此为《红色中华》第73期的出版时间。

关于"五七""五九"的五分钟报告大纲

（1933 年 4 月 30 日）

"五七"是日本帝国主义下最后通牒强迫中国承认他二十一条的日子，"五九"是卖国的袁世凯军阀签字承认他二十一条的日子。

1915 年正是第一次世界大战的时候，所有的帝国主义，都在欧洲进行抢夺殖民地的强盗战争，无暇顾及东方的事情。日本帝国主义就趁这个机会，想完全侵吞中国，在五月七号，就向袁世凯政府提出了二十一条，限 48 小时内答复，卖国军阀袁世凯竞〔竟〕于五月九日把这个断送中国的条约签字了！

二十一条的主要点，就是要把山东省的铁路、矿山、商埠及一切权利，完全要归日本管理，把满洲（即现在东山〔三〕省）的铁路、矿山等也要归日本管理和开办。中国的军队、警察要由日本人来训练和管理。这二十一条就是二十一条锁练〔链〕，要想把中国民众用这些锁练〔链〕捆起来，为日本帝国主义做奴隶。当这个条约提出来的时候，全国民众虽然都很激烈地反对，而卖国的袁世凯军阀却不管民众反对不反对，归终签字承认了。

在今年纪念"五七""五九"的时候，客观的形势是更严重了，一方面日本帝国主义对中国的侵略，比 18 年前是更加紧了，在去年占领了东山〔三〕省、血洗了上海后，又占领了热河、秦皇岛，猛攻着华北，并且在沿长江各口岸又调动了大批的军队，准备着对中国民众更大的屠杀；一方面国民党政府比袁世凯政府也更无耻地卖国了，在出卖了东北几千万【平】方公里的领土后，又正在进行着出卖华北，以及整个的中国,并且还竭力地尽其帝国主义走狗的作用,镇压民众的反日反帝运动,禁止抵制日货等等;同时又调了百万的军队,来"围剿"苏维埃和红军,阻碍着红军与日本及一切帝国主义直接作战!

因此,在今年纪念"五七""五九",我们的任务更重要了,我们应该紧急动员起来,加入红军! 加入地方武装! 节省经费,充裕前方红军战费! 彻底粉碎敌人四次"围剿",争取与帝国主义直接作战,打倒日本及一切帝国主义! 打倒帝国主义的走狗国民党!

最后我们高呼——

反对日本帝国主义侵略中国!

反对国民党卖国投降!

废除一切不平等条约!

创造百万铁的红军!

工农群众加入反帝拥苏同盟来!

中央苏区反帝拥苏总同盟宣传部

1933 年 4 月 30 日印

(录自中共赣州市委党史工作办公室藏件,

中 33 – 3 – 93,复印件)

中国农业青工代表会的总结

（1933 年 4 月 30 日①）

新　怀

　　此次农业青工代表会，是在农业工人代表会闭幕后举行的。他的任务与目的是：定出今后青工工作的方式与农业青工的斗争纲领。根据农业工会代表大会的一切决议和纲领，来号召全国的农业青工，为实现目前这些伟大的任务而斗争。

　　大会的代表一致同意全总执行局青工部的报告，指出农业青工工作中所得到的成绩，另一方面指出过去农业青工工作中犯了两种极严重的错误：（1）忽视青工的利益，取消了青工的斗争；（2）把工业的劳动法，搬到农村中机械地执行，结果造成农业青工、牧童的减少。

　　大会认为目前农业青工运动中，必须反对两种不正确的倾向：一种是说农业青工已经分得了土地，无斗争对象，不了解虽然分得了土地，他的耕牛、耕具、种子等困难；另一方面把工业劳动法拿在农村机械的实现，提出过高的不能实现的要求，不注意工农联盟的利益，不分中农、贫农与富农，一样地看待。这些"左"右倾的错误再也不能容许下去了，必须迅速纠正。

　　领导农业青工经济地位的改善，是争取革命战争胜利的条件之一。根据过去青工工作中这些经验与教训，在这些代表会作成具体的决议——目前农业青工工作具体任务与农业青工的斗争纲领，深

---

　　①　原文无时间，此为《青年实话》第 2 卷第 13 号的出版时间。

刻地了解发动下层青工,完成这些伟大的任务。

　　这次农业青工代表会特别地提到农业青工利益的保护,牧童利益的保护,提高政治文化教育的水平。号召青工坚决执行大会的决议和纲领。号召青工到红军中去,完成农业工人师的计划,号召青工加入各种合作社,解决耕牛、耕具、种子等困难问题,这些问题的解决都是来解决青工切身问题。这是中国农业中的青工破天荒的一回事,这次大会的成功是开辟中国农业工人运动的新纪元,成立了中国农业工会,将号召苏区与白区的千百万农业工人,为着推翻国民党的统治、建立苏维埃而斗争!

　　　　　　　　　　(录自《青年实话》第 2 卷第 13 号,1933 年 4 月 30 日出版)

团的春季冲锋季工作的总结

（1933 年 5 月 1 日[①]）

作　霖

团的春季冲锋季,是在这样的情势之下决定和进行的:

帝国主义积极向中国进攻,日本帝国主义占领榆关热河,进攻内蒙和平津,国民党无耻地步步投降卖国,反日民族革命战争和全国民众的反帝潮流日益发展;同时,工农红军在各个战线上获得伟大胜利,革命形势开展着一个新的局面。

在团的本身方面,经过了去年的冲锋季,已开始走上布尔什维克群众的团的道路,但团的工作,还是赶不上革命战争的猛烈发展。

很显然的,在这样的情势之下,团以寻常的速度和工作方法,是不可容许的,所以要进行冲锋季,进行猛烈的有组织有计划的突击,开展团的全部工作,使团的各方各面的活动,能适应战争的需要,使团成为苏维埃和红军最亲切有力的助手,使团成为坚强的战斗的列宁青年团。

● ● ●

团在冲锋季中主要的成绩和进步,是政治上坚定于党的路线,坚决反对罗明路线。正因为此,在扩大红军工作上,少先队的动员上,新区域工作的建立上,帮助苏维埃政府推销公债和借谷运动上,团的

[①]　原文无时间,此为《斗争》第 10 期的出版时间。

发展上,都得到了一些成绩。

但不管有这些进步和成绩,我们却必须严格指出:团并没有完成冲锋季。团在实际上的收获,与冲锋季应有的和可能的成就相差的很远。

在扩大红军和少先队的动员上,造成了极顶严重的逃跑现象,这种现象,现在正威胁着我们;在经济战线上的争斗,团开始提出了一些任务,但是缺乏系统的具体的工作;工会中群众的青工工作,至今没有建立,对青工斗争消极忽视的倾向普遍存在,同时,机械执行劳动法及斗争方式上各种"左"的倾向,在团内增长着。团的发展,依然落后于党很远,团员的积极性日益发扬,但团一切组织的工作的方法,还不能适应急剧开展着的战争的环境。

所以,说团在冲锋季中的工作完全没有成绩,或者说整个工作是退步了,或者一般的说团是落在青年群众积极性的后面——像团内有些同志的估计,自然是悲观失望的错误估计。但若照例地说有成绩也有缺点,而不明确指出冲锋季之没有成功,也是庸俗的官僚式的态度,实际上阻碍我们去警惕地了解冲锋季工作的教训,对团是有害无益的。

●　　　●　　　●

团为什么不能完成冲锋季? 最主要的是因为团没有去领导冲锋季。团中央局以自我批评精神,指出就是中央局自己,也没有为着完成冲锋季,充分采取种种具体的步骤和办法。团的省委、县委以至区委,同样的都是照旧工作,没有具体定出自己的任务和计划,没有检查工作,没有利用每一个县的经验,没有对落后地方的具体帮助,没有及时地与工作中的错误和缺点斗争。因此,团省委和中央局在冲锋季完毕时,都不能立即做出冲锋季的具体结论,决不是过分的说法。团的领导机关,定出了一个冲锋计划(这些计划也都是千篇一律的),便似乎冲锋季已经完成,坐待总结,高呼"冲锋季成功万岁"了。这样是领导冲锋季工作吗? 这是根本没有领导。在这样官僚主义的、放任主义的作风之下,冲锋季必然是无法完成的。

团内反倾向的斗争,一般的还只是在文件上。"两条战线斗争",确是说得很热烈、很坚决,但好像把它当歌唱,斗争是没有实际深入地开展起来。团内很多有害的机会主义观点,没有受到应有的布尔什维克的打击。少数边区的团,曾经与党一起执行了罗明路线,但反罗明路线的斗争在这些团内进行得很不够,甚至有些团(干县①寻邬②等)至今还未挣脱罗明路线的泥坑。团内对进攻路线缺乏明确的了解,还流行着一种对进攻路线的曲解,以为进攻路线便只是军事行动的积极化,这说明团内斗争的不深入,也是冲锋季不能完成的一个重要原因。

有些团的组织,认为冲锋季的不能完成,由于"边区群众悲观失望,腹地群众太平享乐"(团赣县委),"青年群众不好,怕当红军","团员都是拉夫拉来的,都比群众落后"(团石城县委)。这显然是绝对错误的,是一种对于青年群众和团员群众的诬蔑,一种把错误推到群众和团员身上去的可耻的企图。真是由于群众和团员不好吗? 不是的! 恰恰相反,正是由于这种不相信群众和团员的罗明路线的观点,才使这些地方团的工作落后了。

●   ●   ●

现在,团的春季冲锋季已经完毕,当然不是开玩笑似的再来一个冲锋季。但当前新的形势,给了团很多新的任务,团必须继续和发扬冲锋的速度去执行和完成的。团应该把冲锋季的速度和工作方法,成〔作〕为经常的速度和工作方法。

不使冲锋季空过去,体验和了解冲锋季给予团的经验,运用这些经验到今后的实际工作中去。以卓越的努力,以充分的实际工作,把党的总路线在青年运动中去实践,对当前形势和党所给予的任务,给

---

① 干县,今江西省赣县。
② 寻邬,今江西省寻乌县。

以布尔什维克的回答。

团的冲锋季之不能完成,各级党的组织,也是要负责的。这里,提在党的组织面前的任务,是要以对团的具体领导和帮助,来代替那种对团的工作之消极和忽视态度。

(录自《斗争》第 10 期,1933 年 5 月 1 日出版,第 12—14 页)

红军中的团与青年的工作

（1933 年 5 月 4 日）

王稼祥①

在执行三个月团与青年工作的竞赛中，一般地获得了显著的成绩。团员在节省经费退还公债的运动中，在提倡卫生、减少病兵的工作中，在反对逃兵保障红军的努力中，特别在战斗中的英勇奋斗，充分表现团在青年战士中的积极领导作用，使团成为党在红军中的得力助手，帮助党更加加强了在红军中的领导。获得这些进步与成绩的主要原因，是由于团内有了充分的政治动员，团员积极性一般地提高了，在团员中造成了执行"四不、五要、三努力"②的热潮。更由于团内生活的改善与青年特殊教育的内容与方式的改进，模范组的建立与团的发展的质量的增进；特别是党对团的领导的加强，实是团的工作进步的最重要的前提。不正确估计这些进步，而依然认为团与青年工作停在取消的状态中，这毫无疑义的是右倾的机会主义的悲观估计。

可是我们决不能以这样的进步认为满足了，决不能以进步来掩盖目前团的工作中的错误与缺点。

---

① 王稼祥，时任中革军委副主席兼总政治部主任。

② 四不，指不抽烟，不喝酒，不怕苦，不掉队；五要，指要团结友爱，要遵守纪律，要讲究卫生，要搞好军民关系，要积极参加文体活动；三努力，指努力提高政治觉悟，努力提高军事本领，努力提高文化水平。

第一，没有了解"青年化"的主要精神在于全部执行党的进攻路线到青年工作中去，而是很庸俗地把"青年化"了解为仅仅是适合于青年情绪的一些青年工作方式（如唱歌、讲笑话之类），这样毫无疑义地将降低了团的任务，阻碍了团与青年工作在政治上的发展与进步。

第二，团内部分的先锋主义倾向的存在，这表现在部分的青年干部，在个别工作上的离开政治机关领导的独立工作倾向，这表现在随便滥用取消主义的名词来与党的领导对立，甚至于借口党对团的取消主义来掩盖团与青年工作中的清谈倾向。

第三，领导方式与工作方式尚无彻底的转变，缺乏具体的领导，缺乏工作的督促与检查。革命竞赛尚未能真正基于团员与青年战士的积极性，很实际地活泼热烈地去进行，竞赛的条文太多，不具体，缺乏中心内容，以及官僚主义的一般领导和巡视工作中的形式主义，还是浓厚地存在着。

第四，因为有以上的错误和缺点，在团与青年工作中的落后现象，便不能彻底肃清。这些落后主要表现在团的发展的迟缓与关门主义，直到现在团的组织不但没有超过党，而且落在党的后面。对地方青年工作表现了不可容许的机会主义的消极，忽视了争取广大的地方青年工农群众到革命方面来。团的无产阶级基础尚很薄弱，在大胆吸收工人苦力入团方面，在积极培养并提拔青年工作干部方面，尚不能引起团内经常的严重注意。团内反倾向的思想斗争还没有深入于每一个列宁小组中去，以及个别团员的犯纪律、开小差、工作消极、不努力学习军事政治等落后现象，还不能彻底肃清。

目前红军中的团与青年工作：

在红军中青年成分占绝对多数，在巩固与扩大红军一百万的历史任务下，青年工作在红军整个政治工作中实占重要的地位。"谁有青年谁就有军队"，我们说青年工作做得好，政治工作也就做得好。因此，目前团与青年工作在红军中总的任务，是要把党的进攻路线全部运用到青年工作中去，发扬团员在一切工作中战争中的模范领导作用，经过青年群众最大限度地来保障红军，巩固红军纪律，提高红

军战斗力,为创造一百万铁的红军,彻底粉碎敌人大举进攻而斗争。因此,必须向着下列的工作突击:

(一)健全列宁青年组的组织作用,加紧团员教育

1. 列宁小组的一切工作必须依据党的战斗任务去执行,首先必须使每一个团员认识党的进攻路线。经过小组会议并分配团员去进行青年战士中之政治文化运动,尤其要与部队中一切落后现象作斗争,抓住每一个具体问题(逃兵问题……),到青年战士中去进行耐心解释教育,开展思想斗争。一切工作进行(认字、墙报、比赛等)必须经过小组的作用,去实行经常的督促与检查,以保障其准确地、不间断地完全实现。

2. 加紧团员教育,团的一般任务之一是"学习共产主义"(列宁),但这一教育必须与斗争环境互相联系起来。

(1)小组会最主要的内容是教育,因此必须把党的进攻路线,使每一个组员深刻了解。报告要抓住每一个政治问题的中心,联系到团员日常生活,发动团员讨论。在战斗中,组长必须密切与团员的关系,及时告诉团员的任务,小组会同样的要派政治水平高的党员参加。

(2)开办新团员训练班,分配组员,加紧新团员的个别教育。

(3)加紧模范组领导与教育,发动模范组帮助落后的小组,并用比赛的方式建立新的模范组。

(4)对干部必须开办流动训练班、问答讨论会、组长联席会,使深刻了解某一时期党的政治任务。

(5)发动团员、青年购买并阅读《青年实话》。

(6)在某一工作落后时,必须组织突击队,向着落后工作突击,并帮助落后者前进。

(二)为增加团员的一倍而斗争

在青年的数量上,在青年的积极性上,在团的性质上都具体地决定了团的发展的条件,因此必须打开门来,进行征求团员运动。实行一个团员介绍一个(另发大纲),吸收青工、雇农入团,特别注意新战

士的战斗员中,以及团员少而青年多的部队中发展,总支部必须具体地讨论与分配,在红五月中要为增加团员一倍而斗争。

(三)每个青年扩大一个红军,帮助一个新战士

1. 在白区工作中必须运用活泼的方式去接近地方青年群众,每个团员都会做扩大红军宣传,实行小组与小组比赛,并可发起扩大红军冲锋队的组织,猛烈地吸收白区的青年工农加入红军。

2. 在苏区,团员战士必须经过联系制度,与本地团员和青年群众密切关系,每人每月写一封信回家,告诉红军胜利及前方情形。推代表到该地区去,号召地方少先队加入红军与做归队运动。在驻地吸收青年参观红军生活与工作,给他们以宣传鼓动。

3. 对新战士必须做到帮助新战士的军事、政治学习,帮助他们习惯军队中的日常生活,解决其一切困难问题(疾病、写信),吸收他们参加列宁室的活动,只有提高他们政治上的自觉才能消灭逃兵现象。

(四)提高军事技术,加紧体育运动

1. 在团内外进行提高军事技术的宣传工作,检查每次战斗中的进步与缺点,运用军事游戏提高团员与青年战士对军事学习的兴趣。

2. 在列宁室中设军事研究组,专门研究军事常识的实际问题,发动他们讨论发问,尤其是军事好的团员,分配其帮助落后的。

3. 实行每个青年做到射击准确、刺枪熟练、会打手榴弹、懂得防空防毒的常识,要使一切公差员、工作人员均须努力学习军事,在青年晚会中实行各种军事比赛。

4. 在列宁室实行沙盘作业,学习识别地形和战术,〈学习〉用各种方法来发动红军战士学习军事的兴趣。

5. 领导青年学习使用新式武器,缴到自动步枪则陈列于列宁室,发动大家来学习使用,并举行各种兵器常识的研究。

6. 每个青年皆须注意强健身体,加入体育组,学习跳高、跳远、赛跑等。

7. 在夏季举行运动大会,发动各种运动的比赛,特别是军事技术的比赛。

（五）加紧反帝教育与青年特殊训练

1.在青年队、青年晚会中，必须将帝国主义强盗的每一行动告诉青年，尤其要利用各种图表来详细讲解这些问题（如日本多大，人数多少，东三省好大，热河在哪里，失地好多……），要教育青年战士，如何在火线上来答复国民党的民族武断宣传。

2.吸收青年参加反帝拥苏同盟工作。

3.青年队的课材，须采取活泼的，把一个问题编成故事、绘图来讲。青年晚会也可用政治游戏、军事游戏去进行。

4.红军中青年队、地方少先队、儿童团时常通讯，讨论政治问题，特别是关于扩大红军的问题。

（六）地方青年工作

1.发动广泛青年红色战士参加地方青年工作，反对过去对地方青年工作的机会主义消极。

2.地方青年工作主要任务在于发动青年工农斗争，进行对青年群众宣传与组织少先队、青工部等，建立团的支部。

3.在赤区中密切与地方青年群众组织的联系制度，帮助驻地少先队政治军事训练，举行各种联欢会。

4.在地方工作落后的区域，红军中的团必须在政治机关的同意下，组织突击队，帮助该地工作的转变。

（七）每天节省一个铜片，个个不生病

1.实行每天节省一个铜片，每个团员不吃零东西，人人去找柴子、笋子，捉鱼、虾、田螺给公家吃，节省公私一切日常用费。

2.深入经济动员，热烈地退还公债捐助给公家。

3.在青年晚会中实行卫生检查与比赛，在墙报中发表文章，提倡卫生。

4.每个青年须读卫生须知，要做到不吃酒、不吃烟、不吃辣椒、勤剃头、洗衣、洗澡、不吃冷水等，尤其是防止暑天的瘟疫病，只有在这些工作中能实现"一个青年不病到后方"的口号。

战争迫切要求我们不放松一刻的时间去紧张地进行这些工作。

我们必须以深入的政治动员,发动起青年群众的热情,各连各师抓住几件中心工作,经过团员大会去决定短期的简单的具体工作比赛。尤其是要彻底转变一切工作方式,发展两条路线斗争,反对机会主义的消极,反对有害的先锋主义倾向,反对官僚主义的方式,为全部执行党的进攻路线到青年工作中而斗争。

（录自《王稼祥选集》,人民出版社1989年9月版,第81—89页）

团在红军建设中的任务

（1933 年 5 月 10 日[①]）

凯 丰

国民党在去年(1932 年)出卖了上海"一·二八"的抗日战争,签订了"停战协定"出卖了整个的东三省和淞沪之后,在帝国主义直接的驾驭之下,开始了大规模的四次"围剿",对苏维埃红军与苏区的民众作残酷的进攻。从四次"围剿"的开始到现在已经是整整一年了。

国民党想将自己卖国无耻的行为的责任推到别人身上去。他们在所谓"抗日剿共"的名义之下,动员了一百万反革命的军队去进攻中国民族革命战争的组织与领导者——苏维埃,去进攻已经脱离了帝国主义统治的苏区和苏区的民众。

那时,一切反革命的派别都在为着地主资产阶级的统治着急。有的攻击蒋介石的"剿匪"不力,有的在帮助蒋介石设法,于是有所谓"匪不因剿而尽,反愈剿而愈多",有谓"宜澄清政治",有所谓"发展农村经济",有所谓"收复匪区的善后",有所谓"匪区的土地政策",蒋介石在基本上采纳了一切反革命派的提议,所谓"三分军事七分政治"。四次"围剿"的开始,首先就是对于鄂豫皖、湘鄂西苏区的残酷进攻。国民党用十倍大于红军的力量,在残酷地屠杀了鄂豫皖、湘鄂西苏区的民众以后,他们又在南京举行"剿匪"胜利大会。虽然地主资产阶级有着全部的反革命的报纸鼓吹他们的"胜利",但是不能够

[①] 原件无年代,年代是编者判定的。

去掩盖铁一般的事实。虽然国民党用十倍大于红军的力量，红四方面军与红二方面军因为策略上的关系，不得不放弃某些苏区，但是红军的主力不但没有受到损失，而且开辟了陕鄂川的庞大的新苏区，在鄂豫皖创造了两个新的红军，并保持了原有的苏区根据地。

国民党组织了三个纵队对中央苏区大举进攻。由于工农红军在反对四次"围剿"中的英勇战斗，消灭了国民党的一个纵队，而且是最主要的一个纵队，活捉两个师长。

这种伟大胜利，不能不使四次"围剿"发生新的变动，这就是在基本上和主要的战线上击破了敌人的四次"围剿"。但是四次"围剿"还没有完结。这种新的变动是帝国主义由帮助国民党进到公开的武装干涉更加紧张和迫近。这种新的变动将更加促进反革命统治的内部的团结。这正是说明我们在东南战线上的危险是更加增长。然而在今天主要的危险还是在北方战线上。

什么叫做基本的和主要的战线上击破了敌人的四次"围剿"呢？这就是说，第一，我们还没有完全地彻底地粉碎四次"围剿"；第二，在次要的战线没有给敌人有力的打击。

为什么四次"围剿"还没有完结呢？这是因为：第一，国民党对于苏区的进攻还是在布置四次"围剿"的基础上，补充和增加他们的力量作更残酷的与绝望的进攻；第二，我们党所提出的应当在击破敌人四次"围剿"中争取一个或几个中心的城市还未实现；第三，最主要的，我们虽然在基本上和主要的战线上已经击破了敌人的四次"围剿"，但是还没有改变我们在反对四次"围剿"中军事上的总的战术。

正是正确地估计着目前的形势，争取完全地彻底地粉碎四次"围剿"，准备与帝国主义的直接武装干涉的斗争，这要求团立刻实现在红军中的建设上的几个基本的任务，这就是在党的扩大一百万铁的红军的总的任务之下，很快地从志愿兵制变为义务兵制。不经过群众的动员，没有准备的工作是不能实现这一任务的。必须广泛地解释苏维埃是工农的政权，每个工农劳苦群众都有保卫苏维埃的义务，在苏维埃政府随时的号召之下即须拿着武装去保卫苏维埃。在苏维埃政权之下每个工农劳苦群众有权利而且是义务要去受军事训练。

不能不估计我们在组织和建设红军的特点,就是在国内战争的环境之下,军队的组织和建设是"在火力之下",直接在战线上进行的,一切志愿的和动员来的新战士,立刻就加入到动作的部队中去。正是这样,我们需要更快地来实现义务兵制。

然而"中国土地革命的特点,即是中国的土地革命由于斗争的农民自己的创造性而建立起来的斗争形式——游击队、赤卫队、少先队等等。"(少共国际)在这组织内包括着极大部分的武装的群众,这不能不是给实现义务兵制〈的〉极有力的条件。这就是说我们应当加强对这些组织的领导,吸引全体工农劳苦群众到这些组织中去,使每个工农劳苦群众受军事训练,这不能不是开始第一步的义务兵制。这是红军建设上的第一个重要问题。

第二个重要问题就是提高军事技术。由于红军的胜利,争取完全彻底地粉碎敌人的四次"围剿"和准备与帝国主义直接武装干涉的斗争,军事技术的重要更加增高。国民党在军队的数量上和军事技术上无疑义地是超过于我们。由于红军在许多战斗中的经验告诉我们,军事技术的提高对于创造铁的红军有着决定的意义。

青年团员应当是提高军事技术的提倡者。经过革命竞赛的工作方法,在红军部队中来提高军事的学习。每个红军的战斗员应当是熟练的士兵。培养成批的有军事技术的中下级干部。

第三个问题是政治工作。不但要武装红军战斗员的手足,而且要武装头脑,这就是须要在红军中进行有力的政治工作。

政治工作的另一方面就是在敌人部队中的工作和俘虏兵中的工作,瓦解敌人的部队,争取俘虏兵成为积极的红军战斗员。

政治工作的第三方面就是在居民中的地方工作,加强红军与群众的联系,经过红军中的政治工作去帮助地方工作,加强红军在群众中的影响。这是创造铁的红军的重要条件。

这些任务的实现需要我们坚决地去反对存在着红军部队中游击主义残余传统,游击主义的拥护者,反对强迫的动员——义务兵制,忽视军事技术,以及革命军队只要有了革命精神就好了。游击主义客观上是无产阶级的敌人和反革命资产阶级的同盟者,它阻碍党和苏维埃去组织和建设铁的工农红军!

五月十日

(录自《青年实话》第 2 卷第 15 号,1933 年 5 月 14 日出版)

中国店员手艺青工第一次代表会的决议

（1933 年 5 月 10 日通过）

一、中国店员手艺青工第一次代表会完全接受中国店员手艺工人第一次代表大会的一切决议和纲领，并号召所有商店及手工业中的青年工人学徒，在各业工会、委员会的领导之下，为实现这一切的决议和纲领而斗争。因为这些纲领和决议代表成年与青年工人共同一致的利益，只有这些纲领和决议的彻底实现，青年工人的利益和解放才能获得。同时第一次青工代表会号召所有的青年工人，特别注意为解放学徒、为争取青工本身特殊的经济利益与文化利益而斗争，反对忽视青工特殊利【益】的倾向，及对青工工作有害的取消主义倾向。

二、无数万的在商店与手工业中牛马般的工作着的青年工人与学徒，多少年来受尽资本家、老板及豪绅地主现〔惨〕无人道的剥削压迫和虐待，受尽了帝国主义国民党的侮辱、咒骂和蹂躏。这一压迫制度的推翻，青年工人与学徒的解放，是依靠苏维埃政权对于帝国主义国民党的彻底胜利，依靠世界无产阶级与苏联对于世界资产阶级的胜利。现在世界的政治局势正处在伟大事变的前面，正处在革命与战争新阶段的过渡期中，在中国已经存在着革命的形势，苏维埃和红军继续胜利地粉碎帝国主义国民党的四次"围剿"。因此，青工代表会号召所有的青年工人积极参加并拥护苏维埃政权和苏维埃运动，为巩固和扩大苏区、为彻底实现反帝国主义土地革命而斗争，为完全驱逐帝国主义与拥护苏联而斗争，为彻底粉碎帝国主义国民党四次

"围剿"、为争取苏维埃在全中国的胜利而斗争。

三、店员与手工业中的青年工人,几年来在保护工人阶级直接经济利益的斗争中,在争取苏维埃政权的斗争中,都表现了极大的英勇和积极性。扩大红军参加地方武装,以及慰劳红军,优待红军家属参加革命战争各方面的工作,与巩固苏维埃政权的斗争,广大的青年工人,都是最积极最勇敢的参加者,获得了伟大的成绩。在订的〔立〕合同的斗争,在罢工斗争,反对地主残余与投机商人的斗争中,青年工人也是最英勇地参加,一般地改善了青工与学徒的生活,提高了青工的文化政治水平,大批青工干部从斗争中涌现出来,四五万的青年工人与学徒加入工会。

青工代表会训令苏区各级工会组织的青工部、青工委员会及一切青年工人的附属组织,要继续发展青工群众参加红军与参加革命战争的英勇,要在争取青工直接生活利益的基础上,引导更广大的青工群众来积极参加苏维埃国家和红军的建设,在各级工会委员会的领导之下,动员大批的青工去参加红军、参加工人师与少共国际师,动员全体的青年工人与学徒去加入少先队、儿童团,征调大批积极的青年工人交给工会,介绍到苏维埃一切机关中去工作。要号召青工努力学习军事,学习管理国家,并为扩大一百万铁的红军,在青年群众中加紧征兵制的宣传,还要动员青工参加各种军事工作与保卫苏维埃政权的工作,参加监督生产的工作,参加赤色戒严与肃反中的工作,参加军事运输队、担架队、女工看护队,及在白区侦探敌情,进行宣传、破坏工作等。在经济动员的工作中,要发展青工群众最大的积极性,参加革命竞赛,为发展苏区的生产,帮助政府革命战争经费而斗争。参加退还公债,节省经济与借谷的运动,帮助政府税收与向富农商人借款的工作。在政府的查田运动中,在工农【检】察〈查〉部的检举运动中,青年工人应该是积极的参加者,为肃清政府中的阶级异己分子及贪污腐化与官僚主义而斗争。

在进行上列各项工作中,各级工会的青工部与一切青工组织,应该实现对于一般青年劳苦群众的领导。在少先队与儿童团里面,在贫农团里面,在一切劳苦青年群众组织里面,应该是最积极、最勇敢、最坚决的分子,他们应该提出集体的意见,用自己的模范来团结与引导广大的劳苦青年群众,积极地为争取苏维埃政权而斗争。

四、各级工会组织的青工部及一切青年工人的组织,必须更广泛地吸引青工与学徒,参加经济斗争,参加工会所领导的与雇主订立合同的运动,提出青工与学徒的特殊要求,更进【一步】地改善青工与学徒的生活地位。应该无情地打击忽视保护青工日常利益的观点,与代表城市资产阶级和农民利益的理论(如湘赣有的同志说:要等到革命战争完全胜利以后,才有可能改善工人的生活;长汀有同志说:实现劳动法,改善青工的生活,就要妨碍苏维埃)。

争取劳动法上关于青工童工及学徒各项主要要求(六小时与四小时的工作,同工同酬,不做夜工及危险重笨工作,付给学徒工资与专门学习时间等),更完满的实现,是目前各级工会组织最重要的任务之一。但是在各个企业与城市乡村中,提出青工特殊的要求时,应该:(1)估计各个企业中不同的情形,活泼运用劳动法上的条文,来更加实现青年群众的要求和利益;(2)对于雇用辅助劳动的中农、贫农、小手工业者和对富农、资本家、店东,应采取不同的策略。因此,在过去的经济斗争中,提出了过高的超过企业经济能力的要求,结果使企业倒闭,是不正确的。不顾及雇主的社会成分、企业经济能力的大小与企业中一切可能的条件,机械地实行劳动法上的条文,也是不正确的。代表会不能同意汀州完全不熟练的学徒,提出比熟练工人还要高的工资的要求,以及许多地方一般地提出"反对师父"与"废除学徒制"的口号。代表会同样不能同意汀州、瑞京、会昌、宁都等处的少数青工完全不厉行合同上所担负的责任,无限制地旷工与提出许多超过企业能力的所谓"特别要求",因为这些要求要使苏区的私人资本企业过早地消灭,要增加青工与学徒的失业,要影响到工农联盟,就是要妨碍工人阶级全体的长久的利益。

五、青工(18岁以下的)每日6小时工作,童工4小时工作,应该用最大的努力来求得实行。但在有特别情形的工作中,青工必须与成工同时上下工,那在工作中就应有更多的休息时间,应该是担负较轻的工作,在正当工作之外的一切任务,青工应更少地担负。这样来减少青工的工作时间,或者用额外的工资的办法,来补偿青工在6小时以外的工作。在按件计算工资的工作中,因为青工童工的工作时间减少,所以应按照所减少的时间的比例,来增加青工童工按件工作的工作〔资〕,因此,在这里必须要求政府来实行完全的劳动介绍。

对于青年女工与家庭工人及季候工人中的青年,应该要求与成年男工享受同等的待遇,实行同工同酬。

对于已经被雇用的未满14岁的童工,工会不是要求工厂即时开除他们,而是应该要求雇主大大地改善他们的劳动条件,实际地保护他们的利益。

六、把学徒从封建剥削与压迫之下解放出来,正确地保护学徒的利益,是各级工会组织最重要的任务。全国代表大会关于学徒问题的决议,青工代表会认为完全正确,应该根据这个决议上的条件,来改订学徒的合同,同时要求临时中央委员会向中央政府迅速提出关于保护学徒的补充法令,并按照各职业的情形,规定学徒最高的学习期间表,与学徒在学习期间的最低工资表。

必须迅速纠正各地工会在保护学徒利益的工作中,所犯的那些过"左"的错误,过高地增加学徒的工资,反对"师父"与强迫地向雇主介绍学徒等,这些错误的结果已经使得苏区学徒的数目惊人地减少,一般的手艺工人不愿带学徒,使学徒与青年失业。对于学徒的最大的利益,是使学徒很快很好地学习技艺,成为一个〈有〉独立的、熟练的工人,因此,工会应该引导学徒在正当的条件下,努力来学习技艺,纠正学徒中某些妨害学习的浪漫倾向。同时,应责成带学徒的师父及企业主负责在一定期间,遵照劳动部与教育部所订办法,教会学徒的技艺。

工会应该教育手艺工人自愿地带学徒,在代表大会所决议的关于学徒的条件下,增进师父与学徒之间的相互的谅解。因为只有这种谅解,才能使师父安心教授学徒,学徒安心学习技艺。因此,在手艺工人中,学徒与师父订立学习手艺的合同,应在双方愿意与工会监督之下,普遍地实行起来。同时,在重要的工厂与城市中必须创办艺徒学校。

七、最近各地将要进行的改订合同的运动,各级青工部必须吸引广大的青工学徒来参加,召集青工的小组会议及地方的青工代表会与联席会议等,根据青工学徒的迫切要求制订要求纲领,在整个工会组织之内和成年工人的要求,一起向各种雇主提出。青工学徒应积极参加向雇主订立合同的谈判,及工会的各种经济斗争的组织——如社会经济部、斗争委员会、罢工委员会等。

在经济斗争中必须纠正工会青工部与工会对立的先锋主义的倾向。如在年关斗争中,汀州、石城、会昌、雩都等处工会的青工部,不经过工会委员会的同意,单独地决定下命令总罢工,及赣东北省总青工部在单独的决议上说:"每一个工人斗争都要由青工部去领导",以及在经济斗争中代替政府采取行政手段等。青工部的这种错误,第一,要使青年工人脱离工会的领导,分裂青工与成工的统一战线;第二,在苏区举行总同盟罢工也是错误的。

八、为改善青年工人的文化条件,提高青工的文化政治水平,各级工会及其青工部必须进行下例〔列〕的工作:

1. 各地俱乐部及其他体育的、娱乐的组织应该健全起来,并应建立许多新的这类组织,吸引许多青工去参加这些组织的工作,并在这些组织教育青工。

2. 创办工人学校、补习学校及识字班、读报组等,应该吸引大多数青工去加入学校读书,对于教员、教材,应出最大的努力来解决,教授的方法应使之青年化。

3. 吸引青工来加入工农剧社及音乐队等,进行各种化装讲演与新剧。

4. 在可能条件下创办工厂的与街道的青工小报及墙报等。

九、代表会号召店员手艺工人中的青年学徒,全体加入店员手艺工人工会。各级委员会的青工部必须用极大的力量来帮助工会征求会员,吸收青工学徒加入工会,同时将混入工会的阶级异己分子及其子弟彻底查明,洗刷出工会,同时应帮助店员手艺工人工会各级组织系统的迅速建立。

在工会各级委员会之下,应成立青工部的组织,又在支部委员会中应有青工委员,来专门担负青工工作。各级组织的青工部应由青工大会或代表会选举委员会(经各该级工会委员会批准),来管理青工部的工作。必须吸引青年女工来参加青工部委员会的工作。

在支部委员会之下,所有青年会员(23岁以下的)除开与成年工人共同来成立支部委员会及工会小组之外,还成立"青工小组",来讨论关于青年工人的特殊问题。

在白色区域及还有大批青工一时不愿加入工会的地方,应该组织青工委员会。这是基于青工群众(工会会员与非会员)自己选举的组织,为青工的切身利益而斗争,并教育和引导青年工人走上革命斗争的道路。工会的青工部应派遣青年会员去积极参加青工委员会的工作,领导青工委员会,吸收这些青年工人来加入工会。

这一决议要求各级工会青工部,及一切青年工人的组织,必须切实地来执行为更加改善青工的经济地位,为争取苏维埃政权在全中国的胜利,为争取工人阶级的彻底解放而斗争。

(根据中共江西省委党史研究室藏件刊印)

反帝拥苏总同盟紧急通知

(1933年5月12日)

各级反帝拥苏同盟：

总盟前发出之关于红五月工作之决定，对于"五卅"的示威大会，曾决定于〔以〕乡为单位举行，现在因感觉得很不适宜，所以又决定改变为以区为单位举行，望各级同盟即依照执行。

在"五卅"筹备会、各区同盟收到此通知后，应立即发起召集各团体、各机关来共同成立。（如果以前成立过五一筹备会的，则可召开原来的代表会，将"五卅"的事实与纪念的意义报告后而转变为"五卅"筹备会）。同时，这一筹备会是应该尽量吸收群众参加。关于"五卅"准备与进行的程度，应经常向总盟报告。

反帝拥苏总同盟

五月十二号

此材料抄录于安远博物馆 A110 号

（录自中共赣州市委党史工作办公室藏件，

中 33－3－100，复印件）

少队中央总队部贺电第十六号

（1933 年 5 月 13 日）

江西军区转

亲爱的、英勇的、加入红军的兴国模范师四千余□员①同志们！

你们自动加入红军的快电传来，使我们无限兴奋欢欣，我们代表着全苏区队员向你们致最至诚的、热烈的少年先锋的敬礼！

你们在与敌人决定胜负的残酷战斗时，四千多人一致加入红军，这是最伟大光荣的革命行动！

少先队上前线的歌声，普遍地高唱起来了！我们将号召全苏区队员像你们一样地踊跃加入红军，迅速完成"少共国际"师来响应你们，与你们一起去彻底地完全粉碎四次"围剿"，把苏维埃的红旗插到抚州、南昌去！完成江西首先胜利！

少先队中央总部总队长　王盛荣

五月十三日

（录自中央档案抄件）

---

① 原文如此，似应为"队员"。

关于苏区民众御侮自救会议宣传工作报告表

（1933年5月20日）

各县区同盟宣传部：

　　总盟宣传部为要检查各级对民众御侮自救会议宣传工作的进行程度，特发此表。你们须照实际情形填写，区填好后送到县，县即搜集统计起来，填写一份送给总盟宣传部，并限瑞金、胜利、长汀、汀州、石城、会昌、博生等县于六【月】一【日】前送来，其余的县于六【月】八【日】前送来，不得丝毫勿〔忽〕视。

　　　　　　　　　　　　　　　　中央苏区反帝拥苏总同盟宣传部

　　　　　　　　　　　　　　　　五月二十【日】发

　　附表如下：

关于苏区民众御侮自救会议宣传工作报告表

是怎样根据本部的宣传工作指示来布置你们的宣传工作？	
召集了各级各革命团体联席会讨论了宣传工作的具体办法没有？他们帮助了些什么宣传工作？	
各级都组织了宣传队没有？宣传队做了一些什么工作？	
召集了几次晚会，表演了几次新剧？	

发动群众普遍组织了研究会么？组织了好多,进行了什么工作？	
总盟宣传部的宣传通通深入到群众中去了么？	
写了好多块木板,壁画标语写了好多份？	
做了些什么河流和空中的宣传？	
联系到做了一些什么别的宣传工作(如扩大红军)？	
群众对御侮自救会议的认识如何？有什么表示？	

同盟宣传部填　月　日

此材料抄录于安远博物馆 A117①

（录自中共赣州市委党史工作办公室藏件,
中 33 – 3 – 105,复印件）

关于创立"少共国际师"的决定

（1933 年 5 月 20 日）

根据工农红军政治部提议创立"少共国际师"的号召，团中央局有于〔以〕下的决定。

一、由于工农红军的胜利，更激动了广大的劳苦群众和青年加入红军的热潮，红军的胜利就是党的进攻路线的胜利，就是党的进攻路线获到广大群众的拥护。

正当着红军胜利时，也是国民党出卖热河与整个华北的时候。因此红军的胜利也正是全国民众对于帝国主义国民党的胜利。

红军的胜利在基本上和主要战线上击破了四次"围剿"，但是四次"围剿"还没有完结。正是这样与帝国主义的直接作战更加迫近，为完全彻底地粉碎四次"围剿"，须要更快地完成扩大一百万铁的红军的任务，给党的号召以列宁青年的回答，在实际工作中来证明团是忠实地、坚决地拥护党的进攻路线，团是党的第一个助手。因此创造"少共国际师"是最迫切的任务。

二、少共国际是全世界无产阶级和劳苦青年解放的唯一旗帜。"少共国际师"的使命将是何等的伟大！各级团部必须将前方的号召与中央局的决定在团内和群众中广大地解释，利用过去扩大红军的光荣的经验，为整团整连地加入红军，整个青年团支部加入红军的光荣的例子，成批地动员团员、少先队与劳苦青年到红军中去，创立"少共国际师"。

三、中央局决定由江西征调 4000，福建征调 2000，闽赣征调

2000，到今年"八一"节为止，完成"少共国际师"。

中央局向革命军事委员会提议：责成江西军区将青年团所动员之团员与青年群众编立少共国际师两团，在福建军区一团，在闽赣军区一团。

少共国际师将在今年的国际青年节，高举着工农红军的旗帜，举行检阅，宣布正式成立，武装上前线！

四、中央局责成江西、福建、闽赣省委立即定出具体的计划，与各该军区商量动员的方法、集中的地点、训练的准备等工作，各省县所动员加入红军的团员、少先队和青年，直接送至各省军区，并报告少共中央局。

五、在征调到"少共国际师"去的青年，团员必须占着半数以上，中央局提议应当从江西、福建、闽赣征调五千个青年团【员】到"少共国际师"去。为着达到这一任务，必须将中央局的这一决定提到每个支部和每个团员前面，提到每个群众的会议去讨论，发动与组织广大劳苦青年的积极性，造成加入红军的洪流，来完成"少共国际师"。

少共中央局
五月二十日

（录自《青年实话》第 2 卷第 16 号，1933 年 5 月 21 日出版）

少共国际师的出现

（1933 年 5 月 20 日）

凯　丰

团在扩大红军的斗争中,有了许多光荣的功绩,起了极大的作用,它在许多地方表示党的忠实的拥护者,动员了自己的队伍和领导着劳苦的青年去加入红军。

整个支部加入红军,是青年团的第一个创举。

整连整团的少先队员加入红军也是青年团的第一个创举。

这种光荣的创举我们是可以而且应当夸耀,但是我们并不如此〈自己〉,因为我们离完成一百万铁的红军的任务还很远。团能否继续这种光荣的创举,能否坐在"党的第一个助手"的"高椅上",就要看能否成为创造一百万铁的红军的铁拳。

在这样的情形之下,团中央提出了创造"少共国际师",因为少共国际是全世界无产阶级和劳苦青年谋解放的唯一旗帜,它经常是站在共产国际历史上的光荣地位。

从来没有哪个像列宁这样估计青年的作用,特别是估计青年在军队中的作用。列宁在 1905 年 3 月说"要勇敢地去组织一批新的武装部队,派他们去作战,多招募青年工人……"(新的任务与新的力量)。在 1917 年 8 月又说:"调动我们最坚决的分子,我们最活动的分子青年工人和最好的水兵,编成小纵队,去夺取最重要的地方,去参加一切的斗争,去协助最重要的工作。"(局外人的建议)

列宁的这种估计,在中国工农红军的建设中特别明显地表示着。我们有着一切的可能来完成少共国际师的任务,因为,第一,工农劳苦青年积极性的极度增长;第二,我们有着扩大红军的丰富经验;第三,是加上党和团中央的正确领导。然而这三个条件只能是具备了创造少共国际师的先决条件,但是要实现这一任务,要具体的领导,实际的帮助、检查、监督。

同志们! 我们站在伟大的历史事件前面,我们紧握着伟大的历件事件,"因为只有武力才能解决伟大的历史事件问题"(列宁)。这种武力就是少共国际师的出现。(一九三三,五,廿日〈号〉)

(录自中央档案抄件)

中国共产青年团苏区中央局
为"五卅"纪念宣言

（1933 年 5 月 20 日①）

青年工农劳苦兄弟姐妹们！红色青年战士们！

又是鲜血淋淋的纪念日哟！

那是在八年前（1925 年）的五月卅日，英帝国主义在上海南京路，施大炮、机关枪的淫威，残杀无数的中国工农劳苦群众。接着不断地在南京，在广州沙面，在九江、汉口……凶暴地屠杀继"五卅"而起的反帝群众。

"五卅"运动唤醒了全国民众以至熟睡的、半睡的民众，开始了中国第一次大革命的起点。"五卅"的淋淋的鲜血，在民众的心坎中竖起了永不磨灭的纪念碑。

虽然以"五卅"为起点的中国大革命，在 1927 年冬就终结了，虽然"五卅"惨案在国民党背叛革命后就被出卖了，可是它在中国乃至世界革命史上，是有其不可比拟的伟大意义。

"五卅"，鲜血淋淋的"五卅"，我们将怎么来纪念"五卅"啊！

今年纪念"五卅"之时，在察哈尔华北各地，正响透日本帝国主义七十五生成的大炮②，无数的中国民众，卧在血海中沦亡。国民党在门面上装些"长期抵抗""抗日救国"的花朵，实际上继续卖国辱国的

---

① 原文无时间，此为《红色中华》第 81 期的出版时间。

② 原文如此。

交易,并在帝国主义指示之下,封闭白区的御侮救国会,残杀压迫反帝反国民党的民众,不派遣一兵一卒打日本,却调遣百万大兵,必死地进攻苏维埃红军,阻止工农红军与日本帝国主义作战,尽其帝国主义瓜分中国清道夫的作用。

只有苏维埃才能救中国,只有工农红军才是唯一的反帝武力,苏维埃政府正在组织、领导发展反帝反国民党的民族革命战争,在各个战线上,我们获到了伟大的胜利。我们在基本上和主要的战线上已冲破了帝国主义国民党的四次"围剿"(但是还没有最后地彻底地粉碎四次"围剿"),夺取一省数省首先胜利,与帝国主义直接作战,已愈迫近在我们的面前。

在"五卅"的周年纪念日,我们应当继续"五卅"烈士的革命精神,踏着"五卅"的殷红血跻〔迹〕,努力创造一百万铁的红军,进行经济战线上的突击,帮助红军的连续战斗,战斗的准备,御侮救国会,募捐三万元援助义勇军,完全粉碎敌人的四次"围剿",来回答帝国主义的强横的进攻与国民党的无耻投降。

一九三三,"五卅"纪念日

(录自《红色中华》第 81 期, 1933 年 5 月 20 日)

方面军青年工作会议来电

（1933 年 5 月 21 日①）

中、少共中央局转各级团部

中央总队部转苏区队员全体同志：

　　总政治部所召集的方面军青年工作会议在中央局代表博古同志出席指导下，检阅了过去红军中团与青年工作，及讨论了红军团的目前巩固与扩大红军的具体任务，最后会议全体同志代表全方面军、全体团员与青年红军战士，建议与号召苏区团员及全体青年，在党的进攻路线下所号召的"创造一百万铁的红军"任务下，成立红军"少共国际师"，给党的号召以有力的回答，并成为苏区青年在斗争中一面辉煌的旗帜，新创造一支红军生力军来坚决执行党的进攻路线，开展胜利的进攻，彻底粉碎敌人绝望的大举进攻，并准备直接与日本及一切帝国主义作战，武装收回东北失地，把帝国主义赶出中国去。

　　我们前方团员与青年红色战士，在党的领导之下正在坚决地同敌人血战着，我们相信全苏区成千百万的少队列宁青年的团必能在"一切服从战争"【的口号下】，而给我们以布尔塞维克的回答，使年轻的少共国际师很快地到前线与我们见面，争取战争的全部胜利。

方面军青年工作会议

（录自《青年实话》第 2 卷第 16 号，1933 年 5 月 21 日出版）

---

　　①　原文无时间，此为《青年实话》第 2 卷第 16 号的出版时间。

中国店员手艺工人第一次代表大会
关于洛甫同志政治报告的决议

（1933 年 5 月 22 日）

一、大会听了洛甫同志的报告之后，完全同意这一报告。认为苏联社会主义建设的伟大成功，使苏联在国际上的地位大大地提高了，使苏联对于世界无产阶级与殖民地民众的革命作用，大大地增强了。而在另一方面，世界资本主义的经济恐慌，愈益深入，使欧洲战后资本主义的暂时稳定，开始终结。在这一形势之下，世界帝国主义者，正在积极准备对于苏联的武装干涉，与帝国主义的战争，来寻找他们的出路。而世界无产阶级与殖民地劳苦群众，则正在反对法西斯蒂的统治，反对帝国主义对于苏联的武装干涉与帝国主义的世界大战，来推翻帝国主义的统治，为无产阶级专政而斗争。全世界现在是正处在走向革命与战争的新的阶段的过渡期中。

二、在中国，革命的形势已经存在着。苏维埃政权，在全中国广大的区域上已经得到了伟大的胜利。这一胜利，即是全中国民众对于帝国主义与国民党的胜利。最近全苏区英勇的工农红军，在各个战线上光荣伟大的胜利，给了帝国主义国民党对于苏区的四次"围剿"以最有力的打击。同时日本帝国主义的占领东三省与热河，向平津与察哈尔进攻，以及国民党一贯的投降出卖，更引起了全中国民众反对帝国主义与国民党的巨浪。在全中国国民党经济总崩溃的形势之下，到处更爆发着为了增加工资要求救济与反对饥饿的工人、难民、农民、士兵的斗争。国民党的统治，因此也愈益崩溃动摇，而走向死亡的道路。

三、但正因为中国革命形势的存在,苏维埃红军的胜利,反帝浪潮的高涨,群众斗争的开展,所以地主资产阶级的国民党,更是疯狂般地向着中国革命,尤其是中国苏维埃与红军进攻。在反革命头子蒋介石受到我们中央苏区英勇的工农红军几次的迎头痛击之后,他一方面进一步地投降日本帝国主义,出卖热河、华北,以取得日帝国主义者的更多帮助;另一方面重新组织他自己的力量,并团结湘、鄂、闽、赣各派军阀,向着我们继续进攻。在这一形势之下,中国工人阶级的任务,在组织与领导全中国的民众,为反对日本帝国主义与一切帝国主义,为根本粉碎帝国主义与国民党的四次"围剿",领导农民彻底实现土地革命,为苏维埃政权在全中国的胜利而斗争。

四、店员手艺工人代表大会,在中华全国总工会领导之下,一致的拥护中国共产党与中华苏维埃中央政府所提出的创造一百万铁的红军的战斗号召!大会决定在中央苏区在七月底成立红军的店员手艺工人师,在赣东北、湘鄂赣、湘赣等苏区各成立店员手艺工人团,共同地去消灭敌人,准备同帝国主义直接作战。大会相信只有以工人为骨干的铁的红军才能推翻帝国主义国民党在全中国的统治,求得中国工人阶级与劳苦群众的彻底解放,大会号召全苏区的工人加入赤卫队、少先队,来加强工人阶级对于地方武装的领导。

五、大会认为要取得革命战争的胜利,需要有充分的经济上的动员。大会号召全苏区的店员手艺工人,继续退还公债票给苏维埃政府,要求中央政府延期偿还第二期公债,并以自己的模范把这个运动深入到一切劳苦群众中去。对于借谷给红军,以及一切向商人富农借款募捐的工作,店员手艺工人应该是最积极的组织者与领导者。大会号召全苏区的工人,为发展苏区经济与土地生产力的提高而斗争。

六、大会认为要取得革命战争的胜利,必须加强工人阶级在苏维埃政府中的领导。大会决定在中央苏区派送 160 个积极工人,湘鄂赣派送 50 个,湘赣派送 40 个,赣东北派送 40 个到苏维埃中央政府各部担任工作。店员手艺工人工会,以后应该特别帮助苏维埃政府的劳动部、土地部以及工农检察部进行他们的工作。店员手艺工人工会的各级组织,应该派遣自己的干部,到地方苏维埃政府做领导工作,并同苏维埃政府中贪污腐化的、消极怠工的官僚主义与阶级异己分子作斗争,把这些分子从苏维埃政府中洗刷出去。

七、大会认为中国店员手艺工人工会,应以极大的力量进行白区的工作,特别是苏区周围的重要城市(赣州、吉安、南昌、九江、抚州、长沙、武汉及潮汕、漳厦等),领导白区在业与失业的店员手艺工人,为他们的日常要求而斗争,并在这些要求的周围团结工人群众,反对黄色工会的欺骗,反对国民党帝国主义的屠杀和压迫,并积极参加反帝运动,建立白区店员手艺工人赤色工会的组织。大会决定在中央委员会之下,组织白区工作委员会来专门进行白区的工作,派遣最好的干部到白区去工作,帮助白区工作的经费、宣传品及各种的材料,同时并吸收白区店员手艺工人的干部来参加中央委员会工作,取得白区与苏区的店员手艺工人一致的联合,为着阶级的解放和苏维埃政权胜利而斗争。

八、大会热烈拥护中国共产党红五月征收党员的号召,决定大会全体代表一致加入中国共产党,并将各地最好的工人分子大批地送到中国共产党中来,以加强中国共产党的群众基础与力量。大会坚决相信,只有中国共产党的布尔什维克的领导,才能够打倒帝国主义国民党在全中国的统治,建立全中国苏维埃政权,将中国民主资产阶级性的革命转变到社会主义的革命。大会一致拥护中国共产党正确的领导,向中国共产党中央委员会表示敬意!

九、大会认为为了实行上述的任务,全苏区的全中国的店员手艺工人更应一致团结在他们自己的阶级组织之内,大会保证在闭会以后两个月中间,店员手艺工人工会能够吸收苏区百分之九十以上店员手艺工人加入工会,使店员手艺工人工会成为真正工人群众的赤色工会。大会相信在中华全国总工会领导之下,新的店员手艺工人工会的中央委员会,一定更能领导所有店员手艺工人群众,为保护工

人群众本身的利益,为提高他们文化政治水平,为工会工作的彻底转变而斗争。(完)

一九三三,五,二二

(根据中共江西省委党史研究室藏件刊印)

少共中央局给江西福建闽赣省委的信
——关于创立少共国际师

（1933年5月23日）

省委：

由于工农红军的英勇战斗，我们在基本上和主要战线上已突破了敌人的四次"围剿"，但是还没有最后地完全地粉碎敌人的四次"围剿"。然而也正是在这时候，国民党出卖了满洲之后，又出卖了热河、华北，帝国主义者直接的、公开的武装干涉中国革命更加迫切。为着争取最后的、完全的粉碎敌人的四次"围剿"。准备与帝国主义的武装干涉直接作战，须要更快地来完成所提出的创造一百万铁的红军的号召。在这样的情形之下，团中央局决定创立少共国际师。

红军英勇的战斗和胜利更加激励着广大的劳苦群众加入红军的热潮，模范少队整连整团的加入红军，整个青年团的支部加入红军，成群结队的劳苦青年加入红军，广大的劳苦青年和其他群众加入红军的热情自动性、创造性，给了创造少共国际师极有利的条件。

同志们！用列宁青年团的坚毅性、顽强性、敏捷性，给今年国际青年日的赠品——少共国际师。

为着完成这一任务，中央局要求省委立刻执行：

一、在团的支部中，在每个团员的面前提出创造少共国际师的任务，在讨论中央局决定中，发动团员的积极性、创造性，定出他们自己的动员计划，征调好的团员到少共国际师。

必须在少先队中每个队员面前，提出创造少共国际师，不让一个劳苦青年不知道创造少共国际师,发展他们的积极性,号召他们加入到少共国际师去。利用过去光荣的例子,动员整个青年团的支部,领导着成群的青年加入到少共国际师,动员整连整团的少先队去加入少共国际师。团应该在少先队模范队加紧对他们政治军事训练,给他们以相当的政治军事知识。在模范队中建立团的支部,加强团员的作用,使他们很快地能征调到前方去。在最近的期间内,必须动员一批模范少队到前方去配合红军作战,准备最快地转变到少共国际师去。

二、对于创造少共国际师工作的具体领导,给下级以帮助,经常地检查与监督工作。任何听其自然的现象,官僚主义的态度,都是创造少共国际师的最凶恶的敌人。中央局责成省委分派自己的干部去领导、帮助这一工作,组织创立少共国际师的突击队,派到区里去帮助工作。省委经常地检查这一工作,每半个月应该向中央局报告进行的经过。

三、完成创造少共国际师的任务,必须用革命竞赛的方法,发动团内的竞赛。同时中央局提议发动与工会创立工人师的竞赛,每个同志应当记着:"共产主义的竞赛是用先进的模范去帮助落后的,使落后的也走到先进的一个水平线上来。"

四、少共国际师集中的地点以军区为单位,省委必须与军区共同商议集中的地点、粮食、给养、训练的准备。为着这一工作,省委可以要求军区有一专人负责。省委必须立刻准备一批少共国际师的青年工作干部,省委须于最短期内(半个月内)挑选一些忠实勇敢的团员和干部到红军学校来受训练,以准备少共国际师的军事指导员干部(在介绍这种同志来时,必须在介绍信上特别加以说明)。

五、测量团员的工作,测量团员是否忠实于党的路线,少共国际师就是"测量尺",在这时期内检阅团的工作,将是看他是否为着完成少共国际师而斗争!

在"八一"以前,必须全部的在军区集中给以短期的训练,将在国际青年节高举工农红军的旗帜,武装上前线,给今年国际青年节的赠品——少共国际师。

此致

列宁青年的敬礼!

少共中央局
五月廿三日

(录自《红色中华》第 89 期,1933 年 6 月 29 日)

少共中央局决定创立少共国际师

（1933 年 5 月 24 日）

朱、周、王[①]：

少共中央局决定创立"少共国际师"，由江西征调四千人，福建一团二千人，闽赣一团二千人，其中应有团员五千人，并决定在八【月】一二【日】集中，给以短期训练，到国际青年节正式宣传鼓动，成立武装上前线。少共中央局提议将"少共国际师"编作第一军团一师，要求准备指导员干部来帮助训练，并请转知前方红色战士、青年团员，少共中央局时刻准备着〈进行〉动员自己的队伍，领导着数十万的少先队和广大的劳苦青年，为着完成创造铁的红军一百万而斗争。

少共中央局

二十四日

中央档案馆藏

（录自共青团中央青运史研究室、中央档案馆编：《中国青年运动历史资料》第 12 册，中共党史资料出版社 1989 年 8 月版，第 112 页）

---

① 朱、周、王，即朱德、周恩来、王稼祥。

中国店员手艺工人工会在苏区内的
组织任务决议案①

（1933 年 5 月 24 日）

一、只有创造真正群众的阶级工会，才能完成赤色职工会在苏区目前的各种重大任务。店员手艺工人工会，在苏区的组织任务，就是要巩固和扩大工会的组织，团结无数万的店员手艺工人"在斗争中去教育群众，彻底完成资产阶级民主革命的阶段，并使革命往前发展为社会主义的任务"（职工国际）。店员手艺工人工会，在苏区应该和其他的职工会一样，要成为工农民主专政最主要的群众柱石，要利用工人为自己直接经济利益的斗争，引导工人群众去参加苏维埃国家和红军的建设，要造成共产党（无产阶级领导权的直接执行者）与广大劳动群众之间的联系，要成为□□□□□□□□。

二、为着创造真正群众的店员手艺工人工会，必须在最近的将来吸收苏区百分之九十以上的店员手艺工人来加入工会，使工会会员的总数扩大到一倍以上。这一任务的完成，特别要加强新的区域和边界区域的工作，因为在那里还有大多数的店员与手工工人及〔没〕有组织到阶级工会中来。在一切的苏区，要把沿门卖工的手艺工人都吸收到工会中来。因此，各地店员手艺工人工会的组织，必须根据筹备委员会的通知进行有系统地征求会员的运动。

---

① 中国店员手艺工人工会第一次全国代表大会通过。

大会严格地指斥驱逐沿门卖工的手艺工人出工会的错误决定，及将这些手艺工人当成所谓独立劳动者，同时大会训令一切的组织，根据章程继续清洗钻进工会中来的阶级异己分子及剥削者出工会。

在组织家庭手工工人的时候，尤其是家庭女工，应该采用活泼的方式，组织广泛的家庭手工工人的委员会，在工会的领导之下，吸收那些虽然还不是以工钱为生活主要来源的家庭工人来参加，为他们的切身利益而斗争，反对商业资本的残酷剥削，引导他们来参加苏维埃的建设。

三、为着建立统一的、集体的工会，店员手艺工人工会应该有完全独立的组织系统，除开组织临时中央委员会之外，各省、各县以至支部的各级委员会，应在很短的期间建立起来。各级委员会均须从会员大会或代表会选举产生出来。在湘赣、湘鄂赣、闽浙赣以及闽赣等省，应即召集店员手艺工人代表会，来建立工会的独立系统，同时工会经费也应在最短期间完全统一。

四、大会认为工会工作中的官僚主义、命令主义是使工会生活群众化最主要的障碍物。官僚主义命令主义的工作方式表现在工会文件口号以及一切宣传鼓动工作的一般性与刻板性。领导工作不具体，没有集体的领导，没有进行广泛的自我批评，没有经常向群众作工作报告，尤其不能忍耐的是工会领导者谩骂群众的态度，与自尊自大、不信任群众的观点。因此，有许多工会的领导机关是脱离群众的，工会的领导者对于群众生活的各方面，以及群众的觉悟程度极大多数是不了解的。大会完全接受职工国际的指示，在工会工作中必须实行广泛的无产阶级的民主，这是使工会有生气的基本条件，这要成为工会工作的基本方法。因此，本会的一切组织从支部以至中央，应该：①经常召集会议，在会议之前必须有充分的准备，必须在会议上提出群众能了解有兴趣的问题，开始是群众的切身问题，领导机关应站在广泛自我批评的立场上向大会作报告，吸引群众检查领导机关的工作。②一切领导机关必须建立集体的领导，一切问题的决定必须经过组织的讨论，必须使各级委员会能经常开会，必须讨论许多的具体的问题,必须拿住每一时期工作的中心,有计划地进行工作,同时必须为加强工作的速度而斗争,为执行决议与工作计划的每一条文而斗争。③"与群众联系是工会任何活动能得着成效最主要最基本的条件"(列宁)。工会机关应在一切工作中创立和保持与群众的联系。每一个领导者必须与工人生活有最密切的接触,了解工人生活的各方面,了解工人的情绪、需要和思想与真正的目的,了解工人中各阶层的觉悟程度和各种旧的习惯与偏见,要用同志的态度来对待普通的工人,审慎地处理工人的日常问题,要倾听工人对于工会以及各种问题的意见,要用说服与解释的方法来纠正工人中各种偏见,自愿赞成工会的提议,获得群众无限制的信仰。我们不是强迫工人来同意自己的意见,而主要是说服与□□□于那些不能改正错误、不信群众、谩骂群众的领导者,应该在□□□□□之下撤职。④应该进行广泛的自我批评,坚决打击那些畏惧群众批评的领导者,隐藏自己错误的小资产阶级的观点。但是工会的自我批评,不是闹无原则的个人的派别纠纷,不是惨淡地描写一切坏的现象,也不是牧师忏悔,而是为着工作的转变,发现错误的根源,改正工作中的错误。只有发展真正群众的广泛的自我批评,才能克服右倾与"左"倾的机会主义思想。⑤密切上下级组织的关系,建立经常的巡视工作,但不是要使所有的常委都出发巡视,因而不能建立领导机关的工作。各级领导机关尤其中央,应该经常分别地讨论各地的工作,听下级组织的报告,应该多有个别地方的个别工作的指导,使指导工作具体化。

五、店员手艺工人工会是已经有了大批的工人干部,但已有的干部,还完全不能满足工作上的需要,应该教育旧有的干部,适当分配干部的工作,提高干部的工作能力,同时必须提拔大批新干部。各级机关应该联合其他的工会,来创办干部补习学校,来提高他们的文化水平与政治水平,用竞赛的方法来奖励干部学习。中央及省委员会应多创办各种训练班,同时应该登记干部和积极的工人,大批地准备干部供给苏维埃红军及一切国家机关的需要。大会训令各级组织,在一年内应准备一千个干部调出来工作。

六、各级组织应用极大的努力来进行文化教育工作,为提高苏区一般工人的文化与政治水平而斗争。应联合其他的工会及苏维埃创办各种工人学校,使俱乐部的工作转变;组织识字运动,广泛地进行墙报、图画、传单、标语等;各级组织应该帮助工农剧社,并与他们发生关系,在各县组织分社,征求工人去加入。

七、巩固工会的经济是巩固工会一个最主要的条件,大会决定在一年内筹足五万元的工会基金,每个会员为工会至少做一天工,以其收入交给工会作为基金。这项基金集中中央委员会,不是特别的□故,经过中央委员会通过,不能动用。同时各级机关必须巩固预算,建立统一的会计制度,坚决与贪污的现象作斗争。中央委员会应立即筹备在七月一日起能够实行新的会计制度。店员手艺工人应站在阶级互助的立场上,积极帮助农业工会的基金。

八、在吸收会员、提拔与教育干部的工作中,必须注意青工与女工。广大的家庭女工应该组织到工会中来,应派遣好的干部来参加女工部的工作,将女工部实际建立起来。轻视女工的观点,应该受到严重的打击,在支部委员之下,青年会员除与成年工人共同组织小组外,可再成立青工小组,讨论青工的特殊问题。女工应与男工共同组织,在支部委员会与小组会之内,女工支部与女工小组应即取消。

在还有大批的青年工人及女工还没有与不愿加入工会的情形下,除开工会的女工部之外,应该组织青工委员会或女工委员会,吸收那些没有加入工会的青工或女工来参加委员会,领导他们到斗争的路上。各级组织还应在工人家属中进行工作。

九、大会认为工会应在共产党的亲密领导之下来进行自己的工作,应该在各方面、在一切工作中加强与苏维埃一致行动的连锁,应该在组织上实现对贫农团及其他一切劳苦群众革命组织的领导。因此,大会坚决的不能同意湘鄂赣工会的提出"工人监督苏维埃政权"的口号,及石城县工会鼓动工人与共产党和苏维埃对立的负责者,大会同样排斥其他地方造成工会与苏维埃对立现象的负责人,及在重大的罢工之前不通知苏维埃的错误。大会认为,职工会与苏维埃应该建立亲密的关系,工会应该引起工人群众积极参加苏维埃各方面的工作,在一切工作中拥护与帮助苏维埃,工会应该和苏维埃经常地合作,共同决定许多重要问题,并且共同执行这些决定。因此各级店员手艺工人的组织,应在地方工会联合会之下,与苏维埃实行相互的参加会议,各乡村支部委员会应集体的加入贫农团,发动群众来帮助苏维埃一切政策的彻底、正确执行,肃清苏维埃机关中的官僚主义及错误与弱点。

一九三三,五,二十四日

(根据中共江西省委党史研究室藏件刊印)

苏区店员手艺工人在经济斗争中的任务

(1933 年 5 月 26 日①)

一、苏区工人在革命胜利以后,乡村工人最大多数分房屋土地,分得了地主富农的耕牛财产,工人分得了豪绅地主的得〔地〕了,城市与乡村的工人得到了劳动法的保护,大大地提高了工资,部分实行了八小时工作,一般地缩短了工作时间,极大地改善了工人生活,绝对地提高了工人阶级的社会地位。目前工人阶级的生活比国民党统治之下已经完全不同,这证明只有推翻了豪绅地主资产阶级国民党的统治,建立了工农的苏维埃政权,才能彻底改善工人阶级的生活。因为工人生活激进的改善,是开展了苏区工人阶级的积极性,积极参加了红军,领导了退还二期公债不要政府还本,参加与帮助了革命战争各方面的工作。

因为帝国主义国民党对于苏区的进攻,因为敌人经济封锁,与苏区资本家经济上的怠工与操纵,因为苏维埃革命暂时还只在经济上比较落后的区域内胜利,因为处在严重的国内战争时期,所以虽然工人阶级经过苏维埃政权,在经济上的调济与开始了合作运动,尽力解决工人失业问题,正在战胜敌人对我们的进攻,克服一切经济上的困难,而收到了不少的效果,但是暂时还使苏区一部分工人遭受了失业与半失业,在中央苏区部分日常必需品价格的提高,工人阶级的这些

---

① 中国店员手艺工人第一次全国代表大会通过。

痛苦,都是由于帝国主义国民党对于苏区的进攻所造成的。因此苏区工人阶级,要解除一切困难,保证生活上更大的改善,必须领导农民粉碎敌人的"围剿",争取中心城市,争取革命在全中国胜利,建立全中国的苏维埃政权,因此在目前和苏区的经济斗争,必须根据这个基本任务出发,接着下列的基本方针来进行:

(1)更进【一步】地各方面改善工人阶级的生活,在改善工人生活的斗争中,提高工人的积极性、阶级觉悟。

(2)巩固工农的联盟,提高苏区的生活,发展苏区的经济,纠正狭隘的行会〈的〉偏见,加紧工人阶级在工农联盟中的领导权。

(3)每个经济斗争必须巩固苏维埃政权,加强苏维埃政府战斗能力,与职工会苏维埃政府之间一致行动的连锁。

二、(原文如此)但是过去苏区的职工会,在领导工人经济斗争中间存在着机会主义的、代表资产阶级富农利益的思想,以为改善工人的经济地位,就要妨碍工农联盟,以【为】在战争时期非牺牲工人的一切经济利益不可,甚至把敌人的封锁、资本家的怠工所造成的苏区经济上的困难,完全归罪于工人的经济斗争。由〈于〉这种观点出发,因此工会对于农村手艺工人的日常利益,是忽视的,没有帮助政府建立劳动介绍【所】,使富农、工头夺取了工人的工作;没有计划地进行救济失业工人与领导合作运动,没有减少学徒的失业与帮助学徒学习技能,很少保障女工的特殊利益,与领导家庭女工反对资本家残酷的剥削,这种忽视保证工人利益的机会主义错误,是阻止工人阶级积极性的发展。

同时,在经济斗争的领导上尤其在中央苏区,汀州、瑞京、会昌、石城等城市工人中,不问企业能力的适当与否,提出了使企业不得不亏本倒闭的要求,执行强迫介绍失业工人"吃完再说,不管将来",常常使企业因此不能负担而迅速倒闭。对于工农集股的合作社,与雇用辅助劳动的小手工业者,采取与反对资本家一样的策略,领导学徒过"左"地反对师傅,青工的过分要求与不遵守自己的订立的合同,强迫老板集中营业,组织所谓"合作社"(如理发),有些甚至拒绝别地工人做工;尤其对中农贫农采取与反对富农不同的策略,举行有害苏区经济流通的总同盟罢工(如汀州、黎川、建宁、雩都、石城、会昌等),这种"左"倾的错误。这种错误执行的结果,不仅使企业倒闭,妨碍苏区生产的发展,可以走向完全消灭私有资本,这就不仅工人自己失业,而且引起农民极大的反对,这就妨碍苏维埃政权的巩固。

这种只看到少数人的目前的经济利益的行会思想,妨碍了工农联合与工人阶级在工农联合中的领导权,也就是妨碍了全体工人阶级根本的、永久的利益。

对于经济斗争领导的"左"右倾机会主义的错误,由于工会领导机关对〈关〉苏区工人经济斗争的基本方针错误的了解,同时对于工人斗争的官僚主义的领导,不去了解工人的要求与企业的实际情形,只有自上而下的命令群众,集体合同千篇一律地照抄劳动法斗争纲领,不去倾听会员的意见与组织他们积极地讨论自己的要求,所以,许多企业订立的合同并不能适合当时企业的实际情形。正因为如此,所以即使在过去工人积极的斗争中,也不能去更加提高与组织他们的积极性。

三、代表大会认为目前的重要任务之一,就是在工厂、作坊、店铺中有准备地去进行订立集体合同与劳动合同的运动。首先,要在工人的大会上解释行会主义错误,是妨碍苏维埃政权与全体工人阶级的利益,说服那些不估计全体工人阶级根本利益的分子,取得工人的反对行会思想斗争的拥护,防止反革命派别乘机煽动一部分工人对工会正确领导的对立。动员广大群众,讨论和检查他们的合同,找出不能执行的原因,倾听会员的意见,按照企业的实际情形,正确估计资本家怠工与否。根据会员的要求,规定出每个企业的一般的要求标准(过去江西、福建省工联、各县工联与木船工会所定斗争纲领,不能作为一般要求标准),按照这个标准有伸缩性地去进行与每个店铺、作坊、资本家谈判,订立各个企业的劳动合同。但是在这个订立与改订合同的运动中,必须反对机会主义者乘机抬头,必须发动工人反对资本家的怠工阴谋。

对于确实因为敌人经济封锁，而长期无货可售，或者确实因为工人要求过高而使企业在目前情形下不能担负者，工会应该一方面领导工人严厉的反对与监督资本家的故意怠工，同时领导工人为了发展苏区的经济，减少苏区的失业，去取得工人的自愿，进行与资本家谈判，规定暂时的适合于目前情形的短期合同。尤其对于工农集股的合作社企业与雇用辅助劳动力的小手工业者，应该在经济要求与保护工人经济利益的工作上，采取与对付资本家不同的方式，帮助合作社的发展，提高合作社的生产量，发展苏区的工业经济。

代表大会认为在订立合同运动中，应根据企业内特殊的工作情形，对于劳动法上某些条文应该活泼地运用。如果某些企业工作上的特殊情形，而不能实行八小时工作，可以采取轮班工作，轮流休息的办法，在得到工人同意后可以在一定限度内延长一部分工作时间，另给额外工资来补偿额外工作时间。同时代表大会认为，现在的劳动法上许多条文不能完全适合于苏区目前的情形，大会拥护中央政府重新起草〈的〉劳动法。

四、农村手艺工人特别是沿门卖工的工人虽然分得了土地与增加工资，一般地缩短了工作时间，但是因为：（1）敌人的经济封锁使一大部分工人缺少工作；（2）因为没有劳动介绍所，被工头、老板、富农夺取了工作；（3）因为对中农、贫农经济要求常常采取对付富农一样的策略。有些地方发生中农、贫农对工人的不满。所有这些，工会是忽略的。

大会认为保护会员中绝大多数的乡村手艺工人的利益，是工会的重要任务。首先就是发动会员去吸引未加入工会的工人来参加工会，参加规定最低工资的讨论，按照各地的生活程度，估计到各业工资的旧习惯，估计到要争取中农、贫农的同情，定出各业工人最低工资。工会应该向当地苏维埃提议，经过苏维埃共同规定各业工人的最低工资。同时大会要求政府迅速颁布乡村手艺工人的劳动介绍条例，保障工人工作不被工头、老板、富农夺取，工会要领导工人帮助劳动介绍所的创造与工作。

工会应该领导农村手艺工人积极参加与领导农民清查土地的运动,要求苏维埃政府把没收的地主残余与富余隐藏着的土地,按照最近中央政府关于土地分配的训令,分配给能够自己耕种的乡村手艺工人。

工会要领导广大的发展合作社运动来救济失业工人,与发展苏区经济,首先对于农村失业工人,与老板逃跑而没有资本的店铺、作坊的工人,工会要领导他们集合工人与农民的股金,创办各种生产的消费合作社。请求政府从各方面给予帮助,把没收了资本家的企业的工具借给合作社。这些合作社的组织与管理,必须经过社员大会民主地讨论与选举。必须定期向社员报告,社员可以随时清查营业与账目。合作社的生产与营业,首先就是为着供给红军与劳苦群众的日常需要。这些合作社要取得政府的粮食调剂局与各种合作社相互的帮助。同时要领导工人去参加政府的粮食调剂局,与各种合作化运动中需要失业工人的工作,来发展苏区工业解决失业工人的困难。

各地工会应该进行一个救济失业工人的运动,取得政府领导与各革命团体的帮助,在各区中间召集失业工人来开会,讨论他们的困难与帮助他们解决困难这个运动,工会必须事先经过政府与各革命组织详细地讨论,规定具体的办法。这个运动的目的,是要动员失业工人去积极参加红军,参加苏维埃政府与合作社的各方面工作。同时要请求政府的帮助,向赚钱的资本家与剥削者那里筹得救济金,来计划举办城市中或失业工人较多的地方,建立失业工人的饭堂。

请求中央政府迅速地成立社会保险局,有组织地征收社会保险金,建立与帮助社会保险局的征收与救济的工作,尤其要派遣自己的干部参加社会保险局组织与工作的创造。

已经征收的店员手艺工人的社会保险金,大会决定将来移交社会保险局一起分配,但在目前社会保险局尚未成立以前,应该在进行救济失业运动中,划出一小部分来尽先给以救济(最好帮助他们组织合作社)。(以下原缺五、六——本文库编者注)

七、工会对学徒利益的保护，一方面反对开除学徒，消灭对于学徒封建式的剥削与虐待，另一方面必须纠正过去学徒对企业或师傅过高的要求。工会要建议与帮助劳动部，规定学习年限，领导学徒努力学习，督促老板师傅教授，规定学徒在一定期内学到的技能。工会必须经过政府的帮助来创办学徒的学艺所，每个手艺工人的会员，应该为着发展苏区的生产，招收学徒与加紧教育学徒。

保护青工女工的特殊利益，与男工成工同样工作与技能的女工青工，必须争取与男工成工同等工资。争取青年工人特殊利益与六小时工作的实现，必须去组织还未组织起来的许多家庭女工，团结他们在工会的周围，依照各地生活程度来领导他们反对老板残酷的剥削，领导他们增加工资的斗争，领导他们要求老板在每天工资以外，给以一定的社会保险金。这种特殊的社会保险金，规定一定的在生产或疾病时救济女工的办法。在工作时间上，女工八小时工作时间内，应有休息时间哺乳小孩。八小时工作时间的分配，由合同上去规定。

八、因为苏维埃革命运动的巩固与发展，因为阶级斗争愈加深入，苏区资本家也正在用尽一切方法，尤其是利用经济上的收买欺骗影响工人。资本家这种欺骗工人的活动，所以能够收得一小部分效果的原因，是由于工会在领导经济斗争中间的"左"与右的错误。资本家利用我们领导上的错误，煽动工人对于工会领导发生怀疑与不满，模糊工人的阶级觉悟，而接受资本家合伙等等的欺骗活动。同时因为工会对于阶级教育的缺乏，没有抓住每个资本家欺骗工人的事件，清楚暴露资本家的阴谋的实质，广大地教育工人，使工人了解工人与资本家的利益是绝对相反的，因为工会在领导经济斗争中间必须发动工人自己的最积极的斗争行动，在群众面前暴露资本家剥削与压迫工人的实质，利用每个工人被资本家欺骗而受亏的事实，向工人作广大的教育，提高工人的阶级觉悟。

严厉的反对资本家的怠工停业投机垄断，必须加强工人对工厂、作坊、店铺的监督生产。监督生产的目的是防止资本家的故意怠工与破坏生产,保障苏区经济的提高与减少工人的失业,并且要学习管理生产,尤其在新发展苏区的城市中,要防止老板的逃跑与破坏生产。首先就在苏区内,首先就是【在】重要的与社会经济有密切关系的企业内,组织工人来监督生产。但是监督生产必须有组织地进行工作。在每个城市中,工会应该派遣干部组织监督生产的委员会,委任企业中的监督生产的负责人,实行监督生产。

监督生产的方法,过去把现金完全集中于工人管理,不让资本家有丝毫权柄来支配现金,这是错误的。正确的监督生产方法应该时刻计算企业〈的〉生产上、贸易上、经济上的情形,监督生产数量上的提高,要求资本家在一定期内报告营业与经济状况,不让其故意将现款收藏停办货物,不让资本家故意浪费,破坏生产,登记进出的现款和货物。

九、经济斗争的战术上,过去没有充分发动、组织与提高工人斗争的积极性。以前采取了逮捕资本家戴高帽子的办法,代替了正确的群众斗争方式。但是纠正了这个错误以后,在年关斗争中,中央苏区的几个城市中举行了总同盟罢工。这种总同盟罢工妨碍了苏区商品的流通,妨碍了军事上的行动。这种总同盟罢工恰恰被资本家利用来实行团结一致,在经济上封锁红军的行动(黎川),这就是妨碍了苏维埃政权巩固与发展,妨碍了工人阶级的根本利益。

工人群众的每个日常经济要求,必须经过群众自己慎重的讨论。要组织工人自己选举的有威信的领导斗争的委员会,要组织工人自己的斗争的行动,工会要领导工人为实现这些要求而与资本家斗争。在斗争的方式上必须纠正总同盟罢工的错误,采取各种各样的方式向资本家斗争,来达到工人要求。工会要领导工人自己起来选派代表,会同工会与资本家谈判。在斗争中间必须分裂资本家的团结。每个店铺、作坊的工人斗争,应该依照每个资本家经济状况来进行,各与各的资本家斗争;即使对付那些顽强的资本家要采取罢工的手段时,必须在罢工以前采取交涉谈判、包围等等各种方式的斗争。工会要领导同业的、各业的工人开会、慰问、示威、包围等等。各种同情的援助的方式,来提高阶级团结的情绪,与组织阶级团结的力量。

同时,工人阶级的经济斗争必须经过自己的工会,去取得苏维埃的援助,与政府一块去反对那些破坏劳动法令与压迫工人的资本家。最近中央政府关于成立劳动法的训令,代表大会一致热烈地拥护,庆祝保护工人利益的劳动法庭的成立。工会的各级组织应供给干部去参加这个工作,培养为工人利益在法庭上辩护的辩护士,宣传这个法庭对于工人切身利益的意义;加紧去检举故意破坏劳动法与劳动合同的资本家,控告到劳动法庭,给以相当的制裁。但是达到工人的经济要求,还需要工人自己顽强的斗争,绝不能完全依靠于这个法庭。相反的,只有从工人坚决反对资本家斗争行动中间,正确地运用这个权利与工具,才能保障工人要求的完全胜利。

最后,代表大会认为苏区店员手艺工人在改善自己生活的经济斗争中,必须开展两条战线上的斗争,坚决反对忽视工人日常利益与阻止工人经济斗争的机会主义。同时,反对经济斗争中只顾目前利益的、妨碍苏区经济发展的行会主义的倾向,反对工会机关的官僚主义领导。这些错误对于巩固与发展苏维埃是莫大的危险。只有坚决反对了、肃清了这种错误,按照经济斗争中的基本方针,来进行对于工人斗争的领导,在斗争中去开展工人的积极性与政治觉悟,为了巩固与发展苏维埃政权而斗争,争取工人阶级根本的解放。

——完——

一九三三年五月二十六日印

(录自中央档案抄件)

中国店员手艺工人工会章程

(1933 年 5 月 27 日)

第一章　总　则

第一条　本会定名为中国店员手艺工人工会。

第二条　本会的主要目的：

一、团结全中国(苏维埃区域与非苏维埃区域)店员手艺工人的力量；

二、努力争取并保护全体店员手艺工人经济生活与文化生活上的利益；

三、努力参加并拥护苏维埃政权,巩固并扩大苏维埃区域,争取苏维埃政权在全中国的彻底胜利,并为实现社会主义的前途而斗争。

第三条　本会加入中华全国总工会与全国各业工人联合,加入赤色职工国际与全世界革命工人联合。本会各级组织加入各该地方的革命工会联合会。

第二章　会　员

第四条　凡是以出卖劳动力为生活资料的唯一来源或主要来源的下列几种工人店员,承认本会章程者,不论年龄、性别、民族和宗教

的信仰,均得加入本会为会员:

一、一切在城市与乡村中沿门卖工的手艺工匠与学徒;

二、一切被雇在手工作坊中工作的手艺工匠,助手学徒和工役;

三、一切在私人商店及贩卖机关服务的工役和学徒;

四、其他手工企业中的工钱工人(如织布工厂等)和学徒(如果这些工人还没有独立工会的组织)。

失业的店员与手艺工人及革命前的手艺工人店员,在革命后分得土地虽然现在很少出卖自己的劳动力,也得加入本会为会员。

沿门卖工的手艺工人如果带了学徒的,必须依照工会及政府所定办法待遇学徒,才能加入本会为会员。

第五条 下列几种人,虽然被雇在苏区工作,也不得加入本会:

一、革命前的豪绅、地主、军阀、官僚及其家属;

二、革命前的资本家、富农及其家属;

三、一切反革命派别的首领;

四、剥削与压迫工人伙计的工头、老板、包工头和私营企业中的管理员等;

五、一切宗教机关的负责人(如道士、和尚、牧师及阴阳家、堪舆家等)(但被雇在宗教机关服务的工人不在此例);

六、其他被革命法庭剥夺了公民权尚未恢复的人。

第六条 凡会员入会,须到本会支部委员会填写声〔申〕请书,经过支部委员会的审查及支部大会的通过,但办理入会手续至多不得超过两星期通知本人。

第七条 凡会员有下列情形之一者得开除其会籍,但须经过支部大会的通过及区委员会的批准。

一、屡次违犯本会章程决议,经过三次以上的劝告和警告不能改正者;

二、吞没工会的公款经审查确定者;

三、违犯苏维埃法令及红军军纪,经法院确定并判处徒刑在三个月以上者;

四、无故连续三个月以上不交会费者。

凡会员受开除会籍的处分不服者,得向上级委员会控告。

第八条　本会会员均有选举权、被选举权、参加会议及向本会建议,及享受本会所举办一切事业的利益之权。

凡本会会员均有交纳会费、遵守章程、服从决议及参加本会各级组织内工作义务。

第三章　各级组织

第九条　本会的基本组织是支部委员会,支部委员会按照下列几种方式组织之:

一、凡有会员15人以上之企业、作坊、工厂,即以工厂、作坊为单位,成立本会在该工厂、作坊中的支部委员会,由会员大会选举3人至7人(由工人人数多少来决定)组织之,并由委员会推举一人为主任。

二、会员不到15人之工厂、作坊,或人数超过15人,在附近有几个同一生产的工厂、作坊,即应联合附近几个同一生产的工厂、作坊中的会员,来共同组织一个支部委员会。

三、在城市的手工作坊与店铺及手艺工人中,应按职业来组织支部委员会(如刨烟支部委员会、米业支部委员会、布业支部委员会等),每个支部委员会之下至少须有会员15人以上。

四、在乡村中的手艺工人,凡有手艺工人的会员在15人以上的乡,即可成立本会在该乡的支部委员会。

在店员人数较少的城市,可单独成立一个店员支部委员会,支部委员会下可再按店员的职业来成立小组(如布疋店员小组、米业店员小组等)。如有店员不到15人之市镇,店员可与手艺工人共同组织支部委员会。

凡有会员不到15人以上之乡,可联合附近几个乡来组织一个支部委员会。

在店员手艺工人很少的地方,如果那里有农业工人工会的组织,店员手艺工人可加入农业工人工会。同样在农业工人很少的地方,那里没有农业工人工会的组织,农业工人可以加入店员手艺工人工会。

在支部委员会下如有必要,可再按职业和村庄来组织小组。

第十条 凡有 3 个支部委员会之市镇或区,即可成立本会在该市镇或区的委员会。由全区会员大会或代表会选举 5 人至 13 人组织之。并由委员会选举 3 人至 5 人组织常务委员会,内选一人为委员会主任。

第十一条 凡有 3 个区及市镇委员会以上的县,即可成立本会在该县的委员会。由县代表会选举 9 人至 21 人组织之,并由委员会选举 5 人至 7 人组织常务委员会,内举一人为委员会主任。

第十二条 凡有 3 个县的委员会之省,即可成立本会在该省的委员会。由全省代表会选举 15 人至 31 人组织之。并由委员会选举 7 人至 11 人组织常务委员会,内举一人为委员会主任。

第十三条 凡不到 3 个支部委员会之区,可联合附近几个区来共同组织 1 个区委员会。

凡不到 3 个区及市镇委员会之县,可联合附近几个县来共同组织 1 个县委员会。

凡不到 3 个县委员会之省,可联合附近几省来共同组织 1 个省委员会。

第十四条 本会最高权力机关为本会全国代表大会。代表大会闭会期间,临时中央委员会即为本会最高权利机关。本会临时中央委员会,由全国代表大会选举 61 人组织之,并由中央委员会选举 21 人组织常务委员会。由常委会互推委员长 1 人、副委员长 2 人。

第十五条 本会各级委员会均设候补委员,其人数须在正式委员的四分之一以上。

正式委员出缺时,即由候补委员递补之。

第十六条 本会之区及市镇以上的各级委员会,均设下列各部办事：

一、秘书处——管理文书、庶务、会计等事；

二、组织部——管理会员的登记、干部的分配及巡视工作等；

三、社会经济部——管理订立合同、劳动保护、合作社及社会生活的调查统计等；

四、文化教育部——管理本会的学校、俱乐部、报纸及一切文化教育事项；

五、青工部——由本会青年会员选举委员会（经各级委员会批准）管理之；

六、女工部——由本会妇女会员选举委员会（经各级委员会批准）管理之。

上列各部，均设部长一人，部长之下，有各部的委员会，由各级委员会任命，得上级各部批准。

各部得视事务之繁简，设干事及办事员等若干人。

各级委员会，得设各种临时的委员会，办理各种临时发生的事务。

支部委员会，设组织委员、文化教育委员、社会经济委员、青工委员、女工委员各1人，不设各部。

在本会的中央及省县、市委员会之下设立店员部，由加入本会的店员会员选举3人至5人组织委员会管理之。

第十七条　本会全国代表大会与省及县的代表会每年举行一次，区或市的会员大会及代表会每三个月举行一次，支部会员大会每半月举行一次。均由各级委员会召集之。

第十八条　本会临时中央委员会全体会议，每半年召集一次。省及县的委员会全体会议，每三个月召集一次。区委员会每月召集一次。均由常务委员会通知召集之。各级常委会及支部委员会，每星期召集一次，由委员长或主任召集之。

本会的会员大会、代表大会、各级委员会，如遇有特别事故，均得召集临时会议。

第十九条　本会临时中央委员会与省及县的委员会每年改选一次，区及支部委员会每半年改选一次。

第二十条　本会在白区的各级组织系统，得按照实际情形改变之。

第四章　组织原则

第廿一条　本会组织实行民主集中制，其原则如下：

一、本会各级委员会的委员及代表会的代表，均由选举产生，选举人有随时撤换自己的代表之权；

二、本会的各种重要问题在未决议以前，凡是本会会员，均可自由发表意见参加讨论，但以多数的赞成而通过后，少数须服从多数，一致执行决议。

三、本会的下级组织，服从上级组织的决议、指挥和命令。

第五章　经　费

第廿二条　本会的经费，有下列几种收入：

一、会员常月费——按照会员每月所得工资抽百分之一，但最低不得少过铜元十枚（对学徒的会费抽工资的百分之一，亦不得少过十枚）；

二、向雇主征收的工会办公费——在工资之外，每月征收工资的百分之二。

三、会员的特别捐——经过中央委员会的通过之后，得向会员征收特别捐，其数目临时规定；

四、政府及其他革命团体的捐助与津贴。

失业的与残废及生疾病的会员，完全没有收入者，经过本会支部委员会的通过，及区委员会的批准，得免收或减少会费。

会员担负苏维埃及其他革命团体工作未领工资者，得减少或免收会费，红军中的会员免收会费。

第廿三条　在支部委员会下,由会员 10 人至 20 人选举会费征收员一人,负责征收会费,或者由小组组长负责征收之。

第廿四条　本会的经费完全统一:

一、本会各级委员会的一切收入均须按月交给上级机关,集中中央委员会会计科;

二、各级委员会的一切用费,须于月前十五日以前将预算送交上级,由中央委员会批准发给;

三、征收会费的印花与收条由中央会计科制发;

与中央苏区还没有打通的苏区及白区的本会组织在实行此条时,得按照实际情形改变之。

第廿五条　本会基金由全国代表大会选举保管委员会保管之,不得中央委员会全体会议的通过不得动用基金。

第廿六条　各级委员会的账目须按月向会员公布,并报告上级。

凡本会会员均有权随时选举代表向委员会审查本会一切机关的经费和账目。

第六章　附则

第廿七条　本章程经临时全国代表大会通过后发生效力。只有全国代表大会有修改本章程之权。本章程的解释权属于临时中央委员会。

—完—

一九三三．五．二七

（根据中共江西省委党史研究室藏件刊印）

关于加紧准备苏区民众御侮自救会议工作
给各级青年部一封指示信

（1933 年 5 月 29 日）

　　总同盟青年部完全同意中央苏区反帝拥苏总同盟在最近发出的
《为苏区民众自救会议给各级同盟一封指示信》里面的关于各地同盟
在进行御侮自救会议工作中犯了许多严重错误的揭发,各级青年部
在收到这封信之后,应立即召集执委常委会来讨论总同盟的指示信,
加紧准备御侮自救会议的工作,同时,总同盟青年部为要完成总同盟
在指示信中所决定的任务,特给各级青年部以下面的指示:
　　一、扩大与深入御侮自救会议的宣传之鼓动,各级青年部依据总
同盟最近所发的宣传材料,特别抓紧最近日本帝国主义侵犯整个华
北的事实,来发动广大的青年群众热烈参加苏区民众自救会议的选
举,在这次选举代表,青年应占三分之一。
　　1. 各级青年部必须单独组织有力的宣传队,经过很好的训练来
切实进行鼓动宣传工作。
　　2. 要求各青年群众团体(如少先队、儿童团、青工部等)召集青年
群众会议,我们应派人去报告御侮自救会议的意义与目前青年部的
任务。
　　3. 发起组织青年群众的游艺会、提灯会、新剧等,来进行宣传工
作(此工作可以乡为单位)。
　　二、抓紧御侮自救会议为中心,发动广大青年群众反帝国主义反
国民党的斗争,召集青年猛烈扩大红军,动员青年盟员踊跃加入红

军,响应少共中央局关于创立少共国际师的号召,总盟青年部另有通告发下,可按照通告实际执行。发动少先队模范整连、整团、整师加入红军去,回答帝国主义新的进攻,与对青年群众的屠杀。反对国民党军阀的大举进攻,搞好募捐运动,动员青年群众热烈地援助东北义勇军,各级青年部必须自己组织募捐队进行募捐工作,一方面来拓〔扩〕大拥护民众御侮自救会议与援助东北义勇军的宣传鼓动。

4. 在进行御侮自救会议的工作中,必须拓〔扩〕大青年部的组织,在各种青年群众会议中,发动青年群众大批地加入青年部,尤其是在"六·二三"示威大会及晚会中举行,征求青年盟员来加强青年反帝拥苏的力量。

5. 在进行这一运动中,来健全各级青年部的组织,从工作的经过中提拔新的积极分子来负责各级青年部的工作,把消极怠工的分子洗刷出去,尤其要转变官僚主义的工作方式,加强对下级——乡、村具体的指导、实际工作的检阅和督促。

6. 关于总同盟最近所发下的《为苏区民众御侮自救会议给各级同盟的一封指示信》和总同盟青年部这一指示信,各级青年部必须召集会议一并讨论,来决定自己具体的工作,并随时将工作情形报告总同盟青年部。

中央反帝拥苏总同盟青年部

1933 年 5 月 29 日

(录自中共赣州市委党史工作办公室藏件,

中 33 - 3 - 94,复印件)

援助东北义勇军

（1933 年 5 月）

亲爱的盟员们！工农群众们！

东北义勇军是东三省、热河的民众因为受不了日本帝国主义压迫，而自动武装起来，和日本帝国主义肉搏血战的、民众的武装。

东北义勇军和日本帝国主义作战是非常地英勇、坚决、不怕死的！

东北义勇军是正在被国民党破坏、出卖、压迫的！国民党从来没有发过一枪、一弹、一兵、一卒，去接济他们的！

同志们！起来！募捐援助东北义勇军！每一个同志捐一个铜片援助他们！组织慰劳队去慰劳他们！！！

中央苏区反帝拥苏总同盟

一九三三【年】五月

抄自安远博物馆类别 A，分类号 102D

（录自中共赣州市委党史工作办公室藏件，
中 33－3－101，复印件）

给今年国际青年节的赠品

——少共国际师

（1933 年 6 月 5 日①）

凯 丰

团中央局在最近决定创立一个"少共国际师"。

一、为什么我们需要？

这就是因为，第一，要完全彻底地粉碎敌人的四次"围剿"，准备与帝国主义的直接武装斗争，"需要更快地来完成扩大一百万铁的红军的任务，给党的布尔什维克的号召以列宁青年的回答"（团中央局决定）。第二，"少共国际是全世界无产阶级的和劳苦青年解放的唯一旗帜"。

我们正是处在伟大的历史事件前面，正如列宁所说："只有武装力量才能解决伟大的历史事件问题"（革命军队），所以迫切地需要创造一个少共国际师。少共国际是全世界无产阶级的劳苦青年最光荣的一面旗帜，少共国际师的光荣正如少共国际的旗帜一样，少共国际师的使命将是担负解决伟大的历史事件问题！

---

① 原文无时间，此为《斗争》第 14 期的出版时间。

二、有什么可能？

工农红军的英勇战斗，激动着广大的工农劳苦青年加入红军的潮流，群众的积极性、自动性、创造性，这是给了创造少共国际师最优越的条件。

同时，共产青年团在红军的建设中，为着党的任务之实现的争斗，有过光荣的创造，有青年团内开辟着整个支部加入红军的先例，领导着整团整连的模范少队加入红军。在红军的建设上，由于党的正确领导，团表示了是党的最忠实的拥护者，是党第一个助手。我们有着这光荣的经验，能够提出这一任务，而且是可以担负的任务。

三、给国际青年节的赠品——少共国际师

快要到来的国际青年节，需要战斗地来准备，创造少共国际师就是战斗地来准备国际青年节的预演。"给今年国际青年节的赠品——少共国际师"（博古在团中央会议上的演说）。因为今年的国际青年节，我们正是处在革命与战争中，要求每个团员不能照常的纪念，而是战斗地创造一个少共国际师来纪念今年的国际青年节。

中央局决定在今年"八一"以军区为单位集中，在国际青年节举行检阅，正式宣布成立，武装上前线，将在前线上出现一个新的力量——少共国际师与敌人作战。

四、怎样做？

为着完成这一伟大任务，需要：

在每个团员前面提出创造少共国际师的任务——必须将中央局的决定拿到每个支部中去讨论，在每个团员前面提出这一任务，发动团员的积极性、创造性，定出自己的计划，动员好的团员到少共国际

师去,征调五千个团员到少共国际师去。

不让一个青年群众不知道创造少共国际师的任务——在每个群众的会议上提出和报告这一问题,使每个劳苦青年都知道这一问题。在群众的会议上进行加入少共国际师的号召,动员成批的青年去加入少共国际师。

整团整连的模范少队去加入少共国际师——在少先队内和每个队员前面提出这一任务。在最近期间内就须动员一团模范少队到前方去配合红军作战,准备将来争取到加入少共国际师。

具体的领导、实际的帮助、经常的检查是完成这一任务的主要条件,"任何听其自然的现象、官僚主义的态度,都是创造少共国际师最凶恶的敌人"(少共中央局给省委信)。分配好的干部来负责领导这一工作,派遣好的同志去帮助这一工作。必须使每一个在创造少共国际师上所发生的问题,能立即反映到全团内去发展革命的竞赛,用好的模范来推动我们的工作,"共产主义的竞赛是用先进的模范去帮助落伍的,使落伍的走到先进的一个水平线上来"(列宁)。

五、党的领导

党的领导是完成这一伟大〈的〉任务的保证,党必须经常地去监督和检查团创立少共国际师的工作,给团以帮助。任何企图脱离党的领导,都是给创造少共国际师失败的"预兆",必须坚决地反对这种企图,防止这种"预兆"。

在党和每个党员的面前,对于创造少共国际师的成功与失败是负有政治上的责任!

同志们,努力啊!用列宁青年的刚毅性、顽强性,创立少共国际师,在实际工作上来证明团是党的忠实拥护者,是党的第一个助手。在今年的国际青年节,在中国工农红军中出现一个新的力量——少共国际师!

给今年国际青年节的赠品——少共国际师!

(录自《斗争》第 14 期,1933 年 6 月 5 日出版)

关于帮助机关工作人员与红军的家属的决议

（1933 年 6 月 10 日[①]）

大会听了各地代表的报告，知道有许多被选到苏维埃和工会负责的干部，因为长期脱离生产，在机关工作又没有工资，以致他们家属的生活发生了极大的困难，尤其是没有分到田的城市的工人干部；并且还有很多下面积极的新的干部，也因此不能尽量地、大批地提拔起来。大会完全同意各地代表这个报告，认为这种困难的确是阻碍提拔干部的一个原因。苏维埃、工会，以及各团体的领导机关，必须设法来帮助，因此大会决定：

一、要求中央政府准许工会把城市工人一个月四天工资优待红军家属的这笔款项集中起来，〈由〉分配给没有分田的城市的红军家属和在政府、工会及各团体中的负责干部的家属，实际地来解决他们的困难，并要求中央政府训令各级政府立即进行并切实地帮助。

二、工会应该领导会员，并要求帮助政府，组织城市贫民及一班群众每月捐出若干钱来，或与工人一样每个月工作几天，以其工资来帮助红军及一切机关中负责工作干部的家属，工会必须进行广泛的宣传，取得他们的同情和自愿地与工会一起来进行这项工作。同时城市贫民去当红军或到各机关负责，其家属亦应同样的分配。

---

① 中国店员手艺工人第一次代表大会通过，据判定此件应为《中国店员手艺工人工会第一次全国代表大会决议案(1933 年 6 月 10 日)》之一。

三、在农村中的工会组织必须领导会员为拥护红军、拥护自己的工会，和使苏维埃与工会各种工作能够很好地进行。必须执行中央政府关于帮助机关工作人员家属耕种的训令，及全总执行局关于帮助工会负责人家属耕田的通知，必须发动会员并领导农民以阶级的兄弟的互助精神来帮助红军家属，帮助在苏维埃、工会，及各种团体中负责干部的家属和帮助他们的耕种，工会应该向群众作详细的解释，取得他们自愿的、热烈的帮助。

大会要使很多干部能够很安心地和积极地工作，并使以后能够创造和培养大批新的干部到红军中、政府、工会及各团体中工作，因此训令临中央委员会必须严格的督促和检查各级组织对于这一决议的执行。

一九三三年六月十日印

（录自中央档案抄件）

在御侮自救大会的运动中健全
各级反帝拥苏同盟的组织与工作

（1933 年 6 月 12 日）

　　红五月通讯第十三期,对于"六二三"民众御侮自救会议的代表选举运动已有具体的指示,并且在该文中严重的提出:必须于这一运【动】中加强对反帝拥苏同盟的领导与工作,彻底纠正过去一贯忽视反帝拥苏运动的错误,并号召为发展盟员一□而斗争!

　　中央局不只〔止〕一次提出《组织与领导民族革命战争反对日本帝国主义与一切帝国主义》的□□,指示我们□□用一切力量使反帝拥苏同盟变为反帝国主义的广大工农的组织□,但这恰恰是我们江西的党最忽视的一环,怎样在御侮自救大会运动中纠正这一严重错误的问题,应该摆在我们最近的议事日程之上了!

　　各级党部不仅要监督帮助反帝拥苏同盟,使之能在御侮自救大会运动中起积极的组织与领导的作用,而且要领导反帝拥苏同盟把本身的组织扩大与健全起来,建设经常的工作,真正成为反帝国主义的广大工农的组织。

　　自然,发展一位盟员的号召是绝对的必要,但仅仅这样是不够的。我们同时要注意在这一运动中来健全、改造与成立各级反帝拥苏的组织,并建立经常的工作,因此:

　　一、各地在以区为单位遴选大会代表时,应在这一会议中,同时讨论反帝拥苏同盟工作,并改造或建立区同盟。

　　二、各区代表选出后,县同盟可以利用这个机会召集出席大会代表(各区同盟负责人参加)开会,讨论一次县同盟工作,并改造或建立县同盟。

三、各县区委在这个会议之先,应专门讨论一次反帝拥苏同盟的工作,很具体地去领导这个会议的进行。

我们要求各地对于反帝拥苏工作,迅速地给我们以实际转变的回答!

本文原载一九三三、六、十二,《省委通讯》第四期

（录自中共赣州市委党史工作办公室馆藏资料,
地－20－9,复印件）

怎样完成御侮自救会议的任务

（1933 年 6 月 20 日①）

汉　年②

　　反帝拥苏大同盟召集的民众御侮自救会议就在本月 23 号开幕了。这一会议正当着国民党签订华北卖国条约之后,也正是全国反帝高潮到一个新阶段的时候。国民党出卖中华民族利益,不是从出卖满洲和签订华北密约开始的。自从 1927 年国民党背叛了中国无产阶级后,便滚进帝国主义的怀抱,从此就最无耻地仰承了帝国主义的鼻息,实行帝国主义侵略中国的清道夫的义务。不过在出卖东三省及华北广大土地后,是在广大工农劳苦群众面前,更公开暴露了它的帝国主义忠实走狗的面目! 全国工农劳苦群众不愿意做殖民地的奴隶,不愿意做它孝敬主人翁的礼物,所以到处怒吼着"打倒帝国主义","推翻国民党统治",白色区域一切反帝救国的团体,如雨后春笋般地出现,全国工人的反帝反国民党的罢工各地都蜂拥而起。所以国民党在华北条约签订之后,疯狂地厉行白色恐怖,加紧对一切反日运动的压迫,解散义勇军,封闭它的后方办事处与御侮救国大同盟及各地分会,并且逮捕其会员,加以共产党的罪名,任意监禁屠杀! 国民党最近为了镇压全国群众反对帝国主义的侵略及国民党的投降,施行那种血腥的白色恐怖的事实真是笔不胜述。可是全国劳苦

---

①　原文无时间,此为《红色中华》第 87 期的出版时间。

②　汉年,即潘汉年,时任苏区中央局宣传部部长。

群众反帝反国民党的怒潮益发澎〔膨〕涨〔胀〕了！白色区域里的御侮救国大同盟，更积极地加紧了他们的工作，在御侮救国——即反帝反国民党——这一号召之下，团结了千百万工农士兵及一切劳苦群众，准备着与帝国主义国民党作殊死的决战！在这个时候我们苏维埃区域里来举行这个御侮救国会议，有它非常重大的意义与使命。我们要很清楚地认识下面几个问题。

第一，深入土地革命即是深入反帝国主义的革命运动

在苏维埃区域里面，从前一切被剥削压迫的农民虽然已经分着土地，但是土地斗争的深入还要我们继续努力，因为现在我们还没有完全肃清豪绅地主的残余，贫农与雇农领导分配土地斗争的顽强积极性还没有发展到最高度，我们联合中农的统一战线上还欠巩固，防止富农反动的斗争有些地方还表现着疏忽，这样便是说明苏维埃农村中过去帝国主义的经济侵略工具，还没有完全扫荡净尽，因为豪绅地主的残余，便是帝国主义侵略工具的残余。所以在苏区要完成反帝的任务，首先要坚决地执行苏维埃临时中央政府所号召的彻底查田运动。这个查田运动，是土地斗争深入的中心问题。

第二，反对帝国主义必须粉碎帝国主义国民党的四次围攻

我们谁也知道，要打倒帝国主义，首先要推翻帝国主义的工具——国民党！苏维埃政权的扩大，就是帝国主义在华北势力的削弱，国民党几次围攻红军，都是在帝国主义的指使与组织之下的。现在国民党把华北交给日本帝国主义以后，将要更努力地进攻苏区，蒋介石出卖华北给日帝国主义的时候，日本命令他加紧进攻苏区红军，他已经唯命是从地答应了，同时其他闽粤各派军阀也都将更残酷地猛烈地向我们进攻！我们要反对日本帝国主义，反对卖国的国民党，只有完成扩大一百万铁的红军的要求，来冲破四次"围剿"。只有加紧我们的夏耕运动，充实我们的粮食，只有坚决执行拥护苏维埃经济政策冲破敌人的经济封锁！

第三，援助白区的御侮救国运动

白区的御侮救国运动，遭受国民党残酷的严厉压迫，我们苏区的

革命群众,只有坚决完成上述第一、第二两大任务,来配合他们反帝反国民党的战斗,把赤白二区的运动汇合起来!不仅如此,我们必需在物质上给他们援助,进行苏区内广大募捐运动,接济白区御侮救国运动的经费!同时我们要通电全世界的被压迫的弱小民族,全世界的无产阶级及国际反帝大同盟,一致声援中国的反帝斗争。

第四,御侮救国要武装保护苏联

国民党出卖东三省及华北以后,是更便利于日帝国主义对苏联的进攻,苏联是全世界无产阶级的祖国,苏联是中国民众的兄弟联盟,苏联是全世界反帝运动的唯一领导者。我们要以血的战斗开展我们反帝反国民党的运动,一直到推翻帝国主义国民党的统治,来保卫我们无产阶级的祖国——苏联!

(录自《红色中华》第 87 期,1933 年 6 月 20 日)

在纠正工人经济斗争"左"的倾向中
我们所作的错误

（1933 年 6 月 28 日）

陈　云

不去了解工人情绪，没有耐心的说服工作；

忽视保护工人利益的右倾机会主义；

空讲原则不去联系实际问题。

在中国店员手艺工人代表大会上，汀州市的一部分代表虽然举手赞成了大会的决议与中央政府修正的劳动法草案，但是他们对于决议案和劳动法草案某些条文，是抱着怀疑的态度。在代表回到长汀以后，虽然省工联、市工会召集了一次全市代表会、一次支部长联席会议，但是在省工会与市工会代表报告之后，大家默默无言，虽然又一次的全市代表会上"赞成否？赞成 举手的"主席发言之下，而举手赞成了，但是汀洲市一部分工人中，甚至是党员、团员对于代表大会决议的"停止强迫介绍"是不满意的，他们以为"停止了强迫介绍"现在的失业工人，现在产业工人临到失业时，便没有饭吃。现在也没有□□介绍所雇请工人的老板。所以他们觉得"劳动法草案上的九十八条与一百○二条，与店员手艺工人代表大会决议的某些条文是减少工人利益，工会可怜老板"。在这种不满意的情绪之下，个别的工人发生〔表〕了一个意见，以为"这样不是老板很能赚钱，资本一天天发展，这不是对于苏维埃危险吗？"

如果工人中间发生了□□情绪，简直〔单〕地以为"这是工人坚持行会思想的错误,以为工人的落后意识",不去检查这种工人情绪发生的原因,不去检查自己的领导,那便要发【生】极大的错误。福建省工联与汀州市工会是作〔犯〕了下列的错误:

一、福建省工联,市工会在支部长联席会议上与全市代表会上作了纠正"左"的报告,实际上并没做到使工人全部了解与接受,但是工会企图以"命令"工人的方法来纠正"左"的倾向,企图以"举手赞成"的办法来通过一切,这就是极大的错误(党团的市委也没有动员党团的支部),纠正"左"的倾向不是三言两语可以解决的,不是容易的事。如果没有耐心的说服工作,没有充分准备工作,没有去解除工人实际上所遭遇到的困难,一切企图以"命令"的方式来□过一切,这在实际上丝毫不能解决"左"倾的错误,而且在工人中间,可以发生更坏的不满意工会领【导】的情绪。

说服工作,与深入的群众工作不是简单的、容易的事(我在一个工人中的说服工作化〔花〕了11点钟、三次党的支部会、一次工会的全体支部会),把每个党员与工人的□□细小的怀疑与不满,统统解释了,与实际地解决了,才一致地通过了我的报告与他们自己提出的新的合同的每个条文。在这种说服工作中间,经验告诉我们,我们非但不能命令,而且要善于去了解群众每个细小的不满意、不同意的情绪,比如,在工作中常常会迁〔遇〕到工人□中□情绪□为上级机关来说话的人,不能反对的(或者反对了就难为情)。所以有时虽然觉得对于上级机关代表某□说话是不满意、不同意的,但是当主席在表决时,他也可以举手赞成。问他同意否? 他却回答"同是同意的",实际上还有一些不同意。但是如果迁〔遇〕到□□情绪时,我们以为他已完全同意了,一切已经没有问题了,那便是极大的错误。我在这个□的党与工会的支部中,以诚恳的同志的态度要求那些说"同是同意的"的党员与工人,把实际上还有一点不同意的或怀疑地方坦白地说出来,或者估计了他哪些地方〈代〉他还不同意,把他脑筋中想着的不同意的地方,他提出给他们详细地回答,这才完全的在党与工会支部大会上完全一致地同意了。这种细心耐心的说服工作,福建省工会与汀州的工会没有做到。

二、在敌人的军事进攻、经济封锁与资本家怠工停业之下,使汀州市的一小部分工人失业与一部分工人的半失业（如苦力、泥水、木匠），工人群众的这种困难，工会应该去迅速了解。因为工会的领导机关必须拿〔抓〕住群众的命息，善于去了解一切工人不安的问题。但是福建工联与汀州市工会还没有给以充分的注意，没有去实际解决工人粮食困难，与各种生活上不安的事件（尤其是失业）。这种忽视保证工人日常利益的倾向，是工会工作中间最危险的倾向，证明着汀州市的工会脱离了群众生活，工会脱离了对于工人群众的领导，这就可以成为官僚的架空的机关。

正因为对于保证工人利益的工作是极端的忽视，因此就不能正确地纠正一部分工人中间的"左"的倾向。右倾机会主义是可以帮助"左"的倾向发展并给其根据，这种右倾错误，〈在〉不仅【在】汀州，而且在各省许多工会中存在着，执行局极少接到各省各级工会对于保证工人利益的工作报告，很少见到各地工会对于群众所遭迁〔遇〕的一切不安的问题，予以讨论，很少注意到领导工人为解除工人一切日常不安的事件而斗争。对于工人利益忽视的结果，虽然目前工人革命情绪是极度地高涨着（在扩大红军中，经济动员中，与各方的表明）。但是工会还不能把工人群众的积极性组织起来与提到最高限度。正因为闽赣纸业工会在交槽与倒竹麻的工作中，相当地领导了一部分的纸业工人向资本家斗争，取得苏维埃政府极大的帮助，与组织生产合作社，解决了二万五千担竹麻，所以纸业工会会员对工会领导机关的信仰是更加提高了，使纸业工会更有可能去组织与提高工人对于参加革命战争与苏维埃建设各方面工作的积极性。正因为福建省农业工人工会的省委员会倾听了会员的意见与了解工人粮食困难问题，而正在与苏维埃政府在一起去帮助农业工人解除粮食困难的问题，也就使福建农业工人工会有着更大的可能去坚强地团结农业工人于自己的周围，去更加提高工人的革命的积极性，去参加查田查阶级扩大工人师少共国际师与领导农民进行夏耕与秋收运动。

同志们：职工会对于保证工人日常利益的工作是最重要的工作之一，不但是过去重要，今天也是重要，而且将来以至永久是重要。只有保护工人利益的工作做得愈好，愈能够使群众了解"左"的错误的实质。否则如果在忽视工人日常利益的观点之下,去纠正"左"倾,必须会使部分工人学〔产〕生"工会可怜老板"与"减少工人利益"的思想,则不但不能纠正"左"倾,而且也不能使工人了解"左"倾的错误,不能了解与接受正确的领导。这种右倾机会主义是阻止工人群众革命积极性的发展,【是】目前职工运动中主要的危险。

三、我们汀州市的工会工作同在纠正"左"倾的说服工作中的工作方法上,只有一次又一次的空洞的原则的报告与讨论,不懂得在说服了解他"左"倾错误的原则以后,要拿〔抓〕住过去所订合同中某几个实际已经行不通的事实(如汀州有一种京果店存货只有二百多元,积欠工人工资四百五元,形式上定了每月工资二十多元,实际上工人未曾拿到手)。在这种事实上去领导工人讨论经过他们自己的意见,去活泼地改变合同的条文,在这种实际工作中去运用原则,工人一定比我们更要了解,工人更会提出适当的解决的办法,而且他们的办法,还要比我们能够活泼的运用原则(汀州那个京果店的店员就提出了),(1)要求资本家积欠工资打期票;(2)在特殊的情形下支付工资的变□的方法;(3)反对老板故意怠工等等。所以目前各级工会在纠正"左"倾的领导上,不是空讲原则,而是要具体地领导工人解决他们自己感觉已经行不通的合同的某些条文,只有把这种实际工作上联系的原则,证明这个原则的正确,才使工人了解与接受我们的领导。

六月二十八日

报刊杂志类编号:0064

(录自瑞金革命纪念馆编:《文物史料汇编》第3集,
内部资料,1980年8月印)

在改订合同中应注意的几个问题

（1933 年 6 月 30 日①）

刘少奇②

一、集体合同的期限：劳动法草案第八十一条上说：缔结集体合同的期限，由中央劳动部与中华全国总工会规定之。当然这光期限的规定，是不能机械的，有一年半年几个月的，要根据各种具体情形来决定。但是我们觉得在普通的情形下，应该以一年为好。在兵工厂、印刷厂以及其他变动情形很少的私人企业，应该定为一年。比如兵工厂、印刷厂，他们经常地估定工资，但是一个工人的工资加了或减了，又牵动到其他工人或是全厂。如是工厂中就经常有工资问题的争执，弄到工人不能安心工作。如果定为每年增加工资一次，这些麻烦可以免除。有些企业半年改订合同一次，我们也感觉太短促。至于有些企业，情形是时常变动的，集体合同的期限就不能太长。

农业工人的合同，以春初订立为好，店员产业工人的合同在阳历一月订立为好，而苦力运输工人的合同则在秋收□订立，因为这时候正有大批农产品需要运输。现在各地改订的合同限期，可以按照上列的标准来规定。各个产业部门，每年有一次订立合同的运动，工会正要拿〔抓〕住这样的时期，进行充分的准备，花它一个月两个月的时间，在群众中来讨论它（合同的草案），这就不会照过去一样，拿〔抓〕

---

① 原文无时间，此为《苏区工人》第 2 期的出版时间。

② 刘少奇时任中华全国总工会苏区中央执行局委员长。

不住这样的问题。

二、苏区的商店,因为战斗与敌人的封锁,其营业常常不能一定的。有时生意很好,赚很多钱,有时简直完全没有生意。订立店员的合同,如果完全要按照雇主的营业情形来规定,简直是非常困难。在这里应该按照店员的生活来规定合同上一般的条件,但是在生意低落雇主实在无法维持的时候,在店员与工人的自愿同意之下,应规定一些临时的办法,适应这种特别的情形。

三、苏区的工人店员,极大部分是由雇主供给伙食住宿的,这就是一部分物品的工资。但是在中国的习惯,伙食常是在工资之外的。这样使工人吃了许多的亏。就是我们国家企业的胜利被服厂,有个女工因生育,照法律要付给她休息12星期的工资,但是除伙食外,工资每月只有3元,12星期的工资只有9元,还不够她在生育期间的伙食。这个例子,很明显的,是使工人吃亏的。因此,在订立合同的时候,一般的应该把伙食加在工人工资之内计算。就是把伙食作成价钱(一月或一日多少钱?)加在工资内,由工人每月或每日出多少钱给雇主,要雇主供给工人伙食。这样于工人有几个好处:(1)工人更有理由要求雇主来改良伙食的质量;(2)休假期间,工人不在雇主家吃饭时,可以领回伙食钱;(3)休假日工作,工资加倍,伙食钱也是加倍的,但工人付给雇主的伙食钱,就不要加倍;(4)社会保险金及工会办公费等的抽收,数量上也增加了。

原载 1933 年 6 月 30 日《苏区工人》第 2 期

瑞馆存报刊杂志 R90018F

(录自瑞金革命纪念馆编:《文物史料汇编》第 3 集,

内部资料,1980 年 8 月印)

在两条战线斗争中来改订合同

（1933 年 6 月 30 日①）

刘少奇

现在正是各地工会改订集体合同的时候。我们现在是要在两条战线的斗争中，来改订合同。我们要纠正工人中某些过高的要求、狭隘的习惯和行会的偏见，同时我们要反对牺牲工人阶级利益的右倾机会主义，最大限度地来保护和增进工人群众的利益。我们的目的，是要在改订合同的运动中，更广大地发挥工人群众的积极性，提高工人群众的觉悟程度，来参加苏维埃国家与红军的建设，巩固与扩大苏维埃政权。

两次代表大会的经济斗争决议和纲领是正确的，修改的《劳动法》一般的说也是正确的。但是，必须指出，这些纲领和新的《劳动法》，同样是不能机械地执行。规定许多"例外"以及许多带有伸缩性的条件，是这次修改《劳动法》和制定农业工人要求纲领的主要精神之一。当着我们在合同上实现《劳动法》与要求纲领的某些条文时，如果我们不能坚决站在保护工人阶级利益的立场上，分别许多企业各种不同的具体环境，那我们仍旧是要犯或"左"或右的错误。因为我们只有根据企业中工人的具体环境，我们才能确定这种伸缩性的程度。

我们听见同志说：于都的职工会预备在三天内根据新《劳动法》，

---

① 原文无时间，此为《苏区工人》第 2 期的出版时间。

将所有的合同订好。同志们！订立合同，我们要迅速地进行，这是对的。但是这次订立合同，是要执行一个"转变"，有新旧《劳动法》的根据不同，有过去的许多错误需要纠正。在这里要进行许多说服的工作，要细心考察每个工人的要求与企业担负要求的能力，同时还不可免地要经过许多交涉、谈判以至罢工等等方式的斗争。当然这些工作，不是在三天内一律都能做好的。机械地规定在三天内将所有合同订好，这除开照抄新的《劳动法》，与武力对付不答应条件的资本家之外，还有什么办法呢？准备、考虑与说服，以及发动群众的斗争等等，在这里都没有了。

过去照抄旧的《劳动法》，现在是照抄新的《劳动法》。虽然《劳动法》有新旧的不同，但一样可以是错的。应该知道，新的劳动法也是为了在工业中实行的，在农业及小手工业中，许多还是属于"例外"的。机械地执行，可以同样是错误的。其次，新《劳动法》的许多条件，是比旧《劳动法》要低的，如开除工人、参加红军的津贴等等。这些条件，在改订的合同上是要减低的。但是，当着工人还不明白减低这些条件的意义时，我们是不能用命令去机械地减低的。我们要说服工人，使工人了解为什么要减低这些条件，不是为着可怜资本家，而是为着巩固工农联合与苏维埃政权，为着工人阶级全体的长远的利益，使工人自愿地减低这些条件，而更加提高工人的积极性，提高工人的觉悟程度，更坚决地来参加战争、参加苏维埃的建设。

在某些个别的情形下，对于工人某些过高的要求，如果经过了我们许多说服的工作，还是不能取得群众的赞成，群众还是坚持了他们的要求，那我们就应该考虑暂时执行这些要求的影响。如果不是直接妨害红军的行动与苏维埃政权的巩固，对群众某些过高要求的暂时容许与让步，以便我们有更多的时间，用更多的力量去说服工人，这还是必要的。去年二月间，汀洲的理发工人要"集中营业"，当时全总执行局是坚决反对这种办法，指出这种办法将来于工人是不利的。汀州理发工人是反对全总执行局的指示，甚至对执行局的代表表示不满，认为执行局不是拥护他们的利益。但是执行局一方面继续向工人解释不同意他们的"集中",另一方面在事实上还是容许了他们的"集中营业",没有强迫他们立即分开。现在事实上证明执行局的这种态度是正确的。汀州的理发工人在"集中营业"失败之后,他们感觉到执行局先前的说话句句是对的,他们悔不该没有听执行局的指示,他们的积极性以及对执行局的信仰都提高了。因为他们在实际经验中了解了自己的错误。这个事实的经验,是值得工会许多领导者来学习的。

提出使企业非倒闭不可的要求,蛮不讲理地要雇主雇用工会强迫介绍去的工人,企图用强迫介绍来解决工人的失业,过早地消灭私人资本,以及在订立合同时没有必要地逮捕资本家等,这些"左"的错误,是必须纠正的。因为这些错误的继续发展,是要直接影响到工农联合、苏维埃政权的巩固与工人的部分失业。但是纠正这些"左"的错误,我们绝不能跑到右的"劳资妥协"的泥坑中。虽然我们在某些个别的特殊的条件之下,也容许对资本家的"妥协"。但是,我们在改订合同的运动中,由于工人的自愿来停止强迫介绍,减低某些企业无能力担负的要求,绝不是我们要和资本家妥协,牺牲工人利益。相反的,我们是要从各方面来保护工人阶级的利益,从各方面来与资本家作斗争,对付资本家的阴谋。而这些"左"的错误,恰恰给了许多资本家阴谋怠工停业的口实。

苏区的许多资本家用各种方法,如用分红、合股,以及其他很小的利益来引诱工人,欺骗工人去和资本家"妥协"。条件是要工人不加入工会,不参加斗争,和资本家共同瞒税等。少数落后的工人、店员,现在还是在资本家这种欺骗影响之下。现在因为《劳动法》的修改,与"左"倾错误的纠正,资本家和反革命的分子企图利用这点来活动,企图向工人反攻,企图使工人离开苏维埃与工会。他们说:工会与苏维埃不拥护工人的利益了,现在是要实行劳资妥协了,工人不好的,可以无条件开除了,工作可以从早做到晚,没有什么八小时了,等等(瑞金、会昌都发生这样的事实)。这种事实是值得我们严重的注意。对于进行这些活动的资本家与反革命分子,应该给以严重的打击。工会在改订合同中应该从各方面尽可能地来实现工人的利益，实际地救济失业的工人，立即建立劳动介绍所与社会保险局，号召群众起来对付那些顽固的阴谋破坏的资本家，在不断的斗争中进行充分的教育工作，证明劳动者与资本家的利益之不可调和，争取那些在资本家影响下面的还不觉悟的工人。这才能使我们在改订合同、纠正"左"倾错误的过程中，更加提高群众的积极性，来参加工人师等等。如果我们工会在这里略为放松保护工人切身利益的工作，劝工人向资本家妥协，可怜一下资本家，或者机械地用强迫的方法去降低工人的要求，这无疑的是要降低工人的革命情绪，助长资本家的影响和气焰。这在武汉时代的痛苦的经验，是应该记住的。

实现工人的要求，在苏区采用总同盟罢工的方式，是错误的。在苏区内工人有更多的方法来对付资本家，达到自己的要求，但是罢工的武器，在苏区内还是不能放弃的，"对于苏区内的富农田庄，应该广泛地适用罢工"（国际雇农委员会决议）。就是对于那些顽固地进行阴谋活动的资本家，罢工也应该广泛地适用。但是（1）罢工必须是群众的行动，工会机关命令与强迫群众罢工是不对的；（2）对于中农及雇用辅助劳动的小雇主，只有在最后才采用罢工的方法。

会昌的工会在订立合同中，也是执行了某些强迫办法的，以致有几个工人直接向执行局来控告。兴国县工会在决议案上说："一切要求，都要根据雇主的营业情形来提出"，自然，在这里以为工人的真实需要与社会生活程度的提高，都不能作为工人提出要求的根据了，但这些恰恰是提出要求的第一个"根据"。还有许多负责同志以为工会现在是要反对"左"倾的错误，对于保护工人经济利益的工作，就似乎不得不放松些，这种观点是最坏最错误的观点。店员手艺工人代表大会会昌的代表说得好：不明白的、讲蛮道理的工人总是少数，服从真理的工人总是多数。工会有了正确的领导，蛮干的人就没办法。工会不管事，忽视工人利益，有些人就不讲道理，蛮干起来。会昌的代表在这里说出了过"左"的错误是由于工会忽视保护工人利益的工作而发生。所以纠正这些"左"的错误，不独不能减轻对这些工作的注意,而且必须工会加倍地来注意保护工人利益的工作。必须研究集体合同上的每一个条文,研究劳动法,研究每个订立合同运动中的经验,并将这些经验在报上发表。工会委员会必须来讨论这个或那个合同,这个或那个斗争所应采取的方法。工会还必须向苏维埃提议许多办法,来救济失业工人,建立劳动介绍所,设立社会保险局,以及如何使工人购买到便宜的粮食及其他的必需品。虽然工人师的动员工作十分紧张,但是这些工作是不能忽视的。只有使这些工作与工人师的动员工作联系起来,配合起来,才能在政治上收到更大的成绩。

原载 1933 年 6 月 30 日《苏区工人》第 2 期

瑞金馆存报刊杂志 RG0018

（录自中共中央文献研究室、中华全国总工会编:《刘少奇论工人运动》,中央文献出版社 1988 年版,第 155—160 页）

停止"强迫介绍"与救济失业工人

（1933 年 6 月）

刘少奇

"五一"代表大会决议停止强迫介绍，一些工友对于这一决议还表示怀疑与反对，尤其是失业、半失业或将要失业的工友，所以对于这个决议，实在还有清楚解释的必要。

第一，"强迫介绍"这回事是怎样发生的？在劳动法上只说：雇主请工人，要由劳动介绍所介绍，工人要寻找工作，要到介绍所去登记。在法律上并没有规定，雇主不要请工人的时候，也可以派工人去强迫雇主雇用。强迫介绍既没有法律上的根据，中央政府与全总执行局也没有实行强迫介绍的命令和决议，但是许多地方的下级劳动部与工会却不约而同地实行了强迫介绍。为什么？原因在哪里？很明显的，这是因为许多地方的工人失业问题，没有得到正确地解决，政府与工会没有很好地来救济失业工人，失业工人看见了资本家赚钱，看见了苏维埃政权下面每个人都有饭吃，独只有他们饿肚子，他们自然要向劳动部、向工会急迫地要求工作，要求饭吃。下级的劳动部与工会对于失业工人这些"急如星火"的要求，没有办法解决，上级机关又没有指示下去，自然他们就走到用强迫的办法，硬要雇主来雇用这些失业工人了。但是这个例子一开，失业工人是来得更多，他们便没有法子把强迫介绍停止下去，即令他们懂得这个办法是不好的。

第二，"强迫介绍"是不能够解决工人的失业问题？用"强迫介绍"来解决工人的失业问题，这本是"挖肉医疮"的办法。几个工人失业了，强迫介绍他们到能维持的工厂、店铺去作工，如是使这个工厂或店铺也变成不能维持,而不得不倒闭下去。这样,工人的失业就更多了,再又强迫介绍到其他的工厂、店铺去,再又使其他的工厂、店铺不能维持而倒闭。辗转这样做下去,不独不能把工人的失业问题解决,而且会使失业工人愈来愈多,愈难解决。然而在经济上想实行怠工来反对苏维埃的资本家,就正合他的口味,他正想关门停业,只是没有借口,不敢关门。强迫介绍来了,他就正好借口强迫介绍来关门停业。不想怠工停业的资本家,看了强迫介绍,看了许多工厂、店铺关门,也想关门停业了。所以强迫介绍不独不能解决失业问题,而且可以使失业更增加,给怠工的资本家以关门停业的借口。正是这个原因,所以"五一"大会决议停止强迫介绍,中央劳动部下令停止强迫介绍。

第三,"强迫介绍"停止了,失业工人怎么办?为着工人阶级的利益,而且为着失业、半失业的工人的利益,强迫介绍应该停止吗?根据上面的分析是应该停止的,这是每一个工人都懂得的道理。但是为什么还有一部分工人反对停止强迫介绍呢?对停止强迫介绍怀疑呢?且听汀州失业工人的话:"我现在失业了,停止强迫介绍我就无工作,要饿肚子,政府与工会还是要我们饿肚子呢?还是要资本家饿肚子呢?"从这些话中,可以知道,工人并不是原则上反对停止强迫介绍,而是停止强迫介绍后,失业工人饿饭的问题,怀疑到政府与工会是"可怜资本家还是可怜失业工人"的问题。"停止强迫介绍,失业工人怎么办?"许多工人这样说。所以一部分工人反对停止强迫介绍,没有其他的道理,只是失业工人饿饭没办法的道理,这也就是最大的道理。所以停止强迫介绍,必须救济失业工人,解决失业工人饿饭的问题。失业工人饿饭的问题相当解决了,工会与政府用各种方法去解决失业问题,工人就不会反对停止强迫介绍。相反的,工会与政府不注意来解决工人的失业问题,失业工人还是饿饭,那强迫介绍就是很困难停止的,工人不会改变他们反对与怀疑的态度的。这里又一次证明,不肃清忽视失业工人切身利益的右倾机会主义,便不能纠正"左"的强迫介绍的错误。

　　第四，如何来救济失业工人？停止强迫介绍，必须同时很好地来救济失业工人，必须在每个人面前证明，工会与苏维埃政府对于每个饿饭的失业工人是负责的，工会与苏维埃不会"可怜资本家"。当着失业工人饿饭的时候，工会与苏维埃是从资本家剥削者那里抽出钱来，给失业工人以救济。在乡村中强迫富农与剥削者，把粮食借给饿饭的雇农。这时候，工人对苏维埃的认识，与参加革命斗争的积极性，可以提到更高的程度。根据我们巡视员的报告，因为汀洲实行了对于失业工人的救济，工人不独放弃了反对停止强迫介绍的态度，而且一般工人很满意，当场就有 5 人自动报名当红军，并将加入工会的十多个老板、工头检查出来了。合作社也开办起来了。在瑞金城市的成绩是很好的，工人说："照这样，扩大红军就容易了。"而且救济失业工人的基金，并不是无法筹措的，在瑞金已向老板抽了七百多元，汀州也有五百多元，这是中央劳动部训令下去一个星期后的成绩。对于失业工人，不只是这一次的紧急救济，而且要经常想办法来救济。对于从工厂、作坊、店铺被排挤出来的失业工人，应该每月能从保险机关领到救济，能够领到几个月（社会保险章程，中央劳动部即刻颁布）。对于苦力运输工人的半失业者，必须有临时的补助津贴。对于沿门卖工的半失业者，也应设法补助。乡村中的失业工人，必须在查田运动中来解决他们的粮食困难。同时，工会应组织失业工人从所得的津贴中，划出资本来组织合作社等，为工人找工作。劳动介绍所也必须建立起来。严格地禁止资本家私请工人，将资本家违反劳动法私请工人的罚款，拿来救济失业工人。这些对于失业工人的救济工作，必须充分发挥工人的积极性，动员失业工人参加革命战争、参加工人师，以及参加政府的一切工作，这是每一次对失业工人的救济工作中所必须联系起来的。

（录自中央苏区工运史征编协作小组编：《中央革命根据地工人运动史》，改革出版社 1989 年版，第 317—320 页）

少年先锋队江西福建闽赣三省
省县区队长告全体队员书

（1933 年 7 月 2 日①）

江西、福建、闽赣三省亲爱的英勇的队员们：

我们在少共中央局与中央总队部直接领导之下召集的三省省、县、区队长联席会开幕时，正当我英勇的、无敌的、百战百胜的红四方面军在四川重占巴中与通江，消灭四川军阀两师的伟大胜利的时候。

在这种形势下面，我们在完成中央局的决定（因为我们是列宁的青年团员），在少共中央局的号召之下，在中央总队部的领导之下，坚决地自愿地一致加入少共国际师，给少共中央局的号召以布尔什维克的回答！一致加入少共国际师，来坚决地拥护中国共产党的积极进攻路线！一致加入少共国际师，给红四方面军的胜利以有力的响应！

英勇的亲爱的队员同志们！我们坚决地站在你们的前面，号召你们跟着我们——整连、整团、整师的，一大队、一区队、一县队地加入到少共国际师去！完成少共国际师！

我们坚决地相信：你们一定能够继续你们过去整连、整团、整师加入红军的光荣战绩，一致地加入少共国际师去！要求你们给我们的号召以有力的回答！

三省的大队长及全体队员同志们！我们一致地加入少共国际

---

① 原文无时间，此为《红色中华》第 90 期的出版时间。

师！在"八一"以前来完成少共国际师！

彻底粉碎帝国主义国民党的四次"围剿"与大举进攻！

把少共国际师的红旗插到抚州、吉安、南昌、武汉等中心城上去！

完成江西及邻省的革命首先胜利！

把日本及一切帝国主义赶出中国去！

少年先锋队江西、福建、闽赣三省省、县、区队长

江西省队部：省队长　刘玉堂　训练部长　张俊高

福建省队部：省队长　郭庆福　训练部长　王锦标

闽赣省队部：陈顺期

（录自《红色中华》第 90 期，1933 年 7 月 2 日）

怎样订立劳动合同

（1933 年 7 月 2 日）

陈　云

汀州市京果业订立劳动合同的经过

职工国际决议告诉我们："必须进行普遍的有充分准备的运动，同各种雇主谈判并订立劳动契约……"中央苏区的职工会过去虽然领导工人与雇主订立了许多合同，但是很多合同的条文，都是照抄《劳动法》与江西、福建两省工会所发斗争纲领，所以各地合同大半都是千篇一律，没有地方性，没有企业的特殊性，没有时间性。合同条文的〔之〕所以如此呆板，或者不能适合当时企业的实际情形，这由于在签订合同时，没有发动群众自己最积极的讨论，工会领导机关没有去虚心地听取群众的意见，没有清楚地估计到合同上每一个条文，必须是群众最迫切的要求。工会领导机关常常拿了已经起草的合同的条文，交到群众会去讨论，就是在这样的会议上的"讨论"，常常变成简单的"赞成的举手"而马马虎虎地"通过"。因为这种合同的条文，常常凭着工会的工作人员的脑筋想出来的，当然要千篇一律，没有地方性，没有时间性，【没有】职业的特殊性了。因此现在虽然还没有充分【的】材料，关于检查到劳动合同的报告，但从汀州一部分工人和木船工人的合同上检查起来，过去所订劳动合同，好些是没有实行。【之】所以不实行合同的原因，一方面是资本家的怠工破坏，另一方面【是】有些合同的条文连工人【都】感觉到难于施行（如店员中、木船工人中机械规定八小时工作时【间】的分配，机械地规定星期日休息），这就是不能动员工人积极地为自己合同的每一条文的实现而斗争，这就是我们过去签订合同的错误。我在今年 7 月到汀州去订立合同时，用了以下的办法：

一、首先要去了解企业的实际情形，考察已订合同实行与否？了解工人的要求。

我对于汀州京果业签订合同之前，首先找到两个党员，详细地问了他们现在京果业的营业情形、京果业生意的利润，问了关于上半年所订的合同是否每一条文都实行；问了工人对于"五一"代表大会的态度，问了工人对于企业在现在情形下，对于订合同的意见与要求。经过了两点钟的考察，知道了在水西渡红军与白军打仗之后，国民党对于苏区经济流通上加紧封锁，许多货物因为不能够从上杭运货，而从宁化江西远道地卖到汀州，或者汀州店铺仅向上杭来的挑贩买货。在这种情形，成本较高而且营业减少，中间又有些资本家藉口封锁故意不进货。许多工人对于工资等等的要求上，觉得现在企业是不能担负了，但是对于"五一"大会上说"按照企业的能力，提出适当的要求"，工人认为不满。因为如果按照企业情形，在现在情形下，工人不吃老板饭，不拿工资，与老板无代价的工作，老板仍要亏本。了解了在四五六三个月是该业生意较淡的时期，尤其加上上杭完全封锁的临时的特殊情形。经过了这个考察，使我对于企业情形与工人情绪有了大概的了解，就能够有着初步的把握去与工人讨论合同的条文。

二、以党的支部为中心去动员群众，加强党的支部对于工人签订合同运动的领导，从群众工作中去巩固党的支部。

工会党团必须在群众工作上首先经过党部去推动党的支部。我就在京果业党的支部会议上详细地说明了"五一"大会对于纠正"左"倾与新起草的《劳动法草案》的一〇二条与九十八条等几个主要条文。在这个会议上，详细地考察每个党员对于"五一"代表大会决议与《劳动法草案》了解的程度，诚恳地要求他们把每个细小的怀疑，提出讨论。经过两个半钟头，全体到会的同志大家承认没有怀疑了！因为时间关系，第二次支部会隔了两天才开。

在第二次支部会上，首先要党员报告各店对于上半年签订的合同每个条文执行的程度，在他们逐条报告之后，知道了：（1）好些店的老板欠工人工资，最多欠四百多元，一些老板把政府的公债票给工人抵押工资，当然也有一些工人完全拿到了现金的工资。（2）对于 8 小时工作完全没有实行，因为照店内工作来说，每天实在〔际〕做工时间不到三小时，同时各店所做生意因为乡帮生意与城帮不同，生意忙的时间也不同（譬如接近田郊的店铺，每天上午 8〈小〉时后，下午 4〈小〉时以前较忙。因为这个时间内是农民到汀州来赶市的时间。本城内某些店铺因城内居民的生意较多，所以在上午 8 时前、下午 4 时后较忙），所以机械地规定 8 小时或者几点到几点为工作时间，是不适宜的。（3）星期日完全没有休息，做工也不加双倍工资，因为工人感觉到每天做工不到 3 小时，星期日休息不休息差不多。每天在闲的时间离开店也不受到老板干涉。工人以为如果星期日要加额外工资，则老板在星期六晚上就会通知工人，次日星期日不要工人做工。因为店内生意老板与经理尽可自己照顾，不愿再出双倍工资。（4）例假每年两月一般地做到了，同时因为客家店员在革命以前的习惯，每年应有两月回家的休假，虽然这个客家店员的例假合同上没有规定，但是客家店员不回家的，仍个别地自动地向老板拿两个月特别例假。（5）其他十几条多半是《劳动法》上的条文，合同上抄了的。在这种情形之下，支部的党员大家〔会〕提出了对于工资工作时间、星期日休息、例假、社会保险等等的具体的意见，一致主张改订一个临时性质的合同，这个合同只是适用于上杭完全不能来货的时候，但是必须由工人严密地监督老板与反对老板故意不进货。把同志们所提出的条文的大体意见，归纳到六七个主要的条文，经过了支部党员全体一致同意之后，把这些条文，由每个党员分配到各店去，向工人宣传与征求他们的意见，决定在两天以后，重新来召集第三次的党的支部会议，来检查宣传的成绩，考虑工人有些什么意见提出。

在第三次党的支部会议上，由每个同志报告了向京果业各店店员宣传的结果，差不多除了两个回家的工人以外，其他工人都已宣传到了。工人提出的要求:(1)每星期日应有双倍工资;(2)每月六元的伙食钱除外;这样我们就把支部决定的条件加入了群众提出的要求,作成了这次合同的条文。在支部会上重新慎重地决定了,由每个同志负责到各店去找〔召〕集工人,在次日下午召集京果业工会支部全体大会,由市工会通知各业工会支部干事参加旁听,同时分配每个同志在群众会议上去提出每个条文,提到大会去讨论。

京果业工会支部的全体大会,会员通通到齐了,各业工会支部的干事都到了,大会上面除了我做了详细的关于"五一"代表会决议与劳动法某几【条】条文的解释以后,由我们在业的京果支部党员起来解释工友认为不满意的"停止强迫介绍",与劳动法第一○二条、【第】九十八条等等问题。正因为他们是在业的工人,他们能够联系到各店实际情形与工人要求来讲,比较工会领导机关同志的说话,更易取得群众的拥护,所以在群众中间经过两点多钟的讨论,通过了下例〔列〕的合同的条文,选举了五个人的签订合同的委员会,领导工人向每家店铺的老板去签订合同。

三、应该订立实际的适合于汀州京果业目前情形的有弹性的合同的条文。(下面是一个劳动合同的样子)

中国店员手艺工人工会汀州市委员会代表京果业党支部【委】员会工人 王其侠

今 与 泰丰号

京果业雇主订立劳动合同条件如下:

第一条 本合同至一九三三年七月一号起,系临时双方规定的无限期劳动合同,只能适用于现在本市京果业。因汀州邻近的白区毫无来货时,若工会认为情形有部分或全部改变时,随时有权要求部分或全部修改合同。但雇主不得藉口经济封锁故意不进货物。

第二条 工人工资照一九三二年下半年数额。工人王其夫每月工资大洋廿元(伙食六元计算包刮〔括〕在内),每月由雇主另外发给理发、洗衣什费大洋九角。工资每月一号、十五号两次发给。

　　股东老板在店内有一定职务而支薪金与管理人员(人数均照现在,不得增加)的工资在本合同有效期间,均照革命以前的后一年工资额数支付,但其工资革命前在十元以内者不减不加;革命前支十元以上者,现在最多不得支付超过十元。

　　老板及管理人员的子弟【在】店内当学徒者,如不能做生意不给工资,能做生意者照一九三二年六月份工资减半。

　　第三条　工作时间以八小时为标准,但工人可以按照每日店内营业时间的忙闲(忙时在店,闲时休息),每日平均计算不超过及不少过八小时工作。

　　第四条　工人工作六天休息一天,但使〔是〕星期日店内继续营业,工人同在七天中轮流休息——如果工会会员大会决议决定星期日工作,将该星期日工作捐助某项运动时,则星期日工作者应给全额外工资。

　　第五条　每年例假照《劳动法》所规定执行——但客家工人每年另外可以回家二月——不扣工资;如不回家者,雇主津贴工资。【二】月例假与客家工【人】回家时间的选择可于店内营业较闲时,如工人有紧要事情,则不在此限。

　　第六条　工人有疾病在三月以内者,由雇主负责诊治药费,并照给工资(花柳病及吃补药除外)。

　　第七条　雇主除每月十足付给工人工资以外,每月再应付出工人全部工资额(除老板工头外,不论工会会员或非会员的应照付)百分之六为失业保险金,每月雇主须交社会保险局,工会得随时要求查询社会保险局收据。雇主每月应付出工人全部工资额百分之二为工会办公费,百分之一为文化教育费,均按月交工会。

　　第八条　雇主承认工人组织的监督生产委员会,随时有权要求查阅账册、货款。

　　第九条　本合同有效期间,劳动双方如有争执,悉按现行劳动法令办理;中央政府修正的《劳动法》颁布以后,依照该修正的《劳动法》办理。(第八、第九两条因原稿这【样】,条文大意如此,个别文字

或有遗漏——陈云注）

雇主　泰丰号

店员　王其伕

中国店员手艺工人工会汀州市委员会

公历一九三三年六月

　　这一合同的条文，并不重复《劳动法》上已定各种保护工人的条例，只有〈把〉京果业工人所需要的条文，与老板签订劳动合同，我以为这是很实际的。

　　为什么要订临时的无限期的合同？正是因为要适合现在汀州京果业的情形，现在上杭毫无来货，生意十分清淡的时候，这种时期，并不永久的，而且也不是有一定期限的、因此现在签订这个临时无限期的劳动合同，是十分适宜。只要营业部分的转好，或全部发展起来，则工会随时可以领导工人，要求部分或全部修改合同。工人群众是完全能够了解这个临时性质〈的〉合同的意义的。至于资本家如果企图到了能够从上杭进货时，而故意不进货，这种工人组织的监督生产委员会，随时监督着资本家，用群众的力量来反对资本家的怠工。

　　在第二条"工资"的一项，照 1932 年下半年的数额，例如王其伕同志每月工资 20 元（伙食 6 元在内），在 1932 年 2 月所订的合同，每人每月不论成年工人与学徒一律加十元，（把 1932 年下半年的所有特别要求归入正式工资内），在这次签订的临时性质的劳动合同内规定一律减少 10 元（不论成年工人与学徒）。但这样不分等级的减少了 10 元，是否使青工学徒太吃亏了？这一问题我慎重地提出了党与工会的支部大会上，要求成年工人与青工学徒共同讨论，但是一致认为适当。事实上，大部分青工与成年工人的工资已经相差不远，在 51 个店员中，自 25 元至 32 元，1932 年下半年工资连伙食费在内，占绝对的多数。最低的工资可 2 元到 25 元的占着极少数，而且也只有 22 个学徒。

对于第三条八小时工作与第四条星期日休息的两个条件上,不是呆板的,而是活泼的。(1)我们应该领导工人坚持要求八小时工作与星期日的休息,因为这是工人阶级基本要求,不能放松的。(2)但是八小时的工作时间的运用,每星期休息的办法是活动的不是机械的,这正是估计到商店营业上特殊的情形。

对于第五条例假上"客家工人每年另外可以回家两月不扣工资,如不回家者,雇主津贴工资一月。"这个问题历次订条件时,客家与本地工人中间有着争论。客家工人坚决地要求这个条件,本地工人给以反对,或者要求同等待遇。这个问题经过慎重地讨论,审慎地估计到本地工人中间的宣传工作的重要,努力去争着〔取〕本地工人同情客家店员的要求,不受资本家任何欺骗的挑拨的宣传,同时因为最大多数(51 个店员中 43 个是客家的)的客家工人一致的要求,工会应该为他们的多数会员的利益再签订这个条件。同时工会必须说服那八个本地的工友,使工人斗争向着资本家,不让资本家有任何挑拨的欺骗活动。最后决定签订合同的委员会,会同工会领导各店工人与各店老板签订合同时,仍可将大会通过的条件作为标准,依照各店不同的例外的情形,与各店工人共同讨论或部分地修改合同上某些条文(如那家京果店欠了工资四百多元的,去定出归还所欠工资的办法,规定今后工资数金与支付办法)。这些具体办法,要在条文上已定的标准以下去部分地变更,都由工会领导该店工人在实际情形上,在工人自己的同意与决定之下去进行。

七月二号

(录自《斗争》第 18 期,1933 年 7 月 15 日)

共产儿童团红五月工作的总结

（1933 年 7 月 5 日^①）

一、红五月是我们的突击月

红五月是我们的工作突击月。时间像飞一般快的就过去了，我们共产儿童在我们哥哥——青年团的领导之下，在红五月中曾经动员了一切力量为突击工作而斗争。我们运用了"四一"大检阅的成功经验，来团结成千成万的工农劳动儿童大众在我们周围，为战争动员工作而努力奋斗。

一般地说，红五月中，我们是完成了我们大部分应做的工作，但是还有缺点和错误，这在下面来细述。

二、我们做了些什么？

共产儿童团进行红五月工作，谁都不能认为没有成绩的，这一成绩获得的是由于领导方式的改变，动员工作的深入，和儿童团的工作积极性的提高，我们的成绩表现在：

1. 拥护百战百胜的红军

儿童团对于广大红军工作做得很普遍，许多地方组织了宣传队、突击队等去宣传鼓励群众当红军。许多模范营、模范队英勇加入红军时，儿童团能配合着去宣传鼓动。这里江西儿童更要说是不差。

---

① 原文无时间，此为《红色中华》第 91 期的出版时间。

福建省呢？总共也宣传了 1052 人，这里就要指出模范的儿童，例如河田区某乡儿童在半天工夫动员了 8 个群众当红军，才溪区某乡有一个儿童宣传了 5 个当红军，购买儿童号飞机与高射炮，已经募集了 1036 元。就是福建比较少，只占了 92 元。闽赣省泰宁县儿童团也在热烈举办募捐运动。此外，鼓动逃兵归了队的共有 990 人。和红军建立联系制度的，兴国、博生、长汀、上杭等县都有几次了。欢迎欢送红军、慰劳红军、和红军敬礼，多数地方的儿童都已做到了！

2. 参加经济动员与肃反的工作

在红五月中，共产儿童的肥料所增加到了 12167 所，江西占了光荣的第一位，有 11000 所，儿童菜园建立了 571 个。宣传退回公债票的约有 11347 元。福建比江西多一千多元。在肃反工作上，儿童也有了光荣的例子。如四都区某乡，儿童团调查出土豪一名，罚了六百余元款，并查出反动分子开秘密会议的，管前区某乡儿童团调查出一个隐藏在苏维埃里的富农分子，又侦探出 4 个敌人的侦探。水口区某乡儿童查获一个国民党党员，想逃到上杭城去的。

3. 儿童团文化教育工作

在小部分地方，更多地建立了学校，尤其是上杭才溪区。有的乡里的儿童团能写墙报，能参加识字班，"五卅"的晚会，许多地方都举行了。

4. 组织上的发展

在红五月中，我们的组织有了很大的发展。各地儿童团能够吸收和组织许多小弟弟、小妹妹加入到儿童团里来。闽赣省在外，单就江西、福建来说，红五月增加了 13352 个新的小同志。

5. 儿童参加纪念的热情

各地儿童团参加了区乡的群众纪念大会和武装示威，儿童团拿着木棍，带着红领带，举起红旗整整齐齐地、很有秩序地来到会，唱歌呀，呼口号呀，宣传呀，充分地表现着共产儿童的团结精神和无产阶级小英雄的气概。

6. 领导方式的转变

儿童团在红五月工作中大致都有具体的领导，有充分的准备，而且有检查、有推动、有计划地去动员并举行革命竞赛等。如兴国、永丰、博生、瑞金、长汀、上杭、宁化、公略各县工作都有了很好的成绩，这是因为他们领导方式转变的结果。

三、使我们不能满意的是什么？

不错，红五月工作是有成绩的，但究竟完成了全部工作吗？没有！这就是说，我们在拥护红军工作上，如购买共产儿童号飞机、高射炮，做归队运动，都是不很深入的，没有成为儿童群众中最大的运动。在经济动员上，借谷子的运动，不能普遍地去进行。发展组织上，没有严格注意阶级成分。这里更要着重指出的，儿童的文化教育工作，以及争取儿童的利益，争取儿童生活的改善等工作，红五月的里面是不可容许的忽视了。

四、为什么我们的工作有缺点？

因为我们在工作上还不儿童化，布置工作还不具体、不活泼。一种小官僚工作方式，个别的还是存在着。定出工作计划而不布置工作，不了解下层实际情形，不做工作报告，发出文件抄袭上级指示。正因为这样子，阻止了儿童工作的猛烈前进！现在我们必须加强儿童教育工作，以争取儿童利益为中心任务，来发展儿童积极性到最高限度，在政治上向儿童宣传、鼓动，只有这样才能使儿童工作获得极大转变。

小小兄弟姊妹们！红五月工作过去了。但我们要记取红五月工作的经验与教训，运用它们来纠正过去错误，开展今后工作。大家一齐动员起来，努力以后的工作！

丕显①

（录自《红色中华》第91期，1933年7月5日）

---

① 丕显，即陈丕显，时任团中央儿童局书记、闽赣省革命委员会青年部部长。

做十万双草鞋送给红军来纪念红军成立纪念日

（1933 年 7 月 6 日）

青年妇女同志们！

红军成立纪念日（八月一日）快到了！做十万双草鞋送给红军，作我们纪念红军成立纪念日的礼物！

英勇红军在前方与敌人肉搏血战，为的是要保障我们分田胜利，保障我们已得一切利益。

少共国际师将在"八一"成立，为的是要创造百万铁的红军，去彻底粉碎敌人的四次"围剿"，去和日本及一切帝国主义直接作战，争取苏维埃在全中国的胜利！

为大家，为自己，每个青年妇女同志做一双草鞋送给红军，送给少共国际师新战士，使我们的红军穿新鞋走快路，赶快去消灭敌人！

少共中央局
七月六日

（录自《红色中华》第 93 期，1933 年 7 月 11 日）

团中央局致军团全体红色战士与团员电①

（1933 年 7 月 8 日）

朱、周②转军团全体红色战士与青年团员：

亲爱的同志们，"八一"国际反战争日在我们眼前，今年的又是中国工农红军纪念日。正是在今年的"八一"又是集中一个少共国际师，一万个少共国际师新战士还没有武器。我们送给红军纪念的赠品是一个少共国际师，前方战士送给少共国际师和红军纪念日的赠品，是夺取敌人几万支枪，以武器来武装少共国际师的新战士。团中央时刻在号召并领导着千百万的劳苦青年，拥护红军，扩大红军并征调自己的队伍去增强红军。今年红军的纪念日，号召苏区的妇女做十万双布鞋送给你们。

团中央局

八日

中央档案馆藏

（录自共青团中央青运史研究室、中央档案馆编：《中国青年运动历史资料》第 12 册，中共党史资料出版社 1989 年 8 月版，第 147 页）

---

① 原件无年月，此年月是整理档案时确定的。
② 朱、周，即朱德、周恩来。

中国共产青年团苏区中央局为"八一"
国际反战争斗争日及中国工农红军纪念日宣言

（1933 年 7 月 8 日①）

青年工人们！农民们！红军战士们！一切劳苦青年们！

八月一日，是我们战斗的日子，第一个意义是国际反战争斗争日；第二个意义是中国工农红军成立纪念日。

没有宣布战争，然而战争已经开始，帝国主义强盗的贪心与仇恨，都移向着社会主义的苏联，他们的炮口正瞄准苏联。帝国主义用武装重分世界的大屠杀，正在中国开始，瓜分中国、进攻中国苏维埃红军的战争，是在大规模地进行和扩大中。

地主资产阶级的国民党，从满洲事变以来，不顾中国民众自动反帝反国民党的民族革命战争，不顾中华苏维埃中央政府作战协定的宣言，在出卖满洲、上海之后，继续出卖热河、察哈尔、华北，给帝国主义，作进攻苏联、进攻中国苏维埃和红军的根据地。它腼腆地做帝国主义瓜分中国的清道夫，取得帝国主义的欢心与更大的帮助，向苏维埃和红军继续做绝望的、必死的进攻。进攻中国苏维埃和红军，正是进攻苏联的序幕。

一切帝国主义饲养的走狗，从社会民主党、托陈取消派以至一切反革命政治派别，想用和平主义的黑手，在工农劳苦青年面前，遮掩战争的罪恶和阴谋，只不过是想解除工农劳苦青年反战争武装的可

---

① 原文无时间，此为《红色中华》第 92 期的出版时间。

鄙的行为而已。工农劳苦青年,在列宁主义指引之下,看得非常清楚!"制止战争是一句笨话",我们反对战争就必须像战争一样的干去。

中国工农红军,在1927年南昌暴动后诞生起来,它在国内战争的锻炼中,已经成为中国革命的基本杠杆,成为民族革命战争的主力与组织者。他的任务是要开展民族革命战争,首先推翻国民党的罪恶统治,驱逐帝国主义出中国,完成苏维埃在全中国的胜利。他是反对帝国主义战争、武装保卫苏联的东亚方面的一支兵力。只有苏维埃才能救中国,只有工农红军是救中国的武力。在中国工农红军中,有无数的青年战士,表示了中国工农劳苦青年在革命战争中的无限光荣。

在今年伟大的"八一"节——国际反战争斗争日,中国工农红军纪念日,我们应当在列宁的中国共产党旗帜之下,响亮地叫出:

青年工人们,踊跃加入红军"少共国际师",去巩固红军中无产阶级领导!

青年农民们,加紧查田运动,彻底肃清封建残余,保卫土地革命利益!

(录自《红色中华》第92期,1933年7月8日)

红五月扩大红军工作
给我们创造少共国际师的经验与教训

（1933 年 7 月 9 日①）

绩 之②

总的方面来说，江西在红五月中扩大红军工作，不但是完成与超过原定的数目，并且获得了最光荣的成绩。这光荣的成绩，首先由兴国起，（团兴国模范师首先加入红军，并且人数也是最多——五千多人）继续就是博生、胜利、瑞金、雩都、赣县、永丰、公略、石城，这八县同样地获得了光荣的成绩，其次就是安远也获得了成绩。在红五月超过了原定数，以上这十县在红五月原规定扩大红军数 4450 名，在红五月完成数中 10455 名，从此数目中就可看出：这些县在红五月中的工作速度，是真正的布尔塞维克的速度，给了党中央提出创造一百万铁的红军的任务以一个布尔塞维克的回答，但还有几个县份（如乐安、宜黄、广昌、万泰、寻邬、信丰，只有会昌比较好一点），这几县在红五月原规定扩大红军数 1414 名，现完成数 648 名，离开应有数目还很远。

从这里我们看出红五月的工作，有两种现象：一是大多数的县委对扩大红军工作速度是布尔塞维克的速度，取得了最光荣的成绩，另一部分就是少数县对扩大红军工作的速度，仍然停留在布尔塞维克不能允许的迟顿速度上。

---

① 原文无时间，此为《青年实话》第 2 卷第 22 号的出版时间。

② 绩之，即张绩之，时任共青团江西省委书记。

这是什么原因呢？在总结红五月的工作会议上，已明显地指出了：

1. 由于那些大多数的县份的团，能够开展团内思想斗争，反罗明路线斗争深入，坚决执行党的正确路线的结果，所以才能获这样光荣的成绩！

2. 这些大多数县份的团能够运用新的领导方式，集体领导的建立，对下面工作指示的具体与实际，使得下面工作才能够推动。

3. 在于这些县能够抓某种光荣的工作经验应用到自己的县去（如兴国整个模范师通过加入红军，随着博生、胜【利】、瑞【京】等共十多县就做了兴国的继承者）。

4. 在红五月扩大红军工作最有成绩与最光荣的还是算兴国，因兴国是最先人数又最多。兴国县所以获得这样光荣的成绩，是由于能开始对两省总结会的精神抓紧，所以当模范师集中时，兴国县能够事先有准备，继之又集中力量去动员。

反之还有那些少数的县工作所以落后，就是因为那些县没有开展思想斗争，反罗明路线斗争的不深入，官僚主义的领导方式继续存在，这样当然不会将总结会议的精神抓紧与深入地传达，更谈不上对某一种工作好的例子与工作经验抓紧应用到当地的实际工作中去，这样当然不会使得工作会转变。假使这样继续下去，不但是过去的工作落后，就是将来永远也是落后的。

因此在这地方就告诉我们今后创造少共国际师的经验。为的要使少共国际师能够完成与超过，必须普遍地运用下列的宝贵经验。

1. 必须抓紧红五月总结会议的精神，在全县来一个广泛地深入动员，在动员中特别要抓紧解释创造少共国际师的意义及每个团员应有去少共国际师的任务。

2. 坚决执行党的正确路线，开展团内布尔塞维克的思想斗争，特别要打击那边区不能扩大红军的罗明路线观点，红五月扩大红军已告诉我们边区是能够扩大红军（如公略、永丰、赣县、安远），这□个边区在红五月中扩大红军工作，都获得了光荣的成绩，这完全证明边区不能扩大红军的机会主义谣言的破产。

3. 必须坚决应用布尔塞维克新的领导方式,以列宁青年的斗争性去打击官僚主义的领导方式,县委应随时按期检查与督促创造少共国际师执行的程度,特别要抓紧某一种创造少共国际师好的经验,立刻应用到本县各区乡去。

最后,我认为为〈的〉使得我们完成全省创造少共国际师的竞赛条约,在红五月扩大红军获得了光荣成绩的县份,应更发扬它过去工作经验与精神,绝对不要以为红五月获得了光荣的成绩,就自满起来。

在红五月扩大红军落后的县份,应学习先进县份红五月扩大红军的经验,活泼地运用到本县,这样才能使我们有把握来完成关于创造少共国际师的全省竞赛条约。

在少共国际师的工作上,再来与福建闽赣两省比比赛吧,我们就在创造少共国际师的事件上,测验准的工作适合于战争的环境。

(录自《青年实话》第 2 卷第 22 号,1933 年 7 月 9 日出版)

怎样来完成少共国际师

——在三省队长联席会议上少共国际师问题的报告

（1933 年 7 月 9 日[①]）

盛　荣[②]

　　同志们！今天这一报告，是大会最后的报告，这个报告主要的内容，是怎样来实现少共国际师，怎样来完成党和团给我们少先队的任务，这个问题，经过各队长很热烈地在委员会中讨论过了，并且很多同志自动报名加入少共国际师，决心要回去领导整团整连的队员加入少共国际师，我们这种英勇精神和气概，正是完成少共国际师的极重要的保证。我们全体队长要有报名加入少共国际师的队长一样的革命的决心和勇气，学习他们光荣的榜样，一致全体加入少共国际师去！做得到吗？（做得到！——队长齐声响应）。

　　同志们！当我们来创造少共国际师的时候，究竟是在一个什么时候呢？是在我们英勇的工农红军在粉碎敌人四次"围剿"的残酷战争中，获得了伟大的胜利。这不仅在中央苏区是这样，整个中国也是这样，现在全国的苏维埃、红军，和革命群众的斗争，正在蓬勃发展，使地主资产阶级的国民党垂死的统治，更快地崩溃与死亡。一面由于我们伟大的胜利，已经使国民党更无耻地投降帝国主义出卖华北，这就明显示给我们，我们不特要推翻国民党的统治，而且要打倒帝国

---

　　①　原文无时间，此为《青年实话》第 2 卷第 22 号的出版时间。
　　②　盛荣，即王盛荣，时任共青团苏区中央局委员、少先队总队长。

主义,驱逐帝国主义出中国!

同志们! 敌人的四次"围剿"现在完全冲破了没有? (没有完全! ——台下的响应。)我们要不要完全冲破? (要! ——台下的响应)。是的,我们要最后地完全地冲破敌人的四次"围剿"! 所以,党正确地估计到目前政治形势,提出要创造一百万铁的红军,来负担当前的任务,可是,我们一般的扩大红军的速度,就在成绩最好的,在卅天内扩大了三万红军的红五月的速度来说,还是不够的。我们现在非但要扩大现有的红军——一、三、五军团,而且要创造少共国际师,少共国际师是粉碎帝国主义国民党铁的武力,我们要创造少共国际师,彻底粉碎帝国主义国民党的四次"围剿",争取四次战争的完全胜利,夺取南昌、抚州、九江等中心城市,中心城市是帝国主义国民党政治、经济的命脉,在这些地方,有无数的帝国主义的银行、工厂和飞机、大炮,这些东西我们要不要把它没收? 当没收的时候他们会不会反抗我们? 无疑的,他们一定要维持他们的利益,一定要反抗我们,这就是我们与帝国主义直接作战的阶段,这时候的战斗,将更加猛烈和扩大,更加残酷和长久,而这个阶段很快地就要到来了!

同志们! 我们为的要回答党中央局"创造一百万铁的红军"的号召,彻底粉碎敌人的四次"围剿",准备与帝国主义直接作战,就必须组织新的力量,创造少共国际师,少共国际师主要的力量从哪里来的呢? 是我们少年先锋队。在少共国际师中,要做到有十分之十的少先队员中精壮勇敢的模范少队员十分之七八的青年团员,这就是说:我们在革命战争中,不特要扩大现有的红军,而且要组织新的力量——少共国际师,这种任务我们能不能够负担? (能够! ——台下的响应)能够! 但是,这绝不能清谈的:在红四方面军中,有一个"少共国际团",当中的战斗员差不多十分之十都是少先队员,十分之八都是青年团员,他的战斗力异常坚强,使敌人的军队听到就发抖;这个"少共国际团"在平时是不轻易打仗的,只有在遇着顽强的敌人,战斗激烈时,才把他加入到战线去,在许多次的战役中,少共国际团一加入战线,就能击溃敌人,缴敌枪械,因此少共国际团就成为红四方面军最主力的部队,我们必须学习少共国际团的光荣例子,创造少共国际师,消灭蒋介石的主力活捉白军师长、旅长,彻底粉碎敌人四次"围剿",争取战争全部胜利!

同志们!我们要加倍努力,在最短期内,把少共国际师成立起来,一定要在"八一"以前把他完成,将少共国际师的旗帜在中央苏区高举起来,发通电到各处去。

少共国际师是在中央政府和【中】革军委的直接领导下的,他将成为铁锤般的力量,扫荡敌人的武力,在红五月中,兴国、瑞金、宁都、博生……在扩大红军的工作上,得到了很大的成功,而且少先队员的数量,超出了全体的大半,这是表示我们的队员,正在为着红军的胜利,为着推翻国民党统治,打倒帝国主义而奋斗的英勇性,在这样的条件下,创造少共国际师是否可能?可能!这个责任,就在三省30万队员的肩上,在30万队员中,各队长必须领导11000个精悍的队员到少共国际师去,发扬我们少先队过去光荣的成绩。总结起来,我们成立少共国际师有两种伟大意义,第一,彻底冲破国民党的四次"围剿",夺取中心城市,驱逐帝国主义出中国。第二,少共国际师是【以】青年团员和共产党员为骨干的武装力量,是红军主力的一部,能够以一当十,扫荡敌人。应该把这个伟大意义传达到每个队员中去,每个在会的队长,应该领导队员,整团整连加入少共国际师,实现与超过这个一万一千人的数目,各同志做得到吗?(做得到——台下的响应)

同志们!我们不能说空话,我们要实际去动员,我们要坚决反对说空话的现象,你们现在在这里都说"做得到",但是究竟是怎样呢?我们不晓得。要表示真的"做得到",只有加入少共国际师去。如果队长自己都不坚定、不勇敢,怎么能够领导队员,动员群众呢?所以我们一定要坚决反对动摇、犹豫的分子,这些人是不能领导队员来创造少共国际师的,我们应该和他作无情的斗争。保证在20日内完成少共国际师,将少共国际师辉煌的旗帜,在中央苏区高举起来,使敌人在我们面前发抖。

　　同志们！工人师的成立你们知道吗？他们要和少共国际师比赛,在比赛中我们有胜利的把握吗？有！我们要以飞机的速度赶过他们。比他们先成立,在"八一"以前完成,发动队员起来和工会比赛。对于动员工作有下列三件事要特别注重的:

　　1. 在动员中要保证没有一个队员开小差,输送坚决的干部去少共国际师负领导责任,洗刷富农、流氓、地主残余和开过小差的分子,因为这些分子是破坏红军的坏蛋,如果我们不把他洗刷出去,就不能保证少共国际师铁的战斗力。

　　2. 在"八一"前完成少共国际师 11000 人的数目,首先要做深入地宣传鼓动与解释的工作,反对欺骗、强迫、收买、指派的官僚主义工作方式,发展革命竞赛,领导整团整连队员加入少共国际师,完成少共国际师,巩固少共国际师中无产阶级的领导。

　　3. 建立联系制度,这个问题对少共国际师的扩大和巩固是很重要的问题,在过去,很多红军家属的田没有做好,我们现在必须领导队员去把他做好来,帮助红军家属解决困难问题,如果们现在不替他做好,那么,当我们到少共国际师去的时候,同样家里的田也没有人做,当我们把红军家属的田做好了以后,就要写信给红军,告诉他们家里的情形,安慰他们,使他们安心在前线杀敌。当我们自己到了前方,就要写信回家,告诉他们以前方的情形,鼓动队员到前线来当红军,这样就是联系制度建立的方法,各队长回去就要这样做,马上把联系制度建立起来。

　　同志们！我们要以少年先锋的精神,回答今天的报告,就要在实际工作中,领导队员加入少共国际师,在"八一"前完成少共国际师,使"八一"的时候能够将光荣的少共国际师的旗帜,在中央苏区飘扬,□□武装上战线,彻底粉碎帝国主义国民党的四次"围剿",争取革命战争的全部胜利。

（录自《青年实话》第 2 卷第 22 号,1933 年 7 月 9 日出版）

论我们的胜利与我们的困难
——红五月工作的经验
（1933 年 7 月 10 日）
凯　丰

一、红五月工作的教训是什么？

红五月工作的总结告诉了我们：把今年战斗的红五月变成了模范的红五月，组织了红五月的模范工作，一般地完成了红五月工作的计划。从东黄陂红军的胜利到红五月工作的成功，这种事实证明了党所提出的在各个战线上、在党的全盘工作中的积极进攻路线，是获得了胜利。

第一，在扩大红军的工作上，总共在江西有二万五千，福建三千多人，团在扩大红军的工作中，〈是〉在江西原定计划是 5864 人，结果征到 10988 人，内团员 2986 人；在福建原定 1550 人，结果征到 2155 人，据四县的统计，内有团员 554 人。在江西超过原定计划的一倍，在福建也超过三分之一。

如果我们回忆在春季冲锋季时，三个月扩大红军的工作，对于红军主力军在数量上没有多大的增加，而且造成大批开小差的现象，威胁着我们扩大红军的工作。经过红五月的工作，我们创造了兴国模范师、瑞金模范师、胜利博生石城的模范师，如果是赣县、雩都的也算作一个师，我们创造了四个新的师。

如果是我们说东黄陂的战争,红军消灭了敌人的三个师,把郭炳生也算作一个师的话,是消灭了敌人四个师,俘虏了两万以上的白军。然而在红五月中,我们创造了四个师,增加了三万以上的新的战斗员,红五月扩大红军的胜利等于在东黄陂红军的胜利。如果是我们【说】从〈说〉东黄陂战争①后,在四次"围剿"上发生新的变动,那么经过红五月工作,在党的全盘工作上都开展了新的局面,就是向着波尔什维克②的群众工作开始了大部的转变。

然而,我们应当特别说到的,在红五月扩大红军中新的现象,是从整团整连的动员去加入红军,进到整个县以至几个县全体的模范师去加入红军。这种事实不□不给党所提出的从今天的自愿兵制转变到将来的义务兵很大的基础和有力的推动。

到时我们还须回忆到春季冲锋季总结会时,团中央局在每个团的组织前面所提出的,测验我们每个组织,是否继续他的领导,是在他能否在克服威胁着我们的大批开小差的现象与迅速地完成党的一百万铁的红军的任务。经过红五月的工作,已经证实我们的团能够去□□□□的任务,□□对□程度上,我们是克服了一些开小差的现象,甚至在个别的区域内(如长汀)我们完全消灭了开小差。

第二,在经济的动员上,也是获得了空前未有的成功,在江西退还了14万元的公债,借谷有92000担,向富农捐款有□万三千元,消灭荒田连四月一共有□十□万□,在福建退还公债有37000元,捐款有32000元。这里还有千千万万的群众参加春耕、夏耕所提高的生产没有计算在内,在红五月中把被忘却了的经济战线夺取了回来。

第三,在红五月的征收工作,是没有完成的。虽然在红五月中,在江西发展了14501人,在福建发展了3957人,这种速度比春季冲

① 东黄陂战争,1933年2月至3月,朱德、周恩来指挥红一方面军,采取集中兵力在运动战中各个歼灭敌人的方针,在江西宜黄县黄陂、东陂两地,消灭国民党军三个师,从而粉碎了国民党军对中央苏区的第四次"围剿"。

② 波尔什维克,即布尔什维克。

锋季的速度是要快。如果是从红五月的征收运动的观点上来讲,红五月的征收运动是流产了的,没有完成我们原定的计划,就是没有发展一倍的团员,没有赶上党、超过党。

第四,红五月工作最弱的一环,是许多边区的工作,如信丰只扩大 2 个红军,乐安也只扩大 27 个红军。许多事实指出边区的工作还没有克服它的落后。争取边区的工作到一般水平线上来,是我们今后工作上的重要任务。

在城市工作上虽然有一些改善,但是还没有一个城市成为模范的工作,争取城市的工作到模范的地位上来,也是我们今后工作的重要任务。

这是我们在红五月工作中的主要事实,从这些事实中给我们的主要教训是什么? 首先我们要问,为什么我们在红五月中能够获得这样的成功?

这最主要的是:(1)在开展着的反罗明路线与反机会主义的动摇的争斗中是兴奋并活跃了党和团的工作。(2)过去党的工作的基础,特别是在红五月中发挥了过去光荣的例子。(3)群众的与党团员的积极性创造性极度的提高。(4)领导的方式与工作的方法上有着很大的转变。

为什么征收运动流产? 我们是有着一切客观的顺利的条件来扩大团的组织,有着几万的涌入到红军中去的青年,有着几十万甚至百万的参加经济动员、发展生产春耕夏耕的青年,为什么我们的组织不能这样地去扩大。这里最主要的原因,是在团内还存在“青年怕加入团”“青年不愿意加入团”的机会主义的对于青年群众的诬蔑。这种诬蔑事实上是与我们极力〈的〉打击过【的】说“青年怕当红军”的机会主义的论调一样。正因为我们正确地打击了这种说“青年怕当红军”的机会主义的论调,这也是说明为什么我们在扩大红军上能够获得这样大的成绩。这种说“青年怕加入团”的论调并没有受到我们必须的打击,用这种论调来掩盖着自己对于征收工作的消极,甚至有些同志公开露骨地说:“我们的门是开了,但是青年不过来”,在我们团内的宗派主义的关门主义还是存在。

在我们征收工作的方式上,没有把征收工作【做】成为一种经常性,只是在纪念节中摆一架摊子,对于每个团员介绍一个团员的任务,没有在每个团员的前面提出。

对于征收运动的宣传鼓动工作,以及与被介绍的青年谈话,都只是一般说到团的主张,甚至有许多错误的宣传,如说"加入青年团要多开会""加入青年团要做模范""加入青年团要多做工作""加入青年团要当红军"等等。这里最明显的事实,是没有从提高青年的阶级觉悟,启发他们的阶级觉悟着手。要做到这样,离开他们的日常生活是没有可能的,我们不仅要告诉他加入青年团要开会要做工作等……而且最主要告诉他们为什么要这样,这就是启发他们的阶级觉悟最好门径。

红五月的工作是获得了伟大的胜利,使苏区的团向着波尔什维克的群众工作道路上,开始走了很大的一步。然而我们并不因为我们的胜利而冲昏了头脑,在我们前面的任务是巩固我们的胜利,继续扩大我们的胜利。如果我们不会巩固自己的胜利,那么我们将永远不会得到胜利,正如斯大林同志所说的:"一个会打胜仗的将军,如果他不会巩固自己的胜利,他将永远不会胜利"。

二、发展中的困难与克服的道路

正确地估计我们的胜利,就是正确地估计革命的力量,同时看不到我们的胜利或者是过低地估计我们的胜利,也就是过低地估计革命的力量,也就是对革命可能的发展估计不足。

不但要正确地估计我们的胜利,而且要清楚地看到我们的弱点,看到我们这里还有许多的困难——比如今年的粮食困难就是其中之一,比如我们团的工作不能迅速地适应开展革命战争的困难,红军给养与粮食的困难,干部的提拔不能满足工作迅速开展的需要的困难等等。

然而我们还须认识我们困难的性质。我们的困难是发展中的困难,本身就包含着克服的先决条件。国民党的困难是危机中的困难,是溃崩中的困难,是死亡中的困难,是病入骨髓不可医治的困难。

比如我们的粮食困难,我们就可以经过发展耕种收获运动,经过粮食的调剂来解决这一困难,比如我们今年的粮食困难,动员我们党、团、苏维埃的力量,经过发动群众很迅速地就解决了这一困难。

比如我们苏维埃的工作还不能适应革命战争的开展,在个别的苏维埃机关中还存在着地主、富农、官僚主义分子,抵抗党的路线的执行。但是,我们可以经过动员群众的查田运动、检举运动,深入阶级的斗争来洗刷这些分子,加强苏维埃的工作能力。

比如我们的工作迅速的发展,干部的提拔不能去满足工作迅速发展的需要,但是在工作的发展中,就吸引着成千上万的新的力量到斗争中来,在斗争中就训练出成千上万的新干部。

我们的困难是发展中的困难,正因为如此,所以我们能够去克服我们的困难。

有些同志在我们困难前面表示着投降,表示张皇失措,他们听得说粮食的困难,他们就说现在不得了!因为粮食的困难集中红军也没有办法。他们听到说在苏维埃机关还隐藏有阶级异己分子要进行检举运动,他们就说,现在不得了!大部分的苏维埃机关是在地主、富农把持之下,苏区有二百万的人口还在地主富农的压制之下。他们听到说到地主富农窃取了土地革命的利益,要进行查田运动,他们就说不得了,现在大多数的地主、富农都窃取了土地革命的利益,百分之八十的地方土地没有解决好。他们听到说干部的提拔不能满足工作开展的需要,他们就说现在不得了,干部恐慌,没有人。其实我们有的是人,从斗争中踊出不知多少的新的力量,正因为机会主义"不识人,而且因此不善于用人,不善于分配人——这就往往产生出关于缺乏干部的怨言"(波尔什维克的工作方法——真理报社论)。

在困难前面投降与张皇失措的机会主义,正如〈像〉斯大林同志在联共十六次大会上骂那时俄们〔国〕的右派的话:"右派看到绳子当作蛇！听到灶鸡叫以为是老虎。"

这种在困难前面投降的机会主义的观点，事实上要解除党去克服困难的武装，因为这些同志没有看到我们的胜利。在胜利的基础上，我们可以去克服我们的困难。这些同志对于土地革命胜利估计的不够，严格地来说，失却对于土地革命胜利的信心。如果照这些同志的意见，现在苏区土地百分之八十没有解决好，大多数地主、富农，获得了利益，大部分的苏维埃机关都在地主、富农手里，我们还有什么可能去进行查田运动，更谈不到争取革命战争的胜利。如果照这些同志的意见，苏维埃政权早已坍台。这种机会主义的意见，正是呼合着叛徒所说的："共产党的崩溃""苏维埃的崩溃"，然而崩溃的不是共产党与苏维埃，而是叛徒们所依赖的国民党统治。

对于土地革命正确的估计，应当是：在苏维埃胜利的区域，土地问题一般的是正确地解决了，执行了国际和党的路线。基本上是使土地革命的利益落在贫农、中农的身上。苏维埃机关在许多的测验上，如战争的动员、借谷运动、耕种运动、退还公债，以及各种的经济动员中，证明了他是工农的一个政府，能够工作的一个政府。因为我们有了这样的基础，我们能够更有阵地〈的〉去进攻敌人，进攻那些窃取了土地革命利益的地主残余和富农，他们用各种的方法企图避免或减轻革命对于他们的打击。进攻那些隐藏在苏维埃机关内的阶级异己分子，依靠着我们已得的阵地，来扩大我们的阵地，争取革命战争的胜利，争取苏维埃的胜利。

七月十日

（录自《青年实话》第 2 卷第 23 号，1933 年 7 月 23 日出版）

朱德、周恩来致电少共国际师

（1933 年 7 月 10 日①）

少共中央局、少先【队】总队部：

我们将以积极进攻的战斗，彻底削〔消〕灭敌人的围攻，夺取敌人枪械来武装和欢迎我们新主力军"少共国际师"。在"八一"纪念节，我们将派代表来庆祝"少共国际师"的成立。我们热烈欢迎你们的代表到前方来。

朱德　周恩来及

第一方面军全体指战员

七月十日

（录自共青团中央青运史研究室、中央档案馆编：

《中国青年运动历史资料》第 12 册，中共党史资料出版

社 1989 年 8 月版，第 148 页）

---

① 本文标题原为《第一方面军来电》。原文无年代，此年代是根据本文内容判定的。

少先队中央总队部的训令

——进行发展队员大运动

（1933 年 7 月 21 日）

帝国主义国民党的四次"围剿"苏区和红军,在工农红军英勇的战斗、广大工农群众积极性的发扬与共产党正确的领导【下】,已完全【被】击破了! 此刻国民党正在布置对苏区和红军五次的"围剿"。因此少年先锋队的任务也更加加重了。吸收苏区最大部分的工农青年到少先队组织内来,扩大模范少队的组织,加强与扩大红军后备队的组织,是胜利地击破敌人五次"围剿"不可分离的战斗任务。

然而检查起来,自春季冲锋季结束后到现在,发展少队的组织是没有得到必要成绩的。在红五月,闽赣两省发展的新队员还不到三万人。特别在边区和苏区的发展,极端使人不能满意。模范少队的发展和重新建立,同样不能适合我们的需要。这些都说明少队组织的发展是大大地落【在】革命战争发展的后面,是少先队内再也不能继续下去的现象。

少队的组织不能迅速扩大, 是由于我们少队内存在着各种机会主义的观点。认为没有法子再发展少队了,认为发展少队员须经过考察,和发展团员一样;认为妇女"封建",妇女脚小不能加入少队;认为发展队员只要写一个名字就算。这些机会主义观点都是由于对目前革命的发展、对工农青年积极性估计不够〈而出发〉。必须坚决与这些机会主义观点斗争,才能保证少队组织的迅速发展,保证全苏区扩大少队到 150 万任务的完成。

为着使少先队的组织能适应目前革命战争发展的需要,为着争取粉碎五次"围剿"更伟大胜利,为着使少队组织在转变到义务兵役制的任务上有必要的准备,中央总队部特决定在八、九两个月中间进行发展少队组织的大运动,为实现江西、福建、闽赣三省扩大少队组织到 50 万而斗争。

一、必须经过会议各种宣传方式,把发展队员的意义深入到苏区所有工农青年的脑海中去,必须在"加入少先队,回答帝国主义国民党五次'围剿'!""加入少先队,回答日本帝国主义占领华北进攻察哈尔!""加入少先队,回答国民党的卖国!""加入少先队,保障分田胜利!""加入少先队,保障工农青年特殊利益!""加入少先队,粉碎敌人五次'围剿'!""加入模范少先队,参加红军作战!"等口号下,来吸收工农青年到少队中来,吸收精悍的队员到模范少队组织中来。

二、各级队部必须召集队部会议,召集队长联席会、大队小队的会议,把这一发展少队组织的任务,提到每个队员的前面,详细解说发展组织的意义和重要,具体讨论发展的方式、方法,规定发展组织的数目和计划。

三、必须特别抓住新苏区和边区来发展少队组织,省或县队部要组织突击队,或派得力的同志到这些区域去帮助发展少队的组织。在每区或每县中,同样须抓住还有许多工农青年未加进少队的地方去发展。

四、以大队为单位,须组织宣传队和调查队,把少队的任务在广大工农青年中作深入的宣传,并联系到工农青年的生活,派出调查队,调查还有哪些人没有加入少队,而集中力量去发展。

五、在小队会议中,须具体分配队员具体去进行发展组织工作。并须组织竞赛来推动工作速度。要有准备地召集全乡青年群众大会,〈中〉号召工农青年加入少队。

六、在这一运动中,须迅速扩大模范少队的组织。必须在大队的会议上解说模范少队的任务,并进行有力的鼓动,在自愿的条件下,征收队员到模范少队来。模范少队没有的或已加入红军的地方,要重新建立。派得力的干部到模范少队中去，负责工作，加强其政治军事训练，特别要加强军事训练。经常进行野外演习，准备进行野营实习，造成红军现成的后备军，争取模范少队整排整连加入红军去。

七、在发展组织的运动中，须与巩固少队组织联系起来。要进行检举运动，洗刷异己分子及消极怠工不可挽救的分子出少队，防止敌对阶级的分子混进少队来。新队员须加以特别的训练，并分配其适当工作。

八、各级队部必须特别抓紧在今年国际青年节来推动发展队员的工作。国际青年节前后要最猛烈地发展队员。国际青年节后就要作一个总结，采集经验，认识教训，继续进行发展队员运动，务使九月底完成这一任务。同时各级队部须指定同志专门负责检查这一工作。要随时检查及时纠正各种错误，并经常严厉督促。听其自然的放任主义，要坚决反对。

中央总队部训令各级队部全体队员，根据以上的方法坚决地迅速地进行发展队员的大运动，并将执行情形随时报告前来。此令。

少先队中央总队部 总队长　王盛荣

党代表　博　古

七月廿一日

（录自《列宁青年》第 2 卷第 7 期，1933 年 10 月 1 日出版）

发展少队组织问题
——准备从自愿军役制转变为义务军役制
（1933 年 7 月 23 日①）
盛 荣

在党提出创造一百万铁的红军任务的基础上，少队实际回答这一正确号召，在战斗的红五月到现在，输送了自己三万队员到红军中去，充分地表现他在红军后备军的作用和积极性，更进一步发挥了少队〈他〉过去提出创造整团整连加入红军的光荣的成绩。我们为了要不让它停留这个口号的上面，具体地执行党和军委会提出由自愿兵转变到义务兵的任务〈中〉。现在摆在团和少队前面的紧急任务，是动员一切团和少队的力量，集中一切精力，从"八一"起，进行最高的扩大少队的运动，强大红军后备军的力量，为的是完全粉碎四次"围剿"，争取战争的全部胜利。团与少队必须战斗地动员与号召，来扩大组织，发展少队的力量，为着争取这次决战胜利，而提起我们工作热忱，和坚强的斗争精神。我们的速度应该加强，不要像平常一样，我们要组织红五月的扩大红军的战斗精神，实现"八一"起至国际青年师〔节〕为止，中央区扩大少队五十万运动。各级小队部必须在团的领导之下与团共同商量，以少年先锋冲锋的精神，用一切努力和方法，从实际工作中来实现中央总队部的号召，为的是实现中革军委提出要把〈有〉一切【有】选举权的公民武装起来，准备从自愿兵役转变

---

① 原文无时间，此为《青年实话》第 2 卷第 23 号的出版时间。

为征兵制度。必须有步骤地加紧模范少队军事政治训练,还要强健普通少队生活,加紧他们的军政训练,使每个少队受到相当的军事知识,发挥少队红军后备军□□□□□□□□□□□□□□帝国主义□□武装冲突的阶段,我们要把每个少队员训练在阶级自觉性上,做出随时随地开往前线,只等中央革命军事委员会的一声动员令下,立即开往前方。为了当前的需要,我们现在少队的组织就不够了。模范少队经过红五月【中】输送队员当红军〈中〉,有许多好的成分中间,模范少队的组织无形中没有了。必须猛烈地扩大少队的组织,在"八一"起至国际青年节为止,中央区的三省,扩大原有的少队一倍——50万,特别注意扩大模范少队组织。

模范少队没有了的,应该□□设法建立和健全他的组织,□□红军□□军的□□。在这里各级队部和少队□□应该特别注意到少队组织的建立和扩大,这是实现从自愿兵役转变到征兵制度的任务的重要步骤。

(录自《青年实话》第 2 卷第 23 号,1933 年 7 月 23 日出版)

团中央关于反对五次"围剿"与团的任务决议

（1933 年 7 月 27 日）

一、五次"围剿"与目前的形势

由于工农红军英勇地战斗，全国广大的群众对于红军的拥护及党的正确的布尔塞维克的领导，已经完全地击破了敌人的四次"围剿"。在东黄坡的战争后，蒋介石曾经几次地企图依据他原有的力量，又变更四次"围剿"的总计划，向我们作新的进攻。但是这一企图是失败了，使国民党不得不布置和进行新的五次"围剿"。国民党在签订了塘沽协定之后，最后地出卖东北四省及河北的一部分。国民党以出卖中国为条件，获得了日本的军事援助，获得了美国的五千万美金（二万万元）的棉麦借款，获得了英国的五百万金镑的军械借款。宋子文正在奔走欧美，往来德法，订立许多秘密的借款，获得帝国主义者更多更大的帮助，来进攻中国苏维埃。从英美新购大批飞机，在上海、南京制造大批的毒气与炸弹；调动了 50 个师环绕中央苏区，正在从北方的部队中抽调入赣，还在招募与训练新兵；新编 15 个师，蒋介石亲自训练军官团。国民党正在新的基础上调动新的部队，组织新的力量对红军苏维埃进行更残酷的、绝望的、新的五次"围剿"。

在中国民族危机日益加深，国民经济崩溃与苏维埃红军伟大的发展面前，在中国提出一个问题：或者是让卖国的国民党继续统治，使中国完全殖民地化，或者是苏维埃胜利，使中国独立解放。

由于日本对中国的军事的进攻,以及其他帝国主义对中国的侵略与压迫,因此而加深了〈的〉民族压迫与民族危机,由于全国的经济浩劫与国民党经济的崩溃,因此而加重了〈的〉资本对于工人阶级的进攻,使工人与农民的生活更加恶化,失业的极大增加,苛捐杂税的空前繁重,新的水灾的威胁等等。由于红军的胜利,击破了敌人的四次"围剿",在全国内反帝斗争的猛烈开展,与武装民众的民族革命战争更进【一步】地向前开展。工人的罢工与农民的骚动,群众的示威游行,全国工农群众对于红军的拥护,苏维埃红军的扩大与巩固,这些事实都证明在中国存在着的革命形势,正在猛烈地发展。这些事实都指出,只有苏维埃才能救中国。"革命形势更进【一步】地尖锐化,使得解决从民族危机与经济浩劫中的革命的或者帝国主义的出路问题极端地尖锐起来。在中国前面放着绝对的问题,或者是被帝国主义瓜分共管,而成为完的殖民地,或者是独立自由领土完整的苏维埃中国。这个问题的解决,将在最短促的历史时期之中"(党中央关于帝国主义国民党五次"围剿"与我们党的任务的决议)。

国民党无条件的投降,用禽兽的白色恐怖压迫革命,为帝国主义当清道夫,国民党正在帮助帝国主义。然而帝国主义也正在经过国民党来实现把中国殖民地化的道路。帝国主义国民党所进行的五次"围剿",是将中国完全殖民地化最具体的步骤。"粉碎五次'围剿'的斗争,即是阻止危机中帝国主义出路的斗争,即是争取独立自由的苏维埃中国的斗争"(党中央决议)。

在五次"围剿"中,国民党及其各派军阀在军事政治上的力量都更加削弱了,国民党军队的动摇,财政困难因新的借款而更加激烈。国民党以及其他反革命派别武断宣传的破产,工人的罢工,农民的骚动,以及反帝运动猛烈地开展,都是给国民党五次"围剿"直接的打击。然而苏维埃和红军的力量是极大的增加了……红军政治军事水平的提高,数量上几倍的扩大,苏维埃的扩大与巩固,白区工农的斗争与反帝斗争的开展。我们有着一切胜利的条件,在党的正确的布尔塞维克的领导之下,动员团与广大的青年群众反对五次"围剿",我们将取得在五次"围剿"中全部胜利。

二、在反对四次"围剿"中团的活动

由于工农红军的英勇战斗,全国广大群众对红军的拥护以及党的正确的领导,我们完全地击破了四次"围剿",取得了四次"围剿"中的胜利。团在反对四次"围剿"中有着光荣的和伟大的作用。在苏区内,首先是动员自己的队伍,领导着广大的少先队和劳苦青年去加入红军和帮助红军;在白区开展广泛的拥护红军、募捐飞机的群众运动;开始在苏区发展经济的工作;在白区团的组织的极大的增长,在苏区团与白区团的工作的改善,这些都是我们能够在四次"围剿"中取得胜利的主要教训。然而在反对四次"围剿"中,我们还存在着许多的缺点与错误,主要的在国民党统治区域开展着的青年工农的日常斗争与反帝斗争没有更大地开展起来,使之与红军的胜利与战斗相配合起来。在反帝中的下层统一战线还是极端的不能使人满意。在许多地方(河北、上海)再三重复过去的错误,一方面是去拒绝参加反革命派影响下反帝的组织,另方面则用上层的勾结去代替了下层的统一战线,瓦解白军与在国民党军事运输工业中的工作还是成为一句空话,在大的农村与附近苏区的白区工作没有开展起来,参加游击战争中的活动是极端的薄弱。因为在反对四次"围剿"中我们的工作中还存在着这些错误,正是妨害我们在粉碎四次"围剿"中实现中心城市的夺取,及一省数省首先胜利〈之实现〉。

三、在反对五次"围剿"中目前团的任务

紧急地战斗地动员起来反对敌人的五次"围剿",将党中央关于反对五次"围剿"的决议广大地解释,执行党的战斗的任务,号召全团和动员广大的劳苦青年起来"反对帝国主义国民党的五次'围剿'","粉碎敌人的五次'围剿'","拥护与保卫苏维埃","不让敌人蹂躏苏

区的一寸土地"，"争取苏维埃在全中国的胜利"。为着达到这一任务，苏区团必须立即：

1. 继续红五月以来扩大红军的光荣，继续地动员自己的队伍和少先队去加强红军，在最迅速的期间内要求一倍以至几倍地扩大红军，创立新的红军部队，执行军委会的动员计划，使每一个红军的师部都有充足的补充部队。团应特别加紧〈的〉在红军中的工作，提高军事技术、政治觉悟与阶级的纪律。对于少先队的工作须特别加强，扩大少先队的组织，创立更多的模范队，提高少先队的军事政治学习，造成红军的现成后备队。

2. 用极大的力量去参加游击队的游击战争，在敌人的后方去发展农民的斗争，创造新的游击区域，调动自己的队伍和少先队去配合红军的行动，截击敌人的侧面和后方，保证在游击队中党的领导，与一切违背党和苏维埃的举动作斗争。

3. 团应积极地参加苏维埃的一切工作，积极地参加查田运动，彻底地解决土地问题，积极地参加二次全苏代表大会的准备工作，到广大的群众中去宣传苏维埃的改选，吸收最大多数的群众到改选运动中，采取广大的民主与自我批评来改善苏维埃的工作。

4. 为着战争的需要与更进【一步】地改善广大工农劳苦群众的生活，必须用极大的力量来参加苏区的经济建设：发展耕种与收获运动，提高生产，改良水利河道，组织粮食的收集与运输，吸收团员与少先队和广大的青年群众到粮食合作社、消费合作社、生产合作社中去，帮助推销三百万的建设公债，使每个团员和劳苦青年的手中都拿着苏维埃的建设公债，执行苏维埃的一切经济政策。团应当成为在经济战线上的尖兵。

5. 团必须不顾一切地来建立附近苏区的白区工作与白军中的工作，首先在附近的大城市内、军事运输的企业内去创立团的工作。派遣好的团员到白军中去有系统地工作，利用白军士兵对国民党的一切不满，组织白军士兵夺取他们到革命方面来，组织他们的兵变。

6. 团必须极大地来增长自己的组织，把几万人的团变为几十万人的团,变为拥有百万团员的团,在最短的期间内应实现赶上党超过党的任务。

在国民党统治区域内:

1. 广大地进行反对五次"围剿"的斗争,为着这样必须加强对青年工农日常斗争的领导,反对国民党资本家将五次"围剿"的负担加在工人阶级和农民的身上,号召与组织群众的反抗,关车、罢工、示威游行、集会,组织白区工农一切的日常斗争,实际上就是帮助红军与苏维埃。白区的团必须特别集中力量去建立军事工业与运输工业中的工作,在码头、火车站去组织警备委员会,阻止一切进攻苏区的军火的运输。在国民党的军队中,正在极大地开展着对于国民党的不满,团必须特别的集中力量在国民党军队中的工作,领导他们的日常斗争,特别在围绕苏区的军队与北方的部队中去工作,煽动士兵拒绝开去进攻苏区,组织士兵的叛变,夺取他们到革命方面来。

2. 白区的团应当不惜一切力量把党中央关于建立反日的统一战线的行动纲领,使每个人都见到听到,在青年的一切会议上,在工会、学校、抵货团体中提出反日的统一行动的提议。用一切的力量去参加各种有群众的反帝的组织,在这些组织内去提出反日的统一的行动纲领,粉碎一切反革命派别的欺骗。团应当特别去发展武装的组织(少先队、义勇军等),发展军事训练,向政府要求集会权利与军事训练的设备,要求选择军事教官的权利,发给武器,夺取国民党以及一切不抵抗日本部队的武器。在中国士兵中鼓动他们去抗日,在外国和日本的海陆军中进行有力量的工作,宣传日本劳苦群众与中国劳苦群众兄弟的联盟,鼓动他们拒绝进攻中国的劳苦兄弟,要求回国去参加他们国内的革命斗争。

3. 白区的团必须加强〈的〉去领导失业工人与灾民的斗争,领导他们要求将五千万美金和五百万金镑拿来救济失业工人与灾民,拿来修理被水灾威胁或冲毁的河道,用现金支付全部的工资,雇用失业工人与灾民工作。

在大的农村中以及附近苏区的农村中加紧地工作,发展农民的斗争,组织农民的骚动与游击战争。

4. 白区的团须将苏维埃红军的胜利经常在青年中作普遍的宣传,将苏区青年的生活与苏维埃的成功有系统地在青年中解释与宣传。利用红军每一个胜利的消息,组织拥护红军的运动,募集物品,动员青年工人到红军中来。

5. 用极大的力量来巩固团的组织,发展团的组织。随着对苏区的五次"围剿",国民党将要用更残酷的白色恐怖来压迫白区的革命的组织,收买叛徒,组织更大的侦探网,来破坏我们的组织。白区的团必须特别加强秘密工作,在过去血的教训的基础上去检查我们的秘密工作,改善我们的秘密工作,使之适合于目前开展着的革命环境。

这些任务的执行,首先要求我们最迅速地去揭破一切反革命派与改良主义的欺骗,孤立他们。没有有力地去揭破反革命派的欺骗,我们是不能顺利地完成这些任务的。

这些任务的执行也需要与团内一切"左"右倾机会主义作斗争,反对五次"围剿"前面的张惶失措与在困难前面的投降倾向,极力地打击"左"的机会主义。

同志们! 紧急地战斗地动员起来,团结像一个人一样,在党的路线之下,用坚〔艰〕苦布尔塞维克的工作,击破国民党的五次"围剿",争取苏维埃中国的胜利!

(录自中共中央书记处编:《六大以来(下)》,

人民出版社 1981 年第 1 版,第 668—672 页)

团中央为加紧秘密工作给各级团部的一封信①

（1933 年 7 月 29 日）

各级团部：

在中国一方面革命形势的存在与急激〔剧〕地向上增长，广大白区工农劳苦群众的斗争与苏维埃运动浪潮的汇合，将要把整个地主资产阶级国民党的统治卷送到坟墓中去；另一方面，地主资产阶级的国民党为了要继续其强盗的掠夺与压榨政策，为维持其血醒〔腥〕的统治，是在拼命地挣扎着——它利用叛徒及打入组织的暗探（内奸），进行对党团员及革命群众的破坏，采用了法西斯蒂的盗匪政策，绑架党团员及革命的群众。在这阶级斗争剧烈的尖锐与历史决斗的前面，坚决地执行布尔什维克的秘密工作，是"保障团在政治上组织上胜利的必要条件"！

然而，团内一些对秘密工作缺乏警觉性的分子，却正是做了阶级敌人进攻与破坏。② 一方面，固然是说明了阶级敌人进攻的加紧，而最主要的原因，还在于一些团部没有随着客观形势的变动来即时地改善我们的秘密工作；没有学习过去屡次【被】破坏的血的教训，并把它运用到实际工作中去；还没有最大限度地提高秘密工作的铁的纪律，而对【被】破坏秘密工作的团部与个人是采取了不可容忍的自由主义的态度！

中央严重地警惕〔告〕全团，任何对目前两个阶级尖锐的对立估计不足，任何对执行秘密工作犹疑、怠工与自由主义，将造成最不可

---

① 本文标题原为《为加紧秘密工作给各级团部的一封信》。
② 原文如此。

宽恕的政治上的罪过！以下几个工作是立刻要去执行的：

（1）立刻开始一个自上而下的全团的秘密工作的检查。对于一些团部和个人违反秘密工作原则的现象，必须立刻提出纠正。立刻规定出各级团部的秘密工作条例。

（2）最大限度地提高秘密工作的铁的纪律。任何团部任何个别同志违反了秘密工作条例，应该受到最严厉的组织上的制裁——从解散该级委员会、警告、撤销工作，直到开除团籍。建立秘密工作上的个人负责制。支部破坏了，区委要负责任，区委遭到破坏，省委必须负责。

（3）施行对每个工作同志起码的秘密工作教育，特别是新入团的同志必须授以公开活动与秘密工作联系的知识。江苏及河北省委必须立刻把最近几次的破坏教训研究出来，教育与警惕〔告〕全团同志！

（4）根据《怎样进行同党内叛徒斗争》（《斗争》的文章），立刻采取积极的严密组织的政策；根据《论革命的武装自卫》（《斗争》的文章），立刻开展一个反叛徒的实际斗争——从在理论上粉碎叛徒们的胡说直【至】在肉体上消灭叛徒的斗争。

（5）为了经常研究与指导各级团部的秘密工作，应立刻成立自省委至中心支部干事会的秘密工作委员会（可由省常委、秘书处各一人组织）。必须建立秘委的日常生活（它应依据客观环境与团内秘密工作状况，即时提出关于秘密工作的任务与办法，建议给常委执行）。各级委员会应负责对秘密工作经常的检查与严格监督执行！

（6）各地在最近对这一工作，应有专门的报告给中央，以便给以专门的指示！

团中央

一九三三年七月二十九日

中央档案馆藏

（录自共青团中央青运史研究室、中央档案馆编：《中国青年运动历史资料》第12册，中共党史资料出版社1989年8月版，第174—175页）

中国革命互济总会为援助德国法西斯
蒂恐怖下的革命战士宣言

（1933 年 7 月 31 日）

全国的劳苦群众们！

世界经济危机的尖锐，资本主义内外矛盾的加剧，各国革命运动的高涨，以及苏联社会主义建设的惊人的胜利，使国际资产阶级日益走向公开的法西斯蒂专政。法西【斯】主义和白色恐怖，已成为资产阶级统治的主要方法。

德国财政资本的政党——希特勒的国家社会党，已经夺取了政权，在德国建立了法西斯蒂的专政。希特勒所以能够掌握政权，就是因为资产阶级的拥护，社会民主党领袖与黄色工会官僚对于工人阶级反法西主义的统一战线与同盟罢工实行破坏和怠工，而投降了法西【斯】主义。

现在德国法西斯蒂的白色恐怖是异常残酷和极端狂暴的。法西斯蒂强盗们已经残杀了千百个德国的革命工人。德国的无产者、共产党员、社会民主党工人和无党的工人、知识分子和劳动者被法西斯蒂的警察挺进队所逮捕下狱和禁闭在集中囚犯营里的，已经有六万人了，而德国共产党和无产阶级的领袖——台尔曼也在其中。法西斯蒂恐怖下的这些政治犯，受了严刑拷打与非人的虐待和痛苦。希特勒的狐群狗党现在又伪造各种"证据"诬蔑德国共产党员托尔格拉，和三个保加利亚的工人领袖——季米特洛夫、波波夫和唐涅夫什么"纵火焚烧国会犯"，企图置他们于死地。其实国会建筑物是国社党人自己放火烧的。法西斯蒂干出这种阴谋的目的,就是为造成机会,以便加紧进攻无产阶级的先锋队及其所领导的革命斗争。

法西斯蒂恐怖之加紧,为的要安定帝国主义的后方,去进行帝国主义的强盗战争和反苏联的武装干涉。德国要求军备平等、要求殖民地的呼声高唱入云,德国的军国主义正在猖獗;同时德国加入了反苏联的欧洲四强公约,并且在世界经济会议上公开提出要把苏联某些地方作为德国的殖民地——所有这些都表示出法西斯蒂疯狂地准备新的世界大屠杀与反苏联的战争。

德国的法西斯蒂,和其他帝国主义强盗一样,加紧准备与进行瓜分中国和镇压中国革命。德国已将大批的借款和杀人利器供给中国的军阀,替国民党卖国贼制造第一批轰炸机 30 架,把大批的军事雇问和法西斯蒂指导员送到中国,帮助蒋介石刽子手去屠杀中国民众,进攻苏维埃的民众政权和英勇的工农红军,扶植中国的法西斯蒂势力,维持帝国主义国民党的血腥统治。德国法西斯蒂同时又是中国劳苦群众的死敌。

帝国主义的走狗、法西斯蒂的讴歌者——国民党军阀,其任意屠杀民众与镇压革命运动,比德国法西斯蒂强盗有过之无不及。试想:在国民党六年来的统治之下,中国工农劳苦群众被国民党屠杀的,何止千万!现在全国的牢狱都有人满之患,一切反对帝国主义的革命战士,无不遭到国民党的枪杀,甚至稍为不满意蒋介石刽子手的人们,都有杀身之祸,如蓝衣社的暗杀行为,弄得人人自危。他们"称快"德国的法西斯蒂的恐怖。国民党蒋介石的机关报——《晨报》及中国的托洛茨基主义的文丐们,看见希特勒的屠刀飞舞而"兴高采烈",拼命在叫喊什么共产党"崩溃于俄倾",什么希特勒"复兴德意志",什么德国"无业之民咸庆有业"(?!),然而,他们的"高兴"是徒然的!德国在法西斯蒂专政之下,经济危机继续加深,失业、贫困仍然如故,无论怎样的白色恐怖,都不能消灭革命斗争。反之,反法西斯蒂的斗争、罢工、示威,正在发展。法西斯蒂专政,将为德国胜利的无产阶级革命所推倒,这是毫无疑义的。

劳苦群众们！中国民众与世界无产阶级和德国法西斯蒂压迫下的工人阶级联合起来，结成革命战线，以反对反革命战线，反对法西【斯】主义，反对白色恐怖，这比任何时候都更加重要了。中国革命互济会号召你们在物质上与精神上去援助法西斯蒂恐怖下的德国政治犯和牺牲者。这种援助是中国工农劳苦群众的任务，因为德国的无产阶级和反法西斯蒂战争是中国工农劳苦群众在解放斗争中的同盟者。我们应当团结起来，建立劳动群众的最广大的统一战线，来援助德国革命战士，反对我们共同的敌人——法西斯蒂和国民党的反动统治。

工友们，农人们，劳苦群众们，革命学生们，反法西斯蒂的战士们！在工厂中，工房中，街道中，农村中，学校中，一切群众组织中，举行反法西斯蒂的会议与示威，募集金钱、食物、衣服等，去救济德国的革命战士与牺牲者！表示你们的意见，提出你们的抗议，反对法西【斯】主义和白色恐怖，向德国法西斯蒂政府坚决要求立即释放台尔曼、托尔格拉、季米特洛夫、波波夫、唐涅夫和一切政治犯！反对国民党的白色恐怖，反对法西斯蒂蓝衣社，营救在狱的一切革命战士，要求释放一切政治犯，为集会、结社、罢工、反帝、言论、出版等自由而斗争，为革命胜利而斗争！

一切劳苦群众联合起来，反对白色恐怖，打倒法西【斯】主义！

无产阶级的国际团结万岁！

世界革命万岁！

中国革命互济总会

（录自中共中央书记处编:《六大以来（上）》，
人民出版社 1981 年第 1 版，第 410—411 页）

模范的工人要求纲领

（1933 年 7 月）

刘少奇

　　提出工人的要求,要根据工人的切身要求,要根据地方的生活程度,雇主的营业情形以及该项□业的特殊劳动条件等,来活泼地运用《劳动法》的条文,但是这个例子的创造,在我们订立合同的运动中,还是很少的。

　　江西木船工人的要求纲领,虽然在许多条文上的数目字,还不能称为完全妥当,但他的□开始了根据工人与企业的特殊情形来活泼运用《劳动法》的创造,脱出了"□抄劳动法的习气",在这一点上就可以称为模范的工人要求纲领。

　　以木船工人的特别劳动条件,许多人都认为工作八小时工作制是不可能的,额外工资、夜工、星期日休息等,都是无法实行的。但是在这个要求纲领上,他们想出了特别的办法,实行五小时、六小时工作日(木船工人是应该的),额外工资、夜工、星期日休息,都有特别的办法来实行,在这里完全活泼的运用了《劳动法》上的条文,不是机械地照抄。

　　烧饭的工人是无法机械规定每日工作时间的,但是规定他所担负的工作,做规定以外的工作,就要额外工资。在工资的问题上,也是□□根据各种情形,给了一般的规定额□到各种工作不同的工人。

　　所有这些,都是根据《劳动法》的原则来规定的,但没有一条是照抄《劳动法》,这当然是考虑了木船工人的特殊情形之后才能写得出来的要求纲领,而不是某个人的空想,在这一点上是值得同志们来学习的。

附:

苏区苦力运输工会
关于江西木船工人的要求纲领

第一条 一切木船雇请工人其劳动合同上的条件,不得低劣于本要求纲领。

第二条 本要求纲领经各雇主承认后即为集体合同。

一、工资

第三条 所有包月的木船工人,其最低工资除雇主供给伙食外,分下列四等:

(甲)每月大洋 11 元;(甲等是掌舵的)

(乙)每月大洋 10 元;

(丙)每月大洋 9 元;(乙丙两等是撑船摇浆的)

(丁)每月大洋 3 元。(丁等是烧饭的或学徒等的)

第四条 雇请工人担负木船来回一次之工作者,工人最低工资的标准如下:

码头	甲等工资	乙等工资	路途的远近(里)
瑞金——会昌	6 元	5 元	80
会昌——于都	7 元	6 元	160
于都——博生	12 元	11.5 元	240
兴国——江口	6 元	5 元	120
江口——于都	3 元	2.5 元	90
江口——赣州	2.5 元	2 元	60
会昌——门岭	6 元	5 元	100
信丰——赣州	12 元	11 元	180

第四条 □□回一次行船给工资者,在劳动合同订立后,如因等货工人必须休息者,每10天内只休息3天,不要雇主另给工资,但在每10天内超过3天者,每天须由雇主补给工人工资大洋2角。

第五条 雇主请工人,担负水上一趟(或一面)行船工作者,工人工资最低的标准如下:

(一)滩河每行10里,每人工资大洋7角。

(二)沙河每行10里,每人工资大洋7角。

(注)工人伙食与〔由〕雇主供给,在工资外。

第六条 如因生活程度提高,雇主营业发还【按】上列各项最低工资标准,工会临时提高,但雇主如因装运国家货物,运费减少,工人在劳动合同上规定工资,一般照上列各项最低标准。

二、工作时间

第七条 木船工人每日实在工作时间,18岁以上的成年工人,每日以6小时为原则,但工作时间可活动分配。——即每一个月,除四天星期日的休息外,平均每天工作时间不得超过6小时,如果每月实在工作时间总数超过156个小时者(月大每月超过162小时)则作额外工作计算,额外工作必须发给工人额外工资。

第八条　额外工作,□月的工人,依照下列标准发给工人额外工资:

(一)每月工资在10元以内的工人,每小时工作须给工资1角大洋。

(二)每月工资在10元至15元以内的工人,每小时额外工作须给额外工资大洋1角5分。

(三)在15元至20元以内的工人,每小时额外工作,须给工资大洋5角。

(四)以后工作每多5元每小时的额外工作即增加大洋5分。

第九条　青工(18岁以内的)每日实在工作时间以5小时为原则,每月的实在工作时间总数,月大不得超过135个小时,月小不超过130小时,超过以上时间的工作,即以第八条办法发给工人额外工资。

第十条　夜工工作时间,每工作5小时,即以6小时计算,青工每工作4小时,即以5小时计算。

第十一条　冬季行船不得过早,须从天亮一点钟后,方能行船,停船不得太夜。

第十二条　热季行船,每天午饭后工人须有3小时休息。

不论冷热天行船,每天上午和下午须有两次休息(吃饭吃茶烟)。

注:此项休息时间,不计入实际工作时间内。

第十三条　烧饭学徒因为工作关系,每月不能有4天(礼拜)的休息时,每月须加发4天的平均工资,如因特别危险与救急的工作,雇主要伙夫学徒参加者,须付给工人额外工资(办法照第八条)。

第十四条　伙夫学徒只担任下列工作:

(一)烧饭、买菜;(二)守船;(三)为学习技能参加各种工作,但背客人或船老板上岸,须得工人自己同意。

第十五条　顺风顺水行船,每日的工作时间不限止之,但须记入该月正当工作时间的总数内。

三、休假

第十六条　在不行船时,雇主可分配工人担负比行船更轻的工作,但此项工作时间计入正当工作时间内。

第十七条　雇主应发给每个工人工折一本,工人每日所做的工作时间,雇主应该按日在该工折内写记明白,每一月清算一次。

注:工折是做工的折子。即是每天做了几点钟工作,写记起来,以便按期计算工作时间总数和额外工资等。

第十八条　每个船的雇主须备好时钟,以便定记每日工作时间。

第十九条　工人每月至少有 4 天完全休息,照给工资,(这就是礼拜天的休息,但休息不一定礼拜日这天)。

第廿条　……月以上的工人,则有半个月的休假,连续工作到 11 个月的工人,则共有一个月的休假,照给工资(三节假在内)。

注:此项休假的日期由工人自己择定,在劳动合同内规定之,但休假期间的工资,应照该半年或一年内的平均工资付给,平均工资计算方法是以该期内工人所得工资总数按月平均计算。

第廿一条　每年八个法定纪念日休假,工资照给。

四、待遇

第廿二条　工人参加红军,□苏维【埃】加钱,参加工作及其他革命团体工作,因而失掉其工作单位,工人工作一个月以上者,发给 10 天工资,工作在半年以上者,发给一个月的平均工资。

第廿三条　工人参加上级工会会议及代表会议的期间,雇主照发给工人的平均工资,并须发给伙食。

第廿四条　木船工人在行船时,每人每天要吃 5 餐饭(不吃稀饭和杂粮),人在肚饥吃饭,雇主也不得禁止。

第廿五条　在行船与不行船时的伙食的质量应比以前特别改

善,每天至少要吃一顿荤菜(猪肉鱼子等)。

第廿六条　工人用的梭〔蓑〕衣、斗笠、黄烟、剃发等钱,由雇主发给。

第廿七条　大风大雨落雪,雇主不得强令工人行船,并不得扣工资。

第廿八条　拉船工人过江子,倒湖,不浸衣服,必须收弦靠船,将工人渡过。

第廿九条　雇主开除工人,须在未开除前4天通知工会,雇请新工人,须在3天内通知工会。

第卅条　雇主辞退工人,如果该工人作工在一个月以上者,解除合同,雇主须付给工人两个礼拜的平均工资。

第卅一条　订立的合同,在未满期以前,雇主要中途解除合同,辞退工人,须得当地工会支部委员会同意,并付给两个礼拜的工资。

第卅二条　雇主须缴纳工人每月工资总数的百分之四为工会办公费,又百分之一为文化教育费。但雇主出身〈与〉〔于〕现在仍是贫农、中农成分,则付工资的百分之三为工会办公费,再付百分之一的文化教育费。

第卅三条　工人有病,在一个月以内,雇主须负责医治,并照给工人的工资(但发病在一个【月】以下者,则照给该一个月的工资)。

被雇行船到白区的工人有病,完全由雇主负责发给工资。

雇主须为工人……

第卅四条　……

第卅五条　凡过去所有吃的各种规定(如开头……到岸,空仓,豆付〔腐〕,夜酒等)不得减少。

一九三三.六.廿六

(录自瑞金革命纪念馆编:《文物史料汇编》第3集,内部资料,1980年8月印)

苏区团的组织状况与我们的任务

（1933 年 8 月 1 日）

凯 丰

一、组织发展的状况

目前一个最重要的问题，是团的组织的发展与巩固，"因为解决经济危机中的资本主义的或者革命的出路，正依靠着在主要资本主义国家共产党巩固的程度"。在中国民族危机的加深，国民经济的总崩溃与苏维埃革命发展的前面，提出一个绝对的问题：或者是让卖国的国民党继续统治下去，将中国完全殖民地化，或者是苏维埃胜利，使中国独立解放。解决中国民族危机与经济浩劫的殖民地的或者苏维埃的出路上，依靠着我们的组织的巩固的程度。

从 1932 年来，在全中国都有极新的加入共产党与共产青年团队伍的潮流。从是年"九一八入团号召"到 1933 年"一·二八入团号召"，上海的团员有十倍的增长；在"一·二八号召"中，河北的团有二倍的增长，满洲的团有一倍的增长，厦门的团也有一倍以上的增长。这一事实指明，在民族危机与经济浩劫中，在全中国存在着革命危机更猛烈地向前发展与民众革命性的极度增涨。

虽然国民党用着禽兽的白色恐怖，企图来割断共产党与群众的关系，但是并不能去阻止群众加入共产党和青年团的潮流。被这一潮流所冲洗出的叛徒正在那里诅咒"共产党的崩溃"、"共产青年团的坍台",然而冲洗的叛徒,却增加成千成万的我们的新的力量。

在苏区内,这一年以来组织的发展和巩固又是怎样?

我这里手下没有全中国各苏区团的组织状况的材料和统计,这是非常之可惜的事情。我手下只有江西和福建两省的比较详细的组织材料,以及闽赣和浙赣两省〈不完全的〉十分不完全的材料,然而根据这些材料已经能够帮助我们去研究苏区团的组织状况。

先来看我们组织发展的趋向。

在春季冲锋季的时候(一月到四月),在江西发展了5000人(包括建黎泰)、在福建发展了1155人。在江西有50000人左右,在福建有5000人。在春季冲锋季时,江西福建两省总共有55000人到60000人。在这样的情形之下,我们决定了红五月的入团号召。

在红五月中在江西(建黎泰除外)发展了14501个,在福建发展了3957个。当然,红五月发展的速度是比春天冲锋季快了一倍半以上。如果冲锋季是3个月,红五月是1个月,那么应当是快了四五倍。

现在我们拿江西各县来看。那我们在红五月的入团号召中,根据兴国、胜利、赣县、雩都、公略、永丰、瑞金、石城、广昌、宜黄、乐安、信丰,12个县总共征收了10502个,内占青工、雇农1063个,即是占10.1%的工人成分。

根据胜利、赣县、公略、永丰、瑞金、石城、广昌、乐安、信丰,9个县总共征收了8849个,内占贫农6725个,即是占76%的贫农成分。

第二个事实告诉我们,根据兴国等12个县团员总数36759个,内占青工、雇农4343个,即是占12%弱的工人成分。

根据胜利、赣县、瑞金、寻邬、宜黄、信丰六县总共有团员18847个,内占贫农14071个,即是占74.7%的贫农成分。

可惜这一统计只告诉我们红五月征收的统计和各县总的统计,没有告诉我们在红五月以前原有的数目,因此我们从这个表中不能够去研究苏区团流动的现象,然而这一问题是对于我们是非常之重要的。为着回答这一问题,我们只能寻找另外的材料。但是关于这方面的材料在江西各县的报告中实在是很难找到。在会昌的报告中是有这样的材料,但是会昌的工作一般的讲来是落后的区域,很难拿他作为评定江西整个工作的标准,没有办法,我们只得拿会昌的材料作为一个参考的材料。

在会昌进行春季冲锋季以前共有团员 1396 个,在一月份发展了 128 个,在二月份发展了 165 个,到三月份,〈增〉加上一二月的共发展了五百人,在四月发展 247 个,在五月发展 1167 名。

照这样的情形看来,到红五月止会昌应有 3833 个,但实际现在 3651 个,流动的共有 179 个。

在一月份团员到红军中去的只有四个,二月份有 37 个,四月份 32 个,五月份 11 个,总共 84 个到红军和地方武装中去了,除 84 个到红军中了,还有 95 个流动的,这里的事实说明江西的团流动还在存在着。

再拿公略的情形来看。

在一月份的公略流动的情形达到了 60% 以上,在一月份发展了 113 个,动员到红军中去有 39 个,原有团员是 4368 个,在总数量上只增加 3 个,即 4371 个。

即使就是把四月份的不计算在内,也应有 5504 个,除去到红军中的共有 96 个(也是没有四月份的统计)外,也应有 5308 个,但是红五月征收的总结,公略总共只有团员 5077 个,流动的还有 221 个。公略今年总共发展有 1136 个,流动的现象在公略达到了 20% 以上。

我们想,根据这些零碎的材料,已经足够说明江西团流动的存在,而且是很严重的。

同样在江西总的统计表中,没有告诉我们落后于党的组织的状况,使我们能够更加具体地去提出赶上党超过党的任务。在会昌在冲锋季时还比党少 1/3,在公略也是在这个时候比党少 1900 多个。

在春季冲锋季以前,福建团的成分根据汀州市五县的统计,青工占 16% 弱,根据长汀等四县的统计,贫农占 71% 强,经过春季冲锋季后发展了 1152 个。

经过冲锋季后,在汀洲市等五县青工的成分,由 16% 增加到 18%。为什么会发展这种变动呢? 我想在汀州市入团号召的成功应当是这一变动的主要原因。

进行红五月的入团号召,在福建征收了 3597 个①。原有团员 5322,加上红五月发展的 3957,实有的团员应当为 9279 个,但是现在只实有 8615 个,就是 664 个团员流动了。

这里还须要说明的,在冲锋季前原有团员 4200 个,加上冲锋季发展的 1153 个,应当为 5353 人,但是在红五月前原有的团员只有 5322 个,这里没有把四月份的发展计算在内,还有 31 个流动。福建团内的流动现象也还是存在着。如果拿个别县来看,那么流动的现象更是惊人的。如长汀,据春天冲锋季以前的统计,有团员 2918 人,加上冲锋季内发展的 470 个,应当为 3380 个,但是在红五月前的统计为 1886 个,这一时期内流动了 1502 个。应当说明的是,在红五月前后新成立了汀东特委,大部分是由长汀划过来的,除了汀东的 427 个,也是流动了 1075 个。又如,宁化在冲锋季前有 534 个,冲锋季中发展 414 个,红五月中发展 800 个,应当为 1740 个,但现在发展有团员 1449 个,流动了 299 个。

长汀冲锋季动员去当红军的团员 408 个,在红五月中 182 个,总共动员了 590 个去当红军,从 1075 个中除去 590 个当红军的外,还流动了 485 个。宁化在冲锋季中动员了 76 个团员到红军中去,在红五月动员了 87 个,从 299 个中除去 163 个,也是流动了 136 个。流动的现象还有非常之严重的存在着。

现在我来说福建红五月后总结的组织状况,我的结论是青工占 12% 弱,贫农占 70%,中农占 16%。

如果单拿红军中团的发展上来讲,在这一时期内也是非常之不能使人满意的。当然我们丝毫不能抹杀红军团的质量的优良,政治水平比一般团员要高,它是成为苏区团的模范队,但是团的发展无论

---

① 此数字有误,根据下文,应为 3957 个。

如何是迟缓的。在春季冲锋季中,在方面军只发展了1200多个,在一月份的统计是有团员4970个,团员的数量只占红军中青年的1%。在青年占绝对多数的红军部队中,团员在数量上还是落后于党,只有在某部队的战斗员中,团有时是超过党的。

江西、福建两省组织状况总的图画:总共有团员61601个;博生县的没有统计,我们估计博生县有6000人,那么就有67606个。但是闽赣省内的没有计算在内。然而建黎泰划归闽赣省委,对于江西团员的数量上并没有多大影响,因为黎川在冲锋季前只有15个团员,冲锋季中发展184个;泰宁原有108个,冲锋季中发展208个;建宁在冲锋季时共有239个,总共只有948个团员,在红五月中才发展了990个。增加了一倍的团员,这是闽赣的成功。

由总的数量上发展的曲线看来,江西、福建两省团的组织的增长是极端的迟缓。如果与上海团组织发展的速度来比较,那可以说江西、福建在这半年来组织的发展是在停滞的状态中,我想这样的估计对于苏区团半年来的组织的发展是正确的。然而这样的事实完全不能指明苏区青年工农积极性的低落,或者是像有些机会主义者的说明"苏区青年怕加入团"。这种事实只能指明:苏区团在这一时期内对于革命发展中组织的意义估计得不够;对于解决从民族危机与经济浩劫中殖民地的或者是苏维埃的出路,依靠于我们组织发展和巩固的程度估计不够;还存在着立三路线对发展组织的自发论的残余——立三主义者以为我今天暴动,明天就可有几万、几十万的党员,不成什么问题。即使在苏区之内,我们没有正确的组织,不去为着壮大我们的组织而斗争,希望我们的组织自发的会增长起来,这样的事情是不会有的,永远不会有的。在中央局春季冲锋季的决议与报告大纲中,都没有提到增长组织的问题,因此江西整个18县的报告,没有一县讲发展组织的状况,虽然在苏区内我们有着比上海完全不同的优越的条件。

从江西、福建的材料中,这应当是我们的第一个结论。

苏区团的成分问题,无产阶级基础的薄弱,这是值得我们特别注意的。因为江西方面没有这样详细的材料,使我们可以去研究这时期团员成分变动的状况,据江西兴国、胜利、赣县、雩都、公略、永丰、瑞金、石城、广昌、宜黄、乐安、信丰 12 个县共有青年工人和雇农团员 4343 个,根据兴国、胜利、雩都、万太、石城、广昌、宜黄、乐安、信丰 9 个县的统计,加入工会的青工会员就有 7427 个,如在兴国全县青工会员 1716 个,又有未加入工会的 128 个,但是青工雇农团员有 984 个,只有一半的青工雇农加入团,像这样的例子还可以举出不少的来。但就在上面的事实已经足够地说明,我们忽视无产阶级基础的巩固。

如果拿福建的情形来看,我们在冲锋季中〈我们〉增加了 30% 的无产阶级成分,但是在红五月中减了 38% 的无产阶级成份。

从此我们可以看到,不但在总的百分数上红五月中冲锋季减少 8%,而且在绝对的数目上减少了 39 个,在绝对的百分数上减少了 7%。当然在红五月中广大工人加入红军,在福建有 400 个青工(但不完全都是团员)动员到红军中去了,这也是减少原因之一。然而主要的原因并不是这里,主要的原因是我们没有正确的组织政策,没有吸收新工人加入团来。福建方面据我们手下的材料有青工会员 2861 个(没有加入工会的我没有统计),吸收在团内的青工雇农只有 853 个,即就在工会的青工会员来讲也只有 1/3 弱;如汀州有 124 个青工,57 个木船青工,14 个苦力,刨烟 10 人,还有 400 多失业学徒,汀州的团只有 80 个青工雇农。

机会主义者胡说苏区没有青年工人,或者青年工人都加入了团,我想在上面这些事实面前完全粉碎了机会主义者的胡说。

我们的正确组织政策,并不像有些同志机械地提出为增加 30% 或 50% 的无产阶级成分斗争,这种机械的提法只能够一方面限制贫农与其他最受剥削的贫苦分子入团,另一方面,正是给机会主义说苏区没有工人的盾牌。

我们的门应向着什么人开,应怎样去开,我们上面这些事实已经尽够〈的〉告诉我们怎样去开门了。

由于我们没有正确的组织政策,忽视无产阶级基础的巩固,今天苏区团的阶级成分还是极端不能令人满意的,无产阶级的基础还是非常的薄弱。

从上面这些材料我们应当得到第二个结论。

一件惊人的事,就是在苏区团内流动现象还是普遍的,而且很大的程度存在着,很少人注意去与这种现象作斗争。在苏联的团内,如果是失去一个团员,都要发出警号,找出原因和什么人应该负责。我们这里可以失去几十、几百甚至千数,但没有发出任何的警号,也没有任何人去寻找原因,也没有任何人负责。这种事件真奇怪!

在苏区团内还存在着的严重的流动现象,这是我们应当得到的第三个结论。

另一惊人的事,就是苏区的团在数量上很大地落后于党。少共国际支部拥有300万团员的苏联列宁青年团,超过党的一倍,我们应当学习苏联的团一样超过党。

关于红五月入团号召的教训,党和团中央局在总结红五月工作时给红五月的征收运动的估计,是没有完成他们的任务,流产了的。这并不是说红五月的征收运动没有它的宝贵的经验,我们应当从胜利中去学得教训。同时我们应当从失败中去学得教训,使我们不去重复这样的失败。

怎样去解释红五月征收运动的失败?它的原因在哪里?在红五月中有三万以上〈的〉加入红军的新战士,有几十万参加经济动员、春耕夏排〔耕〕、借谷运动、退还公债、退还谷票、开垦荒地、查田等运动的积极参加者,而团的发展只有18458个,怎样去解释这一件事?是不是像有些同志的回答:"青年怕加入团","青年不愿意加入团","我们的门开了青年不进来?"我想这些同志的回答,不但不能解释红五月征收的失败,而且是对于青年的侮辱。红五月征收失败的原因之一,就是因为存在着〈的〉团对于发展组织的意义的忽视。没有完全的克服,在团内有些同志对于青年群众的不相信,对于青年的侮辱,以及严重的宗派主义、关门主义,这是阻碍着红五月征收运动的进行。

现在我们来看红五月发展的情形。在江西红五月中发展 14501 个(18 个县的统计),内中有 7883 个(13 个县的统计),是在"五一""五卅"以及其他纪念中征收的。如果拿这 13 个县红五月的发展为 10168 个,即是说 77% 是纪念会中征收来的。

如果我们拿个别的县或区来看,我们更可以知道这一问题的严重。

从赣县的发展中,我们看到从纪念日的发展占 82%,从日常的发展中占 18%。我想这样的事情,已经是惊人了,惊人的是日常没有发展。

从会昌发展的情形看,我们从纪念日中发展的达到 92% 强,从日常发展的只有 8% 弱,在这种情形之下是完全取消日常的发展工作。

这样的材料,我手下还有许多,我想已经够了。

从红五月的发展来看,在纪念日发展的占 70%,在日常中发展的只占 29%。

从这些事实中告诉我,在红五月中所采用征收团员方法,普遍的是会议进行,几个团员的负责同志或者是宣传队热烈的演说之后,就是一番号召入团。会场上摆着一个摊,贴着报名处,接收报名和填表。这一个事实很明显地指明了没有执行中央局关于红五月征收团员的指示,没有把征收工作成为每个团员的日常工作,没有实现中央局所提出的应当在每个团员前面提出"每个同志介绍一个同志"的任务。有许多地方的报告说:"关于每一个同志介绍一个同志的口号,我们是普遍地提出了,但是没有实现。"但是他们没有回答我们没有实现的原因。我想没有实现的原因,就是用纪念会上的征收代替了日常的征收。

没有把红五月的征收,变为每个同志的日常工作,这是红五月征收运动流产的主要原因。红五月征收运动的主要教训是在这里。

是否我们需要在会议上的报名式征收呢? 当然是可以采用的,但这不是我们主要的方法,尤其是不能用会议上的征收去代替日常的征收。

会议上的征收的好处就是在一个很短的时间内，能够吸收大批的入团，但是它的坏处能够使更多的偶然的分子入团，增加团的流动现象。建筑在每个同志日常工作上，个人的负责介绍，可以减少上面的现象。提出每个同志介绍一个同志的任务，就是说要把征收的工作变为每个同志的日常工作；要实现每个同志介绍一个同志的任务，也只有把征收的工作放在每个同志的日常工作中去。这是非常明显的真理。

红五月征收运动失败的另一个主要原因，是对于征收运动上的宣传鼓动之刻板性和平均主义。有些同志把青年看作一个整体的东西，想按照一定的样本、标准、公式去做鼓动，不是随时随地都会应付个别的青年工人、学徒、牧童、雇农、女工、农妇以及文化程度、政治教育之高低。在红五月〈中〉征收工作中，我们的鼓动，往往是用"粉碎敌人四次围剿与大举进攻"这一公式。〈我们〉在许多口头的或书面的报告中我们听到同志说，我们宣传了团的主张，但是怎样去宣传〈了〉团的主张呢？有的是说："加入团不但是错误，而且不会使别人了解的"，结果我们的同志用这种公式去宣传，到处碰到了壁头。他们的回答："我们不加入好了"。因为我们的同志不善于从他们切身的问题、他们所迫切需要知道的问题去向他们解释，启发他们的阶级觉悟，不善于利用每一个好的时机来鼓动青年与劳苦青年来赞助与加入共产青年团。我们的同志不善于去对付青年各阶层中的个别的活的人，我们的同志想用一个固定公式去对付一切的青年。

红五月征收失败的另一个重要的原因，是没有具体的领导，没有经常的检查工作，没有监督与帮助。在红五月中，没有检查过一次，只是到了红五月总结时才作了一个结论。为什么在会议上的征收代替了日常的征收不能早〈的〉纠正，因为我们没有具体的领导，因为没有去检查工作。这是红五月失败的重要教训。

现在我们还是要来解答在红五月征收运动中的组织政策，因为这是我们在组织上的基本问题，因为没有组织问题上的正确政策，没有明确的阶级路线,是不能去执行我们的组织任务的。

在上面的表中,从江西、福建的两省〈中〉的征收中,可以看到没有明确的阶级路线,没有正确的组织政策。在两省红五月征收的无产阶级的成分都占10%,在福建无产阶级的成分相对的与绝对的都是减少了。

在红五月运动中,有些地方提出"一切青年加入团"的口号,这是一方面模糊组织的阶级路线,另一方面提出这样的口号是减低团的作用。在有些地方提出"贫苦工农加入团"的口号,这是模糊了我们的正确的组织政策,不了解我们首先而且最多要吸收的【是】什么人,似乎我们吸收青工与吸收贫农没有不同的意义,似乎我们吸收贫农与中农也没有不同的意义。

这是对于红五月征收工作的几个重要教训。

二、在目前苏区内怎样去调剂成分

要使团能够完成目前的任务,要求最迅速地变为几倍大无产阶级青年群众的组织,包括广大的最受剥削的半无产阶级青年、贫农青年和觉悟的中农到自己的队伍中来,要求最迅速地变为拥有几十万团员的组织。

最先而且最多要吸收的【是】什么人?团应该最先而且最多吸收无产阶级的青年到自己的队伍里来,团应该首先集中一切力量,用一切的可能,吸收苏维埃企业内的青工,小企业和商店的青工,手工业的青工学徒,农业青工牧童与运输木船苦力青工到自己的队伍内来。依据他的职业所在地建立起模范的支部,经过团的组织,能够使这些支部对于比较落后的和缺乏无产阶级成份的支部的领导作用。

无产阶级青年群众在哪里?我们听到不少的这些理论:"苏区没有青年","青工都加入了团。"我们先拿事实来看:虽然因为青工部的工作与团在工会中的活动非常之坏,没有整个苏区青工的统计,我们根据一些极不完全的统计,在公略、瑞金、博生、兴国、赣县、胜利、会昌、雩都、永丰、石城、乐安、万太 12 县，在六七两月内共有青工会员 11897 个。在福建据不完全的统计〈有〉青工会员有 3442 个，即就在这不完全的统计已有将近 2 万的青工会员了。在福建只有 853 个工人团员，即是说只有 25% 的青工会员加入了团，还有 75% 的没有加入团。这些事实完全很明显地指明无产阶级青年在哪里，说"苏区没有青工""青工都加入了团"完全不是事实。最可惜的是我们没有青工群众的统计，使我们不知道到底苏区内有多少青工。

我们的门应当开向工会的青工会员，开向一切的男女青工。

在调剂成分的问题上，需要坚决地反对平均主义的观点，团必须集中一切力量，在军事上与政治上有决定意义的与战略上占着重要的地点，去建立团的强固的组织。这些地方我们应当使更广大的青工与最受剥削的分子，半无产阶级贫农和好的劳动的青年加入团。然而这种平均主义的观点，到今还是存在。我们的同志以为在汀州市吸收一个团员与在长汀任何一个乡吸收一个团员没有差别，以为在东黄坡〔陂〕吸收一个团员与在博生其他地区没有区别，如汀州市红五月的征收只有河田区的 1/3。一般〈的〉来说还没有一个城市的工作到了模范的地位，兴国城市的工作还落在上社区、高兴区的后面，瑞金城市区的工作还落在武阳区、九堡区的后面，即使汀州的工作在长汀县的模范内来讲，也还落在红坊区的后面。过去我们回答为什么城市区的工作落后呢？很多人的意见，都是说忽视城市工作，省县委所在的地方工作愈是落后。这只能有一部分的真理，这一部分的真理是过去的领导方式，"机关锁了，天天在外面"。但是主要的还是因为城市工作〈的〉比较困难，需要更多的艰苦的工作；我们的同志逃避了这个困难，而向着比较容易的方向去发展。

然而，不能抹煞城市工作的改善，这主要的是从汀州市的入团号召后，汀州的团由 80 几个人变为了 354 个人以上，最近汀州市整连工人模范队加入红军，在博生城市工人的加入红军。

对于缺乏无产阶级青年成分的区域，我们调剂成分的方针又是怎样？在这些区域内必须保证无产阶级的领导，尽可能地达到将那里所有的无产阶级青年的分子都吸收到团内来。少共国际的指示是"在可能公开的地方,他的门应该开向一切男女青工"(少共国际纲领),"向着一切男女青工开门"是我们苏区团调剂成分的主要口号。

正确地调剂成分,加强团内无产阶级的基础,这并不是说可以允许一刻的对于半无产阶级的贫农与中农青年的关门政策,这种政策是一刻不能容忍的,必须大量地来吸收最受剥削的、半无产阶级的贫农与觉悟的中农青年入团。少共国际对于这方面的指示:团一方面维持着青年无产阶级的领导作用,一方面还是努力地吸收劳苦青年群众和其他的贫农青年,并且青年团也允许非无产阶级分子的小资产阶级和中农青年来加入队伍,只要他在工作中表现积极革命的就好了(少共国际纲领)。

少共国际关于在无产阶级专政下的团吸收中农青年有下面特别的指示:"在无产阶级专政之下,当对于中农的策略是不但使之中立,而是与之联盟的时候,则团更可较广泛的吸收中农"(同上)。这样的指示,对于在工农民主专政之下,我们对于中农的策略是采取坚决联盟。因此少共国际的这一指示,对于我们苏区的团是适用的,而且很重要的。

过去我们在调剂成分的问题是没有正确的政策。一方面是忽视无产阶级基础的巩固,如我们提出"一切青年加入团""贫苦工农青年加入团";另方面却限制其他劳苦青年〈的〉入团,如机械地提出30%或50%的无产阶级成分。如在兴国全县只有1844个青工(据他们的统计,全县已有6941个团员),如果机械地去调剂成分,就会限制其他劳苦青年〈的〉入团,对于他们关门。

三、与流动现象作斗争

流动现象在苏区团内还是很大,在有些情形之下,使我们的团没有任何增长,使苏区团发生流动现象的原因在哪里? 这些原因除了一般的原因(如支部工作的不能令人满意,对于新团员没有分配适当的工作与进行必要的教育)不说外,发生流动性的重要原因是征收团员的方法。大部分的情形是在会议上进行的,没有日常的征收工作,关于这一点在上面总结红五月征收运动的时候,已经详细地讲到。用在会议上的征收代替了日常的征收,这不仅是在红五月中发生过,而且春天冲锋季中也发生过。不把征收的工作放在日常的工作上去,要克服流动现象是没有可能的。

随着广大的加入团的潮流,必须开展广大的对新团员的教育工作与团的教育网。在红五月的征收工作并没有去加强对新同志的教育。可惜我们没有对红五月新团员教育的整个统计,只有个别区的材料,如在兴国方大区征收40个团员,只有11人受了支部的训练,在瑞金征收了1181人,只有500人受过支部的训练;这些事实都告诉我们,对新团员的教育并没有广大地开展起来。

因为缺乏对新团员教育与没有分配他们以适当的工作,我们常是听到同志们告诉我们说:"有群众说加入了也是一样工作,不加入也是一样工作"(万太文塘的报告)。因为我们缺乏对他们的教育与没有分配适当的工作,使新团员感觉到他们加入以后与没有加入是没有什么区别,使他们很容易地流出去。

为着坚决地克服流动的现象,必须:(1)转变我们征收工作的方式,把征收的工作放在日常的工作上面去;(2)改善支部的工作,分配他们以适当的工作,发展团内的民主与自我批评,健全支部的生活;(3)发展对新团员的教育与团内的教育网。

四、为团的正确组织政策斗争

为群众的团的斗争,在全国的苏区内,在最近的期间,为着拥有百万团员的共产青年团而斗争。在中央苏区应当最迅速地把几万团员的团变为拥有几十万团员的团,应当立即来实施少共国际纲领上所指示的"一定要在数量上超过共产党",应当立即来实现共产国际主席团的决议"团员赶上党,超过党"的任务。

为布尔什维克的团斗争,使团布尔什维克化的重要条件之下,是团的无产阶级基础的加强,特别是干部的工人化。团必须在正确的调剂成分的政策之下,"团的门开向一切男女青工",使拥有百万团员的团,有着强固的无产阶级的基础,能够使团真正地成为布尔什维克的群众的团。

群众的团! 布尔什维克的群众的团! 这就是我们组织政策的旗帜的标帜。

我们在国际青年节的入团号召中,经过今年的国际青年节,使我们的团能够走上"群众的团,布尔什维克的团"的道路上去!

(录自中共中央书记处编:《六大以来(下)》,
人民出版社 1981 年第 1 版,第 673—682 页)

中华全国总工会苏区执行局给
中央警卫师（红军工人师）的祝词

（1933 年 8 月 1 日①）

红军工人师全体战士同志们！

全总执行局热烈庆祝中央警卫师（红军工人师）的成立，这是 1933 年"八一"给红军纪念日的赠品。工人师的每个战士从今天起将要执行工农红军在中国革命历史上的伟大任务。你们是中国工农劳苦群众的革命的武装力量，你们是要为着工人阶级与一切劳苦群众的彻底解放，在共产党领导底下，去消灭地主阶级，实现土地革命，推翻地主资产阶级的国民党，驱逐帝国主义出中国，创造苏维埃的新中国。在目前你们将要用一切的英勇与牺牲，去彻底粉碎帝国主义国民党积极准备着的对苏区的五次"围剿"，保卫苏维埃政权，争取革命在江西及邻近几省的首先胜利，把红军工人师的旗子，插到南昌、武汉去！

红军工人师的每个战士，在执行上述的任务中去锻炼自己。使红军工人师成为红军中最坚强的铁的部队，拥护铁的军事纪律，学习军事技术。不怕牺牲，不怕艰苦，英勇地作战，造成百战百胜的铁的红军工人师！

用你们满腔的热血和阶级的仇恨，去消灭阶级敌人，用同志的亲爱去对待自己的阶级兄弟（工农劳苦群众）。红军工人师将到处受到

---

① 原文无时间，此为《红色中华》第 98 期的出版时间。

群众的热血拥护与帮助，成为百战百胜的百万红军中的生力军！全总执行局以及一切工会组织和工会会员，将与你们经常地亲密地发生联系，和你们一起，在不断的伟大的阶级决战中，取得最后的胜利！

中国工农红军万岁！

红军工人师万岁！

中华苏维埃共和国万岁！

中华全国总工会苏区执行局

一九三三年八月一日

（录自《红色中华》第 98 期，1933 年 8 月 1 日）

克服工会工作的落后

（1933 年 8 月 6 日）

陈　云

　　伟大的苏区扩大红军的潮流,苏区内部查田运动的开展,苏区工人是积极参加了这些成功的运动,工人阶级的积极性是极端地高涨着。但是愈是工人群众积极性的发展,越是苏区各方面工作伟大的进步,职工会的工作越是表现出落后于工人群众的积极性,落在飞速进步着的其他工作的后面。虽然职工会在最近一月来对于工人师的紧急动员,依靠于工农群众的积极性,依靠于党正确的、具体的领导,依靠于工会干部尤其是下层干部的积极的奋斗,得到了完全的成功。但是,即使在完成工人师的运动中,工会自己的工作一开始就犯着官僚主义的领导（四一代表大会以后,长时期内没有开始执行这个决议）,与工团主义（不从政治的〔上〕动员工人去加入红军,而且特别慰劳等等错误的口号）等严重的错误。工人师的完成,虽然【在】党的领导之下,开展了反对工会的这种错误中所得来的,但是这个斗争还没有深入到下层工会组织中去。在其他几个重要工作的转变上,还没有成绩。这种严重的落后的现象,要求整个工会工作的同志,要用最灵敏的警觉性,用无产阶级的顽强性去克服工会工作的落后。

　　目前我们工会工作的落后,表现于:

　　一、职工会在纠正去年年关周围的工人经济斗争中"左"的倾向中,在职工会领导工作上,增长着右倾机会主义的错误。虽然工会在汀州、博生城市中开始改订合同,开始在几个城市中与中央政府劳动部共同努力来救济失业，但是整个工会对于保护工人日常利益的工作，是极端忽视。对于敌人进攻与封锁、资本家怠工阴谋所造成的过去一时期粮食缺乏与一部分日用必需品价格抬高，使工人群众实际工资减少，一小部分工人的半失业的状态，尤其资本家现在藉口经济封锁，加紧进攻工人、开除工人的现象，没有引起职工会的严重的注意。在许多城市，如会昌、胜利、石城、于都等县，把所有合同一律取消，没有进行签订新的合同，农村工人的缺乏粮食与一部分船工苦力与沿门卖工【工】人（泥水木匠等）的半失业，工会没有广大的开始救济与领导工人解决自己的困难。"四一""五一"两次代表大会的保护工人利益的工作的决议，一般说来没有真正地开始。从执行局起，在工会的〈一〉日常工作中，放松了保护工人日常利益的工作，许多地方对于工人所提出的生活上的困难，置于不理（瑞金等）。而且在一部分工会工作同志中（会昌、胜利）公开地代表着资本家思想，说"工人现在不应该再有经济斗争了"，许多工会不问情形，在签订新的合同中一律减少工人的工资，兴国工会对于年年赚钱的药业合作社，企图一律减少工人 3 元工资（现在纠止了）。错误地了解经济斗争中对于合作社采取不同的策略，以为就是牺牲工人利益，不应与合作社签订合同（兴国），似乎改订合同与"四一""五一"两次代表大会决议的执行，一定要从减少工人工资做起。另外一方面表现于救济失业，救济粮食困难，工会虽然取得苏维埃政府的帮助，而在个别地方开始了救济的工作，但是这种救济运动中，虽然是宁化、汀州等地动员了几个工人参加红军与政府工作，但是工会尤其是瑞金城市与福建省的农业工会的救济粮食没有进行，去提高群众的积极性与阶级觉悟，没有发动他们参加红军与查田运动，只有停留于无以为继的散发救济金。所有这些严重的现象，说明职工会在纠正经济斗争"左"的错误中，没有站在正确的立场上来反对"左"倾，发展着严重的危险的右倾机会主义的错误。右倾机会主义与"左"倾机会主义是互相联系的两方面，这种忽视保护工人利益的右倾机会主义错误是目前职工运动中主要的危险，他必然会阻止工人积极性的发展。如果工会工作不能依靠于工人群众积极性的基础之上,那么工会必然会离开工人群众而使工会工作毫无生气。这种右倾机会主义的错误,正是因为【从】全总执行局起,以至一切工会组织,在实质上还没有清楚地了解工会工作活跃的基本点在哪里？不问口头上念得烂熟而实际上还不了解职工国际八次执委会对"中国革命的职工运动的任务"中所指出的苏维埃区域中职工会的任务——"工会要利用发展着的工人为自己直接经济利益而斗争的基础上,引导工人群众参加苏维埃国家和红军的建设"——如果工会放松了保护工人日常利益的工作,就不能提高工人积极性,也就不会使工会工作活跃,如果工会在保护工人经济利益的工作中不去提高工人的积极性,不去发动他们参加红军与苏维埃国家建设,工会必然会落后于工人积极性与脱离自己的总任务,不能成为"工农民主专政之最重要的群众支柱"。

二、职工会在苏维埃运动中,虽然个别的有过些工作,如开始号召了退还二期公债,并领导工人积极地退还了将近全部工人群众所有的二期公债,但在目前许多重要的问题上,如扩大红军、查田运动等等,没有正确地执行无产阶级领导作用,首先是扩大工人师的工作,不能及时在"四一""五一"代表会以后进行真正有步骤的动员,同时在动员中间,一开始从执行局起犯着严重的错误。这些错误就是离开了政治上"加强无产阶级在红军中的领导"的宣传鼓动,而采取了有特别慰劳等等庸俗的机会主义的动员口号。在动员的行动上没有积极地向着工人群众与广泛的动员自己的工会支部,在动员城市工人的支部与赤少队,没有成绩。在许多地方发生了到模范师(赣县)或少共国际师中去抢兵。这种错误的行动,常常可以成为破坏扩大红军。在一些地方动员工农群众参加红军带着强迫命令的极端危险的倾向。

在苏区粮食青黄不接时,党在博生召集的各县各机关负责人的会议,工会只到两人,以官僚主义的态度去应付了这个战斗的动员,在春夏耕与秋收运动中,工会没有任何协助运动的领导作用。尤其是在苏区正在开展着查田运动中,工会没有具体的领导。虽然工人雇农与个别的乡村工人支部积极参加查田斗争，但是工会尤其是农业工会没有给以有组织的领导。上级工会的巡视员，虽然至工会支部中提出了查田运动，但是一般是空泛的，没有在组织上有步骤地推动雇农工人的小组在贫农团中起领导作用。整个工会组织，对苏区内部的残酷阶级斗争，还没有进行有组织的领导。

在输送大批干部参加苏维埃政府各部门工作，尤其是建立各级劳动部的工作还是极少数，许多确定了的选派去参加政府各部门工作的工人干部，最大部分没有到政府去开始工作。

在领导国有企业中提高生产的工作，依靠于工人群众的积极性，不少地提高了生产与节省材料，但是工会的领导还没有从提高技术的方法上着手，还未能鼓励工人各种技术上、生产上的改良与新的发明的积极性，来更大地提高生产。

在另一方面，工会工作中存在着一些与苏维埃政府对立的倾向。执行局告瑞金群众书上表现出执行局对于瑞金苏维埃政权认为是农民的政权，从工农对立的立场来向全瑞金劳苦群众说话。全总执行局的机关报《战斗报》不止一次地登载着实质上与苏维埃政权对立的文字，尤其职工会在教育工人去团结广大的劳苦群众的方法上，常常采取了强迫，甚至恐吓的办法（如《战斗报》第三期、第五期等），不用说服与阶级教育，而强迫工人与地主的女子离婚，在瑞金城市以政治保卫局来恐吓群众。这种极端错误的官僚主义的方式，却发生在应该最能说服群众、教育群众、团结群众的职工会的领导机关中间。这些错误说明职工会的领导机关，今天还不懂得如何在苏维埃运动中执行无产阶级的领导权，还不懂得职工国际八次会议的决议所指出的职工会"要造成直接执行无产阶级领导权的无产阶级先锋队与广大的劳动群众之间的联系"。如果工会不去积极参加扩大红军等一切战斗的行动，忽视查田运动，忽视加强下级苏维埃工作，自己不去执行与加强对于一切苏维埃运动中目前几个中心工作，那就没有可能去领导广大的劳苦群众，职工会也就不能成为"工农民主专政的柱石"，只能落在广大群众积极性的后面。如果职工会在领导劳动群众的方式上,采取官僚主义强迫恐吓的办法,工会就不能团结广大劳动群众于其周围,不能成为学习管理的学校,学做主人翁的学校,共产主义的学校,职工会也就不能成为无产阶级先锋队——共产党——与广大劳苦群众之间联系的组织者,这就不能执行无产阶级的领导权。

三、十分严重的现象表现在工会脱离了自己的下层群众,在工会的日常工作上不能反映出下层群众具体的情绪,对于下层工会的组织与工作,对于工人群众的情绪,从执行局、省工会直到有些县工会是不了解下层工会的实际情形。因为工会上层机关脱离了自己下层的群众,因此执行局的报纸与上级工会的通告文件并不根据下层实际材料,而是一般地缺乏地方性,缺乏具体指导的内容。这种脱离群众的现象,是由于工会从执行局起过去一时期没有采取巡视制度与追求了解下层情形的一切具体步骤。

由于工会上层机关脱离了工会自己的下层群众,没有及时警觉,与及时地采取一切办法来纠正脱离群众的现象,缺乏对于县区三级工会具体的领导,因此工会的区一级的组织没有健全,没有经常工作。不关〔管〕职工会有几个业的工会的中央、省、县的委员会,但是区一级工会只有一个人或至多两人常驻。这一两个工会常驻的同志要管理将近 20 支各业工会的支部,而本身还兼党部与政府的委员,在他们对于工会支部的领导上决不能成为有准备的有组织的领导,而必然成为一个通讯员。所以不关〔管〕上层工会机关有多少决议与通知,但是要使这些决议深入到会员与广大的劳苦群众中去,区工会必然不能迅速的传达下去,不会有计划的领导工会会员来执行这些决议。事实上,许多文件原封未拆,停留在工会的信插内,有些地方工作稍能推动的,一方面因为这些工会工作同志能力较强,另一方面在县工会或区一级的党与政府的推动帮助之下。这种不能继续的、区工会不能健全的现象,要求我们立刻改造与加强,否则在组织上不能保证一切决议的执行。加强区工会的工作,除了必须增加区工会工作人员之外,必须真正建立区工会的健全组织与其经常工作。如果区工会不能创造几个乡的中心支部,如果不能加强工会支部小组对于贫农团的领导,如果区工会不去细心地了解各个乡〈的〉群众的实际情形,如果不去虚心地听取群众的意见,那么即使区工会增加到五倍十倍的人力,也不会使区工会的工作建立起来,不会成为群众的区工联。我们必须万倍地努力来创造有领导能力的群众的区工联,它不仅要领导自己的会员,而且要领导工会支部小组去加强对于贫农团的领导,团结各乡工农劳苦群众于工会的周围,来巩固与加强苏维埃政府战斗的能力。

所以上述职工会工作落后的三个严重的现象,绝不是职工会工作同志的"能力薄弱"或在"工人不会写字",而是思想上错误,对于职工国际决议所指出的苏维埃区域职工会的任务不了解。如果模糊了这个重要点,必然会重复这些错误的。

在职工会面前放着一个严重的任务,是要求工会立刻克服这些落后的现象,纠正这些错误,职工会的〔要〕努力〈要〉去最大限度地【从】各方面去保护工人经济利益,依据于工人群众要求与生活程度,估计企业的能力签订合同,救济失业,建立社会经济部工作,反对资本进攻,开展群众积极性,发动工人去参加与领导查田运动、经济建设的工作,加强巩固下级苏维埃政府。在这些工作中使工会工作活跃起来,加强工会的组织,建立区工会的工作。这几项工作的进行,不是对立与分离的,而且要密切联系起来,增加区工会工作同志,加强区工会工作能力,是为了要去领导工人斗争,保护工人日常利益,是为了加紧查田运动与巩固苏维埃政权。同时在领导工人日常利益的斗争中,加紧查田运动中,把工人的积极性发展起来,吸引积极的工人干部来参加区工会工作,来巩固下层工会的组织,这些任务是一贯的不能分离的。

保证工会完成这些任务的主要前提,要求工会尤其是上层领导机关,必须肃清官僚主义的领导方式,必须坚决反对只有决议、没有执行的具体步骤的倾向,坚决反对脱离下层群众的现象,必须使工会机关面向支部,深入到工人支部中去,要冷静地估计各地方不同的情形,去抓住可以开展工人积极性的一个基本环子,组织工人积极性于工会领导下,依靠工人群众的积极性,使下层工会组织的工作活跃起来。只有反对了、肃清了官僚主义的领导,有了这种下层工作活跃的前提,才能克服工作的落后。

全部工会工作的转变,必须站定正确的立场,开展两条战线的斗争,右倾是目前主要的危险,必须集中火力反对忽视工人利益,反对忽视查田运动,反对工会机关脱离群众的倾向,反对在工作转变中没有气节地对于困难投降的倾向,同时丝毫不放松纠正经济斗争中"左"的倾向,反对一切命令强迫群众的方式,因为这种"左"的倾向是右倾机会主义的另一方面。

依靠于党的正确的领导,依据于蓬勃发展着的工人群众的积极性,依靠于我们工会工作同志的积极性与顽强不倦的工作精神,发展我们在一月来完成工人师的紧急动员中所有好的经验,我们一定可以克服工会工作的落后,使职工会站到工人群众前面去,领导工人群众为争取工人群众切身利益,彻底粉碎五次"围剿",而使苏维埃运动飞速发展。

八月六号

(录自《斗争》第 23 期,1933 年 8 月 22 日出版)

团中央致各级团部及全体同志信①
——为加强我们在学生运动中的领导
（1933 年 8 月 6 日）

各级团部及全体同志们：

目前学生斗争的形势

1. 目前学生群众的每一个日常的经济斗争（如减免缓交学费及其他改良待遇的要求），很容易地便发展到政治斗争（如改造教育行政、反对教育部及学校当局等），而且常常进展到武装冲突的斗争。学生的反日反帝运动很迅速地便联系到反国民党运动。在澎湃的学生斗争中，很明显地表现【出】英勇的积极性来。但是因了〔为〕缺乏无产阶级的领导，同时因为我们没有一致要求〈的〉下层统一战线的建立，所以学生的斗争常常遭到开除、解散等的失败。

2. 国民党在企图使中国完全殖民地化的反革命行为下，尽量地贯〔灌〕输法西斯蒂化的军国主义教育（最近教【育】部下令使全国学校具体军事化），提倡体育（不久以前蒋介石曾召集许多军事教员的会议与耗费大量的金钱来开华北全国运动会），严厉防止学生研究马克思主义（最近教育部又通令防止教员之赤化），（用会考等方法来

---

① 本文标题原为《致各级团部及全体同志信——为加强我们在学生运动中的领导》。

使学生专门读课本,无暇研究其他书籍,来限制学生思想之发展),以麻醉学生群众。同时法西斯蒂用力在学生中活动,建立法西斯蒂的组织,以及利用学生的许多弱点去欺骗学生,利用同乡的关系,和研究学术的组织,来麻醉青年学生,企图使学生成为他们反革命的工具,夺取学生的领导,起最大的反革命作用(如上海大中学联,屡次的发通电,反对苏联组织出卖中东路,无耻地污蔑中伤苏联,通电拥护卖国的停战协定)。他们到处用卑污的手段来破坏学生斗争,和探捕联合来逮捕革命的学生领袖。同时国民党尽量地摧残教育(减少教育经费,挪用教育基金来进攻红军)□□□□□□□而且剥夺学生一切反帝言论、出版、集会、结社的自由。

国民党是用尽一切伎俩来麻醉、欺骗、压迫学生,破坏学生运动的。

3. 无疑的,学生是广大青年群众之一部分。它在中国民族解放运动及苏维埃运动中,仍是不可缺少的一支军队。团应该去积极地争取在学生运动中无产阶级的巩固领导。

我们的错误与缺点

1. 各地团部对学生运动的领导常常是犯了或左或右的错误的,往往在喊着转变阶级基础的口号下(如上海的"一·二八"号召,北平的"红五月"征收运动),对于学生工作便放弃了!另一极端是把学生工作当作了中心。这两种倾向都是错误的。而目前,特别是学生工作的微弱与学生中我们组织的缩小(如上海)是到不可容忍的地步!

2. 我们在学生中的反帝运动与一切日常的经济斗争中,还不会很灵活地建立广大的下层统一战线,宗派主义及"左"倾空谈,仍是很严重的障碍。另一方面是不能建立明确的阶级路线,与反革命派别的斗争十分的不够,在工作中客观上表现出对敌人的投降(如河北阵亡大会等)。

3. 过去我们还没很广泛地用各种方式来组织学生群众,还不会用各种具体灵活的方法去争取广大学生的贫苦阶层,对于学生会我们还是不能很好地领导或夺取,对反动派所影响下的群众是放弃的,对反动派的反革命作用,我们还不能在学生中间很好打击与揭破。

4. 还没有把学生运动和工农运动密切联系起【来】,没有利用一切机会来动员学生群众参加工农运动(如假期工作、反帝宣传、补习学校)。

今后的工作

1. 抓着学生的政治的、经济的迫切要求,来发动与领导学生的斗争,特别是秋季开学,学生斗争必然要走上更高的阶段,我们应努力来发动各地的反对增加学费,要求减费、免费(如水灾区域及东北四省战区等地的学生)及反对撤销裁并(如北平大学、高中等),反对补考,反对挪用教育基金的斗争。在共同要求的纲领下,建立广阔的下层统一战线,在各个学校学生基本的要求上,号召与组织各个地方学生共同的斗争,建立群众的斗争委员会,以及争取言论、集会、结社、出版、反帝的完全自由。

2. 在学校中应该争取学生会的领导,建立革命学生会。在反动派把持的学生会中,团必须参加进去,起反对派的作用,发动改选的斗争。同时要更广泛地建立各种文艺团体,如社会科学研究会、文艺社、读书会、赤色体育同盟、普罗画会、剧社等等团体,来团结群众与扩大马克思列宁主义的影响。在反动派别领导下的团体(如法西斯蒂)必须要参加进去,发动它内部的斗争,揭破其领袖的反革命的面目,夺取它的群众。

3. 在学生运动中,必须运用新的领导方式,纠正我们过去一般的空洞的决定,必须细心研究过去的经验教训,最实际、最具体地来领导每个学生斗争。

4. 实行建立明确的阶级路线,与反动派一刻也不放松地作坚决的斗争。在每个理论的问题上与斗争中,彻底揭穿一切反动派别理论的虚伪与其在斗争中的欺骗作用。特别要尖锐地打击法西斯蒂麻醉学生的武断宣传。

因为学生阶层的复杂,统一的学生运动当然是幻想,团必须最大限度去获得与组织贫苦的学生在我们的领导之下。

必须使学生运动与工农运动配合、联络起来。发动学生群众到街头、工厂、作坊、农村、兵营作反帝的宣传(用宣传队、讲演队、剧团等方式)。最近党中央指出应该动员学生到工厂、农村中去做群众工作,我们应该坚决地执行(如乡村识字运动、工人夜校、出版通俗报纸与画报等)。只有这样才能使学生运动集中在巩固的无产阶级领导之下,才能使学生运动获得胜利。

亲爱的同志们,无疑地,学生运动的开展,更有利于整个革命运动的发展,必须克服我们对学生工作的落后现象,英勇的担负起这一任务来!

中央要求各级团部接到这一封信后,立即深刻地讨论,并根据各地实际情形来布置你们的工作(并将讨论及布置向中央详细报告)。中央相信各地团部及全体同志以布尔什维克的顽强性与坚决性来执行这一工作,必能以胜利的成绩来回答中央这一封信!

此致

革命的敬礼!

团中央

一九三三.八.六

中央档案馆藏

(录自共青团中央青运史研究室、中央档案馆编:《中国青年运动历史资料》第12册,中共党史资料出版社1989年8月版,第191—194页)

团中央为动员青年群众参加第二次
全国苏维埃代表大会选举运动的通知

（1933 年 8 月 19 日）

各级团部：

苏维埃第二次全国代表大会就要在今年 12 月 11 日（广暴纪念）在中央苏区开会了！团应该深入到工厂、作坊、农村、营房、学校及一切劳苦青年的聚集所，广大地去激发青年群众的政治热情，发动青年群众去参加代表会的选举运动，用列宁青年的热情与坚决切实地执行下列几个工作：

一、在真正深入群众的与德谟克拉西①的基础上，利用一切公开活动的可能去发动青年群众的选举运动。这里：

第一，必须保证在几个中心城市首先是在铁路、轮船、码头、兵工厂、市政、煤矿、纱厂青工中来进行这一运动，选举青工的代表团参加到总的代表团中去。在农村中团必须以青年雇工、贫农、中农作基础来进行这一运动，选举能保证青年雇工与贫农作领导的代表团，特别在发动游击战争区域的团必须选举积极、勇敢的少年先锋队及游击队中的青年队员的代表。在满洲、河北、察哈尔的青年义勇军、人民革命军、青年自卫军及抗日的兵士中，去进行"围剿"苏区与红军的白色部队中，团必须把这一选举运动与拥护苏维埃中央政府与工农红军革命军事委员会的通电，自动与红军抗日作战协定不打红军的运动密切联系起来。同样的，团还必须在一切失业工人、灾民、难民、学生青年中来进行这一选举运动，把这一选举形成在无产阶级坚强领

---

① 德谟克拉西，即英文 Democracy 音译，"民主"的意思。

导之下的、广泛的青年群众的政治运动。

第二,应该经过这些青年代表在工厂、农村、营房、失业所、学校及一切青年群众中进行有力的政治鼓动。成立"青年红军之友"、"苏维埃之友社"以及赤色体育队、青工青农士兵反日反帝的组织。动员青年群众建立与参加第二次代表筹备会分会(总会已在苏区成立)。

第三,广泛举行代表路费的募捐运动。

第四,建立在青年代表团中的团组,以保证团的领导。

第五,青年代表的比例、动身的日期与派送方法与当地党部一致决定。

二、动员青年群众反对第五次"围剿"是拥护第二次苏维埃代表大会的中心任务。这里:

第一,在白军士兵首先是进攻红军的敌人主要部队中进行有力的活动,宣传第二次苏代会与白军兵士生活的关系,发动士兵日常要求的斗争,以及不打红军、组织投到红军去与配合当地工农群众发动游击战争的革命哗变。

第二,在赤白区交界地方的团部(如四川、福建、陕西),必须加紧发动青年农民群众的日常斗争,武装青年群众,发动与参加游击战争,破坏敌人的阵线与骚扰敌后方。同时应动员群众粉碎国民党的封锁政策,捣毁国民党创办的油盐公卖所等封锁机关,组织青年的武装运输队,输送一切日常用品去接济苏区兄弟与红军。

第三,应十百倍地加强在铁路、海员、码头、兵工厂青工中的工作。江苏省委必须立刻周密讨论与加强码头。河北团要加强在平汉、津浦、平绥路的工作。在发动与领导青工日常斗争与艰苦的厂内群众工作的基础上,发动罢工以致破坏桥梁,毁坏敌人〈入口〉飞机,实际给敌人以有力的打击。

第四,各地团部应检查与切实执行过去关于拥护苏维埃红军工作的决定(如河北省委提出的募捐"青年号"飞机,江苏省委提出的募捐一架机关枪,满洲提出的募捐机关枪、望远镜等),必须为这些决定的百分之百的实现而斗争!

第五，在党创造一百万铁的红军的号召之下，少共苏区中央局号召青年群众创立一个"少共国际师"，并决定于国际青年节正式成立。各级团部必须发动工农青年给"少共国际师"拍贺电，并切实执行武装青年群众的工作。

三、立刻动员团及青年群众的宣传系统，用宣传的武器团聚广大青年群众在第二次苏代会的周围。

1. 中央的《列宁青年》，江苏的《先锋》与《少年真理报》、河北团《青年火线》以及其他的团的群众的报纸刊物、工厂小报应经常登载第二次代表会筹备及选举的消息，介绍苏区青年生活状况。发动青年群众写信慰问红军，给苏区少先队、儿童团通迅。发动青年群众讨论与提出对第二次苏代会各种问题的意见与提案。这一工作各级团的报纸及团所领导的群众报纸应起领导与组织作用。

2. 各级团部应组织宣传队、标语队、散发队，进行这一任务的宣传鼓动工作。在有很好的准备与领导之下，各地团部可举行标语运动日的工作。

3. 责成中央宣传部即编印《苏维埃的青年》与《苏维埃的儿童》两个小册子。中央《列宁青年》应刊载红军的捷报。各地团部必须翻印与转载，广泛地散发到青年群众中去。团应动员与团聚左翼青年、文艺作家，写作与表演关于苏区青年生活的小说、戏剧，出版苏区关于青年生活的画报。各地团部应检查与加强对文化工作领导，成立各省委、市、区委的文委。

以上工作的执行应该是与今年广暴六周年纪念的工作完全联串起来。

团中央

一九三三年八月十九日

中央档案馆藏

（录自共青团中央青运史研究室、中央档案馆编：《中国青年运动历史资料》第 12 册，中共党史资料出版社 1989 年 8 月版，第 201—203 页）

工人师、少共国际师的动员总结与
今后四个月的动员计划

（1933 年 8 月 20 日）
汉　年①

一、工人师、少共国际师的完成

中央局在"八一"运动提出完成工人师、少共国际师，"给红军纪念日的赠品"，依靠着党、团、工会干部坚决为中央积极的进攻路线而奋斗，在扩大一百万铁的红军的口号之下，在"八一"纪念日是完成了工人师与少共国际师，给了中央的号召一个光荣的回答；是我们已经粉碎敌人四次"围剿"，在帝国主义国民党准备更残酷的新的进攻——五次'围剿'的开始，战胜敌人的序幕。

这两个师的完成，证明广大工农劳苦群众拥护苏维埃政权的积极，党的进攻路线的正确，尤其是在动员的实际工作中，党、团、工会工作有了更进一步的转变。

党团员领导整个支部加入红军，工会支部全体加入红军，地方武装的整团整连整排加入红军，这类光荣的模范，普遍了苏区。妇女鼓动丈夫，父亲鼓动儿子去当红军，也时有的〔所〕闻。在这两个师的动员工作中，更表现了无产阶级的英勇的领导作用。在胜利县的平安

① 汉年，即潘汉年。

区,区工会领导了全区的工会会员加入红军,万太一个雇农领导了三十余个贫农自动的加入红军,还有一个工会会员组织了八十余个贫农与中农加入红军。

青年团团员在动员中,同样表现了少年先锋的精神。赣县江口区一个团员带了 56 个青年,报名加入红军。兴国黄塘区团支部书记领导整个团支部一起加入红军。万太窑下区一个儿童团团员兼青年团团员,在"五卅"示威大会上,鼓动了 16 个青年一同报名加入红军。

妇女群众在扩大红军工作中,也起了伟大作用,永丰石马区一个女子,鼓动了自己的丈夫及其他八个青年加入红军,长汀红坊区一个妇女鼓动自己的儿子及九个青年一齐去加入红军,尤其是她们在反逃兵斗争与慰劳工作上,起了英勇的作用。

这些都证明了反罗明路线斗争的开展,党的正确的进攻路线的执行,是得到了全党的拥护。因此在保护工人阶级利益与土地斗争的(查田运动)更形深入和发展,更提高了群众保护苏维埃政权、拥护工农红军的积极性。

同时要指出:工人师与少共国际师的完成,是改善了我们党、团、工会的日常工作,使得我们在群众间的工作更形活跃。

二、经验与教训的总结

党在完成这两个师的工作中,是获得了更丰富的经验与教训,是今后完成扩大一百万铁的红军任务最有力的武器,值得我们运用到全党扩大红军的工作中去。

(一)扩大红军与开展阶级斗争的不可分离

"要达到动员最广大的工农群众,最热烈地自愿加入红军,只有坚决地深入阶级斗争,彻底解决土地问题。"(中央局扩大红军决议)在我们这次动员工作上,完全证明中央这一论断的正确。一般的说,这两个师能够在很短的期间完成,正是因为这一时期是查田运动的开展,农村中阶级斗争的深入,在保护工人利益的斗争上,正是纠正过去一些"左"的或右的倾向,正确地领导城市(苏区)工人的订立合同运动,保障工人既得的利益与反对资本家的进攻,同样城市中的阶级斗争在发展起来。

这次各地动员的成绩,恰恰与查田运动的成绩成为正比例。就是说:查田运动深入发展的地方,扩大红军成绩也好;查田运动比较差的地方,扩大红军成绩也比较不好。单举瑞金几个区做个比较就清楚了。

五、六、七三个月查田运动与扩大红军成绩对比表

总红扩 数军大	□□ □田①	区名
315	丙	下肖
742	甲	壬田
714	甲	武阳
252	丁	□迳②
504	乙	九堡
396	丙	沿□③
640	乙	黄安
647	甲	云集
306	丙	□□
475	乙	□□

有少数同志把查田运动与扩大红军认为是绝不相关的两件事,说:"又要查田,又要扩大红军,一时忙不下,等我们查田完了,再扩大

---

① 原文不清,应为"查田等级"。

② 原文不清,应为踏迳。

③ 原文不清,应为沿江。

红军。"有的说："在正在进行查田的时候,扩大红军是会妨碍查田工作的。"这些同志的错误,是在没有看到,也没有认识,只有在正确的领导了农村中的阶级斗争,彻底地解决土地问题的时候,广大群众才会积极地起来参加保护与发展苏维埃政权的斗争,热烈自动地加入红军。

(二)动员工作与领导群众日常具体要求的斗争不可分离

在五六月及七月前半月,正是青黄不接的时候,因为敌人的经济封锁,有些地方发生粮食恐慌及缺乏日常必需品(盐、洋火等),右倾机会主义者认为在这些地方要去扩大红军是不可能。事实证明,在这些地方只要我们能够把加入红军的任务与解决他们具体迫切的要求联系起来的时候,群众是潮水般地涌入红军中来。

在会寻安①边区就是一个很好的例【子】,有少数的区与乡群众一方面是饥荒,一方面是白军不断地扰骚,群众是忍饥挨饿地自动加入地方武装与拥护红军。但是党在这几个区和乡的工作是最弱的一环,没有会〔把〕抓住群众迫切的要求与扩大红军工作联系起来。对于敌人不断的扰骚与进攻,个别地方负责同志是犯了罗明路线机会主义的动摇,不能坚决执行党的进攻路线,没有把群众痛恨敌人、反抗敌人的积极性发挥与组织着,与扩大红军的任务联系起来,而用了脱离群众官僚主义的领导,只是简单号召与强迫命令,自然不会有更好的成绩了。

在汀州市,工会开始注意了对于订立劳动合同的领导,在失业工人间做了初步的工作——相当的救济,与发动他们参加合作社、苏维埃工作之后,便获得了多数工人加入工人师,虽然一般的在城市中动员广大工人群众加入红军的努力还不够。"只有将目前的政治任务与当地工农群众的利益和其具体要求联系起来,才能造成社会情绪的高涨,达到动员的成功。"

---

① 会寻安边区,即江西省会昌、寻乌、安远三县边界地区。

（三）克服强迫命令的动员是得到成功条件之一

在五月间党就指出脱离群众的强迫命令方式是削弱了我们动员的成绩。这次工人师、少共国际师动员中，许多地方还是重复了这一错误，只有，如兴国、博生、胜利等是有了相当的转变，我们可以举出各地的党、团、工会的动员中，强迫命令的很多例子：

甲，召集群众大会，把前后门关起，一个简单的号召以后。就要到会的一致报名加入，公开宣告，有一个不报名即不散会（反正大门关上了，群众要跑也跑不了）。在这一方式之下，少数的人起来报名了，主席就叫报名的另坐一边，夸奖他们勇于加入红军一番之后，而要已报名的向未报名的作斗争。（会昌某区少共区委）

乙，不去当红军的就封他的房子。（瑞金云集区有个乡苏封了不当红军的十人家）

丙，指定人家要扩大红军几名。（雩都某区）

丁，把16岁至45岁的群众的花名抄起来，就算扩大红军的成绩，把花名送到苏区，苏区马上派人送光荣匾到这个乡，按名指令集中。（同上）

还有一种强迫命令的变相方法，即欺骗、利诱、威吓。如：

甲，工会宣布：如集中时，工会同志不到就要没收其土地。（胜利）

乙，有两个青年不加入少共国际师，少共区委在他们家门口钉上可耻牌。区军事部把不加入模范排的编入苦工队或者封房子。（瑞金新淦区）

丙，加入工人师可以分好田，或"你分着田就要去当红军"。（会昌某乡）

丁，动员模范营、赤少队加入红军时，事先不做任何动员工作，要集中瑞金时，区苏负责人说：开到瑞金去开会，有的说到前方去配合红军作战四个月就回来。（砂心区）

戊，九堡第二乡用两元大洋、一箩谷子收买一个去当红军。会昌的盘谷以大洋三元到四元收买〈的〉一人的方法来动员。

己，长汀动员模范团加入红军，是骗他们去配合东方军团打十九路军，开到河田，再开会宣布是加入工人师。

这些强迫命令、欺骗利诱的办法，是造成一部分开小差和群众不满意的现象。如会寻安有几个乡扩大红军成为群众的恐怖，听到工作人员下乡，就纷纷上山或躲避不见，以后要召集会议是没有群众肯到会，他们是怕又要强迫去当红军，长汀模范团因为是被欺骗加入工人师的，到瑞金集中时只剩三分之一，三分之二开小差走了。

（四）彻底实行优待红军家属

凡是优待红军家属工作做得好的地方，扩大成绩也比较好，开小差的数目也比较少。如江西的博生、兴国、胜利等县。同时优待家属的工作，一定要发动群众起来执行这任务，才能做得普遍，不让有一个红军家属的困难没有解决，这样更坚定群众去当红军的决心。

兴国、胜利等地，是以乡为单位组织一个优待红军家属的委员会，专事计划实际执行优待红军家属及解决红军家属困难的领导工作。对粮食不够的红军家属，这个委员会负责向合作社借出资本去采办粮食来接济他们，同时发动群众的自动捐款捐谷去救济。同时进行调查报名当红军的家属情形，如遇粮食困难或劳动【力】不足（如尚未割禾）的家属，立即进行粮食接济。组织劳动互助队，首先帮助新战士家属劳动【力】的不足。在兴国每个群众都自动地每个月帮助红军家属劳动五六天，他们首先代红军家属割禾、铲草、下肥料、砍柴、挑水。合作社特别优待红军家属，有货尽他们先买，价钱比较便宜。因此兴国的群众都知道当红军最光荣、最受优待的。

这样，已当红军的及新报名的战士，都不致顾虑家属的恐慌而开小差或集中不到。相反的在执行优待红军家属及帮助新战士解决家属困难不努力的地方，则报名后不肯集中，或半途开小差是特别多，甚至削弱了广大群众加入红军的勇气和决心。如石城群众便要求收了禾再去当红军。赣县、会昌因为没有解决新战士家庭的困难，发生父亲阻止儿子当红军，妻子拖丈夫的尾巴的现象。

这是证明中央扩大红军决议所指出的："彻底实行优待红军条例

是动员和鼓动群众热烈加入红军的主要条件之一。"

（五）反对单纯的强迫惩罚的归队运动

这二三个月，对于忽视归队运动是相当地纠正了，许多地方并且执行正确具体有力的归队运动。单举兴国高兴区的实际情形来说，每乡组织归队委员会，以三人或五人负责，在各村组织调查队，每队队员五人十人不定，随时调查报告开小差的消息和材料（为什么开小差，是否家庭有困难或有其他原因）。另外组织儿童、妇女的突击队，争取多数的红军女家属及得力的儿童团。他们首先发动群众募得大批慰劳品（花生、番薯、鸡蛋等），把活泼能宣传鼓动的儿童、妇女编成慰劳队，携带慰劳品直到开小差或请短假回来的【人】家中。先进行慰劳工作，帮助挑水砍柴，如他家中有许多困难问题没有解决，立即通知优待红军家属委员会，具体解决，再开始归队的宣传鼓动。把愿意归队的新战士再编入突击队，同去向其余开小差的进行归队鼓动。只有经过好几次的慰劳和宣传鼓动，尚不肯归队的，才报告归队运动委员会，召集群众大会，在会议上报告他们不肯归队的可耻。并且预先组织几个红军女家属在大会报告："家里一切平安。有什么困难，政府群众都帮助我们解决了，当红军用不着开小差！"引起群众来耻笑开小差的分子，依靠群众的力量，要求政府命令他，强迫他归队。当晚再由群众组织晚会，表现〔演〕活报、戏剧来鼓励他们。

他们用这样的归队办法，收到很大的成效。高兴区有次在三天中开小差回来的有三十余人，经过这样正确活泼的归队运动，在五天内，三十余人全数归队了！在六月份，兴国共有开小差的 463 名，经过这样的突击，结果三分之二归队了，其他百余人都因为老弱疾病，一时不能归队。这个归队运动的成绩，是纠正了单纯的强迫、羞辱、惩罚的结果。

但是这样光荣的模范，还没有普遍的进行，不正确的归队方法还有很多地方表现很严重。如甲，雩都禾丰区，瑞金下肖区、云集区等，简单地把开小差的捆绑起来。乙，没收开小差的田地（瑞金砂心区）。丙，把开小差的家属晒太阳，在门上画黑乌龟或编劳役队（胜利赖村区),以致开小差的都不敢回家,当地工作人员还不能警觉,依然对他家属用单纯的惩罚和羞辱的办法,如胜利赖村区。

这些脱离群众的归队运动,是与强迫命令扩大红军的错误不能分离,要转变克服错误的归队运动,必须坚决与强迫命令的动员方法作斗争。单纯的惩罚和羞辱的归队方法,同样是动员中最有害的。

"首先以积极方法来争取开小差归队,只有在一切积极方法失却效用的时候,给予处罚,而且要经过群众的决议和拥护。"(中央扩大红军决议)

(六)动员整批地方武装是扩大红军的骨干

我们检查动员最有成绩的各地方,都是依靠着首先能够动员整团整连整排的赤少模范队加入红军。这不是说个别动员方法不需要,而是因为要适应目前国内战争猛烈的开展,能够保障广大补充红军的来源,赤少模范队是扩大红军的主要的群众组织基础。但是要达到能够整个组织加入红军,必须在平时能够用最大力量,加强领导,健全组织,建立经常的教育与训练工作。

这二三个月的经验告诉我们,对赤少模范队平时没有经常的领导,动员整个组织加入红军是很困难的。如动员长汀的模范团,瑞金砂心区的模范营,甚至不得不用强迫欺骗的方法,结果是不待集中就纷纷开小差了。

(七)争取广大妇女群众加入突击队

在开始我已经说到妇女群众在扩大红军的工作中,表现了她们伟大的英勇的作用。在红五月前妻子拖尾巴的现象很普遍,在红五月中,各地开始注意到争取妇女群众参加动员工作,是起了极大的作用,首先是相当地消灭拖尾巴的现象。

她们在宣传鼓动、归队运动、慰劳优待的运动上,都是很积极地工作。我举一个地方的例:永丰妇女扩大红军原定数目 300 名,慰劳红军鞋子 6650 双,结果是,扩大红军的数目超过 50 名,慰劳的鞋子是增加一倍。在妇女代表会上自己提议参加优待红军家属工作,有些地方单独组织突击队,与男子同样的去帮助红军家属的劳动。

有些地方没有注意发动广大妇女群众的积极性来参加动员工作,发生妇女阻止丈夫去当红军,提出离婚的口号来威吓丈夫(如永丰的沙溪),或者到集中〈临〉时拖尾巴(如会昌等)。以后应当注意:"积极领导妇女代表会,动员一切妇女参加扩大红军工作,鼓动男子当红军,这是扩大红军有力的突击队。"尤其应当学习兴国的模范,争取红军女家属参加反逃兵运动的归队运动。

(八)集中后的巩固工作是反逃兵运动的积极有力的办法

各地集中时,大半没有注意巩固工作。第一,忽略党团员的支部组织。工人师最后集中瑞金时,其中有多少党团员,在工会是不知道,这就是由于各地集合的时候,不注意要经过党团支部的领导与组织作用,在政治上、日常生活上来巩固这些新战士。第二,发动沿途广大群众的慰劳工作是不充分,不能利用广大群众拥护红军的热忱,来不断鼓动这些新战士。第三,对于新战士的生活问题,很多地方表现没有事先的计划,粮食的供给常常是临时设法,以致部分地方一天吃一顿稀饭。第四,集中后的检举工作,一般来说是不够的很。豪绅地主残余,以及国民党派遣的反动派,随时混入我们的队伍中来,未能及时检举出来,以致给他们有机会来进行鼓动开小差和破坏的工作。如雩都禾丰发生严重的开小差的现象,因为其中地主、富农、反革命分子,利用新战士生活不安定(如吃不饱,或因强迫命令而来的没有当红军的自觉),进行有计划地整批开小差的破坏工作。如瑞金砂心区有个当过靖卫团副团长的富农,冒充中农,混入新战士队伍中的,有计划地领导开小差,事先打好路条,分配好路线,领导新战士先后逃走。最奇怪的是黄安区有一个当过靖卫团的班长,曾经有六次开小差,而在这次扩大红军时,又让他混了进来,而且在出发时要他当排长,几乎把一排新战士都断送在他手上。

正是因为动员时候有的是强迫命令而来的,集中后又没有在政治上、生活上进行巩固工作,对阶级成分与反革命的检举不够,自然要发生开小差的严重情况。所以集中后的巩固工作才是积极的反逃兵斗争办法。

以上是完成工人师、少共国际师的几个经验与教训的总结。

三、几个缺点与错误的问题

（一）官僚主义的动员与机会主义的工团主义倾向的错误宣传鼓动

动员工人师是在四月与五月的两个工人代表大会上，就提出要完成两个工人师，但是在七月以前，全总执行局没有决定具体的有力的动员方法。两个多月的时间空空地过去了，以官僚主义的办法下了几道笼统的训令与指示，没有采取有步骤的动员计划。这一动员工作的迟缓与空洞，是阻碍了我们猛烈扩大一百万铁的红军任务的完成。

在动员工人师的宣传鼓动上，开始有个别同志犯了机会主义的、工团主义倾向的错误，不去详细解释工人加入红军是加强红军的无产阶级的领导，完成工人师是强固铁的红军的骨干，而提出机会主义的、工团主义的口号："工人师无论到什么地方，那里的工人与工会都要与他发生关系……因为这是自己的亲兄弟"，"到工人师去当红军有许多方便"，"给每个工人师的战士制一个干粮袋，在干粮袋上写某某工人师等字"。这一宣传鼓动的错误发展到下层去，变成狭小的"行会"观念，与利诱的保守的各种不正确的宣传鼓动。如："到工人师去有干粮袋、手巾、毯子发"，"有两毛钱伙食一天"，"工人师有衣服发"，"到工人师可以得到一元大洋的失业救济"，"工人师不到前方作战，只在后方"等。这一错误宣传鼓动，是不能激发与提高无产阶级的积极性，不能发动广大工人群众踊跃加入红军去。

这一动员工作的领导与宣传的错误，经过党中央严格的批评，以及少共中央同志们的坚决斗争，在全总执行局党团开展了反官僚主义与工团主义倾向的斗争，工会同志们执行了自我批评，纠正了自己的错误。但是这一斗争与自我批评的开展，没有很好地迅速发展传达到下面干部中去，下级错误的宣传鼓动是延长了许久。这经验告诉我们,为什么不能完成两个工人师的原因。

(二)抢兵现象的严重

在动员工人师与少共国际师的过程中,表现了严重的抢兵现象,这个抢兵的错误,是削弱了我们扩大红军的成绩。发生抢兵的原因在什么地方呢? 由于部分同志不愿面向着广大工农群众,去进行耐心的动员工作,而以机会主义的偷懒方式,到人家已经动员好的地方去争夺,许多地方发生少共与工会双方不正确的对立宣传与行动。

我们先来看双方对立的错误口号:"加入少共国际师有猪肉吃"(高兴少共书记),"加入工人师有衣服发"(黄坡区工会同志),"加入工人师吃两个面包,少共国际师吃两筒米"(兴国某区少共组织干事),"加入工人师有两间房子,有两套衣服,有干粮袋,工人加入少共国际师是卖阶级"(零都),"工人师马上要出发,少共国际师可以回家过年"(黄坡区少共巡视员),"少共同志领导一个工人加入工人师是反革命"(上杭宫庄区),"加入工人师是小团体"(曲阳区少共书记),"工人不加入工人师是卖阶级"(零都某区工会)……够了,这种双方对立的错误宣传鼓动口号是不胜列举。不仅工会与少共提出错误的口号来抢兵,地方保卫局也加入了这个战线。兴国、乐安保卫局长对已经报名的群众说:"加入工人师要到前方,当保卫队在后方,你们到保卫局去当神仙兵!"结果也抢去六十余人。以上这些都是为着要达到抢兵的目的产生不正确的口号。现在再看对立的行动。博生的固厚、王坡、梅江,少共国际师集中时,县工会组织秘密的宣传队。会昌乱石区加入少共国际师的团员到县工会要介绍信,工会主任不肯发介绍信,强迫他加入工人师。上杭宫庄区少共同志把加入工人师的团员介绍信撕去,不准加入工人师。瑞金两个团员自己要加入工人师,少共在他门上钉可耻牌……这类不正确的你抢我夺的情形,许多地方都发生。

这种抢兵的口号与行动是模糊了群众加入红军的认识,是减少了广大群众加入红军的积极性。许多地方的群众,因为彼此抢兵的关系,群众两方面都不肯加入,抢兵的宣传与行动是扩大一百万铁的红军最有害的错误。

（三）由自愿兵役制转变到义务兵役制的错误了解

"目前就必须加紧广大义务军役的宣传与实际工作的准备,使每个劳动群众了解,全体劳动群众武装起来为苏维埃政权斗争最光荣的事业是自己的任务。这样来保障顺利地由志愿军制转到义务军制去。"中央局是这样的指示我们,而有些地方的同志们对这一工作的宣传解释以及必要的准备工作,采取消极怠工的办法,简单地按家指派壮年当红军,或者挨家挨户统计花名录,命令加入红军,或者召集地方武装全体会议,简单地号召"当红军是我们的义务,大家一致加入",强制地决定整团整连地加入红军,甚至有些同志误解目前已经是"义务兵役制"(如赣县白路区委)。在号召之下,如有干部不坚决的加入红军,给以严重的惩罚。

这都是由于同志们不能明确了解党所提出的"目前就必须加紧广大义务军役的宣传与实际工作的准备","首先使模范营真正成为红军的预备队,动员全苏区的从 18 岁到 45 岁的全部劳动群众都能积极地勇敢地加入到赤少队去,这样来建立将来实现义务军役和民军制度的基础。"

（四）阶级成分与党团员成分的薄弱

这次工人师与少共国际师的成分,虽然比较从前是有进步,但还不能做到应有的程度。工人师的工人成分占总数 30%,少共国际师工人成分仅占总数的 20% 弱。党团员的成分一般的也不过是 20% 强。这是由于党内积极动员的不够,由于激发工人阶级情绪高涨的不够,在争取广大工人群众的工作上,尤其是城市工人间,我们的动员工作表现最薄弱,这是与我们平时注意城市工人斗争的领导的薄弱不能分开的。

（五）认真分别动员对象不够

我们要广泛地、普遍地动员是对的,可是不分别对象,胡乱收罗也是要不得。这次两个师的动员中来了许多太老太小,或半残废(如瞎一只眼、驼背等)。我还亲自看见工人师中有女子,这是出人意外的事。单举雩都一个地方来说，三千余人中间，发现老头子、小孩子有 122 人，流氓 6 人，其他当过靖卫团的、富农、瞎一只眼的等二十余人。这些不合条件的混杂在我们的红军里面，徒然是造成开小差、掉队、不安定的现象，以后应该认真地去鉴别扩大红军的对象。

四、完成目前四个月的动员计划

目前是我们决定历史任务、争取独立自由的苏维埃中国的战争时代，为要保障粉碎敌人的五次"围剿"，准备将来与帝国主义直接作战，进行大规模的民族革命战争，必须完成扩大一百万铁的红军的任务。"只有武装力量才能□□伟大的历史事件"，"估计敌人的兵力，我们应该有红军一百万，最后要有三百万，才能解答我们的任务"。列宁同志在苏联国内战争的时代，这样指示我们。现在中国民族危机深入与革命战争开展的形势之下，继续不断地猛烈扩大一百万铁的红军是第一等要务。江西、福建省委在工人师，少共国际师完成以后，接着定出八、九、十、十一 4 个月的继续动员计划。江西提出要扩大 44000 新战士，归队 6000 人，共计 50000。福建提出 10000 人，并且具体规定了各县每月应该完成的数目字，这一具体计划的提出是必要的。我们在过去动员工作中，获得了丰富的经验与教训，要运用这些宝贵的经验到今后的工作上去，要学习这里所提出的模范经验，要完全纠正过去的错误与缺点，以毫不疲倦的布尔什维克的战斗精神，为完成 4 个月的动员计划而斗争！

但是在"八一"以后，各地继续猛烈动员的紧张空气，表现松懈下来。8 月份快完了，我们所得的成绩很少，一般的动员还是没有能够与深入查田运动、经济建设的两个主要工作联系起来。而且有些地方在继续动员下表现暂时休息的情绪，在目前战争开展，要粉碎敌人五次"围剿"的面前，是不能容许的最有害的现象。这种感觉疲乏的倾向，虽然是刚刚开始，我们要及时警觉，给以严重的打击！为了创造一百万铁的红军的战斗任务，我们要发扬完成工人师、少共国际师的突击精神，来完成4个月的动员计划。可以继续用突击的方法，及正确的革命竞赛，拥护与执行江西省委提出的"3个月完成并且超过4个月的计划"！

要以这一动员工作的突击，来活泼党的工作，健全党的生活，提高党对群众的领导力量。把动员计划与保障工人阶级利益、查田运动、经济建设等斗争严密联系起来。要特别加紧在边区与新区的动员的工作。党应该完成征调1000干部到红军中去，加强党对红军的政治领导。在各地动员的时候，尤其要注意到党团员与工人成分，大大地增加。工会特别要在城市工人与失业工人中去努力。

最后，为着我们要顺利地完成4个月的工作计划，要与任何机会主义的观点作无情的斗争，打击那些对扩大红军感觉疲乏，或者认为群众不积极、扩大红军大多没有对象，或劳动不够等一切不正确的观点。在反对机会主义的斗争中，团结党内布尔什维克的干部，为党的进攻路线而斗争。依靠着广大工农群众的积极性与革命热情之高涨，完成4个月□动员计划，来粉碎敌人的五次"围剿"，是有着完全的可能。

八月二十日

（录自《斗争》第24期，1933年8月29日出版）

团在参加第二次全苏代表大会的任务

（1933 年 8 月 25 日）

凯　丰

在党的正确的领导之下，从第一次全苏代表大会后，两年来中国苏维埃运动是获得了伟大的成功，胜利地击破了国民党四次"围剿"，巩固与扩大了苏维埃的区域，在广大的中国的领土上建立了苏维埃政权。苏维埃所依靠的武装力量工农红军惊人地增长，尤是最近苏维埃工作极大地发展，苏维埃机关变为更广大的群众的【政权】，吸收更广大的群众参加工作，开始初步的经济的建设，苏区工人和农民生活的改善与政治文化水平的提高。这些事实，在全中国的民众前面昭示着，从民族危机与经济浩劫中的出路——"只有苏维埃才能救中国"。

为着吸引新的力量参加苏维埃的工作，总结两年来苏维埃的工作经验，中央政府人民委员会决定在今年广暴纪念日召集第二次全苏代表大会。

在党中央局讨论苏区团在这时期内的工作时，着重地指出了团在这时期内忽视参加苏维埃的工作。然而，在这个时候却是正当着苏维埃工作猛烈地开展，正当着苏维埃机关变为更群众化的时候，我们需要更尖锐地来注意到这个问题。我们正处在第二次全苏代表大会的前面，应当战斗地动员起来参加第二次全苏代表大会的工作，这是转变团在苏维埃工作中的关键。

团在参加第二次全苏代表大会中的工作应当是：

一、广泛地参加苏维埃的改选运动的宣传鼓动工作,将苏维埃的成功与经验做广泛的解释工作,将尖锐的对立着的两个政权——一个是国民党统治,另一个是苏维埃统治之下的青年的生活对照起来。在那里的青年是受资本的进攻、帝国主义的奴役、国民党的压迫,他们每天都在感受着失业与穷困、饥饿与死亡。在我们这里,由于苏维埃革命的胜利,农民获得土地革命的利益,工人获得《劳动法》的保护,解除了帝国主义的奴役和国民党的压迫。在这些事实上来证明给广大群众看:"只有苏维埃才能救中国"。

必须极广泛地来解释苏维埃的《选举法》,苏维埃的德谟克拉【西】是最广泛的无产阶级的德谟克拉西,工人和一切的劳动民众都有权参加选举,参加国家的管理,〈在〉年满16岁的青年都获得选举与被选举权。因为苏维埃的德谟克拉【西】是无产阶级的德谟克拉西,所以,〈对于〉地主、富农、资本家以及一切剥削者是没有参加苏维埃选举的权利的,是剥夺了他们参加选举的权利。

团应当经过各种的方法,把苏维埃的改选与第二次全苏代表大会的召集散播到广泛的青年中去,不让一个青年不知道苏维埃的改选与第二次全苏代表大会的召集,吸收极广大的青年来参加改选运动与第二次全苏代表大会的工作,发动广大的青年拥护苏维埃的改选与第二次全苏大会。

二、将中央人民委员会关于苏维埃改选与第二次全苏代表大会召集的训令,在支部中讨论,在少先队中讨论,动员广大的青年参加各种的选举运动的会议中去讨论,必将把这一讨论,密切地联系到他们的切身利益的保护。不但是要去争取那些苏维埃法令上所规定的青年的利益,而且是要为着他们每个小的日常的利益争斗,如修理道路和水利,加开办一个学校、夜学或俱乐部等等,必须在这样的基础上动员青年来参加改选运动。要求被选举在苏维埃的代表向选举人作报告,报告他们的工作,是否执行了给他们的任务,来检查苏维埃的工作,发动极大的自我批评,征求广泛地改善工作的意见和各种建设。

三、开展广大的对于苏维埃工作的协助运动，特别是对于苏维埃机关某些特别落后部门工作的协助。团中央局最近所发启〔起〕的对于教育部工作的协助应当是全体团员的事情。因为教育部工作在目前苏维埃各部门的工作上来说是落后【的】一部门，而且文化教育的工作与青年有特别关系。

动员好的干部到苏维埃机关去工作，团必须将输送成千上万好的团员与青年群众，首先是那些无产阶级的青年与最受剥削的分子到苏维埃，即使他们〈他〉在开始时不会工作或不熟悉工作，应当经过集体工作的组织，分配他们可能担任的适当的工作，来训练他们。我们常是听到这样的理论："青年参加苏维埃没有兴趣"，这只是机会主义者用来掩盖自己怯怕提干部，掩盖自己的消极。

四、开展有力地反对存在苏维埃机关内个别的官僚主义的分子。反对官僚主义的斗争，不能限制于只是批评或打击个别的官僚主义者，这是非常重要的。团必须懂得巩固与加强苏维埃的力量，以及克服苏维埃机关内的个别官僚主义，必须切实地吸收广大的青年群众来参加苏维埃各方面的工作，使苏维埃机关更加活跃起来。要把反官僚主义的斗争提到这样的顶点上去。官僚主义者常是脱离群众，不相信群众，害怕群众，看不到群众。官僚主义者常是说："我们没有人"。然而我们有的却是人，多的也是人，需要我们广泛地勇敢地去提拔他们。列宁对于那些看不到人的人这样警告过："我们需要青年的力量。我应当警告那些敢于说没有人的人们，他们将受到迎头的打击，这里有的就是人，就是只需要更广泛地与更勇敢地，更勇敢地与更广泛地，再一次的更广泛地与再一次的更勇敢地，不要怯怕也不要迟疑地来提拔青年，现在是战争的时候了。"

在第二次全苏代表大会的前面，由于民族危机的深入，国民经济的崩溃与苏维埃运动的发展，在中国的前面放着一个绝对的问题，或者让卖国的国民党继续统治，使中国完全的殖民地化，或者是苏维埃的胜利使中国独立解放。为殖民地的或者苏维埃的道路的斗争的决战正在我们的前面。帝国主义国民党正在用五次"围剿"作为实现中国殖民地化的最具体的步骤,动员我们的一切力量去揭破敌人的五次"围剿",即是争取从民族危机与经济浩劫中苏维埃的出路。

如果我们可以这样说,红军是革命的一把刀,那么苏维埃是工人和农民自己的组织力量。苏维埃愈是吸引千百万的群众参加工作,苏维埃愈是成为不可克服的力量,愈是能够迅速地去战胜敌人,去粉碎敌人的五次"围剿"。

八月廿五日

(录自《青年实话》第2卷第26号,1933年8月27日出版)

少共中央局、中央教育人民委员部联席会议
关于目前教育工作的任务与团对
教育部工作的协助的决议

（1933 年 8 月 30 日[①]）

团中央与中央教育人民委员部联席会议，讨论了目前教育方针和任务、党团对教育部工作的协助问题之后，一致地认为教育部的工作是苏维埃政府工作中最薄弱的一环，对于目前教育的方针与任务并没有明确的规定，对于有系统的教育工作尚未建立。在目前苏维埃工作很大的开展情形之下，我们不能容许在教育部工作方面的落后的现象一刻存在。为着克服这一落后，团中央所发起的对于教育部工作的协助，是非常正确而且必要的。联席会议认为：

一、目前教育工作的方针与任务，应该从估计在战争的环境与苏维埃政权之下的观点出发，这就是说，应当把教育工作为着战争与广泛的马克思共产主义的教育的观点出发。把教育为着战争，就是说满足战争的需要，用教育工作帮助战争的动员，战争的发展，随着苏区的扩大与苏维埃工作的发展，需要广泛地提高群众和干部的政治文化水平，来执行新的任务，以帮助战争的动员，需要经过教育的工作，去提高广大工人与劳苦群众的阶级觉悟。

广泛的马克思共产主义的教育，只有在苏维埃政权之下才有可

---

① 原件无年代，此年代是根据本文内容判定的。

能。这里,不但有着政治上的一切条件,因为从推翻旧的统治与建立苏维埃政权后,苏维埃政府首先就给予劳苦人民以言论、集会、结社的自由,而且有着物质上的一切条件。虽然在我们前面因帝国主义国民党的进攻与封锁,使物质上的条件感受极大的困难,但是苏维埃政府将所有一切可能的东西都给与了劳苦的民众。首先,如用作言论出版自由的纸、印刷机、印刷厂,用作集会结社自由的房屋、会场,都交给了劳苦的民众。在旧的统治之下,工人与劳苦民众是没有权利去受教育的,因为一方面是经济上的剥削,另方面政治上的压迫。在苏维埃政权下劳苦群众生活的改善,是给予劳苦群众愿意去提高自己的文化政治水平极大的刺激;同时苏维埃政府在政治上的保障与提倡,能够有着可能去广泛地进行马克思共产主义的教育,就是从灌输以阶级斗争的思想讲到无产阶级专政必然走到社会主义。

过去在教育工作中存在着不正确的观点,以为要为着战争,就是从把学校关门起,这事实上是取消教育,阻止教育的发展。即使是在战争的情形之卜,也不能减弱教育工作的建设与苏维埃学校系统之初步的建立。另一个不正确的观点,就是在教育部工作中存在资产阶级思想的倾向,把教育工作限制在反封建思想与迷信的范围内。如果没有有系统的马克思共产主义的教育与宣传,反对封建迷信是不会得到成功的。

目前教育工作的方针,就是满足战争的需要和帮助战争的动员,进行广泛的马克思共产主义的教育。

二、在目前的环境之下,要达到上面的这个任务,必须把教育的中心工作放到:(1)社会教育,(2)普通教育上面去。极大地发展社会教育,经过俱乐部、列宁室、识字班、工农剧社等等的群众组织,来提高群众的文化政治水平,是非常的重要。教育部应当去帮助群众和各社会团体,必须估计到社会教育的发展,并提到更高的顶点上去。必须要有相当的普通教育发展的基础以及因普通教育发展而获得的帮助。为着社会教育的发展,必须相当地建立普通教育的系统。

为着适应于目前的环境，不管是社会教育方面或是普通教育方面，我们需着重在政治教育。这并不是说在某种情形之下（为着战争或开始初步经济建设的需要），不要去发展职业教育，尤其在普通教育中有可能把政治教育与职业教育相联系。苏维埃教育的出发【点】是：必须把教育与劳动相联系，使校内的学习与校外的活动很好地配合。

在教育部的工作中，存在着不正确的观点，以为我们"没有人，没有力"，不能发展普通教育，不了解社会教育与普通教育间的相互关系。这种观点表示在教育部工作中的游击主义残余。在教育部工作中的游击主义残余，是没有计划性的工作，没有建立苏维埃教育制度，我们必须与这种倾向斗争。

教育部应当开始来确立苏维埃的教育制度与教育系统。目前教育部的方针应当为普及教育义务教育而斗争。虽然在今天我们还没有可能来完全的实现义务教育，但是，这是苏维埃教育的基本方针。即使在今天，在教育部的工作中也应当开始来准备完全实现普及的义务教育的基础。

三、发展文化教育的一个重要的条件，是培养干部与利用旧的知识分子的问题。只有在苏维埃政权之下，我们才有这样大的可能来大批地培养自己的干部。我们应当利用这样的可能来准备自己的干部。这完全不是说，我们不要利用旧的知识分子为苏维埃工作。列宁曾经这样地警告过我们说：我们如果不利用资产阶级的专门家为苏维埃工作，这是傻瓜。在这方面恰好是我们教育部工作中最不经常的现象。在教育部的工作中，反对利用知识分子的倾向是发展到了顶点。在我们的领导同志以为不识字的都可以做文化教育工作。因此有这样不正确的观点，以为"识五十个字的教不识字【的】，识一百字的教识五十个字【的】，识五百字【的】教识百字的等"。联会认为要开展极大的思想斗争来纠正这一错误，必须学习苏联利用资产阶级的专门家的光荣的例子。在教育部工作中的一个严重现象，是我们既没有培养无产阶级的知识分子，也没有利用旧的知识分子。

我们的领导同志以为只有"有长期斗争历史的知识分子,才可利用"。这实现〔际〕上也是拒绝利用旧的知识分子。我们必须用革命的空气去包围他们,造成他们的工作环境,使他们为苏维埃而工作。这并不是说,不要对于他们的监督,对于他们必须有敏捷的阶级的警觉性,在不妨害苏维埃、在有利于苏维埃之下允许他们的自由,在某些情形之下还给他们以优待。

在教育部的前面提出须要采取一切的手段与方法来培养无产阶级的知识分子,因为这是我们忠实可靠的基础。要能成功地去利用旧的知识分子,也正依靠于我们对于培养无产阶级的知识分子解决的程度而决定。

四、团对于教育部的协助运动必须是全团的事情。从支部起来到区委县委一直到中央局为止,必须担负着对于教育工作与各级教育部的协助。各级团部应当与各级的教育委员会开联席会议,共同的讨论这一结〔决〕议,订出具体的协助的项目与条件。协助运动的成功与否,责任是在团的身上。协助运动的成功,就依靠于每个团员参加协助运动。团应当成为一切俱乐部、列宁室、识字班的协助者。团应当成为一切学校的协助者。为着胜利地完成协助运动,应当加强团在学校中的活动,加强对于学校中团的组织的领导。

在为着消灭文盲的运动中,团应当成为积极的提倡者,经过识字班、夜学、俱乐部、列宁室,组织消灭文盲的协会。不让一个团员是文盲,也没有一个少先队员是文盲。每个团员负责消灭一个文盲。虽然我们反对把认识五十字的教不识字的,认识一百字的教认识五十字的当作一个发展的方针,但是在目前干部困难与发展群众的积极性之下,我们在俱乐部、列宁室,尤其是识字班,我们还需要请他们去教书,并且提出在他们身上担负消灭文盲的一定的任务。

联席会议决定在江西、福建两省开办省的学校各一个,在兴国、瑞金、长汀三县,开办县的学校。团应当成为这几个学校的协助者,输送自己的干部到学校中去,到教育部、到一切文化教育的战线上去。

　　五、联席会决定在10月20日召集一个扩大的文化教育会议，由团与教育部双方面派代表出席。出席代表，教育部工作同志二百人，团一百人，出席的代表分配由双方另行通知。

少共中央局

中央教育人民委员部

八月三十日

中央档案馆藏

　　（录自共青团中央青运史研究室、中央档案馆编：《中国青年运动历史资料》第12册，中共党史资料出版社1989年8月版，第219—223页）

少先队讲授大纲

（1933 年 8 月）

一、少年先锋队的产生

第一，豪绅、地主极力压迫和剥削青年农民，资本家、老板加紧压迫和剥削青年工人，列强帝国主义侵略中国，使工农劳苦青年受着这种痛苦，以致生活日益恶化。一切自由权利完全□□，过的非人的恶劣生活。因此工农青年想解除自己受的压迫和剥削，找寻自己出路，打断束缚的练〔链〕锁，放是每天都在那里①，团结起来加入自己的组织——少先队，与阶级敌人顽强地作战。

第二，正因为工农劳苦青年受着帝国主义与豪绅地主资本家残酷压迫和剥削，所以更吸引城市的青年工人、贫民与农村的青年劳动农民反帝国主义——示威，同盟罢工集会骚动，抵制日货，反对外债，土地革命斗争（土地革命斗争即反对帝国主义斗争），反对封建势力，反对苛捐杂税。

由此□□□□中青年工农的创造性而建立起他们斗争组织——少先队。这就是青年工农在与敌人进行阶级斗争、争取青年特殊利益的时候产生出来少先队的原因。

---

① 原文如此，似有错误。

二、少年先锋队是一个什么东西

第一，因为少年先锋队是工农青年的斗争组织，所以少先队便是工农青年半军事的群众组织，是共产青年团的附属组织，是工农红军的后备军与〈和〉一个帮手，是党和团的唯一可靠武器。

第二，少先队在共产党和共产青年团领导之下进行反对帝国主义土地斗争，进行拥护苏维埃和红军、争取青年特殊利益、实行共产教育的组织。

三、什么人才能加入少先队

第一，由于少先队是城市和农村中劳苦青年的群众组织（少共国际），所以它包括数百万青年工人、雇农、贫农、中农等劳苦青年群众。

第二，吸引青工雇农到少先队中，加强少先队中无产阶级的领导作用，是保障少先队成为真正党和团可靠武器的必要前提。一切认为少先队不需或减轻少先队中无产阶级的领导作用【的】企图，必须打得他粉碎。

第三，防止〈极大注意〉非阶级分子（豪绅、地主、富农子弟）混入到少先队中来，斩断他们到少先队中来的道路。

第四，现有混入了少先队中的阶级异己分子，要无情地洗刷他出少先队之外去。

第五，正因为这样，所以发展少先队不用介绍，只有〔要〕他是工农青年分子，自动加入就可以。

四、少先队组织原则

第一，少先队是没有委员会的组织，只有队务会议的建立，少先队不是集权制，而是集中制，他有共产青年团代表——队长，并建立党代表制度。

第二，队长提出的意见，如队长不同意修改时，除党代表及团的委员会外，任何人不能反对，因为队长是青年团派来领导少队工作的，所以他的一切指示、命令、意见，必须绝对服从，不能丝毫反抗。如果违抗队长的命令，即违抗了团的领导，这是极端不允许的。

第三，因为这样，所以他是军事化的组织，少先队这方面应该懂得军事。一切认为少先队是纯碎文化的组织、把队员年龄降低到十八岁或廿岁为止，这〔都〕是错误的，实际是对少先队的取消主义，便缩小了少先队的组织，削弱他的力量，减少了他战斗性，而把少先队从整个革命战争中探出来，这就是忽视了少先队【在】顽强战斗中的作用。这种倾向（在前次省教育部训练班测验少队科中发生了）显然是错误的，应给以无情的打击。

第四，因为大家知道少先队是工农青年半军事性的群众组织，很会认为少先队是青年红军（在前次省教育训练测验少先队中发生同〔得〕很厉害——占全体学生〈可以分〉百分之九五），这也是错误的，显然是先锋主义的倾向。因为这样便是失掉了少先队的青年群众性，把少先队变成军事组织（青年红军），而走到先锋主义道路。

第五，假如不去深刻地认识，正确地了解，是对于少先队是有害的，对于革命有害的，我们要给予严厉的打击。

五、少先队的作用和任务

第一，少先队的作用〈不论〉在过去看来都是伟大的、光荣的，可以说："他是革命战争中的英雄"，已经表现在：

到前方英勇参战，整连整团的开到前方去配合红军作战（江西全省今年三四月间曾经动员了许多连去前方），配合地方武装（独立师团营、警卫连、游击队等）挺进到白区去，发展游击战争，创造游击区域，牵制和消灭敌人，扰乱敌人后方，破坏敌人工厂等。

后方严密的警戒、放哨、交通、侦探、救护、运输、慰劳红军等保卫苏维埃与反方勤务工作。

输送整团整师的队员加入到红军中去(如红五月江西全省扩大□□□□六七两月成万)与地方武装去,推销与退还公债,借谷,募捐,节省经济与粮食,慰劳红军,欢送欢迎红军,优待红军,替红军家属耕种,耕种红军公田等,慰劳红军,执行苏维埃的各种法令,加入合作社,努力地春耕夏耕秋收,增加苏区生产,使今年的秋收确已得到了增加了二成收成,积极参加肃反,参加查田〈查〉运动,赤色戒严,反对官僚腐化贪污等轻骑队的工作。

在现在呢?正当是帝国主义国民党向苏区和红军进行绝望的五次"围剿"之时候,少先队更当积极与发扬他红五月、七月历月整师整团加入红军的热烈革命精神,增加红军的力量,消灭进攻苏区的敌人,粉碎敌人五次"围剿",争取一省与数省的革命首先胜利,准备与帝国主义直接作战。因此,少先队的作用比如少共国际师(下文缺少——编者注)

江西省苏维埃政府教育部翻印

(根据中共江西省委党史研究室藏件刊印)

团对教育部工作的协助运动

（1933 年 9 月 1 日）

凯 丰

协助运动的意义

最近团中央局发起对教育部工作的协助运动,这一件事情对于我们不能不是一件新的事情。虽然过去我们有过不少的协助运动,但是协助者既不知怎样去协助别人,被协助者也不知怎样去要求别人的协助,因此许多的协助运动常是失去它的本意。

我们要组织一个模范的协助运动,这就是说,第一,我们要完成对教育部的协助运动的任务,第二,给协助运动的一个模范。

因为教育部的工作是目前苏维埃政府工作中最薄弱的一个部门,然而教育工作却与青年有着特别的关系。有了上面这些原因,所以我们要组织协助运动,而且首先从对教育部的协助开始。

协助运动成败的责任完全放在团的身上,协助运动的成功就依靠于全团的参加。

教育部工作的方针

对于教育部协助的一个先决问题,就是对于目前教育工作方针的明显的确定,因为今天以前在我们教育部工作中是没有明显的确定自己的方针,必须估计我们今天的教育工作是在战争的情况之下,然而却是在苏维埃的政权之下进行的,这就是说,第一,应当把教育的工作服从于战争,第二,我们有着一切可能来进行广泛的共产主义的教育。

存在教育工作一种有害的观点,就是有些人以为把教育服从于战争,要从关闭学校开始,这种观点实际上是取消教育的倾向。在去年十二月间,这种观点是发展到了顶点,结果关闭一切学校,这种观点是极端有害的,是阻碍苏维埃教育的发展。

把教育服从于战争就是说要把教育的工作适合于今天的战争的要求,满足战争的需要,战争的开展与苏维埃工作的开展,首先要求大批的文化政治水平高的工作人员,用文化教育去帮助战争的动员,这就是说要把今天的文化教育去为着战争的动员。

文化教育工作的发展是争取战争的胜利与苏维埃工作发展的一个重要条件,即使就是在今天的国内战争的情况之下也不能一刻地放松教育的工作。

存在教育工作中另一个有害的观点,就是资产阶级教育的倾向,没有把共产主义的教育明显地提出,把我们的教育仅仅限制在反对封建迷信的范围。共产主义的教育是我们教育工作中的中心任务,用阶级斗争的思想去教育广大的群众,只有在苏维埃政权之下才有同样大的可能来进行广泛的共产主义教育。因为,第一,我们有一切政治上的条件,苏维埃政府将言论、集会、出版的自由完全交给劳动的群众,政治上有着完全的保障。第二,虽然因为帝国主义国民党的进攻与封锁,使我们的物质条件感受很大的困难,但是苏维埃政府将一切可能的东西都给与广大的群众,为着提高他们的文化与教育。第三,群众为提高文化教育的积极性极大的增长,工农群众在经济上生活的改善,这是给与发展苏维埃教育的重要条件。

在国民党统治之下,工农劳苦群众是没有权利去受教育。国民党的教育是为地主资产阶级的利益,只有资产阶级的子弟才能去享受教育的权利,苏维埃政府首先就宣布为着实施普及教育、义务教育斗争,使一切劳动群众都受教育,把教育与劳动统一起来。

在目前教育工作中,应当为着发展苏维埃的教育斗争。虽然我们今天还没有可能来实施完全的义务教育,但是我们应当在教育工作上开始初步的建设,建立将来实施完全的义务教育的基础。

极大限度地发展社会教育,把社会教育提到更高的顶点上去,这是非常之重要的,经过俱乐部、列宁室、读书班、识字班等等各种形式来提高群众的文化政治水平。

然而,必须估计到的是社会教育的发展与前进,必须获得普通教育发展的帮助。没有着普通教育相当的发展,社会教育是最困难前进的,教育部应当去帮助,由群众积极性所创造出来的为提高文化政治水平的各种形式的团体组织,但是教育都应当努力地去为着发展普通教育来帮助社会教育的前进,这是目前教育部工作的钥匙。

要执行这些任务培养教育的干部与利用旧的知识分子成为教育部目前工作中一个重要的问题,我们目前教育部工作中的严重问题是我们既没有自己的无产阶级的知识分子,也没有利用旧的知识分子。在解决这一问题上,我们的阶级路线是坚决的执行培养自己的干部,但是还需要利用旧的知识分子为苏维埃工作,在我们教育部工作中,存在极浓厚的反对知识分子的倾向,必须立即地纠正这种错误。

怎样去协助?

要组织模范的协助运动,就需要将这一协助运动使每个团员都知识〔道〕,在支部中去讨论,在各级团的组织中去讨论,在每个团员前面提出这一任务,吸引每个团员参加这一工作,不是口头上的而是实际上的协助。团员应当【成】为协助一切的学校中的协助者,成为一切俱乐部、列宁室的协助者。在每个学校内应当有团的活动,有团的组织,团应当成为消灭文盲运动的提倡者,经过俱乐部、列宁室、识字班等等各种形式的文化教育的组织,团员应当给他们以帮助,指导员,识字课本等。

在最近的将来教育部准备在几个省和几个县内建立省的与县的学校,团应当成为这些学校的创办者与协助者。

动员自己的干部去做教育工作和参加教育部的工作,各级的团应当共同地与教育部开会讨论协助的问题,订立具体的条约。

为着帮助教育部建立苏维埃教育的系统与制度,团必须用极大的力量去参加学校的建设,用群众的力量与苏维埃的帮助去发展列宁小校〔学〕、劳动小校〔学〕、工人学校。

为着参加苏维埃教育的建设,团必须帮助教育部制定教育制度,开始来组织一个马克思列宁主义的教育系统。

开展文化教育战线上的工作,为着共产主义教育斗争,下面就是列宁给我们指示着为共产主义教育斗争的纲领:

"在你们前面放着一个建设的任务,要解决这一任务,只有当你们获得一切现代的知识,只有当你们成功地把共产主义从现成的公开纲领转为与你们目前的工作相联系的□□的东西,只有当你们成功地把共产主义变为指导你们的实际工作时才有可能。

这里就是我们的任务。

九月一日

(录自《红色中华》第108期,1933年9月6日出版)

团中央局关于团对教育部工作协助的通知

（1933 年 9 月 8 日）

一、最近团中央局与中央教育人民委员部联席会议的决议，必须在各级团部讨论□□，该地教育部共同商量对于教育部工作协助的问题。

二、联席会议决定由团和教育部发起组织消灭文盲协会，团必须成为启发者，在各地建立消灭文盲协会的组织，吸引广大的群众参加消灭文盲运动。

三、在 10 月 20 日，在瑞金举行文化教育会议，团派代表一百人，中央局决定各省委的宣传部长，各县委的宣传部长，中心的模范区，对教育工作有经验的负责同志必须到会，下列分配的区为宣传科长亦须到会：

兴国派五个区

博生派五个区

胜利派三个区

瑞金派五个区

万泰派三个区

永丰派三个区

雩都派三个区

会昌、门岭各派一个区

长汀五个区

上杭三个区

宁化二个区

建黎泰六个区

上面各区的宣传科长,由县委指定派来,下列学校团体的负责人必须到会:

由兴国五个小学每校一人

万太三个小校〔学〕

瑞金三个小校〔学〕

博生、胜利各二个小校〔学〕

上杭、长汀各三个小校〔学〕

雩都、会昌各两个小校〔学〕

建黎太三个小校〔学〕

上列各学校由县委决定,并指定派来

工农剧社的支部书记

党校团支部书记

苏维埃大学团支部书记

在十八日以前来瑞金

四、每个出席代表必须准备详细报告,报告内容:

1. 省、县、区的代表,将全省、全县、全区的教育状况、学校、学生、教本、教员、教育部的工作详细报告。

2. 各学校来的代表将该学校的状况、教员、学生、课本、经费等详细报告。

3. 省、县、区代表将该省、县区革命前与现在的文化教育状况报告。

4. 识字运动进行的情形。

团中央局　九月八日

（根据中共江西省委党史研究室藏件刊印）

少先队中央总队部致各县区队部信①

（1933 年 9 月 14 日②）

各县区队部亲爱的同志们：

在战斗的动员少先队粉碎敌人新的五次"围剿"的前面,应节省经济充裕战争经费,来争取五次"围剿"胜利的粉碎。

现在兴国、干县③等县与区队部的工作同志,他们认识了这一点,他们自觉地、热烈地节省一个月的伙食,来帮助战争,充裕红军给养。就是说,他们每个具区工作人员,在一月或二月的伙食费,由自己家里带来,不要公家供给伙食费,来充裕红军的战费。

这在少先队中,各级队部必须负责响应他们模范的号召,在自己县区中实行起来,为的发扬兴国、干县的光荣,中央总队部热烈地号召各县区队部热烈地响应,给予他们以有力的回答! 并号召你们向你们那一县区各种机关工作人员,提议要求他们与你们一起来进行这一节省工作,学习兴国、干县的县区工作同志的光荣,积极地、热烈地节省一月、二月、三月……的伙食费,全部给革命战争,为着革命战争,争取五次"围剿"的彻底的、完全的粉碎。

同□中央总队部在同一目的之下,决定从十月起,各区队部的办公费不发,由你们自己按月征收来的队费（每个队员每月一片）作为

---

① 原件无标题,该标题为编者所拟。
② 原件无年份,仅标注月日,该年份为本文库编者考证。
③ 干县,即江西省赣县。

区队部的办公费。这一工作的进行，必须进行广泛地、深入地宣传工作，该月节省经济的意义、队员缴纳队费的义务……队员对少先队的认识与关系。

我们相信，在广大队员热烈参加革命的情绪之下，这些为着争取革命战争胜利的战斗工作，必然能胜利地完成。我们希望你们接着此信时，立即拿到队部及队员中讨论，实现与回答我们的号召。

少先队中央总队部总队长　王盛荣

九月十四日

（根据中共江西省委党史研究室藏件刊印）

苏区店员工人要求纲领

（1933 年 9 月 16 日）

保护工人日常利益的工作，是工会最重要工作之一。苏区工会必须最坚决地发展拥护工人日常经济的利益的工作，同时必须在提高苏区的生产，发展苏区的经济，巩固工农联盟，巩固苏维埃政权，加强苏维埃的战斗能力的基本任务之下来进行。必须反对忽视保护工人日常利益的右倾机会主义，同时要反对工团主义，纠正一部分工人的狭隘的行会主义偏向。必须依据地方的生活程度，根据工人的切身要求，估计店主的资本大小、营业的情形，以及其他特殊情况，适当地提出工人的要求，活泼地灵巧地运用《劳动法》，以及要求纲领上某些条文来订立集体合同、劳动合同与口头合同，从各方面来改善工人生活，并在改善工人生活的斗争中，提高工人的积极性与阶级觉悟。这是目前规定临时的无限期的要求纲领的主要意义。同时本要求纲领不能机械地执行与照抄，因此本要求纲领上每一条条文，必须按照当地的实际情形，活泼地来运用，条文如右：

第一条 本要求纲领只适用于目前中央苏区在敌人严重的经济封锁之下，我们还未克服经济上的困难的环境中，如果情形有部分改变或全部改变时，执行局和中央委员会随时修改或重新订定之。

第二条 中央苏区内有雇主老板和私人集股的商店，凡雇请工人与订立合同的每条条文，不得低劣于本要求纲领。

（注一）：凡有雇主老板和私人集股的店作坊，企业的手艺工人在手艺工人要求纲领未正式通过之前，在有些相同的情形之下，某些条文也可以适用之。

一、工资

第三条 每月除雇主供给伙食外,最低工资不得少于大洋五元,青年工人、成年工人作同样工作者,须给同样多的工资。

(注二):伙食应按照当地的生活程度之高低规定货钱,加在工资之内计算,每日伙食最低不得少于一角五分。

第四条 工人工资于一号、十五号两次发给,不得拖欠。

第五条 如因生活程度提高,或商店营业发达,工人工资的规定,工会得随时提高之。

二、工作时间

第六条 每日实际工作时间,以成工八小时、青工六小时、童工四小时为标准,但可以按照每日店内营业时间的忙闲(忙时在店,闲时休息)活动分配任务,使每一星期的实在工作时间,成工不超过四十六小时(每日平均不多过八小时),如果超过八小时之外,应照钟点付给额外工资。

(注三):圩场的店员未逢圩之前后,闲时可以多休息一二小时,逢圩之日忙时可以延长一二小时,不算额外工资。

三、休假

第七条 工人每工作七天须有一天休息(即是星期日之休息),店内有几个工人者,在七天中可以轮流休息一天,雇主不得克扣工资。如果工会支部大会决定星期日工作工资捐助某项运动时,星期日工资应给双工资。

第八条 工人在店内连续工作有半年者,应有半个月休假;连续工作一年者,则应有一个月的休假,工资照发。但客家工人每年可以另外回家两个月,不克扣工资,如工人不回家在店内工作者,津贴工资一个月(即是每年以十四个月计算)。休假与客家工人回家时间的选择,可以于店内营业较闲时,如工人有急紧要事,则不在此限。

第九条 每年十个法定纪念日休息,工资照给。如遇有特别情形,雇主要求工作时,须经工会劳动部许可并得工人同意,应给双薪。

四、待遇

第十条 工人参加红军、参加苏维埃、参加工会及其他革命团体的工作,因而失去工作地位者,发给一个月工资伙食。

第十一条 工人参加上级工会会议、代表会议,以及工会派下乡作临时工作的时间,工资照给,并须发给伙食。

第十二条 工人每天要吃三顿饭,每月牙祭最少两次(多者不得减少)。中华苏维埃中央政府成立纪念日,应有特别待遇,革命前所有的待遇(如过时过节等),不得取消。

第十三条 工人工作上必需品(如围裙等)以及洗衣、剃头、黄烟等钱由雇主供给。

第十四条 雇主开除工人,须在未开除前七天通知当地支部委员会,雇用新工人,须在三天内通知工会。

第十五条 在合同未满期以前,雇主要中途解除合同,开除工人,须得当地工会支部委员会同意,做工一个月以上付给两个星期的工资,做工半年以上者付给一个月工资。

第十六条 工人有疾病在三个月以内者,医药费由雇主负责,工资照给;三个月以外六个月以内者,发给伙食,医药费由社会保险局负责。

第十七条 雇主除每月十足须付给工人每月工资总数百分之五十以上的社会保险费(除账房先生老板外,不论会员非会员都应照付）交社会保险局①，工会得随时要求检阅社会保险局收据。在工资工作每月应付出工人全部工资的百分之三的办公费，百分之一的文化教育费，均须按月交到工会。

第十八条 工人组织的监督生产委员会随时检查货物、账册、款项，雇主不得拒绝、隐藏。

五、学徒

第十九条 学徒每六个月为一期，工资大洋不少过于一元，第二期最低工资一元半，第三期最低工资两元半，第四期最低工资四元（伙食在外），学徒期限最多不得超过二年。

第二十条 雇主每年发给学徒衣服一身，按照学徒的需要，棉衣或夹衣、单衣应在合同上订定之。

第二十一条 每日应有两小时的教育（如学习算盘、研究营业等），不算在工作时间之内，在规定学徒的年限内，雇主并负责使学徒学会。

第二十二条 雇主不得使学徒做私人的杂役，反对【对】身体有妨害的工作，不得打骂学徒。

全总执行局店员手艺工会中央委员会

一九三三年九月十六日

中国店员手艺工人工会湘赣省委员会

一九三四年一月六日翻印

（录自江西省总工会、江西省档案馆编：《江西工人运动史料选编》，人民出版社1986年第1版，第598—601页）

---

① 本条原文如此，似有误。

动员劳动妇女参加选举

（1933 年 9 月 21 日①）

　　为要发动广大的劳动妇女参加选举运动，中共中央组织局对各级党部有极详细的指示，兹摘录如下：

　　一、各级党部必须立即进行组织广泛妇女参加选举运动，经过女工农妇代表会，来切实动员，必须达到妇女代表占百分之二十五的任务。

　　二、江西、福建两省党代表大会，应通知各县委妇女部一律参加，在代表大会后召开各县妇委书记联席会，讨论妇女参加选举问题及关于妇女的提案，粤赣、闽赣两省亦应在省代表大会前开妇委书记联席会。

　　三、在全苏大会前，以省为单位召集女工农妇代表会，讨论妇女参加选举问题及检查《婚姻法》、女工待遇等。

　　四、在这一运动中，应和一切战争动员工作联系起来，尽量发挥妇女的积极性。

（录自《红色中华》第 111 期，1933 年 9 月 21 日出版）

---

① 原文无时间，此为本文在《红色中华》第 11 期发表的时间。

动员女工农妇参加苏维埃选举运动

（1933 年 9 月 22 日）

王汉英

妇女工作是党和团整个工作的一部分，加强妇女工作的领导，真正地建立与健全女工农妇代表会的工作，特别目前动员广大劳动妇女参加苏维埃选举运动，是一个很重要的任务。

一、各级团部必须立即进行吸收广大青年女工农妇参加选举运动，达到妇女在整个选举中间占代表 25% 的任务。这一工作必须在支部详细地讨论，同时必须经过女工农妇代表会的切实动员，才能达到，因此，在工作上、时间上都应该立即紧急去组织这一运动。

二、必须迅速完成这一动员，要根据党中央组织局在 9 月 9 日发出的通知，江西、福建党代表大会后，即召集各县妇委书记联席会议，在各省应当立即来准备县的妇委书记联席会议。必须在省代表大会前后召集县的妇委书记联席会议，在会议中提出具体的问题讨论，关于选举运动的动员及工作的检查，并立即进行收集各种材料，以准备对全苏大会关于妇女迫切要求和提案。

三、各级团必须极大注意去领导妇女参加战争的动员、查田运动。在查田运动中解决离婚结婚带田问题，发动广大劳动妇女政治上的最高度的积极性。召集区的妇委和干事联席会议，乡的开女工妇农的代表会。将目前政治上任务联系到妇女日常生活中实际情形，鼓动她们以竞赛的热情，组织突击队和宣传队，对全苏大会作深入群众的宣传鼓动工作，不使一个劳动妇女不知道全苏代表大会，不使一个劳动妇女不参加苏维埃的改选运动。

在全苏大会前,团发起举行大规模的慰劳红军的运动,送 30 万双草鞋给红军,要号召每个劳动妇女做一双布草鞋套鞋送给红军,募集物品慰劳红军。

九月廿二号

（录自《青年实话》第 2 卷第 30 号,1933 年 9 月 24 日出版）

目前苏区共产儿童团的工作
——四省县以上儿童局书记联席会的总结

（1933 年 9 月 24 日[①]）

丕 显

在这时期的儿童

现在儿童工作，严格地说来，在参加革命斗争上，如拥护红军与苏维埃工作是有成绩的。然而，最重要的，儿童自己的特殊工作，如教育儿童、改善儿童生活、发展组织，却是十分不够的，为什么？因为我们没有把工作中心，为着儿童自己特殊工作而斗争，即是我们儿童工作方针不对。这种作风可以使儿童【团】不能成为一个阶级教育政治组织，当然不是儿童不谈拥护红军与苏维埃，可是只有为着儿童的特殊工作执行，才能领导儿童参加革命战争工作，积极性提高到最高限度。

现在儿童工作应该这样来转变

（一）儿童阶级教育

1. 今年 11 月为止，为举行苏区儿童入学运动，各地自己具体地决定运动周、突击日等来进行，目的要达到个个儿童团员入校读书，

---

① 原文无时间，此为编者判定的时间。

个个队长作领导,用种种方式,向儿童宣传、鼓动,解释读书的重要。

2. 消灭儿童中文盲,首先要使个个儿童了解"不识字的是瞎子"。同时要从实际方法,如各地建立儿童看图识字牌,组织读报组,每10人为一组(读"时刻准备着")等,每个大队要实行7天检查一次,检查自己执行程度。

3. 健全与建立儿童俱乐部,每乡都建立一个,俱乐部要组织娱乐团,能经常开晚会,并要做各种社会运动,如卫生工作等。同时,领导着广大团员学习日常娱乐工作(唱歌、游戏),举行儿童一月一次游行,半月一次打野操。

4. 进行对教育部的协助运动。首先,在没有学校建立地方,或是经济困难学校停办了的地方,要发动像兴国县一样,由儿童叫家长拿钱贴费读书,学校中建立整齐与经常的生活。各地儿童局经常送儿童教育材料给教育部,与教育部共同讨论儿童教育问题,乡十天,区半月,县一月,省一个半月,讨论一次。

(二)为增加一倍团员而斗争

决定展期至10月15号完成,学习宁化县发展了一倍团员的精神和工作经验。同时在发展中应严重注意到,不能丝毫地与儿童权益的争取分离开来。现在总的方向,要发展到新苏区、白区中去,根本不让苏区中工农儿童在儿童团的组织之外,反对发展团员中机会主义观点,认为"进步中农不得加入""妇女没有可能""无办法""加入儿童【团】要加入红军"等胡说。

(三)拥护苏维埃红军

决定给全苏大会赠品——三个儿童做一双布鞋给红军哥哥。发动儿童进行募捐运动,购买礼物,组织各省十人的庆祝团,和红军建立密切的联系制度,要儿童团员(特别是红军子弟女妹)经常写信给红军,召集儿童团员大会,县半个月一次,区一月一次,以全体儿童团员写信给红军。同样地,各地儿童局也要经常进行计划和红军密切联系制度工作。

这是苏区儿童团在1933年年底以前要做的工作,我们要用突击

精神猛烈前进,完成我们联席会议的工作决定,来回答共产青年团给
我们的任务。

(录自中央档案抄件)

团的支部工作报告大纲①

（1933 年 9 月 27 日）

一、支部外的环境？

1. 支部四周有多少青年群众（□□有组织的，无组织的，男的多少？女的多少？）

2. 有些什么社会成分？

3. 他们政治文化教育水平怎样？

4. 他们对一般革命工作的认识和情绪怎样？

二、支部内的政治状况？

1. 团员人数——正式的多少，候补的多少？

2. 社会成分？

3. 他们对于政治的认识和工作的积极性如何？

4. 同志们在群众中的□□能力及对青年群众的影响怎样？

5. 支部有几个干事会？成分？

6. 是否有分□？怎样分法？

7. 干事会是否拟定有工作计划及计划的内容怎样？

---

① 标题为编者所改拟，原标题为"支部工作报告大纲"。

8. 是否按时开会？每次会议中心内容是什么？

9. 会议的决议是否严格在工作中实行了？怎样实行的？

10. 对于培养青年干部的工作做了没有？本月增加了新的干部没有？增加了几个？

11. 对于新团员和老团员的政治教育训练工作做得怎样？□□什么方式？收到什么效果？

12. 对于少先队□□□□工作的领导怎样？本月有多少青年加入了他们？是否经常有工作报告给你们？

13. □□□你们的联系怎样？有无向你们作工作报告？你们对□□□有什么意见没有？

三、支部内部的生活

1. 支部会几天一次？每次开会之时□讨论些什么问题？

2. 每次会议是否全体？同志对于开会的兴趣如何？讨论问题是否积极发言？

3. 每次会议的工作决议是否深入影响到下层广大群众中□了，用什么方法传达下去的？

4. 支部委员与一般青年群众的联系怎样？

5. 对于□□团的组织工作做得怎样？采取什么方式征收团员入团？本月新发展多少新团员入团？

6. 对于买公债票的情形怎样？团员是否积极进行？用什么方法发动群众来购买的？收来了多少数目？

7. 在查田运动中，团员起了些什么作用？怎样去进行□这一工作的？

8. 扩大少共国际师这一工作做得怎样？有些什么成绩？

9. 对于竞【赛】工作做了没有？怎样竞赛法？哪些工作得到了□□□□□成绩在哪里？

10. 合作社的工作情形如何？

11. 反罗明路线斗争情形怎样？在支部小组是否有过详细讨论？同志们斗争的情绪如何？

12. 在反罗明路线斗争中,开展了支部反一切不良倾向的斗争没有？向哪一种倾【向】作过斗争,斗争的结果如何？

13. 支部有些什么缺点和优点？

四、小组情形

1. 有几个小组？每组多少人？怎样组成的？

2. 几天开一次会？开会的方式怎样？是否每次都能按时开会？不能按时开会的原因在哪里？

3. 开会除讨论政治、战斗外,讨论了些什么日常生活的实际问题？

4. 同志们工作是否有分工？

5. 对于个别工作是否有经常检查？

附：

你处是否有支分会的组织,按照什么原则组成的？组织工作情形。望根据上面支部的报告大纲的格式,详细地报告,各支部要做五份,支部存一份,各区委一份,还有三份交来县委,转交中央局一份,省委一份,县委存一份。此大纲限十月十号交来县委,为要。

少共中央局组织部印
少共永丰中心县委翻印
九月廿七日

（根据中共江西省委党史研究室藏件刊印）

全总苏区执行局给湘赣省总工会信

（1933 年 9 月 28 日）

看到了你们的书面报告，并听到你们代表团报告之后，认为湘鄂赣工会在最近的工作中，是有了一些转变，收到了部分的成绩。但是，正当敌人严重向苏区进行四次"围剿"的时候，因为省总同意了××同志退却逃跑的机会主义路线，没有深入地去动员和组织群众，为保卫苏维埃政权与巩固苏区而斗争，没有有效地去武装所有的工人及一切劳力群众，配合红军行动，击退〈和〉进扰苏区的敌人，建立巩固的苏区根据地，使得湘鄂赣苏区有很大的缩小。敌人经常进到苏区来骚扰，枪杀群众，同时又因为在苏区内部执行错误的经济政策，过早地消灭私人资本企业，无条件地没收一切厂、商店以及滥发纸币等，使得湘鄂赣的工人群众，经常遭受敌人的蹂躏与失业痛苦及生活恶化，这是湘鄂赣工会工作未能彻底转变与收到伟大成绩的最主要的原因。××同志给执行局的报告明白地说"湘鄂赣红军行动不积极"，"工人参战同样是不积极的"，"苏区内外阶级斗争不深入"，"白区工人斗争更是没有大的发动"，"工人参加红军与拥护红军的积极性不够"。在这里，××同志完全失去了他对于红军与群众积极性的信心，完全否认了红军与湘鄂赣群众在正确领导之下，是能够粉碎敌人大举进攻的，所以他对于苏区"周围的白军与地主武装，共有六个团以上，采取炮台政策，严厉向苏区"进攻（××报告），表示完全无办法，而不得不陷入退却逃跑的可耻的机会主义的泥坑。

××同志从忽视敌人对苏区进攻的严重性，取消粉碎敌人四次

"围剿"的口号,走到对敌人力量的过分估计,对群众与红军的力量估计不足,这不是偶然的,而是××同志一贯的机会主义的两方面:

××同志一贯是不相信群众力量的,他公开地说:工作是"推不动,转不变"(湘鄂赣代表报告),他一贯带着自高自大,漫〔谩〕骂群众、命令下层同志的严重错误(代表团报告)。××同志这一机会主义的路线,影响到湘鄂赣整个工作,尤其是工会的整个工作。省总的负责同志,没有给××同志的这一机会主义路线以布尔什维克的反抗,没有执行自我批评开展思想斗争,反而同意了,在实际工作中执行了××同志的路线,将一切错误归于旧的省委与工会的机会主义的领导,归于不该取销〔消〕冲破四次"围剿"的口号,将自我批评变成牧师的奸〔忏〕悔。这就使得湘鄂赣的工会,没有坚决地、自信地动员所有的工人,并领导劳苦群众为冲破敌人四次"围剿"的进攻路线而斗争,使得湘鄂赣的工人,以至省总的领导机关经常陷入上山避匪、退却逃跑的状态中。

全总执行局完全相信,湘鄂赣的工人及劳苦群众和工农红军在共产党与赤色工会领导之下,最高限度地发动他们的积极性,是能够粉碎敌人的四次"围剿"和大举进攻的。执行局希望湘鄂赣工会的领导干部在党的领导之下,坚决反对××同志这一类的退却逃跑的机会主义思想,为党的进攻路线而斗争,在坚决的两条战线的斗争中,来转变工会的全盘工作。执行局认为肃清××同志一类的逃跑退却的思想,执行党的进攻路线,是冲破敌人四次"围剿"与转变工会工作的先决条件。湘鄂赣的工会应在两条战线斗争中,在工人群众切身问题的基础上,深入地战斗地去动员和组织工人群众,为保卫苏维埃政权巩固与扩大苏维埃区域而斗争。应该努力地扩大红军,大批征调会员带领农民去参加红军,动员一切工人去参加赤少队及组织运输队、女工看护队,在白区进行宣传和破坏工作等,并征调大批工人到红军学校去,准备红军中无产阶级的干部(但工会不应创办单独军事干部学校)。须广大地动员工人及劳苦群众配合红军集中力量作战,击退进骚苏区的敌人,不让白军团匪进骚苏区。争取城市,建立巩固的苏区根据地,并胜利地向外发展。只有这一任务的解决,才能保证苏区劳苦群众已得的胜利,保证工人生活的改善与苏维埃国家的建设。

苏维埃政府的经济政策,是密切地联系到工人劳苦群众的生活与苏维埃政府的战斗能力。苏维埃在目前的阶段上,应该尽可能地利用私人资本发展苏区生产,活泼苏区经济。但是,湘鄂赣凡是红军所到的地方,一切私人企业和商店均被没收,以致全湘鄂赣苏区已经没有一个私人雇请工人的工厂、店铺(代表团报告)。这种过早的立三路线的残余,其结果使工人失业,使商品不能流通。虽然敌人封锁并不严密,大批纸张也无商人运出去。苏区现金缺乏,群众必需品不能够买进来,群众的生活与苏维埃的财政就陷于极端困难的情形之下,而不得不走到滥发纸币的自杀政策。湘鄂赣的工会必须用极大的努力来帮助苏维埃政府改变过去的经济政策,为整理苏维埃纸币与发展苏区生产而斗争,只要资本家不作反革命的活动,遵守苏维埃的法律(开始就是《劳动法》),应该允许私人资本的营业自由。某些工厂、作坊、矿山应尽可能地出租或出卖给私人来开办,尽可能地利用商人交通赤白区域的商品流通。工会还应该用极大的力量来帮助工人组织生产合作社,组织消费合作社,及发展土地生产。这些政策的有效的执行,是减轻工人失业与改善苏区工人生活有效的前提。

对于工会与苏维埃的关系,你们还有不正确的了解。你们争论了许多所谓"叔侄关系"、"斜的关系"等等哲学名词之后,又提出了错误的"工人监督苏维埃政权"的口号,在这里表示你们清谈的倾向。在实际上许多工会与苏维埃对立的现象,你们并没有迅速去拿住,给以纠正,来教育群众。职工国际屡次地指出工会是苏维埃政权最主要的群众柱石,工会应吸收广大的工人群众去参加苏维埃国家与红军的建设,应派遣大批干部与积极工人到苏维埃与红军去作领导工作。在经济动员的工作中,在镇压反革命的斗争中,在扩大红军与进行革命战争工作中,在经济斗争与一切群众工作中,工会与苏维埃应该紧密地合作,共同一致地工作,工会尤其要参加与帮助劳动部、土地部及工农检查部的工作,肃清苏维埃机关中的阶级异己分子,反对贪污腐化及官僚主义。

除开上面所说的以外,全总执行局认为湘鄂赣的工会工作中,存在着严重的忽视改善工人经济生活的观点。工会这一方面的努力,还完全不能令人满意。工人中的日常问题,工会没有努力去帮助工人解决,这是使工会不能在群众中建立威信的主要原因。同时在湘鄂赣还存在严重的官僚主义、命令主义的工作方式,最主要的工会机关,只有一人负责,甚至无专人负责,没有集体的讨论和集体的领导,工会机关与群众的联系十分薄弱等。全总执行局认为湘鄂赣的工会必须纠正这一切的错误,进行下面的工作。

一、根据手艺店员与农业工人大会经济斗争决议,努力为改善工人阶级经济与文化的生活状况而斗争,"苏区工人阶级生活状况激进的改善,是巩固苏维埃政权最主要的先决条件"(职工国际)。应该坚决打击阻碍工人阶级生活改善的机会主义的理论,反对用任何借口来降低工人阶级的生活水平(如提议降低工人生活到红军士兵的水平,说《劳动法》不是在苏区实行的,要拿到白区去实行等),工会应该领导工人,争取《劳动法》的实现,订立合同及为工人伙食、住宅的改善与应需购买的必需品等而斗争,为解决雇农耕牛、种子、农具等困难而斗争,同时还要建立完全的劳动介绍(失业工人委员会的方式是不好的),社会保险、失业救济及建立有工作能力的劳动部,创造各种文化教育事业等。

在国家企业中之工会,除开保护工人群众的经济利益外,还必须为巩固与发展苏维埃工业而斗争,派遣最好的工人参加国有企业的管理。工会应组织工人,来提高劳动纪律,提高生产力,节省材料,组织工人的生产竞赛等。

二、必须在保护工人切身利益的基础上,来征求会员,组织一切工钱劳动者到工会中来,应该根据全总"为会员问题给各苏区工会信"来吸收会员。农业工人、店员手艺工人、苦力运输工人、纸业工人与国家企业机关的工人、职员,应该按照章程,根据湘鄂赣的特别情形来成立他们独立的工会组织系统,召集这些工人的代表会选举领导机关。同时工会组织地方联合(地方的工会联合会),应该巩固起来,这是同一地方各种工会组织的兄弟联合。它的任务【是】讨论与解决该地方各种工会组织共同攸关的问题,及一切带地方性的问题(如提议最低工资,地方的要求纲领,罢工的互相帮助,何〔向〕地方政府提议劳动法令,劳动部负责人员联合举办合作社与文化教育事业等)。

三、必须彻底转变工会生活,肃清官僚主义、命令主义,实行广泛的无产阶级的民主,加强领导机关的人力与工作,建立集体领导,关重〔心〕群众,倾听工人中对于各种问题的意见,最高限度地发动工人的自觉性与创造性。湘鄂赣的工人必须在转变自己的工作中,战斗地来提拔与培养干部,尤其是青年与女工干部,在一年之内要供给各级苏维埃与红军一千至二千的工人干部。

四、必须用极大的努力来巩固工人的经济,筹捐工会的基金,从有效的增进工人的切身利益的基础上,增加会员的会费,建立统一的会计制度,按月的【给】会员报告账目,反对贪污。在经济上建立对群众的信仰,为转变与加强工会工作,这对于苏维埃是有极大帮助的利益,要求苏维埃政府增加对工会的津贴,开始就是白区工作的经费。

五、苏区的工会还必须为拥护苏维埃红军在群众中进行各种经济动员工作,如发起退还公债票、借款给红军、向富农及商人借款及慰劳红军等。

六、必须用一切的方法来保存失败区域的工会组成〔织〕,保持和巩固与他们联系,最大限度地提拔新的干部来负责讲究秘密工作的方法,提出群众迫切的要求(如不交捐税、不作无工资的劳役、反对打骂与逮捕工人、增加工资、减少工作时间等),来组织工人的斗争。工人的斗争应与农民的斗争取得密切的配合。失败区域还必须进行宣传白军士兵的工作,破坏敌人的军事建设,拥护苏维埃,响应红军行动及担任侦探队、交通工作等,为恢复苏维埃政权夺回土地而斗争。同时必须用极大的努力在具体军事上来揭破国民党对于群众的欺骗宣传。

七、必须继续加紧对白区工作的注意。虽然你们在白区工作上有了很多的成绩,开始应去创立南昌、九江、南浔路及樟树等处的工作,以及武汉、长沙、岳州和武长路的工作,从政治上、物质上以及人才上给白区工作以更多的帮助。白区工作的弱点是在我们的组织不善于组织和领导工人为日常利益而斗争,并在工人日常要求纲领的周围团结工人群众,走上反帝国主义、国民党的斗争的道路上。省总工会必须设立专门研究与指导白区工作的部门,必须根据国际全总及上海与中央的各种文件研究白区的工作方法,必须派遣得力干部去巡视白区工作。

全总执行局决定撤销×××同志全总巡视员的职务,调回执行局工作。同时执行局对湘鄂赣工会工作的干部在非常困难的环境下长期艰苦工作的精神表现极大满意。执行局相信湘鄂赣这些干部,必然站在职工国际与中华全总的正确路线之下,继续奋斗,粉碎一切"左"右倾机会主义思想,为工会工作的彻底转变而斗争。

全总苏区中央执行局 刘少奇

湘赣省职工联合会翻印
一九三三年九月二十八日

（录自江西省总工会、江西省档案馆编:《江西工人运动史料选编》,人民出版社1986年第1版,第604—609页）

《时刻准备着》发刊词①

（1933年10月5日）

凯　丰

　　第一个共产主义儿童的刊物在苏维埃的领土上出现，这是我们苏区儿童的最喜欢的事情。我们不但喜欢而且爱护他！

　　你们知道在国民党统治之下的千百万的劳动儿童正在受着残酷的压迫、饥饿、死亡！

　　工人的儿女，因为他们父母工资的微小，因为他们的父母失业，日夜在马路上啼哭，饥饿，死亡！

　　劳动农民的儿女，因为地主的压迫，因为国民党的苛捐杂税，正在野外蹄哭、饥饿、死亡！

　　受着水灾兵灾的儿童，他们的家庭被毁灭了，在野外、在马路上没有人去顾虑他们。

　　日本帝国主义除了用枪炮屠杀了成千成万的天真可爱的儿童外，在他们的工厂中还有几万的儿童，变成了养成工，做他们的牛马奴役。

　　就是在所谓"民主的"美国，不久你们还听到在斯洛特的二个黑人儿童受着美国资产阶级的诬陷，受最残酷的电刑而死了。

　　他们的母亲在欧洲奔走要求援助，欧洲的资产阶级和社会民主

---

　　①　1933年10月5日，中央儿童局在江西瑞金创办了中央苏区第一份共产主义儿童读物《时刻准备着》，本文为凯丰所撰的发刊词，标题为编者所拟。

党到处驱逐她出境,拒绝对于她的援助。

只有欧洲的和全世界的共产党共产青年团,革命的职工会及一切的革命的团体,站在黑人儿童母亲一方面,反对美国资产阶级屠杀黑人儿童。全世界的无产阶级青年都用罢工示威援助黑人儿童。

在我们这里能够出版共产主义儿童的刊物,因为我们这里是苏维埃的中国。

在国民党统治下,在资本主义国家内,一切给儿童读的看的革命的刊物,都被封闭了。在德国最后存的一个儿童看的革命画报,也被德国的法西斯蒂封闭了。

在我们这里出版了共产主义儿童的刊物,我们应当把这个刊物发展起来,散布到每个乡村中,使每个儿童都看到,这个刊物的种子将产生无数的儿童刊物,如像苏联的儿童所享受的一样,有成千成万各种的儿童刊物!

(根据中共江西省委党史研究室藏件刊印)

怎样来纪念今年的十月革命节

——给各省、县、区儿童局信

（1933 年 10 月 5 日）

今年我们来纪念十月革命 16 周年和中央政府成立两周年纪念时，共产青年团明显指示我们，为着"完成并超过中革军委扩大红军计划"、"拥护第二次全国苏维埃代表大会"、"保卫与扩大苏区"、"粉碎五次'围剿'"等总口号而斗争！

中央儿童局要各级儿童局，领导每个儿童团员做到下面四件工作，来实现共产青年团给我们纪念十月革命的任务！

一、根据我们发出一种"苏联儿童的活跃"，如宣传队呀、化装宣传队啦、活报啦、歌舞啦、游戏啦！等等方法告诉全体儿童团员，苏联社会主义建设的成功，苏联儿童生活怎样快活自由的，苏联六百多万儿童团员在苏联共产青年团领导下，积极参加社会主义建设情形的，联系到白区儿童生活如何痛苦，和我们苏区儿童生活一天天地改善情形，使广大劳动儿童了解：我们要与苏联儿童一样，只有努力参加革命斗争，热烈拥护苏维埃！这样来一面加紧团员的共产主义教育，一面提高团员积极参加革命斗争的工作。

二、动员全体团员做扩大红军的宣传，造成儿童团"送爸爸哥哥当红军"的热烈空气，进行在全苏大会大规模慰劳红军的运动。这一工作最主要是完成"每三个儿童团员做双草鞋慰劳红军"和实行"每个儿童团员写一封信给红军哥哥"。

三、动员全体团员做拥护二次全苏大会的宣传鼓动，16 岁以上的哥哥、爸爸、妈妈、姐姐参加苏维埃选举，推行"一片运动"（一个铜板的募捐），来拥护二次全苏大会。这个运动不但要普遍在儿童群众中进行，而且要到广大工农群众中去进行。

四、纪念日那天，领导全体团员拿着棍，带着领带去参加纪念大会，并负责维持会场秩序，参加示威和提灯庆祝大会，在纪念日前一天或前几天，以队为单位举行儿童团的晚会，在晚会上作纪念十月革命的宣传，和练习我们的娱乐工作。

各级儿童局须根据这四件工作，定出自己具体的执行计划，十月革命节过后，将执行这些工作的情形，详细报告中央儿童局。

中央儿童局
十月五日

（录自《列宁青年》第 2 卷第 9 期，1933 年 11 月 5 日出版）

优待红军家属及归队运动的模范

（1933 年 10 月 7 日①）

汉　年

　　彻底执行优待红军家属是保障顺利地扩大红军工作一个主要条件，同时是加强前线战士杀敌的决心，使他们不要顾虑家庭的困难，是消灭开小差的有力保证。现在党检查各地优待红军家属工作及归队运动的成绩，一般的是进步了，但是有些地方在实际工作上还没有很好的办法，因此所得成绩还是很少，现在我举兴国的模范工作经验做例子以便大家来学习。

　　（一）兴国优待红军家属的一般情形

　　兴国每个群众每一个月自动替红军家属工作五六天、七八天不等，共产党团员天数更多了，不论在春耕、夏耕、秋收的时候，他们首先替红军家属耕田、插秧、铲草、下肥料、砍柴、挑水，直到割禾。各乡的耕牛，一定先替红军家属耕田，合作社特别优待红军家属，一切货物，先尽他们购买，价钱特别便宜，扣打九折或九五折。在兴国不让有一个红军家属发生粮食或劳动的恐慌。当新战士出发的时候，群众是很热烈地进行慰劳与欢送，沿途群众募捐手巾、草鞋、套鞋，有的还杀猪，送小菜，办酒席，慰劳新战士。从兴国出来的战士们，一定能证明那里优待与慰劳的工农是热烈的很。高兴区在五月份扩大五百个新战士，群众送了五百双草鞋、五百双套鞋、几百担青菜，杀了几只

---

　　①　原文无时间，此为《斗争》第 29 期的出版时间。

猪,还有130多吊线,这就可以证明他们优待红军的热烈的情况了。

(二)优待红军家属工作的组织与具体办法

兴国在区一级以下,组织"优待红军家属委员会",这个委员会下面设调查队、宣传队,经常出发各村、各镇,详细调查红军家属的情形及执行优待工作的程度。如遇红军家属有什么困难、立即报告委员会,设法具体解决。如缺乏粮食的,马上向合作社借出一部分资本去采办粮食,来接济他们。同时宣传队出发,鼓动群众募捐,不断地接济他们,缺乏劳动的,马上发动群众起来有计划地去帮助。宣传队是经常地出发,向广大群众解释优待红军家属的意义,鼓动广大群众自动地热烈优待红军家属。

报名加入红军的新战士,在未集中前,这个委员会就派调查队来调查家庭里有什么困难,缺乏粮食的马上接济;尚未割禾的,马上动员割禾互助队先把新战士的禾割起,不让一个新战士的家属困难问题没有解决,减少他们集中出发的勇气。

(三)归队运动的组织与具体工作

照兴国这种优待红军家属的情形,开小差的是很少了。但是还有少数落后的总不放心家中的或其他原因,陆续开小差回来的。他们那里在区以下普遍组织归队运动委员会,这个委员会之下,每个村上组织反逃兵的突击队、宣传队,争取红军女家属及许多活泼的儿童团组织起来〈的〉,还有五人一组的调查队,随时调查报告开小差回来的人数消息及回来的原因等。然后派突击队去进行归队工作,首先发动群众募得大批慰劳品,如花生、豆子、番薯干等,派得力的宣传队和活泼的慰劳队,携带慰劳品直【接】到开小差及请短假回来的士兵家里去慰劳他们。"同志从前方回来辛苦了! 我们来帮帮忙"。经过一番慰劳之后,便替他们挑水、砍柴、洗菜,假使他家里缺乏劳动,便动员耕田队去帮助工作。经过几天,他还不自动归队的,再派活泼的宣传队去鼓励他一次,不归队再进行第二次、第三次的鼓动,把愿意归队的分子编入突击队、宣传队,去向其余尚未归队的进行宣传鼓动,绝对不用强迫命令或简单羞辱的办法。只有经过几次的鼓动还不肯归队的,遂报告归队运动委员会,发动群众会议,在会议中报告他不愿意归队的可耻,并且预先组织好几个红军家属的妇女,到会议上来报告:"家里平安,一切困难都由同志们帮助解决了,当红军的用不着回家"。引起群众来耻笑,他要他归队。他再不肯归队时,发动群众起来,要求政府强迫他归队。当晚再由群众组织晚会,表演鼓励开小差的归队的活报、戏剧。

在兴国用这样的归队方法收到的成绩是很大,高兴区有一次三天内开小差回来的有三十余人,经过这样正确、活泼的归队运动,五天功夫三十余人全部归队了!在六七两个月,兴国一县有579人归队了!

这种正确的热烈的优待红军家属及归队运动,是值得各地学习他们的经验。他们〈的〉工作的特点主要是依靠发动广大的群众的积极性,来参加优待、慰劳、归队等工作,及反对脱离群众的强迫命令。

（录自《斗争》第29期,1933年10月7日出版）

健全反帝拥苏工作问题

（1933 年 11 月 1 日）①

梦　秋②

"扩大红军中的反帝和拥苏运动,克服政治工作薄弱的一环——忽视反帝拥苏工作的错误。"（总政治部第二号训令）"这是由于不了解反帝拥苏工作与总的政治任务之不可分离的一部,因此过去红军中曾个别发生以为开反帝拥苏会不如开军人大会好,或以为群众团体有无都不关重要,这些机会主义观点是忽视反帝拥苏工作的来源。"（总政治部第四号训令）这里说明了红军中反帝拥苏工作在全部政治工作中占着如何重大的地位。这里警觉着我们要如何残酷无情地与一切忽视反帝拥苏工作的机会主义作斗争,要如何以布尔什维克的警觉性,从各方面把反帝拥苏工作健全起来。

可惜,我们从实际工作检查起来,总政治部这些明确指示,是没有被我们严重注意与切实执行,至少也是被"没有办法"的机会主义观点所忽略。许多对反帝拥苏工作的机会主义观点不但没有全部克服下去,而一些新的机会主义的观点还在发现。当方面军反帝拥苏同盟利用招待白区参观团来扩大反帝反国民党的宣传时,竟有人以

---

① 本文无成文时间,此为《铁拳》第 4 期的出版时间。《铁拳》是苏区时期中国工农红军第一方面军政治部出版的刊物。

② 梦秋,即徐梦秋,时任中革军委总政治部宣传部部长,中国工农红军大学校政治部主任,后叛变。

为这是"多事"!？当反帝拥苏号召捐助草鞋慰劳新战士时，竟有同盟的负责者以为这是互济会的事。反帝拥苏不应该□□这一些标本式的机会主义观点，不以布尔什维克的铁拳将其打得片甲不留，则反帝拥苏工作是无法能够健全起来的。

克服一切机会主义的观点，把红军中反帝拥苏工作全部健全起来，这不仅是同盟委员会本身努力的问题（自然这是首要的），同时更是政治机关与党的工作的重大任务。

这里政治机关必须（1）坚决执行总政治部第四号训令，在决定政治工作计划时，必须留出反帝拥苏活动的时间；同时在工作计划中更要指出反帝拥苏应有的活动，"今后反帝拥苏的工作必须经常摆在政治机关的工作计划和工作日程之内"（总政治部第四号训令）。（2）政治机关应定期的检阅反帝拥苏的工作，绝对纠正把反帝拥苏工作当作政治工作总体以外的错误。（3）同盟委员会主任不能多担任政治机关或党的及其他的社会工作，"政治机关必须在可能范围内解放其一部分工作"。

党的总支□□支部□□□□□□□较好的干部担任同盟委员、主任或通讯员，对于担任同盟工作的党员，党应经常不断地以开会、作报告、碰头、询问等方式，检阅其工作，要绝对纠正党对于担任同盟工作的党员的工作毫不过问的绝不应有的现象；（2）党不但要检查在同盟中工作的党员的工作，同时党的工作计划内亦必须将反帝拥苏工作包括进去。

在这里，同盟各级的负责者（主任、委员、通讯员）必须切实认清自己负有的重大工作任务，在其他工作没有得到部分解放时，尤其要以布尔什维克的毅力，去克服工作繁多的困难（这常是机会主义者的藉口），必须充分发扬自动力，经常计划研究同盟工作的新的方针与新的方式。完全依赖上级的指示与督促，完全推诿于政治机关和党的不帮助，这同样是绝不容许的机会主义的取消观点。

只有坚决反对对同盟工作一切机会主义的见解，只有各方面以布尔什维克的实际性来认真地努力,才能扫除□□□重要而实际一任常态的空谈罪恶。

认识了重要,那就从实际工作中努力起来吧,纸上空谈,那是布尔什维克的罪人!

(录自《铁拳》第 4 期,1933 年 11 月 1 日出版)

农业工会十二县查田大会总结

（1933 年 11 月 5 日）

刘少奇

在粉碎敌人五次"围剿"前面，在中央苏区查田运动得到了初步的伟大胜利的前面，农业工会十二县的查田大会举行了。农业工人是土地革命的先锋队。无疑地，这次大会对于十二县查田运动更大更正确地开展，彻底肃清封建势力与彻底解决土地问题，是有极大的推动。对于巩固苏维埃政权，更广大地动员群众粉碎敌人的五次"围剿"，是有极重大的意义。

在查田运动大规模开始的阶段，各级工会组织对于这一残酷的阶级斗争，是没有抓紧去领导的，没有将农村工人在土地斗争中先锋的积极作用，最大限度地组织起来。许多地方的工会，只是形式地派了一个代表去参加查田委员会，没有在一切乡村中去动员工人、雇农来调查阶级，团结贫农，通过阶级以及没收分配等。许多地方的工会，与苏维埃没有能够取得一致——一方面工会没有动员会员群众积极参加苏维埃所领导的查田运动，另一方面许多苏维埃的工作人员，没有经过工会来发展与组织工人群众的积极性，使他们成为查田运动的先锋。一切调查阶级，通过阶级以及没收分配等，完全没有经过工会，以至有个别区乡，发生了工人对于苏维埃在查田运动中的不满。这些现象，在大会上是开展了自我批评，指出了参加和领导查田运动是乡村中工会组织目前的中心工作，各级工会组织尤其是乡村中的工会支部，必须召集各种会议，采用一切方法，来动员工人、雇农。同时与苏维埃取得密切的联系,向地主富农进攻,一个不留地完全清查出来。因此,大会更具体地决定了,各县苏维埃的查田工作团,工会必须派二三个代表去参加,一切阶级成分调查表,必须经过工会支部主任及贫农团主任负责的、审慎的检查后,签字盖章证明。各县工会必须经常检查各区乡工会在查田运动中的工作,并给下面以具体的领导。在大会上,对于到会的五百七十多个工会支部主任,是很大的鼓动和提高了他们的积极性。

查田是查阶级,因此怎样分析阶级是查田运动中最须彻底弄清楚的问题。大会是化〔花〕了最多的时间最充分地讨论了这个问题。同时也是代表们最感兴趣、发言最多的问题。结果,他们中间的大多数,是懂得如何分阶级了。他们不只是一般地懂得中央政府《关于土地斗争中一些问题的决定》这一文件,而且他们提出了许多意见,补充与修改了中央政府这个文件。如果大会教会了五六百个雇农积极分子分析阶级,那么,将更有保证地使查田运动更正确地开展起来。因为在查田运动中发生错误最多的,就是分析阶级的错误(如将中农当作富农,侵犯他们的利益,将富农当作地主消灭等)。

大会是清楚地解释了过去分析阶级的错误方法——有三种剥削(即所谓土地剥削、劳动剥削、经济剥削)的叫地主,有两种剥削的叫富农等,使每一个代表都懂得,在分析阶级的时候,注意到剥削分量与时间。如果自己不劳动,专门靠剥削别人过活的,即是〔使〕一种土地剥削,也叫地主。如果大部分靠自己劳动过活,剥削别人的分量很少,即是〔使〕所谓三种剥削都有,也是富农,甚至有时可以是中农。

大会发觉了过去在查田中侵犯中农利益与消灭富农的错误,是严重的。差不多每个代表都带来几张写好了的阶级例子,要求大会分析。而这些例子的大多数,是把中农当作富农、把富农当作地主打了的,他们怀疑,所以他们带到大会来分析。

从这些例子中看到,有些是把仅仅放几百毫子债,请过年把长工,或收几担租谷,而极大部分是靠自己劳动过活的中农,当富农打了;有些甚至完全没有剥削别人,仅仅是多有几十担田山,生活比较丰裕的中农,也当富农打了。这次中央政府提出剥削分量超过全家总收入15%或30%者为富农的标准,是得到了大会一致的拥护。

从这【些】例子中,还发现了有些地方把手工业主、商人、"流氓",【当】地主、富农打了。例如,博生湛田区新全乡李年四,无田屋,自织夏布,请了一二工人帮织,革命后分了田,现在打了地主,全家没收。又瑞金下肖区胡令群,无田,作瓦钵为生,请了四五个工人,革命后分了田,现在打成了地主,全家没收。西江县①洛口区刘既福,无田屋,靠赌为生,放债五百毛,打了"流氓兼地主"。这类的例子还很多。

还有不少的例子,把稍为放点债、收点租,而大部分靠出卖劳动力为一家生活来源的工人,当地主打了。许多同志分析阶级的时候,把出卖劳动力,或帮人家作手艺不算作"劳动"。例如博生城市王盛耀,在茶馆作工十余年,因为放了点债,家中收藏了千多毛现金,打成了高利贷。又博生流南区陈视全,帮人做纸18年,因为收了八担租谷,【当】作地主,全家没收了。还有,把做了二三十年长工或手艺的工人雇农,因为放了几百毫子债,收了几担租谷,当作地主或高利贷没收了。

过去,我们仅仅告诉人家分析什么叫地主、富农、中农、贫农、工人。因此,许多下面的同志遇着了乡村中的手工业主、自由职业者、宗教职业家、小贩、游民无产者及商人、绅士等,就不好叫他们〈作〉什么。如是也把他们叫作地主、富农或者中农、贫农,以至弄出了许多错误。因为在同志们的脑筋中是没有更多的东西来叫他。但是,在这次大会上〈的〉告诉了许多同志来正确认识贫民、手工业者、自由职

① 西江县,1933年7月,苏维埃临时中央政府人民委员会决定划会昌、于都、瑞金3县交界地区,设立西江县。10月中共西江县委正式成立,隶属中共粤赣省委。1934年5月,划为中央直属县,隶属中共苏区中央局。下辖会昌县的庄埠、洛口、城市、南门、小密、赤鹅,于都县的高陂、黄龙、宽田、沙心和瑞金县的梅坑、黄安等12个区委。1934年10月,县委转移到牛皮坪山区坚持游击战争。

业者、知识分子、宗教职业家及游民无产者等，以及对付这些社会成分的正确策略。

正确地分析阶级，无疑的这次大会是一个很大的进步。而且在查田运动中执行明确的阶级路线，这次大会也是有很大进步的。到会的代表差不多个个都懂得地主为什么要彻底消灭？消灭富农的倾向为什么在目前阶段上是错的？侵犯中农的利益为什么不能允许？以及用什么策略对付资本家、手工业主、自由职业者、知识分子及游民无产者等。

动员群众继续开展查田运动，是大会的第一个任务，但是大会同样注意到了如何在中央政府新的决定之下，来纠正过去查田运动中的一些错误。工会应用一切办法协助政府来重新审查以前所通过的阶级，工会支部主任与贫农团主任并须负责签字证明阶级成分调查表上所列各项的实在。同时，工会要进行许多群众工作，在自己的会员大会上，在贫农团会议上，来解释中央政府对于阶级的新的决定，对于那些弄错了阶级的中农、贫农、工人，尤其要向他们解释清查〔楚〕，鼓动他们来拥护中央政府，并按照正确的手续变更他们的阶级成分。但在这里要严格地防止真正的地主富农，利用我们过去的错误来反攻。

有些地方进行查田运动，因为恐怕本村子的人对地主富农有包庇，如是实行了村与村交换查阶级的办法，即这个村子去查那个村子的阶级，那个村子来查这个村子的阶级。大会是详细解释了这种办法的不正确，可以引起地方与氏族的斗争，主要的首先要发动本村的群众来清查与反对本村的地主富农。

大会同样着重地讨论了工会支部工作与贫农团工作。很明显的，在查田运动中，贫农团是占着最主要的作用。而贫农团又必须在工会支部的亲密领导下，才能正确地发挥他最大的作用。大会批评了过去工会组织不注意贫农团工作的错误，并决定了全体会员加入贫农团，吸引全乡的贫农加入贫农团，带领贫农到贫农团的大会。工会支部委员会必须有一个委员专门参加贫农团的工作，支部中并须分派在十多个积极的会员来担负贫农团的各种工作。而贫农团每次大会之前,支部委员会必须预先开会讨论,吸引贫农的积极分子参加。准备具体意见到大会提出,取得大多数贫农的赞成通过。但在贫农团里面必须执行充分的民主,工会不应该去命令贫农团。

大会并联系着讨论了扩大红军与经济建设的工作。在军事委员会的代表报告之后,即有博生十多个代表报名当红军,并决定动员40岁以下的会员全体加入赤少队。动员每个会员都去担负扩大红军、优待红军家属的工作。在经济战线上,特别着重地讨论了冬耕运动与发展手工业生产的计划。在各乡完全执行中央政府冬耕运动大纲,发展合作社,并每乡为中央国民经济部至少找一个店员或会写算的工人农民。

大会是顺利地成功了。两次大会都经过了5天的时间,每个代表都热烈发表意见,倾听一切的报告与发言。精神是特别好。大会之后,各级工会必须经常去检查与督促大会一切决议的执行。组织与发展所有农村工人的积极性,使他们成为查田运动中的先锋,使查田运动迅速地得到彻底的胜利。

十一月五日

(录自《斗争》第34期,1933年11月12日出版)

中国共产青年团苏区中央局
为庆祝苏联十月革命成功的第十六周年、
中华苏维埃中央政府成立两周年宣言

（1933 年 11 月 7 日）

当着苏联十月革命成功的 16 周年,中华苏维埃中央政府成立的两周年,是苏联社会主义建设胜利地四年完成了第一个五年计划,积极进行第二个五年计划的时期;是中华苏维埃与红军彻底粉碎帝国主义国民党的四次"围剿",正在进行粉碎帝国主义国民党五次"围剿",中国革命危机更进一步地尖锐化激烈的时期。

一方面是占全世界六分之一的领域的苏联,繁荣地建设社会主义,青年工人及农民积极参加政治生活和经济事业,他们学习的每一步,与生产的劳动联系起来,伴着社会主义建设的胜利,极度地改善物质与文化的水平;另外一方面,是青年工人及农民遭受资本主义工业危机与农业危机打击,离开工厂与农村而踯躅街头,在过着饥饿、疾病、贫困的生涯,和受到法西斯蒂的幽闭、杀头。

一方面是在中国共产党领导下的苏维埃疆土内,消灭了豪绅地主资产阶级的统治,进行革命战争,青年工人和农民第一次过着人的生活,受到苏维埃《劳动法》的保障,分得土地,发展自己的能力和热忱,参加苏维埃经济和文化建设,劳苦青年被提拔到苏维埃政府中工作。另外一方面,是在帝国主义国民党统治下,国民党把全国国民经济总破产的损失,转嫁在工人与农人的身上,劳苦青年被迫至工厂中过着成工和学徒的残酷生活,分担着水灾、饥荒、苛捐杂税、地租剥削的惨痛命运,还加上国民党法西斯蒂式的屠杀,劳苦青年被打入到卖身、卖淫、饿死、冻死的漩涡中。在华北的劳苦青年,被国民党拍卖给日本帝国主义用飞机大炮炸击、毁灭。

两个相反的世界的对立,两个相反的政权对立,达到从来未有这样尖锐的地步。

帝国主义在想从牺牲苏联、牺牲中国民族中探求危机中的出路。强盗们的炮口,正像划成一条黑线似的向着社会主义建设蒸蒸日上的苏联;强盗们正在经过国民党用五次"围剿"苏维埃红军,企图将中国完全殖民地化;强盗们更在利用一切反革命派别,用一些鬼话来粉饰他们的强盗面貌,对苏联及中国苏维埃作最无耻的造谣、诬蔑,作哈叭狗的吠声。

历史要求我们解决最负责的最光荣的任务,就是团结在中国共产党的周围,扩大我们百战百胜的工农红军,积极参加苏维埃各方面的建设,结成坚强的红色的战线,来对抗强盗们的黑色战线,粉碎帝国主义国民党的五次"围剿"。这就是阻止危机中的殖民地出路的斗争,也就是武装保护苏联的实际行动。我们全中国的工农劳苦青年应当说:我们时刻准备着武装保护苏联,巩固苏联与中国民众的兄弟联盟,反对帝国主义战争,反对帝【国】主义瓜分中国,反对帝国主义进攻中国革命,为保卫苏维埃中国而流最后的一滴血。

公历一九三三年十一月七日

苏联社会主义建设成功万岁!

十月革命万岁!

列宁主义万岁!

中华苏维埃中央政府万岁!

红军万岁!

列宁的共产党万岁!

(录自《红色中华》第 121 期,1933 年 10 月 24 日出版)

青年共产国际关于青年工人运动问题的来信

（不晚于 1933 年 11 月 10 日）

　　中国共产主义青年团只有组织和领导青工劳苦群众，为着他们迫切的经济的和政治的要求而斗争，它才能执行它在日益高涨着的革命危机形势之中的伟大任务。

　　团十二月的全会着重指出：

　　"只有在工厂、作坊、农村劳动介绍所、强迫劳动部等处，在坚持的斗争中来拥护青工的经济利益，反对贫穷和争取他们的权利，团才能和必须获得广大青年劳苦群众的信仰与拥护，同时也才能做他们革命活动的领导者。"

　　因为日本帝国主义的强盗战争的继续增长而经济惨祸更加尖锐，工人的，尤其是青工的生活达到了极端的恶化（如加长工作时间、减少工资、加紧工作、三日或五日的星期工作制、新的奴役条件、新的剥削青工的方式、帝国主义和国民党有加无已的白色恐怖等），结果是更加紧了青工、童工和学徒等的斗争决心。这些事实可以在工人的罢工和他们的部分斗争中来证明，同时也可以在青工的单独的罢工斗争中显示出来。

　　虽然上海的团开始了它在青工中的经济工作（如参加罢工斗争、建立了纺织工会、起始失业工人工作等），但是团在这些范围内的活动对于经济斗争，还是表现着根深蒂固的估计不足，没有动员全团为着它经济的任务来布置和进行罢工斗争，以及帮助党来建立群众的赤色工会运动，与建立赤色革命反对派于国民党工会之内。这些缺点是团离开主要部分的青年工人群众最主要的原因。

团中央必须消灭这些现象,如发生罢工的地方没有团的参加,"仅"在爆发斗争的时候,团才去参加,甚至党和赤色工会所积极参加的罢工斗争而不引起团的严重的注意。1932年在北方约有28万工人参加的罢工运动中,团只能做了些微弱的工作。虽既在南方如广州、香港等地时常爆发很大的英勇的罢工斗争,可是团与这些罢工是没有丝毫的关系。

同时,十二月的团全会更着重地说:团还没有了解如何利用日益生长的罢工运动,站在工人群众的最前线,来为青年工人的要求而斗争。虽然上海的团在提出很具体的青工要求当中得到了很大的成绩,但这些要求大半是由上级机关所规定的,团还不能依照每个工厂、每个工厂部门和每个产业中的青年工人的特殊的个别的要求,充分地提出更具体的、更实际的要求。同时团也没有领导青工和成年工人为着实现这些要求而斗争。

共产党员不把青工最小的部分要求联系到党和团的主要口号,则是机会主义的错误。但是没有很实际地了解青工的切身痛苦和不满,而"只"是提出团的主要的经济的要求(如抽象提出"每日工作四小时或六小时","同工同酬"等),或重复立三路线的错误,坚持将这一类的政治口号——"拥护中国苏维埃""打倒国民党"等包括到工人的罢工要求,这是更绝对的错误。当反对这些错误的时候,我们必须努力地来提高每个斗争的政治意义和动员广大的群众为着党的主要口号而斗争。

党必须特别注意发展斗争,反对一切特殊的殖民地方式的抢劫奴役和剥削中国青工、童工。这种方式是从不同的形态运用于各个工厂、各个车间(或工厂部门)的。(在点件制度的基础之上,在将他们所做好的货过秤、或过磅、或点数的时候,欺骗他们,罚钱,强扣工资,在青工被雇前需交很多保证金,工期①和包工者的虐待和侮辱学

---

① 似"工头"二字之误。

徒的奴役状况——不给工资，受体刑，没有前进的机会，学习满期时即被开除等。)

我们更须特别注意来保护童工的利益，反对奴役的条件，反对奴役的合同(养成工制度)。我们要求惩罚维持这种制度的厂主和工头，揭破国民党和黄色工会官僚使这种制度持久的罪过，反对将童工整天整夜的锁闭在牢狱式的工厂里，要求发给童工的工资，要求加增工资，要求改良他们食品等。

为要夺取青年工人的大多数(青工的大多数是在丝厂、纱厂、烟厂等的青年女工)，我们必须大大地注意加紧我们在青年女工中的工作，提出她们的特殊要求。在这里，我们必须反对这种机会主义观念，它认为在青年劳苦女工群众中不能进行我们的工作，并且它认为因为遗传和青年女工的父母的态度的缘故，青年男同志不能和青年女工说话。同时，我们应该开展斗争，反对一切对吸收青年女工到赤色工会、反对派青工部、青工小组等组织的领导机关的怀疑和动摇。

我们须注意到，并且应先准备青工的季节的要求和斗争(如年关斗争——极变热天时的特殊要求——改善空气流通、减少工作速度、改短工时、要求放暑假工资照给等)。

同时我们必须提出要求，反对青工不卫生的和〈与〉有危险的工作和住屋的状况。

青工的要求只有在各工厂、各产业部门、各职业和各种剥削青工的特殊方式中的基础上，规定出来，这些要求才能充分的具体化。

在群众的经济工作当中，在罢工斗争当中，我们更加需要开展各种各样的斗争和组织，来使广大的群众积极化，来提高他们的最大的创造性。在罢工委员会领导之下，广大的青工罢工委员会应组织起来，来代替由上级所指派的少数人的领导委员会。青工罢工委员会应分为各部与各突击队等，并负起它的具体任务(争取失业工人的拥护罢工，募捐救济罢工，组织厨房部以供给罢工者的伙食，吸收青工、童工到纠察队)，以争取广大的群众参加这一行动。每个部分的斗争必须开展成为各部门中全体青工所参加特殊要求的斗争，组织处置青工各种特殊的痛苦的代表团,举行厂内抗议会议、示威、怠工、罢工等。

青工的迫切的经济利益的斗争,必须经常地密切地联系到反日本帝国主义的统一战线的斗争。赤色工会的青工部和赤色反对派的青工小组,必须为着这一斗争动员青年工人,在各厂内组织行动委员会,要求厂主和市政府予在业和失业的青工以军事训练之便利,并要求他们出战选送青工队到抗日义勇军和游击队里去参加反日的战争。此外还要执行党所号召的一切反日统一战线的行动(以抵制日货运动、武装青年、募捐援助义勇军等)。我们应吸收失业工人到反日斗争里面来和没收日货分配给失业工人等。尤其在日本帝国主义的工厂企业中,在利用日本的一切材料的中国工厂中和在其他一切制造军用品以供给日本军队和国民党军队来进攻中国苏维埃的工厂中,这些斗争和要求必须大规模地开展起来。青工经济利益的斗争应更密切地联系到反对日益残酷的白色恐怖,这一恐怖是帝国主义国民党用来进攻工人阶级的。

党、团和赤色工会必须特别注意争取在国民党和黄色工会影响下的青年工人,并且在下层统一战线的基础之上,吸收他们和我们一起加入共同的斗争。这里我们应在国民党工会中进行艰苦的日常工作,深入青年群众中,揭破国民党和黄色官僚们的政策与行动,和他们的无耻的武断宣传(如"国难期阶级和平"等——他们用社会局等来限制或禁止工人罢工,他们站在工人斗争的前面企图破坏罢工,他们禁止青工、童工、学徒参加罢工斗争),因为他们足以影响青工的日常生活。同时我们必须肃清对国民党黄色工会的作用、它们的活动和武断宣传的估计不足,和反对宗派主义与关门主义的观念,这种观念是阻碍着我们党在国民党工会内的实际工作(如不能将在黄色领袖影响之下的青年工人分化出来,常常呼附和国民党工会的青工为黄色走狗等,在黄色工会没有进行坚〔艰〕苦的工作以夺取其群众而只空喊打倒黄色工会)。虽然上海的党和赤色工会在黄色工会中已经建立了一些我们的堡垒,可是在这些黄色工会中团还没有开始它的严重的工作,即使有点工作,最多也不过建立了几个宗派主义的团员的和几个革命青年工人的小组罢了。我们应采取迅速的方法在国民党工会中,在我们赤色工会和赤色反对派领导之下组织群众的反对派青工运动。

中国团依然还没有很明确了解什么是青工部和什么是青工部的工作,十二月全会着重地说:革命的工会青工部必须转变成为一个各部门青年工人的群众组织,而且它的组织是较团的组织广大若干倍。目前在中国已组织的青工部依然还有一个很狭小的组织,如像团的支部一样,不仅青工部的组织,即是它的活动的方式和内容也须与团不相同的。但是有许多青工部不去从保卫青工每个经济的和政治的利益来提高斗争的政治水平,而只是机械地摹仿着党和团的组织,且把青工部本身限制于只接受我们的政治纲领的革命分子的组织。因此,许多青年工人都不加入青工部,他们认为青工部是纯粹的政治组织,也不能经过合法或半合法的方式动员广大的群众来拥护他们最迫切的经济利益。

团应经过它的党团和工厂支部来领导青工部的工作,并应培养和吸收青工部的青年工人到团的组织中来。为要吸收成千累万的青工参加青工部,我们必须组织各种各样的合法的和半合法组织(如体育会、俱乐部、反帝委员会、夜校、读书社、读报班、口头宣传),围绕着青工部。青工部本身的组织形式,必须有伸缩性的,特别是在我们工作很薄弱和工作才开始的工厂中应该如此。青工部无需使人知道为赤色工会的青工部,最好的保证青工部的发展和保证它与群众的密切联系,是要在车间小组的基础上坚强青工部的组织。

我们虽然要充分地开展群众的创造性,虽然要提高他们的独立的活动和斗争到最高程度,但是同时青工部和赤色反对派的青工小组,必须服从赤色工会和赤色反对派的领导。青工部的和反对派的青工小组的会员,必须积极地参加一般组织的工作和领导青工部,应该彻底地讨论青工的一切问题,可是在它的单独的会议上,讨论赤色工会和革命反对派的一般问题是不必要的。

我们认为青工部和赤色反对派的目前分离的存在,不在赤色工会和赤色反对派的领导之下,去参加他们(指赤色工会和赤色反对派——译者)一切的决议和行动,是一个最坏的宗派主义的表现,而且大大地削弱他们的群众工作。

在最短的期间内,赤色工会和团必须克服在失业工人中的工作的不可容许的弱点。我们首先应集中我们的工作到站在厂外的失业青工之中,和其他各处所能寻找着的失业工人之中(如在马路上的、米店的、无家可归的失业青工的住处等),提出他们很具体的要求(如要饭吃、要衣穿、要房子住、要求政府厂主等发给失业保险等),组织在失业委员会领导之下的群众的失业青工委员会,和其他的各种组织(如失业登记,包括赤色工会、国民党工会的青工的各委员会,俱乐部,读书班等)。我们必须发动和开展斗争,反对各省的国民党军阀官僚不付工资的强征民夫(如修公路、以工代赈等),要求国民党雇主发给救济金,要求给工资的工作等。

团的领导机关必须了解:若非使全体团员和青工很明晰地了解青工工作的重要任务,这些任务是不会执行的,虽然领导机关做下了多少决议。我们必须具体地估计团和赤色工会的力量,动员整个的组织(如领导机关、每个支部、地方组织等)来执行这些任务,不是仅〈只〉指派一些特殊力量去负责这一工作所能成的。许多积极的分子应使团结在团和赤色工会青工部的周围,每个领导机关应有系统地具体地领导,讨论和管理几个重要工厂的工作,来代替空谈的和官僚主义的领导方式。

党、团、工会必须立即执行十二月全会关于每个赤色工会中反对派中和有我们支部的工厂中建立青工部的决议。

在上海,我们必须集中我们工作到这些已经建立了党和工会的强固堡垒的工厂中(如纺纱厂、烟厂、报馆),同时在最重要的产业中,在雇用青工较多的工厂中和在我们工作比较微弱的企业中(如铁路、丝厂、电气厂、船坞等),我们必须使现在党和团所集中力量的几个特殊的工厂中的工作成为我们的模范。我们必须特别注意开展我们在全中国的工作,尤其是河北、满洲和毗连着苏区的各中心城市的工作。

一九三三年十一月十日抄

中央档案馆藏

(录自共青团中央青运史研究室、中央档案馆编:《中国青年运动历史资料》第12册,中共党史资料出版社1989年8月版,第319—325页)

儿童工作的初步检查

（1933 年 11 月 13 日①）

丕 显

我们检查从"九一五"儿童干部会以来的工作，我们应该指出：在我们总的工作下，各地普遍地召集了会议，以革命竞赛来执行中心工作。仅有一些个别的县分以及落后地方，如粤赣、闽赣工作布置与执行比较差，我们从各地儿童【局】对工作执行程度看出：

一、教育儿童的工作一般的是较注意了。第一，许多儿童局□开始了和教育部与共同讨论过"儿童教育"，关系较密切了。第二，入学运动的举行获得地方的回答，比如博生、上杭、乐口、瑞金、宁化、雩都等地方个别区乡里头，学校结成五六十到七八十儿童读书，这里我们命瑞、雩、公四个县统计，增加学生四千左右。同时，宁化城市、博生梅江等地，造成儿童要求入校运动自动性的发挥。可惜，这不是一般的都是这样子。然而各□□育都不充分，甚至有的地方没有发动起来，可以松懈过□而已。

二、完成一倍儿童团员的增加，做到了吗？今天我们可以这样地回答，没有完成的，只有在国际青年节一时期造成从前未有的空气，

---

① 原文无成文时间，此为《青年实话》第 3 卷第 1 号的出版时间。

增加了团员五百人。可是现在呢？□□、兆征①、宁化、长汀、瑞金、长乐②、雩、万、公、兴国，十县统计，八千上下。下面还有个别的光荣例子，如禾口、梅江、黄沙区等等表现没有几天可以发展五六十及几百，指出不停留的宁化，近来一千多，今天没有齐备的统计，后这一期中不上二万五千人，特别□为什么？因为有许多的地方，没有抓紧，不积极为完成增加儿童团员而斗争，也还存在着，不知道如何去发展，或认为儿童都加入了，有的非儿童团员，等着我们去接收来，都置之不理……倾向的缘故。

三、拥护苏维埃和红军工作，根据现有的材料，各地儿童很热烈地进行，给全苏大会赠品——草鞋，和红军建立密切联系制度，宣传人来当红军，鼓舞逃兵回队，这是证明我【们】要加紧儿童教育工作，是不会减轻儿童参加这项工作积极性的。然而，今天来说，工作的执行正是开始着。

根据上面所讲问题，虽然近来获得些成绩，还是没有给我们以决定的回答，原因在哪里？有什么道理？

道理〈的〉一，对工作决定不能抓紧中心，在万太、石城、公略文件上看出，即这时期的，还是一套老的样子来布置，总之不能来很实际与具体地抓住问题中心来布置，没有集中一切力量为了工作决定的完成而斗争。

道理〈的〉二，没有完全的建立儿童局——儿童工作的领导机关，表现出：

（1）有的不能深刻去了解下层情形；

（2）检查与推动下层工作很少，有个别地方简直没有；

（3）筹划分县份的工作，多数表示工作差，当然也因为我们帮助很少的缘故。

---

① 兆征，即兆征县，为纪念无产阶级革命家、著名的工人运动领袖苏兆征，1933 年 9 月，中共福建省委划长汀县、汀东县部分地区，设立兆征县，机关驻长汀县城关，下辖古城、德联、红鄞、东陂、张地、大埔等 6 个区，隶属福建省。

② 长乐，即原福建省长乐县，今福州市长乐区。

　　道理〈的〉三,儿童局的领导不健全,尤其在闽赣、粤赣一小部分的地方,儿童局没有人负责,【更】不要说是领导工作上的进行。

　　道理〈的〉四,用种种儿童有兴趣的方法,来团结儿童的工作,是不够的。

　　克服我们在工作执行中的缺点,首先改善我们的工作方式,具体的十足实现儿童干部会议的工作决定,这是我们儿童工作的对症良方。

　　　　　　　　　　(录自《青年实话》第 3 卷第 1 号,1933 年 11 月 13 日出版)

怎样领导各省第一次女工农妇代表大会

（1933 年 11 月 29 日①）

颖　超②

从伟大的广州暴动六周【年】纪念的前夜,中央区空前的各省第一次女工农妇代表会议将先后开幕了。大会的开幕,正当粉碎五次"围剿"的决战更紧张猛烈的时候,正在第二次全苏大会的以前,它具有伟大的意义,负着重大的任务。

坚强〔持〕对代表大会的领导,更广泛战斗地动员广大劳动妇女团结在党和苏维埃、工会的周围,参加五次决战,争取决战的迅速胜利,是放到各省的党和苏维埃、工会的面前!

占劳动人口半数的劳动妇女,在苏维埃革命的发展中,在四次粉碎敌人的"围剿"中,发扬了她们的积极性,供〔贡〕献了她们的热情,表现了她们的英勇和伟大力量。"看轻这种力量(指妇女)是一个罪过"(斯大林)。但一般的说来,直到今天我们的党和苏维埃政府、工会还没有深刻正确地去更大地发扬这种力量,对劳动妇女工作领导还薄弱,甚至或多或少的还表现忽视和轻视。因此,劳动妇女工作在整个工作中成为极薄弱的一环。

"必须彻底而坚决地打击对于劳动妇女中工作过低的估计,这一工作在现时是特别重要的一个工作,必须在劳动妇女代表会议的基

---

①　原文无时间,此为《红色中华》第 130 期的出版时间。

②　颖超,即邓颖超。

础上,来动员劳动妇女,把这一工作作为党的整个工作看待"(国际十二次全会决议),"广大的建立女工农妇代表会及正确地领导他们工作,是整个党紧急动员不可分离的部分"(中央局三八决议),"要使每个煮饭的女工都能管理政权"(列宁)。这些指示,各省党及苏维埃政府、工会要深刻地记取,表现到实际工作中,是坚强〔持〕党和苏维埃代表大会的领导及胜利地完成的先决必须的条件。

各省代表会,应注意到下面的几件中心工作:

一、开展广泛深入的战斗的政治动员:在会中应充分地解释和讨论粉碎五次"围剿"的问题,使每一个代表了解五次决战正紧张猛烈,五次决战的胜利和她们的解放及保障已得利益的关系,说明我们正处在争取独立自由的苏维埃中国和阻止殖民地化中国内的两条出路的决死斗争的阶段,使她们认识只有苏维埃能解放她们,才能救中国。坚决地为保卫与发展苏维埃而战斗!鼓励和发扬她们的伟大力量,提高她们的积极性和热情,号召她们一分钟都不要放松扩大红军与归队运动,完成中革军委决定 11 月 20 日到 1 月 1 号扩大两万五千人的战斗任务,号召他们参加苏维埃建设的各方面与热烈地拥护二次全苏大会,完成 30 万双草鞋慰劳红军,献给二次全苏大会号召她们给予党和苏维埃的每个战斗号召以实际的回答,解决她们的实际困难问题,为争取她们的切身利益而斗争。经过出席大会的党团员,临时党团的领导,抓住代表中的积极分子的活跃,组织代表中的红军家属的突击,教育和说服代表中或许有的开小差的家属,直到开展无情的斗争,要用同志的亲爱的态度反对简单耻笑及不允许的强迫命令方法。有组织、有计划地领导各县代表团的工作,利用晚会和参观各机关的机会,开展完成各项动员工作的革命竞赛,这样去造成最热烈的紧张战斗空气,达到上述的任务。

二、普遍地建立女工农妇代表会和健全其工作:女工农妇代表会是组织团结和动员广大女工农【妇】群众的一种最好组织方式。现在已建立的女工农妇代表会,有健全经常工作的还很少,在战争动员中,配合着开展妇女切身利益的斗争还很弱,多是有了组织的形式,无计划地简单地工作。在各省大会中应作专门的讨论,依照党中央对这问题的指示,具体告诉他们工作的方法,普遍建立每一乡的农妇代表会及城市的女工代表会,并对农妇的领导起作用。

三、检查了解劳动妇女的生活,倾听她们的意见:经过这一大会更实际的去了解女工农妇的生活,有计划地收集材料,具体切实地去检查《婚姻法》《劳动法》的执行,与尚存在的对妇女的封建残余的压迫。仔细地去听她们的意见,注意她们的要求和呼声,集中她们的最好的〈和〉对苏维埃的建议,提到二次全苏大会。

四、开展和巩固大会的精神,迅速完成大会的决议:伴着大会闭幕的不可少的重要的一环,就是怎样巩固和发展大会的成功和胜利,使大会决议的每一条文成为实际,我们必须有准备、有计划地去领导大会后应继续的工作,纠正会开完,什么事亦完了的形式空谈主义。大会后和各县代表作个别的讨论,给她们具体的任务,使每个代表回去都成为最有力而活动的战斗员,使各县的代表团有组织地回去,建立和她们中的积极分子的通讯工作。责成各级党和苏维埃的领导机关,配合着所讨论的决定,去领导她们开展工作,经过工会女工的会议,乡的农妇代表会,群众大会,一屋一村的会议,利用俱乐部、列宁室、唱歌、图画等,去传达代表大会的精神和成功,解释与执行大会的决议,去教育并动员更广泛和文化上比较落后的女工农妇,为粉碎五次"围剿"而战!

最后热烈地庆祝各省第一次伟大的女工农妇代表会开幕和胜利的成功!

(录自《红色中华》第 130 期,1933 年 11 月 29 日出版)

少共国际师在前线

（1933 年 11 月 30 日）①

冯文彬②

少共国际师是全世界无产青年及劳苦青年解放的唯一旗帜，少共国际师的任务是何等的伟大！

在拿口铁拳初试　全部驱逐敌人缴枪数支

红军在东线上不断胜利的时候，少共国际师武装上了前线。在福建的拿口，这只铁拳初试，就缴枪数支，肃清将乐通邵武的道上拿口的敌人，告诉了国民党，只要是红军都是不可战胜的力量！

大刀会碰钉子　被少共国际师打得落花流水

继续拿口的胜利，少共国际师截击大刀会又获胜利。福建某地的大刀会被豪绅地主欺骗把持，压迫工农反对红军，被我少共国际师一连截击，打得落花流水。少共国际师在大小战斗中锻炼出来，将成为铁军。

---

① 原文无时间，此为《青年实话》第 3 卷第 2 号的出版时间。
② 冯文杉，时任少共国际师政治委员。

红军首长的嘉奖　电庆贺少共国际师

少共国际师全体指战员同志们：

你们初试铁拳，即获取连续的胜利，这更扩大了少共国际师的光荣，更表现了你们是为发展巩固苏维埃的坚决奋斗者，一切敌人在我战无不胜的红军面前，只有崩溃消灭。因此在庆贺你们的胜利中，更希望你们千百倍努力提高军事技术，要在全部粉碎敌人五次"围剿"的决战中，获得更伟大的光荣胜利，把少共国际师的光荣旗帜插到抚州、南昌去！

朱德　周恩来　杨尚昆暨方面军全体指战员
九月十六日

艰苦耐劳　赶上了老战士

福建的米，本极缺乏，又适当青黄不接的时候，所以部队有时买不到米。少共国际师在福建，有一次，一天只吃了一餐稀饭，但仍然是一样的一天几十里照常行军。新战士都说："这点苦吃不得，那还当红军？"这种艰苦耐劳的精神，和老战士一样的了！

背盐挑油　一人负担几十斤

在洋口时，胜利品盐油堆积如山，这一下给养问题解决了。新战士除背枪之外，每人又背盐挑油几十斤，行军打仗毫不觉苦，而且我师高级指挥员陈师长，也身先各战斗员，自己挑了洋油，真是只有我们红军才能做得到。

搬运战利品得力　缴委会来函赞扬

冯主任：

　　这次洋口的胜利品，幸得十五师全体战士的努力，得以迅速运回，对于打破敌人的经济封锁，固然有重大意义，而使兵站能期结束，各兵团能迅速转变战区消灭进占黎川的敌人，更有其特殊意义。现特送肉猪八只，藉以慰劳，请即派员来方面军供给部领取，分给师直属队及四十三团，并请代向全体战士致意为荷！致以布礼！

方面军没收缴获委员会主任　叶季壮
十月八日

铁一般的坚固团结　打得敌落花流水

　　少共国际师之某连遇见了大刀会，连长、指挥员、排长没有一个人在连里指挥，但是新战士们毫不惊慌散乱，英勇沉着的终于把大刀会打跑了。这证明只有阶级的军队和共产党的坚决领导，才有这样铁一般坚固团结的力量。

提高军事技术　向着铁军道路迈进

　　一般的说来，在提高军事技术方面，我们已有相当的进步，对于利用地形地物、□□尺、前进、疏□，特别是射击很有成绩，如在拿口、资溪桥、桥头等战役中，每□能击毙敌人，我们却毫无损失。我们现在正响应《青年实话》的号召，创造特等射手，向铁军道路迈进。

保证共产党铁的领导　党团员增加了一倍

　　在国际青年节及九月份的发展党团员运动中，又获得了一些成绩,党员差不多增加了一倍,党团员已占全体战士50%以上。现在我们正继续努力,为达到党团员占60%以上而斗争,消灭流动与不平衡现象。

转战千里　遍插少共国际师的红旗

年轻的少共国际师,一上前线就转战千里,配合东方军将自己的光辉红旗插在闽江上游,方面军政治部主任杨尚昆同志说:"少共国际师全体战士的作战及学习精神,比起一般的部队来,真是后来者居上。"我们且高举我们的旗帜,继续发扬少共国际师的精神,将红旗插遍全中国,首先遍插在全江西。同志们:且歌我们的前进曲罢:

"高举着少共国际师光辉的旗帜,

捉师长,缴枪炮,消灭国民党,

准备与帝国主义直接的作战,

最后的一滴血,为着苏维埃!"

(录自《青年实话》第3卷第2号,1933年11月30日出版)

中共中央、全总党团联席会议
关于海总工作的决议

（1933 年 12 月 1 日）

一

检查了海总最近几个月来的工作以后,中央和全总党团认为海总的领导,没有适应着顺利的客观条件与摆在海总前面的许多伟大任务,来转变和开展自己在轮船上、码头上的群众工作,而陷于机会主义的消极,形成非常严重的状态。这主要的表现于:

1. 对于工人群众斗争之组织与领导的忽视和站在群众斗争以外。资本的进攻是加紧了:抛锚、开除、征收巨量的保证金、抄关、罚款、尅扣工资、折帐、取消贴水钱,及以贱价的童工学徒来代替水手,使海员、码头与驳船工人的生活水平更加降到饥饿的线上。工人群众反抗资本进攻的斗争日益开展着:江裕、合安各轮船的工友反对停航的斗争,驳船会德丰反对开除,停工和老大剥削的斗争,援助吴淞轮的同盟罢工至今尚在坚持。虽有一切可能以争取对这一斗争的领导,而海总则采取观望的态度,视为黄色工会所鼓动。这里,表现出海总对海员群众斗争形势估计不足,成了他们机会主义消极的张本。正因为海总领导对工人日常斗争的忽视与消极,更加便宜了黄色工会出卖工人斗争的勾当。正因为海总没有组织和领导工人群众为迫切利益的斗争,使我们也就难于开展反对运兵运械进攻苏区的运动。海总的生活实离开了蓬蓬勃勃的工人斗争和整个的政治任务,这是海总工作形成目前严重状态的基本原因。

2. 组织上的停滞与削弱。正因为不去积极领导和组织工人的斗争,遂使海总的组织表现无生气、松懈、散漫,这表现于海总领导机关各部分之没有形成,大都残缺不全。更表现于下层组织基础之薄弱,没有建立强有力的战斗的赤色小组与分会,而旧有的小组便因无具体领导与充实的日常生活而无形解体。海总领导同志甚至认为小组无若何作用,没有建立的必要,这正是放弃群众斗争所得到的必然结论。对群众斗争的消极便不能不走到组织问题上的取消主义。取消了群众中发生核心作用的战斗组织,自然就使我们不能与广大工人群众取得密切的联系,而有计划地领导他们的斗争。因此,每当斗争之来,海总的领导同志虽有时手忙脚乱,但以在群众中无可依靠,而终不能把斗争领导起来。

这里,两方面是互相影响的:不去领导群众斗争,是不能建立和强固我们的组织;而不坚强我们的组织,则领导比较大规模的群众斗争又是特别困难的。

半年来,海总的组织没有什么发展,而会员的数量且有削弱的情形。在长江沿海轮船上的工作与组织状况,离我们的政治任务是差得太远。

总起说来,海总的组织状况是在停滞和没有生活的状态中,它的组织没有在航行长江沿海轮船和码头上坚固起来,甚至连旧有的单位失掉一部分,会员的成分在生火水手方面是极不充分的。这些都表明海总在离开党的整个政治任务之下,工作失掉了重心,没有适应着一个正确的政治路线的组织路线与工作。海总组织上的严重现象是与它在政治上的状况分截不开的。

3. 正因为海总放弃了群众斗争与不去艰苦地组织群众,遂使海总的工作陷入于狭隘的桎梏中而度其关门的"偏安"的生活——它的工作仅限于上海一隅,没有一个外埠的分会,而外埠委员会亦认为是赘瘤,予以取消。海总个别的领导同志,公然视香港海员的斗争与己无关,这种地方主义的偏见的基本来源仍不外是忽视群众的斗争。

它之有害于海总的工作——把海总变成全国海员码头工人群众的领袖，是非常明显。香港的工作正在这种情形之下日益削弱下去，厦门的工作很久不去过问；其他如大连、武汉、九江等重要口岸，没有企图过要去开辟工作。这样使海总在全国海员码头工人群众及其斗争中的比重非常轻微。争取海总之全国的意义是成了非常迫切的工作。

4. 海总之忽视群众中的工作与脱离其澎湃汹涌的斗争，更使他们走到取消了失业工人中的任何工作。在海员中，码头上因为资本的进攻，成千成万地增长着失业的队伍——香港一埠失业即达数万人之多，长江各轮船公司与各码头上的失业工人是多至难于统计。因为实际上三分之二以上的码头工人是经常处在失业与半失业的苦境中，他们的斗争在整个海员与码头工人斗争中是占有极大的地位。但海总的领导同志能够背向着这些饥寒的工人群众，而认为失业的工作只是"附属的"工作。这样我们便自动地推开了广大的最富于战斗精神的群众。而在香港许多赤色会员因失业而失去了生活的依据，得不到自己工会的积极领导以进行斗争，遂形成他们散漫的情形，使香港的组织大加削弱。这是何等的罪过！

这里，在失业工作中呈现两个极端的现象。海总的领导同志开始或者是企图将一切失业的海员与码头工人都组织到自己的失业委员会之下，加入赤色工会的组织，这是一种"左"的宗派主义；后来，这条路是没能走得通，因而转到对失业工作的失望，便连失业委员会的组织也都根本取消。这是从左来，向右去。另一方面海总的同志起初以为失业的工作是"大家的"工作，因此听其自流，不去确定失业工作在海总各部工作的地位，加以有计划地督促，结果谁也感觉到对失业工作没有特殊的责任；这是工作系统与工作方法的问题。但海总的领导同志却以为造成这种"三不管"的原因，是失业委员会的存在，而得出欲加强失业工作便须取消失业委员会的结论。这是从不建立责任制而走到取消任何的责任制。这只有害于失业的工作是非常明显——在海总的队伍中没有几个失业的会员，没有一个失业的群众组织。

这种取消主义仍然是海总生活在群众斗争和革命形势以外的结果。

5. 在资本进攻的基础之上与在全中国革命形势之下,海员与码头工人的斗争是猛烈地向前开展着。黄色走狗为了配合着帝国主义国民党对中国苏维埃的五次"围剿"和资本的进攻与法西斯蒂的活动,加紧了自己的积极性,以"领导"工人斗争来出卖斗争,以更巧妙的诈术和小惠的手段来维系其在工人群众中的最后幻想,采取一切方法来隔离工人群众与赤色工会的革命领导。黄色工会是随着革命形势的尖锐,阶级斗争的紧张,更加积极以叛卖行动来分裂和消磨中国无产阶级的队伍。因此在黄色工会中的工作,将一切小资产阶级的改良主义和民族改良主义的支派从工人运动中肃清出去,这一工作摆在我们面前,比任何时候都要迫切,否则我们便不能完成最主要的战略的任务——争取无产阶级的大多数,而造成无产阶级在中国革命运动中的坚固的领导权。

为了准备更进一步地瓜分中国和扑灭中国苏维埃的战争,帝国主义国民党深切地需要把海员与码头工人群众组织在自己的手内。最近南京中央决定自己成立了"全国海员总工会筹备会",及在中国长江、沿海许多重要的口岸上建立了自己的分会,甚至冒用着海员老工会的招牌进行这一组织的工作,以达到其政治上的目的。

正在这个时候,海总的领导同志看不到黄色工会的阴谋活动,完全放弃在黄色工会中的工作,不去采取任何方法与努力来争取在黄色走狗控制之下的海员斗争,没有建立一个革命反对派的组织。这种在黄色工会工作中的消极并不能找到任何客观原因来解释;工人群众对黄色走狗的不满是增长着,迫切的需要赤色工会来先一着的抓住和组织这种不满与工人群众反黄色领袖的斗争。黄色工会的解体全靠赤色工会在其会员群众中的艰苦工作,只有这样才能将黄色工会影响下的日在动摇与不满的群众,坚决地转到革命方面来。

二

造成海总工作目前严重现象的基本原因,是脱离了群众斗争与党的整个政治任务,这也反映于海总之官僚主义的领导方式与机会主义的动摇及个别反党的企图。

在这里,中央和全总党团认为必须郑重指出:海总的领导方式是陷于无内容的清谈,不去了解下层的实际情形,因此对各部工作和各种不同的群众不能实行分别的领导,采取千篇一律、陈腐不堪的方法。只要在报告后通过决议,不着力于具体果实之获取,这是敷衍,与布尔什维克的作风没有丝毫相同之处,这是第一。第二,不着边际的给下层组织和个别会员一大堆任务,丝毫不顾及实现这些任务的可能,出之以命令的形式,在工作过程中不灵活地给以具体指示和帮助,事后便乱施批评,不虚心探求其失败的具体原因而设法克服,这样使下级工作人员和会员感觉困难和没有出路,这正是一种消灭任何创造性和压制群众积极性的领导。第三,这表现于海总领导同志之压制群众的自我批评,甚至对于揭发领导错误的同志,利用自己在组织中的威权予以组织上的制裁,取消了工会内的任何德谟克拉西。这样使个别工作人员和会员消极下去,不愿意接近海总的领导。这样的领导,摸不着群众的脉搏,不能引导他们的不满到正确的轨道上去,因此也就不能在日常工作中团结干部,来集体地把工作推往前进。第四,正因为没有建立起集体的领导,各个工作人员的各自为政,使工作没有统一的计划,失掉工作的重心,和得过且过的没有一定的前途,但有时又把工作的计划性了解为一种烦琐的数目字的流水账,空调〔洞〕而机械地规定许多任务,而生活中的一切事变却一个抓不紧,不能利用每一事变来推动工作。第五,计划的确定既是事先没有精确的估计,轻于提出许多在一定时期内不能完成的任务,又不按时的具体的检查,工作中无纪律,充满了自由主义和放任主义,这些工作方式正是障碍了海总工作的开展。

这些工作形式与方法是有其一定的根源的。官僚主义的领导方式与机会主义的动摇常常是分不开的。海总的机会主义表现于:(1)忽视拥护红军苏维埃的任务,这表现于没有抓紧长江与码头的工作——在招商局各轮船及招商宁绍等码头上,最没有力量,这表现于放松反对国民党运兵运械的斗争。(2)用迷信工头来代替了在工人群众中艰苦耐劳的工作,结果根本失去了工作上的阶级路线。(3)因此,便放弃组织工人群众的任务,根本主张没有必要建立赤色小组,这样使赤色海员工会没有坚强的下层组织基础,这是在组织上最坏的机会主义。(4)正因为放弃以革命的阶级的工会组织来团结广大的海员与码头及驳船的工人群众,海总的个别领导同志便认为帮口的斗争是没法消灭的,这正是一种工头意识的反映。(5)工作中失去了正确的阶级路线,因此对于新的工人干部的提拔采取了比孟什维克还要坏的态度,认为对工人干部在政治领导上“感觉得麻烦”,所以大半年来海总的各部组织便停滞于几个旧有的干部手中,没有提拔许多在业的干部。在这点上又表示出海总没有成为领导工人群众斗争的组织,而弄成了少数同志包办的机关。(6)海总个别的领导同志的机会主义情绪,随着工作的消沉而发展到了最高点,起初曾企图脱离党的领导——宣布政治上的独立,“只向党要钱”,这充分地表示出工团主义的立场;后来则公开主张解散海总的组织,并散布关于党已舍弃海总的武断宣传,而达其反党的目的。中央和全总党团特别指出海总党团生活的不健全,没有给这种露骨的取消主义与反党的企图以无情的打击。

中央和全总党团认为必须指出,在长久的时期内,全总未能与海总建立领导上的关系,与江苏党省委对于海总领导的极端薄弱,更加深了海总工作的严重程度,而未能予以及时的纠正和帮助。

三

目前整个中国革命形势要求海总的工作执行坚决的转变。中央和全总党团认为海总目前虽处于极端严重状态之中,但谁因此而得出海总工作无法挽救与开展,那便是最有害的机会主义。实际上,转变的因素是具备着:党的政治影响的扩大,原有的组织基础与工人群众斗争的高涨。这里,需要海总的同志们以布尔什维克的努力来征服上面的错误与缺点,在开展反官僚主义方式与机会主义的领导的斗争的基础上,密切与工人群众的联系,不放松一个斗争,在领导群众的斗争中来壮大自己。为此,必须一致地来执行下列的基本任务:

1. 长江沿海和码头,应是工作的中心。这里,在目前帮助红军冲破敌人五次"围剿"的紧迫任务上,更感觉到特别的明显与重要。应集中海总最好的力量,加强长委和码头的领导,会同工联和党的、团的海委,建立上海码头工人总工会,在巩固现有成绩的基础上去勇敢地夺取新的胜利。务期于最短时间不是口头的而是实际的成立各色各样的群众自己拥护红军的战斗团体——如没收军火,破坏军火,反对运兵运粮去进攻红军等委员会和红军介绍社、红军之友——以光荣地实现帮助红军冲破"围剿"的伟大任务!

2. 要建立强有力的赤色小组与船上委员会。首先应抓住生火和水手——这是最受资本进攻的部门,最伟大而最可靠的革命源泉——从斗争中加强团结,扩大与教育训练的艰苦工作,与之建立密切的关系,灵活的领导,特别要保证每一个小组,尤其是每一船上委员会有充分的自发自动的工作能力。

3. 勇敢发展组织和开始建立外埠的工作,首先要创立汉口、香港、厦门、福州的工作;加紧外洋船上的工作;开展反帝和反战的工作。

4. 开展失业的工作,首先要恢复失委会及建立各委会下之失业部,并将失业的斗争与在业的斗争配合起来。

5. 刻不容缓地要坚决开展反国民党黄色工会的群众工作,吸引着各色各样对黄色工会不满的社会团体(如兄弟团、姊妹团、同乡会、烧香弟兄等)和个别群众,在赤色会员或赤色小组的周围,去建立强有力的革命反对派。从海总常委至每个赤色小组,要有系统地、有准备地进行讨论反黄色工会对工人无耻欺骗和出卖的专门会议,用会德半斗争、吴淞轮斗争为群众所了解和知道的事实,去开展反黄色工会的群众运动。

6. 要充分注意和领导工人日常生活的经济斗争,抓紧每一企业和每一部门工人的迫切要求,配合着该企业和该部门工人斗争的具体特点,和过去斗争的光荣传统与宝贵教训,去揭穿黄色工会,去夺取和进行强有力的领导。

要坚决开展反帝反战等一般的政治宣传鼓动工作,首先是反对日本及其他帝国主义瓜分中国和国民党出卖中国,尤其是拥护红军,反对五次"围剿"的广大宣传鼓动工作;同时,要注意把这些工作密切地与日常的经常要求联系起来。

中央和全总党团号召海总的同志们团结在党的总路线的周围,像一个人一样,把海总变成全国海员与码头工人群众的斗争参谋部!

(录自中华全国总工会编:《中共中央关于工人运动文件选编(中)》,档案出版社 1985 年版,第 297—304 页)

动员少队开展广泛的游击战争训令

（1933 年 12 月 10 日[①]）

一、在迎接彻底粉碎敌人五次"围剿"血战的紧急关头，省少队部与军区共同计划动员五连少队到游击战线上来，开展广泛群众的游击战争。在粉碎敌人"围剿"决战中，保护青年特殊利益，要高度地发扬青年的战争的英勇积极，争取苏维埃中国的道路。

二、省少队部责成各县区少队部：在同级军事部指挥之下，坚决执行这一动员计划。在动员中，特别运用晚会、革命竞赛、游艺等青年化的工作方式，在总的口号之下，提出"少队到前线去，保护青年的特殊利益""学习少共国际师的精神，到前线去"，"发扬铅山、□村[②]、建宁少队的战争精神，到前线去！"针对各地的具体情形，提出更具体的地方口号，派出得力人员，参加巡视团，深入的政治动员，充分执行军区政治部关于动员的政治工作计划。不容许强迫、欺骗、收买的错误办法，特别要粉碎一切不相信少队、向困难投降、消极悲观、放弃战争动员，如肖劲光为代表的罗明路线。

三、省少队部责成各县区少队部，动员最得力干部为领导，负责少队的各级指挥员，动员未出发的队员优待参战少队的家属，组织热烈的慰劳，特别要动员女队员积极参加这一工作。

四、各县区少队部，应分三期（动员时、集中时、到前线时）检查工

---

① 原件无年份，年份是编者判定的。

② 原文不清，似为"横村"。

作,每次检查必须做□结论,按级报告省少队部。反对无具体计划、不深入动员、不检查工作的官僚主义。

队　长　黄智仁

党代表　顾作霖

（根据中共江西省委党史研究室藏件刊印）

团的教育问题

（1933 年 12 月 12 日）

凯 丰

"假使我了解的非常少，那么我应该努力使我了解得更多。"（列宁）

"知识是可以求得的，今天没有，明天就会有了"。（斯大林）

由于最近一个时期内，特别是从今年国际青年节入团号召以后，团员数量是极大地增长，在团员和干部中的积极性的增长。同时，我们自己应当坦白地承认的，就是团员和干部中的政治和理论水平还是非常之低，即就文化的水平（识字等）这一方面来说，也要做许多艰苦的工作，因为在团员中是存在着百分之八十以上的文盲！

最近在《斗争》上发表《列宁论共产主义教育》的一篇文章，这篇文章是 1920 年 10 月 2 日列宁在俄国共产青年团三次代表大会上的演说，这篇演说的重要现在已经成为少共国际和全世界共产主义青年运动中的教育纲领。

我们在上期《青年实话》上又发表了斯大林《论青年团的任务》。这两篇文章对共产主义青年运动的重要是用不着说的。

我们准备在进行列李卢纪念时，应当在我们中国的团内来研究这两篇文章，还有一篇斯大林与美国工人代表的谈话（不日出版单行本），我们也准备拿来作为研究的材料。我们号召每一个同志都来读这三篇文章。我们还回忆在今年列李卢纪念时，在全世界团内都讨论过论斯大林同志给无产阶级编辑部的信，对于斯大林同志的信的

讨论与研究是引起了团的工作的极大的转变,这种事实就完全的证明了:

"共产青年团只有那个时候才能名副其实,只有那个时候才能证实他是真正的共产主义青年团,假使他每一种学习、训练与教育的步骤同一切劳苦群众反对剥削者的总的斗争的参加密切的联系起来的时候。"(列宁论共产主义的教育)

在我们团内存在着的一种极不好的现象是不愿意学习,拒绝学习,我们从许多同志的言论中经常听到这样的论调:"实际工作忙""没有时间"。是的,我们的同志是担负着很多的工作,而且是负责任的工作,是不是没有可能去从事理论与实际的联系呢?"是有可能的,当然这不是容易的事,但是完全是可能的,是必要的,除此是不能创造一个真正的列宁主义的青年的队伍。我们不是专找容易的事而避免困难的消极怠工分子。困难的存在是等待我们和它斗争,并克服它。无疑的,假如布尔什维克不能学习克服困难,那他早就被资本主义战败,青年团假如怕困难,他就没有价值!"(斯大林)

在我们团的前面,在青年的前面,特别是在我们苏区的团与青年前面放着一个共产主义教育的任务!

要求在我们团内建立起教育系统的网,在每一个青年团员所到的地方,都听到他们的学习与他们的工作问题的这种联系,我们团的领导机关应当经常地来帮助每个同志的学习。因为不把实际工作与理论的学习联系起来,我们就不会有一种合理的工作,因为不把实际工作与理论的学习相联系,我们就只有在黑暗中前进!

最适宜的,对于我们青年团员的一种教育系统的网,我想应当使我们每个团员获得普通的政治常识,及马克思列宁主义的基础。为干部设立的研究组应当在每个团的组织中建立起来,计划一定的课目与材料,在全体团员设立流动训练班,为新团员设立特别的流动训练班,这种团内的教育系统网应当很快地建立起来。

斯大林同志这样热情〈着〉劝告着青年:"同志们,青年是我们的将来,我们的希望,他们要代替我们老年人的地位,他们应当举着我们的旗帜走到最后的胜利,农民中多数的老年人多半被旧的重累、旧生活的习惯和回忆所影响,自然他们不能与党和苏维埃政府整齐步伐。至于青年就不同了,他是没有旧的重累的压迫,很容易接受列宁的遗训,正是因为他们容易接受列宁的教训,所以我们要他负责,把那些落后的和动摇的人向前推动。对的,青年没有足够的知识,但是知识是可以求得的,今天没有,明天就会有了!青年共产党员同志,研究布尔什维克主义,你们就能够推动那些动摇分子跟你们一齐向前进,少空谈,多工作,你们的主义一定会实现。(在集体农场突击队员大会上的演说)

十二月十二日

(录自《青年实话》第3卷第4号,1933年12月17日出版)

轻骑队的组织与工作大纲

（1933 年 12 月 20 日少共中央局通过）

一、红军的胜利。苏维埃运动的发展,随着苏维埃政府工作的开展与改善,苏维埃机关的扩大,吸收了广大的工人、红色战士、农民以及一切劳动者参加国家事业的管理。正因为这样,阶级敌人不但组织武装的进攻、经济的封锁,同时他们时刻企图从苏维埃机关内部组织破坏苏维埃的阴谋,混入到苏维埃机关内来,组织危害苏维埃的行动,隐藏在苏维埃机关内的官僚主义的分子、贪污腐化的分子、消极怠工的分子,企图割断苏维埃与群众的联系,企图危害苏维埃的经济,企图廷〔延〕搁阻碍和曲解党和政府的政策的执行,企图破坏革命的纪律与苏维埃的秩序。这一切的害虫都是企图破坏和危害苏维埃,为着使党和政府的政策正确地实现,不受到阻碍与曲解,必须〈进行〉残酷地、有系统地与这些阶级异己分子作斗争。

与官僚主义消极怠工和贪污、腐化现象作斗争的一个重要武器,是群众的对于这些分子的监督。轻骑队是一种最好的方式吸收广大的青年工人,农民以及一切劳动者为着正确的实现党和政府的政策,不受到官僚主义的曲解与阻碍,轻骑队就是一种群众的监督。

二、在几年来轻骑队的活动中,虽然在某些地方表示了他的成功(如反官僚主义的斗争),然而少共中央局严重地指示,对于轻骑队缺乏正确的与系统的领导,在有些地方走向违反苏维埃的行动,没有变为广大群众的组织,尤其在最近一时期内,工作完全停顿,没有在报纸上,尤其是青年团的报纸上,经常登载他的活动,没有适应苏维埃工作的发展的环境。

三、指出团对于轻骑队工作的忽视的错误,少共中央局认为必须用极大的力量来注意发展轻骑队的工作,认为必须在下列的任务之下,来开始轻骑队的工作:

1. 在苏维埃机关内、企业内、经济的和合作社的组织内的活动——检查苏维埃机关内、企业内、经济的和合作社的组织内的官僚主义、贪污、浪费、腐化、消极怠工等现象,举发对于党和政府的正确政策执行的阻碍与曲解(如红军公谷之保管、军委仓库之保管、粮食之收集、打土豪之罚款等等)。

2. 在生产方面——提高劳动纪律,与破坏劳动纪律的现象作斗争,检查在国家企业内出产品的质量,生产计划的执行,内部的设备,节省材料,爱惜公物。

3. 在运输交通方面——兵站和邮政机关是否按时地将物件递送,各种报纸送达的状况,阻碍的原因。

4. 在医院内——对于诊治伤病兵的状况,内部的设备,卫生运动的情形等等。

四、根据于轻骑队的任务,是检查党和政府与指令的执行,把每一件事,从头至尾地做到底,因此轻骑队的工作方式应当:

1. 轻骑队的活动应当是公开的,他的一切的行动,应当向广大的群众报告,经过报纸或会议。

2. 组织袭击——为着举发某一个事件或彻底清查某一事件的原因,可以组织轻骑队的袭击。

3. 轻骑队应当经常注意机关内或个人以〔的〕官僚主义、贪污、浪费、腐化、怠工等现象,随时提向苏维埃控告,只要获得苏维埃政府的(如工农检查部)委托时,他可以检查苏维埃内的工作,或清查某些机关的账目。但是,轻骑队的权利,只限于控告,最后的处决,还是属于苏维埃法庭。

4. 轻骑队队员应当经常的有报告。

五、□应于轻骑队工作的一种组织应当是:

1. 轻骑队是在团直接领导下的青年群众组织,由团公开发起,征求青年自愿加入。

2. 轻骑队的组织:按照生产企业机关的单位,组织轻骑队,在地方上在乡成立队,每队人数多少不定,区成立大队,乡队在团支部的领导下区队在区委的领导下,区以上不必设更高的组成。在机关企业内,组织各该机关或企业的轻骑队,在该机关或企业团支部的领导下,队设正副队长各一人,大队设正副队长各一人,队长由队员选举,经过团的支部或区委的批准才发生效力。

在红军部队中,一般的组织轻骑队是不适当的,但是,在某些军事机关(如兵站、供给部、医院等)和军事企业(兵工厂、军事印刷所、材料厂、被服厂等)内,一样地要组织轻骑队,直接在那些政治机关的领导下。

在红军学校、通信学校内组织轻骑队也是必要的。

在红军中为着这一件事(如清查伙食账目等),在政治委员的批准下,可组织临时的轻骑队,但他的任务完结后,这种组织就不应存在。轻骑队按照地方的组织起来,没有自上而下地组织系统。

3. 轻骑队的组织与活动,都应该是公开的。

4. 轻骑队应建立他的经常生活,经常的会议,经常的报告制度。

5. 轻骑队应当与工农检查部发生密切的关系,要求他们派代表出席会议,轻骑队也可派自己的代表去工农检查部工作,供给他们以不支生活费的检查人员。

少共中央局为这些任务的实行,责成各级团的组织详细地讨论轻骑队的工作,必须在委员会和支部会上经常听轻骑队的报告,并给他们以指示。在轻骑队的队员中,进行有力的教育工作,使他们学习管理国家,派好的团员去领导轻骑队的工作。

自这一大纲公布后,宣布1932年7月5日少共中央局所发的《轻骑队的组织与工作大纲》作废。

(录自《斗争》第41期,1934年1月5日出版)

怎样转变我们的青工工作

——团中央局接受少共国际关于青工运动的指示的决定

(1934 年 1 月 1 日①)

一、中央完全同意少共国际关于青工运动的指示,中央号召白区的团站在这一正确的指示之下,十百倍地加强团的青工工作,克服团在青工运动中的错误与缺点。

"中国共产青年团只有组织和领导青工劳苦群众,为着他的经济的政治的要求而斗争,它才能执行在日益高涨着的革命形势之中的伟大任务"(少共国际来信)。在帝国主义国民党积极地进攻苏维埃红军与更残酷地压榨工人阶级(减工,增加工作时间,减少工资,关厂,罚工等),以及工人阶级的积极反抗罢工运动的风起云涌,从轻工业深入到统治阶级的致命的工业部门中(如电气、铁路、海员等),青工群众在这些罢工斗争中英勇地参加了,表现着极大的作用。在争取工人阶级的大多数,和粉碎帝国主义国民党的五次"围剿",争取苏维埃的胜利的斗争中,少共国际的这种指示,更有其特殊意义的。

二、虽然团在过去是领导了一些青工的斗争,建立了部分的青工群众组织,但是,不可否认的,在目前这一形势之下,团在青工中的工作还是异常的薄弱,并且有些地方是削弱了,很多自发的罢工团站在外面,厂内活动薄弱到万分。团还不能将青工的迫切的经济利益的斗争,经常地密切地联系到反日本及一切帝国主义、反国民党的统一战线的斗争。团对工会的忽视还没有克服,青工部形成极狭隘的组

①　原文无时间,此为《团的建设》第 9 期的出版时间。

织,没有包括广泛的青年工人(上海),有些团部还没有很好地开始工会的工作(如满洲等)。团还没有去利用一切可能,去争取在黄色工会以及其他反革命派别领导及影响之下的青工,没有打进这些反革命的群众组织中去进行坚〔艰〕苦的工作,甚至于将反革命派别影响之下的青工群众和反动的领袖一样地看待,放弃了去争取这些被蒙蔽了的青工。青工组织生活异常的不健全,团还没有用极大的力量去加强对各个小组的领导,忽视了日益增加着的失业青工中的工作。

青工工作还没有使每个团员了解到是团的最重要的任务,甚至于把青工工作看成是经斗部的或者是青工部的工作,没有动员全团来进行这一工作(如江苏)。在领导青工斗争的时候,表现出非常的不坚定,常常是"有始无终"的"半途而止"的现象(如上海团在英美、电力的罢工斗争的时候,最初抓住一部分群众,紧接着就失掉了联系等)。这些严重现象便是障碍着去胜利地领导青工斗争和争取青工的大多数。

二、为要在中国目前的反帝土地革命的斗争中,建立无产阶级的领导,团必须十百倍地加强在青工中的工作。中央认为今后必须彻底地改变团对青工工作的地位,每个团部首先是各大中心城市的团部,应当将青工工作放到第一位,打击对青工工作忽视的倾向,与改善团的工作方式与方法,克服团在这一工作中的弱点。目前虽然青工工作是团的最薄弱的一环,但是在目前在资本的进攻与工人阶级革命斗争的发展中,有一切可能和条件使团来转变这一工作,这一工作是转变团的整个工作的起点。中央号召全团用布尔什维克的精神为百分之百地实现少共国际的指示而斗争!

因此各地团部必须立即执行下列的具体工作,来实现团的彻底转变!

1. 加强团在大产业中的工作,实现"面向企业"。目前应集中力量到最受资本进攻的企业中和已经有了党支部的企业中,去领导与组织青工的经济的政治的日常斗争,和为争取他们最微小的要求而斗争。目前要加强纱厂、丝厂、烟厂,以及军事运输工业(如铁路、码头、兵工厂等），领导他们反对加重工作，反对减少工资，反对开除，以及反对打骂等日常的斗争。特别是要注意每一个厂，甚至每一个车间的特点，工人要求，如季节性、地方性，而〔乃〕至于工人当时的情绪，〈而〉提出简单明了而为工人们所感到十分迫切的要求条件去动员青工群众，使有组织、无组织的及敌对组织中的青工群众，都能围绕在这种纲领的周围，构成下层联合战线。这是开展青工运动中的主要环子。在这些斗争中去密切地联系到反日本及一切帝国主义国民党的下层统一战线的斗争。

A. 在上海应与党共同布置纱厂、烟厂、码头的代表会。团要深入到每个车间去开展选举运动，经过日常坚〔艰〕苦的在群众中的宣传鼓动工作和有计划地、有准备地召集青工的代表会。首先是争取一厂的青工代表会的实现，以至于进一步地召集一区的、一业的青工代表会，成立在工会的领导之下的青工部。严厉地排斥敷衍塞责的方式（如不经过群众选举，由支部乱拉，或由支部委派，以及铁路的"不装运军火委员会"由一个人成立等等的敷衍和滑稽的办法等）。铁路、码头的警备委员会关①于最短期内动员青工群众成立起来。

B. 河北团必须加强天津纱厂以及北宁路、市政、北平财印的工作，加强领导日常的、经济的、政治的斗争，不能允许再使这些地方的工作削弱下去的。门头沟、唐山团应派得力的同志去领导和创造这些地方矿工的工作。立即发展青工群众的组织，应用青工代表会与建立青工全权代表制，来开展厂内的车间的群众工作。

C. 满洲团应以最大力量去进行铁路的、兵工厂的，以及矿山的工作，派得力的干部去加强奉天、大连、抑〔抚〕顺等的工作。在领导日常斗争的基础上，执行反日的下层统一战线的策略。

D. 河南、武汉等地，应抓住铁路、兵工厂、纱厂、矿山等重要产业部门中去开展团的工作，在这些地方的团部，应当经过各种关系建立厂内的基础，和加强对原有的支部的改造的工作。

---

① 疑为"要"字之误。

E. 福建团应以最大的力量,改善团的工会的工作,建立青工部,并有系统地进行青工的工作,使青工部的周围,包括极广泛的青工群众,同时打进重要产业部门中(如轮船、码头等)。团的工作尤其是要抓住目前的环境所给予的可能,去进行组织青工与领导青工,去要求人民政府所允诺的问题,去揭破改良主义的欺骗,与争取其群众。

2. 动员团的主要的力量去进行工会的工作,有计划地派干部去做工会的工作。在有团的支部与同志的企业中立刻建立起青工小组,每个工厂内的同志,必须是青工小组里的会员。团的工厂支部应当是青工小组中的有力的领导者。

青工部必须是有经常的工作,尤其与下层青工群众的密切联系,是十分迫切的问题。团应争取在每个产总(不是单的上层工会机关)的青工部的建立,特别在每个企业的工会机关中建立青工部与青工部的经常的工作,使每个青工部的周围有成千累万的青工群众,只有这样才能够使青工部成为真正的青工群众〈的〉斗争的领导机关。青工部的负责者应当是由青工群众去选举出来的,在青工群众中最大地开展无产阶级的德谟克拉西,纠正只是由团的委派的方式。

团同时应当利用一切合法的与半合法的方式,去组织青工群众(如读书会、体育会、同乡会、经济互助会等),使广大的青工群众来进行拥护自己的利益的斗争。在最近上海□□烟厂的例子,应当使团尽量地去采用的。

3. 坚决地肃清对黄色工会的活动和武断的宣传的不可容许的忽视与宗派主义的观念。在黄色工会以及其他反动派别所组织的各种群众中,我们必须打进去,进行反黄色工会的工作。首先是集中力量到黄色工会已经有了强固的群众基础的地方,去建立赤色反对派的组织。赤色反对派的青工小组应当是经常地执行青工部与赤色反对派的一切决议。

团召集的青工代表会及其他各种群众会议,应当是深入到黄色工会其他反动派别影响之下的青工中,去开展群众工作,进行选举运动,并且使他们也能够选举代表来参加青工代表会。

4. 在上海、天津、奉天、大连等地，应以最大的力量去开展女工工作，尤其是在这些地方的轻工业部门中，女工占了大多数（如纱厂、丝厂、烟厂、绸厂等），在这里要去争取女工的特殊要求的斗争（如喂乳食、生产休息与津贴、出嫁的津贴以及反对调戏女工等）。坚决反对对女工工作的机会主义的曲解（如认为男人不能和女工谈话，女工封建，不识字等）。同时吸收她们到赤色工会青工部以及反对派中来，团在这些地方应当加紧培养和提拔女工干部来进行工作。

5. 失业青工的加多，特别是最近上海几万丝厂工人失业，团应当立刻在这些地方去进行失业工人的工作，提出他们的具体要求（如要饭吃、要衣穿、要房子、要救济等），发动他们的斗争。必须在下层统一战线的基础上，去成立失业青年委员会，有系统地进行这一工作。在明年的失业运动日，团应当动员广大的青工群众举行与参加示威运动。利用个别的失业工人的回家，我们一定要委托他们在乡村的失业工人与贫农雇农中建立各种组织，发动抗捐、抗税、抗租、抗债等运动，使与城市的工人运动、失业运动相呼应。

6. 国民党目前广大地向民间拉夫修公路、做堤以及做军事上的搬运队，这完全是一种强迫劳动的形式。我们过去对这种工作完全忽视，以后我们一定要进行反对拉夫运动，同时并派人进去里面鼓动伕役，为他们的部分要求而斗争，如要工钱，改良膳食，改良待遇，不准打骂等。

7. 年关已经到来了，各地团部应当立即讨论年关的斗争，提出青工在年关中的要求纲领（如要求放假并给工资，发衣服，发津贴等），动员群众起来为这些要求而斗争！

（录自共青团中央青运史研究室、中央档案馆编：《中国青年运动历史资料》第 12 册，中共党史资料出版社 1989 年版，第 391—396 页）

中共中央五中全会关于白色区域中经济斗争与工会工作的决议

（1934 年 1 月）

一、目前工人斗争的形势与三年来革命职工运动的状况

四中全会后三年来的世界资本主义的经济恐慌日益扩大而继续深入，资本主义〈的〉暂时的、相对的稳定已经终结。地主资产阶级的国民党的统治与加紧的帝国主义侵略，更促进了中国最深刻的经济危机的发展，这一经济危机已经达到了全国的经济浩劫。中国的工业，首先是民族工业的破产，达到了空前的程度。资本家借口战争的损失，把一切经济危机的负担，完全放在工人的肩头上。资本的进攻普遍于各主要的生产部门（矿山、海员、铁路、纱、烟、丝等）及许多次要企业，波及到中国各大工业中心城市。这一资本总的进攻中，各处是实行减工，缩小生产，降低工资，取消花红赏工，加强生产之合理化以增加劳动的强度，停工关厂，使成千成万的工人【被】抛到街头，延长工时，更大批地引用女工童工及直接地奴役工人。资本家、国民党和黄色工会联合向无产阶级进攻的结果，使工人生活水平更降到饥饿的死【亡】线上，失业队伍骤增，失业的状态更加严重。政治上的压迫和野兽样的白色恐怖随着资本家的进攻而加紧，劳苦群众首先是中国无产阶级的政治的和经济的状况是极大地恶化。同时在苏维埃区域中，工人阶级联合着农民，以自己的工农红军的武装建立了工农

民主专政,分得了土地,实行劳动法,增加工资,确立劳动保护,极大地改善了工人生活,这就更加刺激了全国工人群众的革命斗争。目前工人斗争的范围,是在中国历史上未曾前有。

三年来参加罢工运动的工人数目是一年比一年多,1931年为772,477人,1932年则增到1,110,170人。1933年资本的进攻更加紧张,工人的斗争也随着高涨而尖化,这一澎湃汹涌的罢工与斗争浪潮,成了中国革命形势向前挺进的主要因素之一。这些事实,证明中国的工人阶级是站在反帝斗争的前线,在整个中国争取中国的独立和统一的斗争中,获得了领导地位。

目前中国工人阶级罢工斗争的形势,是表现着工人阶级以英勇的反攻来回答资本的进攻。唐山五矿、抚顺煤矿的罢工,京绥、中东、津浦、沪宁、沪杭等铁路工人的罢工斗争,满洲铁路工人拒运日兵与投入义勇军,太古海员的同盟罢工,济南、成都兵工厂的罢工,全国尤其是上海、天津、武汉、南通的纱厂工人的罢工,这些中国无产阶级主要的队伍,都卷入罢工浪潮而占着全国罢工的领导地位。许多企业一开始就爆发同盟罢工(唐山五矿,太古海员,沪西日本纱厂、丝厂、烟厂、邮务、报馆,长春油房和窑业等)。罢工工人不顾黄色工会的破坏阻止,冲破国民党几次禁止罢工的命令,罢工运动由工业中心区域发展到全国。失业工人斗争是广大地开展着,并且失业工人是同情于在业工人的罢工斗争。这些工人阶级的罢工斗争中,为经济要求而罢工是占着罢工斗争的主要地位,但是工人阶级常常英勇地反抗中外军警残暴的恐怖,解除警卫队的武装,反抗工贼警察的破坏,占领工厂,监禁管理人员。许多城市爆发着反帝的罢工,尤其是满洲与华北许多罢工斗争常常是直接反对帝国主义与其走狗,这些区域的许多罢工工人是英勇地参加了反对日本帝国主义的民族革命战争。由于工人阶级英勇顽强的战斗,罢工得到全部或部分胜利的比例是增加了。

但是许多罢工是自发的。虽然罢工工人迫切的要求团结,要求革命的领导,虽然党与赤色工会领导作用已日在提高,但是由于党与赤色工会领导的薄弱,由于我们还不善于配合同一企业的各部工人的斗争,还不善于在罢工斗争中进行统一战线的策略,使工人阶级的罢工斗争,许多是被黄色领袖阻挠、分裂控制着,而使罢工失败或使罢工不能得到应有的胜利。

中国工人阶级的英勇的斗争,正大大地帮助了苏维埃红军冲破帝国主义国民党的四次"围剿",各地工人抗议"围剿"的运动,募捐援助与大批先进工人到苏区红军中,参加游击战争。苏区工人阶级积极参加苏维埃红军建设的各方面,成立自己的工人师,大批的工人干部到红军中,正如共产国际十一次全会所指出"苏维埃与红军的成立,证明了无产阶级在反帝的土地革命中的领导权"。

五中全会认为党自四中全会以来,坚决执行国际指示,反对立三路线的错误,粉碎罗章龙反革命派,反对职工运动中的机会主义。在面向工厂的基础上,白色区域内的革命职工运动方向,曾得到了许多成绩,党不顾一切困难坚决地领导工人阶级日常斗争,参加与组织了工人的罢工,组织了反日的罢工与反帝非战大会的群众运动,进行过反对"围剿"红军的群众运动。从这个基础上,党曾经在上海华北创立了许多重要的宝贵的工厂阵地,创立了重要企业内的人的产业支部,建立了群众工会(上海纱厂、烟厂、华北等地)。在上海华北个别的黄色工会中进行了群众工作,从领导工人斗争中,具体地反对黄色工会叛变中,推翻了几个黄色工会,组织了群众工会,党与赤色工会的影响是大大地增加了。我们党这一切在四中全会以来的成绩,和所有工作中间宝贵的经验,使五中全会有一个根据,认为国民党区域内,革命职工运动渐渐开始走上了坚决转变的轨道。

但是五中全会坚决指出:在中国无产阶级的政治的和经济的斗争之开展的速度和范围,与党和赤色工会的领导之间,依然存在着很大的距离,这一距离的程度,更因上述成绩在个别重要产业区域(如上海、天津和重要企业、铁路、市政纱厂、烟厂等)里还没有巩固起来而加深。必须指出,在白色区域里的工人群众斗争,没有在党和赤色工会领导之下提到应有的政治高度,而与苏维埃运动密切地配合起来,表现出党与赤色工会的领导落后于工人群众的罢工运动,表现出在争取全国苏维埃区域联合成为一片的有决定意义的中心城市与工业区域——武汉、长沙、南昌、安源、景德镇、成都、重庆、自流井等革命职工运动极端的薄弱,甚至没有恢复过去失去的阵地。五中全会认为白色区域的工会作用,仍是党整个工作最薄弱的一环,用一切力量来征服这个弱点,恢复、巩固和扩大全国的铁路、矿山、海员、纱厂、市政等重要企业与各个苏区周围的工业区域的革命职工运动,组织军事的运输的企业内的工人与苏区四周城市与乡村工人的抗议、破坏、怠工、罢工等等斗争来反对进攻苏区,与争取帝国主义国民党的五次"围剿"的完全的粉碎,争取反帝的土地革命之更进一步的伟大的胜利,是党目前〈的〉重要的紧急的任务。为使全部革命职工运动得到坚决的转变与目前紧急任务的胜利的完成,党必须集中自己的注意力到工厂、工会、罢工三个基本工作上。首先就是要依靠于坚持〈的〉厂内工作改善与工厂群众联系的这个基本工作上去建立群众的工会,争取黄色工会内的群众,瓦解黄色工会,转变赤色工会成为群众的工会,去组织与开展罢工和同盟罢工的运动,去开展失业工人的斗争,团结广大的失业工人于党的周围。

二、领导与组织罢工运动

工会工作的坚决的转变,首先必须党加强对于罢工运动的领导,党必须去准备与组织工人群众的罢工斗争,特别是铁路、矿山、海员、纱厂等重要企业与一些最受资本进攻威胁的企业的罢工运动,积极参加与领导一切自发斗争。党要把握着罢工运动的领导,则在组织罢工运动的工作上,必须:

1. 坚决地转变厂内工作,克服轻视厂内活动的错误,进行工厂内部的日常群众工作,广泛地建立厂内与工人的联系,领导工人日常斗争,建立经常的与工人生活有联系的工厂小报。每个党员与工会会员的周围,团结着工人群众,从反抗资本的煽动与组织工作中,进行建立全厂工人的斗争委员会。只有这些厂内日常群众工作的不疲倦的进行,强固我们在工厂中的阵地,依靠于厂内工作的基础上去组织罢工,将保证党从落后于罢工运动的状况中,迅速地转变到能够去把握着罢工运动的领导。

2. 慎重地从厂内工作中来准备罢工,是争取罢工运动的领导,与取得罢工胜利的先决条件。党必须坚决反对无准备的空喊罢工,反对无准备的宣言罢工,党不仅要发动罢工,必须估计到争取罢工的胜利。因此,正确地提出群众心坎内的罢工要求,团结全厂工人为着他们迫切的要求而斗争。估计到资本家黄色工会分裂罢工工人的各种阴谋,坚决进行配合各部工人来参加罢工的组织工作。估计到黄色工会一切反革命派的破坏罢工的企图,必须在下层统一战线的基础上,组织各派各帮各部工人的斗争领导机关——罢工委员会、斗争委员会。揭破黄色工会一切阻止破坏罢工欺骗活动,充分地在罢工准备时与罢工已经爆发时消失〔除〕群众对于工会官僚的信任。估计到在罢工中统治阶级的武装压迫,党必须坚决地组织罢工工人的自卫的武装——纠察队,号召每个罢工工人与其家属参加罢工的一切纠察活动。只有进行准备罢工的布尔什维克的群众工作,党才能组织与领导罢工,争取罢工的胜利,扩大党在工厂中的阵地。

3. 党必须争取一切自发罢工的领导,动员我们的组织,用一切方法去接近罢工工人,不放松争取一切罢工工人的大会示威等机会,提出党的正确的领导罢工与争取罢工胜利的主张。具体地揭露黄色工会的叛卖的企图,争取工人首先是积极分子团结于我们的周围,孤立黄色领袖,巩固罢工的组织,坚持罢工,争取罢工的胜利。

4. 在每个罢工中间建立罢工的领导机关——罢工委员会,正确地组织罢工领导机关,是领导罢工到胜利的前提。党必须克服许多次〈数〉罢工中不去努力建立罢工委员会的错误,必须克服在罢工发动起来时,以党与工会的上层领导机关的所谓“指挥部”来代替群众的罢工委员会的错误。

必须纠正对于组织一二百人包括各派工人的罢工委员会的怀疑与拒绝的态度,必须纠正狭隘的只由少数工人中选举罢工领导机关的错误,这些错误,只是使广大的罢工工人与我们隔离,便利于资本家黄色工会利用工人的各种弱点来分裂罢工与破坏罢工。必须保证罢工领导机关的充分的群众性,建立与全厂工人有密切联系的包括各派工人的罢工领导机关。为了建立这种人数众多的群众的罢工领导机关,党应该坚决地反对黄色工会霸占控制罢工的领导。要达到这个目的,党必须在群众中揭破黄色工会控制罢工领导机关的作用,是在使罢工失败与出卖罢工。不仅这样做,而且必须积极地参加罢工的各种群众组织——宣传队、纠察队等。利用这些群众组织,尽一切可能去积极地组织群众的各种超过黄色工会所允许的群众行动,组织下层的罢工领导机关——各【车】间罢工干事会代表会等,依靠群众的拥护与罢工的下层群众组织去争取罢工领导机关的地位,使罢工的领导权实际转入下层群众掌握,使黄色领袖不能出卖罢工,从具体的事实上揭露黄色工会的叛卖的行动,领导群众去驱逐控制罢工的黄色领袖,改组成为群众的罢工领导机关。

5. 估计到革命形势的发展,经济罢工的政治意义的增长,罢工常常发展到与统治阶级的武装冲突,因此,党必须适时地提出在工人经济斗争中有密切联系的政治要求,善于在领导工人的经济斗争中把无产阶级总任务联系起来,提高工人的阶级的政治的觉悟,提高罢工到政治的高度。同时在一切反帝与政治斗争中,提出工人的经济要求,坚强罢工的阵线,揭破资本家黄色工会的各种民族武断的宣传。正因为工人阶级要求团结一致去反抗资本的情形的增长,党应该灵活地抓住一切可能,适时去组织同情斗争,组织同盟罢工,扩大罢工。

三、黄色工会的崩溃及其积极的活动,
党与革命职工组织在黄色工会内的工作

革命运动的发展,改良主义社会基础的缩小,党影响的扩大,在工人阶级中开展着反对黄色工会的斗争。这首先表现于上海商务、报馆、华电、邮务等七大工会和华北的一些黄色工会中。在个别的工

厂中(如华北)工人坚决地反对黄色工会的斗争,经过党正确的领导,工人胜利地驱逐了黄色领袖,改组成为群众的工会。但是许多次〈数〉的工人反对黄色工会的斗争,因为党的领导的薄弱,被国民党和一切反革命的派别利用他们的垄断地位与工人中间一些弱点,将一切未曾在群众中完全暴露其工贼真相的新的工会官僚,来代替已经为群众痛恨与驱逐了的黄色领袖,利用一些"左"的武断的宣传,继续控制工人,而且在一些工厂中,组织了新的黄色工会。

五中全会认为许多工厂中群众反对黄色工会的斗争所以不曾胜利地改组成为群众自己的工会,主要的原因,是由于党在黄色工会内工作的极端的薄弱,不曾给予斗争着的群众及时的正确的领导。由于一些党部对黄色工会在崩溃过程中所采取以维持其控制的"左"的欺骗〈是〉估计不足与具体揭破的无能,因此必须指出黄色工会崩溃过程,虽然是迅速地发展着,虽然群众更加认识"共产党和赤色工会是工人利益的真正拥护者",但是黄色工会不会自动崩溃,而是决定于党在黄色工会内坚持的布尔塞维克的群众工作,决定于党正确的争取群众与瓦解黄色工会的工作。

在我们党内对于轻视黄色工会内的工作,不愿艰苦地争取黄色工会内群众的错误观点,还是继续存在着。即使在上海华北某些黄色工会内创造过比较强大的阵地,由于上述的观点与策略上错误,没有巩固已得的成绩。职工国际对于在中国黄色工会国民党工会内工作的决议,许多党部没有执行。党要争取工人阶级的大多数,争取工人阶级的主要阶层,必须转变在黄色工会内工作,必须进行坚决的群众工作去瓦解黄色工会。

1. 党在黄色工会内基本任务是从工人的一切不满,组织下层统一战线的基础上,独立地领导工人斗争,来实现夺取工人大多数,瓦解黄色工会。因此,在策略上必须利用每个具体事实,无情地揭露黄色领袖降低工人要求和叛卖的企图,使群众脱离他们,孤立黄色领袖。这一策略正确的执行,必须坚决反对我们党内那种过分估计黄色领袖对于群众的影响与推动黄色"领袖去斗争"的机会主义倾向。

同时要顺利地反对右的倾向,必须坚决反对"左"的关门主义,一切忽视黄色工会破坏罢工的作用,忽视黄色工会被封闭后黄色领袖在群众中存在着的影响与其更加积极活动的可能(满洲),忽视工头帮口头子对于一部分工人的影响,忽视黄色领袖装着对群众可爱态度的阴险的作用,不去揭破黄色领袖所有这些欺骗的活动,或者对于黄色领袖被群众威胁而喊着"左"的词句时,机械地提出比其更高的口号,不将争取胜利所必须斗争的方法与之对立,不去坚持斗争中发动群众的行动与其请愿仲裁相对立,则我们不能争取群众,不能争取斗争独立领导,实质上只是便利了黄色工会,帮助了黄色工会。

2. 开展党在黄色工会内的工作,首先必须纠正许多党部依然一开始即在黄色工会内进行赤色工会组织的基本错误,这个错误,是阻止我们去团结一切有反对黄色工会情绪的工人于革命反对派的组织之内。同时由于我们没有巩固黄色工会【内】的革命反对派的车间的组织与健全的集中的领导,由于我们没有组织隶属于同一黄色地方工会和产业工会之下的各厂革命反对派相互的联系与斗争行动的配合,便已经发展了的革命反对派的组织,不能巩固与扩大。

党与革命组织在黄色工会的群众中应该团结一切有反对黄色工会情绪的工人于其组织之内或其周围,参加黄色工会所有的群众附属组织中去团结群众,组织群众,在革命反对派内教育积极的工人,发展党员,组织领导全厂革命反对派会员的干事会,经过这些觉悟分子对于一般革命反对派工人的领导,灵活地依据环境运用红色工会的纲领去争取群众。党必须去联系同一地方或同一产业的革命反对派,配合他们的工作与斗争,建立联席会议或委员会的组织。

革命反对派要扩大自己的影响,发展自己的组织,就必须参加黄色工会的一切会议,提出自己的主张,揭露黄色领袖各种欺骗活动与叛卖工人利益的事实,团结广大的工人于自己的周围。

3. 对于黄色工会内在野的一切反革命派别活动与其控制着的一切群众运动,党必须从各方面〈的〉【加以】揭破。但是必须纠正空喊反对,必须组织群众的统一战线,以同志的态度去对付他们影响的群众,扩大运动的群众性,同时党任何时候须保持自己独立政治面目,坚持群众利益的主张,去争取群众,孤立一切反革命派别的领袖。

4. 党必须不是消极地而是积极地去争取黄色工会的每个选任的位置,反对国民党黄色工会的圈定,要求工会组织的完全民主。利用已经争取到的黄色工会内的位置,广泛组织群众的不满,用工会组织内各种委员会,团结工人于党的周围,坚持以民主的原则与黄色领袖的包办对立。在每个事实上显示革命反对派与黄色领袖的主张和行动的不同。党必须保证对于黄色工会内当选了的革命派自己的会员给以经常的具体的领导和帮助,给以及时的批评与经常的教育,使其坚决地执行革命反对派的决定,动员整个革命反对派的组织上下一致执行这个决定。

四、党在失业工人运动中的任务

国民经济的破产和资本的进攻,造成了失业工人队伍的急剧的增加,达到中国产业无产阶级的半数以上,失业工人运动已经成为整个革命职工运动的重要部分,领导广大失业工人群众的斗争,是白区党和赤色工会的战斗任务。但是国际中央的历次决议,许多党部没有执行,在失业工人中工作没有成绩。党在失业工人运动中,还不善于组织失业工人日常需要的斗争,不善于从日常斗争中组织失业工人的示威,去要求帝国主义国民党资本家给予救济,要求经常的社会保险。党必须派遣同志到失业工人中去,动员党与群众的一切组织去加强失业工人中工作,领导失业工人组织他们自己选举的失业工人委员会,各级工会必须自上而下建立失业部的工作,党的委员会必须有专门的负责人来指导失业工人的工作。

上海的党和工会应立即加强这一工作,巩固和扩大现有的失业委员会的组织,使失业工人的斗争与在业工人的斗争很密切地配合起来,动员失业工人参加【到】罢工的工人中去。上海失业委员会尤须加紧组织不久失业的六万丝厂工人的斗争,广泛地宣传失业工人的斗争纲领,并在这一纲领周围团结广大的失业工人群众。满洲党和工会,应加强组织煤矿、土木、海员等失业工人的工作,动员失业工人到人民革命军义勇军去进行抗日反满的战争,以加强工人阶级在民族革命战争中的骨干。各级党部及各级工会应大批地征调失业工人到乡村中去,组织农民的游击战争及加入红军,猛烈地组织反对国民党强拉失业工人修筑公路、担任夫役及各种苦工的斗争。

五中全会认为全党必须迅速地、经常地进行失业工人的运动,并决定在每年的旧历年关将到的时候,规定一个失业运动日,来组织广大的失业工人,为了他们自己的要求,举行示威与要求救济而斗争。

五、为下层统一战线而斗争

资本疯狂的进攻,工人反对黄色工会斗争的开展,黄色工会活动的积极化,法西斯蒂的进攻工人,需要党在策略上正确地开展灵活地运用下层统一战线,去争取工人斗争的领导,夺取工人阶级大多数,孤立一切反革命派别与黄色领袖。当着一些党部正确地运用了统一战线时,是胜利地组织了群众斗争,扩大了党的工会的组织。但是五中全会认为一些地方把群众的统一战线变成放弃党的独立政治面目与黄色领袖和平合作的倾向,同时目前党内存在着严重的拒绝组织统一战线的关门主义,都是阻碍党争取群众,客观上便宜了资本家与黄色工会。

党应该为了团聚各帮各派工人斗争的力量,在发展着的工人要求一致团结的基础上,去组织工人反对资本进攻的统一战线,来反对黄色工会的分裂工人斗争的企图。党应该经过自己所领导的赤色工会、罢工委员会、革命反对派或其他各种群众的组织,为着建立下层群众反抗资本的统一战线,暴露黄色工会破坏工人联合的资本家走狗作用的真相,向黄色工会的组织和其群众提议组织斗争的统一战线。目前正当着帝国主义加紧瓜分中国而群众中开展着反帝斗争的时候,正当着国民党法西斯蒂逮捕工人与"左"倾的学生和知识分子,而引起广大工人群众与小资产阶级反抗的时候,党应该经过自己领导的工人的反帝的文化的各种群众组织,开展反对帝国主义反对法西斯蒂的群众斗争。并且要经过这些组织与运动,与黄色工会和各种反革命派影响之下的群众组织与组织内的群众,组织反帝的反对法西斯蒂进攻的统一战线,来开展广大的反帝运动和组织革命的统一战线来反对法西斯蒂的恐怖。为了争取党〈的〉对于这些斗争与运动的独立的领导,应该任何时候坚持自己的立场,坚持工人利益,加紧在统一战线内部无情地暴露黄色工会及反革命派一切的叛卖斗争的企图。一切被黄色工会控制着的群众运动,党不仅要坚决揭破黄色领袖与反革命派的阴谋的作用,而且要利用一切可能在下层统一战线的基础上加紧群众工作,去扩大运动的群众性,提高运动的政治高度。只有这样,才能暴露黄色领袖和反革命派控制和阻碍群众运动的实质。

六、党在组织工人群众中的任务

1. 罢工运动的发展,工人要求团结的情绪之增高,是有利于党去组织强大的群众工会。四中全会以来,党曾经组织纱厂、烟厂等群众的工会,但是没有巩固起来。五中全会认为强大的群众工会与革命反对派的建立,是党去联系广大劳苦群众,争取罢工与一切革命运动领导的重要前提。目前党必须在全国无产阶级的主要队伍,与工业中心城市,特别是武汉、广州等中心城市,加强工会工作与建立群众的工会。首先是全国铁路工人的工作。全国党尤其是满洲、华北、上海必须加强铁路工作,巩固与发展现有的组织,建立各条主要铁路的大厂的工作。成立满洲、北方、上海的铁总筹备处,进行恢复全国铁路总工会,建立黄色工会的北方八路办事处的革命反对派的委员会。全国党必须加强在唐山、抚顺、鹤立岗、焦作、枣庄、淄博、安源等矿山工人中的工作。责成全总党团与满洲、华北的党部与工会党团进行全国矿工总会的准备。五中全会批准全总党团关于转变海总工作的决议,并责成海总党团全部实现,转变海总成为群众的工会。开展上海已有的码头港务工人的工作,进行码头总会的组织。党要特别加强在兵工厂工人中的工作,首先是奉天、汉阳、南京、济南、四川的兵工厂。党必须加强海员、码头、兵工厂工人中工作,组织他们为反对"围剿"红军的罢工与怠工的斗争。巩固上海纱总,与天津纱厂的工会,加强青岛、武汉、南通等地的纱厂工人中的工作,准备建立群众的全国纱厂总工会。为了恢复与发展那些重要城市的工作,全国党,尤其是上海、四川、河南、香港、福建与各个苏区的党,必须坚决地迅速地进行武汉、广州、长沙、南昌工作的恢复与建立,把这几个中心城市工作的建立,作为检查自己的工会工作转变的标准之一,成为党在争取苏区联系打成一片,争取一省几省首先胜利的战斗的任务。

为进行这些巨大的工作,必须加强与巩固上海工联、满总、哈总与全总北方办事处,建立青岛、福建的群众的工联,巩固地方工会在工厂内的群众基础,改善与工人的联系,充分发展工会的民主,工会执行机关的经常自我批评。一切工作经过群众。保证工会领导机关的选举,党不应该不经过工人同意轻易调换群众所选举的与信任的工作人员,必须努力使工会领导机关取得工人的信任,转变赤色工会成为群众的工会。

建立群众工会,与强大的地方工联,首先必须巩固与扩大工厂内的群众基础。因此加紧厂内活动,成为建立群众工会的前提。这就必须将已有的工厂小组联系起来组织起来,加紧党的支部与工会小组在厂内的群众工作,建立主要车间内的强大的赤色工会或革命反对派小组,建立领导全厂的干事会,加紧领导群众斗争,扩大工会的组织。利用一切可能,每个党员会员团结工人于各种附属组织,使产总与地方工联建立于巩固的强大的工厂的群众基础上。群众斗争的开展,需要党与革命职工组织在加紧厂内活动中正确灵活地运用下基〔层〕统一战线来建立工厂委员会的组织,经过这个组织来团结群众,反对黄色工会〈的〉控制工人,扩大革命职工组织的工厂的阵地,巩固党对于工人的领导。

2. 上海党和赤色工会中女工的成分非常微弱,与她们在生产中的比重的提高适成反比例。白区团的组织在青工、童工中的工作绝对不够,白区团的组织没有在执行青年化的路线上取得坚定的转变,在许多地方依然继续着第二党的形式。各产总的青工部的工作,没有实际的内容。五中全会认为争取青工女工是与强大整个革命职工运动不可分离的任务。并责成各级党部及各级工会党团,必须建立和加强女工中的工作,成立自己的妇委。首先是抓紧纱厂、烟厂、丝厂工业专门里的女工群众,特别是上海的党和赤色工会必须有系统地进行日本纱厂或其他厂的女工代表会,及经过这些代表来扩大自己的组织。五中全会责成少共中央立即检查各级团部的青工工作——首先是上海和河北团的组织,改变青工工作在整个团工作系统中的地位,整个团必须参加和加强工会工作。加紧女工青工中的工作,是与成立全国的各个群众工会及开辟和发展在其他工业部门(矿山、纱厂、烟厂、丝厂等)工作的任务是不可分开的,这需要我们在实际工作中把它很好地配合起来。

3. 揭高党在农民运动中的领导作用,与开展土地革命斗争,必须努力组织农村无产阶级的游击战争。区域与一切乡村中党的组织,必须立即开始组织农业工人工会(雇农工会),领导雇农为改良自己的生活而斗争。全国党必须坚决执行国际雇农委员会秘书处关于中国雇农工会的决议。全国执行局与各个地方工会应该组织特别的委员会,派遣失业工人到农村中去组织农村无产阶级。中国农业工人工会的中央委员会,应该在干部上、物质上、指导上给予全国白区雇农工作以帮助。党必须加强苏区的〔和〕白区中雇农与乡村工人的组织与领导,发动他们的经济斗争,组织他们于工会之内,发动他们去参加和领导农民的游击战争,进行各种反对敌人进攻苏区的破坏工作。

4. 群众工会与强大的革命反对派的健全发展,需要党大胆地吸收新的斗争中涌现出来的干部,去开展工会工作,是革命组织与广大工人群众建立联系转变赤色工会成为群众工会的必要的桥梁。各个地方工会与产总应该充分地吸收新的积极工人于其周围。中华全国总工会及全总应该有计划教育干部与开办干部的训练班,把这一工作看成发展革命职工运动的武器。

5. 为了扩大自己的影响,为了组织广大的群众,各个地方工会与产总应该恢复与改善自己的工会报纸,更多地反映厂内的群众生活与斗争,建立工厂通信发行站,团结广大的工人于工会报纸的周围。宣传解释工作上重要任务之一,就是各地工会必须具体地解释苏维埃的胜利,苏维埃的各种建设。苏区工会应该将苏维埃运动各种建设,与苏区工人的生活和参加苏维埃建设的各种活动具体地反映到白区的工人群众【中】去,来进行白区工人慰劳、参观、大批参加红军,技术工人到苏区参加军事的经济的各种建设,开展拥护苏维埃的运动,发展红军之友等各种群众组织。

五中全会着重地指出工会工作是目前党全部工作的最弱的一环,这一弱点的迅速的克服,将保证党去争取高涨着中国革命运动领导到胜利的大革命。因此必须在短时期内求得这一工作的坚决的转变。必须坚决反对地方党部忽视工会工作的倾向,每个逃避工会工作的党员,就不是革命者,必须从中央起,直到一个党的支部规定自己的计划进行工会工作,上级党部必须负责地按期检查这个计划。

在开展着的工人斗争的形势下,党要领导工人的斗争,使之与苏维埃运动配合起来,党必须集中全部力量于工厂、工会、罢工三个基本的工作上。只有保证一切工作深入到工厂,求得厂内工作坚决的转变,才能把握罢工运动的领导,转变赤色工会成为广大群众的组织,成为工人阶级斗争的组织者与领导者,使中国的革命运动围绕于无产阶级革命斗争的周围,更加扩大与开展起来。要顺利地开展工人阶级革命斗争,党必须正确地、灵活地运用下层统一战线去开展工人群众的革命斗争,党才更有可能去扩大与群众的联系,反抗敌人的各种进攻,扩大党在工厂内的巩固的阵地。

（录自中华全国总工会编:《中共中央关于工人运动文件选编(中)》,档案出版社 1985 年第 1 版,第 331—345 页）

怎样转变团的工作
——下肖区的工作经验
（1934 年 2 月 4 日①）

汉 英②

在不久以前，下肖区的工作，是瑞金最落后的一个区域，这一方面是县委没有加强对他们的领导，往往只是派人参加一下会议，说了几句话就走了；另外，就是区委的工作方式不好，没有抓住工作中心的缘故。

在扩大红军突击进行以来，在工作上是狄得了成绩。在中央局直接指示和帮助下面，在各级【机】关支部不断的帮助下面，得到了很大的成绩。拿扩大红军工作来说，12 月间完成与超过了一倍以上的数目，原定规定扩大红军的数目是 50 名，到年底的时候，总共有 120 多名，送到补充师。

为什么能够得到这么大的成绩？就是因为区委与支部的本身工作，能够健全起来，并且工作方式的转变，群众斗争的开展；另一方面，在区委开了一次各支部干部短期训练班，这次训练班得到极大的成绩，讲的问题是工作方法与团的任务。

全区的农村支部共九只〔个〕，没有开训练以前，上级机关常常派同志去帮助，不能召集任何会议，什么工作都不健全。经过区委所办

---

① 原文无时间，此为《青年实话》第 3 卷第 9 号的出版时间。

② 汉英，即王汉英。

的短期训练班后，干部会、支部大会和小组会，件件工作都渐渐能够自动去做，并且具体讨论与具体地分配每个同志的工作，建立个人负责制。

最重要的，还在于各支部开展了反对不正确倾向的斗争，所以团对青年群众的领导，有极大的进步。另一方面区委对此突击月工作，有了一定的计划，〈和〉召集了各支部的干部具体地讨论，〈与〉订立竞赛。

下肖区的经验，就是说明运用具体的领导，细心讨论解〈与〉决每一问题，反对不正确倾向，以及加紧团的干部的训练，才能转变团的工作。

（录自《青年实话》第 3 卷第 9 号，1934 年 2 月 4 日出版）

团中央致少共国际师全体战士书

（1934 年 2 月 5 日）

少共国际师全体指挥员、战斗员，亲爱的同志们：

从去年"八一"在博生誓师出发以来，我们年轻的英勇善战的少共国际师，在反对帝国主义国民党的五次"围剿"中，锻炼了自己，成为工农红军中一支突然的生力军。在出发洋口曾经参加过许多大小战斗，保护兵站线，帮助运输，不断地与刀匪斗争，尤其在拿口战役中，以惊人的英勇消灭国民党进攻的部队。半年来你们参加反对五次"围剿"的斗争，保卫苏维埃的领土的功绩〈是〉在全苏区和全中国千百万劳苦青年中燃烧着拥护少共国际师的热情。为着这个原故，上海和河北的青年工人进行着拥护少共国际师的募捐运动。已经被日本占领的满洲的千百万的劳苦青年和义勇军对于你们战斗号召的回答【是】创造了义勇军的少年营。你们已经知道的，在闽浙赣、湘赣、湘鄂赣苏区的青年对于你们战斗的号召，是成立了他们的少共国际团，在中央苏区的青年回答你们的号召，是成千成万的青年继续地加入红军。

在为全国劳苦青年所爱护的少共国际师前面，帝国主义国民党也为之心寒胆裂！

亲爱的同志们！不应当因此而骄傲，不应当因此而忽视我们自己的弱点怎样去纠正。

根据你们最近的行动与部队的生活，我们感觉得正是因为年轻的少共国际师，军事技术和政治准备，需用最大的努力，把今天还表示〔现〕薄弱的四十三团变为强有力【的】四十三团,加强四十四与四十五两团的工作。少共中央号召,在很短的时间内使少共国际师能够成为红军中的一个模范师。

为着这个原故,少共中央派遣自己的突击队来帮助你们的工作,在全体战士的努力之下,我们坚决地相信,在最短的期间内,能够使你们的工作,获得必要的转变。同时我们还在继续地动员团员和少先队员来加强和补充少共国际师。

光荣的少共国际师是与光荣的少共国际的旗帜一样地飘扬到全中国、全世界!

少共中央

二月五日

(录自《青年实话》第 3 卷第 10 号,1934 年 2 月 11 日出版)

少共中央局关于进行整理少队组织的决定①

（1934 年 2 月 6 日）

在最近扩大红军的突击运动中，明显地表示了少先队组织的弱点，没有健全的模范队，这是成为不能整批的动员加入红军的主要原因。党中央关于健全赤少队的决议，还没有执行到少队的工作中。少共中央局认为不能容忍的在团内和少队中对于健全少队工作的空喊，应当立即终结这种不能容忍的空喊，开始对于健全少队的突击工作。因此决定：

一、从 2 月 10 日到 4 月 10 日为整理少先队的突击运动，建立模范少队和扩大少队的组织，加强少队的军事政治教育，健全少队的领导机关。

二、责成总队部在两星期之内，至少须动员 50 个好的干部去进行这一突击运动，并制定具体的计划。

三、各级团部必须用广大的力量来进行和帮助这一工作，派得力的干部去参加这一工作，为着十万的模范队而斗争！不让一个区没有模范队！没有模范队的区是该区团员的耻辱！

四、在发展组织中，在编制模范队中的一切不经过政治宣传与教育青年群众及队员，强迫编制模范队，登记造册写名字的现象，是绝对不能允许的错误，因为这会阻碍这一运动的进行。

---

① 本文标题为编者所改拟，原标题为《关于进行整理少队组织的决定》，年代是根据本文内容判定的。

因此少先队的扩大应以青年(16 岁到 23 岁)为对象,过去把儿童团员(未满 16 岁的)吸收到少先队来是不正确的,不仅破坏了共产儿童团的组织,也〈就〉破坏了少先队的组织原则,要立即纠正。编制少队模范营应以队员中积极勇敢强壮的为对象。"在口号上,除了政治以外,还要着重在青年本身利益与青年积极性上来发动。青年群众加入少先队,应该运用少先队本身实际生活,以及文化体育娱乐各方面,更有力地来吸收青年群众热烈地自愿地加入少先队",加入少先队模范营。

五、为了加强团员和支部在少队模范营的作用领导,团的支部可将参加少队模范营中的团员,依地方和连编在一个或几个小组内,能经常讨论少队模范营的工作,遇该连出发时,则将该连之各地方支部来成立单独支部。

为着加强少队中的领导,团在少队中的工作同志不可仅〔随〕意见〔抽〕调,对于少队中主要干部的调动,必须取得上级团部和少队部的共同的同意。各级团部必须立即讨论这一决定,并采取具体办法来进行这一突击运动。各省委必须将每五天或七天对少队突击运动的情形报告来中央局。

少共中央局

二月六日

按团中央档案室抄件刊印

(录自共青团中央青运史研究室、中央档案馆编:《中国青年运动历史资料》第 12 册,中共党史资料出版社 1989 年版,第 446—447 页)

五次"围剿"中新的形势与团的任务

（1934 年 2 月 7 日）

凯　丰

从国民党签订唐〔塘〕沽协定和大连协定后，蒋介石公开地完全地投降日本，将满洲热河和华北的一部分公开地出卖给日本，并且蒋介石公开地发表命令："侈言抗日者杀"。从国民党所进行的四次"围剿"，在东黄陂战争中遭受完全的失败之后，国民党在国际帝国主义直接的帮助之下进行了五次"围剿"。

在反对五次"围剿"的这一年间，中国苏维埃政府依靠着他的英勇善战的、忠实可靠的工农红军，全国苏区的与非苏区的千百万劳苦群众的拥护，"蒋介石五次'围剿'的原有计划是失败了。但是五次'围剿'还没有完结。蒋介石的变更作战的部署只是为了他能够最迅速地经过福建来从东方侵入基本苏区，继续他的五次'围剿'。决定胜负的决战，正在前面。"

当着蒋介石的五次"围剿"开始时，我们党内的右倾机会主义者还在说："以军事技术论，蒋介石可以三个月内荡平赤匪"。在一年来红军的战斗中已经给这种糊〔胡〕说以铁拳的回答，□□的保卫一□苏区，使得敌人不能跨进苏区的一步，并且在东方的战线扩大了很大一块新的苏区。

蒋介石的五次"围剿"第一步计划的完全失败，其原因是党中央的路线的正确。苏维埃政府的政策的胜利，我们在五次"围剿"的胜利与普通一般的击破敌人"围剿"的胜利的形式有些不同。"平常的"我们胜利的形式是痛快的一个决战。缴获敌人的枪支,俘虏,活捉师长等,而击破敌人的"围剿"。虽然这种"平常的"胜利的形式在反对敌人的五次"围剿"中也是一样的存在,我们在反对五次"围剿"中曾经在东方的战线上与北方的战线,以及最近在沙县的战斗中,我们获得了大批的俘虏枪械。但是在反对五次"围剿"中,我们的胜利还采取了"特殊的"形式。

蒋介石依据希特勒的德国军事顾问所制定的五次"围剿"的军事计划,企图用堡垒政策来进攻苏区的这个计划,由于我们工农红军的英勇机断及其指挥者非凡的将才,是阻碍了蒋介石这一计划的实现,使得他遭受了第一步的完全失败,这是我们战略上的伟大胜利。

我们的党和苏维埃政府成功地利用了反革命内部的矛盾,使得蒋介石不得不分了一部分力量来对付福建事变。我们这方面的胜利,〈不得不〉是促进蒋介石的五次"围剿"第一步计划失败的重要条件之一。

因为我们在反对五次"围剿"中这些"特殊的"胜利的形式,使得我们有些同志,他们只看惯了的一种"平常的"胜利的形式,他们说我们并没有什么大的胜利呀! 因为我们并没有与敌人更大的决战,也没有如〈像〉四次"围剿"中那样痛快地缴获敌人的枪械俘虏等等。这种意见很明显的是不正确的。

从蒋介石五次"围剿"第一步计划失败以后,从福建"人民"政府在蒋介石武力进攻之下完全破产以后,蒋介石又可以把对付福建"人民"政府一部分力量集中来进攻苏区。蒋介石又进行了五次"围剿"的新的计划,他企图三路来进攻中央苏区,一路从福建方面,企图进占石城、瑞金,一路从黎川方面,企图进占博生,一路从永丰方面,企图进占兴国。反对五次"围剿"决胜负的战争是在我们前面!

在这一新的形势下,我们是有着取得这一决战的胜利的优越条件,蒋介石虽然可以在不到两个月之内〈能够〉征服福建的所谓"人民"政府,但是蒋介石没有任何力量去征服因为"人民"政府的不抵抗与蒋介石的进攻而更深了的福建人民对于国民党的反抗和他们的革命斗争。蒋介石的进攻苏区的战线延长了,这正〈是〉增加了他们的困难。

只有我们紧急地动员,不疲倦的革命的群众工作,才能保障这些优越条件变为在决战中的胜利。

青年团应当在这一新的形势之下,紧急地动员起来,为着完全地粉碎敌人的五次"围剿"而斗争。放在我们面前的紧急任务是继续不断地补充和扩大新的红军,把突击月的工作继续地发展下去,用突击的方法来整理少先队,建立模范队,终结一切对于健全少先队的不能容忍的、令人发厌的空喊,实际工作前进一步,胜过一打好的不执行的决议。青年团应当认为哪一乡、哪一区没有模范少队,是全乡全区团员的耻辱!

粉碎敌人五次"围剿"中的一个重要的任务是保障红军的给养,"红军若没有足够的粮食,便不能变成强有力的红军,因为没有粮食,军队便不能动作,便不能维持军队中人员的生存"(列宁)。

这种教训在鄂豫皖的红军是特别感受到了的,因为没有粮食,我们那里的红军的行动是受到极大的妨碍,我们的红军有时逼迫得要从完全有把握能够去战胜敌人的区域内离开,因为我们没有粮食。

虽然在中央苏区内粮食问题没有达到鄂豫皖苏区那样严重,但是在好些地方已经呈现粮食困难。这主要的因为我们去年收集粮食的工作做得还不完善,投机商人在粮食问题【上】的破坏,在我们前面放着一个解决粮食问题的紧急任务。

青年团应当对自己说:这种任务我们首先能够负担起来,帮助党和苏维埃政府来解决这一问题,动员自己的组织和干部到收集粮食的战线上去,在很短的期间内,依照国家的价格来完成收集粮食的工作,将土地税、公债收集完毕。应当对每个工人农民解释,使每个觉悟的工人农民了解,谁不把多余的粮食卖给苏维埃,谁就帮助了蒋介石,谁就是工农的叛徒,任何一粒谷子落在投机商人手里,都是帮助蒋介石的胜利。

　　紧急地动员起来,五次"围剿"的决战在我们前面,争取完全的粉碎敌人的五次"围剿",胜利将是我们的!

一九三四,二,七

（录自《青年实话》第 3 卷第 10 号,1934 年 2 月 11 日出版）

红军中团与青年工作

（1934 年 2 月 11 日）

在王主任的报告中①，对于红军中团与青年工作的许多基本问题已经说到了。这一工作的重要和意义，我想不在这来说，因为红军中青年在数量上占了大部分，青年在红军中起了很大的作用。在火线上，在战争的紧要关头，在反逃亡斗争中，在列宁室工作上，都表示了青年的重要作用，这些我可不说。我所要说的，是在红军总政治部颁布改变青年部的组织后，对于这一决定的执行，没有正确地了解，因此而发生了一些错误。过去在红军中存在青年部的组织，曾经发生两种不正确的倾向。第一是在青年部工作的同志以为青年工作是青年部的问题，因此使青年工作离开整个政治机关的领导。第二是政治机关也发生不去管青年工作的现象，因此不能把青年工作与红军中整个政治工作相联系起来。总政治部为着纠正这种错误，在他所发的训令中是很正确地指出来，并同这一现象作斗争，但是在执行这训令中没有把这一问题作正确深入地解释，所以有些部队把青年工作取消，有的把青年工作的干部调走，这是不对的。青年工作是整个政治工作的一部【分】，我们应当在这里来讨论，把这些现象克服。

第一，团与青年工作的最大问题，就是红军中团与青年工作的方

---

① 指王稼祥在红军第一次全国政治工作会议（1934 年 2 月 7—12 日）上代表总政治部作的《目前形势与政治工作任务》报告，王稼祥时任中革军委副主席兼总政治部主任。

向怎样做的问题。王主任已经说到,我们过去的错误就是由于不了解红军中团与青年工作的任务,就是红军中党所要实行的这些任务。在红军中做青年工作的同志常是只从党的总的任务中抓住某几个问题,或者是重要的,或者是次要的。如在去年青年竞赛工作时,也只抓住几个问题,直至最近也只是做了一些卫生运动的工作,反对逃亡的工作。这种现像〔象〕的发生,都是由于对于青年化的工作缺乏正确的解释,把青年化的工作变成了一种庸俗的解释。红军中青年化的工作就是要把党的总的任务执行到青年的工作中去,把红军中的青年团结在党的总的任务的周围,完成党的任务,把党的问题很通俗清楚地解释,使青年了解,团是红军中党与群众的很好桥梁,这才是团与青年工作的全部,而不是只做反【对】吃辣椒、反【对】吃酒的某〔等〕一部【分】。在此与党不同的,只是在实现党的任务上所采【取】的方法不同,即是说应当采取青年化的方法。因为青年在年龄上、在情绪上、在知识上与一般的成年【人】不同一些,所以应该用更活泼的通俗的方法。所以我们应首先把对青年化的、庸俗的、狭隘的解释克服下去。当然,对于反对吃辣椒、反对吃酒、反【对】逃跑等工作是仍要继续发扬下去。

第二,团的教育问题。在王主任的报告中指出,有百分之六十以上的团龄是一年以下的,说明团的一般政治水平还是较低的,需要我们加紧团的教育工作。我们一般团的教育和团的经常生活,还不能很好地建立,所以我们在此:(1)应该使团积极参加党内的生活,只有如此吸收团员积极参加党的生活,才能更大地教育团员。此外,还应有团的单独教育。这在三军团过去是较好的,在一、五军团,就只一般地过党的生活,对团和青年的基本教育问题,就进行得很少。(2)教材的问题。根据过去特别是福建军区的材料,常是完全地把青年的教育与整个成年的教育分离开来,这是不正确的。青年应当参加整个的教育,而且对于某些青年运动的基本问题,也应当放在整个的教材中去。这不但是青年要了解青年问题,这些青年的问题成年也一样的要了解,使青年的教育与整个红军的教育相联系起来。其次是青年的特殊教育材料,在许多特殊的青年问题上、团的生活上,应当有团的教育纲领。(3)此外是青年队的工作问题。青年队的目的是在加强红军中团员和青年的军事政治教育。但过去对于青年队的工作是一般化了,没有达到他的任务。在许多地方,青年所做的工作也是反【对】逃跑、反【对】吃辣椒、吃酒等。因为这样,就不能去充实青年队的工作。我想,青年队应成为红军中教育青年的特殊组织,他应当成为青年在学习方面的一种突击队。就是说在整个的红军教育外进行特别的青年教育工作,加紧对于青年的教育工作。由于一般青年的政治水平较低,青年应更加努力地学习,所以我们利用青年队来进行更多的教育,利用青年队来帮助那些落后分子的学习,使他们达到一般的水平。所以,青年队是青年群众学习军事政治和帮助落后分子学习的突击队。

第三,团的组织问题。

1. 自从青年部组织改变后,大部青年工作的干部调走,这问题应在这一会议上来解决。大家都知道团与青年工作的重要,但必须有人来负责。许多部队中把青年工作干部调走不补充,或掉〔调〕换了一些很弱的,这是不能够去完成红军中团与青年工作的任务的。所以,补充好的干部,或把过去调走【的】一些干部调回,这个问题急待解决。

2. 在红军的团,每团内应当有团的委员会,由五个人到七个,或七个到九个,尽可能地使这一委员会是团员选举出来、为团员所信仰的团的委员会。团的委员会是在党的委员会的领导之下工作。在每一连应当有团的组织员,这就是连的青年干事。同时,党应经常讨论团的工作。如果把青年部取消后,反而不去注意团与青年的工作,则团与青年工作是无法改善的。此次会议后,对于青年工作削弱的部队中,如三军团,应特别来讨论这一问题,这才能使团与青年工作得到很大转变。

3. 团的生活。许多部队,团的单独生活没有,一般都是与党〈的〉一起开会,就是连接收团员或开除团员,都是与党一起开会,共同表决,这是不对的。应有团的单独生活,虽然在红军中有些特殊情形和困难,但并不能说红军中团不能单独建立工作。如没有团的单独生活,那团的工作也很难建立。因为不吸收团员参加团的工作,发扬他们的积极性和工作能力,那依靠政治机关和党来做是不行的。所谓建立团的生活,并不能减弱政治机关与党对团的领导,相反的,他们对团的工作应有预先的讨论和计划,这是很重要的。团的生活不仅是团的本身问题,是整个政治工作、党的工作的问题。在团的会议上应当讨论一些重要的问题和团的问题,就是其他提高军事技术等问题,应当在团的会议上讨论,不过是讨论军事建设的问题时,必须有政治委员或指导员的参加。

凯丰同志在全国政治工作会议上的演说

（根据中共江西省委党史研究室藏件刊印）

工农劳苦青年一致加入少年先锋队

（1934 年 2 月 15 日）

"在全国苏区扩大少先队到一百五十万"！！！

青年工人、雇农、贫农、中农及一切劳苦青年群众们：

少队是广大青年群众武装起来，为保卫苏维埃，争取青年特殊利益的半武装的共产青年团的附属组织。他随着红军一起，粉碎了敌人的几次进攻，保障了青年的特殊利益。

从蒋介石五次"围剿"第一步计划失败以后，帝国主义国民党又进行了五次"围剿"的新的计划，正部署三路进攻我中央苏区。

争取彻底地、完全地粉碎五次"围剿"的决胜负的战争，已在我们前线上开火了！

青年工农劳苦群众们！武装起来！为保卫苏维埃、反对帝国主义国民党强盗的三路进攻，一致加入你们自己的队伍——少年先锋队！回答中国共产党与青年团"在全国苏区扩大少先队到 150 万"的号召，为完全粉碎五次"围剿"，保障青年特殊利益而斗争！！！

中华苏维埃共和国少年先锋队中央总队部

总队长：张爱萍

党代表：周恩来

一九三四．二．一五

（根据中共江西省委党史研究室藏件刊印）

青年工人雇农一致加入少年先锋队！！

（1934 年 2 月 16 日）

青年工人们！雇农们！

少队是广大青年工农群众的军事化的共产青年团的附属组织，青工应该是少队的骨干，少队的领导者。因此，全世界工农青年的唯一领导者——少年共产国际教训我们：

"少年先锋队在斗争的目的和任务的性质上看来，是党和团的一个武器。必须在少年先锋队的组织中，有强固的无产阶级领导，才能保证少年先锋队的这种作用。"

中央总队部从二月十五日到四月十五日在全苏区举行整理少先队的突击运动，吸收广大青年工农劳苦群众加入到少先队来。

青年工人们！雇农们！为武装自己，一致加入少年先锋队！为保卫苏维埃，保卫青年特殊利益，一致加入少先队！为粉碎敌人五次"围剿"，一致加入少先队！加强少先队中无产阶级的领导，青年工人、雇农，一致加入少年先锋队来！！！

中华苏维埃共和国少年先锋队中央总队部

总队长　张爱萍

党代表　周恩来

1934.2.16

（根据中共江西省委党史研究室藏件刊印）

为十万模范队员而斗争

（1934 年 2 月 16 日）

亲爱的队员同志们！

少先模范队是少年先锋队的战斗性更加加强的武装的阶级自卫组织，是普通少先队一切工作的模范。

模范队员是多么光荣啊！

现在，完全地粉碎五次"围剿"决胜负的战争是在我们的前线上开火了！英勇积极的少先队员们加入模范少队去，担负当前的光荣任务！！

亲爱的队员同志们！中央总队部向你们这样号召：

加入模范队去！

模范队员最光荣！！

为十万模范队员而斗争！！！

中华苏维埃共和国少年先锋队中央总队部

总队长　张爱萍

党代表　周恩来

一九三四.二.一六

（录自《红色中华》第 153 期，1934 年 2 月 22 日）

少队组织的扩大与整理的突击

(1934 年 2 月 18 日①)

盛　荣

　　为着争取粉碎敌人五次"围剿"更伟大的全部胜利,为着使少队能够适应前方红军的战争的需要,必须从组织上来整理和扩大少先队,吸收赤色中心的得到土地革命利益的青年都加入少队,尽一切可能把新区、边区的工农青年,组织到少队中来。我们的团须特别注意整理现有的无日常生活的模范少队,把少队中积极勇敢的分子组织到模范少队来。加强模范少队与普通少队的军事政治训练,在组织上及日常工作中使他们变成红军的真正强大雄壮的后备军。少先队组织的健全与领导的加强,是粉碎敌人五次"围剿"的战斗任务。

　　中央局关于少队的组织扩大与模范队的编制,是有过指示。然而,我们各地团部对这一工作任务的执行,是非常不能够使我们满意的。有许多团的组织,认为少队的工作,是少队做的,似乎不是团的工作,似乎与自己的工作没有关系的样子。所以没有去注意检查各级少队部对发展任务的执行,而采取放任不负责的态度。另一方面,在有一些少队部本身的工作中,犯了极端不容许的倾向,每天坐在机关中说要扩大少队组织,以空谈代替实际战斗任务的执行与完成。这种现象甚至普遍于好些少队各级队部中。同时动员机关的组织中阶级异己分子开小差的"专家",在组织中占了 60% 以上,少队组织也不例外,是在扩大红军突击运动发现的。检举没有更大的成绩,严

---

　　① 原文无时间,此为《青年实话》第 3 卷第 11 号的出版时间。

格地说来是没有成绩的。要依靠着这些"专门家"去执行战斗的任务,绝对不可能的呵!

团中央局提出在中央苏区少队组织〈的〉扩大到 50 万,模范少队扩大到 10 万。这一任务从去年起执行,在一年的过程中间,还没有达到目的,还距中央局决定数目太远。模范少队经过红五月及少共国际师的动员以后,模范少队的组织极其涣散,没有经常生活。有许多地方,模范少队组织都没有,都无形撤散了的严重现象。我们在十二月的突击运动的中间,最明显地看出少队组织的弱点。因此,有组织地整团加入红军的光荣例子,可以说没有看到一个。我们有些地方的团对模【范】少队组织的扩大与整理,特别是模范少队的编制,是采取了不可容忍的机会主义的消极,否则是不能解释现在模范少队的组织上的严重现象。我们团的负责同志和少队中的干部都应了解"团中央局认为不能容忍的在团内和少队中对于健全少队工作的空喊,应当立即终结"(团中央局整理少队组织的决定)。

为要执行中央局正确指示,给中央局号召以有力的回答,必须注意改正过去领导中的冗长的决议,空洞的计划,这些东西少做一些,多做些实际工作,在我们团内少队中开展斗争,才是执行突击运动的转变的关键。

一、在进行少队组织突击运动中,我们团部和少队的负责人,应该警觉注意组织上的检查。这一工作不是依靠几人,而是建筑在广大的队员群众身上的。要在队员群众中做充分的宣传解释工作,改善少队的成分,驱逐干部中的反革命开小差的坏分子,领导提拔检举运动的积极分子,充分保证无产阶级的领导,是保障少队突击运动成功的重要任务。

二、各级团与少队部,共同讨论怎样把青年群众加入少队,加强团在这次突击运动的领导,动员团周围的青年群众团体(反帝拥苏青年部、儿童团、青工部等)的组织,输送自己的会员,尤其是青工部注意动员青工到少队中来,加强少队的无产【阶级】的领导,团应该动员团员加入少队,增高〔强〕团在少队中的政治影响的扩大,在组织上保证是青年团的后备军。团在过去运输自己团员到少队去的工作,是忽视了的。有许多地方的少队特别模范队中,有时一连人中只有四五个团员的现象,说明团有计划地运输自己的干部到少队中去,是做得非常令人不满意。各级团部应该在这方面的突击运动中,使得每个团员在少队面前,要争取团员加入模范少队,使团在模范少队加强其领导作用。

三、在目前战争开展的时候,每个团员学习军事技术,了解一般的初步军事常识,是成为团内生活中绝不可少的事情了。党中央关于提高军事技术上〔的〕任务上,许多地方团和少队认定这一任务的执行,是红军中的事,似乎【与】团和少队无关系的样子。这种倾向是由于没有看到前方战争的开展,党团员学习军事技术是极端主要任务的原故,在这次扩大与整理组织上,联系今年春季野营演习的工作动员,这个补助和加强少队生活健全的养成所——野营。

四、团派到同级队部的代表(队长),以不经常调动为原则,并且要派好的干部到少队中去工作。反对对少队工作的放任、不负责、不讨论、不检查的态度。有许多团部的负责人说:"少队工作有少队部的领导",或者甚至于完全放弃团在少队的领导,是不对的。应该坚决开展这一斗争,巩固和保证团在少队【的】领导。只有如此,少队突击运动,才有成功的保障。

(录自《青年实话》第 3 卷第 11 号,1934 年 2 月 18 日出版)

少先队中央总队部决定从各个组织动员
青年群众加入少先队①

（1934 年 2 月 22 日②）

少先队中央总队部，为要从各个组织去动员青年群众加入少先队，特于 12 日下午召集全总执行局青工部、反帝拥苏同盟青年部、党中央妇女部、中央合作总社筹组织的代表的会议。

在总队长张爱萍同志的关于进行整理少先队的突击运动的报告中，着重地指出动员他们自己的青年群众（16 岁到 23 岁）加入少先队或少队模范营是各个组织的重要任务，是执行党中央给予我们的任务，动员一切有选举权的公民加入赤卫军、少先队。要求各个组织采用具体的办法，在会员中宣传解释少先队的性质与作用，工农青年与少先队的关系等，动员他们自己组织中的青年群众加入少先队模范营，并要求各个组织□当把他们下面的实际情形，告诉中央总队部。

各个组织的代表，完全同意这一报告，一致认为：应召集他们自己的会议，具体讨论动员方式，动员他们自己组织的青年群众加入少先队或少队模范营，并决定在"不让一个青年会员（社员、盟员）没有加入少先队或少队模范营！""有一个会员（社员、盟员）没有加入

---

① 标题为编者所拟，原标题为《少先队中央总队部召集群众团体会议决定从各个组织动员》。

② 原文无时间，此为《红色中华》第 153 期的出版时间。

少先队,是该地组织与会员(社员、盟员)的耻辱!"口号下,动员青年群众加入少先队、少队模范营,尤其是青工部要在:"加强少先队中无产阶级的领导,每个青年加入少先队或少队模范营!","不让一个会员没有加入少先队!"的口号下,动员全部青工加入少先队!

(录自《红色中华》153 期,1934 年 2 月 22 日)

春耕运动中青年团的工作

（1934 年 2 月 25 日[①]）

阿 伪[②]

春天季候中的重要事情之一，就是发展布尔什维克的春耕，农民在几世纪以来，在鞭笞与饥饿的威权下耕作，工农民主专政的苏维埃政权下，农民第一次获得土地，自由地为着自己而劳动，这个历史上翻天覆地的变革，就从农民对待劳动的观点，造成一种基本上的差异。

青年团在春耕运动中的任务，就是要将苏维埃农民的劳动热忱，组织到更高的程度上，影响党和苏维埃政府关于春耕运动的号召——提早春耕，种 5 万担田的棉花，消灭 40 万担荒田，多种杂粮蔬菜，争取比去年增加两成粮食的收获。青年团应该是植棉运动的发起人与组织者。

在发展今年的春耕运动的时候，使我们回忆起去年的春耕运动。一般的说来，去年的春耕运动，是获得了很大的成绩。虽然在部分的〈某些〉地方，还表现出运动是欠缺组织性的。这里有一个基本的特点，就是凡是动员工作做得愈好的地方，春耕运动就愈是有成绩。反之，凡是动员工作做得不好的地方，春耕运动就愈是没有成绩。这个活生生的教训，在今年发展春耕运动的时候，是不该当轻轻地放过的。

所谓动员工作，应该放在什么基础上面呢？官僚主义者常常把动员工作，停留在白纸面的黑字上，这是最聪明的怠工方法。我们的

---

① 原文无时间，此为《青年实话》第 3 卷第 12 号的出版时间。

② 阿伪，即魏挺群，时任少共苏区中央局宣传部副部长。

重心应当放在支部,经过支部和少先队、青工小组、儿童团的组织,在一锄一犁为着革命战争胜利,一锄一犁为着工农自己生活的改善这个基础上面,号召他们不让一寸苏维埃土地的荒芜,□与提早春耕,并用浅白易于通晓的方式,传布农业上的科学知识。

协助运动在苏联社会主义建设中,动员了千百万的工人和农民,去参加工业和农业上的建设。在我们中国工农民主专政的阶段上,也可以成为工农联合的重要方法之一。我们在这方面,需要统率青年群众团体,加进协助委员会,适当地调剂劳动力,青年在协助运动上,只【有】红军部队青年□□更好,这在今年必须有最大地注意到。继续着发起"礼拜六"的光荣事业,首先把红军公田和红军家属的田做得最好,哪一乡的红军公田和红军家属的田做得坏,就是哪一乡青年团员的最大耻辱。

激发农民群众劳动热忱的最好方式之一,就是组织革命竞赛与生产突击队。什么叫做革命竞赛?"这就是说——斯大林说——有些人工作做得坏,有些人工作做得好,另外一些人工作做得更好,所以要赶上更好的,而达到共同的水平线来。"革命竞赛的目的,并不是互相排挤,乃是互相提携,把春耕运动英雄们的名字,写在光荣的红板上,受到名誉□赞扬,把一些个别的懒惰分子,给予最大的耻辱。然而,这种竞赛,只能是建筑〔立〕在群众自动的条件下,而绝不是由上级去作命令式的指定。工作更好的地方,应该组织突击队,去帮助落后地方的进行。

至于在部分的落后区或新苏区中,团必须积极参加查田运动,迅速地彻底解决土地问题。只有这样,才能提高农民的劳动热忱到更高的程度。同样,须在春耕运动中,在保卫土地革命利益的口号下,联系到整理和发展少队组织,扩大红军,鼓舞前方红军的战斗情绪。最后在春耕运动中,一样要压制一切反革命派的破坏企图。

在粉碎敌人五次"围剿"的最后决战前面,在生产战线上的劳力,应该与前方战士冲锋杀敌的程度同样。

(录自《青年实话》第 3 卷第 12 号,1934 年 2 月 25 日出版)

团在红军中的工作

（1934 年 2 月 25 日[①]）

凯　丰

青年在红军中的作用与意义的增长

最近红军中团与青年工作的重要性,因为下面的这些事实,越加表示了它的作用与意义的增长:（1）最近红军部队的扩大与增长中,青年占据了 50%～60% 的成分,在这一发展的趋势中,青年成分的比例,还是表示向上增加;（2）青年团员的成分,虽然增加得非常之迟缓,到今年还只占红军中青年的 30% ,在苏联红军中青年团员占整个红军 80% ,我们与苏联红军中团员成分百分比相差六倍。但是团员的数量还是表示着向上发展的趋势;（3）红军青年特别是团在火线上,在夺取险要的阵线中,表示着英勇的模范的作用;（4）团在红军中政治的和文化的生活上都是有着显著的改进;（5）最重要的,是在新的战术与战略的运用之下,团员与青年应该成为突击的队伍。

这些事实都是说明团在红军的一切工作中它的作用与意义是在增长着。因此须〔需〕要在我们前面尖锐地提出改善红军中团的工作内容的这个问题。因为从总政治部决定改变青年部的组织后,这个

---

① 原文无时间,此为《青年实话》第 3 卷第 12 期的出版时间。

正确的决定在有些政治机关中和青年工作的负责同志中，没有正确地解释与执行。在有些同志中以为是取消红军中的青年工作，在有些政治机关中也没有及时给以纠正，而且许多青年工作的干部被调走了。因此使得红军中的青年工作受到一些损失，在有些部队中表示着停止的状态。因为这个原故，更加使得我们要尖锐地提出这个问题，必须是一方【面】应加强党和政治机关对于团和青年工作的领导，另一方面兴奋与活跃团的内部生活。

什么是红军中的青年工作方式？

什么是红军中的青年工作方式问题，就是说红军中团的工作方向和方法问题。红军中团的基本的任务，是党在红军中的那些任务，用一句话来说，就是要巩固和提高红军的战斗力。过去在红军中，团的工作常是犯着这样的毛病，常是从党的整个的任务中抽出几个工作来做。如卫生运动，反对吃辣椒，反对吃水酒，反对吃冷水，反对逃亡，反对掉队等等。把一些更基本的任务，如在团员和非党的青年中进行有系统的政治教育和团的教育，如学习新的战术战略等任务是常被忽视了。这种错误发生的原因，都是由于把团的工作与整个政治工作分裂的现象而产生的，由于把青年化的工作做了一种庸俗的解释。

红军中青年化的工作方式，就是要党的总的任务执行到青年中，团结红军中的青年在党的总任务的周围。某个部队中团的当前的任务，也就是根据它那部队所担负的任务而决定。如它那个部队或是担任的突击的任务，或是钳制的任务，或是攻堡垒的任务，或是死守堡垒的任务等。团应当团结它那个部队中的青年，在它那个部队所担任的一定任务的周围，为着实现这一任务。

红军中的青年工作方式，无疑的是存在，而且是特别重要的，也须〔需〕要特别机敏地来运用。因为红军中青年的情绪，政治的经历等等，都需要活泼的运用一种适合这些年轻的、然而却怀抱着满腔热血的战士的心情。

红军中青年的教育问题

在红军，中团应当是党在进行政治教育事业上最积极的、最亲近的帮手。团的工作中最基本的任务，就是在团员中进行党的团的教育。过去在红军中团的教育还是没有很好地建立起来。就是在进行团员的教育中，也常是发生把青年的教育与整个教育分裂的现象。

红军中的团，应当参加红军中的一般的教育，而且在整个教育计划与课程中，应当包括青年运动中的主要问题。这些青年运动问题，不但对于青年需要，对于成年也一样的要认识。在这样的基础上，使青年的教育与整个的红军中的教育相联系。

为着新团员的教育，或准备介绍入团的一部分青年的教育，也应当包括在党的整个教育计划之内。组织这样的一种特别的政治小组，把青年的教育与整个教育的分裂，或是把青年单独组织去专门研究青年问题，这是不适宜的。只有在特殊一些问题上，如团员教育纲要，可以青年单独去研究。然而这也不是说可以把青年的教育与整个红军的教育分裂。

青年队的工作

青年队所以有存在的价值，因为它是红军中在青年中进行教育的一种突击队。加紧一般学习的速度，譬如原定计划在一个月内，只要讲完两个问题，但是一部分积极的青年，还愿意多学习一个问题，因此他们组织这样的突击队。青年队之所以成为突击队，它也负担着帮助落后同志的学习。譬如在某一连上有几个青年和成年学习落后，有一部分积极的青年愿意帮助他赶上一般的水平线上来。所以青年队有它存在的价值。因为它加紧自己的学习和帮助落后分子的学习。如果是把青年队变为专门研究青年问题的，也是不适当的。

现在青年队的工作，令人不能满意的，是它没有负担着我们所要求的任务。在许多地方青年队也是做了一般的卫生运动、反逃跑的工作。

我们所以赞成组织青年队，主要的并不因为着去研究专门的青年问题。我们应当公开地说，因为青年一般的政治水平比较低，所以我们有责任要把青年的政治水平赶上整个红军战士的政治水平上去。

为什么要改变青年部的组织，现在怎样做？

青年部组织存在的时期中，发生了两种不正确的倾向：一种是使得政治机关以为青年工作是青年部的，政治机关常是忽视青年的工作；另一种是使得做青年工作的同志把青年工作与政治机关对立起来。这两种倾向的存在都是阻碍，使得红军中的青年工作不能提到"团的工作是党的工作一部分"的高点上来。

我们认为红军中进行团的和青年工作的最适宜的形式，是在连内有青年团的组织员，就是现在的青年干事。他应当是党的支部的委员，进行那一连内团的工作。在每一团应当有选举出来的青年团的委员会，可由五人到七人组织之。它在党的委员会的领导之下工作。在师在军，团应当在政治机关的组织部内设立青年工作科。

为着建立红军中青年的工作，必须提拔一批干部来担任这些工作，将过去调走了的干部，可能调回的应当调回。这样才能去加强青年的工作。

团的生活的建立

红军中团的生活的建立是兴奋团的工作的重要条件。必须用极大的力最去注意组织和进行团的会议。在团的会议上，不仅是可以讨论团的内部的问题，而且也可以讨论提高军事技术的问题。但是讨论这些问题时,一定要有政治委员或指导员参加。

过去使团的生活不能建立的一个重要原因,就是党团合并开会。甚至就是接收和开除团员,也是在党团合并的会议上去解决。这当然是不能去建立团的生活。

要建立团的生活,这完全不是说可以减弱团员参加党的生活的注意,团员应当最积极地来参加党的生活。

要建立团的生活,也不是说可以减弱党对于团的领导。必须党的支部和委员会上讨论团的问题,帮助每个团的会议的准备。团的健全的生活,主要地决定于党的领导。

组织的发展

红军中团的组织的状况,虽然在最近来有些改善,但是我们不得不说,照客观的可能情形来讲,还是十分令人不能满意的。因为我们还只有占青年的 30% 的团员。在我们有些同志中,常是用这样的理由来解释我们红军中团员不能增长,他们说:"因为战争的残酷,团员特别英勇,发展又牺牲了,发展又牺牲了。"然而红军中团员英勇与牺牲的这种事实,并不能去解释我们今天在红军中还有 70% 的青年没有加入到团内来。

在红军中的团"赶上和超过党的任务"还没有实现。但是在红军中却有一半以上的是青年。在团员的成分上来说,社会成分比党的要坏,政治成分有 60% 的是一年以下的团龄。这些事实都是警惕我们红军中的团,需用极大力量来发展组织和巩固团的组织。

(录自《青年实话》第 3 卷第 12 号,1934 年 2 月 25 日出版)

中国共产主义青年团中央
关于"三八"节的宣言①

(1934 年 2 月 28 日)

"三八"节就快要来了。这"三八"节是全世界的劳动的妇女们为争取她们的自由和解放的一日,同样的,当然也是我们中国的劳动妇女们争取她们的自由和解放的一日。

在中国,因为受了帝国主义的侵略,国民党军阀地主资产阶级的压迫和剥削,封建礼教的束缚,城市的和乡村的青年劳动妇女们是无产阶级劳苦群众当中最受压迫的阶层。最近,因为丝厂大半关闭,火柴、面粉业的破产,纱厂、烟厂的关闭和减工,都直接打击到青年女工们的生活。失业的女工们〈既然〉得不到一些失业的救济,在业的女工们亦受着资本家、黄色工会领袖、工头法西斯蒂的特别敲诈、剥削、恐吓和侮辱,至于工人们和失业者的家庭中的妇女,则更随着无产阶级生活的恶化而处于最悲惨的境遇。

至于农村的妇女则因为帝国主义者的掠夺,国民党地主资产阶级的重重剥削,黄〔蝗〕灾、水灾、旱灾、虫灾、兵灾相连而来,使到〔得〕各地的农村经济整个的毁灭,农民们不能不卖妻鬻女,南方的农民们因无法维持生计,往往就把生下来的女儿抛诸荒野,造成了许多惨不忍闻的事迹〔情〕。至于在满州〔洲〕,在热河,在滦东,千百万的

---

① 本文标题原为《关于"三八"节的宣言》,原件无年代,此年代是根据本文内容判定的。

妇女们正在日本帝国主义者铁蹄直接蹂躏之下，奸淫掳掠，无所不至，在国民党"剿匪"军所过之处，亦庐舍为墟，对曾经参加土地革命之劳动妇女亦皆指为"赤匪"，斩首焚尸，尤极残酷！

无论帝国主义者国民党地主资产阶级怎样压迫，但共产主义青年团始终都站在最前线，为青工的利益，同样的亦为青年女工的利益而斗争。我们过去曾领导了女工们的反对打骂的斗争，曾领导了反对减工的斗争，曾领导了要求失业救济金的斗争，曾提出各工厂的女工们的迫切的要求的纲领，在满洲领导了抗日的游击运动，在河北等地领导了农民难民的斗争。虽然我们所领导的斗争，因为敌人的压迫，黄色工会的破坏，并不是通通都获得胜利，但这些事实都说明了共产党和共产主义青年团是国民党资本家的死敌，而青年团也正是一切青年工人们自己的组织，青年的女工们、农妇们，为要改善自己的生活，为要打倒国民党资本家黄色工会，只有在青年团的领导之下来同帝国主义者国民党资本家作残酷的斗争！

我们不必远说到苏联的妇女。那里的青年妇女们正同其他青工一样享受着自由的生活。我们只要看了目前中国苏维埃区的情况。那儿已经驱逐了帝国主义的武装，解除了国民党军阀的压迫、地主的剥削、工头的打骂、封建礼教的束缚，男女完全平等。青年的女工们，农村的姑娘们，同男子同〔一〕样可以得到免费的学校去读书。青年的农村姑娘们、农妇们，可以同男子同〔一〕样分到了土地，可以同男子同〔一〕样有选举权和被选举权。凡女工与男子做同样的工作，即可以得同等的工资，产前产后还有例假，工资照给。这些事实证明了只有在无产阶级的政党的领导之下，妇女们才能真正地解除帝国主义的压迫、封建的束缚，和〔有〕真正的平等和自由。一切资产阶级所提倡的所谓"自由""平等""女子参政"之类的名辞，实际上早已变成为资产阶级的荡妇们的御用的装饰品！

的确，中国的劳苦妇女群众是曾在革命运动中起了很大的作用，如"一·二八"时纱厂女工的大罢工，江西、川陕苏维埃区妇女的参加红军、查田等的运动，都证明了中国劳苦妇女的勇敢和积极。

同志们、姐妹们,现在帝国主义者向苏联和中国的进攻愈益加紧了,瓜分中国的太平洋战争已经十分迫近,国民党资本家更加加重剥削赶快多赚几个钱,因此增加工作时间,减工开除成为目前最流行的现象。因此在今年"三八"节,我们特别号召女工们同其他的成年青年的工人们,一致起【来作】反对减薪、减工、开除的斗争,一致起来反对进攻苏联瓜分中国的抗战!

我们的口号是:

1. 拥护苏维埃红军,反对第五次"围剿"!

2. 反对帝国主义者进攻苏联、满洲成立傀儡帝国!

3. 反对世界大战,武装起来反对帝国主义者瓜分中国进攻中国革命!

4. 反对关厂,要求丝厂纱厂资本家立即开厂!

5. 同样的工作同等的工资,男女一律待遇! 减工不准减少工钱! 反对工头印捕藉名检查侮辱女工!

6. 失业女工起来要失业救济金,自动起来没收资本家的仓库、奸商的日货!

7. 女工产前产后应该给假两月,工资照给,并各厂内设喂奶所,准许女工在每天有一定的时间喂奶。

8. 十四到十六岁的青年女工不做妨碍身体发育的笨重工作和夜工! 由资本家政府设免费职业学校供给青年女工们学习!

9. 争取成千成万的青年女工加进青年团!

中国共产主义青年团中央

二. 二八.

原载《团的建设》第12期,1934年3月9日出版

(录自共青团中央青运史研究室、中央档案馆编:《中国青年运动历史资料》第12册,中共党史资料出版社1989年版,第477—479页)

转变我们在突击运动中的领导方式

（1934 年 3 月 13 日）

刘　英①

为了完成一定的紧急任务,或者为着克服某部工作特别落后的现象,采取突击的方式去进行工作,是完全必要的。所以,我们党与团在去年十二月的时候,曾经用很大的力量直接派到各地去进行扩大红军的突击。因为当时红军紧急的需要补充,我们需要用所有的力量,集中去完成这个紧急任务,这种方式在当时的条件下,是可以而且必需采用的。可是这种突击的方式,假使继续地在每一个突击运动中都去运用,把其他工作完全放松,与布尔什维克的经常的工作分离开来,以至领导机关通通都加入突击队,取消具体的领导与经常的工作,这显然是错误的。

可是并不是所有的同志都清楚地了解到这一点。有些团部在近来突击粮食与整理少队的突击中,也去采取那时扩大红军的方式,特别是现在粤赣与瑞京。在粮食的突击运动中,粤赣团的省委全体出发了,连省委的书记也离开省委到一个县去。瑞京为整理少队的突击,大家都分配到各区当突击队去了,县委没有一个固定的人常驻,集体领导更加谈不上了。然而,没有集体的领导,对于一种工作的处置上,就〈困〉难有成熟的意见的。要想这个运动中总结全盘的经验,将好的经验运用到落后地方去,将错误的或不好的方式,能及时给以

---

① 刘英,时任团中央宣传部部长。

克服，和拿来教育全体，将是不可能的。因为我们领导机关是空的或者是一个人，所有领导的同志都分配到一个地方去，担任突击工作了，他所知道的也会仅仅是他担任的这个地方。这样一来，我们领导同志，就〈困〉难给各地以具体的领导的。又拿瑞京的团来做例子吧，区委书记的联席会，经常的一个礼拜、十天召集一次，目的只是为了来检查工作，每一次的会要开一天，事先还要进行一天谈话（谈话之先并没有法子准备报告，因没有一个人能了解全部情形的），就去掉二大〔天〕。远的区回去还要一天，又要准备一天，去召集他那区的支书联席会，一个月的时间要牺牲三分之一以上。这种检查工作的方式，当然是一个最坏的方式，因为这种联席会来代替经常的检查与督促，那么，对于某项任务在执行中的严重现象以及不能完成的原因，就要等到联席会议检查时，才能够晓得，才来给下面以批评和指示，这只能留给我们以无穷的损失。

突击运动的意义，是要在一定的期间来完成一定的任务，用上面的方式来进行突击，便去却了突击运动的意义的。瑞京的扩大少共国际师的任务没有完成，最主要的原因，是因县委对这一工作平常根本没有检查与推动。在 3 月 21 号区书记联席会上，布置了一次工作以后，就完了事，直到 4 月 7 号的联席会，才来检查。可是 15 天时间，已经过去了，扩大少共国际师仅 20 多个人（决定了 300 人一个月完成），到这天晚上，县委才知道扩大少共国际师的严重现象。我们要指责瑞金县委的，就是县委在这一工作上，是看作与少先队突击分离的。从县直到区，没有一次与军事部共同讨论过如何去动员。瑞金县的军事部，将武装动员印的文件，还放在文件堆里。这许多的严重现象，在七号以前县委完全不晓，这正是由于取消了集体的领导，和没有把突击运动与经常检查与推动工作紧密地联系必然产生的恶果。这样【的】工作方式，是不能再让他〈再〉继续下去了。上面是不过特别拿着瑞金团的具体例子来教育其他地方的团部，因为在近来的突击运动中，大多数的团部，或多或少的是采取这种方式的，往往为了突击运动，取消集体领导和放弃经常的工作，把经常工作与突击运动分开起来,对立起来,似乎要进行突击运动,经常工作,就不能去建立。在这一时期来,有个别的团部,无论是组织部、宣传部等等,为了参加突击运动,都把本身的工作停顿起来,甚至支部几个月不开会,组织的发展陷于停顿,团员的训练没有很好地进行,也并不去把他讨论和计划。我们应该迅速纠正在突击运动中的不正确方式,把经常工作建立起来,定出自去在每一时刻①,具体计划与工作日程,实行经常的检查,派得力的巡视员活生生地去推动下面的工作。只有当我们把突击运动与经常工作联系起来的时候,我们才有权力说,我们的领导方式已经有了转变。

三月十三日

(录自《青年实话》第 3 卷第 15 号,1934 年 3 月 18 日出版)

---

① 原文如此。

团中央关于红五月的工作决定①

（1934 年 3 月 17 日）

行将到来的红五月,团应该在争取完全粉碎敌人五次"围剿"的任务底下,进行下面的几个工作,来迎接这红色的节气。

一、经过工会青年部、少先队、儿童团等青年群众组织,利用戏剧、活报、唱歌、墙报等方式,在青年工农群众中,广泛地宣传苏联社会主义建设的伟大胜利,国际工人阶级反法西斯帝、反失业、反战争的英勇行为,以及帝国主义武装进攻中国,国民党的无耻投降,特别是向他们解析国际无产阶级对中国苏维埃红军的同情与援助,白区工人罢工斗争与拥护苏维埃红军的运动,应当组织青年工农群众响应全总募捐援助白区工人斗争的号召,并使反帝拥苏青年部成〈功〉为包括最广大青年工农的群众组织。

二、在青年工人中间,详细地解析苏维埃保护青工的条文,检查《劳动法》的执行程度。在国家企业中,团应指出国家企业中青年工人与学徒地位的变换,组织和发扬他们的劳动热忱,提高劳动纪律。应当在党五中全会"每个苏区工人应该是工会会员"口号下,争取青年工人加入工会,加强团对工会工作的领导,实现中央苏区增加学徒五百人的决定。

三、在"五五"马克思诞生节,进行广大的传播马克思列宁关于青年运动的基本理论,发展团员中学习马克思列宁主义的精神,建立团

---

① 标题为编者所改拟,原标题为《关于红五月的工作决定》。

的教育网,应当以团员读本、五中全会决议案做基本课材,进行在团员中的教育。对于消灭文盲运动,团必须协助教育部,用最大力量去进行五月十五—卅日消灭文盲总检阅。青年团的队伍中不应当有文盲。

四、"五一"劳动节,举行以县为单位的少队总检阅,少队总队部应该和军委动员武装部一起,定出关于检阅的具体计划,指导各地检阅的进行。在准备"五一"总检阅的基础上面,争取按时完成整理少队突击运动的计划。

"五一"和"五卅"的武装示威,团应当领导青年工农群众武装参加,在这当中进行扩大红军的动员工作。

团应领导少队和儿童团的春季旅行,活跃少队儿童团的生活,加强他们政治的军事的文化的教育,具体计划这些工作的进行。

团中央
三月十七日

（录自瑞金革命纪念馆编:《文物史料汇编》第18辑,内部资料,1980 年 8 月印）

用新的态度对待新的劳动

（1934 年 3 月 20 日）

刘少奇

苏维埃革命把几千年来封建地主霸占的土地转给了农民。虽然革命在今天的阶段上还没有剥夺一切资本家的私有财产，但是我们已实行工人监督，苏维埃与广大工农劳苦群众已经大规模地组织了苏维埃的工厂企业和合作社企业。农民们和苏维埃企业与合作社企业中的工人们，他们在几千年来是为地主资本家工作，现在他们是头一次的为着自己工农劳苦大众而工作。

在目前，在苏维埃革命的国内战争的环境中，工人阶级一切福利基础，是革命战争的彻底胜利，是苏维埃政权的巩固扩大和在全中国取得胜利。"一切服从于战争"，即是一切服从于工人阶级全体的永久的利益，要求国有企业与合作社中企业的工人们职员们，为着战争，为着苏维埃的胜利，为着工人阶级全体长久的利益，而自觉地努力地工作着。因为苏维埃企业与合作社企业的发展、巩固，与生产力的提高，是直接关系于战争的胜利，关系于工农劳苦群众生活的改善，而且这是准备着将来革命向社会主义转变的经济基础。

国有企业与合作社企业中的工人、职员们！你们该记着：你们现在再不是为地主资本家而劳动了，而是为工人阶级自己，为人类的最后解放而劳动着。这种劳动的性质的变换，是人类历史未曾前有的最大的变换，你们应该"用新的态度来对待新的劳动"（中共中央"五一"工作决定）。

在国民党地主资产阶级政权的统治下,工厂、矿山及一切生产交通工具,是拿在资本家地主或国民党政府的手里。资本家地主为着造成他们少数寄生虫穷奢极欲的生活,强迫工人阶级饿着肚子,牛马似地为他们劳动着生产利润。在这种情形下,工人阶级为着吃饱饭,为着工作与生活条件的改善,而反对工厂、反对剥削者寄生虫,不惜采用罢工、怠工及各种带破坏性质的手段,是完全应该的,必要的,无所顾忌的。但是在苏维埃政权下,苏维埃的工厂、企业与合作社企业,是工农大众所共有的财产,它不是为着剥削工人生产利润去供养一部分的寄生虫,而是为着供给战争,为着供给工农大众的需要,为着创造人类最大的幸福而生产。因此,国家企业与合作社企业中的工人职员,应该爱护自己的——民众的工厂企业,把自己所有的技能与天才贡献出来,为着发展和巩固苏维埃企业与合作社企业而斗争,而努力生产。破坏苏维埃企业与合作社企业的,即是破坏民众的财产,破坏神圣的革命战争,即是民众的公敌!

在我们国有企业中的工人,大多数是能够了解这一点。他们用了新的态度来对待新的劳动,他们感觉到现在是为着自己而工作了,很大地发展了他们的劳动热忱,创造了劳动新的形式——生产竞赛,生产突击队,义务劳动,冲锋劳动,及为苏维埃与合作社工作而自动减低工价等。他们了解这不是为着哪个生产利润,而是为着战争,为着工人农民自己应该如此地去劳动。但是在国有企业中、合作社企业及其他为苏维埃红军工作的工人中,还有一部分人没有了解这一点,他们还是用旧的态度来对待新的劳动,用旧的观念来看待民众的工厂与财产。他们对待苏维埃的合作社的工厂与财产,和对待资本家的工厂与财产一样。替"它"少做些工,做得坏些,偷点把子懒,拿些公家的东西自己用,随便损坏公家的东西,为着不满工厂个别负责【人】不当的处置,而实行怠工,不守厂规。这样的人,在我们工厂中还是不少的。被服厂的工人有些还继续几千年来行会的老习惯,对公家的布与棉花要偷一点。纺织厂的工人,木船工人,兵工厂的工人,也有些人是要拿公家的纱铁和谷子等,甚至把砂子参〔掺〕到谷子中去,把米汤参〔掺〕到茶油中去。这些人还是用旧的习惯的观点来对待苏维埃的工厂与财产。甚至还有反革命的地主富农分子和他们的走狗,他们在工厂中进行各种破坏——故意损害机关工具,大批浪费材料,生产大批"坏货",煽动工人罢工、怠工等。

"自然,这种以为'自己而劳动'去代替强迫劳动的变换,历史上最大的变换,不会没有一些争执、困难与冲突的,不能不以暴力去对付根深蒂固的寄生虫与其走狗们"(列宁)。几千年以来的旧的习惯,要在艰苦的长期的教育与斗争中,才能消除的,因此国家企业与合作社企业中的工会与觉悟的先进的工人最重要的任务,就是要教育工人用新的态度来对待新的劳动,广大地组织工人群众的劳动热忱,发展工人群众的创造性,同旧的习惯作斗争。

工会与觉悟的先进的工人,应在每一个具体的问题上(即使是细小的问题上)来实现这种教育与进行这种斗争,把工人组织到自觉的生产竞赛的队伍中来。应该拿住一个女工上工迟到十分钟的问题,一个工人拿公家的木炭去烧私菜的问题,某几个工人偷懒不能完成生产数量的问题,以及其他各种个别的一般的坏的现象,在工人大会上,在墙报与报纸上公开指出来,批评他们,教育群众。

现在国有企业中必须坚决地与破坏劳动纪律,违犯厂规,偷窃公共财物,浪费材料,及怠工偷懒的现象,进行坚持〔决〕的不调和的斗争。把那些最坏的分子的名字,放到黑板上去;甚至把他们赶出工厂,放到监狱里去。因为他们有意地谋害神圣的财产,他们是民众的敌人。从工厂企业中肃清那些"有害的虫豸,肃清那些虱子——恶棍、臭虫——富人等等"(列宁),教育广大的群众,才能更顺利地组织与提高群众的劳动热忱,为自己、为苏维埃、为革命战争而努力工作。

把那些真正的突击队员——劳动的英雄们,列在红板上去! 极大地在群众中奖励他们。因为他们是革命战争中生产战线上的先锋与模范。

打击最坏的分子,奖励模范的好的工人,是为着教育广大的群众,教育群众用新的态度来对待新的劳动,使得工人群众了解民众的公共的工厂与财产是神圣不可侵犯的,了解工人阶级全体的长远的最大的利益在哪里,了解共产主义的真实的意义在哪里。

一九三四．三．廿。

（录自《斗争》第 54 期,1934 年 4 月 7 日出版）

中央组织部关于征收团费的决定

（1934 年 3 月 20 日）

一、团中央组织部决定从四月份起,切实【征收】团费,因为缴团费一方面是表示每个团员对团的关系,是每个团员对团应尽的义务之一,一方面可以增加团的收入。

二、团费征收数目是:

1. 红军团员、农民、机关工作人员,以及□有工资的团员,分了田的每人每月 5 个铜片,不分田的 3 个铜片。

2. 有工资的团员照下面百分之几缴:10 元以下的 1% ,15 元以下的 1.5% ,20 元以下的 2% ,30 元以下的 3% ,40 元以下的 5% ,41元到 50 元的 10%。

3. 失业工人及特殊情形不能交团费者,经当地团部讨论允许后,可免收。

三、中央一级机关及国家企业征收的团费□直缴中央组织部,红军部队团费只需缴给党支部,不解送上级团部。地方团部团费在百人以上的,团部留 20% 做支部办公费,百人以下的全部缴区委,区委按月缴县委,县委将团费当做收□一部分,按月报告省委,省委按月报告中央。

四、各地以前收有的团费,由各县收集限□月底一概缴来中央。这方面过去各地团部缴得□差,在这次实行按期收团费的工作中,县委必须把这些进行检查与整理。

团中央组织部
三月廿日

（录自《青年实话》第 3 卷第 17 号，1934 年 4 月 1 日出版）

中华苏维埃共和国内的妇女

（1934 年 3 月 29 日）

娜　姐

　　现在全世界上，除了苏联，只有中华苏维埃共和国的劳动妇女真正完全解放了。这一点，不论哪一个资本主义的"文明"国家，都还没做到，而且正极力反对真正的妇女解放运动，虽然他们唱着"提倡女权"之歌，演着"女子参政"的戏。中华苏维埃的妇女，再不做奴隶，也不是"货物"，更不是"玩意儿"，她们已经是独立自由的人了。在苏维埃宪法上写着：她们在政治上、经济上和男子完全平等。她们有选举权与被选举权；女工获得劳动保护，与男工同工同酬，而且生育期间还有休假与照给工资的优待；农妇分得和男子同样的土地，并且可以自己处理；婢妾、娼妓和童养媳的制度，孝顺贞节等道德，都已毁灭，结婚离婚一律自由；她们受教育的机会也和男子一样。总之，在法律上，已经消灭了一切男女不平等的痕迹。只有垂死的国民党法西斯蒂及各反革命派别，才会造谣、污蔑苏区里实行"公妻"，妇女都被"奸淫劫掠"，事实上这都是给白区的统治阶级写真呢。

　　苏维埃劳动妇女之获得解放，决不是偶然的，乃是她们在为苏维埃而斗争中用了自己的鲜血和头颅换来的。她们与其阶级弟兄们，共同粉碎了帝国主义国民党给与她们的锁链，建立了自己的政权，创造光明的世界。所以苏维埃的妇女运动，和整个苏维埃运动是不可分离的。只有反革命的资产阶级妇女运动，才企图用性【别】的斗争来代替阶级斗争，以分化工农劳苦群众的统一战线，削弱革命的力量。我们看，已经得到解放的苏维埃妇女，她们在党和苏维埃领导之下，如何英勇地参加革命与战争，如何热烈地拥护自己的苏维埃政权与红军，并且为创造光明的社会斗争着。

一、参加革命与战争

从前的社会，只使〔让〕她们愚蠢地做奴役，什么事都不许她们过问。现在可不同了，她们已经从奴隶变成主人了。她们再不死守在家里，她们从事各种社会活动。她们的政治文化水平普遍地提高，认识了她们的出路，并且知道要组织才有力量。于是劳动妇女积极加入工会、贫农团、雇农工会、革命互济会、反帝拥苏大同盟、少年先锋队、赤卫队、青年团、共产党。在这些革命组织中，妇女成分一天比一天增加。此外还有妇女特殊的组织，女工农妇的代表会，是由各产业的女工代表和五家至十家的农妇代表组成的。每次举行群众大会、示威游行，妇女群众成为一个主要的队伍，就是小脚老太婆也去参加。有的武装起来，真个威凛，怪不得敌人发抖。

帝国主义是她们最大的敌人，苏区劳动妇女积极参加反帝斗争。只要苏维埃旗帜所到的地方，帝国主义的一切财产立刻没收，帝国主义御用的教堂学校立刻封闭，帝国主义的爪牙神父、牧师们驱逐出境。反帝拥苏大同盟及御侮救亡会是极强大的组织，领导几十万群众，向一切帝国主义斗争。苏维埃红军和苏区群众时刻准备着同帝国主义直接搏斗。对于国民党统治下的反帝斗争，她们无不尽力援助，捐款通电慰问东北的反日义勇军，并且帮助她们许多宝贵的经验。一·二八上海工人的反日大罢工。她们曾经捐款16000元来援助。在这些斗争予苏区劳动妇女都紧张了自己的革命的毅力。

每当苏维埃的选举运动，妇女群众都热烈地参加，苏维埃组织了选举委员会，登记选民，准备候选名单和提案，又组织宣传队，分头出发到各村庄，向群众谈话演讲，化装表演，开晚会和群众大会。苏维埃向选民作工作报告，最后开选举大会。选举积极能干的工农代表，铲除那些消极怠工、贪污腐化的异己分子。妇女参加市乡苏维埃工作的很多,每每占了全体代表25%以上,个别的地方,如上杭上才溪乡妇女代表43人,占了60%,下才溪乡59人,占66%。

她们都了解,现在她们所享受的人【的】生活,是苏维埃给与她们的,所以她们不惜牺牲一切来为苏维埃斗争,保卫苏维埃。各城乡的少年先锋队和赤卫队都有妇女参加。兴国长岗乡的赤卫队,妇女120人,编成一连,占全队的75%,班长、排长、连长和政治指导员都是妇女。少年先锋队中女子占了80%。她们担任放哨、侦探、检察、运输、做防御,还有的留守报警,有的率领着游击队向敌人袭击,协助红军作战。四川农妇赤卫队500人,在张琴秋同志领导之下,缴了田颂尧部下一团的械。

最近查田查阶级的运动中,妇女群众更加表现其积极性,她们帮助苏维埃去考察埋藏起来的黄金、现洋、枪支、白旗、反动徽章、反动文件,躲上山的地主,逃出境的富农及他们冒称中农、贫农所窃取的好田地,和一些混进苏维埃机关的反动分子,都被她们查出来了。去年七、八、九3个月的统计,中央苏区江西、福建、粤赣3省,共查出地主6988家,富农6638家,从他们那里收回土地317539担,没收地主现款及富农捐款共606916元。经过这一运动,更彻底地解决了土地问题,更彻底地消灭封建势力,进一步地发展苏维埃经济,提高群众的文化教育,特别是巩固了苏维埃,扩大了地方武装和红军。

二、拥护红军

在苏维埃里,当红军是最光荣的。许多妇女要求加入红军,担任放哨、侦探、运输、救护、做防御的工作。四川红军编有妇女独立团。她们为"扩大一百万红军"而斗争,宣传自己的丈夫、儿子和亲戚朋友们去当红军。湘鄂赣全省女工农妇代表大会,一致决议大家送丈夫去当红军,还未结婚的,将来的丈夫也要当红军,并且各人回去要组织扩大红军突击队,宣传群众当红军。对于开小差分子的归队运动,红军家里的妇女小孩们,组织反逃兵的突击队、调查队和宣传队,调查、慰问、帮助工作、宣传鼓动,使他们心服意愿地归队去。屡次说服都不能感化的,就要求政府强迫他归队。

去年三八节,她们发起募捐运动,捐得的款项,拿来买飞机送给红军。江西15县共捐了848元又3231角。她们又决定每个女工捐一天工钱帮助红军战费,每个农妇捐三升谷给红军,另外每人再做一双草鞋。她们现在正进行着借20万担谷给红军,许多群众把家里的谷自动挑到苏维埃政府那里送给红军,不要谷票。有些已经领了谷票的也退还给政府。又节省费用,捐作革命战费,去年上半年一共捐了76267元9角5分。

红军出发或到了一个地方,群众都举行欢迎和欢送,一队一队排列着,奏乐唱歌,放爆竹,叫口号,有时候还举行晚会和茶话会。小同志的扇子队,一面扇一面唱歌跳舞;女同志的洗衣队,洗得又快又干净。下雨路滑不好走,群众把谷糠铺了十几里路,使红军更快地赶到前线去。红军打胜仗,群众送红旗红匾,又把从前的节孝碑改作革命烈士纪念碑,公所里的匾额,改做红军光荣匾。红军兵站里,常常成群的妇女带着慰劳品去慰问伤兵,替他们读报、写家信。

红军的家属,政府特予优待,颁布了《优待红军家属条例》,使红军战士在前线上,可以安心杀敌,不用挂念家里。宣传队经常向群众解释优待红军家属的意义,群众都热烈地执行。红军家信不用贴邮票;红军子弟免费入学;红军家属到合作社买东西,不只按价打九五折,并且还有优先权。又为他们开办日用品的专门商店。国家的企业和合作社,抽出盈利10%供给红军家属作基金,专买他们的日用品。有的群众的合作社也抽利优待他们。耕牛、耕具尽先借给他们使用。每个星期六,群众去帮助他们工作,不要他们任何报酬,连饭、菜、烟草都自己带去。共产党员、团员,做得更多,一星期甚至做两三天。

三、努力经济建设

千百万的兄弟们到前线作战去了,妇女们勇敢地负起后方工作的责任。她们一面增加生产,同时节省消费,使红军的和群众的粮食充足,战费宽裕,成为革命战争中生力军,给借口战争放弃经济建设的机会主义者一个有力的回答。在党和苏维埃领导之下,经过贫农团、雇农工会、赤卫队、少年先锋队、儿童团和女工农妇代表会动员起来,春耕时组织耕田队、开荒队、突击队、宣传队,秋收组织割禾队,举行革命竞赛,提早耕作、犁田、耙田、下肥料、换好种、开垦荒地、修池塘、筑河坝、添修农具,一直到割禾打稻,都互相帮助,耕具耕牛互相借用。有的乡没有耕牛,各乡捐款替他买,群众争着先耕红军公田和红军家属的【田】,割禾也是先割他们的。热融融的阶级友爱,非苏区是看不到的。耕作之中,妇女表现着极大的积极性,晚上开会讨论,白天到田里工作,永远是那样紧张,没有丝毫的疲倦。上杭才溪乡85%以上的妇女参加生产,占了全体劳动者的半数以上,而她们做了80%以上的工作。兴国的妇女本来会犁田耙田的只有几个,自从参加生产以后,她们竞争着学习,经过去年春耕,每区能犁田耙田的有二十多人,个别的区竟有八十多人了。去年红五月里,江西全省除了瑞金、会、浔、安四县,共消灭荒田 10 万石,加上 4 月份全省所开垦的,共 20 万石,已经实现了"开垦荒田 50 万石"的 40% 了。去年闽浙赣省平均每亩田收谷四担,比前年增加了一担,木花油每人比以前多收一担,油菜比革命前增加一倍,棉花足以自给,不用到白区去买,开荒 3 万多亩,增加几十万担米谷;修成水路 602 条,石坝 230 支,山塘 750 口。整个苏区的秋收,平均增加了一成半。

从前,新谷上市,奸商富农操纵市价,用极底的价钱收买,等米少的时候,再高价卖回给农民,使农民大受损失。若像去年那样丰收,价格更要惨跌,可是现在农民在党和苏维埃领导之下,自己组织了粮食合作社,把米谷运到价高的地方去卖,不用经过奸商富农的剥削,得来的利润,社员可以分红。同时苏维埃收买多量的粮食,建立谷仓贮藏起来。又建立贸易局和粮食调剂局来解决群众的粮食问题。没收来的耕牛和农具,组织了犁牛合作社,有计划地分配,有组织地管理。群众的需要比以前大大地增加了,只靠没收的还不够,现在一方面苏维埃抽出一部分富农捐款,借给犁牛合作社,另外群众自己又筹钱来买。消费合作社以上杭、才溪、瑞金、武阳、壬田、兴国、上社、胜利、尤县的成绩最好。上杭才溪的合作社创于1929年,那时社员只有80人,股金40元。去年尾的统计,社员1041人,股金1041元。销货都是群众的日用必需品,布匹20%,食盐70%。合作社的工作,多半妇女担任,特别是采办货物,都是由妇女到白区去买的。据去年12月头的统计:中央苏区17县的合作社,消费480个,股金114120元;粮食852个,股金162164元;生产91个,股金39006元;信用1个。共计1424个合作社,股金305300元,社员15万余人。

苏维埃的广大群众通过决议,要求政府发行300万元经济建设公债,用来发展苏区的经济建设事业,改善群众生活,充实战争力量。这笔款中央政府已决定分配如下:100万用作革命战费;100万给国家贸易局和粮食调剂局,发展国家企业和流通商品;100万用来帮助合作社。在八县苏维埃工作人员查田运动大会上,各县承认推销的数目,达2445000元,占全数的80%以上。公债还没有发行,各团体召集会议,组织宣传队、突击队,动员广大群众开始购买。有些群众把伙食节省下来买公债,有些拿杂粮当饭,把米谷去换公债,有些把零用留着买公债,妇女还把金银首饰卖了钱,来买公债。从八一到年尾,销去了100万元。

群众一方面节省费用来买公债,同时要求第二期公债延期还本,其中的80万元还要陆续退回给政府,不要政府还本。去年上半年一共退还了404182元。

国民党造谣,胡说苏维埃剥削群众,不许贮藏粮食,强迫人民买公债,完全是污蔑苏区群众对革命的积极性,一切一切都是由于群众自觉自愿的。事实上,他企图用这些话来遮掩他自己大借内外债和抽捐加税的罪恶罢了。什么"妇女国货年",不过加紧对工人及劳苦群众的压迫与剥削就是了。当然只有苏维埃政权才能得到群众这般狂热的拥护。

四、进行文化教育运动

当国民党挪用一切教育经费来做进攻苏区战费,使教育破产,青年失学,而在苏维埃的教育,却蒸蒸日上。在党和苏维埃领导之下,给予群众一切政治上和物质上的帮助,特别动员共产主义青年团协助教育部开展群众的文化教育运动。要做到1000人有1个俱乐部,500人有1个小学,100人有1个夜校。每乡起码建立1个小学1个夜校1个俱乐部1个识字委员会。专门学校已设有红军大学,苏维埃大学,马克思共产主义大学和教育部领导下许多教育干部的学校。瑞金已设有中央图书馆及中央革命博物馆。在家里、田里、作坊里、工厂里和兵营里,时刻都在进行教育群众的工作,连马路边也建立了识字牌、俱乐部和列宁室,都成为社会教育的有力武器。每一运动和纪念日,所有的组织都动员起来:开会、演讲、表演戏剧、出版小报、壁报、写标语、发传单,宣传教育每一个群众,不只苏维埃积极的领导、赞助,同时群众也自动地进行教育文化运动,他们自己筹钱请教员,不用政府发给,书籍和文具,自己购买;热烈学习读书识字,还要听政治消息。根据江西、福建、粤赣三省的统计:在2932乡里,有列宁小学3052所,学生89710人;补习夜校6462所,学生94517人;识字组(福建在外,只计江西、粤赣两省)32388组,组员155371人;俱乐部1656个,工作员49668人,这只是中央苏区一部分的统计。至于妇女教育尤其发达,如在兴国夜校学生15740人中女子10752人,占了69%。识字组组员22519人,女子13519人,占了60%。学龄儿童20969人,女童8893人,已入到小学的3981人。妇女不但自己受教育,而且主持教育,许多小学和夜校的校长,都是妇女。

在那里,已经开始普及戏剧运动,他们有工农剧社的组织,内部分为编审委员会及导演、舞台、音乐、歌舞等部,经常供给各地俱乐部歌曲和剧本,并且指导他们工作。去年三月间,总社社员八十余人。五月里他们组织了一个蓝衫团,出发博生、兴国、雩都各处举行长途的流动公演,备受群众的欢迎。蓝衫团共40人,女的占了三分之一。经过这次旅行公演,建立了红校、汀州、叶坪、博生、兴国和江西军区6处的分社,社员有六、七百人。闽浙赣省的工农剧团,经常有四十多人负责,每天上课演习,经常出发表演,置有三、四百张革命图画,每到一处就挂起来向群众讲解。反动势力常常想经过旧戏来继续他在思想上的统治,可是群众看过革命的戏剧,不要再看那些封建的旧戏,反把戏班子驱逐出境去。

因为社会制度改变,群众的生活水平提高,敬神拜佛的勾当,群众已经不做了,他们把香烛钱节省起来买公债,捐给红军,因为苏维埃和红军给了他们实际的好处。同时,儿童团和少年先锋队的反迷信运动,更加速使他们觉悟起来。他们还成立反宗教大同盟,有计划地进行反宗教运动。

敌人的进攻与焚烧屠杀,使苏区里很容易发生疫疾。去年春天,苏维埃开始了卫生运动,动员了各团体,出壁报传单,组织检查队和宣传队,使每一个群众,不论男女老幼都参加卫生运动。卫生委员会领导群众举行特殊礼拜六和义务劳动日,大家沐浴、打扫、通沟渠、烧垃圾、掩埋尸首。大家的饮食要经常注意清洁卫生,男女都已剪发,老太婆也剪了,只有一部分顽固的老太婆还留着长头发。兵站医院更尽力改善,使伤兵离开疫疾地带,早日恢复健康。苏区群众还积极地提倡红色体育运动,偏僻乡村也有田径赛,许多地方开辟了运动场,使每人都有机会锻炼康健的体格,来加强革命的力量。去年五一节,在瑞金举行了大规模的运动会。

五、婚姻制度

只有政治上和经济上的自由有了保障,才能保证婚姻的自由。

现在苏区妇女在这方面完全成功了,只要她们达到结婚的年龄(女18男20岁),双方没有严重的传染病和遗传病,双方同意,到苏维埃登记,就可结婚。以前包办强迫买卖的封建婚姻制度,一概废除,童养媳更是严厉禁止。从前穷苦男女,老大还不能结婚,现在他们可以自由了。以前许多夫妇受了婚姻的束缚压迫,特别是妇女方面,现在只要任何一方面提出离婚,就可以解决了。历史的关系,苏维埃的婚姻法令特别保护妇女,把离婚的负担,多加些在男子身上。当然,为了巩固红军战斗决心,苏维埃规定红军妻子要求离婚,须得丈夫同意,或两年无音息的才可以。

以上这些,难免有些只说到一般的,但是我们知道,现在苏区的后方,妇女占了最大多数,后方工作的动员,主要就是妇女群众了,并且她们的觉悟性、积极性大大地提高了,她们文化教育程度进步了,劳动的能力和效率增加了,她们已成为革命战争中不可少的力量。她们真是最解放、最自由,面向着光明迈进。劳动妇女只有在苏维埃旗帜之下,才能做个真正独立的人啊!

一九三四年三月廿九日

(录自《斗争(上海版)》第71期,1934年4月23日出版)

论国家工厂的管理

（1934 年 3 月 31 日）

刘少奇

在国民党统治区域,经济浩劫是普遍了全中国,许多工厂、矿山相继破产与关门停业,无数千万的工人被驱逐到街上挨冻受饿。但是在苏维埃区域,虽然这里是经济比较落后的地方,虽然有帝国主义国民党不断地"围剿"与经济封锁,但是苏维埃形式的新式的工业,已经开始发展出来。现在中央苏区的苏维埃工厂已有 32 个,包括工人 2000 多人,还包括有几千的钨矿的生产,还有包括几十几以至更多工人的许多生活合作社的工厂(如钨铁、刨烟、造船、农具等合作社)。因为现在我们是处在国内战争的环境中,所以我们苏维埃工业的建设,首先是军事工业。而这些工业的发展、巩固与生产的提高,对于目前的革命战争,是具有极重大的直接的关系。但是在我们苏维埃国家工厂中许多不可忍耐的状况,不能不引起我们严重的注意与警惕!

许多工厂尤其是军事工厂每月的生产计划,不能完成。兵工厂做的子弹,有 3 万多发是打不响的;枪修好了,许多拿到前方不能打,或者一打就坏了。200 多把刺刀不能用,高射机枪的表尺本来做得很好的,后来做出许多要不得。兵工厂【做】的炸弹曾经发生爆炸。被服厂做好军衣,不合尺寸,不好穿,扣子一穿就掉,有的针线大约半寸长钉一针,颜色杂乱配置。某被服厂作的棉衣每件平均要少一两棉花。卫生材料厂霉坏 70 多缸酒。纺织厂的纱布稀密不匀不好用,纱与布时常失窃。造币厂花了2000多元做了一副机器完全用不得。某粮秣厂作出来的米,有三分之一的糠。材料的浪费,达到完全不可允许的地步。不独中央印刷厂印一期《红色中华》浪费油墨超过实际需要一倍以上,而且铅片、铅字的浪费与纸张的浪费,也是很大的。甚至某被服厂在前一时期,将我们千辛万苦买来给红军做衣的布,拿去上厕所,送给老百姓揩桌子等。材料处把很贵重的气钢(无线电用的),拿到兵工厂做炸弹。买来的电油有100多筒是空的。某被服厂用几百匹价贵的绸缎去做军衣里子。但另一方面,没有一个工厂不在叫喊"材料缺乏",时常因为材料缺乏而停工。各工厂的材料器具失窃的事件很多。一切这些现象,说明我们大多数的国家工厂是处在非常严重的状态中。我们现在还没有一个工厂,是管理得很好的,工厂中发生这些严重的现象,但是国家经济机关并没有严格去追究,发觉这些现象的真实原因和负责者,而给必要的打击和纠正。

国家工厂发生这些不可忍耐的现象,原因在哪里? 有同志认为主要的是由于"技术太不好",或者是"对敌人五次'围剿'的形势估计不足"。但是这种认识,是不对的。在这种认识之下,任何具体实际问题也不能解决。很明显的,这里的主要原因,是由于在我们的工厂中尤其军事工厂中,有反革命分子的破坏和捣乱,有流氓落后的分子和混蛋的怠工、偷懒与对我们工厂的故意损害,而我们经济机关、工厂管理机关的官僚主义的领导,对于这些反革命分子,对于这些流氓和混蛋,采取了不可容许的自由主义,没有规定与执行劳动纪律,没有科学地去组织生产与计划生产。而工会工作的许多弱点和错误,我们同志在【管】理和计划生产方面的毫无经验等,都是构成这些严重现象的原因。

我们的经济机关的官僚主义,竟达到这样的程度,子弹做了几万打不叫〔响〕,枪修好了几百支不能打,刺刀做了几百把不能用,棉衣做了几万套不好穿,少了棉花。我们在工厂中负有绝对责任的厂长、管理员等,自己不能发觉,没有知道,而要把些"坏货"再花上多少的人工送到前方。由前方红军打电报回来,他们才知道他们工厂里发出的货要不得。枪械厂不知道厂里存了多少枪？草鞋厂不知道工厂有多少工人？有多少劳役队？谁是劳役队？自然在这种官僚主义的领导之下，就不会去追究这些现象的真实原因，发觉反革命分子的破坏，流氓恶棍的捣鬼，以及生产组织与技术的改良。

在国家工厂中，我们还没有建立真正的工厂制度，没有科学地去组织生产。厂长的权限没有正式规定，一切工厂还没有负责的工头领班，生产品完全没有检验。甚至卫生材料厂由工会的小组长来管理各部分的生产，有些厂长这样宣布说："工会要我怎样办我就怎样办"。这种情形是没有可能把工厂管理好的。因此，必须把工厂中的完全的个人负责制建立起来。厂长对于全厂的生产与行政，负有绝对的责任，因此他有权力来决定和支配全厂的一切问题，在不违犯《劳动法》的范围内，关于工资、工作时间、生产数量，以及调动、处分和开除工人、职员等，厂长是有完全的权力决定与执行。但厂长在决定各种问题时，必须事先与党的支部书记和工会的主任商量，尽可能取得他们的同意，配合党与工会的系统来一致执行。但党的支书与工会主任不同意时，厂长有最后决定执行的权力（有政委时，一定要得到政委同意），并同时提到上级机关来讨论。我们现在要用这个"三人团"的方式来管理我们的工厂。工厂的管理委员会应该是厂长之下的讨论与建议的机关。

工厂中，各科的科长与各生产部门的主任（即工头），也必须清楚规定他们的责任与权力。各部门必须设置负完全责任工头、副工头，有几班工作的必须有领班。工头负该部门全盘的责任，领班负一班人的责任，他们对厂长或科长负责，对于该部门工作分配的问题，生产计划的问题，以及生产品的检验，工人的请假、调动等等，在取得厂长、科长同意之后，有完全的权力支配。在目前我们的工厂中，废除工头的制度不要管理员，还是不可能的。

就是对于每一个工人在每天八小时工作内所应该完成的工作与负责，也必须给以明白的规定。

工厂中还必须设立检验生产品的机关（有工会代表参加）。来负责检验每日的生产品,将"坏货"不能用的货打出来。找出这些"坏货"是什么人负责生产的? 给他登在黑板上,以至给以应有的处分。

在我们的国家工厂中,可以说还没有什么劳动纪律,没有稍微完备的厂规。以至有些工人自由旷工、迟到两点钟上工,假装生病请假、不服调动、自由离开工厂等破坏厂规与纪律的行动,没有受到任何的处分,甚至工厂还照常付给工资。自然少数人的这种行动,可以影响到大多数人不遵守厂规。现在各工厂必须立即制订自己的完备的工厂规定,提高劳动纪律。在厂规内必须明白规定管理员、工头、领班及每个劳动者的责任与权力及因违犯厂规所负责任的范围与负责办法,对于旷工的、迟到的(迟到20分钟即作旷工),不但不应该付给工资,而且须【给】予相当的处分。浪费与损坏材料工具,没有充分原因生产"坏货"或不能完成计划,以及在工厂中吵闹妨害别人工作等,均须明白规定发展〔生〕这些事件所负的一定的责任,及规定处分与开除工人职员的一定的手续。工厂必须坚决执行这样的厂规,对任何破坏厂规者给以一定的打击,工厂内部的秩序才能建立起来。当然,厂规是不能与《劳动法》和集体合同抵触的,是要经过工会同意与劳动部批准的。

在国家工厂中,我们应该把组织与提高工人的劳动生产热忱,作为最重要的任务。组织群众的生产竞赛,组织生产突击队,发展新的技术,增加工作的速度与效能,应该看作提高国有工厂生产力的主要方法。在这方面,我们过去是进行了,得到了相当的成效。工会与工厂中□□工人的党在这方面是要负更多的组织的责任。但我们过去在组织工人劳动热忱的工作上,是有许多的错误和缺点。突击队并不是最有纪律、最精干能做全厂工人模范的队伍。某兵工厂全厂工人都加入了突击队。许多工厂以延长工作时间作义务劳动,为提高生产的主要方法,但有时延长了工作时间并不能提高生产(如某兵工厂每日加作四小时义务劳动,后来取消,生产没有减少,反而增加)。甚至在《青年实话》印刷所,机器上已作三班,全厂工人也增加做两小时义务劳动,自然机器上不能加,而排字与装订工人加做两小时也是无用的。而生产的比赛,许多是为着想增加工资。我们必须从加紧工作速度、改良技术、节省材料、改善生产品质量几方面来努力,来提高国有工厂的生产。生产突击队必须分组,突击的条件与特别待遇须明白规定,由党员、团员及最积极的工人来自愿地组织,绝对坚持突击队是完全遵守厂规,按时完成与超过生产计划,不断改进工作的技术,给予一般工人以最标本的提高生产的模范。不是这些条件的突击队员,必须洗刷。延长每日工作时间的义务劳动,应该完全在工人自愿条件下,在一定的时期内,为着达到一定的任务去实行。而且应该把这看作是最后的办法。

精密地、科学地来制订生产计划,是每一个工厂所必要的。精确估计到机器的能力,每个工人每部分工人最大的生产数量,材料与工具的耗费等,才能〈可〉制定可实现的生产计划。但我们的经济机关在制订计划时,并不估计这些,写计划的人对于工厂中生产的详细情形是不知道的,许多是仅仅根据上一个月的生产,来定出下一个月的生产总数(只有一个总数)。某兵工厂甚至在 2 月 20 日以后,才接到上级 2 月份的生产计划。至于三个月、半年、一年的生产计划,提高与扩大生产的计划,根本没有过。如是,我们的生产计划常常成为空洞的东西,各部分的生产不能衔接。这一部分生产很多,而那一部分很少,机器上可能,而材料又没有准备。这种没有计划的紊乱的现象,充满了我们的工厂。这种情形必须立即转变。要进行精密的各方面的核算和估计,然后我们才能知道生产可以提高和扩大到何等程度。

现在我们还没有一个工厂去核算过生产品的成本费,所以减少成本的口号,没有提出来。草鞋厂的成本费是最简单了,但也没有算过,然而现在已折本几千元,我看还将继续折本下去。因此这个工厂是否要继续开办? 是值得讨论的问题(因为工厂不是机器生产,从几百里外请工人来生产,总不如将材料发给家庭女工去做的便宜)。我们的经济机关现在需要吸收许多工人来进行各方面的核算。算得愈清楚愈有把握,愈不吃亏,算盘打不好,到处都要吃亏的。

我们的工厂有许多没有很好的去进行分工。比如草鞋厂是一个女工自己织成一双草鞋，没有把搓绳、弄草与编织成分开，使工作专门化，更容易熟练与增加生产。

在工资制度上还需要一些改变。尤其过去草鞋厂不管每天织 10 双的或织 3 双的，都是 5 毛钱，是完全要不得。煤炭工人也用月工与日工制。现在需要在工资制度上刺激工人来努力增加生产，件工制与包工的办法要采用。最好的是规定每天或每小时的工资数量，同时规定生产数量，超过生产数量的加给工资，不足生产数量的扣除工资。一月三月完全不旷工、不请假、不迟到、不犯厂规，生产数量完成与超过的，应给以特别的奖励。工资以月为单位来计算是不好的，应改作以日、以小时为单位来计算（苏联许多工厂是以分钟来计算）。有一天一小时不做工，工厂应即不付工资（生病、例假、星期日等，按合同与《劳动法》办理）。因此，工厂应发给每个工人一本《工椐》，来登记每日的生产数量与质量及请假、旷工等。预支工资必须有一定的限制，及规定在工资内扣除归还办法。

在我们的国家工厂中，因为管理人的错误，阶级警觉性不够，招收了一切〔些〕地主残余与富农分子在工厂工作。某机关甚至介绍 10 个 "AB 团" 自首分子到弹药厂工作，同时工厂中还有原来剥削工人的工头、吃大烟的人、流氓等。这些家伙，这些工厂中的害虫，他们敌视苏维突〔埃〕红军，敌视民众的工厂，"给 '它' 少做些工，做得坏些，从 '它' 那里多偷一些工钱"（列宁）。甚至，他们故意地进行阴谋，破坏我们的工厂和机器与材料，偷窃公家的财物，我们必须发动群众，开展极大的斗争，来反对这些家伙，严格地管束、抑制和监督他们，战胜 "可厌的资本主义社会的残余，这些人类的渣滓，这些毫无希望的腐朽的霉烂的分子，这种传染病、恶疮、瘟疫"（列宁）。没有技术的、工厂中不一定需要的地主富农分子，应尽量【赶】出工厂去，或者把他们放在劳役队里面。破坏机器、材料，偷窃公家财物的，应该受到法庭的审判，一直到枪决为止。怠工、浪费材料、经常生产 "坏货" 的，应在群众面前受到各种各式的处罚和公审，工厂中以后应禁止雇用地主富农分子,并要征调一批积极坚决的工人到国家工厂中去做工。

在国家工厂中的工会组织,应极大地注意协助工厂管理与组织的改善,发展与巩固国家工厂,同时要改善工人的生活。解决工人一切不安的问题,发动工人的劳动热忱,组织生产竞赛和突击队,为提高生产而斗争。工会应在群众中提高自觉的劳动纪律,拥护厂规的执行,反对阶级异己分子和流氓混蛋的捣鬼。教育工人为自己为工农民众的工厂而努力工作,吸引工人参加生产计划的讨论和制订,参加经济的核算,研究技术的改良,学习生产的管理。很明显的,上面所说的各种任务,国家工厂各方面情况的改善,必须得到工会与大多数工人自愿地、乐意地、热情地参加与合作,才能够顺利地完成。我们的经济机关与工会必须亲密地实现这种合作。

(录自《斗争》第 53 期,1934 年 3 月 31 日出版)

共产主义青年团中央
为红五月工作给团员同志的信[①]
（1934 年 4 月 5 日）

各级团部及全体同志们：

　　1934 年的红五月是正处于战争和革命的前夜。首先，德帝国主义在波罗的海沿岸，日美英各帝国主义在中亚细亚、满洲、蒙古正想以加紧进攻苏联的方法，来暂时和缓各帝国主义者间的矛盾。同时在反动的营垒中，德法、德意、法意间在中欧和非洲的冲突，英美在世界市场的争霸战和货币战，日英、日美在太平洋的矛盾，亦日益紧张着。但在另外一方面，全世界各国阶级斗争又达到非常之尖锐的时期。维也纳的暴动，巴黎工人的总罢工，伦敦的【反】饥饿游行，美国的罢工浪潮，中国的革命，这些事实指明了革命的浪潮如此汹涌，我们有着一切有利的条件，用革命的方法来先行推翻资产阶级的统治，根本消灭战争。

　　1934 年的红五月是正当帝国主义者加剧瓜分中国，干涉中国革命的时候。日本帝国主义从东北四省而热河，而察哈尔，而华北，而新疆，英帝国主义从香港而班洪，而西康，而哈〔喀〕什葛〔噶〕尔，美帝国主义在杭州、福州、厦门、南京等地，都建立了他们的空军根据【地】，法帝国主义从南海九小岛而西沙，而广州湾，而广西、云南。这些事实告诉了我们，帝国主义者正在加剧完全瓜分中国的勾当。

---

　　① 本文标题原为《为红五月工作给团员同志的信》。

1934 年的红五月是正当蒋介石政府在帝国主义直接帮助之下，不顾一切，用一切力量来进攻苏维埃红军的时候。蒋介石得到了英、美、日、德帝国主义者的金钱、飞机、大炮和军事人才的帮助，收买了陈济棠、张学良、刘湘、何键等军阀，动员了 80 万的军队，在福建、广东、浙江、湖南、川北、豫南、湘西、江西同红军作决胜的战斗。

1934 年的红五月是正当以蒋介石为首的法西斯蒂疯狂地屠杀群众、钳制言论、禁止反帝，以强盗绑票的方法戕贼青年，而另一方面则用"生产建设"、"文化统制"、"文化建设"、"新生活运动"、学生会考、军事教育、强募壮丁、加强军事徭役、用垦荒移民等来欺骗和敲诈灾民失业者，以空前的恐怖手段剥夺人民的最初步的自由的时候。

1934 年的红五月是正当全国纱厂、丝厂、火柴、面粉业等相继破产，而农村经济整个毁灭，一万〔亿〕九千万的灾民、难民、失业者无衣无食流离失所的时候。正当绸厂、纱厂、矿工不能照旧生活下去，前仆后继地反对关厂、开除、减工，嘉善、京东、直南、南京等地的农民不能照旧生活下去，自动地起来反对苛捐杂税、反对强募壮丁的时候。

总之，1934 年的红五月，中国是正处于战争、革命和干涉的时期。苏维埃红军已正在努力作冲破五次"围剿"的斗争。东北四省的反日游击队正在同日本帝国主义者的军队作着顽强的抵抗。在中国各省到处都爆发着战争和革命的狼烟。在这个时期，假如回想一下这红五月的纪念日，那么，我们马上就会觉得这些纪念日，如"五一"、"五三"、"五四"、"五五"、"五七"、"五九"、"五卅"、"五卅一"等纪念节，都充满了帝国主义者掠夺中国民众的耻辱，而且其中还含着有不可磨灭的民众们反抗帝国主义和统治阶级所流的鲜血！

在这样紧张的时局当中，每个同志必须深切地了解我们是为什么而斗争，每个同志必须了解目前时局的严重性和我们的责任。每个同志必须提高自己的创造性来在群众斗争中锻炼自己。必须了解，中国能不能从帝国主义者的羁轭当中解放出来，这是要靠我们的努力；千百万的群众能不能从地主资产阶级的残酷的剥削中解放出来，这是要看我们的努力。我们必须有这样的信念，即在中国共产党领导之下民族革命战争完全有胜利的可能,我们具备了国际的、国内的一切胜利的条件。共产主义青年团员在共产党的领导之下,同样的亦有领导这种神圣的民族革命战争的光荣的义务。统治者的屠刀虽然可以摧残我们的肉体,但绝不能动摇我们为中国民族的解放而斗争的坚强的意志。

这一年来,因日益壮大的革命势力和红军的胜利,已动摇到统治阶级的根基。中国国民党政府对最近帝国主义者的进攻(如察哈尔的紧张、班洪事件、西沙群岛事件),完全保持着一贯的出卖政策,但对于苏维埃红军,则动员一切力量来进攻;对于白区的民众,则用最残酷的方法来屠杀。同时,以蒋介石为首的法西斯蒂运用一切的方法来爬进群众组织,破坏群众斗争,摧残革命势力,法西斯蒂的疯狂的压迫和屠杀。但这种疯狂的压迫和屠杀可会引起广大群众的愤怒和反抗,而加速革命的进程。所以法西斯蒂的统治使革命增加困难,同时又使革命生长着(见共产国际十三次全会库西宁同志提纲)。

法西斯蒂的组织的强固性是要受到它本身的阶级性所限制的。它的构成分子是没落的知识分子。它所代表的利益是地主资产阶级最反动的一部和失了阶级性的流氓。然而这些分子的结合是根据于个人的或派别的利益的。同时以蒋介石为首的法西斯蒂的垄断的统治必然会引起地主资产阶级及其他各派别的仇视,加强反动营垒中内部的矛盾。所以群众的革命势力必然能够粉碎建筑在沙上的法西斯蒂的力量。

从去年红五月到今年的红五月,这一年来不管白色恐怖怎样厉害,团在青年群众中的政治影响的确大大地扩大了,组织上也有了相当的收获。这些成绩比起目前紧张的局势起来,自然是十分的不能令人满意的。这些不能令人满意的情况的存在,主要的是由于我们的工作上存在着严重的弱点。这些弱点是在于:(1)我们还没有学会广泛地应用反帝的下层统一战线的策略;(2)对于厂内的情形不能深刻地了解,青工工作仍存在着严重的关门主义。(3)支部生活不健全,支部不能成为一切工作的杠杆;(4)形式主义、官僚主义的领导方式仍浓厚地残存着,以抄袭决议的方式代替了领导群众的艺术。这些缺点显然的是我们向前发展的障碍。

目前,开滦矿工的三次罢工和上海美亚工人的总罢工,可以说是推动中国工人阶级向资产阶级进攻和反攻的革命斗争,大罢工的浪涛正摆在我们的前头。

因此,红五月的中心政治任务是在于反对目前帝国主义的对华新进攻、国民党对红军的五次"围剿"。必须从领导青年群众的日常经济要求的基础上去发动青工斗争。根据这个总的任务,我们号召全团为下列的任务而奋斗:

1.利用目前普遍的减工关厂的现象(如纱厂"五一"宣布减薪)、日本帝国主义对华北的新进攻,组织反帝反国民党的罢工、罢课、示威游行。同时根据当地的具体斗争形势,我们必须组织车间的群众集会、厂门外的飞行集会、三分钟和五分钟的罢工。

在"五一"、"五卅"纪念必须看成为转变全部青工工作的枢纽,特别是唐山、丝厂、纱厂和交通工业的青工工作。"五四"纪念应视为在学生群众中树立我们的堡垒的节日。"五卅一"塘沽协定纪念必须针对着日本帝国主义对华北新进攻来宣传。建立伟大的群众反帝运动,采取下层统一战线的策略,组织群众的红五月筹备会。

2.广泛地宣传苏维埃第二次代表大会的意义。用通俗的语言和生动的事实,说明苏维埃政权的好处,宣传苏维埃的政纲,解释苏维埃区已经是反帝国主义的大本营,红军是帝国主义者的死敌,只有苏维埃政权才是解放中国民族的唯一的政权,号召青年劳苦群众为这个政权而斗争!

3.广泛地应用下层统一战线的策略,团结一切反帝国主义的分子于无产阶级的周围,坚决地作反帝的斗争,特别要抓紧目前华北的紧张的局势,发动游击战争,加强对满洲反日游击队、义勇军的领导。

4.必须在刊物上经常地给法西斯蒂的武断宣传以答复,用具体的事实揭破它的"民族复兴"、"再造革命"等的欺骗性。在一切有群众的敌对团体内,如黄色工会等,必须打进去,用具体的事实去揭破领袖们的阴谋,夺取他们的群众。同时必须组织群众的武装自卫团体,来反抗法西斯蒂的绑票行为。

5. 必须抓紧目前已经爆发斗争的企业来作中心(如开滦矿工、华新纱厂、美亚绸厂的罢工),来推动其他的支部。各支部根据这些厂斗争的讨论,经过详细研究厂内的情形,制出他们自己本厂的斗争纲领。利用厂内工人每个小的不满,发动群众斗争,用这样的方法来组织一企业或数企业的同盟罢工。在上海、天津、无锡、青岛等地,女工在企业里占主要的地位,必须提出女工要求纲领,反对忽视女工工作的倾向。

6. 必须在斗争的过程中猛烈地吸收斗争中的积极分子进团。在群众斗争情绪十分高涨之下,我们还可用团的名义公开号召青年工人进团。但新团员的介绍,必须是团由于各方面积极工作的结果。同时广泛的征收运动还必须和秘密工作联系起来,防止奸细混进我们组织里面。红五月应为发展一倍团员而斗争。

7. 加强失业青工群众中的工作,为要求津贴、免费学习工艺等而斗争。同时发动他们援助罢工,把在业工人和失业工人亲密地联系。

8. 所有由政府征募来的修堤筑路的工役,必须提出要工钱,工钱按日发给、改善待遇、不准打骂等要求。同时利用目前反对苛捐杂税、反对强募民伕等广泛的农民骚动,领导他们包围当地政府团局,占据仓库铁道,夺取武装,一直发展到农民的游击战争。

9. 在学生当中,必须发动争取读书自由,废除会考、军事训练,反对学校增加学费、宿费及各种剥削,反对法西斯蒂的绑票行为,特别在反帝国主义方面指出法西斯蒂的欺骗性。

10. 必须组织上派人打进士兵里面去,同时还要全体团员同志都着重注意士兵工作,特别是河北和满洲。我们必须把"一·二八"十九路军兵士抗日的故事广泛地向他们宣传,发动他们反抗不抗日、克扣军饷的军官,发动有组织的哗变。

11. 各省接到这封信后,必须立即规定出他们自己的红五月工作计划,并号召全体团员组织各区、各支部和团员间的革命竞赛,为百

分之百地执行和超过这个计划而斗争。在 5 月 10 号以前,必须作出
"五一"纪念的总结,并根据"五一"的经验来准备"五卅"的工作,绝
不容许重复过去的错误。

共产主义青年团中央

一九三四、四、五

见《团的建设》第 14 期,1934 年 4 月 9 日出版

(录自共青团中央青运史研究室、中央档案馆编:《中国青
年运动历史资料》第 12 册,中共党史资料出版社 1989 年版,第
520—525 页)

中共中央、全总执行局党团
关于红五月工作的决定

（1934 年 4 月 10 日）

1934 年的红五月，正当世界逼近的走到革命和战争的新周期，在中国是革命战争和干涉。帝国主义的侵略、严重的民族危机和反帝的浪潮；国民经济的浩劫，地主资本的进攻和澎湃汹涌的工农革命斗争；帝国主义国民党的五次"围剿"，法西斯运动的猖狂，和苏维埃中国及工农红军为彻底地和完全地冲破"围剿"的英勇战斗与苏维埃运动的开展。"尖锐的革命形势的存在要求党千百倍地加强自己的革命的群众工作，用一切力量经过广大的下层统一战线之运用去夺取群众……动员全部力量为着完全与彻底的粉碎五次'围剿'而斗争，这是党当前最战斗的紧急任务"（五中全会决议）。

一、在领导无产阶级罢工战斗和开展革命职工运动方面，各级党部和各级工会要抓住中外资本一致残酷进攻，与帝国主义国民党黄色工会压迫出卖工人的具体事实，用最大的力量去准备、组织、领导、坚持、扩大工人阶级的罢工斗争与争取一切工人自发斗争的领导，从组织和领导群众日常斗争与罢工的基础上，来动员领导群众建立各厂群众"五一"的筹备委员会，来动员组织"五一"的群众示威运动。这里，上海要加紧准备和组织纱厂、码头、港务、长江轮、电力的斗争，特别要抓住领导美亚罢工，从巩固扩大美亚罢工，来推动上海绸业同盟罢工，来建立上海绸业工会，以开展上海各业工人的罢工斗争，及争取铁路、人力车等群众自发斗争的领导。河北要集中力量领导坚持扩大开滦五矿同盟罢工,建立开滦工人自己工会,以开滦罢工为领导,去推动扩大为唐山各业总同盟罢工,加紧组织铁路、矿山、北平财印、天津砂厂、码头的斗争。河北与河南特别应当共同加紧开展平汉铁路的工作,因为这是帝国主义国民党集中华北武装进攻苏维埃红军的要道与军事根据地,满洲要加紧组织铁路、矿山、兵工厂、海员工作。要马上动员每个同志与会员深入群众进行系统群众工作(特别要推动开滦、美亚罢工工人公开到各厂群众中活动),提出群众迫切【的】经济政治要求,运用广泛【的】下层统一战线的策略,建立健强的群众的罢工委员会与纠察队,领导群众坚决斗争,以及在广大巩固的群众经济斗争基础上,来加紧组织和开展群众的政治罢工。

坚决开展反忽视失业工作的机会主义倾向斗争,各级党部与工会要立即动员每个支部与分会小组重新检查失业工作,寻找出失业工作不能开展的原因与讨论出目前开展失业工作的具体步骤与方法。根据中央与全总执行局关于失业工作的决定和指示,去加紧布置失业工作。首先要集中力量到几个失业工人集中区域与失业斗争的群众中去开展系统工作。提出失业工人要求与纲领,号召广大失业工人群众,建立失业委员会,配合失业与在业工人斗争,使斗争推动到更高的阶段。放弃失业工作与不去从组织失业工人的斗争基础上,来建立广泛失业群众的"五一"筹备会,动员广大失业工人参加"五一"示威运动,便不能保证伟大群众胜利的"五一"示威的实现。

有计划地打入黄色工会下层群众中开展革命反对派工作,特别要首先集中力量打入几个群众基础广大、生产地位重要与黄色工会活动比较积极的主要黄色工会(如上海铁路、邮务、电力、海员、河北铁路、矿山、纱厂)开展系统工作,抓住群众的要求,独立领导群众日常斗争,不要放弃每个具体事实,彻底揭发黄色工会的一切欺骗阴谋,从夺取广大群众的基础上来实际瓦解黄色工会,建立工人阶级的独立工会,在黄色工会下层群众中,建立群众的"五一"筹备会。

在组织方面,满洲省委和满总党团必须用一切力量开辟和发展满洲各大工业城市(哈尔滨、奉天、大连等)的工作,并在这一基础上把满总变成群众的工会。目前,首先要恢复和加强哈市的工作,重建群众的哈尔滨总工会,把工会的基础真正放到产业中去,吸收大批的在业工人领袖参加工会的领导工作。河北省委和河北全总办事处必须在矿山、铁路、纱厂和码头等工人中开展最大限度的工作,并在这一基础上来首先建立各业的群众工会——矿工会和码头工会等,依据于这些群众的产总来创立河北工人总工会,这也就是全总河北办事处的最主要任务;在河南,省委应用一切力量开辟工会工作,首先是平汉路、六合沟等处,并须责成铁委会在加强对铁路工人斗争之领导的基础上,来开展建立工会和反对派的组织工作,省委必须动员党内最好的力量到铁委中工作,以提高其战斗的能力。于鄂豫皖四周,尤应加强组织雇农的工作,树立雇农工会的基础。在江苏,首先是上海,应恢复和加强工联的领导,并努力完成建立上海绸业工人总工会、码头总工会及扩大纱总的任务;无锡的工作委员会应该加强并用一切力量将其转变为群众的工会组织。海总应用一切力量扩大外洋和长江轮船上的工作,把海总变成一个有成千成万的海员和在各埠有强有力的分会的组织。

为保证这些任务之顺利地完成,必须在领导工人群众的斗争过程中勇敢地发展工会的组织和艰苦地培养在业的干部。

二、根据党五中全会关于党在农村工作中的指示,河北党应加强对于京东战区直南各地党的领导,发展农民群众反对捐税,反对高利贷,反对地租的斗争。在满洲农村中的工作是与组织反日的民族革命战争分不开的,把反日的战争提到土地革命的阶段的任务,要求满洲党比任何时候都要加强对农村工作的领导而壮大人民革命军,创造巩固的根据地以执行反帝的土地革命的政纲乃是最中心的任务。在河南特别是靠近苏区的地方,党应用最大的力量,去组织农民群众的斗争,并用一切方法把这些斗争提高到革命的游击战争。在江苏、浙江——敌人统治的腹心,要用一切力量开展外县农村中的工作。首先,应巩固无锡中心县委的工作并使之开展,大步地走上创造游击队和新苏区的道路,这要求上海的组织有系统地派遣无产阶级的干部到农村中去加紧外县农村中的工作,省委之下的外县工作委员会应在最近期间内成立起来。安徽党的组织应用一切力量把现有之赤色游击队壮大起来,创立比较稳固的根据地。四川党是同样的紧迫要去完成组织农民斗争和革命的游击战争来扰乱敌人后方,配合红四军①作战,以扩大四川苏区的任务。

党必须加紧白军士兵和民团中的工作,瓦解敌人的"铲共义勇队",根据他们在政治上和经济上的不满来鼓动他们的斗争,鼓励他们投到红军和革命的游击战争方面来。

三、日本及其他帝国主义侵略中国大激进,华北的危机累卵〔卵〕,滇边的失守,藏兵两路进攻及国际投资与所谓中日提携,都无不表征着中国的民族危机日益严重。白区反帝的浪潮——以无产阶级罢工战斗为骨干的反帝斗争,在迅速地向前开展着。各级党部和各级工会应根据中央关于华北事变的宣言和紧急通知开展反帝国主义侵略及国民党投降主义的斗争。"党必须坚决地为着反帝的下层统一战线而斗争,这个统一战线必须依据在明了通俗的民族革命战争的纲领之上,而在一切反帝斗争的形式中实现起来,并在这个统一战线之中加强无产阶级的领导"(五中全会决议)。

与日本帝国主义侵占整个华北的计划直接相关的,便是调遣东北军南下,以加强进攻苏区的兵力。各级党部和工会,首先是河北、河南的党应用一切力量加强在东北军及平汉铁路工人中的工作,在反对南下、不运兵打红军、把日本从华北及满洲撵出去等口号之下,来开展极大的工作,粉碎帝国主义国民党的阴谋。北方的党及全党的伟大任务就是怎样把目前华北的危机变成胜利的民族革命战争。中央责成满洲、河北、热河及河南的党要全部地执行五中全会在这方面所给与他们的一切任务。

各级党部和各级工会必须加强在帝国主义企业中的工作。唐山和上海的党团、工会应将唐山罢工和美亚绸厂的同盟罢工提高到反

---

① 原文如此,应为"红四方面军"。

帝国主义的斗争阶段,并在这两个大罢工的周围来团结广大的反帝统一战线。

四、今年的红五月将是两个中国——苏维埃的中国和国民党的中国进行生死战争的时候,英勇的工农红军在广大劳苦群众积极拥护之下粉碎敌人在五次"围剿"中的第一步计划而逼得敌人不得不重新布〔部〕署,加强"围剿"的兵力,努力造成大包围的形势,现在动员了将近百万以上的军队来从四面围攻中区①。白区的党、工会及团应加强组织工农士兵群众的斗争,来配合红军的作战及创造新的苏区。各级党部和工会应将二苏大会的总结,散布到广大群众中去,把苏维埃革命的全部纲领向广大群众宣传,把苏维埃政府的《劳动法》、《土地法》、《优待红军的条例》变成动员白区工农士兵的武器。白区的党和工会、团,应开展极大规模的拥护苏维埃红军的运动,把它变成有系统的日常的工作。在上海及其他的码头上、铁路上,建立群众的警备委员会、纠察队,把反对运军火的斗争与群众争取迫切要求的斗争很灵活地联系起来。

五、在这一切工作中,必须动员广大群众反对帝国主义疯狂准备着的战争,加强宣传和拥护苏联的工作。中国党,中国的工人阶级及广大劳苦群众,而首先是满洲的党和满洲的三千万群众,在反对帝国主义进攻苏联的战争准备中负有特殊的使命。各级党部和各级工会必须向广大劳苦群众指出,只有走上苏联工农群众所走的道路才能得到解放。在满洲必须加强在铁路上及其他军事建筑的工作,破坏日本帝国主义的军用铁道的建设,飞机场,加强在海员和兵工厂中的工作,加强在满洲国士兵中的工作,瓦解日本帝国主义的武装,开展大规模的革命游击战争来牵制和破坏日帝国主义一切进攻苏联的准备与企图。河北热河的党必须加强在战区中的工作,破坏日本帝国主义招募华工进行筑路和当兵的计划,特别要加强在内蒙各旗民的工作,结成统一的反帝战线,保护外蒙人民共和国和苏联。

---

① 中区,即中央苏区。

中央责成各级党部开展对于联共十七次大会总结的讨论,广泛地宣传斯大林同志的报告,来扩大和深入拥护苏联的宣传。

六、争取街道,争取胜利的群众示威是红五月中战斗的任务之一。估计到今年的"五一""五卅"正是两个政权更加尖锐对立的时候,因此帝国主义国民党将要采取更加残酷的手段,来镇压和禁止"五一""五卅"等群众示威运动,所以我们要组织广大群众冲破帝国主义国民党的压迫,争取"五一""五卅"群众示威胜利的实现,便要特别加紧发动群众反帝反国民党斗争,反对法西斯蒂的白色恐怖,扩大群众的武装与自卫组织(以木棍、铁尺、斧头、砖块武装起来的纠察队等等),要加紧建立"五一"运动的主要群众的基础(几个中心厂的巩固群众组织)与准备示威的中心部队(健强的保护示威部队与领导群众战斗的基本纠察队),要选择勇敢坚决善战的公开和秘密的指挥,要事先具体讨论和具体准备如何保证群众示威胜利实现的每个实际步骤与方法。

中　央
全总执行局党团

(录自中华全国总工会编:《中共中央关于工人运动文件选编(中)》,档案出版社1985年第1版,第370—375页)

去年入团号召的教训与发展团的组织问题

（1934 年 4 月 10 日）

盛　荣

　　在去年中央局的入团号召以后，的确是得到了许多光荣的成绩，是得到全团的每一个同志的拥护与执行。在为赶上党超过党的口号而斗争的下面，有许多团员在积极和热烈地参加这次的征收运动，甚至在入团号召的期间内，有许多地方的团员，一个人介绍几个、几十个新的团员的。在这一方面，我们也看见在征收运动中团员的热忱和积极性，是在极大地增长着。然而许多地方，这种方式是没有经过最低限度的手续（如个别谈话等）。这种方式是不是妥当？当然是不妥当的。能不能怪支部中的团员积极分子的？也是不能够的。绝对没有任何理由去责骂下层团员同志们要不得，而且我们自己的负责指导的干部，对这工作的执行中，没有经常的解释与检查教育下级的每个团员及支部的干事，使他立即纠正这错误方式。同时团的领导干部，是认为这方式要不得，并没有想起具体办法，帮助和指导下级的同志。所以这种错误的方式，在许多地方代替了正确指示和妨碍征收运动的执行。

　　在去年的征收运动中，宣传解释工作有些进步和成绩。然而这些成绩只是起了进步的作用，并没有开展深入的成为全国内每个组织中的每个团员的运动。有许多地方团部和干部，把这一运动停留在自己几个人身上。这种表现不是团的好现象，而且反映团内干部中坏的表现。同时在各群众团体中去进行征收运动的过程中，宣传解释工作及举行有计划团体晚会的准备,是做得不充分的。我们入团号召最大的弱点,是没有经常检查督促、帮助下层支部的同志,解决一切入团号召的手续问题等等。我们的指导干部,并没有做到这些有系统的准备工作。有许多地方团的领导精力,集中在干部县委区委会议上的动员宣传解释。自区委委员到支部的积极干部,以及有许多县委委员,都是很积极的。这种积极并没有使得每个支部中的每个同志了解参加,为了发展团员的具体的数目而斗争。总括起来说,我们去年的入团号召,在团的领导机关中直接的征收,占了很主要的地位,征收运动停留在几个积极干部身上。

入团号召的征收方法是怎样呢?据我们总结各地的材料的时候,最大部分公开在群众大会和少队儿童团下操中吸收他们入团的方式,并没有经过群众团体的团组,有计划向其中的青年领袖和积极分子解释。在临时下操时,一个区委的负责同志,鼓动一下,号召他们加入团。这种的方式,又往往是区委的同志,来这一乡巡视帮助这一乡支部的工作,或者就是召集团员大会的。因为团员大会没有召集成功,遇见少队或儿童团下操,不是有计划的而是无计划的去鼓动。同时在队长儿童团的负责人底下,或多或少的帮助下面,全体加入共产青年团。这样的方式,据我得到的材料,占了入团号召中的一个重要的数量。

在群众大会上公开摆摊子征收新团员是成为入团号召中的主要普遍的方式了。当然,并不是说普遍每个团员中,而是普遍于我们的积极分子和干部中。县委区委的负责人,他只注意群众大会什么时候开,他就什么时候去摆摊子,去做入团号召的工作。这种方式代替了工作的动员向青年群众中工作的检查和帮助。所以我们〈的〉去年的入团号召,是犯了以少数干部会议的动员,代替发动全团各方配合群众的动员的错误倾向。这种公开征收不顾质量只顾数量的错误的征收方式,没有及时地纠正,甚至在广昌有打路条的和检查路条要他加入团的都有,否则不准通过。这些征收的方法中,一定有许多不能想象的结果。

我们有计划的征收是有,然而这是整个入团号召中的比例最少的数量,只占20%,完全说明征收中个别介绍方式应用极少的了。这不仅是责骂下级干部的错误,我们领导机关的领导者首先要负主要责任。

我们入团号召征收方式的错误,直接影响全团的团员的质量问题了。据各方的材料中看到,征收时不考虑是否合团的条件。许多地方发生错误倾向不去管它。这些新收来的团员成分和他的来历,我们并没有很好地〈做〉审查新团员资格,洗刷那些阶级异己分子和不合团的条件的太小了的小孩子。因此,现在许多地方清检出来,有些团的支部,整个都是小孩子,支部都是不满团的年岁(广昌)。要真是这样,将成为儿童团的支部,是不能领导青年群众参加战争,发挥团在青年群众中的领导作用,和它应有的组织上的领导。

有一种更错误的观点,就是把赶上党超过党的任务,解析成为不要输送团员进党。这些同志认为:假使团员进了党,那不是党员数量增多,赶上党超过党的任务不能达到吗? 这种不把团的门户向着广大的青年工农群众,来执行赶上党超过党的任务,庸俗地解析成为不要输送团员进党,是一种最有害的见解。根本没有了解团是党的后备军,团是共产主义教育的组织,它的组织和社会成分,都比党宽广得多。团有着一切可能去猛烈发展团员,执行赶上党超过党的任务。

我们在红五月中,各级团的组织,应该检查团的不合格的团员退出为同情者。另一方面,加强在红五月中发展团的工作,征收青工雇农入团,改良团内的无产阶级成分。同时,输送工作积极政治上发展以及达到了党龄的团员入党。巩固团的组织,加强团在各个战线上的领导。

为要完成这一战斗任务,必须全团中开展斗争,反对那种以为只要公开征收,不在执行每个战斗任务中去发展团员的错误观点,这是绝对有害的,是阻止团走向群众团的障碍。

我们团的领导机关,为着使这一任务全部实现,应该提到全团每个组织(群众中去)和每个团员前面:检查过去,对这一工作缺点和错误倾向作坚决的斗争。

我们的团,只有用具体领导和检查,才能够保障征收方式的转变,成为经常性的广大团员的征收运动,使团成为群众的团,布尔什维克的团。

四月十日

（录自《青年实话》第 3 卷第 19 号,1934 年 4 月 15 日出版）

中国共产主义青年团中央
为反对日本帝国主义在华北新进攻宣言[①]

（1934 年 4 月 12 日）

全中国民众们：

自从 1933 年 5 月 31 日国民政府签订《塘沽协定》以来，华北一带早已成为日本帝国主义者的操练场。国民党所宣传的"长城各口的接收"实际上乃是在日本帝国主义谅解下的对中国民众的一种可耻的欺骗。时至今日这些欺骗再也不能掩盖国民党卖国的事实了。日本帝国主义者为要更进一步地进攻苏联和蒙古共和国，为要扩张他们的势力直到新疆腹地，为要巩固和扩大华北的地盘来作进攻苏联和中国革命的根据地，已经陈兵平津，扰乱青岛，增兵遵化、丰润，重兵集结沽源多伦，军事间谍布满在黄河沿岸。滦东的中国民众被日本帝国主义的军队掳去当苦役，想以中国民众的血去换取帝国主义者的利益，想以中国的土地拿来作进攻苏联和干涉中国革命的炮台。华北的形势已经更严重于当时满洲"九·一八"的前夜。我们在这儿不能不着重宣言：目前华北严重的形势都是国民党卖国政策所造出来的恶果！

最近日本帝国主义者的走狗黄郛南下，无疑的是带有日本帝国主义所给予的重大使命。这个使命的主要内容，就是在于要求国民政府毫无抵抗地把华北数省让给日本帝国主义，而国民政府从日本

[①] 本文标题原为《为反对日本帝国主义在华北新进攻》。

帝国主义者方面获得更多的帮助来进攻红军,企图打击中国革命。最近日本帝国【主义】者的外交官和新闻记者都故意否认目前华北形势之严重,为的就是要使国民政府更有欺骗群众的余地,用遮掩的手法来出送华北。国民党政府正在日本帝国主义新进攻之下无耻地更进一步地出卖中国!

正因为日本帝国主义者对华北的新进攻,因此更引起了其他各帝国主义者对华北侵略之更加急进。法国《晨报》记者白利庵在重庆公开地说日本请各国共管中国,事实上各帝国主义早已进行着瓜分中国的勾当了。如英帝国主义占领西藏、进攻西康、侵略云南;法帝国主义正在占领九小岛之后占领西沙群岛,攫取广西、云南、贵州等省;美帝国主义在杭州、福州等地建立空军根据【地】。这些事实证明了日本帝国主义对华新进攻是完全同其他帝国主义者有相互的默契的。因此目前华北的问题正是中国民族生死存亡的关键!

在帝国主义猛烈进攻中,国民政府始终都坚持着出卖中国民族利益的一贯政策。另一方面,动员了80万的军队来"围剿"红军,屠杀反帝的民众。用中国的土地、中国民众的血去换取得帝国主义的金钱、飞机、大炮、毒瓦斯。更用帝国主义的大炮、飞机、毒瓦斯来屠杀中国民众,帮助帝国主义者作帝国大战,帮助帝国主义者奴役中国的民众。所以,中国国民政府是帝国主义者的好帮手,中国民族解放运动的最凶恶的敌人!只有中国工农的苏维埃,它曾公开地同日本帝国主义宣战,它曾号召全国民众自动武装起来作民族革命战争,它曾动员了红军和苏维埃区的一切武装力量誓死为中国民族的自由和解放而奋斗!但国民政府的反革命的军队却始终阻碍着红军向华北日本帝国主义作战的道路。

4月9日,法西斯蒂的《晨报》时评还无耻地诬蔑华北的贫民做日本帝国主义的汉奸,诬蔑开滦的矿工有某方背景。但是,事实上谁出卖了满洲?不是贫苦的百姓,不是开滦的矿工,却正是国民党的军阀。谁签订了塘沽协定?不是贫苦的百姓,不是开滦的矿工,却正是国民党的军阀。谁收缴了抗日游击队的枪?谁帮助了英日帝国主义者屠杀开滦的矿工？谁说了敢言抗日者斩？只有无耻的国民党才会做出这些无耻的勾当。至于劳苦的群众们在满洲、在热河、在滦东始终都和帝国主义者浴血抗战着。只有中国国民政府地主资产阶级军阀官僚们才是出卖中国民族的大汉奸！

全国的劳苦青年群众们、学生们：中国的被瓜分和共管已经是眼前的事实，但是法西斯蒂的《晨报》都〔却〕还要我们"有冷静的理智"去"正确的认识！"我们号召全国的群众们自己武装起来，学满洲的反日游击队的行动，彻底反抗日本帝国主义者的新进攻。同时为要顺利地反抗日本帝国主义者，我们还必须打倒卖国的国民政府，在中国苏维埃政府所提出的"抗日停战之协定"之下构成反帝的下层统一战线，把全国的武装力量调到河北前线去作神圣的民族革命战争！

组织民族革命战争反对日本帝国主义向华北新进攻！

反对国民党的卖国投降，粉碎五次"围剿"！

全国民众自动武装起来同日本帝国主义抗战！

打倒出卖中国民族利益的国民党政府！

把全国的武装调到河北前线去同日本帝国主义作战！

反对任何秘密签订的卖国协定！

士兵们！反对南开进攻苏区，枪毙不抵抗的长官，实行抗日战争！

工人们、学生们！罢工罢课反对日本帝国主义对华北新进攻！

反对国民党的殖民地化的道路，为苏维埃的中国而斗争！

中国共产主义青年团中央

一九三四、四、一二

中央档案馆藏

（录自共青团中央青运史研究室、中央档案馆编：《中国青年运动历史资料》第12册，中共党史资料出版社1989年版，第545—547页）

中共中央组织局
关于巩固白区工厂支部组织的指示（节录）

（1934 年 4 月 16 日）

　　工厂支部是共产党的堡垒，巩固工厂支部在目前愈加增长着它的重要意义，这正是因为目前开展着工人阶级伟大的罢工潮流，要求党百倍地努力去强固工厂的阵地，团结广大工人群众于党的周围，来争取与加强对于罢工斗争和革命运动的领导。正是因为帝国主义国民党法西斯蒂的进攻是向着党的工厂的堡垒，他们企图削弱党的工厂的阵地来压迫与破坏高涨着的革命运动，这就是要求党依靠于厂内的群众工作，与工厂支部组织上的严格的秘密工作，去胜利地反对法西斯蒂对于工厂支部的进攻。因此，巩固工厂支部是在存在着的中国直接革命形势下，去争取胜利的大革命的紧急的重要任务之一。

　　一、党的工厂支部的巩固与发展，必须依靠于坚持的厂内群众工作。目前我们工厂支部的基本弱点之一，正是表现于不善于团结工人在自己的周围，表现于许多罢工斗争中，常常使全支部的积极分子都去参加罢工领导机关或各种公开的领导工作。工厂支部之不善于团结工人的原因之一，由于在组织工人群众的工作上，还不善于广泛地与工人建立联系。一些地方党部常常只以赤色工会或者各种政治性质的组织去团结工人，认为赤色工会不是群众工会，或者赤色工会总比群众工会要高一些，将许多条件来限制工人加入工会（如加入工会的工人必须要拥护红军苏维埃，或者先要赤化一下，等等）。因此，许多工厂支部虽然有着顺利的组织工人的环境，但是党还不善于经过各种组织形式去团结工人于群众工会和其周围,常常仅能组织少数的先进的工人。创造群众工会与建立支部周围的群众工作之方法之一,党应该在组织工人的方法上,更加宽广地善于在工厂内利用工人细小的、迫切的要求去团结工人。可以利用工人群众中友谊的、互助的、同乡的等等一切适宜于各个工厂环境与工人性情和需要的方式去建立与工人的联系。党不是机械地固执群众的组织的革命的名称,主要的是为了团结广大的工人。只要我们能团结着工人,只要保证我们党经过自己的党员在工人中间的领导,即使这些感情的友谊的团结,党可以领导工人走向成为反对资本进攻的革命的团结,只有我们党的支部能够团结着工人的时候,党才能去组织工人反对资本的进攻,才能去建立群众的赤色车间与工厂委员会,领导工人组织群众的工会。党只有团结了工人群众的时候,才能得到群众的拥护与能够动员群众起来反对法西斯蒂的对于党的工厂支部的进攻。因此克服组织群众的关门主义,以及具体地运用中央关于产业支部的决议,职工国际对于革命工会在厂内工作的决议,应该成为各地党部坚决转变厂内工作的武器。

二、要保证工厂支部能够把握着工厂群众的罢工斗争的领导,保证敌人不能袭击我们的工厂支部,使工厂支部能够长期地巩固与发展,必须用新的组织方式与工作方式来适应目前的环境,使组织上的严格的秘密工作与领导群众的公开的活动,适应地配合起来。这种工厂支部的组织方式与工作方式应该是:

1. 支部干事会的组织与工作

甲,用支部干事会的组织人数不宜太多,一般的应以下列五人组织之:

(1)支部书记只能做党内工作,他的职务是在计划与领导支部的全盘工作,召集支部干事会,管理几个小组组长,与青年团支部书记的接头,指导各小组与青年团支部的工作。

(2)支部组织干事,他的职务只做党内的工作,管理几个小组的接头,按期收集党费,领导各个小组读报的工作,管理对于支部同志

〈的〉经常的教育工作。

（3）工会干事，他的职务是在管理党对于支部周围群众组织（如工会小组、革命反对派小组，附属组织等）的领导工作，也可以参加支部周围的群众组织，善于推动和领导一些党内党外的群众，有信仰的积极工人，经过他们，教育他们，在群众组织中和斗争的领导机关中，实现党的领导作用。工会干事本人，只有在极端必要时，才去参加斗争的领导机关，但是他仍旧应该善于团结和经过许多积极工人，实现党对于斗争的领导。

（4）工厂小报干事，他的职务是在经常管理出版工厂小报，经常计划文字的口头的宣传工人的方法。

（5）发行干事，他的职务是发行党的各种刊物，保证与地方党部建立发行关系的巩固的联系，保证支部敏捷巩固的发行网。

青年团支部书记参加干事会的会议，但一定是支部干事。

乙，小组的分工：组长的职务在支部干事会领导之下管理小组的党内工作，召集小组会议，指导小组同志的工作。小组内每个同志也应该如干事会一样分别担负组织工作、工会工作、车间内小报工作与发行工作。

丙，支部干事会的每一决定，一般的应该经过小组组长传达到小组中去，但同时支部的各个干事，可以与小组内担任不同工作的同志在工作上必要时建立接头关系，指导小组中各项工作（如支部的工会干事与小组内担任工会工作的同志建立接头关系）。

丁，支部开会地点，必须纠正在厂门口或马路上开会的办法，必须使支部干事会与小组会移到工厂中的同志家里去开会。干事会应该在工厂中当着发生临时问题或工作需要时，善于利用时间和一切可能，在工厂内开支部干事会，迅速地讨论与决定自己的工作。

2. 小组以车间为单位来组织。在有日夜班工作的工厂中，应照日夜班次分成小组，如果两班各有两个小组以上时，应该建立日夜班的两个支部和干事会，在工作必要时或一定时期内，两个支部书记可以接头。

3. 各个小组之间,应该隔绝横的关系。各个小组内的党员姓名,在干事会中只有支部书记与组织干事知道,各个小组之间,不应互相知道。

4. 支部大会,在现时环境之下,如非万分必要,不应开会。一切工作,保证干事会集中的领导,同时在小组会内充分具体地讨论。支部干事会的选举,应该由各小组各选几个干事(例如支部有 5 个小组,干事会需要 5 人时,则各组选举 1 个或 1 个以上的干事),由区委批准,成立干事会,由干事会在区委领导之下,适当地规定分工。

5. 发展党员,必须成为支部内各小组的经常工作,应该经常吸收积极的工人,在群众中有信仰的工人入党。同时,发展党员,必须经过审慎考察,考察他的思想行动与其社会关系。在目前情形之下,公开征收党员的方式是不适用的,应该保证支部巩固的发展,积聚支部的工作经验,培养支部成为精干的领导群众的堡垒。

6. 支部对于群众组织与工人斗争的领导,应该集中于党支部干事会的集体的讨论与领导,专负党内工作的同志(如支书、组织干事和发行干事等)非必要时不必参加群众组织。领导工人罢工斗争时,不是全部积极分子都去参加罢工领导机关与各种公开领导的工作。支部干事会应该分配一定的积极分子(不一定是工会干事)、工会会员或革命工会的拥护者去参加群众的罢工领导,同时分配一些同志和积极的非党工人在纠察队、宣传队、募捐队等各种罢工的群众组织中去工作与团结群众。支部干事会经过这些党内党外的积极工人到群众中去实现党的策略,来领导群众的罢工斗争。

三、罢工斗争的发展,共产党在厂内革命工作的开展,使统治阶级资本家黄色工会现在已经是、将来也必须是用派遣奸细等一切方法来积极破坏党在工厂中的支部。因此,党的工厂支部正确的开展反奸细斗争,是巩固与发展工厂支部的必要条件之一。

1. 防止奸细混入党的支部,巩固党的支部,必须严格地执行组织上的秘密工作,加强对于支部内党的马克思列宁主义的基本教育,坚定每个党员的革命的人生观与阶级的立场。正确地考察每个党员与新党员的思想行动,社会关系。这种考察,应该使每个党员了解是为了巩固党的组织,为了求得思想上布尔塞维克的一致,绝不能形成无原则的党内互相不信任与不信任党员的机会主义的倾向。

2. 巩固工厂支部,防止敌人派遣奸细混入党的组织。支部必须在工厂内、车间内组织自己的党员与觉悟的工人,去了解资本家、工头、黄色工会与一切反动派别的破坏党的组织的企图,侦察反革命分子用结拜弟兄等等,收买个别的落后工人来破坏斗争、破坏党的企图,来及时地防止与反对敌人的奸细侦探。

与这种侦察工作配合进行工作,应该是发动群众的反对奸细、反对叛变工人阶级的工贼的斗争。这就一方面应领导积极的工人去厂内、车间内,组织打狗队、自卫队、纠察队等一切群众的武装打击工贼,保护工人的领袖,保护工人自己的组织;同时这个运动必须成为广大的群众运动,所以支部应该不放松国民党资本家黄色工会和一切反动派别拘捕或收买个别落后工人来指捕共产党员、积极工人或斗争领袖的事实,鼓动工人群众坚决地反抗,使反对拘捕工人的斗争,成为群众的斗争。在这些斗争中加强工人群众的阶级的团结,教育工人阶级,动员工人群众,来反对一切反革命分子与个别被收买的落后分子指捕工人的行动,反对这种最无耻的叛变工人阶级的行为。

四、工厂支部的巩固的发展,必须改变过去区委领导支部的方式,必须建立区委对于支部的正确的、适当的领导,必须建立适合于这种新的领导的组织方式。

五、区委的工作方式

1. 区委应该集中注意力去创造几个大企业内的巩固的支部。每个区委常委必须抓住一二个重要企业的支部,经常负责地、细心地研究这些重要企业支部的工作与自己的领导;对于一些小工厂的与街道的支部,应该尽量分配区委的干事或大企业支部的在业同志去领导,区委经常检查他们的领导工作。

创造大企业内的党的强固的支部,与使这些支部巩固地发展,则区委工作方式上必须执行坚决的转变。区委本身对于支部的分工上必须纠正不必要的、时常的调换,必须转变到派遣固定的代表去领导支部(这种代表就是区委的常委或干事)。这种固定的代表制度的建立,是为了区委负责的去建立巩固的工厂支部,为了在秘密工作环境下的需要,每个领导支部的区委代表,他所管理的支部的领导工作上,对于区委负着绝对的责任。

2. 固定代表制的建立,必须消灭过去区委在马路上厂门口开支部会议或接头的办法,必须使支部干事会或与支部同志的谈话转移到同志的家内,具体地了解支部在厂内工作,具体地与支部干事会定出支部的工作计划,不是将党的决议,机械地无准备地搬到支部中去讨论。应该审慎地估计支部的环境,支部同志的能力,选择党的决议与这一支部有关的中心问题,选择工作进行的先后,有步骤地、有准备地领导支部去实现党的全部决议。

区委领导支部的最重要的一点,必须纠正代替支部干事会工作的倾向,应该是推动干事会的工作。区委不参加干事会的经常的会议,而是每个星期有一定的时间与支部书记或某个干事谈话,指导支部书记去领导干事会的工作,检查支部书记和干事会的工作。经常耐心地教育支部书记与干事会的同志,加强对于他们的党的理论上的基本教育,培养支部书记和干事会的同志成为干练的、有领导能力的工人干部。为了适应这种经常的深入支部的领导方式,为了适应目前的秘密工作,区委代表的生活上应该与支部打成一片,居住于支部同志的家内(他的家庭环境比较适宜于秘密工作的),或接近支部同志居住的地方,深入群众,取得社会关系的掩护。

3. 地方工会和各个群众组织(如反帝、互济等)与其所属工厂内群众组织的联系上,不是去找寻支部内担负党内工作的同志,而必须与干事会所指定的做各种群众工作的同志,或各个厂内群众组织选定的代表建立联系。上级工会党团与支部的工会干事,可以建立一定时间或工作需要时的接头与联系。

4. 区委的发行工作,必须纠正过去一个交通分送全区各个支部的办法,区委应该在全区按照支部的多少与距离来建立全区几个发行站(大约应该以邻近三个支部建立一个发行站)。这些发行站设在可靠的工厂支部同志的家内,保持绝对秘密,极端减少,甚至完全解除担负发行站同志的一切其他工作。区委交通,只将党报刊物送给各个发行站,支部内担任发行工作的同志,按期到其所指定的发行站去领取文件刊物,分发到支部中去(下略)。

(录自中华全国总工会编:《中共中央关于工人运动文件选编(中)》,档案出版社1985年第1版,第380—386页)

少共中央局关于号召每个苏区劳动青年节省三升米给红军的决定①

（1934 年 4 月 20 日）

在五次"围剿"中，敌人想用持久战、堡垒主义来进攻我们，来围困我们，来消耗我们。前方红军正在英勇地与敌人决战，争取彻底地粉碎敌人的五次"围剿"。为着使红军能够顺利地进行战斗，必须供给红军的给养。同时争取在五次"围剿"中的胜利和保卫苏区，是每一个劳动群众的责任。少共中央号召苏区每个劳动青年节省三升米送给红军。

各级支部必须将党中央和中央政府关于节省三升米的号召，在广大的群众中去进行宣传鼓动，解释和说明目前战争的形势是五次"围剿"决战的一个关头。每个劳动群众都应当为着争取这一决战的胜利【而出力】。

这一运动的进行，是与目前动员参战的工作不能分离的，特别是与保护广昌的任务不能分离的。要使红军能够胜利地保卫广昌，必须保障充裕的粮食。

在这一工作进行中，必须反对强迫命令和摊派的办法，这种错误的结果，只是加强反革命在群众中活动的藉口。同时必须镇压反革

---

① 标题为编者所改，原标题为《关于号召每个苏区劳动青年节省三升米给红军》。

命的造谣,他们企图用各种方法来破坏这种运动。

因为〔此〕,在少队内、儿童团内,必须首先来响应这一号召。每个团员、队员、儿童团员,首先自己节省三升米,宣传他们自己的父母、兄弟、姊妹,以及广大的劳苦青年都节省三升米。同时要宣传二个青年或儿童各节省三升米,我们为着40万个青年儿童节省三升米斗争,尽量运用革命竞赛的方式去进行,做到在五六两月完成这一任务。

只要每个同志努力地工作,这一任务是能够完成的,因为群众拥护红军的热忱是极大的开展着。每个劳动群众不管是老的、壮的、少的、小孩子、妇女、残疾都可以参加五次"围剿"的决战:只要多吃几餐杂粮,节省一点,送三升米给红军就可以做到。

必须把节省三升米的运动开展到广大群众中去,同时来检查团在节省运动方面的工作。在这一时期中,团对节省运动的注意是减轻了,没有表现积极的活跃,尤其江西省委对于节省运动没有具体的领导,许多浪费和贪污的事件没有及时地举发。各级团部必须严格地开展自我批评来检查这一工作,把反贪污浪费的斗争继续开展起来,具体地审查团的经费的分配,节省办公费,完成苏区同志自带伙食的号召,自己种菜养猪,把团员青年和在节省运动上的光荣模范和积极的活跃,极大地发展起来。

各级团员必须详细地讨论和具体地计划这一工作。为着能够迅速地完成这一工作,必须经常检查,节省的米交给各级苏维埃政府。为着实际地了解和监督团对这一工作的执行,在交米给政府时,必须要取回收条,支部必须将这些收条交给区委,区委交给县委,各级团部必须经常地将进行的情形告诉我们。

少共中央局

四月二十日

(录自《青年实话》第3卷第21号,1934年4月29日出版)

"三八"工作的总结与今后的妇女工作

(1934 年 4 月 24 日[①])

见 珍[②]

"三八"节工作经过一个多月的时间动员,得到了如下工作成绩:

省别/项目	江西 (七县的统计)	福建 (八县的统计)	粤赣 (五县的统计)
发展党员(女)	2544	1173	267
发展团员(女)	2233	520	
节省(元)	2009.5		
扩大女赤卫军	10771	4121	
扩大女少先队	10743	2471	
托儿所	249(仅兴瑞二县有)		
能犁田的		1680	
推销公债(元)	4956.5		5141.5

根据现有的材料,我们在"三八"工作中,一般来说草鞋 15 万双

---

① 原文无时间,此为《红色中华》第 179 期的出版时间。

② 见珍,即李坚真,时任苏区中央局妇女部部长。

是完成了的,发展一倍女党员及妇女参加春耕、参加赤少队等没有得到应该的成绩,主要的原因:

一、在"三八"节,广大的宣传鼓动工作是薄弱的,一直到"三八"快到来了才有画报,群众中的宣传解释工作很不够,不能使得每个妇女都能了解"三八"的意义及我们目前的战斗任务。

二、对解决妇女的实际利益是很少注意,如《婚姻法》与《劳动法》的检查与实现,没有普遍执行。特别是没有很好地把广大红军家属组织起来,实际地来改善他们的生活和教育他们。

三、中央妇女部缺乏有计划的进行工作,不能具体地抓到中心和切实检查工作不活泼,甚至有好多女党员也不能实际地了解,发展一倍女党员究竟要发展好多。另方面,有些地方的下级妇女部、女工部领导未健全,也是一个原因。

四、除了少数地方以外,一般地表示着缺乏决心与具体计划,来完成党给我们的每一个战斗任务。

五、最后而最重要的,就是除少数党部外,大多数党部对于妇女工作是不注意的,甚至省委的个别同志都有这样的表现。

在"三八"工作中,兴国工作最好,他们只经过了20余天的动员,得到了下列成绩:发展女党员358人,团员240人,做草鞋5319双,妇女推销公债14520元,建立托儿所227所,赤少队发展1834名。得到这些成绩的主要原因,是党和妇女部把"三八"工作抓得很紧,把"三八"运动与这几个突击工作密切地联系起来。他们的工作方式,是值得各地学习的,他们经过妇女运动委员会详细地讨论工作,又召集各区妇女部长联席会议或活动分子会,订定了各区革命竞赛,按照各区的实际情形,具体分配他们的工作任务。各区联席会议之后,又在各乡召集女工农妇代表会和村的群众大会,充分报告"三八"的意义及我们的中心工作,发动妇女群众热烈地来完成"三八"的战斗任务及联系到解决妇女的生活问题。特别是赤少队的动员工作做得更好,他们是在妇女群众中经过宣传解释工作,广大妇女群众能自动来加入。现在编制好的赤少队都做过了紧急集合,每个妇女都有一根武器——如扁担、洛脚、木棍,等等,没有一个妇女打空手。最好的是高兴、枫边、上社等区,每次集合时都能到95%以上,大家都整齐踊跃热烈地来参加。另一方面是扩大红军工作做得很好,不仅是组织妇女突击队、慰劳队,而且能发动红军家属组织宣传队,经过训练后分配到各区乡去动员。各地都能召集红军家属联欢会,来实际地解决他们的困难问题,报告目前政治形势及红军打胜仗的消息;各区还举行优待红军的运动周,妇女群众自带茶饭帮助他挑担、淋油菜、铲围埦等劳动工,造成扩大红军的热烈空气。在扩大红军的动员中,开展了思想斗争,反对个别妇女"拉尾巴"的现象,因为有了这些原因,所以他们的工作是获得了很多成绩。

三八运动中,成绩最坏的是江西永丰县的工作,他们发展党员只有8名,团员有28名,节省经济15元,草鞋只有28双。他们的工作这样差,并不是群众不好,而是因为我们的妇女部没有具体讨论工作,对工作消极怠工,不负责任。特别是赤少队的突击工作,虽然上溪、中村、石马三个区有妇女几百名加入,但其他各区如七都、八都、古县、鹿江、苔田、邱坊等区,就没有去进行赤少队的突击工作,没有负责任地做。组织托儿所的工作,更没有提出来。永丰县委没有注意"三八"工作。负责的同志没有根据中央妇女部对征收一倍女党员的指示信来具体讨论,还应用着旧的领导方式。正因为这样,所以没有完成任何一项工作。杨殷县的"三八"工作就更坏而严重了,在他们报告中,对于赤少队的突击工作连说也没有说,把这一中心工作放松了,只在16号各区妇女部的会议才提出强大赤少队的工作,也没有规定各区的赤少的队的数目字几多,用什么办法去扩大,仅仅决定"3月25日以前要努力完成",这样空洞的决定,各区是没有方法去执行的。特别对于发展一倍女党员的问题,报告里面说:"发展党员没有完成原定计划,是完全流产",但是他们究竟发展有几多,没有一个数目报告,也没有说出究竟为什么流产。因此,"三八"工作是没有完成任务。其他如安远、门岭、雩都等县工作的成绩也差得很,应该同样来注意。

国家企业中的工作,虽然有一些成绩,如草鞋,节省,提高女工的生产,实行义务劳动等,但这些是非常不够,没有达到应有的成绩。如发展女党员,我们还没有检查他们究竟发展了几多,这是最大的缺点。特别是纺织工厂个别同志认为没有办法发展女党员,因为工厂中成分复杂,这种说法是完全不正确的。虽然工厂里面有些不好的成分,但这种成分是极少的,我们不应当看见有很积极的女工站在我们的党外,我们要从斗争中来吸收大批女工入党,这是我们最重要的工作。

以"三八"工作经验来准备"五一"工作:

一、扩大赤少队与扩大红军要成为准备"五一"的中心工作,我们要深入广大妇女群众中去做宣传解释工作,使妇女群众自动地来报名加入赤少队,还有些地方没有在妇女中扩大赤少队的——杨殷①、代英②、雩都、安远、门岭、会昌等,应立即在各种会议上去具体讨论,要经过宣传解释工作,使妇女了解,自动来加入赤少队,我们要反对强迫命令、脱离群众的领导方式。假使没有妇女参加赤少队的突击工作时,应该吸收积极的活动的妇女〈的〉来参加整个赤少队的突击工作。同时我们要准备"五一"扩大红军的突击工作,学习去年扩大

---

① 杨殷,即杨殷县,为纪念 1929 年 8 月在上海龙华被国民党杀害的中央军事部部长杨殷,1932 年 7 月,苏维埃临时中央政府人民委员会决定设立杨殷县,8 月,中共江西省委划兴国、万安两县边界地区为杨殷县境,成立中共杨殷县委,隶属江西省委,下辖兴国均村、永丰、茶园、鳌源、泮溪和万安黄塘、武术等 7 个区委。1934 年 8 月,划归赣南省管辖。1935 年 3 月,县委机关被打散,停止活动。

② 代英,即代英县,为纪念革命烈士恽代英,1933 年 8 月,苏维埃临时中央政府人民委员会决定划上杭、永定边界地区,设立代英县;9 月,代英县苏维埃政府正式成立,机关驻上杭县太拔乡,隶属福建省。1935 年 5 月,县委、县苏机关转入游击战争。

红军的经验和教训,用最大的力量来组织红军家属突击队宣传队。在扩大红军和赤少队突击工作中,积极努力的妇女应吸收入党。

二、发展女党员一倍的工作,在"三八"工作的检查是没有哪一省完成了的。各县要立即去根据着原有的女党员数目,定出新发展的目标。在发展的当中,特别要注意城市工人的成分,国家企业也要注意这一工作。各县以及支部小组没有讨论中央妇女部对征收一倍女党员的信的,应该立即具体讨论,按照各地的实际情形去分配数目,要绝对反对平均的分配。

三、在今年的春耕中,我们要提高妇女的劳动热忱,使她们大家来学习生产,每乡都要组织生产教育委员会,劳动妇女加入耕种学习组。特别是小脚妇女多的地方,应使她们能从家事的劳动转变到学习耕种的劳动。我们应该发动妇女群众参加生产,不要单独依靠男子。学习兴国、上杭才溪区的光荣例子,他们有很多男子去当红军,而在耕种上多数是妇女负担。为要动员妇女到生产战线上来,应该选出劳动妇女及红军家属较多的地方,首先组织托儿所,并且切实检查托儿所的工作,使它不仅是名义上建立了,而且要有很好的实际工作。这就需要很快地来详细检查托儿所的小孩子有多少,红军家属的小孩子有几多,乳妈有几多,他们的工作怎样去进行。同时要把托儿所组织的经验和教训写出消息来登载《红色中华》,来传到各方面去,使未建立托儿所的地方能实际地运用这一经验和教训,把托儿所组织起来。

四、女工部及国家企业的工作:我们在准备红"五一"的工作过程中,应该抓紧女工最多的地方——如汀州、上杭、兴国、瑞金等地,要发动女工经济斗争,订立集体劳动合同,增加工资,女工与男工一律平等,改善女工生活。并且还要用最大的力量来发动女工加入工会,做到不留一个女工在工会的外面。加紧她们政治和文化教育,组织识字班、读报班。在这一工作中,我们要联系到发展女党团员的工作。

城市中的女工代表会的建立是很少的,建立了的地方也没有加紧工作,如汀州、上杭、宁化等地,女工代表会的生活没有健全起来。我们要特别加紧健全女工代表会的生活,经常来讨论女工的各种斗争,改善女工的生活状况,实行《劳动法》,发动女工参加战争工作。同时有些城市未建立女工代表会的地方,应在"五一"前建立起来,并进行工作。

加紧国家企业中的工作,如瑞金纺织厂、兵工厂、印刷厂,博生的夏布厂等地,要加强她们的领导,改善她们的生活,发动女工提高生产,实行义务劳动,反对怠工偷懒。有些未加入工会的女工,应发动她们自动加入。

五、改善妇女群众的生活,特别是组织红军家属,提高她们的文化教育,为消灭文盲的口号而斗争,每乡都要建立夜校、识字班、读报班,在妇女群众中做耐心的宣传解释工作,使她们深刻地了解,自动来加入。各区县妇女部在"五一"前要详细调查妇女识字的有几多,不识字的有几多,特别红军家属能识字的有几多,要有数目的统计,在"五一"前要作报告来中央妇女部。

对于《婚姻法》《劳动法》的执行:要经常去检查女工的工资是否与男工一律平等,增加工资有几多,女工有什么要求,这些都要调查清楚。同时《婚姻法》的执行中有什么缺点,离婚结婚是否有强迫命令或买卖现象,各地乡苏是否正确执行《婚姻法》。这些事实调查后,应该给他以具体指示,解决他们的困难问题。

我们不仅在"五一"中要执行上面的工作,而且还要联系到发动妇女群众做草鞋、节省经济等工作。在"三八"工作完成的地方,可以定出新的、具体的工作计划。"三八"工作未完成的地方,应在"五一"前来完成和超过数目。

为要很胜利成功地来完成这些工作,主要的要经过女工农妇代表会的组织,要把红军家属团结在女工农妇代表会的周围,健全她们会议的生活,特别是要加强主席团的领导,女工农妇代表会的组织是执行工作的有力的推动机,又是发动广大劳动妇女的重要工具。

　　为着要保证工作顺利地进行,就要开展思想斗争,反对那些对妇女工作采取忽视和旁观的态度,和对工作不负责任的现象。那些忽视劳动妇女参加革命战争的伟大力量的,和对工作不负责任,乃是不可容许的机会主义观念。开展两条战线上的斗争,是我们光荣地完成中央的"五一"决定的前提。

　　　　　　　　　　　　　(录自《红色中华》179 期,1934 年 4 月 24 日)

《少队读本》(第一册)

(1934 年 4 月①)

中华苏维埃共和国少年先锋队中央总队部命令第三号

一、中央总队部批准总训练部编的《少队读本》第一二三册。

二、《少队读本》是每个队员应该具备的基本知识,所以每个队员都应熟读并应用到实际工作中去。

三、《少队读本》是对队员的重要政治训练材料。各级队部应依此加紧对队员的政治教育,武装每个队员以马克思列宁主义的头脑,以最后一滴血为着苏维埃！此令！

总队长　张爱萍

党代表　周恩来

一九三四年四月七日于瑞金

一、少年先锋队(一)

问:什么人可以加入少队?

答:我是青年工人,我是青年雇农,我是青年贫农,我是青年中农,我是青年贫民,在苏维埃政权底下,一切有选举权的,从 16 岁到

---

① 此时间为《少队读本》(第一册)的出版时间。

23 岁的青年,都可以加入少年先锋队。

国民党统治下的青年工农,也可以加入。

二、少年先锋队(二)

军阀、官僚、资本家、豪绅、地主和富农,屠杀、压迫、剥削我们劳苦工农。

他们都是阶级异己分子,在苏维埃政权底下没有选举权,他们的儿女都不允许加入少队。开小差的分子,也不准他加入。

三、少年先锋队(三)

活泼少队真英勇,团结队员千万众,争取青年的利益,学习军政和体育,保卫工农苏维埃,反对敌人的进攻,少队组织军事化,平时耕田又做工,创造红军一百万,个个准备上前线,少队任务十分重,为苏维埃而奋斗。

四、少年先锋队(四)

问:少队组织怎样?

答:在乡有大队部,大队之下分小队。

问:区呢?

答:区有区队部。

问:县和省呢?

答:县有县队部,省有省队部。

问:中央总队部呢?

答:中央总队部是全国的组织,少队的最高指导机关,我们下级要绝对服从上级。

五、少年先锋队(五)

少队队部的组织,个个队员都应知,共产党、共产青年团、苏维埃军事机关各派一个代表来组织。

团的代表任——队长,党的代表任——党代表,军事机关代表就是——参谋长,他们都是少队的领导者,少队应该服从他们的领导。

六、少年先锋队(六)

问:队长与党代表可以由队员选举吗?

少年先锋队组织系统表

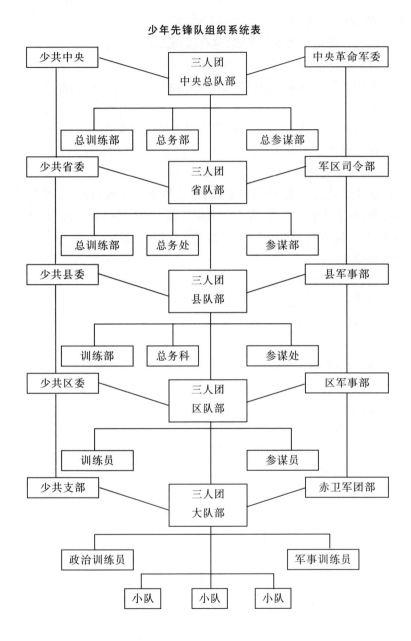

答：这不可以，因为党和团是中国革命的唯一领导者。青年是无产阶级和劳苦群众一部分，所以党和团是少队的唯一领导者。

要保障少队的一切行动与党一致，与整个的革命行动一致，所以队长由团派代表担任，党代表由党派出。

问：参谋长可以选举吗？

答：参谋长不能选举的。

要使少队行动不与红军相反，成为红军的助手，在红军首长领导下一致行动，所以必须要由军事机关派代表来任参谋长。

问：那么训练的负责人呢？

答：训练的负责人由队长取得党代表的同意，委任好的团员担任，须保证【在】无产阶级的立场下来进行对队员的政治、文化与体育的训练，使少队成为现成的训练的红军后备军和模范的苏维埃公民。

七、少年先锋的作用

少队队员最英勇，参加革命战争打先锋，模范队配合红军去打仗，整连、整营、整团到前方，完全实行优待红军条例，保证红军前方杀敌人，加紧赤色戒严，捉拿反革命、混蛋。担任运输、担架、交通、侦探，帮助红军把敌人打倒，推翻国民党反动统治，巩固和发展苏维埃政权，前方与后方，一切动员为战争、为青年特殊的利益和解放。

八、少队的敬礼

少队的敬礼，阶级相亲爱，礼节的意义，动员起来，右手握拳头，举起右耳边，拳心向耳朵，开约隔一拳，左手不关系，自由下伸直，头端眼看平，第一要神情，向人敬礼时，口里喊"敬礼"，看着敬礼者，不要看别人。

九、少队的武器

梭标〔镖〕就要磨得光，去杀工农的敌人，肃清一切反动派，打倒国民狗党。土炮鸟枪真不差，轰击敌人顶呱呱，大家勇敢上前线，杀死狗党蒋介石。马刀用来杀敌人，冲锋陷阵都要它，拿起马刀上战场，配合红军把敌打，新式武器少□有，步枪驳壳花机关，队员□起雄纠纠，粉碎敌人的进攻。

十、少队的服装

灰色的帽,黑色的裤,灰色短衣袖,上有标识,腿上绑带也灰色,少队制服就是这,每个队员着一身,整整齐齐很精神。

十一、少队的纪律(一)

自由行动——破坏少队组织,打人骂人——妨碍阶级团结,不缴队费——不算少队,消极怠工——开会斗争,贪污腐化——送法庭,不守纪律——要处罚,违抗命令——革命罪人。

十二、少队的纪律(二)

绝对服从命令,负起自己责任,执行劳动纪律,努力工作实习,开会按时到达,无故后〔迟〕到受处罚,节省经济,帮助战争,行动团体化,有事向队长请假,工作的模范,奖品或纪念,起领导作用,革命的英雄。

十三、女队员的作用(一)

少年先锋女队员,参加革命男女同;军政文化与体育,个个努力去学习;宣传爸爸与弟兄,坚决勇敢当红军。十万草鞋齐努力,为红军不打赤足;一片节省为战争,努力参加耕种田;赤色戒严要加紧,保卫苏维埃政权。

十四、女队员的作用(二)

哎呀来!春生哥哥年纪轻,正当适合当红军,政治形势你了解,少队任务你听清:希望你勇敢报名去,春生哥!扩大红军百万人。

春生听了阿姐唱了这只歌,就说我的老婆怎样办呢?

阿姐又唱一个歌:

哎呀来!你有妻来涯有哥,夫妻爱情当然多,为了阶级的利益,为了红军胜利多,希望坚决前方去,春生哥!老婆观念要打破。

十五、女队员的作用(三)

女队员,呱呱叫,实行礼拜六,帮助红军家属耕田。组织慰劳队,做草鞋,募捐菜蔬、用品、食物并金钱。你每天节省一合米,我天天节省一个铜片,充实革命经费,为了苏维埃政权。

十六、女队员的作用(四)

英勇杀敌男队员，为了工农利益上前线。后方女队员，参加检查路票，加紧赤色戒严，活捉敌人侦探、蓝衣社，不让一个反革命在苏区捣乱。

苏维埃政权，工农自己干，积极参加选举运动。

选举劳动妇女做苏维埃的主席与委员，不让一个坏蛋钻进苏维埃政权。

十七、女队员的作用（五）

青年劳动妇女，至今得到出头天，学习政治、军事，大家都来干。

要识字和读书，一齐加入识字班。体育游戏都学习，活泼我们的手、足和身体，武装我们的头脑，以马克思列宁主义。

十八、劳苦青年的唯一出路

国民狗党，大家想想：工人失了业，受尽压迫、剥削；农民破了产，无衣穿，无饭吃；白军士兵真痛苦，靖卫【团】刀匪到处乱抢。

苏维埃政权，大家要认清：改善工农生活，创造铁的红军；工农都分到田，铲除地主豪绅；妇女得到了解放，男女界限不分；十六岁以上的工农男女，都是苏维埃公民；少先队员，争取特殊利益，保卫苏维埃政权。

推翻国民党统治，赶走帝国主义，只有在共产党、共产青年团领导下，才能争取与保障工农的利益。

十九、拥护共产党

苏区的工人——加了工资，贫农、雇农、中农——分了田地，劳苦群众——不受剥削，国民党——被我们推倒，建立起——苏维埃的政权，工农的利益——共产党领导。

共产党是无产阶级的政党，无产阶级中最先进最勇敢的分子加入共产党。中国共产党，中国革命的唯一领导者，工农劳苦群众的唯一救星。拥护中国共产党，打倒地主豪绅的工具、工农劳苦群众的敌人——改组派、第三党、托陈取消派等一切反政治派别！

少年先锋歌

一、走上前去啊,曙光在前,同志们奋斗,用我们的刺刀和枪炮开自己的路。勇敢向前稳着脚步,要高举着少年旗帜,我们是工人和农人的少年先锋队!我们是工人和农人的少年先锋队!

二、想我们受过多少奴隶劳动的沉痛,我们的可怜青年不知陷在地狱中,阴沉黑暗的遗传,锁住了我们的思想,我们是工人和农人的少年先锋队!我们是工人和农人的少年先锋队!

三、通红的火炉烤干尽了我们的血汗,由劳动的创造的财富被他人强占。可是我们从这中间锻炼出许多战斗,这就是我们工人和农人的少年先锋队!这就是我们工人和农人的少年先锋队!

四、看我们高举鲜红旗帜,同志们快来快来,我们努力建设苏维埃共和国。劳动做世界主人翁,人类才能走入大同。战斗呀!工人和农人的少年先锋队!我们是工人和农人的少年先锋队。

上前线去歌

一、炮火连天响,战号频吹,决战在今朝!我们少年先锋队英勇的武装上前线,用我们的刺刀、枪炮、头颅和热血嗳!坚决与敌决死战!

二、开展胜利的进攻,消灭万恶的敌人,夺取那抚州、吉安与南昌等中心城市,苏维埃的鲜红旗帜插遍全中国嗳!完成革命的胜利。

共产青年团礼拜六歌

一、共产青年团发起礼拜六,帮助红军多做半天工,看那前方的炮火响连天,敌人挣扎想把狗命延,勇敢勇敢冲锋前进杀敌,阶级战士莫愁供给少,努力努力拼着血汗精力,革命成功就在眼面前。

二、共产青年团发起礼拜六,帮助红军家属来耕田,革命战争的艰苦奋斗,我们前方后方齐努力,土枪土炮瞄准敌人射击,英勇战士莫把家乡念,□锄□犁都为革命胜利,快来工作莫要落人后。

（根据中共江西省委党史研究室藏件刊印）

《青年团员读本》(第一册)

(1934 年 4 月)

这一册内容：

第一课　为什么要读这本书

要知道没有加入团的青年，是有权利向每一个青年团员或候补青年团员，发问这样的问题的："唔—你是加入了青年团的，你比我知道更多一些东西。请你给我解析罢——共产青年团是什么，共产青年团的主张如何。"如果一个团员或者候补团员，对于这样简单的问题都不能够回答，那不会使人家连牙齿都会笑脱么？像这样的团员，还算得什么团员或候补团员呢？

很自然的，每个共产青年团员，都应该努力学习，了解一些最初步的问题，今天我们还没有足够的知识，但是知识是可以求得的，我们用功去学习。今天没有，明天就会有了，问题就是在努力去学习马克思列宁主义。

我们有一些同志,不愿意学习,常常这样的说:"我实际工作太忙呵!""没有时间呵!"是的,我们的同志,负担了许多实际工作,但是,是不是没有可能去学习,把学习照实际工作联系起来呢? 当然有可能的,当然这是不容易的事,但是完全可能的。既然没有这些知识,就不能算青年团员,那么我们不是消极怠工怕困难的分子,我们应克服困难去努力学习。

我们打算编成两册青年团员读本,供给各地流动训练班之用,经过流动训练班,供给每个同志以一些最基本的知识。这第一册里面有:共产青年团是什么? 共产青年团的主张,共产青年团的组织,支部工作,怎样做一个好团员。你是识字的团员,你应该读给不识字的同志听,你懂得比较多些,你应讲解给懂得少一些的同志听;你懂得比较少一些,你应该去问懂得多些的同志,使你自己也懂得更多。

(注)青年团员读本,自然是每个团员都应该读的,可是估计到我们现在团内文盲的数量还占这样大的数目的时候,我们主要的是要经过流动训练班,去贯〔灌〕输团员一些基本知识。所以,当流动训练班的主持人或指导者,在进行训练团员时,必须带极大耐心的解析的态度。

第二课 共产青年团是什么?

一问:共产青年团是哪些青年的组织呢?

答:共产青年团青年工人和农民的组织。

二问:少先队也是青年工人和农民的组织,为什么少先队不叫做共产青年团呢?

答:因为共产青年团虽是青年工人和农民的组织,却不失其为一切劳动青年的先锋队,他帮助共产党,用共产主义的精神,去训练一般青年,培养青年当中出色的人才,供给无产阶级在各方面的需要。至于少先队,则是青年团的附属组织,因为少先队可以比团接近更广大的群众,经过少先队去使团与群众有更密切的关系,使团成为劳苦青年的领袖,团应该领导他们,从他们中间吸收好的分子到团内来。

三问:这样说来,有一个共产党不就行了么? 为什么要有一个共产青年团呢?

答:青年人的心理和体格上,都和成年人不同,比如成年人只担心衣食住等问题,青年人有其特殊的生理和心理,除在这些问题之外,还有读书、恋爱、娱乐等要求,而且在帝国主义国民党统治下,劳动青年除和成年劳动者一样受压迫外,格外加上工资很少,待遇特别恶劣的特殊痛苦。所以,必须有青年工农自己的组织,拥护并代表自己的特殊利益。

另一方面,青年了解问题,并不和他的父亲一辈子相同的,所以需要单独的组织,用特殊的方法,来进行自己的教育,才能够尽量发挥他们的天才,吸引他们参加阶级斗争。共产青年团就是共产主义的青年群众的学校。教育劳动青年,像补充师一样,供给共产党以新的队伍,做共产党的后备军。青年团员不是每个都一定是党员,他却和共产党有帮助的关系,共产党最足信任的年轻弟兄。

有些人不明白这个道理,往往把青年团看作和党一样,说团也是革命运动的首领,这是先锋主义。实际上,无产阶级只有、也只能有一个政党,这个政党包括工人阶级中最进步、最勇敢、最觉悟、最有经验的分子在内,代表整个工人阶级和劳动群众的利益与目标的,那就是共产党,共产党确实是青年团的领袖。有一些人又往往以为有了党就不要青年团了,或者主张青年团不要独立的组织了,如像李立三就是取消青年团的组织,这是对党有害,对革命有害的,这是对团的取消主义。列宁说过:"青年团没有独立组织的组织,就不能教育青年成为很好的共产主义者。所以,先锋主义和取消主义,都是和共产主义运动基本道理和目的不相符合的,应该反对。

四问:青年团既是共产党的后备军,入团的限制,是不是一样要最进步的分子才能加入?

答:倒不是这般说的,共产青年团并不是最进步、最觉悟、最什么什么的狭隘组织,他本身是以青年工人为基础的群众的组织,是共产主义的教育组织,是党的预备学校,所以他的组织比党宽大得多,在数量上一定要超过党,他的门户不但向着最进步、最觉悟的青年工人开,而且也向着半无产阶级和其他劳动青年开。群众就在团内,并且在团内树立青年无产阶级的领导。

五问:共产青年团对于共产党有些什么具体的任务?

答:共产青年团对于共产党具体任务,是要为共产国际总目标与总路线而斗争,在日常工作与斗争中,作共产党的帮手。在讨论政治形势与我们的任务时,共产青年团积极地参加党的讨论,在党内发生政治问题争论时,共产青年团不应当保守中立,应当积极地参加。

六问:那么,你可以将共产青年团的简单的定义告诉我么?

答:从上面所说的青年团的性质看来,你大概就可以知道:共产青年团是以无产阶级青年作基础的劳动青年的先锋队,是共产党的后备军,是劳动青年的共产主义学校,是政治斗争的组织。假使用一句话来回答你的时候,我们说:共产青年团是共产主义的青工群众的学校。

第三课 共产青年团的主张

一问:共产青年团领导青年做什么工作?

答:共产青年团领导我们青年群众,参加全部革命工作。你看少先队呀、儿童团呀、工联会呀、苏维埃呀、红军呀、游击队呀,都有我们青年在那里工作的,而且积极地工作。

二问:我们青年为什么要积极参加这些革命工作呢?

答:我们青年是工农的子弟,在革命以前,同样的受地主资产阶级的压迫和剥削,工钱很少,工作时间很长,特别是青工、学徒、牧童和农村中、城市里的劳苦青年的生活,更是恶劣万分。

三问:那么革命对于青年有什么益处呢?

答:自从共产党和共产青年团领导工农群众实行土地革命,把地主资产阶级国民党的统治推翻,建立苏维埃政权,实行劳动保护法和分配地主土地,取消一切苛捐杂税后,我们青年也就得到土地和一切解放。

所以共产青年团的第一个主张是领导青年群众积极参加苏维埃革命的一切工作。

四问:我们青年比较成年人有什么特殊的情形?

答:我们青年是正在发育的时候,他不适宜做过重的太辛苦的工作,他需要更多教育的时间。但这在革命以前,和现在国民党统治下的青年,是得不到这些特殊优待。相反的,生活还更加恶劣,如工作时间非常之长,而且工资还更少。正因为这样,所以革命对于青年更加重要。

五问:那么苏维埃政府给青年一些什么优待?

答:在苏维埃政权下,在《劳动法》上规定禁止雇用14岁以下的童工做工,14岁至16岁的童工,每日做工四小时,16岁至18岁的青工,每日做工6小时,同样的工作得同样的工钱,减少学徒年限,增加学徒工钱,设立许多列宁小学和夜学,使儿童和童工、青工都有受教育的机会,受苏维埃政府的种种优待。

所以争取青年的特殊利益,是共产青年团的第二个主张。

六问:什么社会是我们青年将来生活的社会?

答:现在世界上被压迫、被剥削的工人农民,到处都起来革命,要根本推翻地主资本家的压迫和剥削。旧的压迫和剥削人的资本主义社会,已经到了死亡的时候,新的共产主义社会,正在猛烈发展起来,如苏联的社会主义已经得到伟大胜利,快要实现共产主义社会。中国革命现在的阶段,是资产阶级性的民主革命。在这阶段上,在党的正确领导下,采取了许多经济的、政治的、必要的准备步骤,准备中国革命走向社会主义的前途,将来社会从社会主义走向完全共产主义社会世界。那就是实现无阶级、无剥削、无压迫的真正自由平等社会。所以实现共产主义社会,是全世界工人农民革命的最终目的,青年将来所处的社会,就是共产主义社会。

七问:那么我们青年现该受些什么教育呢?

答:我们青年是将来共产主义社会的主人翁,负有实现共产主义社会的任务,所以青年现在受的教育应该就是共产主义教育,使青年成为共产主义者,给青年以共产主义的教育,就是共产青年团的第三个主张。

八问:青年团怎样领导青年学习共产主义呢?

答:首先是领导青年反对剥削和压迫人的社会的一切斗争,在这一斗争中,使青年学会团结,学会管理国家,建设工作。同时争取青年的特殊利益,使青年有到学校去受教育的机会,学习政治文化和建设新社会的一切技能。

九问:共产青年团对于共产党采取什么态度?

答:共产党是无产阶级的先锋队,是革命运动的唯一首领。他能领导革命使将来到共产主义社会去。所以青年团的第四个主张是拥护共产党的领导,领导青年群众为实现共产主义的主张而斗争,使共产青年团成为共产党的有力助手。同时青年长大起来就是成年,所以青年团还要培养大批积极勇敢、能为共产主义而斗争的青年供给共产党,经常提拔积极分子介绍【入】共产党,使青年团成为共产党的有力后备军,使共产党更壮大起来,更有力的领导整个革命运动,完成革命的胜利。

简单说来,共产青年团的主张:

1. 领导青年参加苏维埃革命的全部工作,只有整个革命运动的胜利,青年才能取得胜利!

2. 青年的身体和知识正在发育的时候,青年有特殊的要求,应有特殊的利益。

3. 青年是将来共产主义的主人翁,负有实现共产主义社会的任务,应受共产主义的教育。

4. 青年是共产党的后备军和助手,应为共产党的主张而斗争。

第四课　共产青年团的组织

一问:什么是青年团的组织原则呢?

答:共产青年团的组织原则,是民主集中制。

二问:什么叫做民主化的原则呢?

答:你看! 我们的领导机关是从团员大会或团代表会中选举出来的。比如我们的支部干事会,他是从支部团员大会选举出来的,区委、县委、省委以及中央,这些领导机关都是从各种代表会中选举出来的。我们选出来的这些领导机关,他是要对我们大家负责的,他要执行大会的决议,和领导着经常的工作,这就叫做民主。

三问:什么叫做集中呢?

答:我们下级对上级领导机关要绝对服从,上级机关的决定在他还没有做决议以前,我们每个团员都尽量发表意见去讨论的。如果上级已经做了决定,我们就不能再有不同的意见去对抗,而是要无条件地执行。同时,我们在每一个会上对某一个问题经过大家讨论以后,做了决定,我们有少数人是不同意的,但大多数已经通过,少数的意见是要牺牲的,所谓少数服从多数。

四问:怎样去运用这个原则呢?

答:这样原则是用铁的纪律和团员的积极性与活动联系起来的。应该按照工作的条件来灵活运用,比如在秘密的环境下面,必要时,团的下级机关,是可以的〔由〕上级指定的,有民主集中制的原则,团才能有力量的在共产党的由□,争取青年为着革命的胜利。

五问:什么叫做铁纪律呢?

答:团的组织里面还有团的纪律,每一个团员是要无条件地遵守的。怎样去执行团的纪律呢? 例如团的一切决定团员应该服从,并且很努力地去执行,如果每一个团员,他不执行团的决议,他就根本不配做一个共产青年团员,我们团就要向这样的团员作斗争。如果错误情形较大,就要执行团的纪律。因为团员不执行团的决定,团就没有力量去领导广大青年群众去参加一切的革命斗争。

团的纪律,是要建筑在自觉地遵守这个原则上面的,对整个的组织,团有指责,改造团的组织,团员从新登记。对个人的,如某个同志犯了错误,看他错误的程度来决定,处罚他的方法是用劝告、警告、严重警告、定期开除、永远开除团籍,被开除团籍的同志如果不同意时,可以向上级控告。

六问:团的组织基础在哪里呢?

答:团的基本组织是在支部(注)。一切同志都过支部生活,一切工作都经过支部去执行,所以,支部是团的基本的组织。团员按照职业地点编入支部,为的是适应号召广大群众,领导群众斗争。但是团的组织还是以工厂支部为基础,为的是保证组织中青年无产阶级的领导权。

(注)关于支部工作,我们有另外一课来详细地讲。

七问:加入团的条件怎么样?

答:青年团的组织,必须要由青工雇农起领导作用,〈首先〉把门户首先向着青工雇农。一方面还是努力吸收劳苦青年群众和其他的贫民青年。并且,青年团也允许无产阶级化的小资产阶级和中农青年来加入,只要他在工作中表现得积极革命的,那就好了。这些团员一定承认少共国际纲领和本团的章程,而且积极工作的。地主、豪绅、资本家、富农、军阀、官僚等子弟,不准混入团内。

八问:入团的手续怎样?

答:在苏维埃中国内,接收新团员是由团员负责去介绍,提交支部大会通过,由区委批准。介绍新团员是每个同志的责任,经过上级批准后,即成为团员。青工雇农出身的,经过一个团员介绍无候补期,贫农及白军士兵出身的,经过一个团员的介绍,候补期一个月,中农经过两个团员的介绍,候补期两个月,知识分子经过三个团员的介绍,候补期半年。候补期的执行,仍然可以根据工作情形与学习成绩,经过支部通过,得上级批准,可以酌量增长或缩短。

九问:团的组织系统怎样呢?

答:共产主义青年运动,应有一个国际的组织,这就是少共国际,中国共产青年团就是少共国际的一个分都〔部〕。(1)全国代表大会产生中央委员会。(2)省代表大会产生省委员会。(3)县区代表大会产生县区委员会。(4)支部委员会由支部大会产生。(5)特委包括几县或省的一部分,按地方的需要而组织。(6)市委有种或直属省委的,有种市委或在县委以下成立的,范围比较小①。

共青团组系统表

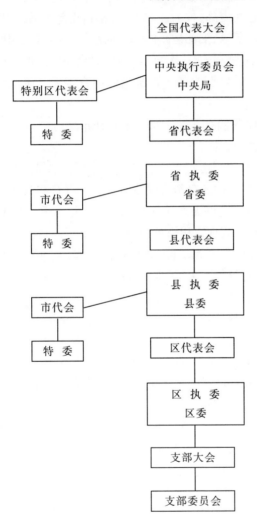

---

① 原文如此。

十问:对于各级的青年团,自然这样去指导,可是对青年群众团体怎样去指导呢?

答:对于工会青工部,以及反帝拥苏青年部、工农剧社、互济会、消灭文盲协会、赤色体育会、马克思主义学习等文化团体中,组织团组(注)去执行团的政策,扩大团在青年群众中的影响,在少先队中,团派自己代表去任队长。儿童团中,指定团员负领导责任,他们在那里执行团的政策。

(注)团组是在那些群众团体中负领导工作的团员编成一个团组,同在级□□□意下,选定团组组长主持。团组组长,参加在那些团体中党的"党团"。

第五课　支部工作

一问:为什么要有个支部呢?

答:支部是团的基本组织,好像屋脚是屋子的基础一样的重要。团的决议、团的一切工作都是要经过支部,才能执行到广大青年群众中间去。团的力量的强弱,依靠支部工作来决定,如屋子的坚固要依靠屋脚来决定,同样的道理。支部工作健全,能把党的与团的每一个决定很正确地又很灵敏的执行到群众中间去,那我们团的作用自然就大了。我们每个团员他一加入团,就一定要编入到支部里面去,经常地过着团内的政治教育生活和参加团的一切会议与工作,缴纳团费,这是支部里头每个同志要做到的。

二问:怎样叫做正确的分工呢?

答:就是要有适当的,按照每个同志能力的分工,按照他适合于做哪样工作来分配一定的工作。比如说:你的力量强一些,就分配你多一点工作;他的力量弱一些,就应该分配他少一点工作。但是每个同志都必须为团工作,所以分工的时节,同样要防止工作只集中在几个人的身上,另外一些人就没有工作现象发生。按照这个原则,比如某个同志他会讲话,文字上也可以,工作能力还好,分配他当宣传队长去。另外有一个同志,他工作很努力,青年群众大家都很欢喜和信仰他,但是他不识字,分配他去做列宁小学的教员,是不适当的。一定【分】配他组织工作或少队队长去。支部分工是要按照上面的原则。长于宣传的同志分配他到宣传干事那边去,适合做少队工作的,分配到少队干事那边去,使得每个同志都有适当与一定工作,就不会发生有的同志忙得不得了,有的同志又没有工作做,那是最不好的。各个同志工作分配好了,各人就要把工作负起责来,支部干事和小组长要经常地去督促和检查各个同志的工作。

三问:为什么说支部是群众的核心呢?

答:支部是群众的核心,他在青年工人、农民群众里头起领导作用。支部里的团员同志天天要和许多青年群众会面,在工厂里,在农村的田野间,做工、耕田、牧牛、弄柴,时常是拼到一块的。经过支部去接近这些青年群众,去了解青年群众的日常生活和他们和特殊要求,把青年团的主张,决议向他们宣传解释,领导他们参加斗争,来团结他们到青年团的旗帜下来,和围绕着党的火线周围。坚决地拥护党的路线,去执行党的与团的一切决定。

四问:支部有哪种会议呢?

答:支部大会每月开一次,如有临时事件,可临时召集。讨论问题主要的是政治方面的,比如解释一切政治决议、团代表大会的决议,开展反倾向的斗争,或者是区委对支部的指示,支部对哪项工作的检查,以及要进行一个大的动员运动,或改造支部干事会等问题,在大会以前,支部干事会应先行准备。

五问:小组会怎样开法?

答:支部小组会是一种最要紧的会议,一切的问题必须经过小组会具体的讨论,才容易实现到群众中去,过去许多地方忽视小组会是非常错误的。

小组会应该按期的7天开一次会,工作忙的时候还可5天开一次会,每次开会不要太久,顶多两点钟。讨论的问题,要把团的每一个决定号召以及支部干事会、支部大会所讨论的决定,在小组会上来根据本村本屋的实际情形,分配具体的去讨论、执行的办法。比如讨论春耕运动,小组会上就要具体地讨论本村的耕牛、肥料、种子、农具、劳动力、开荒等实际问题,支部干事会应派人出席指导与推动小组会的工作。

六问:支部干事会议?

答:支部干事会至少 10 天要开一次,支分部干事会,5 天或 7 天开一次,如有紧急事情,应临时召集会议,一切会议要有充分准备。怎样准备呢? 首先来讲,支部干事会议应定出一个月或 20 天的议事日程,先由干事会通过发给各干事一份,议事日程上要规定某月某日开第几次会,讨论什么问题,由某人作报告,并通知报告的人,怎样准备他的报告等,报告人报告后再来讨论。对支部大会或是活动分子会议,支部干事会要首先讨论一次来准备报告,并指定报告人,每次会议报告人应负责做结论。

七问:为什么要加紧教育? 怎样进行的?

答:大多数的团员,特别是新加入的团员同志对团的主张、团的决议,还不十分清楚,这对于支部工作是要感到困难的。加紧团员教育一定要从支部做起,下面来说在支部中怎样来进行团员教育工作。

第一,在支部中要详细讨论政治问题,要发动每一同志尽量地发言,不说话的要用各种有兴趣的方式,使他们发言。

第二,执行自我批评,开展思想斗争,是教育团员最好的方法。我们的自我批评不但是领导同〔志〕批评别的同志的工作,而且要发动团员群众对领导同志工作的批评,在检查每一件工作里,要开展思想斗争,反对"左"右倾机会主义,反对官僚主义的领导方式及一切不正确的倾向,使得每个同志都晓得这些是错误的,那些是正确的,大家都能够为党的正确路线斗争。使团员在思想上,行动上都能够一致。

第三,我个〔们〕的教育工作除上面的办法以外,我们还要经常办流动训练班,以一个小组或两个小组为单位,从十个同志起到二①同志为一班较适宜一些,根据团中央宣〈花〉传的材料②,按照同志们程度,如知识较高点的,一次可以多讲两段,知识低一些的就教一点。流动训练班要经常的办一期又一期,不断地办下去,使得每个团员都受到训练。

第四,支老〔部〕还要督促团员组织识字班、读报班,使每个团员识字,晓得报纸上的事,必须在团员中努力进行消灭文盲运动,以提高团员的政治和文化水平。

第六课 怎样才算是模范团员

如果你问怎样才能算做模范的团员呢?我们想这是个大题目,可以分开几点来讲:

第一点,最重要的,团员应该是为党的路线而斗争的战士。在党内发生政治上的斗争时,青年团应当积极参加党的政治生活,为共产国际及党中央布尔什维克的路线而斗争,赞助党反对一切"左"右倾机会主义的动摇,特别地集中火力反对右倾。当然,拥护党的总路线,不仅在口头上面,而且要在实际工作中表示团是党最足信任的年轻兄弟。打个比如,党给我们团目前一个最重要的任务,是创造一百万铁的红军,就要我们每个团员紧急动员起来,积极领导群众加入红军,我们的好团员就能首先报名加入。在一切的问题上,团员都首先响应党的号召,给党的号召以布尔什维克的回答。

第二点,做一个团员,你就是团的一个分子,如像大部机器中的一个镙丝钉一样。那么你自己就要确定为团而工作,上级的工作指示及大会的决议,无条件地要服从。许多人在大会上讨论工作时,举了自己的手赞成决议,一通过以志〔后〕反而不去执行,这是叫做两面

---

① 原文如此,推测为"二十"。

② 原文如此。

派的态度,绝对不能容许的。同时,团员应该接受团的工作支配,如团决定调动你的工作,团员应该为团体的利益,服从团的决定。团分配了你一件工作,比如散传单、当宣传队、读报、办学校、推销青年实话报、介绍新团员、和非团员谈话、领导少队当红军、组织粮食突击队、义务运输队等等,都应该努力去完成。每个团员积极工作,是青年团的特色,一切自由行动的非团体的行为,都是破坏纪律的行为,应该反对的。

第三点,青年团员应该是在青年群众前头的积极分子,领导青年工农劳苦群众,积极去做革命工作,不管在少先队中也好,儿童团中也好,青工中也好……总之,他都不忘记团是青年工农劳苦群众的领导者。每个团员应当做青年群众的模范,在一切事件上,如像交纳土地税啦,加入模范□□□,加入红军啦,做"礼拜六"啦,反对贪污□□啦等等。再□,一个团员不应当有不正确的行为,如信神鬼、偷东西等,和没有一点□□□□,又吃烟,吃酒等,不但自己没有这些□□,□□□□□去宣传群众也自动地禁止。

第四点,既然你是团的一个分子,自然应该经常向团报告你的活动,□□□□工作报告给小组长和支部委员会,报告自己对团所分配的工作执行的程度,有什么经验和困难,以及许多许多其他的工作报告,如哪个团员工作消极啦!行动不正确啦!什么地方有反革命活动啦!什么地方群众的生活情形啦!什么地方发生值得我们注意的事情啦!等等。至于自己迁移地址,如你从江西搬到福建,或者从瑞金到汀州,你也要向团报告,得到团的允许,写介绍信到当地团,到那边去过团的生活。

第五点,到会议,缴团费——到支部会、小组会缴团费是每个团员的基本任务。

团的会议,每个团员必须到会。而且按时到,并且能在会议上发表意见。有重要事情不能到,就请假。每月自己就自动缴团费,不等小组长来催,不早不迟地按时缴,这一方面表示团员自己维持团的费用,最重要的是表示团员对团的责任心。团的纪律是团的命□,每个团员都须自觉地遵守。不但自己遵守,而且还能领导其他团员遵守,同时对那些违反团的纪律的团员,就要坚决与他作斗争。再打个比如:团的一个最大纪律,不准团内有任何小组织,好团员对那些破坏团的小组织的态度,是绝对站在团的正确路线上,不动摇,也没有一点感情,坚决与他们斗争。执行绝主要的是教育同志,所以,每个团员必须自觉的遵守纪律。

团员对团员,都是同志,就讲阶级友爱、互相教育、互相批评、互相监督、互相帮助。同志做了错误的事情,应该严厉地和他作斗争,帮助他改正错误。假使他的错误没有到开除团籍的程度时,我们对他是取同志态度的。

第六点,虚心学习马克思列宁主义——一个团员不仅能做到上面这些,还有一个顶重要的,就是学习马克思列宁主义。列宁同志告诉我们"共产青年团一般任务是学习共产主义",保证在思想上布尔什维克的一致。所以,现在我们需用一切努力研究马克思列宁主义的书籍小册子,然而,这是不够的。我们顶重要的是在斗争中去学习,把斗争与实际斗争连〔联〕系起来,在实际工作中去学习马克思列宁主义。

能够这样,就算得模范的青年团员了。难道你不愿意做模范的青年团员么?

——青年团读本第一册完

少共中央宣传部编
青年实话书店发行

1634 年 4 月初版①

(根据中共江西省委党史研究室藏件刊印)

---

① 原文标注的出版时间,1634 年 4 月为排版错误,应为 1934 年 4 月。

中共中央局、全总执行局关于工运的指示

（1934 年 5 月 14 日）

各级党部

各级工会的党团与工会工作同志：

关于目前帝国主义武装进攻的严重形势，国民党法西斯蒂实际赞助帝国主义殖民地中国的计划与步骤，以及关于如何开展反日运动和组织民族革命战争的策略问题，在中央致各省委、县委、市委的一封秘密指示信中，已有详细分析和指示，这里不再重复说明。这封信的任务，就是专门论到我们在开展反帝的下层统一战线斗争中，如何去加强与巩固无产阶级的领导，如何把这个反帝统一战线的基础，建立在工厂作坊广大工人群众身上去，同时特别指示要如何去开展工人阶级目前迫切反法西斯蒂与资本进攻的斗争，从开展工人阶级反法西斯蒂资本进攻的统一战线基础上来扩大充实群众反帝统一战线的内容，来加强和巩固无产阶级在反帝统一战线中的领导。

一、中国地主资产阶级国民党法西斯蒂的统治，为了适应帝国主义瓜分共管的政策，正在加紧压迫一切群众反帝革命运动，实行空前残暴的白色恐怖，来疯狂进攻苏维埃红军，来狠毒开展所谓"后方群众围剿运动"——即残暴的"工厂剿匪""学校围剿"……国民党法西斯蒂为了配合五次"围剿"，特别是加紧向中国工人阶级进攻，企图以血腥的白色恐怖，来消灭目前日益开展的工人罢工浪潮，来摧毁整个中国革命运动。

在唐山开栾、上海美亚、湖州丝织厂、苏州人力车夫等罢工中，国

民党法西斯蒂和野兽一般残暴,先后几次开抢扫杀罢工工人,杀死工人百数十人,轻重伤千数百人,至于被暗杀、绑架、灭迹、逮捕更是不可数计。在最近两个月内所发生的一切工人罢工斗争中,国民党法西斯蒂几乎没有一次不是以开枪扫杀罢工工人,没有一次不是以政府、党部名义来命令和强迫工人复工,特别最近法西斯蒂刽子手蒋介石,颁布"严禁工人罢工怠工命令",通令"训政期内国民有应征工役的义务"(即强迫奴隶劳动),命令"五省工人为了增加生产以'救国',起码每天要做十小时的工"等,来公开奖励法西斯蒂党徒枪杀工人,来鼓励资本家向工人进攻,使中国工人阶级完全被抛到法西斯蒂所制造出来的血腥恐怖地狱中。中国工人阶级目前是处在随时随地有被法西斯蒂枪杀、杀头、监禁、拷打的恐怖中,同时法西斯蒂为了掩盖自己血腥狰狞面目,为了转移群众的目标和视线,更在加紧各种武断宣传,藉口"国难期内,罢工是捣乱后防","中国产业落后与不振,工人更当劳资合作,消灭阶级斗争,增加生产以救国",诬蔑罢工工人是"脑经〔筋〕简单,被反动分子'汉奸'利用操纵",于是在"惩办捣乱分子"和"维持地方秩序"的美名下,来进行他们血腥的屠杀。法西斯蒂除了以血的恐怖,来屠杀镇压工人,除了以武断宣传来麻醉欺骗工人外,而且正在收买大批工贼走狗组织工厂细胞,疯狂进行争取工人群众的工作,尤其是最近法西斯蒂正在加紧实行整个国民党工会法西斯蒂化,与准备在工厂内训练部分武装工人,作为法西斯蒂挺进队的中坚,来加紧分裂阶级队伍,与加紧组织工人阶级自相残杀的械斗,来彻底破坏消灭工人阶级的斗争。

在帝国主义与国民党法西斯蒂残酷屠杀镇压中,中外资本也更加一致疯狂向工人进攻,无止境地降低工资、加重工作、大批开除工人,取消工人从斗争罢工中已经争到的一切利益,颁布奴隶式的工厂管理条例,不但使失业工人同他们的父母妻子是每天遭受到饥寒冻饿,出卖妻子儿女,以维持垂死的生命。就是在业工人和家属也是经常过着半饥半饱的非人生活,而且时时都有被资本家从工厂内赶出来的危险。

同时,在帝国主义法西斯蒂残酷镇压与中外资本吮血进攻中,黄色工会与一切反动派别——特别是托陈取消派与一切叛徒、探狗,是成了帝国主义与中外资本的忠实猎犬,是成了法西斯蒂的组织中坚。他们不但公开站在帝国主义国民党与中外资本进攻工人的前线,以白色恐怖的手段来枪杀、逮捕工人,而且潜伏在工人群众里面,以"劳资合作"、"经济恐慌中不能罢工"、"到党政机关请求援助"来分裂出卖工人。实行公开检举与告密,陷害革命工人及共产党员,假借工人群众与工会名义,来公开拥护法西斯蒂镇压工人的血令,实行"工厂剿匪"运动。

国民党法西斯蒂的血腥白色恐怖与资本家吮血进攻,是充分说明:中国地主资产阶级国民党是中国民族的奸细,是中国民族与工农劳苦群众解放的死敌,是赞助帝国主义实行殖民地化中国的清道夫。同时,国民党法西斯蒂匪徒们的猖狂,不过更加暴露他们统治的危急与破产,暴露他们在目前开展着的国内阶级斗争中更加削弱与崩溃,暴露他们临死时的绝望挣扎与疯狂。

二、在帝国主义、国民党、中外资本与黄色工会一致残酷进攻中,中国工人阶级不但没有屈服,中国工人阶级的斗争火焰,不但没有熄灭;相反,法西斯蒂屠杀与资本进攻,是更加激发中国工人阶级顽强战斗的决心,更加推动罢工斗争发展到了新的更高阶级。这里表现在:第一,罢工工人不顾帝国主义国民党的武装干涉与黄色工会的阻止破坏,群众以英勇的战斗冲破帝国主义的压迫与国民党的禁令,而争取到部分或全部的胜利(开滦、启新)。第二,群众经济罢工迅速转变为反帝反国民党的政治斗争,特别是最近许多罢工表示工人阶级由坚决的反功而迅速转到顽强的进攻,斗争一开始便与帝国主义民国民党冲突肉搏(开滦、美亚、湖州、苏州罢工)。第三,罢工斗争的顽强性(美亚坚持二月)与连续罢工的密广(开滦二月内爆发五次大罢工,启新一月内两次大罢工)是极大提高了罢工斗争,充分带着大的群众战斗性质(开滦六万工人与湖州数千工人罢工捣毁县政府公安局,几次与国民党武装冲突巷战);第四,无产阶级的主要的部队都卷入了罢工浪潮,国营企业与铁路、海员、兵工厂斗争同样开展,许多企业一开始便爆发同盟罢工(上海海员、绸厂,唐山五矿)。第五,失业斗争与在业斗争联系的加强(开滦),青女工在斗争中先锋作用的显著提高(美亚),工人在斗争中要求武装与开始学习着夺取和应用新式武装战斗(湖州、开滦)。第六,特别是在满洲、华北,许多在业与失业工人组织加入和领导着义勇军参加对日作战,领导着满州、华北抗日游击战争与农村土地革命斗争。第七,罢工斗争中表现工人的组织性与政治觉悟水平急速增长,党与赤色工会影响的扩大,黄色工会及一切反动派别在斗争过程中欺骗面目的迅速揭发与群众反黄色工会的斗争广泛开展,这些目前中国工人阶级战斗新的特点与内容(虽然依然包含了某些一定的弱点),充分证明着目前客观形势对于执行反帝、反国民党法西斯蒂资本进攻统一战线的任务与加强和巩固在这个运动中无产阶级的领导是再顺利也没有了。

不可否认的,我们个别地方的党、团、工会在组织和领导工人群众反帝反法西【斯】资本进攻斗争中,是已经获到了许多光荣成绩的(唐山、开滦、上海、美亚、河南铁路);但是,当我们一般检查到全国党与赤色工会的革命职工运动,特别是配合到目前中国工人阶级汹涌开展的罢工浪潮,那我们便要承认五中全会所指出"在中国无产阶级的政治与经济的斗争之开展的速度与范围,与党和赤色工会的领导间,依然存着很大的距离",直至今天,还是正确而严重的现象。① 因此,中央和全总执行局坚决认为,不彻底转变工会工作,不正确转变和改善党与赤色工会和广大群众的关系,不把工作中心放到工厂作坊与黄色工会影响的群众中,不把工作中心放到争取在业失、业工人群众自发斗争领导与独立准备组织工人群众罢工斗争中,不把工作中心放在艰苦系统开展黄色工会下层群众中的工作与加紧实际揭发黄色工会及一切反动派别的斗争中,不大胆去接近一切在业与失业工人群众,团结他们在我们目前所提出的基本反帝反法西【斯】资本

---

① 原文如此。

进攻的纲领下,建立广泛群众斗争的统一战线,与在统一战线内部坚定自己立场,坚决开展反国民党与一切反动派别的阶级斗争;那么,要想开展广泛群众反帝反法西【斯】资本进攻的伟大统一战线的革命运动与巩固和加强在这一统一战线运动中无产阶级的领导是不可能的。

三、关于中国人民对日作战基本纲领的内容和详细解释,见中央秘密指示信,这里不再详及。为了发动广大工人群众积极参加、拥护和保证这个纲领的具体执行起见,同时为了在进行广大群众一致战斗中加强和巩固无产阶级领导起见,我们特提出下列工人阶级反法西资本进攻的纲领,来巩固、扩大、充实群众反日下层统一战线的战斗内容。

中国工人反法西斯蒂白色恐怖反资本进攻的基本纲领

中国工人阶级现在正处在空前未有的危险中,日本和其他一切帝国主义占领了中国好几个省份,黄河以北各省从东北军南下,实际上变成了日本满洲国的领土。日本和一切帝国主义的飞机、大炮、军队、军舰,在中国境内横冲直闯,到处杀人。

在帝国主义残酷进攻中,政府当局和中国资本家不但一味投降屈服,而且一味压迫,阻止群众自动反日反帝斗争,一味向着工人和劳苦群众生活进攻。

帝国主义、中国地主资产阶级国民党,他们自己造成了全中国空前的经济灾难,而他们却把这个经济灾难的重担,放到我们肩头上,像野兽一样地拼命向工人进攻,不断地减低工人可怜的工资,延长时间,加重工作,取消工人近十年来用罢工斗争所争得的一切利益,大批开除工人,使60%以上产业工人失业饿饭,靠出卖妻子儿女,以维持垂死的生命,甚至流为乞丐,与悬梁投河自杀!使一切继续做工的工人,虽然整天和牛马一般辛苦工作,也同样无饱饭可吃,也同样养不活家中大小。我们工人的生活,虽然到了这样无法生活下去的地步,可是资本家吃人吸血的进攻是正在更狠毒、更凶猛地加紧进行着。

目前中国工人阶级,不但生活上无法维持,而且生命也完全失却了保障,不但帝国主义是在天天残杀中国工人,而且中国政府和国民党党部也是到处随便虐杀工人。在唐山、在上海、在满州、在苏州、在武汉、在广州,天天都有国民党正规军队和警察枪杀徒手工人,法西斯蒂党徒到处暗杀、绑票、逮捕反帝罢工工人。每个中国工人,只要自己对于牛马不如的生活稍稍表示不满,只要对于法西斯蒂的杀人犯罪行为说了半句公道话,国民党法西斯蒂便可以把他加上"反动""捣乱"的罪名,拿去杀头、监禁、拷打。特别是最近蒋委员会长亲自通令,严禁罢工怠工,准许资本家为了增加生产以"救国",便要强迫每个工人,每天起码做十点钟的工,宣布在训政期内,可以随便强迫人民去做无代价的奴隶工役。这样一来,中国人民便完全抛到法西斯蒂制造出来的血腥恐怖的地狱中!

我们在自己艰苦战斗的实际经验中,已经清楚证明了,要想依靠国民党工会委员老爷和国民党来拯救我们,不但完全没有希望,而且要成为自己搬石打脚,和等于拿刀来自杀,要想从任何第三者出来帮忙调解,或主持公道,这也是愚蠢见解。因为大家明白,任何无权无势的第三者,他是不敢个人出来和资本家讲情面的;即使出来,也是没用处的。而任何有权有势的第三者,他总之是不会得罪资本家,而且要替资本家出力卖好的。由此可见,工人阶级只有自己起来救自己,只有大家团结起来,用群众团结的力量,以罢工和同盟罢工的方法,来回答资本家国民党法西斯蒂的白色恐怖与进攻,来保障自己的利益与争取生存。换句话说,也便是实际团结群众,来进一步实行中国民族的武装自卫。

可是,要组织伟大的群众罢工与同盟罢工运动,来反抗法西斯蒂的恐怖与资本进攻,来争取工人自己的利益与生存,便要大家一致团结,要几千几万个人,团结得像一个人一样。但是我们要团结,而没有一个共同的战斗纲领,那么,我们的力量是很难集中起来,这个道理是很明显的。如唐山开滦五次大罢工，与上海美亚大罢工，他们反对国民党法西斯蒂的屠杀，与反抗资本的进攻，哪件不是我们工友大家所拥护的呢？可是因为没有提出工人阶级一致的、具体的战斗纲领，来号召各厂各业工人一致同盟行动，所以开滦、美亚大罢工虽然英勇顽强坚持至一两个月之久，但是因为没有发动极广大的各业工人一致行动，没有得到各业工人一致及时的行动声援，所以还没有争到全部条件的胜利，和还没有给法西斯蒂一个最后而致命的打击。现在时势是更加万分紧迫了。因此，我们目前认为万分必要提出下面几条具体迫切的一致要求，来作为中国工人阶级反国民党法西斯蒂资本进攻的共同行动纲领。

1. 反对减工、关厂、停航，反对延长时间，加重工作，不许开除一个工人。

2. 反对减少一个钱工资，反动取消花红、赏贴、罚工、扣工资，一律增加工资。

3. 拿政府和资本家的钱，来无例外地救济一切失业工人，反对强迫劳动。

4. 立刻释放一切被捕工人，立即撤退工厂工房一切武装军警捕探，武装军警永远不许驻扎工厂工房。

5. 立刻撤消取缔工人罢工怠工命令，反对党政机关及其走狗干涉工人斗争，工人有言论、出版、集会、罢工、组织工会的自由。

这五个要求，是我们各厂各业工人目前一致的迫切要求。我们号召中国一切工人，不论他是在业的，失业的，有组织的，无组织的，组织在国民党工会内或赤色工会内的，都要在这个纲领下，一致团结起来，组织一个伟大的反法西斯蒂恐怖与资本进攻斗争的统一战线。同时号召各厂工人在这一纲领的原则下，提出自己个别的具体要求。

为了准备共同斗争起见，我们必须在每个工厂、作坊、农庄内，组织斗争委员会。我们必须组织各种委员会，组织纠察队、自卫队，实行武装自卫，保护工房，召集各厂代表会，组织各厂工人总的斗争委员会,与讨论共同斗争的一致步骤。同时,这些委员会的分子,必须是各种群众组织所选举出的代表。我们在共同纲领下,欢迎一切工人,不管他们属于何种帮口,属于何种政治派别,不管是男工、女工、青工、童工、机器工与各种技术工人,大家和弟兄一样团结,参加共同斗争。但是我们必须扫除一切虚伪险诈的领袖,一切工贼及资本家的走狗;因为他们参加我们队伍,不是为了斗争,而是为了要破坏工人团结与出卖工人阶级的一致斗争。

××××等厂工人同启

这个反法西【斯】资本进攻的纲领,同样不要首先用党团赤色工会的名义发表,而应当参考中央关于对日作战基本纲领,如何传达到群众中去的一些具体方法。最好在一般宣传纲领工作中,首先用一般群众公开活动的方式,提到几个重要产业、斗争条件更加成熟与我们工作基础较好的中心工厂,和黄色工会的下层群众中,特别应当马上提到一切在斗争或罢工的工厂,去发动他们讨论、拥护、签名;组织群众斗争委员会,用群众斗争委员会的名义,用宣言公开发表这个纲领,号召各厂、各业、各黄色工会下层群众一致响应、参加。经过这样的公开群众路线,使之真正成为工人群众自己一致的战斗纲领。

同时,我们必须郑重指出:这个反法西【斯】资本进攻的纲领,决不是而且也不应当把它与反日基本纲领分裂和对立起来。相反,从一般的宣传鼓动,到每项实际工作的具体执行的过程中,要把它相互补充和彼此严密联系结合起来,特别要使之成为发动、组织、动员、领导广大工人群众实际执行反日纲领的主要基础。因为民众的反日作战纲领,只有配合工人反法西资本进攻纲领的具体执行,才能发动更广泛工人群众,使反日作战运动真正成为伟大群众性的运动,才能把这个运动的真实基础,建立在工厂作坊与工人群众的迫切战斗中,而确定和巩固无产阶级对这一运动的领导。同时工人阶级反法西【斯】资本进攻纲领的执行,只有向着人民反日作战纲领汇合,推动与领导或一起看,便把这两个纲领有机结合起来,才能把工人日常迫切的斗争与无产阶级的总任务严密联系,以争取中国民族的解放。

四、为了领导工人阶级广泛开展反法西【斯】资本进攻的斗争,为了开展群众反日统一战线的斗争与为了加强与巩固在这个统一战线中无产阶级的领导,必须坚决执行下列工作:

1. 必须真正广大动员党团工会的组织,把对日作战基本纲领及反法西资本进攻的纲领深入到支部和赤色小组中去,迅速召集各支部、各产总、各工厂小组会议,来具体讨论这个纲领。根据个别厂的具体环境与可能,决定具体发动厂内群众进行签名运动,以及成立反帝或反法西【斯】反资本进攻的群众组织的各种准备工作。首先有准备地召集各中心厂、中心产总工会、工会党团与支部会议,使每个同志与会员清楚透彻了解纲领的全部内容,与建立广泛群众下层统一战线的意义和方法,发动每个同志与工会会员的积极性,使他们了解建立反日统一战线与开展的反法西【斯】资本进攻,是他们当前战斗任务。

2. 必须进行广泛的宣传鼓动工作,号召工人群众为了准备反帝反法西【斯】资本进攻共同斗争起见,必须在各厂内马上进行签名与群众会议,组织斗争委员会与中国民族武装自卫委员会。首先要把对日作战六个基本纲领与反法西【斯】资本进攻纲领立即用铅字印发,经常在工厂、车间、工房、失业工人集中区域、黄色工会与一切有组织和无组织的工人群众中普遍散发。要利用一切公开与半公开的群众刊物及各地党团工会所领导的每个小报与工厂壁报,经常登载纲领与解释纲领的文字,要用传单、标语、画报和口头宣传,利用各种大小群众会议,来发动群众讨论纲领和他自己特殊迫切要求,来普遍解释、说明纲领的意义和内容,使反日纲领与反法西【斯】资本进攻的纲领传到每个工人耳朵中,使每个不愿当亡国奴,不满意法西斯蒂屠杀、压迫与反对资本进攻的工人,都深切了解这个纲领是目前救中国出危亡,救工人出苦海的唯一光明大道,来发动他们一致签名参加。

3. 要真正建立广泛群众反帝反法西【斯】资本进攻统一战线,便要大胆接近一切下层工人群众,我们不仅要发动一切党团赤色工会领导与影响下的群众,不但要向着一切无组织工人进攻,而且要深入到黄色工会及各种反动派影响下的群众中去,号召一切工人,不论他们是在业的,失业的,有组织的,无组织的,组织于国民党工会内的或赤色工会内的,都要一致团结起来,组织一个反帝反法西【斯】资本进攻斗争的统一战线。在进行统一战线时,我们不要害怕黄色领袖活动,与故意拒绝那些动摇或甚至是反动分子参加,最重要的是经过各种形式的活动,扩大这个运动的群众性,扩大运动的范围,把运动深入到各厂各业各黄色工会的工人群众中去,只要运动真正扩大而成为广大群众行动,只要我们随时机警和坚持自己的主张,与坚决保存自己政治的独立立场,从工作与运动发展的每个过程与步骤中,去抓住具体事实,无情批评与揭发统一战线内部一些不彻底、动摇、叛变、投降的上层反动分子,去争取群众斗争的领导。我们要知道,最大限度统一战线策略的执行与一定范围内上层统一战线的运用,不仅为了团结反帝的力量,而且是争取群众。因此下层群众中工作的加强,革命反对派与赤色工会的建立和扩大,领导群众脱离黄色工会官僚的影响,争取广大下层群众到我们领导下来的下层群众中的统一战线,才是我们活动的基础。不是这样,便不能建立起真正革命统一战线,也不要想争取无产阶级的领导权。

4. 必须加紧深入群众,面向企业,改善党与赤色工会和广大群众的关系,有计划有组织地进行经常系统的厂内活动,去艰苦组织、准备领导工人与失业工人的日常斗争,千百倍加紧争取群众一切自发斗争的领导。这里,我们不但要提出反帝反法西【斯】资本进攻的共同纲领,去广泛号召群众反帝反法西斗争,而且应当根据个别工厂及个别区域失业工人的具体环境与特别迫切要求,坚决领导群众为着自己迫切经济政治要求而斗争,从扩大与巩固群众经济斗争基础上,来开展反帝反法西【斯】资本进攻斗争,来扩大充实群众反帝反法西【斯】政治斗争的基础和内容,要坚决揭发黄色工会与一切反动派别"一致对外""增加生产",实行劳资合作消灭国内阶级斗争以"救国"的说法,这是实际帮助资本,掩盖资本加紧进攻工人的实质,要坚决反对以为在加紧反帝反法西【斯】政治斗争中,应当或必然要放弃工人经济斗争,或者认为工人经济斗争应当放在次要的地位的机会主义的企图。"只有工人经济地位改善的时候,群众才能卷入运动中去积极参加它,重视它,并发挥其英勇,无畏,顽强性与忠诚到最高限度"。同时,广泛经济罢工的浪潮,乃群众政治罢工的最好基础,经济斗争的散布,不但可以助成政治经济两种罢工形式的结合,而且使斗争特别紧张有力,而且可以吸引工人最广大的阶层来参加斗争。当然,这里我们同样要残酷打击那班以组织经济斗争为口实,根本抛去从政治上发动群众罢工的武器,不敢与不愿尽一切可能去领导推动经济斗争发展到最高的政治阶段的右倾机会主义。只有从抓住一切群众经济斗争中,去加紧领导与正确推动使之发展为反帝反法西政治斗争,与在反帝运动中,积极领导在业与失业工人反法西【斯】资本一切日常斗争,才能组织工人群众去坚决参加与领导反帝运动,才能在反帝运动中,建立无产阶级的骨干。

5. 必须从组织上来保证和巩固我们的领导和影响。这里,我们必须发动领导各厂工人,组织在共同斗争纲领下的厂内斗争委员会,没收日货委员会,罢工委员会与民族武装自卫委员会,最大限度扩大一切现有的反帝、反法西【斯】的群众组织。以几个中心厂为基础,到各工厂中去,到处发动工人签名,参加反帝反法西【斯】资本进攻的组织与民族武装自卫委员会,召集各厂工人反帝会或民族武装自卫委员会的代表会议,建立同一区域、同一地方的上层领导机关,一切工人反帝与武装自卫组织必须参加同一地方的各种群众的总的组织,以保证无产阶级的领导。但决不是因为各厂各业工人反帝会或自卫组织一致加入了同一地方的群众的总组织,便可以取消或放弃同一地方工人独立组织的建立。我们不但要推动党团与赤色工会去加紧领导、发动群众反帝反法西【斯】资本进攻的各种组织,而且要利用发动群众反帝反法西【斯】资本进攻的公开活动,而且要经过我们所领导的反帝群众组织,到一切无党团工会组织的工厂作坊与黄色工会群众中去发展群众工会与革命反对派,发展党员、团员,建立党的新堡垒。因为只有从组织上来巩固党与赤色工会的领导,才能保证加强反帝运动中无产阶级的领导。

6. 最大限度建立群众的武装组织,号召广大群众组织纠察队、自卫队、工人警备队、打狗队,首先以铁尺、木棍、斧头、扁担、石块武装起来,进一步要求武装和夺取反动武装,实行武装自卫,保护工房,保护斗争领导机关与领袖,组织工人义勇军、抗日决死队,要求政府发给新式武器,无例外地武装一切在业与失业工人,但坚决反对法西斯蒂组织少数工人武装作法西【斯】挺进队,破坏工人团结、压迫斗争,反对强派法西【斯】军官,按照法西【斯】组织方式与教育来控制工人武装自卫队。因此,我们提出要完全由工人自己选举指挥部、参谋团,管理工人自己武装队伍,与自由聘请和辞退教官。

7. 必须广泛发展农村雇工与手工业工人工会组织与工作,加紧领导农民抗租抗税,反民团地主豪绅的武装压迫斗争,组织农民自卫军、抗捐队,把农村反帝运动与土地革命严密联系起来。党和城市产业工会要动员大批工人干部和失业工人到农村去,到一切白色武装队伍士兵中去,组织反帝游击战争与兵变。放弃广大农民与士兵工作便不能把反帝反法西【斯】斗争成为广大群众性的运动,与争取最后胜利。不加强农业工人中的基本工作,便不能保证和巩固无产阶级的领导。

最后,要保证上列工作顺利执行,便要坚决改变工会工作与领导方式,必须加紧开展两条战线的斗争。在广泛开展反帝反法西【斯】资本进攻运动中,必须首先集中主要力量去加紧几个中心产业与中心厂的下层工作,□造几个中心厂反帝群众的巩固组织基础,与领导发展他们的胜利罢工斗争。工作到工厂、作坊、支部与分会中去;加强中心产总中心厂的各方面领导,建立上下级严密联系。领导要具体化、实际化,要经常精细检察与具体讨论几个中心产业与中心厂的工作,一切直辖组织要清楚了解中心产业与中心厂的工作,一切直辖组织要清楚了解中心产业与中心厂的一切具体情形与每天工作上的变化,要从各方面改变工会工作的作风,打破以第二党的工作方式,以领导先锋队和先进工人的方法去进行革命工会的群众工作。要不是口头而是实际地去实行工会工作的群众化,同时要提高工厂、工会工作到党团工作的第一位,严厉指斥每个不愿做工会工作的同志。

此外,在实行这个策略时,要防止两方面不正确的倾向,一方面要反对一切脱离群众的"左"的关门主义,与各种形式取消自己政治独立立场的上层勾结与投降的右倾机会主义。

亲爱的同志们! 我们是正在战争、革命与武装干涉的残酷决战中,我们是处在中国民族生死存亡的最后关头,如果反帝反法西【斯】资本进攻战斗的策略能够彻底深入地进行,"那么,我们相信,不仅能使苏区反日反帝运动得到更大的发展,走到更高的阶段,同时也就使敌人的五次'围剿'红军的行动受到更大的打击和达到更快的崩溃"。因此,我们要求每个同志,战斗地动员起来!

中共中央局
全总执行局

（录自中华全国总工会编:《中共中央关于工人运动文件选编（中）》,档案出版社 1985 年第 1 版,第 387—399 页）

少年先锋队中央总队部
为目前形势告全体队员书

（1934 年 5 月 17 日）

亲爱的队员同志们！

现在是我们与敌人拼死活的关头！法西斯蒂国民党野兽的铁蹄，伸在我们的广昌，进占我们的门岭，践踏我们的龙岗，进到我们的新泉、旧县！

有苏维埃，我们就是主人，我们获得土地、自由、劳动条件的改善、青年的特殊利益；没有苏维埃，我们就是奴隶，在被占领的区域，我们失掉了一切，我们过的是被屠杀、被奸淫，被强迫做工事、修马路，被抽收各种名目的捐税，连牛马都不如！

亲爱的队员们！我们难道愿意被国民党来进攻我们的苏维埃么？我们难道甘愿被屠杀、奸淫，过牛马生活么？只要是个工农，就一刻也不能容忍这种牛马生活！只要是个工农呵，就要用自己的头颅和热血，保卫苏维埃，保卫土地，自由，劳动条件的改善，保卫青年的特殊利益！只要还有最后的一个人，最后的一口气，最后的一滴血，便要为苏维埃奋斗到底！

少年先锋队是红军的后备军，在保卫苏维埃的斗争历史上，我们有着光荣的一页！我们要继续发扬我们的光荣事业，我们要放下锄头与斧头，肩起枪械，英勇地武装上前线去！勇敢地到红军中去！配合红军作战！消灭白鬼子、白狗匪！女队员加紧后方一切工作——担任看护，节省，多做布【鞋】草鞋送红军，争取战争的全部胜利！只有战争的胜利,才能保卫我们的利益!

亲爱的英勇的队员同志们! 5 月 14 日,中央革命军事委员会朱主席这样号召我们:"五、六、七 3 个月扩大红军五万的号召,我们热烈地要求全体赤少队员和广大的工农群众,给这一战斗的号召,以布尔什维克的回答!"

亲爱的英勇的全体队员同志们! 中国共产党中央总书记博古同志对我们说:"在今天我们没有别的选择,唯一神圣与光荣的事业,就是上前线去,到红军中去!"是的! 我们的位置是在那边,在那前线上,我们英勇地加入红军去,站在战线的最前面,去消灭白鬼,白匪! 消灭敌人!

亲爱的队员同志们! 是时候了! 武装起来! 上前线去! 上前线去! 第三还是上前线去!

"我们无论如何要胜利! 胜利是我们的!"

总队长　张爱萍

党代表　周恩来

五,一七,一九三四

（录自《红色中华》第 192 期,1934 年 5 月 23 日出版）

团员常识

（1934 年 5 月 18 日）

一、什么是共产党和青年团，和这两者间的关系

共产党

共产党是无产阶级唯一的政党，它不但团结与领导工人群众同资本家为争取工人阶级经济的政治的利益而斗争，而且团结与领导工人以及农民劳苦群众，为推翻资本家地主剥削阶级的政权，彻底解放工农群众被剥削阶级而斗争的政党。它的最终极的目的就是彻底消灭社会上的阶级，推翻私有制度，建立一种各尽所能各取所需的共产主义的社会。因此共产党是工人阶级当中最先进、最觉悟、最积极、最坚强的分子所组成的。

共产主义青年团

共产青年团是一个无产阶级青年群众（城市的与乡村的）的一个斗争的组织，它为着青工每个要求而奋斗。但同时它又深切地觉悟到青工和一切劳苦青年要想真正地彻底地解放，只有在整个无产阶级胜利后才能获得。因此它不仅组织青年工人的单独斗争，同时它还要在共产党领导之下参加整个阶级的斗争，为推翻统治阶级而一直到实现共产主义社会而奋斗。

共产党与共产青年团的关系

因为无产阶级的青年不过是整个无产阶级的一部【分】，他们在

社会的生产关系上是占〔站〕在同样的被剥削者的地位，因此共产主义青年团一定要在代表无产阶级的唯一的政党——共产党的政治领导之下去进行一切工作。在一切日常经济的政治的斗争中，以国际主义的精神去教育团员，提高他们的阶级意识，灌输马克思列宁主义的思想。它的组织应该比党更广泛些，更有教育性些。团在继续不断的斗争中训练出更多的、有力的后备军到共产党中去。所以共产青年团是共产党的第一个亲密的助手。

共产党怎样领导团

共产主义青年团既然是党的第一个亲密的有力的助手，所以它必须在党的领导之下，从日常的斗争中学习我们革命的课程。共产党对于团的领导可以有以下两种方法：（1）从中央到支部，党和团的会议采取互派代表制，党要时常检查团部的工作，团要经常作报告给党；（2）在团里面，党要保留一部分的干部核心，起领导作用，使到〔得〕党的决议立即就能在团里反映出来。

青年团为什么在组织上要保持独立

共产主义青年团在政治上虽然受党的领导，但在组织上还是保持着它的独立的系统，这首先是因为资本主义合理化的结果。男女青年和童工在许多的生产部门都占有很重要的位置。他们受着比成年工人更残酷的压迫和剥削，如【被】打骂敲诈等。在半殖民地的中国还有学徒制，养成工制，简直没有工钱，其他各生理上、心理上的不同，这些都使到〔得〕青年工人有他们的特殊的要求。为使到〔得〕我们的工作更灵敏地反映出他们的要求，为要使我们的工作能更适应于青年的情绪，所以须得有共产主义青年团的独立组织。

青年团的几个特点

在上面我们已经说明了什么是青年团，但在这儿还须得更清楚地解释出青年团的几个特点：

第一，青年团是阶级的组织——共产主义青年团并不是整个的青年的组织，把统治阶级的青年也包括在里面。所以少共国际的纲领说："共产主义青年团是城市中、乡村中青工的组织。因此，团必须要由工人阶级的分子起领导作用……尤其要团的干部里有无产阶级的大多数。"又说:"因为它是教育的组织,所以它可以吸收更多的半无产阶级的分子和城市乡村中其他的青年。"根据这两点,所以可以说共产主义青年团是以无产阶级为骨干的青年劳苦群众组织!

第二,共产主义青年团是斗争的组织——共产主义青年团是共产主义的学校,但是这并不是说它是一般的文化、教育组织。首先它是要领导青年劳苦群众的一切日常的经济的和政治的斗争,在这些斗争中去锻练自己,同时亦即是教育群众。

第三,共产主义青年团是国际的组织——现在是无产阶级革命时代,全世界的经济系统已经发展到这样的程度,使全世界的无产阶级都有共同一致的利益。因为共产主义青年团正和共产党一样,它的最终的目的是全世界的共产主义的社会,所以它是打破国家民族界限的国际组织。全世界有一个总的最高指导机关就是"少共国际"。各国共产主义青年团都是少共国际的一个支部,它要受少共国际的指导,遵守少共国际的纲领,执行少共国际的决议。各国共产青年团之间都是兄弟团。凡是这一国的团员到别的一国去的时候,便须加入那一国的兄弟团〔团〕,做它的团员。

青年团的最终极的目的

共产主义青年团正同党一样,它的最终极的目的是共产主义的社会。在这社会里面,私有财产制度被取消,人剥削人的现象被废止,消灭了体力劳动和智力劳动的界限,人类将到达各尽所能,各取所需的社会。当然,这个新社会并不是一个乌托邦。为实现这个理想,我们还必须经过社会主义的阶段,以完成共产主义社会,所以必须具有精神的和物资的前提。因此在推翻资本主义制度以后,还必须有无产阶级专政的苏维埃政权来压倒一切剥削者的反抗,完成社会主义的建设。

正因为共产主义青年团是无产阶级青年和劳苦青年群众自己的组织,所以我们要尽量向青工和乡村的无产青年开门,吸收他们的优良的分子到我们组织里面。至于对小资产阶级和知识分子,只有在他们放弃他们自己原来的阶级的立场和宁愿为我们无产阶级的政党的纲领而奋斗,才能有加入团的资格。

二、中国共产主义青年团和它目前的任务

中国共产主义青年团是少共国际的一个支部,同时它又在中国共产党的领导之下,来在青年劳苦群众中进行一切的工作。

帝国主义与资产阶级

因为中国是一个半殖民地的国家,在国民党统治的地方,主要工商业、银行、矿山,主要交通工具,轮船、铁路、航空,都握在外国帝国主义者手里。此外中国每年还须付给外国帝国主义以巨额的赔款和外债的利息。海关不能自主,无法限制外货的倾销。民族资本的工业在帝国主义压制之下,一天天地萎缩。帝国主义者的财政政策更使中国的现金大量流出。资产阶级的游资不能还转投到高利贷和地产上面去。封建的剥削如军事徭役、高利贷等仍到处存在。帝国主义资产阶级和地主双重剥削已使国民经济总破产,中国人民现在一天天贫穷,它主要原因就是在这里。又由于帝国主义在华争夺市场的缘故,它们各人都在豢养它们自己的奴才,制造军阀混战,这种军阀混战更加速了这国民经济总破产的进程。所以国民党的政权是把中国带到完全殖民地化的政权。

劳苦青年群众的生活日益痛苦

在这样极端残酷的剥削,军阀的野蛮屠杀之下,首遭其殃的是工农劳动群众,特别是劳苦的青年们。例如,在上海纱厂,每天做 10 小时的工作,只能得两毛小洋的工资。至于学徒,则做比成年还要长的时间,但没有工钱,年节还得向工头资本家送礼。养成工要完全是资本家的奴隶,没有工钱,没有自由。在工厂内没有任何适应于青工劳动的卫生上的设备,没有任何法律上的保护。青工可以受资本家工头的任意打骂、敲剥,资本家宪兵的殴打屠杀。在经济危机中,资产阶级把危机负担加在工人阶级身上。资本家借口亏本减工关厂,把

青工抛弃到街头,没有任何的津贴,没有任何的救济。失业工人所住的草棚还要给资本家宪兵〈的〉残酷地焚烧。至于农村,则更因为地主豪绅的剥削敲诈,政府的苛捐杂税,军阀的屠杀掠夺,遂使农民无法来进行其再生产。结果,水灾、旱灾、黄灾、虫灾、风灾相继而来,一万万以上的灾民流离失所。三年来,4500万人民的白白饿死,卖儿鬻子〔女〕,变成为普遍的现象。国民党军阀更利用群众的广大的贫穷,而把其中的青年们强迫拉去修堤、筑路、垦荒,补充队伍。还有在蒙古、新疆、西藏一带,国民党勾结着帝国主义王公喇嘛,屠杀回民等各弱小民族。在满洲、热河、滦东、云南的班洪,这些地方的人民更是直接受着帝国主义者刺刀的宰割!

中国革命的动力是工人与农民

但是在另外一方面,地主阶级是不愿和不能打倒帝国主义的,因为它们正需要帝国主义去维持它的残余的势力。买办阶级是不愿和不能打倒帝国主义的,因为它们正需要帝国主义的资本来支持它们的垂危的营业。民族资产阶级虽同帝国主义封建势力有冲突,所以1927年曾参加革命战线,但因为恐怕工农革命的扩大与深入动摇了财产私有权,危害整个资产阶级的存在,所以立刻就叛变革命。这种中国地主资产阶级对于帝国主义的经济的政治【的】依附,就使到〔得〕代表地主资产阶级利益的国民政府不能不一贯地执行它的卖国政策。它宁可把满洲、热河、平汉以至于全中国送给帝国主义,但必须集中一切力量来镇压工农革命运动,进攻苏维埃红军。正因为如此,所以目前中国革命的动力已经只有工人阶级与农民群众,又因为工人的有组织性与彻底性,使无产阶级领导权的取得与巩固,能够保障中国革命的彻底的胜利。

中国革命的三大任务

根据这一个形势,所以远在1928年中国共产党第六次代表大会的时候,已经就提出了中国革命的三大任务:(1)驱逐帝国主义,完成中国的真正统一;(2)实行土地革命,消灭封建束缚;(3)推翻地主资本家反动政权,建立工农兵苏维埃政权。

中国革命的性质

"这些任务都还没有走出资本主义生产方法的范围之外,它决定了中国革命的目前的阶段的性质,还是资产阶级性的民主革命。然而中国革命同普通资产阶级民主革命不同,不但因为革命动力的成分已经只有工人与农民,已经不是同着资产阶级,更不是在资产阶级领导之下,而却是在工人阶级领导之下,直接反对资产阶级去执行资产阶级民主革命的任务。中国资产阶级民主革命的特殊性,是在于它的胜利就要开辟社会主义发展的前途!"(见党员须知)

帝国主义的进攻与反帝的下层统一战线

这七年来,中国国民党在中国的统治,特别是在"九·一八"以后,证明了当时中国共产党政治分析的正确。目前日本进攻华北,英帝国主义侵占新疆、西藏,美帝国主义在沿海各口岸建立空军根据地。它们的目的主要的是把中国作为进攻苏联的根据地,镇压中国苏维埃运动。在英、日、美、法等帝国主义侵略日益迫切的形势之下,代表地主资产阶级的利益的国民党政府,就始终执行着一贯的投降政策,帮助帝国主义者进攻苏联和动员一切力量进攻苏区,制造瓜分中国的太平洋的强盗战争。所【以】中国共产主义青年团的任务,乃在于在共产党的领导之下,组织青年工农民众自动武装起来,同士兵们一道同帝国主义抗战。为了要加强我们反帝的力量起见,我们要以无产阶级做中心,领导一切反帝分子,组织反帝的下层统一战线,来争取中国的完全的自由和解放。同时联合在中国境内的各弱小民族的青年被剥削者,反对帝国主义者的压迫和屠杀,为他们的完全自由和解放而斗争。所以我们向群众提出下面的几条纲领:

反帝的下层统一战线的纲领

1. 全体人民总动员,广泛地组织民众反日义勇军、反日游击队、募捐委员会,以援助义勇军和游击队,以及作为民族革命战争的基金,组织侦探队、破坏队、交通队、宣传队等,组织纠查队以监督抵制日货,吸引和动员一切民众进行反日反帝斗争。

2. 动员一切海陆空军和日本帝国主义作战,不许一兵一卒一飞机停留在后方反对本国民众,停止进攻苏区。一方面使红军能够进行反日反帝战争,他方面使军队不至于参加屠杀工农,而给他们一种可能把自己的武器用去反对中国的死敌——帝国主义侵略家。

3. 以兵工厂和军器库的一切武器来武装全体民众,将本国已有和正在制造的以及由国外买来和输入的武器武装起来。

4. 解决抗日战争军费的具体办法,没收帝国主义的一切财产,停付旧债一切本息,没收一切卖国贼的财产,实行财产累进所得税,在一切同情中国劳动群众的民族解放斗争的人们中进行募捐。

领导群众斗争的艺术

反帝的民族革命战争已然是以无产阶级来做骨干,所以共产主义青年团必须为夺取青工的最大多数而斗争。团必须细心地去了解每个厂的厂内的情形,提出具体的、为群众所能了解的、各厂各学校的纲领,团结一切有组织、无组织的青年工人在自己的周围,为这些纲领而斗争。团必须在领导日常的、经济的、政治的斗争中去学习领导群众的艺术。正确地估量客观的一切情势、主观的力量和群众的政治经验和斗争情绪,是一切正确的策略的出发点。

国民党帮助帝国主义麻醉青年

国民党军阀在疯狂的进攻苏维埃的战争中,不惜用一切的卖国条件去获得国际帝国主义的帮助,同时还用了很大的力量,来在物质上精神上准备参加大规模的分割殖民地的帝国主义大战。加重人民的徭役(如筑公路),强迫征兵(如在广西),厉行军事教育,开运动会,编练童子军。在精神方面则提倡民族主义、法西斯蒂主义、军国主义,开国术学校,举行科举式的考试;他方面则焚烧革命书籍,逮捕学生工人。他们想用这种方法,来麻醉青年,压迫学生的革命思想,使他们都为着地主资产阶级的利益去牺牲,为帝国主义者扫清道路。所以团必须坚定地站在国际主义的立场,指斥民族主义的武断宣传,反对强迫征兵,反对军事徭役,反对军事教育,而另行自己组织人民自己的武装,反对国民党的奴隶式的教育,争取人民的言论、出版、集会的自由。反对焚烧书籍、逮捕学生。必须更广泛地介绍马克思列宁主义的书籍。

苏维埃政权比国民党地主资产阶级联盟的政权好

正当国民党区域，帝国主义者从各方进攻，国民党政府的对外对内政策都已破产，在全国已存在有革命形势的时候，苏维埃政府由于得到全国劳苦工农大众的拥护，却日益壮大。在这两个政权对立的尖锐中，可以看得出苏维埃政权胜于国民党地主资产阶级联盟的政权。只有苏维埃政权才能彻底解放中国，驱逐帝国主义和引导中国革命转变到社会主义革命，在无产阶级专政下面建设社会主义，一直达到无阶级的共产社会。

苏维埃区民众的生活改善了

在苏维埃区，帝国主义者的特权被取消了，教会的财产被没收了，地主豪绅被赶跑了，一般的实行了青工6小时工作制，实行了社会保险和禁止14岁以下的童工工作。废除了学徒制，废除了打骂。青年工人同成年工人做同样的工作，就得同样的工钱。至于青年贫农、雇农亦同成人一样获取了土地，废除了一切苛捐杂税，改善了他们的生活。同时在政治上，18岁以上的青年都有选举和被选举权。享受集会、结社、言论、婚姻的一切自由。在文化方面，在苏区设立有千百个的列宁小学、俱乐部、夜学、识字班，在这两年来，已消灭了的文盲入学的儿童与失学的儿童的比例为百分之六十与四十之比，只要是非剥削者都有读书的自由！正因为苏维埃政府能够改善广大的劳苦群众的生活，所以它才能得到他们的拥护，而冲破在帝国主义指挥之下的国民党军阀的"围剿"。

苏维埃政权是彻底反对帝国主义的政权

为要高度地改善苏区民众的生活，为要使全中国的民众都从帝国主义国民党的铁锁中解放出来，苏维埃政府应该向几个中心城市进攻，完成一省或数省的首先胜利。特别是在反苏联战争危险日益迫近，帝国主义者的进攻，帝国主义大战的危险以及国民党政府的无耻的投降中，苏维埃区域是反帝国主义的根据地，苏维埃政权是能彻底反对帝国主义的唯一政权。苏维埃红军是反帝国主义的最坚实的武装力量。

1933 年苏维埃政府所宣布的抗日停战三协定

当 1933 年春为要统一一切反帝力量来反抗日本帝国主义的进攻,苏维埃政府曾向全国民众提议:(1)立即停止进攻苏区;(2)保证民众的民主权利(言论、出版、集会、结社、罢工等自由);(3)武装民众创立抗日义勇军。但这三条条件终因为国民党的禁止抗日而没有实现。

苏区青年团的任务

目前苏区青年团的任务,乃在于:(1)为党的"编练百万红军,执行民族革命战争!"口号而斗争,动员千百的青年劳苦群众加进红军。编练少年先锋队,使成为红军的有力的后备队。在红军中,在党的领导下,进行一切的政治军事工作,使每一个青年红军兵士都知道他们是为什么而战。(2)更加改善青年劳苦群众的生活,组织生产的竞赛,提高苏区的生产量。同时在苏区物质条件所许可的范围内,尽量要求改善青工的生活。青年团应该成为真正的青年工农利益的代表,深切地了解他们的最微小的要求和解决他们的一切困难。(3)帮助党无情地镇压苏区的一切反革命分子的反抗,提高文化水准,加紧马克思列宁主义的教育。

法西斯蒂的反动作用

青年团在执行它苏区和非苏区的任务中,必然会碰见许多政治上的敌人,首先是以蒋介石为首的法西斯蒂。它们提倡什么"民族复兴",实际上从 1927 年的南京事件直至 1933 年《塘沽协定》,它们都保持着一贯的投降政策。它们提倡什么社会主义,实际上它们是为维持这垂危的资本主义的最忠实的奴才。而两个政权的对立尖锐化的今日,国民党已经不能不公开丢弃一切民主的名辞,无耻地用绑票暗杀的方法,来屠杀革命的民众。至于四川的铲共青年团,广东陈济棠领导之秘密组织,同样的亦是法西斯蒂的支流。

反对派别种种

除了国民党以外,我们还碰得到许多在野的反革命派别,例如国家主义派打着"内除国贼，外抗强权"的招牌，实际上却勾结着吴佩孚等做日本帝国者的鹰犬。例如生产党，依附着军阀蔡廷锴，提出了模糊的改良主义的政钢，企图和缓日益革命化的群众。又例如罗章龙右派、托洛茨基取消派，它们蒙着马克思列宁主义的假招牌，来诬蔑中国共产党，破坏革命的力量。其余如国民党的各派别，如胡汉民的新国民党等，它们或用《宪法》或用民主或革命的名辞，或用改良的欺骗，但是它们的目的只有一个：即是用最野蛮的方法来维持帝国主义国民党的统治，使中国完全殖民地化。

两条战线的斗争

在阶级斗争紧张，敌人用一切武断宣传来欺骗群众的时候，这常常会使团内非无产阶级分子和政治上不坚定的分子动摇。他们或用公开或用隐秘的形式，歪曲党的路线，或甚至提出同党不同的另外一个路线。为着顺利地执行党的路线，团必须站在党的正确的领导之下，打击一切"左"和右的最微小的动摇，驱逐那些闹团内小组织的分子。

团为党的总路线而斗争的简史

中国团过去在 1927 年陈独秀的右倾机会主义领导的时代，曾在国际和少共国际领导之下，同这个不可救药的右倾机会主义者斗争。但在 1930 年李立三的半托洛茨基主义取消了团的时候，团的领导同志并没有同他作斗争。在瞿秋白的调和主义领导之下，团可在三中全会通过了调和主义决议，一直到 1931 年四中全会才把团从"左"的调和的错误中挽救出来。四中全会以后，经过了同李立三主义的残余瞿秋白的调和主义和罗章龙右派的残酷的斗争，团才获得了这三年来的不可忽视的成绩和布尔什维克的一致。中国青年团不仅是在同帝国主义者，国民党及其他一切反动派别的残酷的斗争中生长出来，同时也还在同团内的一切不正确的倾向斗争中生长出来。为党的总路线而斗争，不特不会削弱团，反之它会更提高团的政治上的坚定性和团员的阶级警惕性。（它是反帝反国民党斗争胜利的前提）

三、组织原则

民主集中制

青年团是一个战斗的组织。为要使到〔得〕我们的战斗能更容易地获得胜利起见,我们的组织原则是民主集中制。我们扬弃那种小资产阶级的绝对民主的幻想,因为这会使到〔得〕我们的领导不能一致,和迅速地解决问题。同时我们亦放弃绝对集中制,因为这会使我们的组织不能正确地反映出整个组织的意志。民主集中制的好处乃在于它能够一方面尽量提高团员的独立性和创造性;另外一方面却能保持着正确而迅速的领导,以适应这个千变万化的斗争形势。

团的领导机关从中央到支部,是各级团部的团员大会选举出来的(在秘密环境之下,可以从上面指定,但在秘密条件许可的范围内,仍须尽量地采取民主的选举)。在大会结束以后,团员对领导机关和下级对上级领导机关,必须绝对服从它们的指示和决议,并坚决地去执行。第二①,团员可以参加一切团的问题的讨论,积极地发表他们自己个人的意见。但当这个问题已经过了讨论,而由大多数通过了决议的时候,那么,每个团员,不管他自己赞成这个决议与否,那〔都〕必须绝对服从和执行这个决议。

团的基础是工厂支部

为要使共产主义青年团的组织构造和它在阶级斗争中所负的革命任务相适应,团的组织基础是工厂支部。社会民主党和其他的资产阶级团体都是按照选举区域来划分,这只能适应于资产阶级选举制度。但是青年团是一个青年劳苦群众斗争的组织,它必须在企业里面建立它们的核心(支部),吸收青工中的积极分子,敏捷地反映出各企业的青工群众的要求,及时地制出青工要求纲领和领导群众为这些要求而斗争。这样一来,支部才能在各企业的斗争中起领导作

---

① 原文缺"第一"项。

用。不过有些团员因职业关系(如店员、小贩、黄包车夫、学生等)不能编入工厂支部的,可编为街道支部和学生支部。

支部是一切工作的杠杆,上级的指示通通都要经过支部去执行。所以支部不仅要懂得团的一般的政治路线,同时还要懂得具体的环境,抓住每一个时期的特点,规定出斗争中的策略。在支部会议中,应该以更多的时间去讨论本厂本支部的工作,分配每个同志以具体的工作,和发挥他们的创造性。同时,利用各种各样的青年群众组织,使到〔得〕支部能敏锐地感触到青年群众的脉泊。

青工部

团支部在企业里面的最主要的青年群众附属组织是青工部。团必须极广泛地把青工群众,不管他们的政治派别,组织到赤色工会里面(为争取公开起见,可以不必一定用赤色工会的名字),编成青工小组,成立青工部。每个青年团的团员,必须加入赤色工会,编成青工小组,经过团组在青工部内起领导作用。同时每个团员在各小组内必须表现出他是最积极、最勇敢的分子,这样才能得到群众们的信仰。团支部必须经党〔常〕讨论团组的工作和给予领导。

夺取敌对团体的青工群众

在青工部的周围,必须组织许多群众的附属组织,如读书班、姊妹会等,来吸收更广泛的青年工人。在那些敌对的青年群众的团体里面,团必须派人进去,用坚〔艰〕苦的日常的工作夺取他们的群众。

同样的,团还必须建立许多其他的青年群众附属组织,如反帝组织俱乐部、学生会等。只要有我们同志参加,在三人以上的都要组织团组,以保证团对这些群众组织的领导。

纪律

青年团是有铁的纪律的。但是这个铁的纪律是建立在团员自觉的遵守上。每个团员必须仔细研究青年团的斗争纲领,确切地了解到青年团究竟为什么而斗争。每个团员必须了解为要战胜敌人,团必须有富于□□能力和政治上坚定的领导机关,然后才能有敏捷的统一的行动。根据于这个信念,团员必须绝对服从上级指导机关的命令,青年团的铁的纪律是根据于革命的利益来执行的。

团的纪律是不能和教育分开的。团必须更耐心地教育同志,在每一个具体工作布置当中,去纠正他们的错误。但为要担保工作的顺利进行,团必须给予那些不服从指导机关和不执行决议的团员以组织上的制裁,但是这种制裁同样的一〔亦〕是教育之一种。

团的铁的纪律,并不妨害团内的自我批评,惟要使团能够迅速地纠正错误,提高同志的积极性,团必须在可能的范围内发展自上而下和自下而上的自我批评。但这些批评必须根据革命的立场来做出发点。

四、中国共产青年团的斗争纲领

中国共产青年团完全在中国共产党领导之下,同意中国共产党的纲领,在党的总的纲领之下,共产青年团规定出了目前青年方面的斗争纲领。

(一)青工(在业与失业)斗争纲领

1. 不得减少青工的工资一个铜板,增加青工的工资,青工与成工同等工作同等工资。

2. 失业保险由雇主与政府出钱,救济一切失业青工,不拘年龄。

3. 紧急救济金,由政府供给失业工人与受战祸的贫民。取消一切外债,把外债基金救济失业的【工人】和贫民。把进攻红军的军费立即用以救济失业工人,并由失业工人选出委员会来管理。在分配资金时,青年失业工人应得同等利益。

4. 要求工作。要求国民党的中央政府与市政府着手于劳苦群众公共事业的建筑,如工人房屋休憩所、学校,以便雇用失业工人,并需交付十足的工钱。

5. 不得借口欠付房租驱逐工人出屋。欠付的房租应由市政府赔补,不得把失业的青工从寄食所与住房中驱逐出来。为失业的青工建筑住房、休憩所与饭堂。

6. 不得开除工人,被开除的工人恢复工作。

7. 18 岁以下的青工工作 4 小时和 6 小时,每年休息一次(4 礼拜)。

8. 女工产前产后 8 礼拜的休息,工资照付。

9. 禁止雇用 14 岁的儿童,已被雇的童工。由政府出钿维持生活,不得雇用青工、童工、女工做夜工和危害身体的工作。

10. 反对加重工作。废除关于青工的一切奴隶劳动的形式(养成工与学徒制)。

11. 减少学徒的年限。承认学徒可用集体合同来规定工资。

12. 一切 18 岁以下的青工,得于工厂中在工厂做工的时间内受职业教育,由雇主负担用费。

13. 青工有集会、结社、言论、罢工的绝对自由。

(二)青年农民与雇农要求纲领

1. 废除一切苛捐杂税与高利贷,不向国民党政府与军阀纳一个铜板的税来进攻苏区红军。

2. 不得减少青年雇农的工钱一个铜板,增加青年雇农的工钱。缩短工时。青年与成年雇农同工同酬。

3. 废除关于青年农民雇农与牧童的一切强迫劳动、奴隶制度与封建合同。

4. 立刻把赈款与英国借来的赈麦交由灾民选出的委员会,分配于灾民与饥民。不准国民党与军阀移挪赈款来进攻红军。取消一切外债、公债,来赈济灾民与饥民。

5. 不准因欠付地租便把赤贫的农民驱逐出□。一切公共房屋应由灾民与饥民自由居住,由政府出资供给衣服与粮食给灾民、贫农的子女。

6. 为农村的青年与儿童建立免费学校与休养所。

7. 没收地主、寺院的土地以及大私有财产者的土地,分配给农民。青年贫农与无土地的青年应该得同样利益。

（三）号召反动军队中士兵的斗争纲领

——不替国民党打仗,到工农红军中去

1. 发清欠饷,增加薪饷,改良伙食,缩短操练时间,改良休息与读书的办法。

2. 言论、集会、投票、组织与参加民众大会的自由。

3. 由士兵选出委员会管理军饷。

4. 废除死刑与打骂。

5. 在兵士中组织反日会。

6. 发给特别津贴与有家属的士兵。

7. 没收地主、寺院的土地,分配给农民出身的士兵。

8. 组织士兵裁判,审理反动的长官,一切权力归于士兵与革命的长官选出来的革命委员会。

（四）号召学生群众的斗争纲领

——积极地参加工农青年的群众斗争

1. 由政府筹添教育资金,来维持公立学校与大学。建立新校舍,恢复停办的学校。

2. 用现金津贴贫苦学生,并供给食宿、学校中应用的书籍文具等。由政府移提对日外债,来恢复被日军在上海摧残的校舍与教育机关,由政府担保公立学校中完全免费权利。

3. 反对把教育基金移作进攻红军与军阀混战。

4. 要求言论、出版、择师与组织革命学生团体的自由。

5. 反对学校中散布国民党与其他的反动思想。

6. 劳苦青年与儿童应享受免费的初等教育。

（五）号召被压迫的民族与少数民族斗争纲领

1. 一切被压迫民族与少数民族有自决权,而且可以分离独立。

2. 为被压迫民族的青年与儿童开办学校,用他们自己的方言来教育他们。

3. 反对民族压迫与不平等的形式,反对狭隘的爱国主义的表现,反对加于少数民族的侮辱。

4. 把你们的民族战争与反对民族剥削者与叛卖者的斗争,联系到中国工农群众反国民党帝国主义统治的斗争。

中央档案馆藏

（录自共青团中共青运史研究室、中央档案馆编:《中国青年运动历史资料》第 12 册,中共党史资料出版社 1989 年版,第 599—616 页）

把优待红军家属工作彻底改善起来

（1934 年 6 月 15 日）

然 之

红五月扩大红军的突击运动，掀起了苏区千千万万工农群众涌上前线去的巨浪，他们勇敢坚决地报名当红军了，但是他们留下了他们的家庭，把照顾他们的父母、妻子生活的责任，交给了后方的兄弟们，假如计算到六月底，我们将要增加六七万新的红军家属。

优红工作，又是扩大红军的一个重要关键。党中央在这次扩红突击运动中特别指出："目前最紧迫的优红问题，也就是我们全党面前最紧迫的问题。"（《斗争》第 60 期社论）为着执行党中央目前最中心的任务，在六月份完成与超过三个月扩红计划，就必须在改善优红工作的问题上，立即给以布尔什维克的回答。

的确的，今天的优红工作是比任何时候更加重要了。因此依照今天的实际情形，这个工作也愈是显得严重。

虽然各地优待红属工作，在党中央与人民委员会颁布了"关于优待红军家属的决定"以后，是获得了一些成绩。然而这些成绩还很微弱的。在这一工作中，有着很多严重的现象：

第一，耕田队的组织，据中央内务部五月份的调查，只有四分之一是健全的。其余的或者不依照中央政府人民委员会的条例去组织，或者只是形式上的组织，调不动，甚至等于没有。同时给红军家属做的劳动工一般的还没有规定一个标准，平日与农忙时也没有分别，以至目前尚有部分的红属的田地荒芜着。给红属做田要吃饭的现象还是不少。有些地方不仅要饭吃,而且要拿工资(公略折桂区一工一毫)。

第二,在目前青黄不接的时候,一部分红属确实发生了粮食的困难,还没有完全解决,城市红军家属的生活困难,比乡村中更成问题。虽然这主要的是由于城市红属未分田地,但是我们的同志往往不能负责地去帮助他们,和想出许多新的办法来解决他们的困难。

第三,优红委员会一般的还是不健全,没有实际工作,除了少数县份有县、区、乡、村四级组织外,大部分只有三级,没有村的组织。各级内务部对于优红工作的领导与检查,可以说是极端的薄弱。至于工作人员的礼拜六工作,除了中央与省一级较好,县区大部分是没有做到,乡一级是最差的。

优红工作的落后现象,当目前阶级决战的时候,绝不是偶然的现象。这背后埋伏着反革命分子与阶级异己分子的破坏,和官僚化、商人化分子的消极怠工,阳奉阴违。自从党中央严重指出,和人民委员会颁布"中字第二号训令"以来,所有的事实证明着上述真理。瑞金在开展了斗争之后,优红工作开始改善。证明这种落后不是没有办法除掉的,红属的一切困难,不是没有办法克服的。

目前优待红属工作中,首先我们要解决青黄不接时的粮食的困难,根据瑞金的一些实际的经验,这里可以举出几个具体的办法:

1. 精密地调查各区、各乡、各村、各屋的红属中缺乏粮食的家数、人数和天数,要具体地调查,不要弄成平均主义。同时,要统计当地备荒仓、互济会和粮食合作社所储藏的粮食,看这些地方可能拿出来救济的数目与红属所缺乏的粮食是否吻合,应该定出确实的预算来,立即有计划地去进行救济及筹划粮食的募集。

2. 主要的发扬工农群众的阶级互助精神,在群众中进行捐募米谷、钱、菜、杂粮等,或用群众集股组织信用合作社,使缺乏粮食的红属能向信用合作社借款买谷。

3. 在查田运动开展的区乡,将没收地主的谷子,得当地群众的同意,应首先发给红属。在征发富农的五斗谷子中,亦可抽出10%来救济红属。

4. 发动群众开荒,将荒田中的收获拿来帮助缺乏粮食的红军家属。同时必须鼓动红军家属,倘若自己有钱的,应该经过乡苏去买廉价的米谷,没有钱的,也要帮助他们自找生活,多种什粮、蔬菜等。

其次,夏耕中的劳动力的问题。这不是单纯的夏耕工作,而是整个的调剂劳动力的重要问题。据我们的估计,现在全苏区大约有二三万担红属的田还荒芜着(瑞金全县红五月底止,约有 2700 百余担田未莳)。这个原因除了当地耕田队的消极怠工以外,有些地方确实是因为劳动力缺乏没有适当调剂。

目前救急的办法,应该立即发动每个有劳动力的群众,实行冲锋劳动,在最短的时间内把这些荒田耕好种好。除了莳八月粘以外,那些旱田可以种什粮。

在解决红属的夏耕中,我们应该同时解决一个根本问题,就是适当地调剂劳动力。这里,假如我们把健全当地耕田队当做唯一的工作,这就不能完全解决各地红属的劳动力问题。为着使扩大红军多的地方与少的地方适当地调剂起来,那么必须精密地统计各县、区、乡、村的群众劳动力,和那里的红属田地,实行区与区、乡与乡的互相调剂。同时要广大地发展劳动互助社来吸收一切有劳动力的群众,并使劳动互助社与耕田队取得最密切的联系。同时必须组织红军家属的模范队,号召广大劳动妇女学习生产,这是解决劳动力的重要关键。此外,还需要尽量利用地主富农的劳动力替红属耕田。

最后,是关于城市红属的特殊困难,及一般红属的油盐问题。城市红属因为没有分到田,全靠优待费,困难当然更多些。但是,如果各市苏内务部能绝对负责收集各种优红经费,或者多想一些办法去组织优红商店和合作社,那么城市红属的困难不但完全可以解决,而且能绰绰有余。这方面瑞金城市已经有了宝贵的经验。瑞金城市红属过去每家每月只能得七八角大洋,整理后每人每月可获得三十余元。①

最近，人民委员会规定以5％的地主富农罚款，拨归优红费，内务部又决定了一些募捐油商盐商等办法来帮助红属，那么解决城市红属的困难应该更其容易了吧。

至于油盐的问题，在瑞京，同样已经有了一些经验。他们开始在各区普遍地建立公卖所，组织优红商店、优红合作社、熬硝盐的合作社，同时依照内务部的指示，对每担油抽半斤，每担盐抽4两，每只猪抽6两来帮助红属。这些办法对于其他的县区，同样是适用的。

但是，必须指出，一切向群众募捐，必须在自愿的原则之下，一切用捐税名义征收优红费，必须经过财政部。我们坚决反对自动征收优红费，破坏财政税收统一的行为。同时，优红商店和合作社，应该建立总的领导，最好是放在国民经济部或合作总社的指导之下。

优红工作的彻底改善，首先必须使这一工作开展成为广大的群众运动，没有各方面的组织上的动员，任何大的转变是不可能的。中央内务部这次整理优红工作的弱点就在这里。

第一，要拿着具体的实事，来坚决地开展斗争。

阶级异己分子故意造谣、捣乱，甚至混进优红委员会或耕田队内来破坏，因为他们知道，破坏优红工作，就等于破坏扩大红军，致我们的死命。对于这些阶级异己分子，我们无疑地要采取最严厉的对付反革命的方法，从公审直至枪决。

另外，在我们的队伍里面有一些坏蛋，十足官僚主义者，把优红条例当做一张具文，看红军家属的生活困难彷佛若无其事的，甚至贪污优待费，冒充红军家属。比如，瑞金的隘前区隘前乡规定支部书记优红委员与耕田队长不要做优待工作，云集区黄屋乡乡主席冒充红属，自钉光荣牌，红属的生活问题完全不管，而他自己的田地却耕得好好的。对于这样的官僚主义者，无疑地要开展严厉的斗争，检举或者处罚他们，以教育广大群众。

———————————

① 详见《红色中华》第198期。

在群众中间落后的意识,和缺乏自觉的劳动热忱所造成的坏的现象,也是有的。比如,最普遍的,耕田队吃红属的饭,即如模范的兴国县,也有十分之六,有些更坏的甚至要求吃鱼肉,要拿工资,或者偷懒一些好一些,少做一些好一些。对于这些落后的群众,要开展斗争的,但是这里着重对他们的教育、解释与说服工作。

第二,必须极大地加紧宣传与说服工作,必须用各种宣传方法,使每个工农群众了解优待红军家属是每个苏维埃公民的一神圣的义务,使优待红军家属的劳动成为最光荣的共产主义的劳动,使一切群众明了对于执行优红条例的消极怠工,就是破坏红军,就是违反苏维埃的法律。

第三,必须极大地加强各级优红委员会的组织,而整个内务部对于这个工作上的自己的重大任务,就是严格地督促和检查,具体地领导和指示。各级优红委员会要健全起来,但是组织的充实与健全,主要的是要开展反对对于执行优红工作消极怠工的斗争中,来提拔积极的干部,从斗争中吸收群众的活动分子来参加优红委员会及指挥耕田队、检查队、杂务队等等的组织。

第四,每个共产党员、青年团员和苏维埃工作人员应该以身作则,严格地执行礼拜六工作,做足 4 小时。我们的自觉的负责的劳动热【情】对于普通的群众,将有极大的影响。一切敷衍怠工的行为应该受到最严厉的打击,受到党监察委员会与工农检查委员的检举和控诉。

最后,讲到教育与组织红军家属的问题。现在有一些同志以为红军家属最光荣,仿佛对于苏维埃已经劳苦功高,他们可以什么都不干,只等人家去优待,自己坐在家里享福好了;或者像有一些同志,总觉得红军家属最难应付,他们可以拿着光荣牌蛮干一顿,甚至连苏维埃法律都可以不遵守的。无疑的,这两种观点完全是不正确的,简直是对于红军家属的侮辱。

红军家属不仅是最光荣的苏维埃公民,而且应该是最好的模范的苏维埃公民。他们的丈夫、儿子、哥哥,不顾一切舍弃家庭到前线去的英勇行为,完全是为着保卫自己的土地,自己的自由和苏维埃政权。这种英勇的行为是每个苏维埃公民的神圣的事业,每个红军家属正应该从自己苏维埃公民的地位上来帮助这种神圣的事业,参加后方的一切工作,使自己的丈夫、儿子没有任何顾虑。兴国的妇女说得好:郎当红军涯(我)光荣,后方工作涯担承(兴国山歌)。不错,像兴国的许多红军家属,真是算得模范的红军家属,他们组织了模范队,参加生产战线上的学习与冲锋劳动,他们参加苏维埃的一切工作,对于苏维埃的每一个号召,给以最响亮的回答。这是光荣的、值得学习的榜样,这是兴国党和苏维埃尽了许多努力去组织和教育广大红军家属的结果。

我们应该把兴国的例子发挥到全苏区去,用极大的力量来组织与教育红军家属。这里最好的办法是经常地利用红军家属联欢会来报告前线上的消息,党和苏维埃的每个中心工作以及红军家属在后方的任务等等,向他们作热烈的宣传鼓动,并且充分地利用夜校和识字班,来进行对于他们的政治文化教育,吸收他们积极地到生产战线上来,到苏维埃工作与一切社会活动中来。对于红军的子弟,我们是担负着更多的教育上的责任。同时,也只有经过这种深入的组织与教育工作,我们才能发动红属中先进的分子,向落后的、甚至捣蛋的分子开展思想斗争,打击不良的倾向。

六月十五日

(录自《斗争》第 66 期,1934 年 6 月 30 日出版)

中共中央、全总执行局秘密通知
——关于组织全国驾驶员与海员总罢航斗争

（1934 年 6 月 15 日）

各级党部：

各级工会：

国民党法西斯蒂为了实行法西【斯】化全国交通运输工业，为了企图控制全国交通运输企业，所以，制造许多口实，颁布许多法令来向着铁路、航务工人进攻。特别是目前国民党交通部修改中国航务驾驶员章程，命令驾驶员须一律考试后才发给工作证书，来向着整个中国航海驾驶工人进攻。

一、中国驾驶员组织及其对考试的态度

中国驾驶员除外国籍驾驶员外，包括外洋沿海与主要内河约计一千七八百人，他们职务是高级船员与技术工人（如航长、大副、二副、轮机工、练习生、习舵等），中国驾驶员除商船学校集美学校毕业的一二百人外，绝大多数都是由下层历年提拔晋升起来的，他们大多数是不识字不能动笔的白肚皮（又名经验派），所以一致反对考试。驾驶员本身并无巩固健强组织，我党与赤色工会在驾驶员中，也几乎没有什么工作，现在驾驶员存在的群众组织有中国驾驶员联合会（有二百多会员，除上层几个办事人外，没有下层组织与生活）、中国轮机总会（包括四百轮机工人，组织情形如驾驶员联合会）、航海联谊会

（在几个驾驶员领导下的海员组织,在名义上有一二千会员,组织完全与驾驶员联合会同）。这三个组织,都是由几个"资格老,声望高"的老头子把持的。他们本身是动摇不定而企图为政府与驾驶员的居间人,调停双方冲突的中间人。但是因为他们是驾驶员或过去是驾驶员,所以对群众联系较密切,特别在这次反考试斗争中,他们因为自己也是白肚皮以及与他们自身利益是直接相关的,所以他们也积极反对。此外,在驾驶员中尚有驾驶员总工会的组织（即黄色工会）。驾驶员工会是最近一年中组织起来,他以商船派（学识派）及崇明帮为基础,直接在法西斯蒂扬殴等包办把持下,共有二百余会员。法西【斯】黄色工会为了要解散一切群众组织,为了要控制和法西【斯】化整个驾驶员,挑拨经验派与学识派对立,主张以会考方法来排除控制异己分子,所以交通部的考试政策不但得到黄色工会公开拥护,而且一切考试与鉴定委员会都是由黄色委员担任的。

二、交通部强迫考试及驾驶员酝酿反考试与准备总罢航的形势

在国民党法西斯蒂驾驶员总工会主谋下,交通部于去年下期修改航务驾驶章程,颁发考试命令,坚决宣布须考试合格后始发给工作证书,实行在考试的口号下来掩盖着法西斯蒂向驾驶员总进攻,企图借考试不及格的名义来大批开除异己分子,安插法西【斯】同党,实行法西【斯】化整个中国航务企业的阴谋。可是法西斯蒂这个阴谋与国民党交通部的考试命令,先后被驾驶员自动揭发撕毁。交通部几次的考试无人前往报名应考,迫得交通部"为了维持自己威信"宣布"体恤无学驾驶员,实行改笔试为口试"。同时黄色工会也假惺惺地上呈文到交通部,要求交通部对考试问题从长考虑,并请求辞退监考责任,来缓和驾驶员反抗的情绪;所以将考试命令一直延缓到现在并未见诸实现。可是在这几个月中,经过国民党法西斯蒂各方的准备与多面的布置,现在又严厉颁发考试命令了。交通部在五月份内先

后颁发几次训令,宣布"考试期限至六月底截止,过期所有未经声请考试检定的驾驶员一律不准服务"。同时各船驾驶员也正在加紧动员,酝酿反考试斗争与准备以总罢航运动来回答国民党法西斯蒂的强迫考试,同时在反考试口号下,驾驶员联合会、航海联谊会、轮机总会建立起斗争的统一战线。尤其是驾驶员联合会与航海联谊会正在进行组织合并计划。驾驶员联合会并且向各船驾驶员发出共同斗争纲领,号召各船驾驶员在公〔共〕同纲领下一致斗争。驾驶员反国民党考试的总罢航斗争形势是日趋成熟。

三、驾驶员斗争的意义与我们党和赤色工会的任务

我们认为在目前法西斯蒂疯狂进攻工人阶级,厉行法西【斯】化交通运输企业的时候,特别是在帝国主义国民党利用水上交通工具运输大批军火粮秣,疯狂进行五次"围剿"的时候,而爆发起来的驾驶员罢航斗争,不但将要给国民党法西斯蒂控制交通运输阴谋一个有力回答,而且对帝国主义国民党五次"围剿"进攻苏维埃红军给以直接的致命打击;同时这个斗争的对象是国民党政府交通部,所以这个斗争一开始便是反国民党反法西斯蒂的政治斗争。这个斗争在革命独立领导下,不但将要坚持开展成为群众伟大的反国民党反法西【斯】的罢工浪潮,成为直接给予苏维埃红军粉碎五次"围剿"的一个决定助力,而且驾驶员罢航斗争的本身,便是断绝敌人一切运输供给、直接拥护〈苏〉红军粉碎五次"围剿"的一个最伟大的实际战斗。因此,我们应当动员一切力量坚决为着争取这一斗争的革命独立领导而斗争,反对以驾驶员为上级船员为理由而站在群众斗争外面来放弃轻视这一斗争;我们应当从坚决争取反考试斗争的领导中,来争取驾驶员联合会与轮机总会到我们直接领导下来,彻底瓦解驾驶员黄色总工会,推动开展广大下层海员的斗争,来创造上海、武汉、香港、天津控制运输的革命堡垒。

四、我们的策略与目前的具体工作

1. 立即抓住"反对任何方法的考试和检验""立即依照旧章发文凭给每个驾驶员和练习生",两个中心要求,根据驾驶员联合会所发通知的内容,去向着每个驾驶员进行宣传鼓动工作,发动每个驾驶员签名拥护这个纲领,并领导每条船的驾驶员向着一切外洋内河驾驶员进行同样活动;经过驾驶员自己的活动,把这个运动发展到外河、内河、沿海各船驾驶员中去,成为中国驾驶员的一致斗争行动。

2. 在宣传纲领与进行签名运动中,须尽量发动同一船上的驾驶员与司舵工人等群众大会(每次大会中最好尽量吸收生火、水手、茶房及一切下层海员参加),号召他们讨论自己要求条件,组织每条船上的反对考试委员会,选举总代表参加中国驾驶员反对考试的总的委员会。总的委员会设在上海,在武汉、香港、天津设反考试总委员会分区办事处。在准备斗争中,各船上的总代表暂不必离船,但到每区与上海时,须到总会与分区办事处接洽,并报告自己船上的工作。在罢航的时间,各航总代表须集中所在地的总的委员会领导斗争;各船上委员会与总代表须尽量吸收各帮各部下层坚决分子,特别须吸收轮机、司舵工人参加,特别要抓住国民党法西斯蒂黄色工会残酷压迫工人斗争与工贼走狗控制破坏斗争的事实来发动群众组织,扩大武装纠察队的组织。

3. 要真正把这个斗争发展到下层海员中去;开展各船水手、生火及一切下层海员斗争,不但一面要拿着驾驶员的斗争纲领,经过上层驾驶员的活动,号召下层水手、生火、茶房起来援助,而且特别要抓住水手、生火及一切下层海员的一致迫切要求,提出下级海员斗争纲领,同样发动他们斗争,号召他们选举代表参加一致斗争委员会,签订一致罢航合同等。各地党与赤色工会应当马上动员自己力量,领导一切内河、外洋、沿海有关系船上的海员布置斗争,使下级海员的斗争与上级船员斗争配合起来。特别要注意发动下级海员斗争,健强下级海员组织,动员多数水手、伙夫、茶房与下级海员代表参加斗争领导机关,把斗争领导与坚持中心建立在下层船员与水手、伙夫身上,才能保证斗争的深入扩大与争取最后的胜利。

4. 不是等待交通部强迫考试与强迫停职与我们在各地各公司都动员准备后,才来实行全体一致的罢航,而是要特别加紧招商与一、二公司的几条主要船的工作。抓住交通部与黄色工会分别向某几条船进攻的具体事实,来首先发动某几件或某一地方的首先罢航运动来领导推动全国罢航的实现。

5. 在斗争准备、动员与爆发后的每一过程与步骤中,要加紧反黄色工会工作,要加紧到黄色工会下层群众中去揭发他们领袖的阴谋,号召他们在一致要求下坚决斗争。这里要尖锐指出,考试是黄色工会委员们的主谋,考试不但是对一切未入会的驾驶员进攻,同时也是对每个入了会的驾驶员进攻,我们要发动驾驶员写信与黄色工会群众,要驾驶员利用同事与友谊的关系去向一切黄色工会会员群众宣传解释,派遣忠实有工作能力的驾驶员加入黄色工会,到黄色工会群众中号召群众质问、抗议工会委员阴谋考试,出卖工人;发动黄色工会群众参加反考试斗争与进行反海员黄色工会强迫工人入会和缴会费斗争。在驾驶员黄色工会与海员黄色工会中建立革命反对派,号召黄色工会群众有组织地退出黄色工会,加入驾驶员联合会,进一步彻底瓦解驾驶员总工会,争取广大海员与驾驶员到我们领导下来。不清楚了解黄色工会破坏斗争的阴谋,不坚决到黄色工会下属群众中开展革命工作,便等于帮助黄色工会,使他们得以顺利地来破坏革命斗争。

6. 动员一切驾驶员同志与赤色会员参加驾驶员联合会与轮机总会,加紧建立各船下层工作,与各船下层群众建立严密关系。首先把各船下层工作与基础控制在我们手中,以下层群众的力量来威胁控制,一直到驱逐个别联合会的上层动摇分子,以争取整个联合会与轮机总会到我们领导的下面来。不错,我们要估计到那班联合会的上层老头子,在目前反考试斗争中虽是与我们一致的,但是只要斗争进一步开展起来,他们便害怕群众,可能由动摇、恐慌一直转到公开阻碍群众斗争。假使我们在老头赞成反考试斗争的目前,马上提出驱逐老头,公开号召群众与老头对立,这不但不能孤立老头,而反是在群众中孤立我们自己。所以过早地促进分化与不懂得恰当去利用一切有用的力量到最高与可能的限度,这是有害的企图。但是,我们害怕统一战线内部少数动摇分子不可避免的分化,因此取消自己独立立场,与放弃统一战线内部斗争的进行,这便是最危险的机会主义的失败投降政策。因此,目前不是离开群众脱离斗争去叫分化与驱逐动摇分子,而是抓住一致斗争纲领,大胆去接近一切驾驶员与下级海员,深入联合会、轮机总会、航海联谊会与黄色工会及一切反动派别影响的群众中去,团结广大群众,建立下层群众基础,来准备在群众中我们的优越的有利的条件,来预防和对付敌人分化的来到。

7. 特别是上海、天津、香港、武汉、四川、厦门党团工会应当马上战斗起来,争取这个斗争的独立领导。动员所有组织,经过党团赤色工会组织的下层的动员与群众公开路线的广泛活动,来建立各地驾驶员联合会分会与反考试委员会分区办事处与接头处,与上海总会取得群众公开的直接联系,来推动领导这一斗争。从斗争中吸收大批党员、团员、赤色工会会员,与革命反对派建立我们健全的堡垒,特别在斗争中要配合反日纲领的宣传与进行签名运动,号召广大群众建立反日统一战线与开展反日反帝运动。

最后,各级党团工会须参考反法西【斯】资本进攻斗争纲领的指示信来切实动员布置工作,要求各地接到这个通知后,迅速将对这一工作的布置和成绩随时报告我们。

中共中央
全总执行局

(录自中华全国总工会编:《中共中央关于工人运动文件选编(中)》,档案出版社 1985 年第 1 版,第 408—413 页)

中共中央局、全总执行局
关于六月十五至九月十五三个月
白区革命工会工作的决定

（1934 年 6 月 15 日）

各级党部：

各级工会委员会：

　　详细讨论五中全会关于国民党白色区域工会工作决议后，特提出下列三个月中白区工会工作的决定，并坚决号召各级党与赤色工会，战斗地来争取全部决定的实现。

一、准备组织独立领导的罢工与争取自发斗争的领导

　　1. 上海、河北、满洲、河南党、团、工会，特别是海总、上海工联、河北办事处、满总及各产总须立即审慎选择自己直辖下一两个生产地位重要、工人数量较多、斗争条件更加成熟、与我们工作基础较好的中心工厂（最好其中有一个是日本或其他帝国主义企业），集中力量来加紧准备组织独立领导的胜利罢工，以创造自己中心堡垒和骨干，以普遍推动其他各厂各业罢工斗争的浪潮，以开展群众反日反帝政治同盟罢工。

　　2. 在上列计划下，各省委、市委、地方工会、产业工会，同样须特别确定几个中心厂、中心产业，经常具体帮助并检查其工作。这里：

　　（1）上海、天津须抓住厂为中心，组织纱厂反减工裁人关厂的斗

争,并扩大成为纱业工人反资本进攻的同盟罢工和反日反帝大罢工。

(2)上海、香港、天津、厦门、武汉党、团、工会,特别是海总须抓住招商、怡和为中心,组织驾驶员反考试与长江沿海海员反黄色工会强迫工人入会与征缴会费斗争,并坚持扩大成为反国民党法西【斯】的罢航斗争。

(3)上海、天津、厦门须抓住几个重要码头为中心,组织要求增加工资、自做自拆的罢工斗争,并领导发展为拒运日货、没收日货斗争。

(4)河北党、团、工会特别加紧组织开滦、北宁路斗争,并与河南党共同组织平汉路工人斗争。

3. 上海党、团、工联须加紧争取英美烟厂罢工斗争的领导。河北唐山党、团、工会须加紧争取开滦、马家沟罢工与唐家庄惨案斗争的领导。各级党部与各级工会要战斗〈的〉起来,不要放弃任何群众自发斗争的争取。

二、失业工人的工作

1. 各级党部与各级工会,特别是海总、上海工联、河北、满洲、厦门要立即建立与恢复和失业工人密切联系着的失业工作委员会,并做到各省委、市委、县委、各产业区区委、各地方工会、产总与中心厂要有专门负责推动检查失业工作的人员,同时要打进一切有群众的黄色工会、失业工人登记处去开展工作。

2. 各地失业委员会工作的中心,首先应当放【在】组织一、二个失业工人集中里与区域(如上海纱厂、丝厂、烟厂、码头、失业工人集中的沪西、沪东与天津三不管码头,穷人最集中区域等)的失业工人日常斗争,从这个基础上去发动,汇合更大企业群众与在业工人斗争配合,向着政府资本家进行要救济、要工作,反对强迫劳动的总斗争,和从建立包括广大失业工人的下层失业委员会基础上去成立上海、天津、唐山、厦门、满州的广大群众的失业委员会和吸收大批失业干部入党、入团与发动广大失业工人加入工会、革命反对派与反日会。

3. 在领导失业工人日常斗争与开展失业工作基础上，主要是要做到动员大批失业工人到红军、义勇军、白区士兵中与农村中去参加和领导游击战争；去开展江苏、河北、满洲、河南其他中心城市（如南通、徐州、石庄①、塘沽、洛阳、孝义等）工作。特别要首先调遣大批失业干部到准备游击运动的□□农村及其附近市镇工作，去组织农业工人斗争与领导农民游击战争。满洲要派遣大批失业工人到人民革命军与各种义勇军的中去（特别是依兰、寿县②），加强无产阶级骨干和领导。

三、反帝反法西斯蒂和拥护苏维埃红军工作

1. 各级党部与各级工会及工会工作委员会须根据反日作战与反法西【斯】资本进攻斗争纲领，配合各地各产业的具体情形，各自制出个别具体要求，并使之更实际与具体化，按照反日反法西【斯】资本进攻的两封信的全部指示定出各自工作计划，并要经常和检查领导罢工斗争一样，去检查关于该项工作的执行。

2. 普遍广泛开展反日反法西【斯】斗争纲领的宣传，与到各工厂作坊中去加紧进行签名运动，与建立工厂作坊中工人群众反日反法西【斯】组织。从广泛号召反帝反法西【斯】公开开展签名运动与艰苦组织工人经济斗争基础上，首先保证在各个中心阵地、中心厂中建立广大群众基础的反日反帝分会；从建立以几个广大群众的中心分会为基础、为骨干的上海、河北、满州、河南、福建工人反日反帝筹备会，来首先分别完成上列区域各业工人反日反帝群众代表会，成立工人群众反日总会，动员一切"工反"加入当地整个群众的反日反帝会。以上海、河北、满州、厦门、河南"工反"代表会的柱石，来保证八月底全国群众反帝代表大会的完成。各级党部与工会要动员大批工人加

---

① 原文如此，疑为"石家庄"。

② 原文如此，疑为"依兰县"。

入反日反帝会,并供给反日反帝会以健强与有工作能力的工人干部,来保证无产阶级对反帝运动的领导骨干。

3. 特别要抓住日本及一切帝国主义企业内工人自发斗争的领导。上海须抓紧组织沪西日本纱厂、天津裕大、满洲南满铁路与抚顺矿的群众经济斗争,以开展反日反帝的政治罢工。

4. 在动员、准备与领导群众斗争中,要特别加紧建立群众武装纠察队、自卫队,整顿、巩固并扩大一切现有纠察队、打狗队,以组织并充实其生活。在码头、矿工、铁路及一切失业工人中立即开始三、五人一组的群众武装与自卫组织的建立。首先以木棍、铁尺武装起来,进一步要求发给正式武装与夺取武装。各级党部及各级工会要把武装工人与建立工人武装自卫组织基本队伍当作自己目前迫切战斗任务,并具体确定工人武装组织发展的最低限度的计划。特别在上海、天津、厦门,要以码头和失业工人为中心,组织群众的没收日货队与捣毁军火的警备队,派遣大批工人参加后方破坏队,派遣大批失业工人到□□□□区域去加紧开【展】游击战争。

5. 抓住每个新的事变(帝国主义新的进攻与国民党进一步投降出卖的事实,大批军火进口,帝国主义法西斯蒂军官顾问来华,与红军捷报等事实),来经常地发动群众抗议,庆祝、拥护红军的示威与群众大会;进行广泛募捐援助红军,动员大批工人到红军中去,特别扩大二苏大会一切决议宣传。从组织群众日常经济斗争,从日常不断发动群众反帝反国民党反法西【斯】与拥护苏红行动基础上来动员,准备上海、河北、满洲、河南、厦门各中心城市伟大群众反战反五次"围剿"的"八一"示威运动。

6. 加紧发动青工女工斗争(特别是烟、纱、丝、绸各厂),号召广大青工女工加入反日反法西【斯】组织与吸收大批青工女工加入武装自卫组织。从加紧发动广大青年男女工基础上来准备少年国际节群众示威运动。

四、黄色工会中的工作

1. 立即开始纠正各地依然一开始即在黄色工会内进行赤色工会组织的错误；建立在黄色工会中的革命反对派的组织系统。各地党与赤色工会立即选择一、二个主要而有广大群众基础的黄色工会，系统地去开展革命反对派的工作。在上海首先抓住□□□□，在河北抓住开滦、启新、北宁路为中心去整顿革命反对派的组织与工作，建立健强的车间组织与全厂全矿全路。首先是几个大厂的集中领导机关，从这个基础上来准备建立矿山、铁路、海员三个中心产业与上海、天津、唐山三个中心城市同一产业、同一地方的革命反对派的委员会。

2. 抓住反日反法西【斯】资本进攻斗争纲领与黄色工会最近通电拥护取缔工人罢工总工命令等，到各黄色工会下层群众中广泛宣传，揭发其上层领袖，发动广大黄色工会下层群众参加反日反法西【斯】资本进攻斗争的统一战线，争取广大群众到赤色工会与革命反对派独立领导下来，建立各黄色工会中群众反日会、各种斗争委员会与革命反对派的组织。各地党部与赤色工会必须立即按照自己的实际情形，定出到黄色工会中工作的具体计划，并确定三个月内工作的最低尺度。特别是上海、河北应当加紧在□□□□□三个黄色工会中的工作，发动群众斗争，争取工人大多数，为争取首先瓦解这三个黄色工会与建立这三个厂群众自己工会而斗争。

五、组织工作

1. 海总从加紧组织□□□与下级海员斗争中争取□□□□□□在我们领导下来，巩固□□，改造□□几条主要船上的党与工会的组织，建立船上委员会，划分和建立各船上党与赤色工会的独立组织系统，开展长江各轮的工会与革命反对派组织。吸收大批在业及失业工人干部到长江委员会,以改变、扩充长江委员会。经过□□□组织的公开活动来建立、改造香港、武汉、天津三个海员中心城市的海员组织与工作基础,整顿□□、□□,健全外洋船上党与工会组织与工作,转变□□为真正群众俱乐部,加强对厦门工会工作的领导。

2. 上海工联须从首先召集几个中心厂与中心码头的群众代表大会,建立几个中心码头与中心厂的健强分会、车间小组与工厂委员会基础上,来准备上海码头港务工会、绸厂工会、纱厂工会代表会议,建立群众的码总、绸总,恢复群众的□□,健强西纱办事处,整顿市政,加强对无锡纱厂工作的领导,成立两路工作委员会,派人到杭口铁路、杭州兵工厂工作,开辟□□□□等外县工会工作。

3. 河北须巩固开滦、门头沟与阱陉三矿工会与革命反对派的组织。从首先分头召集各矿个别代表会,建立各矿工会或革命反对派中心堡垒与基础上,来准备以三矿为中心召集河北矿工代表会议,成立河北群众的矿总。组织铁路工会工作委员会,整顿北宁路、唐山、天津大厂现有组织,发展丰台反对派的组织,以唐山、天津、丰台为中心,召集北宁路代表会议,建立北宁路全路革命反对派的组织;恢复平绥路的张垣、南口、西直门大厂革命反对派的组织;建立平汉路长辛店、丰台大厂工作;开辟津浦路天津大厂工作。做到把铁路工会工作委员会过渡到北方群众的铁总筹备会。加紧恢复与扩大天津纱厂与码头工作,召集几个中心纱厂与码头的个别代表会,建立分会,建立纱总、码总筹备会。恢复塘沽,整顿北平财印,建立并健强天津、唐山、北平三个中心地方工会联合会,河北在六月底须恢复。山东矿山、纱厂工会工作干部,最少有二人到青岛、淄博开辟工作。

4. 满洲党团须集中一切力量建立满洲工会工作委员会,恢复满总。首先采取一切有效方法,立即恢复哈总及电业、东铁,呼海路工会组织,派人到抚顺、奉天、大连,开展南满铁路、兵工厂、海员中工会工作。

5. 河南党须立即把党的平汉铁路工作委员会扩大转变为平汉

路工会委员会,党在工会委员会中建立健强的党团,以纱厂铁路为基础建立□□工会工作委员会,派遣同志到洛阳大厂、孝义兵工厂去开展工会工作,扩大焦作党与工会组织,经过焦作党与工会组织,经过焦作派人到六合沟去开展党与工会工作。河南与河北党、赤色工会要集中自己力量来共同开展平汉路全路工会工作与组织全路斗争,因为这在反五次"围剿"中,是有一等战略意义的工作。

6. 四川党的组织应加强在成都兵工厂中的工作,开辟自流井的工作,更组织雇农工作以团结基本的农民群众,开展游击战争以配合红四军及红二军的行为,尤为当务之急。

7. 河北省与赤色工会须加紧整顿唐山士民工会①、乐亭雇农工会组织和工作。各省委、市委、县委及赤色工会,要立即指派同志到正在准备开展游击区域的农村中去专门负责工会工作,开展雇农工作,建立雇农工会。各级党与赤色工会会议须经常专门讨论检查雇农工会工作。

8. 要从日常工作与斗争中去加紧训练工会工作干部,大胆提拔从斗争中涌现出来的工人干部到工会领导机关,特别要注意培养在群众中有威信的公开群众工作干部。在上海、河北、满洲要开办工会工作训练班,按照产业为单位去训练工会工作干部。在三个月内我们责成上海训练出□□中级干部及□□中心厂巡视员;河北须培养30个;满洲10个;河南15个;厦门10个工会工作干部。并在每个产总与中心厂最少各自培养两个在群众中有威信的公开群众工作干部。

9. 须用最大力量来巩固现有工厂支部与工会组织。上海、河北、厦门为发展三倍工人党员与四倍工会会员而斗争。满洲、河南须自己订出发展工会与工人党员的具体计划来。在发展工会会员中,须注意保证青【工】女工占更多的成分。最大限度发展各种群众的附属组织,使广大群众经过各种附属组织团结在党与赤色工会的周围。

---

① 原文如此,疑为"市民工会"。

10. 海总、上海工联、河北办事处,满总及各产总须经常出版工会自己报纸,并注意首先在各中心厂、码头、矿山、船山建立通信网、发行网与组织群众读报团,经过自己报纸去团结广大工人群众在党与赤色工会独立领导下来。

亲爱的同志们!

国民党及一切反动派在帝国主义法西斯蒂直接指挥帮助下是集中了一切力量来进攻苏维埃红军,日本及一切帝国主义在国民党直接支持与拥护下,是在更进一步疯狂瓜分中国。目前这三个月,不但是决定粉碎五次"围剿"胜败的关头,也是决定中国民族能否逃出民族危机的关头,所以同时也便是白区党与赤色工会的每个同志空前紧张与最负责任地战斗的三个月。我们号召每个同志与工会会员战斗的起来,坚决执行五中全会的决议,实行彻底改变工会工作的方式,为着争取上列全部决定【的】实现而斗争。

中共中央局
全总执行局

(录自中华全国总工会编:《中共中央关于工人运动文件选编(中)》,档案出版社 1985 年第 1 版,第 400—407 页)

团中央关于三个月工作的决定
（六月十八日至"九一八"）[①]

（1934 年 6 月 18 日）

目前民族革命战争与粉碎敌人五次"围剿"业已到了异常紧急而迫切的时机,全团同志,必须百倍地加强自己布尔什维克的毅力与积极,来担负这一伟大的历史的神圣任务。因此,中央特通过以下三个月的工作计划,号召全团同志用一切牺牲与努力来完成它。

反对帝国主义、反对法西斯蒂与拥护苏维埃红军的工作

（一）反帝纲领的实现

1. 全体海陆空军总动员。海军:在上海、南京、厦门等地立即经过学校、码头的关系,创造海军中的工作。青岛团经过□□学校恢复失去了的海军支部和海军群众的组织。满洲恢复松花江舰队的工作。创造海军造船厂的工作(厦门、马尾、上海、江南)。空军:开辟上海、南京、杭州等飞机场的工作,立即建立虹桥飞机场的支部。调查所有团的组织以及群众的组织,建立与航空学校的关系。选派学生同志投考航空学校,征调航空人才供给苏维埃以及准备打进空军中

---

① 本文标题为编者所改拟,原标题为《关于三个月工作的决定(六月十八至"九一八")》。

去。发动反对航空救国捐,要求清查与发还航空捐款,组织民众保管委员会自己管理,并要求南京政府立即把全部飞机用去抵抗日本的侵略。陆军:争取"围剿"苏维埃红军的部队,号召他们不打红军,要求北上抗日。在河南、武汉应以平汉路以及东北军为中心,安徽、徐州、南京应以津浦路中央军以及铁甲车队为中心,浙江、福建、广东应以进攻中央苏区的白军为中心。北方团要抓住西北军及东北军,反对南下进攻红军,反对不抵抗的长官,自动对日宣战。满洲应以进攻人民革命军的"满洲国"的部队为中心,号召他们与人民革命军联合起来,打倒"满洲国",组织反日反满的战争。

2. 全体人民总动员。广大地去进行群众武装的宣传鼓动,号召群众总动员起来,把一切的努力拿来挽救危亡,保卫中国。组织各种各样参战的团体,如日本研究会,军事防空研究会,交通、运输、妇女救护队等。号召每一个不愿当亡国奴的群众都团结于武装自卫委员会的周围。在上海、天津、北平、厦门、武汉等中心城市的工厂学校中,建立青年义勇军、纠察队、打狗队等武装组织,并实行军事训练。满洲的青年义勇军应大量地发展,吸收广大的反日分子参加。在江苏、浙江、河南、福建等省的农村中,尤其是要【在】布置游击战争的区域里,建立和扩大青年义勇军、少年先锋队、童子团等类的组织。

3. 全体人民总武装。发动青年群众向国民党要求发给武装进行抗日。在码头、车站上、兵工厂中,应在工人中组织侦察队,侦察入口的武器以及储藏武器的地方,进行夺取敌人武器的工作和进行破坏敌人的武器。目前,应当利用各种各样的武器,甚至到旧式的武器(刀、矛、棍等)武装青年群众,培养中心的干部来进行这一工作。

4. 少数民族工作。在厦门、满洲等地,除加强和开辟当地的朝鲜、蒙古、台湾等少数被日本帝国主义压迫民族工作以外,同时要派人到朝鲜、台湾内去进行反对日本帝国主义的工作。建立日本企业中日本工人的工作(如满铁等),创造团的组织。河北、陕西应派人去创造内蒙以及回民的工作。四川应派人去开辟川西北和川南的苗、瑶等少数民族的工作。各地方团部应抓住日本帝国主义的进攻,进行广泛的宣传鼓动工作,号召少数民族的联合战线。

5. 组织进行检查日货和抵制日货的工作。发动码头工人、失业工人、学生等进行没收日货的工作。在满洲游击区域以及河北、江苏、福建、河南、四川、浙江准备游击战争的区域,发动青年群众进行没收卖国贼帝国主义的财产的斗争。各地方立即组织募捐队,并印制募捐册子,进行广泛的募捐运动,并设法把这些募捐者组织起来。

6. 成立反帝的组织。抓住日本帝国主义的事实,在工厂中、学校中召集青年群众的会议,讨论反帝的基本纲领,并配合各该支部的情形制订几个更具体的行动纲领。发动通过向帝国主义国民党提出抗议,组织各种的反帝组织,将这些组织统一起来,建立一个厂或一个学校、农村、兵营、街道的民族武装自卫委员会。这一工作首先在上海、天津、北平、武汉、厦门等地的工厂中建立广泛的组织,保证无产阶级的领导作用。开展广泛的群众选举运动,保障有三分之二的青年代表来参加八月在上海举行的民族武装自卫委员会的全国代表大会。

(二)反法西斯蒂的斗争

1. 中央在七月一号以前将反法西斯蒂的纲领写好,各地应将这纲领拿到群众的会议上去讨论,吸收各派的群众,成立反法西斯大同盟的组织,争取反法西斯蒂统一战线的实现。

2. 反对"新生活运动"。尤其是在上海□□厂资本家已经用来向女工进攻,应将这些斗争,开展成为反法西斯蒂的斗争,组织青年群众反对"新生活运动劝导队"的斗争。

3. 反对法西斯蒂的军事训练,派同志打进去,进行瓦解这些群众组织和争取青年群众。首先发动要武装抗日,实际揭破法西斯蒂的武断宣传,争取成为抗日的武装组织。各级团部将中央反军事化的决定实现起来。

4. 在理论上进行反法西斯蒂的斗争。抓住法西斯蒂的许多武断宣传,利用群众会议,利用刊物去有系统地揭破。在团内的和群众的各种刊物上用各种通俗的事实揭穿法西斯蒂的欺骗,证明党策略的正确。上海、厦门、北平、哈尔滨等处应很快地出版公开的反帝报纸。

5. 反对叛徒的斗争。打击叛徒的造谣,召集同志以及群众讨论反叛徒的斗争。组织打狗队,进行在肉体上消灭叛徒的斗争。检查团的各级干部,改善秘密工作,根据党中央改造产业支部的决议,改造产业支部的秘密工作。

6. 在同志中以及群众中发动纪念被帝国主义国民党法西斯蒂屠杀的同志。

(三)发动反帝反法西斯蒂的示威斗争

1. 在河北发动北宁路的罢工,反对通车,发动邮务的罢工,反对通邮。

2. 动员青年群众进行打卖国贼的斗争。在上海、北平等地应进行打黄郛、殷同等卖国贼的斗争。在厦门、福州进行打李择一等卖国贼的斗争。

3. 准备"八一""九三"在上海、厦门、北平、天津等的示威运动。

(四)开展拥护苏维埃红军的工作

召集青年群众的会议提抗议,暴露国民党法西斯蒂屠杀苏区民众的罪恶。开展募捐运动,宣传二苏大会的决议,征调同志群众到红军中去,征调干部、技术人才输送给苏区。

领导青工斗争与工会的工作

(一)准备领导的斗争与开展产业中的工作

1. 在军事交通工业中:发动汉阳兵工厂(武汉)、平汉、北宁、平绥路(河北)、沪宁路造船厂□□□的反开除,公共汽车等的斗争,争取□□□在全国中心城市团的领导(苏),恢复东铁、满铁、拉滨、呼海电业团的支部,开辟奉天兵工厂的工作(满洲),创造电车电力的工作(上海、天津、北平),准备开滦五次的罢工的斗争,恢复门头沟的工作(河北),创造焦作的工作(河南)和□□矿的工作(寿县)。码头的斗争(武汉),恢复码头失去的阵地(天津、上海)和开辟海员,首先是长江轮与华南轮船的工作(上海、武汉、厦门)。

2. 烟厂纱厂中：争取英美烟厂罢工斗争的领导，发动华成大东的斗争，创造花旗、福兴等厂的团支部（上海），开辟英美烟厂的工作（青岛、天津）。领导内外棉纬通、日华、申七等厂的反减工斗争，将已经有群众关系的纱厂创造起团的支部来。恢复无锡纱厂的工作（江苏）。发动华新、富士反减工的斗争，创造华新富士大康银月团的支部（青岛）。领导豫丰予新的反关厂的斗争（河南）。创造纱厂的支部（河北、武汉）。

3. 绸厂、丝厂，准备发动美亚第二次的罢工，和经过□□会发动法南沪东小绸厂的反减工的斗争，争取大的绸厂建立团的支部。发动祥成等丝厂的要求增加工资的斗争，创造团的丝厂支部（上海）。争取在以上的产业中提出青工的斗争纲领。

（二）失业青工工作

1. 以□□、□□两绸厂作中心的失业互助会作基础，来开展上海的失业工作。恢复闸北贫民公所的工作，创造丝厂的失业工作（上海），恢复和开展失业□□所的工作，领导纱厂的失业斗争（河北），建立木业船夫等工人的失业委员会，要求救济的斗争（厦门）。

2. 动员失业青工到红军游击队、义勇军士兵、人民革命军中去做工作。目前应当准备训练班，经过短期训练之后，即派往各地工作。

（三）赤色工会的工作

1. 以□□会作基础成立上海的烟总，以法南的□□会为中心成立绸总，以沪西□□作基础成立纱总沪西分会（苏），建立青岛纱厂的青工小组。

2. 以□□□为中心成立□□总工会，并争取全国的组织（上海），恢复码头失去的工会的组织（上海、天津）和建立武汉的码头工会的工作。

3. 建立开滦煤矿赤色工会的工作，恢复和扩大门头沟的工作。

4. 建立木业印刷挑粪的工会（厦门）。

5. 在纱厂、丝厂、烟厂等产业建立劳动童子团。

6. 建立和扩大各种辅助组织（如工人纠察队、反日十人团、兄弟团、姊妹团、读书会、识字班、读报班），这是开展工会工作和领导斗争的一些很好辅助的方法。

在进行某一个工会工作的时候，必须建立青工小组，或者是车间支会，不能只是找几个人建立空的上层机关。

团必须以工会工作作为团的基本工作，实现"每个团员都是一个工会会员"的口号。

（四）反对黄色工会的工作

1. 建立铁路、邮务、英美（上海）的赤色反对派，并在有群众的黄色工会中争取公开的青工部的建立。

2. 在武汉兵工厂、水电、码头建立反对派。

3. 在豫丰厂、平汉路等地建立赤色反对派，进行反黄色工会的工作。首先必须抓住黄色工会的每一欺骗，在青工群众中具体地揭破。纠正只是笼统地骂黄色工会是反动而不进行坚〔艰〕苦的群众工作的现象。

（五）女工的工作

1. 应以上海、天津、青岛、郑州、武汉、奉天作中心，创造和扩大纱厂、烟厂、绸厂、丝厂、橡胶、袜子、鸡蛋等主要的产业中去。

2. 在工会中以及团的组织中保证女工的成分。

3. 提拔女干部参加团的工会的指导机关。

农民与游击战争的工作

1. 加紧领导青年农民参加反苛捐杂税、反强迫兵役的斗争，参加吃大户分粮的斗争，并很细心地去准备与提出青年农民的特殊要求，从这些斗争的基础上，去积极地准备发动游击战争。

2. 目前发展游击战争的中心：江苏，应当是以□□路①（义乌）、沪宁路（无锡）、陇海路（徐州）；福建应以惠安、安溪、漳州、同安；四

---

① 字迹不清，似"浙赣路"。

川以川北与川南(接近贵州、云南);河南、安徽以皖北、豫南为中心,发动游击战争。扩大南浔路(永修)以及创造高安(江西)和湖南的工作。河北应以京东直南□□□,满洲应十百倍地加强几个游击区团的工作的领导。创造上海近郊江湾、吴淞、龙华、虹桥、南汇、松江等处的农民工作。

3. 团在这些地方应当加强青年群众的工作,组织义勇军、少先队等武装,征调他们参加游击队的工作。组织青年群众参加农民委员会,并在农委下建立青农委员会。

4. 开办专门的训练,训练游击战争农村工作的干部。浙江 5 个、江苏 20、河北 10 个、河南 10 个、四川 10 个。

白军士兵的工作

1. 争取"围剿"苏区的部队,要在这些部队中广泛地宣传反帝的纲领,要求抗日,同时加强各个地方的武装(如民团等)中的工作。每个团员都要有一个士兵朋友。选派干部到军队中去做工作。江苏至少 15 个,河北至少 10 人,河南、福建至少 10 人。

2. 在进行士兵工作的时候,必须发动士兵本身的斗争(如发饷、改良伙食等),在这些斗争中,提高他们的情绪,一直到发动哗变,投到红军或参加农民斗争。开展游击战争,在每个部队中,应将士兵的要求纲领,具体地提出来,并发动士兵讨论。

3. 立即开始进行外兵的工作:在上海、天津、满州、厦门等地应指定专门的人才进行帝国主义的海陆军的工作。首先应当使我们外国文字的刊物传单等能很广泛的到外国士兵群众中去散发。

4. 各地方团应指定适当的同志负责进行反军国主义的工作。

破坏工作

动员青年群众进行组织各种破坏队的组织,进行破坏敌人的铁

路、轮船、桥梁、兵器库,各种有关战略意义上的军事工事,尤其是
【与】进攻苏维埃红军有关系的军事上的工事。首先应征调最好的同
志和群众,给以适当的训练后,去负责这些工作。

组织工作

1. 首先加强团的领导机关。从省委一直到区须有适当的补充。
提拔真正的青工群众的领袖,来参加指导机关,积极地去提拔新
干部。

2. 扩大团的组织。保证团的组织有三倍的发展。在中心城市
中,应保证青工成分至低占70%。

3. 青年群众的组织,应保证有5倍的发展。

4. 建立巡视委员会,进行帮助工作的执行,各省市委应很快地
建立起来。

各级团部应根据这一决定,按照各地的实际情形,具体地定出自
己的三月工作计划。

各省、市、县委必须将执行这一决定的情形随时向中央报告,以
便以给实际的指示。

在"九一八"之后,各地应有总的工作总结交来中央。

要经常检查这一决定的执行,坚决地打击自流主义。

为争取计划的百分之百的实现而斗争!

团中央

一九三四.六.一八

中央档案馆藏

(录自共青团中央青运史研究室、中央档案馆编:《中国
青年运动历史资料》第 12 册,中共党史资料出版社 1989 年
版,第 636—644 页)

拥护五大纲领准备对日作战宣传讨论大纲

(1934 年 6 月 19 日以后)①

注意：临时要用一张中国地图

（一）什么是五大纲领②？

"五大纲领"是共产党中央为了要反抗日本帝国主义的侵略，号召全国劳苦群众起来做抗日战争的主张。这五大纲领就是：

1. 坚决反对国民党整个的投降出卖政策，反对国民党出卖东北、华北与全中国的《塘沽协定》和中日直接交涉，抛弃对国联与美国的任何幻想，只有工人、农民和一切劳动者的团结与统一，才是中国民族对帝国主义的抵抗力量与胜利的保证。

2. 全中国民众必须起来为保卫中国领土与独立而作神圣的民族革命战争。

3. 号召民众直接参加反日战争与游击战争，用所有军器库及入

---

① 本文无具体成文时间，此为编者判定的时间。

② "五大纲领"，即《反日统一战线五大纲领》。1934 年 4 月 10 日，中共中央发表《中国共产党中央委员会为日本帝国主义对华北新进攻告民众书》，提出"反帝统一战线的纲领"，共七条。1934 年 6 月 19 日，中华苏维埃共和国中央政府发表《中华苏维埃共和国中央政府为国民党出卖华北宣言》，将上述"反帝统一战线七条纲领"提炼概括为五条，内容相近。1934 年 6 月 23 日出版的《红色中华》第 206 期第 4 版刊登该"五条纲领"，名为《反日统一战线五大纲领》。

口武装来武装民众,组织民众的反日义勇军。积极援助东北的抗日义勇军以及广大群众抵制日货的行动。

4. 没收日本帝国主义者及卖国贼汉奸的财产,停止支付一切债款本息,设施累进税来作为抗日的费用。

5. 中国必须立刻完全对日绝交,动员整个海陆空军对日作战,立即停止进攻苏区及军阀战争。

(二)日本帝国主义现在怎样侵略中国?

日本帝国主义三年以前占领了东三省(吉林、黑龙江、奉天)和热河,最近又占领华北(黄河以北),进攻福建。到处奸淫掳掠,在吉林依图县最近一天杀了二万人。民众家里的铁器都不许有,连菜刀都只许几家共一把。一切群众都被压迫去造飞机场和铁路,预备进攻苏联。去时说有工钱,做完了一个钱也没有,反而屠杀一顿。日本的流氓可以随意抢中国人的东西,强奸中国人的老婆和女儿。

日本帝国主义的好朋友英国帝国主义,也已经占领了西藏、西康和贵州边界,并且进攻四川和新疆。半个中国被帝国主义瓜分去了!现在日本又说要把中国完全占去。

(三)为什么国民党南京政府不同日本打仗?

国民党不但不同日本打仗,反而希望日本帝国主义快快瓜分中国,中国现在到处爆发革命运动,国民党镇压不下去,要请帝国主义来救命。最近国民党为五次"围剿"第一步失败,就欢迎日本帝国主义占领华北,把华北的兵调来进攻红军。四月下半个月,白军打进广昌、门岭①、新泉、龙冈,就是国民党把华北让给日本,从华北调了兵来的原故。

国民党不但不愿同日本打仗,并且把日本帝国主义【当】作他的救星,所以国民党下了命令,什么人反对日本,就要杀头,实行法西斯蒂的"新生活运动",养成帝国主义的奴隶,并且欺骗群众说"中国没

---

① 门岭,即筠门岭,位于江西省赣州市会昌县东南部,是土地革命战争时期会寻安中心县委所在地。

有本事同日本打仗"。

（四）中国有没有本事同日本打仗？

当然有的。共产党的纲领就是指出这些办法，只要想一想中央苏区不满 10 县的地方，就挡住了国民党全国的 80 万白军。如果全中国来打一个日本帝国主义，还会打不过么？

第一，中央苏区一个月就扩得到红军 3 万，全国打起日本帝国主义来就可有几百万千多万军队。

第二，中央苏区没收豪绅地主，征发富农，抽资本家的捐，收累进税，工农群众大家节省募捐，已经够得战费。现在国民党每年向日本帝国主义还几千万块钱的债，日本帝国主义在中国的银行、工厂等和日本货值几十万万块钱。一些卖国贼的军阀、官僚、奸商、流氓的家产，又值几十万万块钱。如果全国对日宣战，把这些财产完全没收，再加上累进税、募捐等等，经费哪有不够的道理？

第三，武装方面，现在全中国有白军一百几十万，各地还有不少枪支，飞机有四五百架（国民党在奉天还曾送给日本帝国主义飞机三百多架），国民党的军库里的军火，和从外国买来的军火，还不知有多少。如果拿来打日本帝国主义，是完全够了的。

第四，日本国内有革命运动，从前打上海时曾发生过兵变。如果我们对日作战，与日本的工农联合起来，一定可以推翻帝国主义。所以，中国完全有本事同日本帝国主义打仗，把日本帝国主义赶出中国去。国民党说"中国没有本事打日本帝国主义"是一句鬼话。

第五，怎样才能把日本帝国主义赶出中国去？

要把日本帝国主义赶出中国去，非同它打仗，非把它打败不可。

中国完全有本事同日本帝国主义打仗，并且把它打败。全中国的人民都想同日本帝国主义拼命。但是国民党法西斯蒂豪绅地主资本家，不许我们这样做，谁说抗日就要杀头，苏维埃中央政府对日宣战，【国民党】就用 80 万大兵来围攻。

所以要同日本帝国主义打仗，非粉碎帝国主义国民党五次"围剿"不可。

1. 应该唤起全苏区的群众,起来积极工作,努力战争动员,粉碎五次"围剿",准备对日作战。

2. 应当唤起白军士兵不要帮法西斯蒂来打我们,倒转枪头去杀日本帝国主义和国民党法西斯蒂。

3. 应当唤起白区的工农群众,为了救自己,为了不做日本帝国主义的奴隶和受它的残杀,一致起来,自己动手对日作战,并且把法西斯蒂国民党打倒,解放自己现在的和将来的痛苦。

问题:

1. 日本帝国主义和英国帝国主义瓜分了中国多少地方去了?

2. 中国有没有本事同日本帝国主义打仗? 战债、兵、军火怎样解决?

3. 国民党为什么说中国没有本事同日本帝国主义打仗?

4. 要怎样才能同日本帝国主义开火?

5. 粉碎五次"围剿"同对日作战有什么关系?

6. 你自己和你的□□①做些什么来粉碎五次"围剿"和准备对日作战?

反帝拥苏中央总同盟宣传部编印

(根据中共江西省委党史研究室藏件刊印)

---

① 原文不清,似为"团体"。

团中央关于团在秋收中的工作决定

（1934 年 7 月 4 日）

一、今年秋收的季节，正处在我们粉碎敌人五次"围剿"残酷决战的关头。国民党法西斯蒂必然会伸着他们的血手，经过他们的白军和刀团匪、铲共团，经过从苏区逃出的地主富农，用各种方法组织割禾队、抢粮队来抢劫我们的谷子，夺取我们土地革命的果实和农民一年劳苦所得的收获。

二、青年团在秋收中的任务，就是动员和组织广大青年工农群众，在党与苏维埃的领导之下动员起来，为着武装保护秋收，不让一粒谷子落在国民党白鬼手里，把每一粒谷子收集起来保障红军的给养的战斗口号而战。这一任务是与粉碎五次"围剿"的任务相联系的。

三、各级团部应该利用各种最易于感动和兴奋青年、最易于使青年通晓的方式，经过团的会议、无党青年的会议，向青年工农进行宣传解析的工作，马上加紧秋收的准备工作，保障秋收运动的胜利完成。

这些准备工作，应当包括到：

1. 团和少队□有力□领导整理少队的突击，在这一运动中就把武装保护秋收、担任割禾运输的工作提在他们的面前。

2. 在县区一级团的区委书记、少队长，参加当地的武装保护秋收委员会。团特别注意到发动和领导广大的少队、模范少队青年参加秋收运动。

3. 在边区和战区，动员模范少队和少队自带武装参加割禾队，担任放哨和割禾和运输的工作。遇到敌人进攻时，随时能够集中与敌人作战，并发动少队员参加游击队、独立团、游击小组等，打击敌人，捕捉他的割禾队、抢粮队。

4. 在中心区域，动员广大青年加入劳动互助社的组织，特别要履行（青年团礼拜六）最早的义务的为红军家属割禾，收割红军公田的禾，以及帮助运输谷子。少队首先是模范少队，时刻准备着调动到谷子首先成熟的区域内去帮助收割。这个劳动力的调剂除特别需要的情形应作例外，一般的以县为单位，调动到各区去。

5. 在秋收中间，儿童团须极大地活跃起来，进行儿童能够做到的工作。例如收集落在地上的谷物，收拣遗留在被弃的稻草上的谷子，不让一粒谷子遗失在地上，向青年及一般工农群众做宣传工作等等。

6. 在秋收中间，团一样须在青年工农群众中去，发起借谷运动，借新谷子给红军；并在苏维埃政府收买谷子时，鼓动群众卖给苏维埃，不让奸商操纵谷价。在交纳土地税的事件上，团员要首先交纳，做无党青年的模范。

7. 轻骑队应当去检查那些地方的仓库已建立并修理好没有。在借谷、土地税、红军公谷和买谷中，必使每一粒谷都推到苏维埃的仓库中去。

四、一分钟的时间都是可爱的，不要损失一分钟。各级团部应讨论这一决定，配合着当地武装保护秋收委员会的行动计划，动员广大青年为保护自己的谷子而战。

团中央
七月四日

（录自《青年实话》第 97 期，1934 年 7 月 5 日出版）

应当把少先队变为红军的现成的后备军

（1934 年 7 月 10 日）

凯　丰

"……健全赤卫军和少先队的组织，使他们变成为红军的现成的有良好训练的后备军和地方部队。"——五中全会决议

在五六月扩大红军突击运动中，少先队是起了积极的活动，动员了少先队的队员，特别是模范少队和干部，英勇加入红军去。这种事实，更清楚地证明，少先队是红军的后备军的作用更加的增长。在这一次扩大红军的突击中，我们看到少先队对于党和军事机关的号召，的确是时刻准备着武装上前线，在一声号召之下，就将自己的队伍送给红军。少队的积极性和政治觉悟，是极大地沸腾和增长着！

五六月扩大红军的突击运动中，对于少先队是一个最好的学校。经过这两个月的训练，当过平常几年，使他们认识清楚他们自己的责任，他们自己的位置是在战线的前面，使他们认识保护土地、自由和苏维埃政权，是他们自己的责任。党和团所提出的少先队是红军后备军的口号，已经从他们自己的经验上认识了这个口号是他们自己的口号。

前一个时期我们认为还不适宜的，过早地提出"加入模范营就要当红军"，因为那个时期就把这个口号当作动员模范营的口号，就要使我们的少先队和模范队都不能够成为更广大的组织，是要限制少队和模范队的扩大，我们曾反对这种倾向。

现在的情形就不同,因为在赤少队的政治生活上有了很大的变动,这是由于他们的政治觉悟的增长而来的。因为在他们的历次的经验中不但证明加入模范少队是要当红军,在去年红五月的模范队加入了红军,今年红五月的模范队又加入了红军。不但是这样,而且最重要的是在他们经验中证明加入模范队应当去当红军,如瑞金这次整理赤少队中,河东区的模范营五百多人成立后,立即通过全体加入红军。

在少队中,这种政治觉悟〈的〉增长的情形之下,我们的任务就在更高地发扬群众的这种积极性,使每个少队了解少队是红军的后备军,加入少队和模范少队要去当红军,而且应当去当红军。

斯达林①同志说的:"领导的艺术在于动员和组织可能的更广大的群众去执行一定的任务。"在新的情况之下,到现在已经成为了陈腐的那种思想,我们应当放弃。如果我们还是死守成法不变,那就要妨碍群众的积极性的发展,也就是说要妨碍我们去动员和组织可能的广大的群众去执行一定的任务。在最近整理赤少队中,在有些地方(如长胜②)还是死守过去的成法,甚至有些同志说:"加入模范营要去当红军,这是反革命的造谣。"这种说法是错误的,这无异乎说过去我们模范营的行动都是错误的,因为他们已经加入红军去了,这是第一。第二,这无异乎说现在模范营的行动也是错误的,因为他们已经通过加入红军。第三,这无异乎说我们不应宣传模范营去加入红军,因为这是"反革命的造谣",这还了得?事实上这种错误的思想只是阻碍群众的积极性的发展,因为"加入模范队就要去当红军",已经

---

① 即斯大林。

② 长胜,即长胜县,1933 年 7 月,苏维埃临时中央政府人民委员会决定增设长胜县。8 月,中共江西省委划博生县南部和瑞金县北部地区作为长胜县辖地,成立中共长胜县委,机关驻长胜圩,隶属中共江西省委。1934 年 5 月,长胜县划为中央直属县,隶属苏区中央局。下辖长胜、田头、黄石、戴坊、固村、葛藤、瑞林、产田、渡头等 9 个区委。1934 年 11 月,长胜被国民党军占领,机关停止活动。

是少队和模范少队他们自己的意见,不然我们怎样去解释五六月五六万的模范队加入红军的事实? 同时我们又怎样去解释现在已经〈通〉加入红军的模范队的事实呢?

事实上,认为加入模范营要去当红军是反革命造谣,这只是不相信群众的力量,以为群众怕加入模范营,怕加入红军。事实上相反的,群众不但不怕加入模范队,不怕加入红军,而且他们认为这是他们自己的责任。我们应当把少队是红军的后备军、加入少队和模范少队应当时刻准备去当红军这种思想和意识,灌输到每个少队和模范少队的心中去。事实上,少队和模范少队已经是这样行动。

在最近整理少队的工作中,应当把这种思想当作我们的基本方针,因为这是使少先队变为红军后备军的最重要的一个条件。

要把少先队变成红军的后备军的意思,就是说要在红军的一声号召之下就去加入红军,这种情形就是要使每个少队都有着准备时刻上前线去加入红军。不但是要这样,而且是要造成红军的现成的后备军。要把少队变成红军的现成的后备军的意思,就是说不但要使少先队时刻准备加入红军,而且要使少先【队】特别是模范少队在军事上和政治上有准备。

要把少队变成为红军的后备军,必须的要经常地保证少队组织的扩大发展和健全,从少队中有不断的来源去补充和扩大红军。在五六月的扩大红军中,因为大批的少队和干部到红军中去了,如果不立即地进行整理少队的工作,就会要使少队的组织和动员的力量减弱。因此必须立即地进行整理少队的组织,扩大和发展少队和模范少队,补充和适当地配置少队中的干部。少队整理工作,必须是在动员少队参加战争的动员工作中来进行。清楚地来解释目前的战争的形势,在他们政治觉悟更加提高的基础上,我们一切工作的布置,应当是适合于少队政治觉悟的继续提高,而不应当去阻碍他们政治的发展。

在最近有些地方还是重复过去的错误,就是把少队的整理与其他的工作分裂开来。在西江洛口,抓住了粮食的突击,就放松了少队的整理,这种错误应当纠正。

目前少队的整理工作,必须是收集粮食和秋收运动密切的联系,动员少队和模范少队去武装保护秋收,帮助割禾、收谷和运输粮食,同时也在参加秋收与收集粮食的运动中去吸引青年加入少队和扩大模范少队。

必须与准备今年的"八一"密切地联系,要使"八一"以一区为单位的少队的检阅获得成功,就应当在"八一"前把少队的工作整理好。我们争取今年"八一"的检阅比"五一"的检阅成绩更好,更有组织地,更有纪律地,在政治军事上,更有进步地,更有准备地去加入红军。要达到少队变为红军的现成后备军,减少或不经过补充师的训练就可直接上前线作战,这需要在少队内特别地加强军事教育。我们的模范队是红军的后备军的作用,已经是在执行着,能够把我们的模范队整批地去加入红军。现在应当把我们的模范队不但担任红军的后备军,而且要担任红军补充师的作用,这就是要获得军事的知识。要达到这一任务,必须使少队更加接近红军和军事的机关,在军事上完全服从军事机关的领导。

"少先队是中国反帝与土地革命的战斗队伍"(少共国际),少先队必须积极参加反对帝国主义的行动,应当成为红军对日直接作战中的武装助手,少队必须极大地动员和准备与日本帝国主义直接作战,在少队的政治教育中应当吸引他们参加对于反对帝国主义的注意。

应当把最近整理少队的工作,放到这样的高点上去,他们的誓词应当是我们时刻准备好了加入红军!

一九三四年七月十日

(录自《斗争》第 68 期,1934 年 7 月 21 日出版)

团中央关于借六十万担谷子及
征收土地税中团的工作决定

（1934 年 7 月 28 日）

彻底粉碎敌人的五次"围剿"，是长期的持久的决战。目前敌人正在企图向我们大举进攻，伸着他们的血手向着我们的汀州、石城、博生、兴国、会昌、雩都。英勇的红军正在前线和敌人肉搏，争取决战的彻底胜利，为着使红军更快地消灭敌人，我们应该用一切力量来帮助红军。

党中央与苏维埃批准各地群众热烈的要求，在秋收中借谷 60 万担，并立即征收土地税。这一任务除个别地方晚禾多的地方例外，要于 9 月 15 日前完成。团应该积极动员青年参加这一运动，进行下面的工作：

一、应该经过团的会议，无党青年的会议，解析如果反革命的"围剿"不打破，万恶白匪不消灭，群众的自家性命是保不住的。借 60 万担谷给红军，迅速缴交土地税，就是粉碎敌人"围剿"的重要的条件，使每个青年工农群众都愿意踊跃参加借谷运动，迅速交纳土地税。我们应该做到每个青年手里都有一张光荣的借谷票。

团员应该能够向一般群众做宣传，首先是向自己家里的父母兄弟做宣传，发动他们热烈地借谷子，交土地税。在这里必须防止那种强迫命令摊派的现象，因为这适足以加强反革命的煽动，阻止运动的进行。只有对于富农才可以、而且应该用群众的力量，强迫他们借出一部分谷子给红军。

二、在集中谷子(包括借谷、土地税谷、红军公谷在内)中,团要动员青年工农群众,积极参加迅速集中,迅速运送,将收集到的每一粒谷子,很快地集中到谷仓内保管。

三、在运输谷子入仓及从仓库运输谷子给红军中间,团特别要动员少先队员和运输苦力青工,切实地担任运输的工作,时刻准备着担任运输粮食,并在运输时注意不使粮食受到损失。

四、在借谷运动及征收土地税工作中,须注意地主、富农及一切反革命分子的破坏,严厉镇压他们的活动。对于 24 万担的借谷数目中,一样要清查有无贪污和舞弊。轻骑队应当极大地活跃起来。

在这一工作中,一样适用革命竞赛的方式,比一比谁的借谷运动最先完成,谁的税收做得最好。各级团部在接到决定以后,应当立即讨论,定出自己的具体计划来。

团中央

七月二十八日

(录自《青年实话》第 102 期,1934 年 7 月 30 日出版)

反对白色恐怖宣传大纲

（1934 年 7 月 29 日①）

注意：各级互济会难民委员会在把这一宣传大纲拿来讨论后，去训练宣传队，并在自己以及其他各种群众会议中去□告，造成最热烈反对白色恐怖的空气。

一、在帝国主义尤其是日本强盗更急迫地瓜分中国的时候，国民党法西斯蒂不仅把半个中国奉送给帝国主义去践踏蹂躏，而且用极残酷的白色恐怖来对付全中国，尤其是被摧残的苏区□□□，在湘赣鄂豫皖苏区屠杀了一百万以上的劳苦群众，被摧残无家可归流亡逃散者将近千万。国民党野兽在鄂东的黄安②□七里坪把成千成万群众□□□□下堆砌成山（即万人塚），把难民小孩、妇女吊在树上活活吊死，把群众房屋烧成焦土。

国民党野兽在五次"围剿"中，特别对中央苏区和被摧残区域用更阴毒的手段来对付农民，广东军阀在安远城几天屠杀了民众四百多人，白军所到地方乡村的妇女都被强奸，强迫修马路不发工钱伙食，而且要打骂、处罚以至杀死。在龙岗，白天欺骗群众发盐，把群众名字记下□□送到□□□□在上杭的太拨□□□□□□□□在几分钟内奸死了 3 个青年妇女，把 16 岁至 45 岁的群众，每个人的右手

---

① 原文无年份，此为编者考证的年份。

② 黄安，旧县名，今湖北省红安县。

斩去 3 个手指，或把〔用〕石头将手指锤烂，使这些地方群众不能使用
武器。在打进才溪时，把七八十岁的老妇女都奸死了；打进新泉时，
又奸死了十余青年妇女；在广昌、建宁及其他被摧残各地，都同样地
大烧大杀，奸淫抢掠强迫□路当匪。

国民党法西斯蒂在白区中亦以□□的法西斯蒂来对付劳苦群
众，他对于敢言抗日的、参加反帝的、敢说苏维埃红军好的群众就逮
捕、坐禁闭、屠杀，他用武装屠杀□[①]山扩〔矿〕工的罢工工友，在上海
屠杀了一千多美亚绸厂罢工工人……穷凶恶极的国民党□□□□用
最凶残的白色恐怖来镇压全中国革命斗争，去响应帝国主义瓜分中
国□□□□，要使中国完全变为帝国主义的殖民地□□□□□。

□□□□□政权下我们工农劳苦群众是主人，我们取得了土
地、自由的权利。在帝国主义国民党统治下，我们是奴隶、牛马、牺牲
品，我们不愿意自己的土地给白匪抢去，不愿意我们的壮丁人口被屠
杀、活埋，不愿意我们的母女妻媳被白鬼子奸淫侮辱□□□□□
□□吗？

□□□□□□□向我们基本苏区进攻，要把□法西斯蒂的
□□□□基本苏区来，我们英勇的红军，正在为保卫苏区和劳苦群众
的土地、自由与敌人作生死的决战。红军是反白色恐怖的主力，只有
红军的胜利才能消灭□□□□白色恐怖。我们应以一切力量来巩固
红军□□□□□要响应中央借〈谷〉60 万担谷子给红军□□□□
红军的给养，每个勇敢坚决的会员及难民同志自动到红军中去！那
么我们只有一致起来准备一切□□集中一切力量粉碎敌【人】五次
"围剿"，武装保卫苏区，彻底消灭法西斯蒂白色恐怖。

四、今年的秋收，白鬼子已准备着割我们禾、抢我们谷，要断绝我
们红军的给养，要饿死我们千百万的劳苦群众。我们要为着保障红
军的给养而保护秋收，为着保证自己的生活而保护秋收，不让一粒谷
一根禾把〔被〕白鬼子抢去，一致武装起来保□□□组织武装队伍到

---

① 原文不清，似为"唐"字。

敌人远近后方去割地主、豪绅、白匪的禾,为秋收的完全胜利而斗争。

五、每个被难群众,我们不要忘记,我们的苏区被敌人摧残,我们的土地财产被抢夺,我们的父母、兄弟、妻媳、子女被屠杀、迫压、强奸,时刻不要忘记国民党法西斯蒂是我们的死敌!每个难民要参加武装保护秋收,组织坚决勇敢的分子到敌人堡垒周围去,进行白军士兵工作,发动白军士兵不要打红军,不要打苏区工农群众,与红军联合一致北上去抗日,组织难民宣传队到苏区来揭发敌人白色恐怖的一切暴行,发动千万的群众共同去反对国民党白色恐怖,为保卫苏维埃,恢复被占领的苏区而斗争。

六、国民党法西斯蒂同样地用残酷的白色恐怖来对付白军兵士兄弟,蒋介石及其部队□长官时常把不愿意打红军的、愿意打日本的士兵屠杀。前年在福建屠杀抗日而拒绝进攻红军的十九路军士兵一千余人。最近在新桥被红军打败的白军连营长等,被蒋介石实行连坐法枪决。在火线上,法西斯蒂曾用机关枪向白军退兵射击,伤亡三百多名。前次太阳嶂之战将伤兵堆成肉垒。法西斯蒂的国民党军阀同样是白军士兵兄弟最凶恶的敌人。我们每个士兵要脱离国民党法西斯蒂的压迫,只有坚决地、大胆地斗争起来,拥护朱德、毛泽东二同志对于白军官兵的号召"不打红军",派代表与红军订立停战抗日同盟,杀死不准抗日的军官,联合红军北上抗日,为保卫中国、保护自己的家乡父母妻子,为着中国民族的解放而斗争。

七、口号

1. 反对法西斯蒂白色恐怖!

2. 武装保护秋收!

3. 为保障红军给养为保护秋收!

4. □□□自己的生活而保护秋收!

5. 不让一粮谷一根禾给白匪抢去!

6. 白军士兵不打红军,与红军联合北上抗日去!

7. 白军士兵不打苏区群众,中国人不打中国人!

8. 打倒日本及一切帝国主义!

9. 打倒法西斯蒂的组织者国民党蒋介石！

10. 独立自由的苏维埃中国万岁！

中央总互济会宣传部

七月廿九日

（根据中共江西省委党史研究室藏件刊印）

少共国际师成立的一周年

（1934 年 7 月 30 日①）

文 彬②

团中央为着完成党给予的扩大一百万铁的红军的任务，在去年 6 月间开始提出创立少共国际师，给去年"八一"以最光荣的赠品。

在 1933 年的"八一"红军成立 6 周年纪念日，在博生的赤色跑马场上，站满了几千青年的红色战士，高举着光辉的红旗，正式宣誓成立了红军的一个师——少共国际师。

现在我将少共师成立以来的战斗经过作简单的叙述，作为周年纪念的总结。

在开始之时的几件故事

那是在少共国际师开始集中的时候，新战士在守卫放哨之时，手里拖一根竹杆〔竿〕，站在哨线上，看见有人来了即大喊："口……令，口……令，你海那子来格，鸟麦格，企到下来……"有一次发生有 5 个逃跑分子企图想从哨线上逃出去，放哨的喊不听，即大喊："班长、排长快来啊，捉开小差格啊！"结果捉回来了。

在点名的时候，打了一个赤膊和赤脚，背起一条手巾在肩上，手里拿了一把扇子，坐的坐在地下，站的站在坪上，下面连长指导员在

---

① 原文无时间，此为《青年实话》第 102 期的出版时间。
② 文彬，即冯文彬，时任红五军团第十五师政治部主任。

讲话,上面坐的坐,打扇的【打】扇,经过我们的讲话之后,有的就说:
"嗳早先晤晓格样子,嗳早在屋下海格样格,以后嗳就晓得哩。"

成立不到一月,"九三"日誓师出军行

正在中央军乌江胜利,东方军占领洋口的"九三"晚上,我们接军委电令,出发东线。在"九三"国际青年节的上午十时,出发的号音响了。雄壮的青年红色战士,大家都笑嘻嘻、雄纠纠地向着目的地开动。

像活龙样的队伍,走着唱着,有的在谈:"你到过洋口吗?""嗳冒","听话洋口蛮大,有电灯,有洋船啊";有的说:"啊! 到大地方去了,有仗打啊"。这样谈笑,唱的,不觉疲劳的已到了宿地了。

到了赤色的建宁,建宁城市的儿童、少队,都呼着口号来欢迎,红色战士也唱起《少共国际师出军歌》《上前线歌》来了,歌声震动着全建宁。到了街上,都贴着"欢迎少共师到前线去!""创造一百万铁的红军!""红军胜利万岁!"

到了赤色的太宁①,开了全师的党团员大会,军人大会,周总政委、朱总司令和杨主任,都作了深切的报告与鼓动,指示出少共师在五次战役中的光荣任务。

年轻的少共师参加东线战斗

9 月 11 日下午,到达了洋口,大家都很喜欢。许多同志第一次看见电灯,看得很奇怪,用手在电【灯】泡上摸来摸去,看了很久。到了电灯公司,看了发电机,到了码头,看了小轮船。

占领了拿口,周志群以一连兵力带着靖卫团,守卫民、拿口。我们以一营兵力去攻。从占领卫民之后,直下拿口,一个冲锋,已把敌

---

① 太宁,即福建泰宁县。

人冲溃,缴获步枪 1 支,盐万余斤,没收反动商店 2 家,筹款数千元。
这是少共师初试铁拳。

在三千八百坎,同一营白军、三千余大刀匪作战。我们只一营兵
力守备三千八百坎。敌人以一营兵力,配合三千余大刀匪,由延平向
我们出击,那时年轻的战士,不慌不忙地击溃了出击的白军与大刀会
匪。在这次战斗中,有的以沉着作战,反对个别怕死者,结果打死了
大刀会匪几百名。

在桥头以 2 连兵力救援了闽中独立团,派了 2 连兵力到大干方
面去游击。回来时,遇见千余的大刀会匪,在围攻我们驻桥头之闽中
独立团。我们很沉着地占领了阵地,一个冲锋,打死刀匪几十,刀匪
拼命地向大干逃走了,解闽中独立团的围。

胜利地完成了保护兵站线的任务:在回来之时,因为要转移□
区,我们在"一粒盐、一点胜利品不被敌人抢去"的口号之下,个个红
色战士都搬运了胜利品回来,有的背 2 包盐,有的挑 1 担洋油,有的
扛 1 箱炸药,你一担他一挑地都搬完了。

从东线回来参加保卫赤色黎川的战斗

正在东方军在洵口、飞鹰取得胜利,消灭了周纵队的五团,给了
进占黎川之敌以打击之时,我们已从东方战线转来北线,参加资溪桥
与黎西南的战斗。

在黎河两岸,阻止了敌人的延伸与前进,在百顺点岭战斗中,配
合友军击溃了向黎川前进的周纵队两个师,迟滞了敌人的前进及封
锁线的完成。在这次战斗中,某连战士已被敌人法西斯蒂分子抓住,
要他缴枪,他死的不放,结果一枪把红色战士打死了。但红色战士虽
死,两手仍抱住法西【斯】分子的脚不放,不让他走脱,结果也被我们
打死了。某连战士虽被敌人包围,但在高阴的石山上滚下来归了队,
这就证明了红色战士的英勇与坚决顽强。

在我们纪念少共国际师的一周年中,不能不追念的,就是在得胜

关牺牲的吴师长,及钟贤战斗中牺牲的一营长。

在黎西南的樟横村战斗

敌人正乘我东方军占领沙县之时,以三师兵力向樟横村进攻。我们配合着友军击溃了敌人第一次进战建宁的企图。

但是,在这次战斗中,因为我们没有坚决地为着军委指示而斗争,甚至表示可耻的退却与不顽强的抵抗,以致没有完成军委给予我们的任务,反而受到部分的挫折与损失。

以后经过中革军委与总政治部的指示,在部队中开展了反机会主义的斗争,撤消了□□团长政委的工作。特别是在少共中央的突击队帮助之下,开展了斗争。由于斗争的开展,使工作在各方面有个极大转变。尤其是在转变环境之后,在军事技术与工作方式上都有转变。这就又一次地证明,只有坚决地在党的路线之下开展反机会主义的斗争,才能保证任务的完成。

学会了突击胜利地保卫石城

二十一、二十二两天的战斗,我英勇的少共国际师,得到友军的配合,给了企图进攻石城的敌人迎头一棒!胜利地保卫石城!

这一仗,充分证明少共国际师不仅会守备,而且会突击,敌人在我们的枪刀下,死伤比我们大几倍!

在五次"围剿"决战面前,要求我们极大地努力,为着铁的少共师而斗争。

在今年的"八一",这个少共国际师成立的周年纪念日,我们应以战争的胜利,来回答少共中央的爱护,来纪念"八一",来给今年少共师周年纪念的赠品。

(录自《青年实话》第 102 期,1934 年 7 月 30 日出版)

全国总工会为反对日本及
一切帝国主义侵略反对国民党卖国宣言

（1934 年 7 月）

日本帝国主义从"九一八"占领了东三省及"一·二八"烧杀上海之后，最近又占领了整个华北与内蒙古，正在疯狂地准备企图占领华南——首先是占领福建。4 月 17 号，日本帝国主义公开地说："要独占全中国"，其他帝国主义呢？英国占领康藏、云南边界，进攻新疆、四川，建立它的"西藏国"，法国积极对云南、广西、贵州的进攻，以及美国经过提高银价对中国侵略。总之，各个帝国主义企图把全中国领土你一块、我一块的来瓜分！

因为国民党（不管南京的、广东的）都是帝国主义瓜分中国的清道夫，所以国民党是欢迎一切帝国主义来瓜分中国！顺从帝国主义的意旨，把半个中国的东三省、上海、华北等奉送出卖给日本及一切帝国主义者，但国民党还无耻地说："国力未充，无力抗日"。是不是没有力量抗日呢？不！绝对不是！国民党有着二百万以上的军队，有着假借"抗日"卖国的数万万元借款与剥削工农劳苦群众的几千百种的苛捐什税款子。问题国民党不愿意去抗日，如果真的有下决心去抗日，我们无论如何可以战胜日本及一切帝国主义的侵略。国民党同时禁止反日群众运动，公开地说："谁敢抗日者立斩无赦"。欺骗群众说：共产党在后方"捣乱""抗日必先剿共"。国民党动员它的一切力量向着已经得到解放的苏区千百万工农劳苦革命群众与真正抗日的工农红军进攻，不用一兵一弹去抗日。国民党卖国的事实难道还不明白吗！

　　全中国广大的工农劳苦革命群众看得国民党清清楚楚：不管用任何狡猾手段，用武断的宣传及无耻不要脸的欺骗都是不行！中国的工人阶级在共产党领导之下，苏区工人为着保卫苏维埃政权、保卫自己的利益，成千成万地加入红军，几十万工会会员大多数加入赤少队、游击队，参加革命战争各种组织。白区工人为着自己解放，举行罢工，总同盟罢工，示威游行，撑起红旗，高呼"拥护苏维埃"，"拥护红军"，"拥护共产党"，同时举行募捐慰劳红军，募捐做红旗送给红军，给了五次"围剿"的敌人最有力的回答！

　　中国共产党早已很明白指出：目前中国革命处在国内阶级战争决战的关头，建立苏维埃在全中国胜利还是帝国主义殖民地中国？我们看：中国工人阶级已经在各方面显示了英勇积极的参加政治斗争与胜利！中国工人阶级是中国革命的领导者。中华全国总工会号召全国工人阶级为着自己的彻底解放，领导全中国广大的农民城市贫民及一切劳苦革命群众，团结在中国共产党所提出的"反帝统一战线的五大纲领"的周围，一致团结起来！武装自己起来！反对日本及一切帝国主义侵略——瓜分中国，进攻中国革命，粉碎敌人五次"围剿"，准备与帝国主义直接作战！把帝国主义赶出中国去，反对国民党卖国，反对帝国主义进攻苏联。中国工人阶级是不愿意做亡国奴的，我们要领导广大群众无论如何要争取苏维埃在全中国胜利！

　　苏区的工人们！全体加入赤少队去！加入模范赤少队、游击队去！武装保护今年秋收！武装上前线上去！积极参加与加紧后方战争动员一切工作，要反对帝国主义强盗侵略，首先必须消灭帝国主义走狗国民党武装力量。不消灭帝国主义走狗卖国辱国的国民党武装力量，要准备对日作战是不可能的。为着保护我们增加的工资，减少的时间，保护我们的土地，生命财产，这是我们神圣最光荣的战斗任务！

　　国家企业工人们！用你们的毅力与创造性完成与超过生产计划，多做一个子弹，多打死一只〔个〕敌人，多做一个炸弹，多打死几个敌人，多做衣服供给红军给养，使红军更快去消灭敌人，直接与日本帝国主义作战去！

白区工友们！组织和扩大你们政治罢工，组织游行示威，反对日本及一切帝国主义侵略，反对国民党卖国。组织反日义勇军，联合真正反日的群众一切武装组织与日本帝国主义作战。没收日货，组织你们反日的团体来领导你们反日反国民党卖国斗争。反对国民党运军火进攻苏区与红军，破坏国民党进攻苏区的马路、铁路、堡垒，割断国民党的电话、电报、电火，组织你们自己的武装队伍在敌人进攻的后方进行各种破坏、捣乱等，为着求得彻底的解放实际地行动起来！

中国工人阶级在中国共产党领导之下，领导广大的劳苦革命群众，依靠群众伟大不可战胜的力量，进行民族革命战争。我们一定会取得苏维埃在全中国的胜利，帝国主义国民党一定要死亡！

一九三四年七月印

（根据中共江西省委党史研究室藏件刊印）

赤卫军(少先队)抗日誓词

(1934 年 8 月 1 日)

我们是赤卫军(少先队),我们是工人和农民。我们的痛苦是帝国主义给我们的,我们的斗争,是为着中国的独立和自由。

日本帝国主义侵略中国,屠杀我们的兄弟,强奸我们的姊妹,要想把全中国做它的殖民地,进攻苏区和苏联,我们誓死反对!

国民党是汉奸卖国贼,它把满洲、华北、福建、内蒙古送给日本帝国主义,把半个中国出卖给英日帝国主义,想把全中国亡给帝国主义。我们誓死反对。

帝国主义国民党进攻苏区,我们誓死反对。

我们拥护苏维埃中央政府对日宣战,拥护共产党五大纲领,拥护抗日主力军的红军。我们的朋友是世界的工农,是全国反日群众,是满洲人民革命军与义勇军,我们一定要胜利。

我们誓以梭标〔镖〕和枪炮,为抗日战争流到最后一滴血,粉碎五次"围剿",打倒汉奸国民党! 驱逐日本帝国主义出中国。谨誓。

总动员武装部
中央少队总队部 布
一九三四年八月一日

(录自《红色中华》第 214 期,1934 年 7 月 14 日出版)

团中央局关于宣传鼓动工作致各省团的信①

（1934 年 8 月 9 日）

中央检查了各省的宣传鼓动工作以后，认为各省的宣传工作是十分不能令人满意的。除了江苏省委外，其他各省的宣传部，都没有宣传部的独立工作，没有省委自己的宣传鼓动的机关报，没有群众的反帝报纸。中央认为在目前政治形势这样紧张、阶级斗争这样尖锐，而敌人的武断宣传这样猖獗的时候，这种忽视群众宣传鼓动工作的态度，是万分不能容许的。我们认为在接到中央这封信后，必须立即执行下列几点：

一、②江苏的《少年真理报》，在内容和形式上都比较以前有很大的进步。读者会通讯网的关系，亦在开始组织，它的宣传工作应该视为各省宣传工作的模范。今后《少年真理报》应该减少长篇的论文，更加多短评、通讯、斗争的记载、图画等，使到〔得〕它更青年化而成为群众的读物，灵敏地抓住新的事变来发动群众的斗争。

1. 在河北、满洲、厦门必须立即建立省委自己的机关报。这个机关报，必须有系统地、经常地从各方面去宣传苏维埃政权是解放中国唯一的道路，解释反帝纲领，登载红军胜利消息及欢迎红军北上抗日，介绍苏区的青年生活，揭发国民党无耻的阴谋，鼓吹民族革命战争，证明民族革命战争完全有胜利的可能，正确地反映和指导各地的

---

① 本文标题原为《关于宣传鼓动工作致各省团的信》。
② 本文只有"一"项。

群众斗争。使到〔得〕我们的报纸不仅是我们团表露政治面孔的工具,同时还是群众斗争的领导者和组织者。报纸上除论文外,必须多登插画、歌谣、对话、故事之类的东西,尽量使其青年化。在有些地方,如厦门、青岛、河南、武汉、广州、四川,必须先行建立反帝的群众刊物,在不脱离团的阶级立场的条件之下,须尽量用更浅白的语言、具体的事实来宣传民族革命战争。

2. 省宣传部必须抓紧中心区或中心支部,帮助他们建立区报或工厂小报(过去的区报常常是空洞而不切实的报纸,充满了硬抄中央和省委文件的文章。今后这种区报应暂行停刊,应由区委宣传部帮助几个中心支部建立群众的工厂小报)。这些区报和小报应该以最大的部分登载本区或本厂的斗争消息和关于本区或本厂斗争的论文。工厂小报必须灵敏地反映出工厂内部的情形和各车间的工人斗争,而给予鼓动和指导,使工厂小报真正成为青年群众所拥护的读物。在上海的铁路、江南无电、美亚,在河北如平绥、财印,天津纱厂、码头,都必须立即建立工厂小报,并巩固唐山的小报,使到〔得〕它能够按期出版。

3. 各级团部须商同各地的文化团体,共同建立反帝的青年的公开报纸。必须在不脱离团的阶级立场的条件之下,用更浅白的语言来宣传反帝斗争,从各种各样的立场来证明民族革命战争为中国民众最迫切战斗的任务。利用群众所注意的新的具体的事实,来鼓动群众行动起来,争取群众反帝斗争的公开行动。

4. 各级团部必须根据 7 月 25【日】中央宣传部的关于利用公开报纸宣传"八一"的通知,组织各杂志报纸的投稿突击队,向报纸投稿。如短讯,反帝斗争新闻,【对】耳闻目见的帝国主义者强盗行为提出质问等。

5. 必须立即改正视发行工作为简单的技术问题的错误观念。在每一个支部必须有一个同志负责发行工作,建立发行系统。上级机关必须经常检查和帮助支部发行同志怎样去发现、反映和怎样去利用群众接收我们的宣传,去把他们组织上巩固起来。这些发行的同志同时又是各该厂的通讯员,负责向团报经常投稿。同时,以这个负责发行的同志为中心,吸收各厂、各车间、各校、各级的群众,组织通讯社,使通讯社变成群众的组织。

6. 利用我们日益扩大的政治影响,组织中央和各省机关报的群众的读者会,把团报上所提出来的问题更具体加以研究和讨论,使团报所提出来的口号,成为群众的政治要求,变成为伟大的政治行动。

团中央

一九三四年八月九日

中央档案馆藏

（录自共青团中央青运史研究室、中央档案馆编：《中国青年运动历史资料》第 12 册,中共党史资料出版社 1989 年版,第 675—677 页）

团 中 央 紧 急 通 知①

（1934 年 8 月 12 日）

各级团部：

一、在国民党的清道与投降之下，中国民族危机到了更加严重与危急的关头。国民党卖国的《塘沽协定》，不惟没有阻止日本帝国主义进攻的贪欲，而且更加刺激了日本强盗进攻的野心与其他帝国进〔主〕义的瓜分积极。国民党实际上业已承认了 4 月 17 号日本帝国主义所提的"哀的美敦书"的亡国条件，即：实行通车、通邮、设关，承认"满洲国"，实行中、日、满、华北的经济合作，禁止抵货运动，消灭一切反日运动。日本帝国主义帮助国民党去进攻红军。最近的大连会议，正是会商如何保障这些条文的具体实现和更进一步地来拍卖中国。另一方面，日本帝国主义更积极地组织着进攻察哈尔、内蒙古，夺取福建，想把全中国变成它的殖民地，更进一步地来进攻苏联。日本帝国主义正在把满洲、华北变成武装干涉苏联的巩固根据地，想把整个的满洲与华北毁灭于进攻苏联的血海中。

二、国民党军阀业已成为中国有史以来最大的汉奸与卖国贼。他们为着彻底地来拍卖中国，把全中国民众都变成了殖民地的亡国奴，在帝国主义帮助之下，用最残酷的手段来镇压全中国民众抗日反

---

① 本文标题原为《紧急通知》。

帝运动,解散一切反日的武装组织,组织五次"围剿",集中其一切力量来进攻苏维埃红军,中国民族革命战争的主力军,阻止红军向日本帝国主义直接作战。但是苏维埃政府与工农红军,决不能坐视中华民族沦亡于日本帝国主义,决不能让全中国为国民党汉奸卖国贼所拍卖干净,决不能容〔坐〕视全中国广大劳苦民众为日本帝国主义整批地屠杀与蹂躏,以及东北义勇军的孤军奋斗。为了反对日本帝国主义在华北与福建的进攻,为了反对国民党出卖华北与开展革命的民族战争,为了揭破"红军捣乱后方"、"中国无力抗日"等国民党的武断宣传,苏维埃中央政府与革命军事委员会决定派遣部分队伍组织抗日先锋队,北上抗日,与日本帝国主义直接作战,开展革命的民族战争,粉碎国民党殖民地中国的全部卖国事业。

三、各级团部,必须百倍地加紧群众中的工作,开展广大的拥护红军北上抗日的群众运动,除了你们必须坚决地去实现党中央7月26日秘密通知的全部指示以外,中央特有以下的指示:

1.团应该极大限度地在青年群众中利用一切宣传工作的系统与方式,加紧口头的与文字的宣传鼓动。要把中华苏维埃共和国中央政府、中国工农红军革命军事委员会7月25日为中国工农红军北上抗日的宣言,最广泛地深入到青年群众中去,号召群众起来拥护苏维埃政府与红军提出来的反日的五个具体的主张。即:(1)坚决反对国民党政府出卖东三省、热河、内蒙古、华北、福建以及全中国。反对国民党政府卖国辱国的中日直接交涉,反对承认满洲伪国。抛弃对帝国主义强盗集团国际联盟以及美帝国主义的帮助的幻想。(2)立刻宣布对日绝交,宣布《塘沽协定》与一切中日秘密条约的无效。动员全中国海陆空军,对日作战。立刻停止进攻苏区与封锁苏区,使工农红军能够完全用来同日本帝国主义直接作战。(3)号召全国民众将国民党军库中、兵工厂中所有武装以及一切入口武器用来武装自己,组织民众的反日义勇军与游击队,直接参加反日战争与游击战争。积极援助东北义勇军与中国工农红军北上抗日先遣队。(4)没收日本帝国主义者及卖国贼汉奸的一切企业与财产,停止支付一切中国债款本息,设施累进税,并将国民党全部军费,拿来作反日军费。(5)普遍地组织民众的反日团体,如反日会、抵制日货委员会、募捐援助义勇军与红军委员会,以及各种反日的纠察队、破坏队、交通队、宣传队、运输队等。吸收广大的群众,不分男女老幼、宗教信仰、政治派别到反日团体中来。用罢工、罢课、罢市、罢商与示威来反对日本帝国主义的侵略与国民党政府的卖国投降。① 号召群众为这个纲领而奋斗到底。清楚地解释苏维埃红军是民族革命战争的领导者与主力军,苏维埃红军的革命战争就是民族革命战争的最高形式。把苏维埃红军对日宣战的紧急动员令、反日作战协定,把苏维埃红军早已公开宣布对日作战的事实,把在苏维埃区域业已根本地肃清了帝国主义的统治的事实,同国民党法西斯蒂的"中国无力抗日"的宣传,同国民党全部卖国事业的勾当对立起来,粉碎国民党"抗日必先剿共"、"红军捣乱后方"的最无耻的胡话,唤取〔起〕广大群众对于红军北上抗日拥护的热忱与意志。特别要把最近的通车、通邮、大连会议、国民党的庐山会议、日本帝国主义在全国各地武装示威与演习、察哈尔的危急等等事实,来说明目前民族的危机与国民党的汉奸作用。告诉群众,正由于国民党的"围剿",使红军不能出来与日本帝国主义直接作战。目前红军虽然是在同国民党匪军的优势兵力残酷决战的紧急关头,因为目前民族的危急,不辞一切坚〔艰〕苦地北上抗日,发动群众要求国民党立即停止内战与停止"围剿"红军,阻止国民党进攻红军抗日先锋队,号召群众起来反对帝国主义国民党的五次"围剿"与拥护红军的北上抗日。

2. 团要切实地检查 4 月 20 日党中央关于开展反日反帝运动和组织民族革命战争策略问题秘密指示信的执行程度,把对日作战的基本纲领,开展最广泛的宣传鼓动。不只是把运动局限于宣传与签名的阶段上,而且要组织群众围绕在这六条纲领的周围,行动起来,

---

① 上述五项"具体主张",按《中华苏维埃共和国中央政府、中国工农红军革命军事委员会为中国工农红军北上抗日宣传》作了校正。

开展最广大的群众反日反帝的民族武装自卫的运动。这一运动的开展，就是最好的拥护红军北上抗日的力量。在运动的发展中，必须最好地去进行拥护红军北上抗日的群众行动。

团要集中力量去把一些签名者、同情者，在组织上固定起来，在最广大的群众阶层中去建立民族武装自卫委员会的组织，并努力地去召集各种青年群众的会议。在这些会议上来解释红军北上抗日的意义，发动他们拥护红军北上抗日的运动。

团要深入到国民党的及一切反革命派别有群众的群众团体中，用具体的事实去证明与说服这几条纲领的正确，争取他们到这几条纲领的周围，去结成反日的民族统一战线，以开展反日的运动。

3. 要用最主要的火力去克服团内对士兵工作不可容忍的消极。加强国民党军队中的活动与瓦解国民党部队的工作，应该放在团工作的第一位。反对那种认为士兵工作是党的工作的观点。估【计】到目前国民党部队中青年成分的增长与他们斗争与反帝情绪的增长，绝不容许团站在士兵工作的外面，特别在北方的部队，征调南下的东北军，"围剿"苏区的部队。我们要经过一切的可能派同志到这些地方去。提出"最好的同志到军队中去"的口号，要利用一切的机会动员同志去投考国民党的军事技术学校与参加军事工业的生产，在里面加紧革命的活动工作。

在部队中，在党的支部领导底下，须组织团的小组。要把目前部队中团的同志最大限度地活跃起来。加强青年士兵中的活动，号召他们要求停止进攻苏区，不打红军，要求北上抗日，与红军自动订立反日作战协定。在北方的部队中，要号召他们自动对日宣战，反对南下进攻红军，驱逐不抗日与投降的长官，自动选举长官，宣布对日作战。

经过一切群众团体的名义，号召海陆空军总动员，起来抵抗日本的侵略，响应红军北上抗日的运动。

各级团部要把反军国主义委员会建立起来，或指定专门同志负责军事工作。

4.特别要抓住今年全国大灾荒,发动农民的斗争。团特别要加紧秋收斗争的领导,发动群众抗租、抗税、分粮、吃大户,不缴谷子给国民党的粮食仓库。反对苛捐杂税,要求国民党把进攻红军的经费来救济灾民。反对强迫修筑公路与农村中的军事奴役等。加强游击战争的领导,团要派遣有能力的干部,去加强游击区域政治的与军事的工作,提高游击区域团的领导,改善农村少年先锋①的工作,加强他们的教育与战斗力,在农村中开展反帝工作。

发动与领导交通工业(铁路航员)、军事工业工人的斗争,加强这几个企业的工作。团要把这几个企业的工作,成为团在青工工作中的主要的一环。发动他们不造一粒子弹,不运一个兵去进攻红军。要求把厂内全部武器拿去抵抗日本的侵略。

在一切青年群众的斗争中,团要会去联系到红军北上抗日的宣传,使群众的日常斗争提高到拥护红军北上抗日的阶段。要最大限度地去建立反法西斯蒂统一战线的斗争,说明国民党法西斯蒂是中国最大的卖国贼,在群众中充分而广泛地揭破他们"无力抗日"与"抗日必先剿共"的卖国理论,组织各种反法西斯蒂的群众行动。

团中央

一九三四.八.十二.

中央档案馆藏

(录自共青团中央青运史研究室、中央档案馆编:《中国青年运动历史资料》第12册,中共党史资料出版社1989年版,第681—685页)

---

① 此处似漏一"队"字。

模范红军家属运动

（1934 年 8 月 16 日①）

王首道②

在中央苏区五六月扩红突击空前胜利后的今天,把正在高涨着的红军家属的积极性组织起来,教育每个红军家属成为苏维埃的模范公民,这是我们目前总的战斗任务中一个迫切的工作,因为中央苏区在成千成万的勇敢男子武装上前线以后,红军家属的人口一般的占全人口的一半,在兴国、瑞金、太雷③、杨殷、上杭等有些区乡已达三分之二,我们今天提出组织和教育红军家属的问题,就是组织和教育占半数人口的民众成为苏维埃模范公民的问题。许多事实告诉我们,广大红军家属无论在战争动员上,在生产战线上,在后方工作上,在巩固红军上,都占了极端重要的位置。现在不仅在模范的兴国和瑞金,就在任何□县都有许多红军家属,为了自己的解放,为了自己的土地自由和苏维埃,热烈鼓动他自己的老公、父子、兄弟加入红军。

---

① 原文无成文时间,此为《斗争》第 70 期的出版时间。

② 王首道,时任中共中央组织局秘书长。

③ 大雷,即太雷县,为纪念 1927 年 12 月牺牲的广州起义领导人张太雷,1933 年 8 月,苏维埃临时中央政府人民委员会定设立太雷县,成立中共太雷县委,隶属中共江西省委;1934 年 5 月,太雷县委划为中央直属县,直属中共苏区中央局。下辖石城县的横江、大由、珠江、洋地、龙岗,瑞金县的湖陵、日东和福建宁化县的淮阳等 8 个区委。1935 年 2 月,县委、县苏机关遭国民党军进攻而解体。

有些是把全乡、全村、全家精壮勇敢的男子都一齐鼓动上前线，瑞金的"八兄弟"，太雷的"五父子"，会昌的"四房之独子"，以及送郎送子当红军的光荣例子，已经不止一处两处，而是发展成为广大的群众潮流了。在今年春耕和现在的秋收运动中，兴国、瑞京、上杭等处的劳动妇女更大大地活跃了。兴国妇女参加主要生产事业的有 2 万以上，学好犁田耙田的 8000 以上，能耕种割禾等附带劳动的已经成为普遍的现象，瑞京也快要赶上兴国，参加生产的有两万，能犁耙的也在八千以上，其中红军家属占多数。在扩大红军最多的兴国、瑞京不仅生产没有减少，而且在群众劳动热忱之下，苏区的生产反【而】相当地增加了。经过这一次扩红突击以后，苏区妇女的劳动热忱更加提高，在太雷、博生等处，许多小脚妇女也都积极参加生产了，他们解了自己的束缚，经常在田野里唱着解放的山歌"如今世界唔比先，劳动妇女学犁田，英勇哥哥前方去，后方生产涯担承"。这是表示什么呢？正是苏维埃政权下妇女群众自由劳动的呼声。

在最近粮食与赤少队突击中，红军家属更表现伟大的作用，许多红军家属自动武装起来加入赤少队（兴国、瑞京、博生等县妇女超过半数以上），积极担任警戒、放哨、担架运输和一切后方勤务的工作，特别是慰劳红军、督促逃兵归队等工作上更表现了伟大的成绩。到处都发动了红军家属和妇女群众赠送草鞋、菜干、被毯给红军的运动，兴国、瑞京、太雷的借谷运动。有些区乡红军家属在苏区是占了三分之二，这表示什么呢？这些都是证明红军家属在苏区是占了重要的、先进的、光荣的地位。让机会主义者胡说"红军家属落后"吧！让一切阶级敌人造谣胡说"苏区扩大红军，弄得田园荒芜"吧！事实上证明红军家属是群众先进的部分，而且在党的领导之下，将要使广大红军家属田〔由〕先进的地位提到苏维埃模范公民的地位。博古同志给合龙区红军家属的信所说的："我们将可以骄傲，在解除了地主资产阶级压迫之后，我们中间的任何人，都勃发着学习自己管理自己的生活，从此让我们的敌人认识：在我们苏维埃领土里面，全体公民都是自由劳动的军队……"

我们要把红军家属提高到苏维埃模范公民的地位,必须使红军家属在目前国内战争艰苦战斗环境中,要使红军家属不仅向政府提出自己眼前的困难,而且要使红军家属了解自己所处的地位和光荣的责任,使每个红军家属都能像瑞京合龙区红军家属给博古同志的信一样:"我们一定在实际工作中来迅速地完成中央的号召,用最大的努力来锻炼成为真正苏维埃模范公民,我们要和我们的儿子、丈夫、哥哥、弟弟一样的英勇,一样的光荣,我们要学会自己劳动,自己管理自己的生活,做苏维埃强有力的拥护者和拱卫者。"

在这里,我们要在红军家属群众中进行许多组织的和教育的工作,首先就要做许多艰苦的政治教育的工作,使每个红军家属了解"怎样才是苏维埃的模范公民"。在瑞京,经过了我们的工作,红军家属首先有光荣的回答:他们在许多乡的红军家属联欢会中,提出了模范红军家属的七个纲领,他们向全苏区红军家属光荣的号召是:我们要做模范的苏维埃公民。

我们是红军家属,是前线上红色战士的父母、妻子,我们是红军和苏维埃最坚决的拥护者。我们是站在光荣的地位,要担负起光荣的责任。我们目前还有一些困难,要用阶级的团结与斗争战胜一切困难,争取最后的解放。同志!我们的责任是什么?我们要做模范的苏维埃公民,把后方的工作完全担负起来!

1. 我们武装起来!全体加入赤卫军、少先队,武装保卫自己的苏维埃。

2. 我们用自己的劳动来耕种自己的田地,全体参加生产学习组和耕田队,努力秋收和耕种。

3. 参加苏维埃的各种工作,担任苏维埃的代表主席和各种委员会的工作。担任合作社和文化教育工作,参加优待红军家属委员会,自己管理自己的生活。

4. 加入工会、贫农团、女工农妇代表会及各种社会团体,经常到会,参加各种社会团体的工作。

5. 帮助和慰劳我们自己的红军,帮助红军的粮食、菜干、被毯和草鞋。

6. 每个月至少要写一次信给前方的战士，鼓动自己的父子、兄弟和老公，在前方英勇作战，彻底粉碎敌人的"围剿"。参加归队运动，不让一个开小差的留在家里。积极参加巩固红军的工作。

7. 全体学习识字，加入列小、夜校和俱乐部，做到每人都能写信，看《红色中华》报。

红军家属代表签名

瑞金城市区南郊乡——刘冬娣

下肖区官山乡——廖桃花〈姓〉、赖照弟、谢春弟、杨窝眼、杨长秀、谢有发弟、刘有发、赖婆、刘桂英、杨秀子。

我们要把瑞京红军家属的创举，把瑞京模范红军家属的运动，发展到全苏区去，把瑞京模范红军家属的号召，发扬到所有的红军家属中去。我们要利用瑞京的经验，在全苏区的红军家属群众中进行下面的实际工作：

一、"模范红属"运动的中心，便是一个广泛的政治教育和群众运动。要把瑞京模范红军家属七个纲领的号召，和合龙红军家属给博古同志的信和博古同志的回信，作广大的政治鼓动和解释的工作，团结当地红军家属中有信仰先进的分子，组织宣传队，深入到每个村子、每个屋场红军家属的群众中，作个别的谈话和解释的工作。以乡或村为单位举行红军家属联欢会，和歌舞的晚会、问答的晚会，在会议上发动红军家属自己讲话，唱山歌，组织当地群众热烈地慰劳和鼓励，用各种方法在广大群众面前奖励红军家属的光荣模范者，极端发扬红军家属的积极性，把红军家属在群众的尊严和光荣的地位提高起来。造成社会的舆论和群众的运动。

二、在举行以乡或村为单位的红军家属联欢会时，必须首先做好一切准备的工作，首先要经过党团支部干事会的讨论和布置，召集红军家属中的党团员会议，讨论干部和党团员怎样在红军家属中起领导作用，首先准备好议事日程，和在红属中进行个别的谈话，党团员要在红军家属联欢会中带头发言，领导红军家属热烈讨论模范红属的七个纲领,和紧密联系慰劳红军,参加赤少队、借谷运动以及参加生产和苏维埃一切工作。在会议中号召所有的红军家属学习模范红属的榜样,同时要发动他们中间的自我批评,用群众的力量来批评教育和克服个别落后的分子。对于地主、富农出身故意捣乱破坏的分子必须发动〈的〉斗争予以严厉的打击。

三、我们要利用各种性质的群众组织,吸引红军家属参加这些组织,经过这些组织,发动红军家属参加战争动员和一切社会活动。按照社会成分吸引红军家属参加工会、贫农团、反帝拥苏同盟、合作社等群众组织,女工农妇代表会议是团结红军家属最好的组织方式。有些同志主张另设各种红军家属单独的组织(如红军家属十人组,和经常的红属代表会等),这是重复的,而且是不适合的,只有在瑞京、兴国等县必要时可以召【集】临时全县红属代表大会,作广大的政治号召。

四、在这一运动中要特别在红军家属中发展党团员,和提拔与培养红属的干部,吸引积极分子参加政府各部和一切群众团体的领导工作,特别是各级妇女、部内务部和各种优待红军家属的委员会和合作社等工作,经常注意教育他们提高他们在群众的信仰,这是对于团结红军家属参加苏维埃政府、学习自己管理自己生活的重要工作。

五、在红军家属中要经常进行文化教育的工作,特别是阶级的政治教育,揭破反革命一切欺骗破坏行为,对于那些冒充红军家属的地主富农,以致个别的被反革命收买利用来进行破坏红军(如组织逃跑、包庇逃兵等)的分子,必须发动当地群众的检举和肃反的斗争。在红军家属中,响亮地提出巩固红军,消灭逃跑现象,反对破坏红军的行为,如果发现一个地主富农和反革命嫌疑分子暗中混入红军的,必须经过党与政府负责的审查,立即报告前方部队清洗出来。

我相信在各级党的组织的积极领导之下,模范红军家属的群众运动将由瑞京发展到全苏区去!

(录自《斗争》第 70 期,1934 年 8 月 16 日出版)

中央儿童局给少共国际师的一封信

（1934 年 8 月 30 日①）

少共国际师全体亲爱的哥哥：

我们真高兴！我们热烈地庆祝哥哥出师的周岁。

你们自出师以来，特别在最近与白狗匪打过了无数次的仗，缴获了许多的枪，捉过了许多的俘虏，一连打坍白狗匪一团人，一人缴几支枪，带了花不下火线。这些都表明：哥哥们是无敌的红军，是真正地高举了少共国际光辉的旗帜，表示了你们的坚决和果敢。

我们听到了哥哥们许多英勇战绩的消息时，我们大家的一个小小心灵都在谈论着，羡慕着哥哥们那样为苏维埃奋斗的英勇的行为。我们往往恨生得太迟，不会像你们一样，拿起武器同你们一起，很威风地共同去消灭敌人。

但是，我们是在配合你们的行动在进行着：用一切方法宣传鼓动自己的哥哥、爸爸加入红军；加入赤少队，游击队；每人节省三升米；在秋收中每人捡三升谷；收集铜铁子弹壳；做草鞋；帮助解决你们家属的困难；我们强大的儿童加入耕田队；小的组织牧牛队，砍柴班；参加赤色戒严，帮助政府捕捉反革命；学习军事等等。同时，我们进行自己的共产主义教育，努力读书，宣传未入学的儿童特别是你们家属的儿童入学读书。哥哥们！在这些工作中，我们还涌出许多小英雄。已获得了不少的成绩呵！

---

① 原文无时间，此为《青年实话》第 107 期的出版时间。

现在我们推举了我们的代表,做了八千双草鞋,来慰劳和慰问你们,这是我们小弟兄小姊妹自己去收集起来的。这虽然只是一点小小的东西,可是这是中央苏区儿童对你们的敬意。穿了这些草鞋,将英勇地更威风地消灭敌人,粉碎五次"围剿"! 让我们在南昌、武汉、上海,来庆祝你们这师的两周岁罢!

我们高呼: 少共国际师万岁!

最后中央儿童局代表全苏区几十万儿童向你们致皮安尼儿①的敬礼!

中央儿童局

八月卅日

(录自《青年实话》第 107 期,1934 年 8 月 30 日出版)

---

① 皮安尼儿系"pioneer"的音译,即"先锋"的意思。

团中央局关于组织青年义勇军的通知①

（1934 年 9 月 11 日）

各级团部：

在最近团中央所发给你们的"九一"工作的决定上，我们已经很着重地指出了目前群众武装组织的重要。现在寄给你们"青年义勇军纲领草案"一份，"青年义勇军组织条例草案"一份，你们必须根据这个草案规定出比较适合于当地情形的纲领，立即组织青年义勇军。在组织青年义勇军的时候，必须注意到以下几件事：

第一，这个纲领和组织条例必须在支部里面详细讨论和解释，并告诉支部同志怎样来向群众进行宣传和鼓动工作；

第二，在纲领未发给青年群众以前，我们必须先向群众做宣传鼓动工作；

第三，如果群众对于这个纲领完全同意，我们就必须立即采取各种各样的组织名义和形式，先把他们组织起来；

第四，这个纲领如果是在大会通过的，那么我们就必须抓紧在大会里面的几个积极分子，经过这些积极分子来组织群众；

第五，组织起来以后，必须按当时当地的情形，选择纲领中的一条或二条先行着手具体的布置，如抵制日货究竟应该怎样来布置等。

---

① 本文标题为编者所改拟，原标题为《关于组织青年义勇军的通知》。

关于青年义勇军的组织情形,必须在十月革命节前报告中央。

团中央局

一九三四年九月十一日

附一:青年义勇军组织条例草案
(1934 年 9 月 11 日)

(1)宗旨——青年义勇军是青年抗日的武装组织,它的宗旨是团结一切抗日民众一致对外,实行抗日和争取中国民族完全独立和自由。

(2)组织——青年义勇军直接附属于民族武装自卫委员会或其他革命的抗日团体。但在没有这些团体的地方,青年义勇军得独立组织。

(3)队员——不论宗教、信仰、政治派别、习惯和自由,凡赞成青年义勇军的纲领和遵守义勇军的纪律的,都可以为青年义勇军的队员。

(4)组织单位——青年义勇军的组织基础建筑在工厂、学较、兵营、街道。以组为单位,每三人为一组,设组长一人;三组成小队,小队长一人;三小队一中队,设正副队长各一人;三中队一大队,大队成立队部,队部由四人组成之,正副队长各一,参谋长、政治主任各一。大队部直接受革命团体领导。

(5)领导机关——青年义勇军的领导机关直接由民族自卫委员会或其他革命的抗日团体委任之,但在没有这些团体的地方,可由队员选举之,但必须得到该领导团体之批准和许可。

(6)军事训练——凡是青年义勇军的队员,都必须受军事训练,学习使用武器和战斗的理论。教员由青年义勇军自己聘请,或由武装自卫委员会或其他革命的抗日团体供给之。

(7)给养——青年义勇军的给养是从没收帝国主义军阀、奸商、卖国贼的财产得来,但同时亦向同情者募捐。

（8）军械——青年义勇军的军械，或直接由敌人处夺取，或由政府发给，或由同情者募捐援助，由大队部设军需管理处直接管理之。

（9）义勇军内部的生活——青年义勇军大队部得设立俱乐部，同时每一小组和每一小队可依各人的性情和嗜好，组织各种体育会、研究小组等。这些事项应由大部队的政治部主任领导。

（10）纪律——青年义勇军是自愿组织，禁止打骂、肉刑。对于队员的不正确的行动，只加以劝告和警告，最后的处分是开除。但发现有破坏组织的敌人的奸细，必须组织临时法庭审判之，并采取最严厉的处分。

（11）青年义勇军和其他的抗日团体——青年义勇军同其他的抗日团体，必须建立最密切的联系，采取一致行动。

（12）在战时的青年义勇军——在战斗时，青年义勇军应该是后备队，归最高军事机关指挥统率，并袭击敌人的交通要隘和后方。至于青年义勇军的战时组织条例得临时公布之。

一九三四年九月十一日

附二：青年义勇军纲领草案
（1934年9月3日）

为要求得中国民族完全独立和自由，驱逐帝国主义出中国，消灭帝国主义在华的汉奸，青年义勇军有下的纲领：

（1）青年义勇军主张由全国民众自动的武装起来，组织民族革命战争一致对外，实行对日宣战，并积极为民族武装自卫委员会的一切纲领、宣言、指令而斗争。

（2）青年义勇军主张中国人完全有抗日反帝的神圣不可侵范的自由，反对政府对人民的抗日行动的任何干涉和监视。

（3）青年义勇军必须立即各依自己的环境，用短刀、木、斧头等武装自己，同时要求政府发给我们抗日作战的武器。如不发给，则向军械库、兵工厂自动夺取。

（4）青年义勇军要求政府立即无条件地停止国内战争，把所有的军队调到抗日前线。

（5）青年义勇军对于日本帝国主义到处行凶、奸淫、掳掠的强盗行为，主张人民武装自卫，断然予以反抗，

（6）青年义勇军拥护一切人民抗日反帝的行动，并予以实力的赞助。凡是阻碍这种行动的，我们都认为是汉奸、卖国贼的行动，断然予以袭击。

（7）青年义勇军愿意同其他抗日团体合作，实行抵制日货，并主张没收日本帝国主义的企业、银行和一切卖国贼奸商的财产、货物，来分配给失业工人、灾民，和充民众北上抗日的经费。

（8）青年义勇军完全赞助劳苦群众反对剥削和压迫的一切，并主张工人完全有罢工的自由和改善他们自己生活的权利。

凡赞成以上纲领和遵守义勇军的纪律的，都可以加进青年义勇军。

一九三四、九、三日

中央档案馆藏

（录自共青团中央青运史研究室、中央档案馆编：《中国青年运动历史资料》第 12 册，中共党史资料出版社 1989 年版，第 705—708 页）

告被遣散的十九路军士兵书

（1934 年 9 月 25 日）

被遣散的十九路军革命士兵们！

国民党投降日本和一切帝国主义，出卖满洲、上海和中国各大城市给日本及一切帝国主义，作进攻苏联和中国苏维埃红军的根据地。淞沪之战，强迫革命士兵退却，阻止与日本帝国主义作战，威迫十九路军士兵到福建去进攻红军，使工农劳苦兄弟自相残杀，堵截工农红军与日本及一切帝国主义直接作战，成千个革命士兵被国民党军阀蒋光鼐、蔡廷锴用机关枪扫射毙命，三千余的士兵被缴械遣散，放逐上海，以至陷于饥饿流离死亡的深坑中。十九路军士兵是帝国主义国民党的眼中钉，因此国民党反动军阀在帝国主义的指挥之下，用极残酷的手段枪杀与摧残革命士兵。前日，由厦门乘广济轮来沪的弟兄们因券乐〔欠了〕路费回家，又被国民党逮捕入狱了。

日本帝国主义并吞了满洲，血洗上海之后，现在正在剧烈地疯狂般地进行新的侵略，大炮飞机轰炸着热河朝阳，进攻蒙古，窥伺平津。在上海，日本帝国主义者正在准备二次血洗，大量的兵力和第三舰队全部已在上海集中，日本的陆战队和便衣队示威暴行，大肆挑衅，战争的惨剧顷刻间就要爆发，情况是异常严重了。国民党抱定其一贯的卖国投降政策，极残酷地压迫群众反日反帝运动，极力制止群众抵货运动，帮助日本帝国主义进攻上海，大显其清道夫走狗作用。士兵弟兄们！起来吧！继续"一·二八"抗日的英勇精神，准备血战啊！但是今天的血战，应当在无产阶级的领导下！

士兵弟兄们！日本帝国主义一次进攻上海的战争,已迫在眉睫,中国共产青年团中央号召你们一致奋起,围集在中国共产党、共产青年团的周围,组织民众的抗日自卫军,进行革命民族战争,回答日本帝国主义的强盗掠杀,驱逐日本及一切帝国主义滚出中国,推翻帝国主义走狗国民党的统治!

亲爱的被遣散的十九路军士兵们!大家起来吧!

工农兵劳苦群众联合起来,武装保卫上海!

夺取帝国主义国民党的反动武装,武装自己进行革命民族战争!

反对日本帝国主义的新进攻!

冲到公安局警备司令部去立刻释放被捕的士兵兄弟!

反对遣散士兵!

包围国民党市政府,要发给遣散费一年!立即发给每天的伙食费!要养老金!

组织民众抗日自卫军武装捍卫上海!

打倒投降帝国主义摧残革命士兵的国民党军阀!

拥护中国共产党!!

拥护中华苏维埃临时中央政府对日宣战!!

革命的士兵们!加入共产青年团!!

中国共产党青年团中央委员会

九月二十五日

(录自瑞金革命纪念馆编:《文物史料汇编》第8集,
内部资料,1980年8月印)

给中央政府主席团的信

（1934 年 9 月 29 日）

中央政府主席团：

在城市中的工人与贫民因为没有分得田地，他们去当红军或参加苏维埃与群众团体的工作，他们的家属实是非常困难。因此，政府实有帮助他们解决困难的必要，这对于发动城市工人、贫民来参加红军与苏维埃及各群众团体的工作有很大的帮助。但是优抚红军家属条例及中央政府关于发动群众帮助政府工作□□耕田的训令还是不知，解决这个问题，因此，我们提议中央政府为着这一问题有单独发一训令或补充条例的必要，我们并且提议发动城市所有的群众来执行下列几个办法：

一、凡在城市的在业工人（国家企业与合作社的工人也包括在内）每人每人〔月〕应拿出礼拜六的 4 天工资，城市贫民及独立生产者，亦应拿出 4 天工资（贫民与小商拿出等于当地 4 天〈零三〉工资①，小生产者等于当地手艺工人的 4 天工资），来优待城市没有分到田的红军家属及脱离生产的工作人员家属。

二、失业与沿门卖工的半失业工人由□□政府及工会支部酌量其生活情形来规定（或减少或全免，或有工做时每天拿出几多钱来，或替红军及工作人员家属砍柴、挑水），及做各种手艺的工作。

三、这一经济的集中应以市或区为单位，在市政府内务科指导下，组织战争动员委员会（以五人至七人由工会、政府、贫农团等组织之），工人的由工会支部负责去收集，贫民小商独立生产者的由政府

---

① 原文如此。

或贫民团去组织优待队分别负责收集,每月收齐时应将移送交战争委员会保管及分配之(按月公布账目)。

四、红军家属与工作人员家属免房租,如经营小贩的免税。

五、为红军与工作人员家属找工作(如被服厂的缝军衣及其他工厂合作社等),可能时为他们开办合作社。

六、除用上面几条办法外,政府还应将担子给剥削者负担一部,在城市居住的地主及不劳而食的人(他们许多现在是小贩),或在房租内加收若干成,在城市的商店在商业税或房租上加收若干成,将这笔钱拿来补助红军与工作人员家属。

七、另外,政府还可在城市中或乡村中保留若干土地或公共的财产(如山林、房屋、厕所等),将其收入拿来救济去当红军的及工作人员的家属。但在这里:

1. 对红军家属必须与对于工作人员家属给予更加多的帮助。

2. 对党政机关及一切群众团体工作人员的家属亦须给予补助(因为工人每月拿出了四天的工资)。

3. 补助费的分配须按照各家属的人口与有无劳动力和收入为原则。

4. 仅仅对于在城市中没有分田的家属才能分得这笔补助费(现在许多城市收了工人的钱去救济乡间的红军家属)。

现在城市的某些红军家属与工作人员的家属是实存困难的地方,中央政府颁布这些办法是非常必要的,同时只要能够发动城市的数千以至数万的居民对于一百家以至数百家的红军家属,困难的解决是完全有办法的,这是保证着在城市中扩大红军与征调干部能够得到成功的有利条件之一。

　　　　致以

赤礼!

全总执行局

九月二十九日

(录自中共赣州市委党史工作办公室馆藏资料,中34－2－68,抄件)

团中央局为十月革命纪念节致各级团部的信[①]

（1934 年 10 月 1 日）

各级团部：

光荣的十月革命 17 周年纪念又快要到了。今年的十月革命纪念节是正当苏联的社会主义建设有伟大的胜利,苏联的和平政策有着伟大的成功的时候。世界无产阶级祖国之强大化更推动了世界无产阶级革命运动更迅速向前发展。亦正为了苏联在国际上的地位日益巩固,因此更惹起了德日等最反动的帝国主义国家的妒忌,而加紧进攻苏联的阴谋。因此在中国共产主义青年团面前摆下了帮助共产党来领导全国的群众起来驱逐日本帝国主义出中国,即此来斩断日本帝国主义在东方战线进攻苏联的进路的严重的任务。

今年的十月纪念节同时又是正处于全世界战争和革命的前夜,帝国主义疯狂地增加军事预算案,军火商人的活跃,德国、意国、保加利亚等法西斯蒂等的疯狂屠杀革命群众,世界战争的危险日益紧迫。但在另一方面,1934 年以来,有维也纳的工人暴动,有巴黎的暴动,有西班牙的革命的战斗,有美国工人的大罢工,有英国的反法西斯的斗争,日本国内不断发生的工农斗争。这些国外的工人劳苦群众的斗争正证明了共产国际第十三次全会估计的正确,同时亦说明了中国的革命斗争,并不是孤军奋斗的。我们在国外正有千百万的工人和劳苦群众做我们的友军。在全世界无产阶级拥护之下,中国的民

[①] 本文标题原为《为十月革命纪念节致各级团部的信》。

族革命战争更有完全彻底胜利的担保。中国的民族革命的战争是解放中国的唯一的办法,同时又是消灭太平洋帝国主义大战的有力的因素之一。帝国主义在中国的矛盾之尖锐,更在我们团面前摆下了帮助党组织民族革命战争的严重的任务。

目前中国时局的特点是:

1. 以日本帝国主义为首的帝国主义对中国的进攻日益加紧,日本帝国主义不仅实际上已完全获取华北利益,同时在华南在长江流域亦都遍布着它的触角。其他帝国主义对日本帝国主义的进攻虽暂时取着缄密的态度,然它们都各在它们自己的势力范围加紧掠夺。

2. 国民党对帝国主义的投降更日益无耻。国民党实行了新关税率,奖励日货倾销,承认了大连会议日本帝国主义所提出的条件,把棉麦的借款拿来购买军火,最近更准备向日本朝鲜银行借大批的外债,来屠杀工农反帝分子。

3. 由于帝国主义的进攻,国民党的剥削,致发生全国水灾、旱灾、虫灾、风灾。全国灾民达一万万以上。都市工人,更大批失业,即中等阶层,如学生知识分子等,都因全国经济的总崩毁〔溃〕而走到破产失业的道路。全国民众的赤贫化更驱使到千百万的群众坚决走上革命的道路。

4. 苏维埃政权的力量格外壮大。现在苏维埃红军正在北上抗日的途中。红军的北上,更使中国两个政权对立的前途格外明显,使白军的队伍格外动摇。苏维埃运动已发展成民族解放运动的最高形式。

因此我们纪念十月革命节的总任务是:瓦解敌人的武装队伍,武装民众,冲破国民党的五次"围剿",组织民族革命战争,即〔以〕此来反对世界大战拥护苏联。我们的中心策略是,根据苏维埃政府宣布的抗日作战三条件,同一切愿意抗日的武装订立抗日的协定,在一致对外的口号之下,组织一切的抗日分子在自己的周围。虽然这些分子在抗日战线上是暂时的,动摇的,不彻底的,但是在一致抗日的实际斗争中,我们绝对不能放弃自己的独立的立场,和不在斗争中去揭破动摇的、假装抗日的真面孔。只有这样实行反帝的统一战线的策略,我们才能孤立地主资产阶级的国民党,动员千百万的群众来同帝国主义国民党作决死的战斗,争取中国十月的道路。

根据这个总任务我们规定全国团有下列的几个具体的任务:

1. 发动群众斗争,示威,怠工等纪念十月革命纪念节。在宣传刊物上更多地介绍苏联青年工农的生活,和解释苏联存在对于世界革命的意义,苏联的和平政策等。连带地就说到中国苏维埃政府和苏维埃区青年工农的生活,红军和少年先锋队的组织等。目前我们的宣传必须抓紧"红军北上抗日"和一致对外的口号来宣传,并改善发行系统,担保我们的宣传品都能达到广大群众手里。

2. (1)十月革命纪念节在团内应该举行全国的征调运动。征调同志到白军中去工作。我们破坏的主要对象是北方战线的蒋系军队和鄂豫皖的东北军。(2)征调同志利用一切社会关系打进兵工厂、技术部队、交通机关、铁路公路、飞机场等进行破坏工作。

3. (1)最广泛地开展签名运动。已经签名的地方必须立即在组织上巩固起来。在上海、厦门、河北已经有群众基础的地方,必须立即成立分会,建立自卫会的青年委员会的组织。(2)必须在十月革命纪念节以前把中央发出的青年义勇军的纲领草案、青年义勇军组织条例草案详细讨论,立即广泛地成立青年义勇军的组织。(3)在海员码头,失业工人和退伍军人立即成立武装自卫的组织,立即进行没收日货,分配给抗日武装团体和贫民的斗争。(4)在江苏必须十百倍加强对青年反帝报纸的领导。其他如在河北、满州、厦门、青岛、武汉,都必须建立反帝的报纸。

4. 为要建立我们反帝工作中工人阶级的领导作用,我们必须加强青工工作,和领导他们的日常经济斗争。首先在河北,我们必须建立唐山、平绥路和日本纱厂青年工人中的工作。在上海必须进行在绸厂、纱厂、烟厂工人中建立工会。在厦门必须领导海员路工、汽车工人的斗争。在河南焦作必须建立我们强固的堡垒。

目前在青工运动中,我们必须特别抓紧米价腾贵问题,发动争取米贴的斗争,在资本家工头包伙食的地方,反对增加伙食费及改善伙食的斗争。

5. 必须根据目前广大的灾民群众的要求,加紧领导农民灾民们的不缴捐税、抗租抗债的、抢粮抢米吃大户的斗争,并由城市派遣得力的干部到农村去发动游击战争等。首先的在滦东、平汉线、□江路、京沪之无锡等地发动,广泛地建立青年的武装组织如少年先锋队等。

6. 猛烈地发展学生中的阵地。必须选择当地最重要的几个学校,利用学生群众反帝的热情和对政府的不满,提出灾区学生免费,建立灾区学生免费食堂,反对会考,反对学校当局加收学费、宿费、杂费等,发动斗争,组织学生武装自卫队,反对法西斯蒂土匪的行动。利用新发生的帝国主义进攻事件,组织统一的反帝反法西斯蒂的统一战线。

7. 对于组织的发展问题,中央在"九一"决定上已经指出。但现在据各省的统计,组织上的发展仍极端的缓慢。因此团中央更具体地提出:在每一次群众斗争中都必须发现新的积极分子,把他们吸收进团里面来。

8. 随着革命的高涨,敌人对我们的进攻亦日益加紧。因此秘密工作的问题,应该更尖锐地提出。同志的生活应该经常地检查,保证没有一个可疑的人混进我们的组织,为保障团的存在和生长而斗争。

我们的口号:

1. 罢工,罢课,关车,纪念十月革命纪念节!

2. 武装拥护苏联——世界无产阶级的祖国!

3. 驱逐帝国主义出中国,争取中国的完全独立和自由!

4. 拥护红军北上抗日!

5. 凡愿意抗日的都联合起来一致对外!

6. 打倒一切阻碍红军北上抗日的卖国贼和汉奸!

7. 青年工友们,起来反对关厂、减薪、减工、开除,要求米贴,反对增加伙食费,拥护红军北上抗日!

8. 青年农民们，反对苛捐杂税，不缴纳一分一文的捐税，实行抢米抢粮吃大户，没收仓库，要求把棉麦借款的棉麦分给失业工人、灾民，组织武装的游击队伍，拥护红军北上抗日！

9. 失业的青年工人们，向政府资本家要求津贴，没收日货仓库，救济失业工人！

10. 学生们，起来反对读经，反对政府学校当局禁止学生行动自由，要求灾区学生立即免费！

11. 世界无产阶级的祖国苏联万岁！

12. 反对法西斯蒂的疯狂的白色恐怖！

全中国的民众起来，要求立即释放德国工人领袖泰尔曼和中国反帝领袖余其全等！

13. 中国苏维埃共和国万岁！

14. 中国民族解放万岁！

时局的危迫，要求我们学习十月革命的教训，以布尔什维克的精神来完成中央所指出的以上任务。

团中央局

一九三四年十月一日

中央档案馆藏

（录自共青团中央青运史研究室、中央档案馆编：《中国青年运动历史资料》第 12 册，中共党史资料出版社 1989 年版，第 717—721 页）

团中央局关于青年武装工作的通知[①]

（1934 年 10 月 3 日）

各级团部：

中央最近检查了各级团部的青年武装工作以后，认为十分不能令人满意的：

第一，我们的团并没有能够迅速而灵活地抓住青年群众中澎湃汹涌的抗日反帝与要求武装的情绪，运用下层统一战线的策略与公开路线的方式把他们迅速地组织起来，中央 9 月 3 日同 11 日发下的青年义勇军的纲领与章程，还没有得到你们工作上的回答。

第二，不善于去充分而及时地解释群众对于要求武装问题的一些疑问（如什么地方去拿武器，怎样北上抗日等），不会亲密地去从群众反帝与日常斗争中把要求武装的问题联系起来，并组织要求武装的群众斗争。

第三，虽然如像在上海武装自卫委员会，在青年中已征集了千人以上签名的积极拥护者，可是我们并没有完全把这些拥护者武装起来，还没有最大限度地从组织上巩固起武装自卫运动的政治影响。

第四，就在我们组织了的极端微弱的（如上海、厦门）青年武装中，还是陷于散漫的零碎的关门的状态，缺乏生活和教育，缺乏团的坚强的领导。

第五，在法西斯蒂军国主义的青年组织中（如童子军、自卫队），

---

① 本文标题原为《关于青年武装工作的通知》。

与日益加厉的军事奴役（如兵工修路）中，还只是在口头上和决议上要去加强这方面的工作，而实际工作中还没有建立一个反对派的组织。

由于团内还没有充分地估计到目前民族危机的严重与青年要求武装的积极化，不了解敌人军国主义教育在青年中的危害性，因此而形成了对于青年武装工作忽视的态度。由于不会运用下层统一战线与公开活动的方式，不会抓住青年群众特殊的情趣来活泼地组织他们，缺乏团的坚强的系统的领导，因此而形成了目前散漫的零碎的关门的极端不能满意的状态。中央认为必须坚决地来反对这种机会主义的倾向与腐朽的工作方法，不屈不挠地来迅速进行以下的工作：

一、针对着目前民族危机的严重，与国民党彻底的卖国辱国，抓住群众中之抗日反帝的情绪与要求武装的积极化，来组织青年群众的武装自卫，是目前我们在青年武装工作中最决定而主要的一环。我们固然要根据于群众中之不同的情趣意志，决心与要求，建立各种各样的武装组织，然目前青年武装之基本的形式是广泛地去建立与扩大青年义勇军的组织。正由于青年义勇军为广大群众要求武装情绪之集中的代表，广大不愿意当亡国奴的群众们的情趣意志之统一的要求，是青年武装自卫中之最好而最普遍的形式，各级团部必须迅速地把中央9月3日、9月11日发下的青年义勇军的纲领与章程，广泛地散发与深入到群众当中去，得到他们积极的拥护。而把青年义勇军变成为一个广大的（不分政治派别、宗教、信仰、籍贯、职业的分别），不愿意当亡国奴的青年群众们的大众的组织（组织工人青年义勇军、农民青年义勇军、商民青年义勇军等）。

二、由于青年义勇军是有抗日情绪的各种群众阶层的汇合，因此，它应该是一个公开的广泛的各种群众阶级与职业的组织。在这个组织中之觉悟与坚决的分子，首先是青年工农的分子，我们必须把他们吸收来建立少年先锋队，但是他们并不脱离青年义勇军。少年先锋队，它应该是民族与社会解放中之青年群众中之积极的战斗员，工农青年斗争的自卫的组织。它在团的直接的政治领导之下，每一个团员应该是少年先锋队的积极的队员。少年先锋队与青年义勇军的关系，是每一个少年先锋队的队员都应该是一个青年义勇军的领袖。少年先锋队它是青年义勇军之干部的学校。它是青年武装中之高级的形式，同时是团之最有力的助手。但是如像在满洲，却没有必要在青年义勇军之外重新来组织少年先锋队。目前满洲之反日的民族统一战线青年义勇军应该是青年武装中之最基本的形式。

三、充实生活，这是青年武装组织存在与发展的主要条件。正因为它是青年的，因此它的全部活动要适合于青年，为青年所了解。它要更富于教育性。它的一个主要任务是"学习作战"！要利用任何一个场所、条件与机会，特别是在群众的日常斗争与反日游击中来学习作战。正因为它是武装的，因此它的活动要富于战斗性。不论大小新旧，木棍石斧，它应该有自己的武装。他们应该以自己的斗争去取得武装，要求南京政府把全部武装发给义勇军。在群众的斗争中，它应该是一个积极的战斗员。在反日作战中，它应该是一个站在最前线的尖兵。正因为它是一个战斗的组织，因此它应该有最坚固的组织，灵活的指挥与集中的纪律。每一个青年武装组织的组成员，不放过一秒钟，他应该有特别的坚决、勇敢与革命的毅力，他要学习军队中的生活，他的生活要军事化。目前我们既有青年武装组织的最大弱点，正是没有从生活上充实他们，因此而感到一种急败和涣散。

四、要派遣同志打入国民党军国主义化的青年组织中去。派遣去的同志必须给以一定的训练。抓住这些组织中群众的不满情绪与要求，他们日益生长着的民族与社会的仇恨，来揭破法西斯蒂军国主义卖国的目的，号召他们起来要求对日作战，要求发给枪支，反对奴役式的军事训练等。在这些组织中来团结拥护与同情的分子，组织反对派。各级团部必须来检查中央6月9日反对国民党青年军事化的决定的执行程度，并用一切力量来完成这个决定当中的一切具体指示。

五、要进行以上的工作必须加强各级团部对于青年武装工作系统的与坚强的领导。满洲与河北团应该专门建立义勇军的工作委员会。其他团部，同样要有专门的对于这一工作的负责人，发动每个支部的讨论，在支部中订出青年武装工作的计划，执行计划的严格检查与监督，把这一个通知的每一个条文应用到革命的实际工作当中去！

＊　　　　　＊　　　　　＊

各地团部于十月革命【节】前须将这一工作的布置和执行情形详细报告中央。

团中央局
一九三四年十月三日

中央档案馆藏

（录自共青团中央青运史研究室、中央档案馆编：《中国青年运动历史资料》第 12 册，中共党史资料出版社 1989 年版，第 722—725 页）

中共中央局为加强党对工会的
组织领导给各级党部的信

（1934 年 11 月 26 日）

各级党部：

关于党对国民党白色区域工会工作总的政治路线与工作的具体方针，党的五中全会，曾经有了清楚、明显、具体、正确的决定。这个决议，不但清楚分析了目前工人阶级斗争的形势，同时并锐利地揭发许多地方党部对工会工作的忽视与估计不足，严厉指责"忽视和躲避工会工作的人，不能算做共产党员"，并且正确指出克服工会工作落后的具体方针。这里无需重复，这封信，主要是号召各级党部，加强党对工会的组织领导以及指示，如何从组织上来保证五中全会关于工会工作的全部指示的执行和实现。

一

五中全会决议，是以下列清楚、明显、严厉、坚决的词句，来号召各级党部与每个同志加紧注意工会工作的：

"五中全会着重指出，党的最大弱点，是在工会工作之极端不够，对于工会工作的估计不足，及其忽视的倾向依然存在着。"

"党必须将整个注意力，放到我们这个工作的最软弱的一环，而求得决定的转变，党的全部力量应放到工厂，工会，罢工上面。"

"党必须将工会工作提到最高的水平，必须克服对工会工作之忽视。"

"五中全会,严厉指责许多地方组织及个别党员的忽视工会工作的倾向,并且认为忽视和躲避工会工作的人不能算共产党员。"

"为克服工会工作落后,五中全会责成每个组织自中央至支部订立具体的工作计划,这个计划中必须包括着在广大的工厂和企业中,组织巨大的赤色反对派小组及群众的赤色工会筹备委员会的各种步骤,并经常检查其执行的程度。"

二

五中全会决议至今已经 9 个月了,在 9 个月中,不可否认的,个别党部(如上海、唐山、天津、河南等),对工会工作在组织领导上,采取了进一步的办法,而获得了显著的进步与很大的成绩,并且在组织上有了一定的收获(如河北成立北方铁总筹备处,在开滦各矿与□□公司中创立和发展工会组织,河南成立铁路工作委员会与在几个大站发展党与工会组织等等)。但是一般说来,许多省与地方党部,依然没有纠正忽视工会工作与对工会工作估计不足的错误,许多省委及地方组织对于工会工作还没有采取一切应有与可能的方法和步骤,来争取和保证对工会工作的实际转变,这里依然重复与继续着下列不可容忍的严重现象:

1. 根本放弃和忽视工会工作,有许多地方组织根本不讨论工会与企业中的工作,根本不做工会工作与失业工作的报告,以致许多自发的罢工斗争得不到我们的坚强领导,使工会工作仍旧是党的工作的最弱一环。

2. 只是口头上的重视与纸头上注意工会工作,而没有坚决从组织上采取一切必要的实际步骤来保证决议的执行和实现,甚至个别党部与个别负责同志不愿把较好党的干部派到工会工作,他的理由是以为这是党的干部损失。许多地方组织没有坚决地去提拔与训练工会工作干部,特别是能在群众中进行公开活动的干部,以争取职工运动成为公开的群众运动。

3. 把工会工作认为只是党的部分或个别部门的工作,因此把整个工会工作只委托到职工部或上层工会党团的某几个人,或形式地委派和指定几个个别同志组织独立工会领导机关,单独负责工会工作,把组织工会领导罢工和失业斗争等一切重要问题,统统认为只是工会的问题,交到工会讨论,而不是党的整个组织总的动员与集中注意和领导工会工作。

4. 特别是在许多工厂支部,对于工会工作不能令人满意,有些工厂支部同志不加入工会,不发展工会会员,只发展党员,不做工会与失业工作,而站在工会外面单独进行党的工作,甚至有些厂已经正式建立了革命工会组织,而支部不去参加领导,及自己单独去进行分离的党的工会小组与团的青工小组等。

5. 许多省委与地方组织在工会组织中,没有建立健强与在实际工作中真正能够起领导作用的党团。

形成上列不可容忍现象的根源,主要是由于对工会工作的估计不足,是由于对工会工作非布尔什维克的错误见解和认识——以工会和失业工作为党的部分或个别部门的单独工作,以工会和失业工作为单独工会本身的事体。

三

中央局严厉指责个别党部及个别党员,把工会与失业工作认为只是党的个别部门的单独的工作,把工会组织与农民、学生、灾民及一般群众组织同等看待的不正确倾向。须知工会是无产阶级最广大的群众组织,是共产主义的学校,所以工会应当是每个布尔什维克工作与活动的中心,所以工会工作应当是而且必然要使之成为整个党的一等重要工作。只有加强职工运动与工会组织,才能巩固无产阶级在革命中的领导作用。放弃和忽视工会工作的组织便不能算为布尔什维克的组织,忽视和躲避工会工作的人便不能算做布尔塞维克的党员。

中央局特再向各级党部与每个党员敲着警钟,要求各级党部"必须将整个注意力放到工厂、工会,罢工与失业工作上面,首先应集中在重要的工业中心最受资本进攻威胁的大工厂内,尤其是许多接近苏区的工业中心城市中""必须将工会工作提到最高的水平"。

中央局同时指责那些只是口头上与纸头上注意工会工作,而不坚决从组织上采取具体步骤与实际动员,特别是拒绝与不愿把党的最好工作干部派到工会工作的个别组织与个别党员。不错,正确政治路线与决议是一切具体工作的指针,但是我们要知道不管政治路线如何正确,不管决议案上写得如何漂亮,而不去从组织上采取具体步骤和不去进行组织上的实际动员,来争取从组织上保证这一正确政治路线的真实实现,这便是不可救药的官僚主义与清谈家。

斯大林同志说:"有人相信:只有定出一个正确的党的路线,把这个路线公布出去,以一般的论文与决议案的方式解释这个路线,全体一致地通过这个路线,事情就算完了;因为他们认为胜利是自动的会来的。这种说法自然是错的。这是一个大的错误。只有不可救药的官僚主义者与纸上谈兵的空言家才会抱这种意见。实际上成功与胜利的获得,并不是自发的,而且经过猛烈的斗争,执行党的路线。胜利决不会自动来的,通常胜利是需要推动的。党的总路线的好决议案与宣言,不过是开始而已;因为这些决议案与宣言不过表示希望胜利,并不是胜利的本身。发出了正确的路线,正确地解决了问题,那么成功与否,就要依靠组织工作;依靠组织上的斗争,执行党的路线;依靠正确的选择人才,依靠检查领导机关决议的执行。没有这些工作,正确的党的路线与正确的决议,会受严重损害的危险。并且,在定出正确的政治路线后,组织工作决定一切包括政治路线本身的命运,政治路线的实现或失败。"(在联共十七次大会上的报告)

斯大林同志这一段话,是每个同志应当牢记的。

中央局坚决指出,供给工会工作的干部,这绝对不是党的干部损失,因为只要工会工作真正开展起来,它不但将要从广大无产阶级的群众海洋中,获取千万工会工作的天才干部,来充实工会自己的领导,而且工会将要成为党的优秀的干部的泉源。

最后,我们必须指出全党工会工作的彻底转变,不仅需要各级党部的上层领导机关首先在自己实际领导和工作中进行真实坚决的转变,而且需要全党整个组织的总动员,特别需要在各产业支部中保证其工作的坚定与彻底的转变。

四

为了保证党对工厂、工会、失业工作的彻底转变,各级党部必须坚决采取下列组织办法:

1. 根据五中全会决议,特别是五中全会对国民党白色区域工会工作决议的每个条文,按照各省各地个别具体情形,定出自己工会工作计划,"这个计划中必须包括着在大的工厂和企业中,组织巨大的赤色反对派及群众的赤色工会筹备委员会的各种步骤",必须包括着动员党的一切力量去准备组织几个"重要的工为中心最受资本进攻威胁的大工厂之内——尤其是许多接近苏区的工业中心城市中",工人的罢工与失业斗争,必须包括着动员党的全部力量打入国民党黄色工会下层群众中进行艰苦工作,组织巨大健强的革命反对派。最后,最重要的便是要选择党的最优秀最有工作能力的干部,勇敢而坚决地提拔与培养群众领袖和公开活动干部,以加强工会领导与工作,以最大的决心和力量来首先解放战胜阻碍延缓着党在工厂工会,失业工作中的一切组织上困难,要集中党的人力财力和领导的力量向着工厂工会,失业工作上面并经常检查执行的程度。

2. 各级党部从省委到支部必须在党的正式会议中经常具体讨论,检查工会工作,把工厂、工会、罢工、失业工作,放到党的议事日程的最先与重要地位。

3. 各级党部派到外地巡视指导工作的特派员、巡视员要责成他着重领导检查各地工会,失业与产业中的工作,和单独做工会与失业工作的详细报告,领导检查工厂、工会、罢工、失业工作应当是每个党的巡视员、特派员、党的代表最重要工作之一。

4. 特别在工会组织薄弱与工会工作初步开始或工会组织遭受破坏后,党必须以最大的力量从政治和组织上来动员全党与一切革命群众组织,采取实际步骤与方法,进行工厂,工会与失业工作,选派党最优秀干部来□造、恢复、开展工厂,工会与失业的工作。党与党领导下的一切刊物要经常登载动员进行工厂、工会、罢工、失业工作的论文。

5. 要责成党和团所领导下的一切群众组织,特别是工厂内的工人群众组织(如反帝会、反日会、读书班、体育团等),注意讨论领导工人日常斗争,发展工会与失业委员会工作,要做到每个同志,每个党部直接或间接领导下的各种群众组织,不要放弃工会、工厂与失业工作,同时各级工会,特别是个别工厂的工会分会与支部不要放弃各种政治的(如反帝、拥护苏红等等),文化娱乐的(如读书、拳术等等)武器和方法去发展厂内各种形式的群众组织(如反日会、互济会、苏联之友、红军之友、读书班、拳术团、友谊会、姊妹团等等),经过这些各种形式的组织方式,在下层统一战线基础上,团结广大群众到党、工会与革命反对派的周围,保证党与工会的统一领导。

6. 特别是工厂中的每个党员或团员应当加入工会组织,一切党或团所单独发展的工会会员与工会小组应当参加厂内整个工会组织,组织一个厂内统一的工会领导委员会,在厂内一个统一工会委员会的集中领导下来开展一般工作,来加紧注意和正确解决在秘密工作条件下的一切组织上的问题(如公开与秘密活动的适当的配合,保全组织的安全与广泛发展和领导各种群众附属组织等),企业中的党与党员站在工会外面与各自进行分立的工会组织方式必须立即终止。

同样要纠正扣留干部,而只把个别会员与个别小组交给工会去直接领导的倾向,党和青年团不但要号召每个同志加入工会,发展工会会员与赤色反对派,而且特别应当在一切尚无正式工会组织的工厂内负责领导建立工会组织,领导整个组织加入产业工会与参加地方工会组织。

7. 在"有共产党员为会员的各种工会中,建立工会党团,各共产党中央对于还没有共产党团的工会组织或已有党团而工作薄弱无任何显著作用的工会组织,应派富有经验的巡视员组织员建立强大的积极的党团"(共产国际主席团关于工会党团工作决议)。

工会负责同志或工会党团负责同志应当参加同级党的委员会,经常向党的委员会报告和讨论的工会与失业工作。保证党对工会严密与具体的领导关系。

8. 最后,这封信要求各省委地方党部一直到支部加以具体的讨论,立即采取一切组织上可能的步骤,来实际布置开展工会工厂与失业工作。要求各级党部将讨论的具体决定、计划、组织上的动员等详细报告我们,并规定各级党部每半个月必须专门作一次关于工会,失业与产业中工作的详细报告。

同志们! 我们正处于革命战争与武装干涉之中,帝国主义国民党正动员一切反动力量加紧进攻苏维埃红军,和镇压一切反帝反国民党的斗争,企图把千百万苏维埃区域的已经得了解放的劳苦群众以及正在进行解放斗争的白区工农群众淹没到血海中去。因此,动员白区全党力量,克服白区党最弱一处的工会工作,而求得决定的转变,为争取工人阶级的大多数,这是目前最迫切的任务。这一工作的转变,便是直接帮助苏维埃红军,便是紧密地联结于彻底地粉碎五次"围剿"的斗争。"苏维埃的胜利,及国民党反苏维埃围剿的失败,其主要条件,是在于无产阶级组织群众及领导群众的作用,是在于广大的劳动群众坚决拥护现有的武装革命力量——红军,是在于彻底执行土地革命及反帝革命的口号,以保证一致团结革命力量于苏维埃的周围,及动员群众反对地主资产阶级的联盟和帝国主义。"(职工国际八次会议决议)

中共中央局

（录自中华全国总工会编:《中共中央关于工人运动文件选编（中）》,档案出版社 1985 年 9 月第 1 版,第 414—421 页）

本卷后记

  经全体编辑人员的共同努力,由中共江西省委党史研究室、中共赣州市委党史工作办公室、中共龙岩市委党史和地方志研究室联合编纂的《中央革命根据地历史资料文库·群团系统》,现已完稿。

  本书编纂委员会统筹协调编纂工作各项事宜,负责审定全部文献目录和书稿。中共江西省委党史研究室征研一处左家法、卫平光、邓颖、王洁、万义兵负责全书的统稿、终审和编务工作,文献资料管理处李中华、征研二处夏龙斌参与部分文稿的校对工作。中共赣州市委党史工作办公室原副主任凌步机提供全套历史文献资料目录,供本文库编辑部筛选和补充。中共赣州市委党史工作办公室廖呈良、朱俐华、许伟卿、黄云、谢晨、肖佳、李丽燕、马晓敏、欧阳代德、黄英军,中共龙岩市委党史和地方志研究室蓝松英、石少菁等参与编纂工作。

  本卷是集体劳动的成果。中共江西省委党史研究室负责中央档案馆、江西省档案馆、江西省委党史研究室所藏历史文献资料,以及《中共中央文件选集》《青年实话》《列宁青年》《中央革命根据地史料选编》《江西革命历史文件汇集》《福建革命历史文件汇集》《中国青年运动历史资料》等中相关文献的收集、录入和校对工作。中共赣州市委党史工作办公室负责赣州市档案馆、赣州市所辖县(市、区)档案馆(纪念馆)、赣州市委党史工作办公室所藏历史文献资料,以及《江西工人运动史料选编》《江西青年运动史料选编》《江西苏区妇女运动史料选编》《中共中央关于工人运动文件选编》《文物史料汇集》等中相关文献的收集、录入和校对工作。中共龙岩市委党史和地方志研究室负责龙岩市档案馆、龙岩市所辖县(市、区)档案馆(纪念馆)、龙岩市委党史和地方志研究室所藏相关历史文献资料,以及《红色中华》《六大以来》《斗争》《闽西革命史文献资料》等中相关文献的收集、录入和校对工作。

本书的编纂得到中共中央党史和文献研究院、中央档案馆、中央文献出版社、江西省档案馆、江西人民出版社等单位的大力支持与帮助。在此,谨致以衷心的感谢!

中央革命根据地历史资料内容丰富,数量庞大。编者水平有限,错漏之处在所难免,敬请广大读者批评指正。

《中央革命根据地历史资料文库》编纂委员会
2020 年 6 月

图书在版编目(CIP)数据

中央革命根据地历史资料文库·群团系统:全3册/中共江西省委党史研究室等编. —南昌:江西人民出版社;北京:中央文献出版社,2020.7

ISBN 978 - 7 - 210 - 11529 - 8

Ⅰ.①中… Ⅱ.①中…… Ⅲ.①中央革命根据地 - 史料②中央革命根据地 - 群众工作 - 史料 Ⅳ.①K269.406

中国版本图书馆 CIP 数据核字(2019)第 177495 号

中央革命根据地历史资料文库 · 群团系统

中共江西省委党史研究室等 编

策划组稿:游道勤

文字编辑:陈子欣

封面设计:同异文化传媒

江西人民出版社出版 各地新华书店发行

社址:江西省南昌市三经路 47 号附 1 号 邮编:330006

重点图书出版中心电话:0791 - 86898683

发行部电话:0791 - 86898893

网址:www.jxpph.com

E - mail:jxpph@ tom. com web@ jxpph.com

2020 年 7 月第 1 版 2020 年 7 月第 1 次印刷

开本:787 毫米 × 1092 毫米 1/16

印张:53 字数:1426 千字

ISBN 978 - 7 - 210 - 11529 - 8

赣版权登字 - 01 - 2020 - 248

版权所有 侵权必究

定价:298.00 元

承印厂:长沙超峰印刷有限公司